Zacharias Rivander

Weltchronik, darinnen viel auserlesene, denkwüdige Historien oder Geschichten, die sich auf die Feier- und Sonntage zugetragen

Der erste Teil

Zacharias Rivander

Weltchronik, darinnen viel auserlesene, denkwüdige Historien oder Geschichten, die sich auf die Feier- und Sonntage zugetragen
Der erste Teil

ISBN/EAN: 9783337202620

Hergestellt in Europa, USA, Kanada, Australien, Japan

Cover: Foto ©ninafisch / pixelio.de

Weitere Bücher finden Sie auf **www.hansebooks.com**

Fest Chronica

Darinnen viel außerlesene/ merkwirdige Historien oder Geschicht/ die sich auff die Feyer vnd Sontage zugetragen/in der Erklerung/ der darauff geordenten Euangelien/ nach gelegenheit nützlich einzuführen.

Deßgleichen/

Mancherley schöne Exempel/ wie Gott den rechten gebrauch solcher Heiligtage belohnet/ vnd den Mißbrauch gestrafft.

Der erste Theil.

Von den gewöhnlichen oder sonsten der zeit halben bekandten Festtagen/ Colligiret vnd zusammen bracht/

Durch

ZACHARIAM RIVANDRVM D.

CVM PRIVILEGIO.

Im Jahr/
M. D. XCI.

Dem Wolgebornen vnd Edlen Herrn/ Herrn Bohußlau Joachim/ Herrn von
Lokowitz vnd Haffenstein/ auff Jungbuntzel/ Fœlixburg
vnd Krüligk/ etc. Römischer Keyserlicher Maiestat
Rath/ vnd Kreißheuptman/ etc.
Meinem gnedigen Herrn.

Gottes Gnade vnd Friede durch Christum vnsern einigen Erlöser
vnd Seligmacher/ neben meinen vnterthenigen vnd williligen
diensten allezeit zuuorn.

Olgeborner/ Edler vnd gnediger
Herr/ Ich bin nicht ein alter/ sondern
diß lauffend Jahr ein sieben vnd dreissiger/
noch denck ich offt mit grosser
lust/ vnd hertzlicher verwunderung
an meine kindliche/ vnd die Jahre/ da
ich ein Schüler gewesen/ darzu mir
denn desto öffter anleitung geben/
meine Söhnlein/ die/ wenn sie nach
essens/ die ordentliche Capitel in der Biebel lesen/ oder sonsten
jhre Lectiones auffsagen/ nach allerley/ vnd bißweilen
solchen dingen fragen/ daraufsich einer noch wol zimlich
bedencken mus/ ehe er eigentliche Antwort geben kan. Dest
mir fellet als denn ein/ wie ich gleicher gestalt/ in so kindlicher
einfalt/ mich vnterzeiten vmb das bekümert/ das mich
noch nicht angangen/ Sonderlich aber kömpt mir offt lecherlich
für/ das ich einmal von einer Person gern wissen
wolt/ wer die Bibel gemacht/ mir dieselbe zur antwort gabe/
Doctor Luther/ welches/ wie es dieselbe nicht anders
wuste/ gleubte ichs auch in einfalt so lang/ biß ich auff einmal
in der Schul/ von meinem Præceptore höret/ das Herr
Lutherus nichts mehr daran gethan/ denn dieselbe deutsch
vertiret/ vnd etzliche Præfationes vnd Scholia darein gesetzet/
die doch dem Texte nicht gleich geachtet/ noch gleich geachtet
werden sollen.

(a) ij   Auff

Vorrede.

Auff eine zeit höret ich einen Prediger/sehr alte vnd mancherley Historien allegiren/deßgleichen pflegten die damals mein Præceptores, solches in erklerung der Authorum zu thun/wie sie mir denn auch vielmals derselben zuuerla-teinen fürgaben: da kam ich in die gedancken/woher doch die Leute solches nemen köndten? Vnd da ich gleichfals fra-get/vnd beantwortet wurde/aus den Chronicis, wolte ich fer-ner wissen/welche die aller eldeste? Als man mir auch dar-auff sagte/die Bibel/vnd aber dieselben/so ich recitiren hö-ren/vnd zum Argument gemacht/nicht drinnen/vnd ich noch ferner anhielt/wo deñ die zu befinden/sagte man mir/ bey andern Scribenten.

Ob ich aber wol auch damals pergirte/welches dieselbē? erfuhr ich doch kein andern bescheid/als/ich würde es einmal wol erforschen/döchte mir noch nicht zu wissen/ich solte mein pensum absoluiren vnd lernen/was mir fürgeben. Nichts desto weniger bliebe der appetitus in vnd bey mir/vnd hab ich vom selben mahl an grösser inclinationem zu den Historien befunden/auch Gott lob/zimlichen nutz daraus erlanget.

Neben dem het ich auch gerne gelernet/wie oder welcher gestalt/man von der Bibel an/biß auff vnsere zeit eine ei-gendtliche vnd gewisse Chronologiam haben köndte? aber darauff köndten mir/die ich hierin rathsweise ersucht/kei-nen oder kleinen bericht zu geben.

Da ich nu zu meinem verstandt/vñ durch Gottes wun-derliche fürsorge/zeitlich/als Anno Christi 1574. meines al-ters im 20. Jahr/ins heilige Predigampt befördert wurde/ vnd zu etlichen alten vnd newen Leibereyen/ein zutrit er-langete/kam mir mancherley zu lesen für/Weil aber mein grostes intentum auff Historias stunde/schlug ich fleissig nach/ befunde aber gar vngleichen bericht/welches mich offt so schellig in meinen sinn machte/das ich mit grossen vnmut/ ein Buch da/das ander dort hin warff/wenn aber der Zorn ein wenig fürüber/sie wider zusammen raffte/mich wider drüber setzte/vnd entlichen fürname/mir selbest ein Jahr-rechnung/vnd ordnung der Historien zustellen/wie sie vom ersten Buch Mosis an/durch aller Welt Geschicht bücher/ biß auff vnsere zeit/in guter ordnung auffeinander gehen.

Das dieses ein schwerer labor als Sisyphi. weis vnd verste-het niemandt/denn die/so solches versuchet. Fürwar einer vergisset essen vnd trincken drüber/machet einen so mat vnd müde/als wolt er ohnmechtig werden/wie denn das Werck

mit

Vorrede.

mit der zeit beweiset wird/vnnd vorlangst hette beweisen sollen / da nicht andere höher begabte / in dem mir vorkommen/welchen ich billich die Ehre gönnet/vnd nomine totius Reipublicæ literariæ jnen hierfür hertzlichen vnd schuldigen dancksage/vnd in meim erlittenen Brandschaden/das meiste vnd gröste theil/wie von vielen andern nutzbaren sachen mehr/were wegkommen/das doch zu seiner zeit/ verleihet Gott leben vnd gesundheit/wider erstattet/vnd als ich mich nicht anders versehe/aliquid lucis veritati Historicæ gebē/ vnd neben andern eiusdem argumenti seine stel haben sol.

Jn dem ich aber in der weitleufftigen vnd beschwerlichen arbeit/etliche Jare/mit mercklichem abbruch rei familiaris meæ vmbgehe/vnd nichts desto weniger mein schwer Ampt verrichten mus/vnd erfahr/das die Historien den Zuhörern erbawlich/hab ich/ damit ich in der grössern arbeit/ gleichen relaxationem haben/vnd so offt ich derer benötiget/ sie in vorrath finden möchte/zu samen in diß Buch colligiret. Vnd nachdem sie der wirdigkeit geachtet/das sie auch andern/ da sie durch den öffentlichen Druck außgiengen/ nützlich sein köndten/publici iuris gemacht/vnd im Namen Gottes/meiner Postillen vortrab sein lassen.

Ewer Gnaden aber/Wolgeborner Edler vnd gnediger Herr/hab ich diesen ersten Theil dediciret vnd zugeschriebē/ weil E. G. ich lang gekant/vnd E. G. meines geringen diensts/in grossen gnaden offt gebraucht/da vor 18. Jaren/ ich des gestrengen Edlen vnd Ehrenuesten Niclas Langen von Langenhart/ etc. damals E. G. geliebten Herrn Vatero zu Comothau/hernach E. G. Heuptmans zum Rotenhauss/etc. Kinder pædagogus ich gewesen/zu welchem als eim verstendigen vñ trewen vom Adel vnd Befehlhaber E. G. offt komen zu E. G. auch von jhm ich offt geschickt wurde/daher mir deñ/mit was Väterlicher vnd Mütterlicher vorsorge E. G. von jren geliebten Herrn Vater vnd Fraw Mutter/zu aller Gottseligkeit/Tugent vnd Erbarkeit gehalten vnd erzogen/mir gar wol bewust/vnd E. G. Christlich gemüt gar wol abgemercket vnd bißhero behalten/zweifel auch nicht/E. G. in solchen verlauffenen Jar vber/nicht abe/sondern zugenommen haben werde. Vnter so vielen vñ grosswichtigen hendeln/als E. G. hat/glaub ich wol/ das E. G. meiner/als eines armē Gesellen/lengest vergessen/zweifel aber gleichwol auch nicht/E. G. sich bey dieser dedication, auff mich in gnaden besinnen werden können/da sonderlich mit E. G. ich/ als ich denn hoffe/ in mündliche vnd vertrawliche vnterredung komme. (a) iij Vnd

Vorrede.

Vnd hat E. G. mir vieler Tugent halben/stets so beliebet/das ich sieder offt/vnd fast täglich/an E. G. gedacht/vnd in meinen exilijs, etliche mal willens gehabt/dieselbe zubesuchen/ bin auch komen/biß zum jetzt Wolgedachten Herrn/ Niclas Langen von Langenhart/ vnd hat solches zu zweyen mahlen/wenn ich bey seiner gestrengkeit/ deßhalben eingesprochen/verhindert/das E. G. niemals einheimisch gewesen/welches der von Langenhart bekentlichen. Der auch mir E. G. Wappen zu dem behuff/das ich es mit auff diß Werck solte vnd wolte setzen lassen/vnnd nu mehr wegen meines erlittenen brandts/ darin es auch mit vmbkommen/für sechs Jahren zugestellet. Vnd wie ich nicht anders weis/ das er bey E. G. zurselben zeit meiner erwehnet/vnd sehr gerne gesehen/das zu E. G. ich in diensten were gebraucht worden.

Mein geliebter Bruder/ Herr Jonas Riuander/ hat das glück zu E. G. gnaden gehabt/in dem jn E. G. zu jhren Seelsorger gnedig befördert/ vnd erhöhet/ welches er denn vor sich selber/ vnd auch aus meiner stetigen erinnerung vnd vermanung/ danckbarlichen gedencken/ vnd mit allen trewen vnd fleiß neben vntertheniligen schuldigen gehorsam/ das jenige erstatten wird/was jhm sonsten zuuergelten vnmüglich/ wie ich deß auch seinethalben/ mit dieser vntertheniligen zuschreibung, dieser/ nach ansehen/albern/aber nach m brauch/ nutzbare arbeit/ mich jnn vnterthenigkeit danckbarlich præsentiren wollen / in vntertheniger vngezweiffelter hoffnung vnd zuuersicht / E. G. solches von mir in gnaden vermercken vnd ansehen / auch meinen lieben Bruder/ vnd E. G. trewen Hoffprediger/ zu mehrer gnediger beförderung meiner vnd seiner trewen dienste halben/ befohlen sein lassen werden.

So weis menniglich/ den E. G. in diesem Niederlausitz (darin ich jetzund bin/ vnd bey meinem beschwerlichen Ampt mein pistrinum vnd Notstal/ oder das ichs Theologice nenne/ meine Creutzschule habe) vnd anderswo E. G. kennet/ das E. G. ein sonderlicher Fautor studiorum vnd studiosorum, vnd daneben die reine Lehr Göttlichs Worts/ mit rechtem Christlichen eiffer vnd hertzen propagiren vnd fortsetzen helffe. Vnd gedencke ich hier nicht vnbillich/ das zu meiner zeit/ derer ich jetzunder ein wenig erwehnet/ ein fürnemer gelerter/ aus der damals weitberämbtē Vniuersitet Wit-

Vorrede.

tet Wittenberg/an E. G. vmb Wilpert/zu sein Ehren anlanget/E. G. auch jhn in gnaden darmit versahe/welches bey E. G. er nicht würde gesucht/E. G. auch nicht so ein weiten weg würden geschickt haben/da E. G. wiewol andere viel E. G. gleichen/die Gelerten/vnd freyen Künst verachtet/vnd nicht grossschetzig gehalten hetten.

Wie denn auch zubelohnung solcher Tugendt vnnd Christliches hertzens/vorermelte hohe Schul/E. G. als sie daselbsten/Anno Christi 1569. studieret/zum Rectorem vnd jhrem Heupt erwehlet. Die Oratiunculæ, so E. G. damals in jhrem Rector ampt/legos Scholasticæ recitiret worden/vnd da E. G. dasselbe wider resigniret/gehalten/zeigen an/das E. G. ein Christlich Hertz/vnd sonderliche inclination zun Historien habe/derhalben sie denn auch E. G. zu ehren/in den 6. Tomum orationum Dn. Philippi inseriret/vnd ich es ohne dess/von E. G. weis/derhalben ichs denn auch wol gelegen vnd bequem geachtet/E. G. mit diesem Historienbuch in vnterthenigkeit zuersuchen/vnd das bey E. G. die alte gnade/wider ernewert vnd augiret werden möge/in vnterthenigkeit mich anzugeben.

Bitte darauff in vnterthenigkeit/E. G. woltens inn gnaden verstehen/auff vnd annemen/mein vntertheniges vnd wolmeinendes gemüt gegen E. G. daraus vermercken/vnd mein gnediger Herr sein vnd bleiben. War ists/das E. G. etwas statlichers werth/E. G. auch angenemer sein würde/da ich derselben Ankunfft ausführlich machet/das herrliche Geschlecht von seinen rühmlichen thaten lobete/Jedoch tröst ich mich/das E. G. nicht das donum, sondern animum donantis in gnaden ansehen/vnd nach demselben diese vnterthenige verehrung ermessen/vnd es in gnaden darfür gentzlich gleuben/das hierzu ein sonderliche schwere arbeit/mir zuertragen vnmügliche kost/allerley vorschub alter vrkunden/vnd sonsten/desgleichen auch mehr tuhn nötig/vnd vielleicht/da ich vermercke/das E. G. diss in gnaden approbiret/vnd mir zuuersthen gibet/das jhr das andere gefellig/kans zur andern zeit ins werck gerichtet/wie ich denn auch nicht zweiffel/diss mein Scriptum vmb E. G. löblichen Namens willen/vielen desto lieber sein werde. E. G. zu ehren/vnd das menniglich sehen möge/das nicht allein E. G. sondern auch jhre Vorfahren vnd agnaten/grosse lust zun Studijs gehabt/selber auch sich derselben beflissen/ist ein zier in

(a) iiij   E. G.

Vorrede.

E. G. herrlichen Ahnen/ Herr Bouslauts/ Herr von Hassenstein/ etc. welcher sich einen sehr gelarten Herrn beweisen/ in dem er ein stadtlich Buch geschrieben/ de Germanorum & Italorum inuentis proprijs, Item/ eins Carminum, so wol eins de Auaritia, auch eins Variarum epistolarum, Desgleichen ein Carmen Consolatorium an Vladislau, König in Vngern vñ Böhmen/ vber den tödtlichen abgang Annæ seiner Königk: May: Gemahl/ ein Elegiam von seinen peregrinationibus Europæius vnd Alianis, Hortationem ad Christianos de mouendo in Turcos bello, Carmine erudito, hat in grossem ansehen gelebet/ Anno Christi 1494. wie denn auch zum gleichen gedechtnis/ seine Poëmata Anno Christi 1570. zu Praga zusammen gedruckt/ mit lust vnd verwunderung von vielen Gelerten gelesen worden sein/ vnd noch.

Ist Fürst Görg von Anhalt/ wegen seiner Kunst/ Gottseligkeit vnd Gaben halben/ dem gantzen Hause von Anhalt/ wie ein herrlicher Saphier/ fürwar so ist dieser Herr von Hassenstein/ dem gantzen Stamme ein brennender Carfunckel/ der aller Christlicher vnnd gelerten Hertzen so durchschimmert/ das je E. G. vnd alle jhre Verwandten/ je mehr vnd mehr alles guts wündschen/ darzu nu diese mein Dedication schrifft das jre auch thun/ vnd solches fleissig befördern helffen sol. Befehl E. G. dem trewen Gott zu langwiriger leibs/ vnd ewiger Seelen gesundheit/ vnd friedlichem Regiment/ Amen. In der heiligen Osterwochen Anno Christi 1594.

E. G.

Vnterthenigher

Zacharias Riuander/ der heiligen Schrifft Doctor/ vnd Bibersteinischer Superintendens/ etc.

Dem

Dem Christlichen vnd auffrichtigen Leser.

WElcher gestalt ich ins studium Historicum gerahten / hastu aus vorgesetzter Dedicationschrifft an den Wolgebornen vnd Edlen Herren / Herren Bohußlau Joachim / Herrn von Lokowitz vnd Hassenstein / etc. im ersten/ vñ der/ so für den andern teil gesetzt/ an den Wolgebornen vnd Edlen Herrn/ Herrn Catln/ Herrn von Biberstein / etc. beyder meinen gnedigen Herren / mit mehrem zuuernemen. Was ich aber dahero darümen præstiret/ zeuget mein Andertheil Promptuarij Exemplorum, Anno Christi 1581. zu Franckfurt am Meyn/ vnter der Römischen Keyserliche Maiestat/ meins allergnedigsten Herren / etc. Priuilegio, durch Siegmund Feyerabend/ vnd Johan Spies gedruckt (von welchen/ wie man mir es entfrembdet/ vnd ohne meinen vorbewust/ vnd willen/ von ein Vaganten erkauffet/ vnd vnaußgearbeitet mein Namen drauff gesetzt/ darmitte man nicht criminis falsi, von mir oder jemand/ möcht beschuldiget werden/ hette ich alhier billiche Klage einzuwenden/ da ich eifern wolte / vnd nicht an seinen ort stellete) deßgleichen mein Thüringische Chronica/ mit der mir es gleichs fals / als jetzund gemeldet / gangen / mein schreiben vom Cometen/ vnd andere meine opuscula mehr / vnd wils der liebe Gott/ kommende werck/ der Chronica von Ober vnd Niederlausitz / die Bibersteinische Genealogia, vnd die vorerwehnete Chronologia, &c. vnd stell ichs zu deiner vnparteischen gutbedüncken/ etc.

Jetzunde behalt meine wolmeinende erinnerung/ die dir nötig vnd zuträglich/ wenn du diß mein Historienbuch mit nutz vnd frucht lesen wile/ weil nicht ohn das die Historien sehr mouiren/ vnd offtmals ein Prediger/ einem subtilen vnd fürnehmen Zuhörer/ wenn er sie apte fürbringet/ eins in bart dreen kan/ das er nicht weis / wie er dran / hab ich mich flugs anfenglich derselben in meinen Predigten beflissen / auch das sie frucht geschafft / bey meinen Zuhörern an vnterschiedlichen orten/ vnd vngleichen Personen/ in der that befunden/ das ich nu derer in Vorrath/ wenn ich ihrer benötiget/ hab ich sie in sonderliche zwey Theil / eins nach den Festen/ das ander nach den Sontagen verfasset/ vnd ihnen à potiori den Namen geben/ das sie heissen/ vnd heissen sollen/ Fest Chronica/ darin gehet in einer summa alles darauff/ das ich darmit beweisen wil/ daß das Sprichwort war/ Je heiliger die zeit/ jhemehr der Teuffel zuschaffen/ vnd das vnser lieber HErr Gott/ die Festverechter/ die jetzund sehr gemein/ vnd für lautern Papistischen Tand vnd mißbrauch gehalten werden / je vnd allewege gestraffet/

vnd

An Christlichen Leser.

vnd den jenigen wolgethan/die sie in der furcht Gottes/mit hertzlichem Glauben geehret. Es ist auch darinnen bißweilen darauff achtung geben worden/das du bey den Historien etlicher massen den Scopum des Texts/so man darauff prediget/verstehen/vnd sonsten allerley inuentiones draus haben/vnd etliche füglich allegiren könst/als denn der Tittel dich berichtet.

Das ich die Ordnung der Jahre nicht obseruiret/vnd die geschichten gesetzt/wie sie auffeinander gefolget/laß dich nicht wundern, denn ich auff dißmal nicht die zeit/sondern solche Exempel beschreibe/die sich zu Fest vnd Sontagen reimen/vnd werde ich dir in dem/geliebet es Gott/in meinen Annalibus gratificiren/etc.

Wenn dich bißweilen bey einem loco eine Historia schwer/vnd wie sie darzu concordire, dir zuuersthen/seltzam dünckt/so betrachte die Circumstantias, vnd sonderlich den Text/so darauff geordnet/mit fleis/wirstu es mit lust finden/wo nicht/so keuff dir meine Postilla vber die Sontags vnd Fest Euangelia/weil sie nu/volente Deo, bald folgen wird/darzu/schlag darinnen nach/wir stu sein berichtet werden/ denn in derselbigen pflege ich mich darauff/bißweilen deutlich gnug/ bißweilen kaum mit ein wort hieher zu referiren.

Vnd hab ich die Historien von der Postilla abgesondert/darmit sie nichte zu lang/zu schwer ain kauff/vnd verdrießlich am lesen würde/ vnd das denen/die dieselbe vmb nichts anders/als der Historien halben haben wolten/gewilfahret würde/Sonderlich aber/das es dem Verlager/Herrn Henning Groß/rahtsam gedaucht/etc.

Ich setze aber die Historien in diesem Buch nude, gar bloß /sine applicatione, vmb wichtiger bedencken willen/dauon vielleicht auder zeit/ich dir bericht geben werde/vnd wird sich dieselbe in der Postillen/ohne einige anleitung dieses orts/selber wol finden vnd geben. Die Leute sind jetzunde so zart/vnd eckel/das sie auch Historicam veritatem nicht vertragen wollen/oder können/da man sie nur ein wenig auff die sachen richtet.

Mancher Christlicher Haußvater hat auff die Fest oder Feyertage zuverreisen notzhalben/wenn er nu in der Kirchen gewesen/kan er diß Buch im Wagen bey sich haben/das vertreibet jhm nicht allein die zeit/sondern erinnert jhn auch/was die Kirche auff solchen tag für hat/ das kan er auch thun/ob er gleich daheimen bleibt/nach gehaltner Predigt seinen Kindern vnd Gesinde daraus fürlesen/das wird Gott gefelliger sein/vnd zu besserer Haußzucht dienen/als andere schand vnd Narrenbücher/darmit sich die leichte Welt zu schleppen pflegt.

Herren Lutheri Brieff vnd Hendel/setze ich drinnen darumb gerne/vnd desto weitleufftiger/dieweil sie voller Göttliches getriebes vnd

Geistes/

Vorrede.

geistes/ vnd bey vielen fast in verachtung kommen. Das ich der Fest Vrsprung vnd gebrauch/ nicht genaw beschrieben/ ist darumb geschehen/ das andere gethan/ sonderlich Goldtwurm im Calendario Sanctoru̅, vnd Herr Chytræus in seine Onomastico Theologico, daraus das/ das jetzundt gemeine/ gemacht/ vnd jens mit dem augiret ist. Sonderlich hat es gar förmlich/ vnd mit einer langen kürtze/ vn̅ kurtzen lengereichlich geleistet/ Herr Dresserus in seinem Büchlein de Festis diebus Christianorum & Ethnicorum, &c. mich derhalben hier nur dessen beflissen/ das in dergleichen Büchern nicht begriffen/ da es aber ja noch sein solte/ kan nach gelegenheit wol zur andern zeit geschehen/ vnd noch viel andere hierzu gehörige sachen darzu bracht werden. Anderer worte hab ich lieber / als meiner eigenen brauchen wollen /wo ich sie haben können/ das ich dardurch für den Sycophantis vn̅ Calumniatoribus desto sicherer zu sein verhoffe/ vnd in dem /das zu vnser zeit/ fürnembsten Chronologici, Herrn Abrahami Bucholzeri bedencken mir gefallen lassen / welchs er ans ende seines Iudicis Chronologici gesetzt/ da er also saget: Sæpe malui autorum verbis quam meis loqui, quod dulcius ex ipso fonte bibantur aquæ. Ac vt mens hominum varietatis auida, nescio quid iucundi nonnunquam habet veterum quorundam obsoleta dictio, ac suo quodam modo rudius compta Oratio, ex qua non rarò plus intelligitur quam dicitur, plus significatur, quàm effertur. Habenda etiam fuit ratio pauperculorum Scholasticorum, qui cum non mox possint ipsos autores ingenti precio comparare, hic forté alicubi reperient, quo se exatient. Nec sane dissimulo, me metuere viperas, quarum morsum vt euitarem, locutus sum potius alienis verbis quam meis, ne illæ in me in currerent, ac seuirent: Sed si vellent, autori ipse dentem infigerent, & vel apud Rhadamanthum grauem ei grandemq; dicam scriberent. Taceo interim quod multa à chronographis recitantur, quorum fides non à recitantibus, sed à scriptoribus ipsis petenda est, vbi maximé conducit, aliena pro suis afferre in medium, & iudicium Lectori permittere. Man pfleget gemeiniglich bey den Historien die Authores namkündig zu machen/ das ichs aber vnterlassen/ hab ich geliebter kürtz haben gethan. Biß weilen ists geschehen/ aber denn aller erst/ wenn ichs der wichtigkeit geachtet/ das du aber in gemein weissest/ was für Leute arbeit ich darzu gebrauchet/ hastu ein Catalogum vn̅ verzeichnis derselben flugs auff diese Erinnerung folgen.

Grosse Kunst wirstu darinnen auch nicht finden/ jedoch das erfahren/ das/ was an kunst mangelt/ ich mit fleis einbracht/ sage mit Chythræo in seinem Onomastico Theologico ad lectorem: Qui labor, vt

Vorrede.

bor, vt ingenij fortasse nihil ita, aliquid tamen attentionis & assiduitatis in colligendo requirit/ gleub auch gar wol/ das nunmehr/ weil ich den weg geweiset/ ein ander besser machen möchte/ weil es war/ Inuentis facile est addere, gönne es auch einem jeden gerne/ doch/ das ers für sich thue/ vnd lasse die Fest Chronica D. Riuandri Fest Chronica sein vnd bleiben/ wirds besserung bedürffen/ so gleub gewiß/ das ich so wol vnd vielleicht besser werde thun können als du. Vnter des hab ich dir bey eim jeden Fest vnd Sontage spacium gelassen/ dahin magstu dir in priuata vsu setzen was du liesest/ dir gefellet/ vnd sich da hinzu schicken meinest.

Schließlich bitt ich dich sehr freundtlich/ du wollest alles candide verstehen/ vnd deuten/ den willen für die that nemen/ mich auch gegen meine widerwertige/ durch die mir der Teuffel/ aus verhengnis Gottes/ vmb meiner Sünde willen/ doch zu meim besten/ hefftig zusetzet/ in deinen schutz/ vnd vertheidigung befohlen sein lassen/ vnd für mich Gott fleissig anruffen/ das ich in reiner gesunder Lehr/ vnd vnstrefflichem leben/ biß an mein letzten seufftzer/ in diesen wunderlichen leufften/ vnd d seltzamen zustandt der Religions/ Kirchen/ vnd der Seelen Heil vnd Seligkeit sachen/ erhalten werden/ vnd was ich sonsten noch mehr vnter handen/ verfertigen möge/ das will ich vmb dich in gleichen/ vnd sonsten möglichen diensten/ wider verschulden/ mit erbieten/ das/ da du mich von einem oder den andern/ mit Christlicher bescheidenheit erinnerst/ oder ich auch selber sehen werde das noth/ vnd dir darmit gedienet/ das ich diß vnd andere mehr wercke/ dir zum besten/ in richtigerer ordnung/ weitleufftiger mittheilen wolle/ wie ich denn auch meiniglich ansehe/ das sie sich niemandes Calumnias von meinen scriptis (da sie die sonsten gerne lesen) abhalten lassen. Befehle dich vnd mich/ dem trewen lieben Gott/ der wol vns semptlich vnd sonderlich erhalten zum ewigen Leben/ Amen. In der heiligen Osterwochen/ im Jahr nach Christi vnsers Seligmachers Geburt 1591.

Zacharias Riuander D.

D. Warth.

IVDITIVM
D. Mart. Luth. vom Nutz
vnd gebrauch der Historien.

ES spricht der Hochberühmbde Römer Varro/ das die aller beste weise zu lehren sey/ wenn man zu dem wort/ Exempel oder Beyspiel gibt/ Denn dieselben machen/ das man die Rede klerlicher verstehet/ auch viel leichter behelt/ Sonst wo die Rede/ohn Exempel gehört wird/ wie gerecht vnd gut sie immer ist/ beweget sie doch das Hertze nicht so sehr/ ist auch nicht so klar/vnd wird nicht so fest behalten/ Darumb ists ein sehr köstlich ding vmb die Historien/ denn was die Philosophi/weise Leute/vñ die gantze Vernunfft lehren oder erdencken kan/ das zum ehrlichen Leben nützlich sey/ das gibt die Historien mit Exempeln vnd Geschichten gewaltiglich/ vnnd stellet es gleich für die Augen/ als were man dabey/ vnd sehe es also geschehen/ alles was vorhin die wort/ durch die Lehre in die Ohren getragen haben. Da findet man beyde/ wie die gethan/ gelassen/ gelebt haben/ so from vnd weise gewest sind/ vnd wie es jnen gangen/ oder wie sie belohnet sind/ Auch widerumb/ wie die gelebt haben/ so böse vnd vnuerstendig gewest sind/ vnd wie sie dafür bezalet sind.

   Vnd wenn mans gründtlich besinnet/ so sind aus den Historien vnd Geschichten fast alle Rechte/Künst/ guter Rath/ Warnung/ drewen/schrecken/trösten/stercken/ vnterricht/ Fürsichtigkeit/ Weißheit/ Klugheit/sampt allen Tugenden/etc. als aus einem lebendigen Brunnen gequollen/ das macht/ die Historien sind nichts anders/ denn anzeigung/ gedechtnis/ vnd merckmahl Göttlicher werck vnd Vrtheil/ wie er die Welt/ sonderlich die Menschen/ erhelt/ regiere/ hindert/ fördert/ straffet vnd ehret/ Nach dem ein jeglicher verdienet/ böses oder gutes. Vnd ob gleich viel sind/ die Gott nicht erkennen noch achten/ noch müssen sie sich an die Exempel vnd Historien stossen/ vnd fürchten/ das jhnen nicht auch gehe/wie dem vnd dem/ so durch die Historien werden fürgebildet/ dadurch sie herter beweget werden/denn so man sie schlecht mit blossen worten des Rechtes oder Lere/ abhelt/ vnd jhnen wehret/ wie wir denn lesen/ nicht allein in der heiligen Schrifft/ sondern auch in den Heydnischen Büchern/ wie sie einführen vnd fürhalten/ der Vorfaren Exempel/ wort vnd werck/wo sie etwas erheben wollen/ bey dem Volck/ oder wenn sie fürhaben zu lehren/ ermanen/ warnen/ abschrecken.

(b)   Darumb

D. Mart. Luth. Iudicium.

Darumb sind auch die Historien schreiber/die aller nützlichsten Leute/vnd besten Lerer/das man sie nimmermehr gnug kan ehren/loben/oder dancksagen/vnd solt das sein ein Werck der grossen Herrn/als Keyser/König/etc. die da ihrer zeit Historien mit fleiß liessen schreiben/vnd in die Liberey verwaret/beylegen/auch sich keiner Kost lassen dawren/so auff solch Leute/so tüchtig dazu weren/zuhalten vnd zuerziehen gienge/wie man sihet/sonderlich in den Büchern/der Richter/Könige/Chronicken/das bey dem Jüdischen Volck/solche Meister sind gestifftet vnd gehalten geweft/Auch bey den Königen in Persen/die solche Liberey in Meden gehabt haben/Als man aus dem Buch Esre vnd Nehemia wol vernemen kan. Dazu heutigs tages/die Fürsten vnd Herren/müssen ihre Cantzeley haben/darin ihre eigen/beyde/newe vnd alte Sachen auffheben vnd beylegen/wie viel mehr solt man die gantze zeit vber ires Regiments/eine Historien von allen/oder zum wenigsten von den gewegenesten Sachen fassen/vnd den Nachkommen hinder sich lassen.

Vnd was haben wir Deudschen mehr zu klagen/denn das wir vnser Vorfahren vor tausent Jaren Geschichte vnd Exempel nicht haben/vnd fast nichts wissen/wo wir herkommen sind/ohn was wir aus andern Nation Historien/brauchen müssen/die vielleicht aus not/als zu ihren Ehren/vnser müssen gedencken/Denn weil Gottes werck ohn vnterlaß für sich gehet/wie Christus spricht/Mein Vater wircket biß daher/vnd ich auch/so kans nicht fehlen/es mus zu jederzeit/etwas mercklichs geschehen sein/das man billich mercken solt/vnd ob s nicht alles kündte auffgelesen werde/das doch die wichtigste stücke auffs kürtzest behalten würden/wie denn solchs etliche gemeinet haben/die von Dieterich von Bern/vnd andern Riesen/Lieder gemacht/vnd damit viel grosser Sachen kurtz vnd schlecht dargegeben haben. Aber es gehört darzu ein trefflicher Man/der ein Lewen hertz habe/vnerschrocken die Warheit zuschreiben/Denn das mehrer theil schreiben also/das sie ihrer zeit Laster oder vnfal/den Herren oder Freunden zu willen/gern schweigen/oder auffs beste deuten/widerumb geringe oder nichtige Tugendt alzu hoch auffmutzen/Widerumb aus gunst ihres Vaterlandes/vnd vngunst der Frembden die Historien schmücken oder sudelen/darnach sie jemandt lieben oder feinden/damit werden die Historien vber die masse verdechtig/vnnd Gottes werck schendtlich verdunckelt/wie man den Griechen schuldt gibt/Auch des Bapsts Heuchler bißher gethan/vnd noch thun/vnd zu letzt dahin kömpt/das man nicht weis/was man gleuben sol/Also verdirbt der Edle/schöne/höchste nutz der Historien/vnnd werden eitel Wescher daraus/das macht/das solche hohe werck Historien zuschreiben/einem jeglichen

frey

Vom nutz vnd gebrauch der Historien.

frey sihet/der schreibet denn vnd schweiget/lobet vnd schilt/was ihm gut dünckt. Darumb sol diß Ampt von hohen Leuten/oder je von wolbestelleten Leuten gebraucht werden/denn weil die Historien nichts anders denn Gottes werck/das ist/Gnad vnd Zorn beschreiben/welchen man so billich gleuben mus/Als wenn sie in der Biblien stünden/Solten sie warlich mit allem höchsten fleis/trewen vnd warheit geschrieben werden. Aber das wird nu mehr/acht ich wol/nicht geschehen/ Es keme denn die Ordnung wider/die bey den Jüden gewest ist/ In deß müssen wir vns lassen begnügen/ an vnsere Historien/wie sie sind/Vnd zu weilen selbs dencken vnd vrtheilen/ ob der Schreiber/etwa aus gunst oder vngunst/schlipffere/ zu viel oder zu wenig lobet vnd schilt/darnach er den Leuten oder Sachen geneigt ist/ Gleich wie wir leiden müssen/das die Fuhrleute in solchem losen Regiment/den Wein vber Land mit Wasser felschen/ das man den reinen gewachsen Tranck nicht kriegen kan/vnd vns begnügen lassen/das wir doch das meiste/oder etwas dauon kriegen/etc. Jn 6. deudschen Jenischen Tomo, folio mihi 531.

(b) ij   Epigram-

EPIGRAMMA
In
EOPTOXPONIKON
REVERENDI ET CLARISS.
VIRI, D. ZACHARIÆ RIVAN-
dri, S. S. Theologiæ Doctoris, &c.

*Vt Deus in Sanctis laudarier, vt sacra psalta*
 Pagina, quam scripsit nomine plenas, habet.
Sed nisi quis noscat, sanctorum facta fidemq́,
 Haud horum laudes rite sonare potest.
Ergo suis sanctis & in his vt gloria Christo
 Detur, qui sanctos, sanctior ipse facit.
Condidit hunc librum, Riuander, laude refertum
 Sanctorum, laudem promeruitq́, sibi.
Nam sua qui tribuit veris Encomia sanctis
 Is merito vera præmia laudis habet.

     Petrus Streuberus S. S. Theolog. D.
     Poëta Laureatus Cæsareus, So-
     rabiensium Superintendens, &c.

IOCVS AD CLARISS. VIRVM
DN. D. ZACH. RIVANDRVM.

Cum tua Streuberus commendet scripta Poëta
 Sanctorum sanctas cum probet esse dies:
Cur non Zachariæ festum celebrare iubemur?
 Fortasis Petro sanctior ille fuit.
Zacharias merito, merito quoq́, Petrus amatur
 Si modo quod Christus mandat vberq́, facit.

     Iohann. Francus Philos. & Med. D.

EPIGRAMMA AD LECTOREM.

Hymni seris peragens solennia sacra loquelis,
 Rite subit somno munia grata DEO.
Festaq́, spernentes iustissima pœna sequetur,
 Hæc quod solerti scripta labore probant.
Nam liber hic festis quæ sunt celebrata diebus
 Rebus & exemplis commemorare solet.

          Ordine

Ordine monstrantur gestarum tempora rerum
　Quæ vitam, veluti regula certa, regunt.
Post exempla docent quales nos esse velimus,
　Vt pote quos veri cura timoris agat.
Sic opus hoc sacris dat plurima commoda Musis:
　Ergo pio vultu Lector amande cape.

　　　　　　　　　M. Franciscus Rudelius Pastor
　　　　　　　　　　Sprembergensis.

ALIVD.

EN tibi Riuandri librum carißime lector
　Qui modo Forstenij templa sacrata regit.
Vir pius, ingenio magnus, virtuteq́, clarus
　Proditur ex scriptis, quæ dedit ipse, suis.
Ob clarias etiam, quibus est instruetus is, artes
　Donaq́, reddendi dogmata sancta DEI:
Nec non obcultos, quos gestat pectore, mores
　Omnibus est gratus, cum quibus esse solet.
Ille sibi soli non natum iudicat esse,
　Sed tentat multis vtilis esse viris.
Propter id eximios communicat hosce labores,
　Quos genuit studijs impiger ille suis.
Præter diuini lectißima dogmata verbi
　Quæ sobrio tractat, cum pietate, stylo,
Historias etiam præclaraq́, facta quiritum
　Inuenies illo lector amice loco.
Hoc pietas, studium, mens & commendat honesta,
　Vtile, ne pigeat noscere lector, opus.
Sed non mundanas gazas, non sum seris aurum
　Hinc, sed diuinæ percipiuntur opes.
Has, si quo spectant, veros adhibebis ad vsus,
　Magna tibi venierit commoda, magnus honos.
Ipsemet hinc disces qui recte viuere posis
　Atq́, piè cœli regna beata petas.
Et multos alios hinc docta mente docebis
　Vnde tibi surget non moriturus honor.
Hosce vel inuitus laudabis Momė labores
　Si quid adhuc animi candidioris habes.

　　　　　　　　　　M. Samuel Zerniconius.

AD REVERENDVM ET CLARISSIMVM VIRVM DN.

ZACHARIAM RIVANDRVM S.S. Theologiæ Doctorem, Generoſorum Baronum Biberſteinenſium Superintendentem digniſſimum, Patrem ſuum chariſſimum, Hendecaſyllabum in Zoilum.

*V*t viuum manifesta corpus vmbra
Fulgenti comitatur igne Phœbi:
Sic nullus numeroſa amator vſq;
Virtutis potuit venire, cuius
Noctam Siſypho labore famam,
Aſperſa ſtimulis maligna labe,
Nunc vis inuidiæ, heu dolor, nociuis
Non roſiſſet acerbiore rictu,
Quam ſi felle furens nocet Lycambes,
Hoc vt Tullius ore dixit ipſe.
Ergo non iuueni mihi videtur
Mirum, zoilus iſta frontis expers,
Audacter tua, quod calumniatur.
Vt deſit ſine viribus facultas,
Est laudanda tamen viri voluntas.

       Zacharias, Doctoris Zachariæ
       filius, Riuander: Hallenſis,

           CATA-

CATALOGVS Vnd Verzeichnis derer Gelerten
vnter Theologis vnd Historicis, so vom Authore
zu dieser FestCronica gebraucht worden.

A.
Augustinus.
Ambrosius.
Athanasius.
Abraham Bucholzer.
Andreas Hippenrodt.
Apuleus.
Albertus Krantz.
Aristoteles.

B.
Basilius.
Bernhardus Scardeonus.

C.
Cedrenus.
Cuspinianus.
Chronica Philippi.
Cosmographia Munsteri.
Caspar Hedio.

D.
Diaconus.

E.
Eusebius.
Erasmus.

F.
Fulstein.

G.
Georgius Maior.

H.
Heinricus Rott.
Hermannus Gigas.

I.
Iodocus.
Iodocus Hokerius.
Iobus Fincelius.

L.
Lutherus.
Ludouicus Viues.
Leonhart Krentzheim.
Laërtius.

M.
Marcellinus.
Martinus Bhem.
Moscowiterische Chronica.
Mechouius.

N.
Nicephorus.

O.
Origenes.
Otto Frisingensis.

P.
Pontanus.
Petrus de Natalibus.
Petrus Albinus.
Plato.
Prudentius.
Paulinus.
Prompt: Exemp:

R.
Ruffinus.

S.
Socrates.
Sleidanus.
Sigebertus.
Sabellicus.
Spalatinus.
Sebastianus Fröschel.

T.
Theodoretus.

V.
Vngerische Chronica.
Vrspergensis.
Vincentius.

W.
Wolffgang Büthner.

Z.
Zonaras.
Zacharias Riuander D.

Von den Festen der Jüden vnd Christen in gemein.

Rey Fest hat Gott geordnet seinem Volck / auff welche sie sich gen Jerusalem musten verfügen / dieselbigen daselbst feyerlich zu halten / vnd jhre gewöhnliche Gottesdienst darbey vben vnd volbringen/ Als das Osterfest/ Das Fest der Pfingsten/ Vnd das Fest der Lauberhütten/ Wie Deut. am 16. geschrieben stehet. Dreymal des Jhars / sol alles/ was Männlich ist / vnter dir / für der HERR deinem Gott erscheinen / in der Stadt/ die der HERR erwehlen wird. Auff das Fest der vngesewerten Brodt/ (Das ist das Osterfest / in welchem sie vngesewret Brodt essen musten) Auff das Fest der Wochen / (ist das Pfingstfest/ welches Sieben Wochen nach Ostern gehalten ward) Vnd auff das Fest der Lauberhütten.

Auff das Fest der vngesewerten Brodt / oder Osterfest / wolte Gott / das die Jüden jhärlich zu Jerusalem solten zusammen kommen/ darmit die Gedechtnis / wie wunderbarlich die Kinder Israel / durch Gottes Allmechtige Handt/ durchs Rote Meer geführet waren/ erhalten würde.

Auff das Pfingstfest musten sie zusammen kommen/ das sie sich erinnerten/ der Wolthaten Gottes / das er jhnen sein Gesetze auff dem Berge Sinai gegeben hatte.

Auff das Fest der Lauberhütten/ musten sie kommen gen Jerusalem / Das sie Gott danckten für die gewachsenen Früchte der erden/ Vnd das sie sich erinnerten/ von der Ewigen Hütten aller Gottseligen im Himmelreich/ Sintemal wir hie keine bleibende stadt haben/ sondern ein ander Vaterlande suchen/ etc.

Also war/ wie gesagt/ das Osterfest / darauff die Jüden/ aus Gottes befehl/ jhärlich gen Jerusalem reisen musten/ von Gott eingesetzt / damit die Gedechtnis des grossen Wunderwerck / das Gott der HERR die Kinder von Israel/ durch einen gewaltigen Arm/ (nach vielen Wunderzeichen/ geschehen für dem Pharaone vnd seinen Gewaltigen) aus Egypten durch das Rote Meer / ausgeführet hatte / erhalten würde/ vnd bey den Nachkommen bliebe. Also / das wenn das Jhar vmb war/ vnd der Ostertag wider kam / in öffentlicher Gemein / in einem grossen hauffen Volcks/ die Historia des Auszugs aus Egypten gepredigt würde / Vnd daraus die Zuhörer sich erinnerten/ der wunderbaren Erlösung/ auff das sie / wenn sie hörten erzehlen die grausamen Plagen/ damit Pharao vnd die seinen geschlagen/ zur Gottseligkeit oder Furcht Gottes auffgemuntert würden.

Hiergegen aber/ wenn sie höreten die Wolthaten / die Gott jhren Vätern erzeiget hatte/ zur Danckbarkeit / zum Glauben/ zum Gebet/ vnd andern Tugenden/ die Gott wolgefallen / erwecket vnd bewogen würden. Wie im 105. Psalm sein darvon geschrieben stehet / Gedencket / spricht der Text / seiner Wunderwerck/ die er gethan hat/ vnd seines Worts/ Ihr der Samen Abrahams/ vnd seines Knechts / jhr Kinder Jacob/ seines außerweleten/ etc. Er sandte seine Knecht/ Moysen/ Aaron/ den er hatte erwehlet/ dieselbigen theten seine Zeichen vnter jhnen / vnd seine Wunder im Land Ham. Er ließ Finsternis kommen/ vnd machte es finster/ vnd waren nicht gehorsam seinen Worten. Er verwandelt jhre Wasser in Blut / vnd tödtet jhre Fische. Jhr Land wimmelte Kröten heraus/ in den Kammern jhrer Könige. Er sprach / da kam

Vngeziffer

Von den Festen der Jüden

Vngeziffer / Leuse / in allen jhren Grentzen. Er gab jhnen Hagel zu dem Regen / Fewerflammen in jhrem Lande / Vnd schlug jhre Weinstöcke vnd Feygenbeume / Vnd zubrach die Beume in jhren Grentzen. Er sprach / da kamen die Hewschrecken vnd Kefer ohne zahl / Vnd sie frassen alles Graß in jhrem Lande / vnd die Früchte auff dem Felde / Vnd schlug alle Erste Geburt in Egypten / alle jhre ersten Erben. Vnd führet sie aus mit Silber vnd Goldt / Vñ war kein Gebrechlicher vnter jhren Stämmen. Psalm 111. Er hat ein Gedechtniß gestifftet seiner Wunder / der Gnedige vnd barmhertzige HERR.

Wenn nach verflossener Jharzeit / das Osterfest abermal wider kam / tratten die Priester auff in der Gemeine / vnd sprachen: Heut diesen Tag / sind es so viel Jhar / (setzten die gewisse Jharzahl hinzu) das Gott der HERR vnsere Väter aus Egypten geführet / nach dem die Egypter zuuor mit vielen Plagen gestrafft sind / dadurch jhr euch solt bewegen lassen / zur Furcht Gottes / vnd zur Danckbarkeit gegen jhm / Vn wollet weiter bitten / das er jn wolte bey vns jmmer für vnd für / eine Kirche samlen / vnd gnedig erhalten.

Also halten wir in vnsern Kirchen auch gewisse Festtage / wenn sie jhärlich wider komen / Auff das die Gedechtniß der Wolthaten Gottes erhalten / vnd auff die Nachkomen gebracht werde / Das durch erzehlung der grawsamen straffen / so Gott jeder zeit vber die Gottlosen geführet hat / wir vns erwecken zur furcht Gottes / vnd zur waren Buß. Vnd das wir / wenn wir erinnert werden / der Wolthat Gottes / vnd seiner herrlichen Verheissung / in vnsern hertzen / durch den heiligen Geist / anzünden lassen / waren Glauben / ware Anruffung / ware Dancksagung / vnd waren Trost.

Es ist zu Athen gewesen ein schendtlicher Mensch / mit Namen Cynesias / welcher / damit er vnsers Herrn Gottes / vnd alles Gottesdienstes spottet / hielt allezeit Fest / die denen / so öffentlich von der Gemeine gehalten wurden / stracks entgegen waren. Denn wenn andere Leute Frewdenfeste hielten / So hielte er dargegen Trawrige Feste. Solche Eulenspiegel / diesem Cynesie gleich / hat man mehr gefunden in dem Bapstthumb / Denn etliche Pfaffen vnd Mönche / wenn die andern nach Heidnischer gewonheit / sind vnfletig / thöricht vnd toll gewesen / auff die Fastnachten / So haben sie sich auch gar heilig / vnd darzu eingezogen gestellet / vnd Messe gehalten. Auff den Kahrfreyttag aber / wenn andere sich trawrig vnd fromb gestellet / So sind sie vermumet vmbgelauffen / vnd haben Fasznacht gehalten. Solcher Teuffetischer Muthwille / die Festage zu endern / welche doch sehr weißlich verordnet sind / (Ich sage aber von Festen / vnd nicht von Heidnischen Gewonheiten vnd Greweln / als die Fastnachten im Bapstthumb) sol mit nichten zugelassen oder geduldet werden.

Vnd ist nicht zu loben an den Sacramentierern / Das sie viel Fest / vnd fürnemlich die Ordnung der Euangelia vñ Episteln / so in vnsern Kirchen gehalten wird / vnd von den Alten weißlich vnd nützlich gemacht ist / abschaffen / neben andern nützlichen Ceremonien / Psalmen zu singen / daburch Gott gelobet vnd geehret wird / vnd dergleichen. Denn die Sacramentirer nicht die gewöntlichen Sontages Euangelien vnd Episteln / sondern andere Text / die sie nach jhren gutdüncken erwehlen / aus der Bibel predigen. Halten auch nicht solche Ceremonien / mit sitzen vnd dancken / vnd dergleichen / wie wir thun. Wenn der Prediger auff den Predigstuel kömpt / So singen sie einen Psalm / für der Predigt / Wenn die Predigt aus ist / so singet man abermal einen Psalm / vnd hat aller Gottesdienst ein ende. Vnd vnd eine Monatzeit / helt man einmal das Nachtmal des HErrn / da es bey vns alle Sontage / Vnd in grossen Städten / auch offt auff die tage in der wochen gehalten wird. Ist also eine grosse vnordnung bey den Sacramentierern. Denn ob wir wol nicht gebunden sind / an die Jüdischen Kirchen Ceremonien / wie wir die auch nicht halten / So sehen wir doch daraus

vnd Christen in gemein.

darauß Gottes willen/ das Ceremonien/ zu erhaltung des Gottesdiensts/ von nöten sein. Wie wir denn keine Jüdische oder Gottlose/Papistische/sondern solche Ceremonien halte/ so da dienstlich vñ nütze sind/vnsere ware reine lehr des H. Euangelij zubefördern.

Also halten wir Christen das Osterfest/ damit wir bey dem Gemeinen Maß erhalten das Gedechtnis/ wie die Kinder Jsrael sind aus Egypten geführet/ Vñ wie im 1542. Jhar hernach/Christus von den Todten auff dasselbige Fest erstanden sey. Die Pfingsten halten wir/darmit das Gedechtnis bleibe/ Wie Gott sein Gesetz auff dem Berge Synai gegeben/Vnd im 1542. Jhar hernach/den heiligen Geist sichtbarlicher weise/vber die Apostel ausgegossen hat. Michaelis Fest halten wir/ das wir Gott dancken/für den Schutz der lieben heiligen Engel/ Vnd die Gemeine vnterrichten/ Was Engel sind/Vnd was sie thun bey vns Menschen. Das Weihnachten Fest halten wir/darmit wir predigen die Historia/von der Geburt Christi vnsers HErrn/ vnd also die Wolthaten des lieben Kindleins Jhesu/ Vns geborn/vnd Vns gegeben/ den Zuhörern einbilden. Das Fest der Verkündigung Mariæ halten wir/ das auff gewisse zeit geprediget werde/ die heilsame reine Lehre/ von der Menschwerdung Christi. Die gewöhnliche Sontags Euangelia vnd Episteln/halten wir/ das die vornempsten Historien vnd predigten Christi/ weil sie jhärlich widerholet werden/ dem gemeinen Maß also bekandt werden/das sie die auswendig können/ wie denn offt Bawren bey vns erzehlen können/ was für Euangelia wir durch das gantze Jhar vber haben/ vnd predigen. Ob wol aber die Historia / von Christo vnd seinen Wolthaten / das Jhar durch vnd durch geprediget wird/So dienet doch die Ordnung der zeit vñ lection hierzu/das die fürnempsten Stücke fleissig gefasset/vnd auswendig gelernet werden. Das her wir die vberige Historiam des Alten vnd Newen Testaments / in der wochen / in vnsern Kirchen ordentlich predigen.

Zum andern/waren die Fest bey den Jüden eingesetzt / vnd werden gewisse Fest von vns auch noch gehalten / auff das sie den Jüden weren/ vnd vns sind gewisse vbungen/ darduch wir in der öffentlichen Gemein / vnser Bekendtnis/von vnserm waren Gott thun/vnsern gehorsam gegen jhm erkleren/ vnd öffentlich bezeugen / das wir ein misgefallen haben an aller Heilige/so ausserhalb der Kirchen sind/vermeinten Gottesdienst.

Zum dritten/das sie den Jüden weren/vnd vns sind zeichen/darbey man erkennen köndte/vnd noch erkennen kan/welche da weren/vnd noch sind/ die Gottes Wort vnd den Gottesdienst lieb hetten/vnd noch haben. Denn welche auff die Festage nicht zur Kirchen gehen/vnd zur öffentlichen Versamlungen/ die zeigen darmit an / das sie Gottes Wort/vnd den Gottesdienst verachten.

Es scheinet aus den Historien/das die Christen alle Tage/ auff welchen sie zusammen kommen/herrlich celebrirt vnd gehalten haben. Derhalben findet man auch nicht / wider in den Historien der Asiatischen noch Africanischen Kirchen/ von andern Festen/außgenommen Pfingsten/ Ostern / vnd die Sontage. Es dencket auch Eusebius in Historia Narcissi, des Bischoffs zu Jerusalem / lib. 6. Cap. 9. des Osterfests. Im 7. Buch aber Capite ultimo/zeiget er an/ Das der Anatolius von Laodicea geschrieben habe/das man das Osterfest/nach dem tage Gregorij/ weil Tag vnd Nacht gleich gewesen/halten solle/ wenn die Sonne in den Wider gangen/ vnd der Monde desgleichen/ Vnd das solches also die alten Jüden/ als Philo, Josephus, Musanus, vnd Aristobulus / einer aus den Siebentzig Verdolmetschern / verzeichnet hetten.

Es zeiget auch Tertullianus an/ das in der Kirchen in *Affrica*/ die gantze nacht für dem Ostertage/sey feyerlich gehalten worden/ Denn also schreibet er lib.2. ad uxorem. Wer wil leiden/ das sein Weib in der Osternacht schlaffe?

Das aber die in Affrica/das Fest der Ostern/eben auff diese zeit gehalten haben/

A ij   auff wel-

Von den Festen der Jüden

auff welche es die in Asia/ beweiset Eusebius lib. 7. Cap. 20. Das der Dionysius Alexandrinus/ in einer schrifft/ von den Festen anzeiget/ das das Osterfest kein mal anders/ denn nach der zeit/ in welcher Tag vnd Nacht in dem Lentzen gleich sind/ gehalten sey worden. Nach den Ostern gedencket Tertullianus/ in libro de Corona militis/ der Pfingsten/ vnd des Sontags/ Auch des jhärlichen Tages/ daran man hat geopffert/ für die Verstorbenen/ vnd für die Geburt: Vnd auch des Tages/ in welchem sie geopffert haben für die Weiber.

Die Fürnempsten Fest aber/ so die Christen dazumal gehalt/ schreibet Origenes lib. 8. Contra Censum, sind gewesen/ der Sontag/ Dies Parasceue, Der Rüstag/ Ostern vnd Pfingsten. Jedoch gedencket er auch des Fests/ da man der verstorbenen Heiligen gedacht/ lib. 3. in Hiob. Desgleichen auch Cyprianus lib. 3. Epist. 6. zu den Römischen Priestern.

Es ist aber auch letzlich vnter andern zu mercken/ Das in obgenanten Kirchen der Christen/ nicht geziemt hat/ Heidnische Fest zu feyern/ Denn das zeigt Origenes an/ Homilia 7. in Iosuam/ Da er also saget: Die/ so Christen sind/ vnd heiligen die Heidnische Feyertage/ bringen das verbrandte in die Kirche. Also hat sichs auch nicht geziempt/ der Jüden Fest zubegehen/ Wie solches auch Origenes anzeiget/ Homilia 9. in Hieremiam.

Droben haben wir gesagt/ aus dem *Eusebio*/ vom *Anatolio*, vnd was für eine Ordnung er von Osterfest gemacht habe. Jetzt wöllen wir des Eusebij wort auch hieher setzen: So aber schreibet er: Da er die herrliche vnd gelehrte Disputation, oder Canones de Paschate beschreibet. Er hat/ spricht er/ im ersten Jhar den newen Mond/ des ersten Monats/ welches anfang ist eines Circkels/ der da zehen Jhar begreiffet/ Bey den Egyptischen den Sechs vnd zwentzigsten Tag des Monats Dystri/ gleich wie die Römer sagen/ den xj ssten Calendarum Aprilis, Das ist der 23. Tag des Aprillen. Es wird aber die Sonne gefunden im 22. tage Phamenoth/ wie gesagt/ das sentlich allein an das erste theil kommen/ sondern auch an den Vierden Tag darinnen gewesen/ die Cæsur oder stück pfleget man zu nennen/ den ersten zwölfften theil/ vnd das Aequinoctium, da tag vnd nacht gleich/ vnd den anfang des Monats/ vnd den anfang des Circkels/ vnd nachlassung des lauffs der Planeten. Die Cæsur oder stück aber/ die vor dieser her gehet/ heist man das letzte der Monat vnd die zwölffte Censur/ vnd das letzte zwölffte theil/ vnd das ende des lauffs der Planeten.

Derwegen/ die auff solche zeit den ersten Monat setzen oder stellen/ vnd den 14. des Mondes/ das Osterfest darnach rechnen/ Sagen wir/ das sie nicht ein wenig/ sondern sehr gröblich jrren. Vnd wir reden solches nicht allein aus vns/ sondern dieses ist auch den alten Jüden selber bewust gewesen/ auch vor der Geburt vnsers Herrn Jhesu Christi/ vnd ist solches von jhnen am meisten gehalten worden.

Dieses aber lehret man aus dem *Philone*, *Iosepho*, vnd *Musæo*, auch nicht allein von jhnen/ sondern auch noch von vielen eltern/ nemlich/ von den beiden Agathobulis/ die man nennet Præceptores Aristobuli des Namhafftigen/ welcher vnter den siebentzig Dolmetschern auch einer gewesen/ Vnd hat den Königen/ dem Ptolomeo Philadelpho/ vnd des Vatern/ die Bücher/ darinnen er das Gesetz Mosi ausgeleget/ zugeschrieben. Diese/ da sie die Fragen des andern buchs Mose zuwege bracht/ haben sie gesagt/ Das einem jedern/ von Rechts wegen/ das Osterliche Opffer/ welches nach dem æquinoctio vernali/ wenn Tag vnd Nacht im Früling gleich worden/ im ersten Monde geschehen/ zu thun gebüre/ Das aber findet man/ wenn die Sonne die erste Censuram oder stücke/ oder wie es die andern nennen/ den Circkel/ da die zwölff Zeichen innen sind/ durchgangen habe.

Aristobulus aber thut hinzu/ Das nicht gnugsam sey/ das Osterfest zu halten/ weil die Sonne jre æquinoctialem Cæsuram vberschreitet/ sondern weil solches auch der Monde gethan. Denn weil zwey æquinoctia sind im jhar/ eins im Lentzen/ das ander im Herbst/

vnd Christen in gemein.

im Herbst/ welche einander gleich zuwider sein/ Vñ der Ostertag den 14. des Mondes/ am abend sol gehalten werden/ so wird der Mond gleich der Sonnen entgegen stehen/ Wie man denn auch im Vollmond sihet/ vñ also wird die Sonne sein im ende des æquinoctij uernalis, Daraus denn gewiss mus folgen/ das der Monde auch mus sein/ in Cæsura æquinoctij Autumnalis, &c.

Dieweil denn nun zur selbigen zeit/ fast alle Morgenlendische Kirchen/ in der haltung des Osterfests/ was die zeit belangt/ dem Jüdischen gebrauch nachameten/ vnd solch ihr Exempel auff alle andere Kirchen der ganzen Welt ausbreiteten / Hat Constantinus Magnus/ durch das Concilium zu Nicea versamlet/ es dahin gebracht/ das die Christen auff dem gantzen Erdboden/ die Jüdische Rechnung vnd weise fahren liessen/ vñ das heilige Osterfest eintrechtiglich hielten/ an demselbigen tage/ an welchem es die Abendtlendischen Kirchen/ vnd die Römische Kirche hielten/ Als nemlich/ nach dem æquinoctio verno/ Das ist/ Wenn Tag vnd Nacht in den Lentzen gleich sind/ Wie denn von alters her geordnet ist/ Eusebius de vita Constantini, lib. 3, Socrates libro 5, Cap. 22, Theodoretus lib. 1, Cap. 10.

Des *Socratis* wort sind diese: Man findet/ das alle andere Völcker/ so gegen abend/ bis an das grosse Meer wohnen/ Ostern halten nach dem Aequinoctio, Das ist/ weil tag vnd nacht gleich ist gewesen/ vñ das aus einer alten auffsagung/ Vñ diese alle/ so auff diese weise Ostern halten/ haben sich keinmal/ durch vneinigkeit/ von einander trennen lassen, So hat auch/ wie etliche gesagt haben/ das Concilium vnter dem Constantino versamlet/ diss Fest nicht geendert. Denn Constantinus selbst hat denen/ so vber diesem Fest vneins waren/ geschrieben/ vnd sie vermanet/ Das/ weil ihrer wenig sind/ sie sich den andern/ derer vil. mehr weren/ gleichförmig halten solten.

Das stück der Epistel *Constantini,* von dem Osterfest/ helt also: Es ist eine feine bequeme Ordnung/ welche alle abendlendische/ Mittagische Kirchen/ Vnd die/ so nach Mitternacht ligen/ auch alle Morgenlendischen halten. Derhalben haben es alle auff dis mal für gut vnd füglich angesehen/ Vnd bekenne selbst/ das ich es mir/ nach fleissigem nachdencken/ gefallen lasse/ das ewer Weisheit gerne vnd williglich an neme/ was in der Stadt Rom/ vnd in Africa/ in gantz Italien/ Egypten/ Hispanien/ Brittannia/ Lybien/ in gantz Hellade/ in der Herrschafft Asia vnd Ponto/ vnd auch in Cilicia, einmütiglich gehalten wird/ in betrachtung dieses/ das der jetzt genanten Kirchen alleine am meisten sey/ sondern das es auch gantz billich sey/ zu dem einigen geneigten willen tragen/ welches sich dermassen erzeiget/ das es nicht one mercklichte vrsache auffgenomen wird/ vñ mit der Jüden meineidigkeit keine gemeinschafft möchte haben.

Es gedencket auch Epiphanius /lib. 1. Tomo 2. Hæresi. 69. Da er wider die Arrianer schreibet/ Das die Christen nicht alle auff eine zeit Ostern gehalten/ Etliche/ sagt er/ hielten das Osterfest vor der zeit/ Etliche zur rechten zeit/ Etliche hernacher. Aber lib. 3. Tomo primo, Hæresi. 70. sagt er also: Die Christliche Kirche befleissiget sich/ das sie das Osterfest möge halten/ eben in der wochen/ auff welche es die lieben Aposteln zu halten verordnet haben. Nemlich/ auff den andern tag des Sabbaths/ etc. Hiher gehöret auch die weitleufftige erzehlung/ von dem Osterfest/ des Ambrosij, lib. 10. Epistolar. 83.

Paulus Diaconus schreibet in seinem eilfften buch/ Das Constantinus zwo wochen vber/ one einigerley arbeit/ Ostern zu halten/ eine vor/ vnd die ander nach

Von den Festen der Jüden

der aufferstehung vnsers Herrn Jhesu Christi/geboten habe. Gleich das schreibet auch Nazianzenus/im dritten Sermon/von der heiligen Tauffe/da er also spricht: Wir halten in der Kirchen Ostern/beyde vor dem Abendmal des Herrn/vñ nach der Aufferstehung. Aus demselbigen Sermon ist auch zu sehen/Das die Christen die gantze nacht vber/für dem heiligen Ostertage gewacht haben/vnd allenthalben Liechter gebrennet/ welches auch die in Europa also gehalten haben/ wie Prudentius vermeldet.

Was aber die Kirchen in *Affrica*/ für eine gewonheit Ostern zu halten/gehabt haben / ist zu sehen aus des Athanasij Epistel / an Dracontium geschrieben/ da er spricht : Das man erst dem Volck/von der Aufferstehung geprediget habe/ Darnach sind sie zu Tische gesessen/ Der Bischoff aber habe zugesehen/ vnd gebotten/ das sie fein züchtig/ ehrbarlich vnd Christlich essen solten. Epiphanius erzehlet diese Ceremonien/lib.3. Tomo 2. Hæresi. 75. In den Ostertagen/ spricht er: Schleffe man bey vns auff der Erden / befleissiget sich der Keuschheit/ martert vnd plaget sich/ isset harte Speise/ betet/ wachet/vnd fastet.

Solcher Ceremonien erzehlet auch etlich Ambrosius/ *Sermone sexagesimo*. In Ostern fasten wir am Sabbath/ halten Vigilien / Vnd beten ohn vnterlaß. Vnd in folgendem Sermon/ von den 50. Tagen / zwischen Ostern vnd Pfingsten/stets seyren/ Vnd das wir in dieser gantzen zeit/dieser 50. Tage/gleich als der Sontag/dieweil der HErr Christus/nach seiner Aufferstehung/ gantzer Viertzig Tage mit seinen Jüngern ist vmbgangen. Vnd hats der HErr also befohlen / das gleich wie wir in der Fasten seines Leydens halben trawrig sein / Also sollen wir widerumb/nach seiner Aufferstehung/ in den 50. Tagen frölich sein. Gleicher weise redet auch Hilarius/in der Vorrede vber die Auslegung des Psalters. Die Apostel haben den hohen Sabbath/auff diese weise gehalten / Das niemandts in diesen 50. Tagen/auff der Erden ligende bete / noch mit Fasten diese frewdenreiche zeit verhindert.

Man hat auch zu diesen zeitten/das Pfingstfest gefeyret/das *Athanasius* in der Epistel an die Einsiedler geschrieben / gedencket. Vnd Ambrosius Sermone 60. saget: Das es eben mit solcher solennitet vnd ehren gefeyret sey/ als das Osterfest/ Den Heiligen Tag der Pfingsten / spricht er : seyren wir nicht mit weniger frewden vnd frolocken/als die heiligen Ostern. Es erzehlet auch Hieronymus in der Auslegung des 4. Cap. der Epistel an die Galater / vnter der Fest seiner zeit/ das Pfingstfest/da er also spricht : Wir rechnen im Pfingstfest nicht die Wochen/ wie die Jüden gethan/ Sondern ehren die zukunfft des heiligen Geistes.

Der Weinachten gedencket die *Historia* der Verfolgung/ durch Maximinum geschehen/welcher eben auff den Weinachten Tag/die Christen / da sie zu Nicodemia das Fest begiengen / mit der Kirchen verbrandt hat / Wie Nicephorus schreibet/lib. 7. Cap. 6. Nazianzenus nennets einen Geburtstag. Vnd in der Epistel Theophili stehet/Das man das Fest der Geburt Jhesu Christi/in Egypten / auch den Tag der Opfferung Christi genennet habe. Item / Den Tag der Tauffe Christi/ Vnd haben alle beyde Fest auff einen Tag gefeyret / Denn am selbigen orth steht also geschrieben: In Egyptenlandt wird diese alte hergebrachte weise gehalten / Das nach ausgang des Fests/von der Offenbarung Christi/welches die Priester dieses landes/entweder den Tag der Tauff Christi/ nicht zu vngleicher zeit/ wie es in den Ländern/die gegen abendts gelegen/gebreuchlich / Sondern auff einen Tag alle beyde zusammen.

Es ist

vnd Christen in gemein.

Es ist auch zu sehen/ aus der vberschrifft der andern Predigt Nazianzeni, in Sancta Epiphaniarum lumina, das man das Fest auch hab Diem luminarium, ein Fest der Liechter genennet/ Denn also spricht er: Die Luminarum, am Tage der Liechter/kömpt alles Volck in der Kirchen zusammen/ Darnach erzehlet er/mit was Pracht vnd Herrligkeit/man diß Fest habe begangen/ Als das ordentliche Psalmen gesungen/sonderliche Ceremonien gebraucht/ die Altar mit grosser Reuerentz vnd Schmuck gezieret/ geopffert/ vnd dergleichen.

Vom Fest der Verkündigung Mariæ/wird vnter andern im Athanasio gefunden/ welcher in der Auslegung des Euangelii/ von der Jungfraw Maria also dauon redet: Diß Fest ist eines von den Fürnempsten/das billich zu feyren/ welches derhalben für heilig zu halten/ Weil es in sich begreiffet/die Wunderthaten/ so im Euangelio von Christo geprediget werden/ Denn in diesem Fest wird gehandelt/ Wie Gottes Sohn vom Himmel herab kommen sey.

Es sind auch vmb diese zeit fast in allen Kirchen/der Mertyrer Fest/ sie haben nun angefangen/ zu was zeiten sie gewolt/ gebrauchlich gewesen. Also hat die Kirche zu Antiochia/ dem Iuuentio vnd Maximiano herrliche gedechtniß/ weil sie vmb der Bekendtniß der Warheit willen gelitten/auffgerichtet/ vnd jährlich ihnen zu ehre/ Feste gehalten/ Als Theodoretus anzeiget, lib. 3.Ca.15. Es gedencket auch des Merterer Fest/ Basilius, in Sermone in Martyrem Iulianum, an welchem orth zu sehen/das er mit gantzem ernst derselbigen Mertyrer Fest zu halten verkündiget habe. Vnd in Asceticis Cap. 40. straffet er etliche/ da sie in der Martyrer Fest ihre Handthierung trieben/ Vnd warumb der Martyrer Fest in der Kirchen/oder andern örtern zusammen kommen/ denn das sie Beten/ vnd durch der Heiligen gedechtniß/ wie bestendig sie/ vmb der Warheit willen/ bis in den Todt geblieben/ zu gleichem Eiffer gereitzet werden mögen.

Man liest auch viel bey dem Eusebio, lib. 4. De vita Constantini, Von den Festen der Mertyrer/ Desgleichen auch in Orationibus Nazianzeni, Denn in der Leichpredigt/von des Keysers Bruder/spricht er also: Wir/ die wir noch bey dem Leben sein/wöllen jährlich der Mertyrer Feste jhnen zu ehren halten.

Sozomenus schreibet/ von denen zu Alexandria/ Das sie jherlich ein tag zu ehren jrem Bischoffe Petro gefeyret haben. Dauon redet auch Ambrosius/im Sermon/von dem Glauben der Aufferstehung: Wir auch selbst/ spricht er/ vergessen nicht der Geburtstage der Verstorbenen/ Vñ den tag/ daran sie mit dem tode abgangen/halten wir mit grossem Pracht vnd Ehren. Vnd Hieronymus in der außlegung des 4. Cap. der Epistel an die Galater: Ein jedes Land hat seine gewisse zeit/ daran es/den Märtyrern zu ehren/ Fest zu feyren verordnet hat.

Es ist vor alters gebreuchlich gewesen/ Feste der Kirchweyhung zu halten/ Denn derselbigen gedencket Nazianzenus in der Oration in nouum Dominicum : Das man die Feste der Kirchweyhung in Ehren halte/ ist ein alter gebrauch. Vnd von dem Alexandro/dem Bischoffe zu Alexandria/ saget Athanasius in seiner Apologia ad Constantinum/ das er/nach dem die Kirchen erbawet sind/ habe Kirchweyhe gehalten/ vnd Gott dem HErrn Lob vnd Danck darfür gesagt. Es hat auch Constantinus ein sehr hoch Fest/ jherlich/Acht Tage lang/ von den Geistlichen Versamlungen/zu welchen offt viel Christen/ aus allen örthen der Welt kommen/ gehalten sey worden/vermeldet Nazianzenus lib. 2.Cap.26.

Es ist auch zu sehen/aus des Nazianzeni Oration, in Machabeos, Das man auch den Machabeern zu Ehren/zu gewisser zeit/ an etlichen örthen Feste gehalten habe/ Denn also spricht er: Diß ist das Fest der Machabeer/ welche/ob sie wol von etlichen nicht geehret werden/derhalben/das sie nicht vmb Christi willen gekempffet vñ

A iiij   gestritten

Von den Festen der Jüd. vnd Christ. in gemein.

gestritten haben/ So sind sie doch der Ehren wirdig/ weil sie vmb jhre Väterliche Gesetz viel gelitten/vnd dieselbige mit jhrem Blut vertheidiget haben.

Es haben auch zu solchen Festen / bißweilen vrsach geben etliche wunderliche Erlösung/ dergleichen Constantinus/ nach dem er die Feinde seines Reichs vnd der Christlichen Kirchen vberwunden/ zu halten geboten hat / als nach der Niderlag des Licinij & Crassi. Item/ nach dem Nicenischen Concilio/ da er die Feinde der Christlichen Kirchen nidergelegt/ vnd Friede in dem Reich angerichtet hatte/ Welches Fest Eusebius lib. 10. Cap. 9. Vnd lib. 3. De vita Constantini nennet/ Panegyricas.

Ein solch Fest haben die zu Alexandria/ da Iulius regiert hat/ angerichtet/ das sie genennet haben/ Den Tag des Erdbebens/ welches die Stadt Alexandria am grewlich zerrüttet hatte/ Vnd seinen Vrsprung von des Meers ergiessung/ bekommen/welches stets ablieff/vnd wider kam. Von welchem Festtage Sozomenus lib. 6. Cap. 2. also spricht: Den Tag/ daran das Erdbeben geschehen ist/ seyren die zu Alexandria noch Jährlich heilig/also/ das sie durch die gantze Stadt Kertzen anstecken/ preisen vnd loben Gott.

Das Fest S. Peters/ welches man nennet Peter Kettenfeyers/ so zu Rom ist gestifftet/ gedencket Polydorus, lib. 6. Cap. 8. Sylvester/ spricht er: hat S. Petro/ durch befehl des Keysers Constantini/ ein Fest angericht/ welches man S. Peters Kettenfeyer nennet/ zur Gedechtniß seiner Marter/ die er vmb der Warheit willen gelitten/ Wie man sehen mag im Buch vom Gefengniß Petri/ welches man Hieronymo zuschreibet.

In Epistola Decretali/ des Papsts Eusebij, an die Bischoffe *in Tuscia* vnd Campania geschrieben/ wird befohlen/ Das man das Fest/ welches man nennet / Creuserfindung/ auff den dritten Tag des Mayen seyren sol/ welches Fest Helena/ des Constantini Mutter/ zu seyren geboten hat/und jährlich zu Jerusalem zu halten/ wie Nicephorus schreibet/ lib. 8. Cap. 29.

Von den Versamlungen der Christen, &c. 5

Von den Versamlungen vnd zusammen kunfften der Christen / auff den Sontagen / Festen / vnd andern Feyertagen / Vnd was sie in solchen zeiten miteinander gemacht vnd gethan haben.

VS dem Siebenden Buch Eusebij / Cap. 15. sihet man/ das in Asia gewisse örther der Versamlung gewesen sind / an welchen die Christen zusammen kommen sein / welche sie auch Kirchen genennet haben / Denn er schreibet / das zu Cæsarien / in dem Jüdischen Lande / ein Christ / mit namen Marius / der Religion halben angeklagt sey worden: Da man aber erlangt / denselbigen von dem Gerichtsstuel abzuführen / drey stundenlang / sich mit jhm zu berhatschlagen / Ist er in die Kirchen geführet worden / allda hat jhn ferner der Bischoff selber / Theotcenus genandt / in den hohen vnd hindern Chor gebracht / vnd jhn getrewlich vermanet / vnd gestercket / das er nur getrost leiden solte.

Es gedencket auch die Epistel des Concilij zu Antiochia / wider den Paulum Samosatenum gehalten / solcher örther / vnd nennet sie Gottesheuser / Wie solches zu sehen im Eusebio, lib. 7. Cap. 30. Welcher auch schreibet im selbigen Buch am letzten Capitel. Das die Christen vor der Verfolgung / welche Diocletianus geübet / jhr eigene Bethheuser gehabt haben.

Desgleichen gedencket auch Tertullianus vielmals der öffentlichen Versamlungen / wiewol er nicht klerlich anzeiget / Wie offt / Vnd auff welche Tage / sie / one den Sontag / sind zusammen kommen / Allein das man aus der zehenden Homilia Origenis in Genesin spüren kan / das die Christen nicht allein auff die Sontage vnd heiligen Feste / Sondern auch auff andere Tage sich versamlet haben / Gottes Wort zu hören / Wie er denn auch Homilia nona in Leuiticum / etliche Christen straffet / das sie nur des Sontages in die Kirchen kommen / vnd die Predigten an den andern tagen versëumeten. Vnd Homilia secunda in Numeros / zeiget er an / Das täglich etliche stunden / zu dem Gebet / vnd zu der Predigt sind verordnet gewesen / Denn also spricht er: Ein Christ sol von dem gantzen tage / jhr auff das wenigste / eine stunde oder zwo abbrechen / das er möge zur Kirchen gehen / vnd allda beten / vnd Gottes Wort hören. Also sagt er auch Homilia decima in Genesin; von der Collecten / die man täglich gehalten hat / darinnen Gottes Wort ist geprediget worden. Er zeiget auch an / Homilia quinta in Esaiam / Das auff die Feyerabende das Volck sich habe pflegen zuuersamlen. Tertullianus aber spricht / im anfang seines Buchs / wider die Valentinianer / Das es sind schlechte Heuser gewesen / vnd in der Höhe gelegen / dahin sich die Christen haben pflegen zuuersamlen. Dionysius Alexandrinus / in Epistola aduersus Germanum erzehlet / wie der Landtpfleger Aemilianus zu jhm gesagt habe: So sol weder euch noch andern gestattet werden / Synodos zu halten / oder auff die Kirchhöf zu gehen, &c. Daraus genugsam erscheinet / das öffentliche stette vnd örther gewesen sind / da die Christen zusammen kommen sein.

Also sind auch ordentliche vnd sönderliche örther / oder Kirchen in Europa gewesen / in welchen man einen hohen Stuel / gleichsam als eine Cantzel gehabt / Wie solches zuuermercken aus der Historien / von der Cathedra Iacobi / welche der Eusebius beschreibet / lib. 6. Cap. 19. Es erzehlet auch die Epistel des Antiochenischen

Von Versamlungen der Christen/

schen Concilij/vnter andern vnartigen Sitten des Ketzers Samosateni/ das er sich nicht habe an einem gemeinen schlechten Stuel/ als ein Jünger Christi/ genügen lassen/ sondern jhm einen herrlichen Fürstenstuel in die Kirche bawen lassen.

Das auch in solchen Kirchen vnd Gotteshäusern/ Altar zur Communion geordnet gewesen/ kan man daraus spüren/ das Tertullianus in lib. de Poenitentia, klerlich redet/ von der Niderknieung für dem Altar/ der jhenigen/ so da Busse theten. So gedencket auch Cyprianus des Altars/ lib. primo, Epist. 9. Vnd lib. j. Epist. 7. ad Epictetum. Vnd in Epistola ad Iubaianum. Desgleichen gedencket auch Martialis in Epistola ad Burdegalenses, eines Altars/ darauff man Brod vnd Wein/ so zum Abendtmal gebraucht/ pflegte zu legen.

Was belanget die Bilder vnd Gemelde/ darmit die Kirchen geschmücket vnd gezieret gewesen sein/ dauon findet man nichts gewisses in den Historien/ in drey hundert Jharen von Christi Geburt/ vnd noch lenger. Eusebius schreibet wol/ lib. 7. Cap. 18. Wie er gesehen habe/ das etliche Christen in Asia/ der Aposteln/ als Sanct Petri vnd Pauli. Item/ des HErrn Christi Contrafey vnd Gemelde/ in jhrer Verwarung gehabt haben. Das man sie aber solle in den Gottes Heusern oder Kirchen/ darinnen die Christen gebetet/ vnd andere Gottesdienst vollbracht/ gesetzt haben/ solches schreibet er keines weges. Er spricht: das solcher Priuat gebrauch der Bilder/ seinen vrsprung von den Heyden habe/ welche mit Bildnissen die jhenigen geehret/ welche sie vor Heilandt vnd Woltheter erkennet vnd gehalten.

Also sagt Lampridius/ Das der Keyser Alexander Seuerus/ in seinem hause/ ein sonderlich Götzenhaus gehabt/ darinnen er für den Bildnissen seiner Voreltern/ vnd anderer fürtrefflicher Menner/ vnter welchen das Bildt Christi vnd Abrahams auch gewesen/ geopffert habe. Desgleichen zeuget auch Eusebius/ am selbigen orth/ das ein Bildt Christi sey auffgericht gewesen/ nicht im Tempel der Christen/ sondern auff einem Gebew/ für des Weibes hause/ welche Christus vö Blutgang hatte gesundt gemacht/ Vñ sey solches Bild eine lange zeit zu Cæsarien Philippi verwaret worden.

Es bezeuget auch Tertullianus/ an etlichen örthern/ in Apologetico/ Das die Christen zu der zeit/ den Bildern/ sampt jhrem geschmuck/ sehr feindt gewesen sind. Daher er denn auch offt schilt auff die Götzenbilder/ welche die Heyden ehreten. Doch zeiget er an/ das entweder in den Kirchen/ oder daheim in Heusern/ die Christen das Bildt des Creutzes pflegten zu haben. Derhalben jhnen auch von den Heyden fürgeworffen/ Das sie das Creutz ehreten vnd anbeteten.

Die Historien von Samosateno im Eusebio lib. 7. Cap. 30. bezeuget/ Das man in den öffentlichen Versamlungen/ habe pflegen zu predigen/ vnd Geistliche Gesäng zu singen. So gedencket auch der Dyonisius Alexandrinus, in Commentario de promissionibus, eines Psalms/ welchen ein Bischoff in Egypten/ Nepos genant/ gemacht habe/ vnd schreibet/ Das solchen Psalm oder Gesang/ viel Christen gesungen haben/ Wie Eusebius meldet/ lib. 7. Cap. 24.

Das in Affrica eben solcher brauch in den Kirchen gewesen/ erscheinet aus den ersten Homilijs Origenis, in Exodum & Iudicum, Wenn die Christen zusammen komen sind/ so habe einer den Text gelesen/ vnd der ander denselbigen Text ausgeleyt. Item: Origenes zeiget auch an/ Das sie haben pflegen das Alte Testament/ bisweilen auch die Historien vom leiden Hiob/ sonderlich in der Fasten/ in der Kirchen fürzulesen. Item: Er sagt auch/ das solches von den Aposteln erstmals also verordnet worden. Also sagt auch Cyprianus/ lib. 2. Epist. 5. von den Lectionibus/ in der Kirchen/ Das sie sind für dem Pult gestanden/ vnd das Euangelium dem Volck fürgelesen. Es meldet auch Socrates, lib. 5. Cap. 22. dem alten Gebrauch der Kirchen zu Alexandria/ vnd zeiget an/ das man daselbst am vierdten tage/ Item/ an dem tage/ welcher Parasceue wird genant/ Das ist/ am Grünen Donnerstage/ habe pflegen die heilige

Schrifft

auff den Sontagen/Fest vnd Feyertagen.

Schrifft zu lesen/welche von dem Pfarherrn darnach sey außgelegt worden. Er zeiget auch an/Das Origenes gemeiniglich an solchen tagen geprediget habe.

Wenn man Gottes Wort gehandelt/so haben sie beyde vor vñ nach der Predigt/in gewöhnlicher Sprach/das gemeine Gebet zusammen gethan / Vnd Tertullianus in Apologetico bezeuget / Das die Christen / in jhren Versamlungen/ stets zum ersten gebetet haben. Solches bezeuget auch der Cyprianus / Sermone 5. De Lapsis. Sie haben auch gebetet/vmb Gnade vnd Vergebung der Sünden bey Gott/ Vnd gemeinen Fried/Vmb fromme vnd Gottselige Obrigkeit/Vnd abwendung vnd linderung des Zorns Gottes/vnd der gemeinen straffen. Es erscheinet auch auß Cypriano / am gemelten orth/ Das sie in solcher Versamlung haben pflegen zu Communiciren.

Ferner bezeugt auch Tertullianus/Das sie alle Monat einmal/in der öffentlichen Versamlung / Almosen colligirt vnd gesamlet haben/für die armen vnd alten Leute. Item/für Witwen vnd Waisen/vnd arme versagte Christen/ vnd für die Gefangenen. Sie haben in solchen Versamlungen nicht gedulded die jhenigen/ welche sie für Feinde jrer Christlichen Religion gehalten/Oder welche sonsten nicht warhafftige vñ rechtschaffene Christen gewesen/Daher denn auch (wie der Eusebius schreibet lib. 7. Cap. 33.) in der Kirchen zu Antiochia/der Bischoff Babylas/ dem Keyser Numeriano, oder wie etliche wöllen/ dem Decio/ welcher viel Christen vnschuldig ermordet hatte/da er wolt bey dem Gottesdienst der Christen sein/ die Kirche verbotten habe. Origenes schreibet/Tractatu 35. in Mattheum. Das die Kirchen in Affrica / niemands in jhrer Versamlung gelitten haben/ die ein böß Gerücht gehabt / oder mit öffentlichen Lastern sind beschmitzt gewesen. Vnd Tertullianus bezeuget solches auch in Apologetico. Wir wöllen aber seine wort hieher setzen / denn sie sehr fein vnd kürtzlich vermelden/ Was die Christen / wenn sie in der Kirchen zusammen kommen sein/in jhren Versamlungen gemacht haben.

Wir kommen zusammen/spricht er: Das wir mit einem hauffen/ Gott gleich als vmbringen/ vnd bittlich anfallen/ Diese gewalt gefelt Gott wol/ Wir bitten auch für die Keiser/ vnd für die jhren / Auch für alle andere Gewaltigen dieser Welt. Item / Vmb Friede/ Vnd das Gott behüte für dem jehen Todt/ Vnd vns ein seliges Ende beschere. Wir kommen auch zu hauffe/Gottes Wort zu handlen/Vnd so es die zeit mitbringet/vns Göttlicher Geschichte zuerinnern/vnd zubetrachten/ Bitten wir vmb den Glauben/ Trösten vns mit Hoffnung/ Vermanen / vnd treiben nichts desto minder die Gebot Gottes/ das man sich darnach richte/ Vnd daselbst oben wie die Vermanungen/Straffen/ vnd den Bann. Denn wir halten das Kirchen Gerichte vnd Strafe mit grossem ernst / als die wir gewiß sind / das Gott alles wisse/ vnd sehe/ Vnd es ist eine grosse anzeigung der zukünfftigen Verdamnis / so jemand dermassen aßkündiget hat. das er von dem Gemeinen Gebet vnd Versamlung/ vnd aller anderer Christen Gemeinschafft/abgeschnitten wirdt.

Es stehen auch die Eltesten der Kirchen für / welche solche Ehr nicht durch geschenck vnd gaben / sondern durch Christliche Bezeugnis vberkommen vnd erlanget haben. Denn man keine Göttliche ding mit Geldt erkauffen kan. Man hat einen Kasten / darein gibt ein jeglicher / alle Monat / auff eine bestimpte zeit ein wenig / wie viel er wil vnd kan / Denn es wird niemand darzu gezwungen / sondern stehet einem jedern frey. Dieses Geldt ist gleich als eine Hinderlage der Gottseligkeit / Deß man braucht es nicht zur fresserey vnd seufferey / Man gibts auch nicht den vndanckbarn Schlemmern/ Sondern den Armen / sie zu ernehren / vnd zur Erden zubestettigen/

vnd den

Von den Versamlungen der Christen
vnd den armen Weisen/ oder die in den Gefengnissen ligen/ von wegen der Bekendtniß des Christlichen Glaubens.

Solches/ was wir bisher geschrieben/ ist fast im brauch der Christen gewesen/
wenn sie an den Sontagen oder Festen / oder andern Feyertagen/ oder auch sonsten
in der Kirchen zusammen kommen sein/ vnd das Jhar Christi / Drey Hundert/ vnd
hernach. Welchen Brauch man auch in der Historien von jhnen findet/ vmb das
Jhar Christi/ Vier Hundert/ vnd im folgenden. Denn es wird in der Histori
der Verfolgung/ vnter dem Diocletiano vnd Maximino/ etlich mal gedacht derselben
örther/ in welchen die Christen zusammen kommen sind/ Vnd lest sich ansehen/ das
solche örther auch vor des Constantini zeitten zimlich sind auffgebawet vnd geschmücket gewesen/ welche sie entweder Tempel/ oder Dominicas/ Das ist / Des HErren
Heuser/ als im Eusebio/ im 9. Buch/ am 10. Cap. Im Ruffino/ im ersten Buch/
am 3. Cap. Oder Oratoria/ Das ist/ Bethäuser/ als bey dem Eusebio im 8. Buch/ am
2. Cap. Vnd im Socrate im 5. Buch/ am 7. Cap. genennet haben.

Nazianzenus, Ambrosius, vnd andere mehr/ gebrauchen an statt des worts
Tempel/ gemeiniglich das wort Basilica. Es ist das wort Martyrium/ Das ist/
Martyrer Hauß/ zu des Constantini zeitten / da man zur Gedechtniß der Mertyrer
Tempel oder Kirchen auffbawete/ zu erst in brauch kommen. Also ward auch der
Tempel/ so zu Jerusalem auff das Dreissigste Jhar des Keyserthumbs Constantini/
auff Golgata oder Schedd elstette gebawet ist/ Martyrium maguum / Das ist / das
grosse Marterhauß/ genennet worden. Wie Sozomenus saget/ im 2. Buch am 26.
Capitel.

Wenn aber die Christen/ vmb der Verfolgung willen/ nicht durfften
in die Kirchen zusammen kommen/ kamen sie zusammen auff den Kirchhöfen vnd
örthern/ ausserhalb der Städten/ Wie sie gethan haben zu Antiochia/ in der Verfol-
gung/ vnter dem Valente / Da die Christen ausser der Stadtmawer/ vnten an den
Bergen/ jhre Versamlung hatten/ Vnd zu Alexandria/ in der verfolgung/ vnter dem
Gregorio/ Da die Christen auff den Kirchhöfen/ dieweil die Arrianer vnd Feinde der
reinen Lehr/ mit gewaltsamer handt/ die Tempel eingenommen hatten/ vnd die Christen sich jhrer Gemeinschafft eussern musten/ daselbst zu beten/ zusammen zu kommen.
Theodoret. lib. 4. Cap. 24. Et lib. 8. Cap. 14.

Es wurden auch nicht allein inner/ sondern ausserhalb der Städt/
Kirchen gebawet/ welche jhre Namen / vnter weilen/ von den Aposteln vnd Marte-
rern/ zu weilen von andern zufällen bekamen. Dennach hat Zeno / der Gazenser
Bischoff/ zu den zeitten des Theodosij/ ein Bethauß / ausserhalb der Stadt gebawet/
Sozomen. lib. 5. Cap. 9. Basilius gedenckt auch in der 33. Epistel/ der Kirchen/ so
ausserhalb der Stadtmawren gestanden.

Zu Edessa ist S. Thome des Apostels Kirche gewesen/ Sozomenus, lib. 6. Cap. 8. Vnd zu Jerusalem war des HErrn Christi Tempel/ welchen
Constantinus mit vielen Königlichen vnkosten auffgebawet hatte/ wie Eusebius schrei-
bet/ im 3. Buch/ De Vita Constantini. Es ist daselbst auch ein ander Tempel ge-
wesen/ Theophanie Tempel/ Das ist/ der Göttlichen Erscheinung/ geheissen. Des
gleichen noch ein ander Tempel/ Templum Adsumptionis genandt. Es hat auch
Hellena zween Tempel gebawet/ Einen in Bethlehem/ zur Gedechtniß der Geburt
Christi/ Den Andern / zur Gedechtniß des HErrn Himmelfart. Eusebius, lib. 3.
De vita Constantini.

Zu Alexandria hat man die Tempel/ S. Dionysij/ vnd S. Thome
gehabt. Sozomenus/ lib. 3. Cap. 6. Vnd zu Constantinopel hat man das Herrliche vnd berühmpte Bethauß/ Sanct Athanasie genendt/ welches Namens vrsach
er im 7. Buch/ am 5. Cap. nach der lenge erzehlet hat. Ausserhalb derselbigen Stadt/
hat auch

auff den Sontagen/ Festen vnd Feyertagen. 7

hat auch Theodosius/ der Keyser/ seinen Tempel/ in der Ehr Johannis des Teuffers auffgebawet/ Vnd das auch sonsten S. Paulus/ vnd der andern Aposteln. Item/ Pacis/ oder des Friedens/ vn̄ Sophie Tempel zu Constantinopel gewesen sind/ schreibet Nicephorus/ im 9. buch/ am 7. Cap.

Das sie in den Morgenländischen Kirchen/ zu dieser zeit/ eben wie in den vorgehenden/ vor Tage zusammen kommen sind/ zeiget Basilius an/ in der Epistel ad Neocæsarienses clericos, Eusebius aber der zeiget an/ im ersten Buch/ de Præparatione Euangelica/ am 3. Cap. Das die Gemeine teglich/ fast allenthalben/ gantz offt zusammen kommen sey/ mit diesen worten: An allen örthen/ von Auffgang der Sonnen/ bis zum nidergang/ da Menschen wohnen/ kommen fast teglich zusammen/ sie alle zugleich/ beyde Menner vnd Weiber/ Alte vnd Junge/ Edele vnd Vnedele/ Gelehrte vnd Vngelerte/ die Disciplin Christi an sich zu nemen.

Sozomenus zeiget an/ im 7. Buch/ am 19. Cap. Das die Christen bey den Egyptern/ in vielen Städten vnd Dörffern gepflegt haben/ gewöhnlich vmb den Abendt des Sabbaths zusammen zu kommen. Athanasius zeiget auch an/ im Buch von der außlegung der Psalmen/ Das der Sambstag ist gewesen/ ein tag der öffentlichen Versamlung/ da er denn die Tage der Versamlung zur Kirchen/ nennet den Sabbath/ Sontag/ den andern Sabbathstag/ sonsten Montag; Den Rüstag/ sonsten Feyertag. Den Vierdten Sabbathtag/ sonsten Mittwoch genandt. Derselbige Athanasius sagt abermal/ in der Homilia von dem Samen/ An Sabbathtag sind wir bey einander/ nicht das wir nach Jüdischer weise lebten/ Sondern darumb kommen wir am Sabbathtage zusammen/ das wir Jhesum den HERRN des Sabbaths/ anbeten mögen. Vnd vom Sontage/ Vor zeitten/ spricht er/ war der Sabbath von den Alten in gar grossen wirden gehalten/ welche frewdenreiche Herrligkeit/ der Herr auff den Sontag geleget hab.

Die Werck aber/ die die Christen in der Kirchen/ an Sontagen/ Festen vnd Feyertagen/ in jhren Versamlungen/ mit einander vollbracht haben/ erzehlet Eusebius im 10. Buch/ am 2. vnd 3. Cap. Diese/ als Gebete/ singen der Psalmen/ vollbringen der heiligen wercke/ geniessung der geheimniß/ Das ist/ Das Abendtmal des HERRN/ Danckasgung. Vnd vom Keyser Constantino/ sagt er schön/ im 4. Buch/ von seinem Leben/ Er hat/ spricht er/ zu erst angefangen in singen/ Er hat nie gebet/ er hat die Predigten stehendt/ vn̄ mit gebürender Reuerentz gehört/ vnd das dermassen/ das/ da er gebeten ward/ sich nider zu setzen/ Hat er geantwortet: So geziemets sich nicht/ die Lehr von Gott nachlessigtich/ oder mit fauler Andacht zu hören.

Von den Predigten sehet ein klares Zeugniß/ in der Außlegung Basilij, vber den 14. Psalm. Vnd wird daselbst angezeiget/ das eine Predigt/ eine gantze stunde lang geweret hat. Zu weilen/ haben sie die Materi der Predigt/ aus demselbigen Psalmen genommen/ welche sie zuuor gesungen haben/ Wie aus der Außlegung Basilij vber den 114. Psalm zu sehen ist. Athanasius hat verschafft/ das in den Versamlungen/ vnd in der Kirchen zu Alexandria/ zuweilen Psalmen fürgelesen wurden/ vnd darauff Gebete folgeten vnd geschahen/ Wie Theodoretus meldet in seinem Apologetico, lib. 2. Cap. 13. Von etlichen andern Wercken aber/ des Sontages in der Kirchen/ derselbigen Gemeine zu Alexandria/ erzehlet Sozomenus/ im 7. Buch/ am 19. Cap.

Es erscheinet auch aus des *Athanasij* eignen *Sermon*, Von dem gesetten Samen/ Das die Predigten in den Versamlungen/ in einheimischer/ vnd gantz schlechter Sprache sind gethan worden/ bey welcher keine weit vnd genawe gesuchte Zierligkeit gewesen ist/ Wenn die Predigt aus gewesen/ haben die Zuhörer gebett.

Es ist auch klar aus dem *Ambrosio*, im 1. Buch/ vom beruff der Heyden/ das nicht allein in der Frantzösischen/ sondern auch in andern Kirchen/ die Litaneyen
sind ge-

Von Versamlungen der Christen/

sind gebreuchlich gewesen. Es hat der Apostel/ spricht er/ gebotten/ das man Bitt/ Gebet/ Fürbitte vnd Dancksagung thun solle/ &c. Wie solches schon droben im Capitel vom Gebet/ ist gemeldet vnd angezogen worden. Vnd in der Außlegung der Schrifft/ in der Kirchen vnd Versamlungen/ in einheimischer/ vnd angeborner Muttersprach geschehen sind/ Da er denn gestrafft/ so in frembder Sprach sungen vnd redten. Vnd zwar/ Sigisbertus leget dem Ambrosio zu/ den Antiphonem Gesang/ vnd die Hymnos in Lateinischer Kirchen gebreuchlich.

Im Fünfften Jhar nach des Keysers *Constantini* todt/ vngefehr vmb das Jhar Christi/ 344. vnter dem Keyser Constantio/ Ward ein Concilium zu Antiochia gehalten/ in dem selbigen ist dieser Canon gemacht/ der ander in der zahl/ der heisset also: Alle/ so in die Christliche Versamlung kommen/ Gottes Wort zu hören/ Beten aber nicht zugleich mit dem andern Volck/ Vnd enthalten sich des Sacramentes/ sollen auß der Kirchen so lang verstossen werden/ bis sie in der Beicht ihre Buß erkleren/ vnd abbitten/ Als denn sol man sie widerumb zu Gnaden annemen.

Der Tempel zu Jerusalem/ war hierzu gebawet/ das man Gottes Wort darinnen predigen/ vnd auch darinnen beten solle/ Wie geschrieben Psalm 122. Jerusalem ist gebawet/ das eine Stadt sey/ da man zusammen kommen sol/ zu predigen dem Volck Jsrael/ vnd zu dancken dem Namen des HErrn. Vnd Esaie am 56. Mein Hauß heist ein Bethauß allen Völckern.

Also sind vnsere Kirchen auch darzu gebawet/ das man darinnen predigen vnd beten sol. Derhalben sollen die Christen sich zur Kirchen fügen/ auff das sie das selbst Gottes Wort hören vnd Beten. Doch sind wir Christen nicht so gebunden/ an die auswendigen Kirchen/ (von Holtz/ Stein vnd Kalck gebawet) wie die Jüden sich an den Tempel zu Jerusalem halten musten/ Sondern wir können vnsern HErrn Gott an allen örthen anruffen/ Vnd hat ein jeder sein Capellen vnd Kirchen bey sich/ Wer Gott im Geist vnd in der Warheit anrüffet. Johan. am 4. Es kömpt die zeit/ das ihr weder auff diesem Berge/ noch zu Jerusalem/ werdet den Vater anbeten im Geist vnd in der Warheit.

Hilarius/ vber den Matthæum/ Christus heist vns das Kemmerlein vnsers hertzens zuschliessen/ vnd an allen örthen beten/ Wie denn die Heiligen vnd Mertrer Gottes/ vnter den Wilden Thieren/ Im Gefengniß/ Vnd in der Tieffe des Meers/ gebetet haben/ Wie Jonas im Bauch des Wahlfisches gethan hat. Darumb dürffen wir nicht viel heimlicher örther zum Gebet suchen/ Sondern sollen vns in vnsern eigenen Hertzen ein Kirchlein vnd Capellichen zurichten.

Chrysostomus de Fide Annæ, Homil. 4. Wo ein frommer Christ betet/ da ist seine Kirche/ sein Altar/ rein Opffer/ Er ist selbst Priester/ vnd hat das Opffer/ die Früchte seiner Lippen bey sich. Wo ein Christ ist/ da kan er baldt ein Tempel vnd Altar auffrichten/ vnd ist nicht daran gelegen/ was du für Ceremonien habest im Gebet/ wenn du Gott allein ein rein vnd andechtiges Hertz gibst. Denn ein Weib kan bey ihrem Rocken zu Gott seufftzen/ vnd von hertzen ihn anruffen/ Der Mann auff dem Marckt/ auff dem Feld/ in der Werckstadt/ Der Knecht im stall/ Die Magdt in der Küchen/ Denn vnser Herr Gott fraget nichts darnach/ wie schön oder vnfleissig der orth ist/ da du betest/ wenn nur das Hertz rein ist. Also betet Jeremias im schlaim vnd koth/ vnd wird erhöret. Job betet auff dem Mistbauffen/ vnd ist dennoch sein Gebet Gott angenem. Jonas betet im Walfische. Darumb ist nicht daran gelegen/ an was stette oder ort du betest/ Sondern bete wo du wilt. Du darffest nicht allezeit in die Kirche lauffen/ denn du bist selbst Gottes Tempel.

Etliche Hi-

Historien/von Fest verechtern/etc.

Etliche Historien/von Festverechtern in gemein.

Den ich baß nicht neñe/wirfft an einem Sontage/vnter der Predigt nach einem Raben/vnd wie man saget/der Wurff auß der Hand gehöret oder ist des Teufels/trifft ein Megdlein/vnd zweiet jhm ein Rieb in seiner Seiten. Ob nu wol solchs ist entschüldiget/vnd das Töchterlein ist gesund worden/ist doch diesem Jacob sein Arm verdorret/vnd in 8. Jahren seiner nicht mechtig/noch die Hand auffheben/vnd ein Hafft am Wammes damit nicht einhacken können.

Offt hat man gehöret/das böse Buben am Sontage von Kirschbeumen herab in die Zaunpfele gefallen/vnd sich gespiesset/viel sind solcher Gesellen gestorben/erschossen/ersoffen/etliche haben sich todt gefallen/etliche gelehmet.

Einer/mit namen Ziegler/goß vnter der Predigt Büchsenkugeln/vnd hat in einer Schüssel Pulver/darein geriedt ein Fünçklein Fewer/das verderbte den Menschen in seinem Angesicht jemmerlich vnd scheußlich.

Ein ander reumete vnter der Vesper ein Büchse/darauß er den Reumestab nicht kondte gewinnen/leget die Büchse mit dem Zündlöchlein neben das Fewr/da fehret der Stab herauß/vnd trifft dem Kerlen den lincken Arm/reist von der Hand an/oben auff der Achseln wider auß/vnd wird der Mann geheilet/Hans Roßbaschawe.

Ein anderer empfienge auff den Sontag das Sacrament/gehet nach Mittage zum Tantz/vnd wird erstochen.

Ein Edelman satzte sich zum Bratspieß am Sontage vnter der Predigt/dem fuhr das wilde Fewer in einen Scherckel/vnd wie man jhm denselbigen abgelöst/sanck er hin/vnd starb mit grossem schmertzen.

Ein ander Edelman kondte vom Hasenfang nicht müde noch verdrossen werden/dem gebar sein Weib einen scheuslichen Hundskopff. Spangenb.im Catechismo.

Ein Bawer in Schwaben/hawet am Sontag ein Birnbaum nieder/der wird forma priore non mutata, one verlierung der vorigen gestalt/zum Steine.

Ein Theologus gieng zu Erffurdt B. N. auff der Jhera/den beleitet sein Söhnlein spacieren/das fiel bey dem Mühlrad hinab/vnd ertranck schleunig.

Item/Einer drasch Korn/am Sabbath/vnd springet jhm ein Körnlein in ein Auge/verdarb vnd ward blind.

Newlich im Ampt N. eilet ein Pfarherr fast vom Predigstul/das er die Wirtschafft nicht versäumete/gieng neben einem beladenen Wagen mit Strohe/der schlug vmb/vnd hatte dem Pfarherrn leicht das leben (denn er lag bey 6. Wochen am tode) außgelescht.

Zu Pegaw lebet ein wilder Mann Thomas N. der gieng vber einen Kirchhoff/vnd machte drauff sein Wasserrecht/vnd schurlamentum/ward auß der Stadt gethan/vnd muste weichen.

Zu Alstedt/muste auß der Obrigkeit schaffen/ein böser Bube/der an einem Sontage auß bösen leichtfertigen willen/einen Ochsen vnter der Predigt in die Kirchen gejaget/drey Sontage am Creutz außgespannt stehen/wie Christus am Creutz.

Historien von Festverechtern in gemein.

Ein anderer nam drey Pfennige/vnd wolte/denn er war ein Schmid/ vnter der Predigt etliche Huffnegel bereiten/ aber es sprang jhm ein glüend Stiffe mitten in sein Auge/vnd brandts jhm heraus/ wie man jhn es mit einem Meissel aus gewircket vnd ausgehawen haben möchte.

Item Lud. Quensel ein alter Schneider/ hancke an einem Stabe in die Kirchen/vnd wider heraus. Einer sprach/warumb hincket er in die Kirchen? Antwortet Quensel: Ich hincke hinein vnd wider heraus/ob ich auch möchte/wie der Pfaff prediget/vom Lahmen/ gesund werden. Auff diese rede erstummet der Mann/vnd redet oder vermochte kein wort zu reden/weil er lebet. M. Magnus zu Naumburg/Prediger auff dem Stifft/ fragt jhn/wie das er seiner Sprach vnd Zungen nicht brauchet? Da fieng er an/vnd weinet/gieng dahin/legt sich drey tage/vnd nicht so lange als man ein Vater vnser ausbeten möchte/ verschiede er mit einem wort/ das er selbst redet : Nun bin ich selig.

Dis ist geschehen mit dem Quensle : Vnd wenn Agneta Grewin/ welche M. Milhorn zu jhm freiete/vmb suchte/ wurde sie dieser Geschichten Deutsche vnd Lateinische carmina oder versus(die von zweyen Pfarherrn/M. Casparo Müllern zu Orstemünd/ vnd M. Wolffgang/ gesetzet/ vnd Laurentio von Meissen N. zugeschrieben/ vnd die Pfarr Weymar in verwarung genommen) antreffen vnd finden.

Zu Wittenberg in Schirlitzen Druckerey dienete eine listige vnd freye Dirne/von ??? man nicht anders sagte/ denn wie sichs gebürt. Am Sontage solt jr der Schuster newe Pantoffel fertig gemacht haben/ weil sich aber solches verzogen/ vnd Spalatinus geprediget/ haben sie die Druckergesellen zur Predigt vermanet/ aber sie sprach : Gehet hin/ Spalatinus sagt der Teuffel steckt in ewren spitzigen Schuhen/ ich mag ohne Pantoffel nicht zur Kirche kommen. Zu Mittag gieng sie hinaus vor das Thor mit jren Pantoffeln zum Tantze/vnd nach dem sie etliche Reyen ehrlich vmbgeführet/wird jhr angst/setzet sich an eine alte Fraw vnd starb. Inexcrutabilia sunt iudicia Dei.

Ein andere vernünfftige Person Catharina N. höret das wort gerne/vnd seumet sich nicht/ das sie in jhrem Stuel gesehen wurde / aber hernach flog das Wort dahin/vnd war stürmisch beim Gesinde. Eine Magd sprach : Wie thut jhr Fraw/solchs habt jhr ja nicht in der Predigt gehöret? Sie antwortet : In der Kirchen höre ich was der Pfaffe saget/ In meinem Hause aber thue ich was mir gefellet. Wie sie nun in die Kirche fehret/ fiel die Kirchspitze neben jhrem Wagen ??. Ellern/ vnd ward darzumal behütet/ Aber hernach schleifft jhren Vater ein Pferd/ Jhr Brüder ward erstochen/Jhr Eheman erschossen/vnd ein gut Gesell der das thet/ auff einen newen Rabenstein/auff dem noch niemand geköpffet/enthäuptet. Was aber der Herr vber sie für ein Vrteil gesprochen vnd ergehen lassen/ dem habe ich nicht nachgefraget. R.V.V.Z.A.

Ein Pfeiffer/ sang oder pfeiff in der schlagenden Vhr zu S. Magdeburg/ Erhalt vns HErr bey deinem Wort. Clemen Taudte/ein feiner lustiger Jüngeling/ vnd Bürgers Sohn zu Gutstadt/ der hernach in der von Werter n Stedtlein zu Cölln an der Vnstrude Stadtschreiber/ vnd ein versuchter Mann/ fraget : Kanstu das Lied auch singen wie du pfeiffest? Der Pfeiffer sprach : was sing en? die Kunstglöcklein können die wort auch nicht singen / Ich habe lernen pfeiffen vnd nicht singen. Der Pfeiffer schlieff ein/ am Morgen ward er kranck/ vnd am Abend begraben. Solches aber sagt der Wirt Cosmas in S. Michaelis Pfarherrn/ ist nicht seine hohn rede/ sondern der Magdeburgische Stins eine vrsache gewesen.

Zu Dantzke/ im nechsten sterben vor 7. Jahren/ haben die Bierkönige vnd Bierbischoffe auff einen Pfeiffer vnd Spielman gesauffet/ vnd vngereimpte wort/ in der sorglichen zeit/ ausgelassen. Wie nun der Wirt zu Bette schlaffen gangen/

Historien von Festverächtern in gemein.

gen / vnd die Liecht ausgelescher / sind etliche tollen vnd vollen in der Nacht an der Pestilentz in der Stuben vmbgefallen / vnd todsblieben / Vnd der thörichte Spielman auff der Banck / oder wo er in der Hellen lag / nicht anders als were er auch gestorben / wie ein Todter geraget vnd gestarret. In dieser sorglichen zeit / hat die Obrigkeit die Todten am frühen Morgen lassen aufflesen / vnd zum Grabe bringen. Also ward der Pfeiffer wie ein todter Hund auch auff dem Wagen geworffen / vnd mit andern Todten hinaus vor das Thor in die Gruben geführet / vnd wie man pfleget / mit Erden ein wenig bedecket / Aber ein halbe Stunde / da das Preussische Bier bey dem Pfeiffer vergoren vnd verrochen / ermuntert sich der Pfeiffer / nam seine Schweinklase vnd Kirnleretspfeiffe / vnd rüffet zu den Brüdern: Auff jhr Brüder auff / wie schnarcket jhr / auff / auff / wir wollen vns lassen ein Bier wermen / vnd vor Brandtenwein trincken. Meinet der Ebentheurer / er vnd seine Rotte schliefen in der Zechstuben / fieng an zu pfeiffen vnd lustig zu sein. Aber von dem Schimpff ist die Obrigkeit gewarnet / vnd die Schlemmerey sehr (denn es sollen vber 80000. Menschen in der Stadt gestorben sein) nidergeleget vnd abgeschafft haben.

Zur Hundsgrune / vor dem Behmerwalde / heisset einer mit namen Hans Gerber / der war offt in seiner Pfarre / dahin er gehöret (denn daselbst in allen Dörffern nicht Kirchen noch Predigstüle) vber Feldt gangen / vnd wie man es vmb dieselbige zeit gemacht / vnd den Leihen vmbgetrieben vnd geteuschet / hat es jhm alles wolgefallen / vnd offt gesagt: Wenn man auff solche weise möchte dem HERRN Christo dienen / vnd in den Himmel kommen / er wolte teglich zum Eychich / oder nach Werschnitz in die Kirche gehen. Sein Bruder mit der Scharten im Maule / welchen ein Wolff also verderbet / vnd vber die Elster geschleiffet hatte / sprach: Bruder / warumb eilstu also zum Pfaffen / laß die auff dem Raderoberg / sol eine Walfart oder Clause sein) jhre Spiel vnd Pfaffenwerck treiben / warte deine Vech oder Hackhöltzere / vnd nim war / das dir nicht an deiner Nahrung im Hause abgehe / Ich bin zu Rom beim Bapst gewesen / vnd habe / wie du mir jenes mahl auch wider sagest / das heilige Grab beschawet / frömmer bin ich nicht widder kommen / Die Pfaffen zu Marcuegrune vnd auff dem Raderoberge meinen deinen Beutel. Hans Garbery verschmehet des Brudern rede / vnd sprach: Wolan so fresse mich ein Wolff / wie er dich gebissen hat / wenn ich die Lutherische Lehre anneme. Vnd wie die Bawren nun pflegen das deutsche (Salue) was er damit verstanden / hat er nicht gewust (Aber vns ist das liebe Euangelium ein freundlich Salue vnd Saluete) singen hören / gehet er vber etliche Tage zum Bier / denn an denselbigen enden müssen die Bawren vber Feldt zum Bier gehen / gleich wie sie durch Waldt vnd Heide zum Euangelio ziehen vnd reisen / legt sich im Schnee nider / vnter eine Fichte / an seinem Hause für der Thür / welches er nicht wuste / sondern noch im Walde zu gehen vermeinete / Er erfror vnd starb / in der Nacht haben jhn die Wolffe auff das Eyß geschleiffet / vnd sein Bruder / welchen die Wolffe / da er noch ein Knabe war / am selben ort lebendig vmbgetragen / vnd jhm sein Angesicht jemmerlich zerrissen / mit seinem Wolff / das war ein Hund / der jhn auff die Spur führete / gesundten vnd angetroffen. Wie nun der Bruder winselt / vnd seines Bruders vntergang beklaget / hat er nicht fern hinab auff vier Eherlen oder Falbiergern / vier grawe Münche sitzen sehen / gieng mit seinem Hunde heim / legt sich auff die Offensgrüste / vnd starb. Man führet jhn zum Grabe / der Hund folget nach / legt sich / kompt ein Wolff im Walde / vnd würget jhn auch das er starb. Von dieser Geschicht ward vor 23. Jahren / vmb den Eberlebach vnd Schlinbach viel sagen / hie stehet es nun geschrieben / das man lerne / Gott lest seiner nicht spotten / lieben Brüder.

Zu Winckel / im Ampt Alstedt / hat Anno 1562. ein wüster vnd wilder Bawer lange / der mit dem Pfarherrn niemahls zu frieden kommen / von des Pfarherrn Predigten vbel geredet / vnd böslich ausgeleget / Also ward er Sinnloß / vnd ward /

B iij

Historien/von Fest verechtern/etc.

ward/weil man nicht achtung auff ihn hatte/verloren/nach etlichen Tagen im Holtz vnter einem Baum todt funden/vnd auffgehoben.

In Franckenlandt/wie Job: Fince: gute vnd gewisse Kundschafft anzeigt/hat in einem Dorff Kundstadt/eine geitzige Bewerin/keinen Sontag feiren/noch jhr Gesinde daran müßig sein/vnd daran ruhen lassen wollen. Wie sie nun auff einen Sontag mit der Flachßbreche Flachß zurichtet/vnd Fewer aus der Brechen/wie aus einem Fewereisen/darauff man mit einem Kießling finckert/rauschet/vnd in das gebrechte Gespenc fellet/wird sie von andern Bewrin/die neben jhr an der Sonnen sitzen/vom brechen dißmal abzugehen/freundlich vermanet/Sie hat aber der Frawen rede/weil sie selbst das Fewer nicht gesehen/belechelt/vnd dem Gesinde nicht feyer oder heiligen Abend geben wollen/Nicht lang hernach/wie in Francken vnd an mehr orten ein böser brauch/hat sie am Kachelofen in der Stuben/vor dem nassen Wetter/Flachs gedörret/vnd denselben der zu brennen anfieng/mit Wasser vnd jhren Kleidern geleschet. Aber am Sontag hernach/wie sie aber Flachß am Ofen wernlet/verbrennet sie in der Stuben/vnd bleibet nach dem Brande mit zwey Kindern biß an den dritten tag beim leben/stirbt vnd wird begraben. Ehe sie das Fewer vberwandt/hat sie ein Kindlein in seinem Bündlein hinaus auff die Gasse geworffen/an dem ward besonder kein Brandt gespüret. Auch hat das Fewer weiter nicht gefressen/noch im Hause schaden gemachet/sondern also in der Stuben nach des HErrn befehl ausgerichtet/vnd dem HErrn gedienet. Actum Anno 1559.

Diese Geschicht ist also in Francken abgelauffen/Aber ein Franck wohnete vnter meinen Pfarrleuten/der arbeitet etlichen vom Adel jhre Weinberge/vnd hatte sich mit Kost vberladen/legt sich voll vnd bezecht nider schlaffen/Sein Weib sprach: Nun schlaff in Gottes Namen/vnd ruhe/du soltest auch beten vnd dich in Gottes Schutz befehlen. Er sprach: Morgen wenn ich nüchtern bin/ist besser beten/lange mir ein Kreußlein mit Most. Er schlieff ein/vnd fuhr auff/kam an ein Fenster oder Werffloch/dadurch man Getreide in die Scheune bringet/fiel herab/vnd lag auff der Gassen vor todt. Bald vnd nach wenig tagen kamer von vns/vnd ist biß auff diesen tag/wo er sich hin gewendet/niemand innen worden. Sihe/also reden wir offt eine Syllaben in einem schimpff/vnd meinen es sol wol gerahten/aber es gehet denn anders/denn wir sinnen vnd gedencken können. M. Wolffgang Büttner.

Am heiligen

Am heiligen Christag.

BEy den zeiten Keiser Heinrichen des andern/ sollen in dem Magdeburgischen Bisthumb in einem Dorff achtzehen Mann vnd funfftzehen Frawen/ auff einen Kirchhoff daselbst am Weihenacht abend/als der Priester Meß gehalten/ zu singen vnd zu tantzen angefangen haben. Da sol der Priester angefangen haben jhnen zu fluchen/ vnd gewündschet/ das sie ein gantzes Jahr also tantzen müsten. Vnd solcher sein Fluch vnd Wundsch sey war worden/ sollen getantzet haben Jahr vnd Tag/vnd weil sie getantzt/sey weder Taw noch Regen auff sie gefallen. Sie auch sollen in der zeit weder müde/hungerig noch durstig worden sein. Nach verlauffenem Jahr/ schreiben sie weiter/ das sie von solchem Fluch vnd Plage sein erlediget worden. Darauff aber alsbald sein derselben etliche gestorben/etliche haben angefangen zu schlaffen/vnd haben geschlaffen drey Jahr nacheinander/ etliche aber haben gezittert jhr lebenlang.

Nicephorus lib. 7. cap. 6. erzehlet eine schreckliche Historien/ die sich zu Nicodemia mit den Christen begeben hat/ Denn als dieselbigen sich am heiligen Christage in der Kirchen versamlet hatten/das Fest mit Gottes lob vnd dancksagung zubegehen/hat der Keiser Maximianus etliche seiner Kriegsleute mit Fewer abgefertiget/die die Kirche versperren/vnd die Christen darinnen mit Fewer verbrennen solten/ Doch/ so etliche vnter jhnen weren/ die da wolten vom Christenthumb abfallen/ vnd dem Jupiter reuchern/des Altar nicht ferne von der Kirchen war/ derselben solte man verschonen/ vnd jhnen jhr Leben fristen/Die andern aber/ solte man/wie gesagt/ohne alle Barmhertzigkeit/sampt vnd mit der Kirchen zu Pulver verbrennen. Da nun solches für den Ohren der Christen ausgeruffen ward/ stund einer aus den Christen auff/ der antwortet mit grossem Muth vnd Frewdigkeit/vnd sprach : Sie weren alle Christen/ vnd gleubten von hertzen/ das Christus jhr Gott vnd König were/ durch den sie hoffeten selig zu werden/ dem allein/ sampt dem Vater vnd heiligen Geist/ wolten sie opffern vnd dienen/auch im fall der noth/mit jhrem Blut/Leib vnd Leben. Auff diese wort ward der Tempel mit Fewer angesteckt/ vnd verdorben in Fewers noth zu derselben zeit/alle die/so im Tempel waren/ an der zahl mehr denn zwentzig tausent Christen.

Als man zahlt nach der Geburt Christi/1444. kamen die Türcken in Vngern/vnterhalb Siebenbürgen. Da zoge gegen jhnen der König von Polen/der zur zeit auch Vngern jnnen hatte. Also lagen die Vngern mit jhrem Könige erstlich oben. Bald kommen die Türcken mit mehr Volcks gesterckt/ vnd siegeten wider die Vngern/also/ das auff beiden theilen mehr denn 8000. Mann erschlagen wurden. Als da blieben vnd flugen auch auff zween Bischoffe/vnd der König von Polen selbst. Dem Könige nach seinem Todte das Heupt abgehawen/ vnd dem Keiser in die Türckey zugeschickt. Auch des Königes Sohn ward alda verloren/ vnd erschlagen. Darnach/ Anno Christi/ 1446. zogen die Heiden den 13.tag vor Weihenachten den Griechen ins Land/ thaten mit rauben vnd plündern grossen schaden/ vnd erschlugen der Griechen mehr denn 22000. Mann zu todte/in einer Flucht/ vnd zween König mit jhnen.

Anno Christi, 1522. Am heiligen Christage/hat der Türckische Keiser Solymann Rodiß eröbert/ vnd in seine gewalt bekommen/ vnd mancherley Tyranney

Am heiligen Christag.

ranney darinnen gebet/die Tempel alle zerrissen/die Götzen darauß geworffen/dem Crucifix abermahls grosse Schande vnd Vnehre angelegt/mit Füssen in Dreck getretten/vnd in der Stadt für ein Fastnachtspiel vmbher getragen/die Grabstein zerschlagen/vnd alles seiner Mahometischen vnd Gottslästerischen Abgötterey gewehret.

Der Weihnachten gedencket die Historia der Verfolgung/durch Maximinum geschehen/welcher eben auff den Weihnachten tag/die Christen/da sie zu Nicodemia das Fest begiengen/mit der Kirchen verbrandt hat/wie Nicephorus schreibt/lib. 7. cap. 6. Nazianzenus nennets einen Geburts tag. Vnd in der Epistel Theophili stehet/das niemand das Fest der Geburt Jhesu Christi/in Egypten auch den Tag der Opfferung Christi genennet habe. Item/den Tag der Tauffe Christi/vnd haben alle beide Fest auff einen Tag gefeyret/denn an demselbigen ort stehet also geschrieben/In Egyptenland wird diese alte hergebrachte weise gehalten/das nach außgange des Fests nach der opfferung Christi/welches die Priester dieses Lands/entweder den Tag der Tauffe Christi/oder den tag seiner Menschwerdung nennen/vnd feiren derhalben diese zwey Fest/nicht zu vngleicher zeit/wie es in den Lendern/die gegen Abend gelegen/gebreuchlich/sondern auff einen tag alle beide zusammen.

Anno Christi, 4373. Vmb Weihenachten/werden etliche Bischoffe gen Constantinopel erfordert/vor denen wird Chrysostomus verklaget/&c. Socrates, &c.

Anno Christi, 773. begeret Bapst Adrianus hülffe von Carolo/wider Desiderium, der ist bald bereit/zeucht in Welschland/schlegt die Longobarder aus dem Felde/vnd belegert den König zu Pavey/vnd bringen den gantzen Winter darfür zu. Regino. Sigebertus,&c.

Anno Christi, 791. Thut König Carl einen Zug wider die Hunnen vnd Avarn/plündert/brennet/vnd verheeret das Land bis hinter Wien/an die Rab in Vngern hinein/erschlegt vnd erlegt viel Volcks/Wendet darnach wider vmb/vnd kömpt an S. Martins tag zu Regenspurg/vnd helt daselbst Weihenachten. Dieser Krieg hat fast 8. Jahr lang gewehret. Regino,Schaffnab.Palmer.vnd Auentinus im 4. Buch.

Anno Christi, 800. Als König Carolus am heiligen Christage in der Kirchen zu Rom war/zu S. Peter/erkleret der Bapst Leo der dritte/aus verwilligung des Römischen Raths vnd Volcks/den Carolum Magnum, der Francken König/zu einem Römischen Keiser/nennet jhn Augustus,vnd krönet jhn. Als solches geschach/schreye bald das gantze Volck/Geistlich vnd Weltlich: Carolo Augusto, à Deo coronato, magno & pacifico Imperatori Romanorum, vita & victoria. Das ist/Wir wünschen lang Leben/Glück vnd Sieg/dem heiligen gewehyheten/vnd von Gott selbst gekröneten/dem grossen vnd friedlichen Römischen Keiser Carolo. Wie denn hievon alle Historien zeugen. Kömpt also das Römische Keiserthumb gegen Nidergang auff die Francken vnd Deutschen.

Anno Christi, 820. In der Christnacht wird Leo der Keiser erschlagen/durch anstifftung des Michaelis Balbi, welcher alsbald von jener Stadt zum Keiser erwehlet wird/vnd regieret 8. Jahr/9. Monat/7. Tage. Zonoras. Onophrius.

Anno Christi, 879. Eilet Carolus 3. Crassus, nach geschehener theilung nach Welschland/vnd wird von allen Stenden mit freuden auffgenommen/gen Rom geführet/vnd daselbst sampt seinem Gemahl Reicharda vom Bapst zum Römischen Keiser gekrönet/am heiligen Christag. Ioann.Auentinus.

Auß

Am heiligen Christage.

Anno Christi, 928 Am heiligen Christtag/in der 2.*Indiction,*lesset Romanus seine zween Söhne/ Stephanum vnd Constantinum 9. öffentlich krönen zum Keiser : Seinen jüngsten Sohn Theophilactum lesset er weyhen / vnd machet jhn zum subdiacono, vnd Syncello, oder gewissen Nachkömling des Patriarchen, Cedrenus.

Anno Christi, 981. Helt der Keiser Otto zu Rom Weihenachten/ vnd trachtet darnach/wie er die Länder Apulia vnd Calabria/den Griechen/ vnter deren gewalt sie noch waren / entwenden/ vnd dem Teutschen Keiserthumb vnterwerffen möge/&c. Sigebertus.

Anno Christi, 1001. Als der Keiser Otto 3. zu Rom Weihenachten helt/machen die Römer einen Auffruhr wider jhn/ vnd belagern jhn im Keiserlichen Pallast/wird aber durch hülff Hertzog Heinrichs aus Beyern/ vnd H. Hugo Churfürsten zu Brandenburg/ vnd Marggraff zu Hetruria, entlediget/ vnd stirbet nicht lang hernach/am 28. tag des Jenners/ durch Gifft/ welche jhm des Crescentij Wittfraw beygebracht hatte/ vnd wird sein Leichnam zu Ach begraben/ Aber seine Eingeweide werden gen Augspurg geführet. Onophrius. Albert. Krantz. Sax. lib. 4. cap. 26. Vrspergensis, vnd Helmoldus in der Sclauen Chronica.

An Ottonis statt wird Keiser erwehlet / Hertzog Heinrich 2. aus Beyern/ vnd wird zu Ach gekrönet/ durch H. VVilligesum, Ertzbischoffen vnd Churfürsten zu Meintz/hat regieret 23. Jahr/5. Monat/vnd 16. Tage. Dieses Keisers Gemahl ist gewesen Kunegund. Onophrius.

Anno Christi, 1046. Am heiligen Christtag/krönet der Bapst Clemens 2. den Keiser Heinrich/ sampt seinem Gemahl Agneten,/ vnd nennet jhn Augustum. Er der Bapst sitzet im Ampt 9. Monat/ 19. Tage. Onophrius, Schaffnab. Sigebertus,&c.

Anno Christi, 1047. Stirbet Bapst Clemens 2. durch Gifft hingerichtet/vnd stehet das Bapsthumb ledig 9. Monat vnd 7. Tage. Vmb Weihnachten kommen die Römischen Gesandten/ verkündigen dem Keiser zu Polet des Bapsts tödtlichen abgang/vnd bitten vmb einen andern. Onophrius. Schaffnab. Vrspergensis.

Anno Christi, 1049. Als der Keiser zu Freysingen Weihenachten helt/kömmet zu jhm der Römer Legation/vnd verkündigen jhm des Bapsts Damasci. 2. tödtlichen abgang/vnd begeren einen andern/Der Keiser verordnet Bruno den Bischoff zu Colossen dem Bapst/der zeucht gen Rom/vnd wird gekrönet/vnd genent Leo 9. vnd regieret 5. Jahr/ 2. Monat/ 8. Tage. Onophrius, Schaffnaburg.

Anno Christi, 1062. Entstehet zu Goßlar am Weihnacht Fest ein hefftiger zanck zwischen dem Dienern des Abts von Fulda/ vnd Bischoffs zu Hildesheim/unter der Vesper/als sie jhren Herren die Stüel setzen solten/ denn der Abt von Fulda wolt die nechste stell haben / nach altem Recht vnd gebrauch/ nach dem Bischoff von Meins/das wolten die Bischoffischen nicht zugeben. Es hielt aber der Keiser dazumal zu Goßlar sein Hofflager. Schaffnaburg.

Anno Christi 1083. Gewint der Keiser Rom mit gewalt/ der Bapst Gregorius entkömpt in die Engelburg / vnd als er daselbst belagert ward/ flüchtet er gen Salerna zu den Nortmannern/vnd bleibet daselbst bis an seinen todt. Die Römer ergeben sich dem Keiser/der flüchtige Bapst wird citirt, das er sich wider einstelle. Als er aber sich nicht stelt/ wird er abgesetzet / vnd ist der Bapst Clemens 3. in dem Bepstlichen Stuel zu Rom eingesetzet. Also helt der Keiser die Weihenachten zu Rom. Vrsper. Sigebertus, Nauclerus.

Anno

Am heiligen Christage.

Anno Christi 1086. Fraw Judith Hertzog Bradislai auß Polen Gemahl/gebieret einen jungen Herrn/mit namen Bolcslaus/Sie aber stirbet am heiligen Christabend. Mechoulus lib. 3. cap. 3. Fulstein im 4. Buch/am 2. Capitel.

Anno Christi 1104. Helt Keiser Heinrich der 4. Weihnachten zu Regenspurg/als er nun daselbst ist/wird ein auffflauff zwischen den Sachsen vnd Beyern/vnd wird Graff Sigfried von Burghausen gantzer 6. Stunden lang in seinem Hause belegert/zu letzt aber werden die Thüren auffgelauffen/vnd er jemmerlich erschlagen. Vrspergensis, Auentinus.

Anno Christi 1144. Gewinnen die Saracenen vnd Alaph der Türcken Fürst/die Heuptstadt Edessa/sampt dem meisten theil des Landes Mesopotamia am heiligen Christag/vnd wüten grawsam wider die Christen/etc. Drechslerus, Vrsperg, Frisingensis.

Anno Christi 1147. Als der Keiser zu Mersburg Weihnachten gehalten/vnd viel Prelaten daselbst gewesen sein/hat man am Himmel gesehen einen Regenbogen/sampt zweien Creutzen. Marian appendix.

Anno Christi 1294. Wird zum Bapst erwehlet Coelestinus der 5. ein frommer einfeltiger vnd andechtiger Mönch/sitzt nur 5. Monat vnd 7. Tage im Bapsthumb/vnd vbergibt es wider auff den heiligen Christag.

Anno Christi 1314. Ist ein Comet entstanden vmb Weihenachten/vmb den Polum mit einem langen Schwantz/vnd hat gewehret bis in folgenden Hornung.

Anno Christi 1356. Keiser Carl der 4. begehet dieses Jahr die Weihenachten zu Meintz/vnd helt daselbst eine Keiserliche Taffel/da mus ein jeder Churfürst sein Ampt ausrichten/nach inhalt der güldenen Bulla. Vrspergers zusatz.

Anno Christi 1414. Am H. Christabend zu Mitternacht/kömpt Keiser Sigmund zu Costnitz ein/vnd jeucht nicht lang hernach in die Heuptkirche/das selbst helt der Bapst die erste Meß/vnd der Keiser singet in eines Euangeliers habitu, das Euangelium: Es gieng ein Gebot vom Keiser Augusto aus/etc. Vrspergers zusatz.

Anno Christi 1430. Fallen die Hussiten vmb die Weihnachten/des vorgehenden Jahrs/die Stadt Meissen an/verbrennen die Vorstedte/vnd faren fort/plündern vnd verheeren gantz Meissen/Ihr Heuptman war Procopius. Georg. Fabricius, Rudimentum. Albertus Krantz in V Vandalia, lib. 11. cap. 20.

Anno Christi 1457. entsetzet H. Sigmund Bischoff zu Wirtzburg/des Churfürsten aus Sachsen Bruder/stirbet dieses Jahr zu Rochlitz am H. Christag zu nacht/wird gen Meissen begraben. Fabricius.

Anno Christi 1522. belagert Solymannus der Türckische Keiser die Insel Rodis dieses Jahr im Brachmonat/vnd wird jhm dieselbe endtlich auffgegeben vmb die Weihenachten/Denn er ist in die Insel gezogen am H. Christfest/wie Drechslerus, Sleidan. lib. 3. Nauclerij vnd Palmerij zusatz/anzeigen.

Anno Christi 1532. Prediget Bernhart Rotman/welcher sich hernach zu den Widerteuffern geschlagen hat/zu dieser zeit das Euangelium richtig vnd rein/Erstlich vor der Stadt Münster in S. Moritz Kirchen/vnd wird darnach in die Stadt beruffen/dahin auch andere zween Prediger von Marpurg erfordert werden/neben jhm das Euangelium zu predigen. Die Bepstischen weichen aus der Stadt nicht ohne drewen.

An diesen

Am heiligen Christage. 12

An diesem hat Dn. Philippus Melanchthon dieses Jhar von Wittenberg geschrieben/ am H. Christabendt/ da er ihn vnter andern vermanet/ Er wölle sich des Zwingels Disputation/ vom heiligen Abendtmal/ nicht annemen/ Sondern bey der Lehre/ von der waren gegenwarde des Leibs vnd Bluts vnsers HErrn Christi/ im heiligen Abendtmal bleiben/ Denn solche Lehre sey dem Glauben ehnlich vnd gemeß. Præsentia, quam dixi, habet ἀναλογίαν fidei, &c.

Anno Christi, 1559. am 18. tage des Augustmonats, stirbet Bapst Paulus 4. Nach ihm wird Bapst erwehlet/ am H. Christag/ Pius/ der. 4. vnd regiert 3. Jhar/ 11. Monat/ 14. Tage,

Zu Halberstadt/ sol ein Thumbpfaffe/ ein grawsamer Schwartzkünstler gewesen sein/ Iohannes Teutenicus genandt/ zur zeit Christi/ 1271. Der ist so beritten gewesen/ das er Drey Christmessen/ eine zu Halberstadt/ die ander/ zu Meintz/ die dritte zu Cölln/ habe in einer Mitternacht halten können/ Von diesem wird viel wunder/ so er durch seine Kunst geübet/ vorgegeben/ etc.

S. Gregorius, da man ihn hat zum Bapst erwehlen wöllen/ Hat er erstlich solche Ehr geflohen/ Da er aber wider darzu gebracht/ hat er sich als ein Christlicher Bapst/ in vielen dingen gehalten/ Die Kirchen bestelt vnd angericht/ Viel Heyden von der Abgötterey/ zum Christlichen Glauben bracht/ etc. Also hat er auch frowine Christliche Menner in Engelandt gesendet/ die durch ihre Predigt die Engelender zum Christlichen Glauben gebracht/ darzu ihn verursacht/ Man bracht etwan gen Rom/ schöne weisse Kndblein/ aus Engelande/ die zuuerkeuffen/ Da dieser Gregorius gesehen/ hat er gefraget/ Von welcher Nation man sie brechte/ Vnd da ihm angezeigt/ Das sie Engelender/ Hat er gefraget/ Ob auch Christen in Engelandt weren/ Da ihme geantwort/ Das sie Pagani vnd Heyden weren/ Hat er geseufftzet/ Das der finster vnd schwartze Sathan/ so hübsche vnd helle Angesichte besitzen solte/ Vnd weil sie Angeli hiessen/ sagt er/ Es ist recht/ sie haben Engelische Angesichte/ Vnd es ziemet sich/ das solche der Engel Mitterb sein sollen/ im Himmel. Also sind Gelehrte Prediger dahin gesendet. Vnd ist S. Gregorius der Engelender Apostel genandt worden. Auff den heiligen Christag/ auff einem Weinachtage/ sind Zehen Tausent Engelender getaufft worden/ Histor. D. Casp. Hedion. lib. 5. Cap. 2. Vnd vom Gregorio ließ viel mehr/ in Eccles. Histor. D. Casp. Hedi. lib. 7. Cap. 2). 22. 23. 24.

Diese Historia beschreibet Albertus Krantz/ im 4. Buch an 33. Cap. also: Zu dieser zeit hat man erfahren/ viel wünderliches dinges/ Vnter andern/ sein gen Kolbeck/ im Bisthumb Halberstadt/ in der Christnacht kommen Truncken Menner vnd Weiber/ die haben auff dem Kirchhoff/ auff S. Magnus Kirchen angefangen zu Tantzen/ Vnd ein wildes vnd wüstes Geschrey darunter getrieben/ also/ das ihnen der Pfarrherr entbieten lessen/ da er die Christmesse anfahen wil/ Sie sollen doch still sein vnd schweigen/ vnd das heilige Ampt nicht verstören. Sie tantzen aber vn schreyen immer fort/ vnd keren sich an des Pfarherrn Rede nichts/ Also/ das er zur vngedult vnd eyffer/ vber solche gewalt vnd verachtung der Göttlichen Religion/ bewegt ward/ vnd im zorn sagte: Dieweil denn ihr zugleich mich vnd mein Christlich Ampt/ so grewlich veracht/ so gebe Gott/ Das ihr ein gantz Jhar also tantzen müsset. Was geschicht? Es thut Gott ein Zeichen/ vnd lesset auff solchen wundsch ergehen seine Straffe/ also/ das sie one auffhören/ ohn alle ruhe/ Tag vnd Nacht/ ohne speise vnd tranck tantzeten/ vnd ein iemmerlich Specktackel sich mit Tantzen vnd verdrehen erzeigten/ Das wer es sahe/ sich drob entsetzen musste. Nu waren wol fromme Christen/ die für sie baten/ Sie blieben aber nichts desto weniger bey ihrem tantzen. Man sagt auch/ das eines seine Schwester vnter dem hauffen gehabt/ vnd sie habe wöllen mit gewalt aus dem Reygen entreissen/ Da habe er ihr einen Arm ausgerissen/ vnd habe sie nichts desto weniger fortan getantzet/ Sie haben tieffe Fußstapffen in die erden gemacht/ wie denn

wol zu

Am heiligen Christage.

wol zugedencken/ Vnd haben nicht ehe von dem Tantzen lassen können/ denn das Jhar verlauffen gewest. Da sind sie den mehrertheil so baldt gestorben/ Jhrer wenig aber sind erquicket worden/ vnd haben ernste Busse gethan.

Im ersten Jhar/ als der Römische Keyser *Constantinus* / zehen Jhar alt war/ vnd seine Mutter Hirene regierte/ hat ein Mann in den langen Mauren Thrace gegraben/ vnd einen steinern Sarck gefunden/ darinnen eine schrifft / mit solchen buchstaben gar künstlich zusamen gesetzt/ des Jnhalts: Christus wird geboren aus Maria der Jungfrawen/ vnd ich gleube in jhn. Vnter Constantino aber/ vnd Hirene/ den regierenden/ soltu mich widerumb sehen. Hist. Eccles. D. Casp. Hedion. Lib. 7. Cap. 6.

Orosius lib. 6. Cap. 22. schreibet/ Das Keyser *Augustus*/ auff den Tag der Geburt vnd Menschwerdung Christi gebotten habe/ Das hinfort niemandt jhn solte ein Herren nennen/ welcher (wie ich achte) etwas Göttlicher warnung gehabt/ Das der ware Fürst/ Christus Jhesus/ des vmbkreis der Erden vnd der gantzen Welt/ geboren were. Dieser Augustus hat auch gebotten/ das alle Menschen im Römischen Reich sollen geschetzet werden/ gleichsam er Augustus einem grössern Herrn / von gubernierung des Keyserthumbs etwan müste Rechenschaffe geben. Vber dieser Schatzung/ hat er Cyrinum einen Rhatsfreundt/ mit bewilligung des Rhats/zu Rom gesetzt. Ferner / so ist ein solcher Friede vnd ruhe gewesen/ nicht allein im Römischen Reich/ sondern auch allenthalben auff dem gantzen Erdboden dergleichen zuuor nie. Denn die Propheten diesen Christum/ einen König des Friedens vnd der Gerechtigkeit genennet haben. Hæc Platina in sua Chronica.

In einem Wirdtshaus/ des gegend jenseit der Tiber/ ist Oel am tage der Geburt Christi/ aus dem Erdtreich geflossen/ Wie Eusebius schreibet/ vnd ist denselbigen gantzen Tag geflossen/ Die Gnade Christi den Heiden anzeigende. Idem.

Es schreibet *Suidas*/ das der Keyser *Augustus* (vnter welches Regierung im 41. Jhar/ der Herr Christus geborn ist/ Wie solches auch Ireneus lib. 3. Cap. 35. bezeuget) als er zur selbigen zeit hat wöllen opffern/ Hat er das Oraculum/ oder Warsagenden Gott gefragt/ Wer nach jhm reiseren würde/ Darauff sey jhm die Antwort worden/ mit Griechischen Verßlein/ Welche Verß in latein also lauten: Puer Hebræus, qui imperat in cœlo, iubet me relinquere hanc domũ, & redire ad inferos. Igitur tu tacens abi á nostris aris.

Darauff hat der Keyser im Capitolio einen Altar lassen bawen/ mit dieser vberschrifft: Hæc ara est ara primogeniti Dei. Dieser Altar/ ist ein Altar des Erstgebornen Sohns Gottes. Man schreibet auch/ das alle andere Weissagende Götzen vnd Geister/ bey den Heiden auffgehöret vnd verschwunden sind/ im Griechenlande vnd bey den Römern/ auch an andern örten/ zu der zeit/ da der Herr Christus ist geboren worden. Man sagt auch/ das zur zeit der Geburt Christi/ das Bild Romuli/ der Rom gebawet hat/ sey darnider gefallen.

Im selbigen Jhar/ hat auch der Keyser *Augustus*/ den Tempel des Abgotts Iani, zum drittenmal zugeschlossen/ Dain aller Welt nun Friede gemacht/ vnd bekrefftiget war/ Da wurde der Herr des Friedens/ Christus/ Gottes Sohn/ auff Erden Mensch geboren.

Iohan. Maria/ der Hertzog zu Meylandt/ hielt seine Mutter gefangen/ in einem Thurn/ darinn sie sterben muste/ omb des willen / Das sie jhn mit worten gestrafft hatte/ von wegen seiner Tyranney/ Denn er seine Bürger reglich mit Newer Pein vnd Plage zu plagen pflegte/ Darnach ward er kurtz hernach in der Christnacht vnter der Messen/ zu Meylandt in der Kirchen erstochen/ Volaterranus & Raulsius.

Keyser

Am heiligen Christage.

Keiser Heinrich der fünffte/ hat sich lassen von den Bischoffen anreitzen/ das er seinen Vater Henricum versagen solte/ &c. Darumb er jhn erstlich zu Meintz belagerte/ ward aber von den andern Fürsten vntergangen bey Regenspurg/ &c. Es hatte aber sein Vater sich gegen dem Könige in Franckreich seines Sohns vntrew halben mit solchem schrifftlichen Inhalt beklaget: Wo es sich zienet vor der Keiserlichen Maiestet/ wolte ich dir/ O König/ zu Fuß fallen/ vnd deine trewe wider meinen Sohn anruffen/ welcher wider alles Kriegesrecht/ wider die Gesetz der Natur/ wider Göttliche vnd Menschliche Recht/ mich in Hafft genommen/ vnd auff den Geburts tag Christi mir das heilige Sacrament der Communion abgestrickt hat/ vnd die Keiserliche Kleinoth vnd Zierde/ als das Creutz/ die Spör/ den Apffel/ den Scepter/ die Krone/ mir genommen/ &c. D. Casp. Hedion. Histor. Eccles. lib. 10. cap. 2.

Zu *Thessalonica*, in der grossen Leutreichen Stadt/ ist auff eine zeit ein Auffruhr worden/ daß des Keisers Stadthalter vnd Amptleute versteiniget/ vnd zu tode geschlagen worden. Hierüber ist der Keiser Theodosius in einen solchen zorn geraten/ das er auch seinen zorn nicht hat meistern können. Hat derwegen befohlen/ sampt den schuldigen/ auch die vnschuldigen zu tödten. Das also durch solch tyrannisch würgen in die 7000. Menschen sind vmbkommen ohne Vrtheil vnd Recht. Nun was ohn das der Keiser Theodosius sonsten ein frommer Gottfürchtiger Keiser/ dennoch hat jhn der zorn dazumahl zu solchem vnschuldigen Blutuergiessen verursacht. Da aber S. Ambrosius zu Meyland Bischoff oder Pfarherr/ diesen erbermlichen Mordt/ gehöret hat/ vnd der Keiser gen Meyland kam/ vnd wolte daselbst in die Kirche gehen/ Ist jm Ambrosius entgegen gangen/ vnd jn mit diesen vnd viel andern rauhen vnharten worten angeredt bey der Kirchenthür: Weistu nicht/ O Keiser/ wie gros dein Morde ist/ den du begangen hast/ wiltu noch nicht die Frechheit erkennen/ oder vielleicht lestu dich düncken/ das du der Potestat halben/ solchs befugt/ denn du gleich Staub vnd Erde wie andere Menschen bist/ &c. Mit was Augen wiltu nun den Tempel des HErrn ansehen/ Mit was Füssen wiltu tretten seinen heiligen Boden/ Wie wiltu deine Hand ausstrecken/ von denen noch herab fleust/ vnd treufft das vnschuldige Blut? Mit was Frechheit wiltu nemen den heiligen Leib des HErrn/ vnd das Trinckgeschirr des köstlichen Bluts/ &c. Darumb hebe dich hinweg/ hebe dich/ vnd vnterstehe dich nicht mit an den Sünden die vorige zu heuffen. Diesen worten hat der Keiser gehorsamet/ vnd mit seufftzen vnd weinen in sein Königlichen Saal gangen/ vnd als acht gantzer Monat vergangen/ vnd das Fest der Geburt des HErrn Christi verhanden war/ sass der Keiser mit embsigem klagen/ vnd weinen sein gros Elend/ sagende. Den Bettlern vnd Knechten sind die Kirchen offen/ die mögen hinein gehen/ vnd jhren HErrn anruffen/ Mir aber wil es nicht gestattet werden/ oder das sind mir auch die Himmel verschlossen. Da sein Hoffmeister solch seufftzen vnd klagen hörte/ vorbitte er jhm/ zu dem Bischoff zu gehen/ vnd vor jhn zu bitten/ das er zu gnaden bey der Kirchen angenommen werden möchte. Den zwar erstlich Ambrosius auch hart angeredt/ öffentlich gesagt: Er würde schwerlich zugeben/ den Keiser in die Kirche zu gehen zu lassen. Als aber der Keiser schon auff dem Wege war/ vnd die antwort Ruffi anhörete/ sagte er: Nun wil ich gehen vnd empfahen/ die schmehung die ich wol verdienet habe. Als es nun für die Kirche kam/ wolte er nicht hinein gehen/ Als aber der Bischoff verhanden/ bat er jhn/ Er wolte jhm seinen Bann auffbinden/ vnd gnade widerfahren lassen/ Gott auch für jhn bitten/ vnd das jhm die Thür nicht zugeschlossen werde/ welche vnser HErr vnd Heiland allen auffgethan hette/ denen so die Busse wircken. Also hat der Bischoff endlich den Keiser wider zum Glied der Kirchen angenommen/ nach dem er jhn absoluiret hatte. Hat auch dem Keiser ein Gebot auffgeleget/ das der Keiser gewilligt/ das man in dreissig Tagen keinen Menschen tödten lassen solte/ sondern in solcher

Am heiligen Christag.

cher zeit/sol man allen Handel recht bewegen/ damit man nach rechtem Urtheil zu richten wüste. Histor. Eccles. Tripart. lib. 9. cap. 30.

Im Jahr 1506. vmb Weihenachten/ war zu Constentz ein Doctor vnd Advocat/ der bulet eim Procurator ans Bischoffs Hoff sein Weib/ Der war seiner sinnen/ das sie vormahls bey einander in seinem Abwesen gebadet hatten. Vnd nam sich an/ er wolte aus der Stadt/ vnd hat ihm einen Striegel mit langen schneidenden Zeenen lassen zurichten/ vnd als sie sein nicht warteten/ vnd in das Bad in einer Kupfferin Hauß gangen waren/ kam er selb vierdte in das Hauß/ ließ seine Gesellen das Hauß verwaren/ vnd lieff zu den zweyen in das Badt/ vnd striegelt zum ersten den Doctor/ das ihm das Angesicht vnd Augen zerrissen/ darnach das Gemechte/ vnd zureiß ihm den Leib so jemmerlich/ das es ein elend Angesichte war zusehen/ vnd am dritten tage starb. Dergleichen zureiß er der Frawen die Dutten zu Lumpen/ vnd sonst ihr den Leib vnd Arm/ vnd wo sie nicht mit einem Kinde gangen/ hette er sie auch getödtet. Schreckliche Exempel/ wie der gerechte Gott den Ehebruch allhie auch auff Erdreich strafft/vnd wo keine ernstliche pœnitentz/ wie bey David folget/ das sie auch keinen theil am Reich Gottes haben sollen. Chron. D. Casp. Hed. in 4. parte.

Vnser in Gott lieber Herr vnd Vater/ Doctor Martinus Luther, Christmilder gedechtnis/ gedencket einer solchen Historien/ Man habe ein mahl im Credo gesungen die Wort: ET HOMO FACTVS EST, welche mit sonderlicher Reverentz je vnd allewege haben pflegen getractiret zu werden. Es sey aber ein grober Rülz vnd Filtz gewesen/ der neben andern Christen weder auffgestanden/ oder den Hutt abgezogen. Da sey der Teuffel in gestalt eines Menschen kommen/ habe jhme eine Maulschelle geben/ vnd gesaget: Du ehrloser Gottloser Flegel/ soltestu nicht auffstehen/ oder doch ja zum wenigsten an den Filtz greiffen? Denn alles ist dir vnd dem gantzen Menschlichen Geschlecht zu gut geschehen. Wenn wir Teuffel vns des zu trösten hetten/ wir wolten tag vnd nacht auff vnsern Knien ligen/ vnd Gott dem HErrn darfür dancken/ vnd ist also darauff verschwunden. Ach freylich/ freylich/ freylich/ meine hertzallerliebste Christen/ solten wir vns des frewen vnd trösten. Es ist vnd bleibet doch diß vnser höchster vnd gröster Trost/ vnd ist war/ Wer vns das Kindlein nicht geborn/ so weren wir all zu mal verloren/ das Heil ist vnser aller/ etc.

Warhafftige Historia/ geschehen zu Staßfort.

ICH Laurentius Döner Pfarherr zu Staßfort/ bekenne öffentlich für jederman/ bey meinen warhafftigen Worten/ vnd bey der aller höchsten Warheit/ das in dem Jahre 1543. Am abend der Geburt Christi vnsers Heilandes/ diese Historia also geschehen ist in Beichtweise/ wie hernach folget/ vnd also warhafftig ergangen ist.

Ich habe auff den Abend der Geburt Christi/ nach der Vesper zu Staßfort/ in der Pfarrkirchen/ im Chor Beicht gesessen/ vnd das Volck vnterweiset in dem Glauben/ die auff den Morgen am Christage haben wollen zu dem hochwirdigen Sacrament gehen/ vnd als ich dieselbigen alle gehöret habe/ vnd vnterricht gethan nach meinem vermügen/ mit Gottes hülffe/ vnd bin auffgestanden/ vnd willens gewest/ in meine Behausung zu gehen/ vnd habe niemand mehr gesehen/ der da beite wöllen beichten/ Ist zum letzten einer gekommen/ ein einfeltiger Mensch/ nach meinem bedüncken/ aber in der Haut ein lauter Schalck/ gekleidet mit einem schwartzen bösen Rocke/ vnd hatte einen bösen Hutt auff seinem Heupte/ vnd den Hutt gezogen für die Augen/ vnd ist zu mir aus dem Stul getreten/ vnd gesprochen zu mir mit starcken worten. Herr/ wolt ihr mich auch Beicht hören/ ich habe geantwortet/ ja/ sage her/ vnd er

auff

Am heiligen Christage.

auff die Erden gekniet/ vnd von mir gesessen/ wol zweene Schritte lang/ Ich habe gesprochen zu jhm/ wiltu beichten/ so mustu mir neher kommen/ das ich dich hören kan/ was dein Gebrechen ist/ er hat geantwortet/ er were mir nahe gnug/ ich würde es wol hören/ was er mir sagen würde.

Vnd hat angefangen/ vnd mich gefraget/ Herr/ was haltet jhr von der Geburt Christi? Ich habe geantwortet/ Ich halte viel daruon/ denn wie vns die Schrifft anzeiget/ hat er vns durch seine Menschwerdung/ Geburt/ Leiden vnd Aufferstehung gefreiet vnd erlöset/ von dem ewigen Todt vnd Verdamnis. Er hat weiter gefragt/ Was ich denn hielte von seiner Geburt/ vnd wo er geboren were? Ich habe geantwortet/ Er sey empfangen vom heiligen Geist/ vnd geboren aus der Jungfrawen Maria/ nach der Bekentnis vnsers Christlichen Glaubens/ vnd nach der anweisung der heiligen Schrifft. Er hat weiter gefragt/ Wo stehet das geschrieben/ das er von einer Jungfrawen geboren sey? Ich habe geantwortet/ Die Propheten vnd Euangelisten bezeugen/ das sie eine Jungfraw ist/ als Esaias am 7. Math. am 7. vnd S. Lucas am 1. Capit. Darauff hat er mir spöttisch geantwortet/ vnd gesprochen/ Ja es mag wol da stehen/ aber ich vorstehe die Schrifft nicht recht.

Vnd hat weiter gefraget/ wie ich den Spruch Esa. 7. vorstehe/ Da also stehet/ im Ebreischen Text/ Alma, vnd was heist Alma auff Deutsch? Ich habe geantwortet/ Es heist eine Magd/ oder ein junges Weibesbild/ die noch einen Krantz treget/ vnd vnbefleckt ist/ welche die Christen nicht anders halten vnd gleuben/ denn das sie die reine vnd vnbefleckte Magd Maria sey/ dauon Christus vnser HERR vnd Heiland geboren ist. Er hat geantwort/ das ist erlogen/ Es möchte wol eine Hure sein/ da ewer Christus von geboren ist/ darauff hab ich geantwort/ das kanstu noch niemand zu ewigen zeiten war machen. Vnd fragte mich weiter/ vnd sprach/ was ich denn mehr hielte von Christo/ vnd warumb er gecreutziget were? Ich habe geantwort/ Er ist gecreutziget vnd gestorben vmb vnser Sünde willen/ vnd durch seinen Todt/ vns gefreyet von dem ewigen Tode/ vnd von der Sünde/ vom Teuffel vnd der Helle. Darauff hat er geantwortt/ Nein/ Er ist gestorben vmb seiner Sünde willen/ darumb/ das er ein Vbertretter ist geweft des Gesetzes Mosi/ Ich hab geantwort/ Das ist auff das allerhöchst erlogen/ Denn er hat noch nie keine Sünde gethan/ Er ist kommen/ als das warhafftige Lamb Gottes/ vnd habe die Sünde der Welt weg genommen.

Da hat er angefangen/ vnd gesagt/ Ich bin gangen auff dem Felde/ vnd habe den Himmel offen sehen stehen/ Vnd Moses hat vom Himmel hernider gesehen/ vnd seine Hörner aus dem Himmel gestrackt/ Vnd an dem einen Horn Moise/ hat ewer Christus gehangen/ derselbige hat sich vnterstanden das Gesetze Moisi zuuerstören/ vnd Moises ist zornig worden/ vnd hat Christum von dem Horn auff die Erde geworffen/ den haben die Jüden ergriffen/ vnd vmb seiner vbertrettung wider das Gesetz Moisi/ also gecreutziget vnd getödtet/ Vnd auff dem andern Horn hat gesessen der Mann/ der Adam hat Eua in dem Paradis von dem Apffel hat gegeben zu essen/ vnd darneben mich dreymal gefraget/ vnd gesprochen/ Kennet jhr den Mann wol? Wer ist er gewest? In dem bin ich erschrocken/ vnd habe geantwortet (es ist der Teuffel gewist) darauff antwort er nichts/ vnd schweig still.

Da habe ich zu jhm gesprochen/ Warumb verleugnestu Christum/ vnd vernichtest/ schendest vnd lesterst jhn? Vnd alle diese wort/ die du geredt hast/ sind erlogen/ so hat ja der Teuffel selbst bekandt/ das Christus Gottes Sohn ist/ Er hat gefraget/ Wo stehet das geschrieben? Ich habe geantwortet/ Lucæ am 4. vnd an andern örtern mehr in dem heiligen Euangelio/ als der Mensch besessen war in der Schule/ mit einem vnreinen Teuffel/ (der schrey laut/ vnd sprach/ halt/ was haben wir mit dir zu schaffen/ Jhesus von Nazareth/ du bist kommen vns zuuerderben/ ich weis wer du bist/ nemlich/ der heilige Gottes Sohn/ Weiter daselbst/ es fuhren die Teuffel auch aus von vielen/ schrien/ vnd sprachen/ Du bist Christus der Sohn Gottes

C ij   Auff

Am heiligen Christage.

Auff diese wort hat er geantwortet/ Es mag wol sein/ das daselbst stehet geschrieben/ diese Wort hat der Teuffel nicht gemeinet/ ist auch noch nie sein ernst gewest/ das er CHRISTUM hat gehalten für GOTTES SOHN/ er hatte zur zeit eine gute Herberge/ die wolt er nicht gerne reumen/ darumb gab er jhm gute Wort/ vnd nennet jhn Gottes Sohn/ Summa/ Summarum/ er hat vnsern HErrn Christum gantz verleugnet/ das Christus nichts für vns gethan habe zu vnserer Seelen Seligkeit/ Zum letzten hab ich zu jhm gesprochen/ Warumb bistu denn zu mir komen? Wiltu beichten/ so beichte/ vnd begerestu eine Absolution vber deine Sünde vnd Vnglauben/ vnd zu empfahen in einem rechten Glauben das heilige Sacrament/ zu vergebung deiner Sünde/ Hat er geantwortet/ er frage nach keiner Absolution/ auch nach keinem Sacrament/ er wüste nicht wozu sie jhm dieneten/ er wüste auch damit wenig Frucht zu schaffen.

Da sprach ich zu jhm/ gehe hin/ dahin du gehörest/ er sprach: Ich wil es thun/ vnd auff den Morgen wollen wir anders daruon reden ? Da antwortet ich/ das thue küntlich/ vnd komm wider. Da stund er auff von mir/ vnd stanck grewlich/ wo er aber hin kam/ das weis Gott/ vnd wer er sey gewest/ ist Gott wol bekandt. Aber nach seiner verheissung/ ist er nicht wider kommen/ ich begere auch seiner nicht. Diese Historien ist geschehen im Jahr vnd Tage/ wie oben gemeldet ist/ Gott der Allmechtige/ durch Jesum Christum vnsern Heiland/ der behüte vns für dem Teuffel vnd seiner Verführung/ vnd erhalte vns durch seine Gnade/ an seinem heiligen Wort/ bis an vnser Ende/ Amen.

An S. Steffans

An S. Steffans tage.

Eil das gewisse vnd beste von S. Steffans *Legenda*, in Geschichten der Aposteln am 6. Capit. verfasset/ vnd menniglich bekandt/ Das Euangelium aber/ so darauff geordnet/ von der Straffe redet/ so vber die ergehen sol/ welche fromme/ trewe Lehrer vnd Prediger verachten vnd verfolgen/ wil ich alhier erzehlen etliche.

Historien vnd Exempel/ von denen/ so die Diener Christi/ oder Lehrer vnd Prediger des Euangelij geliebet/ geehret/ jhnen gehorsam geleistet/ Oder dieselbigen verachtet/ gehasset vnd verfolget haben/ &c.

Es scheinet aus dem ersten Buch/ *Epist. 7. Cypriani*, das man den Kirchendienern/ Siewer/ Opffer/ Gewinst/ vnd Mahlzeiten gegeben habe. Es wil auch Origenes, Homilia 11. in Numeros, das man den Priestern die Erstling sol für den Altar bringen/ vnd spricht: Es geziemet sich/ vnd ist auch nützlich/ das man den Priestern des Euangelij die Erstlinge opffere/ denn also hates auch Gott verordnet/ &c. Vnd weiter/ spricht er/ Gleich wie solches billich ist/ vnd sich gebüret/ also achte ich aus dem Gegentheil/ das es vnbillich sey/ vnd gebüre sich keines weges. Ja das es Vngöttlich sey/ das der/ welcher Gott ehret/ vnd in die Gemeine Gottes kömpt/ vnd weiß/ das die Priester vnd Diener für dem Altar stehen/ vnd entweder dem Wort Gottes/ oder sonsten dem Kirchenampt dienen/ nicht für den Früchten der Erden/ vber welche Gott seine Sonne scheinen lest/ vnd jhnen seinen Regen mittheilet/ die Erstlinge dem Priester darbringe vnd opffere. Ist so viel gesaget/ Die Kirchen vnd Gemeinen sollen jhre Lehrer vnd Prediger/ vmb des HERRN willen/ lieb vnd werdt haben/ vnd jhre liebe gegen sie/ als die danckbaren Zuhörer/ auch mit der that beweisen/ jhnen jhre Notturfft/ von dem/ das jhnen Gott bescheret hat/ mitniglich reichen/ vnd sie nicht Hunger leiden lassen.

Vom Keiser *Constantino* schreibet *Eusebius lib. 1. & 2. Vita Constantini*, Das er von dem gemeinen Einkommen/ vnd Tribut in allen Stedten/ einen gewissen Zoll/ oder Rendte verordnet hat/ vnd darvon an einem jedern ort/ den Kirchen vnd Priestern zugelegt/ vnd darvon ein Mandat gestellet/ das man stets vnd allezeit solches den Priestern vnd Kirchen solte trewlich/ vnd ohne betrug vnd falsch/ zu rechter vnd bequemer zeit/ reichen vnd erlegen.

Er hat auch von seinen eigenen Schetzen/ den Priestern vnd der Kirchen/ reichlich vnd vberflüssig geschencket vnd gegeben. Er hat auch die Priester vnd Diener der Kirchen/ von allen Bürgerlichen Beschwerungen gefreiet vnd entlediget/ Vnd ist beim Eusebio dieses Keiserlichen Befehls vnd Ordnung/ noch vorhanden eine Copey/ geschrieben an Amilium lib. 10. cap. 7. die also lautet.

Sey gegrüsset lieber *Anile*. Weil aus vielen dingen erscheinet/ das die Religion, in welcher die höchste Ehre oder Heiligkeit erhalten wird/ wo sie in verachtung

C iij

An S. Steffans tage. Exempel von

achtung kömpt/dem gemeinen Nutze grosse Gefahr/vnd widerumb dieselbige/wo sie recht gehandelt vnd erhalten wird/eine grosse Wolfart dem Römischen Reich bringet/ vnd allen Menschen Glückseligkeit mittheilet. Als haben wir für gut angesehen/das diejenigen/die dem heiligen Euangelio/vnd der Kirchen Christi dienen/billichen Lohn vnd Verdienst jhrer Arbeit empfahen. Derhalben wollen wir/Das alle diejenigen in deinem Gebiet/so in der Catholischen Kirchen/dieser Religion zugethan sind/ das sie von aller gemeiner Beschwerung gantz vnd gar frey/ledig vnd los/sein sollen/ damit sie nicht durch einicherley weise an jhren Gottesdienst gehindert werden/sondern viel mehr ohne verhinderung/Gott rechtschaffen dienen mögen/&c.

Solche Freyheit hat hernachmals Constantini Sohn/Constantinus/der dazumal noch from/vnd Constans, sein Bruder/mit einem Gesetz bestettiget/vnd fest wolten gehalten haben/das nemlich die Geistlichen mit jhren Dienern vnd Haußgenossen in allen dingen solten frey sein. Sozomenus lib. 3. cap. 23.

Vnd ist den Priestern diese Freyheit nicht ehe genommen worden/denn da Iulianus zum Regiment kommen/welcher solche Wolthaten jnen entwendet/Aber doch hat es sein Nachfolger Iouinianus volkömlich der Kirchen widerumb gegeben vnd geschencket. Theodoret. lib. 4. cap. 4. Sozomenus lib. 5. cap. 5.

Es haben auch die Christen jhre Bischoffe/die vmb der Bekentnis der Warheit willen ins Elend verjagt worden/mit aller Notturfft vorsehen/vnd sie abwesend in jhrem Elend mit Brieffen getröstet/wie die Gemeine zu Alexandria dem Athanasio gethan hat/darumb sie auch Iulius/der Bapst/in seiner Epistel rhümet vnd lobet/wie in derselbigen bey dem Nicephoro zu sehen/lib. 9. cap. 22.

Das Constantinus/der Keiser/die Bischoffe vnd Veter/so im Concilio zu Nicea gewesen/zu Gast gebeten/vnd mit Gaben vnd Geschencken vorehret habe/bezeuget Eusebius lib. 3. de vita Constantini. Das er dergleichen auch zu Jerusalem gethan/schreibt Eusebius lib. 4. vnd Theodoretus lib. 1. cap. 30.

Es bezeugen auch die Historien/das bißweilen die Keiser selber in den Synodis bey den Bischoffen zugegen gewesen sein/damit jhre Reuerentz vnd Ehrerbietung gegen sie zuerzeigen/vnd mit jhrem ansehen desto ehe die Bischoffe vnd Diener der Kirchen Christi zur Einigkeit zubewegen/wie Eusebius von Constantino schreibet/das er im Concilio zu Nicea selbst gegenwertig gewesen/lib. 3. de vita Constantini. Theodoret. lib. 1. cap. 30. Vnd das im Concilio zu Meyland/Constantius gegenwertig gewesen/Ist zu sehen aus Theodoreto, lib. 2. cap. 15. Vnd im Synodo zu Rom vnter Damasco ist Theodosius gewesen/wie aus dem Brieff der Morgenleudischen abzunemen/im Theodoreto, lib. 5. cap. 9.

Wo die Keiser selber nicht kondten zugegen sein/schickten sie jhre Gesandten/ Denn in dem Concilio zu Tyro/haben sie aus Befelch des Keisers den Synodum regiert/vnd den Bischoffen/an statt des Keisers/beystand geleistet/Dionysius/ein fürnemer Graff aus Morgenland/vnd der Graff Phoenix. Ruffinus lib. 1. cap. 16. vnd 17. Welches auch offenbar aus dem Brieffe Constantini/an den Synodum zu Tyro/welcher im ersten Buch am 28. Capit. zu finden/darinnen er schreibet/Jch habe dahin gesandt Dionysium/vnsern getrewen Rath/welchem wir aufferlegt vnd befohlen/die jenigen/so im Concilio erscheinen solten/zuuermanen/vnd das in allen Handlungen eine rechte Ordnung möchte gehalten werden.

Im fall aber/da sie verstünden/das sich etliche mutwillige vnd vngehorsame Bischoffe zum Synodo zu kommen/weigerten/gebotten sie/durch Brieffe vnd öffentliche Edict vnd Mandata, das sie erscheinen musten/damit die versamleten Bischoffe vnd Veter/nicht etwa dadurch zu Vnehren gesetzt/oder in verachtung kommen möchten.

Also geschach im Synodo oder Concilio zu Tyro versamlet/denn als die Veter daselbst

Liebhabern vnd Verfolgern der Lehrer.   16

daselbst dem Constantino derer Namen/ so aussen geblieben/ angezeigt/ schreibet er jhnen/ das sie kommen/ vnd auch mit jhrem fleiß vnd fürsorge in dem Concilio den andern behülfflich sein solten. Er befihlet auch seinen Gesandten/ das sie die/so das Gebot von dem Synodo gering achten/ oder sich zu erscheinen/ weigern würden/ aus dem Lande jagen solte/ wie klar ist aus den Brieffen Constantini/ beim Theodoreto lib. 1. cap. 18. Welches alles seine Zeichen vnd Zeugnis sind/ der rechten Christlichen Liebe vnd Ehrerbietung/ so die frommen Keiser/gegen das heilige Ministerium vnd Predigampt getragen haben.

Von Glaubens vnd der Kirchen sachen zu vrtheilen/befahlen sie den Bischoffen/ Denn Ambrosius lib. 5. Epist. 32. spricht: So was zu handeln ist/so sol es in der Kirchen geschehen/ welches auch vnsere Vorfahren gethan haben. So man sich vom Glauben zu vnterreden hat/ sol diese vnterredung in der Kirchen sein/ wie geschehen ist vnter dem Constantino, &c. Welcher keine Gesetz fürgeschrieben /sondern hat den Priestern jhr Vrtheil frey gelassen/ Dergleichen ist auch geschehen vnter dem Constantino/ &c. Am seibigen ort meldet er auch / das Theodosius verordnet habe/ das in Glaubens sachen / oder in Kirchenordnungen/ die jenigen vrtheilen vnd schliessen sollen/die solches aus Gottes Befehl/ als die Bischoffe/vnd Christlichen Lehrer sein/recht vnd macht haben.

Was sie auch (die Christlichen Keiser) erkandten/das die Bischoffe in den Synodis vnd Concilien Christlich beschlossen/ oder verordnet hatten/ in der Lehr/ oder in andern Sachen / das bestettigten sie / vnd hielten darüber / durch öffentliche Brieffe vnd Edict, vnd setzten auch sonderliche Straffen vber sie / so in solchem etwas vbertretten würden/ vnd befohlen den Amptleuten/ mit grossem fleiß vnd ernst/ darüber zu halten.

Eusebius bezeuget/ lib. 4. de vita Constantini, von jhm/ Das er alles/ so von den Bischoffen/ in Synodis beschlossen/bekrefftiget habe. Vnd den Heidnischen Vögten verbotten/ daß sie das jenige / was Gott vnd seiner Kirchen trewe Diener / Lehrer vnd Prediger/ die Veter vnd Bischoffe in den Synodis hetten beschlossen/ in keinem wege schwechen oder brechen solten. Er hat auch das jenige/so im Concilio Niceno gehandelt/ gerne angenommen/ vnd gentzlich beschlossen/ alle die / so nicht vnterscheiden wurden/ ins Elend zu jagen/ vnd des Reichs zuuerweisen. Ruffinus lib. 1. cap. 5.

Die Decret, so von den Christlichen Bischoffen zu Nicea gemacht / hat er selber durch seine Brieffe ausgehen lassen/ welcher Abschrifft hin vnd wider gefunden werden. lib. 3. de vita Constantini. Item im Socrate vnd Theodoreto. Desgleichen Valentinianus, Gratianus, &c. Vberschickten die Decret der Bischoffe des Synodi in Illyrico, den Bischoffen in Asia, Phrygia, Cataphrygia, Palatiana, &c. Theodoretus, lib. 4. cap. 8.

Mit waser Reuerentz vnd Ehrerbietung der Keiser Constantinus Magnus, die Christlichen Bischoffe im Concilio Niceno versamlet / tractiret vnd gehalten habe / kan man aus den Schrifften Eusebij vnd Theodoreti erkennen / da sie also schreiben. Der ort / sprechen sie / darinnen die Bischoffe zusammen kommen sein/ ist der grosse Königliche Saal gewesen / den hat der Keiser jnen lassen zurüsten / vnd befohlen/ Bencke vnd Stüle darinnen zu machen / damit sie ordentlich nachetlichender sitzen möchten. Als sie nun in des Keisers Pallast/ den Synodum anzufangen/ ein jeder an seinen gebürlichen ort nieder gesessen / Ist auch der Keiser selbst / mit etlichen wenigen/ doch von seinen nechsten Freunden/hinein gegangen/ mit aller Ehrerbietung vnd Demut/ hat sich nicht ehe gesetzt/ bis er von den Bischoffen darzu genötiget ist. Theodoretus saget / das der Keiser / ehe denn er sich gesetzt hat / eingezogen vnd freundlich von den Bischoffen Vrlaub gebeten.

Nach dem er sich aber gesetzt/ hat er sie mit diesen worten widerumb auffs freundlichste / vnd mit höchster Ehrerbietung also angeredet : Das ist/ Meine Gelibten/ meines Hertzen einiger Wundsch vnd begeren gewest/ das wir also möchten zusam-

C iiij   men

An S. Steffans tage. Exempel von

men kommen/ darfür ich dem König aller Königen zu dancken schuldig bin/ das der liebe Gott gnediglich mir die höchste vnd nützlichste Werck / so wir jetzt vorhanden haben/ erleben vnd anschawen hat lassen/ Das ich euch alle mag sempelich in dieser löblichen Versamlung anschawen/ vnd ewer aller einträchtige vnd gleichstimmende Meinung anhören/ &c.

Dieweil mir aber Gott der HERR Glück vnd Sieg verliehen hat/ das ich durch seine Gnade vnd Hülffe/ meine Feinde darnider gelegt/ wil mir gebüren/ Das ich erstlich Gott meinem HERRN danckesage/ vnd mich danckbar erzeige/ Vnd darnach mit denen mich frewe vnd frolocke/ die Gott durch vns von solchem Vngemach vnd Vnglück erlediget vnd erlöset hat. Vnd so bald mir kund gethan ist/ wider einige hoffnung vnd versehen/ das jhr Diener vnd Priester Gottes seid in Zwitracht vnd Vneinigkeit geraten/ Hab ich solches zu Gemüth geführet/ alles hindan gesetzt/ vnd ich euch bezeinander sehe/ erfrewet mich hertzlich sehr. Wenn ich aber spüren werde/ das vnter euch alle Friede vnd Einigkeit/ vnd jhr fein miteinander vertragen vnd verglichen seid/ als denn werde ich an der That erfahren/ das es alles nach meines Hertzen Wunsch vnd Willen gehet.

Darumb / O gelebten im HERRN/ die jhr Diener vnd Knechte seid vnsers HERRN vnd Heilands/ schicket euch zum Fried vnd Einigkeit / vertraget euch gütlich vntereinander / vnd lasset allen Zanck vnd Hadder beygelegt sein/ darvon thut jhr ewrem Schöpffer/ vnd mit ewrem Mitbruder/ einen angenemen Dienst/ vnd grossen wolgefallen. Eusebius lib. 3. de vita Constantini.

Es hat sich auch / wie gewöhnlich/ auff demselbigen Concilio begeben/ das viel Priester jhre eigene Hendel vnd Priuatsachen/ füglich fürzubringen/ vnd was einer wider den andern hette/ da auszuführen/ Haben derwegen jhre Klagen schrifftlich verfasset/ dem Keiser dieselbigen vberantwortet/ vnd die Sachen jhm zuerkennen/ vnd dauon zu vrtheilen/ heimgestelt.

Aber es hat der Keiser solche Schrifften allzumahl verbrennen lassen / vnd hat sie alle auffs freundlichste vermahnet/ das sie an des HErrn Christi Befehl gedechten/ das er seinem Bruder vergeben solte / der bey jhm vergebung seiner Sünden wolte hoffen vnd begeren. Vber das/ gebürete jhm nicht von solchen zwischen jhnen zu vrtheilen oder zu richten / sondern es gehöret allein dem Richter zu/ der am jüngsten Tage ein recht Vrtheil vber alle Menschen fellen wird. Socrates lib. 3. cap. 8. Sozomenus lib. 3. cap. 17.

Vnd letztlich/ nach dem im Synodo oder Concilio Niceno, nun alle Sachen/ vmb welcher willen der Synodus versamlet war / verrichtet / vnd alles wol geordnet/ hat der Keiser mit sonderm lust vnd frewden/ alle Bischoffe vnd Veter / so im Concilio beyeinander gewesen waren/ zu Gast gebeten / sie gar herrlich vnd wol / als einem solchen Könige geziemet / tractiret / vnd einem jedern darneben eine Vorehrung gethan.

Da sie nun wolten von einander scheiden / hat er sie abermahls / vnd zum Beschluß freundlich vermahnet/ das sie nach Fried vnd Einigkeit trachten / alle Gezenck meiden/ Vnd das die/ so für andern etwas verstendiger/ die Geringen nicht verachten/ noch die Geringen die Hohen vnd Grössern meiden solten / sondern allen müglichen fleiß fürwenden/ so etwa einer aus Menschlicher schwachheit fiele (wie denn in diesem Leben keine gentzliche vollkommenheit kondte sein) sie solchen nicht gar verwerffen/ sondern einer dem andern vergeben solten/ Auff das/ wo sie jrgend einen geringen Fehl zu hart straffen würden/ es nicht möchte vrsach geben zu newer Vneinigkeit/ vnd zu lestern/ denen/ so zu solchen dingen lust haben.

Vber

Liebhabern vnd Verfolgern der Lehrer. 17

Vber dis alles/vnd zum Beschluß/hat auch der Keiser/das sie für jhn/ vnd sein gantzes Reich fleissig wolten beten. Vnd hat sie also von sich gelassen. Eusebius lib. 3. de vita Constantini. Sozomenus lib. 1. cap. 25. Das ist doch je ein fein Exempel hertzlicher vnd Vetterlicher liebe/ vnd Christlicher Reuerentz vnd Ehrerbietung/ gegen die Diener der Kirchen Christi/vnd seines Worts/in einer so hohen Person.

Meletius / ein Bischoff erstlich zu Sebastia / hernachmahls zu Antiochia / der ist dem Keiser Theodosio erstlich zu Constantinopel bekandt worden/auff dem Concilio, das der Keiser daselbst halten liess/ die Ketzerey im Morgenlande auszurotten. Daselbst hat jn der Keiser grosse Ehr erzeigt/aus verursachung eines Traums/ in welchem jhn gedaucht/ kurtz zuuor/ ehe er den Synodum ausgeschrieben / das jhm Meletius den Keiserlichen Mandtel vmbgebe / vnd die Keiserliche Kron auff setze. Durch welchen Traum er bewogen ist/ vnd da er zu der Versamlung gehen wolte/ hat er fleissig gebeten / das jhm niemand den Meletium zeigen solte / denn er trüge in seinem Gemüt vnd Gedancken des Meletij Gestalt / oder Angesicht vnd Lenge / durch des Traums anzeigung. Derwegen da er in den Synodum kömpt / erkennet er von stund an den Meletium/ vnd hat jhn als einen Vater/ frölich mit einem Kuß vmbfangen/ vnd den Traum erkleret. Ruffinus vnd Socrates. Solchs thet jetzt kaum ein Stallbub zu Hoffe.

Als Athanasius vmb der grossen Verfolgung willen/ darmit jhn der Keiser Constantius/vnd die Arrianer zusetzten/ nirgend seines Leibs vnd Lebens kondte sicher sein/ hat er sich aus den Morgenlendern gewendet/ vnd gegen Abend/ in seines Brudern des Constans Gebiet begeben / von welchem er ehrlich vnd herrlich ist empfangen worden.

Theodoretus setzt noch im andern Buch/am 4. Capit. hinzu/ Das er dazumal mit vielen Threnen geklagt habe/ vber die iniurien vnd Schmach der Arrianer / vnd vber jhr wüten vnd toben/das sie trieben vnd vbeten/zu der vertilgung vnd ausrottung des Christlichen Glaubens. Vnd habe ohne vnterlas den frommen Keiser erinnert/der Gottseligkeit seines Vaters / vnd das er das jenige wolte bestettigen vnd erhalten helffen/ was sein Vater Christlich geordnet hette / vnd sich wie sein Vater / der betrübten Kirchen annemen / vnd derselbigen Christlichen Schutz vnd Schirm beweisen wolte.

Dardurch sey Constans bewogen / das er sich des Athanasij angenommen/ hat an seinen Bruder geschrieben/ vnd gebeten/ seine vnbilliche Verfolgung wider diesen frommen Mann/ vnd Christlichen Lehrer/ einzustellen/ vnd widerumb in sein voriges Ampt zu restituiren, vnd einzusetzen. Wo er aber das nicht thun würde/ so wolte er mit gewalt Athanasio seine Kirche / vnd den armen verirrten Schefflein jhren Hirten wider geben.

Sozomenus im dritten Buch/ am 20.Cap. spricht/ Das Constans seinem Bruder Constantio / ein Keiser dem andern / öffentlich abgesagt/ wo er nicht Athanasium liesse widerumb frey vnd sicher zu den seinen kommen.

Also hat der Keiser Jouinianus auch die frommen vnd Christlichen Bischoffe aller Ehren werdt gehalten. Denn nach dem Julianus von wegen seines Gottlosen Wesens gestrafft ward/ vnd vmbkam/ ist dieser Jouinianus an seine stadt zum Regiment kommen/ Vnd so bald er Keiser worden/ ist Athanasius von jhm durch ehrliche Brieffe wider gesucht/ vnd zur Kirchen beruffen worden. Denn der Keiser hat sich verwundert vber seiner Gottseligkeit/ Tugend/ Verstand vnd vnbefleckten Leben/ vnd hat viel von jhm gehalten.

Vnd

An S. Steffans tage. Exempel von

Vnd wiewol auch dazumal Athanasius seine Verleumbder gehabt/ vnd Lucius der Einzelaner Cliester / jhn mit allem fleis auff das aller gifftigste bey dem Keiser angegeben / als einen der stets verklagt/ vnd von dem vorigen Keiser verjagt were. Aber denselbigen hat der Keiser im zorn von sich hinweg getrieben/ als ein Ohrenbleser/ vnd Lesterer der löblichen Gottseligkeit Athanasij. Ruffinus, lib. 2. cap. 1. Sozomenus lib. 6. cap. 5.

Er hat auch Athanasium zu rath genommen / in Glaubens sachen/ vnd in Kirchenordnung anzurichten/ vnd ist auch ein Brieff vnter den Schrifften Athanasij an denselbigen Keiser geschrieben/ vom Glauben/ welcher Sachen auch Nazianzenus/ vnd Epiphanius im andern theil des ersten Buchs/ am 68. Capit. gedencken. Sozomenus spricht/ das der Keiser Athanasium gefordert / vnd gegenwertig zu Antiochia von etlichen Stücken/ der Religion halben/ mit jhm gehandelt/ &c. lib. 6. cap. 5.

Paphnutius/ ein Bischoff in Thebaida/ der von wegen seiner Christlichen Bekentnis vnd Standhafftigkeit bey Gottes Wort/ ein weitberhümpter Mann gewesen / Hat dermassen die Verfolgung / welche Maximinus an den örtern gäubet hat/ erfahren/ das jhm sein rechtes Auge außgegraben/ vnd das lincke Knie mit einem glüenden Eysen verderbet ist/ wie Eusebius anzeiget/ lib. 13. cap. 32.

Als nun die Kirchen/ durch den Keiser Constantinum wider zu frieden gebracht/ ist er auch wider zu seiner Kirchen kommen/ darnach ist er gen Niceam zum Concilio vom Keiser beruffen / da jhn der Keiser für andern / mit grosser Ehrerbietung empfangen hat/ also / das er jhn bey sich freundtlich zu Tisch genommen/ Hat jhn auch offt in sein Gemach geruffen/ vnd die stedte des ausgestochenen Auges geküsset.

Von der Ehrerbietung des Keisers Theodosij / gegen Ambrosium/ Bischoffen zu Meyland/ vnd wie er seines Raths vnd Vermanung gefolget / sihet in ne feine Historia bey dem Theodoreto, vnd Zonora, Tom. 3. Als Theodosius von Constantinopel hinweg war/ haben die Jüden aus den Occidentischen Prouinzen/ vom Heuptman der Stadt/ welcher ein Heide war/ durch Geschencke vnd Heuchelep erlanget / das sie eine Synagogen/ auff dem Marckt baweten/ Vnd als sie im Werck waren/ fluchte das Volck dem Heuptman/ das er diese Gottlose ding zuliesse. Er aber achtet der Scheltwort nicht/ vnd die Jüden machten vnter des/ die Synagogam fertig. Es ward aber ein Auffruhr/ da zündet das Volck der Jüden Schule an/ vnd verbrand sie.

Der Heuptman schreibet zu dem Keiser/ was sich begeben hatte / derselbige/ weil er die Sache nicht recht bedachte/ vrtheilet er wider die Brenner/ das sie den Vnkosten/ so auff die Synagoga gegangen war / den Jüden bezahlen solten/ vnd die Dienstbarkeit leiden/ das die Jüden daselbst eine andere Synagog bawen vnd besitzen möchten.

Als Ambrosius diese ding erfuhr / schrieb er dem Keiser / vnd widerholete diese Meinung/ vnd straffte den Keiser/ das er für die Jüden wider Christum stritte. Solche vermanung vnd straffe des heiligen Ambrosij hat der Keiser zu Gemüth gezogen/ seinen Vorsatz vnd Meinung gehorsamlich geendert / Die Straff gen Constantinopel wider gesendet/ vnd gebotten/ das die Jüden in der Keiserlichen Stadt keine Schule haben sollen.

Herr Sebastian Groß/ weiland Burggraff zu Nürmberg/ hat als ein gelehrter/ verstendiger Gottfürchtiger Mann pflegen zu sagen: Er wolle lieber die gantze Welt erzürnen/ vnd beleidigen/ denn einen frommen Prediger erzürnen vnd verfolgen. Vrsach/ denn die Welt suchte nur wege vnd gelegenheit/ wie sie sich rechen köndte: Aber ein frommer Lehrer/ der befehle die Sache Gott dem HErrn/ vnd gebe

Liebhabern vnd Verfolgern der Lehr. 18

hin die Rache heim/vnd betet zu Gott/vnd wartet auff seine hülffe. Da sehe sich einer für/hat er gesagt/Ich wil daran nicht.

Aber ist einer/der das heilige Ministerium, vnd desselbigen Diener/Lehrer vnd Prediger/liebet vnd ehret/so sind jhr dargegen wol tausent/vnd aber tausent/welche dieselbigen hassen/vnd verfolgen/aber jhre Straffe vnd Belohnung auch redlich darüber bekommen.

Es schreibet *Sozomenus lib.* 2. *cap.* 14. Das ein Bischoff/ mit namen Milles/der in der verfolgung Sapore in Persia ein Merterer worden ist/sey ein mahl in eine Stadt in Persia kommen/vnd habe sie daselbst mit fleis vermahnet/ das sie sich zu Christo bekereten / Er aber habe daselbst viel Schlege bekommen/ vnd sey durch die Stadt geschleifft/vnd habe niemand vberreden können/das sie Christen würden/Das habe jhn verdrossen/vnd derselbigen Stadt geflucht /vnd darvon gangen. Aber bald hernach/ als der Rath derselbigen Stadt/ etwas an dem Persischen Könige verbrochen hatte/ hat er sein Heer dahin gesendet/ vnd die Stadt zu grund zerstören lassen.

Das Weib/ so vnter Constantio/ von den Arrianern vmb Gelt gemietet war/das sie zu Antiochia den Bischoff Eustachium fälschlichen anklagete/ ist bald hernach von Gott mit einer schweren vnd langwirigen Kranckheit geplagt worden. Theodoretus lib. 3. cap. 23.

Nach dem Antiochischen *Synodo,* in welchem Athanasius verdampt ward/ sind die Stedte in Orient/in sonderheit aber Antiochia / mit grossem Erdbeben erschüttert. Wie Sozomenus schreibet/ lib. 3. cap. 6.

Als Constantius im ersten Jahr seines Reichs befohlen hatte /Athanasium zuverfolgen/ist Athanasius davon kommen/ vnd zu einem guten Freunde geflohen/der jhn an einem verborgenen ort/ da niemand hin kommen kondte/ heimlich auffenthielte/ Dieses wuste niemand/denn allein die/bey Denen er war/vnd eine Magd/ die man für getrewe hielte/vnd dem Athanasio dienen solte. Als jhn aber die Arrianer mit grossem fleis suchten/ das sie jhn ergriffen/ wie sie jhn fünden / Da hat jhnen die Magd entweder durch Geschencke/ wie es gleublich ist/ oder durch verheissung/ bewogen/verraten. Als aber Athanasius von Gott gewarnet ward/ vnd die Betriegerey merckte/ist er davon kommen/ bey halben ist die Magd ergriffen/ vnd gestrafft worden. Sozomenus lib. 4. cap. 10.

Des Keisers Juliani Mutter Bruder / eben desselbigen Namens/ hatte zu Antiochia im Tempel den Altar mit Brunswasser verunreiniget/ vnd dem Bischoffe Eutzoio /der jhn darumb straffete / eine Maulschelle gegeben/ Darumb ist er bald hernach in eine schreckliche Kranckheit gefallen/ das jhm das Eingeweide verfaulet/ vnd ist gestorben/ da sein Vnflat nicht vnten /sondern durch sein lesterlich Maul oben heraus gienge. Theodoretus lib. 3. cap. 13. Sozomenus lib. 5. cap. 8. sagt/das auch sein Leib sey stinckend/vnd voller Würme worden/ die jhn gefressen/vnd verzehret haben/ biß so lang er gestorben ist.

Als *Lucinius* durch ein öffentlich Mandat verbotten/ das sich die Bischoffe in keinerley gestalt miteinander vnterreden solten / auch nicht jrgends zu einer benachbarten Kirchen weisen/ vnd auch keinen Synodum beschreiben/ zu dem auch die Bischoffe hin vnd wider plagte/ straffete jhn Gott/ das jhn der Keiser Constantinus bekriegete. Vnd als er den Sieg wider jhn erlangete/ fieng er jhn/ vnd ließ jhn tödten. Eusebius lib. 1. & 2. in vita Constantini.

Anno Constantij 23. *Anno Christi* 363. den 28. *Augusti,* Als der Keiser enders Sinnes worden war / aus Rath Basilij / vnd den Synodum von Nicea / gen
Nicomedia

An S. Steffans tage.

Nicodemia Bithynie angesetzt/hat ein Erdbeben dasselbige Stedtlein vmbgekehret. Socrates lib. 2.cap.39. Theodoretus schreibet/das Gott solches zukünfftiges Vnglück/ einem mit namen Arsatio/geoffenbaret habe/darauff er das Volck zur Christlichen Busse vermanet/vnd zum Gebet/sey aber verlacht worden/Darumb habe Gott das Stedtlein nicht allein mit Erdbeben zerstöret/sondern auch mit Fewer angezündet/ vnd zur Aschen gemacht.

Den Propheten ists gleich auch also ergangen/wenn sie auffs fleissigste geprediget/vnd ihr Ampt auffs fleissigste verrichtet/so haben sie den Danck vnd Lohn darvon bracht/das man sie gehasset/angefeindet/vernicht vnd verlachet/gelestert vnd geschendet/belogen vnd betrogen/gesagt vnd wol geplagt/vnd noch wol darzu jemmerlich ermordet hat. Den getrewen vnd werden Propheten Esaiam blecketen seine Zuhörer an/sperreten das Maul auff/vnd recketen die Zunge vber jhn heraus/Zu letzt haben sie jhn mit einer Segen von einander gerissen. Esa. 57.

Der eifferige Prophet Jeremias/war ein geplagter Mann/dem seine Zuhörer mit schmehen vnd lestern hart zusetzten/verbrandten jm sein Buch/vnd scholten jhn einen Meutmacher/Auffwiegler/vnd Auffrührer/Liessen nit jhn etlich mahl zu Loch zu/biß sie jhn endlich zu lohn mit Steinen haben zu tode geworffen. Der fromme Prophet Ezechiel/mus seiner Zuhörer Lieblein vnd Spottvogel sein. Der erste vnd scharffe Bußprediger Amos/wird von dem Hohenpriester Amazia (der als ein Placentiner vnd Heuchler zu Hofe sich fein bequeme vnd zureppischen machen kondte) für dem Könige Jeroboam verklagt/vnd angegeben/das er ein Starrkopff were/mit dem niemand vberein kommen köndt/vnd der Auffruhr machte im Hause Jsrael wider jhn. Bekömpt darauff seinen Vrlaub/vnd wird geheissen/das er seinen Stab fürder setze/vnd aus dem Lande sich packe/an einen andern ort/da man sein poltern vnd schelten (denn so nennet man jetzt die ernsten Straff vnd Bußpredigten) hören vnd dulden kan. Wie denn der Placentiner Amazia zu jhm sprach: Du Seher vnd Schreyhals/ gehe weg/troll dich/vnd fleuch ins Land Juda/vnd iß Brodt daselbst/vnd weissage nicht mehr zu Bethel/denn es ist des Königs Stifft/vnd des Königreichs Haus.

Elias ward vom König vnuerholen beschüldiget/das er Jsrael turbire vnd verwirre/vnd eine vrsach sey aller Vneinigkeit vnd Zwitracht/halte conuenticula,vnd richte Meuterey an/Aber er lehnet solche vnwarhafftige Aufflage von sich abe/vnd gibts dem Könige selbst schuldt/Jch verwirre Jsrael nicht/spricht er/sondern du/vnd deines Vaters Hauß/damit das jhr des HErrn Wort verlassen habt/vnd wandelt Balaim nach. Das ist so viel gesagt: Du König bist der Turbator Jsrael,in dem du die Baaliten vnd andere Schwermer ehrest vnd nehrest/vnd dargegen mich vnd andere reine vnd rechtschaffene trewe Prediger des HErrn/welche mit vnd neben mir allerley Abgötterey/Jrrthumb vnd Corruptelen/ohne ansehen der Person/straffen/plagest vnd versagest/vnd im Lande nicht leiden wilt.

S. Paulus wird *Actorum* am 21. verklaget/das er öffentlich wider das heilige Volck/wider das Gesetze/vnd wider den heiligen Tempel gepredigt habe/ Actor. am 24. cap. wird Paulus von dem Hohenpriester vnd Eltesten/für dem Landpfleger Felice also verklagt: Wir haben diesen Mann fündtet schedlich/vnd der ein Auffruhr erreget/allen Jüden auff den gantzen Erdboden. Der auch versucht hat/ den Tempel zuentweyhen. Summa/wollen sie sagen/wo der Man hin kömpt/da stifftet er nichts guts/erreget Zwytracht/vnd Vneinigkeit an allen orten.

Der Prophet Michea/da er mit den Heuchelpropheten vnd Suppenfressern dem Könige Achab nicht heucheln wil/wird er darüber auffs Maul geschlagen/vnd in ein Loch gestecket/vnd mit Brodt der Trübsal gespeiset.

Einer vom Adel hat etwan zur zeit einen Sohn enterben wollen/ allein darumb/das er Theologiam studirete/vnnd ein Prediger werden wolte/

denn

Denn er meinte/es würde solches seinem Adel eine grosse Schande sein. Also schewet vñ schemet sich der grösste Hauff vom Adel dieses Standes/ Etliche auch vnter den Junckern/ vnd wol Bürgern/haben von sich lauten lassen/ Ich hette es meiner Freundtschafft ewige Schande/ wenn ich meine Tochter einem Prediger (Oder wie sie verächtlich davon reden/einem Pfaffen) gebe. Etliche Säw vnd Epicurer lassen sich auch bißweilen hören/ Ich wolte nicht gerne mit einem Pfaffen aus der Kannen trincken/ vnd wissen schier nicht/ wie sie nur schimpfflich vnd spöttisch genung/mit Pfaffen vmb sich werffen sollen.

Als ich/schreibt Ireneus/vnwirdiger Sechsischer Hoffprediger zu Weimar war/reit zu Hoff ab vnd zu/ein gottloser/frecher verechter deß Worts vñ Sacramentts/vñ hönischer spötter der Religion/mit name Daniel Eßlander/ein Schweiger/ der alles auff das hönischte verachten vñ verlachen konte/ was man jn aus Gottes Wort vorhielte. Ich jhn auch deßhalben in geheim/ vnnd auch in beysein hoher Personen gestrafft/ vnd mit GOttes Zorn/wo er nicht Busse thete/bedrawete. Wie ich zur Zeit in beysein vnd Gehör etlicher Fürsten vnd Herren/ eine ernste Bußpredigt gethan/ für Sacramentirern vnd andern Schwermern, Epicurern vnd Spöttern/ vermöge meines Amptes/trewlich gewarnet/hat deß Tages derselbige Mensch/ seine Ohren mit Baurwolle zugestopfft. Wie er darumb gefraget/ warumb er solches thete? Hat er seiner Epicurischen vnd spöttischen Art nach/ hönisch geantwortet: Er stopffte sie darumb zu/ deß er deß Predigers schelten vnd poltern nicht hören wolte.

Nicht lange darnach tregt sichs zu/daß jetzt obgemelter Spötter vnd Lesterer deß Ministerij, einen frommen/Gottfürchtigen Mann/ Doctor Lorentz Langen/ der deß Johann Wilhelmen/ Hertzogen zu Sachsen/ Rath war/ vnter wegen/ wie sie mit einander reiten/ im Franckenlandt/vnverschuldter Sache/ vnd vnter sehens/ von hinden zu verräterlich/ als ein Meuchelmörder/ mit einem Glöste durchscheust/ Darauff gemelter Lorentz Lang mit Schmertzen gesaget: Daniel/ wie scheustu mich so schelmisch/ da ich die doch kein Leidt gethan/ vnnd als balde vom Pferde für Wehtagen vnnd Ohnmacht gesuncken.

Wie das der Cain vnd Meuchelmörder gesehen/ ist jhm ein solch schrecken/ Furcht vnd Angst an kommen/ daß er aus Zweiffelmuth sein eigen Schwerdt ausgezogen/ der Meinung vnd Vorsatzes/ sich selbst zu erstechen/ vnd das Schwerdt an seine Brust gesetzt. Weil er aber einen Koller von einer dicken Hirschhaut angehabt/ das fornen mit Kneuffen vberall zugemacht/ hat das Schwerdt nicht durchdringen können. Endtlich ist er vom Pferde abgestiegen/ sein Koller auffgekneustelt/ das Schwerdt an die blosse Haut gesetzt/vnd mit grossem Grim darein gefallen/vnd sich im Grase eine Zeit lang hin vnd her gewaltzet/vnd mit grewlichem winseln vnd heulen/ schrecklichem klagen vnd zagen/ vnd erbermlichem Geschrey/gestorben. So gehets endlich den Verächtern.

Es meldet auch Lutherus, das zu Kemberg/bey Wittenberg/ein Bürger gewesen/der hat deß Pfarharrs offt in seinem Garten gespottet/gesungen vnd geprediget/wie der Pfarherr/ vnd also sein Gespöt am Pfarherr gehabt. Was geschicht? Nit lange darnach hat der Teufel den spötter leiblich besessen/ vnd jhn so sehr geplaget/ das man jm weder rathen noch helffen können/ letzlich hat er sich in seinen sünden erwürget.

Anno Christi, 476. Ist Saltzburg/ sonst Iuuauia genandt/ in Grundt verstöret worden/wie jhnen S. Seuerin zuuor gesaget/ vnd sie trewlich gewarnet hatte. Weil sie aber seine trewe Warnung vnd Vermanung verachteten/ musten sie mit jhrem Verderb vnd Schaden erfahren/das sie nicht glauben wolten. Ioannes Auentinus, in Analib. Boiorum.

Anno Christi, 479. Schlug vnd erwürgete Odoacer/ der König in Welschlandt/ Phileium/ der Rugier König in Teutschland/ vnd kommen mit grossem Raub vnd Gut wider in Welschland/tc. Solch Vnglück hatte S. Seuerin dem Phileto vnd seinem Gemahl Gisa zuuor verkündiget/ vnd sie für Schaden trewlich gewarnet. Weil er aber seine Vermanung vnd Warnung verachtet/ vnd in Wind geschlagen/

An S. Steph. Tag Exempel/ etc.

schlagen / hat jhn GOTT gestrafft / daß er also erschrecklich ist vmbkommen/ etc. Sigebertus & Palmerius.

Anno Christi, 561. Ist in Schottenlandt berühmpt gewesen S. Brendanus / ein heiliger Mann / Als diesen die Schotten vbel hielten / ist er von jhnen gewichen / darauff bald GOttes Straffe durch mancherley Plagen die Schotten heim gesucht / auch nicht ehe von jhnen abgelassen / biß sie S. Brendanum wider versöhnet / vnd seinen Segen empfangen haben / etc. Sigebertus.

Anno Christi, 650. Schickete der Keiser Constans / an Statt Theodori / einen newen Exarchum, oder Stadthalter in Welschlandt / Olympium / mit Namen / vnd besihlet jhm / das er den Bischoff zu Rom / Martinum, gefenglich einziehen / vnd gen Constantinopel vberliesfern solte. Olympius kömpt gen Rom / weil noch das Concilium weret / vnd schickt seinen Steckenknecht hin zum Bapst / in die Kirche S. Marien / mit Befehl / das er denselbigen fangen oder todtschlagen solte. Als der Steckenknecht in die Kirche kömpt / schlegt jhn Gott mit Blindheit / das er den Bapst nicht sehen kan / wird also Martinus wunderbarlich von Gott vertheidiget. Nauclerus.

Anno Christi, 685. Beredte Hertzog Eberwein / der groß Hoffmeister in Franckreich / den König Dieterich / das er ein Concilium anstellet / in der Kron Francken / Durch diesen Weg vbete Eberwein seinen Mutwillen an vielen frommen heiligen Leuten / Er entsetzet Amatum / vnd Lampertum / den Bischoff zu Vtricht / jhrer Bisthumer / vnd verweiset sie. S. Leodegar wirfft er ins Gefengnis / lest jhn darnach entheupten. Dergleichen handelt er auch mit andern. Sigebertus. P. Aemilius. Dieser Eberwein ist hernach / Anno 688. von einem / mit Namen / Hermenfriedt / erstochen worden.

S. Johannes

S. Johannes Tag.

Johannes der Euangelist vnd Apostel/ der Sohn Zebedei vnd Salome/ der anfenglich mit seinem Bruder Jacobo ein Fischer war / Da sie aber auff eine Zeit/ mit sampt jhrem Vater die Netze an dem Galileischen Meer flickten/ kam der HErr Jesus/ vnd machte sie zu Menschen Fischern/ das ist/ zu Aposteln/ die durch die Lehre vnd Predigt deß Euangelij/ die Menschen bekehren/ aus dem Reich deß Teuffels erlösen/ vnd zu Christo bringen solten. Darauff verliessen sie das Schiff/ mit sampt jhrem Vater/ vnd folgeten Jesu nach.

Vnd nach der Himmelfart Christi / als die Apostel sich theileten / vnd in die Welt ausgiengen / das Euangelium zu predigen / Sol Johanni Asia zugetheilet sein/ Wie Eusebius im 3. Buch am 1. Cap. anzeiget. Daß zu Epheso/ als ein Bischoff gesessen / sagen jhr viel / Aber man kan es aus seinen Schrifften nicht klar genug beweisen / Denn die gantze Zeit vber / in welcher Paulus Asiam durchzogen / vnd mit seinem Ministerio vnd Predigampte erfüllet hat / wird deß Johannis nicht gedacht/ So ist es auch offenbar / daß Paulus Timotheum der Kirchen zu Epheso / zu einem Pastor vnd Bischoff oder Pfarherren vnd Seelsorgern geordnet hat/ vnd jhm zwo Episteln/ welche die Kirche Christi noch heutiges Tages braucht/ geschrieben hat. Derhalben wird er vielleicht nach Timothei Tode gen Ephesum gezogen sein / Da er zuvor allenthalben in allen Ortern Asie / seines Ampts gepfleget hat. Jreneus schreibet im 3. Buch am 3. Cap. Das Paulus die Kirche zu Epheso erstlich angerichtet habe / Aber Johannes sey da verharret/ biß zu deß Trajani Zeiten.

Daß Johannes zu Epheso gewesen sey / vnd allda sein Euangelium geschrieben/ bezeuget Jreneus / im dritten Buch / am ersten Capitel. Vnnd weil er aus seinem Euangelio wider die Ketzer streitet / beweiset er dardurch/ daß sein Buch Autenticus vnnd bewert sey.

Was aber Johannem bewogen vnd verursacht habe/ sein Euangelium zu schreiben/ das erzehlet auch Jreneus im 3. Buch/ am 11. Cap. vnd spricht/ Das es derhalben geschehen/ Cerintho vnd seiner Ketzerey vnd lesterung dadurch zu begegnen/ welcher lehrete/ daß Christus nit were warhafftiger Gottes Sohn/ noch mit dem Vater gleiches Wesens. Hieronymus sagt im Catalogo/ Johannes habe am aller letzten sein Euangelion geschrieben/ darzu erbeten von den Bischoffen in Asia/ wider Cerinthum vnd andere Ketzer/ vnd sonderlich wider die Ketzerey der Ebioniten/ welche dazumal auff kam / vnd lehrete / das Christus/ ehe er von Maria geboren/ zuvor nicht gewesen sey.

Jreneus erzehlet im dritten Buch/ am 3. Cap. eine denckwirdige Historien/ Nemlich das dieser Euangelist Johannes/ auff eine Zeit zu Epheso sey in die Badstuben gangen/ sich daselbst zu baden/ da habe er jnnen funden/ den Gotteslesterer Cerinthum / mit seinem Anhange/ vnd als er desselbigen ansichtig worden / ist er mit den seinen wider zu rücke aus der Badstuben gegangen / nicht allein darumb / das er keine Gemeinschafft mit dem hat haben wollen/ der ein Feind vnd Lesterer were seines HErren Christi vnd deß Sohns Gottes/ Sondern das er auch Sorge getragen/ das jn Gott mit jhm straffen möchte/ als der deß gewiß/ daß GOtt solche deß Ketzers Lesterung vngestrafft nicht lassen würde. Vnd als Johannes mit den seinen kaum aus dem Hause/ darinnen die Badstube war/ gegangen ist / sey die Badstuben von stund an nider gefallen/ vnd den Gotteslesterer mit allen den seinen erschlagen.

Johannem zehlet S. Paulus in der Epistel an die Galater/ vnter die Seulen der Kirchen/ welcher mit Petro vnd Jacobo/ jhme vnd Barnabe die rechte Handt/ zum Zeichen/ der vnter jhnen auffgerichten Vereinigung/ gegeben habe/ Cap. 2.

D ij   Wer

An S. Johannes Tag.

Wer von Johanne weiter lesen wil / Nemlich / was er nach der Aposteln Außgang in die gantze Welt / gethan / wie er in Asia geprediget / zu Epheso gewohnt / daselbst sein Euangelium von deß HErrn Jesu Geschichten / vnd seiner Gottheit / sampt den dreyen Catholischen Episteln / geschrieben / folgendts in die Insel Pathmum / von deß Worte Gottes wegen / durch den Keiser Domitianum verwiesen / darinnen das Buch der Offenbarung auffgezeichnet / von dannen wider gen Ephesum kommen / vnd zu Epheso im 68. Jahr nach dem Leiden deß HERRN JEsu gestorben sey / Wer / sag Ich / von diesem allen wissen wil / Der lese Eusebium, lib. 2. Cap. 1. 18. 20. 23. 24. 25. 31. 39. Ireneum lib. 3. Cap. 3. 11. Hieronymum in Catalogo.

Er hat geleret vnd geschrieben von allen Stücken vnserer Christlichen Lehre. Zum Ersten von Gott / vnd von den dreyen Personen / welche warhafftig in einem Göttlichen Wesen sind vnterschieden. Zum Andern / von GOtt dem ewigen Vater. Zum Dritten / von dem Sohn GOttes / daß er sey warer vnd natürlicher GOtt / mit dem Ewigen Vater. Zum Vierden / von den zweyen vnterschiedenen Naturen in Christo. Zum Fünfften / vom H. Geist / daß er warer GOtt sey / vnnd eine Person vom Vater vnnd Son vnterschieden. Zum Sechsten / von der Schöpffung. Zum Siebenden / vo Gesetz Gottes vnd vom vnterscheit zwischen dem Gesetz vñ Euangelio. Zum Achten / von der Sünde. Zum Neunden / von vergebung der Sünden / vnd von den Wolthaten Christi. Zum Zehenden / vom Glauben / so die woltaten Christi zueignet vnd empfehet. Zum Eilfften / von guten Wercken / von der waren Anruffung Gottes / von der Liebe vnd Einigkeit / Von der Bekentnis / Von der Gedult / Vom Ehstande vnd Keuschheit / Von der Sparsamkeit / Von der warheit vnd lügen. Zum Zwölfften / von der Kirchen vnd irem Ampt. Zum Dreyzehende / vom Reich Christi. Zum Vierzehenden / vom Sacrament der Tauffe. Zum Fünfftzehenden / vom Creuz der Kirchen / vnd Trost im Creuz. Zum Sechzehenden / vom Priesterthumb vnd Opffer Christi. Zum Siebzehenden / von der Todten Aufferstehung am Jüngsten Gericht / vnd vom ewigen Leben.

Von allen diesen Puncten vnd Artickeln Christlicher Lehre / findet man klare vnd gewisse Zeugnis in seinem Euangelio vnd Episteln / Vnd wer sie haben wil / der lese sie daselbst / oder im Syntagmate, deß Newen Testamento / etc. Da sie nach einander ordentlich verzeichnet sein.

Philippus in seiner Chronica gedencket Johannis deß Euangelisten auch / im 3. Buch / da er schreibet vom K. Domitiano / Der erste streit in der Kirchen / spricht er / ist gewesen / vom Sohn GOttes / Denn Cerinthus vnd Ebion haben hart gestritten / daß im HErrn Christo nur allein die Menschliche Natur sey / vnd daß Christus / ehe denn er von der Jungfrawen Maria geborn / nichts gewesen sey / etc.

Diese Ketzer / sagt er weiter / nemlich Cerinthum vnd Ebionem / hat der Apostel Johannes widerlegt. Johannis Discipel vnd Zuhörer ist gewesen Polycarpus / Bischoff zu Smyrna / deß Polycarpi Zuhör er ist gewesen Ireneus / welcher ein sonderlich Buch geschrieben hat / so noch verhanden / darinnen er klar vnd gewaltiglich diese Lehre treibet / vnd beweiset / daß in dem HErrn Christo / so von der reinen Jungfrawen Maria geborn sey / zwo Naturen sein / das ewige Wort / vnd die Menschliche Natur / so er von der Jungfrawen Maria an sich genommen hat.

Item in der Historia desselbigen Keisers / gedencket er auch deß Euangelisten Johannis / mit diesen Worten: Es hat / spricht er / Domitianus viel Tyranney gelübet / sonderlich aber hat er viel Christen vmb bringen vnd martern lassen. Dieses rechnet man für die andere Verfolgung der Christen / nach Nerone / in welcher auch S. Johannes Euangelista / in die Insel Pathmos verwiesen vnd relegiert ward / etc.

Vnd darnach vnter dem Keiser Nerua / gedenckt er Johannis also: Suidas spricht er vnd Nicephorus schreiben / Das zu diesen Neuen Zeiten S. Johannes der Apostel aus der Insel Pathmos / dahin er von Domitiano verwiesen war / wider gen Ephesum kommen sey / vnd allda nach seiner Widerkunfft vier Jahr gelebt habe. Vnd hat Gott seine Widerkunfft mit einem sonderlichen Mirackel gezieret / Denn S. Johannes die

Drusianam/

An S. Johannes Tag.

Drusianam / so gleich als er zu dem Thor hinein gieng / zum Begrebnis hinaus getragen wurde / vom Tode aufferwecket / vnd wider lebendig gemacht hat.

 Johannes pflegete mit einem zahmen Rephune zu spielen / damit er nicht stets vber den Büchern liegen / Sondern auch eine Ergetzligkeit seiner steten Arbeit haben möchte / Als diß ein junger Gesell sahe / verlacht er Johannem / denn er vermeinet / ein solcher verlebter heiliger Mann / solte mit solchen geringen Sachen nicht vmbgehen / Aber Johannes begegnet jhm fein: Denn als er sahe / das der Jüngling einen Bogen am Halse hengen / vnd die Sehne herab gethan hatte / fragt jhn Johannes / worumb er nicht die Sehnen daran ließ: Der Jüngling antwortet / Damit der Bogen nicht schlaff würde. Hierauff sprach Johannes: Also bin ich vnd meines gleichen auch / wir müssen vns bißweilen mit ehrlichen Ergetzungen erholen / damit wir zu grosser Arbeit des Betens vnd Fastens desto stercker sein / welches sonst nicht müglich were / wenn wir ohn vnterlas arbeiteten.

D iij   Vnschüldiges

Vnschüldiger Kindlein
Tag.

Ein Grawsam vnd Erbermliche Historia/ wie Tämerlin vor der Stadt Hispahen/ 7000. junge Kindterlein/ vnter 14. Jaren/ jemmerlich vmb bracht.

Ls nun der Tämerlin eine kleine Zeit daheim in seiner Landschafft war/ zog er in ein Königreich/ genandt Hispahen/ lagert sich für die Heuptstadt/ genandt Hispahen/ begert an sie/ daß sie sich jhm ergeben/ die ergab sich/ vnd zogen jhm entgegen mit Weib vnd Kindern/ Er nam sie gnediglich auff/ besatzt die Stadt mit sechszehn Tausendt Mann seines Volcks/ den Herren der Stadt/ nam er mit jhm/ der hieß Schachsstar/ vnd zogen aus dem Landt. Da die in der Stadt vernamen/ daß der Tämerlin aus dem Landt war / da sperreten sie wider die Thor zu / schlugen die sechszehn tausende Mann zu todt. Als bald der Tämerlin solches jnnen ward/ kehret er vmb/ vnd zog wider für die Stadt/ lag funfftzehen Tag dafür/ daß er sie nicht gewinnen mocht / da macht er einen Fried mit jhnen/ doch daß sie jhm die Schlüssen/ die in der Stadt waren/ eine Reiß liehen/ darnach wolt er jhnen die hinwider schicken/ also schickten sie jhm zwölff tausendt Schützen/ den ließ er allen die Daumen abhawen/ vnd schickt sie wider in die Stadt/ vnd am andern Tage gewan er die Stadt mit Gewalt/ kam hinein/ hieß jhn das Stadtvolck sahen/ vnd was man vber 14. Jahr sandt/ die hieß er köpffen/ vnd die Knaben vnter 14. Jahren/ hieß er behalten/ aus den Heupten macht er einen Thurn/ mitten in die Stadt/ hieß darnach Weib vnd Kindt für die Stadt / auff ein Feldt führen/ vnd die Kinder vnter 7. Jahren besonder stellen/ vnd seinem Gesinde befohl er/ daß sie vber dieselben Kinder solten reiten/ da das seine Räthe vnd der Kinder Mütter sahen/ fielen sie jhm zu Fusse/ baten jhn/ daß er solches nicht thete/ er wolt nicht/ Sondern befahl vber sie zu reiten/ da wolt keiner der erste sein/ da erzürnet er/ vnd reitet selbst/ vnd sprach: Nun wil ich gerne sehen / welcher mir nicht nachwil/ also musten sie alle reiten/ zwier vber die Kinder/ vnd zertratten sie alle mit einander/ welcher wart bey sieben tausent/ darnach ließ er die Stadt auffbrechen/ nam die andern Weiber vnd Kinder/ führet sie in sein Landt/ zog darnach in seine Heuptstadt Semorchant/ da er in zwölff Jahren nicht gewesen war. Sein Lohn ist gewesen/ daß jhm sein Weib zur Hur worden/ daruber er sich zu Tode gegremet / vnnd etliche Tage nach seinem Begrebnis in dem Grabe geheulet. Schiltberger.

Zu Nürnberg im Prediger Kloster/ ist ein Kindlein in einem Schreinlein/ da ein schön Glaß für gewesen ist/ gezeiget worden/ welches der vnschüldigen Kindlein einß sol gewesen sein. So mit offenbarlichen Lügen hat man der Leute gespottet/ zu jhrem Schaden.

Von Treumen.

DEm *Antonio Musa*/ der deß Keisers Augusti Leibartzt war/ als sein Herr mit Bruto zu Feldeligt/ vnd ein Treffen thun wolte / dem treumet das Brutus in sein Losament keme/ den Traum zeiget er Augusto an / der blieb daheim kam den Tag nicht heraus. Der Traum werd war/ vnd kömpt Brutus in Augusti Gezelt / Vnd wo Augustus den Traum nicht in Acht genommen hette / were er vbel ankummen.

Ein

Von Treumen.

Ein solchen Traum hatt auch Calpurina/ deß Julii Caesaris Gemahl in der Nacht/ da auff den Morgen jhr Herr im Rathaus schendlich vnd mörderischer Weiß vmb kam/ Treumet jhr/ wie der Giebel im Hauß einfiel/ vnd daß jhr Herr in jhrem Schoß erstochen würde/ bat derhalben als sie erwachet/ jhren Herren freundlich/ er wolte den Tag nicht auffs Rathaus gehen. Als er aber solches verachtet/ geschahe jhm/ wie seim Gemahl getreumet/ Zwar jhm selber hatte die Nacht getreumet/ wie er für Juppiter stehe/ der flösse jhn vom Himmel.

Heinrich dem König in Engelandt/ wurde in eim Thurnier ein Auge ausgestochen / darvon er auch baldt hernach starb/ das treumet seinem Gemahl auch zuvorn.

Ich muß hier eine Historia setzen/ die ich selber erfahren. Es war eine stadtliche Fraw vom Adel/ welcher ich für einen Pfarherr gedienet/ derselbigen treumet/ wie sie ein schön Krentzlein wünde/ vnd schickt es jhrer Schwester/ in 14. Tagen sturben sie beide dahin.

Sonsten kenne ich noch eine Ehrliche vnd Christliche Matron/ ist meine nechste Blutfreundin/ der kömpt alles im Traum für/ was jhr vnnd jhren Kindern vnter Henden stöst/ kan sich aber nicht ehe drein schicken/ biß es geschicht/ denn sihet sie daß sich jhr Traum darauff gezogen hat. Vnd das kan ich auch in vielen Dingen von mir selber sagen.

Als Doctoris Lutheri Töchterlein Magdalena kranck war/ treumet dem Vater/ wie er sehe das zwene Engel kemen/ vnd füreten seine Tochter zum Tantze. Diesen Traum erzehlete er frü Herren Philippo/ der ließ sich bald bedüncken/ es werde den Todt bedeuten/ wie sie denn auch auff den andern Tag stirbet.

Anno Christi, 1575. Hatte ein Doctor Theologiae zu Leiptzig diesen Traum/ daß ein Bürger zu ihm komme/ vnd zeige jhm ein alt Buch/ darinnen diese Wort geschrieben stunden: Duo Trisyllaba, mas & fœmina, Mahomet & Maria, maturabunt interitum nostrarum Ecclesiarum. Das ist/ Türck vnd Bapst werden vnser Kirchen zusetzen/ etc. D. Selneccerus.

Am Newen Jahrs Tage.

ANNO Christi/ 1270. Vmbs Newe Jahr/ ist zu Colisch ein Kalb geworffen worden/das hat gehabt 7. Füsse/ vnd 2. Hundsköpffe/ einen stehen am rechten ort/ den andern beim schwantze/ Sein Aß haben wider Hunde noch Vogel anrühren wöllen/ Mechouius lib. 3. Cap. 56. Fulstein lib. 7.

Anno Christi, 1415. Vnd den Newen Jarstag/ kömpt gen Costnitz auffs Concilium Hertzog Ludwig in Beyern/ vñ Pfaltzgraff am Rhein/ mit 400. Pferden. Nicht lange darnach nach jhm/ kömpt auch Hertzog Ludwig aus Schlesien zu Lignitz/ mit 200. Pferden/ darnach andere vnzehliche/ Geistliche vnd Weltliche Personen.

Am Newen Jahrstag Anno Christi. 1438. Wird zum Vngerischen König erwehlet vnd gekrönet/ beneben seiner Gemahl Elisabeth/ Hertzog Albrecht aus Osterreich/ deß K. Sigemunds Eidman/ vñ solches zu Stulweissenburg. Alb. Krantz in VVandalia lib. 12. Cap. 8.

Anno Christi, 1554. Am Newen Jahrstag/ ist geboren Hertzog Ludwig/ Hertzog Christoff zu Wirtenberg Sohn/ Schleidanus.

Anno Christi, 1576. Am Newen Jahrstag/ ist der Rö. Key May. zum andern mal zu Warsa offentlich / als ein König in Polen erkleret vnd ausgeruffen/ vnd darauff eine ansehnliche Botschafft aus Polen gen Wien in Osterreich abgefertiget worden/vnd haben jhr Key. Maj. daselbst die Wahl der Kron Polen angenommen/ vnd darauff wie gebreuchlich/ geschworen.

Dem Christlichen König in Dennemarckt/ ist in seiner Kranckheit/ zehen Tage für seinem Abschiede/den 23. Decemb. ein Engel erschienen im Schlaff/ der jhn getröstet/ er solte sich zu Frieden stellen/ Denn auffs Newe Jahr würde es besser mit jhm werden/ als denn würde er seiner Kranckheit entlediget / vnd widerumb recht frisch vnd starck werden. Von dem an / hat sich der König zu einem seligen Abschied von Tag zu Tage bereitet. Am Newen Jahrstage/ hat er sich solcher Erinnerung vñ Offenbarung/ so jhm vor zehen Tagen geschehen/ erinnert / vnd sich gantz vnd gar zur Reise ins Himlische Vaterland gerüstet vnd ergeben. Vnd hat zum Trost/ Valete vnd Schrpffenig mit sich genommen/ den schönen Spruch S. Pauli/ den er jhm hat lassen fürlesen/ vnd jhn mit grosser Andacht ang:höret/ welcher also heisset: Jesus Christus hat sich selbst für vnsere Sünde gegeben/ daß er vns errette von dieser gegenwertigen argen Welt/ nach dem Willen Gottes vnsers Vaters/ welche sey Ehre von Ewigkeit zu Ewigkeit/ Amen. Darauff er ferner Trost vñ Labsal aus GOTTES Wort/ Absolution/ vnd empfahung deß Leibs vnd Bluts Christi gesucht vnd empfangen/ sich auch erquickt vnd gestrecket/ wider deß Teuffels vnd Todes schrecken/ vnd Anfechtung/ mit Geistlichen Gesengen/ die er in Christlichem Glauben/ vñ seliger Hoffnung der Aufferstehung/ sampt den Dienern mit frölichem hertzen gesungen.

1. Mit Fried vnd Frewd ich fahr dahin.
2. Mitten wir im Leben sind.
3. Nun bitten wir den heiligen Geist.
4. Wir gleuben all an einen Gott.
5. Nun laßt vns den Leib begraben.

Vnd ist endlich/ nach dem er sich wol mit G.Ottes Wort / Absolution / Hochwirdigem Sacrament/ Gesengen vnd Gebeten/ bereitet vnd gerüstet/ zu einem seligen Ende vnd Abschied / vmb 4. Vhr nach Mittage/ Am Newen Jahrstage/ wie jhm der

Engel

Am Newen Jahrstage.

Engel gesaget hatte/im HErrn seliglich entschlaffen / vnnd ist also der Zusage gewehret worden/daß vmbs Newe Jahr solte besser mit jhm werden.

Anno Christi, 1556. Ist fast in gantz Teutschlandt/ sonderlich in Schlesien/Behmen/Meissen vnd Thüringen/ am Abend deß Newen Jarstag/ vnd 9. Vhr ein gros vngestüm Wetter gewesen/ mit Plitzen/ Schlossen/ Donner vnd Winden.

Item im selbigen Jahr/hat das Wetter auff gemelte Zeit zu Budissin oder Bautzen / Fewrkugeln auff den Marckt geworffen / vnnd auff den Thumb in die Thürme geschlagen.

Anno Christi, 1179. War der Winter hart vnd kalt/ vnd fiel ein grosser Schnee/der lag vom newē Jarstag an/ biß auff Liechtmeß/ da er nun in e'ner grossen Eil vnversehens abgangen/ist ein groß Gewisser worden/ welches viel Brücken vnd Mülen/sampt den Leuten/hinweg geführet hat.

Anno Christi, 1160. Den 9. Aprilis/ Hat das Wetter in die Stadt Friesingen eingeschlagen/vnd dieselbige mit allen Kirchen/mit sampt dem Thumb/ vnd allen Pfaffenheusern/zu Grunde verbrandt / etc. Radeuicus schreibet/ daß solcher künfftiger Schade/ durch etliche vorhergehende Zeichen sey bedeutet worden. Denn als am Tage der Beschneidung Christi / das ist/ am Newen Jahrstage/ ein Meßpfaff vber dem Altar gestanden / ist der Kelch/ da jhn doch niemand angerühret hatte / von sich selbst vmb gefallen / als were er mit Fleiß vmbgesühret oder vmbgestossen worden. Man hat gesehen/ das Füchse vnd Hasen in etlicher Thumbpfaffen Heuser gelauffen sein/ die sich haben lassen greiffen vnd fahen. Die Nachteulen vnd Vhuhen/ haben deß Nachts grässlichen vnd grewlichen geschryen/vnd viel Leute erschrecket/etc. Solches vnd anders mehr/ schreibet Radeuicus, lib. 4. Cap. 13. de gestis Friderici.

Anno Christi, 1552. Hat sich die Saal zu Jhena/ wie auch andere Wasser/ an andern Orten/ auff den Newen Jahrstag/ so geschwinde vnnd sehr ergossen/ daß es etliche Heuser eingerissen/ Menschen vnd Viehe ersäufft / vnnd sonsten grossen Schaden auff dem Felde gethan hat.

An der

An der Heiligen drey König Tage.

VMB jhres vielfeltigen Vngehorsams willen / dardurch sich die von Meyland ohne Vnterlas dem Keiser vnnd Römischen Reich widersetzig macheten / vnnd weder Trew noch Glauben hielten / erzürnete sich der Keiser Fridericus Barbarossa vber sie / Also / daß er sie mit Heereskrafft vberzoge / zerbrach die Stadt / vnd schleiffet sie / vnd fuhr mit einem Pfluge drüber her / vnnd besehete die Furchen mit Saltz / zum Zeichen/ daß sie wüste/ vnd eine ewige Oede vnd Steinhauffen sein vnd bleiben solte.

Das Heiligthumb aber / das zu Meyland war / theilete der Keiser vnter die Fürsten / Die Heiligen drey Könige aber / Gab er dem Bischoff zu Cöln / Andern/ andere Stücke/ vnd zogen von dannen / wider in Germaniam/ Also / sagen sie/ sey das Heiligthumb da mit den Cörpern der Heiligen drey Könige/ gen Cöln kommen/ damit man grewliche Abgötterey / biß daher getrieben hat / vnd daselbst noch treibet. Anno 1165. Sabellicus.

Carolus von Burgundt/ ist von den Schweitzern am 2. Tage Aprilis vbereilet/ vnd hart geschlagen worden/ vnd hat sich kaum mit der Flucht erretten können/ auch allen seinen Troß dahinden lassen müssen. Solches ist geschehen für Granse. Nicht lange darnach den 22. tag Julij/ ist Carolus bey der Stadt Murten/ an der Grentze Sophoy/ abermals von den Schweitzern erlegt/ im Jahr Christi/ 1476. Das dritte mal / als Renatus/ Hertzog aus Lothringen/ sein Land widerumb hat angefangen einzunemen / vnd Carolus sein Kriegsvolck wider zu rücke geführet / vnd Nansie belagert / ist er den Abendt vor Epiphanias Domini. So man das Fest der Heiligen drey Könige nennet/ von den Schweitzern vberfallen vnd erschlagen worden/ im Jahr Christi/ 1477. Man schreibet/ daß er aus Vntrew Campobasci/ eines Neapolitaners/ von seinem eigenen Kriegsvolck soll verlassen sein worden / Denn dirselbige von Carolo einsmals ein Maulschlag bekommen/ diese Schmach hat er jhm nach getragen / biß auff diese Zeit/ da er seine Gelegenheit widerumb zu rechnen / ersehen hett.

Von Hertzog Carln von Burgundt / schreibt man / vnd zwar es hats auch das Werck mit jhm erweiset vnd bezeuget / Das er ein Ehrgeitziger Fürst gewesen/ der da gewolt hat / wie man pfleget zu sagen/ oben aus vnd nirgendt an / Vnd ob er wol ein hoher Fürst zu seiner Zeit war / ist er doch an demselbigen nicht besetiget gewest / Sondern hat immerdar nach Höhern Dingen getrachtet / Also / daß er auch an Keiser Friderichen den dritten / gewachsen/ vnd sich gegen Jhm mit Krieg hat einlassen dürffen/ Welches ist daher kommen/ das Carolus vom Keiser bearret/ den Königlichen Tittel vnd Kron / vnd daß er jhn zu einem Stadthalter deß Reichs machen solte/ welches beides/ weil es jhn Fridericus abgeschlagen/ hat Carolus einen Widerwillen gegen den Keiser gefasset.

NVN hoffete Carolus / wenn er diesen Krieg würde glücklich verrichtet haben/ Er wolte die Teutschen also schrecken/ daß entweder der Keiser gedrungen würde/ seinem suchen stadt zu geben/ oder der Keiser Fridericus vom Keiserthumb verjaget/ vnd er an seine Stadt zum Keiser erwehlet würde.

DEn Hertzogen aus Lothringen hat er deß mehren Theils vertrieben / vnd wider die Schweitzer grossen Mutwillen getrieben/ etc. Aber der alles haben wolte/ / hat zu letzt nichts behalten/ Denn er ist endlich von den Schweitzern vor
Nansee

drey König Tage. 24

Nonsee vberfallen/ vnd erschlagen worden/am Abend für Epiphanias Domini, so man das Fest der Heiligen drey Köntg nennet/im Jahr Christi/ 1477.

Anno Christi. Ist auff der Heiligen drey König Tag zu Hall in Sachsen grosse Ergiessung der Wasser gewesen/ daß man lang nicht hat malen können/ vnnd ist das Wasser von eim Thor zum andern gangen / Welches zuvor vnnd hernach nie geschehen.

Anno Christi, 1513. Erhub sich ein grewliche Auffruhr zu Cöln/ Aus Vrsachen wie hiebevor zu Speyer/ Die Gemeine rumoret/ daß sie alle Jahr je mehr vnd mehr beschweret wurden/ lieffen für das Rathaus/ vnd beruffeten die/ so sie teglich wie newen vngewöhnlichen Auffsatzungen beschwereten/ mit grossem Geschrey vnd Tumult heraus. Ein Rath gibt ihnen gute Wort / man wolle darauff bedacht sein/ vnd in kurtzen Tagen eine gute Antwort geben. Die diß ausruffeten/ waren dem Volck angenem/ vnnd liessen sich bereden/ daß sie heim zogen / vnnd der Antwort erwarten wolten.

Zu Morgens/ an der Heiligen drey Königen Tage/ versamlet sich ein Rath/ den Sachen nach zu dencken/ etc. Aber etliche aus den Rathsherren erschienen nicht/ Welches den Handel verdechtig machte. Weil sie nun also beysammen sein/ vnd von den Dingen engstiglich miteinander Rathschlagen/ was vnnd wie sie ihm thun sol'en/ Ward wider ein Lermen vnd Auffruhr in der Stadt. Die Gemeine fieng die Rechtschuldigen ihres Dünckens / so sich von einem Rath auff diesen Tag absentirt/ vnd verborgen hatten.

Dieterich Spitz/ einen Reichen Rathsherren/ den machten sie auff dem Marckt deß Kopffs kürtzer. Darnach auff den 11. Januarii/ fiengen sie die zween Bürgermeister/ vnd seine Mitbeamten/ die wollen sie auch entheupten. Am 12. Januarii/ schlugen sie dreyen Rathsherren die Köpffe ab/ das waren fast mechtige vnd vberreiche Herren. Die andern Rathsherren sind ins Elendt verwiesen/ vnd ist also in der Stadt wider Friede worden.

Anno Christi, 1114. Helt Keiser Heinrich der fünffte/ zu Mentz nach der Heiligen drey König Tag Hochzeit/ mit Frewlin Mechthilt/ deß Königs aus Engelandt Tochter.

Anno Christi, 1158. Helt der Keiser/ Hertzog Friderich aus Schwaben/ Rothbart genandt/ Hertzog Friderichs/ deß Keisers Conrads Brudern Sohn/ ein Reichstag zu Regenspurg/ Acht Tage nach der Heiligen drey König Tage.

In diesem Jahr/ sol man vor der Stadt Meylandt Belegerung/ die Leichnam der Heiligen drey Könige/ oder Weisen aus Morgenlandt/ die vnsern HERRN Christum/ als er geboren/ besucht/ gefunden haben/ ausser der Stadt/ vnd hernach/ ehe Meylandt belegert ist/in die Stadt geflöcht haben, Sigeberti Appendix.

Anno Christi, 1160. Acht Tage nach der Heiligen drey König Tage/ Versamlet der Keiser ein Concilium zu Pavy/ beruffet dohin beide erwelte Bäpste. Victor 4. kömpt/ vnd wird vom Keiser vnd dem Concilio bestetigt. Alexander 3. aber wils nicht gestehen/ wird derwegen entsetzt.

Anno Christi, 1286. Wird an der Heiligen drey König Tag zum König in Franckreich gekrönet / Philippus Pulcher, der Hübsche genandt/ deß ver-

An der Heiligen

deß verstorbenen K. daselbsten Philippi Sohn / vnd hat 29. Jahr / 1. Monat / vnd 24. Tage regieret.

Anno Christi, 1309. Wird nach gehaltener Wahl / an Statt deß erschlagenen Keisers Albrechts / Keiser Heinrich der 7. an der Heiligen drey Könige Tag / sampt seiner Gemahl / F. Margaretha zu Ach gekrönet / mit der Kron Keiser Carls deß Grossen / Durch den Ertzbischoff von Cölln / einem von Virneburg.
Denn der König in Franckreich / Philippus / stund darnach / daß er seinen Bruder Carln wolte zum Keiserthumb befördern / Vnd also das Reich von den Teutschen / auff die Frantzosen bringen / etc. Darumb eileten / der Bapst vnd die Teutschen mit der Wahl / etc. Martini Poloni appendix. Conradus Vecereus.

Anno Christi, 1548. Nach dem Tode K. Ludwigs / Haben alle Stende die Wahl K. Caroli aus Behmen für vntüchtig gehalten / Sind derwegen etliche Churfürsten zusammen kommen / H. Heinrich / Ertzbischoff zu Meyntz / Hertzog Ludwig aus Beyern / Keiser Ludwigs Sohn / Churfürst zu Brandenburg / Pfaltzgraff Rupert / vnd Churfürst beym Rhein / Vnd H. Heinrich / der Churfürst zu Sachsen / vnd erwehlen an der Mitwoch vor der Heiligen drey König Tag / zum Römischen König / Eduard / den König aus Engelandt / Aber er bedancket sich / vnd lehnet es von sich abe.
Nach diesem wehleten sie Hertzog Friderich / den Marggraffen in Meissen / vnd Landtgraffen in Thüringen / Aber König Carl vberkeuffet jhn mit zehen tausent Marck Silbers / daß er jhm huldet / vnd deß Keiserthumbs müsig gehet. Nauclerus.

Anno Christi, 1477. An der Heiligen drey König Abendt / an einem Sontag / Thut Hertzog Carl von Burgundien eine Schlacht / mit den Schweitzern / vnd jhren Bundtgenossen / bey Nansen / in Lothringen / vnd wird sein Volck erleget / Er auch selbst erschlagen / Sein Leichnam wird vnter den Erschlagenen gefunden / am dritten Tag hernach / vnd in gemelter Stadt Kirche / zu S. Georgen begraben / Als er gelebet hatte / 43. Jahr / 1. Monat / vnd 25. Tage. Nauclerus. Chronica Philippi lib. 5.

Anno Christi, 1487. Am Freytage nach der Heiligen drey Könige tage / stifften vnd richten auff die Hertzogen von Mecklburg / Magnus vnd Balthasar / zu Rostock aus der Pfarkirchen einen Thumb / mit grosser Solennitet / Aber am dritten Tage hernach / nemlich am Sontage / vnter der Hohemesse / machet die Bürgerschafft einen Auffruhr / erschlagen den newen Probst / Herr Thomas / vnd müssen die Hertzogen aus der Stadt weichen / Daraus entstehet hernach ein fünffjähriger Krieg / Denn die Hertzogen von Mecklburg belegern die Stadt / vnnd vnsers HErren Himmelfart / etc. Albert. Krantz / in Vandal. lib. 14. Cap. 7. 8. &c.

Anno Christi, 1491. Vmb der Heiligen drey König Tag / Entstehet ein Comment / im Zeichen der Fische / eines dunckeln Scheins / mit einem langen Schwantz / gegen Morgen ausgestrecket / folget der Sonnen Nidergang nach / vnd vergehet vmb die Fasten wider.

Anno Christi, 1510. Helt der Keiser Maximilianus einen Reichstag zu Augspurg / derselbige gehet an auff das Fest der Heiligen drey König / vnd wehret biß in Meyen. Auff diesem Reichstag sind auch kommen / der König aus Franckreich / Arragonia / vnd Vngern Gesandte / vnd ist vom Venedischen Krieg allein gehandelt worden.

Anno

drey König Tage. 25

Anno Christi 1420. Untersenget sich Keyser Sigmund der Kron Böhmen/nach seines Brudern Tode/kömpt auch dieses Jahr gen Breßlaw an der Heiligen drey König Tage/stillet erstlich die Empörung/vnd wurden am 6. Tage des Mertzen gerichtet 22. Bürger/welche der entstandenen Auffruhr waren Vrsacher gewesen.

Hernach wird er zum Scheidman erwehlet/ zwischen den Polen vnd Creutzherrn in Preussen/Er fellet aber den Creutzherrn zu/ damit macht er jhm die Polen zu Feinden.

E   S. Pauli

S. Pauli Bekehrung Tag.

Paulus welcher zuvor Saulus hieß / geboren zu Tharsis in Cilicia / ein Römischer Bürger / doch von Hebreischen Eltern / aus dem Samen Abrahe / des Geschlechts ein Benjamiter / ist zu Jerusalem zu den Füssen Gamalielis erzogen / und mit allem Fleiß in Vätterlichen Gesetzen unterrichtet. Ein grosser Eifferer umb das Gesetze / und der auch selbst nach dem Gesetz unsträfflich lebte. Wie solches alles aus seinen Schrifften und Epistlen zu sehen. Und weil er ein solcher Eifferer war umb das Gesetze / war er auch zu gleich mit ein hefftiger und giffriger Feind und Verfolger Christi / und seines Euangelii / der die Christen Verfolgete mit grosser Grawsamkeit / und erwürget die / so den Namen Christi anruffeten / Er verschloß die Heiligen zu Jerusalem in das Gefengnis / und halff das Urtheil sprechen oder sie / wenn sie erwürget wurden. Und zwang also viel durch Marter unnd Pein / zu lestern / unnd von der Warheit abzufallen / unter Mennern und Weibern / wie er solches alles selber bekennet / und von sich schreibet / 1. Thim. 1. Actor. 21. 22.

In Summa / Er schnaubete und sprühete mit Drewen unnd Morden wider alle Jünger / unnd erwarb bey den Hohenpriestern zu Jerusalem Brieffe gen Damascon an die Synagogen / auff daß / so er etliche des Christlichen Weges fünde / Er sie gebunden führet gen Jerusalem / Actor. 9.

Da er aber bey Damascon kam / ward er vom HERren zur Erden geschlagen / hörete des HErren Stimme / die zu ihm sprach: Ich bin Jesus / den du verfolgest / unnd da er fraget / was der HErr wolte / das er thun solte? Antwortet der HErr: Er solte in die Stad Damascon ziehe / da würd man jm sagen / was er thun solte. Also ward er von seinen Gsferten auffgehaben / und in die Stadt geführet / da ward er drey Tage nicht sehend / aß und tranck nichts / sondern betet / und ward vom HErren erleuchtet / unnd zu einem Apostel erwehlet / den Namen des HErren für die Heiden zu tragen / Actor. 9. Demnach ward er von Anania / dem Jünger getauffet / und fieng als bald an in der Synagogen Christum zu predigen / daß derselbige Gottes Sohn sey / Actor. 9. 22.

Vom Apostel Paulo schreibet Philippus in seiner Chronica / im dritten Buch Fol. 214. also: Im neunzehenden Jahr / spricht er / des Reichs Tiberii / ist S. Paulus / als er nach Damascon reiste / zur waren Erkendtnis Christi bekehret worden / gleich im außgehenden Jahr nach Christi Aufferstehung. Als er nun nach seiner Bekerung etliche Tage zu Damascon verzoge / und sein Bekendtnis frey öffentlich thete / da stelleten jhm die Jüden / so dem Euangelio feind waren / tzüglich nach / wie sie jhn weg reumeten. Derhalben jhn die andern Jünger in einem Korbe über die Mawren gelassen / und ist von dannen in Arabia kommen / allda er drey Jahr gelehret hat.

Darnach ist er wieder gen Jerusalem kommen / unnd ist bey S. Petro fürff zehen Tage lang blieben /. Diese zusammenkunfft Petri und Pauli / zu Jerusalem geschehen / fellet endlich in das letzte Jahr Tiberii / oder in dem Anfang des Reichs Caligule / nemlich ins acht und dreissigste Jahr Christi. Nach diesem ist Paulus gen Tharsum gezogen / von dannen er wieder in Syriam kommen ist / bey Regierung des Keysers Claudii / nach dem der Tyrann Herodes Agrippa kurtz zuvor an der Leuse Kranckheit gestorben war. Und hat eine Zeitlang in Seleucia und Cypro geprediget. Nun sind vom Anfang des Reichs Caligule biß auff des Herodis Agrippe Tod 8. Jahr / denn es fellet in das 46. Jahr Christi / und 4. Jahr des Reichs Claudi / also lang hat S. Paulus an der Grentze neben Tharso und Cilicia gelehret.

Aus Syria ist er wieder in Ciliciam gezogen / unnd hat dieselbige Zeit in Iconia und Lystris geprediget / unnd ist als denn gen Antiochien kommen / unnd von dannen in

Synodum

S. Pauli Bekehrung Tag. 26

Synodum Apostolorum verschickt worden/ Wie denn darvon seiner Meldung geschicht/ in Actis Apostolorum, Cap. 15.

Der Synodus Apostolorum ist gehalten worden im 51. Jahr Christi/ im 9. Jahr des Keyserthumbs Claudii/ im 16. Jahr nach der Bekehrung S. Pauli/ Darumb saget S. Paulus selbs/ er sey nach 14. Jahren wider gen Jerusalem kommen/ vnd habe sich allda mit den fürnemsten Heuptern der Kirchen/ von der Lehre nottürfftiglich vnterredet. Nach diesem Synodo, kehret Paulus widerumb in Lystram/ vnnd nam den Thimotheum mit sich/ im 16. Jahr nach seiner Bekehrung. Vnnd ist darnach wieder fortgezogen/ in Galatiam/ Phrygiam vnd Mysiam. Von dannen ließ er sich vbersetzen gen Philippos/ im 17. Jahr nach seiner Bekehrung/ vnnd ward allda ins Gefengnis geworffen. Nach dem er aber seiner Gefengnis entlediget ward/ zog er von Philippis gen Thessalonicen/ vnnd als die Jüden desselben Orts auch den Pöfel wider jhn erreget hatten/ ward er von denen vom Adel/ wider Gewalt vnd vnrechten Angriff geschützet.

Von dannen ist er gen Athen geschifft/ vnnd hat allda Dionysius/ der ein Areopagiticus gewesen ist/ neben vielen andern seine Lehr angenommen/ vnd sich zum Christlichen Glauben bekehret. Von Athen ist er gen Corinthum kommen/ im 18. Jahr nach seiner Bekehrung/ vnd ist allda gerade anderthalb Jahr geblieben. Zu Corintho hat er die Epistel an die Römer geschrieben/ vngeschrlich im 20. Jahr nach seiner Bekehrung. Darnach ist er wieder in Asiam geschiffet/ vnd zu Epheso 2. Jahr vnnd 3. Monat blieben. Er ist auch gen Laodiceam gezogen/ da er die 1. Epistel an Timotheum geschrieben. Deßgleichen hat er auch der Galater Kirchen besucht/ Wie denn außdrücklich in der Apostel Geschicht am 19. Cap. gesagt wird/ daß er lang in Asia verzogen habe. Von dannen ist er zum andern mal wieder in Europam kommen/ vñ hat zu Philippis beide Epistel an die Corinther geschrieben. Nachmals ist er wieder in Asiam geschiffet/ vngeschrlich im 24. Jahr nach seiner Bekehrung/ zu welcher Zeit/ wie die Jarrechnung außweiset/ Nero Römischer Keyser war. Diese Schiffart ist vmb Ostern angangen/ wie denn klerlich in der Apostel Geschicht gesagt wird/ daß Paulus vor Pfingsten habe wollen gen Jerusalem kommen. Als er nu dahin kam/ ward er den gantzen Sommer gesang: n hin vnd her geführet. Im Winter schifft er nach Rom. Es begab sich aber/ doß Paulus sampt denen/ so mit jhm geschifft waren/ auff der Reise drey gantze Monat/ Vngewitter halben/ in der Insel Melite stille liegen musten.

Als er nu gen Rom kam/ ward er in einer freyen Bestrickung enthalten/ daß Jederman frey bey jhm zu vnd abgehen kundte. Vnd ist da endlich von Nerone getödtet worden/ im 70. Jahr nach Christi Geburt/ welches auch das letzte Jahr Neronis gewesen ist. Denn nach wenig Monaten hat sich Nero selber vmbbracht.

So lang hat des H. Pauli Lauff gewehret/ darinnen er den mehrern theil Asiæ Minoris durchzogen hat/ vnd ist zweymal in Europam kommen / ehe denn er gen Rom geschickt worden ist/ Davon in der Apostel Geschicht vnter andern erzehlet wird/ daß es zwey Jahr lang in einem gemieteten Hauß gewohnet habe.

Es hat aber der H. Paulus nicht allein mit der Mündlichen Predigt viel gelehrt/ vnd im Christlichen Glauben vnterwiesen/ sondern hat die reine Lehre der Kirchen Gottes mit vielen nützen vnd heiligen Schrifft erkleret/ vnd hat Gott sein Predigampt vnd Lehr mit Aufferweckung der Todten vnd vielen andern herrlichen Zeichen vnd Zeugnissen bestetiget.

Solche vnmessige Wolthaten Gottes sollen wir mit höhester Dancksagung erkennen/ rühmen vnd preisen/ vnd mit höhestem fleiß betrachten/ wozu vns des H. Pauli Schrifften fürnemlich dienen/ vnnd welche Stück oder Artikel vnser Christlichen Lehre er sönderlich für andern erkleret habe.

Zu Athen hat er beide Episteln an die Thessalonicher geschrieben/ wie offenbar ist/ aus dem 17. Capitel der Geschichten/ vnd aus dem 3. Cap. der 1. Epistel an die Thessalonicher/ vnd aus der Vnterschrifft derselbigen Epistel. Es meinen etliche/ daß sie zu Corintho

E ij

An S. Pauli

Corintho geschrieben sind/auß dieser Vrsachen/daß Paulus zu Athen nicht lang gehauset habe/vnd daß man weiß auß dem 18. Cap. der Geschichten/wie Timotheus vnd Silas nicht gen Athen/sondern gen Corinthum zu Paulo kommen sind. Diß ist geschehen vmb das 8. Jahr Claudii/Christi aber im 50. Vnnd nach der Bekehrung S. Pauli. im 17. Jahr. Es scheinet/daß er nach diesen am nechsten die ersten an Timotheum geschrieben habe/denn den Timotheum hat er mit dem Aquila vnd Priscilla/zu Epheso gelassen/aber er gehet hinnauff gen Jerusalem/vnd von dannen zeucht hinab gen Antiochiam/vnd durch wandelt das Galatische Land/vnnd Phrygiam/von dannen er an Timotheum/der sich zu Epheso verhielt/geschrieben hat/Actor. 18. Diß ist geschehen vmb das zehende Jar Claudii/welches ist das 52. Jahr Christi/vnd das 19. nach der Bekehrung S. Pauli.

Die erste an die Corinther hat er zu Epheso geschrieben/wie abzunemen ist auß dem Neunzehenden Capitel der Geschichten/vmb das eilffte vnd zwölffte Jahr Claudii/vnnd vmb das drey vnd funfftzigste Jar Christi/vnd vmb das vier vnd funfftzigste/welche sein das zwentzigste vnd ein vnd zwentzigste nach der Bekehrung S. Pauli.

Zur selben Zeit sol er auch die Epistel an Titum/von Epheso/wie etliche sagen/geschrieben haben/die andern sagen von Nicopoli/wie die Vnterschrifft hat.

Die ander Epistel an die Corinther/hat er zu Philippis in Macedonia geschrieben/wie denn die Vnterschrifft zeuget/vnnd auß dem achten vnd neunden Capitel/der an dem an die Corinther kan abgenommen werden. Ist geschehen vmb das 13. Jar Claudii/vmb das 55. Jahr Christi/vnd vmb das 22. Jahr Pauli.

In demselbigen Jahr hat er auch die Epistel an die Römer/von Corintho geschrieben/zu der Zeit da er beschlossen hatte in Syriam zuziehen/wie auß dem funffzehenden Capitel/der Epistel zun Römern/zu sehen ist.

In den zweyen Jahren/die er zu Rom/aber in seinem eigenen Gebing war/hat er geschrieben die Epistel an die Galater/an die Ephesser/durch Tychicum/zu welchen er auch zuvor/wie er selber saget/zun Ephesern am dritten Capitel/geschrieben hat/aber es ist nur eine Epistel vorhanden. An die Colosser durch Tychicum/vnd Onesium. An die Laodicenser/so am Flusse Lyco/nahe bey Coloseis vnd Hirapoli wohnen/welche Epistel auch heutiges Tages nicht verhanden ist. An Philemonem durch Onesimum.

Die ander Epistel an Timotheum ist die aller letzte/aber von wannen/vnd wenn sie geschriebe sey/hievon sind d'Scribente Meinung vngleich. Eusebius/Hieronymus/Nicephorus vnd andere meinen/daß sie nach der ersten entledigung/oder neun oder zehen Jar kurtz für seinem Todt geschrieben sey/darumb/daß er in der ersten zum Timotheo/am vierden Capitel saget/daß die Zeit seiner aufflösung oder abschied nahe sey. Die andern aber die etwas newer sind/haltens dafür/daß sie kurtz für der ersten entledigung geschrieben sey/darumb/daß er vieler dinge gedencket/welche/wie offenbar/gehören zu der Zeit/in welcher er auß Griechenland schiffend/zu Jerusalem ist gefangen/vnd gen Rom gebracht worden/als da sind/Lucas ist allein bey mir. Item/Tychicum hab ich gen Ephesum gesandt/ꝛc. Denn man weiß diß gewiß/daß dieser in der ersten Gefengnis Pauli/vnd nicht in der letzten/in Asiam ist gesandt worden. Daß er aber saget/die Zeit seines Todes sey nahe/sey von ihm derhalben also geredt/daß ers dafür gehalten habe/er würde von Nerone getödtet werden/vnd daß er hernach/loß gesprochen/solche Wort zuvor geschrieben/nicht außgethan habe.

Vom Liberio/dem Bischoff zu Rom/schreibet Athanasius/daß der Keyser Constantius/ehe er den Liberium in das Elend vertrieben/mit List die Sache gegen ihm vorgenommen habe/Denn er den Eunuchum Eusebium mit etlichen Brieffen gen Rom gesendet/darinnen er ihm mit Verweisung gedrewet/auch mit Gaben

vnd

Bekehrung Tag.

vnnd Geschenck gelocket / ob er jhn köndte bewegen / den Arrianern bey zu fallen / vnd der Verdamnis Athanasii zu vnterschreiben. Aber Liberius habe solche Drawbrieffe gar nichts geachtet / vnnd die Geschencke schlechts von sich gestossen / Also / daß er auch dieselbigen / da sie vom Eunucho in den Tempel deß Apostels Petri gebracht/heraus zu werffen/als Gotteslesterliche Opffer/ernstlich befohlen. Derhalben habe der Keiser aus bewegtem vnnd zornigem Gemüth befohlen / Man soll jhm mit List nachstellen / verfolgen / vnnd sehen / daß man jhn von Rom zu sich in sein Gezele bringe.

Wie solches geschehen / vnd er jetzt für dem Keiser stunde / hat er sich / weder für seinen Drawungen / noch Verweisungen / noch für dem Tode entsetzt / Sondern seine Göttliche Sache mütiglich vnd getrost ausgeführet / den Keiser vnter Augen gestrafft / vnd also zu jhm gesaget: Höre auff / die Christen zu verfolgen / vnd nim dir nicht für / einige Ketzerey durch mich in die Christliche Kirche ein zuführen/ Wir sind viel mehr bereit alles zu dulden / vnd zu leiden / Denn dir oder deinen Tyrannen zu Gefallen / an vnserm HERRN Christo trewloß zu werden. Wir rathen dir / das du dich wider den nicht aufflehnest/der dir das Ampt gegeben hat. Dancke jhm nicht für seine Gnade/durch Gottloß Wesen/verfolge die Jenigen nicht/welche an jhn glauben/auff das du nicht hören must die Wort Christi: **Es wird dir schwer sein/wider den Stachel zu lecken.** Oder aber/wolte Gott/dz du solches hören möchtest/auff daß du/wie auch Paulus / dich bekeren/vnd an Christum glauben möchtest.

Sihe/wir sind hie gegenwertig/ wir sind erschienen / ehe man wider vns eine Klage oder vrsach auffgebracht hat/vnd sind derhalben desto ehe gekommen / als die wir wol gewust haben das Elend/dahin du vns verstossen wirst / auff das wir also für der Anklage leiden mögen/vnd Jedermenniglich kundt vnnd offenbar werde / das auch die andern alle/ gleicher Gestalt wie wir/ sein verfolget worden / vnnd daß die Vrsachen / deren man sie beschüldiget/nur von jhren Feinden sind ertichtet/ vnd alles Lotterbübischer Weise wider sie fürgenommen/vnd mit eitel Lügen sey vmbgangen worden. Daß dermassen Liberius mit grosser Frewdigkeit vnd Verwunderung / für dem Keiser Constantino seine Sache gehandelt /solches bezeuget Athanasius. Theodoretus gedenckt auch dieser Historien mit Constantino vnd Liberio/ lib. 2. Cap. 16.

Vincentius in der Historien vom Decio/ lib. 11. Cap. 50. Gedenckt auch einer wunderbarlichen Bekehrung zum Christlichen Glauben / vnd saget also: Secundianus Togatus / ein Amptman deß Decii/ vnd Verianus / der Maler/ vnd Marcellinus/ ein trefflicher Orator / welche zu Rom grosse Feinde des Euangelii waren/ vnd in grewlicher Abgötterey lebeten/ da sie sahen tapffere vnd mannliche Bestendigkeit der Christen/ fiengen sie auch an / von der Christlichen Religion zu reden/ vnd kamen jhnen die Verß Virgilii, ex Oraculis Sybillæ geschrieben / in den Sinn / welche also lauten: Eclog. 4. bald im Anfange.

Vltima Cumæi venit jam Carminis ætas,
Magnus ab integro sæclorum nascitur ordo:
Jam redit & virgo, redeunt Saturnia regna,
Jam nova progenies cœlo dimittitur alto.

Welche Verß/ da sie gelesen/ vnd von Hertzen mit Fleiß betrachtet / sind sie durch den Heiligen Geist erleuchtet worden / Also / daß sie die Religion Christi biß zum Todt / darzu sie von dem Tyrannen Decio verurtheilet/ bestendiglich bekandt haben. Welches eine wunderliche Historia ist / daß Gott / vnd sein Heiliger Geist gewircket hat/ durch die Verß vnd Schrifften eines Heidnischen Poeten / vnnd dardurch die Menschen zum Glauben / vnnd seiner waren Erkentniß bracht vnnd bekehret / da doch sonst

E iij

kein ander

An S. Pauli

kein ander mittel zur Bekehrung des Menschen/ vnd den Glauben zu erlangen/ von Gott geordnet ist/ ohn allein sein heiliges Wort. Wie dan derwegen S. Paulus das Predigampt/ oder verkündigung seines Worts nennet Ministerium Spiritus, Ein ampt des Geistes/ etc.

Es waren auff das Concilium Nicenum kommen etliche Philosophi/ vnd Weltweise gelehrte Leute aus den Heiden/ im Disputiren wol geübt/ die verliessen sich auff ihre Kunst/ vnd begunten der Priester vnd ihrer Religion zu spotten/ welches einen alten einfeltige Mön verdroß/ der drit zum einen Philosopho/ vnd spricht also zu jm: Höre du Philosophe/ Jm Namen Jesu Christi/ Es ist ein Gott Himmels vnd der Erden/ ein Schöpffer alles des/ dz sichtbar vnd vnsichtbar ist/ der dis alles durch die Krafft seines Worts erschaffen hat/ vnnd durch die Heiligung seines heiligen Geistes bestetiget hat/ dasselbige Wort/ welches ist sein Sohn/ ist für vns Mensch worden/ für vns gelitten/ für vns gestorben/ vnd gen Himmel gefahren/ vn wird von dessen wieder kommen zu richten die Lebendigen vn die Todten. Durch die hertzhafftige Rede vnd Bekentnis ist der Philosophus erschrocken/ vnd als bald geantwortet: Jch gleube/ vnd bekant sich forthan/ daß er oberwunden were/ vnd bestetigte des Alten Meinung/ vnd bewegte die/ so zuvor mit jhm gehalten hotten/ daß sie es mit ihn hielten / schwur auch / daß er nicht ohne Hülffe/ vnd heimliche vnaussprechliche Krafft Gottes zum Christenthumb bekeret were/ Sozomenus lib. 1. Cap. 18.

Zu Antiochia ist ein Bawrsman/ aus den Richtern desselbigen Orts/ auff diese Weise bekehret worden: Da er des Nachts für dem Richthause wachet/ hat er auff einem Hauffen Sternen/ so am Himmel gezogen/ diese Wort gelesen / Hodie Iulianus in Persia occiditur. Das ist/ Heut wird Julianus in Persia ermürget. Ob er et damals aus dem Tode Juliani geurtheilet habe/ daß die Religion vnd Lehre so Julianus so hart verfolgete/ müsse recht sein / oder ob etwan eine andere beweegung darzu geholffen hat/ weiß man nicht. gleichwol hat er also die Christliche Religion angenommen. Diß schreibet Zonaras, im dritten Tomo/ in der Geschichte des Keysers Juliani/ etc.

Jch habe/ schreibt D. Simon Pauli im dritten Theil seiner Postil/ an S. Thomas Tage vor etlichen Jahren einen gar verwegnen Gottlosen Menschen gekandt/ welcher nimmer zur Kirchen gieng/ nimmer des HERren Nachtmal gebrauchete/ nimmer etwas guts redete oder thete/ sondern schrecklich fluchte/ vnd wie ein Teuffel lebte/ vnd fürnemlich die Prediger verfolgete vnd lesterte. Wenn nu ein frembder Prediger an demselben Ort predigen solte/ sprach er/ Er wolte den newen Pfaffen auch mit hören/ Darauff gieng er in die Kirche/ vnd höret predigen. Der Prediger aber handelt die Geschicht von S. Pauli Bekehrung/ vnd vermahnete die Zuhörer/ so jener auch mit S. Paulo ein Verfolger vnd Lesterer gewesen /. oder auff andere Art mit jhm gefallen were/ auch mit jhm auffstehen/ vnd mit nichten die Buß biß ans Ende sparen wolte/ Gott wehre gnedig/ nicht den vnbußfertigen/ sondern denen/ die da Busse thäten. Thäte jemand warhafftige Busse/ so erlanget er gewißlich Vergebung der Sünden/ noch dem hohen vnd thewren Eyde Gottes/ Ezechielis am 33. So war ich lebe/ spricht der HERR/ HErr/ Jch habe keinen gefallen am Tode des Gottlosen/ sondern daß er sich bekehre von seinem Wesen vnnd lebe.

Nach der Erklerung dieses Eydes Gottes/ widerlegte der Prediger die Lesterung Caim/ Meine Sünde ist grösser/ denn daß sie mir könne vergeben werden. Sprach darauff aus Augustino: Mentiris Cain, Major est Dei misericordia, quàm omnium hominum miseria. Du leugest Caim/ du leugest/ denn Gottes Barmhertzigkeit ist grösser/ denn aller Menschen Sünde vnd Vnwürdigkeit. Weiter that der Prediger hinzu/ wenn du Busse thust/

Bekehrung Tag.

thust/vnd als denn der Teuffel oder dein Gewissen zu dir spricht/Deine Sünde sir d groß-
ser/ dest dz sie dir können vergeben werden: So antworte vnuerzagt/vnd mit grossem vnd
keckem Muth/ Du leugst Teuffel/ du leugst/ du leugst/ Gewissen du leugst/ GOttes
Barmhertzigkeit ist grösser/denn aller Menschen Sünde vnnd Missethat / Sihe da ist
Christus/der da tregt vnd hinweg nimpt die Sünde der gantzen Welt.

Da dieser mit Fleiß auffmerckte / was gesagt war / rührete jhm der Geist Gottes
(welcher durch das Wort/ so geprediget vnd geredet ward/krefftig ist) das Hertz / daß er
bekhret ward. Denn so bald die Predigt zum Ende war/ sprach er zu einem/von seinen
guten Freunden/der damals bey jhm stund in der Kirchen: Gott sey gelobt/ daß ich in die
Kirchen kommen bin/vnd habe Predigt gehöret/Jch wil mein Leben bessern/vnd wil dieser Predigt gedencken/so langt ich lebe/vnd wan ich sterben mus/wil ich mich damit trösl.

Wie er heim kam/schreib er die Summa der Predigt in ein Buch/vnd hatte sie stets
bey sich/vnd als er kurtz hernach franck ward/vnnd sterben muste/ hatte er dieselbige Predigt bis in den Tode für sich/ laß darinnen/tröstet sich damit/empfieng des HERREN
Nachtmal/vnd starb seliglich.

Item/ in der Außlegung des Euangelii am Tage Marie Mag-
dalene/erzehlet Doctor Simon Pauli eine solche Historien : Es ist/spricht er/bey vns
zu Rostock gewesen ein fürnemer Mann/welchs Namen/dieweil er Busse gethan/vnnd
sliglich gestorben ist/vnd vmb anderer Vrsachen willen/ich nicht setzen wil. Derselbige/
wie er in seinem Siechbette lag/dem Tode fast nahe/ vnd schreckliche Angst vnd Schmertzen in seinem Hertzen fühlete/ so jhm machte das Erkendtnis seiner Sünden / welche er
doch für andern nicht bekennen wolte/ließ er zu sich beruffen vnd fordert/den Ehrwirdigen
M. Andream Martini/seligen (welcher ein fürtrefflicher Prediger war / von Gott mit
sonderlichen Gaben gezieret vnd begnadet) auff daß er Trost von jhm hörete.

Als M. Andreas zu jhm kömpt/vermahnet er jhn aus Gottes Wort/ mit Sprüchen die dazu dienstlich waren/fleißig zur Busse/ vnnd zu seines Sünden bekendtnis/ welche jederman bewußt war/vnd thut hernach Trost hinzu. Wie nu M. Andreas lang
vnd viel mit dem jetzt gedachten Sünder geredt hatte/vnd mit seiner ernsten Vermanung
(Denn er hatte sonderliche Gaben für andern / die Leute zur Busse zuvermanen) nicht
erhalten kundte/das er ein öffentlich Bekendtnis thete / nicht in Gemein von allen seinen
Sünden/sondern in specie, oder sönderlich von einer/die da Stadt vnd Landtrüchtig war.
Bittet zu letzt der offtgemelte Sünder / daß jhn nicht weiter in jhn gedrungen würde/ eine öffentliche Bekendtnis zu thun/auch den gemelten M. Andream / er wolte jhm etwas aus
dem Psalter vorlesen/vnd vbergibt jhm damit den Psalter / den er domals in seiner Hand
hatte.

Es begibt sich aber/daß er jhm den Psalter offen vberreichet / vnnd den Daumen
auff diesen Worten des zwey vnd dreyßigsten Psalms hatte: Vnnd da ichs wolte
verschweigen-verschmachten meine Gebeine. Da M. Andreas sihet / daß
er jhm eben diese Wort zeiget/wundert er sich sehr / ergreifft jm den Daumen auff dem
Buch/vnd truckt er jhn dran/daß er jhn nicht kundte hinweg ziehen/vnd spricht : Sehet jhr
Herr/was für Wort jhr mir zeiget/die ich euch lesen sol/Leset jhr sie selbst.

Wie der mehr gedachte Sünder lieset: Vnd da ichs wolte verschwiegen/
verschmachten meine Gebeine. Spricht M. Andreas : Diß ist nicht ohne gefehr / sondern aus sonderlicher Schickung Gottes also geschehen / daß jhr mir eben diese
Wort im Psalter zeigen müsset/die ich euch lesen sol. Lieber Herr/ diß ist die Vrsach/
darumb auch ewre Gebein verschmachten /vnnd jhr in ewrem Gewissen so vnrühig
seid / Das jhr / nemlich bis hieher / habet wollen ewre Sünde verschweigen/ vnnd
nicht öffentlich bekennen. Lieber Herr schweiget nicht lenger / sondern bekennet ewre
Sünde auffrichtig vnnd redlich/So wird euch der HERR gnedig sein/nach dem Eide/
welchen er geschworen hat allen bußfertige Sündern/Ezech. 33. So war ich lebe/etc.

E iiij Wo

An S. Pauli

Wo jhr werdet lange verschweigen ewre Sünde/ die GOtt im Himmel/ seinen heiligen Engeln/ allen einwohnern dieser Stadt/ vnd auch vielen draussen bekandt ist / so werden ewre Gebeine noch mehr verschmachten / vnnd die Hand des HErren wird Tag vnnd Nacht schwer auff euch sein/ daß ewer Safft verdrocknet wird / wie es im Sommer dürre wird. Wo jhr aber dem HErren werdet ewre Sünde bekennen vnnd ewer Missethat jhm nicht verhelen/ so wird er euch die Missethat ewrer Sünden vergeben / Wie im selben Psalm weiter folget: **Darumb bekenne ich meine Sünde/ vnd verhele meine Missethat nicht /** Ich sprach/ ich wil dem HErren meine Missethat bekennen/ Vnd eben diese (vnd nennet damit die Sünd) thut auff den Mund / lieber Har/ gebet Gott die Ehre/ leugnet ewer Missethat nicht lenger / bekennet sie/ wie ein ehrlicher Christ/ so wird euch geschehen nach dem Spruch/ 1. Johannis 1. So wir vnser Sünde bekennen/ so ist Gott getrew/ daß er vns die Sünde vergibet vnd reiniget vns von aller Vntugend.

Als er jhm dieses für predigte/ sehet derselbige Sünder an bitterlich zu weinen/ daß jhm die Threnen die Backen heuffig herunter lauffen/ vñ spricht: Ich ich fühle es/ daß mir die Hand des HErren zu schwer ist/ ich fühle/ daß meine Gebeine verschmachten/ vnd meine Krafft verdorret vnd verzehret wird / Darumb/ daß ich meine Missethat gern verschweigen/ vnd für den Leuten mich entschüldigen wolte. So wil nicht anders sein. ich mus bekennen / wo ich nicht gar wil verzehret sein. Bekenne derhalben für Gott / für seinen Engeln im Himmel/ vnd für euch seinem Diener/ daß ich daran gesündiget/ daß die Prediger vertrieben sind. Kan auch leiden/ vnd bitte vmb Gottes willen/ daß nicht allein jhr/ sondern alle andere Prediger/ von allen Predigstülen der Gemeine anzeigen/ daß ich meine Sünde euch bekandt habe. Denn ich sehe/ daß David/ Paulus/ vnd andere jhre Sünde auch in öffentlichen Büchern bekandt haben.

Da er diß Bekentnis geendet hatte/ sprach er: Sihe/ wie ist mir nu so wol/ für dem/ als mir zuvor war. Nu bin ich in meinem Gewissen zu frieden/ dancke Gott/ daß es so weit mit mir gekommen. Nach wenig Tagen/ als er des HErrn Nachtmal auff dis Bekendtnis empfangen/ vnd gebraucht hatte/ ist er seliglich im HErren entschlaffen.

Augustinus schreibet von sich selbst/ als er zum Christenthumb kommen/ aber noch nicht getaufft/ vnd hoch bekümmert gewesen/ was noch Gott aus vnd mit jhm machen würde/ sey eine Stimme aus dem nechsten Hause erschollen: Nim vnd liß. Da nu eben dieselbe stim vñ wort offtmals wieder kommen/ hette er es dafür gehalten/ daß jhn Gott dadurch verstendigte/ was er thun solte / derhalben hette er nach dem nechsten buch gegriffen/ welches die Episteln Pauli gewesen/ vñ als er dasselbe auffgethan/ hat er eben diese Vermanung angetroffen: **Nicht in Vollerey/ Vnreinigkeit vnnd Hadder/ Sondern ziehet an den HERREN Jesum Christum.** Nach diesem hette er die Tauffe nicht lenger auffziehen wollen / vnd hiedurch war er ein Christ worden.

Purificationis

Purificationis Mariæ, Oder/ Liechtmeß.

JM Bapsthumb hat man dasselbe Fest vnser Frawen Liechtmeß geheissen/von den Liechtern/welche die Papisten auff diesen Tag mit Weihwasser besprenget vnd geweihet/in den Kirchen/vnd vmb die Kirchenhöfe/mit grosser Pracht/in einer grossen Menge Volcks/die heufftig aus allen Heusern zusammen gelauffen/vmbher getragen/vnd hernach den Sterbenden/wenn sie in den letzten Zügen lagen/vnd den Kindbetterin/wenn sie aus den sechs Wochen wieder in die Kirchen kamen/in die Hende gegeben/als solten sie damit den Teuffel verjagen vnd vertreiben. Dieselbigen geweiheten Liechter haben auch etliche in der Fasten/wenn sie den Abgöttischen Gesang Salve Regina, gesungen/angezündet vnd auffgestecket/dieser Vrsachen halben/als erlangeten sie dadurch Erhörung. Denn dieweil im Gesang des alten Simeonis gedacht wird deines Liechts/welches ist die Sonne der Gerechtigkeit/vnser HErr vnnd Heiland Jesus Christus/so da erleuchtet alle Menschen/die in diese Welt kommen/Johan. 1. Haben die groben vngeschickten Pfaffen im Bapsthumb/dis Kinder vnd Gauckelspiel/voller Gottloß Wesens vnd schrecklicher Abgötterey/mit den Liechtern/die sie den heutigen Tag geweihet/vnnd vmbher getragen/angerichtet/dardurch die ware Lehr von dem waren Liecht Jesu Christo, verfinstert vnd verfelschet worden ist.

Es wird aber von dem lieben alten Simeone in seinem Lobgesange keines Liechts gedacht/das von Wachs oder Talck/oder irgend einer andern Materien gemacht ist/sondern eines lebendigen Liechtes/des lebendigen Gottes Sohns/Jesu Christi vnsers HERren/Welcher ist das warhafftige Liecht/daß wer dorinnen wandelt/nicht in der Finsternis bleibet/vnd wider des Teuffels List vnd Wüten sicher ist. Dan der Teuffel fraget nach keinem Liecht/das von Wachs oder Talck gemacht ist/dieweil er einen eisern Hammer nit mehr denn einen Strohalm/vnd eisen vnnd Staal wie ein verfaultes Holz achtet/Wie im Job geschrieben stehet/vnd den gewapneten/vnd mit Harnisch vnd Panzer ausgerüsteten Mann/verlachet vnd verspottet.

Wiltu ein heiliges vnd geweihetes Liecht vmbtragen/so laß in deinem Hertzen brennen/vnd leuchten/das Liecht des Lebens vnd Gerechtigkeit/Jesum Christum/vnnd trage dasselbe vmbher/in dem lebendigen Tempel des lebendigen Gottes/welcher dein eigen Leib ist/vnd wehre dich damit im Tode/wider den Teuffel, vnd wider seine listige vnd feindliche Anleuffe/ic.

Etliche wöllen/daß der Bapst Sergius diesen Abgöttischen Gebrauch/Liechter zu weihen/vnd dieselben in der Procession vmbher zutragen/zu aller erst sol verordnet/vnd solches von den Heiden genommen haben. Wie dan viel Bepstische Grewel vñ Abgötterey von den Heiden hergeflossen sein. Weil die Heiden in der Nacht vmbher giengen mit Fackeln vnd Liechtern/vnd d. Abgöttin Proserpinam suchten/wolte der jetzt gedachte Bapst/daß sie solten vnser lieben Frawen zu ehren/alle Jahr auff diesen Tag/mit geweihten brennenden Liechtern vnd Kertzen in der Procession gehen. Vnd sind die auch gedachten Abgöttereyen hernacher hinzu kommen.

Als Christiernus der ander seines Namens/König in Dennemarck/etlich mal durch vielerley Practicken vnd geschwinde Griffe/ihm einen Eingang gemacht in die Königreiche Schweden vnd Gotthen/gerieth in solche Vnrew vnnd Tyranney/daß er weder Eid/verschreibung oder empfahung des heiligen Sacraments angesehen/oder auch keines Erbermlichen Falles Mitleiden gehabt/. Sondern aus Anreitzung vnnd Rath etlicher Verfluchten Boßhafftigen Leute/Auff einem Tag/das war der Achte Novembris/Im Jahr 1520. Etliche Fürsten/grosse

Herren

Purificationis Maria.

Herren Bürgermeister vnd Bürger/bey vier vnd neuntzig Personen/grewlich enthaupten lassen / wie ich denn selber eigner Person mit Zittern vnnd Schrecken gesehen habe. Er ließ auch solcher entheupten Cörper drey gantzer Tage vor dem Rathhause zu Holmen in der Stad/vnbegraben liegen/nachmals für die Stadt führen/vnnd verbrennen.

Warlich/es war erschrecklich zusehen/vnnd zu hören/also/durch anschickung verdamliches Raths/die jenigen/so zu Gnaden auffgenommen/vnnd vorgehendes Tages freundlicher Weise/als Geste/zu dem Königlichen Mahl geladen/also grausamlich zu straffen/peinigen vnd martern/vnd solches nicht auff eine weise / denn einen mit Namen Magnum Johannis/vnnd Johansen/an ein Creutz hefften/nachmals auff ein Bret binden vnd auff die Erden legen/ließ ihm erstlich die Gemecht/darnach das Hertz aus dem Leibe schneiden/vnnd mit grossen Schmertzworten/vnter das Angesicht werffen/zum ewigen Grewel vnd Schrecken.

Uber das wurden die armen vngtückseligen Widtfrawen (Welcher Menner auff dem Platz Todt lagen/vor allem Viehe vnnd vnvernünfftigen Thieren) von den Geltzigen Dennemerckischen Landpflegern geplündert/vnnd aller ihrer Haab vnnd Güter beraubet/gleich in der nechsten Nacht nach dem erbärmlichen Tage/des Mordts. Derhalben allda ein jemmerlich/Vntröstlich Klagen/Seufftzen vnnd Weinen volbracht ward. Denn auch die armen Kinder vndverlassne Weiblin/mit sampt den Müttern/ihrer zeitlichen Narung beraubet worden.

ICH hette noch viel vnd erschreckliche Ding zu erzehlen/Wo ich solchen erbärmlichen Vnfall alle beschreiben wolte/als der ich alle Ding selber mit weinenden Augen gesehen/Denn da galt weder Göttliches noch Menschliches Recht/Da halff keine Religion/auch weder Trewen noch Glauben/sondern alle Ding wurden strefflich vnd Mörderisch gehandelt. Es war an allen Ortten nichts denn Klagen vnnd Weinen/Würgen vnnd Stechen/Ja auch der Todt selber / Da möcht niemand entflichen/noch sein Leben retten / mitten vnter den blossen Schwertern/vnnd aller grewlichsten Menschen.

Als er auff die Reise wider nach Dennemerck zoge/ließ er viel hencken/rädern/viertheilen/vnd sonst grawsam vmbbringen. In dem Kloster Nydalen/Wiewol er daselbst freundlich empfangen worden/noch dennoch ließ er den Abt mit sieben andern Mönchen auff den H. Liechtmeß tag/nach gehaltenem Kirchenampt/mit gebundenen Henden auff den Rücken/in ein schnell fliessendes Wasser ertrencken. Wie sich nun der Abt/als ein Leibstarcker Mann auffgelößt / vnnd wieder an das Gestadt geschwummen/Da ward jhm von einem Königlichen Trabanten das Hirn eingeschlagen/das er gleich seinen Geist auffgabe. Er hat auch der jungen vnerzognen Kindlein nicht verschonet/so von den fürnemesten Geschlechtern geboren/sondern dieselbigen vor seinen Augen mit dem Schwerdte richten vnd köpffen lassen.

Da versamlete sich das Landvolck/dreissig Tausend starck/ober Christiernus/als der sich schuldig wuste/flohe eilends/mehr bey Nacht/denn bey Tage/so lange biß er in die Grentze des Dennemerckischen Gebiets kam / Wiewol er aus Furcht daselbst auch nicht lange blieb. Aber hernach/Anno 1532. Als er nun zehen Jahr vertrieben gewesen/bracht er ein Schiffrüstung zu wegen/vorhabens/das jenige/so er verlohren/widerumb einzunemen/Aber auff dem Meer wurde er gefangen/vnd in Verwahrung geschickt/in welcher Gefengnis er auch letzlich ist gestorben. Olaus Magnus im 8. Buch/am 17. Cap.

Anno Christi 1407. Der Winter war dieses Jahr so grimmig kalt/dz auch grosse Schiffreiche wasser gar zufroren/vn weret von Martini an biß auff Liechtmeß/des folgenden 1408. Jahrs/In 40. Jahren war solche Kelte nicht gewesen/ja auch wol in 100. Jaren nicht erhört/wie die Thüringische Isenacher Chronica meldet/die Brunnen rauchten wie die Meyler/vnd war grosse noth vmb mahlen/Datzu kam auch eine schwere tewre zeit/von wegen der viel regen/so im Sosser gewesen/davon viel korn
auff

Oder Liechtmeß.

auff dem Halm war außgewachsen/wo es ein wenig gut Wetter gehabt/daß es reiff worden / haben die Winde außgeschlagen, denn es dieses Jahr offt grosse Winde gehabt/ sonderlich auff S. Katharinen Tag/ Da an Beumen vnnd Gebewen gewaltiger Schaden geschehen/ ꝛc.

Anno Christi 1433. War ein vberauß kalter Winter/ grosser Schnee/vnd harter Frost/vnd solches hatte von Martini angestanden/ vnd gewehret biß schier auff Liechtmeß/ vnnd ist viel Korns darüber verdorben.

Anno Christi 1124. Am Tage Mariae Reinigung/ entstehet eine Finsternis des Mondes. Vspergensis.

Anno Christi 1147. K. Conrad sampt andern Fürsten/ nimpt zu Franckfurt das Creutz an von S. Bernhard / am Fest der Liechtmeß/ rüstet sich darnach zum Zuge ins heilige Land.

Anno Christi 1385. Die alte Königin in Vngern/ Elizabetha/ berufft zu sich am Tage der Reinigung Mariae/ den König Carl/ zu einem heimlichen Gespräch/ Als er kömpt ohne Sorgen/ wird er plötzlich vberfallen/vnnd tödlich verwundet/ davon er vnlangst hernach gestorben ist.

Nach dieser That nemen die Vngern gedachte Königin/ sampt ihrer Tochter K. Maria gefangen/ertrencken die Mutter/ K. Elizabeth im nechsten Wasser; die Tochter aber führen sie in Crabaten / in das Schloß Kruppa. Aber Hertzog Sigmund Marggraff zu Brandenburg / kömpt seinem Gemahl zu Hülffe mit einem gewaltigen Kriegsvolck in Vngern/ wird von jederman zum Könige auffgenommen/ vnnd sein Gemahl K. Maria loß gegeben/ vnd gen Ofen geschicket. Vngerische Chronica am 104. 105. Capitel.

Anno Christi 1433. Entstehet ein grosser Comet für dem Fest der Reinigung Mariae/ brennet fast drey Monat vnd strecket den Schwantz gegen Mitternacht.

Anno Christi 1454. Am Tage Mariae Reinigung dieses Jahrs/kömpt in Polen zu Tesein an/Königin Elizabeth/Keyser Albrechts/ vnd Königs in Vngern vnd Böhmen / verlassene Tochter / Welche König Casimir in Polen/ das vorgehende Jahr verlobt ist worden.

Anno Christi 542. Dieses Jahr ist das Fest zu Constantinopel auffgericht worden/das die Griechen nennen Hypopante, Wir aber Reinigung Mariae/daß es am andern Tage des Hornungs Jehrlich solte begangen werden/ zu welchem Vrsach gegeben hat / die schreckliche Pestilentz / welche dieses Jahr entstanden ist/ etc. Sigebercus , vnnd die Annales Constantinopoli. Item / Diaconus lib. 16. Cedrenus setzet solche Ordnung ins 9. Jahr Iustini des Keysers/ da das grosse Erdbeben zu Antiochia gewesen ist/ ꝛc.

S. Matthias

S. Matthias Tag.

Jesus Namens war einer aus den siebentzig Jüngern des HERRN Jesu/ die von der Tauffe Johannis an/ biß auff den Tag/ da Jesus gen Himmel fuhr/ bey Jesu vnd den andern Jüngern gewesen/ ward folgends in der Versamlung der Aposteln vnd Jünger an die Stadt Jude Jscharioth/ durchs Gebet vnd Loß/ erwehlet/ daß er ein Zeuge der Lehre vnnd Aufferstehung des HERRN Christi sein solte/ Actor. 1. Eusebius lib. 1. Cap. 12. Lib. 2. Cap. 1. Epiphanius Tom. 1.

Sophronius vnnd Hieronymus schreiben/ Er sey nach der Empfahung des Heiligen Geistes/ als sich die Jünger in alle Lender außstreweten/ das Euangelium zu predigen/ in einen Ort des Morenlandes gezogen/ daselbst gelehret/ vnd gestorben.

Clemens zeuget/ lib. 3. Stromatum, Er habe vnter andern gelehret/ daß man das Fleisch des alten Adams zehmen/ vnnd dermassen dar wider streiten sol/ daß man ihm nichts vnziemlichs zur Wollust verhenge oder nachgebe/ Die Seele aber sol man nehren/ mit der Speise Göttlicher Weißheit/ damit sie in Erkentnis vnnd warem Glauben immer zuneme. Sonst findet man nichts von ihm/ ohne daß seiner gedacht wird in Geschichten der Aposteln am 1. Capitel.

Anno Christi 1529. Ist am Tage S. Matthie des Apostels zu abend/ da es fast dunckel worden/ zu Breßlaw ein gewaltiger Wind kommen/ der schrecklich gerissen vnd gebrauset hat in den Lüfften. Vnd in dem/ welches niemand gedacht hette/ ist die Spitze des Thurms zu Sanct Elizabeth/ welche hoch/ vnnd schwer von Holtz vnnd grosser Last/ darzu mit Kupffer vnnd Bley gedeckt/ von dem Thurm herab auff den Kirchhoff gefallen/ Vnnd dieweil es dunckel vnd finster gewesen/ hat niemand gesehen/ wie die Spitze gefallen ist. Sie hat aber niemand beschediget/ denn vmb den Thurm herumb/ sind fester/ wolerbawter Heuser viel gestanden/ darvon keines verletzet ist worden. Es sind etliche kleine Heuser/ nicht weit vom Thurm/ die den Kirchhoff von der Gassen scheiden/ auff derselben Heuser eine ist die Spitz gefallen/ hat es gantz bedeckt/ vnnd allein das Tach oben einwenig eingeschlagen/ Doch niemand darinnen beleidiget/ denn allein eine Katze/ die ist Todt blieben.

Es haben auch diejenigen/ die im Hause gewesen/ nicht gedacht/ daß der Thurm auff dem Heußlin liege/ sind aus der Stuben gegangen/ vnnd wollen auff die Gassen gehen/ zu erfahren/ was also fiele/ Da ist die Haußthür gar verfallen gewesen/ vom Gehöltze des Thurms/ daß sie nicht hinauß haben können kommen/ bis man darzu gereumet hat. Aber wie man am Gehöltze/ Kupffer vnnd Bley/ wie es auf der Erden gelegen/ hat abnemen können/ ist die Spitze in Lüfften/ ehe sie auff die Erden gefallen/ mitten entzwey gebrochen/ vnd sich gleich zweyfach an einander gelegt.

Es ist auch am selben Orte ein gemeiner sieder Gang vom Volcke/ daß es alle n geschehen/ daß nicht jemand vnter dem Thurm hinweg gegangen. Doch ist zur selbigen Zeit/ durch GOTTES Güte vnd Vorsehung/ niemand da gegangen/ den die Last begriffen hette. Auch ist dieses für ein groß Wunder zu achten/ daß/ die am aller nehesten beim Kirchhoff gewohnet/ den schrecklichen Fall nicht gehöret haben/ Welche aber ausser der Stadt weit darvon gewesen/ haben den Fall eigentlich vnd deutlich gehöret/ mit Erbebung vnnd Zittern des Erdreichs/ als geschehe ein Erdbeben.

Es

An S. Matthias Tag.

Es hat auch ein Erbar Rath zu Preßlaw offt Gedancken gehabt mit Bekümmerungen/wie man diese Spitze / weil sie bawfellig gewesen / füglich vnd ohne Schaden möchte abtragen / Auch mit vielen Werckleuten davon gehandelt/ vnd befunden/ daß man sie ohne Schaden vnd Vnkosten nicht hat können herunter bringen/biß daß der rechte Werckmeister vom Himmel kommen /. vnd solche gefehrliche Last abgewendet/ vnd in einem Huy / ohne Schaden auff die Erden gelegt / vnd denen die Sorge benommen/die sich offt gefürchtet hatten/der Thurn würde jhnen ein mal vnversehens auff den Holtz fallen.

An Johneck

An Fastnachten.

ANNO Christi/ 1551. Ist in der Fastnacht zu Dreßden im Schloß ein Gespenst gesehen worden / in der Gestalt einer schönen Jungfrawen/ die hat niemand denn ein Fürst gesehen. Fincel. von Wunderzeichen/ lib. 2.

Vor wenig Jahren sind zweene Knaben gewesen/ die unter einander wetteten/ welcher ehe die ergesten Flüche thun köndte/ da einer angefangen/ ist er als bald unsinnig worden.

Gleicher Gestalt haben etliche Knaben umb Fastnachten gespielet/ daß sie letzlich unter einander uneins worden/ haben endtlich sich verglichen/ welcher die schendtlichsten Flüche thun köndte/ da sie angefangen/ ist der erste als bald stum worden/ und der ander thöricht und unsinnig/ etc. Manl. lib. 2.

Anno Christi, 1559. Ist diß schreckliche Ding geschehen auff der Platten/ zwo Meilweges vom Joachims Thal/ daselbst hat ein Schmidt eine Tochter gehabt/ welche ein gut Zeugnis gehabt/ daß sie fromb/ züchtig unnd Gottfürchtig gewesen/ fleissig zur Kirchen gangen / hat auch die Gewöhnliche Sontages Euangelia auß wendig gekundt / auch stets in einem Euangelions Büchlein gelesen / Ist gerne zur Kirchen gangen. hat auch das Hochwirdige Sacrament offt empfangen.

Diese ist durch Verhengnis GOTTES vom Teuffel besessen/ ohn gefehr in Fastnachten/ und hat sie der böse Feindt offt nider geworffen/ etc. Als hette sie die fallende Sucht. Die Eltern haben hierüber bey Warsagern Rath gesucht/ daß der Teuffel nachmals hat zu Schutz seiner Gewalt angezogen. Folgens nach Ostern/ hat der Teuffel begundt leibhafftig aus der Jungfrawen zu reden / hat sich in der Stuben sichtiglich sehen lassen/ wie ein Kuckug/ Rabe/ Hummel/ und dergleichen / auch also / wie solche Vogel pflegen / geschryen. Hat grawsame wunderliche Dinge aus ihr geredt/ daß nicht gnugsam davon zu schreiben/ und ist ein groß Zulauff von Volck/ auch von vielen Frembden worden/ diese wunderliche Dinge zu hören/ etc. Und haben sich viel frommer Christen unterstanden/ mit ihm zu reden/ Denen er allen Antwort genug gegeben.

Aber die Jungfraw ist stets gedultig gewesen/ hat offt selber mit zu Gott gebetten/ und wenn sie umb Erlösung/ den Namen JESU Christi angeruffen / hat sich bald der böse Geist wider gefunden/ Ihr in die Augen gesessen / und ihr dieselbigen für den Kopff heraus getrieben/ so groß wie ein Hüner Ey / Die Zungen/ wie ein zusammen geflochten Weide / eine Spannen lang zum Munde heraus gestrecket / auch ihr das Angesicht auff den Rücken gewendet/ also jemmerlich/ daß nicht gnugsam zu schreib en/ Wenn sie Ruhe gehabt hat/ und man sie gefraget/ wie es ihr gehet/ hat sie allwege geantwortet/ Es dünckt sie/ wie sie auff einem Wasser lege/ und müste ertrincken/ so kemen doch allwege viel frommer Leute/ die ihr davon hülffen.

Es sind alle Priester/ so deß Orts umbher gewesen/ dahin kommen/ und mit ihr Gesprech gehalten/ denen der Teuffel über die masse hönische Antwort aus der Jungfrawen geben/ und wenn man von Christo Jesu ihn gefraget/ ist er allwege auff ein hönische Fabel kommen/ daß es nicht gut / so spöttlich zu schreiben. Da er auch gefraget / wie er ihn sie kommen/ hat er gesagt / sie habe es in einem Trunck Bier eingesoffen / zu Fastnacht in einer Fliegen Gestalt/ Denn er sey ihr zwey Jahr nachgegangen/ ehe er ihr sey beykommen/ und da die Eltern zur Warsagerin gelauffen/ habe er desto besser Platz bekommen.

Es ist auch daselbst auff der Platten einer / mit Namen Elias Hirsch / der solt alle Nacht bey ihr gewesen/ und ihr für gebetet/ dem der Teuffel offt gar hefftig geflucht/ auch gewust/

An Faſtnachten. 32

gewuſt/wenn er zu ſeiner Hauſthür herauß gangen /hat ers zuvor verkündiget vnd geſagt/ der Schelm Elias kömpt mich aber zu peinigen. Der fromme Mann hat ihm allewege mit Gottes Wort begegnet/vnd den Namen Jeſum offt gebraucht/dazu er denn ſo grewlich getobet vnd gewütet / daß man es vber etliche Gaſſen gehöret. Auff einmal ſaget er zu ihm/ Elias hui/thu einen Tantz mit mir/vnd tantz vor oder nach / Antwortet Elias/ Du Schelm/ tantze in Abgrund der Hellen/ etc. Darauff ſagt der Teuſſel/ ſo gehe hinweg / du wirſt einen feinen Tantz ſehen. Hat angefangen zu pfeiffen/ Iſt eine Rotze zur Stuben hinein/vnd ein Hund vnter dem Tiſch herfür kommen / vnd haben einen langen Tantz mit einander gehabt/vnd darnach verſchwunden / Solcher ſeltzamer Poſſen hat er mehr getrieben. Da ſich nu ferner die Prieſter an ihn gemacht/ zweene Tage vor Trinitatis/vnd ihn gefraget wer ihn dahin geſchickt habe? Antwortet er/ der HERRE Gott habe es gethan/den Leib zu peinigen vnd zu martern / aber der Seelen mit nichten zu ſchaden/vnd er ſolle den Leuten anzeigen/ daß ſie von der Hoffart/ Wucher Freſſen vnnd ſauffen ſollen abſtehen / wiewol es wider mich vnd mein recht iſt / alſo zu reden/ nun ich es weil mirs Gott geboten / alſo thun/vnd am Jüngſten Tage weiß ich / daß ich mehr Seelen/ denn Gott der HErr / haben werde.

Darauff der Pfarrherr von Schlackenwalde geſagt/ Du ſchelm leugſt/die Sünder werden Buſſe thun vnd ſelig werden/dich aber wird Gott der HErr mit allem deinem anhange ins helliſche Fewr werffen/wie daß du nicht im Himmel bliebeſt / weil dich GOTt zu einem ſolchen ſchönen Engel erſchaffen hatte? Sage er/ey lieber Pfaff/da ſaß ich feſte/ Pfaff du möchteſt wol daheim bleiben/vnnd mich zufrieden laſſen / Ich weiß wol daß du vor Pfingſten / für die tölpiſche Margrethen (ſo nandte er die Jungfrow allwege / ſo ſie doch mit ihrem Tauffnamen Anna hieß) auff der Cantzel gebeten haſt / Saget der Pfarrherr / Ich habs gethan/vnd wils noch thun / vnd wil dich mit meinen Pfarrkindern in abgrund der Hellen bitten/vnd fragt hiemit/ Biſtu auch vmb den frommen Job geweſen? Antwortet er/ Ja freylich/ etc. Hette ich jetz ſo viel gewalt/ich wolte auch Frongoſen/vnd Peſhlentz vnter die Leute redlich ſtrewen. Vnd hat ſich alſo bey zwo ſtunden der Pfarrherr mit ihm abgekleiwet/daß er gar krafftlos worden/hat vnter andern geſagt/ Sihe wie biſtu der ſchönſten Creatur eine geweſt/vnnd verbirgſt dich nu in eine Saw / bald in eines anders Viehes Geſtalt? Antwortet der Teuſſel/ O lieber Pfoff/ ich werde offe ein Haſe/O die groſſen Hanſen freſſen mich gerne. Fragt jn der Pfarrherr / wo wiltu hin fahren/wenn du auß fehreſt? Sage er/in die Pluderhoſen / denn ich bin jetz hundert die. Vber etliche tage/haben ſie etliche Prieſter in die Kirchen tragen müſſen / allda man mit groſſer Menge/zu Gott für ſie gebeten/geſungen vnd geleſen/ vnd wenn der Name Jeſus Chriſtus iſt genennet worden/ hat der Schelm gebrüllet vnd getobet / als würde es alles zu boden gehen/ diß mal iſt noch nichts außgerichtet. Da man wieder heim gangen/ hat er ſich auff dem Wege hören laſſen/wie eine Heerpaucken/vnd geſagt/ Ey wie bald hetten ſie mich gehoben/meiner Geſellen waren ſchon 8. hinweg/ In Summa/es iſt vnmüglich alles zuſchreiben. Letzlich iſt der Pfarrherr von Schlackenwalde den 30. Maii vergangenen dahin kommen/wieder beſchrieben/ vnd ſonſt 10. Prieſter. So hat Johann Mothieſius auß dem Thal zweene Capelläne dahin verordnet / da hat man von Morgen an/ biß vmb 12. zu Mittage/mit beten/ ſingen/ leſen/ allen fleiß fürgewand/ doch noch nichts außgerichtet. Da man geſſen/ iſt erſt der Pfarrherr von Schlackenwalde kommen/ neben dem Schloßheuptman/zu Prage/da auch in die 1000. Perſonen zu gegen geweſen/vnnd hat der gemeine Mann Jeſu Chriſte zu ſingen angefangen/ vnd mit hertzlicher andacht vnd ſeuffzen gebeten zu Gott/ daß Gott ſie erhöret/ vnnd iſt alſo der böſe Geiſt außgetrieben worden/ vnd hat er iſt zum Fenſter wie ein Geſchwürm der Fliegen hinnaus gefahren. Ehe er iſt außgefahren/ hat er von der Jungfrawen ein Glied/ ein Nagel vom Finger letzlich nur ein haar begert/hat ihm aber nichts werden können. Ehe er außgefahren iſt/ hat er

F ij   geſagt

An Fastnachten.

gesaget/ Alle die nicht gerne zur Kirchen gehen/ wollen selbst daheime lesen/ Zum Sacrament nicht gehen/ in Fressen/ Sauffen vnd Wucher liegen/ sind alle mein/ mit Leib vnd Seel. So seren dieselbigen Busse thun wollen/ so wolle er ausfahren/ vnd du Pfaff von Schlackenwalde/ vermane die deinen zur Busse/ dahin fahre ich. Solches hat der Pfarherr daheime auch gethan/ vnnd das Volck zur Busse vermahnet. Dieweil vns Gott ja gern wil selig haben/ vnd der Teuffel wider seinen Willen den Christen muß die Busse predigen.

Nach ausfahrung deß bösen Geistes/ hat man die Jungfraw aus ihres Vaters Hauß in ein anders getragen/ vnd jhr das Hochwirdige Sacrament gereichet/ ist fein bescheiden gewesst/ doch etwas schwach/ Sie hat die Priester hertzlich gebeten/ in ihren Kirchen vor sie zu bitten/ daß sie Gott vor disem Feindt fort an gnediglich behüten wolt/ etc. (Diese Historia/ welche ich etwas abbreuir/ die soll alle Christen vermahnen/ fleissig zu beten daß wir nicht in Anfechtung vnd Versuchung deß Teuffels kommen möchten/ denn diß heist ja/ mein ich/ ein Exempel seiner Boßheit.) Iobus Fincelius, lib. 3. von Wunderzeichen.

Anno Christi. 1459. Find ich/ sey Keiser Friderich der dritte/ zu Wien in der Burg belegert worden/ gedenck es sey an der Jahrzahl gefehlet/ vnd sey die Belagerung gewesen/ Anno Christi/ 1463. das thet die Gemeine/ die war wider einen Rath/ darumb daß sie es mit dem Keiser/ ihrem Herren hielten/ vnd fiengen aus ihnen 25. Rathsherren/ ihre meinung war auch den Keiser zu fahen/ in diesem Lermen vnd Auffruhr. Aber es ward von den seinen entsetzt/ der sie etliche fiengen/ vnd erstachen/ daß der Keiser in die Burgk entran/ mit der Keiserin/ vnnd Maximiliano/ seinem Jungen Sohne/ Sie belagerten die Burgk: In dem kam Hertzog Albrecht/ deß Keisers Bruder/ zu dem sielen sie/ vnd machten dem sich anhengig/ liessen ihn mit geöffneten Thoren bey Nacht ein/ vnd huldeten jhm. Die Studenten hielten es mit/ denen von Wien/ vnd wolten den Keiser/ als gefangen/ nötigten was sie wolten/ vnd jhn gantz todt haben. Der Keiser hette sich deß nicht versehen/ vnnd hatte in zehen Tagen mit seinem gantzen Hoffgesinde/ weder Wein noch Brodt. Er schriebe dem König in Böhmen/ ihm zu helffen/ Er kömpt/ vnnd lagert sich für Wien/ vnnd ließ ihm Friedt anbieten/ sie gütlich mit dem Keiser zu verhören vnd zu vertragen. Also ward es gemacht/ daß der Keiser/ als ein gefangener Mann zu Fuß in das Feldt gehen muß. Als er nun ins Feldt zum König k.m/ da führet er den Keiser mit Gewalt gen Korn Newburg/ etc. Also finde ichs in einer Schwedischen Augspurgischen Chronica. Ein ander/ aber glaubhafftiger Mann/ spricht Sebastianus Werdensis in sua Germanica, hat mir die Historia/ so von einem/ so dieser zeit gelebet/ vnd selbst in Wien gewesen ist/ also erzehlet.

Hertzog Albrecht/ deß Keisers Bruder/ habe denen zu Wien grosse Priuilegien zugesagt/ wo sie ihm vnd nicht dem Keiser anhiengen/ Da sind die zu Wien zu Auffruhr bewegt/ auff gewesen/ de 1 Keiserin der Burg gehling belagert/ vnd die Festung der Burg ob jhn abg. schossen/ also/ daß er mit der Keiserin/ seinem Sohn Maximiliano/ vnd Hoffgesinde, in die vnterste Gewelbe hat müssen entweichen/ vnd viel Tage nichts denn einen gesalwilten Weitzen zu essen gehabt/ Denn die Burg in einer Stadt gelegen/ mit keinem andern Proviant versehen gewesen. In dem haben sie mit dem Hertzog practicirt/ das er bey Nacht hertzu rücke/ so wollen sie jhm die Thor öffenen/ einlossen/ vnd jhm/ als jhrem Herren/ huldon/ vnd den Keiser jhren Herrn/ übergeben.

Da sey deß Keisers Schneider/ der Chronberger genandt/ mit wenig Vögeln/ so er vnter dem Mantel verstolen hatte/ in Graben gefallen/ vnd zum Keiser ins Schloß hinein gezogen worden. Da habe deß Schneiders Sohn/ ein Student/ den Keiser vnd seinen Vater zu erretten/ ein Auffruhr vnter den Studenten gemacht/ daß sie mit Gewalt für das Schloß gezogen/ vnd den Keiser heraus genommen/ vnd mit Hülffe seines Hoffgesindes vnd etlicher/ so in der Stadt noch heimlich noch gut Keiserisch waren/ aus der Stadt bracht.

An Fastnachten.

bracht. Das hab Hertzog Albrecht wol gedacht / weil der Keiser ledig / würde ihm Osterreich zu bekommen nicht wol müglich sein / Ist derhalben willig abgezogen / vnnd die von Wien verlassen.

Also sey der König von Vngern / Matthias / den Keiser zu rechnen kommen / für Wien gerückt / vnd nach langer Belagerung die Stadt endlich gewunnen. Als er nun in die Stadt ist kommen / hat er angefangen vnter den Auffrührern grewlich zu Tyrannisieren / vnnd den Keiser zu rechnen / den Reichen in die Heuser eingefallen / ihnen genommen was sie gehabt / darzu viel Reiche deß Kopffs kürtzer gemacht / vnd ihrer viel ihrer Ehren entsetzt / daß sie so trewlos vnd brüchig an ihrem Herren geworden waren / auch derselbigen viel mit dem Schwerdt richten lassen.

Als nun der Auffruhr verrochen / die Bürger verderbet / ihr viel getödtet / vnnd die andern zu Betlern gemacht worden / Da habe der König Matthias die gantze Stadt gen Hose geladen / Menner / Weiber / vnd die gewachsenen Töchter / die Menner in ein besondern / vnd die Weiber in ein besondern Gemach gesetzt.

Als sie nun satt gewesen / haben sie ihres Gefallens Weiber vnd Töchter außerwehlet / den andern gebotten / heim zu ziehen / auch die Menner heissen abziehen / vnd die Töchter vnd Weiber die gantze Fastzeit von Fastnacht an / da diese Gastung ist geschehen / biß auff den Palmtag / im Schloß vnd Burg behalten. Diß Hertzeleid haben die Bürger jetzt Arm vnd von Jederman verlassen / zur Straff ihres Abfals vnd Vngehorsams / leiden müssen / vnd sich nicht regen dürffen.

Nach diesem sey dem Keiser die Stadt wider zugestellet worden / als er dieselbige eingenommen / hat er die Bürger genötiget / daß sie Brieffe vor sich selbst haben schreiben müssen / viel Privilegien hat er ihnen genommen / newe Zoll vnd Schatzungen ihnen zur Buß vnd ewigem Gedechtnis auffgesatzt / daß kein Bürger zu Wien aus recht ein durffte führen / auch nit ein Fuder Mist / ohne Zoll aus der Stadt füren. Vnd kamen also die Wiener / eben durch das / dadurch sie hofferten frey zu werden / vnd viel Privilegien zu bekommen / vmb alle ihre Privilegien vnd Freyheiten. Also straffet Gott die Auffruhr / Abfall vnd Vngehorsam / wider die Obrigkeit.

Anno Christi, 1381. Helt Ludewig der Ertzbischoff zu Magdeburg Fastnacht zu Calba / Als er ober eins mals auff dem Rathaus vnter dem Frawenzimmer einen offentlichen Tantz hielte / vnd vngefehrlich ein Fewr auskam / wil der Bischoff vom Tantzhause entweichen / führet eine Fraw mit sich beim Arm / vß als er auff die Treppen kömpt / welche von Holtz gemacht war / bricht dieselbe vnter ihm / vnd fellet er hinab / vnd mit ihm fast 300. Menschen / Aber der Bischoff allein bricht den Halß / vnd bleibt todt. Krantz in Metropol. lib. 10. Georgius Fabritius.

Anno Christi, 1401. Im Hornung in der Fastnacht / helt Vladißlaus der König in Polen Hochzeit / mit Frewlin Anna / Graff Wilhelms zu Cilien Tochter / vnd König Casimirs Neffin oder Tochter Tochter. Mechouius lib. 4. Cap. 41.

Anno Christi, 1535. Vnterfangen sich die zu Münster in Westphalen deß Stadtregiments / setzen aus ihrem Anhang einen newen Rath / Knipperdölling wird Bürgermeister / stürmen die Kirchen / vnd reissen sie den meisten Theil ein / verjagen die es nicht mit ihnen halten wollen aus der Stadt / im Hornung vmb die Fastnacht.

Anno Christi, 1545. Maggraff Johann Georgius / Marggraff Joachim 2. Churfürsten zu Brandenburg Sohn / helt auff Fastnacht dieses Jar Hochzeit zu Cölln in der Marck / mit Frewlin Sophia / Hertzog Friderichs deß 2. in der Schlesien / zur Lignitz vnd Brieg / etc. Tochter.

An Fastnachten.

Eben dieses Jahr/ vnd vmb diese Zeit/ helt auch Hertzog Georg/ Hochgedachtes Hertzog Friderichs deß andern/ etc. Sohn/ Hochzeit/ mit Frewlin Barbara/ Marggraff Joachim 2. deß Churfürsten Tochter. D. Justus.

Anno Christi, 1574. Im Eingange dieses Jahrs/ kömpt der newe König Heinrich in Polen an/ wird auff die Fastnacht gekrönet/ entreitet aber hernach vmb S. Johannis heimlich wider aus Polen/ in Franckreich/ Denn sein Bruder Carolus 9. war gestorben/ deß Reich nam er ein/ etc.

Xenophon schreibet/ daß die Babylonier/ als sie von den Persern erobert worden/ Fastnacht gehalten/ Inq Cyrus urbem vino somnoq sepultam, invasit. Die Fastnacht ist jhnen sawr gnug worden.

An des

An der Ascher Mittwoch.

ANNO Christi/1296. Die Marggraffen zu Brandenburg/Otto der Lang/Johannes/vnd ein ander Otto, vberfallen den rewen König in Polen/zu Rogeno/an der Aschermittwoch/ welcher war der 8. Tag deß Hornungs/vnd erschlagen sein/ als er gelebet hatte 38. Jahr/ 3. Monat/etc. Er verließ ein Frewlin 8. Jahr alt.

    Bald hernach kommen die Stende in Polen wider zusammen / zu Posen/ am 24. Tag deß Aprillen/vnd erwehlen zum König Waldißlaum Locktect / welcher deß Königes Boleslai / der S. Stentzel ertödtet hatte / Vetter vnnd Blutsfreundt war/im sechsten Gliedt. Dieser hat die Krönung auffgeschoben, vnd sich nur geschrieben/ einen Hertzog vnd Erben der Kron Polen. Mechouius, &c.

    Anno Christi, 1407. Marggraff Wilhelm zu Meissen stirbet dieses Jahr/ am 10. Tage deß Hornungs / an der Aschermittwoch. Grabschrifft zu Meissen.

    Im Jahr vnsers HErrn/1407. An der Aschermittwoch/ ist verschieden der Durchleuchtige Fürst Wilhelm/Marggraff in Meissen/Landgraff in Thüringen/ vnnd Pfalßgraff in Sachsen/etc. Fabricius.

    Anno Christi, 1483. Am Donnerstag nach der Aschermittwoch/ ist zu Vilna in Polen gestorben / H. Cosimirus / deß Königs in Polen ander Sohn. Mechouius.

    Anno Christi, 1520. An der Aschermittwoch/ Ist zur Lignitz in der Schlesien geborn/ H. Friderich der 3. H. Friderichs deß 2. Sohn.

F iiij   Schrifft

Schrifft D. M. L. an Hertzog Friderichen/

Schrifft D. M. L. an Hertzog
Friderich/ Churfürsten zu Sachsen/ etc.

Diß ist ein wunderbarlich Schrifft/ in welcher der heilig Mann Gottes/ D. M. Luther/ der weise/ dritte vnd letzte Elias/ mit klaren Worten sich hören lest/ vnd bekennet/ daß er seine Lehre nit von Menschen/ sondern allein vom Himmel durch Jesum Christum hab empfangen/ wie hernach in folgenden Schrifften er solches etlich mal widerholet/ mit einem starcken Zusatz/ davon der Leser (wils Gott) hernach sol erinnert werden/ an gelegenen Orten.

Dem Durchleuchtigsten/ Hochgebornen Fürsten vnd Herren/ Herrn Friderich/ Hertzogen zu Sachsen/ deß Heiligen Römischen Reichs Churfürsten/ Landtgraffen in Thüringen/ Marggraffen zu Meissen/ meinem Gnedigsten Herrn vnd Patron.

JHESVS.

Gunst vnnd Friede von Gott vnserm Vater/ vnd vnserm HERRN JESu Christo/ vnnd meine vnterthenige Dienste.

Vrleuchtigster/ Hochgeborner Churfürst/ Gnedigster Herr/ E. C. F. G. Schrifft vnd gnedige Bedencken/ ist mir zukommen/ auff Freytag zu Abendt/ als ich auff morgen Sonnabendt wolt ausbreiten. Vnd daß E. C. F. G. auffs aller bestemeine/ darff freylich bey mir weder Bekentnis noch Zeugnis/ Denn ich mich deß so viel Menschliche Erkundigung gibt/ gewiß achte. Wiederumb aber/ daß ich es nicht gut meine/ dünckt mich/ ich wisse es aus höher/ denn aus Menschlicher Erkundigung. Damit aber ist nichts gethan.

Ich hab mich aber lassen ansehn E. C. F. G. Schrifft/ als hette meine Schrifft E. C. F. G. ein wenig bewegt/ damit/ das ich schreibe E. C. F. G. solte weise sein/ Doch wider solchen Wahn/ hat mich meine grosse Zuversicht beschieden/ Das E. C. F. G. mein Hertz wol besser erkendt/ denn daß ich mit solcher Art Worten/ E. C. F. G. hochberümpte Vernunfft stocken solt/ Denn ich hoffe es/ es sey mein Hertz an dem/ daß ich aus grundt/ ohn alles heucheln/ ein Lust vnd Gefallen allezeit an E. C. F. G. für allen Fürsten vnd Obrigkeiten gehabt.

Was ich aber geschrieben habe/ ist aus Sorgen geschehen/ daß ich E. C. F. G. wolt trösten/ Nicht meiner Sach halben/ davon ich dozumal kein Gedancke hatte/ Sondern deß vngeschickten Handels halben/ Nemlich/ zu Wittenberg/ zugetragen Schmach deß Euangelii/ durch die vnsern entstanden/ Da war mir Angst/ E. C. F. G. würde deß ein grosse beschwerung tragen/ Denn mich auch selbst der Jammer also hat zurieben/ daß/ wo ich nicht gewiß were/ das lauter Euangelium bey vns ist/ hette ich verzogt an der Sach. Alles was bißher mir zu leide gethan ist in dieser Sachen/ ist schimpff vnd nichts gewesen. Ich wolts auch/ wenn es hette können sein/ mit meinem Leben gern erkaufft haben. Denn es ist also gehandelt/ daß wirs weder für Gott/ noch für der Welt verantworten können/ vnd ligt doch mir auff dem Halse/ vnd zuvor dem heiligen Euangelio/ das thut mir von Hertzen wehe.

Darumb gnedigster Herr/ meine Schrifft sich nicht weiter streckt/ denn auff der Jenigen/ vnd nicht auff meinen Handel/ Daß E. C. F. G. solten nicht ansehen das gegenwertige Bilde deß Teuffels/ in diesem Spiel/ vnd solche Ermanung/ ob sie E. C. F. G. nit noth were/ ist sie doch mir nötlich zu thun gewesen.

Von meiner

Churfürsten zu Sachsen/etc.

Von meiner Sache aber/Gnedigster Herr/ antworte ich also: E. C. F. G. weiß/ oder weiß sie es nicht/ So las es hiemit kundt sein/ Daß ich das Euangelium/ nicht von Menschen/ Sondern allein vom Himmel habe/ Daß ich mich wol hette mügen (Wie ich denn hinfort thun wil) einen Knecht vnd Euangelisten rühmen vnd schreiben.

Daß ich mich aber zur Verhöre vnd Gericht erbotten habe/ ist geschehen/ nicht daß ich daran zweiffele/ Sondern aus vbriger Demut/ die andern zu locken.

Nun ich aber sehe/ daß meine zu viel Demuth gelangen wil/ zur Nidrigung deß Euangelii/ vnd der Teuffel den Platz gantz einnemen wil / wo Ich jhm nur ein Handt breit reume/ Muß ich/ aus Noth meines Gewissens/ anders dazu thun. Ich hab E. C. F. G. genug gethan/ daß ich diß Jahr gewichen bin/ E. F. G. zu Dienst/ denn der Teuffel weiß fast wol/ daß ichs aus keinem Zag gethan habe. Er sahe mein Hertz wol/ da ich zu Wormbs ein kam/ daß/ wenn ich hette gewust/ das viel Teuffel auff mich gehalten hetten/ als Ziegel auff den Dechern sind/ were ich dennoch mitten vnter sie gesprungen mit Freuden.

Nun ist Hertzog Georg noch weit vngleich einem einigen Teuffel. Vnd sind der Vater der abgründtlichen Barmhertzigkeit/ vns durchs Euangelium hat gemacht freiwdige Herren/ vber alle Teuffel vnd Todt/ vnd vns geben den Reichthumb der Zuversicht/ daß wir thüren zu jhm sagen/ Hertzliebster Vater/ Kan E. C. F. G. selbst ermessen/ Daß es solchem Vater die höchste Schmach ist / so wir nicht so wol jhm vertrawen solten/ daß wir auch Herren vber Hertzog Georgen Zorn sind.

Das weiß ich je von mir wol/ wenn diese Sache zu Leiptzig also stünde / wie zu Wittenberg/ So wolte ich doch hinein reiten/ wenns gleich (E. C. F. G. verzeihe mein Närrisch reden) neun Tage eitel Hertzog Georgen regnete/ vnd ein Jeglicher were neunfach wütender/ denn dieser ist. Er helt meinen HERRN Christum für einen Mann aus Stroh geflochten/ Das kan mein HErr/ vnd ich/ eine Zeit lang wol leiden.

Ich wil aber E. C. F. G. nicht verbergen/ Daß ich für Hertzog Georgen habe nicht ein mal gebeten/ vnnd geweinet/ daß jhn GOTT wolt erleuchten. Ich wil auch noch ein mal bitten vnnd weinen/ darnach nimmermehr. Vnd bitte E. C. F. G. wolle auch helffen bitten/ vnnd bitten lassen/ ob wir das Vnheil köndten von jhm wenden/ vnd (Ach HERR GOtt) auff jhn dringe ohn vnterlas. Ich wolt Hertzog Georgen schnell mit einem Wort erwürgen / Wenn es damit were ausgericht.

Solches sey E. C. F. G. geschrieben/ der Meinung/ das E. C. F. G. wisse/ Ich komme gen Wittenberg in gar viel einem höhern schutz/ denn deß Churfürsten/ Ich habs auch nicht im Sinn/ von E. C. F. G. Schutz begeren. Ja ich halt/ Ich wolle E. C. F. G. mehr schützen/ Denn sie mich schützen köndte / Dazu wenn ich wüste/ daß mich E. C. F. G.

Schrifft D. M. L. an Hertzog Friderichen/

E. C. F. G. köndte vnnd wolte schützen/ so wolt ich nicht kommen. Dieser Sache/ sol vnnd kan kein Schwerdt rathen/ oder helffen/ GOTT muß sie allein schaffen/ ohn alles Menschlich Sorgen vnnd zuthun/ Darumb wer am meisten gleubt/ der wird sie am meisten schützen.

Dieweil ich denn nun spüre/ daß E. C. F. G. noch gar schwach ist im Glauben/ kan ich auff keinerley Wege E. C. F. G. für den Mann ansehen/ der mich schützen oder retten köndte.

Daß nu E. C. F. G. begert zu wissen/ was sie thun solle in dieser Sachen/ Sintemal sie es acht/ Sie habe viel zu wenig gethan: Antwort ich vnterthenigklich/ E. C. F. G. hat schon allzu viel gethan/ vnd solt gar nichts thun/ Denn GOTT wil vnnd kan nicht leiden/ E. C. F. G. oder mein Sorgen vnd treiben/ Er wils ihm gelassen haben/ Deß vnd kein anders/ Da mag sich E. C. F. G. nach richten. Gleubt sie nicht/ so gleube doch Ich/ vnd muß E. C. F. G. Vnglauben lassen seine Quaal in Sorgen haben/ wie sichs gebürt allen Vngleubigen zu leiden.

Dieweil denn ich nicht wil E. C. F. G. folgen/ so ist E. C. F. G. für GOTT entschuldiget/ So ich gefangen oder getödtet würde. Für den Menschen/ sol E. C. F. G. also sich halten/ Neinlich/ der Obrigkeit/ als ein Churfürst/ gehorsam sein/ vnd Key. Maj. lassen walten in E. C. F. G. Stedten vnd Lendern/ an Leib vnd Gut/ wie sichs gebürt/ nach Reichs Ordenung/ vnd Ja nicht wehren noch widersetzen/ noch Widersatz oder irgend ein Hindernis begeren/ der Gewalt/ so sie mich fahen oder tödten wil.

Denn die Gewalt sol Niemandt brechen/ noch widerstehen/ denn alleine Der/ Der sie eingesetzt hat/ Sonst ists Empörung/ vnnd wider GOTT.

Ich hoffe aber/ sie werden der Vernunfft brauchen/ daß sie E. C. F. G. erkennen werden/ als in einer höhern Wiegen geboren/ denn daß sie selbst solten Stockmeister vbr mir werden. Wenn E. C. F. G. die Thor offen lest/ vnd das frey Churfürstlich Geleide helt/ wenn sie selbst kemen mich zu holen/ oder ihre Gesandten/ so hat E. C. F. G. dem Gehorsam genug gethan. Sie können je nichts Höhers von E. C. F. G. fordern/ denn daß sie den Luther wollen bey E. C. F. G. wissen/ vnnd das sol geschehen/ ohn E. C. F. G. Sorgen/ thun/ vnd einiger Gefahr/ Denn Christus hat mich nicht gelehret/ mit eins andern Schaden ein Christe sein.

Werden sie aber so vernünfftig sein/ vnd gebieten/ Daß E. C. F. G. selbst die Handt an mich lege/ wil ich E. C. F. G. als denn sagen/ was zu thun ist. Ich wil E. C. F. G. Schaden vnd Fahr sicher halten/ an Leib/ Gut/ vnd Seele/ meiner Sachen halben/ Es gleubens E. C. F. G. oder gleubens nicht.

Hiemit

Churfürsten zu Sachsen/etc.

Hiemit befehlich E. C. F. G. in GOTTes Gnaden. Weiter wollen wir auffs schierste reden / so es noch ist / Denn diese Schrifft habe ich eilendt abgefertigt / Daß nicht E. C. F. G. Berichtnis anführe / von dem Gehör meiner Zukunfft/ Denn ich sol vnd wolsi Jederman tröstlich / vnnd nicht schedlich sein / wil ich ein rechter Christ sein. Es ist ein ander Mann/den Hertzog Georg/mit dem ich handele/ Der kennet mich fast wol vnd ich kenne jhn nicht vbel. Wenn E. C. F. G. gleubte/So würde sie Gottes Herrligkeit sehen/Weil sie aber noch nit gleubet/Hat sie auch noch nichts gesehen/ GOtt sey Lieb vñ Lob in Ewigkeit / Amen. Geben zu Borne bey dem Gleitoman / am Aschermittwoch. Anno M. D. XXII.

E. C. F. G.

Vnterthenigter Diener

Mart. Luther.

Annunciationis

Annunciationis
Oder
Verkündigung Mariae.

Anno Christi/ 1043. Wird an deß verstorbenen Patriarchen zu Constantinopel Alexii Stadt verordnet/ Michael Cerularius/ ein Münch/ vnd das am Fest Mariae Verkündigung.

Anno Christi/ 1473. Ward es zeitlich warm/ das auch vmb vnser lieben Frawen Tag in der Fasten/ die Beume blüheten/ vnd ist ein sehr heisser Sommer vnd gar ein dürres Jahr gewesen/ von Pfingsten an/ biß 8. tage nach Egidii/ hat es gar keinen regen gethan / daruber sind die wasser vnd bech außgetrecknet/ daß man nirgend hat können mahlen/ vnd haben die armen Leut das Brunnenwasser vmbs Geldt bezahlten müssen. Die Thonaw ist so klein gewesen/ daß man sie hat fürten können. Die Hitze war so groß/ daß sich der Hartz vnd der Behmer Waldt davon entzündeten/ vnd brandte der Hartz wol gantze vier Meilweges hinweg/ das man das Landtvolck auffboten/ vnnd mit niderfellen der Beume/ vnd mit auffgeworffenen Graben/ dem Fewr wehren muste/ doch es nicht weiter vmb sich frasse/ etc. Item im selben Jahr/ ist auch die Stadt Naumburg gar außgebrandt.

Vom Fest der Verkündigung Mariae/ wird vnter andern im Athanasio befunden/ daß er in der Außlegung deß Euangelii also sagt: Diß Fest ist eins von den Fürnembsten/ das billich zu feyren/ weil es in sich begreifft/ die Wunderthaten/ so im Euangelio von Christo geprediget werden / Denn in diesem Fest wird gehandelt/ wie Gottes Sohn vom Himmel kommen sey/ etc.

Marterwoch. 37.

ANNO Christi/ 1106 Hat man von der ersten Fastnacht an/ biß in die Marterwoch gesehen/ ein sehr hellen Cometen. Darauff ist bald hernach Keiser Heinrich der vierde zu Lcodien gestorben/ vnd fünff Jahr vnbegraben gestanden. Dieser ist ein trefflicher Keiser gewesen/ welcher vber der Ehr vnd Hoheit deß Römischen Reichs bestendiglich gehalten/ hat aber garlösten Danck verdienet/ etc.

Anno Christi, 1305. Ist in der Marterwochen ein Comet entstanden/ darauff ein gros Landtsterben gefolget. Chion. Saxon.

Anno Christi, 1455. In der Marterwochen/ am Palmdinstag/ stirbt zu Crackaw in Polen Swigenus/ der Cardinal vnd Bischoff daselbst/ im 66. Jahr seines Alters/ seines Bisthumbs 32. Als er Cardinal worden war/ Im 16. Jahr. Fussein Lib. 16. Cap. 8.

Anno Christi, 1475. Haben die Juden zu Tridnet/ in der Marterwoch ein Knaben Simon mit Namen/ gecreutziget/ vnd durch viel vnd grosse Marter erwürget/ dz ist also zugangk: Ein Gerber verlor daselbst in der Charwochen ein Kind zwey Jahr alt/ vnd als ers nicht finden mocht/ hatt er einen Argwohn auff die Juden/ vnd beklage sich deß für den Gewaltigen der Stadt. Die vergänneten jhm nu/ daß er bey den Juden suchen solte/ Aber da ers nicht fandt/ haben die Juden darnach am Sontag dem Bischoff kundt gethan/ wie sie ein Kindt funden haben im Wasser/ Reusch genandt/ in Samuelis deß Juden Hauß/ vnd begerten/ daß man das Kinde hinweg trüge. Da wurden etliche verordnet/ die das Kindt solten beschawen/ vnd ols sie zu jhm komen/ haben sie es naß in Kleidern funden/ gleich als hette es der Bach zu deß Juden Hauß getrieben/ Aber an seinem Leibe funden sie manche zerstochene Wunden. Vnd da die Juden gefragt worden/ wie das Kinde dahin kommen were? Antworten sie/ Sie wüsten es nicht/ sie achten/ es were durch den Bach dahin geflöst. Da nam man sie gefengklich an/ vnd strecket sie/ da bekanten sie alle Ding/ wie es ergangen war/ wie sie durch einen Rathschlag erwehlet hetten einen Juden/ der jhnen auff die Ostern Christen Kinde bestellen solte/ das were der Jud Thobias gewesen/ der hette zu jhm mit sanfften Worten ein junges Kindt gelocket/ vnd da ers in Samuels Hauß bracht/ hatten jhm die Juden eine Zwehel vmb den Halß geknüpfft/ damit es nicht schreyen köndte/ darnach da selbe mit Zangen gezwackt/ vnd durchstochen/ vnd endlich an ein Creutz gespannet/ gleich wie Christus am Creutz außgespannet worden/ biß es were gestorben. Darnach hetten sie es in die Schul/ vnd wider herauß getragen/ in Samuels Hauß/ vnd in Bach geworffen/ damit/ so man das Kinde suchen würde/ vnd nicht finden möcht/ der Argwohn auff jhn nicht lege.

Anno Christi, 1350. Erhub sich der Juden Mordt zu Eger/ mit solcher Weiß: Es prediget ein Mönch die Passion/ zur gewöhnlichen Zeit vor Ostern/ vnd zeigt da an/ wie der vnschüldige Sohn Gottes/ von den trewlosen Juden were gemartert/ vnd in Todt gegeben. Nu war ein vnverstendiger Kriegsman zu entgegen/ dem gieng die Vnbilligkeit so tieff zu Hertzen/ vnd ward dermassen vber die Juden erzürnet/ daß er das vnschüldige Blut Christi rechnen wolte/ Lieff derhalben bald zu einem Altar/ nam ein Crucifix/ vnd mit grosser Stim/ auff gut Landts knechtisch/ ermonet er die Gemein/ so sie wolten solchen vnschüldigen Todt/ vnd die Schmach/ an den Heilandt geleget/ helffen rechen/ solten sie jhm nachfolgen. Da aber das Geyfsel/ so ohne das den Juden/ von denen es ein lange Zeit vbel geplagt war worden/ gram vnd feindt war/ solche Rede deß Kriegßmans vernam/ verwilligten sie als baldt darzu/ folgeten dem Landsknecht mit Hauffen nach/

Marterwoch.

sen nach/vnd was ein jeder im Sturm erwischet/ war seine Wehre/vberfielen also die Juden/vnd schlugen sie alle Todt/ namen vnd theileten jhre Güter vnter sich. Also wurden die von Eger jhrer Juden loß.

Anno Christi 1443. Hat zu Brixen am Montag in der Charwochen/ das Fewr mehr denn 154. Heuser auffgefressen vnd hinweg genommen.

Anno Christi 1519. In der Marterwochen/ hat sich der Krieg in Sachsen zwischen dem Hertzogen von Braunschweig/ dem Hertzogen von Lüneburg vnd Johann/ dem Bischoff zu Hildesheim/ wider Hertzog Erich entsponnen vnnd angefangen.

Palm Sontag

Palm Sontag.

Anno Christi/1551 Ist diese geschicht geschehen/ Es ist in Mann gewesen/ mit Namen Jacob/ N welcher 5. kleine Kinder gehabt/vnter welchen dreyen das erste ein Megdlein Barbora/ dreyzehen Jahr alt/ das ander ein Kneblein 9. Jahr alt/ das dritte auch ein Megdlein von 7. Jahren / haben den Sontag Palmarum so wunderlich angefangen zu tantzen vnd zu springen/des gleichen vnerfahren ist/vnd auch so seltsam vnnd wunderlich/daß es nicht zu fassen/das sie alle Tage (vngefehr sieben oder acht stunden die quere vnd die lenge in alle Winckel /aus der Stuben ins Hauß/ aus dem Hause in die Stuben getrieben/ haben sich so gedrehet vnd gesprungen/ daß sie graussam müde worden/ geschwulet vnnd gestichen/daß es nicht wunder gewesen/ sie weren auff der Stedte ligen blieben/ vnnd verschmacht vnd da sie sich durch alle Winckel müde getantzet / haben sie sich mit den Köpffen auff die Erden gelegt/vnter einander gedrehet vnnd gerürret / als weiten sie auff den Köpffen tantzen. so lange sie jre zeit ausgehabt/sind sie auff die Erden gefallen/ als e weren sie tod/ vn haben eine gute weil geschlaffen/ Da sie aber erwachet, haben sie zu essen geheischet/ Nach dem essen haben sie wieder angefangen zu tantzen, wie zuvor/ haben wenig geredt/biszweilen zugleich alle gelacht. Es hatte sich auch ein Pfarher/ nicht weit davon/ vnterstanden/jhnen zu helffen/ hat sie neun Tage bey jhm gehabt/ so hat aber nichts helffen wollen. Jobus Fincelius lib. I.

Anno Christi, 1490. Ist am Sontag Palmarum Matthias ein König in Vngern / ein löblicher Herr/ Apoplexia, das ist/ vom Schlag gerührt / gestorben/ seines Alters im 50. Jahr.

Anno Christi, 118. Am Palm Sontag thut Carolus Metellus eine Schlacht mit dem König Hilperich/ vnd Regenfried dem Hoffemeister bey Camerach vnd erlegt sie biß auffs Heupt/vnd setzt jhnen nach biß gen Pariß.

Anno Christi 1084. Freitags vor Palmarum zeucht der Keyser Heinrich der 4. zu Rom ein/vnd bringt auff der Römer begeren mit sich den newen Bapst Bischoff zu Rauenna Wigwertus genant/vnd setzt jhn den folgenden Palm tag in den Bepstlichen Stuel ein/vnd wird genennet Clemens der 3.

Anno Christi, 1148. Am Palmsonnabend zu Nachts vmb neun ohr/ist ein Finsternis des Mons gewesen/ darauff ein hefftiger Wind gefolget / der vier tage nach einander gewehret.

Anno Christi, 1387. Am Palmsontage, wie Mechouius im 4. Buch am 49. Capitel schreibet/ wird Marggraff Sigmund zu Brandenburg endlich von den Vngern zum König angenommen vnd gekrönet/ seines alters im 20. Jahr.

Anno Christi 1532. Am Montag nach dem Palmsontag ist gestorben Hertzog Johannes/ der letzte Herr zu Oppel/ verlesset einen grossen Schatz/ welcher neben dem Lande ohn mittel an die Kron Böhmen kommen.

Gründonnerstag.

**NNO** Christi/ 1557. Am Grünendonnerstag zu Forcheim/ in des Bischoffs zu Bamberg Lande/ Nach dem man an diesem Tage vom Hochwirdigen Sacrament des Altars zu predigen pfleget/ Alsda ist kommen ein alter Pfaff/ der Alters halben nicht allein gehen können/ ist an Krücken gangen/ vnd haben jhn zweene Diacon auff die Cantzel geführt. Da hat er den Text S. Pauli 1. Cor. 11. Vom Nachtmal des HErren vor sich genommen/ vnd den auff Bepstische Jrrthumb gezogen/ vnd außgelegt/ die einige Gestalt/ vnd die Messe hoch vertheidiget/ vnd gesagt: Paule/ Paule/ ist dem also/ wie du lehrest/ vnd ist es vnrecht sub una specie zu Communiciren/ so hole mich der Teuffel. Vnd sich zum Volck gewendt vnd gesagt/ Wo des Bapsts Lehre nicht recht were/ wolle er des Teuffels sein/ vnnd jhm seine Seele zu Pfand setzen/ Vber solcher Gottes lesterung/ der er viel in der Predigt gerieben/ hat sich dz Volck sehr entsetzt. Bald ist ein krachen/ knacken vñ brechlé in der Kirchẽ worden/ als wolte sie vber einen Hauffen fallen./ Da hat sich ein langer schwartzer Mann sehen lassen/ von dem ist ein grosser Wind gangen/ daß sein brausen in der gantzen Kirchen erschollen/ der hat den Gottlosen Pfaffen vom Predigstul geführt/ daß noch auff diesen heutigen Tag niemand weiß/ wo er hinkommen ist.

Nach demselben hat sich der grosse schwartze Mann wieder sehen lassen/ vnnd in Chor greiffet vnd des Bischoffs Bruder vom Augenstein/ den hat er stracks wollen haben/ der hat sich mit seinem Schwerdt gewehret/ damit er sich doch selbst ettwege geschlagen/ daß er also in grosser noth gewesen/ vnd auß der Kirchen begert/ da ist ein groß gedrenge im Volck worden.

Dazumal hat sich auch ein grosses Volck für der Stadt sehen lassen/ daß man nit anders gedacht/ es were voll Feinde/ vnnd hat der Thürmer die angeblasen vnd gezehlet. Es ist ein solch Jammer in der Stadt worden/ daß der Bischoff nicht gewust/ wo er bleiben solte/ Diß aber alles ist Teuffels Gespenst gewesen. Zum andern/ da die Papisten doselbst/ den nechsten Sontag nach dieser Geschicht/ die Tauffe pflegen zu wehen/ vnd da sie mit jhrem Narrenwerck/ vnd die Tauffe gangen/ da ist abermal ein solch krachen bey dem Tauffstein worden/ als wolte die Kirchen einfallen/ daß die Pfaffen entlauffen mußten/ etc. Iobus Fincelius lib 3. Von Wunderzeichen.

Anno Christi, 1553. Ist ein Schneiders Geselle bey einem Meister in einer nahmhafftigen Stadt gewesen/ welcher zuvor das heilige Sacrament des Abendmals in zweyerley Gestalt empfangen hatte/ nachmals da er bey den Bepstischen gewesen/ vberredt/ daß ers in einerley Gestalt empfangen/ Da er nun also in die Stadt kommen/ ist er von seinem Meister/ bey dem er gearbeitet/ vermahnet/ daß er sich des heiligen Sacraments nach Christi Ordnung solte theilhafftig machen/ Darzu er lang still geschwiegen/ vnd nichts geantwortet. Hebt aber hernach plötzlich an zu brüllen vnd zu schreyen: O ich bin ewiglich des Teuffels/ vnd hat sich hiemit vngestümd durch ein Fenster herab geführet/ daß er auch alsein Eingeweide von jhm durch den Fall außgeschüt habe/ Ist also eines schrecklichen Todes gestorben/ Iohn. Manl.

Almarteus seete seine Ketzeren auß/ Anno Christi, 1204. zur zeit Ottonis des Keysers des 4. Er lehret/ daß der Leib Christi nicht im Sacrament wehre/ sagt auch/ Gott hat eben so wol im Ouidio/ als im Augustino geredt/ Er verneinte auch die Aufferstehung des Fleisches/ vnnd soget: Es were kein Paradiß noch Helle/ etc. Sein anhang ward auß Rath der Bischoffe in ein weit Feld geführet/ vnnd in gegenwertigkeit des Königs von Franckreich zu Pariß vor menniglich degradirt/ vnnd zu Pulver verbrent/ Vnd als sie jhn brandten/ fiel ein solcher Sturm wind an/ als wolt
die Welt

Gründonnerstag. 39

die Welt vntergehen/ Almaricus/ der zuvor gestorben/ ward auch widerumb außgegraben/ vnd verbrandt. (In diesem grossen Sturmwinde/ werde ohne Zweiffel ihre Seele geholet worden sein/ vnd dahin geführet/ daß sie erfahren haben/ daß eine Helle sey.)

Aquarii, Sind solche Ketzer gewest/ die im Kelch Wasser/ wenn sie das Sacrament gehandelt/ Consecrirt haben.

Peputiani, Die Ketzer consecrirten mit der Kinder Blut/ das sie ohne Schaden von den verwundten Kindern namen vnd liessen / vnd machten mit dem Blut einen Kuchen ein, oder Brodt/ das ist ihre Eucharistia, oder Sacrament. Also sollen auch thun die Cataphriges.

Averrois. Ein neidischer Eifferer vnd tödtlicher Feind Antennne/ saget: /Gott hette kein acht auff die Sünde / denn so Gott auffs wenigste der Natur wolt sehen/ so würde sein Verstande eitel. Er spottet auch der Christen/ daß sie ihren Gott fressen/ lesterende / es were kein erger Volck auff der Erden/ darumb trat er nach seiner Tauffe von jhm abe.

Anno Christi. 1298. Samlet ein Edelmann von Franckenlande/ (der Rindfleisch genant) ein groß Volck/ zog wider die Jüden in Deutschlandt / vnnd errödtet ihr ob hundert mal tausendt/ von Jacobs tag an/ biß auff S. Matth. tag / Von wegen des Sacraments/ das sie gruneheret / etc.

Anno Christi. 1336. War eine grosse Zahl der Jüden vmb des Sacraments willen zu Deckendorff im Beyerlande verbrandt./ Welches sie hatten durchstochen/ in einen glüenden Ofen geworffen/ vnnd auff einem Amboß mit Hemmern zuschmissen.

Anno Christi. 1492. Den 22. Octob. In der Stadt Sternberg/ vnter dem Hertzogen von Mechelburg/ hat Eleazar ein Jüde mit seinen Mitwandten das heilige Sacrament von einem Priester in grosser vnd kleiner Hostien bekommen/ das durchstochen/ daraus sol als bald Blut geflossen sein/ vnd ein weiß leinen Tuch/ Blutfarbe gemacht haben/ Man hat auch die Narben blutig im Sacrament funden/ hierüber sind die Jüden mit den Priestern verbrandt worden.

Anno Christi, 1510. Hat der Marggraff Joachim in seinem Lande die Jüden fahen lassen/ vnnd derer 38. lassen verbrennen/ vnnd 2. getauffte Jüden köpffen lassen/ von wegen/ daß sie das Sacrament von einem verzweiffelten Christen gekaufft/ vnd solches genartert hatten. Chron. Hedion. 4. partet

Es ist ein Flecken oder Marck / vier Meil weges von Jßpruck/ Seefeldt genant/ da sol sich die Historia/ wie nachfolget/ mit dem Sacrament zugetragen haben.

Es ist ein Edelmann/ ein gewaltiger Hauptman daselbst gewesen/ welcher zur Osterlichen Zeit/ nach alter Bepstlicher Gewonheit/ das Sacrament von seinem Pfarrherrn begert/ doch in der Gestalt/ daß er ihm als einem Menschen/ so höhers Standes vnd Wirden were/ nicht eine gemeine Ostien/ wie andern/ sondern ein grössers geben vnd reichen wolte.

Wiewol sich der Pfarrherr des gewegert/ vnd den Edelman vnterrichtet/ daß in denen sachen kein vnterschid / sonder gemeine Gleicheit zu halten sey / Jedoch/ weil der Edelman auff seinem stoltzen fürnemen bleib/ muste jhm der Pfaff in dem wol folgen.

Da nu der Edelman das grösser Particel nach seinem beger empfangen wolt/ sol jm der Rachen offen stehen blieben sein / vnd sich die Erde vnter jhm auffgethan/ vnd jhn zum halben theil verschlungen haben/ Dieweil er aber seine Sünde bekendt/ vnnd vmb Gnade angeruffen/ vnd Busse zugesagt vnd verheissen habe/ so solt man das Particel mit Blute

G iij besprenget/

Gründonnerstag.

besprenget/ aus seinem Rachen gezogen/vnd verwarlich hingestellt/ vnnd jhn aus den wuthen geholffen/vnd jhn wieder erhaben haben.

Wiewol es war ist/daß Gott sein Wort vnd Sacrament vngeschendt vnd vnuerrecht haben/ vnd allezeit dieselben verrechter vngestrafft nicht lassen wil/ vnd sich laß auch die Historia oder That für sich selbst in seinem werd stehen. Jedoch ist das hierinne vnrecht/vnd wider Gottes Wort/daß man eine besonder abgöttische Walfart darauß gemacht/ vnnd die Leut dadurch auff Abgötterey gewiesen/ vnd geführt hat/ wie ich dan solchen Zulauff selbst gesehen (verstehe Caspar Goldtwurm) vnd grewliche Abgöttische Predigten von den vngelehrten Esels Pfaffen/desselbigen Orts mit grossem erschrecken (wiewol noch jung) gehöret habe. Deßgleichen sind viel Abgötterey durch falsche teuffelische Mirackel auffgerichtet vnd bestetiget worden/welche alle ordentlich zu erzehlen/vberflüssig/ Ja mit in diß Buch zuuerfassen/vnmöglich were. Caspar Goldtwurm/ im Wunderbuch.

Hier mus ich auch eindenck sein der Historien / so in der grossen Bepstischen/ vnd Keyserischen vnd Königschen Historien Chronicken/ mit den vielen Figuren begriffen wird/ da zur Zeit des Bapsts Nicolai 3. des 194. Bapsts/ so Anno Christi, 1278. dem Römischen Stuel fürgestanden/angezeigt wird. Man hat zu Vlrich auff der Brücken / so vber die Musel gangen/getantzt/ da ist ein Priester mit dem heiligen Sacrament fürüber gangen/das er einem krancken hat bringen vnd reichen wollen / Da aber solchem Sacrament von den tantzen kein ehr erboten worden / Ist als bald die Brücken eingefallen/daß in die 200. Menschen in den Fluß gefallen/vnd ersoffen. Solches setze ich nicht dem Bystthumb hiermit etwas (das Sacrament belangend) zu kofftieren/ Sondern/weil dazumal das Sacrament nicht anders/denn den armen Christen in einerley Gestalt gereichet/die Leut nicht anders gewust vnd gelehrt/ dasselbe also zu empfahen/ da denn auch Christi Wort vber die eine Gestalt/wiewol wider Christi einsetzung gesprochen/So wil doch Christus sein Wort nicht verspotten lassen. etc.

Es schreibet auch Cyprianus Sermone 5. de lapsis, eine wunderbarliche Historien/welche in seinem beywesen geschehen : Daß auff eine Zeit die Eltern aus grosser Furcht geflogen/ vnnd ein kleines Töchterlein bey einer Ammen hinder jhnen gelassen/welches die Amme genommen/vnd der Obrigkeit dargebracht. Da solches die Obrigkeit gesehen habe/haben sie jhm als bald bey den Götzen/den man opfferte/ vnd bey den alles Volck zusammen kam / dieweil es noch kein Fleisch Alters halben jhn kundte/ Brodte vnd Wein vermischt gegeben / welches aber auch von den Götzen opffer war vberblieben. Nachmals haben die Eltern das Töchterlein zu sich bekommen / aber das Kind kundte dazumal die Vbelthat vnd das Laster/dieweil es noch nicht recht reden kundte/nicht allein nicht sagen/sondern verstund es auch nicht. Da aber die Mutter das Kind heimlich durch Vnwissenheit in die Kirche zum Tisch des HErren mißbrachte / vnnd zugleich vnter den heiligen war/kundt es das Gebet schwerlich leiden / vnnd zeigte also sein beschwertes Gewissen in seinen einfältigen Jahren/ darin sein vnschüldiges Seelichen bestrick an/mit waserley Zeichen es kundte/mit jemmerlichem weinen vnd heulen/vnd grosser Angst/ als wenn es durch einen Peiniger darzu were gedrungen worden.

Nach dem man aber alles nach gewöhnlicher Weise gehalten/vnd der Diacon den gegenwertigen Christen den Kelch anfienge zu reichen / vnd die Ordnung an sie auch kam/ da hat das kleine Megdlein/aus sonderliche Göttlicher Majestet Schickung/ sein Angesichte hinweg gewendet/den Mund gantz fest zu gebissen / vnnd den Kelch nicht empfahen wollen. Jedoch hat der Diacon nicht abgelassen/ vnnd wiewol er es jhr wieder jhren willen eingegeben/ist doch als bald sie das schlucken ankommen/ daß sie dasselbige wider von sich gebrochen/Daß also das heilige Sacrament/ in dem befleckten Leibe vnd Munde nicht bleiben wöllen/ etc. Hæc S. Cyprianus. Vnd/ aus dem Exempel schleußt auch S. Cyprianus am gemelten Ort/ daß man den Kindern nicht ehe das Sacrament reichen sol / sie sind denn zuvor zu jren Jahren/ vnd zu jhrem Verstande kommen.

Zu

Gründonnerstag.   40

Zu Rostock ist vor wenig Jahren ein Gottloser Bube gewesen/ welcher liederlicher weise zu lestern vnd zu schenden pflegte/ beyde Gott vnnd Menschen. Als dieser in seinem Todtbette/ darinnen er auch starb/ den Leib vnd Blut Christi/ im heiligen Nachtmal verordnet/ empfangen wolte/ bebeten jhm die Kinbacken an seinem Maul so gar sehr/ als wenn sie mit Menschen Henden auff vnd nieder gerucket würden/ vnd konde in einer guten weil das Sacrament nicht nemen/ biß so lang die Prediger vnd viel andere/ so vmb jhn her stunden/ vnd seinen jammer ansahen/ welchen er damals mit thränen beweinet/ auff jhre Knie fielen/ vnnd Gott den HERREN baten/ daß er jhm gnedig sein/ vnd die Sünde/ die er mit seinem Munde getrieben hatte/ vnd Christus willen vergeben wolte/ ꝛc.

Anno Christi 1 1 1 1. Kömpt der Keyser Heinricus 5. gen Rom/ vnd bringet den Bapst dahin/ daß er jhm die Macht vnd das Recht/ die Bischoffe vnnd Abte durch ein Rinck vnnd Stab zu inuestiren/ welches die Keyser 311. Jahr lang / vnter 63. Bepsten/ je vnd allewege gehabt vnnd gebraucht hatten/ nicht allein lassen / sondern auch bezeitigen muß. Vnnd krönet Bapst Paschalis der andere/ den Keyser Heinrich den fünfften/ zu Rom/ machte Friede mit jhm/ vnd bestetiget jhm öffentlich das obgemelte Priuilegium / vnnd empfehet zur mehrer Bekreftigung des Vertrags/ das heilige Sacrament / sampt dem Keyser / Sigbertus, Vrspergensis, Nauclerus.

Bapst Hildebrandt war also entzündet wider Keyser Heinricum/ daß er sich selber vberredet/ S. Peter vnd Paul im Himmel würden jhm helffen/ Keyser Henrich nicht allein des Reichs / sondern auch des Lebens zu entsetzen/ vnnd wie sonst der Bapst ein grosser Schwartzkünstler vnd Warsager war/ vnterstund er sich Zukünfftige Dinge zuerkundigen/ vnd weyß zusagen.

Benno Cardinalis schreibet/ daß Gregorius der siebende / das Sacrament des Leibs Christi in ein Fewr geworffen/ vnnd damit nach seiner Zauberkunst/ Antwort vnnd Bescheid vom Himmel habe wollen erzwingen/ vber Keyser Heinrichen/ wie es mit jhm ergehe/ vnd wie lang er noch leben solle/ ꝛc.

Ein Wandersman kömpt zu einem Weibe/ in einem Dorff/ so eine Meile von Schwerin gelegen/ vnter der Predigt/ vnnd fraget / ob nicht geprediget würde. Da das Weib spricht/ Ja. Fraget der Wandersmann weiter/ Warumb sie dan nicht in die Kirche gehe? Das Weib spricht/ was soll ich in der Kirchen machen? Ich wuste vielmahl zur Kirchen gehen/ ehe ich einmal satt würde. Der Wandersmann sprach: Fraw/ jhr redet lesterlich/ Fürchtet jhr auch GOTT? Gehet jhr auch zum Nachtmal des HErrn? Was Nachtmal des HErrn / spricht das Weib/ Eine Schüssel voll Krauts ist mir besser / als des HErren Nachtmal. Da kömpt bald der Teuffel/ wie eine grosse Mauß/ leufft dem Weibe vnter die Kleider / vnnd verbrennet sie/ daß die Haut jhres Leibes an etlichen Orten gar schwartz wird / vnnd führet sie darnach mit jhm hinweg in die Lufft. Als aber das gemeine Gebett geschahe für das Weib/ brachte sie der Teuffel nach wenig Tagen wiederumb in jhr Hauß.

Euagrius schreibet ein mercklich Wunderwerck/ wie zu Constantinopel eines Jüden welcher seines Handwercks eines Glasers Sohn war/ ein kleiner Knabe/ mit andern Christen Kindern habe das Sacrament des Altars genommen. Vnd vmb des willen / hat jhn sein Vater / der alte Jüde / in einen fewrigen Ofen geworffen / in welchem er wunderbarlich vnnd vnuersehret ist erhalten worden. Als jhn endlich seine Mutter darinnen gefunden/ vnnd gefraget/ Wie er so lange vnuersehret darinnen blieben were? hat er gesaget: Es sey offt ein

F iij   Wab

Gründonnerstag.

Weib mit Purpur gekleidet zu ihm kommen/ die habe ihm Wasser gebracht/ vnnd habe die nechst glüende Kolen vmb ihn außgelescht/ vnd so offt ihn gehungert/ habe sie jhi zu essen bracht. Lib. 4. Cap. 16.

Es hat gar schön gestanden/ wenn der mechtige Keyser Carolus Magnus/ sampt seinen Söhnen vnnd Kriegsfürsten/ in vollen Kürissen zum Abendmal des HERRN/ mit Demut vnd Ehrerbietung gegangen sey/ dadurch sie bezeuget haben/ daß sie bey der Lehr vom Sohn Gottes/ getrewlich gehalten/ vnnd in den zukunftigen vnd fürstehenden Kriegen/ mit gutem Gewissen/ Gottes Hülff vnnd Beystand gewarten wolten.

Im andern Buch ad vxorem, schreibet Tertullianus / daß die Christen auch bey der Nacht zur Communion zusammen kommen seyn/ daher denn die Heiden Vrsach genommen/ den Christen fürzuwerffen/ daß sie grewliche Vnzucht vnnd Hurerey bey Nacht in jhrer zusammenkunfft mit einander begiengen/ wenn sie die Liechte auslescheten/ wie er denn solche erdichte vnd falsche Aufflage in Apologetico widerleget.

Ein Pfarrherr in der Lausnitz vermanete die Bürger von einer hohen Kirchen zur Gegenwehr/ das Christliche Blut/ vnnd jhre eigene Leibe/ Weib vnnd Kinder zuerretten/ versprach ihnen derwegen den Himmel vnd das ewige Leben. Bald fiengen jhn die Husiten/ bunden jhn an die Pferde/ vnd liessen jhn in stücke zureissen: Die Priester lieffen in die Kirchen/ schryen/ heuleten vnd sungen mit lauter Stimme; Salve Regina Coeli, &c. Da fielen die Husiten in die Kirchen/ riessen die Kinder von der Mutter Schoß/ vnd hieben sie entzwey/ erstachen die Pfaffen/ daß die Kirchen voller todter Leiche nach lag.

In Mehrern haben sie mehr denn achtzehen Stedte zerstöret. Desgleichen spricht Albertus Krantz/ haben sie in der Schlesien der Stedte viel/ vnnd vnter denselbigen fünff nicht geringe/ mit gewehrter Hand gewonnen/ vnd ohn allen vnterscheid/ was sie da lebendig gefunden/ geschlachtet/ vngeachtet/ wes Alter/ Ordens/ Standes oder Wesens ein jeglicher gewesen/ was ihnen in die Hende kommen/ das hat sterben müssen: Sie trugen allenthalben die heiligen Bilder zusammen/ vnd verbrandten sie mit Fewr/ vnnd darmit den Supprior Prediger Ordens. Ein Ritter nam einem Priester den Kelch vom Altar/ tranck zu erst darauß/ vnd bracht es seinen Gesellen/ vnd gieng darmit ins Wirtshauß. Da machet sich des Priesters Bruder/ ein Bergknapp auff/ vnd weglagert mit etlichen Gesellen gemelten Ritter vor dem Wirtshauß/ vnd schlug jhn mit feiner Hand zu tode. Seine Knechte wolten das rechnen/ aber sie wurden alle erschlagen. Nach diesem eileten sie mit hauffen zusammen/ nach den Klöstern/ erwürgeten wen sie funden/ vnd legten die Klöster zu grunde darnieder. Allermeist sagten sie den Predigern vnd Barfüssern zu/ durch welcher anklage jhr Meister Johannes Huß vmbkommen/ vnd auff die Fleischbanck war auffgeopffert worden.

Anno Christi, 434. Ist am Grünendonnerstage Maximilianus gestorben.

Anno Christi, 682. Ist am Grünendonnerstage zu Nacht ein Finsternis des Mondens gewesen/ vnd hat der Mond gar Blutfarbe gesehen.

Anno Christi, 882. Vberfalle am Grünendonnerstag die Nortmänner Thrier/ plündern/ verheren vnd verbrennen alles / Von dannen ziehen sie auff Wien/ erlegen den Bischoff Walda mit seinem Heer / treiben ihren Mutwillen / ziehen darnach mit reicher Beute wieder heim.

Anno

Gründonnerstag.

Anno Christi, 1034. Bringet Zoe die Keyserin zu Constantinopel jhrem Herren vnd Gemahl Romano Gisse bey/ dieweil aber dieselbe jhn nicht bald hinrichtet/ stiffet sie an/ daß er im Bade erstickt wird / Geschehen am Gründonnerstage.

Anno Christi, 1112. Wird Waldrich der Bischoff zu Laudun/ von seinen auffrührischen Bürgern am Grünendonnerstage erschlagen.

Anno Christi, 1346. Helt Bapst Clemens der 6. am Gründonnerstage einen vngütigen Proceß wider Keyser Ludwigen/ Erkleret jhn öffentlich für einen Ketzer / vnd Rotirer / Wiederholet/ vernewert vnd bestetiget aller vorigen Bepsts Acta, vnd Bann wider jhn/ vnd vermahnet die Churfürsten/ daß sie innerhalb einer Zeit/ die er jhnen bestimmet/ einen andern Keyser wehlen/ er wolle zu den Sachen selber thun / was sich gebüre,

Anno Christi, 1533. Am Grünendonnerstage hat der Teuffel durch eine Zauberin eine Stadt in Schwaben Kuntzenthal genandt/ plötzlich angezündet vnd abgebrandt/ Mit solcher Zauberin hat der Teuffel zugehalten/: den Teuffel hat man nicht sehen können/ aber mit vielen hat er geredet, / Ist auch offt mit einer Trummel in der Stadt vmbgangen/ daß jhn jederman gehöret/ doch nicht gesehen / Diese Teuffels braut vnnd Magd/ ist zu Oberndorff nicht weit von Rorweil/ öffentlich verurtheilet vnnd verbrandt worden/ Iobus Fincelius lib. 1. Von Wunderzeichen.

Lotharius der König in Lothring/ zeucht von Beneuent gen Rom vnd empfehet sampt seinen Hoffleuten das H. Abendmal vom Bapst Hadriano/ zum Zeugnis/ daß er des Bapsts Nicolai straff angenommen / vnd gehorsamlich gefolget hatte/wo es aber anders sich verhielt/ solte es jhm zum Gericht gereichen: Aber so bald er für Rom hinaus kömpt/ wird er franck/ vnd stirbt zu Placens / ehe denn er heim kömpt. Auch hat seiner Hoffleut keiner/ die mit jhm das heilige Sacrament empfangen hatten/ das halbe Jahr vberlebet/ etc. Gott lest sich nicht spotten. Schaffnab. Regio.

Zu Eißleben/ Anno 1570. Narrten vnd stockten etliche Knaben vnter der Predigt am Grünendonnerstage auff dem Gewelbe der Kirchen/ bey dem Himmelfenster/ da im Bapsthumb der HErr hinauff gen Himmel fuhr/ vnd sihe da stürtzet der Teuffel einen herab in die Kirche/ vnd fiel mit seinem Leibe in eine tiserne Spitze eines Leuchters/ vnd starb.

Charfreitag.

Charfreitag.

ES hat der König Sapores in Persia/Anno Christi 348. Auff den Charfreitag ein grewlich Mandat lassen außgehen/wider die Christen/daß man sie alle tödten/vnnd allerley Marter vnnd Plage anlegen solte. Als man nun viel tausend Christen jemmerlich vmbgebracht/seind ihr auch viel an deß Königs Hoffe/auß seinen vornembsten Dienern getödtet worden. Vnter welchen der Azades des Königs Kemmerling/welchen doch der König sehr lieb hatte/auch hingerichtt ware. Do solcher Todt der König erfahren/ist er sehr darüber betrübt worden. Darumb er das Mandat gelindert vnd befohlen/daß man nicht in Gemein/also jederman/des Christlichen Glaubens halben/sondern allein der Christen Vorsteher vnd Lehrer vmbbringen solte. Sozomenus lib. 2. Cap. 2. Hist. Eccl.

Simeon/ein Ertzbischoff zu Seleucia/ward von den heidnischen Pfaffen vnd Jüden/vor dem Könige Sapore in Persia felschlich verklagt/als wenn er mit dem Röm. Keyser hielte/vnnd demselben alles/was in Persia fürgienge/verständigte/solcher falscher anklage glewbte der König/ ließ den Simeonem ins Gefengnis werffen. Auch ließ der König der Christen Kirchen abbrechen/vnd befahl die Priester vnd Gottes diener mit dem Schwerdt zu richten. Als man nu den Simeonem für den König führete/wolt er ihm keine Königliche Ehre erzeigen/vnnd nach Gebrauch ihm nicht zun Füssen fallen/das den König hart verdroß. Aber der Bischoff sagt/weil ich jetzund hingebracht werde/den ewigen waren Gott zu verleugnen/wil mit nichte gebüren/deiner wilsten zuthun/denn jetzund mus ich vmb den Glauben vnd vnsere Christliche Religion kempffen vnd streiten. Als ihm aber der König die Sonnen anzubeten gebot/schlug er es mit tapfferm glewbigem Gemüth vnd verantwortung abe. Darüber erzürnet der König vnd befahl daß man Simeonem entheupt solte/welchs geschahe auff den Charfreitag. Da man an solchem Tage auch sonst andere hundert Christen/darunter etliche Pri ster Clericken waren/hingerichtet solte. Diese alle hat der Bischoff Simeon mit einer herzlichen Vermanung getröstet/sonderlich von der Aufferstehung der Todten. Also sind die hundert vnd Christi willen alle getödtet worden/vnd leiblich auch der Simeon/vnd mit ihm die eltern Priester/Abedecholas vnnd Ananias sein Mittpriester/derselben seiner Kirchen. Geschehen Anno Christi, 348. Wie es Eusebius rechnet. Sozomenus lib. 2. Cap. 11. Hist. Eccl.

Diocletianus der Römische Keyser hat am Charfreitag im gantze Römischen Reich alle Kirchen der Christen zerstöret vnd zerbrochen. Histor. Eccles. Tripart. lib. 2. Cap. 33. Es ist ein grewlicher Tyrann gewesen/denn er euch durch öffentliche Mandat befohlen/daß die Bücher der heiligen Schrifft zu Pulver verbrandt würd. Oh ein Christ in einem Jrrpt solt abgefasset werden/vnnd ehrloß sein. Euseb. lib. 4. Cap. 8. Item/wider die Christen war er ein Teuffel/denn er ließ ihr viel tausend tödten/vnd war Maximilianus sein Mittarselle/vnd weil er im Auffgange die Kirchen verfolget/befahl er Maximiliano/solchs in Nidergange zu thun/vnnd war diß die grewlichst/sie Verfolgung der Christen/vnter den vorigen allen. Vnd da zu Nicodemia ein Fewr außkam/ward es felschlich auff die Christen gelegt/darüber wurden gar viel Christen getödtet/vnnd ins Fewr geworffen/an allen Orten/daß kein Geschlechte der Peinigung an den Christen gesparet war.

Damascenus

Charfreitag.   42

Damascenus schreibt/dz in 30.tagē 17000.Menschē sind gemartert vnd getödtet worden. Sie haben aber beide gleichen Lohn empfangen/ Denn sie zerschwollen jnwendig vnd außwendig/vnd von Würmern geplaget / daß sie mit heulen vnd bellen/wie Hunde/ jhr verdamlich Ende genommen. Chron. Sebast. Franck. Cent. 4. Cap. 3. wird gemeldt/ daß dem Dioclecians die Wurme sein zum Maul herauß gekrochen/vnnd habe mit bellen/wie ein Hund/ seinen Gast auffgeben.

Ein Bawr im Schwabenlande hat vor wenig Jahren einen Birnbaum gestellet/vnd vnter der Predigt am Charfreitage zu spellen wollen/ Ist aber der Stam gantz in einē Stein verkehrt worden/vn̄ doch die Gestalt/wie Birnkraumen Holtz behalten. M. Cyriacus Spang. bekent/daß er ein Stück davon gesehen/ In 3. praecepto in suo Catechismo.

Anno Christi 1448. Wurde dz Heiligthumb zum Einsidler zu vnser lieben Frawen von drey Mennern gestolen am Charfreitage/ die wurden zu Zürich ereilet vnd erhencket/das Heiligthumb wieder gen Einsidel gebracht / Chro. Sebast. Franck.

Am Charfreitag Anno Christi 1014. Wird Prianus der König in Hybernia erschlagen/ Marianus.

Anno Christi 1350. Verordnet Bapst Clemens der 6. daß das Jubeljahr alle 50. Jahr sol gehalten werden/ vnnd geht dasselbe dieses Jahrs mit grosser Solennitet. In diesem Jahr am Charfreitag ist gestorben/ durch Gifft hingerichte Alphonsus der 10: König zu Castilien/als er 60. Jahr lang Regieret hatte.

Anno Christi 1180. War eine grosse Menge der Juden in Franckreich/ von denen gieng aus ein Geschrey/ daß sie alle Jahr ein Christen Kind heimlich zu wegen brechten/ vnd führten es vnter das Erdreich / an einen verborgenen Ort/ vnd marterten es/ vn̄ schlugens am Charfreitag an ein Creutz. Da König Philippus das vernam/ließ er die Juden fahen vnd peinigen / darnach treib er alle Juden aus seinem Reich/ ausgenommen die/die sich zum Christen Glauben bekehrten.

Maximianus/ der Römische Keyser/ ließ ein Mandat ausgehen in seinem Reich an alle Schulmeister/daß sie solten die Acta, das ist / Handelung/ so sich mit Christo für Pilato zugetragen haben / (welches war ein Buch voller Lesterung wider Christum beschrieben) in den Schulen den Knaben vorzuhalten / auch außwendig lernen lassen. Damit aber nur der HErr Christus bey jederman verhaßt würde. Eusebius Ecclesi. Histor. lib. 9. Cap. 5. Als nu mit geflissener Schalckheit an allē orten so gehandelt werdē vil d' Hertzog in Damasco erkant hat seines Keysers Lust gegen den Christen/hat er jm hierinnen auch wollen gefallen/vnd hat jhm lassen fürstellen etliche vnachtsame Weiber/ vnd an den Gassen auffgelesene Schlapsecke / gegen denen hat er so peinlich gehandelt/ daß er sie gezwungen von den Actis, das ist/ von der handelung zubekennen / wie daß sie etwan Christen gewesen/vnd jhnen zu wissen/ daß vnter jhrem Gottesdienst schnöde vnnd wüste ding getrieben würden/vnd dergleichen Laster / ob denen ein fromiges Hertz ein abschewen hette/sie zu hören/ hat er gezwungen die Weiber zu bekennen / vnnd die Uhraicht auffgeschrieben/vnd dem Keyser zu geschickt: Darauff er befohlen/in alle Stedte vnd Lender solches zuerkundigen / wiewol sich der Hertzog nicht lange Zeit in diesem Betrug hat mögen erlustigen. Denn bald darnach ist er vnsinnig worden/vnd hat aus verzweifflung sich selbst ertödtet. Maximinus aber ist von seinem eigenen Volck / sampt seinem Sohn jemmerlich ermordet/vnd sein Haupt nach Rom geschickt worden/darüber das Volck vor Frewden öffentlich gesagt/ von solcher argen art/sol man auch nicht ein Hund leben lassen/ Eusebius lib. 9. Cap. 4.

Zum Goldtberge ist ein Schüler wider des Schulmeisters Willen auff den Charfreitag vnter der Predigt für die Stad gangen / aus fürwitz auff einen Baum gestiegen/ herab gefallē/ vnd Todt bliebē/M. Cy. S. in Eleg. vet. Adami.   Als

Charfreitag.

Als an einem beruffenen Ort/ nach Papistischem Gebrauch die Tragedia vô Leidê Christi gespielet ward/ vñ da einer die Person Christi agirte/ der an das Creutz gehengt wurde/ welchem eine Blase mit Blute an die Seiten gebunden ward. Da nu einer ihm mit einem Spehr/ seine Seiten hat sollen öffnen (noch Laut der Historien) Hat er den am Creutz so hart getroffen/ daß er ihme eine tödtliche Wunden in die Seiten gestochen/ daß derselbe als bald vom Creutz gefallen/ vnnd hat die eine Person/ so vnter dem Creutz zu weinen/ geordnet war/ zu Tode gefallen. Solchen Todt hat der Bruder des/ der am Creutz gehangen/ gegen diesem/ der ihn so hart treffen vnnd erstochen hatte/ rechnen wollen/ vnd hat derwegen denselben als bald wieder erstechen. Derhalben er von der Obrigkeit gefenglich angenommen/ vnd wieder mit dem Schwerdt gerichtet worden/ daß also vier Tode geschehen sein/ freilich nicht ohne Argwohn. Auch daß Gott solches also verhenget/ nach dem man bey solchem Passion Spielen im Papstthumb viel Leichtfertigkeit getrieben/ vnd mehr Lachens vnd Gespött darmit gemacht hette. So wil auch Gott mit seinem Wort nicht scherzen/ vnd Leichtfertigkeit treiben/ vnd das also entheiligen lassen. In Collect. Manlii.

Anno Christi 1509. Ist zu Constantinopel ein groß vnnd erschrecklich Erdbeben gewest/ welches viel Heuser vnd andere Gebew hat vmbgeworffen/ Darunter viel Leute erschlagen vnd vmbkommen sind. In der Kirchen Sophie/ ist vor Zeiten die Historia des Leidens Christi/ an die Wand gemahlet gewest/ vnd aber hernach von den Türcken vermewret worden / vnnd fest verkleibt / Dieselbige Wand ist durch das Erdbeben also bewegt vnd erschuttert worden/ daß das Kalck vnnd Gemewre/ wie fest es auch gewest/ alles vom Gemelde abgefallen/ vnd sich so rein abgelöset hat/ daß das Gemelde schöner vnnd deutlicher geschienen/ denn es zuvor gewesen/ welches die Christen sehr getröstet/ vnd viel nachdenckens gegeben hat.

In Heiligen

In Heiligen Ostern. 43

NARCISSVS war ein Mann/ sehr grosser Herrligkeit/ vnd vielen tapffern Tugenden/ an dem Osterabendt/ als sie kein Oel in die Lampen hatten/ hieß er Wasser darein schütten/ das segnet er/ vnd machet Oel daraus. Nach dem ist er von etlichen/ die in bösen Sachen sich schüldig wusten/ verleumbdet/ vnd vō in eines Lasters geziehen wordt/ deren einer sprach/ Sage ich nicht war/ so geb Gott/ das mich das Fewr verbrenne. Der ander/ So solt jhn die Gelbsucht anstossen. Der dritte/ So solt er erblinden.

Wiewol aber keiner/ der Narcissi Leben wuste/ den liederlichen Leuten Glauben gab/ ob sie schon schwuren/ so hat er doch den Vnlust nicht mögen erbulden/ vnd trachtet nach ruhigem Leben/ ist also hinweg geflohen/ vnd hat sich an heimlichen Orten etliche Jahr gehalten.

Nun der erste Zeuge ist in einer Nacht/ als ein Fewr von einem kleinen Fünklein angangen war/ mit alle seinem Gesinde gantz verbrunnen. Den andern hat die Gelbsucht von Fuß auff biß zu der Scheitel vbertzogen. Der dritte/ als er sahe/ wie es den zweyen gangen war/ hat er seine Sünde bekandt/ vnd daruber beharlich geweinet. Chron. Casp. Hedion. in 2. parte.

Am Osterabendt deß 1565. Jahrs/ hat sich nach grossem vngestümmen Wetter/ Donnerschlegen/ Hageln/ Einschlegen/ Anstecken vnd brennen/ vngrawsame/ erschreckliche/ wilde Wasserflut/ in einem Dorff Größ/ vnd vmb derselbigen Gegend/ so in der Thurfürstlichen Pflege oder Ampt Freyburg gelegen/ gesamlet/ vberaus grossen Schaden/ on Gebew/ Menschen/ Viehe/ vnd Getreide/ gethan/ zu Größ 40. Wohnheuser/ mit Stuben/ Schewnen vnd Stellen/ mit Wenden vnd Zeunen/ nider vnd eingeworffen/ zurissen/ zerfellet/ vnd zum Theil gar hinweg geführet.

In solchem grawsomen wüten vnd toben deß reissenden Wassers/ hat GOtt auch seine Gnade/ Liebe vnd Schutz bewiesen. Denn ob gleich aus Gottes Verhengnis/ damals die Kneblein erbermlich im Wasser ertruncken/ so hat er doch gnedigklich behütet/ daß sonst kein Mensch damals von deß Wassers vbereilen vnd Wüten/ vnd einfallen der Heuser vnd Gebew ist vmbkommen/ vnd der Barmhertzige Gott in solchem vbefallen vnnd Bedrengnis der Wasserflut/ sonderlich etliche Personen wunderlich erhalten vnd behütet. Als/ ein Weib mit zweyen Kindern/ auff einem Hauffen Stroh/ welche Hauffe ist stehen blieben/ da doch das Gebew ist ein eingefallen. Zum 2. einen Knaben auff einem Walden. Zum 3. ein Weib mit einem Kinde/ so sie gestellet/ auff einer Leiter. Zum 4. einem armen blinden Mann in seinem Hoff der selbst nicht weiß/ wie jhn Gott erhalten hat. Zum 5. Hat jhr Gott sonst viel damals auff den Dechern vnd Böden erhalten.

Anno Christi, 71. Auff den Osterabendt/ ist Titus Vespasianus mit dem gantzen Hellen Hauffen für Jerusalem gerucket/ Belagert/ vnnd hernachmals eroberт.

Anno Christi, 245. Hat Keiser Philippus/ welcher ein Christ gewesen sein soll/ auff den Osterabendt Communiciren wollen/ welches ihm der Bischoff so lang versagt/ biß er seine Sünde offentlich gebeichtet/ vnd gebüsset hat/ wie Euseb. schreibet. Eccles. hist. lib. 6. Cap. 25.

Cedualla der Sachsen gegen Abendt in Engelandt König/ zeucht gen Rom/ nach dem er 2. Jahr regiert hatte/ vnd lesst sich vom Bapst Sergio teuffen/ um H. Osterabendt/ deß gegenwertigen Jahres/ der 2. Römer Zinszahl/ vnd wird Petrus genandt/

In Heiligen Ostern.

tius genandt/ wird aber bald hernach kranck/ vnd stirbe ehe denner das Wisserhembd auslegt/ als er aus worden war/ 30. Jahr/ im Jahr deß Keisers Justiniani 4. Deß Bapsts Sergij 2. Wie seine Grabschrifft bezeuget. Besihe die Euangelische Kirchen Historia/ im 5. Buch am 7. Cap. vnd Sigebertum.

Anno Christi, 769. Am Osterabendt/ Krönet Keiser Constantinus sein Gemahl Eudociam / mit der Keiserlichen Krone / vnd nennet seine Söhne/ Christophorum vnd Nicephorum, Cæsares. Cedrenus.

Anno Christi, 774. Als K. Carl fast 6. Monat lang vor Pavy gelegen war/ machet sich auff mit etlichen nach Rom/ vnd kömpt dahin am H. Osterabendt/ feiet daselbst Ostern/ kehret darnach wider ins Lager/ gewinnet die Stad im 10. Monat der Belagerung/ nimpt den Kön. Desiderium gefangen sampt seiner Gemahl/ verschicket sie gen Lüttich/ da sie hernach im 8. Jahr gestorben sein/ vnd bringet der Longobarder Reich / sampt allen seinen schetzen vnter seine Gewalt. Item, Ioan. Aventius, & Antonini Chronica Tit. 14. partis 2. Parag. 6. Also nimpt der Longobarder Reich in Welschlandt ein Ende/ nach derselben Ankunfft im 206. Jahre.

Anno Christi, 854. Fallen die Nortmannen in Franckreich/ vnd vberfallen die Stadt Nannetum/ am H. Osterabendt/ erschlagen den Bischoff vber dem Tauffstein/ würgen das Volck vnd Priester/ plündern alles/ Dergleichen thun sie auch zu Andegauo/ vnd Turon, Sigebert. vnd Regino.

Anno Christi, 902. Fallen die Vngern in Kärndten/ vnd werden am Osterabendt erlegt. Johan. Avent.

Anno Christi, 963. Stirbt Stephanus der entsetzte Keiser zu Constantinopel/ Romani deß Eltern Sohn am Osterabendt/ als er Communicirt hatte/ plötzlich/ im 19. Jahr/ nach dem er abgesetzt war worden. Cedrenus.

Anno Christi, 1066. Stirbt Bischoff Eberhart zu Trier am Osterabendt/ in der Sacristia/ An seine statt wird erwehlet Herr Conrad von Pfylingen/ Probst zu Cöln. Als er aber in sein Bißthum ziehen wil/ wird er von Graff Dieterichen auffgefangen/ vnd vber einen hohen Felsen ob zu todt gestürtzet. Vrsperg. Schaffnaburg.

Anno Christi, 1533. Zündet der Teuffel vmb einer Zaubertin willen ein Städtlein an Schultach genant/ in Teutschland/ am H. Osterabendt/ verbrennt zu Grundt. Palmerij Zusatz.

Anno Christi, 1544. Krieget der Keiser mit Franckreich/ vnd wird sein Volck dieses Jor von den Frantzosen geschlagen/ am Osterabendt/ bey der Stadt Carignaum. Aber der Keiser stercket sich bald wider / vnd nimpt vmb das Ende deß Meyen Lucenburg wider ein. Rücket darnach in Franckreich biß gen Pariß / ohn allen Widerstandt/ Endlich macht er Friede/ auff deß Fantzosen Begeh.

Anno Christi, 1431. Waren viel Brünste allenthalben/ ob das von eignem Fewr alles her kam / oder zum theil angelegt worden/ kondt man nit eigentlich wissen/ in solchem gemeinen Brandt ging Scharffenstein auff den Osterabendt im Fewr auch dahin.

Anno Christi, 1080. Ist am Osterabendt der herrliche Thumb zu Bamberg/ abgebrandt/ welcher neben dem Brandt zu Mintz Vorboten gewesen/ deß Jammers/ der darauff in Teutschlanden erfolgen solte.

Anno Christi, 1565. Gleich auff den Osterabendt/ entstund ein grawsam vngestüm Gewitter vmb die Abendmahlzeit/ mit harten vnd schweren Donnerschlegen/

In Heiligen Ostern.

schlegen/vnd einen schwinden vnd langen Regen/davon die Wasser sich abermal gewaltig ergossen/ Die Flut war zu Mansfeldt so groß/ daß sie die Gärten für dem Vnterthal aller voller Sandt/ Schlacken/ Stein vnnd anderm Schutt führete/ warff viel Weiden ein/ zerreiß die Zeune/ ertrenckete dem Bergvogt im Hofe hinder dem Hause/S. Schweine/ weichet den nechsten Keller darneben ein/ vnd führet alle Stege im Graben hinweg.

Aber zu Eißleben ist der Schade viel grösser gewesen/ denn es auff dem Graben vnd der Viehewaide vor dem Heiligen Geist/ vnnd vmb S. Peters Kirchoff gethan/ mehr/ denn zuvor bey Menschen Gedencken geschehen/ Denn es ist das Wasser aus den sieben Gründern/ aus welchen es vber der Stadt zusammen lufft/ mit solcher Gewalt hinnein geflossen kommen/ daß man anders nicht hat dencken können/ Denn es müste gewan eine grosse Wölckenbrust nider gefallen sein. Die Leute/ so an jetzt genandten Orten zu Eißleben wohneten/ bekamen in einem Augenblick Hauß vnd Hoff/ Stall vnd Keller voll Wassers/ vnd sondten mit grosser Noth ihr Vieh erretten/ Wiewol dennoch etliche Schweine im Wasser vmbkommen. Da ist die gantze Osternacht anders nichts denn Mühe vnd Arbeit/ Jammer vnnd Noth/ klagen vnd weinen/ gewest/ wenn man an einem Ort wehrete/ so riß es am andern herein/ vnd machte viel vngewöhnlicher Riß vnnd Graben/ vnnd ist viel Bier vnd ander Getrencke im Keller zu nichte worden/ auch etliche Keller vnnd andere Fundament an Gebeuten eingeweichet/ Alle Stege auff den Graben waren hinweg/ die Gassen so durchschweisset vnd durchschlemmet/ daß wenig Leute folgendes Ostertages/ für Wasser/ Schlimm/ Dreck vnd Roth/ haben in S. Peters Kirchen kommen können. Es sind auch etliche Scheunen/ Heuser/ vnd andere Gebew zum theil zerrissen/ zum theil gar nider geworffen worden.

Ein sonderlich Wunderwerck GOttes hat sich damals zu Eißleben/ in diese Wasserflut zugetragen/ Ein Bürger daselbst/ Barthel Vogt genandt/ für dem H. Geist wonhafftig/ stehet sampt seinem Weibe in grosser Bestürtzung/ vber dieser vnversehenen Flut/ sihet daß ihme das Wasser den fördern Theil am Hause vnnd der Stuben einrüttet/ vnd in die Stuben dringet/ darinnen ein kleines Kindt in einer Wiegen gelegen/ welche albereit geschwummen/ vnd vom Wasser wollen hinweg geführet werden. Da er dieses gewar wird/ in solchem Schrecken wagt ers/ greifft nach dem Kinde/ erhaschts/ vnd weichet durchs Wasser in seines Nachbarn Hauß. In deß bedenckt er sich aber/ daß der Kinder noch vier daheim/ auff dem Boden im Bette liegen/ vnnd von wegen deß zerrissenen Hauses in Gefahr waren/ versuchts derhalben noch ein mal/ machet sich zu rücke/ in sein Hauß/ der Meinung/ dieselbigen Kinder auch darvon zu bringen/ wie er denn auch zwey aus dem Bette gerissen/ vnd mit denselbigen vber den Boden davon geeilet. Aber wider alles Vermuthen ist der Boden mit ihm vnd denselbigen zweyen Kindern im Hause eingangen/ vnd er mit allen baden ins Wasser gefallen/ welchs sie durch den Hoff davon geführet/ biß er an einem Plock zu hangen kommen/ an dem er sich mit den Kindern wol bey einer halben Stunden lang/ enthalten/ vnd vberlaut vmb GOttes Willen/ vmb Hülff vnd Rettung geruffen. Aber niemandt sondte in solchem Wüten vnd reissen deß Wassers zu jhm kommen.

Da sich nu der Mensch gantz krafftlos befunden/ hat er sich sampt den Kindern dem ewigen Gott befohlen/ vnd gleichwol gehoffet/ Gott könte in so wol/ wenn es sein gnediger Wille were/ in diesem Wasser erhalten/ vnd aus dieser vorstehenden Noth erretten/ als er den Propheten Jonam im Leib vnd Bauch deß Walfisches bewaret/ vnd aus dem Meer errettet hette. In dem er nu in solchen Gedancken zu Gott ruffet vnd bittet/ kömpt ein groß Bawholtz geflossen/ vnnd stösset jhm das eine Kind aus der Handt/ vnnd darnoch kömpt noch ein sterckers auff jhn zu/ vnd treibet jhn mit dem andern Kinde von dem Plock/ daran er sich biß daher mit Noth hatte erhalten/ vnd reisset jhn also das Wasser dahin/ in den hindern Garten/ da jhn Gott geholffen/ daß er daselbst ins Wasser/ welchs jhm biß an den Hals gangen/ zu stehen kommen/ vnd da er sich daselbst besonnen/ hat er dem Kinde geruffen/ welches jhm grantwortet/ vnd als er nach demselbigen gesehen/ hat ers nacket

H ij auff

44.

In Heiligen Ostern.

auff eine bawholtz ligend funden/wie es auff sein Achsel genossen/neben dem andern/daß er auch wider antroffen/vnd ist also mit allen beiden durch das Wasser gewathen / vnnd auff einem Holtzhauffen / so nahe darbey gelegen/gestiegen/vnd da so lang gesessen / vnnd sich erhalten / biß es gegen dem Morgen drey geschlagen / da ist er herab gestiegen/ als das Wasser zum Theil verschossen gewesen / vnnd hat die Kinder in seines Nachbarn Hauß in die Stuben gebracht/da sie für Schrecken/Kelte vnd Frost gelegen/als weren sie todt/ Hat darnach ein Loch durch das Dach seines Hauses gebrochen (Denn er sonst von jnnwendig nit hinnauff kommen können) vnd sehen wollen/wie es den andern beiden Kindern/ so noch auff dem Boden blieben waren/mitler Zeit gangen were / hat er sie noch im Bette funden/ in grosser Gefahr / denn das Vnterhauß vom Wasser hinweg geschwemmet gewesen/ vnd das Dach mit dem Oberbalcken/ kümmerlich hangend blieben/ Also/ daß Balcken vnd Bretter eins theils im Wasser gehangen.

Als bald aber der Vater die beide Kinder aus dem Bette/ vnd vom Hauß hinweg gebracht hat/ist Bett vnd Hauß/mit allem was noch da gewesen/dahin gegangen.

Anno Christi, 488. In der Osternacht / ist zu Rom die Brück Appollinaris abgebrandt/ wie Onuphrius/ vnnd Cuspinianus/ aus einem vnbekanten Autore anzeigen.

Anno Christi, 589. Lesset Lenigilt der Westgotthen König in Hispania /der Arrianischen Ketzerey anhengig/ seinen Sohn Hermigile in der Osternacht im Gefengnis todt schlagen/ darumb/daß er dem rechten Catholischen Glauben zugethan/ von einem Arrianischen Bischoff/ die Communion nicht annemen wolt. Sigebertus setzt diese Geschicht hieher/Marianus aber droben ins 586. Jahr.

Diese Ostern deß 1590. sind es drey Jahr/ da sich zu Pförten/ in meines Herren Hause / folgende erschreckliche Geschicht zu getragen. Ein Roßtäuscher von Corbuß / kompt zu meinem Herren/ gen erwehnte Pförten/ S. G. ein Pferdt auff zu hengen / etc. Da nun meinniglich in die Kirchen gehet / vnd der Herr/ S. G. zu Gefallen/ auch mit spacieret/ vnnd die Gemein in der Kirchen die lustigen Ostergesenge mit frölichem Hertzen singet/ heulet er Fasten Gesenge darzwischen/ vnnd treibet andere Leichtfertigkeit mehr/ vnd spricht/ das sind die newen Papistischen Ostern/ er halte nichts davon/etc. Was geschicht/ er sauffe sich voll/ vnnd als er eine Treppe mit wenig Stuffen herab gehen wil/ stürtzet er den Halß ab/ daß er ohne Ach vnd Wehe/ Ja ohne Verstandt vnd Andacht/ in der vollen Weise also dahin stirbet/wie ein Viehe/ vnd Angesichts todt bleibet.

Daß aber dieses eine sichtigliche Straffe Gottes deß Allmechtigen/ damit er den Mißbrauch deß heiligen Osterfests / an den Gottlosen Buben vnnd Spöttern bezahlet/ vnd beweiset/ daß er die Newen Ostern so wenig verachtet haben wil / als die Alten / muß menniglich bekennen/wie es auch thut wer es sihet/das natürlicher Weise vnmüglich/ an dem Ort den Halß zu brechen/ vnd sich Angesichts zu todte zu fallen. Irret euch nicht/ Gott lest sich nicht spotten. Wolt Gott es spiegelten sich alle/ vnd sonderlich die jenigen/ in diesem schrecklichen Exempel/ die die lieben Ostern mehr mit Gesauff vnd vnnützen Reden als mit Kirchengehen/vnd andern Christlichen Wercken zu bringen. Felix quem faciunt aliena pericula cautum.

Anno Christi, 404. Wird Johannes Chrysostomus zum andern mal entsetzet von seinem Bisthumb/ vmb Ostern/ vnd 2. Monat weggeführet/ aus befehl deß Keisers/ gen Cucusum/ eine Stadt in Armenia/ etc.

Eben denselben Tag/ da Chrysostomus weggeführet ward/ welcher war der 20. Junii/ dieses Jahrs/ vnter obgeschrieben Coss. kömpt Fewr aus in S. Sophien Kirch/ vnd brennet die Kirche, sampt dem Rathauß ab/ etc. Besihe Socratem lib. 6. Cap. 18. Tripart. Lib. 10. Cap. 17. vnd Marcellinum.

Anno

In Heiligen Ostern.

Anno Christi, 685. Wird vmb das Osterfest Cudberecht zu Lindwern in Engeland Bischoff geordnet/vñ sitzt im Ampt 2. Jar/Engl.hist. lib. 4 C. 27. 28.

Anno Christi, 1023. Begibt sich vmb das Osterfest eine Finsternis der Sonnen. Sigebertus.

Anno Christi, 1081. Wird vmb Ostern Nicephorus Botoniates/der Keiser zu Constantinopel abgesetzt/welcher sich als bald in ein Kloster Peribleprae, begibt/vnd nimpt Münchs Orden an sich/an seine stadt wird Keiser/Alexius Comneus/wird gekrönet am Ostertage dieses Jahrs/vnd regieret 25. Jahr/4. Monat 15. Tage. Zonaras & Onophrius.

Anno Christi, 1321. Stirbt Gerasius der Patriarch zu Constantinopel vmb Ostern/vñ wird an seine stad geordnet ein Mänch Esaias mit name. Niceph.

Anno Christi, 1436. Kömpt vmb Ostern Hertzog Christoff aus Beyern an zu Lübeck/vnd bleibt daselbst biß auff das Fest Marie Heimsuchung/darnach zeucht er in Dennemarck/vnd wird gekrönet zum König in Dennemarck/Norbwegen vnd Schweden. Albertus Krantz Daniæ, lib. 8. Cap. 22. VVandaliæ lib. 12. Cap. 10.

Anno Christi, 798. Machen die Sachsen einen Aufflauff in Osterfeiertagen/zu Noteweil/jenseit der Elbe/vnd erschlagen des Königs Botschaffte. Derwegen vberzeucht sie Carolus/verheret vñ plündert den gantzen Strich/zwischen der Elb vnd Weser/nimpt hernach Geissel von den Sachsen/vnd zeucht wider gen Ach. Regino.

Anno Christi, 823. Eine Jungfraw von 12. Jahren/in der Tullenser Gebiet/im Dorff Commerciaco/sehet an in diesem Jahr in Osterfeyrtagen/nach dem sie das Heilige Abendmal empfangen hatte/vnd enthelt sich 3. gantzer Jahr an einander/aller natürlichen Speise vnd Tranck/vnd sehet aller erst im November deß 825. Jahrs wider an/Speise zu sich zu nemen. Marianus, Scotus, Sigebert.

Anno Christi, 1066. In der Osterwochen/der 4. Indiction/entstehet ein Comet/vnd stehet biß in den Meyen/folget allerwege dem Untergang der Sonnen nach/war erstlich so groß als der Vollmond/hat darnach immer abgenommen/hat 40. Tage lang gebrennet/vnd seine Stralen gegen Auffgang geworffen. Zonaras/Sigwert. Schaffnaburg.

Anno Christi, 1074. An der Mittwoch nach Ostern/wird ein grosser Auffruhr zu Cöln wider den Ertzbischoff/welcher denselben Tag selber das Ampt gehalten/vnd dem Volck geprediget hatte/also/daß er aus der Stadt entweichen muß/ꝛc. Schaffnaburg.

Anno Christi, 1282. Können die Stende vnd Landsassen in Sicilia/der Frantzosen Tyrannische Herrschafft vnd Mutwillen nit lenger erdulden/machen derwegen einen bund mit dem Kö. Petro aus Arragonia wider die Frantzosen/vñ endlich dieses Jahr in Osterfeyrtagen/als man zur Vesper leutet/schlagen sie (wie es zuvor alles bestellet war) alle Frantzosen todt/so viel jhrer in Sicilia waren/wenig ausgenommen/welcher an der Zahl waren/8000.

Nach diesem berüffen sie gedachten König Peter von Arrago/welcher Manfredi/weiland Königes in Sicilia Tochter zur Ehe hatte/ins Landt/vnd krönen jhn zum König in Sicilia. H. Eberus in seinem Calender. Chronica Philippi im 5. Buch. Paulus Aemylius.

Anno Christi, 1342. Nach Ostern dieses Jahrs/stirbet Hertzog Balcklau zum Brieg/verlesset zweene Söhne/H. Wencel den Eltern/welchem zum theil

werden

In Heiligen Ostern.

wurden die Stedte/ Goldeberg/ Heynaw/ Luben/ sein Gemahl war deß Hertzogen von Teschen Tochter. Vnd H. Ludwig/ dem wird Lignitz/ sein Gemahl ist gewesen eine Tochter Henrici/ deß Hertzogen von Sagen vnd Glogaw. Die Wittfraw H. Catharina hat den Brieg vnd Olaw zum Leibgeding behalten.

Anno Christi, 1556. Ist zu Obern Nehen im Elsas/ ein armer Mann/ Adam Steckman/ nicht lange vor Ostern/ der hat etlich Gelt von seinem Herren/ die Weinberge zu arbeiten/ empfangen/ daß er ein theil verspielet/ kömpt daruber in ein groß Bekümmernis/ vnd Kranckheit im Heupt/ auch leiblich in Verzweiffelung/ wo mit er sich erneheren solte/ etc. Auff den Osterfeyrtag gehet sein Weib mit dem Eltesten Sohn in Weinberg zu arbeiten/ vnd hat jhm dieweil die Kinder befohlen. Vnter deß fellet er aber in Zweiffelung/ wie er sich doch erneheren solte/ gedenckt sich also zu erwürgen/ nimpt eine Art/ suchet ein Ort/ ein Nagel ein zu schlagen/ sich daran zu erhencken/ das sich nirgende hat schicken wollen/ etc. In dem kömpt seine Elteste Tochter von 7. Jahren/ vnd sicht den Vater vmblauffen im Hause/ fragt jhn/ was er für habe/ er aber gibt keine Antwort/ vnd leufft in die Kammer/ bald kömpt zu hinden das mittelste Kindlein/ ein Knebelein/ vnd bittet Brodt von dem Vater/ spricht der Vater/ bringe ein Messer her/ so wil ich dir eben/ Sein Töchterlein gibt jhm ein Messer/ da hat er als bald alle drey Kinder erwurget/ vnd deß Kleinesten in der Wiegen nicht verschonet/ durch deß Teuffels Eingeben. Vber solchem Mordt/ da das Weib heim kommen/ ist sie in Ohnmacht gefallen/ vnd hat man grosse Mühe mit jhr gehabt/ daß man sie getröstet/ daruber ist der Mörder gefangen/ vnnd zum Tode verurtheilet/ da jhm drey Griff mit einer gülenden Zangen gegeben vnd folgende mit eim Radt gestossen. Fincel. lib. 2. Er beschreibet im selben Buch die Geschicht/ nach der ersten Beschreibung/ bald hernach nach der Lenge/ Da wird des Mann/ Adam Steckman genandt/ auch die Kinder alle mit Namen. Item/ wie der grosse Sohn heim kommen/ dem er die Hande gegeben/ vnd vermanet/ daß er fromb/ vnd nicht ein solcher Schelm (wie er) würde.

Anno Christi, 1439. War eine schwere Thewrung/ also/ daß man zu Basel ein Sack Rocken auff 6. Pfundt/ ein Viertel Dinckel auff 6. Gülden/ vnd ein Sack Weitzen auff 8. Pfundt gestiegen. Darneben halten sich vmb die Ostern Sterbens Leuffte angefangen/ welches von Tag zu Tage zunome/ vnd erschrecklich einrisse. Derwegen zur Abwendung solcher Straffen/ fieng man Creutzfahrten vnd Wallfahrten an/ nicht nur in der stadt allein/ sondern auch an andern Orten. Der Rath zu Basel schoß von allen Kirchen vnd Klöstern 24. Priester aus/ auff der Stadt Kosten/ zu vnser Frawen gen Todtmaß in Schwartzwaldt mit dem Creutz eine Fahrt zu thun. Hiezu gab das Concilium/ damals zu Basel versamlet/ sieben Jahr Ablaß teglicher Sünden/ allen denen so mit giengen. Deß schlugen sich bey 400. Menschen zu jhnen/ von Mans vnd Weibs Personen/ welche Freytages vor Viti hinweg zogen. Nachmals vmb Margaretha/ thet man eine andere Fahrt/ wol mit 500. Personen/ zum Einsiedel in Schweitz/ dorzu das Concilium 10. Jahr teglicher Sünden Ablaß mittheilet/ die blieben 10. Tage aus. Basler Chronica.

Anno Christi, 1137. Ist zu Vtricht in Osterfeyrtagen ein grosser Brandtschaden geschehen/ denn fast alle die fürnembsten Kirchen darinnen zu Grundt abgebrandt/ sampt dem grösten theil der Stadt. Eben zur selben Zeit ist zu Gendt in Flandern auch ein Fewr auskommen/ bey tieffer Nacht/ in welchem fast die halbe Stadt/ mit S. Michels vnd Jacobs Kirchen/ zu Aschen worden sein. Chron. Fland.

Anno Christi, 1556. Als der Rhein vor Ostern an/ ein Monat oder 2. ohn vnterlas sehr hoch gestanden/ vbergeß er sich den 19. vnd 20. tag deß Brochmonats also sehr/ daß er vber der mindern Stadt Basel Vormawren in die Bringelheff vnd auff dem Fischmarckt vmb den Brunnen floß. Er thet grossen Schaden im Saltzhauß/ vefloß allenthalben in seiner Nester die Felder/ sampt den Früchten. Zu Brisoch/ Straßburg/

In Heiligen Ostern.   46

Straßburg/vnd andern Orten/stieß die Joch von der Brücken/ sich darnach ein wenig/ aber bald darauff/nemlich den 13. Julii/fuhr er widerumb gar nahe mit einer grossen flut das her brausent/dz man auch zu Basel das Joch eins/mit eisern Ketten an die andern spannt/ vnd folgendes Winters 3. gantz widerumb machen/vnd ernewern muste.

Anno Christi, 248. Als Gordianus getödtet ward/ ist Philippus an seine stadt kommen/vnd Keiser worden. Man sagt/ daß dieser Philippus Arabs/ der erste vnter den Röm. Keisern gewesen sey/ der den Christen Glauben angenommen habe. Vnd als er gegen den Osterfeyrtagen wolte zum Abendtmal deß HErrn gehen/ hat jhn der Bischoff zu Rom Fabianus/ nicht wollen hinzu lassen/ es were denn/ daß er zuvor gleich andern offentlichen Sündern/ welchen man prässet/ ob sie rechtschoffene Busse theten/in der Kirchen stünde/wie denn diese weise in der alten Kirchen gewesen ist/ daß die Jenigen/so mit offentlichen Lastern/vnd grossen Sünden besteckt waren/ etliche Tage an einem sonderlichen Ort offentlich/mit blossem Haupt vnd barfussig stehen/vnd noch geholet einer Predigt/ ehe man das Abendtmal deß HErrn anfieng zu administriren, auß der Kirchen gehen muste. Wenn man denn spürete/daß sie mit Ernst vnd von grund jhres Hertzens sich zur besserung schickte/ als dann wurden sie zum Abendtmal diß HErrn zugelassen.

Anno Christi, 1559. Freytags nach Ostern/ wird Bischoff Melchior Zobel erschossen/ von der Grumbachischen Rott/ vor der Stadt Würtzburg/ jenseit der Meynbrücken. An seine stadt wird Bischoff/ Herr Friderich von Wirßberg.

Anno Christi, 1111. Am Ostertage/krönet Bapst Paschalis der 2. Keiser Heinrichen den 5. zu Rom/ vnd macht Friede mit jhm/zu Bestetigung aber solches Vertrags/nimpt der Keiser vnd Bapst das Sacrament.

Anno Christi, 1411. Haben die Juden zu Meissen ein Christen Kindt gekaufft vnd dasselbe auff Ostern gemartert/ derwegen sie grawsam durchächtet/ vnnd der Verkeuffer auffs Radt gestossen/ vnnd gevierteilet ist worden. Krantz VVandalie. lib. 10. Cap. 18.

Anno Christi, 288. Wie es Eusebius rechnet/ ist Keiser worden Diocletianus, vnd hat regieret 22. Jahr/ biß auff das Jahr Christi/ 307. Hat eine vber die Maß grosse Verfolgung angerichtet, vnd wider Gottes Kirche vnd die Christen ergewütet vnd getobet denn der Teuffel selbst/ wie Eusebius schreibet/ im 8. Buch / 1. Cap. Also, daß kein grewlicher vnd erschrecklicher Verfolgung / weder zuvor gewesen / noch hernachmals ist kommen, vnd damit es alles desto grewlicher zugienge/ hat er zu einem Mitregenten erkoren/ Herentium Maximinianum/einen vnachtbaren, wilden, wüsten / Tyrannischen / vnd durch auß Gottlosen Menschen/der sich selbst mit würgen vnd morden wider die Christen weidlich hat brauchen lassen.

Diß ist/wie Eusebius anzeiget/ die 10. Verfolgung der Christen/ von Nerone an/ die Diocletianus / mit dem Maximiniano / seiner Tyranny Mitgenossen/ erreget hat/ im Jahr seines Keiserthumbs 19. Aber im Jahr Christi/ 306. Zur selben Zeit ist der Keiser zu Nicomedia gewesen/ da hat sichs zugetragen/ daß der Keiserliche Pallast ist abgebrandt/solches hat man den Christen schuldt gegeben/ dadurch ist der Keiser also erbittert worden/daß er offentliche Mandat hat ausgehen lassen vnd anschlagen lassen / daß man im gantzen Römischen Reich alle Kirchen der Christen solte vmbkehren / vnnd schleissen / Es ward auch solchem Befehl mit Ernst von den Hauptleuten nach gesetzt / vnnd wurden die Kirchen am H. Ostertage hin vnd wider nider gerissen/ wie Eusebius schreibet/im 8. Buch am 2. Cap.

Darnach ward geboten / Daß man der Heiligen Schrifft Bücher allenthalben solte zusammen lesen/ vnnd mit Fewer verbrennen / Welches denn auff offentlichem Marckt also geschehen, Item / es ward Mandirt vnnd befohlen / daß man
H iij   die Christen

In Heiligen Ostern.

die Christen/wenn sie ein Ampt hatten/ vnnd im Regiment waren/ von solchen jhren Emptern absetzen / vnnd sie deß Ehrenstandes berauben solte. Werens aber Privat Personen/ so solt man jhnen all jhr Haab vnd Gut nemen/ vnd sie zu Leibeigenen Knechten machen/ biß sie Christum verschwüren/ vnd Heidnische Religion vnd Götzendienst annemen würden. Eusebius lib. 8. Cap. 3. Niceph. lib. 7. Cap. 4.

Athanasius in seiner Apologia an Keiser Constantium schreibet/daß 3000. Kriegsknechte am Ostertage/ sind in Tempel der Christen gefallen / die an Kindern vnnd Weibern grosse Tyranney geübet haben / derselben viel Jemmerlich erwürget vnd ermordet. Viel Ehrlicher Jungfrawen hat man zur Schmach entblösset/vnd nacket ausgezogen. Der Erschlagenen vnd Todten Leibe hat man nicht lassen begraben / Sondern dieselbigen den Hunden für geworffen. Er zeiget auch daselbst an/ daß in Egypto vnd Lybia neuntzig Bischoffe jhrer Empter sind entsetzet / vnd sechtzehen sind verweiset worden/ die das Landt haben reumen müssen/ vnd zu den jhren nimmermehr kommen dürffen/ jhre Kirchen aber sind mit eittel Arrianern vnnd Ketzern bestellet vnnd besetzet worden.

Zu Constantinopel ließ der Keiser den Bischoff Paulum verjagen / vnnd an seine Stadt den Macedonium mit Gewalt einsetzen/ Auch hieß Hermogenus/ deß Keisers Landvogt / das Hauß Pauli anstecken/ vnnd mit Fewr verbrennen/ das gerieth zum Auffruhr vnnd Tumult/ in welchem der Landvogt/ sampt den seinen vom Volck erschlagen ward.

Als solches der Keiser erfuhr / zeucht er selbst gen Constantinopel / vnnd brauchet grossen Ernst vnd Zorn/ wider die Stadt vnnd jhre Bürger/ vnd nam jhnen viel Regalien vnd Privilegien wider/die er/ vnd andere Keiser jhnen zuvor gegeben hatten/ wie Socrates schreibet/ lib. 2. Cap. 12. 13.

Nicht lange hernach/ als der Keiser zu Antiochia war/ vnd da erfuhr / daß Paulus wider in sein Ampt gesetzet war/ hat es jhn sehr verdrossen vnnd nach dem Heuptman Philippo geschickt/ vnnd jhm befohlen/ daß er Paulum auß der Stadt jagete. Als sich aber Philippus für dem Auffruhr deß Volcks fürchtete / wolte er mit Bescheidenheit fahren/ ließ Paulum ehrlich zum Bade bitten vnd laden/ mit ferner Anzeigung/daß er etwas nötiges mit jhm hette zu reden.

Als nun Paulus kam / zeiget er jhm Keiserlichen Befehl an/daß er denselbigen lesen solte. Wie solches geschehen / führet er Paulum heimlich durch eine verborgene Thür hinnauß/ vnd schickt jhn auff ein Schiff/ welches denn darzu bereitet war/ gen Thessalonichen in das Elendt / Solches liede Paulus geduldiglich. Da führet Philippus den Arrianer Macedonium an seine Stadt ins Bißthumb/ vmbgeben mit grossem Kriegsvolck/ welches jhm der Keiser zugeordnet hatte.

Als sich aber die Homousianer vnnd Rechtgleubigen darwider setzeten/ vnnd den Wolff in den Schaffstall nicht lassen wolten / Sind die Kriegsknechte mit jhren blossen Wehren hinnein gedrungen/ vnnd grossen Schaden vnter dem Volck gethan / viel zertretten/ zerhawen/ vnd erschlagen/ Also/ daß eine grosse Menge Volcks zur selbigen Zeit ist vmbbracht worden/ wie Socrates schreibet/ lib. 2. Cap. 16. vnd Sozomenus/ lib. 3 Ca. 9.

Diß alles ist geschehen/ Anno 345. wie Eusebius meldet/ in seinem Chronico. Paulum aber/den guten/ frommen Mann/ haben hernach seine Widersacher vnd Feinde in der Wüsten hencken lassen.

Anno Christi, 1450. Als das Friedejahr außgelauffen war/ zog Marggraff Albrecht vor Nürnberg/ vnd foddert sie herauß. Also kamen sie herauß mit 500. Pferden/ vnd 3000. Fußknechten/ der Marggraff hatte 600. Pferdt. Also kam die Reisigen an einander/ vnd wurden den Marggräf. bey 80. erstochen/ vnd bey 100. gefangen.

In Heiligen Ostern. 47

fangen/ das nechste Jahr vor Sanct Martinus Tag/ waren die von Nürmberg vor Jenn gelegen/in einem Stedtlein im Heimzuge/ Als der Hauffe in die Stadt kam/ vnnd der Droß/ vnd das Schadenfroh Volck den Hennen vnd Gensen nach lieff/ vnnd sich verspäteten/da kam deß Marggraffen Volck an sie/ vnd erstachen ein vnd achtzig Mann. Bald nach diesem/ zogen die von Nürmberg dem Marggraffen in sein Landt/ diß hinder Anspach/ verbrandten was sie ankamen/ vnd brachten mit jhnen heim vier tausendt Heuptviehes.

Auff Ostern kamen denen von Nürmberg zu Hülff acht hundert Schweitzer/ auff jhren eigenen Kosten vnd Soldt/die theten Hertzog Otten/ vnd Marggroff Hansen grossen Schaden.

In dem Jahr erstachen die von Ulm dem von Wirtenberg/ sechs vnd dreissig Knechte/ namen zwölff Mann gefangen. Die von Heilbrun namen dem von Wirtenberg drey hundert Ochsen/vnd erstachen vnd stengen darbey vierzig Mann. Im rechsten Jahr hernoch ward dieser Krieg verrichtet/ nach dem auff allen Theilen grosser Schade geschehen war.

In Hispanien war eine Königin Croisonita/ die mit der Arrianischen Sect beladen ware/ hat mit grosser Verfolgung den Christen zu gesatz/ Also/ daß sie auch nicht jhrer Verwandten verschonet. Zur selbigen Zeit war König in Hispanien Leauichildus/ den andere Levagildum nennen. Dieses Königes eltester Sohn/ Hermigildus/ hat deß Francken Königes Sigiberti Tochter Jugundam/ zur Ehe genommen/ diese ist endtlichen nach Königlichem Gebrauch/ mit viel Dienern in Hispaniam kommen/ vnnd allda von der Großmutter der alten Königin Croisonitha/ auffs herrlichste empfangen/vnnd nach dem diese in rechter Christlicher Lehr aufferzogen/ vnterstunde sich die Croisonitha/ mit sonderlicher Freundtligkeit vnd Schmeichlerey/ wie sie die Jugenden vom wahren Glauben/auff die Arrionschen Sect bringen möchte/ vnnd daß sie sich auff Arianische Weise/ vom newen Tauffen liesse/ Aber Jugundam bliebe beständig in Christi Lehr/ vnd sagt/ Jch bin einmal durch die Heilige Touffe von den Erbsünden abgewaschen/ vnnd habe eine Heilige/ vnzertrente GOttheit bekandt/ Davon wil ich nicht wetten/ ehe drüber leiden was ich soll.

Als solches die Croisonitha gehöret/ ergrimmet sie/ vnnd nimpt die Jugunden bey den Haaren/ wirfft sie auff die Erden/ tritt sie mit Füssen/ daß sie geblutet/ befihlet daß man sie in einen Feschweitzer/ oder Teich/ werffen vnd ersäuffen solte. Aber sie ist durch Göttliche Hülff erlöset/ vnd hat hernach jhren Eheman mit jhrem Gottseligen Leben Hermigildum/ auch zum Erkentnis Christi bracht. Gregorius Turonen. lib. 5. Cap. 38.

Es hat aber endtlich der vater Levigaldus der Arrianer/ als er den Son Hermigildum/ weder mit Lieb noch Leide/ von der waren Erkentnis Christi bringen kondte/ Solchen Sohn deß Reichs beraubet/ jhn auch in schwerer Gefengnis werffen/ vnnd jhn zu jnnen mit Ketten auffs grewlichste binden lassen/ vnd auffs Osterfest schicket der Vater zum Sohn ins Gefengnis einen Arrianischen Bischoff/ der jhn von Christlicher Bekentnis abfähren/vnd wenden solte/ der doch solches mit nichte hat thun können/ Derwegen der Vater ergrimmet/vnd hat dem Sohn mit einem Bethl den Kopff in Osterlichen Feyertagen zerspalten lassen.

Als nun Hermigildus also ertödtet/ ist sein Gemahl Jugundis aus Hispanien geflohen/jhren Weg nach Franckreich gericht/ ist also in die gewalt der Hispanischen Kriegsleute kommen/die an der Grentze deß Landes lagen/ den Einfall der Gothen zu beschirmen/die haben sie mit einem Söhnlein gefangen/ vnd in Ciliciam bracht/ da sie endtlich jhr Ende genommen/ Der Sohn aber ist endtlich dem Römischen Keiser Mauricio gen Constantinopel nach der Mutter Todt zu geschickt. Paulus Diaconus, lib. 3. de gestis Longobardorum, Cap. 10.

D. Mart. Luth.

In Heiligen Ostern.

D. Mart Luth. schreibet vber seine Herrliche/ Tröstliche Epistel/ so er aus seinem Gefengnis geschrieben/ in welcher er Hussen/ als einen Gottseligen thewren Mann GOttes/ in dem ein trefflicher Geist/ vnd grosse Gaben gewesen sind/ nennet/ vnd spricht: Sol der ein Ketzer sein/ der wieder so viel Löwen vnd Wölffen seinen Erlöser Jesum Christum/ wider dieser aller Grim/ vnd Wüten so standthafftiglich bekennet/ Ja auch mit tapfferm frölichem Hertzen im Tode den HERRN Christum den Sohn GOttes/ daß er für vns hat gelitten/ so bestendig kan anruffen. Ist der ein Ketzer/ so wird furwar niemandt selig werden/ So doch Christus spricht Matthei am 10. Wer mich bekent für der Welt/ Den wil ich bekennen für meinem Himlischen Vater. Der Bapst macht viel Heiligen/ wer weiß ob sie in der Hellen sein. Diesen hat er in die Helle gestossen/ der doch gewiß muß im Himmel sein/ Sey der Teuffel dein Heilige/ vnd du deß Teuffels Heilige/ lieber Bapst.

Gleicher Gestalt ist es auch M. Hieronymo von Prag/ deß Hussen Mitgesell zu Costentz gangen/ der auch also felschlich verklagt/ zum Tode vnd Fewr verdampt. Den er Christum hefftig angeruffen im Fewer: Credo in vnum Deum, etc. gesungen/ vnd im anbinden den Ostergesang/ SALVE FESTA DIES. Vnd da das Fewr angezündet/ gesungen mit lauter Stim: In manus tuas commendo spiritum meum. Geschehen/ Anno 1416.

Bapst Julius hat am Osterfest mit dem König von Franckreich ein harten Krieg geführet/ bey Rauenna/ vnd hat der Gallus den Sieg erobert/ wiewol nicht ohne Blutvergiessen seiner besten Leute/ die er verlohren: Als solches vor den Bapst kommen/ vnnd er vor einem Camin gesessen/ vnnd gebetet/ hat er vber sich gesehen/ vnd GOtte gefflucht/ Ey sey nun Frantzösisch in aller Teuffel Namen/ Sanctæ Suisceræ ora pronobis, &c. Er hat an dem Osterttage eine schöne Meß gelesen dem Teuffel/ da 16000. Christen jemmerlich vmbkommen/ etc. Ex Collo. D. Mart. Lutheri. Hieuon ließ Chron. Hedionis 4. parte.

Als der König Aretas mit seinem Kriegsvolck den Aristobulum den Fürsten der Juden oder deß Priestertumbs zu Jerusalem/ belagerte/ vnd wolle deß Aristobuli Bruder/ den Hircanum/ dem billich als dem Eltern/ das Regiment gehörte/ widerumb ins Regiment einsetzen/ Ist er mit 50. tausendt zu Roß vnd Fuß wider den Aristobulum gezogen. Da hat der König Aretus entlich den Sieg behalten/ nach welchem Sieg viel Juden zu dem Hircano geflohen/ gefallen.

Da ist Aristobulus zu dem Tempel geflohen/ darinnen er von dem Areto belagert worden/ welches geschehen ist/ zur Zeit deß obersten Feste. Da haben viel frommer Juden die Landtschafft verlassen/ vnd sind in Egypten geflohen. Nun war ein Gottsfurchtiger frommer Mann/ Oneas genandt/ der bate von GOtt in der grossen Dürrung/ da es lange nicht geregnet/ einen Regen. Als man nun dieses Mannes krefftiges Gebet erkandt/ haben sie ihn genommen/ vnd vnter das Judische Volck/ so beim Areto waren/ geführet/ vnd gebeten/ Daß er GOTT bitten wolte/ wider deß Aristobuli Kriegsvolck/ daß die auch zerstrewet würden.

Als er solches nicht thun wolte/ vnd sich entschüldigt (Denn er GOtt die Sach befohlen / der würde wol richten / wer Recht oder Vnrecht hette) Ist er von der Menge deß Volcks darzu getrieben worden. Derwegen Er endlich
angefangen

In Heiligen Ostern. 43

angefangen/vnd im Gebet gesagt: GOtt/ein König aller Könige/ dieweil die Jenigen so vmb mich findt/ dein Volck seindt/ vnd die Jenigen so belagert vnd bestritten werden/ deine Priester sein/ So bitte ich dich/ du wollest diese nicht erhören/ so wider dieselben bitten/ Auch nicht die Priester erhören/ so wider diese bitten. Als er solches gebetten/ sinde Gottlose Juden zu gefahren/vnd haben jhn ertödtet. Es hat aber Gott balde die Straffe von jhnen gefoddert. Denn nach dem den belagerten Priestern mit dem Aristobulo auff das verhanden Osterfest/ das Opffer so sie pflegten zu schlachten/ mangelte/ vnnd die Priester von den Juden die Schlachtopffer begerten/ mit Verheissung/ jhnen dieselben so thewr zu bezahlen/ wie sie begerten/ vnd sie auch sagten/ daß sie tausende Drachmas vor ein jeder Heupt geben solten/ Haben es/ Aristobulus vnnd die Priester/ gutwillig/ vnd jhnen das Geldt durch die Mawren vberreicht/ welches/ als sie solches empfiengen/haben sie jhnen gleichwol kein Schlachtopffer zu kommen lassen/ sind also trewloß in jhrer Zusag worden. Derwegen die Priester gebetten/ GOtt wolle solche Vntrew rechnen/ welches geschehen/ Denn GOtt ließ ein groß vngestüm Wetter mit Regen vnd Winde kommen/ vber alle Früchte der vmbligenden Landtschafft/ daß die also verderbet/ daß ein Scheffel Getreidich oder Weitze vmb 11. Drachmas gekaufft wurde/Wer die gantze Geschicht deß Kriegs wissen wil/der lese Josephum im 14. Buch am 1. 2. vnd 3. Cap. Antiquit. Iudaic.

Hiero ein Münch/hat ein solches gestrenges vnd messiges Leben geführet/daß er auch am Ostertage davon nicht gelassen. Als nun die andern Brüder auff solche Heilige Zeit zur Kirchen waren/ Ist er nicht da gewest. Zu diesem kam der Teuffel/ in der Gestalt eines Engels deß Liechts/ den der Münch mit grosser Reverentz vnd Demuth auffnam/vnd gehorchet seinen Geboten/ der jhm rieth/ daß er sich in einen tieffen Brunnen verstürtzen solte/ da würde er eine grosse Bewehrung seiner Heiligen Werck/ vnd zu erkennen geben/ wenn er also vnverletzt aus dem Brunnen gehen würde. Aber er ward aus solchem Brunnen von seinen Mitbrüdern/ halb todt heraus gezogen/ vnd endet am dritten Tage sein Leben. Er blieb aber gleichwol in seinem betrogen Wahn/daß er sich mit nichten wolte vberreden lassen/ daß er also vom Teuffel were betrogen worden. In vitis Patrum.

Antharis oder Autharis/ der 12. Longobarder König/ein Gottloser Mensch/dieser verbot die Kinder auffs Osterfest zu teuffen/ vnd Christlich zu vnterweisen/ Darumb er zu Ticinio Gisst bekommen/vnd gestorben. Paulus Diaconus lib. 3. de gestis Longobardorum Cap. 18.

Auff den Ostertag/ vmb 9. Vhr in der Nacht/erschein ein grosses Liecht im Tempel/vmb den Altar/ als ob es heller Tag were/vnd weret wol eine halbe stundt. Am selben tag hat man eine Kuh zum Opffer gefuhrt/ welche im Tempel ein Lamb geworffen/ vor jedermenniglichen/ die Pfort deß innern Tempels gen Orient/ die ehrin vnd schwehr war/daß 20. Mann daran zu vnd auff zuthun hetten/ vnd so vberaus wol verrieglet/ vnd mit vielen vnd mancherley Schlössern verwaret war/ die ist vmb 6. Vhr in der Nacht/selbst auffgangen/ Diß alles legten sie aus/ vnd zogens auff jhre Seiten/ als ein gut Omen vnd Gnadenzeichen.

Als die Juden zur Zeit Cumani/ deß Jüdischen Landpflegers jhr Osterfest hielten/ vnd daß keine Auffruhr sich hette erheben sollen/ hat der Landpfleger durch seine Kriegsknechte die Pforten deß Tempels wol verwahren lassen. Als nun vnter den Kriegsknechten ein verwegener Knecht war/ welcher seinen Hindern vnd Mennlich Gliedt mit schmelich worten auffgedeckt/ vnd den Juden gewiesen/ Hat sie solche schmach so hoch verdrossen/ daß sie anfiengen den Landtpfleger grewlich zu verfluchen / vnd zu lestern / Als / daß solches durch sein Anstifftung jhnen zur Lesterung geschehen were/
vnd wiewol

In Heiligen Ostern.

vnd wiewol er sich gegen jhm hoch entschuldigte/ Doch wolten die Juden von jhrer Leste-
rung nicht ablassen. Darumb ergrimmete der Landtpfleger vber sie/ vnnd befahl den
Landsknechten/ die Juden zu stillen vnd dempffen mit dem Schwerdt. Also wurden in ei-
nem kleinen Ziel 20000. Juden vmbbracht vnd erschlagen. Ioseph. lib. 20. Cap. 6. antiqu.
Der Landsknecht aber ist enntlich entheuptet worden/ denn er beklagt wurde/ daß ers zur
Schmach Gottes gethan.

Als Claudius Keiser war/ da ist auff das Osterfest in einem Auffruhr eine solche Bewegung vnd Verwüstung vber die Juden angangen/ daß allein die/ so
von bezwang deß Volcks in dem Eingange deß Tempels sind erdruckt/ gezehlet worden/
3000. Menschen. Da ist jhnen die Frewde deß Festes gar zum Leide worden. Euseb.
lib 2. Cap. 19.

Anno Christi, 43. Als etliche Zeit Thewrung gewesen/ ist im
Sachsener Lande ein Bawr gewesen/ der hat vmb die Ostern Getreidich in die Stadt
geführet/ vnd verhoffet/ solches seines Gefallens zu verkauffen/ Als ers aber wolfeyler/
denn er gedacht hatte/ verkauffen müssen/ hat er sich hefftig darumb bekümmert. Derhalben als er nun trawrig im heimfahren auff dem Wagen saß/ vnd sein Knecht auff den
Pferden junge/ verdroß es jhn/ vnd schalt jhn hierüber/ vnd saget/ was singestu lang/ etc.
Antwortet er/ warumb solt ich nicht singen/ ist doch (Gott lob) wider wolfeile Zeit wor-
den/ vnd hat das Getreidich abgeschlagen. Solche Frewde krencket den Bawr also sehr/
daß er sich vor Leide zu rücket an Wagen henget/ Da der Knecht in seiner Frölickeit fort
fuhre/ vnd nicht hinder sich sahe/ Als jhm aber bald hernach Leute begegneten/ vnd jhn an-
sprachen/ warumb er seinen Herren erhenget hette/ sahe er sich im Schrecken vmb/ vnd bat
hefftig die Leute/ sie wolten jhn vor der Obrigkeit entschüldigen/ denn er solche mördtliche
That nicht gesehen hette/ vnd daran vnschuldig. In Collectan. Ioh. Manlii.

Anno Christi, 20. Als die Juden Ostern hielten zu Jerusalem/
vnd Cumanus ein Gewarde/ bestellet von seinen Kriegsknechten/ damit nicht ein Auffruhr
sich erhübe/ trägt es sich zu/ das ein mutwilliger Kriegsgurgel den Hindern auffdecket gegen die Juden/ vnd sie also verspottet/ am 4. Tage der süssen Brodt/ darüber das Volck
erzürnet/ vnd entstunde daraus ein solcher Aufflauff/ deß mehr denn 30. tausend Juden
erschlagen/ vnd im Gedreng erdrucket vnd vmbkommen sind/ etc. Ioseph. lib. 10. Cap. 6.

Anno Christi, 330. Ist ein *Annus ebolismalis*, Ist die Gülden Zahl
8. Der Sonnen Circkel 3. Epactæ, 28. Sontages Buchstab D. Zwischen Weihnachten vnd Fastnacht sein 9. Wochen vnd 3. Tage. Derwegen haben die Griechischen Kirchen den Ostersontag gehalten/ auff den 19. Tag Aprilis/ vnd das nach dem Gebrauch
der Gülden Zahl. Die Latiner aber vermeinen er solte gehalten werden/ auff den 22.
Tag deß Mertzen/ etc. welcher war der nechste Sontag der auff den Vollmond nach dem
Aequinoctio, oder Tag vnd Nacht gleich/ dieses Jahr gefolget hat/ etc. Denn der Eingang der Sonnen in Wider, ist dieses Jar gefallen auff den 19. tag deß Mertzen/ der Voll-
mon aber vff den 21. tag/ besihe Paul. Forosempr. vō Osterfest im 4. Buch am 2. Cap.

Im Jahr nach Christi vnsers HErrn Geburt/ 341. Ist die Gül-
dene Zahl gewesen 19. Vnd ist der Newmond gefallen auff den 5. Tag deß Mertzen/ vnd
widerumb auff den 4. Tag Aprilis/ der Sontages Buchstab ist gewesen D. Derwegen
haben die Griechischen Kirchen das Osterfest vermeinet zu halten/ auff den 19. Aprilis/
(Wie es jetzund noch gebreuchliche Compurus, vnd den Annus ebolismalis mit bringet.)
die Latinischen aber auff den 22. Tag deß Mertzens/ etc. Wie Paulus Forosempr.
schreibet/ lib. 4. Cap. 2.

Im Jahr

In Heiligen Ostern.

Im Jahr nach Christi Geburt/349. Ist die Güldene Zahle gewesen 8. Sontags Buchstab A. Vnd ist der Vollmondt gefallen auff den 19. Tag des Mertzens/ vnd hernach wiederumb auff den 18. Tag des Aprilis. Weil aber dieses/ nach dem jetzt bedreuchtlichen Computo, ein Annus embolismalis war/ haben die Griechischen Kirchen/ den Ostersontag gesetzt/ auff den 23. Aprilis. Die Latini aber/ die eine andere weise mit des Mondes Cirkel gehalten/ vnd dieses Jahr desselben 5. Jahr gezehlet/ haben es für ein gemein Jahr gehalten/ vnd den Ostersontag gesetzt/ auff den 26. Tag des Mertzen/ Wie Paulus Forosempr. lib. 4. Cap. 2. schreibet/ ꝛc.

Ambrosius Epistola 83. schreibet also/ Gewiß ists/ daß man die Gedechtnis des Leidens Christi auff keinen Sontag halten kan/ ob gleich auff denselben der newe Ostermond 14. Tage alt wert/ sondern man muß auff diese nachfolgende Wochen schieben/ wie denn zusehen/ am 76. Jahr/ nach dem Reich Diocletiani/ da man den Ostersontag gehalten hat auff den 28. Tag des Egyptischen Monats Pharmuti, welcher war der 23. Aprilis.

Item/ Paulus Forosempr. lib. 5. Vom Osterfest/ Cap. 1. Im Jar Christi 360. gefiel der 14. Tag nach dem Newmonde auff den 18. Tag des Mertzens/ welcher war der Sontags Buchstab A. Die Güldene Zahl nach der Griechen vnnd Egyptier Rechnung/ 19. Vnd war ein Annus embolismicus. Derwegen legten sie das Osterfest auff den 23. Aprilis. Die Latini aber hatten des Mondes Cirkel 16 vnd ein gemein Jahr/ Derwegen stritten sie/ der Ostersontag solt auff den 26. des Mertzen gehalten werden/ ꝛc.

Anno Christi, 373. Ambrosius schreibet in der 83. Epistel: Im 89. Jahr nach dem Keyserthumb Diocletiani/ als der 14. Tag des Newmonden gefallen war auff den 24. Aprilis/ welcher war der 28. Tag des Egyptischen Monats Phamenoth, Hat man den Ostersontag gehalten auff den letzten Tag des Mertzen/ welcher war der 5. Tag des Egyptischen Monats Pharmuthi, &c. Diß stimmet mit gegenwertiges Jahres Gelegenheit vberein/ welcher hat der Sonnen Cirkel 18. Die Güldene Zahl 13. zwischen Weihenachten vnd Fastnacht 6. Wochen/ 5. Tage. Der Sontags Buchstab F.

Im 93. Jahr vom Reich Diocletiani/ als der 14. Tag des Newmonden gefiel auff den 14. des Egyptischen Monats Pharmuthi, welcher war der 9. Aprilis/ hat man den Ostersontag gehalten auff den 21. Tag Pharmuti, Welcher war der 16. Aprilis, &c. Ambrosius Epist. 78.

Diese Rechnung trifft mit gegenwertiges Jahrs Eiemschafft vberein/ welchs hat den Sonnen Cirkel 22. Die Güldein Zahl 17. Sontags Buchstab A. Zwischen Weihnachten vnd Fastnachten 9. Wochen/ ꝛc. Fellet derwegen der Terminus Paschalis; wie S. Ambrosius anzeigt/ ꝛc.

Auch ist hie zu mercken/ daß man zur Zeit Ambrosii/ die Egyptischen Monat/ nach art des Julianischen Jahrs gebrauchet hat/ ꝛc.

Im Jahr Christi 379. Ist der Mond auff den 18. Martii 14. Tage alt/ desgleichen auff den 16. Aprilis. Des Sontags Buchstab ist F. Die Güldene Zahl 19. Vnd ein Annus embolismicus, Nach der Griechen Rechnung/ Bey den Latinern aber war des Mondes Cirkel 16. vnd ein gemein Jahr. Derwegen wolten die Griechen Ostern halten auff den 21. Aprillen. Die Lateiner aber den 24. des Mertzen. Paulus Forosempronius, lib. Paschal. 5. Cap. 1.

Im Jahr Christi/ vnsers HErren/ 387. Ist nach gemeiner/ vnd jetzund gebreuchlicher Kirchenrechnung gewesen der Sonnen Cirkel 4. Die Gülden Zahl 8. Der Sontags Buchstab C. vnd ist der Mondt alt gewesen 14. Tage auff den 19. des Mer-

In Heiligen Ostern.

des Mertzen/ des gleichen hernach auff den 18. des Aprilen/ welcher auff einen Sontag gefallen. Derwegen haben die Griechischen Kirchen den Ostersontag gehalten auff den 25. Tag des Aprilen. Die Lateinischen aber/ weil sie das fünffte Jahr des Mondes Circkel gezehlet/ haben sie den Ostertag auff den 18. Aprilis zu halten vermeinet/ ꝛc. Besihe Paulum Forosempr. Libro Paschali 1. Cap. 1.

Dieses Jahres vnd Ostern gedencket auch S. Ambrosius in seiner 83. Epistel/ ꝛc. vnd setzet Vrsachen/ warumb man nicht habe dieses Jahr können den Ostersontag halten/ auff den 18 Aprilis/ Nemlich darumb/ weil auff denselben der Mond nur 14. Tage alt gewesen ist/ Denn weil vnser HErr Christus gelitten habe/ nicht auff den 14. Tag des ersten Monats/ sondern auff den 15. könne man das Fest der Aufferstehung des HErren nicht halten/ vor dem gedachten 15. Tage.

Nach Christi Geburt 386. Wird S. Augustinus getaufft/ von Ambrosio zu Meyland/ als er 33. Jahr alt war/ am heiligen Ostertage / nach dem Tode Maximi, wie er selbst schreibet im 3. Buch wider des Petiliani Schreiben/ am 25. Capitel. Seine Mutter stirbt auch dieses Jahr/ als sie 56. Jahr gelebet hatte/ ꝛc.

Im Jar nach Christi Geburt 403. Ist gewesen (nach des Theophili Rechnung) der Sonnen Circkel 20. Die Güldene Zahl 5. Sontags Buchstab D. Vnd ist der 14. Tag des ersten new oder Ostermonden gefallen auff den 22. Tag des Mertzen/ welcher ein Sontag war. Derwegen hat man den Ostersontag halten sollen vber acht Tage hernach/ nemlich auff den 29. des Mertzens. Aber Innocentius der Bischoff zu Rom/ vermeinet/ man solte Ostern halten auff den 22. Tag des Mertzen/ ꝛc. Paulus Forosempronius, lib. Paschal 5. Cap. 2.

Stilico lesset den Gotthen in Friedes stand/ vnversehens vberfallen/ vnd beschedigen am Ostersontag/ durch Saulum einen Obersten/ vnd Jüden. Aber Alaricus ermuntert sich/ sampt den seinen/ vnnd schlecht die Römer zu rück/ ꝛc. Nicht lang hernach wird Stilico/ aus befehl Honorii, sampt seinem Sohn Euchario, ertödtet/ ꝛc. Die Gotthen aber ergrimmet durch die erzeigte Vntrew der Römer/ richten ihren Zug strack nach Rom/ dieselbige jubelagern/ ꝛc. Aemilius lib. 1. & Sigebertus, &c.

Im Jahr nach Christi vnsers Heilands Geburt 417. da die Güldene Zahl war 19. vnd ein Annus embolismalis haben etliche in den Kirchen gegen Nidergang solches für ein gemein Jahr gehalten/ vnnd derwegen Ostern/ oder das Fest der Aufferstehung des HErren gehalten auff den 25. Tag des Mertzen/ welches doch auff den 22. Tag des Aprillen eigentlich gefallen/ ꝛc. Ist derwegen solcher Irrthumb gestrafft vnd die rechte Ostern durch ein Wunderwerck angezeigt worden. Denn in einer Kirchen in Welschland hat jehrlich das Wasser am Osterabend wunderbarlich gequollen/ vmb die Stunde/ wenn man die heilige Tauffe öffentlich gehalten vnnd gereichet hat/ vnd barnach widerumb verschwunden/ ꝛc. Solches ist aber die Zeit nicht geschehen auff den Osterabend/ den die Kirchen gegen Abend zu halten vermeinet/ sondern auff den 21. Aprilis hat sich die Wunderquellen gedachtem Ort gefunden/ Wie Sigebertus vnd Vincentius in speculo historiali schreiben/ ꝛc.

Hiemit stimmet auch der Calculus Astronomicus, vnnd die Ordnung des Nicenischen Concilii. Denn der Vollmond im Mertzen ist gefallen dieses Jahr auff den 19. tag desselben/ vor dem Eingang der Sonnen in das Zeichen des Widders. Weil aber (wie Josephus vnd andere zeugen) der Ostervollmond allwege nach dem Aequinoctio Verno gefallen muss/ so ist der Vollmond/ so auff den 19. des Mertzen gefallen / nicht die rechte Ostern gewesen/ Denn dieses Jahr ist die Sonne ins Zeichen des Widders eingangen am 20. Tage des Mertzen/ wie auch aus Ptolomæo vnd Copernico zu erweisen ist/ ꝛc. Denn diese .... das Aequinoctium vernum, das ist/ den eingang der Sonnen

In Heiligen Ostern.   50

pen in das Zeichen des Widders/Im Jahr vor Christi Geburt/1453 auff den 24. tag
des Mertzen/Nach Christi Geburt aber im Jahr 141. auff den 22. Tag des Mertzen/ꝛc.
  Im Jahr nach Christi vnsers Heilandes Geburt 428. Ist der
Monat 14. Tage alt gewesen/auff den 15. Aprilis/welches ein Sontag gewesen ist. Der
wegen hat die Kirche zu Alexandria in Egypten / den Osterfeyrtag gesetzt auff den 22.
Tag des Aprillen/Aber die Lateinischen Bischoff haben gestritten/man solte den Tag der
Aufferstehung des HErren halten/auff den 15. Aprilis/sind aber vnrecht gewesen / auß
der Regel droben gesetzt im Jahr Christi/387. ꝛc. Paulus Forosempr, lib. 5. Pasc. Cap. 3.

  Anno Christi, 453. Dieses ist das 74. Jahr des Ostercirckels/
welchen Theophilus der Bischoff zu Alexandria beschrieben hat/ vnd angefangen mit dem
ersten Consulatu des Keysers Theodosii des eltern/wie denn Leo der Bischoff zu Rom auch
bezeuget in seiner 51. Epistel an die Eudoxiona/vnd schreibt deutlich/ dieses Jahr/ da Opilio
vnd Vincomalus Coss. gewesen/sey das 74. lauffende Jahr gedachtes Circkels Theophili
vnd man dieses Jahr habe Ostersontag gehalten auff den 12. Tage des Aprillen/ꝛc.
Eben dieses meldet auch Marianus Scotus, im Jahr seiner Chronologien nach Christi vnsers HErren Geburt/ 454. Aus der Epistel Leonis an den Bischoff Iulianum.

  Dieses stimmet mit dieses Jahrs Eigenschafft wolfein/ welchs hat den Sonnen-
Circkel 14. Die Güldene Zahl 17. Epactas 7. Sontags Buchstab D. Zwischen Weihnachten vnd Fastnacht en 8. wochen vnd 3. Tage/ꝛc. Darumb fellet der Ostersontag
den 12. Tag Aprillen/ꝛc. Eben also findet man das Osterfest dieses Jahrs verzeichnet
bey n Beda, Item/in dem Ostercirckel Cyrilli bey Isidoro, de Etymologia lib. 5. Buch am
17. Cap.

  Anno Christi 541. Am heiligen Ostertage entstehet ein Comet/
der Himmel sihet offt als brenne er/rechtes Blut fellet den Menschen auff die Kleider vom
Himmel/wie Regen / Eines Hauses hat man jnnwendig funden mit Blut besprenget ꝛc.
Drauff sind gefolget grosse Kriege/geschwinde Kranckheiten/Geschwer vnd Blattern/
Sigebertus vnd D. Hedio im 3. Theil 3. lib. 25. Cap.

  Anno Christi, 545. Dieses Jahr ist zu Constantinopel ein Irr-
thumb fürgefallen/des Osterfests halben/denn das Volck hat die Fasten eine gantze Wochen zu früe angefangen/nemlich am 4. Tage Februarii/ vnd ob wol der Keyser dieselbige
Wochen besohlen/daß man öffentlich Fleisch seil haben solte / hat es doch niemand kauffen oder essen wollt ꝛc. Besihe Cedrenum vnd Diaconum/welche ausdrücklich das 19. Jar
Iustiniani, denn dasselbe gehet in diesem gegenwertigen Jahr an/melden/ꝛc.

  Dieses trifft mit dem gegenwertigen Jahr wol zu/ welches hat den Sonnen Circkel
22. Die Güldene Zahl 14. Sontags Buchstaben A. Ist ein Annus ymbolismalis, zwischen Weyhnachten vnd Fastnachten sind 9. Wochen / Der Osterwollmond fellet auff
den 12. Tag des Aprillen. Der Ostersontag auff den 16. desselben. Der Sontag
Sexagesimæ (auff welchen die Griechische Kirchen/ die Fasten anfahen) gesellet auff
den 12. Tag des Februarii/ Aber das gemeine volck zu Constantinopel/ habe die Fasten ein
gantze Wochen eher angefangen/ denn sie gesolt hetten / nemlich auff den 4. Februarii/
welcher ist gewesen der Sonnabend Septuagesimæ, &c.

  Anno Christi, 626. Am Ostertage gebieret die Königin Edelberg
des Eduini, der Nordhumber Königs Gewahl/ eine Tochter/ vnnd ist die erste Person auß
den Nordhumber/welche neben andern eilfften ihres Hofes / die heilige Tauffe empfangen
hat. Eben die Jahr verwundet ein Meuchelmörder den König Eduin, mit einem
vergifftem Schwerde/ wird aber von Paulino dem Bischoff wider geheilet./Angl. Histor.
Capite 9.

  Edwin der Nordhumber König in Engellandt nimpt den Christ-
lichen Glauben an/ sampt seinem gantzen Adel/vnd viel Volcks lesset sich auch teuffen/

J ij

In Heiligen Ostern.

im elfften Jahr seines Reichs/welches ist nach Christi Geburt das 627. Nach dem aber die Sachsen in Engelland erstlich ankommen sind/ das 180. Jahr/ Er ist aber getaufft worden zu Eborach am 12. Tage des Aprillen/ am heiligen Ostertage/ in S. Peters Kirchen/ ꝛc. Histor. Eccles. Anglor. lib. 2. Cap. 14. Item, Marian.

Anno Christi, 720. Am Heiligen Ostertag / hat der Patriarch Germanus den Constantinum Copronymum, aus befehl des Keysers Leonis/ zum Keyser gekrönet/ Cedrenus. Diaconus lib. 21.

Im Jahr nach Christi geburt/729.Am heiligen Ostertag/stirbt Egbereche in der Insel Hu/nach dem er das Ampt gehalten hatte/ vñ an gemeltem ort 13. Jar trewlich gelehret hatte/ Engl. Kirch Histor. lib. 5. Cap. 23.

Eben dieses Jahr/nicht lang nach Ostern/verscheid auch Osrich/ der Northumbres König/nach dem er 11. Jahr lang regieret/vnd zum Erben des Reichs eingesetzt hatte/den Ceolnulsum, seines Vorfahren Bruder. Eccles. histor. Angl. lib. 5. Cap. 24.

Anno Christi, 798. Machen die Sachsen einen Aufflauff in Osterseyraaen/zu Nortweil jenseid der Elb / vnd erschlagen des Königs Botschafft. Der wegen vberzeucht sie Carolus/vdheret vñ plündert den ganzen Strich / zwischen der Elb vñ Weser/nimpt hernach Geissel von den Sachsen/vnd zeucht wider gen Ach. Regino.

Anno Christi, 800 Mitten im Mertzen bricht der König Carolus zu Ach auff/ bestellet ein Volck zu Wasser/wider die Meerreuber/ vnd helt Ostern im Closter zu S. Reichart/von dannen verruckt er nach Rothmagen/ ferner nach Turo/ S. Martin zu besuchen.

Anno Christi, 948. Am heiligen Ostertag / lesset Constantinus 8. seinen Sohn Romarum krönen/durch den Patriarchen Theophilac um.

Anno Christi, 958. Helt der Keyser Ostern zu Ingelheim / von dannen zeucht er gen Cölln.

Am achten tag nach Ostern/ wird Herr Friederich mit verwilligung Bischoffs Heroldo/zu Ingelheim geweihet zum Ertzbischoff zu Wien (in Franckreich) Appendix Reginonis.

Anno Christi, 960 Am heiligen Ostertage/lesset Romanus der Keyser seinen Sohn Basilium krönen zum Keyser/durch den Patriarchen Polyeuchum. Cedrenus. Zonaras.

Anno Christi, 963. Als Keyser Otto zu Pauia Ostern helt richtet vnter des König Adelbert des Beringarii Sohn/newe Meuterey an/ Da wegen zeucht der Keyser mit seinem gantzen Volck für S. Leons Burck / vnnd belegert daselbst Beringarium den gantzen Sommer/ vnter des wird Johannes der Papst zu Rom arch weiterwendisch/schlecht sich zu des Beringarii Parthey wider den Keyser / lesset seinen Sohn Adalbertum in die Stadt. Da solches der Keyser erfehret/ eilet er bald gen Rom/ der Papst aber sampt seinem Anhang erwartet, des Keysers zu Rom nicht / sondern fleucht darvon.

Anno Christi, 1027. Nimpt Keyser Conrad der 2. einen Zug für in Welschlandt/ehe er aber aus Deutschland verrucket / erkleret er seinen Sohn Heinrich den 3. zum Römischen Könige / vnnd lesset ihn zu Ach krönen.

Nach diesem zeucht er gen Rom / hatte mit sich König Rudolphen in Burgund/ seiner Gemahl Mutter Brudern/vnd König Camit aus Dennemarck vnnd Engellandt/ ꝛc. vnd wird daselbst gekrönet vom Papst Johannes 19. am Ostertage. Iohan. Aventi. Sigebertus. Marianus. Schaffnaburg.

Anno Christi 1034. Am heiligen Ostersontag/ vmb 11. vhr/ schlet ein gewaltiger Hagel/ der zerschlecht die Dächer/ Beume/ Weinstöcke vnnd Früchte auff dem Felde.

Anno

In Heiligen Ostern.

Anno Christi, 1047. Verruckt der Keyser von Rom / helt zu Mantua Ostern / Die Keyserin Agnes genieset zu Rauenna eines Frewlins.

Anno Christi, 1051. Helt Keyser Heinrich der 4. zu Cölln Ostern vnd lest daselbst seinen Sohn teuffen / durch den Ertzbischoff Herman.

Anno Christi, 1076. Als der Keyser zu Vlrich Ostern hielt / vbergab er das Hertzogthumb Lothringen seinem Sohn Conrad.

Anno Christi, 1076. Wirfft sich Nicephorus Bryennius zum Keyser auff wider Michaelen / wird aber vber etliche Monat gefangen vnd geblendet.
Nicephorus Botoniates wird von den Stenden des Reichs vnd dem Volck zu Constantinopel zum Keyser erwehlet / Michael aber wird sampt seinem Gemahl vnd Sohn ins Kloster Studium verstossen / nach dem er 6. Jahr vnd 6. Monat regieret hatte / Geschehen an dem Ostertage.

Anno Christi, 1088. Wird die Stadt Augspurg von den Schwaben mit hinderlisten eröbert / eingenommen vnd geplündert / am andern Ostertag / vnd der Bischoff Sighart gefenglich eingezogen / Wiegols aber der Nebenbischoff / stirbt nach wenig Tagen hernach. Vspergensis.

Anno Christi, 1105. Heinrich der 5. des Keysers Henrici 4 Son / fellet von seinem Vater abe / vnd schlecht sich zu des Bapsts Parthey / vnd rüstet sich wider den Vater / zeucht darnach in Sachsen / bringt dieselbige auff seine Seiten / vnnd helt Ostern zu Quedlinburg / 1c.

Anno Christi, 1111. Am heiligen Ostertage krönet Bapst Paschalis der 2. den Keyser Heinrich den 5. zu Rom / macht Friede mit ihm / vnnd bestetigt ihm öffentlich das obgemelte Priuilegium, vnd empfecht zu mehrer bekräfftigung des Vertrags / das heilige hochwirdige Sacrament sampt dem Keyser. Sigebertus. Vspergensis. Nauclerus.

Anno Christi, 1118. Am heiligen Ostertag sehr frü / hat sich der Himmel gegen Mittag auffgethan / vnd ist aus demselbigen ein so helles gleissendes Liecht gangen / daß es den Mond / der dazumal sehr hell geschienen / verdeckt hat / vnnd lenger als eine Stunde gewehret / vnd geleuchtet heller denn die Sonne.
Man hat auch aus dem auffgethanen Himmel gesehen Creutz herunter hengen / welches von Gold vnd Edelgesteinen gantz herrlich gegleisst. Vspergens. Naucl.

Anno Christi 1159. Im nechsten Jahr nach dem Todt Bischoff Otten zu Freysing / brennet gedachte Stadt aus / auff den 5. Tag des Aprillen / am heiligen Ostertage. Redeuicus Cap. 12.

Anno Christi, 1191. Stirbt Bapst Clemens der 3. vnd erwehlet Celestinus 3. vnd wird gekrönet am heiligen Ostertage / vnd Regiert 6. Jahr / 9. Monat 11. Tage. Onophrius.

Anno Christi, 1229. In der Fasten dieses Jahrs / wird der Friede geschlossen zwischen dem Keyser Friedrich 2. vnd dem Sultan in Egypten / vnd Jerusalem den Christen wieder zugestelt ohne Schwerdtschlag / alle Gefangene loßgegeben / vnd ein Friedstand gemacht auff 10. Jahr lang.
Hat also der Keyser Jerusalem wieder eingenommen / daselbst Ostern gehalten / sich krönen lassen / die Stadt Jerusalem / Nazareth vnd Joppen wieder erbowet / befestiget / Proflantiret vnd besetzet / vnnd also mit gutem Fried widerumb heim in Welschlande gekehret / ist im Sommer heim kommen / vnd seine Lande wieder eröbert / seine Feinde verjaget / vnd die einheimische Empörung gestillet. Vsperg. Noch hat er dem Bapst nicht können recht thun. Besihe auch Paulum Aemylium.

In Heiligen Ostern.

Anno Christi 1257. Stirbet Boleslaus Pudicus der Hertzog vnd Regent der Kron Polen/ welchs so ein frommer Fürst gewesen/ daß man von jhm schreibet/es hab jhn niemand jemals truncken oder Zornig gesehen/dem Bischoff von Breßlaw Thomam wieder ledig. Mechouius lib. 3. Cap. 47.

Anno Christi. 1330. Am heiligen Ostertage/ welches war der 17. Tag des Aprillen/gehet Felicianus Zaach/in das königliche Schloß vnd Zimmer in Vngern/da König Carl/sampt seinem Gemahl vnd 2. jungen Herrn/ zu Tisch sassen/ der meinung/dieselben alle vmbzubringen/ hawet auch auff den König zu/ verwundet jhn/ vnd hawet der Königin zweene Finger ab/ Jhm wird aber durch die Hoffleute gewehret/ vnd er wird erschlagen. Vngr. Chron. am 80. Cap.

Anno Christi, 1355. Ist Keyser Carl/ der Keyser sampt seinem Gemahl auff/ erhebt sich aus Böhmen nach Welschlandt/ wird zu Weyland mit der eysérne Kronen gekrönet/verrücket darnach gen Rom/daselbst wird er ehrlich empfangen/ vnd durch zweene Cardinäl von des Bapsts wegen gekrönet am heiligen Ostertage/ zeucht darnach bald von Rom hinweg. Rudimentum Novit.

Anno Christi, 1542. Ziehen Hertzog Johann Friederich der Churfürst/vnd Hertzog Moritz wider einander zu Felde/wegen der Stadt Würtzen/ werden aber bald vertragen durch Landgraff Philipp aus Hessen/in den Osterfeyrtagen/ Man hat diesen Zug den Fladenkrieg geheissen. Sleidanus vnd Georgius Fabricius.

Anno Christi, 1548. Stirbt König Sigmundt in Polen/ Casimiri Sohn/am heiligen Ostertag/seines Alters 81. Jahr. Nach jhm regieret sein Sohn Sigmund.

𝔒𝔰𝔱𝔢𝔯𝔪𝔬𝔫𝔱𝔞𝔤

Ostermontag.

ANNO Christi/568. Am Ostermontag kommen die Longobarden/ welche bißher in Ungern gewohnet hatten / unter jhrem Könige Alboino/ mit einem grossen Heer/ sampt Weib vnd Kindern/ in Welschland an/ gewinnen Vincentz. Bern/ Meyland vnd ander Stedte vnd bringen fast gantz Welschland vnter jhre Gewalt/ sitzen vnd herrschen hernach in demselben / biß in das 206. Jahr. Besihe sigeberturn Palm. Nauclerum. Die Chronica Philippi Melanth. Vnnd Joan. Auentium im 3. Buch.

Anno Christi, 1584. In den ersten Ostern/ so nach dem Newen Calender gehalten worden/ ist zu Lubben/ da das Königliche Ampt in Nidr Laußnitz am Ostermontag /vnter der Mittags Malzeit/ an der Stadtmawr/ in eines Bürgers Merten Koch genant/ Schewne/ Fewr/ welches wie die Vermutung ist/ von einem Scheffler/ angelegt sein sol/ auffgangen/ daß bey 160. Heuser / vnnd also der meiste theil der Stadt/ sampt der Wendischen Kirchen/ der Pfarr/ Caplaney heuser vnd Schulen/ weg gebrandt. Ob es aber eine Straffe Gottes / daß man den Newen Colender so bald angenommen/ wie Er Omnes/ vnd die abgöttischen Wenden darvon reden. oder ob Gott der HERR/ die Vnbekentnigkeit vnd Halßstarrigkeit / vnd die leichtfertigen Reden / des gemeinen Pöfels/ der auch mit gar keiner andacht/ solche newe Ostern zum erstenmal gehalten vnnd begangen/ gestrafft/ mag ein jeder selbst judiciren vnd vrtheilen / vnd wird solches der ewige Ostertag/ welchen wir in jenem ewigen Leben/ ewig halten werden/ offenbaren. Vnter des lasset vns gehorsam sein aller Menschlichen Ordnung / vmb des HErren willen/ vnd Gott fleissig dancken/ daß er vns sein Wort rein/ vnnd die heiligen hochwirdigen Sacrament vnverfelscht erhelt/ vnnd vmb der eusserlichen Gebrauch/ Ceremonien vnnd Feyrtage willen/ nicht so bald einander verdammen/ dem Teuffel geben vnnd alles vnglück gönnen vnd wünschen/ wie leider Gott/ sehr gemein ist/ vnd teglich gemeiner wird/ ɿc.

Anno Christi, 622. Am Ostermontag/ bricht der Keyser Heraclius auff/ vnd rücket fort nach Persien/ in welchem Zug er denn auch die Perser erlegt/ vnnd sein Volck in Armenit ins Winterlager führet/ er aber wieder gen Constantinopel zeucht. Cedr.

Anno Christi, 971. Zeucht der Keyser Johannes/ im 2. Jahr seines Reichs mit Heereskrafft in Bulgarien wider die Reussen oder Muscouiter / gewinnet Preßlaban der Bulgarn Hauptstadt / Am Ostermontage verrucke er für Dorostolum/ sonst Dristra genandt/ liegt dafür bis auff den 20. Tag Julii/ Endlich begert der Moscouiter Fürst Sphendoschlabus vom Keyser Fried/ des wird er gewehret / also/ daß er des Römischen Reichs Freund sey sicher mit alle dem seinen wieder heimziehet/ vnd die Reussen mit den Griechen sicher handeln vnd Gemeinschafft haben mögen/ ɿc. Cedr. vñ Zonor.

Anno Christi, 1191. Am andern Ostertage/ welcher war der 15. Tag Aprillen/ krönet Bapst Celestinus 3. den Keyser Heinrich 6. vnnd nennet jhn Augustum. Onophrius. Palmerius. Rudimenc. Novit.

Am Ostermontag Im Jahr Christi, 1080. Hat der Bapst Hildebrandt in S. Peters Münster Meß gehalten/ vnnd auff die Cantzel gestiegen, in seinem Bepstlichen Ornat vnd Kirchenkleidern/ vnd hat daselbst vor den Cardinelen/ Bischoffen Pralerschafft vor dem Senat vnd gantzen Römischen Volck öffentlich / vnter andern Worten außgeruffen seine Weissagung/ vom Keyser Heinrichen/ daß bemelter König/ hiezwischen dem nechstkünfftigen S. Peters Tage/ ohn allen Zweiffel sterben / oder des Reichs gentzlichen entsetzt vnd vertrieben werden solte/ also gar/ daß er hinfort vber sechs Knechte oder Diener nit würde mögen erhalten. Aber sein Zaubereuffel hat jhn gelogen/ vnd betrogen/ vnd darumb als die Zeit kam/ vnnd nicht kan drauff wurde/ vertrehet er sich in seiner Weissagung listiglich/ vnnd gab für/ daß er solche Weissagung nicht von des Königes Leibe/ sondern von seiner Seelen gethan hette/ die were entweder in bestimpter Zeit gestorben/ vnd verdampt/ oder sie hette alle jhre Diener verloren/ bis an sechs. Diese Farb streich er dem gemeinen Pöfel vber die Augen. Hæc Plautina, Benno & Naucl.

J iij Osterdinstag

Osterdinstag.

NNO Christi/ 1407. Am dritten Ostertag hat M. Budeck ein Thumbherr zu Vißlicen öffentlich in der Predigt angezeigt/ wie die nechst vergangene Nacht die Jüden ein Christkindelein gemartert vnd getödtet/ vnnd mit desselben Blut gantz abschewliche vnd schreckliche Ding begangen haben. Derwegen man dieselbigen bald preiß gegeben/ geplündert vnnd auff mancherley Weise erwürget hat. Mechouius lib. 4. Cap. 50.

In der Historia S. Martini wird gemeldet/ daß zur Zeit der Teuffel/ in eines Königs Ornat vnd Gestalt/ als mit einem Purpur/ vnd güldenen Kronen gezieret vnd angethan/ dem heiligen Martino erschienen sey/ vnd sich sehr gnedig/ freundlich vnd holdselig zum Schein gegen jhm erzeiget habe. Vnnd da Martinus dem prechtigen Teuffel keine Reuerentz noch Ehrerbietung weder mit Worten noch mit Geberden erzeigte/ hebt der Teuffel/ der sich in einen Engel des Liechts verstellen kan/ an/ vnd spricht: Lieber Martine/ Erkenne vnd ehre mich doch/ denn ich bin Christus/ den du ehrest vnd anbetest. Darauff Martinus aus eingebung des heiligen Geistes geantwortet: Mein HErr Jesus Christus hat nicht gesagt/ daß er in Königlicher Pracht/ oder in Purpur Kleidern vnd güldenen Kronen/ wie die Weltlichen Könige/ kommen wolle/ Sondern wenn er kommen wil/ so wird er kommen/ vnnd zeigen seine heilige fünff Wunden/ die er am Creutz empfangen hat/ wie er sie Thoma/ vnd andern seinen Jüngern auch zeigete/ als er von den Todten aufferstanden war. Wie der Teuffel solches höret/ verschwande er/ vnd ließ einen grewlichen Gestanck hinder jhm/ der dem Martino sehr verdrießlich vnd beschwerlich gewesen.

Als Aeschylus von den Athenern/ als ein Gotteslesterer zum Tode verurtheilet war/ vnd mit Steinen solte getödtet vnd vmbbracht werden/ tritt er für Gericht/ thut seinen Rock auff/ vnd zeigt den Richtern seine Wunden/ vnd einen Arm/ von welchem jhm die Hand im Streit/ für sein liebes Vaterland abgehawen worden/ mit bitt/ daß man seinem Bruder seiner Schmertzen vnd Wunden/ die er vmb die Wolfare des Vaterlandes außgestanden/ vnd auch im allereersten vnter allen von Athen wieder seinen Feind gesieget/ geniessen lassen/ vnd jhm Gnade ertzeigen wolle: Darauff die Richter/ als bald sie die Wunden vnd scheden angesehen/ sich seiner Thaten errinnert/ vnd seinen Bruder loß gelassen.

Paulus Diaconus schreibet in seinem eilfften Buch/ daß Constantinus zwo Wochen vber/ ohne einige Arbeit/ Ostern zu halten/ eine vor/ vnd die ander nach der Aufferstehung vnsers HErrn Jesu Christi/ geboten habe. Gleich das schreibt auch Nazianzenus/ im dritten Sermon/ von der heiligen Tauffe/ da er also spricht: Wir halten in der Kirchen Ostern/ beyde vor dem Abendmal des HErren/ vnd nach der Aufferstehung. Aus demselbigen Sermon ist auch zu sehen/ daß die Christen die gantze Nacht vber für dem heiligen Ostertage gewacht haben/ wie Prudentius vermeldet.

Was aber die Kirchen in Affrica/ für eine Gewonheit Ostern zu halten/ gehabt haben/ ist zu sehen aus des Athanasii Epistel/ an Dracontium geschrieben/ da er spricht: Daß man erst dem Volck von der Aufferstehung geprediget habe/ darnach sind sie zu Tische gesessen/ der Bischoff aber habe zu gesehe/ vnd gebotten/ daß sie fein züchtig/ erbarlick vñ Christlich essen sollen. Epyphanius erzehlet diese Ceremonien/ Lib 3. Tom. 1. Hæresi 75. In den Ostertagen spricht er/ schlefft man bey vns auff der Erden/ befleissiget sich der Keuschheit/ martert vnd plaget sich/ isset harte Speise/ betet/ wachet vnnd fastet.

Solches

Am Osterdinstage.

Solcher Ceremonien erzehlet auch etliche Ambrosius Sermone Sexagesimo, In Ostern fasten wir am Sabbath/ halten Vigilien/ vnd beten ohne vnterlaß. Vnd in folgendem Sermon von den 50. Tagen zwischen Ostern vnnd Pfingsten/ die sie stets gefeyret haben/ spricht er: Ewer liebe sol wissen/ daß wir die 50. Tage vber/ zwischen Ostern vnnd Pfingsten stets feyren/ vnd das wir in dieser gantzen Zeit keine Fasten außrüssen/ noch kniend Gott anbeten/ Sondern wie man am Sontage pflegt zuthun/ also stehen wir frey auffgericht/ vnd feyren die Aufferstehung des HERRN. Vnd halten die gantze Zeit dieser 50. Tage/ gleich als den Sontag/ Dieweil der HERR Christus nach seiner Aufferstehung/ gantzer viertzig Tage/ mit seinen Jüngern ist vmbgangen. Vnnd hat der H. Geir also befohlen/ daß gleich wie wir in der Fasten seines Leidens halben trawrig sein/ Also sollen wir widerumb nach seiner Aufferstehung in den fünfftzig Tagen frölich sein. Gleicher Weise redet auch Hilarius in der Vorrede vber die Außlegung des Psalters. Die Aposteln haben den hohen Sabbath auff diese Weise gehalten/ daß niemand in den funfftzig Tagen auff der Erden liegend bett/ noch mit Fasten diese Frewdenreiche Zeit verhindere.

Es ist vor Zeiten in der Kirchen ein grosse Spaltung gewesen/ darüber/ daß man das Osterfest nicht auff eine Zeit gehalten/ Vnd ist dieser Zwiespalt so langwirig gewesen/ daß sie innerhalb ein oder zwey hundert Jahren/ vnnd auch nicht ehe/ denn im Concilio Nicea/ hat können beygelegt werden. Es hat aber sonderlich diß vbel die Kirche in Morgenland irre gemacht/ wiewol die/ so des Osterfestes einig waren/ sonsten noch mit einander Gemeinschafft hielten.

Eusebius sagt im dritten Buch/ Von dem Leben Constantini/ daß solches Gezenck/ vnd böser Zustandt der Kirchen/ weil er nu durch lange Zeit gestrecket war/ fürnemlich zu dieser Zeit grossen Schaden gethan habe/ vnd grewlichen Lermen erregt/ Weil etliche streiten/ daß man bey der Jüdischen Gewonheit bleiben / Etliche aber sagten/ daß man alle Jahr eine gewisse Zeit / wenn Ostern zu halten weren/ setzen solle/ vnd der Jüden Weise abschaffen/ die denn dem heiligen Evangelio gar zu wider were / Sonderlich/ wenn diese Vngelegenheit/ hin vnnd wieder die Kirchen irre machte/ daß etliche jetzt fasteten/ vnnd ihren Leib Casteyeten/ Etliche aber/ so das Fest bereit gehalten/ vnd des müssig vnd frölich weren.

Diß beweget den frommen Keyser Constantinum/ deß er erstlich Osium den berumbten Bischoff in Hispanien/ in Morgenlandt schickte/ daß er die/ so vber dem Osterfest vneinig waren / miteinander verglichen vnd vereinigen solte. Aber da Osius nichts außrichten kundte /vnd der Keyser/ von wegen des grossen Ketzers Arii Ketzerey vnd Schwermeren/ einen Synodum oder Concilium außschreiben muste / wurde auff dem Synodo zu Nicea / zu dem andern die Frage von dem Osterfest fürgelegt/ vnnd der gantze Hadder vnd Zanck damals vertragen. Socrates lib. 1. Cap. 7. Sozomenus lib. 1. Cap. 16.

Von diesem Vertrage ist ein Zeugnis des Concilii zu Nicea verhanden/ bey dem Socrate im 1. Buch am 9. Capitel. Vnd bey dem Theodoreto im ersten Buch am 9. Capitel/ Im Brieffe an die Brüder in Egyptien / mit diesen Worten: Wir verkündigen euch von der Einigkeit/ vber dem heiligen Osterfest/ daß dis Fals/ auch durch ewer Gebet/ es glücklich angangen sey/ also daß alle Morgenlender/ die es erstlich mit vns nicht geholten haben/ ohne schew/ beyde mit denen zu Rom/ vnd mit allen forthin das Osterfest halten/ vnd halten wollen.

Anno

Am Osterdinstage.

Anno Christi. 192. Vnnd diese Zeit entstehet zwischen den Christlichen Bischoffen ein hefftiger Streit/ober dem Osterfest/Victor/der Bischoff zu Rom/sampt dem zu Jerusalem/zu Caesarea Palestinae / Item / sampt denen in Franckreich/ Ponto vnd Achaia / beschliessen/man sol das Osterfest allwege halten an einem Sontage vnd sich nicht an das Mosaische Gesetz binden lassen. Dargegen streiten Polycrates/ vnd die Bischoffe in Asia/ Man sol die Ostern halten/nach dem Gesetze Mosi/ vnnd zeigen an/sie haben diese Ordnung von den heiligen Aposteln empfangen/rc. Derwegen fehret Victor der Bischoff zu Rom zu/vnd thut alle Bischoffe vnd Kirchen/ die es nicht mit jhm halten wollen / in Bann / vnnd nimpt jhm selber eigenmechtig die höchste Gewalt vber alle andere Kircher vnd Bischoffe. Vmb solch es Frevels willen/straffte jhn Ireneus/der Bischoff zu Lugdun oder Leon/in Franckreich hefftig/vnd setzt vnter andern auch diesen schönen Spruch: Dissonantia jejunij, non rumpat consonantiam f.dei, Das ist/ Der Fasten Vngleichheit/sol des Glaubens einigkeit nicht zerstören. Eusebius Eccles. Histor. lib. 5. Cap. 23. 24. &c.

Anno Christi 228. Hat Hippolytus der Bischoff vnd heilige Merterer zum aller ersten beschrieben den Cyclum Paschalem, oder den Oster Circkel/ das ist / er hat eine richtige Weise vnd Ordnung beschrieben / wie man aus der Güldenen Zahl/ oder des Mondes Circkel jehrlich das Oster Fest finden sol / Wie Isidorus schreibet de Etymologijs, lib. 6. Cap. 17.

Wie man aber die Ostern jehrlich finden sol / lehret nachfolgender Bericht/Herrn Leonhard Krentzheims des Fürstenthumbs in der Liegnitz Superintendentis / den er thut in der Erklerung des ersten Buchs/im andern theil seiner Chronologiae / die wegen des grossen Fleisses vnd richtigkeit der Rechnung vnnd vielen andern billich den Vorzug hat/am 30. Blat/mit folgenden Worten:

Was die Güldene Zahl sey.

Je Güldene Zahl ist eine Zeit von 19. Jahren/welche/ so offt sie ausgehet / wiederumb auffs newe angefangen wird / Daherumb sie auch der Neunzehen jehrige Circkel genennet wird / von den Alten dazu verordnet / dass man durch jhre Zahl jehrlich/ die Newen vnd Vollen Mondschein / sampt jhren viertheilen / Item das rechte Osterfest/sampt andern beweglichen Festen hat finden können / darumb dieser Circkel auch ist genennet worden/des Mondes Circkel.

Vmb welches grossen nutzes willen/man solche Zahl in die Calender mit güldenen Buchstaben/ oder Zahlen geschrieben hat / wie noch in etlichen alten Messkirchen vnnd Breuieren zu ersehen ist/Daher sie auch die Güldene Zahl ist genennet worden.

Es habens auch die alten Veter dafür gehalten/alle Verenderung der Menschein/ wie die in den zwölff von dem Iulio Caesare geordenten Monden / des Jahres geschehen/ müssen in dieser Zeit der 19. Jahr/ vollendet werden/ vnd wieder in jhren vorigen Zustand kommen/ Aber es trifft nicht eigentlich oder genaw zu/ denn in 304. Jahren/ kommen die Mondes Circkel allwegen einen Tag zu frühe.

Wie findet man die Gülden Zahl jehrlich?

Wenn man zu der Jahrzahl nach Christi Geburt eines setzet/ vnd das Product durch 19. diuidirt, was vberbleibet von der getheilten vnnd diuidirten Zahl/zeiget desselben Jahrs Gülden Zahl/ Der Prouest aber berichtet dich wie viel Mondes Circkel seind Christi Geburt erfüllet sein/ Nim ein Exempel:

Am Osterdinstage.   54

Zu diesem gegenwertigen Jahr/1575. thue eines/so hastu 1576. Diese Zahl theil durch 19. so bleiben 18. vbrig/ Dieses ist die Güldene Zahl dieses Jahrs.

```
    1
    5   8
1 5 7 6  ( 82   Die 82. im halben Circkel zei-
    1 9 9        gen an das sind Christi vnsers Hei-
    8 2 8        landes Geburt / so viel Mondes
    1 3          Circkel erfüllet vnd vmb sein.
    3
```

Wenn aber von der obgetheilten Zahl nichts vberbleibet/ sondern gehet gerade auff mit 19. so ist 19. die Güldene Zahl desselbigen Jahrs/ wie im künfftigen Jahr/ 1576. zu sehen ist/ denn thue darzu 1. so hastu 1577. Vnndir diese Zahl durch 19. so gehet sie gerade auff drey vnd achtzig mal/ derwegen ist die Güldene Zahl dieses Jahrs 19.

Wozu dienet denn die Güldene Zahl?

DES Monden Wechsel kan man nicht zur jeden Zeit gewiß haben/ durch die Güldene Zahl/ denn es gehen alle wegen in 304. Jahren ein gantzer tag abe/ vmb der die Rechnung aus der Güldenen Zahl zu nemen/ zu rücke weichet/ von des Mondes Lauff vnd wechsel/ also/ das sind Christi vnsers Heilandes Geburt/ dieselbe vmb 5. gantzer tage/ vnd etliche stunden zu früe kömpt.

Doch hat diese Zahl jetziger Zeit auch ihren nutz/ daß man dadurch des Osterfest/ vnd andere bewegliche Fest/ wie sie durch die gantze Christenheit gehalten werden/ suchen kan/ wiewol auch in diesem Fall/ vmb des gemeinen Irrthumbs willen/ der Güldenen Zahl/ das rechte Osterfest selten getroffen wird/ wie denn im gegenwertigen Jahr zu sehen/ da solte das Osterfest nach Ordnung des Nicenischen Concilii gefallen/ auff den 27. des Mertzen/ so fellet es auff den achten tag hernach/ nach anweisung der Güldenen Zahl. Wir wollen aber allhier nicht anzeigen/ wie man das Oster vnnd andere zeitliche Feste suchen sol/ durch die Güldene Zahl/ denn solches wird sonst in den Compunctis Ecclesiasticis gelehret/ sondern wollen nur melden/ wie man des Mondes Wechsel/ durch gedachte Zahl suchen vnd erforschen solle.

Erstlich die Epacten zu suchen.

WIr nennen allhie Epacten/ diese Tage eines jeden Jahrs/ welche gefallen zwischen dem ersten tage des Mertzens vnd dem nechst vorgehenden Newenmonden im Februario/ oder im Ende des Jenners/ denn des Mondes Circkel oder Güldene Zahl sehet an mit dem Mertzen (mit welchem die Astronomi jhre Jarrechnung anfangen) vnd erstrecket sich mit seiner Rechnung/ biß zum Ende des Februarii im folgenden Jahre.

Wer nu die Epactas oder vbrige Tage wissen wil/ der suche sie also: Nim die Güldene Zahl des Jahres/ davon du fragest/ vnd multiplicir sie durch eilff / vnnd vom product ziehe ab 30. so offt du karst/ das vbrige vnter 30. sind die Epactæ deines Jahrs / bis auff den ersten Tag des Mertzens. Exempel dieses 1575. Jahr/ ist die Güldene Zahl 18. multiplicir durch 11. werden 198. davon ziehe ab 30. auff sichs mal / so bleiben vbrig 18/ so viel tage findestu auch dieses Jahr in den Calendern vom Newmonat im Februario/ biß auff den Anfang des Mertzen.

Des

Am Osterdinstage.
Des Mondes Alter in einem jeden Monat
des Jahrs zu finden.

Jltu wissen/auff eines jeden Monats Tage/wie alt der Mond sey / so nim erstlich die Epactas desselben Jahrs / zu diesem setz die Zal des Monats/von dem du fragest/vom Mertzen angefangen zu zehlen/ zu diesen beyden Zahlen thue den Tag deines Monats/ den du dir fürgenommen hast / Die Summa berichtet dich/wie alt der Monat desselben Tages sey / Doch also / daß dieselben nicht vber 30. würden//müssestu 30. darvon weg thun/die vbrige Zahl berichtet dich.

Exempel /wil ich wissen/wie alt der Mond sey/ den 5. des Mertzens in gegenwertigem Jahr/ 1575. Hie neme ich erstlich die Epacten/ die sind 18. Darzu thue ich des Monats Zahl/nemlich 1. (Denn der Mertz ist der erste) Vnd den Tag des Monats 5. Diese drey Zalen 18. 1. vnd 5. machen 24. So alt ist der Mond auff den 5. Tag des Mertzens.

Jtem / Jch beger zu wissen/wie alt der Monat in diesem Jahr sey/ auff den 20. Tag Septembris/ thue derwegen zusammen die Epactas, 18. Des Monden Zahl 7. (Denn der September ist der 7. noch dem Mertzen) vnnd den Tag des Monats 20. die machen zusammen 45. Weil aber diese Zal vber 30. ist / so ziehe ich dreissig darvon ab/ bleiben 15. Dieses ist des Mondes Alter auff gedachten 20. Tag Septembris.

Wie findet man den Newmonden
vnd Vollmonden.

Nim abermals die Epactas desselben Jahrs / Thue darzu die Zahl des Monats/vom Mertzen an zu zehlen/ Diese Summa ziehe abe/ von 30. das vbrige zeigt den Tag des Monats / auff welchem der Newmonat gefelt/ zu derselben vbrigen Zahl setz noch 7. so hastu den Tag des ersten viertheils / Thue darzu 15. so hastu den Vollmond/ Thue 22. darzu/ so hastu das letzte Viertheil/ 2c. Weil aber die Epactæ, vnd Zahl des Monats eine Summa geben/die grösser wehre denn 30. so zieg ab von 45. Das vbrige von dieser Zahl/ zeiget dir den Tag des Vollmondes/ in deinem Monat/ davon du fragest/ darzu thue sieben / so hastu das letzte Viertheil/ oder 15. so hastu den Newenmonden.

Exempel.

Jch wil wissen/ auff welchen Tag im Mertzen dieses 1575. Jahrs/ der Newmonat gefalle. Nim die Epactas dieses Jahrs/ nemlich 18: thue darzu die Zahl gedachtes Monats/ nemlich 1. Welche Zahl zusammen machen/ 19. dieselbe Subtrahire von 30. bleiben vbrig 11. Diese Zahl weiset dir den Tag des Newmonden im Mertzen/ Zu eilffen thue 7. das macht 18. da wird 26. vnd zeigt dir den Vollmond im gedachten Monat / 2c.

Ein Ander Exempel.
Auff welchen Tag fellet der Newemond
im October.

Nim die Epactas 18. Thue darzu die Zahl gedachtes Monats 8. das macht zusammen 26. diese ziehe ab von 30. bleiben 4. Auff diesen Tag im October felt der Newmond/ thue darzu 4. die Zahl 7. das macht eilffe/ vnnd weiset

Am Osterdinstage.

weiſet das erſte Viertheil im October/ thu zu 4.widerumb 15. das macht 19. vnd iſt der Vollmond/ Item/ thu zu 4. die Zahl 12. das macht 26. vnd zeiget dir das letzte Viertheil/ ꝛc.

Die rechte Oſtern zu finden.

Wiltu alle Jahr wiſſen/ auff welchen Tag die rechte Oſtern gefallen/ nach des Niceniſchen Concilij Ordenung/ ſo ſuche allewege nach vorgeſatzten Regeln den erſten Vollmond/ der nach dem eilfften Tag des Mertzen jetziger Zeit gefelt/ Der nechſte Sontag nach demſelben ſolte der Oſtertag ſein/ nach gemelter Ordenung/ Aber nach jtzigem brauch der Gülden Zahl/ wird das Oſterfeſt ſelten recht gehalten/ ꝛc.

Als zum Exempel/ dieſes 1575. Jahr/ gefellet der Vollmond auff den 26. des Mertzen/ welches iſt ein Sonabend/ derwegen ſolt auff den folgenden Sontag/ das Oſterfeſt ſein/ Aber nach der Gülden Zal ausweiſung iſt der Palm Sontag/ ꝛc.

Hiebey iſt auch zu mercken/ das dieſe Regeln des Mondes Alters/ den New-mond/ Vollmond/ vnd ſeine Viertheil jtziger Zeit nur beyleuffig zuerifft/ aber nicht genaw vnnd eigentlich/ ꝛc. Je weiter man aber zu rücke nach Chriſti Geburt zu/ dieſe Rechnung brauchet/ ſe weiter ſchleger ſie feel. Dauon mag man weiter ſehen/ den Computum vnd perpetuum Calendarium, des Herrn M. Bartholomæi Sculteti, des Görlitzſchen Mathematici, &c.

K   Philippi

Philippi Jacobi.

Dieser Apostel ist zu Bethsaida geboren/ im Flecken Galileae/ Petri vnd Andreae Landsman/ vnd nach diesen beiden von Christo zum Apostel beruffen. Eusebius zeiget an/ Lib.3.Cap.30.aus dem Clemente/ das er ein Ehemann gewesen/ vnd Kinder gezeuget habe.

Das aber Philippus in Scythia 20. Jahr geprediget habe/ solches schreiben die andern alle/ als Abdias, Vincentius, Bergomensis, Petrus de Natalibus, &c. Sabellicus schreibet/ in der 7. Enneada, im 2. Buch/ das er von den Ebreern mit gewalt vberfallen/ vnd gecreutziget sey. Dargegen zeigt Nauclerus/ das er aus Scythia wider gen Jerusalem kommen/ vnd gestorben sey/ vnter dem Tito/ des Vespasiani Sohn. Eusebius in seiner Chronica hat gezeichnet das Jahr/ vnd spricht/ Philippus sey gecreutziget vnd gesteiniget worden/ im 12. Jahr Claudij/ das ist/ im Jahr Christi/ 54. Aber im 4. Buch/ am 24. Capitel/ schreibet er aus Polycrate/ das Philippus zu Hierapoli entschlaffen sey. Eben dasselbige schreibt auch Sophronius. Philippus/ spricht er/ prediget das Euangelium in Phrygia/ Er wird aber zu Hierapoli mit seinen Töchtern ehrlich begraben.

Vom Jacobo magstu lesen vnten auff S. Jacobi Tag. Vnd weil dieser Tag/ sonderlich vom Teuffel vnd seinem Werckzeug durch Zauberey vnd allerley Teuffelsgespenste greulich mißbraucht wird/ zu wider dem waren Erkentnis Gottes/ vnd seines lieben Sohns Jesu Christi/ dauon das Euangelium auff diesen Tag verordnet/ lautet/ will ich etlicher Sachen/ hierzu dienlich/ erwehnen/ das sol seyn wie folgt.

Ob auch die Hexen vnd Vnhulden die Menschen durch jre Zauberey/ in Wölffe/ Beren/ vnd andere wilde vnd vnuernünfftige Thier/ verwandeln können.

Was die Poeten von solcher Metamorphosi, oder Verwandelung der Menschen in wilde Thier schreiben/ lassen wir Fabeln seyn/ vnd hören bisher nicht/ daruon zu reden/ Sondern dauon wollen wir sagen/ das wir es für warhafftig halten/ das Menschen in vnuernünfftige Thier/ als in Pferde/ Wölffe/ Beren/ Vögel/ vnd dergleichen/ verwandelt sein/ vnd noch bißweilen sollen verwandelt werden. Wie denn Augustinus aus den Heidnischen Scribenten Exempel erzehlet/ Lib.18.de Ciuit.Dei, Cap.16.17.18.vnd im 16.Cap. spricht er außdrücklich/ das etliche Scribenten non fabulosa, (wie seine Wort lauten) poëtico, mendacio, sed historica attestatione confirmant, Das ist / nicht als eine Fabel/ oder als ein Poetisch Gedicht/ vnd lügen/ sondern als ein warhafftige vnd vergangene Historien bestetigen/ vnd bezeugen/ das des Diomedis gesellen/ auff der Reise/ wie sie von Troia widerumb zu Hause haben ziehen wollen/ seyn zu Vogeln worden/ vnd das dieselbigen Vogel (damit es nicht für ein Fabel gehalten werde) in einer Insel/ nicht weit vom Berge Gargano/ welcher in Apulia ist/ bey dem Tempel Diomedis vmbher fliegen/ vnd denselbigen mit Wasser/ welches sie in jren Schnebeln darzu holen/ begiessen. Vnd wenn jhre Landsleute/ die Griechen/ oder Gnechen genossen/ dahin kommen/ so sind sie stille/ vnd stellen sich freundlich/ Wenn aber andere dahin kommen/ so fliegen sie jhnen auff die Köpffe/ vnnd verwunden

wunden sie mit jhren harten grossen Schnebeln dermassen/ das jtz viel auch sturtzen mussen.

Im folgenden Capitel gedenckt Augustinus weiter/ das Varro keines weges fur eine Fabel/ sondern fur eine warhafftige Geschicht helt/ das des Vlisses gesellen/ durch Circe Zauberey/ sind zu Bestien vnd vnuernünfftigen Thieren worden.

Vnd das die Arcades/ so durch das loß darzu erwehlet/ vber die See geschwummen/ sind zu Wölffen worden/ das sie mit andern wilden Thieren des Orts in der Wüsten vnd Wildnis getobet haben/ wenn sie aber als denn sich von Menschen Fleisch erhalten/ keinen Menschen würgen noch fressen/ so sollen sie wider vber die See schwimmen/ vnd zu Menschen werden/ oder jre vorige Menschliche gestalt wider vberkommen.

Vnd meldet d' jrneben Augustinns/ wie das Varro gedencket/ das einer/ mit Namen Demenetus/ sey zu einem Wolffe worden/ darumb/ das er von Fleisch eines Knabens/ welchen die Arcades geschlachtet/ vnd jrem Abgot Lyceo geopffert/ gessen hatte: vnd derselbige sey hernach vber zehen Jahr widerumb in voriger gestalt ein Mensch worden.

Im 18. Capitel schreibet Augustinus also: Si dixerimus, ea non esse credenda, non desunt etiam nunc, qui eiusmodi quædam vel certißimè audiuisse, vel etiam expertos esse asseuerent, Nam & nos, cùm essemus in Italia, &c. Das ist/ so wir aber wolten sagen/ solches were erdicht ding/ vnd keines weges zu gleuben/ wolan/ so sein jhr etliche furhanden/ welche hoch beteuren/ das sie vergleichen/ zum theil von andern gehöret/ zum theil auch selbst erfaren haben. Vnd ich zwar selbst/ spricht er/ als ich in Italia war/ habe ich gehöret/ das etliche Weiber/ so des Viehes gewartet/ Käse gemacht/ vnd Leute beherberget haben/ mit solcher Zauberey vmbgangen sein/ das sie in einem Käse den wandersleuten/ so jnen eingekehret/ haben können beybringen/ das sie zu Thieren/ als zu Pferden/ Eseln/ etc. sind worden. Doch du gestalt/ das sie jre Menschliche Vernunfft behalten/ vnd nicht verloren haben/ allein/ das sie nicht haben reden können/ vnd haben jnen/(den Weibern) müssen holen vnd tragen/ was sie zu jrer notturfft begert haben/ wenn sie das gethan/ so sein sie als denn widerumb zu Menschen worden.

Er gedencket auch/ wie dergleichen Apuleus schreibet/ das jm selbst widerfahren sey/ das er durch Zauberey zu einem Esel worden sey/ Also doch/ das er nichts desto weniger bey guter Vernunfft sey geblieben.

Lucanus gedenckt auch einer solchen Metamorphosin/ oder verwandelüng vnd verenderung/ so jm selbst widerfaren vnd begegnet sey/ auff der Reise/ da er in Italiam gezogen/ da sey er in eine Herberge kommen/ vnd darinnen gesehen/ wie das ein Weib sich mit Salben geschmieret/ vnd darüber zum Raben sey worden: Wie er sich aber eben mit derselbigen Salben habe schmieren wollen/ so habe er eine andere Salbe aus vnuersehens erwischet/ mit welcher/ da er sich gesalbet/ sey er zum Esel worden/ vnd wie er ins Theatrum fur die Leute gebracht/ habe man jn mit mancherley Kreuter vnd Blumen bestrawet/ da sey er endtlich zu recht kommen/ vnd seine vorige vnd alte Gestalt widerumb erlanget/ in dem er Rosen gessen habe/ aus einer Mago vnterricht. Augustinus, Lib. 7. De Genesi ad literam.

Auff dieses alles mir ein ander vbel Augustinus einen seinen guten vnd kurtzen Bericht/ Libro de Ciuitate Dei, 18. Cap. 18 da spricht er: Hæc aut falsò narrantur, aut ludificationibus Dæmonum fiunt. Das ist/ solche ding sind entweder erdichtet/ oder ist des Teuffels Gespenst vnd betrug gewesen. Vnd im Büchlein de Spi-

Philippi Jacobi.

ritu & Anima, ſpricht er: So iſt ein falſcher wohn/ vnd nichts denn ein aberglaube/ als ſolten bißweilen die Menſchen durch Zeuberey vnd durch des Teuffels gewalt/ in Wölffe vnd andere Thiere verwandelt werden/ holen vnd tragen was man dürffte/ vnd wenn ſie ſolches gethan vnd außgerichtet/ das ſie als denn ire vorige geſtalt bekommen/ vnd widerumb zu Menſchen werden ſollen/ꝛc. Vnd Plinius/ der doch ein Heide geweſen iſt/ muß es ſelbſt fur ein Fabelwerck halten/ wie man leſen mag/ Lib.8. Cap.22. Seine Wort aber dauon ſein dieſe: Homines in Lupos verti, riſumq; ſibi reſtitui, fabuloſum eſſe confidenter exiſtimari debet, aut credenda omnia, quæ fabuloſa tot ſæculis credimus. Mirum eſt, quò procedat Græca credulitas, Nullum tam impudens mendacium eſt, vt teſte careat. Das iſt/ man ſol gentzlich vnd ohn allen zweiffel fur ein Gedicht vnd Fabel halten/ das man furgibt/ die Menſchen werden zu Wölffen/ vnd darnach aus Wölffen wider zu Menſchen/ oder man muſte ſonſt alles gleuben/ was man doch bis hieher ſo viel Jahr vnd zeit her fur Gedicht vnd Fabeln gehalten/ vnd geacht hat/ꝛc. Es iſt keine Lügen ſo grob vnd vnuerſchempt/ man findet Leute die ihr beyfall geben.

Wo man aber darauff bringet/ es ſein nicht alles Poetiſche Fabeln vnd Gedicht/ ſondern etliche der dinge verhalten ſich in der warheit alſo/ Denn man hat es aus erfahrung/ das Menſchen zu Wölffen/ Pferden/ vnd zu andern dergleichen Thieren ſein worden. Wie auch noch heutiges Tages zu vnſern Zeiten etliche Mitnechtiſche Völcker in Eiſſland/ Littaw/ Preuſſen/ ꝛc. in der meinung vnd Glauben gentzlich ſein/ das etliche Leute bey inen zu Wölffen werden/ vnd in der Wildnis wie andere Wölffe herumb lauffen/ groſſen ſchaden thun/ vnd wenn ſie wider zu Menſchen werden/ ſol man inen die Biſſe oder Narben der wunden an iren Gliedern Augenſcheinlich ſehen/ die ſneu von den Hunden ſein zugefügt worden.

Im Herodoto wird gedacht/ das ſolches ſol geſchehen ſein/ bey den Völckern in Scythia/ Neures genant. Hieher gehöret nun/ das etliche furgeben/ wie die Zeuberin auff gewiſſe zeit zu Katzen worden/ vnd zuſammen komen an gewiſſen örtern/ꝛc.

Darauff iſt mit Auguſtino zu ſagen/ ſimpliciter, Das ſolche dinge im grunde nichts anders ſein/ denn nur allein/ Ludificationes Dæmonum, des Teuffels Betrug vnd Geſpenſte/ vnd ſeine Blendung/ damit er die Menſchen bethöret/ das ſie das fur gewis vnd war achten/ vnd halten/ vnd an im ſelbſt vnd im grunde nichts iſt. Vnd das iſt dem Sathan leichtlich zu thun/ denn wie er ſagt/ Lib.7. de Geneſi ad literam: Si non contingit in ſomnijs, vt fallaci memoria quaſi recordetur ſe homo fuiſſe, quod non fuit, aut egiſſe, quod non egit: Quid mirum, ſi quodam Dei iuſto occultoq; iudicio, ſinuntur Dæmones in cordibus etiam vigilantium tale aliquid poſſe, &c. Das iſt/ ſpricht Auguſtinus/ kan ſich das im Schlaff vnd Traum begeben/ das ſich der Menſch offt leſt beduncken/ er ſey das oder jenes geweſen/ das er doch in der Warheit nie iſt geweſt/ oder/ das er dis oder das gethan/ das er doch ſein Lebtag nie hat gethan? So kan es auch wol geſchehen/ das aus Gottes Gerechten vnd verborgenen Gericht/ dem Teuffel verhenget vnd zugelaſſen werde/ der Menſchen hertzen mit ſehenden Augen alſo zu bethören vnd zu bezaubern/ das ſie gentzlich meinen/ vnd gewis darfur halten/ ſie ſein da oder da/ dis oder das geweſen. Item/ haben dieſes oder jenes gethan/ das doch lauter nichts/ ſondern allein des Teuffels blendung vnd Betrug geweſen iſt.

Darneben ſetzt Auguſtinus/ auch Grund vnd vrſachen/ warumb es allein Teuffelsgeſpenſte vnd Betrug müſſe ſein/ vnd in der warheit nichts anders könne ſein/

sein/ vnd das es allen Zauberern vnd Teuffeln vnmüglich sey/ einen Menschen in ein vnuernünfftiges Thier zu verkeren/ oder zu verwandeln.

Erstlich/ das der Teuffel nichts kan oder vermag/ ohne Gottes verhengnis vnd zulassung/ denn also spricht Augustinus/ wir sollen aller dinge gewis glauben/ vnd gentzlich darfur halten/ das der Allmechtige Gott alles kan vnd vermag/ zu thun/ nach seinem willen vnd gefallen. Die Teuffel aber/ ob sie wol mechtig vnd böse sind/ können sie doch nicht thun oder ausrichten/ ohn so viel vnd so fern es jnen von Gott erleubet vnd verhenget wird. Welches Gericht zwar in vielen dingen verborgen/ aber mit nichten gleichwol vnrecht sein.

Zum andern setzt er den Grund/ das der Teuffel keine Creatur schaffen/ oder auch nach dem wesen verendern kan/ Denn so spricht er: Nec sanè Dæmones Naturas creant, si aliquid tale faciunt, de qualibus factis ista vertitur quæstio, sed specie tenus, quæ à Deo sunt creata, commutant, vt videantur esse, quod non sunt. Das ist/ so die Teuffel etwa ein solch Gespenst/ aus Gottes verhengnis anrichten/ damit sie die Leute blenden vnd bethören/ so sol man keines weges darfur halten/ das die Teuffel newe oder andere Creatur schaffen/ sondern das sie allein die Creatur vorhin vom warhafftigen Gott geschaffen/ nach dem Ansehen/ vnd nicht nach dem wesen verendern/ damit sie den Leuten durch sie blendung vnd Gespenst/ so einen blawen Dunst fur die Augen machen/ vnd sie bezaubern/ das sie ein ding fur das ansehen/ vnd halten/ das es in der warheit doch nicht ist.

Vnd setzet darauff weiter auch seine gentzliche meinung/ das er darfur halte/ vnd spricht: Ich kan vnd wil mich keines andern bewegen lassen/ sondern gleube vnd halte es/ das fur gewis vnd festiglich/ das die Teuffel durch jre Kunst oder gewalt keines weges das können oder vermögen/ zu wege zu bringen/ das der Menschen Seele solte in vnuernünfftige Thier kommen/ viel weniger das sie könten aus Menschen Leibe vnd Gliedern/ vnuernünfftige Thier Leib vnd Glieder warhafftig machen/ oder das zu wege bringen/ das aus Menschen Bestien oder vnuernünfftige Thier nach dem Wesen werden solten/ vnd so es das ansehen hat/ als wurden aus Menschen Wölffe/ Pferde/ Esel/ rc. so sol man doch glauben/ das solches nicht in der warheit also geschehe/ sondern/ durch verblendung/ des Sathans also sein/ als geschehe es/ so es doch nicht in der warheit geschicht: Denn der Teuffel kan seine Creatur/ Natur oder Wesen/ schaffen/ das ist allein ein werck des allmechtigen Göttlichen wesens/ rc.

So kan nun der Teuffel/ aus Gottes verhengnis/ die Menschen bezaubern/ vnd bethören/ das sie etwan ein Gespenst in dieses oder jenes Thiers gestalt/ fur ein warhafftiges Thier ansehen/ vnd meinen/ es sey ein Thier/ so es doch kein Thier ist/ Ja sich selbst wol fur ein solch Thier ansehen/ vnd jnen durch Teuffels Gespenst betröret/ so imaginiren vnd einbilden/ als sein sie Esel/ Pferde/ Wölffe/ rc. so sie doch des keines nicht sein/ sondern eben dieselbigen Menschen/ die sie vorlangst sind gewesen.

Dessen gibt S. Augustinus ein Exempel von des Prestantij Vater/ welchem/ wie Prestantius offt selbst erzehlet habe/ durch Zauberey/ in einem Käse/ durch seine Käsemutter/ welche eine Zauberin gewesen/ daheim in seinem eigenen Hause/ eine solche Gifft sey beygebracht/ das er etliche Tage zu Bette gelegen/ als schlaffe er/ vnd doch keines weges/ weder mit rütteln noch mit schütteln/ noch durch einerley bewegung/ wie geschwinde vnd hefftig auch dieselbige gewesen/ von solchem tieffen Schlaff hat ermuntert/ oder aufferwecket werden können. Nach etlichen Tagen aber sol er

K iij selbst

Philippt Jacobi.

selbst erwacht/ vnd wider zu sich kommen sein/ vnd angefangen zu erzehlen/ was er in des gethan vnd gemacht hette/ wie er were zum Pferde worden/ vnd hette Brod vnd Korn in Secken/ mit vnd neben andern Thieren/ den Kriegern ins Feltlager zugetragen/ vnd zugeführet. Vnd erzehlt darnach noch ein Exempel/ von Vlissis vnd Diomedis Gesellen/ vnd spricht daselbst: So etwas dran ist/ das Vlissis Gesellen zu Sewen/ vnnd Diomedis Gesellen zu Vögeln worden sein/ vnnd die Arabes zu Wölffen/ ꝛc. so kans auff solche weise mit Zauberey/ das ist/ mit verblendung des Sathans geschehen sein/ das die Leute vom Sathan an jren Sinnen vnd vernunfft bethört/ haben gemeint/ dem sey also/ so es doch lauter Gespenst vnnd betrug des Teuffels gewesen ist.

Letzlich setzt Augustinus auch/ causam finalem, warumb vnd auff waserley Ende vnd schlag solchen betrug der Teuffel angerichtet habe/ Nemlich/ Abgötterey/ Mißglauben vnd Heidnische Superstitiones wider Gott/ dadurch zu stecken/ vnd krefftig zu machen/ wie er denn sagt: Der Teuffel hat mit den Vögeln/ so aus Diomedis Gesellen worden sein/ ein solch Gespenst vnd geplerr angerichtet/ die Menschen zu betriegen vnd zu verführen/ das sie viel falsche vnd erdichte Götter/ mit nachtheil vnd schmach des einigen warhafftigen Gottes/ durch Abgötterey ehreten. Wie denn Diomedes von den Griechen für einen Gott/ dergleichen von den Arcadibus, Bacchus Lyceus, auch als ein Gott ist geehret worden.

Eine Historia von einem vormeinten Beerwolff/ erzehlt Sabinus/ im Buch darinnen er die Fabeln Ouidii in Metamorphosi deutet vnd erkläret. Man helt es/ spricht er/ allhie in Preussen darfur/ das etliche Menschen in Wölffen sollen werden/ vnd ist nicht allzu lang ein solcher allhie gefangen worden/ vnd zu dem Hertzogen in Preussen von den Bawren bracht/ die darüber geklagt/ das er jrem Viehe grossen schaden mit würgen vnd reissen gethan. Vnd beschreibet denselben Sabinus folgend also/ vnd erzehlt/ wie es mit jm ergangen.

Es war/ spricht er/ ein heßlicher grewlicher Mensch/ wie ein Wild vngehewre Thier/ vnd hatte viel heßlicher Wunden vnd Narben/ vnter dem Angesicht/ vnd man sagt/ das die Hunde jhn also gebissen vnd zugerichtet heten/ wenn er zu einem Wolff worden wehre. Da er nu von etlichen/ aus befehl des Fürsten/ gefragt ward/ er wolte doch vnuerholen anzeigen/ vnd sagen/ wie es eine gelegenheit mit vnd vmb jhn hette. Darauff er geantwortet/ das er des Jahrs zweymal zum Wolff würte/ Einmal vmb Weihenachten/ das andermal vmb S. Johannis/ nach Pfingsten/ vnd dieselbige genante zeit würde er gar verwandelt/ vnd müste als denn wie ein ander Wolff/ in der Wildnis vnd im Gehöltz/ vnter vnd mit den andern Wölffen lauffen/ reissen/ wüten/ vnd toben. Ehe jhm aber die Wolffshaar wüchsen/ vnd er rauch vnd verwandelt würde/ so kompt jhm vorher ein gros schrecken vnd Trawrigkeit an/ die er am gantzen Leibe fühlet.

Dieses hat man dazumal/ wie es von jhm erzehlet/ darfur gehalten/ das dem also sey: Man hat aber der Sachen gewissen grund wöllen erfahrn/ vnd dahinter kommen/ ob es betrug were. Darauff man jhn eine gute zeit gefangen gehalten/ vnd den Hütern/ oder denen/ so jhn im Gefengnis bewacheten oder bewareten/ ernstlich auffer legt vnd befohlen/ das sie ja eben vnd fleissig achtung auff jhn geben vnd halten solten/ vnd darauff mercken/ ob er denn vmb ob ernante zeit/ seinem bericht nach/ zu einem Wolff würde: Aber da ward kein Wolff aus jm/ sondern ist vnd bleibet eben der vngehewere vnd heßliche Bawer/ wie er in das Loch gestecket war. Vnd schleust

Sabinus

Sabinus darauff/ vnd spricht: Vnde constat, ea quæ de ambiguis lupis narrantur, esse falsa, vtpote quæ homines mente capti sibi imaginantur: Das ist/ daraus ist kund vnd offenbar/ das es ein lauter gedicht ding ist/ das man fürgibt vnd saget/ von den Beer vnd Wehrwolff/ vnd das es des Teuffels Gespenst sey/ dadurch sie bethöret vnd betrogen/ also dencken vnd meinen/ das sie zu Wölffen werden/ da es doch eitel Fantasey vnd Teuffels Gespenst ist/ die Leute also zu äffen/ vnd vmb zu führen.

Ein ander Exempel Vierius in seinem Buch/ De præstigijs Dæmonum, Lib.3. Cap.18. erzehlet eine solche Historien/ wie ein weiser verstendiger Man aus des Teuffels betrug vnd Blendung/ dahin sey kommen/ das er nicht anders gemeint/ denn das er auff etliche gewisse zeit des Jahrs/ zu einem reissenden Wolff würde. Vnd das er als denn sich nichts anders / denn wie ein ander Wolff/ gehabt/ vnd sonderlich begierig were auff die Kinder/ dieselbigen zu zerreissen/ vnd zu fressen. Endlich sey er durch Gottes Gnade aus solcher Fantasey erlöst/ vnd widerumb zu recht kommen.

Vnd disputirt hernach Vierius/ als ein Physicus vnd Philosophus, denn er in seiner profession ein Medicus, das ihm solches aus einer starcken Melancholia wiederfahren sey/ welche etliche Lupinam Melancholicam, etliche Asininam nennen/ vnd spricht/ welche solches vngluck betrifft/ die gerahten in solch ethörische gedancken/ das sie meinen das sie zu Wölffen/ oder Hunden werden. Derhalben wenn sie es an kömpt/ so lauffen sie als vnsinnig aus jren Heusern/ vñ gemeiniglich des Nachts/ stellen vnd geberen sich aller dinge wie Wölffe oder Hunde/ vñ solche arme wannsinnige Leute sind von Angesicht sehr bleich/ oder haben Todten farbe an sich/ haben tieffe/ trockne/ vnd dunckele Augen/ leiden grossen durst/ vnd der Mund vnd die Zunge ist jnen trocken vnd dürre/ ohne speichel vnd feuchtigkeit/ jhre Beine sind jhnen stats vol Wunden/ vnd daher kan man jhre Beine nicht heilen. Solches bezeuget auch Auicenna.

Plinius vnd Edoardus schreiben/ wenn einer Bernhien frisset/ so sol er daraus in solche Fantasey vnnd imagination hernach gerahten/ das er sich düncken lasse/ als sey er zum Beer worden. Vnd sage/ das zu vnser zeit/ solches durch ein Exempel offenbar sey worden/ der gestalt: Man habe einmal einen Hispanischen Edelman Beer Gehirn zu essen geben/ so bald sey er darauff ins Geholtze/ vnd vber Thal vnd Berge gelauffen/ vnd nicht anders gemeint/ aus Fantastischer imagination vnd Einbildung/ er sey ein Beer.

Es bezeuget auch hernach im folgenden/ 19. Cap. Lib. 3. gemelter Vierus/ wie auch zuuor/ Lib. 2. Cap. 22. das von solcher Melancholey der Teuffel nicht weit sey/ wie Lutherus auch saget/ der spricht/ das Melancholia nichts anders sey/ denn balneum Diaboli, ein solcher Melancholischer Kopff sey des Teuffels Lustbad/ wo jn nicht durch Gottes Wort/ vnd durch ein fleissig starck Gebet gewehret wird.

Es setzet auch Vierius ein Exempel von einem solchen Melancholischen Weibe/ welche jherlich so eine Teuffelische Fantasey oder Maniam bekommen/ das sie etliche Wochen des nachts in den Grebern/ vnd auff den Kirchhöffen gelegen/ zu weilen auff die Gassen gelauffen/ die Thüren den Leuten mit vngestümm aus gestossen/ vnd die Fenster ausgeschlagen/ des Tages aber habe sie sich an heimliche örter verkrochen/ oder in die Büsche vnd Welde gelauffen/ vnd das sie solche vnsinnigkeit gemeiniglich vmb die Ostern sey ankommen.

Philippi Jacobi.

Die Schrifft druckt es klar aus / woher solche arme Leute so vnsinnig vnnd grimmig werden / nemlich / nit daher / das sie Melancholisch sein / welches causa remota ist / sondern / das sie von bösen Geistern besessen / eingenommen / vnd also agitirt vnd geplagt werden. Wie zu sehen ist / Matth.8. Mar.5. Luc.8. da ausdrücklichen von den Euangelisten vermeldet wird / Erstlich / das sie besessen gewesen sein / von bösen Geistern. Zum andern / das sie in keinem Hause geblieben / sondern Tag vnd Nacht auff den Bergen vnnd in den Grebern gewesen. Zum dritten / das sie keine Kleider angelitten / sondern dieselbige von der Haut gerissen / vnd nackent herumb gelauffen sein. Zum vierden / das sie Fessel vnd Keten abgerissen / vnd zerrieben / sich mit Steinen geschlagen / vnd ihr Leib grewlich zugerichtet haben. Hernach auch gegen andere / also / das niemand sicher auff der Strassen / da sie gewesen / hat reisen oder wandeln können. Zum fünfften / das die vnsaubern Geister vnd Teuffel gebeten haben / das Christus jnen erleube in die Sewe zu fahren. Zum siebenden / das sie von den armen Menschen in die Sew / aus Christi Erlaubnis gefahren / vnnd sich sampt den Sewen / mit einem Sturm ins Meer gestürtzet.

Daraus erweiset sich klerlich / das da mehr denn eine schlechte Melancholia gewest / nemlich / des Teuffels Tyranney vnd gewalt / der richtet einen Menschen / wenn er Erlaubnis von Gott vberkömpt / so jemmerlich zu / das mans one mitleiden / vnd schrecken / in den Euangelisten nicht wol lesen kan / geschweige denn selbst mit Augen sehen. Der liebe / fromme / vnd getrewe Gott / behüte vns gnediglich durch Christum Jesum seinen Sohn / vnd vnsern HERRN / fur des Teuffels / vnd aller seiner Diener / der Zauberer / vnd Hexen / Tyranney vnd Grausamkeit / Amen.

Creutz

Creutz erfindung.

Es wird beim Ambrosio / in oratione Funebri, vom Tode Theodosij, vnd in Ruffino, Lib. 1. Cap. 18. vnd Socrate, Lib. 1. Cap. 17. Theodoreto, Lib. 1. Cap. 18. Sozomeno, Lib. 2. Cap. 1. gerümet / eine wunderbare entfindung des Creutzes / daran Christus gehencket hat / der auch im dritten Buch / de vita Constantini, der Helene gedencket / vnd des Orts der Aufferstehung Christi / aus befehl des Keisers ernewert / saget nicht ein Wort darvon / das sichs ansehen lest / als hab er dovon nichts gewust / ohne das in seinem Chronico diese Wort stehen / Anno Domini 325. des Reichs Constantini 16. hat Helena die Mutter Constantini, aus Göttlichem Gesicht vnd Offenbarung / das zeichen des Heiligen Creutzes / rc. zu Jerusalem erfunden. Aber wie leichtlich hat das können von den Nachkommen hinein gesetzt vnnd geflickt werden? Weil wir aber keinen eltern Scribenten hievon haben / denn Ambrosium / wollen wir die Historia aus seinen Worten hieher setzen: Der sagt am ende orationis funebris, vom Tode Theodosij also:

Helena / die Mutter Constantini, war bekümmert fur jren Sohn / dem das Römisch Reich heimgefallen war / vnnd eilete gen Jerusalem / vnnd erforschete den Ort / da der Herr gelitten hatte / Darumb kam Helena / vnd fieng an zu beschawen die heiligen Stedte / da gab jr der Geist ein / das sie das Holtz des Creutzes solte suchen / Da kam sie zur Stedt Golgatha / Sihe / hie ist der Ort des streits / wo ist der Sieg (meine das Creutz) Ich suche das Banier des Heils / vnd finde es nicht / Ich bin / sagte sie / im Reich / vnd das Creutz des Herrn im staube / Ich zu Hofe / vnd in verachtung des Herrn Christi Triumph. Derwegen öffnete sie die Erden / vnd thee den Schut weck / vnd find drey Creutz vnter einander liegen / die verfallen vnd bedecket waren / die der Feind verborgen hatte. Aber der Sieg Christi hat nicht können verstilget werden. Sie ist der Sachen als ein Weib vngewis / aber der Geist gibet jr ein gewisses anzeigen ein / derumb / das zwene Vbelthetter mit dem Herrn gecreutziget worden. Darumb suchte sie das mittelste Holtz / Dieweil es sich aber hette zutragen können / das die Creutz vnter einander gefallen / vnd vermenget worden weren: Da kömpt sie wider zur Lection des Evangelij / vnd findet / das auff dem mittelsten Creutz der Tittel gehefftet war: Jesus von Nazareth / der Jüden König. Daher ist die warheit vermerckt / vnd das heilsame Creutz offenbar worden aus dem Tittel. Da sie nu den Tittel funden / hat sie den König angeruffen / nicht das Holtz / denn das ist ein Heidnischer Irrthumb / sondern sie betet an den / der am Creutze gehangen hatte / vnd im Tittel geschrieben war. Sie suchte die Negel / damit der Christus ist ans Creutz geheftet / vnd geschlagen worden / vnd fandt sie. Von dem einen Nagel lies sie einen Zaum machen / vom andern eine Krone / einen wendet sie zur Zier / den andern zur andacht. Sie sandte jrem Sohn die Krone / mit edlen Steinen geschmückt vnd gezieret. Sie sandte jhm auch den Zaum. Vnd Constantinus hats beides gebraucht / vnd den Glauben auff die Nachkommende Könige gebracht.

Aber Erasmus helts darfur / das diese Schrifft mit nichten des Ambrosij sey / vnd sey derhalben die nit als eine Glaubwirdige Histori zu achten oder zu halten / Sondern von etlichen Abergleubischen hinein geflickt / vnd Abgötterey zu sterken / vnter des Ambrosij Namen verkaufft.

Ruffinus aber / der bald nach Ambrosio gelebet hat / vnd Socrates, Theodoretus, vnd Sozomenus, stimmen hie mit den andern vberein / allein sie setzen etwas noch hinzu / welches entweder sie selbst / oder andere erdichtet haben: Nemlich / das der Tittel
vom Creu

Creutz erfindung.

vom Creutz abgerissen sey/ vnd derhalben das recht Creutz nicht habe zeigen können. Derwegen habe Marcarius, der Bischoff zu Jerusalem/nach vorgehendem Gebet zu Gott/die drey Creutz in sonderheit/ eins nach dem andern/ einer frommen Frowen/ die dem Tod nun schier gar nahe war/ auffgelegt/ da sey durch gewisse merck vnd zeichen das rechte Creutz erkant vnd offenbar worden. Vnd Sulpitius Seuerus, Lib. 2. sacræ Historiæ, desgleichen Sozomenus, Lib. 2. Cap. 1. Vnd nach ihm Nicephorus, Lib. 8. Cap. 29. Die dichten/ das es auch auff einen Todten gelegt sey/ vnd da er wider lebendig ist worden/ haben sie an solcher krafft erkant/ welches das rechte Creutz gewesen.

Darnach habe Helena ein Stück des Creutzes lassen mit Silber einfassen/ vnd dasselbige allda zum gedechtnis gelassen/ fur alle die/ die es zu sehen begerten. Das ander theil aber habe sie dem Keiser gesendet/ welcher/ wie Socrates sagt/ Lib. 1. Cap. 17. Constantinus seinem Bildnis habe eingeleibet/ das er zu Constantinopel auff dem Marckt nach seinem Namen genennt/auff eine schöne Seul oder Pfeiler hatte auffrichten lassen/ der hoffnung vnd des vertrawens/ das es einer Stad nicht vbel/ sondern wol vnnd glücklich gehen solt: in welcher ein Particket oder Stück des H. Creutzes bewahret wurde.

Weil aber diese Abergleubische meinung dem Gottfürchtigen Keiser Constantino nit kan zugemessen werden/ als der in der Christlichen Lehr ziemlich vnterrichtet/vnd wol gewust hat/das im Holtz keine krafft sey/ eine Stad zu erretten/ oder dieselbe fur vbel zu bewaren/sondern. so er etwas gethan/ so hat es zum Gedechtnis des Leidens Christi gethan. Darumb wollen wir das Gedicht dem Socrati, vnd andern Abergleubischen lassen/ welche/nach dem sie die reine Lehr verlohren/ viel Abergleubische vnd Abgöttische ding erdichtet/ vnd mancherley wunderbarliche Fantasey aus ihren eignen Köpffen erdacht vnd erfunden haben.

Also thut auch Nicephorus, Lib. 8. Cap. 32. der vnuerscham pt schreibet/ von dem dritten Creutz/ das Constantinus zu Constantinopel am Brodmarckt/ auff eine Marmorne Seul sol gesatzt haben/ das durch desselbigen krafft viel Sieche vnnd krancke/ sind gesund worden: Vnd das der Engel des Herrn/alle Jahr drey mahl/ in der Nacht/ wie der Blitz/ auff dieselbe Seul sey herab gefaren/ vnd vmbher gangen/ vnd einen dritten oder dreyfachen Lobgesang darbey gesungen/ vnd darnach wie ein heller lichter Stern widerumb gen Himmel gefaren. Derselbige sagt auch, Lib. 8. Cap. 55. das bey dem Grabe Constantini Magni, vnd bey seinem Bildnis/ das mit dem Creutz auff die Purpur farbe Marmelseul gesetzt war/ grosse wunderzeichen geschehen sein/das alle die mit Kranckheiten sind behafftet gewesen/gesund worden sein.

Aber das sind Abergleubische ding/ vnd haben sich zu der zeit nicht zutragen können/vnd sch ren als ??ren/ von müssigen Mönchen erdichtet.

In Epistola Decretali, des Bapsts Eusebij, an die Bischoffe in Tuscia vnd Campania geschrieben/ wird befohlen/ das man das Fest/ welches man nennet Creutz erfindung/ auff den dritten Tag des Meyen feiren sol/ welches Fest Helena/des Constantini Mutter/zu feiren geboten hat/ vnd jehrlich zu Jerusalem zu halten/ wie Nicephorus schreibet/ Lib. 8. Cap. 29.

Anno Christi, 1424. in diesem Jahr ist die Stad Weimar mit dem Schloß bey nahe gar durch Fewers not verdorben/ Die Inuentionis Crucis.

Himmelfart

Himmelfart Christi.

Anno Christi, 735. Am Tag der Himmelfart vnsers HErrn Christi/ist Beda seines alters im 70. Jahr gestorben, Vincentius in speculo Histor. Libro 24. Cap. 150.

Anno Christi, 1107. Helt der Bapst Paschalis vmb das Fest der Himmelfart des HErrn/ ein Concilium, zu Trecas in Franckreich/darinnen beschlossen/das die Geistlichen Prelaten sollen durch freie wahl tüchtiger Personen/vnd nicht durch die Leyen/als Weltliche Lehengüter/bestellet werden/es wird auch vernewert/ das verbot von der Priester Ehe/vnd der Bann wider die Simoniacos, Vespergen. P. Aemylius, vnd Albertus Krantz. Saxon. Lib. 5. Cap. 30.

Anno Christi, 1257. Sein die Chur vnd Fürsten vber der wahl des Römischen Königes vneins/ wehlen auch Zwiespeltig/ eins theils wehlen Hertzog Reichharten des Königes von Engeland Bruder/ welchen auch der Ertzbischoff von Cölln/ Herr Conrad/ zu Ach krönet/ am Tag der Himmelfart vnsers HErrn/vnd regiert in der Zwiespalt fünffzehen Jahr. Eins theils wehlten Alphonsum den König aus Hispanien/welcher regiert 15. Jahr/ 6. Monat/ vnd 12. tag Onophrius.

Anno Christi, 1419. Am Sontag vor vnsers HErrn Himmelfart stirbt Elisabeth die Königin aus Polen/ Mechouius Lib. 4. Cap. 28.

Anno Christi, 1419. Am Sontag vor vnsers HErrn Himmelfart ist die Sonn auff 9. Puncten verfinstert worden.

Anno Christi, 1508. Am Sontag nach vnsers Herrn Himmelfart/ ist Ludwig König Vladislai in Ungarn vnd Beymen Sohn/ zu Stuel Weissenburg/ zum Ungerischen König gekrönt worden.

Anno Christi, 1117. Am Himmelfarts Abend vmb Vesper zeit hat sich zu Leodien ein solch grausam Ungewitter erhoben von Donner/ Plitz/ Schweffelischen Fewer/ Regen vnd Sturmwinden/ das niemand anders gedacht hat/ denn der Jüngste Tag were vorhanden/ vnd sind in der Kirchen zween Priester vnd ein Eerman durchs Wetter verdorben.

Anno Christi, 464. Hat S. Mamertus/ Bischoff zu Wien in Franckreich erstlich geordnet/ vnnd auffgebracht die Creutz vnnd Creutzgänge/ welche man pfleget vor dem Fest der Himmelfart des HErrn zu halten/ etc. Verursacht durch ein erschröcklich Erdbeben/ des sich zu Wien erhub/ vnd grossen schaden thete/ vnd das die Wölffe vnd andere wilden Thier/ in die Stette/ Flecken vnd Heuser lieffen/ vnd die Leut nieder rissen vnd frassen/ etc. Ex sire Rudimentum Nouitiorum. Item, Historiam Lombardicam, von den Litanijs.

Anno

Himmelfart Christi.

Anno Christi, 1070. Auffs Himmelfarts Fest/ ist der Keiser zu Quedlenburg/ vnd die Pfingsten vber zu Merßburg vnd zu Meissen gewesen/ vnd dazumal ist die schöne Sufft Kirchen zu Quedlenburg mit allem zu gehörenden Gebew/ in grund verbrant.

Es hat sich Anno Christi, 1565. diese grewlich

Geschicht begeben/ das in einem Dorff mit Namen Schmitz/ nahe bey Prosnitz/ in der Herrschafft des hochgebornen Herrn/ Herrn Wratislaw von Bernstein/ ein Weib ein solch Teufflisch Kind geborn/ das kein Heupt gehabt/ in seiner Brust an der lincken Achsel hats ein Mund gehabt/ vnd auff der rechten Achsel ein Ohr/ an den Henden vnd Füssen sind nicht finger/ sondern an derselben stat Krellen/ gleich einem Frosch oder Krötten/ der Leib aber ist braun gewesen/ wie eine Leber/ vnd gezittert wie ein Gallert/ vnd hat kein Bein an jm gehabt/ wie es auch die Hebamme hat baden wollen/ hat es ein erschrecklich Geschrey gehabt/ Ist vor der Kirchen des Orts von vielen Leuten gesehen worden/ vnd letzlich an einem Ort auff den Kirchhoff begraben/ da man sonst vngetauffte Kinder hin pflegt zulegen. Es hat aber endlich dß Weib/ als die Mutter/ hefftig one vnterlas gebetet/ das die grewliche Geburt außgegraben werden möcht/ vnd gantzlich we gethan vnd verbrant würde/ auch bekant/ das der Teuffel in gestalt jres Mannes/ offt in die Kammer/ Stuben/ auff den Offen kommen/ vnd mit jr vnzucht getrieben. Darumb sie hefftig gebeten/ das dem Teuffel das seine wieder würde/ auch begert/ das Leute bey ir blieben/ denn sie sich fur des Teuffels gewalt vnnd schrecken sehr gefürchtet/ Solche Teufflische Geburt ist endlich aus befehl des wolgebornen Herrn obgenant/ ausgegraben/ vnd auff eine Radtscheiben vors Dorff zuuerbrennen vom Scharffrichter gelegt/ da er ein gantz Fudder Holtz verbrant/ vnd ist das nicht verbrunnen/ sind auch die Windeln noch naß blieben/ bis ers zu stück gehackt/ vnnd schwerlich am Freitage nach Ascensionis Domini verbrant. Dem Weib ist ein gros schrecken zukommen/ vnd hat sich der Teuffel auff die Nacht/ mit grossem getümmel/ wie Pferde vmbs Haus/ Item/ wie Trummeten hören lassen.

Des gleichen die ander Nacht hat man ein grewlich kreissen vnd heulen vnter dem Fenstern/ nachmals am Haus gehöret/ das das Weib gebeten/ das man mit jhr beten/ vnd Gott fur sie anruffen solte/ vnd hat einer dem Teuffel geboten im Namen Gottes/ an den Ort seiner verdamniß zugehen/ Da man erstlich ein heulen wie Hunde vnd Katzen/ so sich bissen vnter dem Fenster gehört/ darnach wie mit einer Trummeten vber das Wasser vor dem Hause gangen/ das die Nachbarn mit schrecken gehört/ vnd vor sie gebet/ hat endlich also vom Teuffel/ durch Gottes gnedige hülff friede bekommen. (Dis ist der lenge nach in einem Zedtel gedruckt gewest/ da der Man/ Weib vnd anders mit namen gemeld wird/ vnd durch einen Erbaren Rath vnd Bürgermeister der Stad Olmitz in Druck zubringen/ befohlen:)

Zu Manhausen/ ius Anstoß Hannonie/ hat sich eine solche

Sache zugetragen/ welche ich von einer glaubwirdigen/ gelehrten/ vnd Gottfürchtigen Mansperson gehört habe/ denn als er dazumal ohne gefehr bey dem Amptman gemelter Stad sich hielte/ der jm denn Bluts halben verwant/ vnd er derthalben ihn zu besuchen/ dahin kommen war/ hat er/ als er auff eine zeit fur der Thür gestanden/ gesehen/ das sich das Volck heuffig zusammen gefunden/ vnd als er gefragt/ was solche bedeute/ ist jm geantwort: Es wird ein armer besessener Mensch/ jtzt beschwert werden. Derhalben er auch dem handel zu zusehen herbey gangen ist.

Als er nun in die Kirche gekommen/ hat er den Priester sehen Meß halten/ vnd den Besessenen zu aller nechst bey dem Altar/ mit scheuslichem vnd greislichem

Angesicht/

Himmelfart Christi.

Angesicht/ vnstill schweigend sitzen. Als nun der Priester das Euangelium ausspre=
chen wolte/ vnd vorlesen/ derhalben/ sich auch auff die seiten/da der besessene Mensch
saß/ kehrte/ vnnd im Euangelio/ bis zu den Worten/ kommen war/ Sie werden
Teuffel austreiben/ etc. Da hat sich der Besessene/ gleich als ob jhm solche
Wort vnleidlich/ angefangen zu erschütten/ vnd mit lauter stimme geschrien/ Jedoch/
nach dem das Euangelium zum ende bracht/ widerumb still geschwiegen.

    Zum ende der Meß/ hat jn der Pfaff mit seinem beschweren wider angegriffen/
vnd letzlich den Teuffel mit solchen Worten angesprochen: Du verfluchter vnd ver=
maledeiter Geist/ sage her/ was ist dir auff dieser Erden am allermeisten zu wider/ vnd
das du in keinem Wege leiden kanst? Darauff der Satan ein weil geschwiegen.
Weil aber der Priester nicht ablassen wolte/ sondern mit seiner frage strack vnd feste
anhielte/ hat letzlich der Teuffel geantwortet/ das Weihewasser. Darauff der Exor=
cist oder Beschwerer den nechsten zugefahren/ einen silbern Becker mit Weihewasser
gefüllet/ denselbigen dem Besessenen an den Mund gesetzt/ vnd aus zu trincken ge=
zwungen/ welcher angefangen hat sich kleglich vnd jemmerlich zu ringen vnd zu win=
den/ vnd erbermlich zu schreien/ hat auch so bald angefangen/ grewlich zu schwellen
vnd auff zulauffen/ sonderlich oben am Hals. Bald ist der Pfaff her/ vnd bind jhn
an den Hals S. Gnudels Heiligthumb/ in einem silbernen Gefeß/ als ein gewisses
trefftiges mittel den Teuffel aus zutreiben. Da hat der Besessene wider angefangen/
sich zu welzen vnd zuschreien/ bis vber eine weil/ da ist es besser mit jhm worden/ vnd
ist der Teuffel ausgefahren/ vnd der Besessene genesen. Hernachmals aber hat man
befunden/ das dieses ein lauter betrüg/ vnd eitel abgespielte Sachen vnd Handel ge=
wesen sein/ derhalben sie auch beide zur Straff gezogen/ vnd jren verdienten lohn be=
kommen haben, Doctor Vierus, parte secunda, de præstigijs, Lib.3.Cap.11.

L   Pfingsten.

Pfingsten.

**NNO** Christi, 1515. Ist zu Bellitz im Schweitzer Gebirge / geschehen der grosse Wasserbruch / vnnd ist also zugangen: Es ligt im Thal ein Flecken / zwo meil daruon/das heist Valens/ vnd leufft ein Wasser dadurch/ Ist Anno Christi, 1513. verfallen von einem Berge/ der fiel auff einen andern/ wie denn in diesem Lande ein Berg hoch vber den andern gehet/ Es fiel auch ein theil des Berges im Thal/ dauon sich das gemelte Wasser schwellete/ vnd ward ein grosser See daraus/ zwo meil lang/ vnd vnsehlich tieff/ darob die gantze Landschafft erschrack/ vnd sie vnterstunden sich/mit hülff deren von Vrn/ Schweitz/ vnd vnterwalden/ den See abzugraben/ aber es mocht nicht gesein. Der See stund gar nahe zwey Jahr/ vnd wuchs von tag zu tag/ bis auff den freitag vor Pfingsten/ Im 1515. Jahr/ an einem Morgen frü/hub er an vber sich zu quellen/ mit solchem grossen getöni/das die Leute hoch auff die Berge wichen. Als aber bis ins lang verzog/ sind sie mit grosser furcht widerumb herab ins Thal gezogen/ aber nach langem getöss/ vier stunden vor Mittage/ fieng der See an aus zubrechen/ mit solchem vngestümme/ das er auch Felsen so gros als Heuser triebe/ vnd ein gantz Dorff hinweg flössete/ vnd die gantze gegend also verderbete/ das niemandts sehen oder kennen konte/wo es gestanden war.

Anno Christi, 1551. Vmb Pfingsten/ sind solche grosse Regen vnd Wassergüsse in S. Joachims Thal vnd zu Schlackenwalde gewesen/das die Scheden/ so bey den Bergwerck dadurch erfolget sind/ nicht wol ersetzt werden mögen/ wie denn an der Elbe vnd zu Cassel/ dergleichen nicht fliessenden wassern erfahren/ das dieselbige so hoch gewachsen/ das man bey Menschen gedencken dergleichen nicht erfahren.

Im selbigen Jahr/ sind in Francken/zu Kitzing/ Ochssenburg/ vnd andern vmbliegenden Orten/ am Donnerstag vor Pfingsten/ Wolckenbrüche nider gefallen/ die viel Menschen vnd Viehe ersäufft/ vnd sonst grausamen schaden gethan. Nemlich/ es sind etliche Wolckenbrüche geschossen/ vnd solch gros Wasser gemacht/ das ein gantzes Dorff/ Bundtürghausen genant/ bey zwentzig Heuser hinweg gefürt/ das man des Morgens ob die hundert todter Menschen auff dem Felde gefunden hat.

Item/ zu Kitzing hat das Wasser eine Brücke hinweg geführet vnd gerissen/ vnd viel Weins in die Keller ersaufft/ das man in die Stadmauren an zweyen Orten hat müssen einreissen/ damit das Wasser seinen lauff gehabt. Es hat auch fünff gantzer Heuser hinweg geführet/ Auch ist eine Sechswöchnerin in einem Hause gewesen/ sampt dem Jungen Kindlein/ so in der Wiegen gelegen/ in dem Wasser geschwummen/ vnd wenn man nicht so hefftig gewehret/ möchte es alles hinweg gerissen haben.

Zu Ochssenfurt hat das Wetter bey dreissig Donnerschlegen gethan/ vnnd die Stad angezündet/ das sie des Morgens vmb sechs mehr denn die helffte weg gebrand/ ohne was es hernach gethan hat. Zu Rottelsee hat das Wasser fünff Heuser/ sampt sechs Menschen/vnd viel Viehes hinweg gefuhrt. Zu klein Necker hat es auch fünff Heuser/ sampt sechs Kindern/ Viehe/ vnnd andern hinweg geschifft. Zu Speckfurt sind fünffzehen Menschen vmbkommen/vnd ist auch sonsten grosser schaden geschehen.

Zu Bamberg

Pfingsten.

Zu Bamberg hat es sieben Heuser vnd eine Mühle weggefuhrt/ auch andern grossen schaden/ den es allenthalben am Felde vnd Weinbergen gethan/ das man Holtz vnd anders abgereumet/ viel grosser Schlangen gefunden/ die sich hefftig in einander geflochten/ das man vermeint/ es habe auch Schlangen mit geregnet/ hat auch an vielen andern enden schaden gethan.

Anno Christi, 1069.
Nach Pfingsten helt der Keiser einen Reichstag zu Worms/ da er vnter andern fleis ankeret/ seine Gemahl F. Bertam mit fugen zuuerstossen/ Darumb er auch eine zusammenkunfft der Geistlichen anstellet.

Anno Christi, 1139.
Vmb Pfingsten wird zu Bamberg ein Reichstag gehalten/ auff welchem die Sachsen sich dem Keiser Conrad ergeben/ vnd werden zu gnaden angenommen. Hertzog Heinrich aus Beyern mus die Keiserlichen Kleinoder von sich geben/ wird darzu in die Acht gethan/ vnd seiner Lande entsetzet/ Er stirbet auch eis Jahr. Vrspergensis vnd Otto Frising.

Anno Christi, 1212.
Helt Keiser Otto vmb Pfingsten einen Reichstag zu Nürnberg/ wider Landgraff Herman/ der des Bapst Parcey anhieng/ vnd den Ertzbischoff zu Meintz schützet/ vnd verwüstet sein Land mit Fewer vnd Schwerd.

Anno Christi, 1125.
Den Donnerstag nach Pfingsten/ stirbt zu Utricht Keiser Heinrich der fünffte/ im 20. Jahr seiner regierung/ im 14. der Keiserlichen Krönung/ vnnd ligt zu Speier nebeu seinem Vater/ Grosvater/ vnd Eltern Grosvater begraben. Vnd ist nach ihm das Keiserthumb auff ein ander geschlecht kommen/ denn es wird zu Meintz auffn 9. Tag zum Keiser erwehlet Hertzog Lotharius aus Sachssen/ Graff Geberharden zu Supplenburg vnd Arnsberg Sohn/ aus dem alten Stammen der Graffen von Querffurdt am Hartz/ Ist gekrönet zu Ach/ Ist der 10. Deutsche Keiser/ hat regiert 13. Jahr/ vnd 8. Tage. Krantz. Saxon. Lib.5. Cap.45. Vnd im sechsten Buch. Cap. I.

Anno Christi, 713.
Als Philippicus der 102. Römische Keiser am Pfingstabend mit etlichen vornemen Herrn/ des Raths ein Pancket gehalten/ hat in Ruffus der Opficianer Heuptman/ mit etlichen aus Thracia vnuersehens vberfallen/ vnd im die Augen ausstechen lassen.

Den nechsten Tag hernach/ am heiligen Pfingstag/ wird Fl. Arthemius in bey sein/ des Raths/ Vom Patriarchen Joannes/ zum Keiser gekrönet/ vnd Anastasius genent/ regiert 1. Jahr/ vnd 3. Monat: Wi: Onophrius, Diaconus Lib. 20. vnd Zonaras zugen. Etliche schreiben ihm 3. Jhar zu.

Anno Christi, 1081.
Zeucht Keiser Heinrich der 4. mit Heeres krafft in Welschland/ wider den Bapst Gregorium 7. gewinnet vnd eröbert alle Sted vnd Schlösser/ welche derselb beschirt hatte/ vnd kömpt am heiligen Pfingstabend fur Rom/ schlecht sein Lager fur S. Peters Brück/ vnd weret die Belegerung der Stad 2. Jahr lang. Marianus Sigebert. Vrsperg.

Anno

Pfingsten.

Anno Christi, 1434. Am heiligen Pfingstabend/ stösst den Keiser Vladislaum Iagello ober Tisch ein Feuer an/ darnoch stirbt er hernach am letzten Tag des Meyen/ an einem Montag/ vmb 3. Stund in der Nacht/ als er regiert hatte. 48. Jahr vnd 3. Monat/ an einem Freitag wirt er begraben zu Cracaw. Mechouius Lib. 4. Cap. 48.

Nach ihm regieret sein eltester Sohn/ auch Vladislaus genent/ vnnd wird zu Cracow gekrönet. Mechouius Cap. 53. Fulstein im 14. Buch/ am 17. Cap. vnd im 15. Buch/ am 1. Cap.

Anno Christi, 1427. Ist am heiligen Pfingstabend ein erschrecklich Wetter gewesen/ von Donner/ Blitzen/ vnd Regen/ davon sich die Wasser gewaltig ergossen/ vnd hat sonderlich die Sala viel Leute vnd Viehe erseufft/ im Felde auch etliche Gebew nider geworffen/ vnd ist das Wasser zu Halla in Deutschen Born/ vnd in den Materii getreten.

Anno Christi, 1551. Ist in der Mechelburgischen Grentze/ nicht fern von Wilstad in Pfingstfeiertagen/ das Volck beim Bier gesessen/ (wie man denn auff solche heilige Fest/ ein heiligen Geist pflegt in der Bier Kanne zu suchen:) Da hat ein Weib grewlich angehaben zu fluchen/ ist sie sichtiglich von der Erden zu Thür hinaus in die Lufft gefürt worden/ vnd da das Volck nachgeeilet/ vnd das Weib eine gute weile in der Lufft führen gesehen/ ist sie entlich herab gefallen/ vnd Todt funden. Iob. Fin. Lib. 1.

Fur etlichen Jahren gieng auff den Pfingstag vnter der Predigt eine Gesellschafft mit einander spacieren/ kommen an einen Sumpff oder Wasser/ wolten haben zu baden/ da versauffen ihnen der eine vnter den Henden.

Zu Blesenrode gehen ir etliche auff eine zeit auffen Pfingstag ins Holtz spacieren/ kommen von einander/ so begegnet dem einen der Teuffel/ in gestalt wie eins grossen Fasses eilend daher welzend/ als er nun nirgend aus noch ein weis/ drehet sich der Teuffel vber ihn/ druckt vnd zerknieschet ihn also/ das er wenig Tag hernach gelebet.

Vnds Jahr Christi / 1184. hielt der Keyser Friderich zu Meintz einen grossen Reichstag/ da er auch seinen Sohn Heinricum zum Könige erwehlete/ vnd ihme die Constantina, so ein einige Tochter des Königes zu Neapolis ward/ vnd ein Kloster Person zum Gemahl verheyrath ward/ In solcher grosser Versamlung gleich am heiligen Pfingstage/ da der Keyser in seiner höchsten herrligkeit saß/ neben beider Stende Fürsten/ also/ das im zur rechten seiten saß der Ertzbischoff von Meintz/ zu der lincker der von Cölln/ richtet eine vnlust an/ der Apt von Fulda/ nach dem er den Keiser sitzend wolte zu der lincken seiten/ welche stedte der Ertzbischoff von Cölln hatte eingenommen. Das solches allda vielleicht aus einer gewonheit von alters her/ geschehen sey/ wissen zt viel/ sonderlich an demselbigen Ort. Aber der Churfürst vnd Ertzbischoff gedachte/ es wolte seinen ehren vil hoheit zu nahe sein/ das er einem Apt weichen solte/ der Keiser ward gefraget/ welchem dem vnter sitten beiden da zu sitten gebüret? Der antwortet: Wir lassen vns gefallen / die alten vnsers Reichs gewonheit/ So sitze derhalbe da ein grosser oder ein kleiner/ so gilt es vns gleich. Der Ertzbischoff verstund/ das solche antwort des Keisers ihm galt/ stund auff vñ sagte/ Dieweil es Keiserlicher Maiestat wille also ist / so wil ich Ertzbischoff weichen einem Apt/ ich Churfürst einem Mönche/ Ich wil aber mit gunst hiermit meinen abscheid genommen haben/ vñ gieng nach solchen worten darvon. Also folgete ihm der Pfaltzgraff am Rhein/ des Keisers Bruder/ vnd der Graff von Nassaw/ vnd sagten/ Durchleuchtigster Keiser / wir scheiden auch mit wissen/ vnnd folgen dem Ertzbischoff/ als vnserm

Lehnherrn

Pfingsten.

Lehnherrn/ Dem Graffen von Naſſaw/ der vom Apt auch Lehen hatte/ ſagt Lucouicus der Hertzog in Düringen/ Du hetteſt dich ſehr fein gegen deinem Lehenherrn/ von dem du abfelleſt vnnd einen andern Herrn folgeſt. Dem antwortet der Graffe/ fur das Lehen oder Beneficium das ich vom Apt habe/ wil ich willen vnd gehorſam erzeigen/an gebürlichem Ort/ Jnund folge ich dem/ den ich vnter andern in dieſe verſamlung bracht habe/ vnnd des Lehens/ das ich habe/ gleich ſo wol ein Herr iſt/ als jener. Desgleichen thet der Hertzog von Brabant auch/ vnnd gieng davon. Nach dem aber ſo viel ſtete ledig wurden/ ward König Heinricus betrübet/ fiel dem Ertzbiſchoff zu Halfe/ vnd bat ihn höchlich/ Er wolte doch nicht vrſach ſein/ das man ſolch hohes Feſt mit trawrigkeit muſte anfahen/ Er wolte auch nicht betrüben eine ſolche herrliche Verſamlung der Fürſten/ ſondern wolte ſitzen bleiben/ vnd bey ſeiner Krönung nicht vnwillen/ vnd vnluſt laſſen angerichtet werden. Der Keiſer aber ſchlug ſich auch darzwiſchen/ vnnd ſagt zum Ertzbiſchoffe/ Dieweil ihr euch eines einigen Worts ſo ſehr annimmet/ ſo wolte ich hette ſtill geſchwiegen/ wiewol ich weis/ das ich nichts vngebürliches/ oder das dem Reich nachtheilig were/ geredt habe. Aber ſehet ihr zu/ das ihr nicht mit dem/ das ihr einen kleinen ſchaden heilen wollet/ dem Leib eine groſſe Wunden zufüget. Denn was/einen ſolchen groſſen Conuent zertrennen/ auff ſich habe/ das wiſſet ihr ewrem verſtande nach ſehr woll. Der Ertzbiſchoff erzürnet ſich vnd ſprach/ Keiſerliche Maieſtet bezalt mir heutiges Tages ſehr fein/ meinen langen vnd trewen Dienſt vnd willen/ damit ich ihr vnterthenig gefolget/ in den Legern vnd Kriegen graw worden bin/ Italiam beſchedigt/ die Lombarden bekrieget/ vnnd von jrent wegen zu Braunſchweig Schweis vnnd Blut gelaſſen habe. Dafur mein groſſer Lohn nun dieſes iſt/ das ich in dieſer der Fürſten Verſamlunge verhönet vnd zu ſchanden werden mus/vmb eines Mönches willen/welcher/ wo er nicht Keiſerlicher Maieſtet heimliches gemüt vnd ſin wuſte/ ſich wol des würde enthalten haben/ So derhalben/ beide Keiſer vnd Könige wollen/ das ich bleiben ſol/ ſo wil ich gehorſam halten/ So ſehe man vnſere Stuel widerumb zu rechte/ wie ſie geweſt ſein/ Kan dar nach der Apt inen Stuel nicht leiden/ ſo ſteige er hinan gen Himmel/ ſetz ſich ober den Wind/vnd ſey gleich dem allerhöchſten. Als aber der Apt des Ertzbiſchoffs vermeſſenheit merckte/ kam er in die verſamlung mit 4000. geruſter Mann/ welche ohne zweiffel in der Kirchen ein ſchlagen angerichtet hetten/ ſo das Gezencke lange gewehret hette. Der Keiſer ſprach/ dieweil wir/ Ertzbiſchoff von euch beſchüldigt werden/ als ſolten wir was heimliches mit dem Apt/ wider euch zuſammen haben/ wolan/ ſo ſein wir bereit/dafur einen Eyd zu thun/ das wir daran keine ſchuld haben. Vnd als er jetzt zu ſchweren anheben wolt/ fiel ihm der Ertzbiſchoff drein/ vnd ſagt: Es ſein nur Keiſerliche Maieſtet wort/ Eids genugſam. Nachmals wandte ſich der Keiſer zu dem Apt/ darumb das er auch viel Fürſten an ſich hatte/ ſo ſich ſeiner/ da es zum ſchlagen keme/wurden annemen/ vnd ſagt zu ihm/ Damit heutiges Tages nicht ein groſſer vnluſt entſtehe/ vnnd vns dieſes herrliche Feſt betrübe vnd verderbet werde/ So wollet ihr/ Vater/ eine kleine weile gedult tragen/ welches ewer Gerechtigkeit zu keinem nachtheil gereichen ſol. Alſo muſte der Apt mit ſcham vnten an ſitzen/ vnnd alſo ward der König Heinricus gekrönet/ ſampt der Königin/ im Jar Chriſti/ 1184. Pfu dich an du ſchendliche Hoffart/der du vom Himmel herab/ſampt deinem Meiſter/ billich zur Hellen herunter geſtürtzet wirſt/ angſt vnd qual darinne allezeit zu leiden. Chron. Alberti Krantz. Lib. 6. Cap. 46.

In der Schöpffen zu Magdeburg Chronica ſtehet/ das Anno 1203. zu Oſſemer bey Seenek. der Pfarherr in Pfingſtfeiertagen/ den Bawren ſelbſt geſtohlen habe/da habe ihn der Donner die rechte Hand mit dem Fiedelbogen ab/ vnd bey vier vnd zwentzig Menſchen erſchlagen/ in des Stiffts Chronick wird das Dorff Heſſewig genant.

Pfingsten.

Wie denn Gott selbst im 1555. Jahre/ das Bawersvolck sonderlich vermarnet vnd erinnert hat/ von solchem schwelgen abzustehen/ da er eben am Pfingstsontag vnter der Predigt/ an vielen Orten/ das liebe Getreide auff dem Felde/ jemmerlich mit einem schrecklichen Wetter/ in die Erden geschlagen/ vnd in etlichen örtern/ da das Pfingstbier im Glockenthurn gelegen ist/ vnd die Bawren gewisslich mehr ihre gedancken auff die furhabende desselbigen Tages seufferey/ denn auff die Predigt/ oder zum Gebet gericht haben/ in die Kirchen/ mitten in den Chor mit dem Fewerstrahl geschossen hat/ welches Exempel billich jederman schrecken/ vnd zu Gottes furcht reitzen vnd treiben sol. General Artic.

Liberius/ Bischoff zu Rom/ do er am Pfingstag hat wollen teuffen/ hat er eine grosse versamlung aller Christen beruffen/ vnd ist mit der Lietaney in S. Peters Kirchen gangen/ vnd dis Gebet furher gebetet: Gott/ der du deinen Sohn gesandt hast/ vnd der Creatur ihren Schöpffer offenbaret/ Sihe an diesen Weinberg/ vnd gete die Disteln vnd Dörnen aus/ vnd mache die Reben frisch/ vnd starck/ das sie Früchte bringen in der Warheit/ vnd vmb Gottes vnd vnsers Herrn Christi willen/ den heiligen Geist erkennen/ der mit Gott dem Allmechtigen lebet/ von Anfang bis in alle Ewigkeit. Darauff alles Volck geantwortet: Amen. In Tomo Conciliorum.

Anno Christi, 1529. Ist zu Bossing/ in der Marck/ welche in Vngern gelegen/ vnd den Wolgebornen Herrn/ Herrn Frantzen vnnd Wolffgang/ Gebrüdern/ Graff zu S. Georgen vnnd Bossing/ zugehöret/ ein Knäblein mit Namen Hensel/ im neundten Jar seines alters/ verloren worden/ welches Greger Meitigers/ Wagners/ vnd Bürger daselbst/ Kind gewesen ist. Vnd wiewol durch fleissig suchen der Bürger vnd einwohner/ das Knäblein vnter den Jüden/ so da wonhafftig gewesen/ gesucht/ auch sonsten an vielen andern örtern vnnd enden/ von jhm nach gefraget worden/ ist doch etliche Tage verloren bliben/ vnd ist widerumb ain Mittwoch nach Christi Himmelfarts tage/ zwischen sieben vnd acht vhr/ vormittage/ ausserhalb des bestimpten Marcks/ in einer dicken Dornhecken/ mit gebundenen Hendlein/ in einem Hembdlein/ auff seinem Angesicht ligend/ durch Göttliche schickung von einem alten Weibe ohne gefehr gefunden worden/ welches sie dem Gericht vermeldet vnd angezeiget/ Darauff solch Kind gen Bossing in seines Vaters Hause Loo/ vnd mit vielen wunden/ stichen vnd schlegen vbel zugerichtet/ getragen worden.

Als hat die Obrigkeit ernstlich einsehen gehabt/ vnd von stundan alle Jüden/ Jung vnd Alt/ so dazumal daselbst wonhafftig gewesen/ der that beziechtiget/ gefencklich annemen/ vnd bewaren lassen. Vnd darauff ferner am Pfingstag/ acht Tage nach begangener Mordthat/ die Obrigkeit obgemelte Herrn Graff Frantz/ vnnd Graff Wolffgang/ Gebrüder/ die zwo Freystet in Vngerland/ nemlich Pressburg/ vnd Zyrna/ auch darneben die zween Merckt/ Wartenberg vnd Moder/ ersucht vnd gebeten/ das begangene Vbel vnd Mord/ so an dem Knäblein geschehen/ zu besichtigen vnd zu beschawen/ vnd wo das von nöten sein wolte/ darvon zeugnis zu geben/ Darauff aus jeder Stad zwo Raths personen erschienen sind/ daselbst inen das Knäblein furgetragen worden/ welches sie notturfftiglich besichtiget vnnd beschawet/ vnd an seinem Leibe viel stiche/ wunden/ vnd schlege befunden. Denn auff seinen Hendlein sind alle seine äderlein abgestochen/ desgleichen auff seinen Füsslein vnd gantzem Leibe/ die Adern zerschnitten vnd zerstochen/ auch sein Männlich gliedlein abgeschnitten gewesen/ dergleichen sein Hals vnnd Genick zustochen/ vnnd das Heupt eingeschlagen/ welches von menniglich mit schmertzen ist gesehen worden.

Nach

Pfingsten.

Nach solcher besichtigung des Kindes/ haben die vorgemelten Sted vnnd Marckt nicht anders spüren noch erkennen können/denn das solches eine Jüdische arbeit were. Derwegen die verdechtigen vnnd gefangnen Jüden/ von stund an mit scharffer frage angegriffen worden/ ein jeder insonderheit/ haben aber der Missethat vnnd des Mords halben dazumal nicht bekennen wollen. Hernachmals in den **Pfingstfeiertagen** hat man sie widerumb mit ernst vnd strenger frage fürgenommen/Do hat sichs befunden/das die Jüden das Kind gemartert haben. Nach geschehener Vrgicht vnd bekentnis bemelter Jüden/ sind sie am Freytag nach Pfingsten zu Bösing im Marckt fur Gericht geführet vnd gestellet worden/ daselbst die geschworne Richter vnd Schöpffen auff offenem Platz zum gericht gesessen/ vnnd ist allda in aller Welt angehört jhre Vrgicht verlesen worden/ vnd die Jüden gefragt/ ob dem also/ vnd ob sie solcher that von jnen vollbracht gestendig weren? Darauff sie alle eintrechtig vnd mit heller stimme bestentiglich ja gesagt. Darauff ist das Vrtheil ergangen/ vnnd zu recht erkant vnd gesprochen worden/ das alle Jüden zu Bösing/ Jung vnd Alt/ vertilget/ vnd mit Fewer solten verbrant werden.

Doch haben die vielgedachten Graffen/ nach ergangenem Sentenz vnnd Vrtheil/ den Jungen Jüdischen Kindern/so vnter acht vnd zehen Jaren gewesen/das leben gefristet/ welche die Erbarn Christlichen vmbstehenden Leute zu sich genommen/ aussgetheilt/ vnnd zur H. Tauffe gebracht haben. Aber die Alten Jüden/ Man vnd Weib/ Knaben/ Dirnen/ Knecht vnd Megde/ etc. in die dreissig Personen/ sind hinaus fur dem Marckt zu Bösing auff eine Wiesen vnd weiten Platz gefüret/ auff ein grosses vnd angeschurtes Fewer gesetzt/vnd|zu Pulver verbrennet worden/vnd ist also das grausame grosse vbel/ wider das heilige vnschüldige Christliche Blut gestrafft vnd gerochen.

Anno Christi, 1532. Weret die Thewrung noch/ die sich im 29. Jar angefangen hatte/ vnd stiege je lenger je hefftiger/in allen dingen/ so Menschliche notturfft erfordert/ also/ das im Elsas vnd zu Strasburg ein Juder Weins auff dreissig gülden kommen. Ein viertel Korn auff drey gülden. Ein fester Saltz an etlichen orten bis auff vierzehen Plappert.Vmb Augspurg ein Schaff Korn vmb fünff gülden/etliche sagen drüber. Gemüß/ als Erbiß/ Linsen/ allerley Mehl vnd zugemüß/in wunderbarlichem werd vnnd auffschlag/ das niemand bezalen mocht. Keß/Milch/Fleisch/Ancken/oder Schmaltz/alles in grossem kauff. Vier vnd fünff Eyer vmb einen kreuzer/ vnd dis vmb Ostern vnd Pfingsten.

Ein Jar zuuor galt ein vierling Saltz zehen/ ein Sester vierzig Creutzer. Man bach kein pfennig werd Brods/ das geringste vnd kleineste Brod war eines Creutzers werd. Zu Nürnberg/vnd vmbher/vmb **Pfingsten**/kam das Sommerkorn auff 60. vnd 73. pfund. Alle ding stiegen je mehr vnd mehr auff/ jederman wolt verzagen/ bis auff **Pfingsten**/ do fiel ein Wetter an/ vnd stieß sich die Thewrung ein wenig.

Anno Christi, 1473. Am Pfingstage/ hat das Wetter in die Röm. Cantzeley geschlagen/ in den Kasten oder Truhen/ da die Ablaß vnd andere Brieffe innen gelegen/vnd hat viel Siegel dauon verbrant.

Anno Christi, 1473. War so ein dürrer Sommer/ das man zu Pfingsten zeitige Ereber vnd Kirschen/ etc. gehabt hat. Vnd hat in dem Jahr von Pfingsten an bis acht Tage nach Egidii kein Regen gethan/ darüber sind die Wasser vnnd Beche ausgetrocknet/ das man nirgend hat können mahlen/ vnd haben die Armen Leut das Brunnen Wasser vmbs Geld bezahlen müssen/ Die Donaw ist so klein gewesen/ das man sie hat furten können/ Die hitze war so groß/ das sich der Hartz vnnd Beymer Wald dauon entzündten/ vnnd brennte

Pfingsten.

der Hartz wol vier gantzer meilen Wegs hinweg/ das man das Landvolck auffbieten/ vnd mit niderfellen der Beume/ vnd mit auffgeworffnen Graben/ dem Fewer wehren muste/das es nicht wetter vmb sich frasse/ etc. Item/ im selben Jahr/ ist auch die Stad Naumburg gar ausgebrand.

Anno Christi, 1080. In Pfingsten ist zu Meintz eine grosse Fewersbrunst gewest.

Vnd das Jahr Christi/ 352. Als Gallus der Cæsar gen Antiochiam zog/ hat man ober Jerusalem gesehen das Zeichen des heiligen Creutzes/ mit einem schönen Regenbogen vberzogen/ auffs herrlichste/ vnnd heller denn die Sonne gliengend/ etc. Solches ist auch geschehen in den Pfingstfeiertagen/ vmb die 3. Stunde des Tages/ etc.

Anno Christi, 392. Ist Valentinus der Jüngere am Pfingstsontag/ der des vorigen Tages in seinem Pallast tod vnd erwürgt funden/ begraben worden. Epiphanius de mensuris & ponderibus.

Anno Christi, 626. Am Pfingstag wird getaufft Eanfled der Königin in Edelberg/Tochter/ welche sie gezeugt mit Eduino, der Northumbter König/ vnd sechs Wochen zuvor geboren hat.

Anno Christi, 772. schicket Thessel der Hertzog aus Beyer seinen Sohn Theodo, oder Dieth den VIII. in Welschland zu Deside. rio seinem Grossvater/ darnach gen Rom/ da er vom Bapst Adriano am heiligen Pfingstag ist getaufft worden.

Anno Christi, 866. Michael der Keiser/ nimpt den Basilium, aus Macedonia bürtig/ an Kindes Stad an/. Gibt ihm ein Weib/ vnd macht ihn endlich neben sich zum Keyser/ vnd setzt ihm die Keyserliche Krone öffentlich auff/ dieses Jahr/ am heiligen Pfingstage/ Cedrenus.

Anno Christi, 871. Am heiligen Pfingstage/ wird Keiser Ludwig II. zu Rom gekrönet/ vom Bapst Adriano dem 2. Onophrius vnd Annonius.

Anno Christi, 906. Am heiligen Pfingstage/ lesset Leo der Keiser seinen Sohn Constantinum 8. durch den Patriarchen Euthymium krönen zum Keiser/ welcher neben seinem Vatter/ seines Vatern Bruder/vnd seiner Frawen Mutter regiert hat/ 13. Jahr/ durchaus aber 54. Jahr/wie Cedrenus vnd Zonaras schreiben.

Anno Christi, 920. lesset Romanus der Griechische Keiser seine Gemahl Theodoram zur Keiserin krönen/vnd auff Pfingsten seinen Sohn Christophorum zum Keiser/ Solches muste Constantinus 8. zugeben/zusehen vnd geschehen lassen/ ob es thun wol heimlich wider war vnd wehe thett/ Denn er krönte nicht wider gewalt. Cedrenus.

Anno Christi, 1075. Nach Pfingsten/thut Keiser Heinrich eine Schlacht mit den Sachssen/ siget ob/vnd bringet sie dahin/ das sich alle Fürsten in Sachssen vnd Thüringen an jn ergeben. Schaffnaburg. Sigebert.

Anno

Pfingsten.

Anno Christi, 1136. **wird Hertzog Heinrich dem** 10.in Beyern/ auff den heiligen Pfingstag ein Son getaufft/ vn̄ Heinrich genant.

Anno Christi, 1148. **Am heiligen Pfingstag** bricht König Ludwig aus Franckreich auff/ mit einem wolgerüsten Volck/ vnd zeucht durch Vngern in Griechen Land/ dem Keiser Conrad zu. Aber Emanuel der vntrewe König zu Constantinopel, braucht wider dieses Heer arge list/ thut Gips vnd Kalck vnter das Mehl/ das er jnen verkeuffet/ seyet jhn auch sonsten auff allen seiten zu/ das sie also wenig schaffen vnd ausrichten können.

Der Christen Heer stossen zusammen/ vnd belegern die Stad Damascum, Als sie aber jtzund dieselbe fast eröbert hatten/ werden die Obersten mit einander vneins/ vnd ziehen darfur ab.

Anno Christi, 1153. **Stirbt Heinrich der Bi**schoff zu Meissen/ wird in Pfingstfeiertagen entsetzet/ am eilsten Tag des Herbstmonats/ an seiner stad wird zum Ertzbischoff geordnet/ H. Amort, Mariani Appendix.

Anno Christi, 1297. **Lesset der König zu Behmen** Wenceslaus/ sich vnd seine Gemahl Jutha oder Guta/ durch den Ertzbischoff zu Magdeburg/ zum Behmischen König krönen/ zu Pariß in der Kirchen/ am heiligen Pfingstsontag. Am dritten Tag hernach/ stirbet die Königin. Mechouius Lib. 4. Cap. 4.

Anno Christi, 1364. **Erlanget Casimir der Kö**nig in Polen dieses Jahr vom Bapst Vrbano 5. die bestettigung seiner Hohenschul zu Crackaw/ vnd ist des Königes Priuilegium gegeben am heiligen Pfingstag. Mechouius Lib. 4. Cap. 26.

Anno Christi, 1387. **Wird Marggraff Sieg**mund zu Brandenburg/ von den Vngern zum Könige angenommen/ vnd wird gekrönet wie etliche wollen am heiligen Pfingstag/ im 20. Jahr seines alters.

Anno Christi, 1440. **Schicken die Vngern jre** Bottschafft in Polen/ die tragen dem König Vladislao die Kron Vngern an/ vnd wird solche Wahl öffentlich bestettiget vnd angenommen zu Crackaw in der Kirchen. Vnter des geneset die Königin Elisabeth in Vngern/ vnnd gebieret einen Jungen Herrn/ vnd nennet jn Ladisla. Am heiligen Pfingstag hernach/ lesset sie jren Son zu Stuel weissenburg zum Vngerische König krönen/ schicket jhn darnach zu seinem Vettern K. Friderichen dem 3. in Osterreich/ sampt der Vngerischen Kron/ jn zu erziehen vnd in Schutz zunemen.

Anno Christi, 1450. **Wird Bernhardinus von** Senis/ ein Prediger Mönch/ dieses Jahr am heiligen Pfingstage/ vnter die heiligen gezehlet.

Anno Christi, 1522. **Gehet zu Lignitz dieses Jar** das Euangelium an/ vmb Pfingsten durch Fabian Eckeln zu vnser lieben Frawen/ hernach durch Sebastian Schubarten/ einen grawen Mönch/ von Bautzen dahin gesandt/ zu S. Johannes.

Die

Pfingsten.

Die von Preßlaw kommen in gefahr / vnd werden von jhrer Geistligkeit bey König Ludwig verklaget / das sie der Lutherischen Lehr anhengig weren / vnd etliche Klöster dem Armut zu gut / angewendet hetten. Aber Marggraff Georg in Brandenburg/ etc. macht jre Sache bey dem König wider richtig. Iohan. Oecolampad. thut sich auch herfur vmb diese zeit.

Anno Christi, 1539. Wird D. Johan Pfeffinger zum Prediger gen Leiptzig erfordert / vnd sehet daselbst an zu Predigen am heiligen Pfingstfest/ seines alters im 46. Jar. Also wird Meissen/ das vmb Ostern durchaus gantz Bäpstisch gewesen/ vmb Pfingsten gantz Euangelisch/ vnd wird D. Luther gen Leipzig beruffen / daselbst die reine Lehr anzurichten/ thut auch etliche Predigten daselbst.

Anno Christi, 1158. Vmb Pfingsten / verrucket der Keiser mit Heereskrafft nach Welschland/ zeugt in Longobardien/ belegert endlich Meyland/ vnd bezwinget sie/ das sie sich mussen an den Keiser ergeben/ wird also friede gemacht/ vnnd die von Meyland thun dem Keiser einen Fusfall. Radeuicus Frising. Lib. 1. Cap. 23.

Anno Christi, 1248. Thut König Ludwig aus Franckreich einen Zug in das heilige Land/ sampt seinen Brüdern Roberto, Carin/ vnd Alphonso, vnd bricht der König zu Pariß auff/ am Freitage nach Pfingsten/ Vincent. in Spec. Cap. 90.

Anno Christi, 1551. Sind am Donnerstage vor Pfingsten/ zu Schweinfurt/ Kitzing/ Ochsenfurt/ vnd den vmbliegenden Orten in Franckenland/ grosse Wolckenbrüch gefallen/ welche grossen schaden gethan/ an Menschen/ Viehe/ Brücken/ Heusern/ vnd Weinbergen/ etc.

Pfingstmontag.

Pfingstmontag.

Nno Chriſti, 1453. Hat Mahometh oder Muhemed der 2. dieſes Namens/ Türckiſcher König/ Conſtantinopel die Heuptſtad des Griechiſchen Keyſerthumbs/ zu Waſſer vnd Land hefftig belegert/ vnd geſtürmet 54. Tage lang/ vnd endlich mit gewalt erobert/ jemmerlich alles nider hawen laſſen/ Vnter welchen Keiſer Conſtantinus Palæologus auch iſt vmbkommen/ Auch haben die Türcken ob die Crucifix mit Koth geworffen/ vnnd alles durchplundert/ Frawen vnd Jungfrawen geſchendet/ vnnd darnach zerhawen/ eiꝛc. Vnd viel Volcks in jemmerlicher dienſtbarkeit weggeführet vnd verkauffet. Beſihe Chalcondilam in 8. Buch/ vnd andere Hiſtorien.

Gerardus Mercator in ſeiner Chronologia, ſetzt dieſe Vnluſt der Keiſertlichen Stad Conſtantinopel/ in das Jahr nach Chriſti vnſers HErrn Geburt/ 1452. welches dazumal der Pfingſtmontag ſol geweſen ſein/ vnnd zeucht ſolcher meinung anſehenliche Zeugnis an/ vnnd zwar der Tag des Monats trifft im gedachten Jahr zu mit dem Pfingſtfeſt vnd Wochen Tage.

Anno Chriſti, 1455. Iſt am Pfingſtmontag/ zur Veſper zeit/ vnter dem Vogelſchieſſen zu Crackaw Fewer auskommen/ in des Bürgermeiſters Hauſe/ nechſt S. Peters Kirche/ vnd ſind ausgebrand die Burggaſſen/ die Thumſtraſſ/ vnd vier Kirchen/ eiꝛc. daher man fort an das Vogelſchieſſen verlegt hat/ auff den Montag Trinitatis, &c. Mecho. Lib. 4. Cap. 66.

Anno Chriſti, 1471. Streiffet Iſa Beck der Woywod in Boſnia in Carniol vnd Serviꝛen/ vnd am andern Pfingſttag/ fellet er auch in Croatien/ ſtreifft bis an Labach hinan/ vnd treibt viel Menſchen vnd Vieh weg.

Zu Bernburg iſt fur etlichen Jahren ein Student geweſen/ der iſt endlich zu einem Apt kommen/ aus welches beförderung er ein Canonicat oder Teuffels prebende/ im Stifft Magdeburg von Thumpfaffen erjagt/ wie derſelbige nun meinet/ er hette gar wol gefiſchet/ vnd ſeinen Sachen wol furgeſtanden/ das er ſolch einkommen erlangt/ vnd der Babyloniſchen Hurn Mahlzeit angenommen/ vnd er zur zeit aus Magdeburg reitet/ Kömpt im vnter wegen ein ſolch Geſpenſt vnd gepler fur/ das er nicht anders gemeinet/ der Teuffel würde jhn leibhafftig wegführen/ vnd er auch bekent/ das ſolches geſchehen wer/ vnd er fur angſt hette vergehen/ vnd im zweiffelmuht dahin fahren/ wenn er ſich nicht damals des tröſtlichen Spruchs erinnert hette: Alſo hat Gott die Welt geliebet, das er ſeinen einigen Son gab/ auff das alle die an jn gleuben/ nicht verloren werden/ ſondern das ewige Leben haben. Wie er mit dieſem Spruch damals dem Teuffel begegnet/ vnd jm furgehalten/ iſt der Satan von jhm gewichen/ vnd hat von jm abgelaſſen/ aber mit ſolchem geruch vnd ſtanck als weren jhm ſeine Kleider vnd alles verſenget/ Reitet trawrig vnd ſchwermütig nach Hauſe.

Do er daheim ober Tiſch bey ſeinem Bruder ſitzet/ kömpt jm der handel wider fur/ thut kleglich vnnd erbermlich/ gleich als er des Teuffels ſey mit Leib vnnd Seel/ leufft im zweiffelmuht zum Born zu/ ſpringet drein/ ſich zu erſeuffen/ da gibt vnſer HErr Gott Gnade/ das er nicht aller dinge ſtracks ins Waſſer kömpt/ ſondern

Pfingstmontag.

sondern etlicher maß am Eymer hengen bleibt/ vnd man jhn dennoch vnuerseret wider heraus bringt/ vnd haben die Seelsorger des Orts hernach jhn bestüntjten/ angefochtenen vnd hochbekümmerten Menschen/ gnug zu trösten gehabt/ das er jhm selber nicht leid gethan/ vnd ist jm hernachmals offt in der Kirchen vnter der Predigt/ so angst vnd bange worden/ wenn der Kewling jn ankommen/ das er fur angst in die Sacristey gelauffen/ vnd einen von den Predigern zu sich gefordert/ vmb trost gebeten/ welcher jm denn widerfahren. Also ist jhm das Canonicat oder die Bepstliche Prebende bekommen. Aber weil er seine Sünde vnd fall erkant/ in rechter Rew vnd Leid/ Gnad vnd Trost begeret/ so hat jhm Gott/ als der nit wil den Tod des Sünders/ sondern das er sich bekere vnd lebe/ Gnad vnd Trost durchs Wort/ widerfahren lassen/ vnd jm aus lauter Gnade vnd Barmhertzigkeit im Felde/ im Born/ vnd andern anfechtungen hernach wunderbarlich erhalten vnd zu recht bracht/ das er nun viel lieber ein armer gemeiner Bürger mit guten gewissen/ denn ein stadtlicher Thumherr oder ein verdümpter Pfaff mit bösen gewissen sein wil.

Hertzog Friderich Churfürst zu Sachssen hat jm den Spruch/ Also hat Gott die Welt geliebet/ etc. Durch Herrn Spalatinum mit groben Buchstaben/ auff eine Taffel schreiben vnd nahe zum Bette vnd also hengen lassen/ das er jn stettig ansehen können/ vnd hat sich in seiner grossen Kranckheit/ darinnen er auch gestorben/ bis an sein ende damit getröstet.

Zum Grossensaltz in Sachssen als ich Prediger da war/ Anno Christi/ 1572. Lebte einer vom Adel N. N. der es die zeit seines lebens wüste vnd wilde getrieben/ vnd wenig in die Kirche kommen war/ Als er nun nach seinem langwirigen siechen vnd lager sterben solte/ sahe einer seinen jammer vnd elend/ denn weil er von vnten auff starb/ waren die schmertzen so viel desto grösser/ weret desto lenger vnd aleng desto schwerer zu/ vnd war vnter des die Vernunfft so gar hinweg/ das man nicht ein Zeichen/ geschweige denn ein Wörtlein/ auch mit vnd durch viel vnd gros geschrey/ von jhm bringen oder erzwingen könte. Gar auff die letzte/ als nun nichts als der bittere Tod verhanden/ vnnd gleichwol jederman gerne gewolt/ das durch ein Zeichen zum wenigsten/ ob er ats ein Christ sterben wolte/ andeutete/ vnnd aber wie gesagt/ keine Trostsprüche/ derer jhm doch viel vorgelesen worden/ bey jm hafften wolten/ begunte ich jm obertant in die Ohren zu schreien: Also hat Gott die Welt geliebet/ das er seinen einigen Sohn gab/ auff das alle die an jhn gleuben nicht verloren werden/ sondern das ewige Leben haben. Hans N. N. glaubt jhr das? Solches thet ich drey mal/ auff ein ander/ Als ichs das dritte mal erholete/ begunte er sich mit dem Munde zu bewegen/ rosselte im Hais/ wolt ja sagen/ konte es nicht zu wege bringen/ Gleichwol mit grosser macht sprach er Ha/ Ha/ das ist/ Ja/ Ja/ vnd starb also folgendes darauff hin/ das war vns allen ein grosse freude/ sonderlich seinen betrübten Schwestern/ etc.

Anno 45. altero die post Pentecosten in Silesia hæ visæ sunt imagines. Dux ab Oriente instructam aciem Vrsus, cui ab occasu Leo armata manu occurrit. intra exercitum vtrumq, lucidissima micuit stella: mox congressi inter sese vtrinq, dimicarunt acriter, vt destillare ex sauciatis corporibus sanguis vbertim, & exanima concidere cæsorum videretur cadauera. Inter præliandum Aquila ex præcelsa rupe supra copias Leonis sese librare alarum remigio visa est. Vbi depugnatum esset quasi diremto certamine,

Leo

Am Pfingst Montage.

Leo rursus inter suas effulsit cohortes: Vrsi nulla apparuit species, sed prostrata & sparsa iacuerunt cadauera quà alter exercitus constiterat, quibus astiterunt senes canicie spectabiles & venerandi, Finito prælio reduxit exercitum ad occasum Leo: quo aliquo vsq; progresso, quidam albo & ornato vectus equo á copijs rediit ad pugnæ locum, atq; in eum equum iuuenem cataphractum ibi stantem collocauit, & versus ortum procedentem comitatus cum cæteris speciebus euanuit. Peucerus de Diuinat. fol. 450.

Anno Christi 1556. Ist zu Wittenberg ein frommer Student gestorben/ der Nicolaus Gripp geheissen/ von Hamburg/ Welcher/ da er die gantze Nacht Sprachloß vor seinem Ende gelegen/ hat er frü mit lauter stimm gesaget: Alle die da gleuben an den Sohn Gottes/haben das ewige Leben. Ich Nicolaus gleube an den Sohn Gottes / darumb hab ich das ewige Leben. Ist also selig darauff entschlaffen. D. Selneccerus.

Anno Christi 1569. Ist zu Meissen in der Fürstenschul ein Knabe/ Laurentius Otto von Hertzberg/gestorben/welcher/da jhn sein Præceptor erinnerte/ Er solte an seine Sünde gedencken/ vnd Rew haben/hat er bald geantwortet/ Ich weis von keinen Sünden / denn mein Sündentreger vnd Erlöser ist Christus Jhesus / den hab ich/vnd laß mich nichts mehr anfechten/ Ist also darauff selig entschlaffen. D. Selneccerus.

Anno Christi 1587. Ist ein Patriarch der Christen/aus der Türckey gen Tübingen kommen/ den hat die Vniuersitet, im Stipendio daselbst zu Gast gehabt/vnd jhm zu Ehren vnd besten/ vnd zu anzeigung der herrligkeit vnd krafft dieses Spruchs: Also hat Gott die Welt geliebet /&c. Ein jungen Magister dauon ein Griechisch Carmen recitiren lassen/ Denn dieser Spruch ist ein compendium der gantzen heiligen Schrifft/&c.

Am Pfingstdinstage.
Am Pfingstdinstage.

ANNO Christi 1297. Am Pfingstdinstage/stirbet Gutta/ König Wenceolai in Behemen Gemahl/ als sie zween tage zuuor neben ihrem Herrn zu Prage in der Kirchen/durch den Ertzbischoff zu Magdeburg gekrönet worden war. Mechouius lib.4.cap.4.

Anno Christi 1535. Am dritten Pfingstfeiertag/ist ein grawsam Vngewitter/ mit Schlossen/ Hagel vnd Plitz/nicht weit von Meintz entstanden/ welches vmb Bichelheim vnd Schorheim/ alles auff dem Felde erschlagen/vnd verderbet hat. Nach dem sich aber in eim Thal/ vber Budenheim/ein grosser hauff Schlossen gesamlet/darvon die Wasserflut geschütt vnd auffgehalten worden/ist sie doch entlich so geschwind gewachsen/ das sie mit gewalt durchgerissen/ das gantze Dorff mit Heusern/ Scheunen/ Menschen/ Viehe/ jemmerlich verderbet vnd vmbbracht hat.

Anno Christi 1572. Ist zu Constantinopel ein gros Erdbeben gewest/ hat Steine geworffen/ derer das meiste theil zwey Pfund gewogen / davon sind viel Leute beschedigt vnd vmbbracht worden. In der Stadt vnd auffm Lande vier Meil wegs/hat man bey dreissig tausent Menschen todt funden. Man hat auch vnter dem alten gerul von der Kirchen zu Sanct Margarethen/ welche das Wetter eingerissen/ vnd wol drey Meil wegs von der Stadt geführet hat/ eine Marmelsteinern Seule gefunden / vnd des Türckischen Keisers Biltnis daran gehawen/ vnd mit Hebreischen worten geschrieben gewest : Die zeit ist verhanden / es wird nicht mehr denn ein Hirte vnd ein Schaffstall/ vnd eine Gemeine durch die Tauffe vnd Widergeburt sein/Dir gebiete ich//das du dich lassest teuffen/ das ist der ewige Wille.

Corporis Christi.

An Wahr Leichnams tage.

Corporis Christi. Oder
Wahr Leichnams tag.

Icht lang nach *Bonifacio Octauo*, ist Bapst gewesen Clemens der Fünffte/ welcher sich selbst gnugsam beschrieben vnd abgemahlet hat/ in seinen Clementinis, die man also in Iure Canonico nennet. Dieser Bapst hat das Fest Fronleichnams Christi vollend in das Werck gerichtet/ Denn es waren nun allbereit alle Tempel vnd Kirchen mit den teglichen Messen erfüllet/ daburch das heilige Abendmahl Christi auffs schendlichste verunheiliget/ vnd mißbrauchet würde/ Solche Messen verkauffte man vmbs Gelt/ vnd hielte sie für die Lebendigen vnd die Todten. Vnd war in summa/ der abschewlichste Götzendienst/ der mit dem gesegneten Brodt getrieben wurde/ allenthalben in vollem schwange/ darzu war von sederman ein zugelauff/ vnd als bald man die Wort vber das Brodt gesprochen hatte/ fiel man darnider auff die Knie/ vnd betet das Brodt an/ welches sie von wegen der Oblation vnd Auffopfferung/ eine Hostiam nenneten. Solche Hostiam huben sie auch auff/ sperreten es in Monstrantzen/ steckten darbey ein brennend Liecht/ gleich wie vor zeiten bey den Heiden/ in Templo Delphico geschach/ da man einem sederman Götzen ein sonderlich Liecht oder Fewer hielte.

Damit nun diese Abgötterey vollend gestercket/ vnd se nichts mangelte an dem Abgott/ hat erstlich Bapst Vrbanus der Vierdte/ im Jahr Christi 1264. aus eingeben vnd anhalten Thomæ Aquinatis, das Fest Corporis Christi, in die Kirchen eingeführt/ Solches hat nachmahls sampt allem Gepränge/ so mit dem herumb tragen/ vnd anbeten des gesegneten Brodts getrieben ward/ Bapst Clemens der fünffte vollends im Synodo Viennensi bestettiget/ vnd in der gantzen Christenheit zu halten gebotten. Es ist auch vom Bapst Innocentio dem dritten/ im Synodo, zu Lugdun lang zuuorn etwas hieruon beschlossen gewesen.

Wer kan aber immer gnugsam beklagen/ was für abschewliche Grewel/ durch den Mißbrauch des heiligen Abendmahls/ so in ein lauter Abgötterey verkehret/ durch solche des Bapsts Decreta in die Kirche eingeführet worden sein.

Der Vhrsprung aber solcher Abgötterey/ ist das vngegründte vnd Gottlose Gedicht/ das man für gibt/ als bald die wort gesprochen werden/ so verliere das Brodt sein voriges Wesen vnd Substantz/ durch eine verwandlung im Leibe Christi/ welches sie Transubstantiationem oder Metusiam genennet haben/ Denn also haben sie newe vngereimpte Namen/ zu den newen vngereimpten Gedichten Gottesdienst/ erfinden vnd brauchen müssen.

Das Bepstische Decret hieuon ist gemacht worden/ im Jahr Christi 1315. Als es in gantz Europa vbel gestanden ist/ Denn eben zur selben zeit des Türckischen Volckes/ so zuuor durch die Tartern vnterdruckt gewesen war/ hat sich in Asiam widerumb an Macht vnd Gewalt zu stercken/ angefangen/ Denn damahls haben sich die aus der Ottomannorum Geschlecht herfür gethan/ Von welchem folgends bis auff den heutigen tag/ die Türckischen Keiser ihre Ankunfft haben.

Derhalben mus man aus zusammen haltung der zeit/ dieses spüren/ das Gott die Türckische Tyranney vnd Grawsamkeit verhenget habe/ als eine gemeine straffe vber die gantze Christenheit/ von wegen der vielfeltigen Sünde/ so auff das Gottlose vnd Abgötische Decret von der Transubstantiation gefolget sey/ Denn auff demselbigen stehet die gantze Kremerey/ so mit der Meß getrieben/ vnd daruon die Stifft vnd Klöster/ an Einkommen vnd Pracht haben zugenommen.

M ij   Was

An Wahr Leichnams tage.

Was ist aber für ein vnterscheid zwischen der Abgötterey/ die bey den Papisten gehalten wird/ vnd zwischen der Abgötterey/ bey den Persen/ die sie mit jhrem heiligen Fewer treiben.

Wenn der König in Persien seine Macht wolte sehen lassen/ so muste für jhm her gehen ein Pferd/ das trug einen Herd/ gleich als ein kleiner Altar/ darunter ein wenig Kolen oder Aschen/ herfür leuchtete/ eine Flamme des heiligen Fewers/ welches sie Orimasda nenneten/ dasselbige beteten die Persier an/ vnd vereheten es/ als einen Abgott. Vnd eben darumb gebraucht der König in Persien diese Pracht/ so offt er sich vnter dem Volck sehen lassen wolte/ damit es jhm selbst so viel desto grösser ansehen gebe/ vnd er sampt dem gegenwertigen Abgott/ angebetet würde/ welches ohnt das bey denselbigen Völckern ist gebreuchlich gewesen.

Eben also mus für dem Bapst zu Rom auch fürher gehen/ ein Pferd/ das treget eine Hostiam/ wie sie es nennen/ oder ein Partickel des gesegneten Brods. Bey diesem Zeugen wollen die Bepste erkennet/ gesehen vnd verehret werden/ so offt sie jhren Pracht beweisen wollen/ auff das man sie halte/ gleich als jrrdische Götter. Lassen auch niemands für sich kommen/ es sey denn/ der für jhnen auff die Knie nider fellet/ vnd jhnen die Füsse küsset/ Gleich wie vor zeiten vor einem König in Persia keiner kommen durffte/ er were denn zuuor für jhm nider gefallen/ vnd hette jhn angebetet.

Diese Abgötterey von den Papisten eingeführet/ haben fast alle Völcker in der gantzen Christenheit/ aus Aberglauben vnd Blindheit angenommen/ vnd ist die Verehrung des gesegneten Brods/ so hoch gestiegen/ das man in der Kirchen fast allein/ vnd am fürnembsten darauff gesehen hat/ darzu man in allen Tempeln/ vber alle andere Götzen/ mit grossen Vnkosten/ sonderliche Sacramentheuclein gebawet hat/ darinnen güldene oder silberne Monstrantzen/ mit einem Partickel des gesegneten Brods erhöhet/ vnd teglich anzubeten/ den Leuten sind fürgestellet worden.

Von vhrsprung vnd ankunfft der Messe/ vnd vielfeltigen Abgöttereyen vnd Irrthumen/ so sich mit derselbigen von zeit zu zeit begeben vnd zugetragen haben.

Item/ Aus was vrsachen/ die Alten das Sacrament des Altars eine Opfferung haben genennet.

Item/ Wenn/ wie/ vnd von wem die Kirchen in Occident/ die Meß/ Item/ die Transubstantiation, oder verwandelung des Brodts vnd Weins/ in den Leib vnd Blut Christi/ empfangen habe/ &c. Liß in der Chronicken Sebastiani Franckens/ im dritten Theil. 209. 210. 211. 212. 213. 214. 215. 216.

Anno Christi 1554 Ist eine vnterhörte Abgöttische *Procession*, von den Hispaniern/ zu Wien in Osterreich bey den Barfussern/ gehalten worden/ derhalben auch allhie vermeldet/ das sich ein jeder Christ für dem Abgöttischen Bapstthumb mit fleis hüte/ vnd darfür gewarnet sey.

Erstlich/ haben die Hispanier die Gassen alle/ darinnen sie vmbgangen/ gleicher weise/ wie sie am tage Corporis Christi pflegen/ mit grünen Beumen zieren vnd bestecken/ vnd zwene Altar/ einen in der Singerstrassen/ an der Ecken/ da man in das Blutgeßlein gehet/ den andern gegen vber bey Sanct Annen Hoff/ in der Gassen genandt am Anger/ mit schönen Teppichen vnd brennenden Liechtern/ auffrichten lassen. Als denn sind die Hispanier/ zwischen sieben vnd acht Vhr/ vor Mittage/ bey den Barfussern in jhrer Procession mit solcher Pomp vnd Gepreng ausgangen/ wie folget:

Forne an ist ein Münch gangen/ in einem weissen Chorrock/ der hat ein gros Silbern Creutz getragen. Nach dem sind zu beiden seiten die Hispanier/ so viel jhr gewesen/ mit grünen brennenden Windliechtern neben her gangen/ hat einer in einem langen

An Wahr Leichnams tage. 69

langen roten Rock/der sonst jhr Meßpfaff ist/mit einer Glocken geleutet. Demselben haben auch in der mitte zwischen her/neun andere Hispanier/in weissem Atlaß zerschnitten/vnd blaw vnterzogenen Kleidern vnd Hüten/gleich wie man zur Fastnachtzeit in der Mummerey gehet/verkleidet/vnd mit grewlichen Angesichten vermummet/Auch allesampt an beiden Füssen/vnter vnd vber der Waden/mit vielen Schellen vmbgebunden/nachgefolget.

Aus denselbigen neun Hispaniern ist einer/mit einer kleinen Trummeln vnd langen Pfeiffen fürher gangen/vnd jhm die andern acht Hispanier/mit Weiß vnd Blaw gemahlten Stecken/wie die Profosen pflegen zu tragen/nachgetantzt. Es sind auch sonst noch zwene Hispanier allda gewesen/in schwartzen Sammeten Kleidern/vnd vermummet/welche den andern Neunen Ordnung gegeben/Diese haben auch mit getantzt.

Als bald nach jhnen vier andere Hispanier/ein Silbern Frawenbild/auff einer Trage/mit einem Güldenen Stück vberzogen/in einem Stuel sitzend/vnd mit einem Blawen Atlassen Mandtel bekleidet/zween fornc/vnd zween hinden getragen.

Vber diß Bild ist auch von einem Güldenen Stück ein Himmel gemacht/vnd allenthalben herumb mit wolriechenden Kreutern/vnd schönen Güldenen Ketten/Paternostern/vnd andern Kleinoten geschmucket vnd behengt gewest.

Nach solchem Bilde ist kommen jhre Cantorey/mit Cymbeln/Pfeiffen vnd Posaunen.

Nach der Cantorey, sind Barfusser Mönche/vnd nach den Barfusser Mönchen/die Hispanischen Pfaffen/in jhren Meßkleidern/vnd Hispanischer Bischoff/mit der Monstrantz/vnter einem Himmel/Vnd zu letzt die Spanischen Weiber gantzen/sind also mit jhrem Affenspiel herumb gezogen.

Als sie aber zu den zweyen obgemeldten Altaren kommen sind/haben sie bey den Altaren/das Bild auff einen hohen runden Stuel/so jhnen ein Knabe nachgetragen/vnd auff dem Stuel ein Crucifix/Welches man zu kleinen Stücken/wie es denn mit fleis darzu gemacht gewesen/hat können zulegen/gesetzt.

Vmb solch Crucifix/auff dem Stuel/haben sie für dem Silbern Bild herumb getantzt/vnd mit den Stecken/so sie in den Henden getragen/durcheinander geschlagen/so nerrische Bossen gerissen/dauon man nicht gnugsam reden kan.

Wenn sie nun ein mahl also getantzt/ist einer aus jhnen/hinzu zu dem Stuel gesprungen/vnd ein Stück vom Crucifix gerissen/Darnach wider ein anderer/vnd also fortan/alle nacheinander/bis sie Stückweise das Crucifix/von dem Stuel gar hinweg genommen/vnd so lang herumb getantzet/bis ein jeder seinen theil wiederumb auff den Stuel gesetzet/vnd das Crucifix widerumb/wie vor/gantz worden ist.

Gleicher weise haben sie für der Kirchenthür/ehe sie hinein gangen/herumb getantzt/vnd zu letzt in der Kirchen/bey dem Altar/darauff das Silberne Bild/sampt der Monstranten gestanden/herumb getantzt/Vnd also jhre Procession vollendet/Auch dadurch einen grossen Ablaß verdienet. Fincelius libro 2.

Anno Christi 1469. Sind zum König Matthias gen Breßlaw kommen/achtzehen Fürsten aus Schlesien/Auch ist dahin kommen/der Deutsche Achilles/Marggraff Albrecht zu Brandenburg/hat beim König erhalten/Das er Hertzog Friederich dem Ersten/das Fürstenthumb Liegnitz verlehnt/Vnd hat gedachter Hertzog dem Könige Matthia gehuldet/an dem heiligen Frohleichnams tage/Da er neben andern Fürsten/den Himmel/vber dem Sacrament/getragen hat.

An Wahr Leichnams tage.

Wie Keiserliche Maiestat gen Augspurg am Abend *Corporis Christi, Anno M. D. XXX.* aukommen/ Von allen Reichs Stenden mit gebürlicher Reuerentz vnd Ehrerbietung empfangen vnd eingezogen sey.

Ngefehrlich zwischen sechs vnd sieben Vhr nach Mittage/ sind die Churfürsten/ Fürsten/ so hie versamlet/ jhr Maiestat entgegen geritten/ Ist die empfahung durch den Bischoff von Meintz/ an der Lechbrücken geschehen. Als die Churfürsten vnd Fürsten abgesessen/ ist jhr Maiestat auch abgetretten/ vnd nun nach der empfahung ein jeder wider auff sein Pferd kommen/ Ist Hertzog Johann Fridrich zu Sachsen. &c. Vnd neben jhm Hertzog Franciscus von Lüneburg/ Wolffgang Fürst zu Anhalt/ mit des Churfürsten zu Sachsen/ &c. Zeug/ vorgezogen/ vnd also den Vorzug/ als einem Ertzmarschalck des Reichs gebüret/ gehabt.

Folgend ist gezogen/ Pfaltzgrafen Ludwigs Churfürsten/ geschickte Rähte/ mit jhrem Zeug.

Folgend Marggraff Joachims von Brandenburg Churfürsten Zeug.

Folgend des Bischoffs von Cölln Zeug.

Folgend die geschickten des Bischoffs von Trier mit jhrem Zeug.

Folgend des Bischoffs von Meintz Zeug.

Wiewol sich der Fürsten von Beyern Zeug/ bey andern gemeinen Fürsten/ Keiserlicher Maiestat nach zu ziehen/ gebüret/ So haben sie sich der obgeschriebenen Churfürsten Zeug/ vngefehrlich/ mit fünff hundert gerüsten Pferden/ nach zu ziehen/ gedrungen/ Welches eng halben der Wege vnd Gelegenheit nicht hat geendert mögen werden.

Folgend ist gezogen des Königs von Behemen Zeug/ vnter welchem wenig gerüster Leute gewest/ allein viel Sammete vnd Seidene Röcke.

Folgend ist Keiserlicher Maiestat Zeug gezogen/ vnter welchem wenig gerüster Leute gewest/ welchs die Hertzschirer gewest/ Aber sonst viel Sammet vnd Seidene Röcke.

Folgend sind gezogen die Fürsten in eigner Person/ Friderich/ Wilhelm/ Otto Heinrich/ vnd Philips/ Gebrüder vnd Vettern/ alle Hertzogen zu Beyern.

Landgraff zu Hessen/ Joachim der Jünger. Marggraff zu Brandenburg/ Hertzog Friderich von Sachsen. Zwene Hertzogen von Pommern/ Gebrüder. Hertzog Hainrich von Braunschweig. Hertzog Albrecht von Mechelburg. Hertzog Ernst von Lüneburg. Zwene Fürsten zu Anhalt vnd Dessaw/ Gebrüder. Ein junger Hertzog von der Lignitz. Landgraff von Leuchtenberg. Marggraff Georg von Brandenburg. Vnd Hertzog Georg zu Sachsen.

Hart vor der Stadt/ hat der Churfürst von Brandenburg/ von wegen der Bischoffe vnd Geistlichen Fürsten/ der Bäpstlichen Legaten in Lateinischer Sprachen empfangen/ So viel Latein können vnsere Geistliche Fürsten/ Das ein Weltlicher Fürst von jhrent wegen Latein hat reden müssen.

Folgend ist gezogen der Churfürst zu Sachsen/ vnd dem Keiser das bloß Schwerdt/ wie sein Ampt ist/ vorgeführt. Auff der Rechten seiten ist jhm gezogen der Geschickte vom Pfaltzgrafen/ Churfürsten. Zur Lincken seiten der Churfürst von Brandenburg.

Vor den dreyen Churfürsten ist gezogen/ des Bischoffs von Trier Geschickter/ an stadt eines Churfürsten. Vnter dem Thor ist gestanden der Abt. von S. Vlrich/ mit seinem Himmel vnd Proceß/ vnter welchen Himmel der Keiser gerückt vnd also eingezogen. Ist jhm der Bischoff von Meintz auff der Rechten/ vnd der Bischoff von

Cölln

An Wahr Leichnams tage. 70

Cölln/zur Lincken seiten/bey den fördersten Steben am Himmel gezogen. Bey den hindersten Steben ist der König von Behemen/zu der Rechten/vnd der Bäpstliche Legat zu der Lincken seiten gezogen.

Folgend sind drey Cardinäl/vnd des Königs von Franckreich/vnd Königs von Engeland Botschafften zwischen jhnen gezogen.

Darnach sind gezogen die gemeinen Bischoffe/derselbigen/vnd allerley Botschafften.

Nach denselben sind gezogen der gemeinen Weltlichen vnd Geistlichen Fürsten Zeuge/wie denn die nach altem Gebrauch nach einander gehöret vnd geordnet sind.

Vnd nach dem der Rath allhie zu Augspurg/Keiserliche Maiestat auch empfangen/mit zwey hundert wol gerüster Pferden/Zwey tausent sehr wol gepupter Knechte/dabey ein schön Geschütz/welchs alles nach der Empfahung loß gangen/haben sie den Nachzug auff vorgeschriebener Fürsten Zeuge gehabt.

Als Keiserliche Maiestat auff den Platz des Weinmarckts kommen/sind gestanden die Thumherren mit grosser Proceß/viel Münche vnd Pfaffen/haben jhr Maiestat auch empfangen/vnd vnter einen andern Himmel genommen/Also gezogen/biß für die Thumkirche/Da ist jhr Maiestat/sampt andern Churfürsten vnd Fürsten/abgesessen/in die Kirche gangen/Allda das Te Deum laudamus gesungen/vnd mit allen Glocken geleutet. Darnach haben die Chur vnd Fürsten/jhr Maiestat in jhr Losament geführet/vnd darnach ein jeder in seine Herberg gezogen. Solch Gepreng hat gewehret/biß vmb 10. Vhr in die Nacht.

Auff den tag *Corporis Christi*, Ist Keiserliche Maiestat Persönlich mit dem Sacrament in der Stadt vmbgangen/hat alle Churfürsten vnd Fürsten/Geistlich vnd Weltlich/darzu erfodert/sind alle gehorsamlich erschienen/Ausgeschlossen der Churfürst zu Sachsen/Marggraff Georg zu Brandenburg. Landgraff zu Hessen/beide Hertzogen zu Lüneburg/Gebrüder/vnd Wolffgang Fürst zu Anhalt. Diese Chur vnd Fürsten haben nicht mit gehen wollen/sondern dieweil es kein Gottesdienst/sondern eine grosse Gotteslesterung/haben Keiserliche Maiestat mit diesen worten gebeten/sie gnediglich entschüldiget zu haben/Wiewol jhr Keiserliche Maiestat mit vielseltiger Beger/mit zu gehen/fest angehalten/habens doch jhr Chur vnd Fürstlich Gnaden nicht thun wollen/sondern ein jeder in seiner Herberg blieben.

Montag darnach ist Keiserliche Maiestat im Thumb zum Ampt/mit allen Churfürsten vnd Fürsten/in allem Gepreng/wie ein jeder im Einzug geordnet/gegangen. Nach dem Ampt sind jhr Maiestat mit allem Gepreng/wie vor steht/zu den Churfürsten vnd Fürsten/auff das Rathhaus gezogen/Allda den Reichstag angefangen/Der Allmechtige Gott gebe seine Göttliche Gnade/das er sich baß ende/denn er sich angefangen hat/Amen.

Schrifft aus Augspurg gethan/Anno XXX. Darinnen
vom Reichstage/daselbst gehalten/vermeldet/wenn Keiserliche Maiestat eingeritten/Was erstlich den *protestirenden* Stenden/Nachmahls dem gantzen Reich/Jhr Keiserliche Maiestat/hat fürtragen lassen/sampt andern Nebenhendeln.

Eiserliche Maiestat ist am Abend *Corporis Christi*, vngefehrlich vnd drey Schlege/zu Augspurg/vnter dem Himmel eingeritten/vnd im einreiten/als jhr Keiserliche Maiestat vber den Lech kommen/hat sie die Euangelischen Fürsten zu sich fodern lassen/von jhr Chur vnd Fürstlichen Gnaden begeret/Daß sie hinfurt zu Augspurg nicht wolten predigen lassen. Darauff sich die Fürsten vnterredet/vnd durch Marggraff Georgen/widerumb in kurtz vrsach angezeiget/Warumb jhr Chur vnd Fürstlich Gnad nicht willigen köndten/die Predig

M iiij nachzulassen/

An Wahr Leichnams tage.

nach zulassen/ So haben doch seine Majestat widerumb sagen lassen/ Seine Majestat könne von jhrem Begeren auch nicht abstehen/ Vnd also zweimal die Entschüldigung vnd das wider begeren/erholet/vnd hat der König selbst gesagt ernstlich/Keiser.Majest. könne noch wolle nicht daruon abstehen. Also hat der Marggraff zu jhr Keiser.Majest. gesagt/Ehe ich wolte meinen Gott/vnd sein Euangelium verleugnen/ehe wolte ich hie für Ewer Keis.Majest.nieder knien/vnd mir den Kopff lassen abhawen. Hat darauff Keis.Majest.gesagt/nicht Kopff ab/nicht Kopff ab/ Vnd nachmals auff jhrem Begeren beruhet. Haben es die Fürsten in Bedencken genomen/ biß auff den Morgen/ das ist/auff den waren Fronleichnams tag/widerumb Antwort zu geben.

Auff den Morgen frůe/sind der junge Hertzog zu Sachsen/Marggraff Georg/ Landgraff/Anhalt/zu Keis.Majest. geritten/vnd ist der Churfürst in der Herberg blieben. Nach dem Keis.Majest. auff den Abend begert/auch mit in der Proceß zu gehen/ Haben die Fürsten auff das Gesterige fürhalten/ Antwort geben/ Vnd sind mit vor genanter Vrsach nach der leng auff jhrer vorigen Meinung gestanden/hat lenger denn zwo Stunden gewehret/Vnd ist also Keis.Majest. damit auffgehalten/das seine Majestat erstlich nach 10.Schlegen in die Kirche gangen. Sind vnsere Fürsten heim gezogen/haben den Keiser mit andern Chur vnd Fürsten die Procession hatten lassen. Hat der Bischoff von Meintz das Sacrament getragen. Vnd so man die Herrschafft weg gethan hette/mit jhren Dienern/hette man nicht hundert Außspurger/die dem Sacrament gefolget/funden. Vnd ich mag wol sagen/das ich in dieser Procession/vnter allen Stenden/Geistlich vnd Weltlich/keine andechtiger/süchtiger Person gesehen hab/ denn Keis.Maie. Trug ein brennend Liecht/wie die andern/Gienge die gantze Procession Barheuptig/ vnd wehret die gantze Procession/des langen auffzuges halben/ bis vmb ein Schlag.

Nach dem aber vnsern Fürsten/auch von Keis.Majest. auffgelegt ward/dieweil sie mit der Procession vmbzugehen/sich weigerten/das sie Vrsach / Warumb sie das vmbzugehen/beschweret weren/in Schrifften solten vbergeben. Auch warumb sie das predigen nicht wolten nachlassen/Das also geschehen/ hat Keis. Maj. dasselbige/allen andern Fürsten zuberathschlagen/vntergeben. Die sind am Freytag alle in der Thumpröbstey zusammen kommen/ nach Mittag/ vnd einen Außschuß zu letzt vnter sich gemacht/Welche am Sonnabend zu Mittag/zu vnsern Fürsten kommen/vnd auff das höchste gebeten/Keis. Majest. hierinn mit Predigt still zu stehen/willfaren/ Denn Keis. Majest. solches nicht von jhnen allein/ sondern auch von dem Gegenteil begerten/ mit dieser zusage/So von allen/vom predigen abgestanden/so wolt Keis.Majest. die Sach als dem fürnemen/vnd laut des Außschreibens/handeln.

Die Vnsern haben alle jhre Christliche notturfft fürgewandt/ warumb sie darein nicht könden willigen/ Vnd weil Keis.Majest. sich anzeucht/ als ein Oberherr dieser Stadt/vnd der Abschied des ersten Reichstages zu Speyer vermöchte/ Das eine jede Oberkeit es damit halten solle/ wie sie es kegen Gott vnd. Keiser. Majestat verantworten köndte / Haben vnsere Fürsten/ als die/ so aus jhrer Oberkeit vnd Gebür sind / Keis. Majest. kein maß hierinnen wollen stellen/ Aber vom predigen abzustehen/nicht gewilliget/sondern jhr Majestat Geschefft leiden/vnd tragen müssen/vnd erzeiget sich hierinn Braunschweig/neben dem Ertzbischoff zu Meintz / sonderlich wol/ mehr denn man sich versehen hette / Gott gebe seine gnade. Aber Keis.Majest. wil aus Keiserlicher Oberkeit Prediger verordenen/ Doch auch keinen der Partheischen/ auch den Fabrum, Dieselbigen/so Keiserliche Majestat verordnen/sollen nichts mehr/ denn schlecht das Euangelium, mit der Epistel/nach dem blossen Text/ohne alle Außlegung/sagen/vnd mit der Confesion Gebet/ beschliessen.

Ist also geschehen/ vnd ward dem Keiser ein grosser Danck / mit einem friedlichen Hertzen zugemessen. Hat darauff seine Majestat jetzt Sonnabend durch die
gantze

An Wahr Leichnams tage. 71

gantze Stadt / durch sein Herolden / mit etlichen Posaunen lassen ausruffen / das in Augspurg niemand solte predigen / bey Leibes straff / denn die / so Keiserliche Maiestat darzu verordnet hat. Es ist ein Welt ding hie mit dem predigen / Denn es ist voller Sacramentschwermer / vnd hat sich Eißleben wider sie in seiner Predigt wol beweiset / aber vbel vmb sie verdienet / Gott gebe seine Gnade / Es ist allenthalben gute hoffnung.

Man findet den Keiser geneiget zum Frieden / vnd gute Christliche Ordnung auffzurichten / Ob gleich etliche grosse Heupter sampt jhrem gantzen hauffen anders gesinnet / gern gesehen / das dis Spiel / wie es zu München beschlossen / fortgieng / vnd Keiserliche Maiestat bereden / Wo sie nur geböte / würden sie fro sein / das sie theten / was jhre Maiestat begerte / wie sie denn solches auch mit Worten vnd Thaten gnugsam beweiset haben / Gott aber hats gnediglich gewandt. Vnsere Fürsten sind / Gote lob / durch seine Gnade gesterckt / vnd beständig blieben / keine furcht sich abschrecken lassen / Gott gebe förder seine Gnad. Bis Montag wird man den Reichstag anfahen / der barmhertzige Gott wolle seinen heiligen Geist senden.

Am gemeldten Sonnabend haben das Capittel zu Augspurg / Keiserliche Maiestat empfangen / vnd jhr Geschenck geschickt / die hat er persönlich gehöret / vnd dem Bischoff von Hildesheim befohlen / mit sehenlichen Augen / das man es gemercket / diese Wort zusagend / Keiserliche Maiestat neme das Geschenck zu Gnaden an / Seine Maiestat bitte / sampt seinem Bruder / wolten Gott den Allmechtigen für jhn / als ein armen Sünder bitten / das er jhm seinen heiligen Geist senden wolte / der jn vnterrichte vnd vnterweise / das er in diesen grossen Sachen / eine gemeine vnd Christliche Ordnung möge auffrichten / vnd Gott nicht zuerzürnen. Sind jhm die Augen vber gangen.

Alphonsus, Keiserlicher Maiestat Hispanischer Cantzler / auch Cornelius, haben etliche freundliche Gespräch mit dem Philippo gehalten / Jhm angezeiget / Das die Hispanier beredt sind / als solten die Lutherischen an Gott nicht glauben / Auch an die heilige Dreyfaltigkeit / von Christo vnd Maria nichts halten / Also / das sie meineten / wo sie einen Lutherischen erwürgeten / sie einen grössern Dienst Gott theten / denn so sie einen Türcken erwürgeten / Sagen / wiewol er viel mit jhnen geredt / das thun er kleret / so erlanget er doch nichts / vnd blieben entlich auff jhrer Meinung.

Des Sonnabends hat Alphonsus nach Philippo geschickt / jhm angezeiget / Er sey den Morgen bey Keiserlicher Maiestat gewesen / vnd habe lange keine bequemere stadt mit jhr zu reden gehabt / hab er der Keiserlichen Maiestat aller der Lutherischen Artickel vnterricht gethan / vnd das sie gantz vnd gar nichts wider die Kirchen glauben. Habe der Keiser gesagt / Quid volunt de Monachis? Vnd hat dem Alphonso befohlen / zum Legaten zu gehen / vnd mit jhm daraus zu handeln / ist auch also geschehen / Vnd ist der Stoß allenthalben am grösten in der Messe. Lest sich also Gott lob / zu guter hoffnung an / Der Keiser wolte den Sachen gerne helffen / Gott hat auch sein Mittel zu jhm geworffen.

Am Sontag hat Keiserliche Maiestat / jhrem Gebrauch nach / das hochwirdige Sacrament empfangen / zum heiligen Creutz / vnd nach Mittag alle Fürsten zu jhm gefordert / Sie der Session halben freundlich vertragen / Das vor auff keinem Reichstage nie hat können geschehen. Auff den Montag hat man die Messe / De Spiritu sancto, mit aller Herrligkeit gesungen. Hat der Ertzbischoff zu Meintz das Ampt gehalten. Nach dem Credo, that Orator Pontificius eine geschwinde Oration in Lateinischer vnd Deutscher Sprache / Versehe mich / sie werde gedruckt vnd scholirt werden. Nach geschehener Oration ist Keiserliche Maiestat zum Opffer gangen / vnd jhm der Churfürst zu Sachsen das Schwerdt fürgetragen. Hernach ist der König mit allen Churfürsten zum Opffer gangen / Doch die Vnsern mit einem Gelechter / Allein der Landgraff hat nicht geopffert / Ist aber mit in der Messe gewest.

Nach

An Wahr Leichnams tage.

Nach der Messe ist Keiserliche Maiestat mit Chur vnd Fürsten / auff das Haus geritten / alda den Reichstag angefangen / zweierley zu berathschlagen / wie man dem Türcken wolle fürkommen. Vnd zum andern / das ein jeglicher Fürst seine Meinung der Religion halben / so in Schrifften auff den Morgen Mitwochen einlegen / in zwaen Sprachen / eine Lateinisch / das ander Deutsch / Versehe mich / Keiserliche Maiestat werde die Sache in eigenem Rath handeln / dieweil die Fürsten widersinnes hierinne sind.

So viel ist bisher gehandelt / Seid gewarnet mit diesem / ob Gerüchte keme / das vnsere Fürsten solten etwas gewichen sein / so wisset / das es nicht war ist / sie haben auff das höchste ansuchen Keis: Maiest: vnd sonderlich der Churfürst seines Ampts halben nicht weigern können / mit in die Kirchen zu gehen. Sie haben aber vorhin protestirt / das sie die Messe nichts angehe / wollen auch der keine Neuerentz thun / wie geschehen. Darzu stehet man nicht ab vom predigen / sondern man leget das Gebot vor aus / weil die Papisten auch nicht predigen dürffen / vnd die Kaiserliche Maiestat aus hoher Oberkeit hat verordnet / nichts mehr denn das Euangelium / ohne alle auslegung / sagen müssen. Hie wird das Fleischessen / vnd anders nichts angefochten. Bittet Gott / das er wolt seinen heiligen Geist geben / sein Göttlich Wort zuerhalten / vnd gemeinen Frieden.

An S. Johannis

An S. Johannis des Teuffers tag.

Johannes ein Sohn des Priesters Zacharie/ gezeuget in seinem Alter/ von Elisabeth/ seinem unfruchtbaren Weibe/ wie jhm der Engel zuuor verkündiget hatte. Ein trefflicher Lehrer und Prediger von Gott erwecket / der die Gnade des newen Testaments anfahen/ und den Sohn Gottes/ Christum den HErrn/ in unserm Fleisch mit Fingern zeigen/ und sein Ampt und Werck dem Volck durch sein Mündlich Wort und Predigt/ hat erkleren und offenbaren sollen / der viel Göttliche zeugnis gehabt/ zum beweiß/ das er von Gott beruffen und gesandt were.

Denn diser ists/ von welchem der Prophet Esaias wol acht hundert Jahr zuuor geweissaget hat/ im 40. Capitel: Tröstet mein Volck/ spricht Gott/ Redet mit Jerusalem/ und prediget jhr / das jhre Ritterschafft ein ende hat/ Denn jhre Missethat ist vergeben/ &c. Es ist eine stimme eines Predigers in der Wüsten/ bereitet den Weg/ &c. Auff welchs zeugnis des Propheten/ sich denn auch Johannis selbst berüfft/ Johan. 1. Dergleichen hat auch von jhm geweissaget Malachias der Prophet im 3. Capit. Da er spricht: Sihe/ Ich wil meinen Engel senden/ der für mir den Weg bereiten sol. Und im 4. Capit. Sihe/ Ich wil euch senden den Propheten Eliam/ ehe denn da kömmet der grosse und erschreckliche tag des HERRN. Dieser Elias ist gewesen Johannes der Teuffer/ nach dem zeugnis Christi selbs/ Matth. 11. Denn wie es der Engel Gabriel außleget/ Lucæ am 1. Capit. So ist er einher gangen im Geist/ und krafft Elia/ &c.

Was er aber für ein Ampt geführet habe/ zeiget sein Name an/ der jhm auß sonderlichem Rath und versehung Gottes ist gegeben worden. Denn der Name Johannes im Hebreischen/ heisst bey uns Deutschen so viel/ als Huldereich/ Und bey den Griechen Eucharius. Denn Johannes solt ein Hulde oder ein Gnadenprediger sein/ sintemahl er die Predigt des Euangelij/ von Gottes Gnade und Hulde/ oder von der Gnade / vergebung der Sünden/ umb des HERRN Christi des Messiæ willen/ der damahls kommen war / in der Wüsten solte anfahen/ auff das sie von dannen in den gantzen umbkreiß der Welt ausgebreitet würde. Und also ist der Name/ welchen er uber kömpt/ ein Bilde und bedeutung der Lehre/ die er hat führen sollen.

Es ist auch nütz und gut/ das man seine Predigten/ so viel der in den Euangelisten beschrieben sind / mit fleis lese/ und dieselbigen betrachte/ denn sie feine klare zeugnis haben / von den fürnembsten Stücken und Articeln Christlicher Lehre/ dadurch wir uns in der Lehre vorgewissern/ und unsern Glauben stercken können. Denn er/ welches zu wissen tröstlich/ eben die Lehre geführet und geprediget hat/ welche wir durch GOTTES gnade / in unsern Kirchen auch heutiges tages führen und predigen.

Denn erstlich hat er ausdrücklich gelehret von Gott/ nemlich/ das ein einiger Gott sey/ in dreien unterschiedlichen Personen/ welche er nennet/ Gott den Vater/ und Gott den Sohn/ und Gott den heiligen Geist/ Johannis am 13. Matth. 3. Marci 1. Lucæ 3.

Item/ Von beiden Naturen in Christo / Lehret er unterschiedlich/ nemlich/ das Christus Gott und Mensch sey/ Johannis am 1. Capit. Der ists/ der nach mir kommen wird/ welcher vor mir gewesen ist/ &c. Desgleichen vom Ampt Christi/ hat er recht gelehret/ das er sol ein Opffer sein/ für der gantzen Welt sünde : Sihe/ spricht er/ das ist Gottes Lamb/ welches der Welt sünde tregt.

Also

An S. Johannis des Teuffers tag/ etliche Historien/

Also hat er auch sein vnterschiedlich gelehret/von der Busse/ vnd von den Früchten der Busse/nemlich/von guten Wercken/Matth. 3. Lucæ 3. Item/Von der Kirchen/die er vnsers HErrn Christi Gesponß vnd Braut nennet/vnd Christum jhren Breutgam/Johan. 3. Item/Von der Tauffe/ Lucæ 3. Vom jüngsten Gericht/vnd ewigen Leben. Item/Von der belohnung vnd straffen in jenem Leben/Matth. 3. Marci 3. Lucæ 3.

Auch solten sonderlich die Lehrer vnd Prediger/ mercken vnd betrachten/den Eiffer vnd Ernst/den er gebraucht hat in seinem Ampt/Sünde zu straffen. Er straffet den König Herodem keck vnd vnerzagt/vmb seines Ehebruchs vnd begangnen Blutschande willen. Es ist/spricht er/nicht recht/das du deines Bruders Weib habest/vnd wie vnerschrocken er auch den Phariseern vnd Schrifftgelehrten/vnd andern/die warheit frey vnter die Augen gesagt/ist aus allen seinen Predigten klar vnd offenbar.

Im fünfften Jahr des Keisers Typerij/welches war das 29. Jahr nach der Geburt Christi/ da Pontius Pilatus Landpfleger in Judea war/vnd Herodes ein Vierfürst in Galilea/vnd sein Bruder Philippus ein Vierfürst in Iturea/vnd in der Gegent Traconitis/vnd Lysanias ein Vierfürst zu Abilene/da Hannas vnd Caiphas Hoherpriester waren/&c. Da geschach der Befehl Gottes zu Johannes/Zacharias Sohn/in der Wüsten/&c. Lucæ 3. Etliche setzen den anfang der Predigt Johannis Baptistæ, in dem 10.tage des 7. Monden/ins Versöne Fest/vnd den anfang des Hall oder Jubeljahrs/nach dem Vorbilde des Versöhn vnd Posaunen Fests/dauon im 3. Buch Mosi am 23. Capitel zu sehen/&c.

Anno Christi 32. In diesem Jahr hat Herodes Antipas Johannem den Teuffer im Gefengnis tödten lassen/Matth. 14. Marci 5. Lucæ 9. Nicephorus schreibet/lib. 1, cap. 19. S. Johannes baptista sey erwürget/als er geprediget hatte dritte halb Jahr/gelebet 32. Jahr/vnd 6. Monat. Cedrenus am 151. Blat/setzet darzu/das es geschehen sey im 33. Jahr Herodis Antipas/vnd im 32. Jahr des Alters vnsers HERRN Jhesu Christi. Josephus lib. 18. cap. 10.

Anno Christi 1160. Wird Herr Arnold Ertzbischoff zu Meintz/von seinen Vnterthanen/an S. Johannis des Teuffers tage erschlagen. An seine stadt wird durch den Keiser erwehlet Christianus. Mariani Appendix.

Anno Christi 1330. Ist so ein heisser Sommer gewesen/das die Flüsse sind ausgetrocknet/vnd das Getreide auff dem Felde vor S. Johannis baptistæ ist in Polen reiff worden.

Anno Christi 1333. Sonnabend nach *Johannis baptista*, entstehet ein gros vnd schrecklich Vngewitter/ also/das jederman gemeinet/es würde der jüngste tag kommen/vnd hat das Wetter viel Leute erschlagen. Johan. Auentinus.

Anno Christi 1420. Rucket König Sigmund von Breßlaw/vmb S. Johannis tag nach Prage/belagert dieselbige/Als sie jhm widerstunden/zog er in S. Wentzloburg/empfieng daselbst die Behmische Kron/vom Ertzbischpff zu Prag/Herr Cunrad von Westphalen/zeucht darnach von Prag ab/vnd wendet sich nach Vngern/&c. Mechouius lib. 4. cap. 51.

Anno Christi 1454. Am tage S. Johannis des Teuffers/ ist die Gemeine zu Lignitz auffs Rathhaus gelauffen/hat die Thüren ausgeschlossen/die Rathherren gefangen genommen/vnd den Königlichen Heuptman Herr Prosky zur Stadt aus geweiset/Herman Zetterich ein Richter ist in diesem Lermen vmbkomen.

Anno Christi 1497. Vnd Sanct Johannes tag/stirbet Herr Johann von Tieffen/Hochmeister in Preussen/An seine stedt wird geordnet/Hertzog Fridrich Landgraff in Meissen. Mechouius lib. 4. cap. 78.

Anno

So sich auff dem Reichstage zugetragen. 73

Anno Christi 1530. Ist der aller berhümpteste Reichstag zu Augspurg in Schwaben gehalten worden/ vnd haben die Christlichen Fürsten vnd Stende: Hertzog Johannes zu Sachsen/ Churfürst/ Marggraff Georg zu Brandenburg/ Hertzog Johannes Fridrich/ des Churfürsten zu Sachsen Sohn/ Hertzog Ernst zu Braunschweig/ Philips Landgraff zu Hessen/ Hertzog Frantz zu Lüneburg/ Fürst Wolffgang zu Anhalt/ vnd der zweyen Reichsstedt/ Nürnberg vnd Reutlingen/ Abgesandten/ dem Keiser Carl dem Fünfften/ die Christliche Confession vnserer Religion zu Augspurg/ Lateinisch vnd Deutsch geschrieben/ vbergeben/ vnd ist dieselbe in des Bischoffs zu Augspurg Hoff/ öffentlich in Deutscher Sprach/ verlesen worden/ am Sonnabend nach S. Johannis des Teuffers tag/ Ist auch als bald in etlichen Sprachen verdolmetscht/ vnd den vornembsten Christlichen Potentaten in Europa, vbersendet worden.

Es haben auch obgemelte Confessores jhre Bekentnis abgesondert/ von denen von Straßburg/ Costnitz/ Memmingen/ vnd Lindaw/ Darumb/ das sie der Zwinglischen Lehre anhengig gewesen/ welche auch jhre eigene Confession in sonderheit dem Keiser zugestellet haben. Sleidanus lib. 7.

Anno Christi 1574 Vmb S. Johannes/ entreitet der newe König Heinrich aus Polen in Franckreich/ denn sein Bruder Carolus der 9. war gestorben/ des Reich nam er ein.

Kurtze Verzeichnis der fürnemesten Puncten Christlicher

Bekentnis/ so die protestirende Stende/ *Anno* M. D. XXX. den 25. tag *Iunij,* für Keiserlicher Maiestat/ vnd allen Reichs Stenden öffentlich gethan haben/ &c. Durch M. *Georgium Spalatinum,* seligen zusammen bracht.

SOnnabend des nehesten nach Johannis des heiligen Teuffers/ ist auff diesem Reichstag zu Augspurg/ der aller grösten Werck eines geschehen/ das je auff Erden geschehen. Denn desselbigen tages nach Mittag/ hat mein gnedigster Herr/ der Churfürst zu Sachsen/ Hertzog Johans/ Marggraff Georg zu Brandenburg/ Hertzog Johans Fridrich zu Sachsen/ Hertzog Ernst zu Braunschweig vnd Lüneburg/ Landgraff Philips zu Hessen/ Hertzog Frantz zu Braunschweig vnd Lüneburg/ Fürst Wolffgang zu Anhalt/ vnd die zwo Stedte/ Nürnberg vnd Reutlingen/ jhres Glaubens/ vnd der gantzen Christlichen Lehre/ die sie in jhren Fürstenthumen/ Landen vnd Stedten predigen lassen/ Bekentnis/ öffentlich mit Christlichem feinen tröstlichen Gemüt vnd Hertzen/ lassen Deutsch lesen/ von Artickel zu Artickel/ nicht allein für allen Churfürsten/ Fürsten/ Stenden/ Bischoffen/ Räthen/ so fürhanden/ sondern auch für Römischer Keiserlicher Maiestat selbst/ vnd jhrem Bruder/ König Ferdinandus. Es hats aber gelesen der Herr Cantzler/ Doctor Christianus, vnd hats sehr wol gelesen/ so laut vnd deutlich/ das mans nicht allein in dem Saal gehöret hat/ sondern auch vnten auff dem Plas/ das ist/ in des Bischoffs von Augspurg Hofe/ da Keiserliche Maiestat zur Herberg ligt.

Nu ist dasselbe Bekentnis Deutsch vnd Lateinisch gewesen/ Ist aber vmb kürtz willen der zeit/ allein deutsch gelesen.

Vnd das Bekendtnis ist gewislich in Latein vnd Deutsch mit Göttlicher Schrifft im grund/ vnd mit solchem Glimpff gefast gewest/ das dergleichen Bekendtnis nicht allein in tausent Jahren/ sondern dieweil die Welt gestanden/ nie geschehen ist. Man findet auch in keiner Historien/ noch bey keinem alten Lehrer oder Doctor dergleichen.

Im

An S. Johannis des Teuffers tag/ etliche Historien/

Im Eingang haben hochgedachte/ mein gnedigster/ vnd gnedigste Churfürsten/ Fürsten vnd Herren/ protestirt/ wo diese Sach jetzt in Lieb vnd Güte/ lauts Keyserlicher Maiestat erbieten/ in jhrem Ausschreiben/ zu diesem Reichstag/ nicht verglichen/ vnd hin gelegt werden/ das sie all der vorigen Appellation vnd Protestation/ auff den Reichstag zu Speyer/ anhengig sein vnd bleiben wöllen/ an das zukünfftig/ gemein/ frey/ Christlich Concilium, Welchs Keiserliche Maiestat in etlichen jhren instruction zu Keiserlichen Reichstagen zu fodern/ dem Reich gnedig vertröstung gethan hat.

Keiserliche Maiestat/ vnd König Ferdinandus/ die Hertzogin zu Beyern/ Auch etliche Bischoffe/ haben sehr fleissig zugehöret.

Stehet wol drauff/ das jhr viel/ jhr Lebenlang/ so viel von dieser Lehre nicht gehort haben/ vnd das freylich Keyserlicher Maiestat König/ viel Fürsten vnd Bischoffe/ vns alle für Mammelucken gehalten haben/ die weder von GOTT noch Glauben hielten.

Da der Cantzler im Bekentnis gelesen hatte/ das etwa vor vier hundert Jahren/ da der Bapst den Priestern in Deutschen Landen die Ehe verbotten hat/ vnd ein Ertzbischoff zu Meintz/ dasselbige Gebot hat verkündigen/ vnd seine Pfaffen dazu dringen wollen/ das sie sich mit gewalt dawider so hart gesetzt haben/ das er in einer Empörung schier erwürget sey worden. Da hat König Ferdinandus den Ertzbischoff zu Meintz gefragt/ Ob es war sey/ da habe Meintz gesagt/ Ja/ es sey war.

Entlich/ da das Bekentnis ausgelesen/ vnd beides Lateinische vnd Deutsche/ Doctor Brück Cantzler/ Alexander Schweiß/ Keiserlichen Secretarien/ vnd durch jhn dem Ertzbischoff zu Meintz reichen hat wöllen/ hat Kaiserliche Maiestat selbst darnach gegriffen/ vnd sie zu jhm genommen/ mit gnedigem erbieten/ durch Hertzogen Fridrichen Pfaltzgraffen/ der Sachen ferner nach zutrachten.

Etliche Fürsten/ die billich vnser Freunde sein solten/ haben sich fast also gestellet/ vnter der verlesung des Bekentnis des Glaubens/ vnd der Lehr/ das daraus zuuermercken/ das sie es nicht gern gehört haben/ denn freylich die Widersacher es dafür gehalten haben/ das man dieses theils der Sachen grossen schew würde haben/ vnd alles das thun müssen/ was man nur schaffen würde.

Die Gnade hat je Gott gegeben/ das niemand verunglimpfft ist worden/ in dem Bekentnis/ vnd das es auffs gelindest gestellet ist/ damit je niemand vber eilig scharren zu klagen hette.

Darumb ist zu Gott zu hoffen/ Gott werde weiter Gnade geben/ das wir billich mit allem Ernst/ mit fleissigem Gebet/ vberall in allen Kirchen vnd Predigten/ auch sonst bey Gott suchen/ das je Gott diese Sachen/ zu einem seligen Ende also führen wolle/ das wir bey Gottes Wort bleiben/ vnd guten Fried behalten. Da bitten wir billich alle mit Ernst vmb.

Vnd solt vns dieser Handel wol bewegen/ in Gottes furcht desto mehr zu handeln/ Denn solt es vnglücklich ausgehen/ so würdens Land vnd Leute mit grossem verderben/ vielleicht nicht allein mit Vnlust/ Leibs vnd Guts/ Weib vnd Kind/ sondern auch der ewigen Güter/ da vns ja Gott für behüten wolle/ jnnen werden.

Man sol begert haben/ das man berührte Bekentnis Lateinisch vnd Deutsch nicht wolle drucken lassen. Man hat auch noch bißher das Fleischessen am Freitag/ etc. nicht verbotten. Gott helffe in allen andern Heuptstücken auch ferner mit allen Gnaden/ Amen.

Etliche

So sich auff dem Reichstage zugetragen. 74

Etliche Historien wol zu mercken/ so sich auff diesem
Reichstage zugetragen/ &c. Von Magistro Georgio Spalatino
verzeichnet. Anno M. D. XXX.

Ertzog Wilhelm zu Beyern/ als er meines gnedigsten Herrn
des Churfürsten zu Sachsen/ vnd der andern Fürsten/ seinen Chur
fürstlichen Gnaden/ im Euangelio anhengig, Bekentnis gehöret/ hat
er meinen gnedigsten Herrn freundlich angesprochen/ Vnd da er heim
kommen/ soll er gesagt haben/ So habe man jhm vor nicht gesagt/ von
dieser Sachen vnd Lehre.

Sontag nach Johannis des Teuffers/ sind die Fürsten vnd Herren
des andern theils beyeinander geweft/ Antwort auff das Bekentnis zubegreiffen.

Montag nach Johannis des heiligen Teuffers/ haben Bürgermeister/
Rath/ vnd Gemeine der Stad Augspurg/ Römischer Keiserlicher Maiestat Huldung
gethan/ auff dem Plats für dem Rathhaus. Römische Maiestat sein oben
auff dem Rathhaus gestanden/ im Ercker/ Vnd neben seiner Keiserlichen Maiestat die
drey Churfürsten/ Meins/ Cölln vnd Brandenburg/ auch der Marschalck von Pap
penheim/ mit dem blossen Schwerdt/ vnd Caspar Sturm Herold. Vnd die Huldung
ist geschehen mit auffgereckten Fingern/ zwischen zehen vnd eilff Vhr im Mittag/ wa
ren etliche tausent Mann.

Desselben Morgens sind die berührte Churfürsten/ Auch die Ertzbischoffe/ Für
sten/ Bischoffe/ so dem Euangelio nicht anhengig/ bey einander gewesen/ vnd des
Euangelij halben/ dafür man es acht/ sich vnterredet.

Darnach ist desselbigen tages Keiserliche Maiestat auffs Schloß Wellenburg/
des Cardinals von Saltzburg geritten/ welches jhm Keiser Maximilianus/ löblicher
gedechtnis/ etwa geschenckt hat.

Jetzund 35. Jahr/ Als vns vnser Wirt alhie zu Augspurg/ Wilhelm Artze gesa
get hat/ haben die von Augspurg Keiserlicher Maiestat auch gehuldet.

Erasmus Roterdam sol noch leben/ aber fast kranck sein/ Keiserliche Maiestat
hat jhm geschrieben/ man helts darfür/ sie hette jhn gern auff den Reichstag/ ob er aber
kommen kan oder wolle/ weis man nicht.

Die Königin von Vngern vnd Behmen Maria/ des Römischen Keisers vnd
Königs Ferdinandus Schwester/ hat jhr bisher nicht wollen wehren lassen/ sondern
Keiserliche Maiestat sollen gesagt/ vnd vermanet haben/ sich wol für zu sehen/ damit
sie nicht auch von den Pfaffen betrogen werde/ wie jhr Gemahl König Ludwig/ vnd
jhr Bruder König Ferdinandus/ von jhnen betrogen were.

Vnser Bekentnis hat Keiserlicher Maiestat Secretari einer/ Alexander Schweiß/
in Frantzösisch gebracht/ Ein ander Secretari hat es in Welsch gebracht. Sie sagen/
das die Geistlichen dem Cardinal Campegio beide Wein vnd anders eine grosse menge
schencken. Es wollen dieselbe Bekentnis viel Leute haben/ die mit fleis darnach trach
ten. So ists ein ding/ Wer nur nicht Lutherisch ist/ der kans nicht verderben/ Er thue
was er wolle/ Widerumb/ wer Lutherisch ist/ wenn er gleich der frömbsten einer were/
der hats gantz vnd gar verderbet.

Es sol newlich ein Fürst/ für etlichen andern Fürsten vnd Herren gesagt ha
ben/ Es haben die Lutherischen nechst eine Schrifft vberantwortet/ mit Tinten ge
schrieben/ Wenn ich Keiser were/ so wolte ich jhnen wider eine Schrifft geben mit Ru
bricken/ das ist/ mit roter Farbe geschrieben. Darauff sol als bald ein ander Fürst ant
wort geben haben/ Es mus dennoch der Keiser darauff achtung haben/ Wenn er mit

N ij Rubricken

An S. Johannis des Teuffers tage/etliche Historien/ Rubricken schreiben wolt/ wie jhr Herr saget/das jhm die Predigten nicht vnter Augen sprützen.

Hertzog Georg zu Sachsen stellet sich zu weilen sehr freundlich gegen meinem gnedigsten Herrn/dem Churfürsten zu Sachsen/ Aber in der Sachen Gottes Wort belangend/ so ist er sehr hart vnd schwind wider jhn.

Das ist ein grosser Mangel am Keiserlichen Hofe/das auch etliche seine Hochgelarten Diener sagen/Das nicht ein einiger Mann da were/der die Sachen des Euangelij verstünde/ so gar wissen sie nichts von diesen dingen/ vnd hat doch viel Pfaffen vnd Münche vmb sich.

Es sind etliche Bischoffe in der Lutherischen Sachen viel besser/freundlicher vnd glimpfflicher/denn etliche Weltliche Fürsten/darumb last vns Gott bitten/ das er dem Teuffel wehre/Amen.

Der Cardinal Compeius / sol vnser Bekentnis in Welsche Sprach haben lassen bringen/vnd dem Bapst schicken. Denn der Bapst Lateinisch nicht sonderlich verstehet. Derselbe Cardinal sol auch vom Bapst Befehl haben/etliche Mißbreuche/ zubewilligen/abzuthun.

Die Reichstedte sind sehr zutreunet/denn der wenigste theil sind rechtschaffen/ die andern entweder Zwinglisch/oder Papistisch.

Der Königin Maria Prediger sagt jhr viel guts nach/sonderlich/ daß sie des Latein wol bericht sey/vnd stettiges eine Lateinische Biblien mit vnd bey jhr habe/auch auff der Jaget/Vnd wenn ein Prediger die Schrifft nicht recht anzihe/so suche sie darnach/vnd rede drumb/Sie höre auch den grossen Schreier vnd Barfusser Medardus/ des Königs Prediger/nicht/ sie mus es denn thun.

Bemeldter Königin Prediger/ ein ehrlicher vnd freundlicher Mann/ hat vns hernach folgend Verzeichnis gestellet/Zwantzig Doctores/etc. so wider die Lutherischen hie zu Augspurg sind.

Erstlich der Tittel/ Die Christlichen Doctores auff dem Reichstag zu Augspurg/ Eben/als weren die andern vnchristliche.

  Doctor Johan Eck.
  Doctor Johan Schmidt oder Faber, zu Ofen Probst oder Coadiutor.
  Doctor Augustinus Marius/ Bischoff zu Salon / oder Weihebischoff zu Würtzburg.
  Doctor Cunrad Wimpina.
  Doctor Johann Cocleus.
  Doctor Paul Haug Prediger Ordens Prouincial.
  Doctor Andreas Stoß/ vnser lieben Frawen Bruder Ordens Prouincial.
  Doctor Cunrad Colli/ Prior des Prediger Closters zu Cölln/ der wider Doctor Martinus Ehestand geschrieben hat.
  Doctor Cunrad Tho/zu Regenspurg Prediger.
  Doctor Bartholomeus Vsing.
  Doctor Johann Mensing.
  Doctor Johann Dietenberger Prior zu Coblentz.
  Doctor Johann Burckhart Prediger Ordens Vicari.
  Doctor Petrus Speiser des Bischoffs zu Constentz Vicari.
  Doctor Arnold von Wesel.
  Medardus König Ferdinandus Prediger/Barfusser Ordens.
  Augustin von Cottelin von Bremen.

                      Doctor

So sich auff dem Reichstage zugetragen.

Doctor Wolffgang von Köbörffer/ Probst zu Stendel.
Doctor Hieronymus Montius/ der Bischoffen zu Passaw Vicari.
Doctor Matthias Kretz/ Prediger zu Augspurg.
Freytag des Abends vnser lieben Frawen Heimsuchung/ ist mein gnediger Herr/ der Churfürst zu Sachsen/ auff gnedige erforderung/ bey Keiserlicher Maiestat gewest.

Vnser Gegentheil/ die Gelehrten/ sind des vberreichten Bekendtnis/ viel stiller vnd eingezogener worden/ denn sie vor gewest sind.

Keiserliche Maiestat haben einen Barfusser München zu einem Beichtvater/ ein Spanier/ der vnser Sachen fast gewogen/ holdt vnd geneigt sein soll/ vnd auch wol predigen/ Kan auch Ferdinandus Prediger/ auch Barfusser Ordens/ Medardum/ den grossen Schreier/ der auch zu Speyer gewest/ nicht wol vmb sich leiden. Es gehen andere Hendel neben des Euangelions Sachen immer her.

Etliche Cardinel selbst bekennen/ das vnser Sach vnd Lehre recht sey/ Man solts aber ohne mehrer zuthuung nicht fürgenommen haben/ Sehen nicht/ wie man sich vergleichen möge/ wollen nicht vnrecht gehandelt haben/ in keinem Stück. Sonnabend visitationis der reinen Jungfrawen.

Keiserliche Maiestat/ vnd die jhren bekennen/ das wir in Artickeln des Glaubens nicht irren/ Kund aber leiden/ das wir vns in eusserlichen dingen/ zuvor in etlichen/ vnd bis auff ein Concilium mit den andern vergleichten vnd vereinigten.

Keiserlicher Maiestat Beichtvater/ hat zu Magister Philippo Melanchthon gesagt/ Mich nimpt wunder/ das in deutschen Landen etliche Gelehrten diese Rede anfechten/ Das man durch den Glauben rechtfertig vnd fromb werde/ Denn ich hab lang darfür gehalten/ auch mit vielen Gelehrten daruon geredt.

Es sind etliche Fürsten dem Euangelio sehr entgegen/ Aber jhre Rhete sehr holdt vnd geneigt. Es haben auch etliche Rhete jhren Herren frey vnter Augen/ vnter anderm Warnung/ gesagt/ Solt es zum Kriege kommen/ da sey Gott für/ das sie von jhren eigenen Leuten die Folge nicht haben würden.

Es kömpt noch weiter in die Rede/ Das Keiserliche Maiestat nicht einen Menschen am Hofe hette/ der die Euangelische Sach verstünde/ Es haben auch Keiserlicher Maiestat/ vnser Bekentnis der Vniuersitet zu Louen zugeschickt/ wiewols ob achtzig Meil wegs von hinnen gelegen.

Man sagt/ das die Bischoffe in dieser Sachen des Euangelij/ sich nicht vereinigen können.

Die von Franckfurt haben auch öffentlich sich vernemen lassen/ sie wollen bleiben bey meines gnedigsten Herrn des Churfürsten zu Sachsen bekentnis.

Vnser Bekentnis hat man begeret vmbzuschreiben/ für dem Könige zu Engelland/ für dem Könige Portugall/ für dem Herzog zu Gülich/ für den Herzogen zu Lottringen/ für andern grossen Fürsten mehr. Wir wollens/ ob Gott wil/ Lateinisch vnd Deutsch mitbringen.

Keiserlicher Maiestat Beichtvater/ hat sich so Christlich gegen Ecken/ Faber/ Wimpina/ Coeleo/ vnd andern des Euangelij Widersachern/ vernemen lassen/ das sie jhn aus jhrer Synagoga geworffen haben/ vnd in jhren Rath nicht mehr ziehen vnd gebrauchen.

Desgleichen haben sie Doctor Mensing dem Prediger München/ bey Marggraff Joachim/ auch mit gefahren/ denn er ist wol halb mit des Marggraffen Vngnaden/ mit seinem Sohn wider zurück gezogen. Vnd Doctor Mensing sol gesagt haben/ zu den andern Doctorn/ Wenn jhr nicht anders wolt thun/ so gilt mirs gleich/ Ich wil auch meine Kappen von mir werffen/ Denn da gilts niemand/ denn der wider Doctor Martinum von Gottes Lehre auffs höchste ist.

N iij Der

An S. Johannis des Teuffers tage/etliche Historien/

Der Ertzbischoff zu Cölln/sol das vergangene Jahr gesagt haben/Jch bin ein Bischoff/vnd sol meine Kirchen regieren/vnd predigen/ Nu kan ichs nicht/ Aber bloß wolt ich von meinem Bisthumb gehen/das diese Sache zu gutem Friede gerichtet würde.

Faber vnd Cocleus sind sonderlich für andern in bösem Gerücht/das sie flugs liegen vnd triegen/vnd anders für dem Mann/denn hinder jhm reden vnd handeln.

Man sagt nochmahls/auch etliche Beyern selbst/das Hertzog Wilhelm zu Beyern/zu Doctor Ecken gesagt habe/Man hat mir viel anders von des Luthers Lehre gesagt/denn ich jn jrem Bekentnis gehöret habe. Jhr habt mich auch wol vertröst/ das jhre Lehr zu widerlegen sey/Da hab Doctor Eck gesprochen/Mit den Vetern getrawet ichs zu widerlegen/aber nicht mit der Schrifft. Da habe sich Hertzog Wilhelm von jhm gewandt.

Bey des Keysers Beichtvater liget ein Spanischer Heuptman/bey dem hat ein Spanier zu Melanchthon gesagt/Ob der Luther komen würde/Er were ein Münch/ vnd hette eine Nonnen genommen/darumb würden sie den Antichrist mit einander zeugen/ Da habe der Spanische Heuptmann in Latein gesagt/Schweige still/denn Luther ist nicht so ein böser Mann/als man jhn machet/Jch habe die vier hundert Ecken Schlußreden gelesen/Jch halts aber nicht darfür/daß er das schreibe/wie jhm Eck schuld gibt.

Herr Johann Pommer hat vns hieher geschrieben/daß das Euangelium zu Lübeck/Lüneburg flugs auffgehet.

Jtem/ das Christus schier das gantze Meer vnd See eingenommen hab/Gott geb weiter gnad/Amen. So gehts in der Welt/Der Bapst/vnd Bischoffe/vnd Fürsten/wollen Gottes Wort im Römischen Reich vntertreiben/vnd in frembden Königreichen nimpt mans mit freuden an/O last vns sie bitten/das vns Gottes Wort bleibe.

Die von Augspurg halten fast vbel bey Gottes Wort/vnd jhren Predigern/ Denn es kan der Edle Same vnter den Dornen nicht auffkommen/fürchte sehr/sie werden jhre besten vnd reinesten Prediger darob alle verlieren/ Denn es trachten schon etliche Fürsten nach jhr etlichen.

Des Königes von Polen Botschafft hie Dantiscus Bischoff zu Culm/ist wol am Euangelio/vnd kan vnser Leute sehr wol leiden.

Wo die Bischoffe vnd Fürsten einen Fürsten erfahren/ den sie für Lutherisch verdencken/vnd achten/den ziehen sie nicht zu jhren Anschlegen.

Darumb haben sie jetzt etlich mahl/wenn sie vom Euangelio gehandelt haben/ Hertzog Heinrichen von Mechelburg/ Meines gnedigsten Herren/ des Churfürsten zu Sachsen Schwager/ausgeschlossen/ Summa/die Welt ist blind/toll vnd thöricht.

Man sagt/das sich die Bepstischen Fürsten vnd Bischoffe/keiner Antwort können entschliessen/vnd vertragen/Vnd das vier Fürsten aus jhren Rehten gangen sind/ so vbel hab jhnen jhr fürnemen gefallen/ Denn sie woltens gern schwind vnd arg machen/vnd ein Acht zu wegen bringen/jhr Mütlein zu külen.

Doctor Vrbanus Regius, der gelehrteste vnd beste Prediger hie zu Augspurg/ kömpt zu Hertzog Ernsten von Lüneburg vnd Braunschwig/ Hertzog Frantzen Bruder.

Etlicher Fürsten Cantzler vnd Rehte des Gegentheils/ haben sich im Rechten so Christlich vernemen lassen/das sie jhre Herren nicht mehr in dieser Sachen im Rath leiden können/denn sie haben jhren Fürsten flugs eingehalten.

Vnser

So sich auff dem Reichstage zugetragen. 76

Vnser Gegentheil hat sich auch vnterstanden/ des Hertzogen von Gülich Botschafft/ ein Graffen aus jhren Nöthen zu lassen/ Aber er hat sich selbst gefunden. Ments hat etlich mahl nicht darbey sein wollen/ weil sie es also durcheinander gekartet haben/ als man stadtlich sagt.

Dieß Sage ist/ das Keiserliche Maiestat die Schweitzer auch erfordert habe/ vnd stehet darauff/ das Zwingel/ Ecolampad/ Capito/ Hedio/ Butzer/ auch her kommen sind.

Ich kan nicht schreiben/ wie halsstarrig/ toll vnd thöricht die Sacramentschwermer sind/ Mann vnd Weib/ Jung vnd Alt / vnd was nur mit diesem Gifft beschmeist ist. Es hat mir Gestern Freytags nach visitationis Mariæ/ frey vnter Augen ein reicher Bürger hie zu Augspurg gesagt / Das mehr denn die halbe Stadt / Ja wol drey teil von Reich vnd Arm/ Mann vnd Weib/ Megde vnd Knechte/ an Meister Michel/ das ist/ an der Zwinglischen Lehre hangen/ vnd ob jhm oder der Lehre was widerfaren solt/ das nichts guts draus werden wolt.

Keiserliche Maiestat hat seine Spanische Herren lassen berathschlagen/ wie sich seine Maiestat gegen der Lutherischen Lehr erzeigen solt: Darauff haben sie Keiserliche Maiestat in Frantzösischer Sprach diese Antwort geben/ Wo seine Keiserliche Maiestat solche Stücke darinnen finde/ die den Artickeln des Glaubens zu wider sind/ so sol seine Maiestat alle jhr vermögen dran wenden/ dieselbigen Secten ausjurotten. Wo aber die streitigen Artickel/ allein die abstellung etlicher Ceremonien vnd eusserliche ding belangen/ so sollen sich seine Maiestat nicht hefftig darwider setzen. Solches aber zuersfaren/ sol seine Maiestat die Sachen etlichen wenig frommen Leuten/ die keinem theil verwandt sind/ vntergeben. Ist sie ein kluger weiser Rath/ dergleichen wir gewisslich in allen Deutschen Landen schwerlich gefunden hetten.

Der Cardinal Campeius / hat zu einem gesagt / Ich habe offt gedacht/ das der vnzehliche grosse hauffe der Münche/ wird einst der Kirchen ein gros Vnglück erregen.

Doctor Paulus Ricener / König Ferdinandus Artzt/ redet auffs ehrlichste vnd beste von dieser Sachen / Gottes Wort belangend/ vnd kan sich vnsers Gegentheils grosser hartigkeit nicht gnung verwundern.

Graff Felix von Werdenberg / ein so grosser Widersacher Doctor Martinus Luthers / das er sich sol haben vernemen lassen/ Wo es zum Kriege wider die Lutherischen keme/ das er sich vmb sonst wolle darzu gebrauchen lassen/ Hat mit dem Abt zu Wingarten / Montages nach Kiliani panckletiret/ vnd ist in truncklener weise dahin gangen/ vnd im Bette todt gefunden vnd Dienstags nach Kiliani begraben worden/ Gott vergebe jhm seine Sünde/ so gehet jmmer einer nach dem andern dahin. Noch stellen wir vns/ als wolten wir Christum aus dem Himmel stossen.

Wie hoch der Gegentheil die Sache verbittert/ erscheinet zum theil aus diesen verdeutschten Artickeln.

Im Jahr nach Christi Geburt/ funffzehen hundert vnd dreissig/ am dreyzehenden Julij/ haben Keiserlicher Maiestat etliche Christliche Doctores auff dem Reichstag zu Augspurg/ Bücher vberantwortet/ wie jhre Tittel hernach lauten.

Ein Christlich vnd schier eilend Antwort/ auff die eingebrachten Artickel/ durch den Durchleuchtigsten Churfürsten zu Sachsen/ vnd etliche andere Fürsten/ vnd zwo Stedte.

Die widerwertigen Artickel/ in welchen der abtrennige Luther in seiner Babylonica wider sich selbst schreibet/ durch Doctor Johann Faber ausgezogen.

Die Ketzerey vnd Irrthumb aus mancherley Luthers Büchern zusammen gezogen.

Die Ketzerey in den heiligen Concilien/ hievor verdampt/ durch die Lutherischen aber widerumb erreget.

N iiij   Die

An S. Johannis des Teuffers tag/ etliche Historien/

Die Ketzerey vnd Irrthumb des Luthers/ durch Bapst Leo den Zehenden/ vor zehen Jahren verdampt.

Die Ketzerey vnd Irrthumb des Luthers/ vor sieben Jahren durch die Vniuersitet zu Pariß verdampt.

Der Facultet der heiligen Schrifft zu Löuen verdammung.

Ein Außzug etlicher Ketzerey vnd Irrthumb Martin Luthers.

Etliche viel vnrichtige Secten aus dem Luther vnd den Lutherischen erwachsen.

Die grewliche verderbliche vnd aller verdampteste Früchte des Lutherischen Euangelii.

Summa/ Etliche rech... is auff zwey hundert Bletter.

Man sagt gleublich/ als man Graffen Felix von Werdenburg zu Grab getragen hat/ das ein redlicher Bürger allhie zu Augßpurg/ bey eines Fürsten Rath gestanden ist/ vnd als er die Leiche gesehen hat/ mit mehrem Gepreng/ denn sonst/ hat er gefraget/ Wer der Todt sey/ Da er gehört/ das Graff Felix sey/ sey er rechtens entsetzens erschrocken/ vnd gesagt/ Ey/ wol ein wunderlicher Richter ist Gott/ hab ich doch noch Gestern aus seinem Munde gehört/ das er mit thewren worten geredt hat/ Er wolle nicht leben/ er wolle sein Leib vnd Gut daran setzen/ die Lutherische Lehr außzurotten/ Darauff ist er so kurtz dahin gangen. Man wil nun sagen/ das er auch nicht truncken sey worden.

Das hat ein ander Graff erfahren/ der Gottes Wort auch so sehr entgegen/ auch mit solchem trotzen/ Der sol auch so sehr erschrocken sein/ das er dauon kranck ist worden.

Der Weyhbischoff zu Würtzburg Marius/ hat in einer Collation offt gesagt/ Er wolle bey der Mutter bleiben/ hat gemeinet/ der Bepstlichen Kirchen. Da hat Brentius/ als ein frommer gelehrter Mann/ einsten gesagt/ Ey lieber Herr/ Jhr müsset auch dennoch des Vaters des lieben Gottes darneben nicht vergessen/ Da hat der Weyhbischoff aus der Haut wollen fahren.

Gott lob/ Wir haben teglich viel guter Gesellschafft von hochgelahrten frommen gelehrten Leuten/ aus allen Landen schier.

Der Außschuß dieses Reichstages sind/ Hertzog Georg zu Sachsen/ Hertzog Wilhelm zu Bayern/ Hertzog Albrecht zu Mechelburg/ des Marggraffen von Baden Cantzler/ Doctor Veuß/ der Bischoff zu Würtzburg/ Augspurg/ Speyer.

Sie hatten hie etliche Prediger Münche/ dem von Meintz zustendig/ aus den Rechten Gottes Wort belangend/ als verdechtig/ außgeschlossen/ Sie habens aber wider zulassen müssen/ Sie mackens wüste vnd seltzam/ mit dem lieben HERRN Christo vnd seinem zarten Euangelio.

Gestern hat M. Philippus Schrifft von Erasmo Roterodamo gehabt/ zu Freyburg in Brißgaw/ am siebenden Tag dieses Monds gegeben/ darinn er schreibet/ das er in vierdten Monat nun kranck sey/ kömpt freylich nicht her/ denn er schreibet vnter andern/ Er getrawe nichts guts darinnen außzurichten/ Denn so bald einer etwas gleiches darzu rede/ so schilt man jn für einen Lutherischen/ &c.

Man sagt/ das der Graffen vnd Herren sechs gewesen sind/ die sich auffs höchst zusammen verbrüdert hetten/ von welchen Graff Felix von Werdenburg/ so gehling dahin gangen ist/ So ligt derselben Graffen einer jetzt auch schwerlich/ stehet darauff/ das er auch nicht auffkomme. Hilff Gott das sie es doch mercken.

Doctor Faber vnd Eck/ gehen so vnbescheiden mit den Sachen vmb/ das sie jhre eigen Leute vnuerholen für Buben schelten.

Es ist keines Fürsten/ Bischoffen oder Herrnhoff hie/ Wie sehr sie wider den Luther sind/ er hat etliche vnter seinen Rehten/ Adel/ Caplan/ andern Dienern/ Die wol an Doctor Martinus Lehre/ ja am Euangelio sind/ Das auch jhre Herren wol wissen.

So sich auff dem Reichstage zugetragen. 77

sen. Das hab ich von etlichen Glaubwirdigen selbst gehört/reden auch zum theil frey/ wol vnd Christlich dauon.

Ich höre/Erasmus von Roterdam habe Keiserlicher Maiestat vnter andern geschrieben/ Das sich die Sachen des Euangelij nicht wollen vbereilen lassen/ sondern das man viel zeit dazu bedürffe/Vnd das ers dafür halte/das man keine Reformation könne auffrichten/man hebe sie denn zum ersten am Bapst selbst an.

Man höre allwege des bösen mehr/denn des guten/Denn Gestern hat der Schulmeister von Friedburg/ein Stedlein der von Beyern/ein Meil von hinnen/mit seinem Weibe wider heim gehen wollen/Also hat jhm ein Keiserischer Trabant sein Weib mit gewalt entführen wollen/Das hat der Schulmeister nicht leiden wollen/sind darüber vneins worden/so hart/das sie auffeinander gehawen haben/das der Schulmeister darunter ist zu todt gehawen/Vnd als der Trabant sehr verwundt/hat er sich wider nach Augspurg gewandt/des Schulmeisters Weib hat jhm gefolget/vnd so viel Geschreies gemacht/das der Trabant zur Gefengnis bracht ist/vnd freilich nicht lang sitzen wird/Dieser Trabant sol ein Edelman sein.

Newlich sind etliche Papisten/grosser Fürsten gelehrte Rehte/zuvor grosse Feinde des Euangelij/so gelind worden/das sie auch von der Priester Ehe beginnen ehrlich vnd wol zu reden.

Keiserliche Maiestat geht mit der sachen des Euangelions langsam/vnd mit grossem Rath vnd bedacht vmb/vnd helt jhre Meinung gantz still vnd heimlich.

Es hat sich zugetragen/das auff den tag Johannis des Teuffers/im 38. Jahr/im Lande Mechelburg/nicht weit von newen Brandenburg/auffm Dorff Oster genant/gelegen/ist eine Wirtschafft/vnd auff dieser Wirtschafft/war ein sehr böses Weib/welche alltzeit mit grossem fluchen vnd schweren/von Morgens an/bis in die Nacht hat geweheret/vnd sie das eine lange zeit hat getrieben/vnd sich dem Teuffel in jhrem bösen fluchen/mit Leib vnd Seel ergeben hat/das sie sein eigen wolt sein/er solt kommen vnd sie holen/denn Gott hette kein theil an jhr. Da haben sie die andern Weiber vnd die Menner/vnd auch der Pfarr vnd der Schultheiß mit seinen zweyen Brüdern hart darumb gestrafft/sie solte nicht also fluchen/vnd sich dem Bösen vbergeben. Da hat sie sich nicht dran wollen kehren/bis zu letzt hat Gott vber sie verhenget/vnd dem Teuffel gewalt gelassen vber sie. Vnd als nu das Volck war in jhrem besten Muth vnd Frewde/da kam der böse Feind/vnd führet das Weib mit Leib vnd Seel von jhren Augen mit grossem geschrey vnd prüllen in die Höhe/vnd vmb das Dorff/ mit grossem geschrey vnd wehklagen/das das Volck erschrocken ist/vnd ist auff die Erde nider gefallen/vnd etliche Personen in jhrem schrecken des Todts gestorben sind/ vnd etliche nicht gewust/was sie für Angst thun solten/Vnd als er sie lang gnug vmbs geführt/mit grossem Geschrey vnd Pein in der Lufft/da nimpt er sie/vnd zureist sie auff Stücklein/vnd theilet die vier Viertheil auff der Strassen/zu einem Gedechtnis dm jederman der für vber zeucht/vnd nimpt darnach jhr Eingeweide/vnd bringets widerumb auff die Wirtschafft/vnd wirffts auffs Schultheissen Tisch/vnd spricht: Da hast du ein bescheiden Essen/vnd spricht zum Schultheissen/sihe/wirstu nicht ablassen von deinem grossen Fluchen vnd Schweren/vnd von deiner grossen Schinderey/so wirstu auch deinen Lohn empfahen/als dis Weib.

Anno Christi 1556. Hat sich auff S. Johannes tag gegen Abend vnuersehens/ein solch vngestümb Wetter auff der See erhaben/das viel Schiff blieben vnd vmbkommen sind. Desselben tages ist ein alter vnd wolerfahrner Stewrman/ der sein Leben fast auff der See zugebracht/da der vngestümme Wind das Schiff/ darauff er war/in eim hui mit den Siegeln gefasset/vnd er die Strick des Mastsiegels hat wollen aufflassen/durch den Wind plötzlich von den Schiffen hinweg gerissen/vnd

ins

An S. Johannis des Teufferstag / etliche Historien /

ins Meer hinein geworffen worden / das niemand weis / wo er hin kommen ist / doch ist dasselbige Schiff / darauff der erfahrne Stewrman einkommen / vnd ein von Wismar zuständig gewesen / durch Göttliche hülff / durch viel Steinklippen letzlich in ein Hafer gebracht worden / nach dem es viel grosse Gefehrligkeit außgestanden hatte / vnd ist wunder daß das Schiff nicht in viel tausent stücke gegangen ist / denn es ist vnter Nortweden gewesen / da von wegen der Klippen vnd Felsen / sehr fehrlich segeln ist. Aber wenn Gott helffen wil / mus kein Gefehrligkeit schaden.

Boetius schreibet / das Anno Christi 1486. Als jhr etliche aus dem estuario Portea, Kauffmanschafft halben haben in Flandern geschifft / ist ein solcher grawsamer / vngestümmer Wind eins mahls entstanden / das er das Schiff mit Wasserwogen vnd Wellen bedeckt / vnd Siegel vnd Mastbaum zerrissen vnd zubrochen hat / Vnd nach dem sich der Schiffmañ / des vngewöhnlichen Wetters halben / verwundert / denn es dort im Sommer war / vmb S. Johannis tag / muste er schliessen / das solches des Teuffels Werck / vnd Wesen / vnd gar nicht natürlich ding were.

Weil er in solchen Gedancken stehet / da lest sich / zu vnterst aus dem Schiff eine stimme hören / eines Weibes / welche sich selbst verfluchte vnd verdampte / darumb / das sie ehemahls von einem Incubo, oder bösen Geist / mit welchem sie vor etlichen Jahren auch zugehalten / der in der gestalt eines Mannes zu jhr kommen / wer beschlaffen worden / Derhalben solte man sie / ohn alles bedencken / nemen / vnd ins Meer werffen / auff das / wenn man sie / die solches Vngewitters eine vrsach were / weg geraumpt vnd hin gerichtet hette / die andern in solcher Noth vnd Gefahr erhalten werden möchten.

Als man nun des Weibes ernste Buß gespüret / hat mun sie getröstet / vnd das sie derwegen an Göttlicher Barmhertzigkeit nicht vergagen solte / vermanet / &c. Hat alle die / so im Schiff waren / beduncket / wie eine schwartze Wolcke aus dem Schiff heraus stiege / vnd mit einem grossen Getöß / Flammen / Rauch vnd Gestanck sich in das Meer stürtze : Auff solches ist das Meer gestillet / vnd sind die Gewerbsleute / sampt dem Schiffe / vnd allen jhren Kauffmansgütern vnbeschedigt / wie sie es hetten mögen begeren / an das Gestade kommen.

Anno Christi 1105. Gieng Heinricus der Bischoff zu Meintz / in ein Cisterher Closter / vnd starb im andern Jahr seines eingangs. Arnoldus ward bald von dem Keiser inuestirt / vnd zu Meintz mit grosser solenniteit auffgenommen. Bald entstund wider ein Auffruhr / etliche trawreten vmb den frommen verstorbenen Bischoff / die andern hasseten jhn / vnd freweten sich / das sie so ein weidlichen stoltzen Man zum Bischoffe bekommen hetten. Die Parthen wuchsen / vnd kam die Auffruhr zu den streichen / Das die Parthen dreymahl in einer Wochen sich vntereinander vberlieffen / mit Spiessen vnd Stangen / vnd einander erwürgeten / wie die Hüner.

Des Bischoffs theil war etwas stercker / der sahe durch die Finger / nam nicht allein nicht Friede / sondern hetzet seinen andern theil an die andern. Des Bischoffs Parthey nam das Münster ein / für ein Schloß / thet viel dranges beide Pfaffen vnd Leyen daraus / so Heinricum klagten vnd lobten / diß wehret eine gute zeit. Entlich fiengen beide Parthen an / sich vmb freundbe hülff zuberwerben. Etliche Graffen legten sich drein / halff aber nichts. Arnoldi Anhang fiel in die Kirchen / griffen die Ornat vnd Kleineter an / vnd bestalten dauon die Soldener. Da fieng erst Arnoldus an / sich darein zu mischen / schriebe / Wem er möcht seines theils / vmb hülff / vnd drewet / er wolte die Widerpart alle erwürgen / vnd weder Wab noch Kind verschonen. Da gedachte die Part Heinrici widerumb jhren Herrn zu tödten. Das ward Arnoldo bald angesagt / vnd verkundschafft / vnd gewarnet / er solte sich für seinem Gegentheil hüten. Er antwortet den Ansagern verechtigtlich vnd hochmütiglich / Die Meintzischen Hunde köndten nicht beissen / sondern nur bellen / vnd damit die Furchtsamen erschrecken.

An S. Johannis des Teuffers tag. 78

ken. Der Abt von Ehrbach/ vnd seine Geistliche Jungfraw / Hildegart / warnete jhn offt/ schrieben jhm/ die Hunde weren lebendig worden/ sie möchten jhn erbeissen/ er solte sich eben wol fürsehen.

Es begab sich aber auff Iohannis Baptistæ Abend/ das Arnoldus von Bingen der Stadt Meintz zunahete/ Er zog in Sanct Jacobs Kloster vor der Stadt/ auff dem schönen Berg genandt/ die Nacht ein. Die Bürger/ so wider jhn waren/ wolten jhn Morgens vberfallen/ so bald man eine Glocken leutet/ solten sie alle auff sein/ Er versperret alle Thüren im Closter / leget darfür Hölter / Steinhauffen/ vnd was er vermocht: Bald ward das Kloster vmbringet vnd belagert/ vnd alle Thüren vnd Fenster bewaret/ das der Gefangene nicht entrünne/ vnd das Kloster allenthalben mit Fewer angestossen/ die Münche kamen kaum daruon. Als nun das Closter voll Fewer vnd Rauch war/ schrey der Bischoff von einem Thurn herab/ begerte Gnade vnd Barmhertzigkeit/ wo er jemands beleidiget hette/ wolte ers mit Worten vnd Wercken ersetzen. Das Volck tobet/ als sie den Bischoff im Fenster sahen/ das sie jhn nicht möchten hören/ da lieffen sie nach dem Thurn zu/ zündeten alles darumb an. Arnoldus ward darauß getrieben / Vnd er versuchte mit den München daruon zu kommen/ kroch in eine Kutte/ das er dem Schwerdt vnd Fewer möcht entgehen/ Er wischet mit den München zum Kloster hinauß/ vnd were nahend daruon kommen/ Aber er ward von einem erkennet/ vnd ergriffen/ da ward ein zulauffen/ stechen/ hawen/ schlagen/ mit Spiessen/ Schwerdten/ Kolben/ Steinwerffen/ biß er fiel/ da zog jhn der Pöbel auß/ Etliche zogen jhm die Ringe von den Henden/ die andern rissen jhm das Heiligthumb von seinem Halß / so er mit Golde an jhm trug / vnd liessen jhn also nacket vnd entblösset/ drey Tag auff dem Felde/ vor den Hunden vnd Wolffen ligen/ wolten nicht gestatten/ das jhn jemand begrübe. Die Bewrin/ so zu Marckt giengen/ vnd die Huren/ die jhn zusehen/ hinauß giengen/ schlugen jhn also todt/ die Zeen mit Steinen in Halß/ Etliche legten Fewer auff jhn/ vnd lesterten jhn also todt gar schmehlich. Am dritten Tage ward er kaum erkandt/ vnd jetzt stinckend/ von Canonicken S. Mariæ heimlich genommen/ vnd in die Kirche begraben.

Nach dem wolten sie der Geistligkeit / bey welchen die Wahl stunde/ keine macht geben/ einen andern Bischoff zuerwehlen/ sondern worffen Rudolphum/ mit dem Zunamen Klobel / der ein Bruder Hertzog Fridrichs von Zeringen war / zum Bischoff auff/ der auch ein Mitthelffer des Auffruhrs war/ vnd war ein mechtiger Mann/ des Keisers Blutfreund/ der saget: Er wisse nicht/ wie er die Investitur vom Keiser/ Item/ die Consecration vnd das Pallium, vom Bapst solt erkeuffen/ weil das Bisthumb durch den Auffruhr verarmet/ vnd Arnoldus newlich 30000. Gülden allein vmb das Pallium gegeben hatte/ &c. Das Geschrey kam gen Rom/ Wie er durch die Leyen wer erwehlet / vnd von denen/ die den Bischoff erwürget hetten/ auch selbst der Auffrührer einer wer. Da that jhn der Bapst/ sampt seinem Anhang/ in Bann/ ehe er gen Rom kam. Die Botschafft kam jhm auff dem Wege/ da starb er vor Leidt.

Darnach kam die Straffe auch vber Meintz/ vmb solchs jhres Auffruhrs willen/ Denn ob wol Arnoldus ein böser Bube war/ wil sich doch keines weges gebüren/ das Böse/ Gewalt oder Tyranney/ mit Auffruhr vnd Gewalt abzulehnen/ sondern Vnrecht vnd Gewalt leiden/ vnd Gott die Rache befehlen. Daher wurden alle Theter/ so Hand an Bischoff hatten gelegt/ in die Acht gethan/ vnd in ein ewig Elend sich verkriechen/ genötiget. Die Stadt ward jhrer Freyheit/ Recht/ vnd Mawren beraubt/ alle Graben eingefüllet/ Thürne vnd Mawren darnider gelegt vnd eingeworffen/ vnd auß einer Stadt ein Dorff gemacht vnd beschlossen / das sie nimmermehr widerumb solt aufferbawet werden.

Anno Christi 1007. Gab Keiser Heinrich der 2. dem dritten Bischoff zu Mertzburg Wigberto die Kauffleute/ das ist/ den Marckt oder die Jahrmarckts

An S. Johannis des Teuffers tag.

märckte in der Stadt Merßburg/ denn zur selben zeit ist ein grosser Kauffhandel zu Merßburg geweset/ welche Jahrmärckte doch darnach wegen vieler Fewers schaden vnd Brende/ damit die Stadt Merßburg verarmet/ vnd verwüstet/ vnd die Kauffleute beschedigt worden/ gegen Grim/ vnd von Grim gegen Taucha/ vnd letzlich gegen Leipzig verleget worden.

    Es war aber der fürnembste Brandt/ welcher geursachet/ das man den Kauffhandel von Merßburg/ als da den Handelsleuten viel mehr im Fewer verdorben/ daselbst geschehen/ im Jahr 1387. Dinstag den nechsten tag für Johannis des Teuffers/ eben als man den Jahrmarckt anfahen vnd halten sollen. Vnd ist solchs Fewer bey einem Bürger/ Hoicke genandt/ einem Goldschmide/ in der Gotharts Gassen Wonhafft/ mit einer Büchsen/ oder Handrohr/ welche zur selben zeit noch nicht sehr bekandt/ vnd vngefehr für sieben Jahren damahls allererst auffkommen/ ausgebracht worden. Ist alles abgebrandt bis auff die Thumkirche/ wie solches auch Brobuff im 24. Capittel des 2. Buchs gedenckt.

Am tage Petri

Am tage Petri vnd Pauli.

Jese zwene Apostel werden darumb zusammen gesetzt/ das sie beide auff einen tag vnter dem Römischen Keiser Nerone/ der eine mit dem Creutz/ der ander mit dem Schwerd/ sollen gericht worden sein. Weil wir aber S. Pauli Historiam an seiner Bekerungs tag gesetzt/ Folget nun hier von Sanct Petro das nötigste vnd gewisse.

Petrus/ welcher auch Cephas genennet wird/ sonsten mit seinem rechten namen Simon/ ist Johannes oder Jonæ Sohn/ vnd Andreæ Bruder gewesen/ Der seine Nahrung auff dem Gallileischen Meer mit Fischen gesucht hat. Als nun Jhesus am Gallileischen Meer gieng/ vnd sahe Petrum vnd Andream/ ihre Netze ins Meer werffen/ sprach er zu jhnen: Folget mir nach/ Ich wil euch zu Menschenfischern machen. Bald verliessen sie ihre Netze/ vnd folgeten jhm nach/ Matth. am 4. Capit.

Das er ein Eheweib gehabt/ ist klar aus dem Euangelisten Mattheo / Cap. 8. da seiner Schwieger gedacht wird. Vnd S. Paulus sagt klerlich/ 1. Corinth. 9. Das Cephas/ welcher Petrus gewesen ist/ wie man sehen kan aus der ersten Epistel des Euangelisten S. Johannis/ vnd aus dem andern Capitel der Epistel an die Galater/ in seinem Ministerio, oder Ampt ein Eheweib mit sich vmbher geführet habe. Daraus denn offenbar ist/ Das das Ampt des Worts/ oder ein Prediger vnd Diener Christi/ sein/ keines weges die Eheleut von einander scheidet/ vnd das die/ so im Ehestand sein/ das Predigampt mit guten Gewissen wol führen können.

Also sagt auch Eusebius im 3. Buch/ am 30. Capit. Das Clemens schreibe/ Petrus vnd Philippus haben Kinder gezeuget. Vnd im 7. Buch Stromatum schreibet Clemens : Man sagt/ spricht er/ als man das Weib Petri zur Marter geführet hat/ vnd Petrus sie gesehen/ hab er sich gefrewet/ das sie Gott wirdig geachtet hette zu leiden/ vnd jhr Blut zuuergiessen/ vmb des Namens Jhesu Christi willen. Vnd habe sie getröstet mit der hoffnung des ewigen Lebens in Christo/ vnd gesagt/ Das sie ja nicht des HERRN wolle vergessen/ sondern jhn/ bis an jhr ende/ in jhren Gedancken vnd Hertzen behalten/ so werde sie bald eingehen in das rechte Vaterland/ das ist/ Er hat sie gesterckt/ vnd im Glauben an Christum bestendig zu bleiben/ vermanet/ mit tröstlicher verheissung des ewigen Lebens/ vmb Christus willen.

Was er gelehret/ denn an diesem Stück ist am meisten gelegen/ das ist/ aus seinen Predigten/ welche Lucas in der Geschichten der Apostel beschreibet/ vnd aus seinen beiden Episteln zu sehen. Insonderheit aber hat er sich beflissen/ bekandt zu machen die Lehre von Jhesu/ das er sey Gottes Sohn/ vnd der ware Messias. Von der Seligkeit/ das dieselbige vns widerfare aus gnaden/ allein vmb Christi willen/ durch den Glauben/ Es ist in keinem andern Heil/ spricht er/ Actor. am 4. Capit. Ist auch kein ander Name vnter dem Himmel gegeben/ in welchem wir köndten selig werden/ ohn allein der Name vnsers HERRN Jhesu Christi. Vnd in Geschichten der Apostel am 10. Capit. gründet er seine Lehr auff den Consens der heiligen Propheten/ vnd alten Catholischen Kirchen/ vnd spricht: Von diesem (vnserm HERRN Christo Jhesu) zeugen alle Propheten/ das in seinem Namen vergebung der Sünden empfahen/ alle die an jhn gleuben. Vnd im Concilio zu Jerusalem/ Actorum am 15. Cap. schleust er/ wider die falschen Brüder/ welche auff die Werck des Gesetzes drungen/ vnd dieselbigen auch/ als zur Seligkeit nötig machten/ mit diesen worten: Was versucht jhr Got: mit auflegung des Jochs/ welches weder wir noch vnsere Veter haben ertragen können. Wir gleuben durch die Barmhertzigkeit Jhesu Christi selig zu werden/ gleich wie auch vnsere Veter.

Auch

Etliche Historien

Auch ist das in S. Petro löblich vnd rhümlich/das er nichtes aus seinem eigenen Kopffe herfür bringt/sondern was er lehret/das beweiset er mit hellen Sprüchen/ vnd gewaltigen Gründen/aus Gottes Wort/ vnd heiliger Schrifft des alten Testaments.

Als den Artickel von der Rechtfertigung/ gründet vnd erkleret er aus dem 53. Capitel des Propheten Esaiæ/vnd aus dem 118. Psalm/Der Stein/den die Bawleute verworffen haben/ist zum Eckstein worden/etc. Das die Wolthaten Christi allen Heiden zugehörig sind/ beweiset er aus dem 2. Cap. des Oseæ/ Die jhr weiland nicht ein Volck waret/etc. Auff die Lehre vom newen Gehorsam/ oder von guten Wercken/zeuhet vnd führet er ein diesen Spruch / aus dem 19. Cap. Levit. Ihr solt heilig sein/denn ich bin heilig. Item/ Er nennet der Gleubigen Wercke Geistliche Opffer. Item/Darzu appliciret er solches aus dem 23. Psalm. Wer leben wil/ vnd gute tage sehen/etc. Er saget das die Archa Noe sey ein Vorbilde der Tauffe/etc. Die Kirche nennet er ein Geistlich Haus/das heilige Priesterthumb/das auserwehlte Geschlecht/ etc. Vnd in denselbigen Phrasibus oder Reden/deutet er zu rücke auff das alte Testament/mit welchem er auch zugleich anzeiget/ daß das Priesterthumb im newen Testament Geistlich / vnd nicht eusserlich in dem Opffer stehen solle.

Vnter andern Gaben/welche S. Petrus gehabt/ist nicht die geringste/die Weissagung/ Denn in seiner 2. Epistel am 2. Cap. verkündiget er zuvor / vnd beschreibet den Stand des Antichrists. Vnd in der 2.Epistel am 3. Cap. weissaget er vom jüngsten tage/sehr klerlich : Vnd Lucas erzehlet zwo Offenbarungen/ die jhm geschehen sind/die eine in Geschichten der Apostel/am 5. vnd die ander am 10. Capit.

Im 45. Jhar nach Christi Geburt/vnd im 3. Jahr Claudij/tödtet Herodes Jacobum den grössern / vnd leget auch Petrum ins Gefengnis / Aber Gott errötete jhn wunderbarlicher weise/ durch seinen Engel/ das er aus dem Gefengnis erlediget / vnd bey dem Leben erhalten ward.

Jeremias sagt im 3. Buch/ am 1. vnd 3. Cap. Das Petrus vnd Paulus zu Rom das Euangelium geprediget/vnd dieselbige Kirche gepflantzet vnd zugerichtet haben/ zu der zeit/in welcher Mattheus sein Euangelium geschrieben vnd an tag gegeben habe. Vnd schreibet Eusebius in seinem Chronico/das solches geschehen sey im dritten Jhar Claudij / das ist/ im 43. Jahr Christi / welches sich nicht wol schicket/ denn zur selben zeit ist Petrus noch zu Jerusalem gewesen.

Die meisten meinen/ das Petrus vnter dem Claudio gen Rom gezogen sey /im andern Jahr des Keiserthumbs/ etliche setzen das dritte Jhar / etliche das vierde/ vnd daselbst sol er Bischoff gewesen sein fünff vnd zwentzig Jhar / welches auch nicht wol bestehen kan/ Denn das ist je gewis/daß das Concilium zu Jerusalem/ im 6. Claudij/ Christi aber im 48. Jhar / ist gehalten worden/ in welchem Petrus auch gegenwertig gewesen.

Es wird aber da nicht gedacht / das Petrus von Rom gen Jerusalem kommen sey/ welches Lucas ohne zweiffel vngemeldet nicht würde gelassen haben. So ist es je gewis/wie auch Origenes schreibet im 3. Tomo vber den Genesin, Das Petrus geleret habe in Ponto/Galatia/Cappadocia/Bithinia/vnd gantz Asia. Nun ist es auch gewis/das solches nicht vor/ sondern nach dem Concilio, zu Jerusalem geschehen sey. Es sind die da sagen/das er zu Antiochia gewesen sey sieben Jhar. Dem sey nun wie jhm wolle/ wenn man nur allein die Jahr vom Concilio zu Jerusalem / bis auff des Neronis todt / zusammen rechnet / so erfindet sich/ das Petrus vber des Neronis todt etliche Jhar gelebet habe/wie habe er denn von jhm können getödtet werden : Damascenus schreibet/ Das Petrus zu Rom etliche ordiniret habe/ die das Euangelium daselbst predigen solten. Er aber sey nicht lang zu Rom blieben// sondern sey ausgangen in die Welt/ auch andern Völckern das Euangelium zuverkündigen. Auch sagt derselbige

Am tage Petri vnd Pauli.

selbige Damascenus/das Petrus vnter dem Nerone gen Rom kommen sey/ vnd leget jhm nichts desto weniger zu fünff vnd zwantzig Jahr/ zween Monat/ vnd sieben Tage.

Das erzele ich darumb/das man sehen kan/wie der vermeindte Ruhm des Bapsts/ der sich Petri Nachkömling vnd Stüler berühmet/ vnd damit vber alle andere Bischoffe in der Welt erhaben hat/so gar auff vngewissem vnd bawfelligem Grunde stehet/ Das freilich/wie Lutherus schreibet/ dem Bapst vnd allen Papisten schwer werden wolte/mit warheit zubeweisen/vnd darzuthun/ das Petrus jemals gen Rom kommen/geschweig/das er daselbst hette sollen eine solche zeit Bapst oder Bischoff gewesen sein.

So ist auch sonsten / noch ein grosser Knoten verhanden / welcher den Handel verdechtig macht/ vnd sehr vngewis/ Denn es ist Petrus zu Rom eine solche lange zeit Bapst oder Bischoff gewest/ Wie kompts denn/das Paulo/ als er gen Rom kam/kein Apostel/vnd derwegen auch Petrus nicht entgegen gegangen ist? In seiner Predigt an die Jüden/ zu Rom wohnende/ gedencket er des Petri nicht mit einem Buchstaben/ das er daselbst für jhm des Glaubens grund gelegt habe. Vnd da er gen Rom schreibet/vmb das 13. Jahr Claudij / oder vmb das Jahr Christi 55. (in welchem Petrus ja zu Rom muste gewesen sein) grüsset er viel gemeine Christen/ mit ausgedruckten Namen. Von Petro aber sagt er kein wort/welchen doch er eine Seule der Kirchen genennet hat.

Egesippus setzt im 3. Buch vor der zerstörung Jerusalem/am 2. Capit. eine lange Rede/von den dingen/ die Petrus zu Rom gethan/ vnd ausgerichtet hat/ Auch wie er gestorben/vnd vom Nerone sey gemartert worden/ nemlich/ gecreutziget/ wie er selbst hat begeret vnd gewolt. Solches schreibet von seinem tode auch Origenes im 3. Tomo super Genesin,desgleichen auch Tertullianus.

Anno Christi, 1285. Sind so grosse Donnerwetter acht tage nach Petri vnd Pauli/mit Blitzen vnd Hagel gewesen/ das viel Leute nicht anders gemeint/denn Himmel vnd Erden würde in ein hauffen gehen/ das auch darüber etliche für grosser Angst/einer dem andern seine Beicht gethan / vnd in den Gedancken/ sie müsten nun sterben/vnd müste der jüngste tag gewislich fürhanden sein.

Anno Christi, 1374. Entstunde an S. Petrus vnd Paulus tag ein Wind/ der viel Gebew/Heuser/Stediel/ vnd die Kirchen S. Vlrichs zu Augspurg einwarff / den Pfarherrn vnd seine Gesellen mit dreissig Menschen erschlagen/ vnd hat viel zerschmettert. Es kam auch in diesem Winde ein Fewer aus / welches vnuberwindlichen schaden thete. Viel Wälde vnd Bäume auch/ so im vergangenen Jahr vom Fewer blieben waren / riss der Wind mit Wurtzeln vnd allem aus der Erden/vnd solches wehrete vom Rhein an/bis in Vngern. Am Rhein vnd anderswo versenckte er viel Schiff/mit Gütern vnd Leuten.

Anno Christi, 1519. Auff Petri vnd Pauli/ erhub sich vmb Mitternacht / mit Wolckenbrüchen vnd Platzregen/ ein schrecklich / vnd gar nahe ein vnerhörtes Wetter/ Der Birsich war in einer Stunde so gros/ das es den Schwiebbogen seines Einflusses/ sampt der Stadtmawer/ durch die herzu getriebene Hölzer/ darinn der stiesse/Derhalben alle Heuser in der Steinen Vorstade im Wasser stunden. Das gestrenge Gewässer mocht durch die Stadt vnter den Gewelben nicht wol seinen ausgang haben/derwegen es am Fischmarckt ein Haus nieder stiess/ vnd sonst der Bürgerschafft grossen schaden zufügte/ etc.

O ij   Den

Etliche Historien

Den Donnerstag nach Petri vnd Pauli/sind meine gnedige Herren/Marggraff Georg von Brandenburg/vnd Hertzog Johans Friederich zu Sachsen/bey den zweyen Königen von Vngern vnd Behmen/nach Mittag etliche Stunden gewesen/vnd die Königin haben sich beide fast ehrlich/züchtig vnd glimpfflich gegen jhren Fürstlichen Gnaden erzeiget.

Den Donnerstag nach Petri vnd Pauli/hat Keiserliche Maiestat gantz gnediglich begert/mein gnedigster Herr der Churfürst zu Sachsen/wolle des folgenden Freytages zu seiner Keis. Maiest. kommen/&c. Tom.5.lhen.

Doctor Martinus Luther, an Herrn Philippum Melanthon.

Gnade vnd Friede in Christo/lieber Herr Philippe/die schöne Rede/mit welcher jhr ewer stillschweigen entschüldiget/hab ich gelesen. Ich habe aber zu des euch zwene Brieff zugeschickt/In welchen ich die vrsachen meines stillschweigens gnugsam erkleret habe. Heute hab ich den letzten von euch bekommen/In welchem jhr mir ewre Arbeit/Fahr/Weinen/so auffmutzet/ mit meinem stilschweigen. Meinet jhr denn/das ich ewer anligen nicht weis/oder das ich hie im Rosengarten sitze/vnd gar keine sorge mit euch trage? Wolt Gott/meine Sachen stünden also/das ich weinen köndte. Ich hette warlich selbst bey mir beschlossen/weren ewre Brieffe denselben Abend nicht ankommen (Ich sage die vorigen Brieffe/von des Keisers zukunfft) so wolte ich auff mein eigen Vnkosten ein Boten zu euch senden/Das ich erst erführe/ob jhr lebendig oder todt weret. Solches wird M. Vitus bezeugen. Vnd doch gleub ich/es sein mir ewre Brieffe alle worden/denn die/so endlich langsam kommen/von der Zukunfft vnd Einzuge des Keisers/kamen fast zugleich/Es mag aber der Teuffel vnd seine Mutter/solche hindernis angerichtet haben/vnd habe jhm/was er haben sol.

Ewre Apologia habe ich empfangen/vnd nimpt mich wunder/was jhr meinet/das jhr begeret zu wissen/Was vnd wie viel man den Bäpstischen sol nachgeben/ Für mein Person ist jhnen allzu viel nachzugeben in der Apologia, Wollen sie die nicht annemen/so weis ich nicht/was ich mehr köndte nachgeben/Es sey denn das ich jhre Vrsachen sehe/vnd heller Schrifft/denn ich bisher gesehen habe.

Ich gehe Tag vnd Nacht mit der Sachen vmb/ich gedencke/betracht/disputir/ vnd durchsehe die gantze Schrifft/so wechst mir auch je mehr vnd neher der gewisse Grund vnser Lehre/Darzu werde ich von tag zu tag beherzter/Das ich mir/ob Gott wil/nichts mehr werde nemen lassen/Es gehe darüber wie es wolle.

Ich bin allzeit ziemlich gesund/denn mich dünckt/das durch der Brüder vnd ewer Bitte krafft/der Geist/welcher mich bisher angefochten hat/nachlasse/Wiewol mich dünket/es sey ein ander an seine stadt kommen/der mir den Leib matt mache/ Doch wil ich lieber leiden jenen Prediger des Fleisches/denn jenen Hencker des Geistes/verhoffe auch/Gott/der in mir vberwunden hat/den Vater der Lügen/der werde auch den Mörder vberwinden. Er hat mir den Todt geschworen/den fülle ich wol/ hat auch keine ruhe/er habe mich denn gefressen/Wolan/frisset er mich/so sol er (ob Gott wil) eine Purgation fressen/die jhm Bauch vnd Hindern zu enge machen sol/ (was gilts) Es wil gelitten sein/wer Christum haben wil.

Wir köndten auch leichtlich grosse Herren sein/wenn wir Christum verleugnen vnd schmehen wolten/Es heist aber/durch viel Trübsal/&c. Das sind nun nicht mehr Wort/sondern ist ins Werck kommen/Da mögen wir vns nach richten.

Denn

Am tage Petri vnd Pauli.

Denn der vns versuchen lesset/Machet das die Versuchung also ein ende gewinne/das wirs können ertragen.

Es gefelt mir vbel in ewrem Brieff/das jr schreibt/Jr habt mir/als dem Heupt/In dieser Sachen/vmb meines ansehens wille/gefolgt/Ich wil nichts heissen/auch nichts befehlen/wil auch nicht Autor geheissen werden. Vnd wenn man gleich hierauff eine bequeme Deutung finden möchte/so wil ich doch das Wort nicht. Ist die Sach nicht zugleich ewer/vnd gehets euch nicht eben so wol an/als mich/So sol man nicht sagen/das sie mein sey/vnd euch von mir auffgeleget/sondern ich wil sie selbst führen/so sie mein allein ist.

In meinem nechsten Brieff hab ich euch getröstet/Wolte Gott derselbe Brieff tödtet euch nicht/sondern macht euch lebendig. Was kan ich mehr thun? Das ende vnd ausgang der Sachen quelet euch/Darumb/das jhrs nicht begreiffen köndt. Ich aber sage so viel/wenn jhrs begreiffen köndtet/so wolte ich vngern der Sachen teilhafftig sein/viel weniger wolt ich ein Heupt vnd Anfenger darzu sein. Gott hat sie an ein ort gesatzt/den jhr in ewer Rhetorica nicht findet/auch nicht in ewer Philosophia. Derselbige ort heisset/Glaube/In welchem alle ding stehen/die wir weder sehen noch begreiffen können/Wer dieselben wil sichtbar/scheinbar/vnd begreifflich machen/wie jhr thut/der hat das Hertzleidt vnd Heulen zu Lohn/wie jhr auch habt wider vnsern willen.

Der HErr hat gesagt/Er wolle wohnen in einem Nebel/vnd hat Finsternis gestellet/darin er verborgen ligt/Wer da wil/der machs anders. Hette Moses wollen das Ende begreiffen/wie das Volck Israel dem Heer Pharaonis entgehen möchte/so weren sie vielleicht noch heutiges tages in Egypten/Der HErr mehre euch vnd andern allen den Glauben/wenn jhr den habt/was will euch der Teuffel thun/vnd die gantze Welt darzu? So wir aber selbst keinen Glauben haben/Warumb trösten wir vns nicht zum wenigsten ander Leut Glauben? Denn es kan nicht fehlen/es müssen etlich andere sein/welche an vnser stadt gleuben/Es were denn gantz keine Kirche mehr auff Erden/vnd Christus hette auffgehöret bey vns zu sein/vor dem jüngsten tage.

Denn so er bey vns nicht ist/wo wollen wir jhn sonst jmmermehr finden/in der gantzen Welt? Sind wir nicht die Kirche oder ein theil der Kirchen/Wo ist denn die Kirche? So wir Gottes Wort nicht haben/wer ists denn/der es hat? So aber Gott mit vns ist/wer ist wider vns? Ja sprecht jhr/Wir sind Sünder vnd Vndanckbar. Ey lieber höret/Er wird darumb nicht zum Lügner. Oder vns/können wir nicht Sünder sein in solcher heiligen Göttlichen Sache/ob wir gleich sonst auff vnserm Wege böse sind. Aber jhr wollet solches nicht hören/so quelet vnd krencket euch der Sathan. Christus helffe euch/das bitte ich ohn vnterlas ernstlich/Amen. Ich wolte gern vrsach haben zu euch zu kommen/wiewol ich mechtig gern auch vngeruffen keme. Die gnade Gottes sey mit euch/vnd andern allen. Am tage Petri vnd Pauli. Anno M.D.XXX.

Vñ ich finde gedruckt/spricht Sebastian Franck/wie auff den Abend Petri vñ Pauli/Anno 1535. Zu Amberg 25. Bürger vnd Bürgers Söne sich zusammen verbunden/in einen holen vngeheuren Berg/drey Meil wegs von Amberg/in einem Gebirge/bey einem Dorff/Predenwind/gelegen/neun hundert Klaffter tieff hinein nach einer Schnur/(damit sie vnuerhindert den Weg wider heraus treffen köndten) mit Leitern/Liechtern/Pickeln/Hawen/Schauffeln/auch Proviant/Essen vnd trincken(so sie auff etliche tage mit jhnen genommen/vnd jeder etwas getragen)gegangen sein/vnd viel seltzam Abenthewer/Pallest/Bildwerck/Plätze/rauschende vnd fliessende Wasser/quellende Brunnen/doch alles finster vnd liechtlos/gefunden. Item/sehr

O iij viel

Etliche Historien

viel vngeheurer grosser Riesen Gebeine/viel todte verwesene Cörper/vnseglicher grösse/derer zum warzeichen sie etliche mit sich heraus gebracht/viel Irrgenge vnd Schlupfflöcher/das sie etwan alle fünff vnnd zwantzig nacheinander/wie die Schlangen/durch die Löcher haben kriechen müssen. Haben zween Heuptmänner vnter ihnen auffgeworffen/denselbigen ihrem Geheis vnd Befehl zu folgen/einen Eidt geschworen/vnd bey ihnen ihr leben zu lassen. Der eine Heuptman ist forn angangen vnd gekrochen/der ander hinden nach/damit keiner zu rücke abwiche. Einer vnter den 25. der haussen der frewdigste/ist von ihnen flüchtig/halb todt/nach der Schnur wider aus dem Berge kommen. Noch einer vnter ihnen hat viel geweiheter Kreuter/Wachs/vnd dergleichen Gauckelwerck bey ihm getragen/ist im Berge mit einem Stein geworffen worden/sich hart verblut/vnd gar nahe durch den Wurff vmb ein Auge kommen. Sie haben niemand gesehen/denn eine Gestalt eines Weibes/so solchen Wurff gethan/haben es für ein Gespenst geacht. Letzlich/als sie nicht weiter haben gemocht/sein sie wider vmbgekeret/vnd grewlich vnd gelb anzusehen/vnd halb todt aus dem Berge kommen. Solchs hat Bertholt Buchner/der mit im Berge gewesen/selbst also beschrieben.

Am tage Visitationis Mariæ.

IM Concilio zu Basel/ Anno 1441. am ersten tage Iuly/ ist der 43. Session/ stifftet das Concilium vnser Frawen heimsuchungs Fest/ Im selbigen Decret zeigten die Veter an: Ob wol die Alten der hochgelobten Jungfraw Maria mancherley Festtag eingesetzt/ jedoch/ weil von tag zu tag in dieser Welt gröser Trübsal einstelen/ welche die Menschen zur anruffung irer Hülff vnd Beistand zwingen/ So hette das heillge Concilium, aus eingebung des h. Geistes beschlossen vnd georgnet/ das gemeldter heiligen vnd hochgelobten werden Mutter Gottes zu ehren/ vnd ihre gnade vnd hülffe desto ehe zuerlangen/ forthin feyrlich zu halten vnd zu celebriren den tag/ da sie aus getrieb Gottes Geistes/ ihre fromme Mume/ Elisabeth zu besuchen/ vber das Gebirge schwanger gieng/ als sie den Heiland der Welt/ Elisabeth aber/ den Vorleuffer Christi/ vnter ihrem Hertzen getragen/ vnd sich an beiden Gottes Wunder erzeiget/ das die eine in Jungfräwlicher keuschheit/ die ander im vnfruchtbaren Alter/ geberen sollen/ deren beide Geburt der Engel verkündiget/ Das auch Johannes im Mutter Leibe dem Herrn Jhesu Reuerentz gethan/ vnd sie Gott mit einander so herrlich gepreiset/ etc. Gebotten derhalben solchen Festtag Jährlich den andern tag Julij zu halten. Basler Chronica.

Sonnabend *Visitationis Mariæ,* hat Keiserliche Maiestat mit dem Landgraffen zu Hessen/ neben dem Bischoffe von Hildesheim gehandelt/ von wegen des Euangelij/ auff ein hindergang.

Die von Straßburg haben mit etlichen viel Reichstedten gehandelt/ Es hat sich aber weder Costnitz/ noch Vlm/ noch Heilbrun/ noch Memmingen/ noch Franckfurt/ noch andere mehr Bekentnis wollen vnterschreiben/ vnd ihrer Lehre anhengig werden/ Darumb stehet Straßburg mit seiner Lehre vnd Bekentnis gar allein.

Am tage *Visitationis Mariæ,* ist mein gnedigster Herr der Churfürst zu Sachsen/ bey Keis. Maiest. gewest/ vor Mittag/ vnd hat vmb die Lehen gebeten. Tom. 5. Ihen.

Sontags nach vnser lieben Frawen heimsuchung/ ist hie zu Augspurg/ zwischen 6. vnd 7. Vhr auff den Abend/ ein vberaus grawsam Wetter kommen/ hat vnter andern gehagelt/ gedonnert/ geblitzet/ vnd geregnet/ fast erschrecklich/ vnd ein solchen Teich etliche Stuben weit vnd lang auffm Kornmarckt/ fast mitten in der Stadt gemacht/ das die Leute bis vber die Knie im Wasser haben müssen waten/ hoff aber/ es sey ohne schaden abgangen.

Vnser Wirt/ Wilhelm Arht/ sagt vns/ Das vor einem Jahr der Hagel so viel Fenster verderbet habe/ das man hie zu Augspurg drey tausent Gülden verglaset habe, Vnd das er auff seinem Gang im Haus in Hagelsteinen bis schier an die Knie gangen habe. Es hat herausser/ als ich höre/ offt Wetter drey tage nach einander. Es kan auch in so grosser Hitze nicht anders zugehen. Vnter dem Wetter gedachte ich offt an euch zu Aldenburg. Tom. 5. Ihen.

Sontags nach *Visitationis Mariæ,* hat der Keiser den Fürsten lassen anzeigen/ das er auff den Montag S. Vlrichs tag/ wolle zu S. Vlrich Meß hören/ Wes gelegenheit es sein würde/ der möcht mit ihm dahin reiten. Also ist er zur Meß geritten/ vnd die Fürsten fast alle mit/ Ausgenommen mein gnedigster Herr/ seine Mitfürsten/ vnd der Hesse/ dieselbigen sind daheimen blieben.

Dienstags

Etliche Historien

Dinstags nach vnser lieben Frawen Heimsuchung/ sind die Bischoffe vnd Fürsten/vnser Widertheil/ alle beyeinander auff dem Rathhaus gewesen.

Desselbigen tages haben die Reichstedte Keiserlicher Maiestat in einer schrifftlichen Supplication angezeiget vrsachen/ warumb sie nicht auff den letzten Reichstag zu Speyer/an das Keiserliche Edict/ wider die Lutherische Lehre/ nicht vrsach neben haben/ vnd darin neben den von Straßburg alle bekennet/ das sie vnser nechst vberreichten Bekentnis anhengig sein/ allein wil man darfür halten/ das die von Straßburg zween Artickel angehengt/darin sie mit vns nicht vberein stimmen/vielleicht das Sacrament belangende.

Es haben die Bischoffe vnd Fürsten jhnen anhengig/ so vnschickliche vnd vnfreundliche Anschlege/ von vnd wider das Euangelium gehabt/das zwene Bischoffe/ etliche wollen es darfür halten/ Es sey Meintz vnd Augspurg gewesen/ gesagt haben/ Wo sie es nicht anders machen wollen/ so wollen sie sich auch von jhnen thun/ vnd nichts mehr darbey sein. Tom. 5. Iben.

Mittwoch nach *Visitationis Mariæ*, sagt man/Das die Papistischen Fürsten vnd Bischoffe keiner Antwort können entschliessen/ vnd vertragen/ Denn das vier Fürsten aus jhren Rähten gangen sind/ so vbel hat jhnen jhr fürnemen gefallen/Denn sie wolltens gerne schwind vnd arg machen/ vnd ein Acht zu wege bringen/ jhr Mütlein zu kűlen.

Doctor Vrbanus Regius, der gelehrteste vnd beste Prediger alhie zu Augspurg/ kömpt zu Hertzog Ernesten von Lüneburg vnd Braunschweig/ Hertzog Frantzen Bruder.

Etlicher Fürsten Cantzler vnd Rähte des Gegentheils/haben sich in Rähten so Christlich lassen vernemen/Das sie jhre Herren nicht mehr in dieser Sachen im Rath leiden können/ Denn sie haben jhren Fürsten flugs eingehalten.

Donnerstages nach *Visitationis Mariæ*, ist Keiserliche Maiestat auff die Jaget geritten. Kurtz darnach/ als jhr etliche viel Reichstedte jhre Schrifft vberantwort haben/darin sie sich/ wiewol vnersucht/ meines gnedigsten Herren des Churfürsten zu Sachsen/etc. Bekentnis vnterschrieben/vnd zugefallen sind/ wie zum theil geredt. Etliche sagen/ Es sey von allen Reichstedten geschehen/ Ausgenommen Straßburg/ Die solten ein Zeddel darbey haben/ vielleicht jhren Glauben vom Sacrament anzuzeigen/ Etliche sagen anders/ so drehet sich durcheinander.

Die Papisten sind zweyerley Secten worden auff diesem Reichstag/ Denn etliche guten kondten friede leiden/ Etliche aber trachten nur nach Krieg vnd Blutuergiessen/dem wehre Gott/Amen.

Donnerstages nach vnser lieben Frawen Heimsuchung/ haben vnser Gegentheil/die Bäpstischen Fürsten/Bischoffe vnd Doctores, jhre Antwort auff jhre eingebracht Bekentnis / Entschüldigung vnd Erbietung / Keis. Maiest. vmb 9. Vhr zu Mittag zugestellet. Darauff sich Keis. Maiest.hat vernemen lassen/ Sie wolle es in ein bedencken nemen. Etliche hetten gerahten/Man solls Keis. Maiest. durch vnpartheiische Doctores zustellen. Aber etliche hohe Potentaten,die sich in allen Sachen kreppisch vnd feindselig machen/haben es gehindert.

In zweien tagen hat man hie ein Spanier geköpffet/darumb/Das er den Abend zuuor einen Spanier erstochen hat. Als er nun nider kniet/hat er gebeten/jhm zu trost ein Vater vnser zu sprechen/vnd wer das thun wolt/solt ein Finger auffrecken. Das hatten alle Knechte gethan/so fürhanden gewest. Darnach hatte er auch gebeten/jhm etliche Seelmessen zu halten zu bestellen/ Da hat niemand keinen Finger wollen auffrecken/sondern etliche haben laut gesagt : Meß gilt nimmer.

Es hat

Am tage Visitationis Mariæ.

Es hat mir Gestern Frytages nach *Visitationis Mariæ,* frey vnter Augen / ein reicher Bürger alhie zu Augspurg gesagt / Das mehr denn die halbe Stadt / Ja wol drey Teil / von reich vnd Arm / Mann vnd Weib / Mägde vnd Knechte / an Meister Michel / das ist / an der Zwinglischen Lehre hangen / vnd / wo jhm oder der Lehre was widerfaren solt / das nichts guts draus werden wolt.

Ein Brieff Doct. Martini Lutheri, an den Cardinal / Ertzbischoff zu Meintz / das er zum Friede rahten wolte.
ANNO M.D.XXX.

Dem Hochwirdigsten in Gott Vater / Durchleuchtigsten Hochgebornen Fürsten / Herrn Albert / Tit. S. Chrisogenes / Cardinal / Priester / Ertzbischoff zu Meintz vnd Magdeburg / *Primaten in Germanien,* vnd *Administrator* zu Halberstadt / &c. Marggrafen zu Brandenburg / &c. Meinem gnedigsten Herrn.

Gnade vnd Friede in CHRISTO IHESV vnserm HERRn / Hochwirdigster / Durchleuchtigster / Hochgeborner Fürst / gnedigster Herr / Ich hette wol lieber heimlich / vnd mit meiner Handschrifft / diesen Brieff an E.Chur.F.G. geschrieben / So besorge ich mich in dieser geschwinden zeit / das es etwa verruckt möcht auskommen / vnd mir als denn sonst vnd so gedeutet werden / vnd vielleicht E.C.F.G. selbst auch damit in der verdacht führen. Darumb hab ich demselben frey öffentlich in den Druck an das Liecht wollen geben / den gifftigen argwönigen Deutern / damit vrsach jhres Deutes zuuor kommen / Bitte vnterthenigklich / E. C. F. G. wolten mir solches schreiben vnterthenglich zu gut halten.

Denn dieweil E. C. F. G. der fürnembste vnd höchste Prelat in Deutschlanden ist / Derhalben in diesen Sachen mehr thun mögen / denn sonst jemand / Habe ich mich lassen meine Gedancken vbermügen / E. C. F. G. insonderheit vnterthenigglich mit dieser Schrifft zuersuchen / Auff das ich ja allenthalben reichlich das meine thue / vnd mein Gewissen gegen Gott vnd der Welt beware / Ob vielleicht ein Vnglück vnd Gottes zorn folgen würde (als ich warlich vbel fürchte) ich hiemit entschüldiget sey / Als der ich auff alle wege / habe frieden helffen suchen / vnd angebotten.

E.E.F.G. haben der vnsern vbergeben Bekentnis vnd Lehre / one zweiffel / sampt allen andern vernommen / vnd versehe mich gantz tröstlich / sie sey der gestalt fürgetragen / das sie mit frölichem Munde sagen darff / mit Christo mit jhrem Herrn / Hab ich vbel geredt / was schlegstu mich? Sie schewet das Liecht nicht / vnd weis zu singen aus dem Psalm 119. Ich rede von deinen Zeugnissen für den Königen / vnd bestehe nicht mit schanden / Denn wer die Warheit thut / der kompt ans Liecht / das seine Werck offenbar werden / denn sie sind in Gott gethan.

Dargegen kan ich wol achten / das vnser Gegentheil solche Lehre nicht annemen werde / viel weniger / dieselbigen zuuerlegen sich vnterstehen / Hab auch des gar keine hoffnung / das wir der Lehre solten eins werden / Denn jhr ding kan das Liecht nicht leiden / vnd sind zu dem so durchbittert / vnd entbrandt / das sie lieber in die Glut der ewigen Hellen führen / wenn sie gleich dafür jhnen offen stünde / ehe denn sie vns wichen / vnd jhre Weisheit lassen solten / Das müssen wir so lassen gehen / vnd geschehen / wir sind an jhrem Blut vnschuldig.

Aber die Gedancken hab ich / Darumb das ich an E. Chur. F. G. schreibe / weil vnser Widertheil nicht kan vnsere Lehre tadeln / vnd wir mit dieser Bekentnis klerlich bezeugen / vnd beweisen / das wir nicht vnrecht noch falsch gelehret / vnd derhalben auch nicht verdienet haben / das man vns so schendlich verdamme / so grewlich verfolgen solte / Wie

Etliche Historien

te/wie bisher/vnd noch geschehen/ob doch so viel zuerlangen were/das vnser Widerteil doch friede hiette/vnd doch nicht so lestert/vnd tödtet die Vnschüldigen/vmb dieser vnstrefflichen Lehre willen/das sie selbst müssen lieben/zum aller wenigsten damit/das sie dagegen erstummen/vnd nichts haben dawider zu reden/ Denn das sie von vns nicht wollen geleret sein/noch vnsere Lehre annemen/müssen wirs lassen geschehen/ wir zwingen niemand/auch zur Warheit nicht/wie sie vns zwingen zur Lügen.

Die bitte ich nun auffs vntertheniggst/weil kein hoffnung da ist/(wie gesagt ist) der Lehre eines worden/ E. C. F. G. wolten sampt an dem dahin arbeiten/das jenes Teil friede hiette/vnd glaube/was es wolle/vnd lasse vns auch glauben diese Warheit/ die jetzt für jhren Augen bekandt/vnd vntadlich befunden ist/ Man weis ja wol/das man niemand sol noch kan zum Glauben zwingen/stehet auch weder in des Keisers noch Bapsts gewalt/Denn auch Gott selbst/der vber alle Gewalt ist/hat noch nie keinen Menschen mit gewalt zum Glauben wollen dringen/Was vnterstehen sich denn solches seine elenden armen Creaturen/Nicht allein zum Glauben/sondern auch zu dem/das sie selbst für falsche Lügen halten müssen/zu zwingen.

Wo aber solcher Friede nicht zuerlangen ist/Wolan/so haben wir das vorteil bey Gott/vnd den Glimpff bey aller Welt/das wir vnser Lehre frey öffentlich bekandt/Friede gesucht/vnd angebotten haben/vnd doch nicht erlangen haben mögen/ So man doch vns in der Lehre nicht schüldig noch strefflich erfunden hat. Was Gott vnd vnsere Nachkommen hiezu sagen werden/das wird man wol erfaren/vnd müssen vns trösten des Exempels der lieben Apostel/(Da auch die Hohenpriester vnd Fürsten im Volck Israel(wie Lucas sagt Actor. am 3.)nichts kondten wider der Apostel Rath vnd Wort auffbringen/hetten auch nichts das sie darwider reden mochten/ Noch hielten sie nicht friede/sondern vber das/das sie die Warheit nicht annamen/damit sie vberzeuget vnd vberwunden waren/steupten vnd verfolgeten sie die Apostel noch darzu.

Ja wie ists jhnen auch zu letzt darüber gangen? Wo sind sie nu? Wo ist Jerusalem? Es stund zwar auff vnter jhnen Gamaliel/vnd gab jhnen auch solchen Rath/ das sie solten friede halten/vnd die Apostel lassen machen/Wenn sie es ja nicht wolten annemen/aber es halff nicht/Wolt Gott/E.C.F.G.kündt/oder wer es were/setzt auch ein Gamaliel sein/der solchen Rath des Friedes/den andern fürschlüge/vnd sie beredete/ob vielleicht Gott gnade verleihen wolte/das sie von jhrem toben abliessen/ vnd nicht so halstarrig wider jhr Gewissen/vnd wider Gott stritten. Es is je der beste Rath/den man in dieser Sachen haben kan/vnd Lucas solch Exempel nicht vmb sonst so fleissig hat wollen schreiben. So ists ja gewislich eine Sünde in den heiligen Geist/ die erkandte Warheit anfechten/vnd zwar/Wir hetten sonst Sünde gnug/dürffen nicht noch darzu die Sünde in den heiligen Geist auff vns laden.

Aber das hören vnd achten sie nicht/Sie wollen faren/da die Jüden hin gefaren sind/Doch ob vielleicht etliche zuerretten weren/das sie nicht mit jhnen führen/ sondern den trewen Rath Gamalielis annemen vnd folgeten/so theten E. C. F. G. hiermit nicht einen geringen Gottesdienst. Lieber Gott/schadet doch solche Lere euch nicht/helt sie doch friede/vnd lehret friede/lesset euch bleiben/was jhr seid/lehret auch/ das man euch alles lassen/vnd nichts nemen solle/Das solt doch allein gnugsam zum friede bewegen/obs sonst die Warheit an jhr selbst nicht thet/Ja sie hilfft warlich euch alle erhalten/vnd hats bisher gethan/Sol sie denn ja singen/ Qui retribuant mihi mala pro bonis, aduersantur mihi, So ists nicht fein/vnd euch allen nicht gut/das sie es von euch Geistlichen singen/vnd vber euch klagen mus.

Wil aber weder Friede noch Einigkeit folgen/weder Gamalielis Rath/noch der Aposteln/vnd der Jüden Exempel helffen/so las faren/was nicht bleiben wil/vnd fürne/wers nicht lassen wil/Er wird Zorns vnd Vnfriedes/darnach er ringet/vbrig gnug finden/ Wir wollen dieweil mit den lieben Aposteln vnd Jüngern singen (Das werden sie vns ja nicht wehren/das weis ich wol.)

Der

Am tage Visitationis Mariæ.

Der 2. Psalm kurtz erkleret vnd ausgeleget/ durch
Doct. Martin. Luther.

WArumb toben die Heiden/vnd die Völcker tichten vmb sonst. Die Könige auff Erden lehnen sich auff/ vnd die Fürsten rathschlagen mit einander/ wider den HERRN/ vnd seinen Gesalbten/vnd sprechen.

Lasset vns zureissen jhre Bande/ vnd von vns werffen jhre Seile.

Die Könige vnd Fürsten sehe wider den HERRN/ vnd seine erkandte Warheit/ toben/vnd seine Bande wöllen zureissen/ von jhm vngefangen/ vnd vngelehret sein/das sehet jr alle selbst/ aber das solch toben vergeblich sey/sol man nicht jetzt/ Sondern mit der zeit sehen/denn es folget hernach.

Der im Himmel wohnet/ spottet jhr/ vnd der HERR verlachet sie.

Als denn wird er mit jhnen reden/in seinem zorn/ vnd wird sie schrecken in seinem Grimm.

Solches sihet vnd gleubet man auch nicht/ man wils aber fühlen/ das sol auch geschehen/so wird sichs denn sehen lassen/ wie vergeblich jhr toben sey gewest/ wie sein sie die Bande des HERRN zurissen/vnd sein Wort vnterdruckt haben. Vns aber/ die wir solches gleuben/ vnd gewis wissen/ das geschehen mus/ ist es dieweil tröstlich vnd lieblich/Denn/ wenn Könige vnd Fürsten lange toben/ vnd tichten/ reissen vnd werffen/so werden sie vnsern König sitzen lassen/wie folget.

Ich aber habe meinen König gesetzt auff meinen heiligen Berg Zion.

Ich will vom Satz predigen/ Der HERR hat zu mir gesagt/Du bist mein Sohn/ Heut hab ich dich gezeuget.

Las nun die Könige toben/ Bapst wüten/ Fürsten reissen/ Heiden werffen/ Da sitzt der König/ vnd ist Sohn zum Hause/ Lieben zornigen Junckern/ lasset jhn doch noch ein weile sitzen/wenn jhr vns nicht wollet zu frieden lassen/ So bitte ich vmb Gottes willen/ wollet doch diesen König sitzen lassen/ vnd nicht so bald herunter reissen/als ir gedencket/ Oder mus er ja herunter/ Lieber so schickt jhm doch einen Vehdbrieff/ das er ewren grawsamen zorn vnd drewen erfare/ vielleicht wird er sich rüsten mit Schutt vnd Bolwerck/ das er für euch bleibe/ auffs wenigste so lange/ bis dieser Reichstag fürüber sey/ oder ewer Zorn vnd Vngnade sich lege.

Es will auch dieser vnser König ein Pfaff vnd Priester sein/ gibt predigen für/ von einem newen Satz/ Nemlich/ das er Gottes Sohn sey/ vnd solches solle man gleuben/ Aber wenn ich als die Könige vnd Fürsten were/ so wolten wir jhm das predigen verbieten/ das er vns nicht an vnser Gewehr setzet/ vnd mit seinem Satz vnser eigen Lehre vnd Gewalt vnd alte Gewonheit zu nicht machet/ Hui/ an jhn fluge/heisset jhn schweigen/als einen Ketzer/ Aber sehet sonst mit zu/das jhr euch an einem Priester nicht vergreiffet/vnd das si sua dente/ gebe euch den Donner vnd Blitz/ Denn es ist ein grosser Bischoff/ der jhn geweihet/ vnd zu predigen befohlen hat/ der heisset HERR/vnd hat jhm ein Jormat gegeben/das heisst/ Noli me tangete/ Vnd lautet also:

Heische

Etliche Historien

Heische von mir/ so wil ich dir die Heiden zum Erbe geben/ vnd der Welt ende zum Eigenthumb.

Du solt sie mit dem Eisern Scepter zuschlagen/ wie Töpffen soltu sie zuschmeissen.

Wer hat sein Lebenlang je ein grösser Lügen gehöret? Die Heiden sind der zornigen Könige Erbe/ vnd die Welt der grimmigen Fürsten Eigenthumb/ Das sihet man je wol/ das sie es damit machen/ wie sie wollen/ als mit den jhren. Alle jhre Gedancken vnd Anschlege/ sonderlich wider diesen Priester vnd König/ gehen so fein für sich/ als hetten sie von Krebsen gehen gelernet/ oder wolten die Krebsen gehen lernen/ Das freilich dieser König nicht einen Stecken zu eigen hat/ in aller Welt/ aber schimpff lege dich/ höre/ was folget.

Vnd nun jhr Könige werdet klug/ lasset euch züchtigen jhr Richter auff Erden.

So sol man Könige vnd Fürsten anreden/ Was wil das werden/ es ist nie auff Erden/ solch schendlich vnd lesterlich ding geredt/ Sollen Könige klug werden? Weisestu denn/ das es Kinder in der Schulen sind? Ey Könige sind zuuor klug/ haben Gesetze/ Landrecht/ Juristen vnd Rechte/ Sitten/ Weise vnd Maß/ Brauch vnd Gewonheit/ wissen wol was sie richten/ vrtheilen vnd halten sollen. Dieser Psalm ist gewislich ein Ketzer/ schmehet die Könige/ lestert die Richter/ vnd handelt als ein Auffrührer wider die Obrigkeit/ vnd alle jhre Rechte vnd Gewonheit/ wil sie aus der alten Gewehr treiben/ darzu spricht sie verechtlich an/ Jhr Könige/ jhr Richter/ Gleich wie ein Herr seinen Knecht/ Du Hans/ du Peter/ als hielte er sie gar für nichts/ vnd weren gantz sein eigen/ wie eine Kuh oder Gans.

Ja lieben Gesellen/ er bekennet/ das Könige vnd Richter wol Vernunfft/ Rechte vnd Weisheit haben/ Denn es kan kein König noch Richter sein/ der nicht Recht vnd Gesetz im Lande habe/ Aber er wirfft sie mit diesem Vers alle vnter diesen König/ sampt jhren Rechten Sitten/ Vernunfft/ vnd was sie haben/ an Weisheit vnd Gewalt/ vnd spricht: Es sey nicht gnung an dem/ das sie haben/ So sey wie schön/ Recht oder Sitten es wolle/ Sie sollen gegen diesem Könige vnd Priester/ Narren vnd Kinder werden jhm zuhören/ vnd sich lernen lassen/ sein Wort für Meister halten/ vber alles gehen vnd herschen lassen.

Aber jetzt zu Augspurg werden sie diesen Vers wol anders meistern vnd mustern/ das er mus also lauten/ Vnd nun du König zu Zion werde klug/ Du Richter im Himmel/ laß dich züchtigen. Denn du bist ein Narr vnd Kind gegen vns/ Wir müssen vrteilen vnd setzen/ was du für Warheit solt halten oder nicht/ Was wir nicht setzen/ richten oder bestettigen/ da sey dir trotz geboten/ das du es für Warheit haltest/ oder must herunder/ vnd mit den Ketzern verbrandt sein/ So wirds gewislich diesem Könige gehen/ Denn sie wollen warlich der Gewehr vnentsetzt sein/ das sie bisher vber Gottes Wort Meister vnd Richter gewest sind. Was wil aber dieser König darzu sagen/ der auch in der Gewehr sitzet/ vnd wil vngemeistert vnd vngerichtet sein/ sondern allein meistern vnd richten/ Da lassen sie jhn für sorgen/ das wird er auch thun/ wie folget.

Dienet dem HERRN mit furcht/ vnd frewet euch mit zittern.

Küsset den Sohn/ das er nicht zürne/ vnd jhr auff dem Wege vmbkommet/ denn sein zorn wird bald anbrennen/ Wol allen die auff jhn trawen.

Auslegung des 2. Psalms D. M. L.

Da stehets/ wer Christus Wort nicht hören/ sondern meistern wil/ der sol im zorn vmbkommen/ vnd daſſelbige gar bald/ Er wil nicht ſtumen/ Man ſol jhm dienen/ vnd nicht ſein Wort vnſerm Kopffe zu dienen zwingen/ Man ſol jhn küſſen vnd hulden/ vnd nicht Chriſtum/ oder ſein Wort vnſerm dünckel vnterwerffen/ Er wil es nicht leiden/ das iſt kurtz vnd gut.

Solchs wil ich E. C. F. G. vnterthenigklich angezeigt haben/ ob Gott wolte Gnade verleihen/ durch ewer etlichen fleis/ vnnd arbeit/ Das der leſterung weniger würde/ wo nicht/ das doch friede geſtiffet würde/ Denn das der Bapſt ſich rühmet mit den ſeinen/ in einem Zeddel/ ſo gedruckt iſt/ der Keiſer werde jm alles wider reſtituirn/ vnd ergentzen/ das wird jhm fehlen/ das weis ich wol/ denn was were das anders/ denn das wir ſolten alles widerruffen/ was wir je gelehret haben/ Auch dieſe jtzige vberantworte Bekentnis/ die je ſelbſt müſſet fur recht halten/ vnd dargegen alle vorige lügen preiſen/ die jhr alle ſelbſt viel bekennet/ vnd alle das vnſchüldige Blut/ das von ewrem theil vergoſſen iſt/ auff vns laden/ Ja lieber Bapſt vnnd Bapiſten/ gebt vns vor wider Leonhard Keiſer/ vnd alle die jhr vnſchüldig erwürget habt/ alle Seelen/ die jhr mit lügen verführet habt/ alles Geld vnd Gut/ das jhr mit beſcheiſſerey geraubet habt/ alle die Ehre/ die jhr Gott mit leſtern geſtolen habt/ So wollen wir von der Reſtitution handeln. Es ſol in eine Hiſtori geſchrieben werden/ das der Bapſt vnd ſeine Bapiſten/ ſolche leſterung thar vnuerſchempt vnd öffentlich begeren/ als weren eitel Klötze in Deutſchland/ vnd auff dem Reichstage eitel Aſſen/ darzu alle Fürſten/ die es mit treiben/ das ſie bey vnſern Nachkommen ein ewiger Stanck ſein ſollen/ darfur man ſpeien vnd göcken müſte.

Aber der Teuffel ſuchet damit ein anders/ wolt Gott/ das vnſer Herrn alle wol darauff acht hetten/ wir Deutſchen hören nicht auff/ dem Bapſt vnnd ſeinen Wahlen zu gleuben/ bis ſie vns bringen/ nicht in ein Schwelobad/ ſondern in ein Blutbad. Wenn Deutſche Fürſten in einander fielen/ das möchte dem Bapſt/ das Florentiſch Früchtlein frölich machen/ das er in die Fauſt lachen kund/ vñ ſagen/ da jr Deutſchen Beſtien/ woltet mich nicht zum Bapſt haben/ ſo habt das. O groſſe liebe vnd trewe/ hat er zum Keiſer/ wie er fein beweiſet fur Pauia/ da er wider den Keiſer zog. Deutſchland hat er noch lieber/ das er den Keiſer aus Hiſpanien fordert (denn wer kundte ſolche Practicken mercken) vnd darnach ohne beyſein der Deutſchen Fürſten krönet/ nach laut der Bullen/ Ich bin kein Prophet/ aber ich bitte euch Herrn alle/ ſehet euch wol fur/ vnd laſſet euch ja nicht düncken/ das jhr mit Menſchen handelt/ wenn jhr mit Bapſt vnd den ſeinen handelt/ Sondern mit eitel Teuffeln/ denn es ſind auch eitel Teuffels ticke dahinden/ das weis ich/ Gott der Allmechtige helffe euch/ das zum frieden alles gerahte/ Amen.

Hiemit wil ich E. C. F. G. in Gottes Gnaden befohlen haben/ vnd was ich mit beten kan gar trewlich dienen/ vnd E. C. F. G. wolten mir ſolches Schreiben gnediglich zu gut halten/ Ich kans ja nicht laſſen/ Ich mus auch ſorgen fur das arm/ elend/ verlaſſen/ veracht/ verrahten vnd verkaufft Deutſchland/ Dem ich ja kein ars/ Sondern alles guts gönne. Als ich ſchüldig bin meinem lieben Vaterland.
Ex Eremo feria 4. poſt Viſitationis Mariæ. Anno M. D. XXX.

P Maria

Maria Magdalena.

Er Türckische Keiser zeucht fur Griechisch Weissenburg in Ungern/ vnd belegert dasselbe 46. Tage/ Aber der Weywoda aus Siebenbürgen/ Johan Huniob vñ Johannes Capistranus der Mönch/ sampt dem Creutzheer/ widerstehen den Türcken manlich/ vnd treiben dieselben endlich ab mit grossem schaden vñ schanden. Geschehen am tag Marie Magdalene/ Im Jahr nach Christi vnsers HERRN Geburt/ 1456.

Zu Hammeln in Sachssen an der Weser hat sichs begeben/ das der Teuffel am tage Maria Magdalene/ in Menschlicher gestalt sichtiglich auff der Gassen vmbgangen ist/ hat gepfiffen/ vnd viel Kinder/ Kneblein vnd Megdlein an sich gelocket/ vnnd zum Stadthor hinaus geführet an einen Berg/ da er dahin kommen/ hat er sich mit den Kindern/ der sehr viel gewest/ verloren/ das niemand gewust/ wo die Kinder hinkommen sind. Solches hat ein Megdlein/ so von ferne hinnach gefolget/ iren Eltern angezeigt/ Ist derhalben bald zu Wasser vnd Land an allen Ortern fleissige nachforschung vnd bestallung geschehen/ ob die Kinder vielleicht gestolen/ vnd hinweg geführet weren worden. Aber es hat kein Mensch erfaren können/ wo sie hinkommen sind. Solches allein ist beschrieben in dem Stat buch zu Hammel/ da es viel hoher Leut selbst gelesen vnd gehöret haben.

Anno 1412. Ist ein vnmüglicher kalter Winter gewesen/ So war auch im Sommer/ Mitwochs fur Marie Magdalenen tag/ ein grausam Regenwetter/ vnd fielen mit demselbigen Schlossen wie Hüner Eyer/ die theten an der Sala vñ vmb Halla gewaltigen grossen schaden/ an Leuten vñ an Korn.

Anno Christi, 1480. Vmb S. Marie Magdalenen tag/ war der Rhein so gros/ das er zu Basel vber die Mauren der kleinen Stad gieng/ vnd man möchte auff der Brücken die Hende aus dem Rhein waschen/ Er stieß auch von der Brücken obe drey Joch/ vnd thet an vielen Orten/ an Gebewden/ Menschen vnd Viehe/ auch auff den Eckern Wiesen vnmeßlichen grossen schaden. Munst. in Cosmograph. Lib.3. im Capitel von Belagerung der Stad Nansen.

Vnd hernach/ im selbigen Buch/ vnter dem Tittel Straßburg/ schreibet er also: Anno Christi, spricht er/ 1480. Zu Sommerzeiten/ gieng an ein Regenwetter/ das weret neun Wochen lang/ vnnd wurden alle Wasser so gros davon/ an S. Marie Magdalenen Abend/ das die Graben im Felde davon fuhren. Der Rhein vnd die Ill wurden so gros/ das zwischen Basel vnd Straßburg keine Mühle auff dem Rhein bliebe. Es bliebe auch keine zu Straßburg. Es führete zu Brisach ein Joch von der Brücken hinweg/ vnd ertrincken viel Leute. Es kamen auch zwey Kinder/ in einer Wiegen/ eines war tod/ das ander lebte noch/ vnd lachet da man es fande/ Das Wasser verderbte Heuser vnd Dörffer/ die Leute musten sich auff den Beumen erhalten/ vnd war gros jammer vnd not an vielen orten.

Anno Christi, 1480. Hat ein Vberschwal/ Guß vnd Außlauff des Rheins/ viel Gebewde darnider geworffen/ am tage Marie Magdalene/ Schlösser vnd auch grosse Beume zerrissen/ vnd hinweg geführet.

Jacobi.

Jacobi.

JAcobus der grösser/ dieser/ wie alle Scribenten des eins sein/ ist der ander Sohn Zebedei/ von der Maria Salome/ welche auch Maria Jacobi genennet ward/ vnd des HERRN Mutter Schwester Sohn/ vnnd Johannes Bruder gewesen. Vnd allenthalben/ wo die Euangelisten des Jacobi vnd Johannis gedencken/ nennen sie dieselbigen/ die Söhne Zebedei/ Ist anfenglich seines Handtwercks ein Fischer gewesen/ als er auff eine Zeit mit seinem Vater Zebedeo/ vnd Johanne seinem Bruder/ auff dem Galileischen Meer im Schiffe die Netze flickten/ vnd Jesus daher kame/ vnnd jhm sampt seinen Brüder rieffe/ vnd sprach: Folget mir nach/ da liessen sie beide zu stund jren Vater Zebedeum im Schiffe/ vnd folgeten Jesu nach/ Matt. 4. Mar. 1.

Zu Jerusalem hat dieser Jacobus das meiste theil seines lebens zubracht/ an welchem Ort er auch endlich vmb des Zeugnis Jesu Christi willen getödtet/ vnnd von Herode Agrippa mit dem Schwerdt ist gerichtet worden/ Actor. 12. Ist geschehen/ wie es scheinet/ im dritten Jahr Claudij, im Jahr Christi aber 45. fur den Tagen der süssen Brod/ da Herodes newlich zum Reich gekommen war.

Eusebius gedencket dieses Jacobi/ Lib. 2. Cap. 9. Vnd spricht: Es schreibet von jhm Clemens Alexandrinus Lib. 7. Hypotyposeun, das der/ der jhm den Richter vberantwortet zur Marter/ Josias mit dem Namen/ sich darauff selbst bekeret habe/ vnd sey ein Christ worden. Vnnd als man sie mit einander ausführete zu tödten/ habe er auff dem wege Jacobum gebeten/ jm zu verzeihen. Darauff Jacobus sich ein wenig bedacht/ vnd jm geantwortet: Der friede sey mit dir/ habe jn demnach geküsset/ vnd sein also beide auff einmal entheuptet worden.

Iacobus Alphei, oder Jacob der kleiner.

DAs zween Jünger Christi mit einem Namen Jacobi sind genennet worden/ zeuget die Historia der Euangelisten/ vnd Lucas in den Geschichten der Apostel/ vnter welchen einer Justus, Item/ des HERRN Bruder/ Item/ der kleiner/ vnd Iacobus Alphei. Der ander aber/ wie newlichst droben gesagt/ Jacobus Zebedei/ vnd des Johannis Bruder/ geheissen hat.

Dieser Jacobus vnd Apostel des HERRN/ der kleiner genant/ ist des Alphei vnd Maria Cleophe/ der Jungfrawen Marie Schwester Sohn gewesen/ ein Bruder der Aposteln/ Josis/ Simonis vnd Jude/ der/ wie gesagt/ mit dem zunamen Just/ Item/ des HErrn Bruder/ vnd zum vnterscheid des vorgedachten Jacobi/ der kleine Jacobus genennet ward. Epiphanius schreibet/ man habe jhn auch Obliam/ das ist Maur/ vnd Nazareum/ das ist/ den heiligen genennet.

In der Epistel an die Galater nennet S. Paulus Petrum/ Johannem/ vnd diesen Jacobum/ Seulen der Kirchen/ vnd spricht: Sie haben jm vnd Barnabe die recht Hand geben/ vnd sey mit jnen eins worden/ das er vnd Barnabas vnter die Heiden/ sie aber vnter die Beschneidung/ das Euangelium predigen solten.

Wie Paulus vnd Barnabas gen Jerusalem zu den Eltesten der Kirchen von Antiochia kamen/ von wegen des Streits/ der sich vber dem Gesetz vnd Beschneidung erhub/ Da etliche zu Antiochia wolten/ die bekehrten Heiden musten sich beschneiden lassen/ solten sie selig werden. Da thet Jacobus in der Versamlung der Gleubigen eine Rede an die andern Brüder/ vnd erweist aus dem Propheten Amos/ den Beruff der Heiden/ zum Glauben Christi/ vnd schlos darauff/ das man denen/ so aus den Heiden sich zu Gott bekereten/ nit vnruhe machen solte/ mit dem Gesetz Mosi/ etc. Actor. 15.

Da Petrus

Jacobi.

Da Paulus in seiner letzten Reisen gen Jerusalem zoge/ kerete er bey Jacobo ein/ vnd ward drauff gefangen/in Geschichten der Aposteln/am 15. Cap.

Eusebius vnd Epiphanius schreiben/er sey am ersten zu einem Bischoff zu Jerusalem von den Aposteln verordnet worden/habe solchem Ampt dreissig Jahr furgestanden/ vnd sey als denn nach standhafftiger Bekentnis Christi von den Jüden getödtet worden/im 96. Jahr seines alters. Darvon schreibet auch Egesippus/ das/ als er für allem Volck zu Jerusalem bekant/ das Jesus were der Sohn Gottes/ vnd vnser HERR vnd Heyland/ da habe man jn auff die Zinne des Tempels geführt/ von dannen herab gestürtzt/vnd folgendes daniden mit einem Walckers Riegel oder Ferber stangen/ zu tode geschlagen/Im 63. Jahr nach Christi Geburt/ Im 7. Jahr Neronis/ vnd vmb d.16. 14. Jahr nach der Himmelfart Christi/ vnd im 96. Jahr seines alters. Wie Epiphanius anzeiget im 3. Buch des 2. Tomi.

Diesem Jacobo wird der Epistel eine vnter den sieben Catholicis zugeeignet/ von derselbigen Inhalt vnd Autoritet besihe Jeronymum / Eusebium/ Bedam/ Lutherum/ vnd andere.

Von diesem Jacobo schreibet Philippus in seiner Chronica, Lib.3. folio 220. also: Nach Christi Geburt/ spricht er / im 63. Jahr/ nemlich / nach seiner Aufferstehung im 30. ist S. Jacobus/Alphei Son/ein Bischoff der Kirchen/ so zu Jerusalem versamlet war/ jämmerlich ermordet worden durch Tyranney des hohen Priesters Ananie/ welcher noch Jung war / vnd ein Saduceer. Denn ob wol die Jüden damals nicht mehr macht hatten einem das Leben zu nemen / jedoch im abwesen des Landpflegers/ hat der hohe Priester gros ansehen vnd macht gehabt/ sonderlich weil ohne das Judea sehr vnrühig war/vnd eine Auffruhr wider die ander hatte.

So war aber die zeit der Landpfleger Festus gleich gestorben / vnnd war sein Successor Albinus zu Jerusalem noch nit ankommen. Diese gelegenheit hat Ananias ersehen/ vnd zu seinem vortheil gebrauchet/ vnd stifftet seinen Anhang an/ das sie Jacobum mördtlich vmbrachten/ etc. Dieses ist geschehen zehen Jahr vor der zerstörung Jerusalem/im 7. Jahr Neronis Keiserthumbs/ etc.

Anno Christi, 1384. Am Freytag nach Jacobi/

schlugen die Nördlingen alle jhre Jüden zu Tode / Man/ Frawen vnd Kinder/ vnnd namen jnen all jhr Haab vnd Gut/ vnd was man jnen schüldig war/ das was damit bezalet/vielen gab man zu pfand wider/ sonderlich dem Graffen von Oetingen/ ohn alles anfoderung der Heuptsumma vnd wuchers/ sampt allen jhren Brieffen/ vnnd verschreibungen.

Darnach als am ersten Sontag dis geschrey gen Augspurg kommen wol/ fiengen die Bürger auch jhre Jüden / musten jhnen geben zwey vnd zwentzig tausent gülden/ vnd darnach in allen Stedten wurden sie Jüden entweder gefangen/ oder erschlagen/ oder er geschäkt.

Anno Christi, 1558. Ist vmb Jacobi zu Cassel ein

grausam Vngewitter entstanden/ dadurch die Früchte auff dem Felde zerschlagen/ vnd sehr verderbet worden.

Anno Christi, 1072. Vmb S. Jacobs tag zeucht

der Keiser von Worms seiner Frawen Mutter entgegen/ als sie aus Welschland/ darinnen sie 6. Jahr ein andechtig Leben geführet hatte/ zu jm kompt/ aus bit jres Eydmans / Herzog Rudolph in Schwaben/ der mit dem Keiser in vnfried stunde/ vnnd vertragen sich mit einander. Schaffhaburg.

Anno Christi, 1382. Vermehlet König Ludwig

in Vngern vnd Polen/ seine Eltiste Tochter K. Maria, Herzog Sigismundt/ König Wenzels

Wentzels aus Behmen Bruder/ vnnd Marggraffen zu Brandenburg/ als er 14. Jahr alt war/vnd müssen jhn die Polen zu jrem König annemen/ vnd auff S. Jacobs tag zu Swolen dieses Jahr hulden. Mechouius Lib 4. Cap.31.

Anno Christi, 1404. An S. Jacobs tag kommen dieses Jar zu Breslaw zusammen/ der Polnische vnd Behmische König K. Vladislaus fordert die Schlesien wider zur Kron Polen/ aber vmb sonst/ doch wurde fried gemacht zwischen jnen. Mechouius Lib.4. Cap. 49.

Anno Christi, 1400. Dieses Jahr ist die hohe Schul zu Crackaw confirmiret vnd bestettiget durch den König Vladislaum, mit bewilligung des Bapsts Bonifacij IX. am Montag nach S. Jacobstag. Mechouius Lib.4. Cap.41.

Anno Christi, 1482. Dieses Jahr vmb S. Jacobs tag/ ist gestorben Hertzog Wilhelm zu Braunschweig/ 90. Jahr alt/ ein dapfferer Held/ verlessen zween Söhne/ Hertzog Friderich vnd Wilhelm. Albert. Krantz in Saxon. Lib.12. Cap.31.

Anno Christi, 1554. Wird eine grosse empörung wider Königin Maria in Engeland/ darumb das sie mit Polippo dem Printzen aus Hispanien eine Heyrat vor hatte/ vnnd das Bapstthum wider auffrichtet/ etc. Vnd sind darüber viel erleuchte vnd edle Personen/vmbs Leben/ Land vnd leut kommen/ etc. Auch kömpt K. Carls Sohn Philippus aus Hispanien in Engelland an/ vnnd helt Hochzeit mit der Königin Maria zu Vintonia an S. Jacobs tag. Sleidanus Lib. 25.

P iij   Laurentij

S. Laurentij tag.

Anct. Laurentius/ ist zur zeit Sixti des andern/ der Kirchen Schatzmeister gewest/ welchem der Gottselige Bischoff/ der jtzt zur Marter gefüret war/ die Schetze der Christlichen Kirchen/ den armen auszutheilen befohlen hatte/ über welchem Sixti Tod/ der Laurentius sehr weinete/ das er mit jhm nicht auch sterben solte/ Darumb sagt er/ Ach Vater/ wo gehestu hin/ ohn deinen Sohn/ das du mir nicht gönnest mit dir zu gehen/ vnd zu sterben ic. Höre nur auff zu weinen/ denn nach dreyen Tagen wirstu mir folgen. Darumb vber drey Tage lies jn Decius Römischer Keiser der Tyrann auff ein Rost legen/ vnd braten/ mitten in der Marter/ saget er mit frölichem gemüt vor dem Decio, Ich besinne nicht hitze vom Fewer/ sondern wunderbarliche erfrischung vnd kühlung/ vnd sagt weiter/ du Tyrann/ eine Seiten ist gebraten/ wiltu so iß sie/ vnd wandte sich auff die ander Seitten/vnd befahl seine Seel dem HERRN Christo/ Geschehen Anno Christi 161. S. Augustinus Homil. 30. de Sanctis. Item, Ambrosius Libro officiorum Cap. 28. & 41.

Johan Tetzel ist der Geburt von Pirn gewesen/ ein Doctor der heiligen Schrifft/ zu Franckfurt an der Oder promouirt/ sonsten Prediger Ordens/ vnd ein zeitlang im Paulner Kloster zu Leipzig/ Item/ Prior zu gros Gloga an der Oder/ ein wolbereter/ freundlicher vnd ansehlicher Man. Ist ein Gnadenreicher (wie man sie zur selbigen zeit genandt) Prediger worden/ vnd hat die Römischen Jubeljars und Ablas an vielen Orten ausgeruffen/ vnd verkaufft/ zum theil wegen vnd aus gehciß etlicher Bischoffe/ so frey Pallia damit zu Rom lösen wolten/ zum theil dem Lufflendern zu gut/ wider die weissen Reussen: hat furnemlich zu Cölln am Rhein/ Magdeburg/ Nürmberg/ Hall/ Leipzig/ Görlitz/ Bautzen/ Zwickaw/ vnnd fast in dieser gegend vberall/ von dem Jahr an 1504. vnd etliche hernach/ da er zu Guttenbock seinen letzten Ablaßkram außgelegt/ vnd D. Luther dawider zu schreiben vrsach geben/gepredigt.

Von diesem schreibet der Monachus Pirnensis also: Menniglich trug erstlich gefallen an seinem predigen/ aber er machte vbrige vnd allzu milde promotiones, vorhin vnerhört/ vnd richtete die Creutz auff in Stetten vnd Dörffern/ vnd machte es zu gemein/ das sich letzlich der gemeine Man dran ergert/ vnd solch in Ablaß verachtet. Denn von mißbrauch folget tadelung. Aus welchen Worten denn zu sehen ist/ das dieses Mönches vnuerschempter furnemen auch den Geistlichen selbst zu seiner zeit nicht gefallen/ wie denn auch von Bischoff Johan von Salhausen zu Meissen bewust/ das er von jhm gesagt: So werde der letzte Ablaskremer sein/ denn er were gar leichtfertig vnd vnuerschempt. Vnd wenn derselbe Bischoff gesehen/ das jhm die Leute so viel Geld gebracht/ hat er gesagt/ O wie nerrische Leut sind dieses/ das sie das Geld in den Kasten stecken/ dazu sie keinen Schlüssel haben.

Man referiret sonsten mehr gedenckwirdige Historien von D. Tetzelio/ vnter welchen dieses eine ist/ Ins Churfürsten zu Sachsen Land ist im Renter zu jhm kommen/ vnd gefragt/ ob er jm auch die Sünde vergeben könte/ die er noch begehen solte/ auff den fall wolt er im 10. Thaler geben. Der Mönch wegert sich erstlich sehr/ vnnd entschüldiget sich etlicher massen/ es sey ein wichtig ding/ doch habe er volle gewalt vom Bapst/ wenn er jhm 10. Thaler gebe/ so wolte er jhm solchen Ablaß mittheilen. Die geschicht also. Derselbe aber wartet hernach auff den D. Tetzel selbst/ legt jhn darnider/ vnnd nimpt jgin all sein Ablaß Geld. Dieser that wegen ob er sich wol beflagt

S. Laurentij tag.

klagt/ doch weil er jhm zuuor die zukünfftige sünde so leichtfertig selbst vergeben/ ist er verspottet worden.

Ist im Jahr 1519. zu Leiptzig gestorben/ vnd in der Kloster Kirchen seines Ordens Freitages Nacht Laurentij/ fur den hohen Altar begraben worden. Wie er Luthero vrsach gegeben wider den Ablas zu schreiben/ auch wie sie also mit Schrifften an einander gerahten/ daraus endlich die verenderung in der Religion erfolget/ ist aller Welt bekant. Es hat sich aber solches angefangen im Jahr 1517. Omnium Sanctorum, wie solches weitleufftiger von D. Lutheri Lebens beschreibungen/ als in Præfatione in II. Tomum operum ipsius vnd andrewo zusehen. Sleidanus vnd Matthesius schreiben aus bericht Lutheri von diesem Mönche/ Churfürst Friederich hab jn zuuor zu Jnnsbrück vom Sack erbeten/ darein in Keiser Maximilian Ehebruchs halben hab wollen stecken lassen.

Von Keiser Heinrichen dem andern schreibet man/ das er alle wege die erste Nacht/ wo er in eine Stad kommen ist/ sonderlich zu Rom/ vber nacht sol in der Kirchen geschlaffen haben. Zu Rom ist jhm einmal Christus/ wie ein Bapst angethan/ erschienen/ der in seinem Ornat/ vber den Altar Meß zuhalten/ gehen wil/ Laurentius vnd Vincentius haben jhn das Meßbuch vnd Kelch nachgetragen/ darauff ist vnser liebe Fraw/ vnnd all Himmlisch heer gegangen/ die Chör der Engel/ Mertyrer/ Beichtiger/ Jungfrawen/ Widwen/etc. vnd haben angefangen den Introitum zusingen: Suscepimus Deus misericordiam, vnd da man kam bis auff das: Dextra tua est plena Iustitia, deine Hand ist vol gerechtigkeit/ da habe das Bild Christi/ Marie/ vnd aller Heiligen/ auff den Keiser gedeutet.

Nach dem Euangelio hat Christus das Buch geküsset/ vnd es Marie zu küssen geschickt/ vnd allen heiligen. Hernach hat Maria S. Vincentio/ dem Diacon/ gewinckt/ das ers auch Keiser Heinrichen zu küssen gebe/ vnd ließ jhm sagen/ küsse das Buch/ denn mir gefellet deine keuschheit. Heinricus fur grosser freude kunte es nicht küssen/ da schlug jhn der Engel auff die hüffte/ vnd sprach: Das sey dir zum Zeichen/ das dich Gott liebe/ von wegen deiner keuschheit vnd frommigkeit/ daher hat er bis an sein ende gehuncket/ vnd ward Heinricus Claudus genant. Einsmals sol er fur einen Altar gelegen sein/ vnnd grossen schmertzen am Stein gelitten haben/ da sey S. Benedictus zugefaren/ vnd jhm den Stein mit einer Eisern Zangen heraus gezogen/ vnnd dem Keiser in die Hand gegeben. Franck. in Germania sua aus dem Cuspiano.

Anno Christi, 1546. Sonnabends vor Laurentij/

ist zwischen zehen vnd ellff vhrn in der Nacht/ zu Mecheln/ vier Meilen von Antorff/ ein gros grewlich vnd erschrecklich Wetter/ Donner vnd Blitz geschehen. Erstlich hat der Donner geschlagen in die Stadpforte/ in welchem Hause viel Munition vnnd Kriegsrüstung gewesen/ auch viel Puluer/ welches angezündet/ dauon ein gros Erdbeben zu Mecheln vnnd vmbliegen Platz worden/ vnnd ist von diesem Haus vnnd andern Gebewden nicht ein Stein gantz blieben. Es ist auch das Wasser aus dem Graben gar hinweg kommen/ vnnd ist die Erden darinnen/ vnnd an dern Orten so zurissen/ das man sich hat darinnen verbergen können/ ist alles Geschütz entzwey gesprungen/ sind auch bey 400. Heuser abgebrant. Die vorstad Nickels Koel/ ist schier gar abgebrant/ der Hoff von Bergen ist gar ab vnd zurissen/ S. Peters Capitel/ vnd S. Marien Hoff/ sind des meisten theils abgebrant. Der Lumbert/ das ist/ der reiche Wücherer/ von dem man viel böses gesagt/ ist mit Weib vñ Kind/ Haus vnd Hoff/ zu nichte worden/ das man gar nichts von jnen gefunden hat.

Laurentij tag.

Des Postmeisters Haus ist auff allen Orten zerschlagen gewest/ Der Stall mit den Pferden gar hinweck/ der Bernhards Hoff ist gar abgebrand/ das Augustiner Kloster eins theils abgebrand/ Die hochstrasse/ vnnd der Hoff von der hochstrasse/ sind in grund verdorben/ vnd were der Hoff nit gewest/ so were die gantze Stad verdorben. Des morgends auff den Sontag/ hat man bey die 300. Menschen tod funden/ Es sind auch vber anderthalb hundert Menschen vbel verwunt worden.

Da die grausame Wetter ist anzangen/ sind etliche zur Zeche gesessen/ vnd haben in der Karten gespielet/ ist die Wirtin in Keller gangen/ jnen Wein zu holen/ in des hat das Wetter die Spieler erschlagen/ das sie die Karten bletter noch in der Faust gehabt. Auff den dritten Tag nach diesem Geschicht/ hat alda zu Mecheln/ ein alter Man aus einem Loch geschrien/ vnd gefragt/ ob die Welt noch stünde? Etlich schreiben fur gewis/ das des Puluers/ so in Key. Maye. Haus gestanden/ 400. Faß gewesen sein/ vnd in einem jeden Faß vier Tonnen.

Anno Christi, 1529. An S. Lorentz Abend/

ist ein grausams grosses Vngewitter gewesen/ von Donnern/ Plitzen/ vnd Regen/ das es nicht anders gesehen/ als liesse sich das gewülcke vom Himmel auff die Erden herab/ vnnd hat darneben in der Lufft gewaltig gebrauset/ das es erschrecklich zu hören gewest. Von dem Regen sind die Wasser so gros worden/ das dergleichen kein Mensch zuuorn gedacht/ gehört noch gesehen.

Marien

Marien Himmelfart.

Jeses Fest hat verordnet vnd eingesetzt der Bapst Damasus, Anno Christi 364. Zu dem ende / das man sie fur ein nothelfferin ehren vnd anruffen sol/ welches wider die Ehre vnsers lieben HErrn vnd Heilandes Jesu Christi. Man hat auch darfur gehalten/das auff diesen tag/ da die Mutter Gottes gestorben/ vnd gen Himmel gefaren/ alle zwölff Apostel/ mit zu Grab gangen sein/ welches vmb vieler vrsachen willen/ der warheit durchaus nicht ehnlich. Man hat von Marien Tod nichts gewissers als das Eusebius schreibet/ Sie sey im 48. Jar gestorben/ darbey lassen wir es auch bleiben/vnd gönnen der lieben MutterGotts gerne die sanffte ruh / vnd das ewige Leben/ aber fur vnsere fursprecherin wollen wir sie nicht erkennen/ sintemal solcher ist allein / jr Son/ vnser lieber HErr vnd Heiland Jesus Christus.

Anno Christi, 1443. Verbranten zu Botzen im Gebirge hundert vñ fünff vnd dreissig Heuser. Zu Brixen fraß das Fewer auff mehr den bey hundert vnd vier vnd fünffzig Heuser. Vnd am Tage der Himmelfart Marie/ nam die brunst zu Siertzingen im selbigen Jahr vierzig Heuser weg/vnnd ward die Jahr fur ein sonderlich Jahr geachtet/in welchem Gott so viel Stedte / mit solchem grewlichen vnd erschrecklichen Fewer straffete vnd heimsuchete / dergleichen zuuor in vnzehlichen viel Jahren / nicht erhöret noch erfaren worden, Seind in diesem 1590. welches auch ein heis vnd dürr Jahr 147. Jahr.

Bartho-

Bartholomei.

Es Bartholomei Namen stehet Marci 3. in der Zahl oder Register der Apostel. Petrus de Natalibus, sagt aus dem Damasceno/ das er der Landart ein Syrer/ vnd allein aus der Aposteln/ nach dem Fleisch/ einer vom Joel/ als nemlich/ des Königes der Syrer Enckel gewesen sey. Die Evangelische Histori aber/ oder bewerte Scribenten/ gedencken des gar nichts.

Das er in India geprediget/ vnnd denselbigen das Euangelium Matthei. Hebreisch geschrieben/ verlassen habe/ solches bezeugen einrechtiglich/ Sophronius, vnd Sozomenus, Lib. 2. Cap. 24. Vnd Eusebius Lib. 5. Cap. 10. vnd Hieronymus In cathologo vom Panteno. Etliche sagen/ das er erstlich in Lycaonia/ vnd hernach in India/ vnd zuletzt in Armenia/ gelehret habe.

Sabellicus, vnd Autor Supplementi, schreiben/ das er durch hinderlist deß Teuffels/ oder Götzenpfaffen/ vom Könige Astyage/ in einer Stad Armenie/ Albana genant/ getödtet sey/ also/ das man jhn zuvor geschunden/ vnd die Haut abgezogen hat/ welches denn auch die andern fast alle vom Bartholomeo schreiben/ vnd ist der Warheit ehnlich/ Denn wie Marcellinus bezeuget/ im 23. Buch/ so ist es bey den Persen gebreuchlich gewesen/ das sie die Leute/ geschunden haben/ welche peinliche straff denn auch vngezweiffelt bey den benachbarten Völckern im gebrauch vnd vbung gewesen.

Von des Keisers Heinrici Septimi, oder/ des siebenden Todt/ schreibet man/ das er vmbkommen ist/ eben in dem er wider Robertum einen Zug fürgenommen/ vnd hat jm ein Mönch/ mit namen Bernhardinus/ Prediger Ordens/ mit Gifft in einer hostia/ als er jm das Sacrament gereicht/ vergeben. Der sol zu solchem Bubenstück/ von denen von Florens/ darzu bestellet worden sein. Solches ist geschehn am tag S. Bartholomei/ Im Jahr Christi/ 1313.

Anno Christi, 1412. Vmb Bartholomei/ zogen die von Eger mit jren Bundsverwandten für das Schloß Newhauß/ welches Edelleut/ die Förster genant/ innen hatten/ vnd zu brachen das.

Auff dem Fichtelberge/ an dem Ort die Lußhburg oder Loßburg genant/ bey Wonsiedel einem Stedlein/ sihet man noch Burgstallen/ ein Raubschlos/ etwan der Edelleute von Luchsburg oder Loßburg/ welches die Herrn von Eger vor zeiten auch haben zerbrochen. Item/ am Fichtelberge ist ein Ort/ heist der Schneeberg welcher so hoch ist/ das man vber Jahr Schnee drauff findet. Man nennet jhn auch sonsten den Schloßberg/ darumb/ das vor zeiten ein gewaltiges Schloß/ Rudolffstein genant/ das man noch etliche Mauren findet/ darauff gestanden ist/ welches auch die Herrn von Eger zerbrochen haben. Es lagen dieser Raubschlösser 12. vmb Wonsiedel. vnter welchen Rudolffstein das höchste ist gewesen/ vnd so offt was vorhanden gewesen/ oder man sich einer guten Beut zu getrösten gehabt/ hat man in diesem Schloß eine Fahne ausgestecket/ welche die andern Raubschlösser haben können sehen/ darauff haben sie sich gerüst gemacht/ die Strassen belegert/ vnd den Leuten das jre genommen.

Annô

Am tage Bartholomei.

Anno Christi, 1552. Auff den Sontag Bartholomei/ zwischen vier vnd fünff vhr/ nach mittage/ ist zu Dortrecht in Holland/ vnd vmb die Stad herein gros vngewitter/ mit vngewönlichem Hageln gefallen/ das die Bürger in der Stad von grossem schrecken ihre Heuser haben zugeschlossen/ vnd gemeint/ die Welt würde vnter gehen/ vnnd zwar nicht ohne vrsach/ denn es eine halbe Stunde stets so gewaltig gehagelt/ das davon die Kreuter in Gerten/ das Gras auff dem Felde/ auch die Früchte der Beume sehr zerschlagen/ vnd verdorben.

Es gedencken/ spricht D. Simon Pauli/ seine Leute/ auch die aller Eltesten nicht/ so bey vns leben/ das die Pestilentz jemals grewlicher vnd schrecklicher zu diesen orten gewütet vnd getobet/ vnd mehr Leute erwürget vnd gefressen hette/ als dieselbige gethan/ im Jar Christi 1565. Denn im selbigen Jar sind bey vns zu Rostock/ offt auff einen Tag vber hundert Todten begraben worden/ so allein die Schüler zur Erden besungen haben. Den 14. Tag des Monats Augusti/ an welchem die Kirche das Fest des Apostels S. Bartholomei begehet/ wurden in einer Pfar aus den vier Pfarkirchen bey vns zu Rostock/ nemlich/ zu S. Jacob 44. Todten von den Schülern zur Erden bestättiget. Zween musten von wegen der vielheit/ das man sie nicht besingen könte bis auff den folgenden Tag vnbegraben ligen/ vñ wurden auch etlich ohne die Christliche Ceremonien/ deren wir bey den verstorbenen gebrauchen/ begraben. Dieweil ich die Todten/ so in der Pfarr zu S. Jacob von den Schülern besungen würden lies auffschreiben/ hab ich in einer Wochen vber drittehalb hundert/ vnd in einem Monat/ vber tausent/ auff das Register bekommen. Was sind nun für Tode in den andern dreyen Pfarren gewesen/ sintemal in einer so schrecklich viel gerechnet worden.

Anno Christi, 1473. War so ein heisser vnd dürrer Sommer/ das an etlichen enden die Welde vom Himmel angezündet/ gebrunnen haben/ vnd gieng den Herbst an vor Bartholomei.

Anno Christi, 1558. Ist Sonnabends nach Bartholomei/ eine Stad in Hessen Gunies genant/ durch ein plötzlich Fewer/ welches in einem Hause auskommen/ gantz vnd gar ausgebrant/ innerhalb dreyen Stunden. Vor acht Tagen/ ist ein vngewönlich vngewitter vnd ergiessung daselbst entstanden/ dergleichen bey Menschen gedencken nicht geschehen/ hat grossen schaden gethan/ Solche ergiessung hat der Pfarherr des Orts/ dem Volck als ein Zornzeichen Gottes künfftiger Straff fürgehalten/ vnd sie zur Busse vermanet/ denn da sie von verachtung Göttliches Worts/ vnd danckbarkeit nicht würden abstehen/ würde Gott mit einer grössern Straffe kommen.

Auch ist die sage/ es sol ein Man am selbigen Ort ein Wagen mit Flachs abgeladen haben/ vnd ins Haus geworffen/ in aller Teuffel namen/ im selbigen Haus sol das Fewer auskommen sein/ Da dem also/ wie man denn bestendiglich sagt/ sol sich ein jeder wol fürsehen/ das er nicht leichtfertig schwere/ fluche/ oder den Teuffel zu Gast lade/ denn in an sol/ wie das gemeine Sprichwort sagt/ den Teuffel nicht an die Wand mahlen/ er kömpt wol von sn selbst.

Matthias Weybel/ von frommen Eltern geboren/ in einem Dorffs/ Mariezel nicht weit von Kempten in Allgowe/ vnter des Apts von Kempten gebiet/ ist erstlichen nach Papistischer weise zum Priester geweyhet/ Nachmals aber hefftig wider des Antichrists Joch geprediget/ vnnd darob viel Christlicher zuhörer bekommen/ die er gelehret/ die Seeligkeit allein zu suchen/ durch den Glauben an Jesum Christum/ durch welches verdienst seines Leidens vnnd Sterbens er vns solches erworben hette/ etc. Er hat auch hefftig wider das Heiligthumb/

welche

Am tage Bartholomei.

welche nach gewonheit / bey Kempten auff einer Wiesen zum Ablas den Leuten gezeigt war / gepredigt. Darüber er den Apt vnd seine Vorwandten / vnd anhang erzürnet / die jhme bald den Tod geschworen / vnd durch solche List haben hinrichten lossen. Denn er ward aus dem Pfarrhoffe zu Kempten auff sein Dorff nicht weit vom Kloster gelegen / gefordert / als solt er predigen / vnd ein Kind teuffen / wie er nun hat allda in sein Haus zuuor gehen wollen / ist er von etlichen Reutern vberfallen / von denen er auch einen stich bekommen / vnd haben jhn zum Walde gefurt / vnd allda an einen Baum gehenckt / Ist also im HErrn Christo entschlaffen / Anno 1525. den nechsten Sontag nach Bartholomei.

Anno Christi, 1350. Am S. Bartholomei

Abend stirbet Philippus Valesius der König in Franckreich / nach jhm regiert sein Sohn Iohannes Valesius 14. Jahr. Onophrius.

Anno Christi, 1459. Bestetigt Keiser Friderich

König Georgen in Behmen sein Reich / vnnd zeucht als bald in Schlesien / dieselbe zum gehorsam zu bringen / vnnd kömpt den letzten Tag des Augustmonats gen der Schweidnitz / vnd wird ehrlich empfangen / Es nimpt jhn auch an die gantze Schlesizen / allein die von Breslaw vnd der Namsel widersetzen sich jm / daraus ein Krieg entstanden ist.

Die von Breslaw suchen Schuz bey Casimir dem König in Polen / vnnd wollen sich an jhn ergeben / an S. Bartholomei tag / an einem Freitag / Aber er wil sie nicht annemen / weil er zuuor mit den Creutzherren in Preussen gnug zu thun hatte. D. Curæus. Mechouius Lib. 4. Cap. 60.

Decolla-

Decollationis
Entheuptung Johannis
des Teuffers.

BVrghardus/ ein Ertzbischoff zu Magdeburg/ der Geburt ein Herr zu Schraplaw/ ein Bruder Geuthardi/ Bischoff zu Mersburg/ eiß. dieser hat im Jahr nach Christi Geburt/ 1314. Die Stad Magdeburg belagert/ darzu haben ihm Herr Fridericus/ der erste Marggraff zu Meissen/ der Hertzog von Braunschweig/ vnnd andere Fürsten vnnd Graffen mehr geholffen/ Aber die Bürger haben jre Feinde mit grosser hertzhafftigkeit aus der belagerung abgeschlagen/ darnach sind die Sachen güttlich vertragen worden/ das die Stad dem Bischoffe vor den abzug ein Summa Geldes gegeben. Dargegen hat der Bischoff fur sich vnd seine nachkommen mit viel vertregen vnd gewissen zusagen/ hinwider sich verpflichtet/ vnd doch wenig glauben gehalten/ drumb die Bürger beschlossen/ sich am Bischoff zu rechen/ haben ihn derwegen im Jahr nach Christi Geburt/ 1313. in der Newstad zu Magdeburg gefangen/ vnd einen Eichen Kasten von Blochböltzern/ darin sie ihn auff S. Johannes Thurm in der alten Stad wolten setzen/ vnd darinnen behalten/ machen lassen. Als aber der Ertzbischoff des berichtet ward/ das die Sachen so ernst vnd böse wolten werden/ hat er mit demütigen Worten/ doch in bösem willen/ die Hertzen der Bürger zur Barmhertzigkeit beweget/ das er jnen zusaget/ hinforder sein lebenlang/ der Stad Magdeburg freund vnd Schutzherr zu sein vnd zu bleiben/ der Stad jre alte Gerechtigkeit lassen/ vnd sein Gefengnis nicht rechen/ vnnd solte seine zusage mit einem leiblichen geschwornen Eyd/ auff dem heiligen Hochwirdigen Sacrament geschworen werden/ vnd darauff öffentlich in versamlung der Kirchen/ das Sacrament entpfangen/ Daran haben sich die Bürger auff dasselbe mal benüegen lassen/ jme trawen vnd Glauben gegeben/ seine gebürliche Reuterens vnd Ehre erzeiget/ vnd fürreten jn widerumb in sein Ertzbischöfflich Haus/ mit grosser Ehr/ Solennitet vnd freude des Volcks/ vnd der gantze Rath hat jn in seinem Bischofflichen Hoff in aller guter zuversicht eingefast. Er hat auch der Rath der gantzen Stad Magdeburg geboten/ diese jtrunge/ mit keinem Worte dem Ertzbischoff zu vnehren nicht mehr zu gedencken/ vnd das jhm ein jeder seinen schüldigen gehorsam vnd Dienst solte leisten. Als aber der Ertzbischoff ledig worten/ vnd kurtz hernach seine zusage/ bewilligunge/ verschreibunge/ verschworn Eyd vergessen/ vnd teglichen widerumb gegen der Stad Magdeburg böse heimliche Practicken vnd Sachen anfieng/ ließ er sich durch den Bapst Johannem (eius nominis 23) von den geschwornen Eyde absoluiren/ vnd fleng in Westphalen zwölff der vornembsten Bürger aus der alten Stad Magdeburg/ denn diese hatten jhn zu theil helffen fahen.

    Aus dieser vrsachen hat der Rath zu Magdeburg im Jahr Christi 1325. am tage Decollationis S. Ioannis Baptistæ/ jhn zum andern mal fangen lassen/ ist ju ersten in seinen Hoff mit leuten bewaret/ dornach in einem Lercker in der alten Stad gesast vnd beschlossen worden. Mitler zeit haben sich die Sachen durch des Ertzbischoffs befreundten/ selgam angelassen/ das der Ertzbischoff in der Nacht S. Mathie im Herbst/ nach Christi Geburt 1325. von dem Kerckermeister vnd Bedellen/ mit einer Keulen/ oder wie etliche schreiben/ mit einem alten Eysern Stabt/ welcher etwan in einem Fenster solle gestanden/ erschlagen/ vnd daselbst im Gefengnis begraben worden. *Chronica Ernesti Brottauff.*

                                                       Q   Weil

Enthäuptung Johannis des Teuffers.

Weil Johannes der Teuffer durch ein leichtfertiges ehevergeßnes Weib vnd Hurenkind zu seinem schmelichen Tod kommen/ wil ich dauon etliche Historien erzehlen.

Da Keiser Heinrich der vierde noch jung war/ treib man hin vnd wider im Lande allerley mutwillen/ denn der Adel/ vnnd was von Fürsten vnd Herrn ein wenig mechtig war/ misbrauchte der Jugend des Keisers/ vnd thet ein jeder was er nur selbst wolt. Vnd sonderlich hatte allerley Eigenwill vnd freffel in Sachsen vberhand genommen/ denn dieweil sie vnter dem Keiser in keinem zwang waren/ fiengen sie an/ sich auff rauben vnd plündern zu begeben/ vnd schlug sich ein hauffen loses verwegnes Gesindes zusammen/ die besamen gleich einen rechten Heerführer/ Ottonem, Marggraff Wilhelms in Düringen vnechter Bruder. Die fiengen an mit heereskrafft hin vnd wider zu streiffen/ versagten etliche Fürsten/ verhereten vnd verbanneten alles/ wo sie nur hin kamen.

Denen zog Bruno vnd Ernestus, Marggraffen zu Sachssen/ Gebrüder/ entgegen/ trenneten vnd schlugen sie/ mit hülffe des Keiserlichen Kriegsvolck/ oberhalb Merseburg. In dieser schlacht sind beide/ Morggraff Bruno in Sachssen/ Eckberti Bruder/ vnd Otto, des Reuberischen vnd auffrührischen Kriegsvolcks Oberster/ erschlagen worden.

Archelaus, Perdicce Sohn/ König in Macedonien/ gezeuget von einer Magd des Alcete, ein vnechtiger/ Dieser hat den Vetter Alceram erstochen/ vnd seinen Sohn Alexandrum, vnd seinen eigenen Bruder Perdicce, rechtgen vnd rechten Sohn/ Endlichen ist er von einem jungen Edelman erstochen worden/ den er zur Vnzucht genötiget/ vnd mit gewalt geschendet hat. Vnd ist von jm dieser Vers gemacht.

Τοῖς ὧν τις ἔριζω τί, ὡς κακῷ ἔσται τοῖκι.
Wer andern zu schaden ist gesint/
Des Vnglück blühe vnnd bald sich find.

Keyser Fridericus der ander/ hat in stehender Ehe/ auch vnter andern einen Sohn gezeuget/ mit Namen Conradum, vnd auser der Ehe einen/ mit Namen Manfredum. Conradus zeugete wider einen Sohn/ der hies Conradinus. Conradus, darmit er das Königreich Sicilien erblich auff sich vnd seine Nachkommen bringen möchte/ hat er Heinricum den Jüngern/ seinen Bruder oder Bruders Son/ einem seinen Adelichen jungen Herrn/ durch einen Saracener/ der darzu bestellet/ heimlich vmbringen vnd jemmerlich ermorden lassen. Vnlangst hernach/ hat auch Margraff Bertoldus, dem andern Sohn Henrici Friderico, den er auch dazumal zu Gast hatte beruffen vnd geladen/ Gifft in einem essen Fisch beybringen lassen/ welches er Manfredo zu gefallen gethan/ darmit derselbige die Summa Geldes nicht erlegen durffte/ welche Keiser Fridericus der 2. der Großvater diesem seinem Einiglein in dem Testament beschieden vnd vermacht hatte. Also sind noch von Keisers Friderici des andern Nachkommen diese drey allein vbrig geblieben. Erstlich Conradus, Conradi Son/ zum andern/ Conradus, mit dem zunamen Caputus, Fürst zu Antiochia/ vnd zum dritten/ Manfredus/ Keisers Friderici vnechter Sor.

Conradinus wurde in Deutschland erzogen/ vñ weil er noch vnmündig/ gab der Stieffbruder Manfredus für/ er wolte als ein Vormund/ jhm zum besten/ sein Königreich erhalten/ bis er zu seine rechten alter keme. Aber Manfredus gienge mit betrug vnd bubenstücken vmb/ darumb er etliche bestellet/ die Conradinū in Deutschland mit Gifft vmbringen solten/ welches also geschehen/ darauff er auch Sicilien eingenommen. Aber die straffe kam auch/ denn Vrbanus der vierde/ excommunicirt Manfredum/ vñ erwecket Carolū, Adegauensem, oder Hertzog Caln von Angiers (welcher Königs Ludouici in Franckreich Bruder war) wider Manfredum/ der hat mit jm eine schlacht gehalten/

Entheuptung Johannis des Teuffers.   92

gehalten/vnd in derselbigen Mansfredum erschlagen. Also hat Manfret us brites/ sein Leben vnd die Königreich/ die er mit Mord vnnd listigen anschlegen an sich gebracht hatte/auff einmal zu gleich mit einander verlohren/ Die Schlacht ist gehalten in der gegend Beneuento, Im Jahr Christi/ 1265.

Als Grachus vnnd seine Nachkomurene gestorben waren/ haben die Polen an stad eines Königes geseti zwölff Wainoden oder Fürsten/ nach der Zal etlicher besondere Landschafften/ als aber auch die art des Regiments nicht wolte gut thun/ ward das gemeine Volck zu Roth/ jnen zu erwehlen einen König/ an dem aller gewalt stünde/ vnnd fielen also auff einen redlichen Man/ der hies Primislaus, der ward in der Wahl Lesko genant/ Nach im kam ein ander/ auch Lesko genant/ vnd als er starb/ kam sein Sohn Lesko der dritte/ an das Regiment. Dieser lies hinder jhm einen ehelichen Sohn/ vnd zwentzig vnehliche Söhne. Dem ehelichen Sohn Pompilio lies er das Oberst Regiment/ vnd vnter die ander Söhne theilete er des Reichs Lender. Als nun Pompilius starb/ ward sein Sohn/ der auch Pompilius hies/ Regent in Polen Land. Als dieser Pompilius nu zu seinen Jahren vnd verstendigen Alter kam/ vn eine Hausfraw nam/ die lag im in den Ohren tag vnd nacht/ vil bracht sie jn entlich dahin mit bösen Rethen/ das er seines Vaters Brüdern all vergeben lies. Das wolte Gott in dieser zeit vngerochen nicht lossen bleiben/ sondern verhenget/ das er seine Hausfraw vnd Kinder/ würden von Meusen gefressen. Denn da der auff eine zeit ein herrlich mahl zugerichtet hatte/ vnd sich alles lusts gebraucht/ kamen die Meuse mit hauffen vber den Tisch/ fielen jn vnd die seinen an/ vnd bissen sie vnsinniger weise/ vnd konte jhnen niemandts wehren. Man machte ein gros Fewer/ Circkelweis/ vmb Pompilium/ seine Hausfraw vnnd Kinder/ aber es halff alles nichts/ die Meuse sprungen vber das Fewer hinein/ vnd bissen den Mörderischen König ohn vnterlas. Da dis nicht helffen wolte/ flohen sie zu einem andern Element vnnd liessen sich führen vom Erdreich zur See/ aber es halff auch nichts/ denn die Meuse drungen mit hauffen in das Wasser hinein/ durchnageten die Schiff im Wasser/ deshalben die Schiffleut sich besorgeten/ des Schiffs vntergangs/ vnd fürten das Schiff ans Land/ da kamen nach mehr Meuß/ vnnd griffen Pompilium an/ sampt den vorigen Meussen/ bissen jhn/ vnd seine Hausfraw vnd Kinder. Da das sahen seine Diener/ wichen sie von jhm/ liessen jhn stecken vnter den Meusen. Vnd als Pompilius flohe/ auff einen Thurm/ kamen die Meuse ellend hinauff/ frassen jn/ sein Hausfraw vnd Kinder. Vnnd kam also eine grausame straff auff die grausame that des Mordes.

Am zehenden Tag des Herbstmonats wurde Petrus Aloisius, Bapst Pauli des dritten Sohn/ zu Placentz in seinem Pallast erstochen/ ist aber von niemandts beklaget worden/ denn er ein böser vnd Gottloser Mensch gewesen. So sind auch etliche Italianer Büchlein verhanden/ welche seinen schendlichen mutwillen vnd vnzucht erzehlen/ darunter zwar dieses fur andern mercklich ist/ das mon sagt/ er habe an Cosmo Cherico, dem Bischoff von Fano, mit gewalt Sodomitsch gehandelt/ vnd seiner Diener hülffe darzu gebraucht/ die jhn haben halten mussen. Diese schande/ sagt man/ habe den armen Bischoff so weh gethan/ das er bald hernach aus bekümmernis vnd vnmuth solches lesterlichen handels gestorben. Sleidan.

Alexander Medices/ nam Keisers Caroll des fünfften/ vnechtige Tochter zu der Ehe/ vnnd mit seiner hülffe erlangete er die Stad vnnd herrschafft zu Florentz. Weil er sich aber vngebürlich hielt/ vnd ein grosser Vater war/ haben sn zween Jung Gesellen/ welcher Schwestern er geschendet hatte/ bey nacht in seiner Schlafftkammer erstochen. Munsterus.

Q ij   Anno

Entheuptung Johannis des Teuffers.

Anno Christi, 1446. Waren vier Bürger in der Stad Trier/ welche die besten sein wolten/ die liessen sich mit Gelde bestechen/ vnd namen Geschenck/ vnd wolten die Stad dem Bastart von Burgund verrahten/ aber als die kundschafft gienge/ das man zwo Pforten solte öffnen/ vnd die Stad anstossen/ wurden die vier Verrehter gerichtet/ vnd die Stad errettet.

Aus diesen Historien ist klar vnd war was geschrieben stehet im dritten Capitel des Buchs der Weisheit/ mit nachfolgenden Worten: Aber die Kinder der Ehebrecher gedeien nicht/ vnd der Same aus vnrechtem Bette/ wird vertilget werden. Vnd ob sie gleich lange lebeten/ so müssen sie doch endlich zu schanden werden/ vnd ir alter wird doch zu letzt one Ehre sein. Sterben sie aber bald/ so haben sie doch nichts zu hoffen/ noch trost zur zeit des Gerichts/ denn die vngerechten nemen ein böse ende. Aber die fruchtbar menge/ der Gottlosen sind kein nütz/ vnd was aus der Hurerey gepflantzet wird/ das wird nicht tieff wurtzeln/ noch gewissen grund setzen. Vnd ob sie eine zeitlang an den zweigen grünen/ weil sie gar lose stehen/ werden sie vom Winde beweget/ vnd vom starcken Winde ausgerottet. Vnd die vnzeittige Este werden zubrechen/ vnd ire frucht ist kein nütze/ vnreiff zu essen vnd zu nichts tügende. Denn die Kinder/ so aus vnehlichem beyschlaff geboren werden/ müssen zeugen von der bosheit wider die Eltern/ wenn man sie fraget.

Anno Christi, 792. Verhetzen etliche vorneme Francken/ Keiser Caroli vnehlichen Son Pipinum, den höckrichten/ vnd verbinden sich mit ihm wider den Vater. Aber es wird Carolo verkundschafft/ derwegen/ verstösset er seinen Son/ ins Kloster Prume, die Redlinführer aber/ strafft er nach ihrem verdienst. Sigebert. Schaffnab.

Aus diesem grunde schreibet der berümpte Jurist D. Mynsinger in seinen observationibus Cent. 4. obser. 31. wie folgt. Eadem ordinatio inter cæteras qualitates requisitas in Assessoribus, exigit, quòd ex iusto matrimonio nati esse debeant, qui ad Assessoriatus dignitatem velint euehi, sicq; illegitimi non admittuntur, & rectè, cùm sint infames, iuxta Bald. in l. 4. princ. ff. de lib. & posth. quem ibi sequitur Alex. Idem Bald. in l. in bonæ fidei. C. de reb. credit. quibus portæ dignitatum non patent, l. 2. Cod. de dig. lib. 12. &c. in famib. de reg. iuris, Lib. 6. Imò etiam consiliarij principis esse nequeunt, Bal. in l. cùm legitimè. ff. de stat. hom. Nec Doctoris titulo insigniri, quia Doctoratus est dignitas, vt dicit Bart. in prox. C. & Zabar. in prox. Cle. & ele. a. de magist. etiamsi essent legitimati, cùm legitimatus sit similis Archimiæ, quæ facit apparere, quod non est, inquit Bald. in c. 1. col. 5. de constit. quem refert ac sequitur Iaf. in l. cùm acutissimi C. de fideicom. & idem Bald. in c. fin. de transl. Episc. ait: legitimatum assimilari homini medicato à morbo, in quo semper aliquæ remanent cicatrices, cuius dictum recenset Curt. consi. 78. col. 26. & seq. Vtcunq; ergo spurij efficiantur legitimi, remanent tamen infames de facto inter bonos & graues Viros. Bal. d. l. 4. in prin. & Alex. in l. ex facto. Col. 5. de vulg. & pupil. & latè Chassa. in Catalogo gloriæ mundi, part. 11. consid. 15. vbi multa contra bastardos congessit.

Zu Rom sind der Hurenkinder so viel geboren worden/ das man vmb derselben Fündelkinder willen/ eigne Klöster gebawet hat/ da man sie innen auffzeucht/ vnd der Bapst wird ir Vater genant/ vnd wenn die grossen processiones in Rom sein/ so gehen dieselben Fündelkinder alle fur dem Bapst her/ etc.

Sanct

Entheuptung Johannis des Teuffers.

Sanct Killanus/ ein geborner Schotte/ wird vom Bapst Cuno zum Bischoff zu Würtzburg in Franckenland verordnet/ vnd dahin zu predigen geschickt/ sampt zween Priestern/ Colonoto vnd Thotmanno/ vnd ist S. Kilian gen Würtzburg sampt seinen gesellen kommen/ In das sechste Jahr des Hertzogen Gottberis: Als sie aber daselbst den Christlichen Glauben predigten/ vnd sonderlich die Bluschande des Hertzogen/ vnd seines Gemahls/ der Geilam/ angriffen vnnd strafften/ hat sie gedachte Fürstin/ im abwesen jres Herren/ alle drey auff einmal lassen vmbringen. Marianus Scotus, Thritemius, Sigebertus. Solches ist geschehen/ im Jar nach Christi Geburt/ 687.

Zu den zeiten des Keisers Arcadij, ist Bischoff zu Constantinopel gewesen/ Johannes Chrysostomus. Dieser hat von wegen seiner grossen hartigkeit vnnd gestrengem ernst/ den er in seinem Ampt geführet hat/ wenig gunst bey den Leuten gehabt/ vnd wird von etlichen dorfur geachtet/ er sey etwas zu gestreng gewesen. Vnd ist war/ das in der Regierung Gerechtigkeit etlicher massen mit Linderung vnd Barmhertzigkeit sol temperiret vnd gemiltert sein. Vberschwengliche Laster vnd vberflus vnd verschwendung in Kleidungen/ vnd Zehrungen/ des gleichen die Schawspiel/ so viel Laster vnd vntugent mit sich brachten/ strafft er billich vnd recht. Darüber kam er bey vielen in grossen widerwillen/ vnd vngunst/ vnd sonderlich bey der Eudoxia/ der ersten/ des Keisers Gemagl/ welche nit weit von der Kirchen/ auff einer Marmorsteinern Seulen/ jr Bildnis hatte setzen lassen/ darbey die Spielleute vnnd Mimi fast teglich Comedien spielten. Diese Seule vnd die Spiel/ weil sie nahe bey der Kirchen/ wolte Chrysostomus, das man sie abschaffen vnd hinweg thun solte.

Item/ Er hat in einer Predigt die Keiserin der Herodiadi vergliechen/ vnnd seine Predigt also angefangen/ jtzt wütet vnd tobet die Herodias abermals/ etc. Darüber die Keiserin erzürnet/ so viel zu wege gebracht hat/ das er ist seines Bischofflichen Ampts entsetzt/ vnd ins elend verjagt worden. Ob nun die Schmach der Person vielleicht etwas mag zu hart gewesen sein/ so hat er doch daran recht vnd wol gethan/ das er das Bild auff der Seulen/ vnd die Schawspiel für der Kirchen/ gestrafft/ vnd darauff gescholten hat. Philip. in Chron. Lib. 3.

Q iij   Marie

Marie Geburt.

MAria die Mutter des HERRN Christi ist geboren worden vmb das Jahr der Welt 3956. Jr Vater hat Ioakim geheissen/ welcher nach der Syrer tradition 46. Jahr im Ehestand gelebt/ vnd kein Kind gezeugt/ als auff die aller letst diese thewre vnd werde Tochter Mariam. Darfur sollen wir zwar Gott dancken/ sie aber fur keine Nothelfferin ehren vnd anruffen. Jre Mutter hat Anna geheissen/ wie Epiphanius schreibet/ vnd Damascenus, Lib. 4. de orthodoxa fide Cap. 15. zeuget. Eins theils wollen/ das diese Anna/ Elisabeth der Mutter Johannis des Teuffers Schwester/ gewesen sein sol.

Marien ehr hat in fünfftehalb hundert Jahren trefflich gewachsen vnd zugenommen / denn Vrbanus der ander hat kurtz vor 1100. Jahr Christi Marien sonderliche Horas gestifft/ Gregorius der neunde hat vmb das 1240. Jar Christi verordnet/ das man alle tag das Salue Regina singen sol. Johannes der 22. hot vmb das Jahr Christi 1330. befohlen/ das man alle tag drey Puls mit der Glocken zur ehr Marie schlagen/ vnd ein jedes das solche drey Puls höret/ das Aue Maria zu einem jeden Puls dreymal beten sol.

Nicephorus Lib. 2. Cap. 23. beschreibet die gestalt vnnd Person der Mutter des HERRN Christi/ wie folgt: Species Mariæ & mores pleni grauitatis erant, pauca & necessaria loquebatur, placidè audiebat alios. Statura corporis media erat. Sine risu, sine iracundia, & sine incomposito gestu, homines intrepidè alloquebatur. Facies erat subfusca, tritico similis, capilli flaui, oculi fului, qui charopi nominantur, non lasciosi, nulla deformitate insignes, non vagabundi: superciliis nigris, interuallo distinctis: recto naso, labris rubentibus, & ad dulcedinem sermonis motu aptissimo, facies erat non rotunda, sed longiuscula, manus & digiti longiusculi: incessus erat sine fastu, & gestu natiuo, non arte ficto, nec ad humilitatem simulato, nec leuitatem vllam significans.

Casimirus dieses Namens der ander/ ein König in Polen/ als derselbige mit v. Achtung der Religion vnnd Gottesdiensts/ am tage der Geburt Marie/ hinaus in den Wald jagen reitte/ vnd niemands aus denen/ die jm solches trewlich widerrieten/ folgen wolte/ hat es sich zugetragen/ das jm im Walde vnd auff der Jagt ein Hirsch begegnet/ wie er nun durch Hecken vnd Dörnen demselben nach eilet/ fellet das Pferd mit jhm/ vnd weil er alt war/ vnd ein Man von starcken dicken Leibe/ hat er vom Pferde so einen geschwinden vnd harten fall gethan/ das jhm darauff ein Fieber angestossen/ vnd als er in solchem Fieber auch nicht gute diet hielt/ ist er letzlich an solchem Fieber gestorben/ als er nun sechtzig Jherig war. Cromerus Libro 12.

Creutz

Creutz erhebung.

DEr Tag hat den Namen daher/ das Keyser Heraclius daran das Creutz an welchem Christus gestorben sein sol/ wider gen Jerusalem bracht vnd erhaben hat/ do er den Patriarchen Zachariam wider in sein Ampt restituirt. Man sagt ein seltzain Histori darvon/ das nemlichen der Keiser Heraclius in seinem Keiserlichen schmuck/ solch Creutz auff seinen Achseln in die Stad getragen/ do er aber also ans Thor damit kommen/ hab sich das von sich selber zugeschlossen/ Als aber der Keiser erinnert worden/ von wem es auch geschehen/ er solte den Keiserlichen schmuck ablegen/ vnd barfuß das Creutz in die Stad tragen/ vnd der Keiser solches gethan/ hab sich das Thor von sich selber/ wie sichs zuvor zu/ also itzt widerumb auffgethan/ vnd der Keiser die Stimm gehört: Cum Saluator mundi hanc portam ingrederetur, nullo ornatu regio incedebat. Quid igitur tu tibi vis? Das ist: Do der Erlöser vnnd Seligmacher der gantzen Welt zu diesem Thor eingezogen/ hat man keine Keiserliche oder Königliche pracht an jm gesehen. Was wilt du dich denn zeigen.

Bey einem jeden Creutz sollen wir Christen vns vnsers gecreutzigten Jesu Christi bittern Leidens vnd sterbens/ vnd darin seiner grundlosen Gnad vnd Barmhertzigkeit/ erjnnern vnd trösten/ vnnd darneben bedencken/ das/ die wir in Christo wandeln wollen/ vnser Creutz vnd Verfolgung auch haben werden. Das ist die rechte verehrung der erhebung des Creutzes Christi/ das mans in Bapstumb anbet/ vnd jm sonderliche krafft/ wider dis vnd jenes zueignet/ es wie Georgius Cedrenus lignum viuificum nennt vnd helt / ist lauter Abgötterey/ gerecht nicht zu erhebung vnd ehr/ sondern zur vnterdrückung vnd schmach des Creutzes Christi/ derwegen sich ein jeder darfur hüten sol.

Z iiij   S. Matthei

S. Matthei tag.

MAttheus / wird Alphei Sohn genennet / Marci 2. hat sonsten auch Leui geheissen / vnnd war anfenglich ein Zölner / Matth. 9. Do aber der HErr Christus fürüber gieng / vnd jn ansprach / Er solte jm folgen / stund er auff / richtet jm ein gros Mahl in seinem Hause zu / verlies demnach alles / vnd folgete jhm nach. Luc. 5. Er sol anfengklichen den Hebreern oder Jüden geprediget haben / vnd wie er sie zu andern reisen wöllen / sein Euangelium in der Hebreischen Sprach seines Vaterlandes geschrieben / auff das seine gefreundten nicht allein eine gewisse Historien / sondern auch einen richtigen Begriff Christlicher Lehre / von der Menschwerdung / Leben / Lehr / Wercken / Leiden / Todt / Aufferstehung / vnd Himmelfart / des HErrn Jesu hetten. Daruon liß Eusebium Libro 3. Cap. 24. 29. Libro 5. Cap. 10. Ireneum Lib. 3. Cap. 1. Hieronymum in Cathalogo Scriptorum. Er hat aber sein Euangelium geschrieben / wie Eusebius in seiner Chronica meldet / im dritten Jahr Caligulæ.

Weil Mattheus sein Euangelium auff Hebreisch geschrieben / so hat er vmb der Jüden willen / als die der Schrifft bericht warn / vnter allen andern Euangelisten den brauch gehalten / wenn er von Christo etwas sonders anzeiget / das er solchs mit den Prophetischen Schrifften beweiset / wie im 1. 2. 3. 4. 21. 27. Capitel zu sehen ist.

Mit welchem Exempel erwiesen wird / das alles / was nit mit der heiligen Schrifft stimmet / beim Christlichen Glauben keines weges / als zur Seligkeit von nöten sol angenommen werden / wie auch geschrieben stehet: Alle Wort Gottes sind durchleutert / vñ sind ein Schild denen / die auff jn trawen / thu nichts zu seinen Worten / das er dich nicht straffe / vnd werdest lügenhafftig erfunden / Prou. 30. Deut. 12. Alles was ich euch gebiete / das solt jhr halten / das jhr darnach thut / Jhr solt nichts darzu thun / noch daruon / etc. Denn dieweil die Aposteln selbst nichts haben dürffen reden ausser der Schrifft / von sich selbst / wie viel weniger wil vns gebüren / etwas zu reden / oder zu lehren / das nicht grund hat in Gottes Wort / oder aus heiliger Göttlicher Schrifft kan erweiset vnd war gemacht werden.

Iulius Africanus, vnd Abdias, schreiben / das Mattheus / in Ethiopia das Euangelium geprediget habe / vnd zu letst vom Könige Hirtaco, so dem Aeglippo im Regiment gefolget / entheuptet sey / darumb / das Mattheus trefflich dortheil / wie Iphigenia, des Aeglippi Tochter / Christo ergeben were / vnd jhm nit gezieme / sie zur Ehe zu nemen. Aber Nicephorus Lib. 2. Cap. 41. der schreibet / Mattheus habe bey den Anthropophagis, in der Stad Myrmena, zu letst geprediget / vnd sey daselbst mit Pfeilen in die Erden gespisset worden.

Anno Christi, 1562. **Ist der Ertzhertzog** Maximilianus, des Keisers Ferdinandi Sohn / zu Prage zum Behmischen König gekrönet worden / Am nechsten tag hernach / nemlich am tage S. Matthei / ist auch gekrönet worden sein Gemahl / F. Maria / K. Caroli des 5. Tochter.

Anno Christi, 1298. **Vmb S. Mattheus tag** schlug Rindfleisch ein Frenckischer Edelman mit ein gemischten hauffen Volcks das er hin vnd wider zusammen gesamlet / zu Würtzberg / Nürnberg vnd andern Stedten daselbst vmbher viel tausent Jüden / hatte auch im sinne sie durch gantz Deutschland außzurotten / Aber Keiser Albrecht vnterkam es vnd stillet den Lermen.

Weil

S. Matthei tag.

Weil Mattheus vor seinem beruff ein Zöllner/ das ist/ ein Wucherer gewesen/ wie die Jüden/ wil ich hier nur von einem einzelen Gülden ein Exempel setzen/ so wird man sehen was der Jüden wucher sey/ vnnd ob sie nicht mit jhrem wucher der armen leut Schweis vnd Blut aussaugen/ vnd sie bis auff das gerib vnd grad schinden vnd fressen/ daraus jhm denn ein jeder selbst wol nachrichtung wird machen können/ was Mattheus ehe er vom HErrn Christo beruffen worden/ fur ein Gesell gewesen/ vnd was fur erbare gewerb er getrieben/ weil er den Zoll eingenomen.

Wie viel ein Gülden in 20. Jahren wucher trage. Von einem Gülden zween Franckfurter Heller zu wucher alle Wochen/ vnd für wuchers wucher zum Heuptgut gerechnet/ bringet.

Im ersten Jahr eilff Schilling fünff heller.
Im andern Jahr 1. Gülden/ 4. ß. 6. heller.
Im dritten Jahr 2. Gülden/ 6. ß.
Im vierden Jahr 3. Gülden/ 19. ß. sechshalben heller.
Im fünfften Jahr 6. Gülden/ 3. ß. drittehalben heller.
Im sechsten Jahr 9. Gülden/ 8. ß. siebendhalben heller.
Im siebenden Jahr 13. Gülden/ 15. ß. 8. heller.
Im achten Jahr 22. Gülden/ 3. ß. 8. heller.
Im neunden Jahr 33. Gülden/ 9. ß. ein halben heller.
Im zehenden Jahr 49. Gülden/ 22. ß. drithalben heller.
Im eilfften Jahr 74. Gülden/ 10. ß. 7. heller.
Im zwölfften Jahr 110. Gülden/ 18. ß. 6. heller.
Im dreitzehenden Jahr 144. Gülden/ 18. ß. 3. heller.
Im viertzehenden Jahr 244. Gülden/ 7. ß. 8. heller.
Im funfftzehenden Jahr 342. Gülden/ 10. ß. 7. heller.
Im sechtzehenden Jahr 537. Gülden/ 10. ß. sechsthalben heller.
Im siebentzehenden Jahr 796. Gülden/ 16. ß. 6. heller.
Im achtzehenden Jahr 1180. Gülden/ 18. ß. vierdhalben heller.
Im neunzehenden Jahr 1749. Gülden/ 18. ß. vierdhalben heller.
Im zwentzigsten Jahr 2592. Gülden/ 17. ß. 4. heller.
Im ein vnd zweintzigsten Jahr 3841. Gülden/ 13. ß. vierdhalben heller.
Im zwey vnd zweintzigsten Jahr 5691. Gülden/ 16. ß. vierdhalben heller.
Item 25. Gülden/ in 20. Jahren/ bringen nach Jüdischem wucher 51854. Gülden/ 13. ß. siebendhalben heller.

Aber so man acht heller fur ein Albus oder Weispfenning vnd 24. Albus oder Weispfenning für ein Gülden rechnet/ so bringet es in Summa 58336. Gülden/ 9. Weispfenning/ vierdhalben heller.

Item 20. Gülden/ in 23. Jaren/ tragen auff Jüdischen wucher gewinst/ hundert mal tausent/ dreitzehen tausent/ 800. vnd 33. Gülden/ 15. Weispfenning/ 7. heller/ Franckfurter Wehrung. In Albus aber/ hundert vnd acht vnd dreissig mal tausent vnd 85. Gülden/ 8. Albus/ oder Weispfenning/ 7. heller.

Vnb solcher schinderey vnnd wuchers willen/ hat Gott offt verhenget/ das grewliche straffen vber die Jüden kommen sein/ wie denn offtmals geschicht/ wo die Sünden ordentlicher weise nicht gestrafft werden/ das Herkommes zufelt/ vnd solche Sünden strafft/ damit je das von Gott das böse nicht vngestrafft bleibe.

Michaelis.

Michaelis.

Nno Christi, 1041. Thut Keiser Hein-
rich der 3. aber einen Zug in Behmen / bezwinget den
Hertzogen Vrzetislaum / das er sich ergeben / vnnd Tribut reichen
mus / zeucht hernach durch Beyern heim/ vnd helt zu Regenspurg
S. Michaelis Fest. Sigebert. Schaffaaburg.

Anno Christi, 1069. Stellet Keyser Heinrich
der 4. die nechste Woch nach S. Michaelis Fest an / ein zusammenkunfft der
Geistlichen/der meinung/ sein Gemahl F. Bertham zu verstossen.

Anno Christi, 1155. Vnb S. Michaelis tag/
Kompt Keiser Friderich nach einspfa: guer krönung / aus Welsch wider in Deutsch-
land/ vnd verstöret vnter wegen die Stad Spoletum. Alber. Krantz Lib.6 Cap.16.

Anno Christi, 1323. An S. Michaelis Abendt
thun beide erwegnte Römische Keiser, welche auch geschwister kinder waren / eine
Schlacht mit einander zu Ampfing auff der Viehenwiesen/nicht weit von Müldorff/
vnd gewinnet K. Ludwig die Schlacht. K. Friderich aber wird gefangen / sampt seinem Bruder Hinrich/ vnd im Schlos Traustrwiß drey Jahr in verwarung gehalten. M. Albertus Argentinensis. Chronica Philippi im 5. Buch. Ioan. Auentinus schreibt in vorgehendet Jar. Vnnd eine zeitlj vor 50. Jaren beider Herrn Grosvater Rudolph Römisch.r Keiser gewehlet worden.

Anno Christi, 1413. Stirbet Hertzog Steffan
der 3. in Beyern zu Ingelstad/am Montag vor S. Michaels tag/ Nach jhm regiret sein Sohn Hertzog Ludewig. Auentinus.

Anno Christi, 1447. Befihlet Keiser Friderich
der 3. Das man Nicolaum 5. fur den rechten Bapst halten vnd ehren sol/ vnd das
man das Concilium zu Basel beschliessen / vnnd nicht vber Martini erstrecken sol/
Das Mandat wird publicirt vmb S. Michaelis tag. Nauclerus.

Anno Christi, 1502. Nimpt Vladislaus der
König in Vngern vnd Behmen zur Ehe Frewlein Anna aus Franckreich/ die wird
in Vngern gebracht. vnd zu Stuel Weissenburg gekrönet an S. Michaelis tag.

Anno Christi, 1529. Vmb S. Michaelis kom-
men auff beiden Landgraffen Philips aus Hessen/ zu Marpurg zusammen. D. Martinus Luther, Herr Philippus vnd D.Ionas von Wittenberg. Item/ D. Andreas
Osiander von Nürmberg/ Herr Johann Brentz Schwebischen Hall. D. Stephan
Agricola.

Dasselbsthin kamen auch dahin/ Dn. Vlrichus Zvvinglius, Ioannes Oecolampadius, Martinus Bucerus, D.Hedio, &c. vnd besprechen sich alles mit ein-
ander/ D. Luther vnd Zwingel. M. Philippus Melanchthon ent Oecolampadius,
vnd retten die Oberleneischen Theologi in allen andern Articleln zu den Witten-
bergischen/ on vom H. Abendmal/ da bleiben sie vntergleichet. Sleidanus Lib 6. Palmerij vnd Vrspergers zusatz.

Anno

Michaelis.

Anno Christi, 1574. Vor S. Michael ist gestorben Herr Friderich von Wirßberg/ Bischoff zu Wirtzburg vnd Hertzog in Francken. An seine stat ist Bischoff worden/ Herr Julius Echter von Meispelbrunn/ vnter des Bischoffs von Meintz gebiet.

Anno Christi, 1129. Sind in Düringen vnnd vmb den Hartz/ am tage Michaelis grausame Sturmwinde gewesen/ das man in sorgen gestanden/ es wird kein hohes Gebew stehen bleiben/ hat etliche Thürn vnnd Beume nider geworffen.

Nicklas von Heinitz der Rechten Doctor/ ist Hertzog Georgen zu Sachssen furnemer Rath gewesen/ Auch ein Canonicus zu Altenburg/ vnd [...] zu Meissen/ derwegen er in der Wahl eines Bischoffs von Meissen im Jahr 1518. etliche stimmen gehabt/ Ist jm aber Johan von Schleinitz von Rochwitz furgezogen worden. Ist gestorben im Jahr 1526. am abend Michaelis. P. Albinus.

Die Historien melden/ da Hertzog Carl von Burgund zu Trier Anno 1473. an S. Michaels tage/ den berühmpten Keiser Friederich/ des alten löblichen Keisers Maximiliani Vater/ zu Gast oder eingeladen hat/ es sind dem Keiser 35. essen auffgetragen worden/ das hat man da fur eine grosse pracht gehalten/ Aber jetzund lassens vnsere Deutsche Potentaten/ Fürsten/ Graffen/ vnd Herren/ vn sten Panckketen/ nicht bey 35. essen bleiben/ sondern es hundert sich fort mehr/ Man mus Welsche vnd Frantzösische Köche vnd essen haben/ die Deutsche monier vnd art taug nicht mehr/ vnd ist des prangens vnd obermuts bey Potentaten/ Fürsten/ Graffen vnd Herrn/ Junckern/ Bürgern vnd Bawren/ weder masse noch ende/ das fressen vnd sauffen weret tag vnd nacht/ man stelt sich als wolte man alles auff einmal auffzehren vnnd verschwenden/ da gehet es denn an/ das man jnne wird/ wie man sagt: Paupertas filia luxuriæ. Es schindet sich mancher dürre auff die leute/ wenn man lang/ vnd vber die massen geprangt vnd geprasset hat/ Ja so gehet auch/ wie es der H. Apostel Paulus schreibet/ Ephes. 5. Das aus füllen des Weins vnd vollsauffens ein vnordig wesen folget/ darbey D. Luther in Margine die Glossa setzt/ wie wir sehen/ das die Tranckenpolt/ wilde/ freche/ vnuerschampte/ vnd aller dinge vngezogen sind mit Worten/ schreien/ geberden/ vnd dergleichen/ das gemeine Sprichwort lautet/ Wo Wein vnd Trunckenheit eingehet/ da gehet witz vnd verstand aus/ vnd was der Prophet Oseas seinen zuhörern aus eingebung des heiligen Geistes gesagt vnd gepredigt hat/ das gilt vns vollen vnd tollen Deutschen auch. Hurerey/ Wein vnnd Most/ spricht er/ machen tolle/ Ose. 4. Item/ der HErr hat vrsach zu schelten/ die im Lande wonen/ denn es ist kein Trewe/ kein Liebe/ kein Wort Gottes im Lande/ man darff nicht schelten/ noch jemand straffen/ Sondern Gottslesterung/ liegen vnd morden/ stelen vnd Ehebrechen/ hat oberhand genommen/ vnd kömpt eine Blutschande nach der andern/ darumb wird das Land jemmerlich stehen/ vnd allen Einwohnern vbel gehen/ Mein Volck ist dahin/ darumb das es nicht lernen wil/ denn du verwirffst Gottes Wort/ darumb wil ich t ich auch verwerffen/ etc. Were es doch kein wunder/ das Gott die sichere/ Gottlose/ Epicurische/ vnd Sardanapolische Welt/ noch ein mal mit einem Wasser vnd Sindfluit gantz vnd gar oberschwemmet vnd ersauffet. Aber er lest furher Particular vnd entliche Wasserflut vnnd andere straffe ober vns kommen/ die er einmal den garaus mit vns spielet/ vnd die Bacchusbrüder/ Venusberger/ vnd Junckèr Riporaps im hellischen Fewer/ mit ach vnd wehe/ wo sie nicht hie Busse thun/ zappeln werden. Andreas Hond.

Historien

Michaelis.
Historien vnd Exempel von bösen Geistern vnd Teuffeln/ vnd mancherley Teuffels Gespensten/ Wercken vnd Wesen.

Jn Athenodoro schreibt man diese Historiam: Es war zu Athen im Griechenland ein mechtig weit Haus / in welchem es vmbgienge/ vnd gar sehr vngehewer vnnd vngewöhnlich war/ also/ das niemand dorin bleiben konte. Bey der Nacht/ wenn es sonst aller dinge pflegte stille zu sein/ höret man ein gerümpel vnd gepölter/ vnd das es klunge vnd rasselte von Eisen vnd Ketten. Bald darauff kam ein sehr aufrenckisch Bild/ gantz mager vnd dürr/ mit einem langen Barte/ vnd verwirrtem schewlichem strubelhaar/ an Schenckeln trug es Fesseln/ vnd Armen vnd Henden Ketten/ darmit es ein gros gereusche machet/ das die so endlich im Hause wohneten/ fur furcht vnd schrecken in Kranckheit fielen/ vnter welchen jhrer viel auch sturben/ Denn jhnen solche Gespenst nicht allein zu Nacht/ sondern/ weil es jnen durch starcke einbildung stets im Sinne lage/ auch am hellen Tage viel zuschaffen gabe. Aus der vrsach ward das Haus von den Einwohnern gereumet/ verlassen/ vnd dem Gespenst allein vbergeben/ Doch schluge man einen Zedel es an die Behausung/ der meldet also/ das solche Behausung zu vermiethen oder zu verkauffen were/ nach eines jeden willen vnd wolgefallen.

Mitler zeit kam gen Athen ein Philosophus, mit Namen Athenodorus, welcher den Zeddel gelesen/ vnd nach dem er/ wie schwer man es anschluge/ verstanden/ diewiel jhm die wolfeile etwas verdechtig/ hat er auch wissen wollen/ was das Haus etwa fur einen mangel oder gebrechen haben möchte? Solches ist jhm auch vermeldet vnd angezeiget worden/ dessen vngeacht/ hat er das Haus gekaufft/ vnnd bezogen.

Als es nun am ersten Tag begunte Abent zu werden/ befahle er/ das jhm zu förderst in dem Hause ein Bette bereitet würde/ Er fort erte auch ein Schreibtisslin/ Griffel vnd Liecht. Darzu ließ er sein Gesinde allesampt zu hinderst in der Behausung von sich weichen. Er aber schicket sich also/ als ob er da lesen vnd schreiben wolte.

Vnd erstlich ließ es sich wie allenthalben geschicht/ im ersten Schlaff still an/ aber vber eine kleine weile kam das Gespenste/ mit seinen Eisen vnd Ketten daher gerauschet/ vnd hatte ein gros wesen. Er aber bliebe vnd verharrete in seinem schreiben/ vnd wolte sich nicht vmbsehen. Da ward des vngestümmen wesens/ mit rumpeln vnd poltern/ je lenger je mehr/ vnd wie es jm fast nahe kommen war/ hat er die Augen auffgehaben/ vnd sich vmbgesehen/ da wirt er des Bildes vnd seiner gestalt ansichtig/ das fienge jhm an zu wincken/ das es solte auffstehen/ vnd zu jhm kommen/ dem gab er mit dem wincken der Hand widerumb so viel zu verstehen/ das er noch ein wenig warten vnd verziehen solte/ bis das er fertig were.

Weil es aber nicht nachlassen wolte/ sondern auff jhn trange/ das er ohne verzug kommen solte/ hat er das Liecht in die Hand genommen/ nach dem Bilde zu gangen/ vnd demselben auff dem Fuß nachgefolget. Es gieng aber das Gespenste fur jhm her/ fein langsam/ nur von Fus zu Fus/ gleich als ob es die Fesser vnd Ketten so sehr beschwereten/ das nicht schneller gehen könne. So bald es aber den Vorhoff des Hauses erreichete/ ist es vor den Augen Athenodori verschwunden/ vnd jn allein stehen lassen.

Wie solches geschehen/ hat Athenodorus so bald Kreutz vnd Bletter abgebrochen/ vnd die Stelle vnd Stette darmit gezeichnet. Morgen des Tages verfüget er sich zu der Oberkeit/ vnd vermanet sie/ das sie solten das Ort auffgraben lassen/ welches auff jhrem befehl/ von etlichen also ist geschehen. Da hat man an dem selbigen
Ort etliche

Michaelis.

Ort etliche Gebeine funden/ die mit Eisen vnd Ketten sind gefast geweft/ das Fleisch aber war darvon verfaulet/ da hat man die Beine fleissig zusammen gelesen/ Ketten vnd Eisen darvon gethan/ vnd an gebürlichem Ort ehrlich widerumb begraben/ vnd zu der Erden bestettiget. Nach solchem ist kein Gespenst mehr im selbigen Hauß/ weder gehört noch gesehen worden. Fulgosus Lib.1. Cap. 6. Et Sabellicus Lib. Exemplo. 10. Cap.3.

Wir lesen bey dem Alexandro von Alexandro, eine wunderbarliche Historiam, von einem solchen Lauffischen Gespenst/ welche er selber/ von einem seiner bekanten/ so eine glaubwirdige Person/ gehöret hat/ Denn als derselbige einen andern seiner guten Freunden/ die letzte ehr vnd guttat/ in bestettigung seines Leibes zur Erden/ geleistet vnd bewiesen/ vnd jtz von dannen widerumb gen Rom heim reisete/ ist er/ als die nacht einfieng herein gefallen/ in ein Wirtshauß/ so neckst an der strassen gelegen/ eingekehret. Vnd weil er beyde am Gemüt vnd auch am Leibe laß vnd müde/ sich an seine ruhe gelegt.

Als er aber allein in der Kammer lag/ vnd noch wachet/ ist jhm seines Freundes/ so vor wenig Tagen von dieser Welt geschieden war/ Bild vnd gestalt fur kommen/ vnd sich zur nahe zu jm gemacht/ vnd ob er wol darfur von jm gewesen erschrocken/ doch hat er in solchem schrecken vnd furcht gefraget/ wer er sey? Es hat jm aber das Gespenste nicht ein Wort antworten wollen/ Sondern seine Kleider ausgezogen/ vnd sich stracks zu jm hinein ins Bett geleget/ vnd immer je neher vnd neher zu jhm gerückt/ nicht anders/ denn als wolte es jhn mit den Armen vmbfassen/ vnd hertzen. Er aber der fur furcht vnnd angst mehr denn halb tot war/ entweich jhm gegen rein Bettbret zu/ bis zum eussersten ende. Als nun das Gespenste/ vnd des verstorbenen Lauffe sahe/ das er kein platz da hatte/ hat es jn einen scheuslichen vnd gräßlichen anblick geben/ aus dem Bette auffgestanden/ auch fordter nicht mehr gesehen wort jm. Er ist aber auch aus solchem schrecken/ angst vnd furcht hernach in eine grosse vnnd schwere kranckheit gefallen/ daran er gar nahe gestorben wert. Er sagte auch vnter andarn/ als er mit dem Gespenste sich abgefochten/ habe es jhm/ ohn gefehr/ einen Fus angerüret/ welcher kelter gewesen sey/ wie er sich hat düncken lassen/ denn jrgend ein Eis im aller grösten Winter. Lib.2. Cap.9.

Er beschreibet weiter eben an demselbigen Ort/ ein ander dergleichen Histori/ mit diesen Worten: Gordeanus mein lieber guter Freund/ vnnd ein glaubwirdiger Man/ hat mir erzehlet/ als er auff eine zeit/ mit einem seiner guten Gesellen/ auff Aretium, welches eine Stad/ in Thuscia gelegen/ zureisete/ vnd sie von dem rechten Wege/ da keine gebanete Straß noch Fußstig war/ sondern eitel Holtz vnd Wald/ welcher mit tieffen Schnee bedecket/ vnd derhalben niemand dadurch kommen möcht/ vor jnen sahen/ zu dem auch/ die weite vnd breite Heide jnen in graussen machte/ haben sie sich/ als die Sonne anfieng sich zu neigen/ vnd vnter zu gehen/ von müdigkeit wegen zusammen an einen Ort nider gesetzt.

Zu letzt hat sie bedünckt/ wie das sie eines Menschen stimm höreten/ welchem zuhön/ als sie nachgangen sein/ haben sie auff dem nechsten Gipffel des Berges/ drey Menschenbilder gesehen/ fast grosser vnd erschrecklicher gestalt/ in langen schwartzen Röcken/ wie die pflegen so da trawren vnd leid tragen. Item/ mit langen Haar vnd Bart/ vnd heßlichem Angesicht. Welche/ als sie jnen rufften/ vnd mit zeichen vnd Geberden dructen/ das sie zu jnen kommen solten/ haben sie gesehen/ das sie gar weit vnd viel grösser gewesen sein/ denn andere Menschen. Es ist auch noch einer/ welcher diesen dreyen nicht vngleich (ausgenommen das er nacket) herfur gewichen/ welcher angefangen/ mit sehr leichtfertigen/ vnnd zumtheil auch vnfletigen Geberden/ zu tantzen/ zu lecken vnd zu gumpen/ von welchem Speckackel diese zweyen dermassen erschrocken/ das sie die flucht genommen haben/ vnd nach dem sie zuletzt an

N   den rauhen

Michaelis.

den rauhen vnd bergichten Wege zum ende kommen/haben sie kümmerlich ein armes Bawers hüttlein angetroffen/ in welchem sie sein eingekehret.

Es hat mir/ spricht Iohannes Vierus, **ein Mönch/ mit namen** Bruder Thomas, ein einseliger Mensch/ dessen trew vnd frömmigkeit ich in vielen dingen gespüret habe/ glaubwirdig angezeiget/ als er auff eine zeit in einem Kloster/ so auff den Lucanischen Bergen gelegen/ mit jhren etlichen gezancket/ vnd nach viel Scheltworten/ so zu beiden seitten vorgelauffen/ mit entrüstetem Gemüt gar allein/ durch einen Wald gespazieret/ sey jm eines Menschen gestalt/ mit trawrigem scheuslichem/ vnd grimmigen Angesicht begegnet/ vnd als er jn gefraget/ aus was vrsachen er allein also in dem vngebaneten Gesträp vmbher gienge. Hat er geantwortet/ Er habe sein Pferd/ auff welchem er pflege zu reitten verloren/ vnd nach seinem bedüncken/ sey es jm auff die nechste Felder hinaus entlauffen.

Als sie nun beide mit einander durch vnwegsame Örter das Pferd zu suchen giengen/ sind sie zuletzt zu einem Bechlein/ in welchem grausame Wirbel waren kommen. Vnd da der Mönch/ darmit er desto bequemer vnd füglicher dadurch wolln möchte/ seine Schuh ausziehen wolte/ hat der ander gesagt/ er solte es bleiben lassen/ vnd nur allein jhm auff die Achsel sitzen/ so sey er der grösse vnd stercke/ das er jhn wol wolle durch das Wasser hinüber tragen/ Dessen ist der Mönch sehr wol zu frieden gewesen/ hat derhalben auff jn gehockt/ die Arm vnd seinen Hals geschlagen/ vnnd tragen lassen.

Im tragen aber/ als er eben auff den boden vnd grund des Wassers die Augen richtet/ wird er die Füsse seines Tregers gewar/ vnd sihet/ das sie gar nicht eine gestalt vnd form haben/ wie ander Menschen Füsse/ erschrickt derhalben bey sich selber hefftig/ vnd fehet Gott den HErrn vmb hülffe anzuruffen/ welches/ als bald es der Teuffel gehöret/ hat er angefangen zu murren vnd zu brummen/ vnd mit einem vngestümmen starcken Windbraus so bald die flucht genommen/ also/ das er den nechsten Eichbaum zerspalten/ die Este zerbrochen/ vnd jhm aus der Wurtzel heraus gerissen hat. Er aber/ der gute Bruder/ ist in seiner Kutten eine gute weil/ als ob er tod were/ gelegen/ gentzlich vermeinend/ da er die Sach nicht bey zeiten vermerckt/ würde jn das Geispenst in den Wirbeln gar ersäufft haben.

In der Histori vom Leben der Veter/ so man Vitas Patrum nennet/ sind S. Martini, Anthonij, Eulogij, vnd viel anderer Exempel/ vnd an ein ander lesen wir eins von einem Einsiedler/ welches Vater noch bey leben gwesen/ vnd nicht weit von jm gewohnet hat/ welcher auch jn bieweilen aus Liebe heimsuchte/ trug gemeiniglich ein Axt mit sich/ auff das/ wenn er wider zu Haus kerete/ vnter wegen Holtz hawen könte.

Einsmals hat sich es zugetragen/ das der Teuffel/ in der gestalt eines Menschen/ dem Einsiedler erschienen ist/ vnd jhm angezeiget/ der Teuffel komme daher mit einer Axt/ allerding/ wie sein Vater/ willens jn vnter solchem falschen schein/ einen tuck zu beweisen/ derhalben woll er jhn desfals vor jhm trewlich gewarnet haben/ denn wolle er auch nicht von jm ermordet werden/ so sol er der Schantz eben in guter achtung haben/ vnd jhm zuvor kommen. Als nun der Mönch seinen Vater/ so nach seiner gewonheit anher zoge/ ansichtig ward/ vnd anders nicht meinet/ denn es were der Teuffel/ hat er jhn ohne verzug vmbbracht/ aber gleich darauff ward jm auch der Lohn/ denn der Teuffel jn/ mit gleicher maß messende erwürget hat.

Auff S. Anneberg in Meissen/ in einer Ertzgruben/ zum Rosenberg genennet/ ist ein Teuffel gewesen/ welcher in einer klufft/ mit seinem anblasen oder anhauchen zwölff Bergknaben vmbbracht hat/ darumb denn auch dieselbige Grube oder Schacht/ wiewol sie gantz reich von Silber gewesen/
man hat

man hat müssen wüste ligen lassen. Den Odem aber oder hauch / damit er die Leute anblies / ließ er aus auffgesperrten Rachen heraus gehen / denn wie man davon sagt / Er in eines Pferdes gestalt / mit langem Hals / vnnd grewlichen Augen / ist gesehen worden. Gregorius Agricola, de Animalibus subterraneis.

Ein solcher ist auch im Schneeberge in S. Georgen Fundgruben gewesen / doch in einer Schwartzen Mönchs Kutten erschienen / welcher einen Berckhewer erwischet / vom Boden auffgehoben / vnd zu öberst in den Schacht gesetzt / nicht ohne verletzung seiner Glieder. Es hat auch auff eine zeit ein Jude / welcher in der Türckey gewohnet / eine Ertzreiche Fundgrube / die jhm eine zeitlang einen vnmessigen Schatz bracht hat / letzlich reumen vnd verlassen müssen / von wegen eines solchen Berckteuffels / welcher offtmals den Leuten in der gestalt einer Geiß oder Ziegen / mit güldenen Hörnern / begegnet vnd erschienen.

Zu Gabijs in Italia / ist ein junger Gesell gewesen / nidriges Standes / vnd schlechtes herkommens / aber doch von wegen seines verderbten Wandels vnd bösen Lebens gar nahe taub vnd vnsinnig. Dieser / als er auff eine zeit seinen Vater gescholten / vnd jm geflucht / hat er dem Teuffel / welchem er sich ergeben / geruffen / vnd darmit er desto besser etwas grössers wider seinen Vater furnemen / vnd zubewegen bringen möchte / hat er den Weg auff Rom zu vnter die Füsse genommen. Vnd als er auff der Strassen war / ist jm ein Teuffel begegnet / welcher / nach dem er eine weile mit jhm gegangen / hat jhn gefraget / aus was vrsachen er so betrübt vnnd trawrig sey? Darauff er geantwortet / vnd wie es zwischen jhm vnd seinem Vater stünde / auch was er in dieser Sachen gegen seinem Vater vorhabens were / entdecket / vnd nach der lenge berichtet / Da hat der Teuffel zu jm gesprochen / Es gehe jhm eben auch also. Vnd dieweil sie denn in einem Spittal kranck gelegen / wolten sie mit einander auff Rom zu Gesellschafft leisten. Als sie nun auff die Nacht in die Stad angekommen / sind in dem nechsten Wirtshaus eingekehret / vnd des nachts auch in einem Bett beysammen gelegen / nach dem aber der arbeitsame Jüngling entschlaffen / ist jm sein leidiger Geferter in die Gurgel gefallen / hette jn auch one allen zweiffel erwürget vnd vmbgebracht / wo er nicht zuvor aus dem Schlaff erwacht / Gott den HErrn trewlich vnd von hertzen angeruffen hette. So bald aber der Teuffel solches gehöret / ist er ohne verzug / mit einem solchen gedöß vnd vngestüm zu der Kammer hinaus gefahren / das die Balcken / Ziegel / vnd das gantze Dach zersprungen sind.

Die erschreckliche Spectakel hat an viel gemelten jungen Gesellen so viel gewircket / vnd ausgerichtet / das er seines vorigen Lebens / vnd aller seiner missethat halben / hertzliche Penitentz vnd Busse gethan / vnd aus getrieb vnd bewegung des heiligen Geistes / ein from Kind worden / vnd ein Gottseliges Leben geführet hat / die zeit vber / so lang er ist auff Erden gewesen.

Von meinem lieben Præceptore Trotzendorffio / zum Goldberge / spricht Ireneus / hab ich eine schreckliche Historien gehöret / die er vns im Argument auffgeben / nemlich / das ein Juncker / ein statlich Panckett zugerichtet / vnnd viel andere Juncker darzu geladen / welche jm auch zugesagt. Wie es nun an dem ist / das man zuschicket / vnd alle Stunden vnd augenblick der Geste gewertig ist / haben jm die geladenen Geste / von wegen fürfallendt er geschefte vnd hendernis / auffsagen / vnd sich jres aussenbleibens entschuldigen lassen.

Der Juncker oder Wirt / der das Panckett bestellet hatte / wird darüber vol vnmuts / gehet in die Küche / vnd klaget seiner Ehefrawen / wie es jhm mit seinen geladenen Gesten gehe / vnd fehret endlich mit vngedult heraus / Ey wollen sie nicht kommen / so mögen alle Teuffel kommen.

N ij Die

Michaelis.

Die Fraw aber erschricket/ vnd straffet jhren Junckern vmb solcher abschwe-
lichen vnd vergeßlichen Wort willen/ Ach Juncker/ sagte sie/ vmb Gottes willen/
bittet nicht solche Geste zu Haus/ sie möchten allzu bald kommen. Wie sie kaum solches außgered/ kömpt ein Knecht in die Küche/ vnnd sagt/ Juncker/ es sind etliche
Geste kommen. Wie er nun in die Stuben gehet/ stehet ein stattlicher mit Sammet
vnd Seiden/ vnd in güldenen Ringen vnd Ketten da/ der Juncker meinet/es sey einer der geladenen Geste vom Adel/ gehet hinzu vnd beut jm die Hand/ vnd wil jhm
willkommen heissen/da er aber nähe zu jhm kömpt/ wird er jnnen/ das es der Geste einer sey/ so er in die Küchen geladen hatte/ erschrickt/vnd entsetzt sich fur jm/ vnd leufft
wider auß der Stuben zur Küchen zu. Als bald wird das Hauß solcher Geste vol/
vnd erzeigen sich also/ das niemand hat drinnen bleiben können. Das heist: Man
sol den Teuffel nicht an die Wand mahlen/oder zu Gast laden/ er kömpt sonst wol.

Von Teuffel Gespensten/ so dem König Hother in Denne-

marck vnd Schweden erschienen/ schreibet Olaus Magnus also: Etliche mehr Tem-
pel/ spricht er/sind gewesen in mitnechtigen Lendern/ in der Ehre Diane vnd Cereris
geweihet/ vnd Behausung der Schwester/ so die Heiden Parcas nennen/ die vber
das Leben des Menschen gewalt vnnd macht haben sollen/ dasselbige zu verlengern
oder zu verkürtzen/ nach jhren gefallen. Die haben auch jren Tempel gehabt/der nicht
mit Menschen Henden gebawet/ sondern durch Zeuberey vnd Hexen werck war zugerichtet worden. Dahin wallleten die Leute/ vnd holeten Rath vnd weissagung/ jhrer
Kinder halben/ wie es denselbigen die zeit jhres Lebens solte gehen/ vnd was sie für
glück vnd vnglück haben solten. Nun hat sichs dermal eins begeben/ das König Ho-
ther in Dennemarck vnd Schweden/ da er auff der Jagt in einem dicken Nebel von
den seinen zu weit abgeritten/ zu solchen Jungfrawen sey kommen/ die haben jn ge-
kant/ mit namen grnent/ vnd angesprochen. Vnd als er gefragt/wer sie weren? Haben sie jhm zur antwort geben/ sie weren die/ in welcher Hand der Sieg stünde/ im
Kriege wider die Feinde/ sie weren allezeit im Kriege mit/ vnnd hülffen streiten/ ob
man sie gleich mit Augen nicht sehe/wem sie nun den Sieg gönneten/der schlüge vnd
vberwünde seine Feinde/ vnd behielt das Feld/ vnd könte jnen der Feind nicht schaden. Wie sie solches zu jm gered/sind sie so bald mit jrem Hauß vñ Tempel vor seinen
Augen verschwunden/ das der König allda gar allein gestanden ist im weiten Felde/
vnter dem offenen Himel. Darüber sich der König zum höchsten verwunderte/ denn
er wuste nicht/ das dieses ding alle eittel lauter betrug/ vnd des Teuffels Gespenste vnd
Spiel gewesen were.

Nach etlichen Jahren begab sichs/ das genanter König/ durch vnglück vnd
vnfall schwerer Kriege verderbet ward/ vnd durch wilde vñ vngebehnte Strassen vnd
Abweg vmbschweiffte/ kam er in einen vngeheuren Wald/ zu einem holen Berg/
darinnen woneten etliche Jungfrawen/die jm vnbekant/ doch befand sichs/ das es die
gewesen/ so jm vor zeiten ein Kleid/ welche durch kein Schwerd noch Waffen kunt
zerhawen werden/ geschencket hatten. Er ward von jnen gefragt/ auß was vrsachen
er an solchem Ort vmbgienge? Darauff erzehlete er jhnen all sein vnglück/ so jhm in
Kriegsleufften begegnet/ vnd zu hauffen gestossen waren/ fieng an sein gros Elend
vnnd vnfall zu beweinen/ vnnd sprach: Es were jhm viel anders gangen/ weder
sie jhm hiebevorn zugesagt/ vnd vertröstung gethan hetten. Hierauff sie geantwortet: Ob er wol bißher vnten gelegen/ vnd von Feinden geschlagen worden were/
so sey doch solches ohne grossen schaden vnnd verlust der Feinde mit nichten ge-
schehen/ aber nun forthin würde er obliegen/ zumal wenn er die Speise vnnd
Sterckung von jhnen bekeme/ die sie bißher seinen Feinden mitgetheilet hetten.

Also

Michaelis.

Also ist er von jnen hingezogen/ vnd sich auff ein newes gerüst/ vnd mit Krieges volck versehen/ vnd als er auff der Feinde Feldlager gute vnd genawe achtung gabe/ sahe er die drey obgemelten Jungfrowen heraus gehen/ welche die heimliche Speise vnd Stercke/ dauon er gesagt/ trugen/ denen eilet er nach/ denn jre Fusstapffen verrieten sie in dem Taw/ kömpt in jr Haus vnd wonung/ vnd brachte mit lieblichem Gesang seines Seitenspiels/ darinnen er geübt vnd mechtig war/ zuwegen/ die schöne vnd krefftige Gürtel des Sieges/ kehrt widerumb seine Strass schlug von stundan seinen Feind/ als er denselbigen antraffe/ mit vielen tödlichen Wunden/ das er des andern Tages starb/ vnnd seinen Geist auffgab. Olaus Magnus de Regionibus Septentrion. Lib. 3. Cap. 9.

Historien vnd Exempel von den heiligen Engeln/ welche Gott wider des Teuffels wüten vnd toben/ seinen lieben Christen zum Schutz vnd Schirm/ gnediglich verordnet hat.

Es ist vnter den Sermonen des heiligen Ambrosij einer von der Marter Agnetis, einer edlen Römischen Jungfrawen/ In demselbigen Sermon schreibet er/ das sie der Engel des HErrn/ da sie zum gemeinen vnd vnzüchtigen Haus verdampt ward/ mit einem herrlichen glantz vmbgeben habe/ damit er die Augen derer die sie in vnehren haben wollen ansehen/ verblendet habe. Item/ das ein verstossener Breutigam zu ir sey hinein gegangen/ der sey von Gott durch denselbigen Engel getödtet worden/ aber durch jr g'eubiges Gebet widerumb lebendig gemacht/ Item/ das sie sey auff ein Fewer gesetzt/ Aber der Engel des HErren habe dem Fewer seine krafft genommen/ vnd sie in der grösten glut vnuersehret vnd vnuerletzt erhalten/ etc. Letzlich sey sie mit dem Schwerd gerichtet worden. Diese gantze Narration zeucht auch Prudentius an/ in dem Hymno de Coronis, des Titel ist/ Das leiden der Merterin Agnetis.

Als die Christen die Gebeine der Merterin Babyle vnd Daphne gen Antiochiam trugen/ wie gesagt/ vnnd wider Julianum etwas mit freier lauter stimm aus den Psalmen sungen/ ist er also toll vnd vnsinnig worden/ das er des folgenden Tages befahl/ das man die Christen alle greiffen/ ins Gefengnis legen/ vnd mit scharffer Marter vnd qual peinigen solte. Da ergreiff auff des Keisers befehl/ der Heuptman Salustius einen Jüngling/ mit namen Theodorum, der gar Gottfürchtig war/ wie er jhm am ersten furkam/ vnd peinigte jhn von Morgen an/ bis vmb die zehende Stunde/ mit grosser grausamkeit/ vnd vnablesslicher Marter/ aber in solcher pein thet Theodorus nicht viel mehr/ denn das er mit frölichem gemüt vnd hertzen den Psalmen widerholete/ den er mit den andern den Tag zuuor gesungen hatte.

Vnd als der Heuptman sahe/ das er mit seiner Marter nichts ausrichtete/ hat er jhn gebunden/ wider ins Gefengnis geworffen/ vnd ist zum Keiser gangen/ vnd angezeigt/ was er gethan/ vnd wie wenig er damit ausgerichtet hette/ vnd den Keiser vermanet/ von solchem furnemen abzustehen/ Daraus jnen Schmach vnd schande/ den Christen aber Ruhm vnd Ehr/ entstünde.

Darumb ist Theodorus loss gelassen/ vnnd hernach gen Antiochiam kommen/ vnd als er daselbst gefragt worden: Ob er in der Marter grossen Schmertzen vnd pein gefühlet hette? Hat er geantwortet: Er hette zwar im anfang etwas schmertzen gefühlet/ Es sey aber bald zu jm kommen ein Jüngling/ der jhn den Schweis abgewischet/ vnd jmmerdar kalt Wasser auff jn gegossen hette/ dauon er mercklich wert

Michaelis.

were erquicket vnd gestrecket worden/ das er ferner keine Marter noch pein geachtet. Ruffin. Lib.1. Cap.36. Theodoret. Lib.3. Cap.11.

Im Jahr nach vnsers HERRN Christi vnd Seligmachers Geburt/ 1555. den 24. des Jenners/ sind etliche Berckleute/ als zween Steiger/ mit vier jrer Knecht/ vnd einem Jungen (welche Namen in der Gewercken Buch verzeichnet sind) auff dem Eisslebischen Berge/ vnd auff der Zeche/ das Röthichen genant/ frü in jr Schacht/ des Orts Schleffen zu gewinnen/ eingefahren. Wie sie nun fur dem Streiff gelegen/ vnd an jhrer Arbeit gewesen/ ist solcher Schocht nach jnen/ wie sie kaum zwey Liecht verbrant/ vnd vngesehr bey einer halben Stunden drunter gewesen/ eingangen/ vnd hat sie verfallen/ das sie also des Abendts nicht haben können heimkommen/ welches sich denn jre Weiber sehr verwundert/ vnd haben solches alsbald jren Nachbarn/ verwandten/ vnd letzlich den geschwornen angezeiget/ vnd gefraget/ aus was vrsachen es doch verbleiben müste/ weil nun jederman von der Arbeit heim/ vnd die jren noch nicht kommen weren/ Darauff ist jnen von etlichen die antwort vnd vertröstung worden/ das sie vmb jres nutzen vnd besten willen/ die Nachtschlehte (wie denn zuvor von jnen ehemals geschehen war) villeicht auch arbeiten werden.

Den folgenden Tag frü/ als des 15. Jenners/ haben sie etliche des Orts abgefertiget/ sich allerley gelegenheit allda eigentlich zu erkundigen/ welche/ das sie der ende/ vnd bey der Law/ so auff dem Schacht/ welcher verfallen gewesen/ gestanden/ kommen sind/ haben sie solche zugemacht befunden/ vnd als bald gröffnet/ in welchen sie denn noch jhr Kleider hengend gesehen/ ob welchem sie als bald einen argwohn geschöpffet/ vnd vnter andern in der Schacht/ welcher 17. Leitern tieff gewesen/ geschrien vnd geruffen/ aber doch keinen Menschen darinnen erhören/ oder einiges anzeigen darinnen ersehen mögen/ etc. Sein derwegen bekümmerlich von dannen wider nach der Stadtwerts/ vnd in die Gewerckschafft gegangen/ vnnd solches den Factoren vnd Geschwornen (welche domals bey einander gewesen) wie sie es gesehen/ vnd befunden/ vermeldet/ mit ferner anzeigung sie besorgen sich/ die Schacht würde eins theils hinder jnen eingangen sein/ vnd wolten hiemit vmb Gottes willen gebeten haben/ die verschaffung zu thun/ damit solches besichtiget/ der Schacht widerumb eröffnet/ vnd die jhren/ do sie noch beim Leben/ möchten rettung bekommen/ vnd heraus gelanget werden.

Auff welches denn die Gewerckschafft/ so bald es jnen ist angezeigt worden/ alle Sinckler/ Haspler/ vnd andere Berckverstendige/ so in einer eile zu bekommen gewesen/ dahin abgefertiget/ vnd nach mittag vmb zwey vhr/ bemeltes Tages/ lassen mit gewalt anfangen zu arbeiten.

Wiewol man auch in der erste vnd anfang der Arbeit kein Fewer noch Liecht in dem Schacht brennen hat behalten können/ vnd darob grosse verhinderung furgefallen/ ist es doch hernach durch Göttliche versehung/ vnd etlicher Sinckler geschicktigkeit behalten worden. Vnd haben also die Sinckler/ vnd andere Arbeiter/ wie vor gemeldet/ mit gewalt gearbeitet/ vnd grossen fleis gethan/ welches endlich die verfallene im Schacht/ so noch alle am Leben gewesen/ vernommen/ haben sie mit bochen/ vnd einem stücke Seil/ welches mit verfallen gewesen/ vnd von oben hinab gehengt/ anzeigung geben/ das sie noch am Leben weren/ vnd vnten im Schacht den Schut auch mit gewalt hinweg gebracht/ vnd arbeiten helffen/ vnd dadurch hinwider einen muth geschöpffet/ (wie denn auch fleissig auff der Cantzel fur die gefallene Bergleute gebeten/vnd Gott angeruffen/) folgendes Tages/ als den 26. des Jenners/ hat vnser HErr Gott seine Göttliche macht/ in dem herrlich bewiesen/ vnnd sind also gegen Abendt/ zwischen drey vnd vier vhr/ die guten Leutlein widerumb eröffnet/ vnd einer nach dem andern aus dem Schachte (darinnen sie drey gantzer tage/ vnd zwo nacht gelegen)

Michaelis.

legen) an ein Seil gebunden/ heraus gezogen worden/ vnd als bald in eine Stube in der nechsten kunst darbey/ mit verwarung des Heupts/ geführet/ vnd mit gewürtz vnd andern erlabnis erquicket worden/ Da denn hernach/ nach dem Abend/ ein jeder wider zu den seinen frisch vnd gesund kommen ist/ ausgenommen/ das etlichen die Füsse erfroren waren/ Denn sie in die hundert vnd neunzehen Ellen tieff vnter der Erden/ in den dreien Tagen vnd zwo nachten/ gantz bloß vnd nackend/ vngessen vnd vngetruncken/ vnauffgericht/ gelegen sind.

Das Mirackel vnd wunderwerck/ das die drey Jüngling im fewrigen glüenden Offen/ vnuersehret/ vnd Jonam drey Tage im tieffesten Meer/ in des Walfsches Bauch/ vnuerletzet erhalten sey worden/ rühmet man billich/ als ein Wunderwerck Gottes/ der die seinen wunderbarlich erretten vnd erhalten kan/ in aller Gefahr vnd not. Derselbige starcke vnd mechtige Gott/ thut noch Zeichen vnd Wunder one zahl/ vnd erhelt vnnd behüt noch die Menschen durch seine heilige Engel/ offt in solchen nöten/ da menschliche hülffe vmb sonst vnd verloren ist/ wie er denn auch an diesen verfallenen Bergleuten Augenscheinlich bewiesen/ die da hetten jhren Feierabend bekommen/ vnd verdorben weren/ wenn jnen Gott nicht wunderlich geholffen/ vnnd noch viel wunderbarlicher beim Leben/ durch sein Engel erhalten hette/ Ireneus im Artickel der Aufferstehung/ etc.

Der alte löbliche vnd bestendige Churfürst/ Hertzog Johan Friderich von Sachssen/ seliger gedechtnis/ hat des Tages/ da er von hinnen hat scheiden sollen/ kurtz fur seinem ende/ vmb 9. vhr vor mittage/ gesehen einen Man/ von Angesicht schön/ vnd ehrlich gestalt/ fur jm stehen/ welcher zum Churfürsten gesagt: Du lieber Man/ wenn du den hettest/ der dich ernehret/ aufferzogen/ vnd allezeit bey dir gewest ist/ vnd der deine weise weis/ so were dir geholffen. Welches der Churfürst kurtz fur seinem Ende/ mit lachendem Munde vnd frölichem Hertzen erzehlet/ darauff sich zur letzten hinfart gerüstet/ sich noch empfangenem Trost aus Gottes Wort/ vnd geniessung des Leibs vnd Bluts Christi/ mit jnniglichem Gebet zu Gott gewendet/ vnd bald darauff/ als er zuuor den Spruch Christi erzehlet: **Also hat Gott die Welt gelibet/ etc.** vnd diese Wort des Psalms mit Christo gesagt: **HErr in deine Hende befehl ich meinen Geist/ etc.** Ist er seliglich one vermerckung eines schmertzens/ in Christo Jesu seinem HErrn seliglich entschlaffen.

Es war ein frommer heiliger vnnd Gottfürchtiger Man zu Freyberg in Meissen/ der hies Hieronymus Weller/ der heiligen Schrifft Doctor/ vnd daselbst Professor/ des namen/ Gottsfürchtigkeit/ trew vnd fleis vielen Leuten aus seinen guten Schrifften vnd Büchern wol bekant/ welchen ich auch selbst gesehen vnd gehöret/ von denselbigen als ich noch ein Knab/ vnd do in die Schul ging/ hörete ich sagen/ das die Engel Gottes pflegten zu jm zu kommen/ vnd mit jm Gespreche zu halten/ denn das war gar bekant/ vnd die gemeine rede vnter den Leuten. Das aber war sey/ hat solches vnser lieber Gott auff eine zeit seinem famulo vnd eltesten Sohn auch offenbaret. Denn als sie dermal eins ins Herren Doctoris Schlaffkommer in ein sondern Bett liegen/ Sehen sie vmb/ das vmb des Vaters vnnd Herren Bette darin er lag vnd schlieff/ ein liechten hellen schein/ wie eine Fewerflam. Darüber erschrecken sie/ wecken den Doctor auff/ vnd sagen es jm/ der spricht/ sie sollen sich nicht fürchten/ es sey nichtes böses/ Sondern es sind die lieben heiligen Engel/ die behüten vnd bewachen jhn vnd alle Christgleubige also: Dieselbige Historia hat mein lieber Præceptor M. Michael Hempelius, dem Herren Doctori Weller zu ehren/ vnd zum zeugnis/ das noch die lieben Engel auff der frommen dienst warten/ mit schönen lustigen vnd lieblichen Lateinischen Verslein beschrieben/ in der Grabschrifft die er Herrn Doctor Wellern gemacht hat. Daraus lauten die Wort also:

Vnum

Michaelis.

Vnum hic adijciam, dictu memorabile visum,
 Vvelleri paulò quod fuit ante necem.
Vt quadam caperet gratissima munere somni,
 Illius & premeret lumina nocte quies:
Instat flammarum fulgor splendore coruscans
 Illius est circum visus vbiq; thorum.
Filius at maior flammam stupefactus ob istam,
 Excitat è somno voce tremente patrem,
Et qui cum famulo modò viderit, indicat, ipse
 Ad natum placidè talia versus ait:
An fili hoc nunquam vidisti? cælica sunt hæc
 Agmina, me circum quæ vigilare solent.
Angelicos nobis, precor ô Deus, adde ministros,
 Hic nos cœlesti qui tueantur ope.
Vitaq; cum tandem repleta peracta malorum est,
 Vt nos in cœli gaudia læta vehant.

Es leben noch viel Leute die mit in der Belagerung für Magdeburg gewesen/ dieselben bekennen öffentlich/ wie es auch die Magdeburger/ in der Historia von der Belagerung selbst von sich schreiben/ das jhnen allezeit ein weisser geharnischter Man vorgeritten/ wenn sie auff den Scharmützel gezogen sein/ den haben nicht sie/ sondern die Feinde gesehen. Das ist auch nichts denn der Engel des HErren/ oder wie es Jacob nennet/ Gottes des HErren Heer gewesen/ das für die frommen Magdeburger/ weil sie Gottes Ehr/ vnd die reine Lehr des Euangelij tomals öffentlich vnd freidig vertheidigten/ stritte/ wie sie denn auch allemal Ehr eingeleget/ vnd Gott lob durch jhre solche Belagerung/ vnnd bey der Lehr des heiligen Euangelij/ von D. Luthern wider an tag bracht/ erhalten haben/ do wir sonsten das Interim angenommen/ vnd jtzund die verdampte Lehr des Bapstumbs wider in vnser Kirchen hetten/ Gott der HErr bezahl es jnen/ vnd jhren an Leib vnd Seel Ehr vnd Gut/ hie zeitlich vnd dort ewiglich.

Die Historia ist auch denckwirdig/ die sich Anno Christi 1580. in meiner Heimat zur Leisnig zugetragen hat. Daselbst war vber der mittlen Kirchthür/ ein gros auffgebawtes gerüst/ vn boden/ der gar bawfellig. Wie es nun die Kirchveter verdingen abzubrechen/ vnd widerumb new zu bawen/ vnd die Zimmerleut droben sind/ seltes gantz vnd gar mit jnen herein/ thut doch keinem kein schaden/ vnangesehen/ das das gezimmer oben auff jnen gelegen/ vnd einer gar drunter verfallen war. Wenn da die lieben Engel Gottes nicht auch gewest weren/ so were es würde mit jnen mühe vnd not gehabt haben/ Ja hette sie die schwere der last erschlagen.

An meinem Sönlein Christiano hab ich sichtiglich erfaren/ das Engel sein/ die auch auff die Kinder warten. Denn Anno Christi/ 1586. als ich neben andern bey meinem Pfarherrn einen/ auff ein Dorff/ leufft das Kneblein/ das nur vier Jar alt war/ in Garten/ fellet in ein Brun/ vnd kömmet von sich selber wider her aus/ vnd weis niemands drumb/ allein wie es kam/ weinet es/ vnd war das Hembdlein pfützen naß. Wir fragen wo es gewest/ es antwortet/ ich fiel in Brun/ wie kamestu heraus? Ich hielte mich an einen Stein/ sprach es/ wir erschracken/ gehen mit dem Kinde hin/ sehen wir/ wie es mit den Hendlein gekratzet/ vnd sich angehalten. Vnd muß alle Welt bekennen/ das nicht natürlich/ sondern dem Schutz der heiligen Engel zu zuschreiben/ das das Kindlein erhalten worden. Das Jahr wenig Wochen zuuor/ ist eben das Kneblein in eine Mistpfützen gefallen/ auch fast halb tod/ gleichwol errettet. Der liebe Gott helffe ferner vmb Christi willen. Amen.

Doctor

Michaelis.

Doctor Hieronymus Wellerus / gedencket vber die Epistel zum Ephesern seines Töchterleins/ von fünff Jahren Exempel/ welcher ein solch Gesicht für jrem Ende fürkommen: Wie das eine schöne Braut / herrlich gezieret vnd geschmücket/ auff einer lustigen Wiesen/ zur Rechten eines Königes stünde/ vnd vmb sie her viel Jungfrawen / in weissen Kleidern. Derhalben habe sie jre Mutter gebeten/ sie wolle jr doch auch ein so weis Kleid machen lassen/ das sie auch zu der Braut/ vnd zum Könige / vnd zu den schönen Jungfrawen komme. Dergleichen sagt man mehr Historien von kleinen Kindern/ das sie der Engel gesichte gesehen/ vnd darauff mit frewden dahin gefahren sein.

Wer ein Christ ist/ spricht Lutherus / der hat gut sterben/ dencket also/ wenn die Seele ausfehret/ so stehets wol vol Engel vmbher/ die sie Gott in den Schoß hinein tragen. Aber solch tröstlich ding widerfehret/ niemand / ehe denn er sihet/ wie er von allen Creaturen verlassen ist/ vnd niemand helffen kan / denn Gott allein. Item/ er saget: Wenn ein Mensch von diesem Leben scheidet/ der Sünden vnd Welt abstirbt/ als denn thut Gott alle beide Augen auff/ vnd müssen alle Engel da sein/vnd auff jn warten/ oben/ vnd rings vmb jn her/ wo er anders gekleidet ist/mit der Tauffe Christi/mit dem Glauben vnd Gottes Wort/das er möge gezehlet werden vnter die/ so da heissen Gottes Heiligen.

Zonaras/ Tom. 3. schreibet von Constantino Magno also: Man sagt/ spricht er/ das Constantinus Magnus, in den Schlachten/ mit Licinio vnd Maxentio gehalten/ habe einen gewapneten Reuter gesehen/ der das zeichen des Creutzes / als eine Fahne für seinem Heer habe hergetragen/ vnd widerumb/ das er zu Adrianopel zweenen Jüngling gesehen habe/ die der Feinde Schlachtordenung zertrenneten. Item/ bey Bezantio habe er des Nachts / da alle andere schlieffen / ein Fewer gesehen/ das als ein Plitz den Wall seines Heers vmbschienen vnd vmbleuchtet hat.

Im ersten Jahr Constantij, Christi aber/ 341. Als Sapores, der König in Persia, Nisibin belagert hatte/ sahe er einen auff der Mawer stehen/ in keiserlichem Schmuck vnd Kleidung / vnd sahe den glantz des Purpurs vnd der Kronen/ vnd als er sich liesse düncken/ es were der Römische Keiser/ drawete er zu straffen/ alle die angezeiget hatten/ das er wegwere. Da sie aber sagten/sie hetten jm die Warheit verkündiget/ vnd das Constantinus zu Antiochia were/ versthunde er/ das es muste ein Gesichte des Engels gewesen sein/vnd sprach: Gott streittet für die Römer. Theodoretus, Lib. 2. Cap. 30. & Zonaras, Tom. 3.

Simonis

Simonis Jude.

Imon mit dem zunamen Cananiter oder Zælotes/ das ist/ Eyfferer/ Jacobi/ Joses/ vnd Judas Bruder/ Josephs/ dem Maria die Mutter Christi vertrawet war/ Sohn/ von seinem ersten Weibe Salome/ als Epiphanius Lib.1. Tomo 2. Lib. 1. Tomo 2. oder wie Eusebius schreibet/ Cleophe Sohn/ Lib.3. Cap.11.

Nicephorus spricht/ das dieser Simeon das Euangelium ausgebreittet habe/ in Egypten. Cyrenen/ Aphrica/ Lybien/ den Lendern am Meer/ gegen der Sonnen vndergang gelegen/vnd in den Britannischen vnd Engelendischen Insuln. Darnach wart er Bischoff zu Jerusalem an Jacobs stat/wie Eusebius anzeiget/ Lib.3. Cap.11. vnd Lib. 4. Cap. 22. Vnnd in seiner Chronica findet man/ das er bey 47. Jahr vngefehr demselbigen Ampt furgestanden sey. Endlich ist er im hundert vñ zwentzigsten Jahr seines alters gecreutziget worden/ vnter dem Keiser Trajano/ Eusebius Lib.3. Cap.32.

Dieses Simeonis gedencket auch Philippus in seiner Chronica/ Lib.2. folio 110. Nach S. Jacob/ spricht er/ war sein Bruder Simeon/ des Cleophe Sohn/ Bischoff zu Jerusalem / welcher bis auff des Keisers Trajani zeit gelebet/ vnnd 40. gantzer Jahr das Bischoffliche Ampt verwesen hat. Kurtz fur der zeit der Belagerung der Stad Jerusalem/führete er seine Kirche aus der Stad hinweg/jenseid dem Jordan in ein Städtlein Pellani, allda ist er eine zeitlang blieben/vnd hat die iemmerliche zerstörung nicht gesehen. Darnach aber hat er jhrer viel mit sich hingefüret zu der wüsten Walstat / das sie da wider auffbaweten vnd woneten. Darüber haben jn die Jüden aus lauterm hass vnd neid/ vnd verbitterung wider den Christen Namen/bey Trajano hart angegeben vnd beschüldiget/ das er/ als der aus Königlichem Stamm geboren were/ sich vnterstünde newe auffruhr vnd widerspennigkeit anzurichten/ Der vrsachen halben ist er/nach dem er 120. Jar alt war/ grewlich gemartert vnd getödet worden.

Das Judas auch Lebbeus vnnd Thaddeus geheissen habe/ erscheinet aus dem 10. Cap. Matthei. vnd Hieronymus gedencket derselben namen auch/ in der auslegung des gemelten Capitels Matthei. Eusebius nennet jhn im andern Buch/ am 10. Cap. aus dem Egesippo, des HERRN Bruder/nach dem Fleisch. Epiphanius/ ich weis aber nicht aus was grunde/schreibet/ das er Josephs Son/ vnd Jacobs/ Simeons/ Joses/ vnd Judas Bruder gewesen/ vnd der aller jüngste vnter jhnen.

Nicephorus sagt/ im andern Buch/ am 40. vnnd 44. Cap. das er die neht vmbliegenden Lender/ als Iudeam, Galileam, Samariam, Idumeam, Arabiam, Syriam, Mesopotamiam, durchzogen habe. Sabellicus schreibet/ im 4. Buch/ Enneadis 7. das Judas das Euangelium in Mesopotamia eine lange zeit gepredigt habe/ vnnd wie er dis Land verlassen/ sey er mit Simeone dem Cananeer gezogen. Eusebius ober schreibet im ersten Buch/ am letzten Cap. vnd im 2. Buch am ersten Cap. Das er nach der Himmelfart Christi/ von Thoma gen Edessam/ zu dem Könige Abagaro gesand sey/ solches schreibet auch Hieronymus.

Von seinem Tode wird nichts gelesen/ denn das man sagt/ Simeon vnnd Judas sein in Persien von den Göhenpfaffen vberfollen / vnd vmbbracht worden. Welches denn auch Sabellicus im vierden Buch Enneadis septimæ schreibet. Dargegen spricht Nicephorus (im andern Buch) am 40. Cap. das er zu Edessa nach gethaner ausbreittung der Lehr vnd mirackeln/ eines gerüglichen Todes gestorben sey.

Die

Simonis Jude.

Die Epistel Jude haben die Alten vnter die beweiten Schrifften des newen Testaments nicht gezehlet/ wie Eusebius auch meldet im andern Buch/ am 22. Cap. Denn etliche stück in derselbigen sind/ so von Wort zu Wort aus der andern Epistel S. Pauli genommen. Darnach so redet er nicht als ein Apostel/ wie Petrus vnnd Paulus thun/ sondern einen Knecht Jesu Christi/ vnd Jacobi Bruder. Zuletzt zeucht er auch solche Sprüche vnd dinge/ welche nicht in der Schrifft stehen/ als von S. Michael dem Ertzengel/ wie derselbige mit dem Teuffel gezancket habe/ vber dem Leichnam Mosi/ etc. welches vnter des Zacharie wörtern Zacharie am 3. nicht stehet.

Ein solch ende haben die beide Brüder genommen/ welche des HErrn Christi zween nechste Blutsfreunde waren/ denn sie beide von einer Mutter geboren sein/ welche der Maria Schwester war/ aber sie haben zweierley Veter gehabt/ Jacobi Vater ist gewesen Alpheus, Simonis Vater Cleophas.

Anno Christi, 1267. Thut Coradinus Hertzog

in Schwaben eine Schlacht mit Carolo dem König in Sicilia/ sieget zwar anfenglich/ Aber weil die Deutschen dem Raub nacheileten/ vnd ire Herren/ Hertzog Conradinum, vnnd Hertzog Friderich aus Osterreich/ bloß liessen/ wendet sich K. Carl mit den seinen wider/ vnd gelinget ihm/ das er beide Fürsten in seine gewalt krieget.

Als bald schreibet er solche newe zeitung dem Bapst zu/ vnd rathfraget ihn/ wie es mit den gefangnen Fürsten angehen solte/ Darauff gibt ihm der Bapst diese antwort: Conradini Leben ist des Caroli tod/ des Conradini tod ist des Caroli Leben/ etc. Auff dieses lesset Carolus beide Fürsten entheupten/ zu Neapolis am Montag nach Simonis vnd Jude. Ist also des Keisers Friderichs Edler stammt/ sampt den Hertzogen aus Schwaben jemmerlich vntergangen/ Desgleichen der ersten Hertzogen in Osterreich. Nauclerus.

Anno Christi, 1414. Wird das Concilium zu

Costnitz gehalten/ darinnen Johann Huß wider gegeben Keiserlich Geleit verbrant worden/ vnd kömpt dahin in eigner Person Bapst Johannis der 23. an Simonis vnd Jude abend.

Anno Christi, 1453. Am tag Simonis Iude

wird Ladislaus der König in Vngern vnd Behmen zu Prage gekrönet. Vug. Egronick. am 119. Cap.

Anno Christi, 1188. Am tag Simonis Iude

wird die mechtige vnd gewaltige Stad Perdewick/ so 25. Jar vor der Stad Rom sol angefangen sein zu bawen/ von Hertzog Heinrich dem Lewen/ eröbert vnd geschleifft. D. Sim. Paul.

Aller

Aller Heiligen.

ANNO Christi, 945. An aller Heiligen abend/ kommen des Griechischen Keisers Legaten/ zu Keiser Otten/ mit grossem geschenck.

Anno Christi, 1537. Als die Protestierenden Stende zu Schmalkalden beysammen/ do die Augspurgische Confession von jnen wider vbersehen vnd subscribirt worden/ verschiebet der Bapst das Concilium bis nach aller Heiligen tag.

Vorwelen bey den Heiden/ war ein Tempel zu Rom/ der hies Pantheon, welches so viel gesagt ist/ als ein Tempel aller Götzen. Denselbigen erlangete vom Keiser Phoca der Bapst Bonifacius 4. den weihet er ein/ in der Ehr der heiligen Junckfrawen Marie/ vnd in der Ehr aller heiligen Merterer. Vnd ward auch Calendis Nouembris, ein herrlich Fest der heiligen Merterern daselbst gestifftet/ vnnd angerichtet/ drumb auch dieselbige Kirche den Namen eine zeitlang hatte/ das sie zu den heiligen Merterern hiesse. Aber hernach/da der heiligen Dienst teglich wuchs vnd zunam/ ward sie geweihet in der Ehr aller Heiligen/ im Jar Christi 609. Sigebertus in Chronicis, & Sabellicus Lib. 10. Cap. 14.

Zu Eßlingen ist eine Jungfraw/ Anna Vlmerin genant/von dem 1546. Jahr an/bis in das 1550. Jahr/ mit einem grossen vnmenschlichen vnd vnnatürlichem Bauche/ welcher von tag zu tag zugenommen/ beschweret gelegen/ vnd von desselbigen wegen/ von vielen grossen Herren/ Edlen vnd Vneklen/ auch gemeinen/ Reichen vnd Armen Personen/ mit andacht besuchet/ vnnd ehrlich nach eines jeden vermögen/ begabet worden/ mit hoher verwunderung/ das gedachte Jungfraw in solcher schweren kranckheit/ so lange bey leben bleiben könte/ in ansehen/ das viel grewlicher Würm vnd Schlangen/ mancherley form vnd lenge/ vber hundert vnd fünfftzig kommen sein/ auch jederman bereret/ es sey ein grewlich vierfüssig Thier bey jr/ welches so offt sie etwas labung von Mandelmilch oder andern genossen/ geschmakt habe wie ein Hund/ vnd habe sich in jr auffgerichtet/ derhalben sie kein geläumel/ Brunnen ziehen/fahren/ Küh vnd Pferde schreien/ oder Hanen krehen/ vmb die Resier jrer Behausung/ dauon das Thier zu Zorn beweget würde/ hat leiden wollen. Vnd ist solch furgeben jrer kranckheit/ von jederman fur warhafftig angesehen vnd gehalten worden.

Endlich aber hat sichs befunden/ das es eitel Büberey vnd betrug gewesen/ denn jre Mutter gentzlich eine Zauberin gewesen/ die sich dem Teuffel ergeben/ welcher jr zu allem jhrem begeren geholffen vnd gedienet hat/ also/ das die Tochter von der Mutter bereitet/ sich des handels vnterwunden/ sich also mit dem Bauch also gelegt/ das sie von vnzehlichen Man vnd Weibern/ die jrenthalben dahin gereiset/ mit verwunderung vnd grossem mitleiden teglich besichet worden/ die grössehres Leibes gemessen/ betastet vnd begriffen/ darauff doch kelter denn auff Eiß ja greiffen/ vnd niemand seine Hand lang darauff halten mögen. Vnd ist also ligend von allen/ so zu jr kommen/ mit Worten vnd geschencken getröstet worden. So ist denn die Tochter mit hingelegtem Bauch/ der also zubereitet gewesen/ das sie ihn/ wenn sie gewolt/ aus vnd an thun könten/ mit sampt der Mutter/ vnd andern/ so jnen zu jhrem handel geholffen/ zu Nacht gesessen/ haben gessen vnd getruncken beim besten/ vnd mit dem jenigen/ so jnen aus erbarmung vnd mitleiden geschencket worden/ frölich vnnd leichtsinnig gewesen.

Da nun

Aller Heiligen.

Da nun das Stündlein do war/ das solcher betrug solte an tag kommen/hat ein Erbar Rath der Stad Eßlingen/ an Aller Heiligen tage/ auß vielen vermutungen bedacht/damit man entweder erfahre/was es fur eine gelegenheit mit jr habe/oder das sie den Schmertzen loß keme/den Bauch auffzuschneiden zu lassen. Vnd auff diß bedencken sind drey Balbierer/ ein Doctor/ ein Apotecker/ vnd ein Hebamme/zu jr geschickt worden/ des auff schneiden halben sich mit jr zu vnterreden/ Aber als man das Leilach/ so vmb sie genehet/ vnterstanden auffzutrennen/ hat sie die verordenten bereden wollen/ jr Leib würde jr gar zerfallen/ vnd so das grewliche Thier von jr keme/ würde ein grausamer gestanck von jr gehen/ das sie alle dauon möchten vmbkomen.

Dorauff ein Erbar Rath ferner jrem Vater/ der vmb diesen Betrug gar nichts gewust/ sagen lassen/ vnd befragen/ob er zu frieden sey/das seine krancke Tochter auffgeschnioten würde/ Dorauff er geantwortet/ die Tochter sey diß falls nicht mehr sein/ sondern Gottes vnd der Oberkeit/ die mögen mit jr handeln jres gefallens. Als denn ist auch der Mutter meinung erfordert worden/ die hat sich solches sehr gewegert/vnd in keinem wege bewilligen wollen/die Tochter auff zu schneiden/sie wolte an jrem Tode keine schuld haben. Da sie aber gleichwol vnter des nicht vnterlassen wolten/möchten sie es thun/vnd da jre Tochter stürbe/wolte sie ewiglich vber sie Rach schreien.

Auff abschlegige Antwort der Mutter vnd der Tochter/ ist der ernst mit dem auff schneiden fur gewand worden/ des die Tochter sehr erschrocken/ vnd angefangen zu weinen/vnd sich newes grosses schmertzens angenomen/ Aber nichts desto weniger hat man fort gefaren/ vnd ist das ober Leilach auffgetrennet worden/ vnd die Oberhaut des gemachten Bauchs/welche wie ein schönen Jungfrewleins Leib/ mit einem natürlichen durchgang/subtil vnd künstlich gemacht/auffgeschnitten worden/darunter ist ein Küssen gelegen/ in welchem viel hauffen Werck vnd Lumpen gesteckt/ Vnter dem Küssen ist ein starcker Sprügel oder gewelbter Bogen/ mit Bauschen gemacht/so jr den Leib nicht gerüret hat/ Vnd hat man solch den Bogen oder Herüst/ in der Kammer/ so offt man gewolt/ oder Leut vorhanden gewesen/mit einem Schnürlein heimlich gezogen/ so ist der Bauch vber sich gefaren/ vnd sich grewlich außgebreitet/ jr das Angesicht bedecket/ das sich die Leute dieses sehr verwundert. Es sind auch die Würme/ so auff mancherley art vnd lenge/wunderlich gesehen worden/ auß Schaffs darmern/ do man die Seiten von macht/zugericht gewesen/ vnd auß einem harten Fell/ vorhin auß der Tochter Seiten mit einem Meissel gezogen worden/ vnd die Leute bereaet/sie sein auß jrem Leibe kommen. Es ist auch der gemachte Bauch zu gerichtet gewesen/als ob er vnten verschlossen were/vnd nichts von jr gienge/welches alles betrug gewesen. Denn der Harm vnd andere vnsauberkeit/ sind durch sonderliche darzu bereitte örter außgeführet worden.

Als nun die Hebamme den gemachten Bauch von jr genomen/ vnd sie bloß da gelegen/ ist sie eines schönen geraden Leibes gewesen. Do ein Erbar Rath solchen Betrug vernommen/ sind als bald Mutter vnd Tochter/ auch andere verdechtige Personen gegriffen worden/ die Tochter aber in einem Badzuber/ wie man mit Zeuberin pfleget/hat man durch zween Stadknecht zum Gefengnis getragen.

Dorauff hat man mit Peinlicher Frage procedirt/ die Personen/ so vnschuldig gewesen/ loß gegeben/ Die Mutter aber die sich dem bösen Geist ergeben hatte/ vnd alles dieses Handels ein vrsach gewesen/ ist nach abbrechung jres Hauses/ mit demselbigen Holtz zu Puluer verbrand worden. Die Tochter/ welche von der Mutter jemmerlich war betrogen/ vnd bedrewet worden/ hat man nicht getödtet/ sondern durch die Backen brennen vnd vermauren lassen. Geschehen Anno 1551.

S   Julianus

Aller Heiligen.

Julianus Apostata/ als er zum Regiment kommen/ hat er offentliche Gebot wider die Christen lassen außgehen/ vnd den Kirchen allenthalben jr einkommen abgeschnidten/ damit man keine Schulen halten/ vnd die Lehrer jre Notturfft nicht haben könten. Hat darneben die Christen mit gifftigen Schimpffreden verspottet/ vnd gesaget: Er beförderte vnd bereittet die Christen zum Himelreich/ wenn er jnen jre Güter neme/ Denn in jren Büchern vnd Euangelio stünde geschrieben: Selig sind die Armen/ denn dieser ist das Himmelreich. Item/ er hat selbst Schmehebücher wider die Lehr der Christlichen Kirchen geschrieben/ darinnen er die Euangelium hart ansicht/ vnd sonderlich hoch auffmutzt/ vnd bitter anzeucht/ das Verbot von der Rach/ saget/ Wie hierdurch alle ordentliche Obrigkeit/ sampt den Gerichten/ Straffen/ vnd rechtmessigen Kriegen auffgehaben/ vnd dagegen Raub vnd Mord bestettiget werde/ Derwegen solche Lehre nicht allein wider den gemeinen angebornen verstand aller Menschen sey/ sondern das die Leute bey dieser Lehr bey einander nicht leben könten/ Denn sie hebe alle die jenige ding auff/ dadurch die Gemeinschafft/ Beywohnung/ vnd Einigkeit der Menschen erhalten werde. Diese falsche vnd vnwarhafftige Aufflegung vnd Calumnien haben Nacianzenus vnd Cyrillus widerlegt.

Anno Christi 1517. An aller Heiligen Abend/

hat D. Mart. Lutherus etliche Propositiones wider den Ablaß/ an die Schloßkirch zu Wittenberg angeschlagen/ vber welchen sich folgends die Reformation in Euangelischen Kirchen Augspurgischer Confession erhaben/ Weil aber jetziger zeit wenig Leut wissenschafft haben/ was es mit den Ablaß vnd Ablaßbrieffen fur ein gelegenheit/ hab ich fleis angewendet/ das ich derselben zween vberkommen/ vnter welchen der eine in gemein auff alle fest vnd sünden/ die entweder einer gethan/ oder noch zu thun willens/ von demselben dadurch Ablaß vnd Vergebung zu erlangen/ gerichtet ist. Der ander aber auff eine eintzliche begangnis sünde allein/ do Exempel einen von einem Todschlag absoluiret hat. Diese wil ich beide von wort zu wort/ wie sie im Original Lateinisch lauten/ hieher setzen/ vnd eines jeden meinung vnd Inhalt mit kurtzen worten/ so viel der gemeine Man darzu bedarff/ teutsch geben. Die hoffnung/ der Christliche Leser werde es in besten vermercken/ weil sie numehr seltzam/ vnd Gott lob/ vergangen sein/ Mancher aber offt wünschet/ das er einen sehen/ das ich Kromerey/ Gecklerey/ vnd Teufflische Lügen vnd Possen doraus erfahren möchte/ auch vrsach haben/ Gott von hertzen zu dancken/ das er solche Finsternis vertrieben/ vnd das helle Liecht bey vns wider angezündet hat/ etc. Lautet derwegen der erste General Ablaß Brieff also.

ALBERTVS Dei & Apostolicæ Sedis gratia, Sanctarum Magdeburgensis ac Moguntinæ Sedis ArchiEpiscopus, Primas, & sacri Romani Imperij in Germania Archicancellarius, Princeps Elector, ac Administrator Halberstadensium Ecclesiarum, Marchio Brandenburgensis, Stetinensis, Pomeraniæ, Cassuborum, Sclauorumq́ue, Dux, Burggrauius Norinbergensis, Rugiæq́ue, Princeps: Et GVVARDIANVS fratrum ordinis minorum de obseruantia conuentus Moguntini, per sanctissimum Dominum nostrum LEONEM Papam decimum, per Prouincias Magdeburgenses, Moguntinenses, ac illarum Halberstadenses Ciuitates & Diœceses, nec non Terras & Loca Illustrissimorum Principum, Dominorum Marchionum Brandenburgensium temporali Dominio mediatè vel immediatè subjecta. Nuncij & Commissarij ad infrà scripta specialiter deputati, vniuersis & singulis præsentes Literas inspecturis, Salutem in Domino.

Notum

Aller Heiligen.

Notum facimus, quòd sanctissimus Dominus LEO, diuina prouidentia Papa decimus modernus omnibus & singulis vtriusq; sexus Christi fidelibus ad reparationem Fabricæ Basilicæ Principis Apostolorum Sancti Petri de Vrbe, iuxta ordinationem nostram manus porrigentibus adiutrices, vltra plenissimas indulgentias ac alias gratias & facultates, quas Christi fideles ipsi obtinere possunt, iuxta Literarum Apostolicarum desuper confectarum continentiam misericorditer etiam in Domino indulsit atq; concessit, vt idoneum possent eligere Confessorem Præsbyterum secularem, vel cuiusuis etiam mendicantium ordinis regularem, qui eorum Confessione diligenter audita, pro commissis per eligentem delictis & excessibus, ac peccatis quibuslibet, quantumcunq; grauibus & enormibus, etiam in dictæ Sedi reseruatis casibus ac censuris Ecclesiasticis, etiam ab homine ad aliculus instantiam latis, de consensu partium etiam ratione interdicti incursis, & quorum absolutio eidem Sedi esset specialiter reseruata. Præterquàm machinationis in personam summi Pontificis, occisionis Episcoporum, aut aliorum superiorum Prælatorum & iniectionis manuum violentarum in illos, aut alios Prælatos, falsificationis Literarum Apostolicarum, delationis armorum & aliorum prohibitorum ad partes infidelium, de Sententiarum & censurarum occasione alumnium tulsæ Apostolicæ de partibus Infidelium, ad fideles contra prohibitionem delatorum incursa.rum, semel in vita & in mortis articulo, quoties ille imminebit, licèt Mors tunc non subsequatur: & in non reseruatis casibus toties quoties &c. petierit, plenariè absoluere, & eis pœnitentiam salutarem iniungere. Nec non semel in vita & in dicto mortis articulo, plenariam omnium peccatorum indulgentiam & remissionem impendere, & Eucharistiæ Sacramentum Die Paschatis & mortis articulo excepto, quibusuis Anni temporibus ministrare. Nec non per eos emissa pro tempore vota quæcuinq; (vltramarino, ingressus Religionis, & castitatis, visitationis Liminum Apostolicorum, & Sancti Iacobi in Compostella votis duntaxat exceptis,) in alia pietatis opera autoritate Apostolica, possit & valeat. Indulsit quoq; idem Sanctissimus Dominus noster præfatos benefactores, corumq; parentes defunctos, qui cum charitate discesserunt, in precibus, suffragijs, Eleemosinis, Ieiunijs, orationibus, missis, horis Canonicis, Disciplinis, peregrinationibus, stationibusq;, & cæteris omnibus spiritualibus bonis, quæ fiunt & fieri poterunt, in tota sacrosancta Ecclesia, & omnibus membris eiusdem in perpetuum participes fieri.

Et quia deuotus N. N. & V Valpurgis Vxor eius ad ipsam Fabricam & necessariam instaurationem supradictæ Basilicæ Principis Apostolorum, iuxta Sanctissimi Domini nostri Papæ interdictionem, & nostram ordinationem, de bonis suis contribuendo se gratos exhibuerunt, & liberales, in cuius rei signum præsentes Literas à nobis acceperunt: Ideò eadem autoritate Apostolica nobis commissa, & qua fungimur in hac parte, ipsisq; dictis gratijs & indulgentijs vti, & eisdem gaudere possint & valeant, per præsentes concedimus & largimur. Datum Berlin sub Sigillo per nos ad hæc ordinato, Die 11. Mensis Aprilis, Anno Domini 1517,

FORMA ABSOLVTIONIS
totiens quoties in vita.

Misereatur tui Dominus noster Iesus Christus, per meritum suæ passionis te absoluat, autoritate cuius & Apostolica mihi in hac parte commissa & tibi concessa, ego te absoluo, ab omnibus peccatis tuis, In nomine Patris, Filij, & Spiritus sancti. Amen.

FORMA

Aller Heiligen.
FORMA ABSOLVTIONIS
& plenissimæ remissionis semel in
vita & in mortis articulo.

Misereatur tui Dominus noster Iesus Christus, per meritum suæ passionis te absoluat, & ego authoritate ipsius, & Apostolica mihi in hac parte commissa, & tibi concessa, te absoluo: Primò ab omni sententia excommunicationis majoris & minoris, si quam incurristi. Deinde ab omnibus censuris & pœnis Ecclesiasticis, ac peccatis tuis, juxta præsentium Literarum tenorem, conferendo tibi plenissimam omnium peccatorum remissionem, remittendo tibi etiam pœnas purgatorij, in quantum se claues sanctæ Matris Ecclesiæ extendunt. In nomine Patris, Filij, & Spiritus sancti. Amen.

Die Meinung vnd Inhalt doraus/
ist kürtzlich auff Deutsch also.

Albertus von Gottes vnd des Apostolischen Stuels Gnaden/ Ertz Bischoff zu Magdeburg vnd Mentz/ ꝛc. Marggraff zu Brandenburg ꝛc. Vnd der GVVARDIAN, der Brüder Minoriter-Ordens des Conuents zu Wienn/ von dem aller heiligsten Vater dem Bapst LEONE decimo, &c. verordente Commissarij vnd Gesandte/ zu hernach geschriebenen dingen: Thun kund vnd zu wissen/ das vnser Herr der Bapst/ Man vnd Weibes personen (die jre milde Hand auffthun/ vnd geben etwas zum Baw / S. Peters Münster zu Rom/ aus Barmhertzigkeit/ Laut dieser Apostolischen Brieffe/) nachgelassen vnd erleubet hat/ das sie vber den volkommenen Ablaß/ auch ein bequemen vnd tüchtigen Beichtvater aus den Lesen Priestern/ oder sonsten einen aus den Regulirten Beuels-Orden erwehlen vnd auslesen mögen/ welcher sie nach gehorter Beicht von Peen vnd schuld/ vnd allen sunden/wie sie einen Namen haben/ oder so gros oder schwer sie auch jmmer sein könten oder möchten/ so offt sie wolten/ beim Leben vnd in Todes nöten/ absoluiren vnd loß zehlen/ von dem grossen vnd kleinen Bann erledigen/ vnd die straffe des Fegfewrs erlassen/ aus Apostolischer macht vnd gewalt/ solte vnd könte/ Ausgenomen wenn sich jemand wider den Bapst auffflehnete vnd empörete/ einen Bischoff vnd andere Prælaten vmbbrecht/ oder die Hand an sie legte/ So jemand Bepstliche Brieffe verfelschet/ den Vngleubigen Wehr/ Waffen/ vnd anders das verboten ist/ zufüreten/ oder dagegen etwas von den Vngleubigen/ so der Bapst verboten hette/ neme oder zu sich brechte. Sonst alle sunden könten vergeben werden/ aber nur die jtzt gemelte nicht/ die allein ausgenomen werden.

Desgleichen/ der do allerley Gelübde/ die sie nach gelegenheit der zeit gethan/ in andere Christliche werck verenderen vnd anwenden möchten/ Ausgenomen wenn einer gelobt hette zum heiligen Grab oder in das heilige Land zu ziehen / ein Mönch zu werden/ vnehelich zu werden/ vnnd zu leben/ gen Rom zu S. Peter vnd Paulus Kirchen zu wallen/ oder gen Compostel zu S. Jacob. Wer dieses gelobet hette/ der müste es halten/ das ander könte wol geendert werden.

Es hat auch der Bapst nachgelassen/ das alle die jenigen/ so etwas zu angelegtem Baw neben vnd stifften/ das sie neben jren verstorbenen Eltern/ der Kirchen Gebet/Fürbit/ Allmosen/ Fasten/ Messen/ Vigilien/ Züchtigung/ Walfarten/ vnd dergleichen Christliche werck in ewigkeit solten theilhafftig werden.

Weil demnach der allmechtige N. N. vnd sein Weib N. zu dem notwendigen Baw S. Peters Kirchen / nach Ordenung vnsers aller heiligsten Bapsts / von jren Güttern

Aller Heiligen.

jren Gütern etwas geben/ vnd sich darzu willig vnd mild erzeiget/ haben sie dessen zum zeugnis gegenwertigen Brieff von vns empfangen. Derhalben wir aus Apostolischer macht vnd gewalt theilen jnen mit alle oberzehlte Freiheiten/ vnd Ablaß/die mögen sie brauchen/ jnen nütz machen/ derer sich frewen vnd trösten/ wie sie können vnd mögen. Datum Berlin vnter onsern/darzu octoroneten Sigill/ den 11. Aprilio/ Anno 1517.

Der ander Ablaß Brieff lautet also.

FRater IOHANNES TETZEL ordinis prædicatorum conuentus Lipsensis, sacræ Theologiæ Baccalaureus, ac hæreticæ prauitatis Inquisitor, à Reuerendissimo in Christo Patre & Domino, Domino ALBERTO sanctarum Magdeburgensium & Moguntinensium Ecclesiarum Archiepiscopo, Primate, & Sacri Romani Imperij in Germania Archicancellario, Principe Electore, & Administratore Halberstadensi, Marchione Brandenburgensi, Stetinensi Pomeraniæ, Cassuborum, Sclauorumq;, Duce, Burggrauio Norinbergensi, ac Rugiæ Principe, Sanctissimi in CHRISTO Patris & Domini nostri, Domini LEONIS, diuina prouidentia, PAPAE decimi: Ac eiusdem sanctæ Sedis Apostolicæ ad Magdeburgenses ac Moguntinenses Prouincias, ac illarum, & Halberstadenses Ciuitates & Diecæses. Nec non Terras & Loca Magdeburgensium & Moguntinensium Archiepiscoporum,& Episcopi Halberstadensis, Illustrissimiq; & Illustrium Principum, Dominorum Marchionum Brandenburgensium temporali Domino mediatè vel immediatè, directè vel indirectè subiecto, pro executione sacratissimarum Indulgentiarum, pro fabrica Basilica Principis Apostolorum de vrbe in forma iubilæi concessarum, Nuncio & Commissario, vnà cum GVVARDIANO fratrum minorum sancti Francisci de obseruantia in Ciuitate sua Moguntina, in hac parte Collega suo, Subcommissarius generalis,cum potestate substituendi ad præfatas Prouincias& Diecæses, ac omnia Illustrissimorum & Illustrium Dominorum Marchionum Dominia prædicta deputatus & constitutus, dilecto nobis in Christo N. N. de N. Brandenburgensis Dieceesis, salutem in Domino sempiternam.

Exposuisti nobis, quòd volebas Suem percutere, in quo casu puer tuus te non vidente tibi appropinquauit, quem (percutiendo post Suem,) contra omnem voluntatem tuam, cum infinita cordis tui tristicia,retegisti & occidisti. De quo peccato ex intimis doles. Vnde volens saluti animæ tuæ consulere, à nobis deoportuno Absolutionis remedio tibi prouideri humiliter postulari fecisti. Quocirca nos qui salutem quorumlibet quærimus te, qui nobiscum secundum vires tuas in commodum præfatæ fabricæ compositionem fecisti, auctoritate Apostolica, qua fungimur in hac parte, ab homicidio misericorditer absoluimus, teq; eadem autoritate per nos à dicto homicidio absolutum esse, per præsentes denunciamus Literas. Mandamus etiam omnibus & singulis, ad quos peruenerint, sub sententijs,censuris,& pænis in Literis facultatum nostrarum Apostolicarum contentis, vt fidem hisce tribuant, te plenissimè absolutum esse statuant, huiusq; cædis nequaquàm quisquam accuset. Ad fidem & testimonium, Sigillum præfatæ fabricæ, quod ad huiusmodi vtimur, impressimus. Datum Berlin. Anno Domini 1517. 5. Octobris, Anno quinto Imperij Sanctissimi Domini nostri Papæ, &c.

S 3   Kurtze

Aller Heiligen.
Kurtze Summa vnd Inhalt Deutsch.

Bruder Johann Tetzel Prediger Ordens des Conuents zu Leipzig/ der heiligen Schrifft Baccalaureus vnd Ketzermeister/ von dem Hochwirdigsten in Christo Vater dem Bapst/ LEONE, &c. vnd von ALBERTO zu Magdeburg vnd Mentz Ertz Bischoff/ etc. Des Bapsts Gesandten vnd Commissario zu krefftiger volziehung des heiligen Ablaß/ so zum Baw der Kirchen S. Petri des obersten Apostels zu Rom auszuteilen ist noch gelassen: Neben dem GVVARDIAN der Brüder Minoriter Ordens des Conuents zu Mentz/ seinem in dieser Sachen Mitgehülffen/ verordneter vnd bestelter General Subcommissarius, wündschet dem N. N. von N. in der Brandenburgischen Kloster heil vnd wolfart vom HERRN/ etc.

Du hast vns berichtet/ als wolstu nach einer Saw schlagen/ so ist dir dein Jung/ welchen du nicht gesehen/ vnuersehens in schlag komen/ vnd hast denselben wider deinen willen getroffen/ vnd tod geschlagen/ Welches dir von hertzen leid ist/ vnd bist sehr darüber bekümmert. Bittest derwegen das wir deiner Seelen dafur eine heilsame vnd krefftige Artzney wollen geben vnd mittheilen. Weil wir denn aller Menschen heil vnd Seligkeit gerne sehen vnd suchen/ haben wir dich vmb die gefähr/ so du nach deinem vermügen zum Gebew S. Peters Münster gegeben hast/ aus Bepstlicher gewalt von gedachtem Todschlag aus Barmhertzigkeit loß zehlen/ vnd absoluiren wollen. Sprechen dich hiermit daruon gantz loß/ vnd befehlen hanneben allen vnd jeden/ welchen dieser Brieff zu lesen fürkompt/ das sie demselben Glauben geben/ vnd niemand mehr jemals dich darumb ansprechen oder beschuldigen sollen/ wofern sie nicht in vnser straff vnd vrtheil komen wollen. Solchs bekrefftigen wir mit vnserm des Conuents gewöhnlichem Insiegel. Datum Berlin den 5. Octobris/ Anno 1517.

Man hat eine lustige Historia von Tetzel vnd seinen Ablaß Brieffen/ die mus ich hier erzelen/ Ein Landsknecht kömpt einmal eins zum Tetzel/ der nun seinen Ablaß kram eiwan in einer Stad lag/ zeigt an/ wie er an einem Ort einen Feind hette/ an dem er sich gerne rechnen wolte/ doch das er jn nicht gar tod schlüge/ sondern jn sonsten dermassen bezahlete/ das er ein weil dran gedencken solte/ wofern er jn daruon absoluiren/ Brieff vnd Siegel darüber geben köndte/ das jm solches nicht fürgeworffen/ noch von jrgend jemand darumb angesprochen werden möchte. Wenn er das thun könte oder wolte/ solte es geschehen. Der Landsknecht erbot sich auch nach seinem vermögen darfur zu geben was billich were.

Tetzel nam solchen Vorschlag/ weil es jm Geld bracht/ gerne an/ sagte jm solches zu/ vnd gab jm einen Ablaß Brieff darüber. Was geschicht? Wie Tetzel mit seinem eingesamleten Ablas Geld aus derselben Stad wil weg ziehen/ an ein ander Ort/ gibt der Landsknecht achtung auff jn/ vnd sihet welchen Weg er ziehet/ nimpt etlicher seiner Mitgesellen zu sich/ lauret an einem bequemen Ort auff jn/ do er könpt/ machen sie sich an jn/ schlagen jn wol ab/ vnd nemen jm all das Geld/ das er in seinem Ablaß kram vnd Tetzeley gemarcket hatte/ welchs one zweiffel eine gute Summa wird gewest sein.

Da er sich nun nicht rechnen/ noch dem Landsknecht widerstand thun kunte/ sagte er: Ach du loser Bube/ wie wilstu jmmermehr die Sünde büssen/ der du sich an Bepstlicher Heiligkeit/ vnd an mich seinen Legaten/ vergreiffest? Ey sagt derselbe Brüder: Das wil ich wol veranntworten/ hab ich doch dein eigen Brieff vnd Siegel/
darinnen

Aller Heiligen.

darinnen du mich aus Bepstlicher macht vnd gewalt/ nicht allein von meinen allbereit begangenen/ sondern auch von allen zukünfftigen Sünden/ Ja auch von dieser jtzigen/ sso ich an dir begehe/ absoluirt hast/ wie du dich des wol wirst zu erinnern wissen/ darfur ich dir auch dein gebür gegeben hab. Darumb/ weil ich ein Ablaß Brieff darüber von dir selbst empfangen hab/ Nem ich das Geld/ vnd mach mir kein Gewissen drüber/ bedancke mich gegen dir/ vnd scheide von dannen/ Ade zu guter Nacht.

Also hatte Tetzel wol vber sich selbst Ablas gegeben/ vnd ward mit parer Müntz bezahlet. Denn er selbst in die Gruben fiel/ die er einem andern mit seinem Ablaß Brieff gegraben hatte. Vbel gewunnen/ vbel zerrunnen.

Aller Seelen

Aller Seelen tag.

ANNO Christi, 998. Hat Odilio ein Apt zu Cluniaco in seinem Kloster angericht das Fest aller Seelen/ auff diese gelegenheit: Er wurde bericht/ das sich in Sicilia die Teuffel mit grossem unmenschlichen geschrey an diesem Tag hören liessen/ dieweil so viel Seelen durch Almosen aus dem Fegfewer erlöset wurden. Derentwegen hielt er jerlich in seinem Kloster aller Seelen ein gemein Fest/ welches hernach von andern Epten angenommen vnd erhalten worden.

Guthbertus gedenckt auch in einem Brieff/ den er zum Lullo geschrieben/ das auff eine zeit eine Nonne sol verzucket gelegen sein/ die hab gesehen/ wie eine Jungfraw im Fegfewer gesessen/ aber durch Seelmessen daraus sey erlöset worden. Darob die Epte in Klöstern beweget/ Jehrlich einmal allen verstorbenen Seelen ein Fest zu halten/ vnd eine Meß zu lesen/ sie dadurch aus dem Fegfewer zu erretten. Es wurde auch von tag zu tag die schelmerey grösser vnd erger/ vnd der Teuffel richtet immer ein gepler vnd spiel vber das ander an/ die Leut mit jrem aberglauben zu befestigen.

Etliche der Mönchen vnd Pfaffen erdichteten hernach diese betriegerey. An aller Seelen abend oder vmb dieselbe zeit/ namen sie Krebs vnd ander Thier vnnd Gewürm/ so auff der Erden kriechen vnd lauffen/ steckten vñ machten derselben kleine angezündete brennende Wachsliechtlein auff/ saßten sie auff die Kirchhöfe vnd Begrebnis/ das sie mit den Liechtern hin vnd her gekrochen. Weiseten es dem Volck/ gaben fur vnd beredeten sie/ Es weren die Seelen der verstorbenen/ die im Fegfewer seßen/ oder also herumb walleten/ vnd könten nicht zu gnaden kommen. Liessen sich aber sonderlich zu dieser zeit sehen/ weil sie wusten vnd hoffeten/ das an aller Seelen tag Seelmessen gehalten/ vnd sie dadurch aus dem Fegfewer erlöset vnd zu gnaden bracht wurden.

Derwegen ein jeder desto mehr verursachet vnd beweget ward seinen verstorbenen eine Seelmeß halten zu lassen/ vnd die Seel zu gnaden/ fried vnd ruhe zu bringen. Glaubten auch gewis/ das jnen darmit gedienet vnd rath geschaffet wer. Vnd ließ sich ein jeder nichts tauren noch rewen/ was auff solche Messen gewand wart/ damit denn der Mönch vnd Pfaffen Beutel/ Küchen vnd Keller gnugsam gefüllet würden/ vnd es jnen mehr vmbs Geld/ denn vmb die Seelen zu thun war.

Dieses vnd dergleichen vielfeltiges Affenwerck/ wie Abgöttisch vnd Teuffelisch es gewest/ kan ein jeder Christ aus Gottes Wort selber vrtheilen.

Anno Christi, 1534. Haben die Barfüsser Mönche ein grewlich testerlich Spiel zu Orliens in Franckrich angericht/ vnd ist also zugangen: Des Stadthalters Fraw daselbst/ hatte in jrem Testament versehen/ das man sie mit keinem grossen pracht oder wesen zur Erden bestettigen solte. Denn so bald einer in Franckreich gestorben/ lauffen die verordneten Ausschreier der verstorbenen/ in den Gassen vnd auff den Plätzen herumb/ mit Schellen vnd Glöcklein/ vnd beruffen damit das Volck zusammen. Darnach zeigen sie den Namen vnd Geschlecht des verstorbenen an/ ermanen das Volck/ das sie Gott fur den Todten bitten wollen/ mit vermeldung/ zu welcher zeit/ vnd an welchem Ort er sol begraben werden. Wenn man nun die Leute hinaus treget/ nimpt man gemeiniglich die Betler Mönche darzu/ vnd lest viel Kertzen furtragen/ Solches geschicht etwa mit einem eiffer/ vnd je herrlicher es zugehet/ je mehr Volcks herbey kömpt/ vnnd zusicht.

Abre

Aber gemelte Fraw wolte nicht haben/ das etwas der gestalt mit jrer Leiche solte geschehen. Jr Ehemann/als der sie fast lieb hatte/wurd jr zu willen/vnd gabe den Barfüssern/in welcher Kirchen sie bey Vater vnd Mutter begraben worden/sechs Kronen zu einer vorehrung/ wiewol sie sich einer grössern Beute versehen. Als er nun einen Wald verhieb/vnd das Holtz verkauffte/ begerten die Mönche/er solte jnen etlich Holtz schencken/ solches schlug er jhnen ab. Das verdroß die Mönche/ vber die massen sehr/ vnd dieweil sie auch vorhin mit jm nicht wol zu frieden/ erdachten sie einen weg/ sich zu rechnen/ vnd sagten/ sein Weib were in Ewigkeit verdampt.

Die Meister zu solchem erbarn Spiel waren/ Bruder Coliman/ vnd Stephan von Arras/ beide der H. Schrifft Doctores/ vnd war gleichwol Coltmannus ein Teuffels beschwerer/ vnd hatte alle seine Rüstung/ so darzu gebreuchlich/ bey der Hand. Den handel aber greifft er also an:

Ein junger Mönch stellen sie auffs Kirchen Gewelb/ vnd als die andern zu Mitternacht jr Gebet/ nach gewonheit zu plappern/in die Kirche kamen/ richtet er ein gros gepölter an/ da fieng man an jn zu beschweren/ aber er redet nichts. Man hiesse jn ein zeichen geben/ ob er ein stummer Geist were/ do fieng er wider ein gepölter vnd getümmel an/ das war an stat eines Zeichens. Wie nun dieses Fundament also geleget/ giengen sie zu etlichen namhafftigen Bürgern/ so jnen günstig waren/ vnd sagten: Es were ein jemmerlicher handel jnen im Kloster begegnet/ zeigten aber nicht an/ was es were/ sondern boten/ das sie sich nicht wolten beschweren/ zu nacht bey jnen in jrem Gebet zu sein. Als nun dieselbigen kommen/ vnd das Gebet war angefangen/ fieng der Bub auff dem Kirchen Gewelbe abermal an zu rumpeln. Wie man jn fraget/ was er begeret/ vnd wer er were/ zeigt er an/ er dürffte nicht reden/ da befahl man jm/ er solte durch zeichen/ auff das/ so er gefraget würde/ antworten. Es war aber ein Loch gebort/ durch welches er mit auffgelegten Ohren den Teuffels beschwerer hören/ vnd verstehen möchte/ Darzu so hatte er ein Bret bey sich/ mit welchem er/ so offt man jn fraget/ poltert/ das man es daniden hören kondte.

Derhalben fragt man jn zum ersten/ ob er aus denen were/ so daselbst begraben/ vnd nach denen man jrer viel/ welche allda begraben waren/ nach einander genennt/ wurde zu letzt auch des Schulheissen Fraw genennet/ vnd gemeldet. Da gab er ein zeichen/ vnd darmit zu verstehen/ das er der Frawen Geist were. Sie fragten weiter/ ob er verdampt were/ vnd durch was verdienst vnd schuld e' Ob es von wegen geltes/ mutwillens/ hoffarts/ vnterlassener Christlicher Liebe/ oder von wegen der newen auffgestandenen Lutherischen Ketzerey/ geschehen/ vnd was er mit diesem getümmel vnd poltern vorhett? Ob man den Leib/ so in das geweihete begraben/ widerumb solte außgraben/ vnd an einen andern Ort legen e' Auff solches alles antwortet er/wie jm befohlen war/ mit zeichen/ mit welchen er ja oder nein anzeigete / nach dem er zwey oder dreymal an das Bret klopffete. Da er aber zu verstehen gab/ das die Lutherische Ketzerey eine vrsach seiner verdamnis were/ das man auch sein Leib widerumb solte außgraben/ begerten die Mönche von den Bürgern / so sie zu sich genommen/ sie wollen von dessen wegen/ so sie allda selbst gehört vnd gesehen/ zeugnis geben/ vnd andere Sache/ so sich in kurtz verschienen tagen verlauffen/ bestettigen. Als sich darauff die Bürger bedacht/ wolten sie / auff das der Stadtrichter nicht ergürnet würde/ oder jnen selbst ein nachtheil daraus entstünde/ darinnen nicht bewilligen. Die Mönche aber trugen nichts desto minder das vngesewrte Brod/ welches man die Hostiam vnd den Leichnam des HErren nennet/ mit andern allem Heiligthum / an einen andern Ort / vnd hielten daselbst jhre Meß. Denn solches geschicht nach den Geistlichen rechten/ wenn man einen geweiheten Ort/ von wegen Schand/ Laster/ oder anderer entehrung oder entheiligung halben/ wider reinigen sol/ vnd sind solche sonderliche puncten dauon in jren Büchern begriffen.

Nach

Aller Seelen tag.

Nach dem aber Bischoffs Stadhalter im Rechten/ welchen man den Official nennet/ solches jnnen wurde/ vnd damit er allen handel desto besser erfaren möchte/ kam er mit etlichen ehrlichen Leuten/ selbst dahin/ vnd befahl/ man solte in seiner gegenwertigkeit den Geist beschweren/ vnd darneben etliche verordnen/ das sie auff das Gewelbe stiegen/ vnd besehen/ ob sich ein Geist erzeigete. Da wolte Bruder Stephan von Arras nicht daran/ widerriet es hefftig/ vnd sprach: Man solte den Geist nicht betrüben. Vnd ob gleich der Official ernstlich anhielte/ das man den Geist solte beschweren/ vermocht er dennoch nichts zu erhalten.

Mitlerweile reiset der Schultheiß/ nach dem er den handel andern Schöpffen vnd Beysitzern des Raths/ wie jm zu thun angezeiget/ zu dem Könige/ vnd erzehlet jm alle Sache. Dieweil sich auch die Mönche auff jre Freiheit verliessen/ vnd nicht ans Recht wolten/ da verordnet der König etliche aus dem Perlament zu Pariß/ mit volmechtiger gewalt/ von der Sachen zu vrtheilen/ Desgleichen thet auch der Cantzler/ Antonius von Prato, ein Cardinal vnd Bepstlicher Legat in Franckreich. Derhalben/ vnd nach dem die Mönche keine ausflucht in der sachen mehr hatten/ wurden sie gen Pariß gefurt/ vnd antwort zu geben/ gezwungen/ man mochte aber nichts aus jnen bringen/ vnd war gleichwol ein jeder sonderlich verwaret. Der Bub wurde in Fumei/ eines Ratsherrn Hause/ gehalten/ vnd offt gefragt/ wolte aber nichts bekennen/ denn er furchte/ er möchte hernach von den andern ermordet werden/ als das er den Orden dadurch die Schand vnd Laster bracht hette: Jedoch/ da jm die Richter verhiessen/ es solte jm nichts geschehen/ vnd er nicht mehr vnter sie gewalt kommen/ erzelet er den gantzen handel/ wie er sich verlauffen/ ordenlich nacheinander/ vnd bekant es auch hernach/ wie er zu jnen geführet wurde.

Wiewol nun die Bösewichter also vberwunden/ vnd fast auff der that ergriffen waren/ dennoch verwurffen sie die Richter/ vnd rühmeten sich jrer Freiheit: Aber es war vergeblich/ vnd wurde mit einhelligem vrtheil erkant/ das man sie gen Orliens wiederführen/ in Gefengnis legen/ vnd dornach öffentlich in den Thum/ desgleichen auch an den Ort in der Stad/ da man die Vbelthäter pfleget zu straffen/ stellen/ vnd sie jre Büberey daselbst vor menniglich solten bekennen. Aber fast eben zu dieser zeit kam ein Verfolgung vber die Lutherischen/ welche verhindert/ das solch vrtheil nicht ins werck kommen/ sonst war der König willens gewesen/ er wolte jr Kloster zurüstet/ vnd auff den Boden hinweg geschleiffet haben. Sleidanus, Lib. 9.

Anno Christi, 1450. Thut Graff Vlrich zu
Wirtenberg eine Schlacht mit den Schwebischen Stetten/ bey Eßlingen/ Dinstages nach aller Seelen tag/ vnd sieget wider sie/ doch wird endlich friede angestellet. Nauclerus.

Martini

Martini. 108

Nno Chriſti, 1552. Hat ſich zugetragen/ das eine Dienſtmagd von 16. Jahren/ auff einem Furwerge ſich Anno 1551. am Tage S. Martini ſchlaffen geleget/ vnd one alle menſchliche Speiſe geſchlaffen/ biß in das 1552. Jahr/ nach dem 25. Iunii noch geſchlaffen/ mit ſchönen roten Munde/ vnd rechten natürlichen Puls/ Auch offt mit den Augen gewinzert/ ſich des Tages vnd Nachts einmal vmbgewand/ doch mit nichten von niemand können erwecket werden/ Iſt alſo offt von Edlen vnnd vnedlen beſichtiget worden. Iobus Fincelius von den Wunderzeichen.

Anno Chriſti, 1444. Kamen die Türcken in

Vngern/ mit ihrem Keiſer Amarat/ vnterhalb der Siebenbürger/ wider dieſe zog der König von Polen/ der Vngern inne hatte / vnd lagen erſtlich die Vngarn ob/ Da ſich aber der Türcke wider ſehr ſterckte/ haben ſie ſich mit einander geſchlagen/ vnd ſind auff beiden theilen 8000. Menſchen vmbkomen/ etc.

Sebaſtianus Münſter in ſeiner Cosmographia gedenckt/ das dazumal ein Cardinal/ Franciſcus Condelmarius die Chriſten verrathen habe/ Denn er den Türcken mit 100000. Man ließ vbers Meer ziehen/ welchen Ort des Meers er mit ſeinem Krieges volck verwaren ſolte. Ein Genueſer/ auch der Chriſten Vorrether/ hat die Türcken vber gefurt/ da ihm ein jeder Türck müſſen einen Ducaten geben/ etc. Durch ſolche Vorretherey worden die Chriſten vberfallen/ vnd ward der König von Vngern Ladiſlaus mit vielen Fürſten vnd Prelaten/ vnd mit 30000. Chriſten erſchlagen. Dieſe klegliche Schlacht iſt an S. Martini abend geſchehen. Aber dieſer Cardinal ward gleichwol von den Türcken erſchlagen/ vnd kriegte den Lohn ſeiner Vorretherey/ Vnd da der Genueſer Patron in Flandern/ nochmals die 100000. Ducaten in Gewerbe anlegen wolte/ verdarb er mit allem ſeinem Gut im Vngewitter des Meers.

Anno Chriſti, 1450. Als das Friede Jahr aus

gelauffen war/ zog Marggraff Albrecht vor Nürnberg/vnd fodderſie heraus/ Alſo kamen ſie heraus mit fünff hundert Pferden/ vnd drey Tauſent Fuſknechten/ Der Marggraff hatte ſechs hundert Pferde. Alſo kamen die Reiſigen an tinander/ vnd wurden der Marggreffiſchen bey 80. erſtochen/ vnd bey hundert gefangen. Das nechſte Jahr darfur an S. MARTINI Tag/ waren die von Nürnberg vor Zenn gelegen/ in einem Stedlein/ (im heimzuge/ als der hauffe in die Stad kam/ vnd der Droß/vnd das Schaden ſro volck/ das den Hennen vnd Genſen nachlieff/vnd ſich verſpetter/ da kamen das Marggraffen volck an ſie/ vnd erſtachen 82. Man/ Bald nach dieſem zogen die von Nürnberg dem Marggraffen in ſein Land/ biß hindet Ahnſpach/ verbranndten was ſie ankamen/ vnd brachten mit ihnen heim vier tauſent heupt Viehes. Auff Oſtern kamen denen von Nürnberg zu hülffe acht hundert Schweiner/ auff ihren eignen Koſten vnd Sold/ die theten Hertzog Otten vnd Margaraff Hanſen groſſen ſchaden. In dem Jahr erſtochen von Vlm dem von Wirtenberg ſechs vnd dreiſſig Knechte/ namen zwölff Man gefangen. Die von Helbrun namen den von Wirtenberg drey hundert Ochſen/ vnd erſtachen vnd fiengen darbey viertzig Man. Im nechſten Jahr hernach ward dieſer Krieg vertichtet/ nach dem auff allen Theilen groſſer Schade geſchehen war.

Anno

Martini.

Anno Christi, 1483. Freitag nach Martini/ hat ein Weib das Städtlein Heringen mutwilliglich angezündet/ vnd sind von solchem Fewer drey theil der Stad abgebrant/ vnd nur der vierde theil der Stad stehen blieben/ Wie denn gleicher gestalt der Stad Sundershausen das Jahr zuuor auch war widerfaren.

Anno Christi, 958. Hat Keiser Otto das newe Bistthum Meissen trewlich volfüret/ vnd endlich den nechsten Sontag vor Martini den Thum daselbst consecriren vnd einweihen lassen. Ist diese Kirche dem heiligen Apostel vnd Euangelisten Iohanni, vnd Donato, Bischoffen vnd Mertcrer/ als Patronis, dediciret worden/ welches bekrefftiget wird mit den zweien statuis, so noch in der Thumkirchen zu Meissen im Chor/ Item zu Wurtzen(als welche Kirche Meissen vnterworffen) in der Capellen/ so der Bischoff des Geschlechts von Salhousen/ gegen nidergang dran gebawet/ zu sehen/ da denn auch des Stifters Bildnis vorhanden ist/ etc. P. Albinus.

Im Jahr 1502. am achten tag nach Martini/ ist zu Rochlitz verschieden Amaley Hertzogen Albrechten Schwester/ Hertzog Ludwigen zu Beyern (wiewol in Fabricius in den Annalibus Mysnæ Georgium nennet:) Gemahl/ jres alters im 66. idem.

Anno Christi, 791. Thut König Carl einen zug wider die Hunnen vnd Auarn/plundert/ brennet/ vnd verheret das Land/ bis hinter Wien/ an die Rab in Vngern hinein. erschleget vnd erleget viel Volcks/wendet darnach widerumb/ vnd kömpt an S. Martini tag gen Regenspurg/ vnd helt daselbst Weihenachten. Dieser Krieg hat fast 8. Jahr lang geweret, Regino. Schaffnaburg. Palmer. vnd Auentinus im 4. Buch.

Anno Christi, 887. Wird Keiser Carl der dritte Kranck im Nouember/ vmb S. Martini tag/ nimpt trefflich abe/ beide an leib vnd verstand/ wird derwegen von den Stenden des Reichs entsetzet/ vnnd an seine stad zum Keiser erwelet/ Arnolphus der Marggraff im Stiermarck vnd Kerndten/ Ludewichs des Königes in Deutschland vnd Beyern Son/ der regiret 12. Jahr/ 1. Monat/ 19. Tage. Onophrius Regino. Schaffnab.

Anno Christi, 1419. Erlangen die Hertzogen von Mechelburg/ Johannes vnd Albrecht/ vnd Bürger zu Rostock/ dieses Jar vom Bapst Martino priuilegia, eine hohe Schul zu Rostock auffzurichten vnd inuestirn oder führen dieselbe herrlich vnnd feierlich ein an S. Mertens Abend/ in beysein beider Fürsten/ vnd Bischoff Heinrichs zu Schwerin/ vnd gehen die Lectiones an am nechsten tag nach Martini. Albert. Krantz in Saxon. Lib. 11. Cap. 3. Item Vvandal. Lib. 10. Cap. 30.

Mart

Marie Opfferung. 109

Regorius Nysenus in seiner Oration von der Geburt Christi meldet/ Das die Eltern Marie/ als sie ein Mägdlein von 3. Jahren/ in die Kirch gefürt/do sie denn folgends auffgezogen sein sol. Solchen Tag hat man hernach feierlich gehalten/ vnd jr den Namen geben Præsentationis, das ist/ Opfferung Mariæ. Wie Christlich aber es sey/ vnd wie wol solche abergleubische meinung gerathen/ ist offt erwehnet/ Wollen jetzt nur einer Historien oder drey gedencken/ dor aus zu sehen/ wie der Teuffel solche Superstition mit lügenhafftigen zeichen vnd Wundern bestetiget hat.

Als bey zeiten des Keisers Leonis-Isauri/ die Saracenen Constantinopel belegert/ sollen sie durch ein solch Wunderwerck vmb jr Leben kommen sein/ Beym Königlichen Sitz vnd Schloß/ im Closter zu vnser lieben Frawen/ do hat man der heiligen Jungfrawen Marie Bild/ gemahlet an einem Taffelein/mit jhrem Kindlein Christo/ das sie auff dem Arm trug/ welches S. Lucas sol gemahlet haben/ als noch Maria auff Erden geleibet vnnd gelebet hat. Solch Bild ist genennet worden/ Odigitria, darumb/ denn Maria war etwa zweien Blinden erschienen/ die hatte sie selbst geleittet/ vnd geführet in jren Tempel/ vnd sie alda wiederumb sehend gemacht/ Mit diesem Bilde gieng man alle Wochen/ ain Dinstag in der Procession herumb durch die gantze Stad.

Als nun Constantinopel belegert/ vnd alles Volck mit fasten vnd beten bemühet war/ trit einer herfur/ vnd heist jm das Marien Bild bringen/ vnd als es kam/ vermanet er das Volck/ das sie jm alle mit ernst/ vnd hertzlicher andacht wolten nachbeten/ vnd also sprechen: O du heilige Jungfraw Maria/ du theure vnd werde Mutter Gottes/ die du zum offtermal aus vielen vnd mancherley Nöten vnd Geschlägikeiten vns gnediglich erlediget vnd erlöset hast/ erbarm dich aber vns/ vnd hilff vns auch jetzt von diesen Saracenen/ deines lieben Sons/ vnd vnsern Feinden/ vnd wenn du nicht wilt/ das wir dein Bild im Meer versencken vnd ersäuffen sollen/ so ersäuffe vnd versencke sie/ zu Ehren vnd Lob deinem heiligen Namen.

Vnd man solches Gebet volbracht/ hat er in des heimlich das Bild vnter dem Wasser gehalten/ dorauff ist so bald ein grausam grewlich Vngewitter kommen/ welches die Schiff zerschlagen/ vnd zerrissen/ vnd alle Saracenen/ so in den Schiffen gewesen/ ersäuffet hat. Vincentius Lib. 23. Cap. 147.

Ein Kriegsheuptman/ vnd Bilderfeind/ den sie zu Constantinum nennen/ als derselbige an einem Ort ein Marien Bild gefunden/ hat ers mit Steinen zur Erden geworffen/ vnd darnach mit Füssen getretten. Des Nachts ist im Maria erschienen/ vnd jn solcher begangner vbelthat halben hart angelassen/ vnd letztlich geweissaget/ das er darfur sein Lohn würde bekomen/denn diese schmach solte vber seinen eignen Kopff vnd Hals hinaus gehen. Solches sey also geschehen/Denn bald dorauff haben die Saracenen/ die Stad gestürmet/ vnd als er zur Gegenwehr auff die Mauren gelauffen/ sey er mit einem grossen Stein geworffen/ vnd getroffen worden/ der jm das Heupt vnd Angesicht so grewlich zerschmettert/ das er davon in wenig stunden gestorben. Paulus Diaconus Lib. 21. Rerum Romanarum, & Cedrenus.

Constantinus/ ein Bischoff in Cypern/in der vierden Handelung des andern Concilij zu Nicea, der spricht/ Das ein Hirt aus mutwillen einem

Z Marien

Marie Opfferung.

Marien Bilde das rechte Auge ausgestochen habe/ Als er aber hernachmals ein Kind auff dem Felde mit einer Pritschen gehawen/ hab er im selbst die Augen ausgeschmissen.

Item/ Ein ander sol einem Marien Bilde einen Nagel durch den Kopff geschlagen haben/ dauon sey im ein solch Hauptwehe ankomen/ das er fur schmertz vnd pein nicht gewust wo er bleiben solte/ welches schmertzens er auch nicht ehe hab loß werden können/ bis er den Nagel dem Marien Bilde widerumb hat aus seinem Heupt gezogen.

Vnd in der fünfften handelung des obgemelten Concilii, setzt er der Exempel noch viel mehr/ alles dahin gemeint/ die Abgötterey mit den Bildern daburch zu bestetigen/ vnd also die Menschen von Gott abzuführen/ auff das vertrawen der Creaturen vnd verstorbnen Heiligen Ehre/ wider das erste Gebot.

S. Gatharinen

S. Catharinen tag.

V Eßlingen ist Jahrmarckt am tage S. Catharine/ da ist ein Edelman zu Marckt gewisen/ vnd viel Geld verspilet/ do es nun tunckel worden/ besihlet er die Pferde zu bringen/ das er heim reitten wolte/vnd hat grosse Gottslesterung hiemit getrieben. Da sein solches sein Knecht widerrathen/ vnd im angezeigt/ wie sehrlich es bey nacht zu reitten sey/ Wassers halben/ etc. Hierüber hat es noch grewlicher gefluchet/ der Knecht richt die Pferd zu/ vnd reittet also selb drit aus der Stad/ do sie hinaus kommen/stossen auff sie viel Reuter/ (welchs doch eitel Gespenst gewesen/) mit grossem gedresche/ vnd gatümmel/ vmbgeben den Edelman mit stossen/ das er halb tod vom Pferde fell. Nun war auch sein Diener einer/ ein vernünfftiger Jüngling/ starck vnd muttig/ der eilet zu seinem Junckern/ vnd errettet jn. Aber doch reitten sie die gantze Nacht jrre/ vnd auff der andern seitten/ da der Jüngling nicht ritte/ höret man on vnterlas ein getümmel der Reuter/ aber solche Teuffelische Reuter kunten dem Jüngling nichts schaden. Wie es nun morgen war/haben sie den Edelman in ein Closter Bebenhausen gefurt/da er drey Tage kranck gelegen vnd gestorben/(das verdienet man mit fluchen/) Iohan. Manl.

Catharina/ Königin in Engeland/ Heinrici des 8. Ehegemahl/ als er dieselbige one Rechtmessige vrsachen/ allein darumb/ da er anders lieb gewan/ von sich stiesse/ hat sie solch vnrecht mit Christlicher gedult gelitten/ist von im abgeschieden/ vnd hat sich in der Graffschafft Berfort auff ein Haus begeben/ auff welchem sie bis in Tod blieben/ vnd also ein eingezoen Christlich leben geführet/ in aller Gottseligkeit/ Zucht vnd Erbarkeit. Vnd ob sie wol aber solcher zugefügter schmach vnd iniurien hertzlich vnd höchlich beklagt/vnd doch darneben im alles das/ was er wider sie gethan/ von hertzen vergeben vnd vertziehen/ vnd hat also an jhrem Todbett rechtschaffener/ warhafftiger/ vnd bestendiger Liebe vnd Trew gegen jhrem (wiewol vnuerdienten) Ehegemahl/ zeichen vnd zeugnis von sich geben. Vnd als sie solches gethan/ ist sie darauff in jrem Heilande vnd Seligmacher Jesu Christo seliglich entschlaffen/ Anno Christi, 1535. Polydor. Lib. 27.

Catharina ist der Geburt von Alexandria/vnd ein vberaus schön/ vnd darzu hoch vnd furnehmliche gelerte Jungfraw doch eine Heidin gewesen, Jhr Vater sol/ wie die Legenda berichtet Costus, aber wie andere wollen Basiliscus Castus geheissen haben. In der Jugend hat sie die artes Philosophicas mit fleis studieret/ hernach hat sie sich auff das Studium Theologicum, das ist/ auff die heilige Schrifft vnd zum Christlichen Glauben begeben/ vnd bekeret/ vnd dorinnen dermassen proficirt vnd durch beystand des heiligen Geistes so fern komen/ das sie dem Tyrannen Maximino, oder nach anderer meinung Maxentio, der sie neben andern zum heidnischen Opffern vnd Gottesdienst hat zwingen wollen / frey vnter die Augen getretten/ den Christlichen Glauben tapffer bekant vnd den Keiser freymütig ins Angesicht gestrafft/ der sie denn auch deßhalben ins Gefengnis geworffen/ vnd hernach hat wollen redern lassen/ wo nicht Gott der allmechtige das Rad/darauff sie geleat werden solte/ mit donner vnd plitz vom Himel angezündet vnd verbrant hette. Doch wird jr der Kopff abgeschlagen / vnd solch Leib von den Engeln auff den Berg Sinai getragen worden sein/ do man denn jr Grab vnd Gebeine noch weiset/ grosse Abgötterey treibet / vnd dahin walfartet bis auff den heutigen Tag. Wie gelert aber sie in den freien Künsten/ Gottes wort vnd der Religion gewesen/sihet man aus dem/ do sie der Tyrann Maximinus oder Maxentius im Gefengnis hielte/ließ er fünfftzig gelerte Philosophos vnd des heidnischen Glaubens erfarne vnd berümpte Menner

E 2   zusammen

S. Catharinen tag.

zusammen fordern / schickt sie zu der Catharinam/ mit jr zu Conferiren vnd zu handeln / do sie von dem Christlichen Glauben abstehen vnd zu den heidnischen jrrthumen wolte/ so solte sie nicht allein bey Leben bleiben/ sondern die aller herrlichsten vnd besten Tage bekommen. Das thun die Gelerten nach jrem höchsten vermügen/aber sie können sie nicht allein nicht vberreden/ sonder sie die Jungfraw Catharina vberredet vnd bewegt die funfftzig Gelerten/dermassen vnd also/das sie von den heidnischen Gottes diensten abfallen/ vnd den Christlichen Glauben/ dauon Catharina vernünfftig/ gründlich vnd beschendenlich redet/ dermassen annemen / das sie sich auch alle funfftzig drüber/von dem Tyrannen ermorden vnd vmbbringen lassen/das möcht ein gelerte vnd in Gottes wort erfahrne Jungfraw seyn. Es wird doch gerühmet ein Erle Jungfraw Roswita mit namen/ so vor zeiten zu Gandesheim im Braunschweigischen Lande/ eine Eptissin gewesen/ darumb/ das sie im Closter toselbsten/ die Griechische vnd Lateinische Sprache profitirt/ vnd die andern Nonnen geleret. Desgleichen ist zu vnser zeit rühmens vnd lobens werd / Olympia Fulula Morata von Ferrarien aus Welschland/ Doctoris Andreæ Grunthleri Eyeffraw/ von des wegen/ das sie so gelert/ das sie in der Vniuersitet Heidelberg/ offentlich den Studenten mit grosser verwunderung gelesen/ vnd jr Scripta nunmehr zum theil in offentlichen truck ausganen. Man list in Hedionis Chronica, das Anno Christi 749. auff verreichnung S. Bonifacij, eine Jungfraw Tecla mit namen/ zu Kitzing am Meyn das Euangelium gepredigt haben sol/ vnd welches willen man sie denn auch heilig gennanet hat/welchs ein grosses ding/ vnn jr so viel desto rühmlicher/ weil auch Paulus haben wil/ ne Mulier taceat in Ecclesia. Aber gegen dieser Jungfrawen Catharinen ist er so wir gedacht/ keine zu vergleichen/ wird auch jres gleichen nicht funden/ Denn das sich eine Jungfraw wider 50. Doctores in Disputation eingelassen/ sie erlegen/ ja so bewegen sol/ das sie sich dörauff tödten lassen/ ist so gros/ das es wol ein Miraculum sein vnd bleiben/ vnd jr von keiner Weibes person nach gethan werden wird. Dahe ist komen/ das man im Bapsthum an der heidnischen Mineruæ oder Palladi stat die Jungfraw Catharinam pro Dea Sapientiæ, für die Göttin der Weisheit/ oder die die Weisheit geben sol vnd kan/ geehret/ angeruffen vnd angebetet hat.

Aus diesem bedencken füret die hocherleuchte hohe Schuel zu Wittenberg in jrem Sigill das Bildnis S. Catharinen/ anzuzeigen/ das man bey jr/ bey der Academia, auch Gottes wort lernen sol/ woher die rechte Weisheit kome/ nemlich vom HERRN/ Denn Initium Sapientiæ timor Domini. Vnd weil Catharos Griechisch/ auff Lateinisch heist purus vnd sincerus, wil sie erinnern/ das ein weiser/gelerter vnd verstendiger Man auch auffrichtig sein/ sein Klugheit vnd Weisheit recht anlegen vnd gebrauchen/ nicht ein Luckmeuser/ loser Huder oder so sein sol / den jederman für einen Schelmen helt vnd ausrüfft. Dieses ist das beste vnd der Warheit das nehste in der gantzen langen Legenden von der heiligen Junafraw S. Catharina / Das ander ist von Mönchen darzu gefickt. Ein gelerter Man zu Tübingen Martinus Crusius schreibet in seinem Buch Turcograria genom'/ fol. 211. das ein gros geschrieben Legendenbuch von S. Catharina/in der Bibliotheca zu Basel furhanden/ desgleichen/ das ist das Martyrium die Marter vnd Tod S. Catharinæ/ das Johannes de Ragusio ein Cardinal fil. S. Sixti mit eigner Hand geschrieben/ vnd im Concilio zu Basel in der Liberey doselbst gelassen / von furnemen Doctoribus gelesen sey worden/ das hab 138. Blat/ die er alle stehend in 88. Tagen/ das ist/ in 12. Wochen mit einer Feder abgeschrieben/ dorinnen sonder zweiffel allerley gutes stehen mus.

Im Bapsthum hat man das Euangelium auff S. Catharinen Tag gepredigt/ wegen der Lampen vnd des Oels/ dessen dorin gedacht wird/ denn vnter vnd neben andern groben grewlichen Lügen/ so die Legenda von S. Catharina meldung thut/stehet

S. Catharinen tag.

thut/ stehet auch darinnen/ das aus S. Catharinen Leib aus allen Gliedern öl fliesse/ durch welches Oleo krafft sie also vnuerweßlich sey vnd bleibe. Item/ es kommen alle Catharinen abend Vögel/ vnd werffen sie in des Closters Creutzgang/ das auff S. Catharinen Berg gebawet/ die pressen hernach die Mönche/ dauon sie so viel öl bekommen/ das sie das gantze Jahr Tag vnd Nacht brennende Lampen halten vnnd haben können. Johan Schildberger der von Mönchen aus Beyern/ der mit Sigismundo König in Vngern Anno Christi/ 1394. in die Heidenschafft gezogen/ vnd sonst 11. Jahr darinnen gewest/ denn Anno 1427. ist er wider kommen/ berichtet/ das auff dem Berg Sinai/ da S. Catharina begraben liege/ ein Closter sey/ darinnen ein gros Conuent/ wie viel aber Mönche daselbst/ so viel brennen auch teglich Lampen mit öl/ vnd wenn ein Mönch sterben sol/ so verlesch seine Lampe/ wenn der Apt im Closter sterbe/ so finde der/ der die Seelmeß vber jm helt/ ein Brieff auff dem Altar/ darauff sey geschrieben wer Apt werden sol/ vnd desselben Lampe zünde sich auch selber an/ etc.

Diese vnd dergleichen Merlein haben sie im Baystumb auff S. Catharinen Tag getrieben/ vnd darzu das heilige Euangelium schendlich mißbrauchet/ denn die Oels vnd der Lampen gar viel auff eine andere weise gedacht wird/ Vnd das ist die vrsach/ das wir solch Abgöttisch vnd Papistisch Fest in vnsern Reformirten Euangelischen Kirchen nicht mehr halten. Wir lassen Catharinen sein vnd bleiben/ wer sie ist/ zur Nothelfferin/ vnd das sie vns Kunst vnd Weisheit geben sol/ darzu wollen wir sie nicht haben/ Wer Weisheit haben wil/ der bitte sie jm Namen Jesu Christi von vnserm lieben Gott vnd Vater im Himel. Also auch wer Oel in seiner Lampen begeret/ der darff nicht zu S. Catharinen Grab walfarten/ lauffen/ vnd daselbst Oel hohlen/ oder Kertzen anstecken/ denn es ist mit vns fehrlich vnd darzu mißlich ob dem also/ Zünder viel mehr an das Oel reines Glaubens/ vnd mit dem gebet ewrem himlischen Breutigam Jesu Christo entgegen. Lucerna lux vestra coram hominibus, vt videant vestra bona opera. Das sind die brennenden Lampen. Lucerna pedibus meis Verbum tuum. Die Liecht versorget mit Oel/ vnd sehet zu/ Das es von den Winden der Ketzer nicht außgelöschet werde.

An S. Andreas tag.

Andreas/ ein Bruder Simonis Petri/ Jone vnd Bethsaida aus Galilea Son/ welcher anfenglich ein Fischer/ vnd Johannis des Teuffers Jünger war/ Da in aber Johannes von sich zum Herrn Jesu weisete/ vnd sprach: Sihe/ das ist Gottes Lamb/ etc. folgete er Jesu nach in seiner Herberge/ Darnach kam er zu seinem Bruder Petro/ vnd sprach zu im/ das er Messiam funden hette/ vnd bracht jn auch also zu Jesu/ Johan. am 1. Darnach wie Jesus jn vnd seinen Bruder auff dem Galileischen Meer funde/ jre Netze auswurffen/ vnd zu jnen sprach: Sie solten jm nachfolgen/ so wolte er sie zu Menschenfischer machen/ verliessen sie alle beide jre Netze/ folgeten jm nach/ vnd wurden seine Jünger/ vnd vnter der zwölff Apostel anzahl gerechnet/ Matth. 4. 10.

Nach der Himmelfart Christi/ als er die Gabe des heiligen Geistes empfangen hatte/ vnd die Apostel ausgiengen in alle Welt/ das Euangelium zu predigen allen Völckern / Ist Andreas in Scythiam gezogen / wie Eusebius aus dem Origine schreibet im dritten Buch/ am ersten Capitel/ Welches auch Sophronius bezeuget/ der da spricht/ Das Andreas den Scythen/ Sogdianern/ vnd den Sacis/ als den benachtbarten Völckern/ das Euangelium geprediget habe. Nicephorus saget/ das er durch Cappadociam/ Gallatiam/ vnd Bithiniom/ auff der Scythen Wildnus/ vnd den Pontum Exinum gezogen sey/ Lib. 2. Capit. 39. Item, Lib. 3. Capit. 1. Nazianzenus zeiget an/ das Andreas in Epirum gesand sey. Vnd Hieronymus spricht/ in der Epistel ad Marcellam, das er in Achaiam/ die mit Epiro grenzet/ kommen sey. Das er auch entlich zu Patris / in einer Stad Achaia/ vom Egea/ der Edesserer Amptman getreuziget sey/ solches schreibet Sophronius, vnd melden auch die Legenden der Heiligen. All in Sabellicus schreibet/ das er den Scythen gepredigt habe/ etc.

Petrus Galatinus zeucht einen schönen Spruch an/ den Andreas/ do er in Achaia von dem Landpfleger Hegea an ein Creutz gehenckt/ vnd gemartert ward/ vom Geheimnis der Menschwerdung/ vnd der frucht des leidens Jesu Christi/ sol gethan haben/ vnd spricht in seinem sechsten Buch/ am letzten Capitel also:

Andreas der Apostel lerete/ das/ nachdem der erste Mensch Adam/ durch das Holtz der vbertrettung den Tod eingeführet/ so war es dem Menschlichen Geschlechte notürfftig/ das am Holtz des Leidens vnd Creutzes der eingeführete Tod/ durch den andern Menschen Christum/ abgeschaffet würde. Vnd weil der erste Mensch von der vnuerruckten Erden gemacht/ der den Tod durch das Holtz der vbertrettung in die Welt eingeführet/ So solte der ander Adam/ von einer vnuersehrten heiligen Jungfrawen/ ein volkomner Mensch geboren werden/ in welchem das ewige Wort Gottes/ das den ersten Menschen geschaffen/ das Himlische Leben/ welches alle Menschen durch den ersten Menschen hatten verloren/ wider brechte/ vnd am Holtze des leidens das Holtz der bösen begierde vnd lust ausleschete: Seine vnschüldige Hand/ solte der ander Mensch am Holtze des Creutzes für die vnschüldigen Hende ausstrecken/ Er solte für die
süsse Speise

An S. Andreas tag. 112

süsse Speise des verbotenen Baums/ mit Essig vnd Gallen gelabet/ vnd vnserer Sterbligkeit theilhafftig werden/ auff das wir also zur Gemeinschafft seiner Vnsterbligkeit kemen.

Anno Christi, 1317. An S. Andreas Abend ist zu Mentz in der fuinemesten Kirchen begraben worden Heinrich Frawenlob/ ein Deutscher Poet/ welcher die Frawen zu Grab getragen/ vnd sein Grab dermassen mit köstlichem Wein begossen/ das es in der gantzen Kirchen davon geschwummen/ Sie haben auch hertzlich vmb jn getrawret/ vnd das ässro dárumb/ das er in allen seinen Versen vnd Gedichten der Weiber vnd des weiblichen Geschlechts ehrlich gedacht/ Daher er denn auch seinen Zunamen Frawenlob bekommen. Diese Historia auff S. Andreas Abend ist viel rathsamer/ als das das junge Volck vnter Mannes vnd Weibes Personen/ mit Nerrischen vnd Abgöttischen Segen vnd Gebetten/ was sie künfftig fur Ehegatten bekommen sollen/ erfahren wollen.

S. Barbarin tag.

S. Barbaren tag.

ANNO Christi, 1393. Stirbet Hertzog Friderich aus Beyern von der Landshut/ an S. Barbaren Tage/ verlesset nach jm einen Son/ Heinrich mit Namen, Iohan. Auentinus.

S. Niclas.

S. Niclas.

JM Jahr 1560. Auff S. Niclas Abend/ ward zu Basel einer gericht/ der seinen leiblichen Vater/ einen Erbarn reichen Bürger/ mit G.sst vmbbracht/ welches er in der Apoteck zuwegen bracht/ Der ward auff ein Bret gebunden nackend/ mit einem kleinen Seil auff die weich/ vnd an vier Orten der Stad an den Creutzgassen/ mit glühenden Zangen gepfetzt/ vnd gerissen/ darnach auff ein Rad gesetzt/ lebte bis in die neunde Stunde in der Nacht/ vnd mit guter Vernunfft/ Gedult vnd Erkentnis seiner Sünde ist er gestorben. D. Caspar Hed. in 4. parte suæ Chronicæ.

Zu Griebswalde/ im Lande zu Pommern/ saget man bestendig vnd fürwar/ steig ein Dieb in die Kirche/ darinne stund ein Bild Nicolai/ vnd im Gottes Kasten solt viel Geld verschlossen ligen/ Der Dieb sprach: Herr Nicolae/ ist das Geld mein oder dein? Wir wollen darumb in die wette lauffen/ kömestu eher vnd schneller zum Geldstock/ denn ich / so sey das Geld dein / sonst sol es mein sein. Nicolae das Bild lieff/ vnd kam zum ersten an die Geldstat. Sie lieffen beide noch einmal vnd zum drittenmal/ Sanct Nicolaus vberwand vnd vberlieff den Dieb. Der Dieb sprach: Mein Nickel/ du hast das Geld gewonnen/ du kanst es aber nicht vorzehren/ denn du bist Holtz/ Ich wil dauon einen guten Mut haben / vnd es mit guten Gesellen vorschlemmen. Dieser Mensch ist nach wenig Tagen gestorben/ seinen todten Leib füret der Teuffel wider aus dem Grabe/ in die Kirche/ warff in des Nachts auff eine Windmülle vor der Stad/ von derselben sagt man/ die solle vnrecht vmbgehen/ vnd linck mahlen. Dis Teuffliche Gespenst sey war/ oder anders/ so hab ichs doch warlich gelesen. M. Wolffgang Büttner.

Marie

Marie Empfengnis.

Im Jar 1509. waren zwischen den zweien Bettel orden/ den Franciscaner vnd Dominicaner Mönchen/ eine grosse zwietracht/ von der Empfengnis der Jungfrawen Maria. Die Franciscaner oder Barfüsser wolten/ sie were one alle Erbsunde empfangen/ darwider waren die Dominicaner vnd Prediger Mönche/ sie were in Erbsunden/ wie andere Menschen/ empfangen. Beiderseits triebe man diesen Streit zum hefftigsten/ Aber der Barfüsser meinung/ hatte bey dem gemeinen Hauffen mehr beyfals/ denn jederman war demals tieff eingenomen mit dem Aberglauben/ von der Anruffung der Jungfrawen Marie.

Der Prediger Mönchen meinung hatte bey dem wenigsten theil plas oder beyfal/ derwegen/ als sie mit den Zeugnissen der Schrifft vnd der alten Veter nichts kunten ausrichten/ kam es zuletzt dahin/ das sie vnterstunden ire Sachen vnd Opinion mit etlichen Wunderzeichen zu bestetigen.

Dessen erzehlet man ein Exempel/ das sich zu Bern in Schweiz zugetragen/ da die Prediger Mönch ein Marien Bild also zugerichtet/ das einer sich in demselbigen vorstecken/ vnd wunderbarliche Geberd mit dem Bild hat treiben können/ also/ das man gemeinet/ es seufftzete/ weinete/ vnd redete die H. Maria aus dem Bilde/ da aber der Betrug offenbar wurde/ sind die Anfenger dieses Spiels verbrant worden.

Anno Christi, 1557. den 25. Nouember hat sich

diese Geschicht begeben/ die auffs aller kürtzest beschrieben/ zu Halberstad in S. Moris Pfarr/ Ist Georgen Wederings Weib/ so 24. Jahr alt/ ein ehrlich Gottfürchtig Weib gelegen/ eine junge Tochter gehabt/ die den 16. Nouemb. getaufft worden/ etc. In der Nacht aber Marie Empfengnis/ hab ir Kindlein hefftig angefangen zu schreien/ das die Magd/ so in der Stuben/ auffferet/ vnd ruffet e em Weibe/ da sie ir nicht geantwortet/ greifft sie ins Bett vnd fühlet niemands/ Darauff ruffet sie dem Man/ sagt/ die Fraw sey weg/ der Man erschrickt/ brennet ein Liecht an/ sucht die Fraw/ vnd hat der Man das Kindlein eingehüll/ mit sich auff den Armen getragen/ schreien vnd ruffen/ vnd nach dem es geschneiet hatte/ können sie nicht spüren/ das sie zum Haus heraus were/ lauffen also in Keller/ da sehen sie nichts/ hören aber ein geplatsch im Brunnen/ der am nechsten am Keller war/ welcher dem Man vnd seinen Nachtbarn zustunde/ vnd kunte ein jeder aus seinem Hoffe darzu komen/ versahen sich aber nicht des Weibes darin. Lauffen auff die Gassen/ machen ein Geschrey/ werden die Nachtbarn auffgeweckt/ vnd klagt jnen der Man seine Not. Es hatte aber sein Nachtbar Lorentz Schade gehöret/ die Hinderthür klappen/ die sonst am Tage schwerlich auffzumachen/ vnd da er den Tumult gehört/ sagt zu seinem Weibe/ er besorge es werde ein Dieb da sein/ das seine Thür auffgehe/ etc. In dem hören die Sucher auch/ das sich jemand in Schadens Hause rege/ klopffen an/ In dem wird die Thür in Schadens Hause geöffnet/ vnd da man zusicht/ ist es die Kindbetterin/ do fraget man sie/ was sie allda mache/ Do sie zitternde vnd weinende gesagt/ sie kome aus dem Brunnen/ darinnen sie gelegen/ wie ir Leib vnd Beltz ausweise/ da man sie gefragt/ wie sie hinein vnd wider heraus komen/ so war der Brun im Hofe fest zugedecket/ vnd ist ein klein Loch gewesen/ dadurch sie hinein komen/ da man jre Pantoffeln dafur funden/ wie aber solches zugangen/ weis kein Mensch. Sie ist hernach bey fünff Tagen sehr schwach gewesen/ den sechsten fein zu Mut/ hat aber geklagt/ wie sie nicht wol schlaffen könte/ vnd ir Hertz wer ir schwer/ hat sich auch nach Wermut Bier gesehnet/ darnach sie gedecht zu schlaffen/ Den 13. Decemb. nimmer dauon gesagt/ den 14. Decemb.

Marie Empfengnis.

14. Decembris/ zwischen 7. vnd 8. Vhr/ jr Kindlein zu jr genomen/ gesauget/ gewindelt/ vnd es in Gottes Namen hin gelegt/ mit Hertz vnd küssen/ das Morgenbrot beym Tisch gessen/ in abwesen jres Mannes/ hat also jre Magd in das Bernhards Closter gesand/ Wermuthbier zu holen/ ist also allein blieben. In dem kömpt jr Bruder Hans Otto/ wil sehen/ wie es jr gehet/ findet sie im Bette auff dem Rücken ligen mit geschlossenen Augen/ wird fro/ meinet/ sie schlaffe so süsse/ gehet flugs wider heraus/ da begegnet jm die Magd mit dem Bier/ sagte zu jr/ sie solte ja die Frow nicht auffwecken/ Wie die Magd in die Stube kömpt/ gehet sie zur Wiegen/ sihet kein Kindlein/ erschricke/ gedencket an den Brunnen/ da zuuor die Fraw gelegen/ teuffe darzu/ sihet hinein/ wird des Kindes im Wasser gewar/ vnd da jm die Windeln an den Beinen hangen/ da es doch die Mutter zuuor fest eingebunden/ etc. Das Kindlein ist durch zwene Schöpffen/ vnd Herrn Cunrad Perca/ Pastor zu S. Johannes aus dem Brun Tod gelangt/ vnd besichtiget worden/ die Mutter hat allda von acht Vhr in die 10. Stunden entzuckt gelegen/ keinen Athem geholet/ noch sich gereget/ Auch hat man sie nicht können ermuntern/ deswegen man Gott fur sie gebeten/ Gegen dem Morgen hat sie sich geregt/ do ist der Pfarherr vnd jr Ehemann fur das Bett geretten/ vnd sie gerüttelt/ hat aber nichts geantwortet/ sondern vber ein weil jr Augen auffgethan/ vnd gesprochen/ Ey berath Gott/ dorauff der Pfarherr geantwortet/ der berath alle wege vnd helffe euch vnd vns allen/ Antwortet sie/ Amen. Der Man fragt ob sie jn auch kenne/ sagt sie/ Ja/ jr seid mein lieber Man/ vnd der bey euch ist der Pfarherr bey S. Johann. Hat sie mit weinen vermanet/ das sie fur sie bitten solten. Nach dem Gebet sagt sie/ Ach warumb habt jr mich auffgeweckt/ ich bin in so grossen Freude gewesen/ habe meinen Heiland gesehen/ die lieben Engel gehöret/ etc. Hat widerumb bey 4. Stunden geruhet/ vnd ist der Pfarherr bey jr bey dem Bette blieben/ Ferr endlich auff/ greiffet neben das Bett/ weinet vnd seufftzet/ sagt/ sie hette ja da ein Kind gehabt/ wo das denn sey/ sie soltens holen/ denn man sagt/ man hette es jr/ weil sie schwach/ zum besten weg gethan/ hat sie es doch jr aus dem Sinn nicht reden wollen lassen/ sondern gesagt/ Hab ich doch nur ein einiges Kind/ habe ich auch gute Milch/ darumb langet mir mein Kind/ Dorauff sie der Pfarherr getröst/ vnd gebeten/ sie wolle sich doch diesen Tag zu frieden geben/ also denn solte sie jr Kindlein bekommen/ des sie kaum zu frieden. Hat also von dem 14. Decembris/ bis auff den 21. still gelegen/ wenig geredt/ allein offt gesauffet/ vnd nach dem Kinde nicht mehr gefraget/ Wie es weiter durch Göttlichen Willen mit jr zugehen werde/ wird die Erfahrung geben. Die Zeugen dieser Geschicht nent Iobus Fincel. Lib. 2. von Wunderzeichen/ der die Historia weitleufftiger beschreibet.

S. Lucien tag.

S. Lucien tag.

Im Schweintzer Land in der Festung Landskron/ auff dem Gebirge/ ligt ein Bruder Hauß/ etwan den Augustinern zu Basel angehörig/ vnd darunter in einer Hölen des Felsen/ eine Capell/ solcher weite/ das drey Altar darinnen auffgerichtet worden/ mit natürlichem Wenden vnd Dachung/ vnser Fraw im Stein genant. Diese Capell ist ermelter Wilenis angerichtet/ das vor zeiten am selbigen Ort/ ein Kind von der Höhen des Felsen in das tieffe Thal gefallen/ vnd doch bey Leben vnd Gesundheit geblieben/ wie das Consilium zu Basel in einem Commiß Brieff meldet. Dis Kindlein hat Gott durch seinen heiligen Engel wunderbarlich behütet vnd erhalten/ Aber die Abgötische Welt/ zur selbigen zeit hat es dafur gehalten/ das solch Kindlein durch wunderbare hülffe der Jungfrawen Marie beym Leben erhalten worden.

Diese Opinion vnd Aberglauben hat gemehret/ ein gleicher Fall/ welcher sich bey vnsern zeiten mit Juncker Hansen Thüringreich von Reichenstein/ zugetragen. Denn als derselbige im Jahr/ 1541. der sterbende Leuffte von Pfirt vnd Landskron in dieses Hauß gewichen/ vnd darinne bey dem Priester auff zehen wochen gewonet/ hat sichs begeben/ das er auff Lucie/ mit Margareten Störin/ seinem Gemahl/ auch etliche mehr Personen/ fur das Hauß zu spatzieren gegangen/ sich also zu eusserst des Felsen auff einem faulen Baum gewaget/ die tieffe des Thals zu besichtigen/ welcher vnter jm gebrochen/ das er plötzlich vier vnd zwentzig klafftern tieff in das Thal hinunter gefallen/ aber aus besonderer Gnade vnd schickung Gottes/ vnd beystand seines heiligen Engels/ vnuerletzt seines Lebens. Die Weibs personen/ welche eine weil sein nicht geachtet/ da sie jn also bald verloren/ fiengen jn an zu suchen/ kunten jn aber nirgend nicht finden/ bis der Priester (welchem nichts guts geahnt) in das Thal herab kommen/ da er bey zweien stunden in Ohnmacht vnd grosser Schwachheit gelegen/ jn auff ein Pferd gesetzt/ vnd zu Hauß gebracht. Ist auch hernach/ seiner Glieder vnuersehret/ etliche Jar beym Leben blieben. Basler Chronica Lib.1.Cap.6.

S. Thomas

S. Thomas Tag.

homas heist so viel auff Hebreisch/ als δίδυμος auff Griechisch/vnd Zwilling auff Teutsch. Eusebius schreibet/ lib. 3. Cap. 1. daß Thomas das Parthier Land in der Außtheilung der Aposteln bekommen habe. Mit dem stimmet Hieronymus vberein/ welcher also schreibet: Thomas der Apostel/ wie wir berichtet sind/ hat das Evangelium des HErren geprediget/den Parthern vnd Medern/ vnd Persern vnd Carmanern/vnd Hircanern/vnd Bractianern/vnd den Margianern. Man schreibet/ daß Thomas mit einem langen Spieß sey erstochen worden. Die andern schreiben/daß er mit dem Schwerdt sey gerichtet worden. Hieronymus saget/daß er entschlaffen sey in der Stadt Calamina/ in Jndien gelegen. Das man hernach mit seinen Reliquien vnd Gebeinen Abgötterey getrieben/ vnd dieselbigen für Heiligthumb gehalten/vnnd gen Edessam in Mesopotamiam bracht / das schreibet Ruffinus lib. 2. Cap. 5. & Socrates lib. 4. Cap. 18.

Anno Christi, 230. Ward S. Thomae des heiligen Apostels Leichnam gen Edessam in Mesopotamia / welches vor Zeiten Rages der Meder genennet ist/ aus Erleubnis des Keysers Alexandri / wie die Lombardica Historia anzeiget. Vnnd im Jahr Christi 835. wurden S. Veits / des heiligen Mertyrers Gebein/ von Pariß gen Corbey in Sachsen geführet. Sigebertus.

Mehr Historien vnd Exempel sind oben beim Osterdinstagt.

Weil

Bericht vom Alten

Weil wegen der Zweyerley Ca-
lender eine ergerliche Verwirrung der lieben Festage ein-
gefallen/ darüber viel frommer Hertzen offt engstliche Gedancken haben/
wil ich zum Ende dieser Festchronicken mein Iudicium aus meiner Newen Jahrs Predigt/
so ich vor fünff Jahren darvon gethan/ vnnd zu Wittenberg Anno 1586. gedruckt worden/ vnnd darauß nur was hieher gehörig/ als
folgende Wort/ setzen:

I.

Erstlich wollen wir sagen/ Woher die Calender vnnd Zeit Rechnung kommen/ wie sie gebessert/ vnd biß auff diese vnsere Zeit blieben sein

II.

Zum Andern/ Welcher vnter den beiden Calendern/ dem alten Iulianischen/ oder
dem newen Bepstischen der beste/ weil/ wie wir hören werden/ keiner perfect ist.

III.

Zum Dritten/ Wie man nu mehr/ nach dem solche Verwirrung einfallen/ zu einem allgemeinen gewissen Calender kommen köndte.

IIII.

Zum Vierden/ Was wol der Bapst darmit suche vnd meine/ daß er vns seinen newen Calender so mit Gewalt auffdringen vnd einnötigen wil/ vnnd ob wir ihm mit gutem
Gewissen in dem folgen sollen oder können.

Das Erste Stück.

Woher erstmals die Calender (welche von der Römer Calendis
den Namen haben/ oder aller Almanach/ welches ein Arabisch Wort/ vnd aller
Prognosticken/ der Himmel mit seinem Firmamente/ daran Sonn/ Mond/
Sternen/ von Gott dem HErren dazu erschaffen/ daß sie durch ihren Lauff/ Licht vnd ab-
wechselung Tag vnnd Nacht scheiden/ Zeichen/ Zeiten/ Tag vnnd Nacht geben sollen)
ihren Vrsprung haben/ vnd wie sie auff vns kommen sein.

Wer nu gern wissen wolt/ wer den ersten Calender beschrieben vnd gemacht/ das ist/
wer erstlich die Zeit also verordnet vnd gefasset/ dem antwortet Moises hier also: vnd Gott
sprach/ q. d. Das hat Gott der Allmechtige gethan/ 2c. Fragestu weiter/ wohin oder
womit er solche seine Almanach geschrieben/ weil damals noch kein Papyr/ ja noch kein
Buchstaben gewesen? Da antwortet Moises abermal: vnd Gott setzet sie an der Feste des
Himmels/ 2c. Das ist/ er hat sie in sein grosses Buch geschrieben/ welches ist der grosse
weite Himmel/ daß sie alle Welt sehen/ vnd sich darnach richten kan.

Weil denn nu hier aus Mose klar vnd war ist/ daß GOtt der Allmechtige Sonn/
Mond vnd Sternen darumb erschaffen/ vnd darumb an den Himmel geheftet/ daß alle
Menschen sich darnach arten/ vnnd die Zeit vnnd all jhre Hendel vnd Gewerb in der Zeit
darnach richten vnd anstellen solten/ so folget/ daß wer sich solches Studii befleissiget/ nicht
sündiget/ sondern darin zu leben/ allein daß er nicht weiter fahre vnd solcher Sonn/ Mond
vnd Sternen/ nicht weiter als zur Zeit brauche/ vnnd lasse Astrologiam/ wie allbereit ver-
meldet/ auffen/ sonst wo man darmit zu weit fehret/ vnd sich zuviel düncken lest/ so gibts gute
Fantasten

vnd Newen Calender.

Fantasten vnnd Narren/ wie an den newen beschmissen Hauptropheten/ welchen der Baswerltrager oder Voxlentische-Dorffscherer/gerne außmalen wolte/ zu sehen/ darvon ich nach der Lenge in meinem Schreiben an einen vornemen Landßherrn gehandelt vnd dem Necken die Narrenkappe vnd Schellen so gewiesen/ daß wo er jetzt nur gehet oder stehet/ein jeder die Esels Ohren an jhm sihet/vnd spricht: Sihe/ das ist der Meister/ der den newen Propheten außhecken/ vnd auß seiner vnfundierten Astrologia außrechnen wird/ wenn der Jüngste Tag kommen sol/ 2c. Ja es folget auch weiter dieses darauß/ daß nach solcher vnordnung Gottes des Allmechtigen allhier Adam vnser erster Vater/ die Zeit erstlich nach der Sonnen vnd Monden vnnd andern Gestirn/ eingetheilet vnnd erfunden hat/ wie man die Zeit in Wochen/ Jahr vnd Tag machen sol. Die Wochen hat er gerechnet von einem Sabbath zum andern/ an welchem er dem Exempel Gottes nach/ geruhet/ Gott gelobet vnd gedancket. Die Monden nach dem Lauff des Monden/ der sich alle vier Wochen vernewert. Das Jahr nach dem Lauff der Sonnen/2c. Denn solches wird kleerlich bewiesen vnd dargethan/ auß vnserm jetzt ein wenig erklerten Sprüchlein allhier/ da Moises schreibet vnd sagt/ daß Gott der HERR zwey grosse Liechter/ als die Sonne vnnd Mond/derhalben an Himmel gesetzt/ daß sie Zeit/ Jahr vnd Tag vnterscheiden sollen. So stehet in der heiligen Schrifft hin vnd wieder/ darauß man leplichtfflig sehen kan/ daß der vnterscheid der Stunden/ Tage/ Wochen/ Monden/ Jahr/ vnsern ersten Eltern nicht vnwissendt gewesen. Ja von jhnen erfunden sey/ wil geschweigen/ daß man mit darauß beweisen kan/ daß also bald in der Schöpffung ein jede Zeit jhren Namen bekommen.

Denn wil im 147. Psalm stehet/ daß Gott der HERR die erschaffene Sternen zelet/ vnd ein jeden mit seinem eignen Namen ruffet vnd nennet/ so ist es auch gleublich/ daß er einer jeden Zeit jhren besondern Namen zugeeignet/ die wir doch jetzt nicht/ sondern nur die haben/ die von fürtrefflichen Astronomis jhr gegeben worden ist.

Dieses ist also auff die andern Patriarchen kommen/ denn wir sehen in der heiligen Schrifft/ daß jhr langes vnd grosses Alter nach Jahren auffgezeichnet worden/ So wird in der Historia von der Sündflut des Monden/ vnd der Tag im Monden gedacht/ darauß zu sehen/ daß solche Jahrrechnung von Adam auff die Nachkommen geerbet.

Josephus lib.1. Cap. 4. Antiqu. Iud. schreibet/ daß die Nachkommen Seth/ die schöne Kunst Astronomiam von des Himmels Lauff/ vnnd wie man die Zeit rechnen, erfunden haben sollen, vnd weil sie von jhrem Großvater Adam gehöret/ das die Welt würde vntergehen/ einmal durchs Wasser/ das ander mal durchs Fewr/ haben sie zwo steinerne Tafeln/ eine auß Werckstücken/ die ander auß gebrandten Ziegeln gemacht/ vnd das jenige/ was sie in dieser Kunst gewust/ darein gehawen/ damit es wider Fewr vnnd Wasser erhalten werden köndte. Solcher zwo Tafeln/ zeuget Epigenes ein glaubwirdiger Mann sind gefunden worden/ bey 720. Jahr zuvor/ ehe Ninus der Assyrer König/ vnnd Phoronaus in seinem 7. Buch am 56. Cap. Vnnd Johannes Annius Viterbiensis in seinen Commentariis vber Berosi Bücher/ melden/ welches fiel in das Jahr der Welt 1186. für der Geburt Christi 2785. das mag wol sein/ vnnd geben wir diesem Scribenten billich Glauben.

Daß aber die Abtheilung der Zeit in Tag/ Wochen/ Monden vnd Jahr nicht elter sein solte/ das gleuben wir nicht allein nicht/ sondern sind auch zum hefftigsten darwider/ Dieweil aber vnser vor eingewandter Beweiß/ auch das für sichtigen Augen/ das im ersten Buch Mose/ da GOtt der HERR alle Ding erschaffen/ auch der Tage gedacht wird. Drumb da es mit den Tafeln were/ wie wir nicht zweiffeln/ so ist das darauff geschrieben gewesen/ was sie von jhren Vorfahren hievon gehört/ vnd was jhe darzu auß teglicher erfahrung noch gebessert/ nicht daß sie es erstmals erfunden hetten.

So hören wir nun/ daß diß/ wie die Zeit im Jahr/ Monden vnd Tage vnterscheiden/ Zum aller ersten von Adam erfunden/ vnd solche folgendes auff die andern Völckern vnd Lender/ als zu den Chaldeern/ Persen/ Indiern/ Arabern/ Egyptiern Griechen/ vnd letzlich zu den Römern kommen vnd gebracht worden.

D ij Es

Bericht vom alten

Es hat aber fast ein jeder Land vnd Volck eine sonderliche Zeit im Jahr gehabt/dar‐ an sie das Jahr angefangen. Moses vnd Adam fangen das Jahr im Lentzen an/die Egyp‐ tier im Herbst/die Griechen vmb S. Vits tag/welchem die alten Römer biß auff Iulium Cæsarem gefolget/der das Jahr vnd Calender also zugerichtet/wie wir jhn jetzund haben. Solcher mancherley Anfang vnd Rechnung der Jahrzeit im Calender/ist dabey kommen/ daß sie gesehen/wie die Sonne vnd der Monden im Lauff einander sehr vngleich sein/ vnd daß zwölff Monschein zum Jahr zu wenig/vnd dreyzehen zu viel/ Drumb haben sie vmb‐ gewechselt/vnd zum öfftern zwölff/vnd bißweilen 13. genommen/daher sie keinen gewissen Anfang haben können.

Da hiervon wollen wir jetzund nicht reden/wir müssen sonst mehr Zeit/auch geleh‐ rtere vnd verstendiger Zuhörer haben/vnd so solches mit in vnserm Calendario Historico nach der Lenge geschehen/ wir so lange nicht harren kan/ der lese den Bericht H. Eberli/ den er hiervon in seinem Calendario gegeben hat/da es gar fein beysammen stehet.

Wir kommen wieder zu vnserm Römischen Calender/dessen sich die Christliche Kirche je vnd alle Wege/vnd noch biß auff Stunde gebrauchet/vnangesehen/daß sich der Bapst jetzt vnterstehet/den zu endern/vnnd vns darvon außschliessen/ darvon höret auch noch ein wenig mit fleiß zu/es sol euch wol nütze werden.

Die Römer haben sich der Griechen Calender gebrauchet/biß auff ires andern Kö‐ niges Zeiten/der geheissen hat Numa Pompilius, dieser Numa Pompilius hat im 3258. Jahr der Welt/für der Geburt Christi 713. Jahr/vnd nach Erbawung der Stadt Rom/ Anno 39. als er 40. Jahr alt gewesen/das Jahr vnd den Römischen Calender corrigiert/ vnd noch zweene Monden/als Ianuarium vnd Februarium hinnen gesetzt/ Denn zuvor hatten sie das Jahrs nur zehen Monden/vnd das thet er im ersten Jahr/da er zum Könige reich kam/669. Jahr zuvor/ehe jhn Julius Cæsar in die jetzige Ordnung bracht hatte/ vnd war die Endetung desselbigen Calenders/wie der Griechen/ daß das gantze Jahr hielt 354. Tage.

Dieser Calender ist/wie gesagt/blieben biß auff Iulium Cæsarem/Dieser Iulius/ als er des Römischen Reichs allein mechtig wurde/hat er jhm fürgenommen die Ordnung des Jahrs/in eine feine Richtigkeit zu bringen. Denn biß dohero hatten die Römer des andern Königes Numæ Pompilii Jahrordnung gehalten, in die 669. Jahr lang/welches für nemlich/nach der Griechen Exempel/nach des Monden Lauff gerechnet war/ also/daß allwege 12. Monat für ein Jahr gerechnet/ vnd die Monat einer vmb den andern zu 30. vnnd 29. Tagen hielten/das gantze Jahr aber auff 354. Tage gemeiniglich kame/wie alle bereit gesagt/weil aber Jehrlich noch eilff Tage vnd etliche Stunden/ zur Erfüllung eines rechten Sonnen Jahrs /noch vbrig waren/ haben sie gedachte Tage / schrlich zusammen gelesen/biß sie einen Monat gemacht/vnd denselbigen vber drey oder zwey Jahr vnter dem Februario mit einbracht.

Nach dem aber vmb die Zeit Iulii Cæsaris solche Jahrrechnung in eine gros‐ se vnd mercklich Vnordnung gerathen war/ vnd derwegen eine Besserung bedurffte/hat sich gedachter. Heldt dieses Wercks vnterstanden/vnd durch Hülffe Sosigenis eines hoch‐ gelehrten Sternsehers/dem Irthumb also gerathen/daß er erstlich in dem Jahr/da er mit M. AEmilio Lepido, zum dritten mal Consul, vnd Dictator gewesen ist/im Februario 13. vbrige Tage eingeschoben hat/vnnd hernach vnter dem November vnd December des selbigen Jahrs/wider ander zween gantze Monat von 68. Tagen einbracht/ also daß die‐ seb Jahr gehalten hat/445. Tage/wie Dion. lib. 43. vnd Suetonius in Iulio Cæsare, vnd Macrobius Satur, lib. 1. Cap. 14. vnnd sonderlich Censorinus, lib. 17. berichten.

Zum andern/ hat er das fürnemlich nach der Sonnen Lauff gerichtet/ vnnd die üb‐ rige gestellet/auff 365. Tage vnd 6. Stunden/ also daß er die eilff vbrige Tage/nach des Mondes Lauff/in die Monat eingetheilet hat/daß er ein jeden (den Februarium in gemei‐ nen Jahren ausgenommen) Monat/einen Tag mehr/ als zuvor/ zugelegt hat/ vnd diesel‐ bigen forthin/nicht nach des Mondes Lauff/sondern nach jhren Tagen/allein nach einan‐
der zu

vnd Newen Calender.

der zu rechnen/ vnd zu theilen geordnet. Aber die vbrigen Stunden / biß ins vierde Jar alle wege zusammen gesparet/ vnnd alsdenn einen gantzen Tag im Februario / nach dessen 24. Tage / einzubringen geordnet hat / vnd des willen man dasselbige Jahr / Lateinisch bixtilem Calend. Martii, auff Teutsch ein Schaltjahr / von dem vbrigen Tage / der mit ein geschaltet vnd eingebracht muste werden / genennet hat. Vnnd d, wie ist geschehen Anno Mundi, 3926 für Christi Geburt 45. Im 707. Jahr nach Erbawung der Stadt Rom. Drumb hat man jhm zum ewigen Gedechtnis Anno Mundi 3929. 42. Jahr vor der Geburt Christi / als er schendtlich ermordet vnd vmb gebracht worden / den Monat welcher zuvor Quintilis geheissen / nach seinem Namen Julius genennet ist / dessen vmb solches Wercks willen auch werth / wie er auch sonsten gewest ist.

Hernach vber 36. Jahr / als Anno Mundi, 3963. Jahr / für der Geburt vnsers lieben HErrn vnd Heilandes Jesu Christi / im 744. Jahr der Stadt Rom / must Julius solche Verordnung wieder vernewern. Denn als die Priester zu Rom (welchen Julius seinen newen reformierten Calender zu bewaren befohlen) des Keysers Ordnung vom Schaltjahr nicht recht nachkommen waren / in dem daß sie alle wege im vierden Jahre / einen gantzen Tag hetten einbringen sollen / haben sie dasselbige alle wege auff das dritte Jahr gethan / das sie also die vergangene 36. Jahr / von Anfang der Julianischen Jahr ordnung / hat gehalten / 12. Schaltjahr / da sie doch nicht mehr als 9. hatten halten sollen / vnd also drey Tage zu viel waren einbracht / Derwegen ordnet es der Keyser Augustus also / daß man die nechstfolgende 12. Jahr schlecht vnd ohne Schaltjahr halten solte / damit die vbrigen drey Tage oder Schaltjahr / welche in verschienenen Jahren gehalten waren / wieder einbracht wurden. Darauff wird im andern Jahr hernach / dem Augusto zu Ehren / der Monat Sextilis / Augustus genennet / vnnd aus dem Februario / der bißher in gemeinen Jahren 29. im Schaltjahr aber 30. Tage gehabt / ein Tag abgezogen / vnnd dem Monat Augusto zugelegt / damit er auch 30. Tage habe / wie Julius.

Solcher Calender Numae Pompilii / wie jhn Julius hat gebessert / hat biß auff die angehende 1586. geweret / 1631. Jahr / sieder Augusti Correction / sind es jetzund 1594. Aber von dem an / da jhn Numa Pompilius das erste mal gebessert / vnd die zweene Monden Januarium vnd Februarium noch hinein gesetzt / vnnd das Jahr in Mertzen angefangen verordnet / zu rechnen / sind es auff gas jetzt angehende 1586. Jahr / nach der Geburt vnsers lieben HErren vnd Heilandes Jesu Christi 2299. Jahr / vnnd ist vngeendert blieben / biß für drey Jahren / als nemlich Anno Christi 1583. Im October / Bapst Gregorius der 13. dieses Namens zuverwerffen fürgenommen / vnnd dargegen den / welchen er hat stellen lassen / der gantzen Christenheit / sonderlich in Occident / auff zu bringen sich vnterstanden / aber biß daher noch nicht volkömlich enden können / vnd / wie zu besorgen / nimmermehr enden wird / vnd do es so geendet werden solte / wird solches der SohnGottes mit der Erscheinung seiner herrlichen Zukunfft thun müssen. Darumb wir denn alle Stunden vnd Augenblick seufftzen / bitten / ruffen vnd schreyen.

Hier möcht einer bencken oder sagen / weil dieser vnser Calender so lang geweret / warumb jhn denn der Bapst jetzund allererst geendert / es muß ja jrgend eine Vrsach haben / sonst würde es wol nachblieben sein? Darauff ist die Antwort dieses: Es ist war / daß der Calender so lang geweret / vnd daß er nicht vergebens vnd vmb sonst geendert worden / mit der Vrsach vnd Gelegenheit aber ist es also gewendet: Keyser Julius hatte den Calender also geordnet vnd gestellet / daß ein jedes Jahr 365. Tage in sich halten oder begreiffen solte / wie denn biß auff diese Stunde solches geschehen / Man hat aber hernach in scharffer Rechnung observiert / daß das Julianische Jahr vmb das fünffte theil einer Stunden zu lang / das ist / daß die Sonne alle Jahr das fünffte theil einer Stunden / ehr jren kreiß durchfehret / denn sich vnser biß daher vnd noch bräuchlicher Julianischer Calender endet / Diß fünffte theil von einer Stunden / daß das Jahr vnserm Calender nach / zu lang / der hat alle vier Jahr eine Stunde / weniger das fünffte theil einer Stunden / außgetragen / dieselbe eintzele Stunde / so von den fünfften vberleyen theil / in 4. Jahren / weniger des fünfften theils

einer.

einer Stunden/eine Stunde darauß gemacht/die hat man alle mal vber das vierdte Jahr im Hornung eingetworffen/ diese Stunde weniger das fünffte theil einer Stunden/ so alle vier Jahr im Hornung eingeschoben/haben alle hundert vnd 20. Jahr/ schier einen gantzẽ Tag auffgetragen/das machet vber 14. Tage von der Zeit an zu rechnen/ da Julius diesen Calender gestellet/biß auff diß heut angehende 1586. Jahr/ welches gewesen ist das 45. Jahr für der Geburt vnsers HErrn vnd Heilandes Jesu Christi/vnnd wie zuvor gesaget/ jetzund sein 1631. Jahr.

Diese vberley 14. Tage nun/ liebe Andechtige/ die Minuten/ so fehrlich vberley bleiben/vnd alle vier Jahr bey nahe einer Stunden/vnnd alle hundert vnnd zwantzig Jahr/ fast einen gantzen Tag auffgetragen/ die haben gemacht/daß das Aequinoctium Vernum, das ist der Tag / daran Tag vnnd Nacht im Früling einander gleich / vnnd der zu Julii Zeit auff den vier oder fünff vnd zwentzigsten des Mertzens fi l/ jetzund auff den zehenden/oder eilfften genandten Monats Mertzen fellet/ Item/daß der kürtzte Tag/ der zu jener des Julii Zeit/auff den 26. des Christmonden/ jetzt kaum auff den 12. desselbigen gefellet/wie denn auch alle andere Tage weit abgewichen sein von der Zeit / darauff sie erstlich gerichtet worden. Von dannen/nemlich von dem fünfften theil einer Stunden/ welche Julii Jahr nach vnserm Calender zu lang gewest/ vnd das alle vier Jahr eine Stunde/ weniger des fünfften Theil einer Stunden / vnd alle hundert vnnd zwantzig Jahr/ fast einen gantzen Tag gemachet/ist auch biß hin kommen/daß die Güldene Zahl von Julii Zeiten an/biß auff vns /vmb 5. Tage abgetretten/ welches ferner mit dem Osterfest/ welches darnach reguliret werden muß/grosse vnrichtigkeitgeben. Denn weil die Gelehrten/ so Julius zur Correction des Calendarii gebrauchet/die Güldene Zahl auff neuntzehn Jahr/in welchen so den newen Monden /jhre vorige stadt am Himmel wieder zu erreichen vermeinet/ gegründet/vñ sich doch hernach vmb den residui reilst/davon wir gesagt/befunden/dz solche neuntzehen Jahr/vmb ein klein wenig zu viel/welches kleiner vnd weniger gemacht/daß der newe Monden alle wege vber 300. Jahr einen Tag / von jhrer Zahl hinder sich gegen dem Anfang des Calenders /krichen/ hett man solch Newmonden in der Güldenen Zahl alle drey hundert Jahr/vmb einen Staffel versetzen sollen/weil es aber nicht geschehen / ist genandte Güldene Zahl vmb des Tages willen/den sie alle drey hundert Jahr/ hinder sich gekrochen/eine falsche Zeigerin /vnnd also eine Vrsach worden/daß die Christlichen Kirchen / gegen Auff vnnd Niedergang / vber vnserm heiligen Osterfest/ streitig vnnd vneins worden. Denn die Kirchen gegen Nidergang/ den Sontag der Jüden Passah/ die Kirchen aber gegen Oriente/hielten es den nechsten Vollen Mond / der ins Aequinoctium, (das ist / wenn Tag vnd Nacht im Früling einander gleich ist) oder zu nechst darnach kömpt. Dieser Streit hat lange / vnd biß auff die Zeit des Nicenischen Concilii gewehret/ welches gehalten ist/ Anno Mundi, 4295. Nach der Geburt vnsers lieben HErren vnd Heilandes Jesu Christi/ 325/ da er allererst beygelegt vnd vertragen worden/ der Gisalt vnd also : Man solte sämptlich vnnd sonderlich in allen Orten der Christenheit die Ostern halten/auff den Sontag nach dem vollen Mond / der ins Aequinoctium oder zu nechst darnach fiele. Hierbey vnnd darneben sind gewesen 318. Bischoffe vnd Väter/ vnd ist diß dahero vom Bapst zu Rom/von den Patriarchen in Grecia zu Constantinopel/in Syria zu Antiochia/in Egypten zu Alexandria/trewlich custodiret/vnd solcher Constitution nachgelebet/vnd also biß auff vns /vnd diß heute angihende newe 86. Jahr/ propagieret vr. nd behalten worden.

Damit man aber alle Jahr gewiß vnd eigentlich wüste / auff welchen tag das Aequinoctium vnd der Newe Mond des Osterlichen Vollmondes gestele/hat das Concilium durch Recht vnd Kunst Astronomorum gestellet/ auff den 21. Tag des Mertzen/ vnd die Newen Monden mit der Güldenen Zahl/die all mit einander ist 19. geseichnet/vnd zum ersten tage des Mertzens 3. zum dritten 11. zum fünfften 19. zum sechsten 8. gesetzt/vnd hierauff die Ostern fehrlich zu rechnen/vnrichtige Canones vnnd Regulas gestellet / die doch biß daher als richtig gebraucht worden/ so sie doch vor viel hundert Jahren falsch gewesen sind.

Nun

vnd Newen Calender.

Nun (daß wir wieder darzu kommen/davon wir zu reden vorgenommen/nemlich/ aus was Vrsachen vnser vhralter Calender/jetzund aller erst geendert worden) das vberlege fünffte Theil einer Stunden/welches Keyser Julij Jarordnung vnd Calender zu lang gewesen/vnd daß alle Jahr weniger das fünffte theil einer Stunden/vnnd alle hundert vnnd 20. Jahr/gar nahe einen gantzen Tag vnd Jrrung in der Gülden Zahl vnnd Osterfest gemacht/vnnd die das Concilium zu Nicea etwas geendert/hat sieder desselbigen Concilij Zeit/biß jetzt auff vns/auffgetragen/mehr als zehen Tage (Denn so fern ist das Acquinoctium von darnen biß auff vns/hinder sich geschlichen/wie auch die Newmonden vnd Güldene Zahl vmb vier gantzer Tage gethan hat). Diese zehen Tage/sage ich/so die vberlegen Minuten vnd Stunden/sieder dem Nicenischen Concilio auffgetragen/die sind die Vrsach/daß weder Weinachten/Ostern/Pfingsten/oder sonst ein Fest/auff die Zeit vñ Tage in der Christlichen Kirchen gehalten wird/wie es das Concilium zu Nicea geordnet/ Sondern wie ein jedes zehen Tage zu langsam kömpt/vnnd das machet es/daß man den Calender hat endern müssen.

Sprichstu/das ist eine ziemliche Vrsach/was gehet vns der Bapst mit seinen Concilien an? So höre was ich dir sagen wil: Die Bischoffe vnd Veter des obgedachten Nicenischen Concilij/haben dahin gesehen/vnd das betracht/daß es sein/daß man ein jedes Heuptfest vmb die Zeit vnd auff den Tag begehe/daran es geschehen/weil es mehr Andacht gibt/so haben sie die Zeit nu so eingetheilet/daß es mit solchem ihrem Jntent/nemlich mit der Zeit/daran das/vmb des willen man das Fest helt/geschehen/zu getroffen. Welches/weil es eine feine vnd Christliche Ordnung/wiewol nichts sönderliches daran gelegen/so hat Bapst Gregorius der 13. dieses Namens/der das Heupt der Kirchen sein wil/sich vnterstanden/solches wieder in dieselbigen terminos zu bringen/welches an sich selbst nicht böse/Wie sich aber ein Christ mit gutem Gewissen dargegen halten sol vnd kan/ darvon wollen wir auch bald Bericht thun.

Vber das/so ist darnach das auch eine Vrsach/die nicht gering/der Vnordnung in Kirchen vnd andern leiblichen Sachen. Denn wo man dem alten jrrigen Calender/auff diese weise nicht geholffen/oder künfftig auff andere bessere weise helffen liesse/so würde mit der Zeit/so die Welt lenger stehen solte/die Feste/so jetzund im Winter/im Sommer/vñ so jetzund im Sommer/im Winter gefallen/welches ergerlich. Vmb solcher vnd dergleichen Bedencken willen/hat meines erachtens/der Calender vor langst einer Enterung vñ Vorbesserung bedurffte. Ob es aber dem Bapst oder Keyser eigentlich zustehe vnd gebühre/ laß ich andere disputieren/vnnd vnter deß sich hierumb die Einfeltigen aus dem Bericht erholen/da ich wie gehöret/erstlich Könige vnd Keyser/durch erfahrne Astronomos/vnd hernach der Bapst/durch ein allgemein Concilium/vnd Beysein vieler Bischoffe/vnd anderer Gelehrten sich solches hohen/grossen vnd nützlichen Wercks vnterfangen/vnd dasselbe vollnzogen haben/wie ich auch das andere/die Erfahrung beweisen lasse/ob solcher Gregorianischer Calender allenthalben werde angenommen/vnd ins Werck gesetzet werden/das vmb der Richtigkeit/so er für vns haben/vnd denn der Nutzbarkeit halben hat/in diesen geschwinden Leufften/vnnd bey so mancherley spitzfündigen Köpffen mehr zu wünschen/als zu hoffen.

Ich wil auch das nicht sagen/sondern mit Worten helffen/ob man einen richtigern kürtzern vñ bessern weg/diesen Calender zu corrigieren/wird erfinden vñ brauchen können/ Es saget je einer diß/der ander jenes/es weiß einer diß/der ander jenes Mittel/wie wir auch vnser einfeltig Bedencken kürtzlich sagen wollen/oder der es beweisen wolte/hat sich noch keiner funden/vnd gehet hier nach des Poeten Wort: Pollicitis diues quilibet esse potest. Vnd gleube/es wird wol war bleiben/weil es jetziger Zeit on Artificibus vnd auch an Patronis mangelt/vnd niemand vor handen/der die Arbeit auff sich nemen/vnd die Vnkosten darlegen wil/es were denn/daß der newe Prophet/sich mit seiner viel verheissenen Emendation herfür thete/vnd den Leuten was zu lachen machete.

Bericht vom alten

So hat nu der Bapst mit dieser Enderung des Calenders dahin gesehen/ daß er die Zeit/ Tage vnd Feste/ gerne der gestalt vnd also wieder haben wolte/ wie zur Zeit des Nicenischen Concilii gewesen/ vnd alle andere weiterunge/ Jrrunge/ vnd was for sten mehr/ dieses falls/ schedlich oder hinderlich ist/ verhütet würde. Das hat nu auff keine andere weise geschehen können/ kan auch noch auff keine andere weise geschehen/ es sey denn/ daß man die genandten zehen Tage/ so von der vberleyen Minuten/ sieder dem Nicenischen Concilio her/ auffgetragen/ wieder weg bracht/ vnd das Jahr vmb so viel kürtzer gemacht würde. Wie aber solches füglich geschehen/ solcher auffgelauffenen zehen Tage los zu werden/ vnd die Zeit in dem Stande/ als sie damals gewest/ da das Concilium Nicenum gehalten/ vnd also ein jedes Fest an seinen gebürlichen Ort wieder bringen köndte/ darvon hat man lange Zeit gerathschlaget. Es hat es nicht dieser Bapst allein gesehen/ vnnd für gut geachtet/ sondern für jhm viel seines gleichen. Sonderlich haben die Astronomi sehr offt vnd gar fleissig die Potentaten sollicitieret/ erinnert vnnd gebeten/ daß sie die Zeit in acht nemen wolten/ aber wenig außgerichtet/ biß jhn nu der Bapst/ dem Schimpff beutet/ vnnd also eine Verwirrung vnd Ergernis vnter dem gemeinen Mann anrichtet.

Man hat hiervon gehandelt auff Concilio zu Costnitz/ Anno Christi 1414. Aber weil man mit Johan Huß so viel zu thun gehabt/ ehe man jhn zu Pulver verbrand/ vnnd seine Asche verstrewet/ hat man nichts außgerichtet. Eben so viel auch vber 17. Jahr/ Anno Christi 1431. im Concilio zu Basel/ vnd vber 36. Jahr/ als Anno Christi 1567. in welchem Jahr der Bapst Paulus der ander/ den weit berümbten Astronomum Johannem Müller/ von Königsberg in Francken/ deß auch fürtrefflichen Astronomi Herr Georgen Purbachs Discipel/ dieses Wercks halben zu sich/ in Walschlande gen Rom fordern lassen/ außgerichtet worden.

Anno Christi 1516. Hat sich dessen der Bapst Leo der zehende auch vnterstanden/ vnd solches mit grossem Ernst getrieben/ hat auch die fürnemesten Potentaten/ vnd jre Gelehrten in Teutschlandt beschrieben/ vnd vmb jhren Rath ersücht vnd gebeten. Derhalben man damals gute Hoffnung bekommen/ were auch sonder zweiffel ins Werck gesetzet worden/ wo solches nicht mit Herren Luthers Disputation were verhindert worden.

Wir wollen aber des Calenders vnd der Feste gerne vergessen/ weil vns Gott der HErr die Lehre corrigieret/ emendieret/ vnd von des Bapsts Vnflat gesewret hat. Sieder der Zeit ist es verblieben/ vnnd hat sich niemand sonderlich darumb bekümmert/ ohn allein/ daß zwar vnter andern im Concilio zu Tridenti/ Anno Christi 1545. darvon zu handeln proponieret/ aber gleichwol im ledigen Stro gedroschen worden/ ohne daß etliche Astronomi in Schrifften vber die Vnrichtigkeit geklaget/ vnd vmb Emendation gebeten/ vnd noch. Man hat auch für so viel Corruptelisten vnd Schwermer/ wider vnser Lehr der Augspurgischen Confession/ in dem heiligen vnd nützlichen Buch der Formulæ Concordiæ erkleret/ so viel zu schaffen gehabt/ daß man zu einem solchen grossen vnnd schweren Werck/ als die Verbesserung des Calenders ist/ füglich nicht hat kommen können. Nun aber weil die meisten Streitsachen/ so wir zwischen vns selber gehabt/ der meiste theil componiert/ mögen sich dieses Fürstlichen Wercks vnsere Potentaten erinnern/ vnnd sich als löbliche Teutschen sehen lassen/ Sed surdis narro fabulam. Wir brauchen das Gelt lieber zu etwas anders/ ꝛc. Hiervon nichts mehr/ es heist Noli me tangere.

Die köndte ich auch wol nach der Lenge berichten/ was in genandten Versamlungen/ vnnd sonsten für Rathschlege der Emendation Calendarii halben gegeben worden/ vnd wie auch diß Mittel/ das Gregorius gebraucht/ nicht sein Inventum, sondern für langst in Vorhaben gewesen sey. Weil aber auch sonderlich daran nicht gelegen/ es auch von andern beschrieben worden/ laß ichs nicht vnbillich beruhen/ vnnd sage allein/ wi es jetzundt ins Werck gesetzet vnnd vollnbracht/ daß dieselbigen zehen vberley Tage/ aus dem Calender bracht/ vnd das Jahr vmb so viel kürtzer gemacht worden ist/ nemlich der 12.

vnd

vnd Newen Calender.

vnd letzte Monat im Jahr/ welcher December oder der Christmonden heist/ hat neben dem Januario/ Martio/ Majo/ Julio/ Augusto vnd October/ sieder Julii Correction/ all wege 31. Tage gehabt/ von demselbigen December hat der Bapst zehen Tage abekürtzen/ vñ jhm nicht mehr als 21. Tage gelassen/ vnd solche abkürzung machet nun/ daß das Aequinoctium, Ostern vnd andere Fest vnd Feyrtage/ wieder so gefallen/ als zur Zeit des Nicenischen Concilii, Sie machet auch/ daß Bawrem vnd andere einfeltige Leute/ etwas seltzam dünckel/ biß sie dessen gewohnen. Ich wil aber die Astronomos vnd andere hochgelehrte hiervon disputieren lassen/ ob es so gar wol getroffen/ oder ob es süglicher/ daß solche zehen Tage aus dem gantzen Jahr/ vnnd nicht aus einem Monden allein aufgesetzet wurden: Sie möchten sich auch dessen vereinigen/ wie den tabulis vnd instrumentis Astronomicis, die der Correction am meisten bedürffen/ zu rathen.

So viel vom ersten vnserm fürgenommenen Pünctlein / woher die Calender vrsprünglich kommen/ wer/ wenn/ wie vnnd wie offt sie corrigieret/ vnnd aus was Vrsachen solche Correction abermals nötig/ vnd vom Bapst fürgenommen: Höret nun auch ferner auff das

Ander Pünctlein:

Als haben wir gesaget/ sol sein/ welchs dan vnter den beiden/ dem alten Julianischen/ vnd dem newen Bepstischen Calendern/ der beste/ richtigste vñ gewissester. Denn aus dem Bericht/ den wir auch jetzt abgehandeltem Stück gegeben/ habt jhr in einer Summa so viel vernommen/ daß vnser alter Julianischer Calender vmb sechs Tage willen/ so die vberley Minuten vnd Stunden von dem Nicenischen Concilio, biß auff das heut angehendet 586. Jar/ aufftragen/ daß wir den andern vor dem Concilio geschweigen/ sehr falsch vnnd vnrichtig/ Deßgleichen/ daß auch der newe Gregorianische oder Bepstische nicht durchaus dermassen eintriret/ daß man gentzlich damit befriedet sein köndte/ ob er wol Zeit/ Fest vnd Tage halben vnserm alten vorzuziehen: So fraget einer hier nicht vnbillich/ oder vnbequem/ welcher doch nu vnter den beiden für den besten zu achten vnnd zu halten? Hierauff behaltet diese einfeltige/ schlechte vnnd rechte Antwort.

Wiewol es sehr schwer vnnd fehrlich hiervon zu berichten/ daß man der Sachen vnd auch denen/ so fragen/ gnug thu. Denn spreche ich vnser alter Julianischer Calender sey nicht so gut als der Gregorianische oder newe Bepstische/ so köndte einer gedencken/ ich haechelte oder suchte schwenckete/ wo nicht gar dem Bapst/ doch denen zum wenigsten/ so solche Bepstische Ordnung mit dem newen Calender angenommen/ vnnd machte mir verdacht/ Gefahr vnd Vngnad bey vnsern Christlichen Schilden den alten. Widerumb sage ich/ vnser alter Julianischer Calender sey dem newen Gregorianischen vorzuziehen/ so lade ich mir diejenigen vnter den Heuptern vnd Gelehrten auff den Hals/ die vnsern alten nicht allein abgeschaffet/ vnd jhren newen angeordnet/ sondern auch jren newen/ als rechte in jhren vernünfftigen Schrifften vertheidigen. Vnd Summa/ man mus sich gar gnaw vnd eben vorsehen/ daß man sich nicht verbrenne/ Dan auff beide Partheien schwere Vogel/ ꝛc.

So ist das eine solche Sache vnd Disputation/ die man weder aus Gottes Wort oder andern gewissen Gründen decidieren vnd vertragen köndte/ vnd die noch wol eine weile in dubio vnd im Zweiffel hangen/ vnnd darvon billich einen jeden sein Iudicium frey gelassen/ Dethalben keiner verdampt/ er halte es denn mit dem Alten oder mit dem newen/ ꝛc.

Wer das wil es einen sehr gelehrten vnnd erfahrnen Mann haben / nicht allein in Gottes Wort vnd den Schrifften der lieben Antiquitet / sondern auch in der schönen vnd nützlichen Kunst der Astronomia/ die jetziger Zeit sehr geschwecht/ vnd gemißbraucht wird/ Deßgleichen muß einer / der hiervon iudicieren wil/ nicht selten vnd wenig/ sondern offt vñ viel/ ja mit einem sonderlichen Fleiß die Historien perscrutiert vnd gelesen/ vnd sonsten auch einen feinen richtigen Verstandt darvon haben/ ꝛc.

Wie

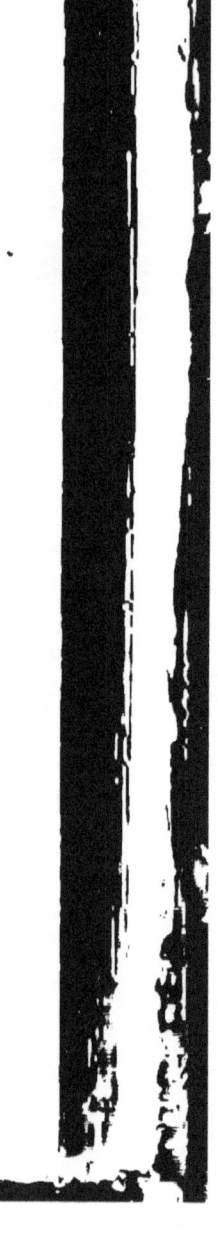

Bericht vom alten

Wie schwer vnd schrecklich es aber ist/ vnnd wie gar gering vnnd wenig ich mich hierzu selbst erkenne/ vber von andern/ sonderlich meinen Mißgönnern/ derer ich/ GOtt sey gedancket/ ein fein Häufflein/ mag oder kan gehalten werden/ will ich doch als ein einfeltiger/ bey euch meinen einfeltigen Pfarkindern/ hiervon mein einfeltiges Gutduncken/ einfeltig geben/ vnd bitte/ ihr als einfeltige/ wollet es von mir einfeltigen in aller kürtz vnnd Einfalt anhören/ mercken vnd behalten/ wie folget:

Daß vnser alter Julianischer Calender sehr vnnd gar sehr vnrichtig/ das habt jhr im ersten Püncktlein gehöret/ desgleichen seid jhr auch berichtet worden/ daß solcher Vnrichtigkeit etlicher Massen mit dem newen Gregorianischen geholffen/ So ist nun vnser alter Julianischer Calender nicht so gut als der newe Gregorianische/ in dem daß er von Julij Zeit biß daher/ so viel auffgetragen/ daß das Jahr vber 14. Aber noch dem Nicenischen Concilio an/ biß auff vns jetzunder/ zehen Tage lenger ist/ als es nach dem lauff der Sonnen sein sol. Darnach das noch vnserm alten Julianischen Calender kein Fest auff die zeit gefellet/ daran es das erste mal gewesen/ oder wie es die lieben Vorfahren verordnet/ sonderlich die Ostern/ Weinachten/ Mariæ Verkündigung.

Der newe Gregorianische Calender ist eben vmb des willen so viel desto besser/ denn er vnserm Julianischen Calender/ vnd desselben erster Stifftung vnd Ordnung viel neher/ als vnser/ so trifft er auch mit den Festen besser ein. sonderlich vnd fürnemlich aber/ kommen alle Fest vnd Tage wiederumb an den Ort/ dahin sie das Nicenische Concilium gesetzet/ ꝛc. Wiederumb so ist vnser alter Julianischer irriger Calender/ besser/ als der newe Gregorianische/ In dem/ daß die Leute dessen in allen Orten gewohnet/ vnnd denselbigen biß daher im Brauch gehabt/ vnnd sich weder gelehrten noch vngelehrten rechten Christen/ niemand daran stossen ob gleich die Festa nicht so eigentlich gefallen vnd eintreffen/ als sie sollen.

Der newe Gregorianische Calender ist eben diß solle nicht so gut als der alte/ Dan gleich wie jede vnd alle Mutation vnd Newerung periculosa, etwas geschicklichs vnd vnbequemes mit bringet: Also gehet es jhm auch/ der /weil er so plötzlich vnnd vnser sehens auffgerichtet/ machet/ daß sich Gelehrte vnd Vngelehrte daran ergern/ machet grosse verwirrungen in allen Sachen vnd Hendeln/ machet schimpffliche Reden/ vnd daß vnser liebe heilige Festa sehr verspottet werden/ ꝛc.

So ist vnser alter Calender auch in dem besser/ als der newe/ weil derselbige vom Römischen Keyser/ auff vorgehabten reiffen Rath/ viel trefflicher/ gewaltiger/ gelehrter Sternseher gestellet/ vnnd von den Heuptern des Römischen Reichs/ mit gutem willen/ einhellig angenommen/ vnd biß daher darüber gehalten. Der newe aber vom Bapst allein ohne einige wissenschafft jrgend eines Teutschen Fürsten/ auff welchem doch nu mehr das Römische Reich stehet/ wider aller seiner Vorfahren Brauch/ denselbigen jeden vnd allen Potentaten/ auch denen/ die sich vor langst von jhm mit gutem Gewissen geschieden/ mit Gewalt ein zu nötigen vnterstanden.

Der newe Gregorianische Calender ist besser/ als vnser alter Julianischer/ Denn es sind derer mehr/ die jhn brauchen/ als vnser/ die den alten haben / Item/ die den newen brauchen/ das sind die grösten vnd fürnemsten Potentaten in gantz Europa/ vnnd in gantz Occident/ welchen vnsere Heupter nicht gleich/ wenn man die Menge vnd das Vermögen betrachtet. Dargegen ist vnser alter Julianischer Calender besser/ als der newe Diuisische/ in dem/ daß die wenigen vmb geringen/ die jhn haben vnnd halten/ gleichwol solche Potentaten vnd Leute sein/ die die rechte ware Kirche/ GOttes Volck/ das liebe Wort Gottes/ vnd den Brauch der heiligen hochwirdigen Sacrament/ so rein haben/ als sie zun Zeiten des HErren Christi/ vnnd der lieben heiligen Aposteln gewesen sein/ welches nicht allein alle Calender/ sondern alle Gestirn im Himmel vnd Erden weit/ weit vbertrifft. darbey vnd darunter denn auch gleichwol noch solche Herrn sein/ die der Macht vnd Gewalt/ daß sie der Bapst wol muß vngebissen lassen.

Besser

vnd Newen Calender.

Besser ist der newe Calender als der alte / denn jhn der heilige Vater der Bapst mit Rath seiner heiligen Cardinäl aus dem Scrinio seines Hertzens herfür bracht / Dargegen vnser alter von einem Heidnischen Keyser vnnd etlich heidnischen Gelehrten ist gemacht vnnd gestellet worden.

Der newe Calender ist auch in dem besser als vnser alter /daß diejenigen /so da schuldig außhaben / vmb zehen Tage ehe bezahlet werden: Vnser alter aber ist für arme Leute / die haben zehen tage lenger Frist/ vnd können die zehen Tage noch Rath finden. Halt mir es zu gut /lieber Christen /daß ich in diesen ernsten Sachen ein Schertzwort mit einwerffe.

In dem sind sie einander gleich /daß sie beide von Rom herkommen /vnnd gleich wie der alte von einem Heidnischen Keyser /der sonsten nichte viel guts gethan / gestellet / Also ist dieser vom Bapst gemacht worden / von dessen Tugenden /wie fast von aller seiner Vorfahren /man wenig weiß.

Nu daß wir schliessen / welchs ist denn der beste /der alte oder der newe? Ich wil die eine kurtze Antwort geben /Der ist der beste /welchen dir dein einig Hertz vnd Gewissen aus diesem vnserm Bericht für den besten loben wird/ es sey nu der alte oder der newe / ist gleich eins /wenn es nur ausser Ergernis vnd vnordnung geschicht. So viel vom andern; Höret nu weiter auff das

Dritte Pünctlein:

Das sol nach vnser Proposition sein / Wie man in solcher Trennung / so mit dem Calender eingefallen / wieder zur beständigen Einigkeit kommen kan. Ob aber auch hierzu eine tüglichere Person gehöret /vnd ich meine Infantiam vnd Vnuermögen nicht leugne /mit auch wol mehr Erudition, so wol auch andern / die meine Meister sein wollen /wündschen möchte / wil ich doch wie biß vorigen / als ein einfeltiger / bey euch Einfeltigen / einfeltig mein Wolmeinen hiervon anzeigen / die Hochgelehrten /vnd die /so es besser wissen /mögen das jhre auch thun.

Vier Wege sind /auff derer einem gegangen werden muß /so wir wieder nur einen Calender allein bekommen vnd haben wollen /entweder es muß einer vntergehen /oder müssen beide bleiben /oder man muß einen andern vnnd bessern machen /als der alte vnnd newe ist /anders kan man meines erachtens /nunmehr zur Einigkeit mit dem Calender nicht kommen /vnnd daß jhrs desto baß verstehet /wil ich es euch ein wenig klerlicher vnnd deutlicher machen.

Vom ersten Wege: Daß entweder der alte oder der newe bleiben sol / so ist bey einem jeden in sonderheit zu betrachten /daß der alte nichte wol allein bleiben / vnd der newe dargegen vntergehen kan /meine Bedencken sind wie folget:

Erstlich / da es gleich so fern köndte gebracht werden / das doch nimmermehr nichte wol müglich/ daß vnser alter Calender also / wie er biß daher gewesen / bliebe / so were es doch/ wie gnugsam erwiesen /nichte allein vnrichtig / Sondern würde jmmerdar je lenger je vnrichtiger /vnd würde mit der Zeit eine grosse Confusion /vnd viel schaden vnd Zerrüttung in der Kirchen /Policey /Haußhaltung vnd allem Gewerbe anrichten / Dem vorzukommen /kan man jhn nicht wol lenger also passieren lassen.

Zum andern /mich düncket / daß der alte Calender auch darumb nicht wieder eingeführet werden kan /weil sichs wolte ansehen lassen / als wolten vnser hochlöbliche vnd hochverstendige Teutsche Fürsten vnd Herrn / von Gott durch vorgehende ordentliche Wahl vnd Bestetigung fürgesetztem Heupt / der Römischen Keyserlichen Majestet / vnser aller gnedigsten Herrn / welcher jhrer Keyserlichen Majestet sich des newen Calenders nunmehr angenommen /fürgreiffen / welchs viel viel /vnd sehr viel hochschedliches vnd gefehrlichs dinges verursachen würde /wie ein jeder verstendiger vernünfftig zu erachten.

Zum

Bericht vom alten

Zum dritten/ wo der alte Calender allein bleiben/vnd der newe vergehen solte/ würde die Römische Keyserliche Majestet dencken/ es were jhr schimpflich/ daß sie zu rück tretten/ vnnd jhre Fürsten im Reich/ jhr vorgehen lassen solte/ vnnd würden sich wol Leute finden/ wenn es auch gleich der Bapst selber sein solte/ die jhrer Majestet solches exaggerieren vnnd auffmutzen/ vnd zu andern hochschedlichen Sachen/ so darauß sich entspinnen köndten/ gelegenheit vnd Anreitzung geben.

Dargegen halte ich/ daß auch der newe nicht wol allein bleiben kan/ auß diesen Vrsachen: Erstlich/ weil er ohne einige vorhergehende ordentliche Rathschlagung/ derer so darzu gehören/ vom Bapst ist publicieret/ vnnd da man jhn auff sein Befehl nicht hat annemen wollen/ von Römischer Keyserlicher Majestet zu halten mandirt werden/ welches vnsern Teutschen Fürsten für eine Schmach vnd Verachtung angezogen werden köndte.

Zum andern/ wenn dieser newe Calender bleiben/ vnnd der alte gentzlich abgethan werden solte/ hette es das ansehen/ als feyreten wir den Bapst wieder auff ein newes/ dem wir doch spinnen feind vnd gram sind.

Zum dritten/ Wir beschemeten vnser gantz Teutschlande/ vnd darinnen allen Potentaten vnd Gelehrten/ als die alle mit einer der den Rath nicht gewußt/ daß der alte Calender jrrig/ oder jemals hetten finden können/ wie man solchem helffen köndte/ wo es nicht von den Welschen vnd vom Bapst zu Rom herkommen were/ wie sich denn der Bapst vnd die Welschen Lecker nicht anders düncken lassen/ ob wol für lengst/ so wol von den Teutschen/ als andern/ die Vorschlege gegeben sein/ die sie jetzund allererst gefolget haben.

Zum Vierden/ wenn der newe Calender allein bleiben/ vnnd er durchauß angenommen werden solte/ wolte er fürwar ein groß ansehen haben/ als vergebe vnsere Teutschen Potentaten etwas von jhrer Freyheit/ darinn Teutschland biß daher/ Gott Lob/ in zimlicher Ruhe gewest vnnd gelebet/ sie müssen auch die Weyserge traen/ daß man jhnen mit auffbringung allerley Newerung/ so lang zusetzen möchte/ biß sie endtlich gar vmb jhre Freyheit kemen/ von welcher wegen doch vnser liebe alte Teutschen Gut vnnd Blut/ Ehr/ Leib vnd Leben/ Land vnd Leute in die Schantz gesetzt/ ehe sie dieselbige erworben/ vnnd so lang erhalten haben. Vmb solcher vnd dergleichen viel höher vnd grösser Vrsachen willen/ die nicht nötig vnnd nützlich alle zu sagen/ ich auch nicht alle weiß vnnd versteh/ wird es schwerlich auff den ersten Weg gehen können/ daß man entweder den alten oder newen Calender gar abthete/ vnd nur einen allein/ es were der alte oder der newe/ behielte: Es were denn/ daß die Heupter zusammen kemen/ sich ein jeder etwas breche/ ein jeder ein wenig nachgebe/ eines für dem andern sich ein wenig demütigte/ eines dem andern zu gefallen/ vmb Friede vnd Einigkeit willen/ von seinem Rechten etwas wieche/ sonst wird es schwerlich dahin zu bringen sein.

Vom andern wege: Wollen nu sehen/ ob es auff den andern weg besser fortgehen wolle/ das ist der/ daß man sie beide bleiben liesse/ vnnd braucht sich ein jedes Land dessen/ den die Obrigkeit zu halten verordnet. Nun ist es an dem/ daß sich dieser Weg für den besten ansehen/ gehen/ reiten vnnd fahren lest/ doch wie gut er scheinet/ hat er doch auch seine schlege/ tieffe Gleissen/ sumpff vnnd anders/ darumb man jhn nicht allzu wol reisen/ das ist/ durchauß für rathsam erachten kan.

Denn erstlich/ so ist sehr ergerlich/ daß man im Jahr die drey Heuptfeste zweymal feyret/ sonderlich denen Leuten/ so an der Grentze wohnen/ vnnd der Buß die da wandert. Es höret einer von solchen vnd dergleichen einfeltigen Leuten/ daß einem das Hertze im Leibe wehe thut. Der Fest an sich selber halben ist nicht zu thun/ sondern vmb des HErren Christi vnd der tröstlichen Lehre willen/ die man daran tractieret vnd handelt/ Darumb ist es zu thun/ die solte man bedencken/ die bekömpt einen bösen Namen/ sonderlich bey vnsern Feinden vnd derselbigen Verfolgern.

Vnd

vnd Newen Calender.

Vmb des willen sollen sich Keyser/Könige/Chur vnd Fürsten/vnd alle Menschen keiner Vnkosten tauren lassen/damit dem grossen Ergernis abgeholffen/vnd das Vrtheil Jesu Christi/vber die/so Ergernis geben oder nemen/nicht gefellet/viel weniger ins Werck gesetzt würde/da er spricht: Es were besser/daß ein solcher Mensch/der ein einigen Christen ergert/nicht geboren were.

Nun ergert solche Verenderung der Fest/nicht ein/zwey/drey/nicht etliche/sondern viel vnzehlich tausendt Christen/die bedencket lieben Herren/vmb Gottes/vnd seines lieben Sohns Jesu Christi/ewers/ihres vnd vnser aller Heilandes willen. Es ist nicht so klein/als man es wol helt/acht vnd macht/ Gott gebe es sey ein scandalum datum oder acceptum.

Es ist keines köstlich/man ziehe es hin wo man wil. Ergert dich dein Auge/Hand/oder Fuß/reiß es aus/wirffs von dir. So/weil diese Vngleicheit der Fest sehr ergerlich/so schaffet es auch ab/die Ihr von Gott dem HErrn darzu gesetzet/vnd mit Weißheit vnnd Gewalt begabet seid.

Zum andern/ So ist es so damit geschaffen/ daß wenn wir beide Calender behalten solten/wie sichs ansehen lest/es grosse Verwirrung in Kirchen/ Policeyen vnd Handthierungen geben würde/daß wir des Vnraths der in Keyserlichen/ Königlichen/ Fürstlichen vnd Herrn Cantzleyen/Emptern vnd Hoffsachen/desgleichen in emporiis, &c. Daraus entstehet/so lang geschwiegen/biß einmal der HErr die Augen vnd Ohren selber auffthun/mit ihrem eigenen schaden klug werden/vnd erfahren/wie viel hieran gelegen/wal es ye der meiste Theil/so für ein gering vnd nichtig ding achtet. Wie wir jetzt vnd allhier auch des nicht gern gedencken wollen/was solcher beiderley Calender in der Medicin/Historien vnd anders viel mehr für gar sehr wichtige Geschrligkeiten vnd Vnrichtigkeiten einführe/die die arme Posteritet/mit schmertzen/besser als wir erfahren vnd verstehen/vnnd desto sehrer oder vnser Nachlesigkeit/vnd daß wir so gar nichts haben drauff wenden wollen/wintzeln vnd klagen wird. Sonderlich weil es in die Zeit eingefallen/da es Gott Lob vnd Danck/der Leute allenthalben so viel/die da mit Kunst/Weißheit/Erfahrung/Authoritet/Macht vnd Gewalt/der Sachen mehr als gnug sein köndten.

Fürwar es wird vns nicht rühmlich sein/wir werden in dem Fall so einen guten Namen nicht hinder vns lassen. Hetten wir dem vielseltigen bitten / flehen / warnen vnnd vermahnen ehe gefolget/so wehre es so viel desto besser / vnnd hette vns der leidige Bapst den Spott nicht dürffen bieten/weil es aber nicht geschehen/mögen wir Augen / Hertzen vnnd Ohren noch aufsthun/vnd darauff dencken/wie der Sachen zu helffen vnd zu rathen / damit das letzte nicht erger werde denn das erste. Wollen wir vns vnd vnsere Zeit nicht bedencken/so last vns doch für die armen Nachkommen sorgen/gleich wie vnsere Vorfahren für vns gesorget haben. Werden wirs thun/so werden wirs von Gott zeitlichen vnnd ewigen Lohn/vnd für aller Welt Ehr/wo nicht/Gottes Zorn vnd Straffe/vnd für menniglich Schande/Hohn vnd Spot haben vnd leiden müssen/daß man vns in der Gruben anspüren vnd anspeyen wird / rc.

Zum dritten/ Da man beides den alten vnnd newen Calender behielte / köndten die Außlendischen vnsere Feinde daraus die Vermutung nemen/weil wir in dem geringen vnd wenigen/wie sie es achten/vns nit vereinigen können/das sonsten auch nit viel Friedes/einigkeit oder guter wille vnter vns sein müsse / vnnd also desto ehe beherrtzter vnnd mütiger zu werden/die Potentaten /an vnd wider einander zu hetzen / vnd einen vnnötigen Krieg anzurichtz / ehe wir dessen inne würden / vñ das glaub ich / sey auch des Heiligen Bapsts Heupt fürhaben/sein suchen vnnd begeren/Ob gleich wie im Calender viel Namen mit roter Dinten gezeichnet: Also wolt er sich auch dermal eins gern in der Ketzerischen Lutherischen Blute erlustigen/muß aber gleichwol auch wagen/daß ihm die Prisilg nicht vnter das Angesicht spritze.

Zum

Bericht vom alten

Zum vierden/ Machet solcher beyderley Calender/ wenn sie lenger bleiben sollen/ Verwirrung vnd Unfriede vnter den gemeinen Leuten. Denn gleich wie es für wenig Jahren zugieng/ da der Streit zwischen Victorino vnd Flaccio war/ nemlich/ wo jhrer zween bey der Zech zusammen kamen/ ein ander examinierten/ so mit einander disputierten/ daß sie die Argumenta einander auff die Köpffe solvierten / oder wie es noch leider gehet/ daß einer Caluinisch/ der ander der Formulæ Concordiæ zugethan sein wil: Also ist es mit den beiden Calendern auch/ da Calendert sichs in Zechen/ so lang biß man endtlich des Calenders vergist/vnd gar kelbern vnd kollern wird/ vnnd auff einander zuschlegt, wie auff die tollen Hunde/ denn bekommen Bader vnd Balbierer zu flicken/ die Richter das Gelt/ die Leute die gefliete Haut/ vnd bleiben die Calender nichts desto weniger einmal wie das ander.

So deucht mich nun abermal/ daß es nicht wol werd sein können/ daß man die Calender alle beide im Brauch behalte/ob es wol für den besten Weg geachtet/ vnd auch, wie zu besorgen/ wol also darbey bleiben wird.

Vom dritten Wege: Wollen nun auch von dem dritten Wege/ den wir auch gewiesen/ ein wenig meldung thun/ das ist der gewest/ wo man nicht entweder den alten oder newen allein/ oder sie beide zu gleich behalten wird/ so müsse man einen andern vnnd bessern machen. Wenn nun diß geschehen solte/ so müst es mit aller Potentaten willen/aus einhelligem Rath der Gelehrten/ mit Bewilligung aller Reichsstende / vnnd denn mit grossen Unkosten ins Werck gesetzt werden. Daß aber diß also gehen solte/ gleube ich schwerlich vmb folgenden Vrsachen willen.

Erstlich: So wird der Bapst jhm nicht die Schande thun wollen/ daß er von seinem einmal publicierten Calender abtretten / In gleichem werden es jhnen die Teutschen Fürsten/ spöttlich zu sein achten/ wenn sie so liederlich von jhren alten fallen/ vnnd einem einigen Menschen/ als dem Bapst zu gefallen/ da sie doch abgesagte Feinde sind/ den newen annemen solten/ vnd würde also hier nach dem Sprichwort gehen: Zweene harte Steine/ malen selten klein.

Zum andern: Der Bapst wird die Gelehrten/ durch ein Concilium zusammen beschreiben wollen/ das werden jhm die Teutschen Fürsten nicht gestehen/ Dargegen werden die Teutschen Fürsten solches thun wollen/ das wird der Bapst nicht zulassen/ Der Bapst wird es in Welsch/das Reich in Teutschland haben wollen/ weil wir Teutschen wol wissen/ wie sie vns halten/ vnd wie sies für der Zeit mit Regiomontano gemacht/ welchen sie eben vmb solcher Reformation willen zu sich erforderten / aber mit einem Welschen Süpflein abgelohnet haben.

Zum dritten: Wenn es nit gehen sol/ wie es der Bapst haben wil/ so wird er nichts wollen darzugeben / Den vnsern aber/ wenn es jhnen gleich nach jhrem Willen gienge/ würden die Vnkosten zu viel vnd zu schwer düncken/ vnd ob es die Gelehrten gern auff jhre Unkost/ Gott/ der Kirchen vnd Posteritet zu Ehren thun wollen/ so haben vnd vermögen sie es nicht/ Stiffe vnd Klöster/ so zu solchen vnd dergleichen gewendet/ sind weg/ zerrissen/ vnd in prophanum usum, das ist/ zu weltlichen dingen kommen/ die wenigen die noch sein/ die werden von den Harpiis teglich so gezwackt vnd gerupffet/ daß schier weder Hew noch Futter/ weder strumpff noch stiel da ist.

Die jenigen / so sie sinne haben vnd besitzen / die können ohne das jhrer Pracht/ Augenlust/ Fleisches Lust vnnd hoffertigem Leben nicht zu kommen/ wo sie nicht die armen Vnterthanen biß auff den eussersten Grad aussaugen. Do nu auch gleich so viel vbermaß wie Gott Lob gnug/ so wendet man es lieber auff schöne Pferde/ Hunde/ städtliche Gebewe/ Pracht/ vnnd zu vnnötigen Kriegen/ oder andern/ als zu diesem oder dergleichen hochnötigem/ Christlichem vnd Fürstlichem Werck/ ıc.

Weil es nun nicht eines / sondern vieles Gelehrter vnnd Potentaten Werck ist/ die doch so gar zwiespaltig vnter einander / so wird es auch auff den dritten Weg schwerlich ganghafftig zu machen sein/ zu wündschen were dieser Weg/ aber zu hoffen sehr schwer.

Hie

vnd Newen Calender.

Hier solten wir nun auch anzeigen/ wie oder auff waserley Gestalt man einen andern newen Calender stellen solte oder köndte/ darmit wir vnsere Teutsche Freyheiten erhielten/ Römische Keyserliche Majestät nicht vorn Kopff stiessen/ vnnd alle Welt wiste/ daß die Teutschen auch Kunst vnd Leute hetten/ die den Bapst vnd seine Welschen beschemen/ vñ das thun köndten/ das der Bapst vnd seine Cardinäl in jhrem Scrinio pectoris noch nicht gesehen/ gewust/ oder doch je noch nicht recht bedacht. Weil ich aber ein Theologus, vnd kein Astronomus, vnnd doch wol weiß/ daß es nicht darzu kömpt/ ist es vnnötig/ daß man ein Landgeschrey darvon mache/ Sonderlich vnd fürnemlich/ weil der newe Prophet nun eine lange Zeit in S. Peters Münster auff der Dorffschencke/ ein Consistorium gehalten/ vnd noch/ darinn der Bapst/ sein Schultheiß oder Richter/ Cardinäl seine Hoffmeister/ Bischoff vnd seine Mitbawren/ Jahern vnd die Leute sind/ die jhm recht vnd Beyfall geben/ vnd wir olle Marckt/ wie eine arme Seele zu Gnaden/ hoffen/ daß er seiner vorhergehenden Bullen nach/ ein solch Decret vnnd beygebundener Emendation / der gantzen Christenheit zu gut publiciren/ damit jede vnd alle Astronomi vnd Potentaten/ nicht ollein im Römischen/ sondern auch in allen Königreichen vnd Fürstenthumen/ Item/ durchaus vnd also auch ich armer Cüster befriedet worden. So bedenck ich auch den Caton/ der da spricht: Ad consilium non accesseris, antequam vocaris.

Do aber so einer mit fragen auff mich drünge / so wolte ich rathen/ daß man einen solchen newen Calender machete/ darein man die vberlegen Tage nicht so plötzlich/ sondern fein mehlich/ vnnd daß es der gemeine Mann nicht vermerckte/ außwürffte/ vnnd dan jhn hernoch so verwartete/ daß er forthin nicht wandelbar/ sondern beständig bliebe / Item/ daß Cyclus Solaris, Güldene Zahl/ vnd Sontags Buchstabe/ vnuerruckt / oder doch so nit so sehre zu nichte gemacht würden/ als ins Bapsts newem Calender geschehen/ beschriehen daß man auch mit den Tabulis vnd Instrumentis Astronomicis hülffe/ ꝛc. Aber Hic labor hoc opus est, (wie jener stoltzer vngelehrter Stadtschreiber/ der sonst kein Latein mehr wuste/ zu reden pflegte) da wil es Kunst vnd geredt haben.

Man sagt: Wer wil ein Jurist werden/ der sol ein stalern Kopff/ güldene Tasche/ vnd ein eisern Ars haben. Das bedarff man hierzu auch/ vnd weil man das nit haben kan/ so bleibet es wol noch eine weile nach.

Wenn ein solcher Calender / wie ich jetzund angezeiget / mit einhelligem Consens der Potentaten/ verfertiget außgienge/ das würde ein rechter emendierter/ corrigierter/ vnd newer Calender/ nicht allein heissen/ sondern auch sein.

Wie vnnd auff waserley Mittel vnnd weise aber/ auffs beste/ förmblichste/ vnnd mit geringen Vnkosten solches geschehen köndte/ wil ich nicht sagen / Sondern solange warten / biß sich der newe Prophet herfür thut / oder wenn es sonsten keiner vnter denen / derer Profession es erfordert/ sehen oder verstehen wil / oder man mich gebürlich zu dem Ende fraget/ daß man solches ins Werck setzen wil. Vnter deß wil ich stillschweigen/ damit ich das heilige Coꝛcilium in der Dorffschencke nicht vnruhig mache/ vnd nicht auch außgelachet werde/ vnnd darzu hören müsse/ wer mich vmb ein Rath gefraget/ oder gebete. Wenn man gleich lange saget/ rathet vnnd anzeiget/ vnnd niemand wil folgen/ was ist süß vmb damit geschafft ? Man hat Zeit gnug damit zubracht / vnd offt gnug Concilia gestellet/ es hat aber an nichts/ denn an Cutius (wie jener Bawr in einer Visitation die Execution nennet) geschlet/ wenn das Gott wolte/ so wer dem Handel schon abgeholffen.

So viel zum einfeltigen Bericht von dem dritten Pünctlein/ wie man nemlich wieder zu einem allgemeinen Calender kommen/ vnd was für allerley Bedencken/ dz es schwerlich vollzogen werden kan/ nicht wie es wol die Hoheit der Sachen erfordert; Sondern so

X ij   viel

Bericht vom alten

viel ich nach meinem Vermügen vnd geringen Einfalt/ davon verstehe/ vnd euch Einfeltigen zu allerley Nachrichtung nötig vnd nützlich ist/ Der liebe Gott erleuchte die Gelehrten vnd Gewaltigen/ das sie sich dieser hohen Sachen doch einmal recht vnd mit gantzen trewen/ Ernst vnd Fleiß annemen/ vnd helffe vnnd gebe/ daß es auch glücklich vnnd wol fort vnd von statten gehe. Höret nun auch noch eine kleine weile auff das

Vierde Pünctlein:

WEil wir nu/ liebe Andechtige/ bericht sein/ daß die Calender so wol/ als Himmel/ Erd/ Sonn/ Mond vnd Sternen/ vnd sich in dieser vnser Zeit eine solche Verenderung damit zugetragen/ die wol eine weile bleiben wird/ vnnd daß man nicht leichtlich zu einer allgemeinen Einigkeit kommen kan/ vnnd aber die Christen vnd rechtgleubige allenthalben zerstrewet/ daß jhrer eins theils vnter dem alten / eins theils vnter dem newen Calender allbereit sein/ bey eins theils aber noch zur Zeit darüber disputiret wird/ ob er anzunemen oder nicht/ vnd sich ein Ort eher begibt/ als der ander/ vnnd jhnen die Leute offt auff beyden Theilen schwere Gewissen drüber machen : So köndt einer wol hie die Gedancken bekommen : Lieber Gott es sind auff beiden Theilen sehr Gelehrte vnnd gewaltige Leute/ es ist einem armen einfeltigen Mann zu hoch vnd zu schwer / ich kan es nit verstehen/ daß ich nicht wider Gott/ vnd auch nicht wider meine Obrigkeit sündige?

Wer solche Gedancken hat/ vnd begert mit Ernst einen warhafftigen vnnd beständigen Bericht hiervon zu wissen vnd zu lernen/ der gebe nur mit Fleiß achtung auff vnser viertes vnd letztes fürgenommenes Pünctlein/ da wird er es hören/ vñ ist diß Pünctlein eben vmb des willen / daß er twern Gewissen hilffe / vnnd rahet das beste vnnd fürnemeste/ vnserer heiligen Theologiæ am nechsten / vmb welches willen ich auch diese Predigt fürnemlich fürgenommen / ob sich es schon mit den andern vorhergehenden etwas lenger verzogen / als in diesem geschehen möchte. Darumb sage ich noch einmal/ lasset euch die Zeit nicht zu lang düncken.

JCH wil aber solchen Bericht thun / nicht aus meinem eigenen Kopffe/ Sondern aus den Schrifften vnsers in GOTT lieben Herren Vaters Doctoris Lutheri / derselbige saget / wie jhr jetzt hören sollet.

HJE hebet sich nun ein newe Spiel / Etliche Obrigkeit/ so nun solche vnsere Lehre hören vnnd wissen / daß wir bereit sind/ alles zu thun / was der Bapst setzet / so ferne es nach der Liebe / vnnd nicht aus Noth des Gewissens gefordert wird / fahren sie zu / vnnd wollen vns mit List fahen/ begeren von den vnsern/ daß sie doch wolten jhnen zu Willen vnnd Gefallen/ der Heiligen Feyer halten/ Fleisch essen meiden / einer Gestalt des Sacraments gebrauchen/ vnnd andere Stück dergleichen.

So sind denn etliche/ die rahen darzu/ vnnd sagen/ Weil solche Stück eusserliche Dinge sein/ müge man/ ja man solle der Obrigkeit darinnen gehorsam sein/ vnd sey es schüldig/ Also auch suchet der Teuffel immer Lücken/ vnd leget Stricke dem armen Gewissen: So ist nun hierinn also zu handeln:

Etlich

Etliche Stück sind gantz vnnd stracks wieder die außgedruckte Schrifft vnd Gottes Wort/Als das/von einerley Gestalt des Sacraments/Vater vnd Mutter gehorsam sein/Herrn vnnd Frawen dienen/ Item/die vnmügliche Keuscheit/Item/der Messen/Opffer vnd Jahrmarckt/etc. Denn da stehen Gottes Wort hell vnd klar/Es ist besser freyen denn brennen/vnnd ein jeglicher habe sein eigen Weib/vmb der Hurerey willen/1. Corinth. 7.

Item/vom Kelch/Trincket alle draus. Vnd 1. Cor. 10. Wir sind alle eines Leibes theilhafftig/vnnd was dergleichen ist/hie gilt keine Liebe oder Dienst/sondern so heists/Man muß Gott mehr gehorsam sein denn den Menschen / Denn man sol nicht vmb der Liebe willen wider Gottes Gebot vnd Wort thun/thut man aber darwieder/so sol mans nicht billichen noch bewilligen.

Welchs sage ich darumb/daß ich abermal Doctor Rieben Löffel vnd der Bernsche Brandt/ihr Lügenmaul auffthun/vnnd sagen: Ich rede wieder mich selbst/ weil in vnser Visitation stehet/man möge den schwachen vnd vnwissenden die einige Gestalt nachlassen/denn es steht auch daselbst/daß man es nicht billichen oder bewilligen sol/ sondern solch ihr vnrecht dulden vnd leiden/wie Christus vns thut. Solches lassen die Lügenmeuler stehen vnd schreyen/daß vnser Landesfürst hab einerley Gestalt zugelassen/vnd schemen sich nicht/daß solch Buch verhanden/ihr vnuerschempte/wissentliche Lügen strafft/aber es sind Lehrer der vber Göttlichen/vnd haben Gewalt vnd Recht/auch öffentlich vber die Warheit/drumb mögen dieselbigen wol endern/vnd dafür öffentlich vnd schendtlich liegen.

Etliche Stücke sind nicht wider das offenbarliche Gottes Wort noch wider klare Schrifft/an jhnen selbst/als der heiligen Feyre/bestimpten Tagfasten/Fleisch meiden an Fastagen/vnd was des dinges mehr ist. Hie ist von nöthen solcher Vnterscheid.

Erstlich/wenn es aus lauter Liebe gefordert wird/keine Sünde noch noth des gewissens draus zu machen/so mag man es wol halten vnd lassen/nicht allein wie die Obrigkeit/sondern auch wie ein jeglicher vnser Nechster wil/Denn die Liebe ist jederman zu dienen schüldig/vnd zu willsahren/auch den Feinden/gleich als wenn ich bey den Jüden were/vnd trawet Frucht bey jhnen zu schaffen/möcht ich fast wol an jhre Gesetze vnd Weise halten/mit freyem Gewissen/wie sie es begerten.

Aber da sihe mit zu/daß solche Obrigkeit oder Nehester nicht mit Listen vmbgehe/die List magestu aber darbey mercken/wenn deine Obrigkeit gleichwol daneben andere zwingt vnd dringt/strafft vnd plaget/so es nicht halten/sie wil mit einem oder zween Spiegel fechten/als begerten sie eines Liebe/vnd gleichwol darneben deines Exempels brauchen/

X iij   zur

Bericht vom alten
zur Stercke der Tyranney/die andern desto baß zu drücken vnd dempffe/ daß du also durch deinen guten Willen vnnd freyen Dienst/ehe du dich vmbsehest/die andern habest helffen drücken vnd dempffen. Mit solcher Nasen wil dich der Teuffel nit allein von der Freyheit führen/Sondern auch zu einem Mittyrannen wider die Freyheit machen. Also soltu dich aber gegen die Obrigkeit halten/weil sie es freywillig gedient habe/dz sie die andern all auch vngezwungen vn vngestrafft lasse/Sondern forder es von allen gleicher Meinung/die es hieltens/die hieltens/die es nicht hielten/die ließ sie fahren/als darüber sie kein Gebot hette zu thun/ohn ein Tyrannisch Gebot/zu welchem sie dich möchte als einen Esel treiben/aber bewilligen kan sie nicht.

Darumb mustu wol drauff sehen/wie weit die Freyheit vnd deine Liebe sich erstrecke/vnnd wiederumb/wo die Noth zwinget/die Liebe zu meistern/vnnd die Freyheit zu erhalten/denn der Teuffel weiß es zu stücken Auffs erste/zwischen Gott vnd dir alleine ist die Freyheit gantz vn vollkommen/daß du für ihm dieser Stücke keines dürffest halten/die er nicht gebotten hat. Hie ist Himmel vnd Erden voll deiner Freyheit/Ja Himmel vnd Erden können sie nicht begreiffen. Zwischen dir aber vnd deinem Nechsten/oder deiner Obrigkeit einfeltiglich zu willen/seyrest oder fastest/so muß sie dich loben/vnd sagen/Wolan/der Mann köndte vnd möchte anders thun/verleist vmb meinet willen/daran ich spüre/ daß er muß von Hertzen from sein/der nicht seinen Mutwillen noch Fürwitz in der Freyheit suchet/vnd weil er so willig/gehorsam/vnd vnterthenig sein/in nötigen vnd gebotenen Stücken.

Zu dem darff sich mich freylich keiner Auffruhr/Vnfriedens/Vnlusts/in meinem Lande versehen/sondern ich mag mich auff ihn verlassen/als auff ein trew/from Glied meiner Herrschafft/der mir viel lieber helffen vnnd rathen wird/Friede/Einigkeit/Gehorsam vnnd Ruhe zu halten/vnd Auffruhr zuverkommen/Summa/sie muß singen vnd bekennen/daß du ein frommer Christ/ein stiller/trewer/fridsamer/nützlicher Mann seist im Lande/weil sie anders reden/Sihe/da hastu nicht geringen Nutz geschaffet/mit deinem freyem Dienst/vnd deine Obrigkeit fast gebessert.

Wiederumb/wo deine Obrigkeit schalcken wolt/vnd nicht einfeltiger Meinung/solchen Dienst von dir fordern/sondern wolt mit falschen freundtlichen Worten/solchen Dienst der Meinung von dir haben/ daß sie durch dein Exempel vnd Dienst die andern desto baß drucken vn dempffen müge/des Bapsts Tyranney vnd Menschen gebot zu stercke/ etc. Sihe/hie wird deine Freyheit nicht gefordert/zu deiner Obrigkeit Nutz oder Besserung/sondern zum Mutwillen/vnd zu Schanden vnd Verderben der andern deiner Nechsten/vnd zu stercken den Bapst in seinen Greweln/vnd kurtz vmb/zu dienen dem Teuffel. Darum

Darumb kanstu hie nicht gehorsam sein/ohne Verletzung Christlicher Freyheit/welche doch ein Artickel des Glaubens ist/durch Christus Blut erworben vnd bestetiget. Denn ob du gleich keine Sünde thetest/mit solchem vnchristlichen Gehorsam (wo es müglich were) so hilffestu doch zu allen den Sünden so geschehen/im gantzen Lande/an der verdruckten Freyheit/an dem verstrickten Gewissen/an der bestetigten Tyranney des Bapsts vnd des Teuffels.

Vnd ob die Obrigkeit wolt fürgeben/es were nütz vnd noth/daß du solchen Vnchristlichen Gehorsam hieltest/die andern desto baß zu trucken/denn damit wolte sie suchen/Auffruhr zuuerkommen/vnd desto stiller Friede haben im Lande. Das ist nichts/denn ein falscher tück vnd böser Griff. Vnd solt also dazu sagen/Es ist vnmüglich/daß Auffruhr kommen solte/wo Weltliche Obrigkeit Gehorsam hat in den Stücken/ da sie zu gebieten hat/als vber Leib vnd Gut. Denn wer mit Faust vnd Fuß/Ja mit Leib vnd Gut vnterthenig ist/vnd also zu thun lehret/womit wil der Auffruhr aurichten? Vnd was kan oder wil eine Obrigkeit mehr von demselbigen haben oder fordern.

Ja solto sagen/das Widerspiel ist war/daß nicht die Vnterthanen/sondern die Obrigkeit Auffruhr suchet/vnd anrichtet/vnd Vrsach darzu gibt/damit/daß sie nicht ihr benügen lest/so die Vnterthanen gehorsam sind/mit Leib vnd Gut/nicht bleibt in dem Ziel vnd Maß/das ihr auff Erden von Gott gesetzet ist/Sondern fehret vber Gott/ja tobt wider Gott/vnnd wil Gehorsam vnnd Macht im Himmel/das ist/im Gewissen haben/wil Gott gleich sein/vnd regieren/da Gott allein zu regieren hat. Sihe/das ist die rechte Vrsach zur Auffruhr/ja/weil sie so frevelich/nicht allein GOTt selbst vngehorsam sind/sondern wider Gott streiten/vnd weiter wollen regieren/denn ihnen befohlen ist/was were es wunder/daß Gott nicht allein Auffruhr verhengt/sondern noch Vnglück darzu vber ihren Hals schickte? Kan mans doch in der Welt nicht leiden/vnd ist auch nit zu leiden/daß ein Fürst oder Herr wil vber eines andern Land regieren/oder hinein fallen/ vnnd welche solches billich Tyrichten Krieg vnd Mordt/vnd alles Vnglück an/vnnd heissen thun/die annen vnd Reuber/*Latrones & Piratæ*.

Wie viel mehr werden sie Tyrannen vnd Reuber sein/so sie GOtt in sein Reich fallen/vnd in sein Regiment greiffen/neunlich in die Gewissen/vnd in den Himmel/vnd nicht gnug haben/daß er ihnen alles auff Erden hat vnterworffen? Vnd ist auch gewiß für handen/weil jetzt die Obrigkeit so tobet/vnd im Reich Gottes so greuwlichen Auffruhr treibt/ ihm in sein Land selt/vnnd in sein Regiment greifft/er wird wiederumb auch vber sie schicken einen/der ihnen Auffruhrs gnug gebe in jren Landen/vnd also in ihr Regiment greiffen vnnd fallen/ daß sie müssen zu scheutern gehen/Ich habs gesagt/erfahren wollen sie/gleuben wollen sie nicht.

Bericht vom alten

Vnd zum Oberfluß/das sie doch sehen vnd greiffen/wie gar wir
nichts mutwilliges/sondern jhr bestes suchen/haben wir vns erboten/
vnd erbietens vns noch/wan die weltliche gleich die Fasten nach Ostern
geböte/auff weltliche weise/so wolten wir sie auch halten. Welcliche
weise heisse ich/wenn der Keyser oder ein Fürst eine Weltliche Vrsachen
seines Gebots fürwendet/nem ich also/wir wollen die Fasten darumb
gehalten haben/auff das vnser Land vnd Leute/so mit Fasten handeln/
jhre Gewerb haben vnnd jhre Wahre vertreiben mögen/vnnd nicht zu
schaden kommen/oder auff daß man das Fleisch im Lande erspare/vnd
nicht alles auff eine Zeit auffgefressen werde/ Sihe/das were ein recht
Keyserlich vnd weltlich Gebot/dem wir schüldig zu geloben/vnnd were
kein Gewissen mit dem Fleisch melden beschweret für Gott.

Also wenn ein Fürst geböte/wir wollen der Wochen eins oder zween
Tage gefastet haben/auff daß die Knechte vnd Megde desto baß gezüch-
tiget/vnd die Haußwirt der Kost desto baß zukommen mögen/vnd dem
Fressen vnd Sauffen desto baß gestewret werde/ Sihe/das ist auch ein
fein weltliches Gebot/darin nicht gesucht wird/wie man für Gott from
oder von Sünden loß werde/ sondern wie es in der Welt vnnd in dem
Hause wol zugehe.

Ja wir wolten wol alle Gebot des Bapsts in solchen freyen Stü-
cken/ so Gott nicht geboten hat/fein halten/wo sie jetzt gesatzter Weise
weltlich wehren / oder noch weltlich gemacht würden/ das ist/ wo
sie eine weltliche Vrsache/ vnnd nicht Geistliche Vrsachen fürwenden/
Denn die Gebot an jhm selbst solten vns nicht zu schwer sein/sondern
die Vrsache vnd endtliche Meinung der Gebot ist vns vnleidlich/ Dan
es ist gar ein grosser vnterscheidt/zwischen weltlichem vnnd Geistlichen
Gebot/Weltlich Gebot sihet nur dahin/daß es wol zu gehe auff Erde/
vnd weltlicher nutz dar aus komme. Aber der Bapst macht Geistlichen
Nutz davon/vnd gebeut Fasten/feyren/kleiden/etc. Nichts geacht/obs
der Welt Nutz oder frommen sey/sondern es sol für GOtt nützen vnnd
frommen/die Leute from vnd selig machen/welches gebüret allein Göttlichen Geboten/vnd nicht den Stücken/so Gott vngeboten lest.

Darumb kanstu hieraus auffs gröbeste wol mercken / was wir
Gewissen heissen in den Geboten/nemlich/die Meinung vnd Vrsachen
der Geboten/gleich wie jetzt gesaget ist/ Weltliche Gebot hat die Mei-
nung/vnd sihet darauff/daß Land vnnd Leute wol stehen in Frieden/
vnd zunemen an Gütern/Hauß/Hoff/Weib/Kind/Gesinde/vnd wz
mehr weltlich ist/das ist solcher Gebot Ende/weiter sehen vnd gehen sie
nicht/Also daß ein Weltlich Gebot hat gewißlich ein Weltlich/Zeitlich
Leiblich vnnd vergenglich ding/darauff es sihet / vnnd das es suchet.
Darumb machts kein Gewissen vor Gott/sondern hat gnug am zeitlichen Nutz

chen Nutz. Aber Geistlich Gebot/ hat die Meinung/vnd sihet dahin/ daß der Geist oder Seele wol stehe/ vnnd zuneme/ an Frölichkeit/ Warheit/ Gerechtigkeit/ Heiligkeit für Gott/ vñ wz mehr geistlich ist/ das ist solcher Gebot ende/ dahin gehe vnd sehen sie. Also das ein Geistlich Gebot/ hat gewißlich ein Geistliches/ ewiges/ Göttliches ding/ darauff es stehet/ vnd das es suchet/ Darumb machts ein Gewissen vor Gott/ vñ hat nicht gnug an zeitlichem Nutz.

Weil nun der Bapst durch Fasten/ Fische essen/ feyren vnnd Kleider/ vnd dergleichen wil Gewissen machen/ als solten sie nicht weltlichen Nutz auff Erden / sondern ewigen Nutz schaffen vor Gott / Darumb wollen wir sie nicht halten/ denn das wil Gott nicht haben/ vnnd hats vns verboten/ Gewissen zu machen im essen / trincken/ vnnd andern weltlichen dingen/ Colossenses 2. Rom. 14. Denn wer hie Gewissen machet/ der vedruckt den Glauben/ verlest sich auff Speise vnd Tranck vnd Kleider/etc. so er doch allein auff Christum sich verlassen sol / Also wird ein Tyranne oder Verrether im Reich Christi/ daß er den Glauben verstöret/ oder je hilfft mit Rath vnd That zu solcher Verstörung.

Also bleiben wir bey Gottes Ordnung/ welcher hat solchen Vnterscheidt gemacht/ daß seine Gebot sollen Geistlich Nutz schaffen/ im Gewissen für Gott/ Aber Menschen Gebot sollen hie nieder bleiben/ vñ zeitlichen Nutz schaffen auff Erden/ Wer nun durch Menschen Gebot Nutz suchet vor Gott/ der wil Gott gleich sein/ vnd seine Gebot so groß achten/ als Gottes Gebot/ vnd aus zeitlichen weltlichen dinge/ ewiges vnd Geistliches machen/ das heist alles Gottes Ordnung verkeret/ vñ in einander gemenget/ welches Gott nicht leiden wil/ Denn er hat solch zweyerley Gebot selbst also abgemessen vnd vnterschieden. Auch dieweil weltliche Gebot keinen Nutz im Himmel schaffen/ so ist dennoch sein Gebot vnd Beschl/ da das weltliche Gebot also abgemessen sein sol/ vnnd im Himmel nicht nutz schaffe/ darumb sol mans auch den Himmel bleiben lassen/ wie Gott gebeut vnd haben wil/ auff daß sein Reich rein bleibe/ in seinem Gebot.

Nu sage mir/ was sollen wir denn mehr thun? Wir lehren vnd geben der Weltlichen Obrigkeit all jhr Recht vnd Gewalt/ welches der Bapst noch nie gethan hat/ mit den seinen / vnnd noch nicht thun wil/ wir tragen auch schwerer dinge/ denn das Bapsthumb / weil sie nicht predigen/ noch Seel sorgen/ vnd summa/ ich sehe nichts/ das sie schweters haben denn wir (ohne daß sie mit Huren haußhalten) welches man vns doch billich solt zu gut halten/ weil auch die Aposteln solche beschwerung nicht gehabt noch gelehret haben/ vnd Christus freylich nit gemeinet hat/ do er spricht/ jhr kundts nicht ertragen.

Ober

Bericht vom alten

Vber das sind wir bereit/vnd wolten auch alle Bepsiliche Gesetz halten/wenn sie Weltlicher Weise gebotten würden/allein das wegern wir/daß sie Geistlicher weise auffs Gewissen geschlagen werden/vnnd wollen vns dadurch/zu Verretherey vnd Auffruhr wider Gewalt treiben/in Gottes Reich zu vben. Ich meine ja/daß hierauß gnugsam zu mercken sey/wie wir nicht fleischliche Freyheit oder Muttwillen suchen/sintemal wir viel mehr thun/vnnd schwerer tragen/denn sie thun/vnnd wenig wechseln gülte/solte sichs wol finden/wer am schwersten trüge/denn wir wolten jhr Wesen wol tragen/Aber das vnser würden sie freylich nicht gern anrüren wollen. Aber davon gnug/es ist dem befohlen/ders richten sol/sie hören doch nicht.

Doch ist von den hültzern Artickeln ein Klützlein bißher glümend blieben/nemlich/vom Ostertage/denselbigen Artickel halten wir doch (wie vns die *Mathematici* oder *Astronomi* vberweisen) auch nicht gantz recht/weil der Gleichs tag oder *Æquinoctium* zu vnser Zeit weit anders sichet/weder zu jener Zeit/vnd vnsere Ostern offt zu spat im Jar gehalten wird. Es ist vor Zeiten flugs nach den Aposteln der Zanck angangen/von dem Ostertage/vnnd haben sich die Bischoffe vber solcher geringer vnnötigen Sachen zu ketzert vnd verbrennet/daß Sünde vnnd Schande ist. Etliche wolters mit den Jüden gleich auff einen Tag/nach dem Gesetz Mosi halten. Die andern/damit sie nicht sich Jüdisch hielten/wolten es den Sontag darnach halten. Denn der Bischoff zu Rom Victor bey hundert vnnd achtzig Jahren von diesem Concilio/so auch Marthr worden/verbannete alle Bischoffe vnnd Kirchen in Asia/daß sie nicht gleich mit jhm Ostern hielten/so zeitlichen haben die Römische Bischoffe nach der Majestet vnd Gewalt gegriffen. Aber Irenaeus Bischoff zu Lirn in Franckreich/der S. Johannis des Euangelisten Jünger einen/Polycarpum gekandt hatte/straffete jhn/vnnd stillet die Sachen/daß sie der Victor zu frieden muste lassen.

Darumb muste sich Constantinus dieser Sachen auch annem̃ vnd helffen schlichten im Concilio/vnd schreib auß/daß man das Osterfest solte in aller Welt gleich halten/ *Lege Tripart. libro 9. Capite 38. pulcherrima*.

Jetzt dörffts wol wiederumb eine Reformation/daß der Calender corrigiert/vnd die Ostern zu recht gebracht würden. Aber das sol niemand thun dan die hohe Majesteten/Keyser vnd Könige/die müssen eintrechtiglich zugleich ein Gebot in alle Welt lassen außgehen/auff welche zeit man solt den Ostertag hinfort halten/sonst wo es ein Land on das ander anfieng/vñ die weltlichen hendel/als Jahrmerckt/Messen vñ ander geschefft nach dẽ jtzigen Ostertage sich richtn̄/müsten die Leut desselbe

Landes

vnd Newen Calender.

Landes auff einen Marckt eines andern Landes zu vnrechter Zeit kommen/vnnd würde eine wüste Zerrüttung vnnd Verwirrung werden in allen Sachen. Es were wol fein/auch leichter zu thun/wo es die hohe Majesteten thun wolten/weil es bereit alles sein abgearbeitet ist durch die *Astronomos*, vnd allein am außschreiben oder Gebot feilet.

In des halten wir das glimmende Höltzlein vom *Niceno Concilio*, daß der Ostertag auff einen Sontag bleibet/ Es schuckele dieweil die Zeit/wie sie kan/denn sie heissen es *Festa mobilia*. Ich heisse sie schuckel Feste/daß jehrlich der Ostertag mit seinen anhengenden Festen sich endert/jetzt frue/jetzt spat ins Jahr kömpt/ vnd auff keinen gewissen Tage/wie die andern Festa/bleibet.

Es kömpt solch schuckeln der Festa daher/ das die alten Veter (wie gesagt) flugs im Anfang/ wolten den Ostertag haben/vmb die Zeit von Mose gestifftet/nemlich/im Vollen Mond Mertzen/nechst dem gleich Tage/oder *Æquinoctio*, vnd wolten doch auch nicht gar Judentzen oder mit den Jüden auff den Vollmond Ostern halten/ sondern liessen als Christen/in dem das Gesetz Mose faren/vnnd namen den Sontag nach dem Vollmond Mertzen. Also ists geschehen im nechstvergangenen Jahre/1538. haben die Jüden ihr Osterfest gehalten/am Sonabend *Invocauit*/wie es vnser Kirche nennet/das ist wol fünff Wochen zuvor/ehe denn wir vnser Ostern haben gehalten.

Solches lachen nu die Jüden/vnd spotten vns Christen/als die wir nicht recht/ auch nicht wissen recht Ostern zu halten/ stercken sich damit in ihrem Vnglauben/das verdreust denn nun die vnsern/ vnnd wolten den Calender gerne corrigiert sehen von den hohen Majesteten/ weil es ohn desselbigen zuthun/nicht müglich/viel weniger zu rathen ist.

Es ist aber meines erachtens/denselbigen geschehen/ Wie Christus spricht/Matth. am 9. Wo man einen alten Rock mit newem Tuch flicket/da wird der riß erger/vnnd wo man Most in alte böse Faß thut/ da zerspringen die alten Reiffe/vnd wird der Most verschüttet/sie wolle vom alten Gesetz Mosi ein Stück behalten/nemlich/daß man den Vollmond Mertz sol achten/das ist der Rock/darnach wollen sie nicht denselben Vollmonds Tage (als Christen/ durch Christum vom Gesetz Mosi gefreyet)vnterworffen sein/sondern den folgenden Sontag dafür habe/dz ist der newe Lappe auff dem alten Rock. Darum hat der ewige hader vñ dz ewige schuckeln biß daher so viel wesens gemacht in der Kirche/vñ muß es mache biß an der Welt ende/dz der bücher kein maß noch
Ende

Bericht vom alten

Ende hat können sein / das hat Christus aus sondern Ursachen also verhengt und gehen lassen / als der immerdar seine Macht in Schwacheit beweiset/ und uns lehret erkennen unsere Schwacheit.

Wie viel besser hetten sie das Gesetz Mosi vom Osterfest / gantz und gar todt lassen sein/ und nichts von dem alten Rock behalte. Dan Christus / auff den es gerichtet war/ hats durch sein Leiden unnd Aufferstehung auffgehaben/ getödtet und begraben/ ewiglich / den Vorhang im Tempel zerrissen / und hernach Jerusalem mit Priesterthumb und Fürstenthumb/ Gesetz und alles zerbrochen und zerstöret / darfür solten sie den Tag des Leidens / des Grabens und Aufferstehens / nach der Sonnen Lauff gerechnet / gemercket / und im Calender auff gewissen Tag gesetzt haben / wie sie gethan haben mit dem Christage/ Newen Jahr/ der heiligen Drey König Tage/ Liechtmesse vund *Annunciationis Mariæ*, S. Johannis und andere mehr Feste/ die sie gewisse und nicht schuckel Feste heissen/ so hette man jehrlich gewiß gewust / wenn der Ostertag und die dran hengen/ komen musten/ one solche grosse Mühe und Disputation.

Ja sprichstu/ man müsse den Sontag ehren / umb der Aufferstehung Christi willen/ der darumb heisset *Dominica Dies*, und den Ostertag darauff legen/ weil CHRistus nach dem Sabbath (den wir nun Sontag nennen) ist aufferstanden. Es ist wol ein Argument / das sie beweget hat. Aber weil *Dies Dominica*, nicht Sontag heisset / sondern des HErren Tag/ Warumb solt man nicht alle Tage/ darauff der Ostertag kommen were/ mögen *Diem Dominicam*, des HErren Tag heissen / Ist nicht der Christag auch *Dies Dominica*, des HErren Tag/ das ist/ darin des HErren Tag/ das ist/ darin des HErren sonderliche Werck/ als seine Geburt begangen wird / der doch nicht alle Jahr auff den Sontag kömpt/ noch heist er der Christag/ das ist/ des HERren Tag/ wenn er gleich an einem Freytag kömpt / darumb daß er ausgerechnet nach der Sonnen Lauff/ einen gewissen Buchstaben im Calender hat.

Eben also hette auch der Ostertag können einen gewissen Buchstaben im Calender haben / er were auffn Freytag oder Mittwoch kommen/ wie es mit den Christen gehet. Damit weren wir des Gesetzes Mosi mit seinem vollen Mertzen Mond sein loß gewest / gleich wie man setzt nicht fraget/ ob der Mond voll oder nicht sey / umb den Christag/ unnd bleiben ohne Rechnung des Monden / bey den Tagen nach der Sonnen Lauff.

Vnnd ob man fürgebe/ weil der gleich Tag oder *Æquinoctium*, (wie die Astronomi weisen) seines Orts gehet / Aber die Jahre im Calender

vnd Newen Calender. 127

der zu langsam/ vnd nicht gleich mit einkommen/ vnnd daſſelb je lenger
je mehr/ würde der Gleichſtag je lenger je ferner von Philippi vnnd Ja-
cobi/ vnd andern Feſten kommen. Was fragen die Chriſten darnach?
Wenn gleich vnſere Oſtern vmb Philippi vnnd Jacobi kemen (welches
doch für der Welt Ende nicht geſchehen wird/ wie ich hoffe/ vnnd noch
weiter) halten wir doch alle Tage Oſtern/ mit der Predigt vnd Glauben
von Chriſto. Vnd iſt gnug/ daß die Oſtern zum groben öffentlichen
empfindlichen Gedechtnis einmal im Jar/ auff einen ſonderlichen
Tag gehalten werden/ nicht allein darumb/ daß man daſelbſt die Hiſto-
riam von der Aufferſtehung deſto flaiſſiger für dem Volck handeln kön-
ne/ ſondern auch vmb der Jahrzeit willen/ darnach ſich die Leute mit jhren Hendeln vnd Geſchefften richten mögen/ wie man hat die Jahrzeit
Michaelis/ Martini/ Catharinen/ Johannis/ Petri/ Pauli/ ꝛc.

Aber das iſt lengeſt vnd von Anfang verſeumet/ daß wir ſolches
nicht können aurichten/ weil es die Veter nicht gethan haben/ der alte
Rock iſt jmmer blieben ſampt ſeinem groſſen Riß/ ſo mag er nu fort auch
alſo bleiben/ biß an den Jüngſten Tag/ Es iſt doch nun auff die Neige.
Denn hat der alte Rock nu bey 1400. Jahren ſich laſſen flicken vnnd
reiſſen/ ſo mag er ſich auch vollend laſſen flicken vnnd reiſſen/ noch ein
hundert Jar/ denn ich hoffe/ es ſol alles ſchier ein Ende haben/ vnd haben die Oſtern nu bey vierzehen hundert Jahren geſchuckelt/ ſo mögen
ſie fortan die vbrige Zeit auch ſchuckeln/ weil doch niemand darzu thun
wil/ vnd die es gern thun wollen/ nicht thun können. Solch weitleufftig
vnd vnnötig Geſchwetz thue ich allein darumb/ daß ich meine Meinung
damit wil angezeiget haben/ ob etliche Rotten ſich mit der Zeit würden
aus eigener thurſt vnterſtehen/ das Oſterfeſt anders zu rücken/ weder
wir jetzt halten/ vnd ich halt/ wo die Widerteuffer ſo gelehrt weren geweſen/
in der Aſtronomia/ daß ſie ſolches verſtanden hetten/ weren ſie mit
dem Kopffe hindurch gefahren/ vnnd hetten (wie der Rotten Art iſt)
auch etwas newes wollen in der Welt auffbringen/ vnnd den Oſtertag
anders/ denn alle Welt/ halten. Aber weil es vngelehrte Leute in den
Künſten geweſen/ hat ſie der Teuffel zu ſolchem Inſtrument vnd Werck-
zeuge nicht brauchen können.

Darumb iſt das mein Rath/ man ſol das Oſterfeſt laſſen gehen
vnd halten/ wie es jetzt gehet vnd gehalten wird/ vnnd den alten Rock
laſſen flicken vnnd reiſſen (wie geſaget) vnnd das Oſterfeſt ſchuckeln
hin vnd her/ biß an den Jüngſten Tag/ oder biß es die Monarchen eintrechtiglich vnd zu gleich endern/ angeſehen dieſe Vrſache.

N   Denn

Bericht vom alten

Denn es bricht vns kein Bein/ vnnd S. Peters Schifflein wird darumb keine noth leiden/ weil es weder Ketzerey noch Sünde ist (wie es doch die Altenaus Vnuerstandt geachtet/ vnd sich darüber gesetzet vnd zerbrennet habt) sondern schlecht ein Jrthum oder Solæcismus in der Astronomia/ mehr dienstlich dem Weltlichē Regiment/ dan der Kirchē/ spotten vnser darüber die Jüden/ als theten wirs aus Vnuerstandt/ so spotte wir sie viel mehr wieder/ dz sie jre Ostern so steiff vñ vergeblich halten/ vnnd nicht wissen/ dz es Christus hat alles vor 1500. Jaren erfüllet/ auffgehaben/ vnd zu nichte gemacht/ denn wir thuns williglich/ wissentlich/ vnd nicht aus Vnuerstandt. Wir wüsten sehr wol/ wie man Ostern solt nach Mosi Gesetz halten/ besser weder sie es wissen/ wir wollens aber vnnd sollens nicht thun/ denn wir haben den HERren vber Mosen vnd vber alles/ der spricht: Des Menschen Sohn ist HErr vber den Sabbath/ wie viel mehr ist er HErr vber Ostern vnnd Pfingsten/ denn jhn Gesetze Mosi geringer sind weder der Sabbath/ welcher in den Tafeln Mosi stehet? Dazu haben wir S. Paulus/ der verbeut stracks/ daß man nicht solle gebunden sein/ an die Feyertage/ Feste vnd Jahrtage Mosi/ Gal 4. Col. 2.

Darumb stehets vnnd sol stehen in vnser Macht vnnd Freyheit/ daß wir Ostern halten/ wenn wir wollen/ vnd wenn wir auch den Freytag zum Sontage machten/ vnd wiederumb/ dennoch sols recht sein/ so fern es geschehe durch die Majesteten vnd die Christen (wie gesaget) eintrechtiglich/ denn Moses ist todt vnd begraben durch Christum/ vnd Tage vnnd Zeit sollen nicht Herren sein/ vber die Christen/ sondern die Christen sind Freyherren vber Tag vnnd Zeit zu setzen/ wie sie wollen/ oder wie es jhnen eben ist/ denn Christus hat alles frey gemachet/ da er Mosen auffgehaben hat/ ohn daß wirs wollen lassen bleiben/ wie es jtzt gehet/ weil da kein Gefahr/ Jrthumb/ Sünde noch Ketzerey ist/ vnnd ohne Noth/ oder aus eigener eintzeler thurst nichts endern wollen/ vmb der andern willen/ die gleich mit vns an solchen Ostern hangen. Denn wir ohne Ostern vnd Pfingsten/ ohne Sontag vnnd Freytag wissen selig zu werden/ vnnd vmb der Ostern vnnd Pfingsten/ Sontag Freytag willen nicht können verdampt werden/ wie vns S. Paulus lehret.

Vnnd daß ich wieder zum *Concilio* komme/ sage ich/ daß wir das Klötzlein vom *Niceno Concilio* wol all zu sehr halten/ vnnd hernach der Bapst mit seiner Kirchen hat draus gemacht/ nicht allein Golt/ Silber/ Edelgestein/ sondern auch einen Grundt/ das ist/ ein Artickel deß Glaubens/ ohne den wir mögen selig werden/ vnd nennens all ein Gebot vnd Gehorsam der Kirchen/ damit sie viel erger sind/ weder die Jü-

den

vnd Newen Calender.

den/ denn die Jüden haben doch für sich den Text Mosi von Gott zu der Zeit geboten/ diese haben nichts denn jhr eigen Dünckel vor sich/ fahren zu/ vnd wollen aus den alten Lumpen Mosi einen newen Rock machen/ geben für Mosen zu halten/ vnd ist doch jhr ding ein lauter Gedichte vnd Traum von Mose/ der so lang todt/ vnnd wie die Schrifft saget/ vom HERren selber (das ist/ von Christo) begraben/ daß kein Mensch das Grab funden hat/ vnd sie wollen den Mosen lebendig vnd für die Augē geuckeln/ sehen nicht/ daß/ wie S. Paulus Gal. 6. saget/ wenn sie ein Stück Mosi halten wollen/ so müsten sie auch den gantzen Mosen halten.

Darumb/ wenn sie den Vollmond Mertzen für nötig achten zu halten zu den Ostern/ als ein Stück seines Gesetzes/ müssen sie auch das gantze Gesetz vom Osterlamb halten/ vnd schlechte Jüden werden/ vnd mit den Jüden ein Leiblich Osterlamb halten/ wo nicht/ müssen sie es alles lassen fahren/ auch den Vollmond mit dem gantzen Mose/ oder je nicht für nötig zur Seligkeit/ gleich einem Artickel des Glaubens achten/ wie ich halte/ daß die Veter in diesem Concilio (sonderlich die besten) gethan haben.

Aus diesem vnd dergleichen viel herrlichem vnd schönem Bericht Doctoris Lutheri/ ist gar ein außführlicher Artickel gemacht/ vnd gesetzt in der Formula Concordiæ, vnnd ist in denselbigen der zehende locus/ heißt/ Von Kirchen Gebreuchen/ so man die Adiaphora oder Mittel dinge nennet/ In dieses Buch vñ Artickel/ wie es Gott Lob in vieler Menschen hende/ wil ich euch gewiesen haben/ da werdet jr einen solchen Bericht bekommen/ der euch gründtlich vnd eigentlich das Gewissen recht lehren/ weisen/ vnterrichten vnd trösten wird. Daß aber die Lehre nicht allein Doctor Luther geführet/ sondern die rechte Warheit sey/ vnd auch in der alten Kirchen gewesen/ des köndt ich hier viel Sprüche vnd Zeugnis aus den Patribus einführen/ wenn es die Zeit vnd Gelegenheit leiden wolte/ vnd ich nicht wüste/ daß des HErren Lutheri Zeugnis bey euch so viel gelte/ daß jhr ohne weitleufftigen Beweiß/ jhm billichen Glauben gebet. Wer aber derselbigen gern wissen wolt/ der lese des HErren Sarcerii Haußbüchlein im 24. Artickel/ Von Kirchen vbungen Fol. 336. Da wird er jhr ein vberaus grossen Hauffen finden/ vnnd sich daraus gnugsam Raths erholen können.

Damit aber gleichwol jhr Einfeltigen mich recht verstehet/ vnnd in einer Summa wisset/ worauff vnsere entliche Antwort gehet/ so wil ich es euch nu recht gründlich/ Teutsch vnd eigentlich sagen.

Wenn der newe Calender vom Bapst oder Keyser vns dergestalt zu geschickt würde/ daß wir jhn so annemen solten/ daß ohne jhn vnser Gottesdienst nit recht sein köndte/ vnd vns also ein Gewissen drüber machen wolte/ daß wir/ sage ich in dem Fall/ ohne Verletzung Gottes Ehre/ vnser waren Religion vnd guten Gewissen/ jhm nicht willfahren können/ sollen noch dürffen/ mögen derhalben höchste Weißheit vnnd Bescheidenheit anwenden/ wie wir dasselbige auffs aller füglichste/ one Tumult vnd Auffruhr abwenden köndten. Da er aber vmb weltlicher oder Natürlicher Vrsachen willen/ solches an sinnen vnd begeren wurden/ können wir vmb eusserlicher Zucht vnd Friede willen/ wol vnd mit gutem Gewissen willfahren/ doch mit der Exception, das wir den Bapst im geringsten nicht für vnser Heupt vnd HErren hielten/ Sondern den Keyser/ vnnd was wir in dem vnnd andern

R ij Fellen

Bericht vom alten

Fellen mehr Röm. Key. Majestet unsern aller gnedigsten Herren/zu Ehren vnd alleruntertheinigsten Gehorsam/mit gutem Gewissen/ohne verletzung Gottes Ehr/zu jeder vnnd aller Zeit thun köndten/daß wir nicht allein willig vnnd gerne/sondern weren es auch schüldig zu thun.

Derhalben wo nun der Keyser die Botmesigkeit hat/vnd Gottes Wort vnnd den Gebrauch der heiligen hochwirdigen Sacrament vngehindert lehren vnd verrichten lest/so sind ihrer Majestet wir als Vnterthanen zu gehorsamen schüldig/Gott gebe/wer den Calender gemachet/zumahl weil er seinen weltlichen Nutz hat. Da er aber ihnen derhalben auffgedrungen werden solte/daß man dem Bapst wieder all mehlich in vnser reformierte Kirchen einleiten wolte/da sol man für bitten/flehen/vnd alle Christliche Mittel brauchen/vnd wo sie nicht helffen wolten/ehe alles wagen/denn seinem lieben HERren vnd Heiland Jesu Christo/vnd seiner lieben Kirchen etwas vergeben. Daß aber die Teutschen Chur vnd Fürsten/vnd andere Stende des heiligen Römischen Reichs/auch vber diß/wie gesaget/den newen Calender biß daher nicht annemen wollen/dessen halben sie hohe vnd grosse bedencken/derer wir etliche/vnd zwar die geringsten/im dritten Pünctlein ein wenig gedacht/denn alle zu erzehlen/weder nützlich noch müglich.

Eins wil ich noch melden/gewißlich suchet der Bapst nichts anders/als daß er auff diese weise vnnd mit der Gelegenheit/sich als ein Dieb/wieder in vnser Kirchen einschleichen/vnd hernach seines gefallens/wie zuvor/darinnen hantieren wil/vnnd da man ihm nicht also bald mit blossem Hinderheupt vnter die Augen lauffen wil/Vrsach zu suchen vnd zu nemen/ein Krieg oder Blutbade in Teutschland anzurichten/kein ander Geist hat ihn darzu getrieben/das ist gewiß vnd einmal war. Nun ist es auff beiden theil gefehrlich/doch geschicht dz noch mit besserm Gewissen/dz wir die Gefahr mit dem Kriege oder volfolgung wagẽ/als dz wir ihn numehr wider zu vnser wol angerichten Kirchen/darauß wir sein kaum loß worden/einmiehln lassen solten. Vnd werden Chur vnd Fürsten/vnd andere Stende des heiligen Römischen Reichs/forthin notürfftiglich durch ihre Gelehrte Rathschlagen lassen/wie solcher ergerlicher Zwiespalt abzuhelffen/ehe denn aus dem kleinen Fünncklein/eine grosse Glut enbrenne/das denn nicht zulesche. Es möchte dem Bapst der Kittel zerreissen (daß er so vngeacht/so vnwerth worden durch ein Teutschen/nit allein in Teutschland/sondern in vielen Landen mehr/ja in der gantzen Christenheit hat er jetzt nicht ein solch Ansehen/als er vor Luthero bey einem einigen Menschen gehabt/das/sage ich/thut ihm wehe/weiß nicht/wie ers angreiffen sol/daß er sich rechne/vnnd thut mit den seinen nicht mehr/als daß sie rathschlagen/wie man den Teutschen beykommen/entweder daß er mit schleichen oder mit Gewalt/wieder vnser Herr werden möchte. Das müssen Chur vnd Fürsten/vnd die Stende des Reichs bedencken/vnd zusehen/wie sie ihre Evangelische/vnd auch Churfürstliche Reichs Freyheit vertheidigen/vnnd so vertheidigen/daß gleichwol das Reich in gutem Friede bleibe/vnnd die Feinde desselbigen nicht Vrsach bekommen/etwas heimlich oder öffentlich/wörtlich oder thetlich darwider für zu nemen/So lest sich ohne das nach den Prophetyungen/Gottes Wort/den Lauff des Himmels/vnd nach allerley Historien ansehen/als wolte eine grosse Verenderung in allen Stenden folgen/so kömpt vns das 88. Jahr jmmer je lenger je neher/ruckt vns auff den Halß/ehe wirs gewahr werden/von demselben sind die Verßlein vor langst gemacht:

Wenn man zehlet 1580. vnd acht/
   Das ist das Jahr das ich betracht/
Geht in dem die Welt nicht vnter/
   So geschicht doch groß mercklich Wunder.

Zu

vnd Newen Calender.

Zu solchem Wunder kan diese Trennung mit den beiden Calendern/ neben der grossen Conjunction der obern Planeten/ vnd andere Zeichen τε̃ϛ ϑεωϱί, Vorleuffer vnd Vrsacher sein/ wiewol ich/ vnd neben mir alle rechte Christen/ von Hertzen hoffen/ das der liebe Jüngste Tag kommen/ vnd solch Wunder/ anfahen vnnd enden werde/ weil ohne das alles geschehen vnnd ergangen/ vnnd nunmehr Gottes Wort in der gantzen Welt/ zu Constantinopel/ vnd der newen Welt mündlich vnnd schrifftlich gepredigt wird/ Jedoch sollen wir vns also schicken/ als werde die Welt noch lange stehen. Derhalben helffe vnd rathe wan hierzu wir ein jeder kan vnd vermag/ vnd warte das Lohn von Gott dem Allmechtigen. Jhr Gelehrten brauchet ewer Kunst/ Jhr Potentaten ewer Gewalt vnnd Ansehen/ Jhr Prediger ewer Ampt/ Jhr Schuldiener vnnd Schüler ewern Fleiß/ Jhr Haußveter vnd Haußmütter ewer Trewe/ vnd Summa/ ein jeder was ihm eignet vnd gebüret/ so wird es ob Gott wil/ wol besser stehen/ so wird vns der Bapst alle wol müssen zu frieden lassen/ so werden wir Gottes Wort in guter Ruhe vnd Friede lehren vnnd lernen/ so werden wir das liebe newe Jar recht vnd selig anfangen/ so weren wir fromme Christen/ so gefelts Gott wol/ mit dem alten vnnd newen Calender würde mit der Zeit auch wol rath werden. Diß sey auch gnug vom vierden Stücklein/ wie man sich in diesen Jrrungen/ mit dem alten vnnd newen Calender/ biß daß er geendert werden möchte/ Christlich verhalten kan vnd sol.

Ende.

Register.

Register vber das Erste Theil
der Fest Chronicken.

ON den Festen der Jüden vnnd Christen in gemein/ Fol. 1.
Von den Versamlungen der Christen/ Fol. 5.
Etliche Historien von Festrechten in gemein/ Fol. 8.
Am Heiligen Christage/ Fol. 10
An S. Stephans Tage/ Fol. 15
An S. Johannis Tage/ Fol. 20
An der vnschüldigen Kindlein Tage/ Fol. 21
Am Newen Jahrs Tage/ Fol. 22
An der Heiligen drey König Tage/ Fol. 23
An S. Pauli Bekehrung Tage/ Fol. 25
Am Tage Liechtmeß/ Fol. 29
An S. Matthias Tage / Fol. 30
Am Fastnachts Tage/ Fol. 31
An der Ascher Mitwoch/ Fol. 34
Schrifft D. M. L. an Hertzog Friederichen/ Churfürst zu Sachsen/ Fol. 34
Am Tage Mariæ Verkündigung/ Fol. 36
Marterwoche/ Fol. 37
Am Palm Sontage/ Fol. 38
Am Grünndonnerstage/ Fol. 38
Am Charfreytage/ Fol. 41
Am H. Ostertage/ Fol. 43
Am Ostermontage/ Fol. 52
Am Osterdinstage/ Fol. 52
Am Tage Philippi Jacobi/ Fol. 55
Am Tage Creutz Erfindung/ Fol. 59
Am Tage der Himmelfahrt Christi/ Fol. 60
Am Pfingstage/ Fol. 61
Am Pfingstmontage/ Fol. 66
Am Pfingstdinstage/ Fol. 67
Am Wahr Leichnams Tage/ Fol. 68
Am Tage S. Johannis des Teuffers/ Fol. 72
Am Tage Petri vnd Pauli/ Fol. 79
Am Tage Visitationis Mariæ, Fol. 82
Am Tage Mariæ Magdalenæ, Fol. 85
Am Tage Jacobi/ Fol. 86
Am Tage S. Laurentii/ Fol. 87
Am Tage Marien Himmelfahrt/ Fol. 89
Am Tage Bartholomei/ Fol. 89
Am Tage der Entheuptung Johannis des Teuffers/ Fol. 91
Am Tage Mariæ Geburt/ Fol. 93
Am Tage Creutz Erhebung/ Fol. 94
Am Tage S. Mattheï/ Fol. 94
Am Tage Michaelis/ Fol. 95
Am Tage Simonis Judæ/ Fol. 101
Am Tage Aller Heiligen/ Fol. 102
Am Tage Aller Seelen/ Fol. 106
Am Tage Martini/ Fol. 108
Am Tage Mariæ Opfferung/ Fol. 109
An S. Catharinen Tage/ Fol. 110
An S. Andreas Tage/ Fol. 111
An S. Barbaren Tage/ Fol. 112
An S. Niclas Tage/ Fol. 113
Am Tage Mariæ Empfengnis/ Fol. 113
An S. Lucien Tage/ Fol. 114
Am Tage S. Thomæ/ Fol. 115
Bericht vom alten vnd newen Calender/ F. 118

Gedruckt zu Erffordt/ bey Johann Beck/ In Verlegung Henning Grossen/ Buchhendlers zu Leipzig.

Fest Chronica

Darinnen viel außerlesene/ denckwirdige Historien oder Geschicht / die sich auff die Feyer vnd Sontage zugetragen/ in der Erklerung/ der darauff geordenten Euangelien/ nach gelegenheit nützlich einzuführen.

Desgleichen/

Mancherley schöne Exempel / wie Gott den rechten gebrauch solcher Heiligtage belohnet/ vnd den Mißbrauch gestrafft.

Der ander Theil.

Von den gewöhnlichen Sontagen/ durchs gantze Jahr vber/ Colligiret vnd zusammen bracht/

Durch

ZACHARIAM RIVANDRVM. D.

CVM PRIVILEGIO.

Im Jahr/

M. D. XCI.

Dem Wolgebornen vnd Edlen Herrn / Herrn Calrn / Herrn von Bieberstein / etc. Herrn zu Deben vnd Seranhoff / Römischer Keyserlicher Maiestat Rath / vnd der Kron Böheim Obersten Müntzmeister / etc. Meinem gnedigen Herren.

Mein andechtiges Gebet für E. G. Leibs vnd der Seelen wolfarth / zu sampt meinen vnbekandten vnd gehorsamen diensten in vntertheniglkeit zuuorn.

Olgeborner / Edler vnd gnediger Herr / bey meinem beschwerlichen Ampt / vnd fleissigem Lesen in Historijs / daruon allbereit was außgangen / das meiste vnd beste aber noch folgen wird / da Gott gesundheit / Leben vnd friede verleihet / hab ich auch des alten löblichen Haus von Bieberstein ankunfft / auff vnd abnemen / ihre Regalien / vnd Herrligkeiten zubeschreiben vnterhanden / welches werck / wenn es mit Gottes hülff / zum glücklichen ende bracht wird / heissen sol / Biebersteinische Chronica.

Darzu gibet mir vrsach / vnd beweget mich / das ich stündlich erfahr / wie das alt vñ Greffliche Geschlecht / nicht allein mercklich abnimmet / vnd nu biß auff sechs Herren kommen / die zum theil alt / zum theil sonsten keine Hoffnung / wegen der nicht heirahten / zum theil schwach vnd kranck / etc. Sondern auch dasselbe aus gerechtem Gericht Gottes / zur Väterlichen züchtigung / vnd zur hertzlichen anzeigung zur waren Christlichen Buß / solche anfechtung / vnd so viel anstösse einen vber den andern bekömpt / eins auch nach dem andern / so mit tode drüder abgehet / oder sonsten seine vnbequemigkeit hat / das es die lenge in Menschen gedechtnis zubleiben / fast vnmüglich sich ansehen lesset.

Denn / das ich nur der gar newlichsten abgang gedencke / so ist Herr Friedrich Anno Christi 1579. den 25. Ianuarij, Herr Jahn der Elter / Anno Christi 1583. den 12. Oktob. in Christo selig entschlaffen. Herr Ernst / durch einen vnfal daheimen / vnd Herr Joachim beyde vorgedachtes Herrn Friedrichs von Bieberstein Söhne / Anno Christi neben andern vielen ehrlichen Leuten in Franckreich blieben / vnd vmbkommen. E. G. geliebter Sohn / Herr Michael / Herr von Bieberstein / etc. hat auch in seinen besten Jahren / vnd da man sich dessen am wenigsten vermutet / der Welt abgedancket / dem ich auch / auff gnedige anschaffung / der Wolgebornen vnd Edlen Frawen / Frawen Elisabeth /

Vorrede.

beth/gebornen Freyin von Schleinitz/ wolgedachten Herrn Jahns des Eltern/löblicher gedechtnis/ hinterlasnen Christlichen Widwen/ ich in vnser Kirchen eine Tröstliche Leichpredigt gehalten. Vnd seind Herrn Abrahamen/ Herrn von Biberstein/ Herrn auff Forst vnd Pförten/ meinem gnedigen Herren/ innerhalb 3. Jahren zwey Frewlein gestorben/ Wil anderer vielen vngelegenheit/ so diesem löblichen geschlecht/ zugeflossen/ gerne geschweigen.

Als denn ich/ der ich in Historien (ohne vnzimlichen ruhm) auch was gelesen/ gar wenig/ vnd dasselbe sehr vnordentlich vnd zustrewet finde/ vnd gleichwol allerley nachrichtung/ das in vorjahren das Haus Biberstein tapffere Leute geben/ derer Ritterliche thaten aber/ vnachtsamkeit wegen/ nicht auffgezeichnet/ vnd ich nu etliche Jahr vnter diesem Baum schatten gehabt/ vnd noch täglich desselben Fruchte geniesse/ hab ich die mühselige vnd beschwerliche Arbeit/ wie oben gesagt/ zur schuldigen danckbarkeit auff mich genommen/ Sonderlich wil dieselbige/ meinen gnedigen Herren/ Herrn Jahn/ vnd Herrn Abraham/ Gevettern/ Herrn von Biberstein/ Herrn auff Forst vnd Pförten/etc. in gnaden gefallen/ vnd allerhand beförderung darzu zuuerschaffen/ gnedige vertröstung gethan.

Es kommen jetzundt der nouorum hominum, wie sie Cicero, vnd der deudsche Mann nennet/ der newen Geschlechter so viel auff/ prallen vnd prangen so sehr/ das fast der Alten vergessen/ vnd jene diesen vorgehen wollen/ Ob aber wol der/ so heute Tugendt/ Ehr vnd redligkeit wegen geadelt/ ja so Edel/ als die/ so es von vielen Jahren hero geerbet/ vnd nichts Adelichs gethan/ Ja dem werth nach/ viel Edler/ jedoch ist doch immerdar vermutlicher/ das je elter ein Geschlecht/ je edler das Geblüt/ vnd je ehe dasselbe zu tapffern thaten geneiget/ denn wie ein Fell/ je besser man es gerbet/ je geschmeidiger es wird/ Also/ je newer der anfang eines Geschlechts/je weniger es sich der vorigen art verbergen kan/ je elter aber / je besser es die grobitudines abgeleget/ sich von dem Bürger vn̄ Bawerstand purgiret/ durchgefressen/ vnd also Edler vnd besser es worden ist/ Wie die Newen der Tugendt/ also bleiben die Alten des Geschlechts halben ein jedes zu seinem werth/ vnd wie ich keinem nichts gebe/ also kan vnd wil ich auch keinem nichts nemen. Doch werden immerdar die Eltesten / für die fürnembsten geachtet/ vnd jhnen die höhesten Empter vertrawet/ Das nu E. G. sehr altes vnd löbliches/ seinen ehren ort vnter denselben vntadelhafftigen Geschlechten behalten möge/ vnd die/ so deme nicht gut/ oder sich dem gleich achten/ sehen/ was für ein vnterscheid/ vnd für herrliche sachen darin sich begeben/ wie viel es geredet/ vnd wie weit es offt gefehlet/ wenn man saget/ Ich bin so gut als du/ verhoff ich/ das

E. G.

Vorrede.

E. G. solches mein intent ir nicht allein neben vorwolermelten meinen gnedigen Herren/ in gnaden gefallen lassen/ sondern auch/ weil E. G. die meisten alten sachen vñ nachrichtungen darzu bey sich/ mir darmit/ vnd andern/ gnedig behülfflich/ vnd bey solcher schweren Arbeit mein gnediger Herr sein vnd bleiben werden.

In derselben Genealogia, der Herrn von Biberstein/ hab ich jetziger zeit nachrichtung/ das sie ihren Herrenstandt vber fünff hundert Jahr geführet/ vnd verhoffe/ ich wol noch ein eltern anfang erforschen. Ich finde auch/ das sie solchen iren fünff hundertjärigen Anfang nach/ zum aller ersten Graffen gewesen/ vnd aus der Schweitz bürtig sein. Ob nu das löbliche Bibersteinische Geschlecht/ durch das/ das es aus Graffen zu Herren worden/ gefallen/ oder dardurch erhöhet/ kan ich für gewiß nicht sagen/ denn sichs auff beyden seiten disputiren lesset. Es sol der Herrenstand Edler sein als der Graffenstandt/ da dem also/ wer es gestiegen/ gefallen wers/ wenn zurselben zeit albereit der Graffenstand/ die stelle vber ein Herrn gehabt. Da es auch gleich dardurch genidriget/ were es ihm doch rühmlich/ das sie ihres anfangs/ von fünff hundert Jahren her/ Gräffliches gebluts/ wie sich denn auch Fürsten vnd Graffen durch Heirahten darein vereiniget/ etc. seind auch noch Anno Christi 1450. die Herren von Biberstein so reich vmb mechtig gewesen/ das sich die Schlesischen Hertzoge mit ihnen/ kurtz zuuor in verbündnis eingelassen/ welche ihre macht auff diese jetzige stunde an dem leicht abzunemen/ das sie vber die anderthalb hundert Rittersitz/ vnd Edelleut vnter sich/ ihr eigen Hoffgericht Lehn vnd Mahnrecht/ vnd alle solche Priuilegia in vbung langezeit gehabt haben/ als irgendt ein Fürst des Reichs/ vnd ich wol/ ohne heuchelei/ vnd warheit sagen kan/ wie andere die Reichesten an Gelt vnd Gut/ also sie an Regalien vnd Herrligkeiten/ von langen zeiten hero/ die mechtigsten vnd fürnembsten sein. Wie denn auch noch alte Stempel vnd Gelde vorhanden/ die sie gemüntzet/ Vnd Pastores leben/ die in der Heupt vnd Pfarkirchen zum Forst ihre ordination entpfangen/ vnd zum heiligen Predigampt geweihet worden sein.

Man redet bestendig/ vnd hör ichs von Leuten/ die da sagen/ das sie es von denen erfahren/ die es selber gesehen/ vnd das noch bey Menschen gedencken/ das ein Herr von Biberstein/ eine fürneme Festung in Deudschland/ nemlich N. so bezwungen vnd in dienstbarkeit bracht/ das sie järlichen auffs alte Schlos gen Forst in Niderlausitz/ ein fuder Saltz mit vier guten Rossen bringen/ Pferde vnd Wagen stehen lassen/ vnd der Fuhrman daruon gehen müssen/ wie denn der Hirsch/ welcher dieselbige Städt auff den Platz/ auff einer Seulen/ in der Herrn von Biberstein Wappen/ vnd wie sie zuuor vnd anfenglich/ da sie Graffen

(A) iij gewesen/

Vorrede.

gewesen/das Hirschhorn/also jetzt auch ein gantzen Hirschen zu führen/kommen sein sol. Ist es nu an deme/so ist fürwar derselbige Herr von Bieberstein/ein fürtrefflicher Herr gewesen. Ich für mein Person recitire/wie ich es von alten Leuten gehöret/vnd die gemeine sage gehet/meine gnedige Herren selber/vnd E. G. gleub ich auch/nicht anders wissen/welches aber zu seiner zeit/wie es hierumb beschaffen/gründtlich dargethan werden sol. Vnter des sollen vnd mögen alle vñ jede Herren/Frawen vnd Frewlein dieses vhralten Stammes/derer Graffen vnd Herren von Bieberstein/mit höchsten fleiß dahin trachten/das/wenn ich in deductione der Ahnen auff ihre zeit gelange/das ich solche sachen von ihnen zubeschreiben finde/darmit sie ihre vorfahren nicht beschemen/Sondern denselben eine zier vnd ehr/ihnen rühmlich/vnd ihrer nachkommen anreitzung zur Tugendt ein Exempel sein mögen/vnd wol behertzigen den denckwirdigen Sententz Ciceronis, aus der Oratione in Crispum Salustium: der also lautet: Ego meis maioribus virtute mea præluxi, vt, si prius noti non fuerint à me accipiant initium memoriæ suæ. Tu tuis vita, quam turpiter egisti, magnas obtudisti tenebras: vt etiam si fuerunt egregij ciues, certè venerint in obliuionem. Quare noli mihi antiquos viros obiectare: satius est enim me meis rebus gestis florere, quam maiorum opinione niti: & ita viuere vt ego sim posteris, meis nobilitatis initium, & virtutis exemplum.

Wenn das geschicht/vnd sie darneben sonderlich vnd fürnemlich Gottfürchtig sein/vnd das reine Wort Gottes/vnd rechten brauch der heiligen Hochwirdigen Sacrament erhalten/vnd befördern helffen/so ist kein zweiffel/der allmechtige Gott werde die wenigen vermehren/die Alten langezeit erhalten/die Krancken gesund machen/etc. vnd sie aus ihrer widerwertigen Hende reissen vnd zu ehren setzen/als ich ihnen hiermit allen in gemein/vnd ein jeden in sonderhait von hertzen gönne/wüntsche/vnd Gott drumb anruffe vnd bitte/Amen.

Wie sie aber in diese Lande kommen/ist gut zuerachten/vnd wird es die außführung geben/das es in der Wenden Meuterey vnd Auffruhr geschehen/da sie als tapffere Kriegßleute dieselben dieser örter erschlagen/vnd nach dem sie das Land gelegen gedaucht/ihren Sitz/vnd wohnunge darinnen auffgerichtet/vnd also biß auff diese zeit drinnen verblieben.

Das es sehr fürtreffliche/vnd Rittermessige Graffen vnd Herren gewesen/bezeuget neben vielen andern/ihr præmium virtutis bellicæ, das Wappen/in welchem der Arm/so auß'n offnen Helm gehet/vnd in der Hand ein bloß Schwerd hat/weiset/das sie ihr Schild vnd Helm/vnd also ihren Graffen vnd Herrnstand mit gewapneter vnd
gerüster

Vorrede.

gerüster Hand/tapffern/männlichen vnd ritterlichen Thaten/erworbē. Denn vorzeiten hat man gemeiniglich in die Wapen bracht/wodurch einer dasselbige verdienet/vnd nicht jhm selber/vnd denen sachen/vnd örtern/jhm Namen fingirt/die er weder gesehen noch erfahren. Man hat auch vorzeiten besser beym Wapen gestanden/als jetzunder/vnd sich dasselbige mit Gut vnd Blut zuuertheidigen beflissen/vnd wer darwider gehandelt/dasselbe vom Verbrecher abgefordert.

Das Biebersteinische Wapen ist ein sehr stadtlich vnd alt Wapen/vnd wie gesagt/die zierde darinnen ist der außgereckte Arm/der sie jhrer Grefflichen/herrlichen vnd Ritterlichen Ankunfft erinnert/vnd zeugnis genug ist/das sie ein vntadelhafftig anfang jhres Grefflichen Herrenstandes haben. Vnd nach dem sie in dem vielfeltigen aufflauffen der Wenden/in diese gegendt/vnd jhnen die beliebet/haben sie dieselbige biß auff diß/mit fug vnd recht erhalten/ob wol das meiste/gröste vnd beste/vmb gar geringer vnd schnöder vrsachen willen darvon kommen/etc. Der liebe Gott erhalt das kleine vnd wenige/vnd segen dasselbige mit gnaden/gib gedeyen/das das junge Herrlein/Herr Ferdinandus/Herr von Bieberstein/etc. Herrn Abrahams/etc. meines gnedigen Herrn Söhnlein/so wol auch das junge Frewlein/Frewlein Elisabeth/meines gnedigen Herrn/Jahns/Herrn von Bieberstein/etc. des jüngern Töchterlein/zu der furcht vnd vermanung zum HErrn aufferzogen werden/dem eltern Frewlein auch/Frewlein Margarethen/mein gnedigen Frewlein/beneben Herrn Vlrichen/Herrn von Bieberstein/etc. auch meim gnedigen Herrn/Vnd E. G. noch lebenden Sohn/glücklich vnd wolgehe/vnd das sie sempilich vnd sonderlich Reich vnd Selig werden/etc. von solchen allen/wils Gott/weitleufftiger/in jhrer Chronica.

Dieses/wolgeborner/Edler vnd gnediger Herr/gedenck ich hier darumb/das bey E. G. ich mich dardurch insinuiren/vnd in jrer gnade/gnedigen schutz zubefehlen/auch das desto ehe zuerhalten/das E. G. mit aller guten gelegenheit/solch werck befördern helffe/vnd E. G. diß mein anderthail meiner Fest Chronica E. G. in vnterthenigkeit zugeschrieben/desto mit grössern gnaden auffnemen möge/welches darumb in vnterthenigkeit E. G. ich dedicirt/darmit mein danckbar gemüt gegen dem löblichen Haus von Biberstein/an dem Eltesten/so jetziger zeit darinnen lebet/zu beweisen anfienge/vnd also zu gleich vnter/vnd mit E. G. Herrlichen Person/dem gantzen Geschlecht/vor alle erzeigte woltthat/danckfagete. So hat michs gelegen gedaucht/weil E. G. vnd der Herr von Lokowitz vnd Hassenstein/etc. mein gnediger Herr/dem ich das erste theil zugeschrieben/mit E. G. Nachtbar ist/vnd mein Bruder Herr Jonas Rmander/welcher S. G. Hoffprediger/

Vorrede.

prediger/mit E.G. Seelsorger/gleichfals friedeliche/vnd gute Nachtbarschafft miteinander halten/ bey durchlesung dieses meines Buchs/ in solchen Nachtbarlichem willen zuuerharren augehalten würden/ Vnd wie E.G. beyderseits das Wort Gottes lieb haben/ vnd beforderen/ sie dasselbige trewlich vnd fleissig/rein vnd klar predigen/vnd die Hochwirdigen Sacramenta nach Christi einsetzung verreichen/ etc. Befehle E.G. vnd das gantze alte löbliche Haus von Bieberstein dem lieben Gott/ In der heiligen Osterwochen/ Anno Christi 1591.

E. G.

vntertheniger

Zacharias Riuander/ der heiligen Schrifft Doctor/ vnd Bieberstein‑ischer Superintendens.

Am E...

Am Ersten Sontage
deß Advents.

M Ersten Sontage deß Advents/ vmb die dritte Stunde nach Mitternacht/ als der Mond stund im Zeichen der Jungfrawen/ ist geboren Carolus/ der sechste dieses Namens/ König in Franckreich/ Nach Christi Geburt/ 1 3 6 8.

Epiphanius schreibet/ daß die Juden/ welche nach der Zerstörung Jerusolem in Tyberiade gewohnet/ die haben ihren sterbenden Freunden heimlich in ein Ohr geblasen: Gleubestu an Jesum von Nazareth/ den Gecreutzigten/ den vnsere Obersten vnd Vorfahren gecreutziget vnd vmb bracht haben/ Denn dieser wird kommen/ dich am jüngsten Tage zu richten.

Es ist vor etlichen Jahren ein Jude von Regenspurg gen Breßlaw kommen der in der Hebroischen Sprach sehr gelehrt gewesen/ vnnd hat von vielen Heimligkeiten der Juden den Christen die ihn gefraget/ guten vnnd warhafftigen Bericht gegeben/ Sonderlich aber ist er auff eine Zeit gefraget worden/ was sie doch die Juden/ mit der Christen Kindlein Blut machen/ daß sie so theur kauffen/ oder auch offt wol die Kinder stelen/ vnnd darumber so mit Hauffen dahin gerichtet werden/ darauff hat er gesagt: Diß sey ein heimlich vnd verborgen Ding bey den Juden/ daß es die Juden selbst nicht alle wüsten/ Sondern nur die obersten Rabinen/ vnnd die/ bey denen ihre Synagoga vnt. d Schulen weren. Als man aber bey ihm angehalten/ hat ers gesagt/ vnd den Bericht das von gegeben/ Wenn ein Jude in letzten Zügen lege vnd sterben wolte/ so bestriche man ihn mit solchem Blut/ vnd spreche darzu diese Wort:

So der so im Gesetz vnd Propheten verheissen kommen vñ fürüber ist/ vnd er der Jesus gewesen ist/ so sey dir das vnschüldige Blut/ so in seine Glauben gestorben ist/ hülfflich vnd förderlich zum ewigen Leben.

Diese zwo Historien gehen darauff/ daß Christus warhafftig der verheissene Messias/ so gewiß daß ihn auch viel Juden selbst heimlich dafür halten/ wie gering/ arm vnd elendt er auch ertzucket/ vnd sich stellet/ etc.

Es wird ein gros Gepränge gehalten/ wenn der Bapst vnd Antichrist zu Rom erwehlet vnd gekrönet wird/ wie ein sonderlich Büchlein mit Namen/ Von deß Bapsts Geprenge außzaigen. Vnter andern wird von dem herzlichen Convivio deß Bapsts/ Cardinäl vnd Prelaten wenn er nu erwehlet vnd gekrönet ist/ also gemeldet.

Solch Convivium wird gehalten auff einem herrlichen Saal/ der auffs köstlichste vnd stadlichste/ mit güldenen vnd Seidenen Tapeten zugerichte. Oben im Saal/ wird ein Büne gemacht/ dreyer Staffel hoch/ so weit der Saal ist. Mitten drauff ist ein vierecket Beltlein einer Spannen hoch/ darauff bereit man deß Bapsts Tisch/ an die Wande bereitet man den Stul/ vnd ein gülden Tuch/ das hinauff gehet vber dem Heupte. Zur lincken Seiten mache man deß Bapsts Credentz auff/ zu güldenen vnnd silbern Gefeß/ Wasser/ Wein/ etc. Zur rechten Handt vber der Büne/ bereitet man dem Bischoffe vñ Priester/ Cardinal Tisch/ vnd ein wenig baß hinab für die andern Prelaten/ doch also/ daß der Cardinal Tisch vnd Bäncke ein wenig höher sind.

Gegen vber zur lincken/ sitzen die Diacon/ Cardinäl/ als hoch wie die andern/ vnd baß hinab/ die Edlen vnd Official. Zu vnterst im Stuel/ richtet man ein grosse Credentz auff mit vielen Staffeln/ zur Magnificentz/ vnd sonst eins auff einen langen Tisch/ mit den Geschirren/ die man zu Tische brauchet.

So

Am Ersten Sontage

So der Keiser verhanden ist/ bereitet man jhm einen Tisch auff der ebenen Büne/ zu der Rechten deß Bapsts/ da sitzet er allein an/ seinen Stuel putzt man mit einem güldenen Stück/ doch nicht vber das Heupt/ dazu macht man jhm ein Credentz auff neben deß Bapsts. Ist ein König da/der sitzet zu Tische nach dem eltesten Bischoff/Cardinal. Die eltesten Leyen im Hoff/dienen dem Bapst zu Tische/wenn es gleich Brüder oder Söhne sind der Könige. Die Diacon führen den helligen Vater den Bapst/ zwischen sich in der Mitten zu Tisch mit seinen Pontificalibus bekleidet/Nemlich/mit Sandalien/ Dalmatig/roten Mantel vnd Jnfel. Die Cardinäl vnd andere Prelaten/ haben Chorhembder an vber dem Rocke oder Ordenskleide/ wenn es Ordensleute sind/ vnd weisse Jnfeln auffm Heupt/ vnnd braune Mentel/ some offen vber die Chorröcke/die andern alle in tegs lichen Kleidern.

Da mögen alle Familiares deß Bapsts vnd andere Diener auff den Dienst warten/ darzu die Kriegs Trabanten/ wol geputzt mit jhren silbern Stecken/gehen vorher wil man Essen aufftreget/vnd machen Raum.

Deß Bapsts Tisch rücket man beyseit/er setzet sich auff einen Stuel/ die Cardinäl/ Fürsten vnd Prelaten/ vnnd alle andere stehen für jhren Tischen. Der elteste Ley/ es sey gleich Keiser oder König/tregt dem Bapst das Handtwasser für mit grosser Pomp/ vnnd lests die Diener Credentzen/ Ein Auditor gehet vorher/ vnd treget die Handtzwellen/ der oberste Cardinal geust das Wasser auff die Hendt/zween Diacon halten die Handtzwelle/ vnd weil der Bapst die Hende weschet/knien die Prelaten vnd Leyen alle nider. Die Cardinäl vnnd andere stehen mit blossem Heupt/ darnach segnet der Bapst/ oder spricht das Benedicite, so tregt man Essen. Das erste Gericht tregt der Elteste Ley/ er sey Keiser/ König oder ein ander Fürst/ Das ander Gerichte treget welcher nach dem ersten der Elteste ist/ vnnd so fort an. Man Credentzet aber keinen/ ohn allein den Bapst vnnd Keiser. Wenn der Bapst trincket/pflegen alle vmbstehende/so nicht Bischoffe oder höhers Standes sind/ nider zu knien. Mit solcher vnd dergleichen Pracht/ sol der Bapst sein Convivium auff seinen Tag seiner Krönung/vnd auch auff den Grünendonnerstag zu halten.

N. B.

Bey dieser Historia mag ein Jeder sehen/ wie ehnlich der Bapst/ der sich Christi Stadthalter nennet/Jhm sey/vnd was von seinem Gepreng/ dem Exempel deß Sohns Gottis nach/ der schlecht vnd einfeltig einzeucht/ halten.

Am

Am Andern Sontage
deß Advents.
Allegata.

Eil der Sohn GOttes im heutigen Euangelio ein solch Argument führet/ das der Jüngste Tag so gewiß für der Thür/ wenn Zeichen an Sonn/ Mond vnnd Sternn/ ꝛc. geschehen/ Als nahe der Sommer/ wenn die Knospen an Beumen außschlahen/ vnd aber dieselben Zeichen heuffig für Augen/ derer wir gleichwol in Erklerung bey diesem Euangelio in vnser Postill / wegen der kurtzen Zeit nicht haben gedencken können/ Als sind solcher etlicher/ vnd die fürnembsten hieher nach einander verzeichnet/ ꝛc.

An der Sonnen.

Do man schrieb nach der Geburt vnsers lieben HErrn vnnd Heilandes Jesu Christi/ 1 5 2 0. Hat man in Vngern vnd zu Erffordt in Thüringen/ auff einmal zugleich drey Sonnen gesehen.

Anno Christi, 1547. In welchem Jahr der löbliche Churfürst gefangen worden/ ist die Sonne blutrot gewesen/ zu Braunschwig am Sontag Palmarum/ Anno 1550. Hat man auff einmal drey Sonnen gesehen.

Anno Christi, 1551. Sind zu Oschnitz auff einmal 4. Sonnen gewesen/ die erste das war die rechte natürliche Sonne mit jhrer Farbe/ wie sie zu sein pfleget/ die ander war rot wie Blut / die dritte hatte eine Fewer Farbe / die vierde war weiß vnnd schwartz/ düster durch einander/ wie irgendt ein Pechichter Dampff.

Anno Christi, 1562. Ist die Sonne drey Tage nach einander/ wenn sie auff oder nidergangen/ blutrot gewesen.

Deßgleichen hat man auch Anno 1566. den 28. Julii observirt/ denn auff den Tag ist sie viel Stunden blutrot/ vnd gleich eckicht/ mit einem langen/ breitlichten/ roten Striche hinder jhr/ wie ein Balcken gesehen worden/ hat in zweyen Tagen keinen rechten natürlichen Schein von sich gegeben.

Anno Christi, 1573. Hat man auff dem Schneeberg auch drey Sonnen gesehen/ für zehen Jahren sind eben auff den Tag/ vnd in der Stunden/ als Doctor Pommer Pfarherr zu Wittenberg/ diß Euangelium geprediget vnd außgelegt/ drey Sonnen gewesen/ Sind das nicht Zeichen an der Sonnen.

Am Monden.

Sind auch Zeichen gnug geschehen/ als da sein fürnemlich vnnd sonderlich/ das zu Magdeburg / denn man Anno 1551. den 26. Martii 3. Monden/ vnd hernach vber acht Jar/ nemlich Anno 59. zu Schmalkolden den 11. May drey Monden / die wie Blut mit Farbe/ vnd wie kleine Baln gewesen sein. Sonderlich vnd fürnemlich ist das Zeichen denckwirdig/ das Anno 1570. sind jetzund 19. Jahr/ an dem Monden gesehen ist/ Denn in jetz genandtem Jahr/ den 17. Octob. auff den Abend vmb

Am Andern Sontage

vmb sieben Vhr/hat man zu Marpurg in Hessen vmb den Monden herumb gesehen ein grossen Hoff/darin der Mond ausserhalb deß Circkels auff beiden Seiten mit liechten vnd dunckeln Stralen/darauff ein Buchstab wie ein Ypsilon gestanden/ober den Monden aber seidthalben ist ein breiter Steg oder Balck/von einem Ort deß Hoffes biß zum andern/dadurch gleich Creutzweise/ein sehr langer Striemen durch den einen Ort deß Hoffes gangen/vnnd zwischen solchen Balcken vnd Striemen/gleich eben einem Creutz/ober dem Monden hat man gesehen eine auffgethane Handt/als ob sie nach der grossen Ruthen oder Besen/so darneben gestanden/greiffen wolte.

Ausserhalb deß Hoffes aber/haben sich zween halbe Monden mit fewrigen Flammen sehen lassen/vnd hat also dieses erschreckliche Gesichte vnd Wunderzeichen Gottes gewehret von sieben an/biß in die Nacht vmb zwölff Vhr.

Freilich sind das Zeichen am Monden/die den Jüngsten Tag verkündigen/als der HErr Christus hier sagt.

An den Sternen.

ANNO Christi, 1542. Den 4. May/Ist zu Weissenhausen vmb 4. nach Mittage ein Stern/wie ein Mülstein groß/erschienen/aus welchem ein fewriger Drach in ein fliessendt Wasser/vnnd denn vber ein Acker Gersten geflogen/das Wasser ausgelassen/vnd 15. Schuch lang gantz vnnd gar die Saat auff dem Acker verderbet. Wenn wir hier von vielen vnnd mancherleyen vnnatürlichen vnnd vngewöhnlichen Sternen so erschienen/reden wolten/wo nemen wir Zeit?

Den Leuten ist bang vnd zagen.

IST doch ein klagen vnnd Zagen vnter den Leuten/daß es nur Wunder/vnd einer höret/daß jhm die Ohren wehe thun/vnnd die Haar gegen Berge stehen/der nur ein wenig aus kömpt/Den Leuten ist das Hertz so schwer/vnd wissen nicht worvon. In solcher Bangigkeit können jhr viel sich nicht trösten/erwürgen vnd ermorden sich selber/fahren dahin mit Leib vnd Seel zum Teuffel/da erst jr rechte Bangigkeit angehet/vnd weren wird in alle Ewigkeit.

Wir wollen aber jetzt nicht viel Alte/auch nicht viel Newe Exempel/Sondern nur die anziehen/die wir bey vns haben.

Wir köndten zwar das/daß sich Anno 1579. zu Dessaw mit der Fürsten von Anhalt Heuptman/Desgleichen das zu Dreßden/mit deß Churfürsten von Sachsen Cammermeister/vnnd andern mehr anziehen/wollen es aber Kürtze halben vnterlassen. Wie wir auch deß schrecklichen Exempels/deß Apoteckers zu Wittenberg Jugen/der Fürnemer Leute Kindt/sich auch sonsten allezeit wol verhalten/vnnd sich gleichwol den Teuffel hat blenden lassen/vnd sich Anno Christi 1576. den 25. Augusti haussen fürm Thor in seines Herren Hause/vber das heimliche Gemach selbst erhencket.

Das bedencket jhr Einfeltigen jetzundt nur/daß sich mit der Frawen zu N. begeben vnd zugetragen hat/dieselbige Fraw ist etlich mal bey mir gewest/mit mir von jhrem Anligen geredet/die ich aus Gottes Wort getröstet/hat auch den Trost hertzlich angenommen/vnd ich mich nichts böses zu jhr vermuthet/dennoch ist jhr endtlich so bang vnd angst worden/daß sie aus Verzweiffelung den 30. Julii zu N. fürm Thore in ein Wasser gelauffen/vnd sich ersäuffet/ist geschehen im 8. Jar/vnd darumb/dieweil sie auff eine zeit ein falschen Eid/vmb etlich Gelde geschworen vnd den jhren verleugnet hatte.

Andert

deß Advents.

Anderer Exempel haben wir viel mehr/die wir nicht alle erzehlen können/Darumb werden die Wort Christi vnsers HERRN vnnd Heilandes mit Gewalt erfüllet/ daß den Leuten auff Erden bange vnnd vielen (leider) allzu bange werden. Vnser lieber HERR GOTT erhalte vns Ja/vnnd gebe vns seinen heiligen Geist/daß wir nicht auch in solche Verzweiffelung/vnser Sünden halben gerathen/wenn sie einmahl auffwachen/so sehet wo ihr bleibet.

Das Jahr/Nemlich 1581. sind diß 1589. acht Jahr/Hat sich ein Bawersmann aus einem Dorff/nicht weit von dem Ort/da ich zuvor Pfarherr gewesen/in der Heide an einen Baum gehencket/darzu er keine Vrsach gehabt/denn daß jhn gedaucht/er werde nicht gnug für seinem Ende zu essen haben.

Das Meer vnd die Wasserwogen haben gebrauset vnd sich ergossen.

ANNO CHRISTI, 1524. Ist zu Halle in Sachsen grosse Ergiessung der Wasser gewesen/daß man lange nicht hat in die Halle kommen können. vnd ist das Wasser von einem Thor zum andern gangen/welches zuvor vnd hernachmals nie geschehen.

Anno Christi, 1529. Den 4. Julii hat sich der Fluß Birsus zu Basel so sehr vnd plötzlich ergossen/daß er die Mawren nider geworffen/vnnd grosse Last Schiffe mit Gewalt in die Stadt hinnein geführet/den Heusern vnd dem Rathause grossen Schaden zugefüget.

Anno Christi, 1552. Hat sich die Saal zu Jena/wie auch andere Wasser an andern Orten/auff den Newen Jahrstag so geschwinde vnd sehr ergossen/ daß es etliche Heuser eingerissen/Menschen vnd Viehe ersäuffet/vnd sonsten grossen schaden auff dem Felde gethan hat.

Jm selben Jahr den 13. Januarii ist ein erschrecklich Gewitter in der Nacht eingefallen/mit Donnern vnd blitzen vnd grossen Winden/welches zuvor bey acht Tagen geweret/Darauff ist ein sehr groß vnversehens Gewesser erfolget/welches vberall grossen Schaden gethan/vnnd im Niderlande ein Städtlein gantz vnnd gar verschwemmet vnd ersäuffet sol haben.

Auch ist der Mayn so groß gewesen/daß jhn dergleichen niemandt gedencket. Die Lehn ist so groß gewesen/daß das Geweßer zu Fronhausen bey Marpurg/etliche Heuser hinweg gerissen/vnd die Steinerne Brück zu Marpurg/sampt vielem Volck so darauff gestanden/vnd dem Wasser zugesehen/weg geführet vnd ertrencket.

Eben in diesem Jahr/den 15. Augusti gegen den Abendt/ist zu Bautzen in Oberlaußnitz eine grosse Ergiessung geschehen/also vnnd der Gestalt: Es ist ein Wolcken Bruch nider geschossen bey Bautzen in einem Thal/darinnen viel Teiche/Fischhelder/ vnnd sonsten Wasserdümpffel gewesen/da dieselbigen durch das Wasser plötzlich erfüllet worden/sind sie ausgerissen/vnd in den Fluß die Spree mit Gewalt gefallen/welche dadurch so grawsam gehauffet vnd gemehret worden/daß er in eine solche Höhe gewachsen/ die zuvor deß Orts nie erhöret worden. Vnd dieweil er sonsten ohne das von hohen Wegen geschwinde/vnd mit grössem brausen vnter sich schcust/hat er mit desto grösserer Gewalt gewütet/vnd auff zwo Meil weges alle Brücken/Gebewe/Gärten/vnnd anders so vbersich gestanden/zu grunde gerissen vnd vmbgeworffen/daß auch nach verschiessung diß Wassers/die Ort vnd Stelle der Gebewe nicht hat können erkennet werden.

Am Andern Sontage

Bey vnd vmb die Stadt sind zwey vnd dreissig Menschen ersoffen/ vnd Jemmerlich vmbkommen/ was auff die Berge hat fliehen können/ ist lebendig blieben/ Aber in der gantzen Gegendt sind vber 100. Personen tod blieben/ wiewol etliche/ doch wenig im Wasser sind errettet worden.

Anno Christi, 1555. Ist im Elsaß vnd vmbligenden Ortern/ eine erschreckliche Ergiessung geschehen/ daß dadurch etliche Mauren in Stedten vnd Klöstern eingefallen/ vnd mercklichen Schaden erlitten.

Anno Christi, 1559. Den 10. Julij/ Ist zu Jena ein solch Gewesser gewest/ dergleichen bey Menschen gedencken zuvor nicht gewesen/ denn zu Nacht vmb 10. Vhr ist das Wasser vnversehener Weise so geschwinde gelauffen/ daß es in den Vorstedten an etlichen Orten vber die Beume auff dem Felde vnd Gärten gangen/ daß es/ da es am Tage geschehen/ vnd so plötzlich vnd geschwinde kommen were/ viel Volcks auff dem Felde vnd in der Stadt ersaufft hette.

In der Vorstadt hat es ein Mühle eingerissen/ das Gerüste gantz zerrissen/ vnd die Reder hinweg geführet. Am selbigen Ort hat es grosse vnnd sonst vnbewegliche Beume mit Gewalt fort geschleifft/ dadurch nicht allein die Beume geschelet/ Sondern auch etliche gar vmbgerissen worden/ die Wege hat es gentzlich verderbet/ vnd zu nichte gemacht/ da es aber an die Heuser kommen/ hat es etliche Wende eingeweichet vnd nider geworffen/ den Heusern vnd Schewnen grossen Schaden gethan/ viel Getreide so newlich eingesamlet/ verschwemmet vnd erseuffet. Auch ist es den Leuten in Vorstedter in die Stuben vñ Keller gedrungen/ vnd ist so geschwinde gerissen/ daß sich niemandt darein hat wagen türffen/ Sonsten hat es auch grosse vnd vnbewegliche Kasten/ vnd andere schwere Dinge aus den Heusern geführet/ vnd an die Saal geschleiffet/ daß ich doch darüber zu verwundern. In der Mühlen hat es einen Menschen vmb bracht/ sonst ist etlich todt Viehe auff der Saal kommen/ den Weinbergen aber hat es ein grossen Schaden gethan.

Hilff lieber GOtt/ sollen des Meer vnd die Wasserwogen noch sehrer brausen/ Es sind jetzund 16. Jahr/ da war im Voictlande ein vberauß groß/ mechtig Wasser/ das auff dem Schneeberg in Bergwercken an Menschen vnd Viehe trefflichen Schaden thete. Es war so gros/ daß es die Kirche in der Ober Schlemma beim Schneeberge/ mit Glocken vnnd allem Heil wegeführet/ derer man noch biß auff diese Stunde keine mehr gefunden/ Ja so ein gros Wasser war es/ daß es nicht alleine die Kirche zusampt den Glocken/ Sondern auch den Berck darauff die Kirche stunde/ mit weg gerissen. Es hat auch haußweise es denn auch in meiner Heimat zu Lessnig/ die holbe Spital Kirche weg geschwemmet/ vnd ein gros Stück an der Stadtmauren am vntern Thor einweichet/ welches man mit grosser Vnkost wider hat bawen müssen.

Da hat man gesehen Mann/ Weib vnnd Kindt/ das sie zum Theil lebendig/ zum Theil todt geschwummen kommen/ kondt ihnen aber niemandts helffen/ da kamen Kisten vnd Kasten/ wurden aber niemandts nütze. Summa/ es war Mühe vnd Arbeit/ wer den Jammer angesehen hat/ der kan es ohne Trehnen vnd seufftzen nicht erwehnen.

Wie das Meer vnnd die Wasserwogen in dem 82. Das ist/ für acht Jahren gebrauset/ Haben die an der Elbe vnnd im Lande zu Behmen mit Schmertzen erfahren/ Vnser lieber GOTT behüte alle fromme Christen/ daß sie solch Elende nicht erleben dürffen.

Ist das nicht auch war worden/ daß etliche Leute verschmachtet/ für Furcht vnnd für warten derer Dinge/ die kommen sollen auff Erden? Hier kondten wir auch wol frembde Historien vnd Zeugnis einführen/ weil es aber gar zu long werden wolte/ vnd wir derer für der Thür/ ist es ohne Noth/ daß wir sie weit suchen/ Ich wil derer nur gedencken/ die ich in meinem Ampt erlebet vnd erfahren.

Anno

deß Advents.   4

Anno Christi, 1574. War ein Weib in der Schlem/ dieselbige versaget ihrem Ehemann/ deß Morgens als er auffstehen/ vnd an seine Arbeit gehen wil/ die Eheliche Pflicht/ Der Mann wird in der Gruben kranck/ gehet heim/ legt sich nider vnd stirbet/ daruber kömpt das Weib/ aus eingeben deß leidigen Teuffels/ in solche Furcht vnd Trawrigkeit/ daß sie nicht anders meinet/ sie habe mit dieser Wegerung der Ehelichen Pflicht/ ihren Mann so beerübt/ daß er daruber gestorben. Ja sie kömpt in eine solche Furcht/ Angst vnd Zaghafftigkeit/ daß sie den 6. Martii ein Strick vnd Messer nimpt/ gehet vnd wil sich selbst erhencken/ were auch geschehen/ wo ihr nicht ihre größte Tochter nachgesehen/ mich/ als domals deß Orts Pfarherrn/ angeruffen/ vnnd ich neben andern Nachbarn zugelauffen/ Strick vnd Messer genommen/ bewachen lassen/ vnd sie aus Gottes Wort getröstet/ wie sie denn/ Gott lob/ sein zu rechte kam/ vnd so viel mir wissentlich/ auff diese Stunde Christlich lebet.

Anno Christi, 1575. Geschach es gleichsfals zu Born/ da waren zwo solche furchtsame Frawen/ deren eine gestorben/ vnd eine noch am Leben/ die waren so betrübet/ vnnd hatten grosse Anfechtung/ vmb etlicher Fäll vnd Sünden halben/ daß ich gnug an ihnen zu trösten/ die eine war in solchen Gedancken/ daß sie auff eine gewisse Stunde/ alle Tage in ihrem Hause auff der Leiter/ die da auff den Boden gieng/ sitzen müste/ sonst hette sie keine Ruhe/ man müste es ihr auch vergönnen/ endlich gab vnser HERR Gott Gnade/ daß sie sein wider zu rechte kam/ wie sie denn Gott lob/ noch ist/ vnd mir offt viel Gutes wündschen vnd sagen lest/ wegen deß Trostes vnd deß Fleisses/ den ich bey ihr in solcher Anfechtung angewendet. Die ander war sonsten in Verdacht wegen Ehebruchs/ mit einem Lande Junckern/ die ließ sich die erste auch fein trösten/ hernach kundte sie mich nicht wol mehr sehen oder hören/ hette mich einmal/ da ich zu ihr gefodert/ erstochen/ wo nicht Leute da gewest die ihr gewehret/ starb aber doch endtlichen noch auch im Glauben an Sohn Gottes Jesum Christum.

Anno Christi, 1578. Hatte ich dergleichen auch zum grossen Salz in Sachsen mit einem furchtsamen Mann viel zu schaffen/ GOTT halff auch/ derselbige Mann war in seiner Wanderschafft nach Rom kommen/ sich allda besehe/ die Lutherische Lehr verleugnet/ kömpt heraus/ wil Erbtheil holen/ da wachet ihm das Gewissen auff/ weiß sich nirgends zu lassen/ kömpt/ begeret ich soll ihn Beichte hören/ zeiget an/ er habe Wundergesichte/ welches nichts anders war als die Furcht/ vnd das Warten der Dinge/ die kommen sollen auff Erden/ wie Christus sagt.

Anno Christi, 1584. Hat sich ein solch Exempel zu N. begeben/ Eines Fleischers Frawe die war fromb vnd Gottfürchtig/ vnnd bekam doch so grewliche Anfechtung/ daß schier kein Trost bey ihr hafften wolte/ vnnd zu besorgen/ sie würde ihr ein Leidt thun/ das gieng also zu: Sie Buttert einmahl/ vnnd verkauffet ein Stück darvon/ den Mann dünckt der Butter zu wenig sein/ fraget ob sie etwas darvon verkaufft/ sie spricht nein/ als er aber anhelt/ Ey Ja/ du must etwas verkaufft haben/ schweret sie vnd spricht: Ey Nickel/ ich wil deß Teuffels sein/ wo ich etwas davon verkauffe.

Von dem an düncket sie immer/ der Teuffel werde sie holen/ wie sie denn auch sprach/ er keme zu Ihr/ vnnd hiesse sie weg lauffen/ oder in ein Wasser springen/ hat aber richtes bey ihr erhalten können/ sintemal sie Christum im Hertzen hatte/ vnd ich sie zum offtern daheim vnd in der Kirchen mit GOttes Wort getröstet/ sie absolvieret/ vnd das Exempel Petri/ der sich auch verschwur/ vorgehalten.

Hier

Am Andern Sontage

Hier zum N. Haben wir auff diese Stunde ein sichtlich Zeichen an der armen Frawen / welche der Teuffel mit den Gedancken anficht / daß sie sich mit jhren armen kleinen Kinderlein nicht vermöge zu ernehren / sie kan weder ruhen noch schlaffen / vnd ist sich allerley zu besorgen / der liebe Gott verleihe vnd gebe / daß einen guten Außgang mit jhr gewinne / So gehets / wenn die Gewissen auffwachen / Jhren Mann hat sie nicht alzu wol gehalten / nun sie jhn nicht mehr hat / verstehet sie / was sie an jhm verlohren / gehet daruber wie sie verströmet / eiß.

Wer will leugnen / daß sich der Himmel Kreffte nicht beweget habeñ / Man hat je Wunderzeichen am Himmel / Cometen vnnd Wundergeburten / vnd sonsten allerley Zeichen / Auch Erdtbeben / grosse Winde / grosse Wetter / Donner vñ Blitz gnugsam gehabt / Gott helffe / daß wir der nicht mehr so viel erleben.

Anno Christi, 1572. Den 16. Tag Februarii / sind vber dreyen Kirchen zu Constantinopel grosse weisse Creutze gesehen worden / haben drey Tage gestanden / vnd haben sich von einer Kirchen zu der andern gewendet / welches der Türckische Keiser selbst mit grossem Schrecken angesehen hat / Wie Grio Mallui ein Ritter / in einem Brieffe an Bapst geschrieben hat.

So sinde nicht wenig Cometen in 50. Jahren her gewesen / wolle eur der newlichsten gedencken.

Anno Christi, 1578. Den 10. Decembris / Ist zu Constantinopel ein solcher Comet gewesen / darvon deß Türckischen Keisers Astronomus von Halepo, vnd ein Jude von Thessalonica / gesagt / daß es der Stern sey / der erstmal erschienen / da Sodoma vnnd Gomorrha / das andermal / da Pharao im roten Meer ersoffen vnd vmbkommen sey.

Jch muß auch hier eine warhafftige Historia erzehlen / die sich Anno Christi / 1579. zu Dreßden begeben vnnd zugetragen / der Gestalt vnnd also: Den 2. Augusti / war ein Erschrecklich Wetter mit Donner / Blitz / Hagel vnnd Regen / welcher Gestalt es solche harte / vnerhörte Donnerschlege gethan / daß nicht anders zu meinen / denn das Himmel vnnd Erden in ein Hauffen fallen würde / wie es denn an etlichen Orten in der Stadt eingeschlagen / Aber GOTT Lob / ohne Schaden abgangen / allein daß viel Fenster im Schloß vnd in der Stadt zerschlagen worden.

Zu Abendt vmb 8. Vhr / war es nicht anders anzusehen / als wolte sein brennender Zorn ein Fortgang gewinnen / Aber seine Barmhertzigkeit / Langmütigkeit vnnd Trewe rairet zureichlich vber vns / Denn es sich nit anders ansehen ließ / als der Mond von oben aus dem Firmament / durch die Krafft GOTTES vber die Stadt herunter fallen würde / vnd etlicher massen herunter gelassen / welche gantz erschrecklich zu sehen war / denn er ist gros / als er sonsten zu sein pfleget / mit schrecklichen Geberden sich erzeiget / mit Bewegung vnd hüpffen / von einer Seiten zur andern / vnnd einen schrecklichen Schein von sich gegeben / ist auch in seinem runden Zirckel nicht bestanden blieben / Sondern sich sichtbarlich herunter gelassen / darinnen denn ein Todten Kopff mit gestreckten Todtenbeinen gesehen worden / Dethalben auch die Leute / welche dem schrecklichen Zeichen zugesehen / nichts anders gemeinet / als solte der Mond die gantze Stadt bedecken / sind derhalben in die Heuser gelauffen / sich darinnen zu verbergen / Ist der Mond also nicht lange in der Gestalt blieben / Sondern auff seinen vorgestandenen Ort widerumb verfüget / vnd als baldt hat man einen alten Mannes Kopff / mit langen grawen Haaren vnd Bart / gegen Mitternacht stehende gesehen / gegen Auffgang hat man eines Adelichen Weibes Personen Heupt gesehen / mit zugethanem Munde / vnd zugeschlossenen Augen / in trawriger Weise / mit bewegtem vnnd geneigtem Heupt gegen dem todten Leichnam zugewandt / welches

deß Advents.

ches eine gute halbe Stunde gewehret/vnnd bey derselbigen Gestalt hat man auch ein roth Hertz/vnd schwartz Burgundisch Creutz darinn stehend gesehen/welches denn viel Menschen durch groß erschrecken gesehen haben.

Im Jahr Christi/1537. Ist ein groß Erdbeben gewesen/in Lusitanien/darinnen eine Stadt/so vnten an einem hohen spitzigen Berge ligt/von welchem Berge ein Stück durch das Erdbeben abgelöset/vnd herunter gerissen/ein groß Theil der Stadt vberfallen/vnnd vber 200. Menschen jemmerlich erschlagen/vnnd vmbbracht hat. Dieses Erdbeben ist den Bürgern von einem Apt zuvor verkündiget worden/aber sie haben es nicht geachtet.

Zu Lisiben sind bey 150. Heuser vmbgefallen/600. der besten vnd sterckesten haben sich beweget/vnd gantz erschuttert/alle Kirchen sind in Hauffen gefallen/vnd hat dieses Erdbeben gewehret 8. Tage/vnnd ist des Tages sieben oder mehrmal kommen/daß die Leute aus Furchte die Stadt verlassen/vnd auffs Feld geflogen sind.

Anno Christi,1540. Ist zu Chemnitz in Meissen ein groß Erdbeben geschehen/ daß die Gebew darvon erschuttert sind / darauff ist ein Vngewitter kommen.

Anno Christi,1542. Ist folgende Geschicht geschehen zu Schabaria/16. Welsche Meilweges gelegen von Florentz/den 12. Julij / am Morgen/eine Stunde vor Tage/hat sich ein grawsam Erdbeben erhoben/darvon jederman in der Stad vnd darumb erwachet ist/vnnd den Leuten gedaucht hat/als wolten sie in einem Schiff/in einer kleinen Fortuna/Im selben Augenblick/hat im Wirtshause/das am Städtlein ligt/darinnen denn frembde Geste gewesen/das Dach angefangen zu fallen / deßgleichen die Mawren vnd alle Thürm/daß die Geste nicht gewust/wie sie aus dem Bette oder Hause kommen/sind aber ohne Schaden blieben. Im Städtlein sind fast alle Heuser eingefallen vnd zerbrochen/etliche aber gar vber einem Hauffen gefallen/das Volck/so beim Leben blieben ist/hat mit grosser Furcht vnd Zittern Misericordia geschryen / sind alle aus der Stadt auff die Wise gelauffen/da der Wirt mit den frembden Gesten gestanden / groß Jammer vnd Geschrey ist davon Mann vnd Weib vnnd Schwangern erhöret worden / viel Volcks ist also mit Holtz vnnd Steinen vberfallen gewest/ daß man jhnen dazumal nicht hat helffen können.

In derselbigen Stunde haben sich sechs Erdbeben nach einander erhoben/daß sich das Erdreich mit Zittern also beweget/als wolte sichs auffthun/vnd alles verschlingen. Es ist auch so gar kein Windt gangen/ daß sich nicht ein Bletlein an Brumen beweget hette. Der Himmel ist gantz schwartz vnd grawsam anzusehen gewesen. In Summa/alle ding sind hefftiger vnd schrecklicher gewest/weder man schreiben oder sagen kan.

Im selbigen Jahr 1542. Ist eine Stadt in der Türckey/mit Namen Scharanica/so auff der ebene gelegen/daraus der Türckische Saffran kömpt/gentzlich versuncken vnd vntergangen/daß kein Mensch darvon kommen ist.

Anno Christi,1545. Sind grosse Vngewitter/Hagel vñ Sturmwinde gewesen/an vielen Orten hat man sehen Fewr vom Himmel fallen.

Anno Christi,1550. Den 25. Junij/hat es zu Weinmar Korn geregnet/daß es an etlichen Orten Fingers dick gelegen.

Anno Christi, 1552. Im April ist zu Meissen an der Mulda/zu Aldenburg vnnd in vmbliegenden Orten ein Erdbeben gewest/daß darvon die Heuser erschuttert. Item / zu Wolckenstein/welches auff einem harten hohen Felsen ligt/hat sich das Schloß erhoben/daß etliche Gesetz davon im Schloß vmbgefallen sind. Deßgleichen ist in Bergstedten/sonderlich in S. Joachims Thal/ein sehr groß Erdbeben gewest/daß die Fenster in den Stuben davon zerschellet vnd zerbrochen sein.

Anno

Am Andern Sontage

Anno Christi, 1568. Den 25. des Mertzens/ist ein sehr erschreckliches Gesicht am Himmel gesehen worden/ welches erstlich seinen Anfang genommen/ vber dem Eckharts Berge in Franckenlande/vnd stracks auff Zell zugezogen/von Zell hernach auff ein Stedtlein genandt Elpinan/ dornach im Grunde auff Bamberg zu gestrichen/vnd darob eine gute weile gestanden/ also daß jederman erschrocken/ vnd gemeinet/es brenne die gantze Stadt/vnd also jederman zugelauffen/vnnd die Seß brücken so voll gestanden/daß man besorget hat/das Gelende der Brücken werde von dem grossen Gedreng vnd Gemeng des Volcks eingedruckt. Da hat sichs als bald gewendet auff den sietigen Weg zu /Allda hat jedermenniglich gesehen den Himmel Fewr rot/ vnd in der röte etliche Sternen/ als an dem hellen Himmel/ vnd zwo Wolcken gegen einander stehen/ Darauß aus jeder Wolcken weisse striche Creutz weise vber einander gegangen sein/ als lange Spiesse/ auch hat man in den Wolcken Schwerdter glentzend gesehen/ vnd ein grawsames brausen/als wenn zwey Heer gegen einander stritten/gehöret/nachmals ist es auff Staffelstein/ vnd von dannen auff Liechtenfels zu gerucket / allda ist es wieder eine gute weile gestanden/ vnd ein solch schrecklich Prausen vnd Gedöhn in den beiden Wolcken gegen einander von Reissigen vnnd Kürissen gehöret worden/ also daß man auch in solchem grossen erschrecklichen Getümmel zwey Fenlein/ aus jeder Wolcken eins hat sollen sehen. Ferner ist es auff das Gebirge nach Plassenburg / vnnd von Plossenburg auffs Voigtland zu gestrichen. Solches hat mancher ehrlicher Bürger in Bamberg vnd Liechtenfels gesehen/ fürnemlich aber der erbar vnnd fürneme Kastner zur Zelle / welcher damals eben in Bamberg gewesen ist.

Last mir lieben Christen das auch nicht ein geringes Zeichen sein/ daß Anno 1567. den 22. Junii ein Knab zu Dinfort im Ampt Spangenbergk/ der ein Tag vnnd Nacht todt gelegen/ wieder lebendig worden/ als man jhn hat begraben wollen/ vnd viel Wunder vnd seltzames dinges gesaget/ sonderlich die Leute zur Busse vermanet.

Anno Christi, 1564. Ist der gantze Himmel etliche Stunden lang nicht anders gewesen/ als brennet er / Das ist auch eine grosse bewegung der Himmel Kreffte/daß Anno 1566. in einem Jahr fünff Finsternis nach einander gewesen sein.

Im 1562. Jahr nach der Geburt vnsers lieben HERren vnnd Heilandes Jesu Christi/ bewogen sich der Himmels Kreffte abermal / denn man hat etliche Fewr vnd Wunderzeichen gesehen/ als grosse Fehnlein Landsknechte/ sonderlich das Bildnis vnsers lieben HERren Jesu Christi/ das gar blutig gewest. Hernach im 63. vnd 66. hat man am Himmel gesehen Türckische Sebel/ Spiesse/ blutige Fahnen/ vnnd blutige Creutze.

Da man schrieb 1570. Hat es im Julio zu Weltz Getreide geregnet/welches die Armen gessen/den Reichen aber ists vnter den Henden verschwunden.

Hie muß ich auch dessen gedencken / daß Anno 1574. den 14. Nouembris zu Born von mir vnnd andern gesehen wurde / der Gestalt vnnd also: Von Mitternacht an /sahe man am Himmel einen grossen Platz/ der war gar schneeweiß vnnd Blutrot durch einander/vnd giengen Streiffe darinnen hin vnd wieder wie Fewr/ so war es auch gar dampfficht/wie wenn ein Bütner den Dampff vnd Rauch aus dem Fasse lest/ schuttete durch einander her/ als wetterleuchtet es. Man sahe auch von Mitternacht vnd Abend Stralen zusammen gehen/wie lange Spiesse / in der Mitte dieses Zeichens gieng ein grosser Bogen/ des Anfang kundt man nicht sehen/ war rötlicht/ vergieng vnnd kam bald wieder.

Folgenden

deß Advents.

Folgenden 15. Novemb. zu Nachte wurde diß Zeichen noch schrecklicher/ denn es wurde gar Blut vnd Fewer rot/vnd breitet sich fast vber die gantze Welt aus / Wie es aber den vorigen Tag/ den 14. Novemb. zu Nacht von Mitternacht/ Also kam es diß mal von Morgen her. Von diesem Zeichen habe ich hernach auff kommenden Mittwochen den 17. Novemb. eine ernste Bußpredigt gethan vnnd angezeiget/ vnnd daß solches Zeichen für dem Jüngsten Tag/ vnnd von Christo in dem angezeiget: Denn auch der Himmel Kreffte sich bewegen werden.

Man hat auch im 82. Jahre den 14. May abermals einen Cometen/ vnd den 6. Martii ein Fewrzeichen gesehen.

Im 79. Jahr/ Hat es zu Bergen vnd Nortweden Meuse/ vnnd 78. hier zu Lande Schwefel geregnet.

Anno Christi, 1580. Ist ein Wunderzeichen zu Berlin gesehen worden/ von dem schreibet Doctor Cöler vnter andern diese Wort: Helt sich demnach diese Geschicht also: Das am vorschienen 15. Augusti deß jetzt lauffenden 80. Jahrs allhier zu Berlin zu früer Tagzeit zwischen 6. vnd 7. Vhr/ da die Sonne vngefehr eine stunde oder etwas lenger geschienen/ ward es bald zu sehens so finster/ das man kaum einen Buchstaben erkennen vnd lesen kundt/ daß auch einer zu mir sagte / Wie wil nun werden? Wirds doch gar wieder Nacht.

Da ich diß vernam / gieng ich mitten in Hoff / da vber Berlin am Himmel / aus dem Winckel zwischen Morgen vnnd Mitternacht gar ein funckelnde/ fewrige Wolcken geflossen/ die schwumme gegen den Winckel zwischen Mittag vnnd der Sonnen Auffgang/ wie ein grosser Wasserstrom/ oder wie eine Wasserbulge / daß alle Heuser gelb wurden/ wie ein Fewr/ das an sie geleuchtet hette / Hinder derselben kam bald eine blawe Wolcken/ eben auff diese weise hernach gefahren / daß alle Heuser schnell blaw wurden/ als wenn man sie durch ein blaw Glaß hette angesehen/ vnnd hatten beyde fast ein Ansehen/ wie ein breiter Regenbogen / so schrecklich/ daß auch etliche Leute auff die Kniefielen/ vnd meineten / der Jüngste Tag keme / in welchen Gedancken ich zwar auch selber gewesen/ wenn nicht so schnell was anders drauff erfolget were.

Denn es folget bald eine andere blawe Wolcken / vnnd erhub sich schnell ein erschrecklicher grosser Sturmwind / daß man vermeinet/ er würde alle Heuser einreissen/ vnd kam zugleich mit dem Sturmwinde so ein schrecklicher Platzregen / als wolte GOtt die Welt mit einer newen Sündflut straffen / daß man auch mit einem Kahn in der Stadt hette fahren mögen / vnnd diß geschach wider den gemeinen Lauff der Natur/ Denn die Winde sonsten die Regen zutreiben/ daß sie jhren Fortgang nicht haben können/ Dieser Wind aber vnnd Platzregen kamen mit einander zugleich / vergleichen ich auch mein Tage nicht gesehen oder erfahren habe/ Vnd zugleich mit dem Sturmwinde vnd Platzregen ein erschrecklich Wetterleuchten / vnd solcher Donnerschlag / der lang in der Lufft donnerte/ daß man eigen merckte / als hette sich der gantze Himmel / vnd alle Kreffte des Himmels bewegen / daß man auff den Kirchthürmen Geistliche Lieder blasen vnnd leuten vnnd anschlagen der grossen Glocken / in allen Kirchen die Leute zum Gebet vermanen muste. Es sagen auch etliche / sie haben eine Stimme in der Lufft gehöret/ welches ich zwar für meine Person nicht sagen kan/ Ich wil aber gleuben/ es sey das grosse Sausen vnnd Brausen in der Lufft gewesen/ welches sich fast einer Stimme vergleichet.

Endtlich theilet sichs wieder von einander/ vnnd wurden drey Wetter draus / eines gegen Morgen/ das ander gegen Abend/ das dritte gegen Mitternacht/ die zogen letzlich wieder von einander/ daß man letzlich jhr Gedöne von fernes in der Lufft hörete / vnd fein mercken kundte / daß sie jmmer weiter vnd weiter von der Stadt kamen /vnnd ging alles schnell zu/ in einer Stunde war es alles geschehen/ vnnd war zuvor für dem Wetter

Am Andern Sontage

kein Wetterleuchten oder Donnern/sondern nur die schwartzen/finstern dicken Wolcken/ aber folgends höret man den gantzen Tag/ja auch den folgenden Tag in der Lufft brummen/aber doch gar mehlich/vnd von ferne/als were es gar weit von hinnen.

Anno Christi, 1580. Ist auch ein Comet gewesen/von dem selben haben viel gelehrter Leute geschrieben/ Ich auch für meine Person habe einfeltigen Bericht davon gethan/welches im öffentlichen Druck/vñ also nicht noth/hie weitleufftig davon zu reden.

Man weiß auch guter Maß gar wol/vnnd ist nunmehr durch öffentlichen Druck Landkündig/daß den 26. Julii/vergangenen 81. Jahrs/in der Feltmarck das Dorff Niedermusen/nicht weit von Budstadt in Düringen zwischen eins vnd zwey nach Mittage in einem grossen Wetter ein grewlicher Stein/der 49. Pfundt gewogen/vnd einer halben Ellen lang/10. Schuch tieff in die Erden vom Himel gefallen.

Anno 80. Vor dem Newen Jahre/ sind zu Venedig Steine vom Himel gefallen/die 28. 30. vnd 20. Pfundt gewogen/vnd viel Leute beschedigt vnd vmbbracht.

An Wunder vnd seltzamen Geburten hat es trawn auch nicht gemangelt. Es ist Anno 1582. In meiner Heymet zu Leßnitz beim Schneeberge/eine gewesi/da ein Weib ein Kind geboren/an welchem alle Gliedmaß sind vmbgekehret gewesen/vnd hat grosse Hasen augen gehabt. Wie denn auch eine Müllerin daselbst Anno 1584. ein Kind/das keine Zungen gehabt/auff die Welt bracht.

Anno Christi, 1586. Haben neben mir viel guter Leute grewlicher Spectackel einer Mißgeburt gesehen/die so wunderlich vnd seltzam/daß man sie so eigentlich nicht beschreiben oder abmalen kan.

Diß lauffende 1590. Jahr/Ist zu Heuwerswerda fünff Melleweges von vns/ein Kind geboren/das hat eine Sturmhaube auff dem Kopffe gehabt/ Der Allmechtige/trewe/liebe Gott vnd Vater vnsers Erlösers vnd Seligmachers Jesu Christi/wende alle schreckliche Omina vnd Deutunge abe/vnd behüte vns für den vnmenschlichen/die solche Rüstung zu tragen pflegen/Geferlich gnug stehet es/Beatus qui intelligit/vnd Gott fleissig anruffet/ic.

Am Dritten Sontage
deß Advents.

JOhannes vnd Heinricus Sudphen/ zweene Augustiner Junge Leute/ wurden auch zu Brüssel im Niederlande/ vnd des Euangelii Bekentnis/ zum Fewr verdampt. Bey dem Fewr haben sie erstlich die Artickel des Glaubens bekandt/ vnnd das Te DEVM laudamus, einer vmb den andern gesungen. Da man das Fewer angezündet/ hat einer gesaget/ ihm bedeuchte/ wie man ihm Rosen vnterstrewete. Jederman hat sich jrer Frölickeit verwundert/ vnd sind also auff dem Marckt öffentlich verbrandt worden. Anno 1523.

Heinricus Sudphen/ ward beruffen als einseltiger Prediger des heiligen Euangelii zu Meldorff in Ditmar/ vnd da hat er trewlich Christum gepredi- get/ Solches hat die Mönche gantz hefftig verdrossen/ jm bald den Todt geschworen/ vñ jn hart vor den 48. Richtern des landes verklagt/ vñ es so weit gebracht/ daß man jn heim- lich des Nachts solt fahen/ vnd bald verbrennen/ ehe dan es das Landvolck jnnen würde. Da sind etliche Heupter darzu erwehlet/ die liessen bey 500. Bawren auff den Abend versam- len/ so essen den Abend zuvor redlich/ in der Nocht vmb 12. Vhr kamen sie gen Meldorff/ vberfielen das Pfarhauß/ bunden den Heinricum/ den sie nackend aus dem Bette huben/ schlugen/ stachen/ wie die vollen Bawren auff jhn/ führeten jhn hart gebunden die Hende auff den Rücken/ also nackend vnd barfuß/ die Nacht biß zu der Heide/ da sagten sie jhn in einen Keller/ in eines Pfaffen Hauß/ gaben jhn der vollen Bawren zu bewaren/ die jn ohne vnterlaß verspotteten. Des Morgens vmb acht Vhr/ giengen sie auff den Marckt zu rathe/ Da schry en die vollen Bawren/ jmmer verbrennt/ zum Fewer zu/ da wolten wir vor Gott vnd den Leuten Ehr gewinnen/ das war sein Vrtheil/ da waren die grawen vnd Darsüsser Mönche/ die stereckten die Bawren/ sagend/ jetzund gehet jhr der Sachen recht nach/ 1c. Bald ward er mit Hals/ Henden vnd Füssen gebunden. Da gieng hinzu eine Christliche reiche Frawe von Meldorff/ die erbot sich 10. 0. Gülden zugeben/ man solte nur diesen Mann wieder einsetzen/ biß auff den Montag/ auff daß er von dem gantzen Lande verhöret würde. Als sie solches höreten/ schlugen sie die Frawen zur Erden/ vnd traten sie mit Füssen. Schlugen auff den Mertyrer Christi/ einer schlug jhn mit einem Stoß degen ins Hirn/ Item/ schlugen vnd stachen in jhn/ wo sie jhn nur erreichen möch- ten/ Er durffte kein Wort nicht reden/ Meister Günther ruffte zum Volck Frey lieben Ge- sellen/ hie wohnet Gott. Das Fewr aber wolte nicht brennen/ wie offte man es auch anzündete. Hierin ward er offt geschlagen vnd gestochen/ das sich's auff eine Stunde also verzog/ Hierüber sahe er mit auffgehabenen Henden gen Himmel. Letzlich bunden sie jhn auff eine Leiter (diß Land hat keinen eignen Scharfrichter) vnd da er beten wolte/ schlug jhn einer ins Angesichte/ sprechende/ Er solte verbrennen/ vnnd nachmals beten. Einer band jhn so hart mit dem Halse an einen sprossen/ daß jm Maul vnd Nasen blutet. Rich- ten jhn mit der Leiter auff/ da sagte einer/ die Hellenparten vnter/ die glitzschete abe/ vnnd erstach also den lieben Mertyrer/ worffen jhn auff die Kolen/ weil das Holtz nicht brennen wolte/ vnnd brieten also seinen todten Leib/ vnnd blieb der Cörper den gantzen Tag vnver- brandt. Auff Morgens/ das war der dritte Sontag im Advent/ haben sie ein new Fewr gemacht/ Hende vnd Füsse dem Leibe abgehawen/ vnnd darinnen verbrandt/ den Cörper begraben/ vnd darumb getantzet/ Actum Anno 1524.

B ij   Historia

Am dritten Sontage
Historien vnd Exempel vom Ampt der Lehrer vnnd Prediger GOTTES / in der Christlichen Kirchen / Nemlich / nicht alleine recht lehren / sondern auch durch die Predigt des Gesetzes / Sünde vnnd Vngerechtigkeit mit Ernst straffen / vnnd was sich nicht bessern wil / aus der Christlichen Gemeine ausschliessen / vnnd in Bann thun / etc.

IM Heutigen Euangelio ehret der HERR CHRISTVS den Teuffer mit einem herrlichen Lobe / wegen Beständigkeit / daß er nicht der Welt das Placebo spiele / Das ist / der Welt rede oder thue / was ihr wolgefellet / Sondern mit einem grossen Eiver die Warheit bekenne.

Solches hat auch Johannes beweiset / weil er Großmütig vnnd vnerschrocken dem König Herodem angreiffet vnd straffet / von wegen seines Ehebruchs / da er zu jhm spricht: Es ist nicht recht / daß du deines Brudern Weib habest. Also straffet er mit vnerschrockenem Hertzen vnnd Muthe / der Phariseer / Schrifftgelehrten / vnd Gemeinen Mannes Laster / Sünde vnnd Boßheit / Matthei am 3. Luce am 3. Jhr Ottern gezichte / etc.

Eine gleiche Beständigkeit / Ernst vnd Eiver / Sünde zu straffen an den Gewaltigen / vnnd am Gemeinen Mann / erfordert GOTT an allen Predigern in vielen Orten der Schrifft / Esaie am 58. Ruffe getrost / schone nicht / erhebe deine Stimme als eine Posaune / vnnd verkündige meinem Volck jhre Vbertretung / vnnd dem Hause Jacob jhre Sünde. Jeremie am 15. Darumb spricht der HERR also: Wo du dich zu mir heltest / so wil ich mich zu dir halten / vnnd solst mein Prediger bleiben / wo du die Frommen lehrest / sich sondern von den bösen Leuten / so soltu mein Lehrer sein / denn ich habe dich wider diß Volck / zur festen ehernen Mawren gemachet. Ezechiel am 33. Vnd nu du Menschenkindt / Jch habe dich zu einem Wechter gesetzt vber das Haus Israel / wenn du etwas aus meinem Munde hörest / daß du sie von meinet wegen warnen solt. Wenn ich nu zu dem Gottlosen sage / Du Gottloser must des Todes sterben / vnd du sagst jhm solches nicht / daß sich der Gottlose warnen lasse / vor seinem Wesen / so wird wol der Gottlose / vmb seines Gottlosen Wesens willen sterben / aber sein Blut wil ich von deiner Hand fordern.

Hiergegen klagt auch Gott gar hart vnd schwer vber die leichtfertigen Heuchelprediger / so die Warheit nicht predigen / vnnd die Sünde nicht mit gebürendem Ernst vnd Eiver straffen / Ezech. 13. Darumb spricht der HErr also: Weil jhr das predigt / da nichts aus wird / vnd Lügen weissaget / so wil ich an euch / spricht der HERR / vnd meine Hand sol kommen vber die Propheten / etc. Vide Textum.

Aus dem Origene sihet man / daß es zugleich der Bischoffe / Priester vnnd Diacon Ampt gewesen / in der Gemeine lehren / vnnd nach Notturfft zu straffen / mit Gelindigkeit oder mit Ernst / nach dem es der Sachen oder Vbertretung Gelegenheit hat erfordert. Denn also spricht er Homil. in Psal. 37. Alle Bischoffe / Priester vnnd Diaconi lehren vns / vnd im lehren straffen sie / vnd greiffen vns offt mit harten Worten an. Desgleichen vnterweiset auch Cyprianus, lib. 1. Epistola 3. die Bischoffe vnnd andere Diener / daß sie frey ohne alle Furcht vnd lehren vnd straffen / vnd sich keine Gefahr oder Vngnade davon sollen schrecken oder abwendig machen lassen. Item Homil. 1. in Ezechielem, Die sichern vnnd Ruchlosen / die muß man scharff mit eiver vnnd erschrecken anfaren / auff daß die Wunden jhrer Sünden durch scharffe vnnd herbe Artzney geheilet werden. Was aber belanget die andern / als Kinder vnnd schwache Christen / mit denen befihlet er seuberlich zu fahren / damit sie nicht geergert werden.

In Ho-

deß Advents.

In Homelia 12. in Exodum, straffet Origenes die Hoffart der Priester / daß sie den Rath der vntersten Priester vnd Leyen verachten vnd verwerffen. Vnd Homelia 2. in Numeros, spricht er / daß die Bischoffe/ Priester vnnd Diacon / nicht allezeit jhrem Orden nachleben noch thun/ was sich gebüre. Vnd Hom. 3. in Ezechielem, schilt er die welche nach Gunst vnd Wolgefallen jhrer Zuhörer predigen. Also straffet Cyprianus lib. 4. Epist. 4. der Geistlichen Sünde/ als daß sie dem Gelt vnd Gut nachstreben/ hoffertig seyn/ einander hassen/ vnnd mißgönnen/ in Zwietracht leben/ die einfeltigen vnnd den Glauben verachten/ an jhnen selber wolgefallen haben/ vnd nach den Göttlichen Geboten nicht wandeln.

Ambrosius lib. 10. Epist. 83. straffet die Prediger / daß sie Tagwehler wehten/ nach Heidnischer vnd Egyptischer weise. Item/ dieser Ambrosius in seiner Predige de Margarita, zeiget gnugsam an/ daß er die Sünden seines Volcks nicht vngestrafft gelassen habe. Ich achte / spricht er/ lieben Brüder/ daß es gnug sey zu ewer Vermanung / daß ich am vorigen Sontage / als ich verreisen wolte / euch keine geistliche Gaben der heiligen Schrifft mitgetheilet, sondern euch allein gestraffet vnd vermahnet / von wegen der grossen Sünden/ vnd also ohne allen Trost gelassen habe. Denn ich wolte / daß jhr es auch verstündet/ wie schwerlich jhr sündiget/ daß jhr Gottes Wort so vnfleissig höret. Item/ Ich habe euch / lieben Brüder / nicht wollen offenbaren/ die tröstliche Predigt des Euangelii, sondern euch zu erkennen geben die grosse Vbelthat / vnd euch zuvor geistlicher Weise züchtigen, vnd als denn euch mit den schönen Schätzen zubegaben.

Die Obrigkeiten aber / wenn sie worinnen sündigten / haben sie freydig gestrafft vnd angegriffen/ wie auch Ambrosius / so bald er zum Bischoff erwehlet war/ mit allem Ernst vnnd Freydigkeit straffet der Obersten Sünden /im Gespreche mit Theophilo/ welches auch der Keyser an jhm lobete/ vnnd befihlet jhm/ daß er auch andere Gebrechen nach Göttlicher Schrifft zu rechte bringe. Theodoretus, lib 4. Cap. 7. Ja er hat auch den Keyser nachmals selber vmb seines Mords willen / so er zu Thessalonichen begangen/ gar hart gestraffet/ wie er anzeiget/ libro 5. Cap. 18. Man liset auch/ daß Cæcilianus Lucillam gestrafft habe / bey Optato Mileuitano, lib. 1. wider Parmenianum. Hilarius hat auch ein Buch geschrieben wider den Keyser Constantium, darinnen er jhn sehr hart angreiffet/ vnd vnter andern beschüldiget/ daß er das jenige/ das in dem Concilio zu Niceno verhandelt vnd beschlossen/ vmbgestossen habe.

Es straffet Britannio / ein Bischoff in Scythia/ des Keysers Valentiniani Laster/ Wie aus Theodoreto zu sehen/ lib. 4. cap. 35. Also haben sie auch an allen Orten/ vnd in allen stenden/ gegen öffentliche vnnd mutwillige Sünder / einen sonderlichen Ernst gebrauchet. Des Eustachii Vater/ ein Bischoff zu Cæsarea in Cappadocia, entsetzet seinen Sohn aller Wirde/ darumb/ daß er mit einem vngebührlichem Kleide / welches seinem Orden zu wieder / etliche geergert hatte. Wie Socrates lib. 2. Cap. 43. meldet.

Gleichen ernst meldeten sie auch wider die Ketzer für / Leotius, Ertzbischoff der Kirchen zu Melito / da er sahe/ daß die Ketzer Messalini viel Klöster eingenommen / hat er sie nicht allein verbrandt / sondern auch die Wölffe darauss vertrieben. Amphilochius/ Ertzbischoff in Lycaonia/ da er vermercket/ daß eben dieselbige Ketzerey in seiner Provintz einriesse/ hat er sie bald verjaget/ vnd die Schaffstelle/ die vergifftet waren/ von solchem Gifft wiederumb gesaubert vnd gereiniget. Auch hat Flauianus, Ertzbisckoff zu Antiochia / da jhm kunde gethan ward / daß sich dieselbige Ketzer in die Stadt Edessa versamlet hatten / vnnd jhre Gifft in die benachbarten Orte ausgegossen / einen grossen Hauffen Mönche an sie geschicket/ vnd gen Antiochiam geführet/ darnach/ da sie zusammen kommen / aus Syria gestossen/ Theodoret, lib. 4. cap. 11.

B iij   Also

Am dritten Sontage

Also haben zur Zeit des Keysers Valentis/ Athanasius in Egypten/ Basilius vnd Gregorius in Cappadocia vnd Ponto/ Apollinarius aber Laodicenus in Syria den Ketzern widerstandt gethan/ vnd jhre Jrrthumb gestraffet/ vnnd wider die Ketzer Anomianer vnd Homiusianer/ einhelliglich diesen Artickel vertheidiget/ daß der Heilige Geist gleiches Wesens sey mit dem Vater vnd dem Sohne.

Zu diesen hat sich auch der Römische Bischoff gesellet/ vnd die Kirchen in Orient vermanet/ daß sie/ gleich wie die Kirchen in Occident/ die heilige Dreyfaltigkeit eines Wesens vnd Ehre/ heilig halten vnd glauben wolten/ Sozomenus, lib. 6, cap. 22.

Es haben auch zu den Zeiten des Keysers Valentis/ Basilius/ Gregorius/ Nazianeenus/ Gregorius Nissæus/ vnd Petrus/ in Cappadocia tapffer für die Warheit gekempffet/ Aber in Pisidia haben Optimus/ in Lycaonia Amphilochius/ zu Rom Damasius/ vnnd Meyland Ambrosius/ jhre Pfeile auch auff die Ketzer/ so ferne von jhnen gewesen/ gerichtet/ vnd sie darnieder geleget/ Theodoretus lib. 4. Cap. 30.

Es pflegten auch die Ertzbischoffe/ so sie einen Ketzer in jhren Kirchen verdammet hatten/ nicht allein an jhre benachbarte Bischoffe/ sondern auch an die/ so ferne von jhnen gelegen/ Brieffe zu senden/ darinnen sie beyde die Ketzerey/ vnd derselbigen Widerlegung erzehleten/ vnnd baten sie/ daß sie mit jhnen einhelliglich den jenigen/ so mit Jrrthumb verhasstet/ widerstehen wolten. Also hat Alexander von der Verdammung des Arrij vnnd seiner Ketzerey/ vnnd seinen Bann/ an die Bischoffe in Lybia/ Pentapoli/ Syria/ Lyci/ Pamphylia/ Asia/ Cappadocia/ vnnd andere benachbarten Orter mehr geschrieben. Item/ an Phillogenium/ Bischoff zu Antiochia/ Eustachium/ Berhæenseni/ vnd an Alexandrum/ Bischoff zu Constantinopel/ vnd sie gebeten/ daß sie den Brieff/ das innen er verbannet/ wolten vnterschreiben.

So haben auch die Ertzbischoffe in Occidente/ so schier gantz Orient von den Arrianern eingenommen/ fleissig achtung auff die jhren geben/ vnnd so sie vermercket/ daß sie sich vnterstunden/ der Arrianer Glauben anzunemen vnnd beyzufallen/ haben sie solches andern Bischoffen/ fürnemlich aber dem Römischen/ vermeldet vnnd angezeiget/ welches denn bald einen Synodum versamlet/ vnd fleissig nach den jenigen geforschet/ vnd die/ wo sie in Jrrthumb gefallen waren/ verbannet. Also daß die Bischoffe in Franckreich/ zu Venedigen/ vnnd ander mehr befunden/ daß Auxentius/ Bischoff zu Meyland/ der Arriones Lehr vnnd Ketzerey angenommen hatte/ haben sie solches nicht allein den andern/ sondern auch Damaso/ dem Bischoff zu Rom angezeiget/ vnnd welcher Vrsachen willen/ vieles Landschafften Bischoffe sich gen Rom versamlet haben/ Auxentium verdampt/ vnnd die Dieret des Niceinischen Synodi bekrefftiget/ vnd an die Kirche in Illyrico geschrieben/ sie gebeten/ daß sie sich ja wol für allerley Jrrthumb vnd Ketzerey vorsehen vnd hüten wolten. Sozomenus, lib. 6. Cap. 23.

Basilius Ancyranus/ Bischoff bey den Galatern/ ist ein ernster Erbarer Mann gewesen/ den der Keyser Constantius sehr lieb gehabt/ welchen er in einem geringen Convent zu Constantinopel/ frey gestraffet hat/ vnnd jhm schuld gegeben/ daß er mit hinderlist vntergrabe die Apostolische Lehre/ also auch/ daß der Keyser zürnet ist worden/ hat jhn heissen schweigen/ vnnd genennet einen Anfenger der Vnruhe in der Kirchen. Theodoretus, lib. 2. Cap. 17.

Amphilochius/ ein Bischoff in der Heuptstadt Licaoniæ/ hat bestendiglich vertheidiget den Niceinischen Glauben/ vnnd hefftig wieder die Arrianer gestritten/ wie Theodoretus schreibet/ im vierden Buch am 30. Cap. Im fünfften Buch am 16 Cap. erzehlet er diesen seinen Streit/ mit dem Keyser Theodosio/ darinnen er seine Christliche vnd auffrichtige Bekendtnis gethan hat/ auff diese weise: Amphilochius sey zum Keyser gangen/ vnd vnterthenig gebeten/ daß er die Arrianer aus der Stadt treiben wolte. Aber der Keyser habe diese Bitte/ als die zu hart were/ nicht wollen zulassen. Darumb habe Amphilochius einen andern Griff/ jhn zu straffen/ erfunden/ nemlich diesen: Er ist einmal

deß Advents.

mit etlichen andern Bischoffen/ wie Sozomenus schreibet/ in den Keyserlichen Pallast gegangen/ vnd als er gesehen/ daß Arcadius sein Sohn beim Keyser gestanden/ welcher new lich zum Keyser erwehlet war/ hat er wol den Keyser selbst nach Gewonheit gegrüsset/ dem Sohne aber keine Reuerentz noch Ehrerbietung erzeiget. Der Keyser vermeinte/ Amphilochius thete solches auß Vergessenheit/ vermahnet jhn/ daß er seinen Sohn auch grüssen solte. Amphilochius antwortet: Es wehre gnug/ daß er jhm die gebürliche Ehre erzeiget hette. Darumb wird der Keyser zornig/ vnd verdroß jhn die Verachtung seines Sohns vbel/ hielt es auch für eine Vnehre.

Da nu Amphilochius solche gelegene Bequemigkeit den Keyser zu straffen/ bekommen/ hat er zum Keyser vnuerholen/ vnd frey vnter die Augen gesagt: Thut dir/ Herr Keyser/ die Verachtung deines Sohns so wehe/ so gedencke darbey/ wie wehe auch Gott im Himmel thun muß die Vnehr vnd Verochtung/ ja Lesterung seines geliebten vnnd eingebornen Sohns/ vnd daß er gewiß hefftig zürne wider die/ welche diesem seinem Sohne nit seine gebürliche Ehre geben. Aber welcher Mutigkeit vnd Straff dieses alten Bischoffs sich der Keyser hat verwundert/ vnnd von stundan einen Beschl schreibt er lassen/ dardurch die Ketzer auß den Stedten sind vertrieben worden. Vnd saget Sozomenus weiter im 7. Buch/ am 6. Capitel/ daß der Keyser Amphilochium vmb Verzeihung gebeten habe/ vnd bekandt/ er habe recht vnd wol geredt.

Weil Theodosius ein hefftiger vnnd zorniger Mann war/ also/ daß er sich selbst nicht zwingen kundte im Zorn: So hat sichs zugetragen zu Thessalonichen/ daß ohn gefehr ein Auffruhr entstanden ist/ in welcher etliche seiner Gewoltigsten mit Steinen geworffen vnd geschmehet worden sind. Sozomenus saget/ es sey in dem Auffauff ein Kriegesfürst des Keysers erschlagen worden. Da solches der Keyser erfahren/ hat er auß hefftigem Zorn durch seine Kriegesleute mehr denn sieben tausendt Bürger erwürgen lassen.

Nicht lang darnach kömpt der Keyser gen Meylandt/ vnnd als er nach seiner Gewonheit hat wollen in die Kirchen gehen/ ist jhm Ambrosius entegegen gangen/ vnnd jhn hefftig/ in Gegenwertigkeit des Volcks/ vmb solcher seiner begangenen Mordthaten willen gestraffet/ vnd jhm die Kirchen vnd Communion verbotten/ biß er ware Zeichen rechtschaffener Buß an jhm vermercket/ do hat er jhn wiederumb in die Kirchen gelassen/ von seinen Sünden absoluiret/ vnd des Leibs vnd Bluts theilhafftig gemacht.

Er hat auch in dieser Action hart gestraffet Ruffinum den Rittmeister/ vnnd zu jhm gesaget: Ruffine/ du bist ja so vnuerschempt als die Hunde/ Denn ob du wol zu solcher grewlichen Mordtrey hast helffen Rath vnnd That geben/ schemestu dich doch nicht/ der grossen Sünde/ die du als ein besessener vnnd rasender an dem Bildnis Gottes begangen hast.

Paulinus zeiget auch an/ daß des Grafen Siliconis Knecht/ von wegen falscher Brieffe/ vom Ambrosio in Bann gethan sey worden. Vnd wie solches geschehen/ sey er als bald in Vnsinnigkeit gerathen/ vnnd ist endlich vom Teuffel jemmerlich gemartert/ vmbgebracht vnd zurissen worden.

Was er auch für einen hefftigen vnnd fehrlichen Streit mit Justina/ des Keysers Valentiniani Weib gehabt/ da er kaum ins vierdte Jahr Bischoff gewesen war/ rc. Das mag man lesen bey dem Theodoreto lib. 5. Cap. 12. 13. Vnnd Sozomeno lib. 7. Cap. 13.

Darnach hat er einen Streit gehabt mit dem Tyrannen Maximo/ bey welchem er zweymal (als ein Legat des Jungern Valentiniani/ den er auß Franckreich vertrieben hatte/ gewesen ist in der Stadt Trier. Als nun Ambrosius fleissig hatte vermanet/ daß er den jungen Herrn seines Reichs vnd Erbes nicht wider Recht vnd Billigkeit wolte berauben/ vnnd aber nichts fruchtbarliches schaffen vnnd erhalten kundt/ hat er jhn in Bann gethan/ nicht ohne grosse Gefahr/ denn Maximus hatte jhm den Todt gedrewet/ darumb Ambrosius weichen muste gen Aquileiam in Histriam/ wie Paulinus saget.

B iiij

Am dritten Sontage

Es hatte sich zugetragen/ das on gefehr die Bürger in Castro Calinico in Orient/ aus befehl jhres Bischoffs daselbst / eine Jüdenschule verbrennet hatten/ darüber der Keyser Theodosius hefftig erzürnet/ gebot die Theter zu straffen/ vnd leget dem Bischoff auff/ dieselbe Synagoga auff seine eigene Vnkost wieder zuerbawen. Dieses zeiget der Regent vnd Amptman in Orient dem Ambrosio an / welcher als bald des Bischoffes vnnd derer/ die die Schulen verbrandt hatten/ Sache beym Keyser bestendiglich vertheidiget/ vnnd erweisete mit gewissen Gründen/ daß sie recht vnd wolgethan/ in dem/ daß sie die Gottlose vnnd Abgöttische Synagoga verbrandt hetten/ vnnd der Keyser würde sich grewlich versündigen/ mit Gefahr vnd Schaden seiner Seligkeit/ vnd des Königreichs/ wo er den Bischoff oder Thetern etwas darumb thete. Er setzet diese Historiam selbst, lib. 5. Epist. 29. In welcher er der Jüden Boßheit vnd Vntrew ernstlich verdammet.

Desgleichen schribt auch Zonaras Tom. 3. in den Geschichten Theodosij/ vnnd spricht: Es hatten die Jüden zu Constantinopel ein Synagoga auff dem Marckt auffgebawet/ welches da es Ambrosius erfuhr/ hat er Theodosium/ als er auff eine Zeit zu Meylandt am Sontage in die Kirchen gehen wolte/ mit solchen harten Worten angesprochen: Lieber Herr Keyser/ warumb schnebestu den / der dich aus einem Vnterthanen vnd einzelem zum Könige gemachet/ vnd so mit Ehren vber andere Menschen empor gehaben hat/ daß du die Jüdenschulen bawen lest / darinnen sie seinen Sohn lestern / vnnd auffs newe martern vnd Creutzigen/ vnnd mit jhrem Gottesslesterlichem Gebet der Frommen Ohren beteüben? Darumb allerheiligster Keyser/ laß solches nicht zu / zc.

Osius ist ein Bischoff in Hispanien zu Corduba gewesen/ Dieser Osius/ als Athanasius in grosse Gefahr / durch der Arrianer Practicken vnnd List/ vnschüldiglich kam/ stundt er jhm in solcher rechten Sache vnd Vnschuldt/ ohne vnterlaß trewlich bey / vnd halff jhn nach allem seinem Vermögen vertheidigen/ vmb des willen jhm der Keyser Constantius / aus Vnhetzung der Arrianer / auch einen hefftigen trew vnd Schmachbrieff schreib/ da ließ sich Osius nicht allein nicht dadurch schrecken / oder furchtsam machen/ daß er von den billichen Beystande des Athanasij were abgestanden / sondern er straffte noch des Keysers Gottlosigkeit durch sein wieder schreiben/ auffs aller frewdigste. Solche Schrifft findet man bey dem Athanasio/ in der Epistel / ad solitariam vitam agentes.

Athanasius/ in seinem Büchlein von seiner Flucht. Item/ in der Epistel ad solitariam agentes, zeiget an/ wie er sampt seinen Gesellen Eusebio/ Vercellensi, vnd andern/ als dem Dionysio/ Paulino/ vnd den andern mit vnerschrockenem Gemüth/ das Vrtheil jhres Elendes vnd Verweisung/ angenommen/ vnnd des wütenden Keysers Constantij schreckliche Trewort wenig geachtet / vnnd den Keyser selbst mit Hertzhafftigkeit gestraffet/ Nemlich/ daß der Keyser soll bedencken/ das er jetzund regierte/ das were nicht sein sondern Gottes/ vnnd sich besorgen/ er möchte jhm plötzlich vnd schnell wieder nemen/ der es jhm gegeben hette/ vnd gar wol zusehen/ daß er nicht die weltliche Sachen seines Reichs mit den Kirchensachen in einander menge/ oder die Arrianische Ketzerey in die Kirchen Christi einführe.

Felix Ist des Bischoffs Liberij zu Rom Diaconus gewesen/ darnach da Liberius vom Keyser Constantio ins Elend vertrieben worden/ ist er an seine Stadt kommen/ im Jahr Christi 350. nach dem Chronico Hermanni. Er ist sonst ein rechtschaffener Mann gewesen/ der da den Glauben/ wie er im Nicenischen Concilio erkleret/ vnuerruckt gehalten/ vnnd hart wider die Ketzer gesetzt hat / also / daß er auch des Keysers Constantij selber nicht verschonet hat/ sondern jhn für einen Ketzer gescholten/ vnnd daß er zum andern mal von dem Eusebio Nicomedensi getaufft sey.

Er ist

deß Advents.

Er hat auch in einer grossen Versamlung der 48. Bischoffe der Arrianer/ Vrsatium vnnd Valentem/ welche es mit Constantino gehalten/ verdampt/ wie solches vnter dem Namen Damasi/ im Buch von Conciliis erzehlet wird. Vnd in der Narration von Felice/ spricht dasselbige Buch/ daß Felix von wegen seines straffens vnd scheltens sey vom Keyser Constantio neben andern Clericis vnnd Gleubigen den 11. Tag Nouemb. zum Tode verurtheilet/ vnd gerichtet worden/ da er ein Jahr/ drey Monat/ vnnd drey Tage/ zu Rom sey Bischoff gewesen.

Macedonius/ ein Mönch/ vnd ein Mann heiliges Lebens/ bey Zeiten des Keysers Theodosij/ eines freyen vnd vnerschrockenen Hertzens/ die Warheit zusagen/ ohne ansehen der Person/ wie solches diese folgende Historia bezeuget : Der Keyser Theodosius ward gezwungen/ von wegen teglicher Auffruhr vnd Kriege/ daß er von den Antiochenern eine vnordentliche stewr forderte. Darüber wurden die Leute vnwillig/ vnnd erregten wider den Keyser eine Auffruhr/ zerbrachen ein ehernes Bild / der Keyserin Pollice/ warffen es zu bodem/ vnd schleifftens in der Stadt vmbher. Da fuhr der Keyser im Zorn zu/ vnd nam der Stadt Antiochia ihre Freyheit/ vnd trawete : Er wolte sie schleiffen/ Solches ließ er ihnen zu entbieten/ durch seine Heuptleute.

Als solche Trewung vnd Vorhaben des Keysers Macedonius erfahren/ ist er in die Stadt gelauffen/ vnnd als die Heuptleute vnd Gesandten des Keysers gleich jetzt von den Pferden absteigen wolten/ hat er sie mit Worten angesprochen : Lieben Freunde/ zeiget dem Keyser an/ daß er nicht allein ein Keyser/ sondern auch ein Mensch sey. Darumb sol er nicht allein sein Reich vnd Gewalt/ sondern auch seine Natur anschawen/ vnd betrachten. Vnd dieweil er auch ein Mensch ist/ so habe er Vnterthanen/ die seiner Natur sein/ gleich wie er. Die Menschliche Natur aber sey nach Gottes Bilde erschaffen/ darumb sol er inne halten/ Gottes Bilde/ durch Mordt vnd Blutvergiessen/ so grewlich zuverwüsten vnd zuverderben/ wo nicht/ so werde er Gott erzürnen/ vnd vrsach geben/ daß der Schöpffer solches seines Bildes/ derselbigen Verderb vnnd Vertilgung/ an ihm schwerlich rechnen werde.

Ja er sol auch das bedencken/ daß solches von ihm fürgenommen werde/ von wegen eines ehernen Bildes/ was aber für ein Vnterscheid sey/ zwischen einem todten vnnd lebendigen/ vernünfftigem vnd vnvernünfftigem Bilde/ das weiß jederman/ vnnd der Keyser wolte solches zu Gemüth führen. Vber das alles/ sol er auch bedencken/ daß es sehr leicht sey/ für ein zerbrochenes ehernes Bilde ein anders zu machen/ vnd auff zu richten/ ihm aber sey es vnmüglich/ wenn er ein Haar zerschrell / daß er dasselbe könne erstatten oder ergentzen/ noch viel weniger sey ihm müglich / einem Menschen wiederumb zu recht bringen/ oder lebendig machen/ wenn er einmal ermordet vnd erwürget ist.

Als die Heuptleute diese Rede vor den Keyser brachten/ hat er solche Straff vnnd Errinnerung für gut auffgenommen/ seinen Zorn gebrochen / vnd die ernsten Befehl wie der abschaffen lassen. Solches schreibet Theodoretus, lib. 5. Cap. 20.

Vom Antonio lieset man/ daß er die Gerichte/ vnd die/ so die Gerichte verwalten/ vmb ihrer grossen Vngerechtigkeit willen/ hefftig vnd ernstlichen gestraffet habe/ vnd ihnen trewlich gerathen/ daß sie in Gerichten mehr wolten bedencken Gottes Furcht/ denn Gunst oder Vngunst. Vnnd solten wissen/ daß geschrieben stehet: Mit welcherley Gericht ihr richtet/ werdet ihr gerichtet werden.

Er hat auch dem Constantino vnd seinen Söhnen Brieffe geschrieben / darinnen er sie vermahnet/ daß sie ihre Keyserliche vnnd Königliche Gewalt nicht zu groß achteten/ damit sie von wegen gegenwertiger Gewalt vnnd Macht / nicht stolz vnnd auffgeblasen würden/ vnd darbey vergessen möchten/ daß sie Menschen weren. Letzlich hat er sie vermanet/ zur Gütigkeit gegen ihre Vnterthanen / vnnd zur Gerechtigkeit / vnnd daß sie die

Armen

Am dritten Sontage

armen jhnen wolten lassen befohlen sein. Vnd in jhren Hertzen daran gedencken ewiglich/ daß auch ein König vber jhnen were/ der rechte/einige vnnd ewige König/ nemlich/ Christus Jesus/ dem sie rechenschafft geben müsten an jenem Tage/ In vita Antonii.

Vom Mose/ einem Gottfürchtigen Manne stehet eine sehr feine Historia beim Theodoreto, die wol werdt ist/ daß man sie mercke. Es kam/ spricht Theodoretus, zu der Zeit / da der Wolff Lucius/ Bischoff zu Alexandria war (von den Arrianern daselbst/ durch Hülff des Keysers/ mit Gewalt eingedrungen) zum Erkentnis des Euangelii/ der Saracener Königin/ mit Namen Maria/ welche vom Keyser Valente bat/ daß er einen/ mit Namen Mosen/ der ein berümbter vnnd Gottsfürchtiger Mann were/ vnd an der Grentzen bey Alexandria wohnete/ zu jhr senden wolte. Der Keyser fordert Mosen zu sich / vnnd befihlt jhm/ daß er vom Bischoffe daselbst / die Weihe oder Ordination empfienge. Als er nu gen Alexandriam bracht ward/ vnnd dem Lucio zur Ordination fürgestellet/ sprach Moses/ als bald er Lucium ansahe/ in Gegenwertigkeit alles Volcks: Ich bekenne vnnd erkenne mich zwar zu diesem Ampt vnwirdig /. Aber doch weil es GOTTES Wille also ist/ wil ich jhm gehorsam sein/ Aber das bezenge ich für GOTT / daß ich nimmermehr wil geschehen lassen / daß mir Lucius seine von der Heiligen Blute besleckte Hende aufflegen sol. Als Lucius solches hörete/ ergrimmet er in sich selbst/ vnd sprach : Moses thete vnrecht/ daß er den so leichtlich verdammete/ welches Glaube jhm vnbekandt were.

Da antwortet Moses / vnd sprach: Mich / Luci / soltu nicht betriegen/ dein Glaube ist mir wol bekandt / von welchem GOTTES Knechte vnnd Diener zeugen/ so in Schechten vnd Ertzgruben hin vnd wieder/ zur ewigen Arbeit vnnd Dienstbarkeit/ von dir verdampt sein/ vnnd die Bischoffe/ so ins Elend verjaget/ die Priester so aus der Christenheit relegieret vnd verwiesen sein/ vnd vber das die/ so den wilden Thieren fürgeworffen/ vnd mit Fewr verbrandt sein. Kan aber nu der Glaube wahrhafftiger oder besser erkandt werden/ aus den Worten / oder aus den Wercken ? Den man mit Ohren höret/ oder den man mit Augen sihet ? Deine Werck zeugen von deinem Glauben/ vnnd deine Thaten zeugen von dem Geist/ der in dir ist/ vnd dich treibet.

Darumb ist das bey mir gewiß /daß des Heiligen Geistes Gnad vnd Gabe/ durch dein Gebet mir nicht wiederfahren kan / Denn du bist ein Ketzer/ vnd strebst vnnd streitest wider die Lehre Christi vnd seiner Aposteln / vnnd lehrest derselbigen zu wider/ vnnd die an Christum warhafftig glauben/ thun also nicht / wie du thust.

Diß vnd dergleichen hat Moses ohne schew vnd vnuerzagt dem Lucio vnter seine Augen gesaget. Darauff hielt er sich zu den andern Bischoffen führen/ welche er ins Elend vertrieben hatte/ vnd empfieng die Weihe oder Ordination von jhnen. Theodoretus, libro eodem. Cap. 23. Ruffinus, lib. 2. Cap. 6.

Lucifer ist ein Bischoff gewesen zu Carala in Sardinia/ vnd von wegen seiner Geschirkligkeit vnd grossen Ansehens berümpt. Daß er vom waren Glauben recht gehalten habe/ ist daher zusehen/ daß er des Athanasii guter Freund gewesen ist.

Da er auch auff das Concilium gen Meyland gefordert war / vnter dem Keyser Constantio/ hat er daselbst wieder Athanasium nicht wollen vnterschreiben/ sondern hat bezeuget / daß die Vnterschreibung nicht von wegen des Athanasii/ jn zuuertreiben allein/ sondern fürnemlich den Glauben zu vnterdrucken/ angestellet were. Derowegen er sampt andern/die es mit jhm hielten/ vom Concilio / mit bewilligung des Keysers ins Elend getrieben worden. Socrates lib. 3. Cap. 5.

Athanasius in seiner Apologia ad Constantium, vnd auch in Apologia de fuga sua, saget / daß er das Gottlose Wesen vnnd Vorhaben des Keysers Constantii mit Ernst vnd eifferigem Geist gestraffet habe/ als ein Feind der Arrianer / vnnd der Verfolger Christi vnd seiner Kirchen/ darauff sey er mit dem Eusebio vnd Dionysio ins Elend verjaget worden.

Sanct

deß Advents. II

S. Kilianus/ ein geborner Schotte/ wieder vom Bapst Cuno zum Bischoff zu Würtzburg in Franckenland verordnet/ vnd dahin zu predigen geschickt/ sampt zweyen Priestern Colonoto vnd Thotmanno, vnd ist S. Kilian gen Würtzburg sampt seinen Geferten kommen im sechsten Jahr des Hertzogen Gotberts: Als sie aber daselbst den Christlichen Glauben predigten/ vnnd sonderlich die Blutschande des Hertzogen/ vnnd seines Gemahls der Geilani/ angriffen vnd strafften/ hat sie gedachte Jastin/ im abwesen jhres Herrn/alle drey auff einmal lassen vmbbringen. Marianus, Scotus, Thritemius, Sigebertus, Solchs ist geschehn/ Im Jar nach Christi Geburt/ 678.

Bardas/ der erwehlte Keyser zu Constantinopel verstieß sein Ehgemahl/ ohne gnugsame Vrsachen/ vnnd begieng sonst viel böser Sachen/ Darumb straffte jhn der Patriarch zu Constantinopel/ vnd thet jhn in Bann. Aber Bardas stieß den frommen Mann von seinem Ampt/ vnd setzt an seine stadt Phocium, einen weisen Mann/ welcher sein Cantzler war. Cedrenus, Zonoras.

Zu den Zeiten des Keysers Arcadii, ist Bischoff zu Constantinopel gewesen/ Iohannes Chrysostomus. Dieser hat von wegen sewer grossen Hartigkeit vnnd gestrengem Ernst/ den er in seinem Ampte geführet hat/ wenig Gunst bey den Leuten gehabt/ vnd wird von etlichen dafür geachtet/ er sey etwas zu gestreng gewesen. Vnd ist war/ daß in der Regierung Gerechtigkeit etlicher massen mit Linderung vnnd Barmhertzigkeit sol temperirt vnd gemildert sein.

Vberschwengliche Laster vnd Vberfluß vnd Verschwendung in Kleidungen vnd Zehrungen/ Deßgleichen die Schawspiel/ so viel Laster vnd Vntugend mit sich brachten/ straffet er billich vnnd recht. Drüber kam er bey vielen in grossen Widerwillen vnd Vngunst/ vnd sonderlich bey der Eudoxia, der ersten/ des Keysers Gemahl/ welche nicht weit von der Kirchen/ auff einer Silnern Seulen/ ihr Bildniß hatte setzen lassen/ darbey die Spielleute vnnd Mimi fast teglich Comedien spielten. Diese Seule vnd die Spiele/ weil sie nahe bey der Kirchen/ wolte Chrysostomus/ daß man sie abschaffen/ vnd hinweg thun solte.

Item/ Er hat in einer Predigt die Keyserin der Herodiadi verglichen/ vnnd seine Predigt also angefangen: Jetzt wütet vnd tobet die Herodias abermals/ ec. Darüber die Keyserin erzürnet/ so viel zu wege bracht hat/ daß er ist seines Bischofflichen Amptes entsetzet/ vnnd ins Elend verjaget worden.

Ob nu die Schmach der Person vielleicht etwas mag zu hart gewesen sein/ so hat er doch daran recht vnd wolgethan/ daß er das Bild auff der Seulen/ vnd die Schawspiel für der Kirchen/ gestrafft/ vnd darauff gescholten hat. Philipp. in Crhon, lib. 3.

Anno Christi, Starb Casemirus/ der dritte König in Polen/ nach seinem Tode ward sein eltester Sohn Bolesiaus zum Könige gekrönet/ vnnd ließ sich zum ersten wol an/ welcher aber bald von solcher Erbarkeit abwiche/ vnd henget nach aller Buberey/ vnd sonderlich dem Ehebruch. Darumb straffet jhn Stenislaus/ der Bischoff zu Cracckaw/ vnd als er gar verstocket vnd verhertet war/ vnd nichts darauff gabe/ thet jhn der Bischoff in Bann/ vnd schloß jhn aus der Christlichen Kirchen. Da ward der König ergrimmet vber den Bischoff/ zog von Leder/ vnd hieb jhn zu tode. Da das der Bapst zu Rom vernam/ verbannet er den König auch/ vnd beraubet Polen der Königliche Kron/ vnd enthand das gantze Land von der Königs Gehorsam. Da flohe der König aus dem Lande in Vngern/ ward seiner Sinnen beraubet/ vnnd starb in solcher Vnsinnigkeit eines jemmerlichen Todes. Munsterus in Cosmogr. lib 4. So gehets denen/ so sich an den Dienern Christi vergreiffen.

Im andern Jahr seines Reichs/ ward der Keyser Carolus im Heerlager vom Donner erschlagen/ vnd ward an seine stadt von allem Kriegsvolck Numerianus zum Keyser erwehlet. Dieser wolte zu Antiochia in den Tempel der Christen gehen/ vnd jre Sacra besehen. Es ward aber jhn von dem Bischoff Cyrillo gewehret/ der sprach: Es gebürt keinem Götzenknechte/ der Christen heilige Gottesdienst zu besehen/ da erstach jn der Keyser.

Anno

Am dritten Sontage

Anno Christi, 698. Als S. Lampertus Bischoff zu Mastrich/ Hertzog Pipinum/darumb/daß er neben seinem Ehgemahl/mit einer andern/Alpidiadis genandt/zuhielte/straffete/ward er von Dodo, der Alpidiadis Bruder/zu Luitich erstochen/und zu Mastrich in S. Servatius Kirchen begraben. Iohannes Trithemius.

In der Historia von dem Keyser Valente stehet geschrieben/daß Isaces/ein Gottsfürchtiger Mönch/habe des Keysers Pferde/als er im letzten Abzuge wider die Gotthen gewesen/ergriffen/unnd mit heller Stimme geschreyen: O Keyser/was machstu/wo wiltu hinziehen zu streiten? Du bist ein Feind GOttes/unnd streitest wider GOTT/unnd seinen Sohn Christum/unnd darumb gedencke nur nicht/daß dir dein Vornemen gelingen werde / Unnd weil du ein Gottesläserer bist/ unnd durch deinem Schutz/ so viel Zungen wider CHristum scherffest/ unnd dargegen die unschuldigen Christen/die GOTT durch CHristum recht ehren und preisen / aus dem Lande verjagest und treibest/so wird dich GOTT straffen/ daß du nicht wirst wiederkommen/ weder du noch dein gantzes Heer. Da ward der Keyser zornig/unnd sprach: Ich wil wiederkommen/ unnd wenn ich wiederkomme/ so wil ich dich finden/unnd dir diese deine schmeliche Rede vergelten. Theodoretus, lib. 4. Cap. 31, 32, 33, 34. Aber er kam nicht wieder/unnd kam jemmerlich umb/wie jhm Isaces gedrewet hatte.

Daß die Excommunication / oder Absonderung von der Kirchen die man den Bann heisset/in der Kirchen/oder die jenigen/ so mit offentlichen Lastern befleckt/üblich und gebreuchlich gewesen sey/ bezeugen Tertullianus, Origenes, unnd Cyprianus, mit vielen Exempeln. Sie hielten aber diesen Proceß/ Erstlich/ vermahneten die Bischoffe/oder Præsbyteri die/ so da sündigten etlich mal zuvor / nach der Regel Christi. Unnd wenn sie Busse theten/und von Sünden abstunden/unnd sich besserten/ theileten sie jhnen die Absolution mit/unnd sprachen sie loß von jhren Sünden. Welche aber in jhren Sünden mutwilliglich verharreten/unnd keiner Vermanung folgen wolten/ die theten sie in Bann / unnd schlossen sie von der Kirchen /unnd anderer Christen Gemeinschafft aus. Also gedencket Cyprianus, lib. 1. Epistola 3, vieler/ als des Fortunati, Felicissimi, Maximi, Iovini, &c. die in Affrica sind excommuniciert/und in Bann gethan worden.

Wenn etwa ein Eltester oder Priester in Jrrthumb und Ketzerey gerathen oder gefallen war/und darnach solchen seinen Jrrthumb bekandte unnd widerruffete /auch offentlich Busse that. Item/die jenigen/ so von jhnen verführet / wieder bekehret und zu rechte bracht hatten/wurden sie zwar wieder auffgenommen/aber doch wurden sie jhres Ordens und Dignitet beraubet und entsetzet/ Also/ daß sie mit den Leyen mussen Communiciren. Solches schreibet Cyprianus, lib. 4. Epistola 2.

Theodoretus,der Laodicener Bischoff / hat beyde Apollinarios, als er sie zuvor offentlich gestrafft hatte/ umb der Gemeinschafft willen/ mit dem Gottlosen Sophisten Epiphanie in Bann gethan/ und aus der Christlichen Kirchen verstossen. Sozomenus. lib. 6. cap. 25. Deßgleichen hat sie Alexander/ der Bischoff zu Alexandria/ sampt jhrem Anhang/ jres Standes entsetzt/ als er sich zuvor bemühet hatte/ sie mit etlichen Ursachen unnd disputationibus/in der Güte von jhrer Ketzerey ab zu ziehen. Sie aber jhm nicht gehorchen wolten/Theodoret, lib.1, cap. 2.4.

Am Vierden Sontage
deß Advents.

WEil im Evangelio auff diesen Sontag/ die Clerisey zu Jerusalem auff ihre Macht trotzet/ vnnd solches der Bapst vnd sein Hauffe auch thut/ vnnd aber offtmals grewliche Sachen darmit begehen: Wil ich hier aus vnserm Buch genandt deß Bapsts Schelmerey/ etliche Historien erzehlen:

Anno 713. Fiel Philippus das Reich an/ vertrieb Cyrum den Patriarchen/ darumb/ daß ers mit dem Bapst hielt/ vnd sente Johannem einen Mönch an seine Stadt. War ein abgesagter Feindt aller Bilder/ die er alle ließ aus der Kirchen waffen/ vnd zubrechen/ vnd gebot dem Bapst zu Rom/ das er solch sein Thun solte bestetigen/ vnd in seinen Kirchen dergleichen thun. Das schlug ihm der Bapst mit allein dürr ab/ Sondern verbannete ihn auch mit seinem Volck vnd Anhang/ als ein Ketzer vnd als ein vntüchtig vnd verdorben Gliedt der Christlichen Kirchen.

Dogegen ließ der Bapst alle Concilia erst in den Eingang S. Peters Münster mahlen/ wie sie Philippus hatte lassen abschaben/ in S. Sophie Tempel/ vnd gebot der Bapst/ das man Philippum für keinen Keiser schreiben solte/ noch sein Bildt vnnd Angesicht müntzen oder in einiges Metall stechen oder giessen. Vnd ward Anastasius derhalben wider ihn gehetzt vnnd angestifft/ der stieß ihn vom Keiserthumb/ stach ihm die Augen aus/ vnd warff ihn ins Gefengnis/ da mußt er bliben bis er starb/ so kühlete der Bapst sein Mütlein an ihm/ der ausgethan ersten Bilder halben. Zonaras.

Vnd weil Anastasius durch solche Mittel zum Keiserthumb kam/ hofferete er dem Bapst widerumb/ vnnd zum Deo gratias, thet er was dem Bapst gefiel/ heuchelte ihm weidlich/ vnd verordnete/ das die Bilder wider in die Kirchen gesetzt würden. Aber er bekam auch seinen Lohn/ man nam ihm Kron vnd Scepter/ vnd stieß ihn in ein Kloster.

Im Jahr Christi/ 717. Ward Keiser Leo/ dieses Namens der Dritte/ sonst hieß er Leo Conon Isaurus. Dieser Keiser ward von den Griechen Iconomachus, das ist/ ein Bildstürmer genandt. Denn er thet die Bilder im gantzen Reich abe. Vnd ließ ein Gebot ausgehen/ das alle die vnter dem Römischen Keiserlichen Gebiet weren/ die solten die Bilder von den Wenden schaden/ auch sonsten alle Bilder/ Gemälde vnd geschnitzte/ aus der Kirchen werffen/ Abgötterey zu verhüten.

Er gebot auch alle Bilder für sich zubringen/ wer das nicht thun wolte/ ließ er enthaupten/ die verbrennet er zu Constantinopel/ auff freyem Offentlichen Marckt/ vnd verbot ernstlich/ das niemandt/ weder Christi noch einiges Bildt haben/ oder anbeten solte. Vmb deß willen ehet ihn der Bapst Gregorius III. in Bann/ beraubet vnd entsetzet ihn darzu/ durch ein Vrtheil des Reichs.

Daruber ergrimmet der Keiser/ vnnd schicket seinem Stadthalter gen Ravenna Volck/ das er nach dem Bapst solt greiffen/ ihn fahen/ erwürgen/ oder abstossen/ oder ein andern setzen. Wurde aber daruber von den Römern sampt seinem Sohn erschlagen.

In des ruffete der Bapst die Longobarten an/ vnd kartet das Spiel so weit/ das ihr viel vom Keiser abfielen/ vnd seine Stadthalter/ die man Exarchos nennete/ vnnd andere Hauptleute/ würden in gantz Italia vertrieben/ vnd derselbigen viel erschlagen.

Den Bapst Stephanum ließ er auch der Bilder halben fahen vnnd tödten/ damit gab er Vrsach/ das sich der Bapst mit dem König in Franckreich verbunde/ damit ein Anfang

Am Vierden Sontage

Anfang gemachet ward/ zur Verenderung des Keiserthumbs. Cedrenus, Zonaras, vnd Diaconus, lib. 21.

Da man zehlet nach Christi Geburt/ 733. Hielt Gregorius III. zu Rom ein Concilium/ dazu er gar nahe in die tausendt Bischoffe versamlet hatte. In demselbigen Concilio thet er Leonem III. den Keiser in Bann/ vnd entsetzete jn/ so viel an jhm deß Reichs vnd seines Keiserthumbs/ darumb/ daß er wider die Gemälde vnd Bilder der Heiligen stürmete/ vnd dieselbigen aus der Kirchen hinweg warff/ vnnd schloß wider Gott/ Alt vnd New Testament/ in diesem Concilio/ das man die Bilder des HErrn Christi/ Marie/ vnd aller Heiligen/ ehren vnd anbeten solt/ vnnd verdammet die/ so anders hielten/ Blondus, lib. 10. & Sigebertus.

Anno 741. Starb der jetzt gemelte Keiser Leo/ III. am 18. Tage deß Brachmonats/ als er regieret hatte 24. Jahr/ An seine stadt trat ins Regiment/ eben an diesem Tage/ vnd in diesem Jahr/ sein Sohn Constantinus Copronymus/ dieses Namens der fünffte. Ist auch ein Feind der Bilder gewest/ vnnd hat dieselbigen allenthalben zerstört vnd vertilget/ vnd als jhn der Bischoff Constantinus derhalben straffte vnd einhalt thet/ hat er jhn tödten lassen.

Der Bapst zu Rom schickte eine Botschafft an jhn/ dadurch er jhn in solchem seinem Vorhaben straffete/ vnd aufferlegete/ das er die verworffenen Bilder wider auffrichten solte/ oder des Bannes gewertig sein. Aber er hat solch drewen in Windt geschlagen/ vnd den Bapst mit seiner Legation verachtet/ vnd verlachet/ vnd schaffete/ dem Bapst zu Verdries vnd Trotz/ bey dem Könige in Bulgaria/ das er auch in seinem gantzen Königreiche alle Bilder aus der Kirchen werffen/ vnd verbrennen ließ.

Anno 753. Im 13. Jahr seines Reichs/ versamlet der Keiser Constantinus Copronymus ein Concilium zu Constantinopel/ welches er nennet Oecumenicum, das ist/ ein allgemeines. Da kamen zusammen 338. Bischoffe/ vnd gieng an am 10. Tage des Hornungs/ vnnd werret bis auff den 8. Tag des Augstmonats/ Auff diesem Concilio wird ein newer Patriarch zu Constantinopel erwehlet/ vnd Oecumenicus genennet. Es wurden auch die Bilder verworffen/ vnd alle der selbigen Vertheidiger/ als Ketzer verdampt. Cedrenus & Diaconus.

Anno 765. In diesem Jahr am 20. Tage Novembris/ seines Keiserthumbs im 25. Jahr/ fieng Constantinus an eine grawsame Verfolgung wider die Jenigen/ so vnsers HERRN Christi/ vnd der Heiligen Bilder ehreten. Vnd ließ er ist einen heiligen Cleusner/ Stephanum, angreiffen/ schleiffen/ vnd zu stücken reissen/ vnd die Stück vnter den Galgen werffen. Auch verbot er ernstlich/ das niemand die heilige Jungfraw Mariam anruffen/ auch nicht die Bilder vnsers HErrn Christi/ oder seiner heiligen Mutter/ oder anderer Heiligen/ oder jrgendt ein Heiligthumb/ verehren vnd anbeten solt. Wer darwider thete/ solte als ein Feindt deß Keisers ernstlich gestrafft werden. Cedrenus.

Diocletianus ließ einen offentlichen Befehl ausgehen/ daß Jederman/ weß Würden oder Standes die weren/ vor jhm nider fielen/ vnd seine Füsse küsseten/ welchen er die Ehre thät/ das er die Schuch mit Golde vnd Edelgesteinen/ vnd andern köstlichen Dingen schmücken vnd zieren ließ/ welches vor jhm Caligula auch gethan hat. Mit solchem Geschmuck vnd Zier/ ließ er auch die Kleider/ das er desto heiliger gehalten würde/ belegen. Vnd da er hette sollen zu frieden sein/ mit der vorigen Zier vnnd Geschmuck/ welchen Priscus Tarquinius von den Hetruscis bekommen/ eingeführt/ hat er aus derselbigen Herrligkeit/ das er für einen Gott angebetet würde/ erfunden. Die ist von Diocletiano geschehen/ im 9. Jahr seines Keiserthumbs/ welches ist gewesen im Jahr CHRISTI/ 293.

Faß solcher unmessigen Weise vnd Hoffart/ haben sich in den letzten Zeiten die Bäpste zu Rom mit allem Fleiß vnterwunden/ jhre Schuch auch mit Golde bekleidet/ vnd die Füsse den Keisern vnd andern zu küssen dargereicht. Pfuy der Hoffart.

Conradus

deß Advents.

Conradus von Halberstadt/ zeiget in seinem Chronico an/ daß einer mit Namen Leo/ an stadt Felicis/ Bapst oder Bischoff zu Rom worden. Von diesen Leone erzehlen sie eine wunderbarliche Historien/ Nemlich/ daß er ein Synodum gehalten habe/ Da nun Hilarius Pictaviensis, entweder ungefordert/ oder aber zu langsam erschienen/ hat Leo gebetten/ man solt gegen ihm/ dem Gebrauch nach/ nicht auffstehen/ welches/ da es Hilarius gesehen/ daß man ihm keine stedt unter andern hat vergönnen wollen/ hat er sich wollen auff die Erde setzen/ und angefangen diese Wort zu sprechen: Die Erde ist deß HErrn/ und was drinnen ist. In dem hat sich die Erde erhoben/ und dem Hilario einen Ort/ den andern gleich zu sitzen/ mitgetheilet.

Da solches Leo gesehen/ ist er noch viel zorniger worden/ und spöttisch zu ihm gesaget: Bistu nicht der Frantzösische Hilarius/ und ich der Römische Bapst? Hilarius hat fein züchtiglich geantwortet: Er sey kein Frantzoß/ aber doch sey er ein Bischoff in Franckreich/ und er wisse auch wol/ daß er Leo sey/ aber nicht der Löwe vom Geschlechte Juda. Diese Antwort hat Leo für eine Schmach seiner Majestet auffgenommen/ und mit grim gesaget: Ich wil dir zeigen das ich Leo/ oder ein Löwe sey/ wenn ich wider komme. So bald ist ihm ein Darmgicht/ reissen und krimmen im Leibe enkommen/ und auß sein Gemach geeilet/ da sind ihm/ wie dem Arrio/ alle sein Eingeweide aus dem Leibe geflossen/ und ist allda auff dem Gemach eines schendtlichen Todes gestorben. Eben das erzehlet auch Hermannus Gigas.

Zu Dreßden ist einer/ mit Namen Alexius Crosnerus/ drey Jar lang bey Hertzog Georgen Zeiten ein Prediger gewest/ welcher das Euangelium rein zu predigen angefangen hat/ und deßhalben zu Hofe wenig Gnad und Danck verdienet/ Alle seine Predigten sind ihm zum ergesten gedeutet und verkehret worden/ hat offt vorstehen/ und seiner Predigt halben müssen Antwort geben.

Endlich/ wie ers mit predigen nicht hat wollen machen/ wie es der Hoff gerne gehabt hette/ ist er enturlaubet worden. Wie er nun sein Geretlein auffgeladen/ und hinweg hat ziehen wollen/ ist eben Bocks Emser/ ein grawsamer Papistischer Lesterer/ für über geritten/ und gesagt: Ich habe deß Ketzer Predigers ein Ende erlebet/ Er muß dennoch in deß Teuffels namen bey Sonnenschein darvon/ und aus der Stadt/ Ich aber bleibe hie.

Darauff Er Alexius geantwortet/ in GOttes Namen ist auch ein Wort/ mein lieber Herr Emser/ ich bin in Meissen gewesen/ ehe als ihr/ und werde darinnen bleiben/ wenn ihr hinweg werdet sein. Was geschicht? Eben denselbigen Abendt/ als Bocks Emser mit etlichen ein Panckt gehalten/ und wol bezecht heim kommen/ setzt er sich auff einen Sawel/ führet schreckliche Wort und Geberde/ und fehret der Gottes lesterer deß jehen Todes plötzlich/ in seines Gottes deß Teuffels Namen/ hin. Selnecerus/ uber das 38. Cap. Jeremiae.

Eccius/ ein Thumbpfaff zu Ingolstadt in Beyern/ hat lange Zeit die Lehr deß heiligen Euangelii vorsetzlich und wissentlich gelestert/ und die Papisten mit seiner Sophisterey darwider gestercket und verheyet. Wie er plötzlich und schwerlich franck worde/ hat er sich auff seinem sterbbette/ mehr umb etlich tausent Gülden/ dan umb unsern HErrn Gott/ oder umb die Religion und seiner Seelen Seligkeit bekümmert. Und ob gleich ein trostloser Mönch bey seinem Bette Meß gehalten/ so ist doch dem Eccio mehr das Geldt/ denn die Meß im Sinne und angelegen gewesen. Nec ita multo post Epilepsia oppressus, linguæ usum amittit, & simul cum sanguine evomit animam miser, das ist/ und nicht lang darnach/ hat ihn der Schlag gerühret/ daß er kein Wort mehr hat reden können/ und hat mit Blut der elende Mensch seine Seele in grosser ungedult und Widerwillen/ ausgespeyet. Hæc Lutherus, in Commentario super 2. Hoseæ.

Anno Christi. 1553. Wurden zu Leon in Franckreich/ neun umb deß Euangelii willen vom Leben zum Tode gerichtet. Und als ihrer einer/ Ludwig Marsack ge-

Am Vierden Sontage

sack gen 1ndt/viel aus der heiligen Schrifft vorbracht/fragten jhn die Inquisitores vnnd Ketzermeister/Ob es jhm auch gebüret vnd zustünde/die heilige Schrifft zu lesen/vnnd woher er wüste/daß dieses Euangelisch were? So saget der Königische Præsident: Es weren nur zween Euangelisten/Mattheus/vnnd S. Johannes/die andern zween vnnd Paulus/hetten nur Flickwerck zusammen gebracht/vnd wo nicht die Lehrer der Kirchen dem Apostel Paulo so viel zugeben hetten/wolte er von seinen Episteln nicht mehr/denn von den Fabeln Aesopi halten. Vnd als Marsack hinwider sagte/daß von dem Beruff vnd Ampt Pauli sehr stadtliche Zeugnis/fürnemlich im ersten Capitel seiner Epistel an die Galater vorhanden/etc. Saget der ander/das thete nichts zu der Sachen/denner gebe für sich selbst Zeugnis/etc. Sleidanus lib. 25.

Das heißt/mein ich/die heilige Schrifft geschendet/vnd den heiligen Geist gelestert/der aus S. Paulo geredet hat/vnd Christum Jesum Lügen straffen/der jhn zum Apostel Anipt beruffen hat/sampt allen Mirackeln vnd Wunderwercken/die Gott/die Lehr deß Euangelii zu bekrefftigen/durch jhn gethan hat. Es ist erschrecklich zu hören/daß vnter denen/die Christliches Namens/vnd darzu rechte Glieder der Kirchen sein wollen/ersunden werden sollen/die Paulum nicht höher achten/denn Aesopum/vnd seine Episteln nicht höher/denn deß Aesopi Fabeln. Ex uno disce omnes.

In der Historia von Johann Huß lesen wir/daß Keiser Sigismundus dem Johanni Hussen ein frey/sicher/Keiserliches Geleit zugesaget vnd zugeschicket habe/daß er solte sicher vnd vnverletzt aus Behmen reisen/vnd wider heim kommen/wie denn das Keiserliche/zugesagte Geleit in nachfolgender Form also teutsch lautet.

Wir Sigismund/von Gottes Gnaden/Römischer König/zu allen Zeiten mehrer deß Reichs/vnnd zu Vngern/Dalmatien/Croatien/etc. König/Entbieten allen vnd jeden Fürsten/Geistlichen vnd Weltlichen/etc. Vnser Königliche Gnade vnd alles Guts/etc. Ehrwirdige/Durchleuchtige/Edle vnd lieben Getrewen/Als der Ersame M. Johannes Huß/heiliger Schrifft Baccalaureus, vnnd Magister der freyen Künste/etc. Zeiger dieser gegenwertigen Brieffe/von dem Reich zu Behmen/auff das allgemeine Concilium, so in der Stadt Costentz gehalten/nechster Tagen verreisen wird/den wir auch in vnsern/vnd deß Reichs Schirm vnd Sicherheit empfangen vnd auffgenommen haben/denselbigen wollen wir Euch/allen vnnd jeden besonders/mit volkommenem Anmuth befohlen haben. Vnnd begeren von Euch/daß jhr denselbigen Johann Hussen/so er zu euch kommen wird/willig̈lich empfahen/günstiglichen halten/vnd jhm in alle dem/so jhm zur Förderung/vnd sicherheit auff dem wege dienen mag/zu Lande vnd zu Wasser/ewren förderlichen vnd gutem willen erzeigen sollen vnd wollen/auch jhn/mit seinen Knechten/Pferden/Wagen/Troß/Plunder/vnd allen vnnd jeglichen andern seinen dingen/durch jegliche Pass/Pforten/Brücken/Erdreich/Herrschafften/zwang/Gericht/Stedte/Flecken/Schlösser/Dörffer/vnd durch alle andere Örter/ohne einige behaltung der Schatzung/Fusgelts/Zolls/Tributs/vnnd jeglicher ausderer Burden der Bezahlung/vnd gentzlich ohne alle verhinderung fürziehen/stehen/wandeln/wohnen/vnd frey widerfahren lassen/auch jhm vnnd den seinen/so es noth sein wurde vmb frey sicher Geleidt verhelffen/vnd sie damit versorgen sollen vnd wollen. Alles zu ehren vnserer Königlichen Maiestet/etc. Datum, Speyer/Anno Domini, 1414. am 8. Octobris, vnserer Reich/des Vngerischen im 33. vnnd des Römischen im fünfften.

Als nun solch Geleit/aus vnnd heim zu ziehen/jhm zugeschickt worden/ist er zur Stunde im Octob. am 15. Tage desselbigen Monats/an S. Gallen Abends von Prag auff Costentz gereiset/vnd an dem 20. Tage/nach seiner Aussfahrt/den 3. Novembr. 10 gen Costentz kommen. Aber gar bald jhm das Geleit/ohn alle sein Zuversicht/im abwesen deß Römischen Königes/gebrochen vnd gefangen worden.

Welches/

deß Advents.

Welches/ob es wol Keiser Sigismundum verdrossen/vnd nicht wol zu frieden gewesen/daß ihm durch den Bapst sein Königlich Geleit solt gebrochen werden/haben doch deß Bapsts Gelehrten dem Keiser Vnterrichtung gegeben/aus Bäpstlichen Rechten/daß man keinen Ketzer mit einigem Rechte köndte noch möchte/weder Geleit geben/noch Geleit halten/damit sie den Keiser gestillet/daß er der Sachen nicht weiter nachgetrachtet/vnnd sein gegeben Geleit hat sincken lassen/Ja ist endlich von dem Keiser selbst zum Fewer verdampt worden.

Denn als das Concilium Johannem Hussen/als einen Ketzer/dem Weltlichen Gewalt vnnd Gericht vberantwortet hat/Auff solches hat Keiser Sigmund/Pfaltzgraff Ludwigen/Churfürsten/vnnd Beschirmer deß Conciliums/geruffen/vnd zu ihm also gesprochen:

Sintemal wir das Weltliche Schwerdt führen/das Vbel zu straffen/darumb lieber Oheim vnd Fürst/so nemet hin diesen Mann/Johann Hussen/vnd in vnserm namen lasset ihm thun/als einem Ketzer gebüret. Auff solches hat der Pfaltzgraff Ludwig/den Vogt deß Reichs/oder den Stadtvogt von Costentz beruffen/welcher mit Stadtknechten herfür getretten/zu dem der Churfürst gesprochen: Auff vnsers Herren/deß Römischen Königs Vrtheil/vnd vnsern sonderbaren Befehl/so nemet hin Meister Johann Hussen/vnd verbrennet ihn als einen Ketzer.

Nach diesem gebrochenen Geleite/hat Keiser Sigismundus alle sein Heil/Glück vnd Segen verschertzet vnd verwarloset/daß/was er angefangen vnd vorgenommen/den Krebsgang bekommen hat. Wie auch Pausanias in Arcadicis erzehlet/daß deß Macedonischen Königes Philippi Kinder derwegen in solch Vnglück vnd Arbeitseligkeit kommen weren/daß ihr Vater seinen Eide/vnd auffgerichte Bündtnis vnd Zusage/nicht gehalten/vnd gemeiniglich vbertretten hatte.

Von diesem gebrochenen Geleite/schreibt D. Martinus Luther/in seinem ersten Teutschen Jenischen Tomo, fol. 341. also: Der fromme Keiser Sigismundus hatte kein Glück mehr/nach dem Concilio Constantiensi, darinnen er brechen liesse die Buben das Geleite/so Johann Huß vnd Hieronymo gegeben war/vnnd ist aller Jammer zwischen Behmen vnd vns daraus erfolget? Vnd zu vnsern Zeiten/HILFF GOtt/was Christliches Bluts ist vergossen worden/vber dem Eide vnnd Bunde/den der Bapst Julius zwischen dem Keiser Maximiliano vnd König Ludwig von Franckreich mochete/vnd wider zerreiß. Wie möcht ich alles erzehlen/was die Bäpste haben für Jammer arges richtet/mit solcher teuffelischen vermessenheit/eide/Gelübde/zwischen grossen Herrn zu issen/daraus sie alles ein Schimpff machten/vnd Gelt darzu nemen.

Aus Verhetzung deß Bapsts vnnd der Bischoffe/ist Heinricus/dieses Namens der fünffte/dahin letzlich bracht/daß er wider alle Göttliche vnd natürliche Rechte/seinen Vater auff mancherley Weise hat helffen biß auff den Todt verfolgen. Noch haben sich in diesem bösen Son vnd vngerathenen Kinde etliche Fünklein biß weilen natürlicher Liebe gegn dem Vater erzeiget vñ sehr lassen/daraus man augenscheinlich spüren vnd mercken kan/daß es von Gott also in die Natur gepflantzet ist/daß die Kinder ihre Eltern sollen lieben vnnd ehren. Vnd hette solchen Gesetz der Natur dieser Sohn Heinrich gefolget/were er so tieff in Vngehorsam gegen seinem Vater nicht gerathen.

Einmal hatten es die Bischoffe vnd der Bapst zwischen dem Vater vnd dem Son so ferne bracht/daß es zum streichen kommen solte/vnd stunde deß Vaters vnd Sohnes Kriegsvolck (welches je grewlich vnnd schrecklich anzusehen gewesen ist) allbereit in gemachter Schlachtordnung/vnnd wie man jetzt auffblasen/vnd den Angriff auff beiden Seiten thun solt/schlecht dem Sohn sein Hertz/daß er nichts thätliches auff dismal wider seinen Vater fürnemen kan/Sondern left ausruffen für allem Volck/das man keinen Angriff/Sondern innen halten solt/bey Leibes Straffe/denn er besorgete/es möchte sein Vater/der mit im Heer war/wenn es zum schmeissen kommen solte/etwa in Schaden oder

C iij

Am Vierden Sontage deß Advents.

oder Gefahr/ vnd Noth seines Leibes vnd Lebens kosten/ Er vermahnet auch Jederman/ seinem Vater/ als dem ordentlichen Keiser/ billichen vnd gebürlichen Gehorsam zu leisten/ doch so ferne/ daß er sich dem Bapst vnterwürffe/ vnd sich mit ihm vertrüge vnd versöhnete/ vnd demselbigen forthin allem Gehorsam erzeigete/ Er hatte auch für allem Volck offentlich gesagt/ daß ihm nicht müglich were vber sein Hertz zu bringen/ das er ein Widderwerden solt an seinem Vater/ etc.

Wider diesen Keiser Heinrichen den 4. haben die Bäpste viel auffrührische Practicken gemacht vnd fürgenommen/ Denn bald im Anfange leget sich wider ihn Bapst Hildebrandus/ welcher sich Gregorius/ dieses Namens der 7. nennete/ der todte wider die alten Gesetz vnd Ordnung/ so Keiser Heinricus der dritte/ nicht lang zuvor/ widerumb ernewert hatte/ von der Wahl der Bäpste/ vnd von verordenung vnnd bestettigung der Bischoffe/ Dieses wolte er allein vnter der Bäpste Gewalt bringen/ vnd ließ ein Verbot außgehen/ daß die Bischoffe ihre Confirmation hinfort nicht bey den Keisern suchen solten. Diesem Exempel haben hernach auch gefolget/ Bapst Desiderius/ Bapst Clemens/ Bapst Vrbanus/ vnd Bapst Paschalis/ die hetzeten die Bischoffe vnd Fürsten wider den Keiser/ der sich seiner Gerechtigkeit trawn nicht wolte verzeihen. Hierüber ist Teutschlandt mit Haß vnd Widerwillen allenthalben gegen einander entzündet/ vnnd in sich selber gefallen/ vnd nicht allein mit Teutschem Blut vberschwemmet worden/ Sondern hat ihre beste Mannschafft darüber verlohren/ vnnd zum höchsten abgenommen/ an Macht vnd Ansehen/ Also/ das es nicht viel fehlet/ das es nicht gar zu Grundt vnnd Boden gangen ist.

Item/ es bemühete sich der Bapst/ gantz Teutschlandte dem Keiser abwendig zu machen/ darumb ließ er ein Decret/ oder Bäpstliche Bulla außgehen/ darinn er Keiser Heinrich den 4. in Bann thet/ vnd aus der Kirchen Gemeinschafft gentzlich außschlosse. Vnd schickete noch darüber Hertzog Rudolpho in Schwaben/ dergleichen Exempel zuvor nie erhöret war/ eine güldene Keiserliche Kron/ darauff diese Vberschrifft war: Petra dedit Petro, Petrus diadema Rudolpho.

Sontag

Sontag nach dem Chriſtage.
Von Widtwen.

Eliciatas/ eine Witfraw/ vnd Adelichen Geſchlechts zu Rom/die hatte ſieben Söhne/mit Namen Januarius/Felix/Philippus/ Sylvanus/Alexander/Vitalis/ vnd Marcialis/ waren alle Gottsförchtig/ vnnd in ſeinem Wort wol vnterrichtet/ vnnd als ſie jhres Glaubens Bekentnis vnverholen thäten vor Jederman/ werden ſie bey der Weltlichen Oberkeit verklaget/ vnnd für Gericht gezogen. Als ſie aber auch daſelbſt nicht weichen wolten/ Sondern wider alle deß Keiſers vnd ſeinem Würen vnnd Drewen beſtendig blieben/ ſind ſie dem Hencker zur Marter vnnd Pein vberantwortet worden. Da iſt Januarius/ in beyſein ſeiner Mutter/mit Bleykugeln zu tode geworffen. Felix vnnd Phelippus wurden mit Knütteln zu tode geſchlagen. Sylvanus ward vom Berge geſtürtzt/ daß er den Halß brach. Alexander/ Vitalis vnnd Marcialis wurden entheuptet. Endlich ward auch der Mutter das Heupt abgeſchlagen. Solches iſt geſchehen vnter dem Keiſer Antonio Vero. Das iſt eine fromme vnnd Chriſtliche Widtfraw geweſen.

Engnatius gedenckt einer Edlen Venediſchen Matron/die er Ceciliam Barbadicam nennet/die hat ein Ehegemahl gehabt/mit Namen Philippum Vendraminum/Als jhr derſelbige mit Todt abgangen/ hat ſie ſich darüber ſo hoch bekümmert vnd betrübet/daß ſie in vielen Tagen nichts/weder von Eſſen noch von Trincken/ hat können vber jhr Hertze bringen. Davon ſie letzlich ſo verſchmachtet/ vnd von Krefften kommen/daß ſie als in einer Ohnmacht nidergefallen vnd geſtorben iſt. lib. 4. Cap. 6.

Als der Keiſer Diocletianus das Regiment hatte/ vnnd die Chriſten allenthalben zum beſchwerlichſten mit aller Grauſamkeit/ an allen Orten verfolgete/Iſt vnter andern auch ein Weib mit zweyen Töchtern gefangen vnd eingezogen worden. Vnd als der Tyrann befohlen/ daß man ſie auff den Wagen/ vnnd gen Antiochia führen ſolte/ vnnd daſelbſt in das gemeine Frawenhauß verſperren vnd einſchlieſſen/ etc. Das ſolches nun nicht geſchehen/ vnd Schande vnd Vnzucht mit jhr vnnd jhren Töchtern getrieben vnd geübet werden möchte/ hat ſie vnter wegen gebeten/ daß man jhr vnd jhren Töchtern/zu jhrer Notturfft abzuſteigen vergünnen wolte. Vnd als ſie ſolches erlanget/ haben ſie ſich in das nechſte Waſſer/ ſo am Wege geweſt/ miteinander geſtürtzt/vnd alſo ſelbſt erſeufftet. Deßgleichen haben auch zwey andere ehrliche Weiber gethan/ die ſich/ Vnzucht zu meiden/ ſelbſt aus dem Schiff ins Meer geſtürtzt/ vnd alſo im Waſſer verdorben. Fulgoſus. lib. 6. Cap. 1. Ambroſius gedenckt dieſer Hiſtorien auch/ lib. 3. de virginibus, vnd ſpricht/ Eine aus dieſen habe geheiſſen Pelagia.

Vnter deß Keiſers Albrechts Mördern wird auch einer genandt, mit Namen Rudolph von Wardt/ ein küner vnd tapfferer Ritter/ hielte ſich nach geſchehener Vbelthat ein weile zu Falckenſtein/ kam darnach zu Graff Diebolten von Blamont/gen Ivan in Burgundt/Vorhabens zu dem Bapſt zu reiten.

Als nun deſſelbigen Gemahl/ eine von Beringen/ die That vernommen/ wolte ſie jhn/ der jhren Herren vnd Vettern vmbgebracht/ nicht entwüſchen laſſen/ ward deßhalb den ſampt dem Diener gefenglichen eingezogen/ vnd Hertzog Leupolden von Oſterreich vberantwortet. Der Knecht ward zu Enſisheim geredert/ Aber der Herr an die Malſtadt hinauff geführet/ da ſie den Keiſer ermordet, vnd erſchlagen hatten/ vnd zu Winterthur einem Pferde an den Schwantz gebunden/ an die Richtſtadt hinauß geſchleiffet/ vnd auff ein Radt geleget. Sein Gemahl/ eine von Palm/ kam bey der Nacht vnter das Radt/ mit viel weinen vnd klagen/ vnd als ſie damit jhren groſſen Schmertzen vnd Hertzenleid/ von wegen jhres lieben Ehemannes/ gnugſam zu erkennen gegeben/ fügt ſie ſich hernach gen Baſel/da ſie etliche Jahr ein Geiſtlich Weſen geführet/ Baßler Chronica.

C iiij

An dem

Am Sontag nach dem Christage.

An dem Ort/da König Albrecht den Geist auffgeben / stifftet seine nachgelassene Wittfraw/ die Königin Elisabeth / ein trefflich weit vnd herrlich Kloster/ für Weibes vnnd Mannespersonen/ S. Francisci vnnd Claren Ordens / nennet es von wegen deß Königes entleibung/Königsfelden/in demselben ließ sie jr eine schlechte Behausung zurichten/ darinnen dienet sie GOtt / ohn vnterlaß / vnnd betet für jhres lieben Herren Seel Tag vnd Nacht/vnd ordnet es also/daß im gantzen Kloster/von allen Ordens Personen muste dergleichen geschehen/ vnd ward letzlich daselbst bey jhren Herren begraben.

Deßgleichen als König Andreas zu Vngern mit Todt abgangen war / ist sein ehliches Gemahl Agneß/ deß Keisers Alberti Tochter/ vber solchem jres lieben Herren seligen/ Todesfall so hertzlich betrübet worden/ daß sie sich nicht hat wollen trösten lassen. Darumb sie alle Stende/ vnd was sie eigenthümlich hatte/ in dem gantzen Königreich verkauffte/vnd zu Gelde machte/ begabe sich auch in das Kloster gen Königsfelden/ vnd bliebe also in jhrem Wittwenstande einsam/ vnd dienete Gott/wie eine andere Kloster Person daselbst/ weil sie lebte/ biß an jhr Ende. Baßler Chron. lib. 3. fol. 152.

Olech wird genennet ein Großfürst in der Moscaw/ der viel Lender hat bestritten/vnd das Reich gemehret/vnd als er 33. Jahr regieret/ vnd sich ohngefehr an seines Pferdes Heuptscheddel/ welches vor vielen Jahren gestorben/ mit einem Fuß gestossen/ hat jhn ein vergiffter Wurm gebissen/ also/ daß er hat sterben müssen. Als nu Olech gestorben war / ist Jgor in das Regiment getretten / vnd zum Weibe genommen eine Fraw/ die Olha genandt. Als aber dieser mit seinem Gezeug weit außgezogen/ dartzu biß gen Heraclea vnd Nicomedia kommen/ ist er zu letzt in dem Streit vberwunden/ vnd mehrlich in der Flucht entrunnen/Aber jedoch hat er sein Leben lassen müssen / Denner ist von Maldicea/ der Drewulianer Fürsten/ erschlagen worden. Dieweil aber sein Son Suatoslaus noch gar ein Kindt/ vnnd das Reich nicht verwalten kondte / hat hie zwischen seine Mutter Olha das Landt regieret.

Nach diesem haben die Drewulianer 20. Legaten zu jhr abgefertiget/ mit dem Befehl/ daß sie sich mit jhrem Fürsten vermehlen solte. Es hat aber die Olha befohlen/ man solle sie lebendig begraben. Hierzwischen hat sie auch jhre Legaten zu jhnen gesendet/ vnd jhnen kundt gethan/ wenn sie begerten/ daß sie jhres Fürsten Gemahl sol werden/ sey von nöthen/ daß man noch mehr/ vnnd höhere Personen zu dieser Werbung zu jhr abfertige/ wie man auch bald darauff noch andere 50. außerlesene Menner zu jhr geschicket / hat sie diese alle in einer Badstuben verbrennet.

Mitler Zeit hat sie wider andere Legaten zu jhnen gesendet/ welche jhre Ankunfft sollen anzeigen/ auch befehlen/daß man ein gutes Honigwasser oder Meth zubereiten/ dartzu das ander alles/ so von nöthen were jhrem lieben abgestorbenen Manne die Begrebnis ehrlich zu begehen/ wie denn jr brauch gewesen / Als sie nu zu den Drewulianern kommen/ hat sie jhren lieben Hauswirt hertzlich beweinet/ vnd die Drewulianer truncken gemacht/ also/ daß sie jhrer fünff tausendt erschlagen.

Auff solches ist sie bald wider gen Chianw gezogen/ vnd hat allda einen grossen Gezeug angenommen. Wie sie auch wider die Drewulianer außgerüstet/ hat sie den Sieg erlanget/ vnd den fliehenden biß zu einem Schloß nachgeeilet/ welches sie auch ein gantzes Jahr belegert/ endtlich hat sie mit jhnen einen frieden gemacht/ mit dem gedinge/ daß jr ein jedes Hauß 3. Tauben vnd 3. Spatzen für einen Tribut geben solte. Wie man aunn jhr diesen Tribut erleget/ hat sie jhnen von stund an etliche fewrige Instrument vnter die Flügel gebunden/ vñ wider lassen hinweg fliegen/ als sie nu wider zu jren gewöhnlichen heusern kommen / haben sie das Schloß angezündet. Wie nun das Schloß angefangen hat zu brennen/ vnd die Leute daraus gelauffen sind/ hat man sie entweder erschlagen/ oder gefangen hinweg geführet. Also hat die Olha jhres lieben Mannes Todt gerochen/ vnd damit jhre Liebe vnd Trew gegen jhrem verstorbenen Ehegemahl beweiset/ etc. Moscowitische Chronica.

Sontag

Sontag nach dem Newen Jahr.

IM Jahr nach Christi vnsers Heilandes Geburt/ 417. da die güldene Zal war 19. vñ ein Annus Embolismalis, haben etliche in den Kirchen gegen Nidergang/ solches für ein gemein Jahr gehalten/ vnd derwegen Ostern/ oder das Fest der Aufferstehung deß HERRN gehalten auff den 25. Tag deß Mertzens/ welches doch auff den 22. Tag deß Aprillen eigentlich gefallen/ etc. Ist derwegen solcher Irrthumb gestraffet/ vnnd die rechte Ostern durch ein Wunderwerck angezeiget worden. Denn in einer Kirchen in Welschlandt/ hat Jährlich das Wasser am Osterabendt wunderbarlich gequollen/ vnd die Stunde/ wenn man die heilige Tauffe offentlich gehalten vnd gereichet hat/ vnd darnach widerumb verschwunden/ etc. Solches ist aber dieses Jahr nicht geschehen auff den Osterabendt/ den die Kirchen gegen Abendt zu halten vermeinet/ Sondern auff den 21. Aprilis/ hat sich die Wunderquell an gedachtem Ort gefunden/ etc. Wie Sigebertus vnd Vincentius in speculo Historiali schreiben/ etc.

 Anno Christi, 419. Stirbet Chrysantus, der Novatianer Bischoff zu Constantinopel/ an welches Stadt wird geordnet Paulus/ etc. Zu diesem kömpt ein Jude/ vnd wil sich teuffen lassen/ weil er aber mit Betrug vmbgieng/ vnd zuvor offt dergleichen gethan hatte/ verschwindt das Wasser im Tauffstein zweymal/ als jhn Paulus erzu führete/ etc. Socrates. lib. 7. Cap. 17.
 Dieses Jahr lesset sich vnser HERR Christus in einer Wolcken/ ober dem Olberge bey Jerusalem/ schwebendt/ offentlich vnd Persönlich sehen/ Durch welches Gesichte viel Menschen zum Christlichen Glauben gebracht sind worden/ etc. Auch fallen den Leuten Creutze in die Kleider. Es erhebet sich darzu ein schweres Erdbeben in Palestina/ vnd wirfft viel Stedte vnd Flecken ein/ etc. Marcellinus.

 Anno Christi, 572. Diß Jahr entstehet ein Mißverstandt deß Osterfests halben/ zwischen den Kirchen in Hispania vnnd Franckreich. Die Hispanier setzen das Osterfest auff den 20. Tag deß Mertzen/ Aber die Francken hielten den 17. Tag deß Aprillen für den rechten Ostersontag. Vnnd sol der Francken Meinung durch ein Wunderwerck bestetiget sein worden. Denn etliche Tauffbrunnen in Hispania/ welche auff den Osterabendt Jährlich/ aus sonderlicher Göttlicher Schickung/ pflegten von sich selbst zu quellen/ vnnd mit Wasser auszulauffen/ die haben sich funden am Osterabende dieses Jahrs/ nach der Francken Rechnung/ vnnd nicht nach der Hispanier Meinung. Sigebertus.

 Anno Christi, 719. Dieses Jahr genieset die Keiserin Maria/ deß Leonis Gemahl/ eines Sohns/ darauff wird hernach den 26. Octobris die Keiserin gekrönet/ vnd das Kindt getaufft/ vnd Constantinus genennet/ Es hat aber diß Kindt/ in dem es getaufft wird von dem Patriarchen Germano/ seinen Mist in das Tauffwasser fallen lassen/ davon jhm der Name Copronymus geblieben: Cedrenus, Sigebertus.

 Anno Christi, 612. Als der Gottseltge Athanasius Persa gen Cæsarea Palestinæ vmb betens willen gehen wolte/ ist er von den Persern gefangen worden/ vñ nach viel streichen ins gefengnis gelegt/ darnach durch den Richter Mozobana zum König Cordrose in Persen gesandt (welcher König den Christen gedrewet hatte/ daß er jr nie verschonen wolte/ es were denn/ daß sie den gecreutzigten Gott verleugnen/ vnd die Sonne anbe-

Sontag nach dem Newen Jahr.

ne anbeteten) von welchem er zum dritten mal/ ſie zu einer andern Zeit geſchlagen iſt. Zu letzt ward er drey ſtunden lang an einer Handt auffgehencket/ vnd entheuptet. Dieſe Worter hat er mit 70. andern Chriſten erlitten. Calſp. Hedion. Eccleſ. Hiſtor. lib. 5. Cap. 18. Vmb dieſe Zeit haben die Longobarder 40. Bawren/ ſo Chriſten waren/ gefangen/ vnd wolten ſie zwingen vom Fleiſch zu eſſen/ daß ſie ihren Abgöttern geopffert hatten/ Da ſie es nicht thun wolten/ haben ſie dieſelbigen getödtet. Item/ 400. andere/ die nicht wolten ein Geißkopff/ ſo die Longobarder dem Teuffel opfferten/ anbeten/ Dieſe haben ſie auch gerödtet. Eoba. lib. 1. Cap. 19. Als der Gottſelige Lehrer deß Euangeli/ Boniſacius/ viel tauſendt Chriſten gemacht hatte/ mit ſeinen Gottſeligen Predigten/ trug es ſich zu/ daß in dem gantzen Oſterreich vnnd Weſterreich/ bey dem Waſſer Borne genant/ Boniſacius wolte mit den Newlingen Feſtum Neophilorum halten/ von wegen der Confirmation, daß die Jenigen/ ſo newlich getaufft/ durch Hendt aufflegung vom Biſchoff Boniſacio ſolten confirmirt werden. Wurden ſie von den Heiden vberfallen/etc. Die tröſtet nu Boniſacius/ mit dieſen Worten : Der Tag der Erlöſung iſt da/ ſeidt geſtercket im HERRN/ vnd die Gnade/ ſo vns verſprochen/ nemet mit Danck an/ hoffet auff jhn/ Er wird ewere Seelen erlöſen. Darumb ſeidt ſtarckmütig/ vnd erſchreckt nicht vor denen/ die den Leib tödten/ etc. Aber frewet euch im HErrn/etc. Wie nun Boniſacius mit dieſen vnd andern tröſtlichen Worten ihnen zu geſprochen/ haben die raſenden Heiden ſie mit Schwerdtern vberfallen/ vnd alle getödtet. Dieſe Mörder die Pagani, als Heiden/ ſind endtlich wider von den andern Chriſten/ ſo Boniſacius bekehret/ vberzogen vnd vmbbracht worden. Alſo hat Boniſacius im Jahr 1255. mit ſeinen Geſellen/ Prieſtern/ Diaconis/ vnd andern Chriſten zum Reich Gottes gelitten/ am Waſſer da er tauffte. Hæc D. Caſp. Hedion. Hiſtor. Eccleſi lib. 6. Cap. 21.

Anno Chriſti, 1500. Am 25. Tag deß Hornungs/ iſt zu Gendt in Flandern geborn/ Keiſer Carl der fünffte/ Philippi deß Hertzogen in Burgundien Sohn/ vnd K. Maximiliani Neffe. Nauclerus.

Vom Jar an da geboren iſt		Biß auffs Jahr/ da Carolus V. geboren iſt/ ſind Jahr.	
	Ioſeph.		3270.
	Ioſua.		3069.
	Hercules.		2751.
	David.		2610.
	Salomon.		2558.
	Romulus.		2269.
	Alexander M.		1854.
	Iulius Cæſar.		1598.
	Octavianus Aug.		1569.
	Conſtantinus M.		1228.
	Carolus M.		758.
	Rodolphus Imp.		282.

Bey ſeiner Tauff/ die den 13. tag hernach gehalten/ ſind zu gefattern geſtanden/ ſein Vater Philippus/ Carolus à Croia. Bergenſis Dynaſta, Margaretha/ Hertzog Carls von Burgundt Witfraw/ Margaretha/ Keiſ. Maximiliani Tochter/ deß Kön. in Spania Philippi Schweſter/ die Stadt Gendt/ vnd etliche Epte. Das Patengeldt das ihm eingebunden worden iſt geweſen.

1. Das Hertzogthumb Lützenburg/ das hat geben ſein Vater.
2. Ein ſilbern Harniſch/ mit eim gülden Pfennig/ eingeetzet vnd gar ſchön gemacht/ das hat geben Carolus à Croia Symaicus ſatrapa.
3. Ein gülden Schwerdt/ das hat geben Bergenſis Dynaſta.
4. Ein Kindlein das an ſeinen Armen getragen ein güldnen Credentz/ voller Edelgeſtein/ dz hat geben die Hertzogin von Burgundt.

5. Ein

Sontag nach dem Newen Jahr.

5. Ein güldene Schüssel/ vol Köstlicher stein/ vnd herrliche Perlen/ das hat geben des Kindes Muhm/ etc. Margaretha May. Tochter/ etc.
6. Ein Silbern Schieff/ das hat geben die Stadt Gendt.
7. Das alte vnd newe Testament/ mit dieser vberschrifft Scrutamini Scripturas, vnd das haben geben die Eyte.

Diß ist fürwar ein herrlich vnd stadtlich Pattengeldt vnd hat es Senccatus gedeutet/ wie folget.

Das Hertzogthumb Lützenburg/ das das Kindt solt Keiser werdt/ dieweil diß Hauß tapffern Keisern gegeben/ etc.

Der Phenix/ das diß Kindt/ wenn es Keiser/ mit solchem verstandt das Regiment führen werde/ als vor ihm nicht newlich ein Römischer Keiser gethan.

Das Schwerdt/ das es Gericht vnd Gerechtigkeit halten werde.

Das Geld/ Silber vnd Edelgesteine/ das er reich vnd mechtig sein werde.

Das Schiff/ das bey seinen zeiten/ die Schiffahrt in die newe Welt glücklich fort gehen werde.

Die Bibel/ das er ihm die Religion werde angelegen sein lassen/ etc.

Die gewonheit Gevattern zu bitten/ ist bey Bapsts Higini zeiten/ vmb das Jahr Christi 140. verordnet worden/ auff das sie der Tauff zeugen weren/ vnnd in notfall sich der Kinder/ an Eltern Statt annemen/ wie aus nachfolgenden Sprüchen Augustini zu sehen:

Augustinus in sermone quodam de Christiano nomine, Dominica 10. post Trinit: Fratres, tam illos, qui de vobis nati sunt, quam illos, quos de fronte excipitis, semper castigate atq; corrigite, ut castè, & iustè, & sobriè vivant, & vos ipsi ita agite, ut si vos filii vestri imitari voluerunt, non vobiscum igne ardeant, sed simul vobiscum ad præmia æterna perveniant. Idem, In octavo Paschæ sermone 6. Hoc admoneo fratres dilectissimi, ut quicung; viri, quæcung; mulieres de sacro fonte filios spiritualiter exceperunt, cognoscant se pro ipsis fideiussores apud Deum extitisse, & ideo semper illis sollicitudinem veræ charitatis impendant & admoneant, ut castitatem custodiant, virginitatem usq; ad nuptias servent, à maledicto vel periurio linguam refrenent, cantica turpia vel luxuriosa ex ore non proferant, non superbiant, non invideant, iracundiam vel odium in corde non teneant, auguria non observent, phylacteria & charecteres diabolicos nec sibi, nec suis aliquando suspendant, incantatores velut ministros diaboli fugiant, Fidem Catholicam teneant, ad Ecclesiam frequentius currant, contemta verbositate lectiones divinas attentis auribus audiant, peregrinos suscipiant, & secundum quod ipsis in Baptismo dictum est, hospitum pedes lavent, pacem & ipsi teneant, discordes ad concordiam revocare contendant, sacerdotibus & parentibus honorem amore veræ charitatis impendant. Hæc ergo omnia & his similia si filios & filias vestras admonere contenditis, cum ipsis ad æternam beatitudinem feliciter pervenietis.

Am

Am erſten Sontag nach der H. drey König Tage.

Hiſtorien vnnd Exempel/ von frommen Kindern.

Lang vor der Geburt Chriſti/ iſt ein König geweſen in Dennenmarck/ der hat Dan geheiſſen/ vnd iſt von jhm auch ſein Königreich Dennenmarck genandt worden. Der hat zween Söhne gehabt/ der eine hat gehuiſſen Humblus/ der onder Lotherus. Lotherus hat Skiolum geborn/ vnd Skiolus Gran. Dieſer Gran ward erſchlagen von dem Norwediſchen Könige. Nu verließ Gran einen Sohn/ mit Namen Hadding/ der rechnete ſeines lieben Vaters Todt/ auff ſolche Weiſe: Er belagert eine Stadt/ mit Namen Dunam/ vnd als er ſie nicht mocht eröbern/ erdacht er eine ſolche Liſt: Er hatte einen erfahrnen Vogelſteller/ der brachte jhm zu wegen eine groſſe Anzahl ſchwalben/ die vnter den Dechern der belagerte Stadt niſteten/ ließ jnen angezündete Schwämme anbinden/ vnd ſie widerumb fliegen/ vnnd wie ſie der Neſter widerumb begerten/ haben ſie einen groſſen Brandt in der Stadt angericht. Vnd als die Bürger wolten das Fewr leſchen/ hat König Hadding die Stadt geſtürmet vnd eröbert. Darnach Schweden eingenommen/ dem König bey Gottlandt ein groß Volck erlegt/ vnd alſo ſeines Vaters todt gerochen. Munſterus Coſmogr. lib. 3. ex Sax.

Anno Chriſti, 1333. Starb Erich/ dieſes Nomens der ander/ König in Dennemarck/ der hatte einen Bruder/ der hieß Otto/ den fieng Graff Gerhart von Holſtein in Jütlandt/ ließ jhn doch widerumb ledig/ vñ als Otto die abgeredete Conditiones nicht hielte/ fieng Graff Gerhardt wider den Krieg an/ vnnd zog mit Macht in Jütlande/ Vnd da in ſeinem Lager böſe Wach gehalten ward/ kam bey Nacht ein Deniſcher Edelman in deß Graffen Gezelt/ vnd erſtach jhn im Bett/ gieng auch in der ſtille wider heraus. Diß war deß Graffen Sohn ein ſchmehliicher Handel/ daß ſein lieber Vater ſo Jemmerlich vnd verrätheriſch vmb ſein Leben kommen war/ jedoch derhalben mit ſeinem Volck in Dennemarck/ vnd thet groſſen Schaden darinnen/ höret auch nicht auff/ biß er den Mörder ſeines Vaters ergreiff/ den ließ er radebrechen/ vnd gab ſeinen Leib den Raben zu freſſen. Idem, lib. 4.

Ein fein Exempel Kindtliches Gehorſams vnd Demuths eines Sohns/ gegen ſeinem Vater. In Friderici/ deß erſten Marggraffen zu Brandenburg Hiſtorien/ lieſet man dieſe Geſchicht: Als er ſein Teſtament hat machen wollen/ hat er ſeine vier Söne/ Johannem/ Fridericum den eltern/ Albertum/ Fridericum den Jüngern/ zu ſich gefordert/ vnd mit folgenden Worten Johannem den elteſten Sohn angeſprochen. Du weiſſeſt mein lieber Sohn/ daß ich meinem Geſchlecht den Churfürſten Standt zum erſten erlanget habe/ von Keiſer Sigiſmundo/ Nun ich aber von dieſem Leben werde abgefordert iſt mir dieſe Sorge angelegen/ daß bey meinen Nachkommen dieſer Standt nicht in einen Abfall gerathen möchte. Ich ſehe aber/ das du zur Ruhe luſt haſt im Churfürſten Standt aber iſt nichts mehr/ als vielfeltige Mühe/ Sorge vnd Arbeit. Derwegen/ wenn du es zu Frieden ſein wolleſt/ were ich bedacht/ den Churfürſten Standt deinem Bruder Friderico zu befehlen/ vnd einzureumen/ der dir im Alter am aller nechſten nachfolget/ vnd etwas frewdiger/ vnd zu der Arbeit mehr tüchtig iſt.

Hierauff gab Johannes dem Vater dieſe Antwort: Ich habe vor dieſer Zeit offtmals/ mein hertzliebſter Vater/ dieſen Verdacht geſchöpfft/ als hetteſtu Fridericum lieber denn mich/ weil du dich gegen jhm freundtlicher zu erzeigen gepflig't. Jetzund aber muß ich erkennen/ daß du es recht gut mit mir meineſt/ vnnd neme es zu groſſem danck auff/ daß du mir meine Ruhe günneſt/ vnd meinem Bruder im Teſtament den mühſamen vnd ſorglichen Standt befihleſt. Diß

nach der heiligen Drey König Tage. 15

Diß spricht Philippus/ist ein sein Exempel/einer Vorsichtigkeit an Friderico dem Vater/daß er den gemeinen Nutz bedacht. Dargegen ist es am Sohne Johanne auch ein löblich Exempel einer Demut vnd Gehorsams/daß er des Vaters weisem Rath vnnd bedencken gutwilliglich gefolget. Gleiche Exempel sind in der Historien Davids/vnd Darii Histaspis.

Ein Exempel Kindtlicher Ehrerbietung gegen seinen Eltern/ des Sohns gegen der Mutter/ Der Keyser Heliogabalus/ als bald er in Rath zu Rom kam/ gebot er seine Mutter Semeiam in Rath zu fordern/vnd oben an zu setzen/mache auch ein sonder Rathauß der Frawen/darinnen seine Mutter Bürgermeisterin sein solte/ vnnd die solte sampt andern Rathsfrawen macht haben. Gesetz zu geben/vnd Ordnung zu machen/ wie sich die Männer solten halten gegen ihre Weiber / vnd wiederumb die Weiber gegen ihre Männer. Item/ Wie die Weiber gekleidet gehen/vnnd welche der andern weichen/ vnd gegen ihr auffstehen solte. Vnd diß ist der erste Keyser/ der seiner Mutter zu ehren/ein Frawenrathshauß zu Rom gestifftet vnd angerichtet hat. Vnd Semeia seine Mutter/ bleib auch in der Römer Rath/biß an ihr Ende.

Pontanus schreibet von einem jungen Liparitanischen Gesellen/ welcher ein einiger Sohn ist gewesen seines Vaters / welcher als er gehöret/ wie daß sein Vater von den Meerreubern gefangen were /hat er sich für seinen alten Vater eingestelt/ vnnd damit er den Vater loß machen möchte/ sich gegen die Reuber / daz er ihr Leibelgen Knecht/vnd ihnen mit Dienstbarkeit verhafftet sein wolte/ewiglich/mit offenlichen vnnd leiblichem Eide/verpflichtet/welches auch also geschehen. Denn der Vater ist loß gegeben vnnd er an des Vaters stadt zur ewigen Dienstbarkeit hinweg gefühtt worden / lib. 2. cap. 4. de obœdientia.

Fulgosus schreibet/daß zu Tolet in Spanien ein Goltschmidt gewesen sey/welchen der König etlicher verdechtigen Sachen halben hatte gefenglich einziehen vnd zum tode verurtheilen lassen/ desselben Goltschmiedes Sohn/ als er solches erfohren/ ist er gen Hoff gelauffen/dem Könige zu fuß gefallen/vnd für seinen Vater auffs vnterthenigste gebeten/ als er aber gesehen/ daß er damit nichts außrichtet/ sondern alle sein bitten vnd flehen vmb sonst vnd vergeblich were/hat er sich in eigner Person mit Leib vnnd Leben für seinen Vater eingestellet/vnd gebeten/wan es je nicht anders köndte gesein/ so solt man doch dem Vater sein Leben vmb Gottes willen fristen / er were bereit für seinen Vater zu sterben/vnd sein Leben zu lassen. Solches ist auff seine Willkürre also geschehen/vnd ist der Sohn zur Rettung seines Vatern Leibs vnnd Lebens / willig vnnd mit Frewden in Todt gegangen. lib. 5. cap. 4.

Historien vnd Exempel von bösen Kindern.

Aristobulus/ der erste König bey den Jüden/ nach der Babilonischen Gefengnis/der fieng auch seine Mutter/erwürget seinen Bruder Antigonum/ aus Anreitzung seines Weibes/die Mutter aber ließ er im Gefengnis hunger sterben/ letzlich ist er erstickt in seinem eignen Blute. Josephus.

Sanctius der vierde/ Alphonsi des zehenden/ Königes in Castilien/rc. Sohn/war ein Kriegsmann/der wider die Saracenen Glück hatte. Aber seinem Vater beweiset er ein vntrew Stücke/Denn als der Vater in Teutschland verreiset war/ in Hoffnung das Keyserthumb zu bekommen/ hat sich der Sohn mitler Zeit zum Könige auffgeworffen/vnnd das Reich eingenommen/ vnnd als der Vater wieder kam/war er so trotzig vnnd stoltz/ daß er dem Vater nicht wolte weichen/noch das Reich ihm wiederumb einreumen. Dorauff strafft ihn Gott/daß er letzt kein Glück mehr hatte/ vnd starb in einer bösen Kranckheit. Chron. Hispan.

D   Nicolos

Am Andern Sontage

Nicolot ein Hertzog zu Meckelburg/ der starb Anno 1277. Sein Sohn Heinrich hatte zween vngezogne Söhne/ Heinrichen vnd Nicolot/ diese/ als jhr Vater zu andern Ehe griffe/ beschlossen sie mit einander/daß sie den Vater derhalben vmbbringen wolten/welches denn auch geschahe. Denn nicht lang hernach/ legte der Sohn Heinrich Hand an seinen Vater/vnd erschlug jhn. Solches ist geschehen im Jahr Christi 1291. Aber die Straffe ist auch nicht aussen blieben/ denn sie sind beyde hernach von jres Vatern Bruders Sohn jhres Landes beraubet vnd verjaget worden/ vnd haben laut des Göttlichen Drewung nicht lange nach jhres Vatern Tode gelebet / sondern Nicolet ist erstlich in Wehemut vnd Verzweiffelung / Heinrich aber der Handtmörder des Vaters/ im Elend jämerlich/ vnd in grosser Armut/vnd darzu one Erben gestorben. Munster. lib. 3.

Wenceslaus, Otthocari Son, König zu Böhmen/ war ein sanfftmütiger vnd frommer Herr/freundtlich gegen jederman/ Aber er hatte einen bösen vngeratenen Sohn/der gantz aus seiner Art schlug/gab sich auff Füllerey/ Hurerey/ vnd viel andere Stücke/ vnd wolte nicht folgen/ ob er wol zum offtern mal auffs hertzlichste vnd trewlichste vermanet ward / diß betrübte Vater vnnd Mutter vber die massen sehr im Hertzen/ daß sie manches tieffes Seufftzen vber jhn thun musten. Das erhöret Gott/vnnd straffte es an dem vngerathenen Sohne/ daß er zu letzt zu Olmuntz in Mehern / in eines Thumbdechens Hause/als er seines Alters noch nicht 22. Jahr erreichet hatte / in seinen Sünden erstochen wird. Chron. Bohem. Vnd gieng mit jhm abe das Königliche Geschlecht/vnd hat sind der Zeit Böhmen angenommen frembde Fürsten/ zu Königen/ biß auff den heutigen Tag.

Vom Galieno schreiben sie/als er gehöret/ daß sein Vater von dem Könige aus Persen gefangen war/hat er sich desselben seines Vaters Gefengnis gefrewet/ auff daß er alleine Keyser were / Darumb er sich auch seines gefangenen Vaters gar nicht annahme / auch in den wenigsten oder geringsten sich auch nicht stellete / als wolt er seines Vaters Gfengnisses am Feinde rechnen/ vnd jhn los machen/ sondern Pascholi vnnd lebte in Wollüsten. Was diese Vntrew des Sohns dem armen gefangenen Vater für ein Schmertzen vnd Hertzleid vns gewesen sein/kan ein jeder vernünfftiger verstehen/ Aber er hat seinen Lohn auch empfangen / denn er sampt dem Sohn von den seinen jemerlich erschlagen worden.

Anno 792. Conspiriert Pipinus /der Sohn Caroli wider seinen Vater/ darüber erzürnet sich der Vater/ lest alle die/ so den Sohn wider jhn gereitzet vnnd gehetzet hatten/ durch mancherley Pein vnd Marter tödten vnd vmbbringen/ etliche hat er mit dem Schwerdt richten / etliche hencken/ etliche in vier stück zerhawen lassen/ dem Son ist diese Gnade erzeiget worden/daß er in ein Kloster/ zur ewigen Pœnitentz vnnd Buß ist eingesperret vnd verschlossen worden.

Anno Christi. 953. Erhub sich wider Keyser Otten den ersten/ ein Auffruhr /von seinem eigenen Sohne Luipolt/den Hertzogen zu Schwaben/den verdroß daß der Vater mit seinem andern Weibe einen Sohn hatte/ auch Otto genandt/ denn er besorgte/ er würde für jhm Keyser werden/ wie denn geschach. Vnd weil der ersten Frawen/ des Königs von Engellan dt Tochter Son war/ trug er einen grollen wider die Stieffmutter. Der Vater belegert den Sohn zu Meintz/ 60. tage/aber er entran aus Meintz/ vnd kam gen Regenspurg/ Der Sohn eröbert die Stadt/vnnd viel Schlösser/vnnd nam allen Schatz seines Vaters/den er daselbst fandt/vnd theilet jhn vnter die Kriegsleute/vnd weiset die Stieffmutter/ nicht allein aus der Stadt / sondern auch aus dem Lande. Der Vater ruckt hinab/ belegert die Stadt/ vnd nach grosser Mühe vnd langwiriger Beldgerung hungert er sie also/ daß Luitpoldus zum Keyser/ seinem Vater hinauß gieng/mit blossen Füssen/strecket sich für dem Vater auff die Erden/vnd bat kleglich vmb Gnade/ damit trieb er dem Vater die Zehren aus/ vnd sandt Gnade. Da verhieß der Sohn dem Vatter forthin trew vnd Glauben/ den hielt er jm auch biß in seine Grube/ fest vnd vnuerseht/ vnd ward forthin ein gehorsamer vnd frommer Sohn. Conradus

heiligen Drey König Tage. 19

Conradus/dieses Namens der ander/Römischer Keyser/weil er zu Rom vnnd in Welschlandt war/erregte sein Stieffsohn/Hertzog Ernst zu Schwaben im Teutschen lande ein Auffruhr wider jhn. Darumb ward Hertzog Ernst in der Widerfahrt vom Vater verjaget vnd erstochen/vnnd gab sein Hertzogthumb Hermanno seinem Bruder.

Zu den Zeiten Clodovei/der Francken Könige/welcher angefangen hat zu regieren/Anno Christi/484.hatte das Regiment zu Cölln ein alter vnd berümpter Mann/von Königlichem Stamme der Francken geboren/mit Namen Siegebert/welchen weilandt König Hilderich/des Clodovei Vater/nach dem er Cölln eröbert/zu des Reichs Stadthalter dahin gesetzt hatte. Dieser Siegebert hatte einen Sohn/Ludwig genandt/derselbige/als ein Ehrsüchtiger Mensch/aus anstifftung des Königes Clodouei/damit er desto ehe zur Regierung vnd Herrschung kommen möchte/sag in Practicken/wie er füglich seinen Vater möchte tödten vnd vmbbringen. Nun begab sichs/daß der alte sich aus Cölln thet/vnnd fuhr vber den Rein/mit wenig seiner Diener/in Westerthaldt auff die Jagt. Da schicket sein Sohn Ludwig etliche Mörder dem Vater in sein Zelt/bey heltem liechtem Tage/vnd ließ jhn tödten/in Hoffnung/das Regiment/jhm vom Clodoueo verheissen/so bald zu besitzen vnd einzunemen.

Wie er nun Clodoueo die Mordthat an seinem Vater begangen/in Schrifften vermeldet/schickte Clodoueus etliche zu jhm/die seines Vatern Schatz besichtigen solten/die eröffnet jhnen Ludwig alle/vnnd als er zu der letzten kam/sprach er zu den Gesandten: In diese Lade pflegte mein Vater die güldene Müntze ein zulegen. Darauff sprach einer aus den Gesandten: Er solte mit der Hande hinab greiffen biß auff den Bodem/vnd sehen ob es alles Golt were. Als er solches thun wolte/vnd sich fast nider gebücket hatte/schlug der/so jhn solches geheissen/mit einem starcken Schlage/von oben herab ein Beihel in sein Heupt/daß jhm das Gehirn für die Füsse fiel/vnd er also todt auff dem Platze blieb/Thritemius, de gestis Franc.

Lotharius/der 49. König in Francken/fieng an zu regieren im Jar Christi/514. vnnd regieret 50. Jahr. Im 49. Jahr seines Königreichs ward jhm sein Sohn Gren widersetzig gemacht/daß er sich wider den Vater außlehnete/vnd dem Reich grossen schaden zufügte. Letzlich/da er Vnglücks dem Vater gnugsam gestifftet hatte/flohe er in Britannien oder Engellandt/zu seinem Hertzogen doselbst/der hieß Canobrus. Diesem seinE bösen widerspenstige son/folget der Vater mit einem Kriegesvolck auff frischem Fuß nach/traff mit jhm vnd seinem Anhange/in dem treffen erschlug er den Hertzog Canobrum/eröbert Britanniam/vnd fieng seinen Sohn Granum/mit seinem Gemahl vnd Töchtern/vnd verbrandt sie zu Aschen/Idem.

Vnter andern bösen Stücken vnd Vbelthaten/die der Keyser Nouatius nicht allein an frembden/sondern auch an seinen eignen Blutsfreunden begängen hat/wird auch von Cypriano lib. 2. Epist. 8. diß erzehlet/daß er seinen leiblichen Vater als er auff einem Dorff hungers gestorben ist/hat vnbegraben liegen lassen/darumb hat jn Gott gar lassen zum Teuffelskinde werden/daß er in eine verdamliche Ketzerey ist gerathen von der Christlichen Kirchen verbannet vnnd außgeschlossen/vnnd dem Teuffel vbergeben worden.

Pior/wie Sozomenus saget/ist ein Mönch gewesen in Seethi/der Wüsten Egypti/vnd schreibet gar wust vnnd rauch ding von jhm/daß er in seiner Jugend aus seines Vaters Hause gangen/vnd ein Mönch worden ist/vnnd gelobet hat nimmermehr dahin zu kommen. Da ist er von seiner Schwester/nach 50. Jahren/die jhn gerne sehen wolte/gebeten worden/vnnd jhm auch von den Vorstehern der Mönche erleubet worden/daß er zu jhr in sein Vaterlandt zöge/vnnd ist zwar dahin kommen/aber er stunde für der Thür/vnd als er sich ein wenig hat sehen lassen/ist er wieder in die Wüsten gangen/ Sozomenus libro 6. cap. 29.

D ij Diese

Am ersten Sontage nach der

Diese grawsame vnd vnmenschliche dinge sol man vrtheilen nach diesem vierden gebot: Ehre Vater vnd Mutter. Vnd 1. Timoth. 5. So jemand die seinen / sonderlich seine Hausgenossen nicht sorget / der hat den Glauben verleugnet / vnd ist erger denn ein Heide.

Anno Christi, 1071. Thet Romanus 3. Diogenes, Griechischer Keyser eine Schlacht mit den Türcken / wird erlegt vnd gefangen. Als er aber heimkömpt / sahen ihn seine Stieffsöhne / stechen im die Augen aus / vnd verstossen jn in ein Kloster / one alle schuld vnd vrsach. Er ist aber nicht lang hernach gestorben / Jonaras.

Anno 1589. Den 24. Augusti / hat zu Prag einer seine eigne Mutter mit einem Grabscheide erschlagen / vnd ist den 1. Septemb. geschunden / mit glüenden Zangen zurissen / beim Galgen auff die Hacken gezogen / geviertheilt / vnnd die vierthel an Galgen gehenckt worden. Die Ursach / dass die Mutter das Haus verkauffe / vnd ihm nit hat gönnen wollen / weil es ein böse blatter. Die Mutter ist vber 80. Jar alt gewesen / Der Sohn hat geheissen Matthes Winopel / in der Newstadt.

Zu Lauban in Oberlaussnitz wohnete vorm Nicklischen Thor ein Mann / mit Namen Vincentz Schubart / der hatte neben andern Söhnen / drey vngehorsame Blattern / welche sich von Jugend auff vbel anliessen / den Eltern viel Kummer vnnd Hertzenleide machten. Als nu jhre Mutter mit Tode abgangen / vnnd der Vater in trüben gehabt / sich anderweit zu verehlichen / hat es diesen dreyen Söhnen hefftig missfallen / weil sie vermeint / dass der Vater auff den Garten / darinnen er gewohnet / Schulde gemachet / dargegen etlich baar Gelt in Feusten gehabt / Denn sie vermeinten / sie möchten an jhrem Muttertheil dadurch verkürtzt werden. Derhalben hielten sie beim Vater offt auch mit vngestüm an / dass er jhnen ein Muttertheil vermachen solte. Der Vater aber wandte für / dass er jnen zur Zeit nichts schüldig wehre zu geben. Weil jhm aber diese drey Söhne on vnterlas in Ohren lagen / liess er sich vernemen / er wolte anders wo hinziehen / vnnd den Garten liegen lassen / daran möchten sich die Schuldener erholen / blieb etwas vbrig / das möchten sie vnter sich theilen / wie sie wolten. Diss war den Söhnen zumal wieder / darumb sie sich offt mit dem Vater drob zanckten.

Als nu Anno 1585. an einem Montage / vmb Liechtmess / der Vater mit den zweyen Söhnen / Bartheln vnd Paulen zum Bier gewesen / vnd sie mit sich in sein Haus / darinn er als ein Witwer allein gewohnet / genommen / hat er jhnen ein Gerichte Fische zu zurichten gegeben. Mitler weile kömpt der dritte Bruder Michael / klopffet an / vnnd wird hinein gelassen. Der Vater ist vnmüssig / holet Butter / vnd decket in der Stuben den Tisch / die Söhne aber sind alle drey in der Küchen / vnnd beschliessen einhelliglich / dem Vater das Gelt (das er bey sich getragen) zu nemen / vnd zu erschlagen. Vber Tisch sitzet der Vater zwischen Barthel vnd Michel / vnd als die Fische verzehret / senget Barthel einen Hader mit dem Vater an : Als nun ein Wort das ander bringt / greifft Barthel dem Vater in den lincken Arm / Michel felt jhm in rechten Arm : Weil sich aber der Vater mechtig zur Wehre setzet / bringet Paul eine Reibekeul / schmeist den Vater etlich mal auff den Kopff / das er todt zur Erden fellt. Den Todten Cörper nemen sie / binden ihn in ein Tuch / vnd trogen ihn bey nechtlicher weile auffs Wasser / daselbst vergraben sie ihn in Sand auff einer blossen. Das Gelt aber (welches ohn gefehr dreissig Schock gewesen) theilen sie sich vnter einander / dass ein jeder zur Ausbeut zehen Schock bekommen. Diese grawsame That ist eine gute Zeit verschwiegen blieben / denn die Söhne vorgegeben / der Vater were in Böhemer Walde gezogen. In des selt Barthel in eine Kranckheit / dass man an jhm hefftigen Kummer gespüret / hat aber seinen Kummer keinem Menschen offenbaret / biss er eben dasselbige 1585. Jahr / den 12. Septemb. elendiglich gestorben. Nach dieser Zeit hats mancherley vermutungen vnd reden gegeben / biss Michael ander vntüchtiger sachen halber ins Gefengnis gesetzt worden. Weil er nu vmb dieselbigen von Erbarn Gerichten besprochen / vnd vnter andern vmb den Vater / doch / in der Gut ist gefraget worden / hat er wenig Bescheids darauff gegeben / vnd kurtz hernach auff Gelegenheit geschen /

ve.nd

Heiligen Drey König Tage.

vnd sich aus den Ketten gebrochen/ vnd ist darvon gesprungen. Dieses hat erst recht nachdencken gemacht/ vnnd die Vermutung des begangenen Vatermordes trefflich gemehret. Kurtz hernach findet er sich wieder vmb die Stadt/ da denn die erbarn Gerichte jhm dar= auff gelegt/ vnd jhm nach getrachtet/ vnd jhn (da ers am wenigsten sich versehen) greiffen vnnd wieder zu Gefengnis haben bringen lassen. Darauff ist er in der Güte vnd Scherffe angegriffen worden/ hat bekennet/ daß er auff eine Zeit in Preussen mit einem Viehe einmal Vnzucht gepfleget/ Fische gestolen/ vnd mit seinen beiden Brüdern den Vater ermorden helffen.

Nu hatte Poul denselben Abent den Scharffrichter in die Stadt gehen sehen/ darumb er aus bösem Gewissen seinem eigenen Hause nicht getrawet/ sondern sich in Garten vnter einen Baum geleget hat. Als nu die erbarn Gerichte/ als bald Michael den Vatermord bekennet/ jemen zu holen/ Leute abgefertiget/ vnd er im Garten das ankommende Volck gemercket/ ist er davon gestrichen. Das Gewissen aber hat jhn zu rücke gejaget/ darumb er von etlichen ist beredet worden/ es wehre jm angethan/ daß er nicht weg kommen könde/ welche jhn geleheret/ wie er sich bey der Stadt Grentze nackende auszihen/ die Kleider inverso modo (welches er erstlings genennet) wieder anzihen/ also sich vber die Brücke wältzen/ vnnd darvon gehen solt/ welches er auch gethan/ vnnd eine gantze Meyl weges also in verkehreten Kleidern gangen. Aber diese Kunst hat nicht vermöcht ein vnruhiges Gewissen zu stillen. Denn da er schon etliche Meyl weges von hier gewesen/ ist er doch zu rücke kommen/ vnd hat diß 1589. Jahr/ den 4. Octob. am Gesengnis angeklopffet/ gebeten/ man solte jhm auffmachen vnd Fessel anlegen. Wiewol er nu anfangs das Factum geleugnet/ hat er doch dasselb/ als der Ernst heran getretten/ eben wie Michael bekennet/ vnd gesaget: Nu sehe ich/ daß mich Gott wunderbarlich zur Rache bringet.

Hierumb sind diese beyde Brüder/ Paulus vnd Michael/ diß 1589. Jahr/ der 26. Octobris/ in Gegenwart einer mechtigen Menge Volcks/ vom Lande vnd berüchtigten Stedten/ gerechtfertiget worden. Darauff man sie beide auff einen Wagen gesetzt/ vnnd erstlich auff allen Vierteln gerissen/ darüber sie doch weder Ach noch Wehe geschryen. Nachmals sind sie beyde von vnten auff gerädert worden/ Micheln aber hat man mit zerstossenen Gliedmassen/ doch lebendig/ wegen seiner Bestialiteet/ an einen Pfal gebunden/ vnd verbrennet. Sie haben sich aber durch ware Busse zum seligen Sterbstündlein geschicket/ Denn sie jhre begangene Missethat gar hertzlich berewet vnd beweinet/ Gott im Himmel vmb Jesu Christi seines lieben Sohns willen/ vmb Verzeihung jhrer Sünden hefftig gebeten/ welches sie auch gentzlich gleubet/ vnd sich aus Gottes heilligem Wort/ biß auff den letzten Seufftzen getröstet/ vnd trösten lassen. Diß ist also die warhafftige Geschicht/ wie beide Brüder in der Güte vnd Scherffe dieselbe ausgesagt. Martinus Böhem Prediger zum Lauban.

Am Andern Sontage nach der heiligen drey König Tag.

Fromme Eheleute.

VON M. Antonio Pio / dem Römischen Keyser / schreiben sie / daß er Faustinam sein Ehgemahl vber die massen sehr geliebet / also / daß wenn er sie nicht gesehen / jhm Zeit vnnd Weile ist lang gewesen / vnd anders nicht gemeinet / denn als wehre jhm ein Stück von seinem Leibe abgekürtzet. Als sie jhm aber mit Tode abgangen / hat man jhn mit grosser Mühe vnd Arbeit kaum trösten können / daß er sich ein wenig zu Frieden gegeben. Vnd damit seine Liebe / so er zu seinem Ehgemahl gehabt / jedermann kundt vnd offenbar würde / hat er sie nach jrem Tode in die Zahl der Göttin gesetzt / Tempel bawen / Bildtnissen auffrichten / vnnd als eine Göttin / nicht allein zu Rom / sondern auch durch das gantze Römische Reich / ehren vnd anbeten lassen.

Vnnd vom Manuele Comneno / dem Keyser zu Constantinopel / schreibet Nicetas, lib. 3. Daß er habe zum Weibe gehabt Irenen / Perengarij / des Grafen von Schultzbach Tochter. Als er aber derselben durch den Todt beraubet ward / hat er einen solchen Schmertzen gehabt / als wenn jhm ein Stücke von seinem Hertzen were gerissen worden. Nach dem Begrebnis hat man jhn nicht mehr frölich gesehen / sondern ist wie ein halb todter Mensch herein gegangen / vnd der sich stets nach dem Grabe seines liebesten Gemahls gesehnet / vnd nichts mehr noch sehrer gewünschet / denn daß er auch vnter der Erden / vnd im Grabt bey seinem lieben Gemahl liegen vnd ruhen möchte. Auch hatte er beschlossen / forthin keine andere zu erkennen / noch zu berüren sein Lebenlang. Doch weil er ohne Leibes Erben war / damit sein Keyserthumb mit Ebloß verfiele / vnd in frembde Hende keme / hat er sich noch zu letzt / durch vielfeltiges vnd vnaußhörliches Bitten vnd anhalten der Räthe vnd der Reichsstende / bereden vnd bewegen lassen / daß er zur andern Ehe bewilliget.

Livia ist des Keysers Augusti Eheweib gewesen / haben friedlich mit einander in jhrem Ehestande gelebet / vnnd eins das ander lieb vnnd werth gehalten. Diesen seinen Ehelichen Friede schreiben die Historien der Livie zu / die als ein erbar vnnd verstendig Weib / sich hat in jhres Herren Sitten vnd Weise zu richten vnd schicken können. Insonderheit aber werden an jhr gerümpt diese zwo Tugenden / daß sie gehorsam vnd vnterthenig gewesen ist jhrem Herrn in allen dingen / also / das sie jhm auff sein Geheiß vnd Befehl / ohne bedencken vnd einiges widersprechen / alles mit willfertigem Gemüth vnd Hertzen gethan / was sie nur hat thun sollen. Zum andern / hat sie sich fein in seine Wase schicken können / sein thun vnd lassen an jhm nicht gerechtfertiget noch gemeistert. Vnnd was sie für Mängel vnnd Gebrechen an jhm gespüret vnd gemercket / dieselbigen mit seiner Bescheidenheit / Sanfftmut vnd Gedult getragen vnnd vberwunden / vnd viel lassen für Ohren vnd Augen fürüber gehen / welche Tugenden zu erhalten Liebe / Friede vnd Einigkeit / im Ehestande zum höchsten von nöthen. Solches preiset an dieser Livia der Dion, in der Historia vom Tyberio.

Isaacius Comnenus / ein Keyser zu Constantinopel / hat seine Ehre so rein vnnd vnuerrücket gehalten / daß er auch die Zeit vber / weil er ehelich gewesen / keine ander erkandt noch begert habe. Vnd als er dermal eins kranck war / vnd jhn die Ärtzte riethen / daß er sich mit einem seinen jungen Megdlein solte erlüstigen / das würde jhm ohne Zweiffel zur Gesundheit vnd verlengerung seines Lebens nützlich sein. Hat er solches bestendiglich abgeschlagen / vnd gesagt: Er habe sein Ehelich Gemahl / der habe er Trew

Am andern Sontag nach der H. 3. Kön. tage.

Trew vnd Glauben versprochen vnd zugesaget/ das wolle er jhr auch/ als ein Christ vnd redlicher Mann halten/ so lange er san Leben hette/ vnnd wolte lieber sterben/ denn wider Gottes Gebot an seinem lieben Ehegemahl trewloß werden. Jonaras.

Sophronia/ eine keusche vnnd züchtige Matrona zu Rom/ Adeliches Stammes vnnd Herkommens/ vnnd des obersten Stadtvogts daselbst Eheliche Haußfraw. Als jhr der Tyran Maxentius anmuthen ließ/ daß sie bey jm wolt schlaffen/ mit angeheffter Drewung/ do sie es in der Güte nicht thun wolte/ daß sie es müste thun. Solch Vorhaben des Tyrannen hat sie jhrem Ehemanne zu wissen gethan. Als aber der Mann darüber bestürtzt/ vnnd aus Furcht für dem Tyrannen/ lange sich besonne/ vnnd nicht wuste/ wie er die Sachen fürnemen solte/ vnd sie aber vermerckte/ daß er/ zu vermeiden des Tyrannen Zorn vnd Vngnade/ drein bewilligen wolte/ hat sie sich auffs schönste vnd herrlichste geschmuckt vnd heraus gestrichen. Vnd als die/ so vom Maxentio gesandt waren/ auff sie warteten/ daß sie sie hinweg holeten/ vnnd zum Tyrannen brechten/ hat sie jhren Ehemann gesegnet/ vnd ist mit jhnen auffs Schloß gangen/ vnnd in seine Kamner bringen lassen.

In derselbigen Kammer/ ehe der Tyrann kam/ hat sie sich durch ein andechtiges Gebet jhrem lieben Gott befohlen/ vnd jhn vmb Vergeihung des/ das sie jetzt an jhrem Leibe thun würde/ gebeten. Vnd als sie jhr Gebet zu Gott gethan vnnd gesprochen/ hat sie das Messer anßgezogen/ vnd jhr selbst damit das Hertz abgestochen/ hat lieber sterben wollen/ denn jhre Ehre verlieren/ vnd Eheliche Keuscheit brechen/ Wie Nicephorus schreibt/ lib. 6. Cap. 3. Ex Eusebio, lib. 8. Cap. 17. Ludouicus Viues gedencket dieser Historien auch/ in seinem ersten Buch / de institutione Foeminæ Christianæ.

Man schreibt/ daß Helena/ vmb welcher willen der langwirige vnd verderbliche Krieg für Troja sich erhaben hat/ des Königs Menelai Weib gewesen/ aber jhm nicht Trew vnd Glauben gehalten/ sondern sich mit vnandern durch Hurerey vnd Ehebruch besteckt. Derhalben/ als nun Menelaus gestorben war/ haben seine hinderlassene zweene Söhne die Mutter/ vmb solcher jhrer Vbelthat vnd Vntugendt willen/ aus dem Reich gejagt/ vnnd als sie also in der jhre herumb gezogen/ ist sie letzlich auch biß gen Rhodis kommen/ zu jhrer Gefreundin Polyro/ welche zur Ehe gehabt hat/ Tlepolemum/ vnd demselbigen/ als ein frommes vnd trewes Eheweib/ in seinem Vnfall vnnd Vnglück/ willigklich ins Elend gefolget war. Als aber derselbige jhr Eheman/ im Kriege für Troja/ des Vrsach/ wie gesagt/ die Helena gewesen/ vmbkommen/ hat jhr jhres lieben Mannes Todt so hart vnnd tieff zu Gemüth gegangen/ daß sie vber die Helenam/ als vrsacherin desselbigen/ von Hertzen ergrimmet/ vnnd in solchem Grim vnd Zorn die Schaffung gethan/ das man Helenam hat greiffen/ vnd an einem Baum hencken müssen. Also/ weil sie auff keine ander weise gekundt/ hat sie jhres Mannes Todt an der Böhin gerochen/ vnnd damit beides/ nemlich jhre Liebe gegen jhrem verstorbenem Ehemanne/ vnd rechten Eiffer vnd ernst wider die Hurerey vnd Vnzucht der Helenas/ öffentlich mit der That/ vnd mit dem Wercke erzeigen vnd beweisen wollen. Pausanias in Laconicis.

Themistocles hat ein Weib gehabt/ mit Namen Archippa/ die hat mit jhren Gehorsam vnd Vnterthenigkeit/ jhren Herren also gewonnen vnnd eingenommen/ daß er sie vber die massen lieb gehabt/ vnd fast alles gethan/ was sie nur gewolt/ vnd ju lieb gewesen ist/ ob er wol ein sehr weiser vnd kluger Mann war/ vnd ein berümpter Kriegsheld darzu. Daher sagten die Leute im Sprichwort/ wenn sie Themistoclis Sohn sahen: Was dieser wil/ das wil gantz Griechenlandt/ rc. Das meinten sie also: Was der Sohn wil/ das wil auch die Mutter/ vnd was die Mutter wil/ das wil auch der Vater/ was aber der Vater Themistocles wil/ das wollen die von Athen/ vnnd was die von Athen wollen/ weil es die Heuptstadt war/ das wollen alle Griechen/ rc. Also ist nichts bessers im Ehestande/ vnnd das zum Friede vnnd Einigkeit mehr dienet/ denn ein verstendiges frommes Weib/ das mit Vernunfft sich kan gegen dem Manne Appliciren/

D iiij vnnd

Am Andern Sontage nach der

vnnd also mit Freundligkeit vnnd Gehorsam dem Mann das Hertz aus dem Leibe stelen. Das heist recht die Liebe gegeben/ darzu man keine Artzney oder Zauberey bedarff/ sondern nur allein artige Wort/ Werck vnd Geberden/ aus einem seinen guten Hertzen/ Solchs gebieret Liebe vnd Freundschafft/ nach dem alten Spruche: Vt amēris, amabilis esto.

Keyser Rudolph von Habspurg/ als er nu zu seinen Jahren kommen/ vnd wol betaget war/ hat er zur Ehe genommen Frewlein Agneten/ des Hertzogen aus Burgund Tochter/ ein schön Mensch/ vnd darbey keusch vnd züchtig/ vnnd die jhren alten Herren lieb hatte/ vnd jhm Trew vnd Glauben hielt. Dermal eins begibt sichs/ als der Keyser zu Speyer einzoge/ empfehet jhn der Bischoff daselbst/ Herr Friederich/ Grafe in Leyningen gar herrlich vnnd erstlich/ vnd als er die Keyserin vom Wagen hebet/ gesellet sie jhm so wol/ daß er jhr vnuersehens einen Kuß gibt. Das verschemete vnnd verdroß das fromme züchtige Hertz so trefflich vbel/ daß sie es mit Wehmut vnnd Thränen jhrem Herren klagte.

Der Keyser war mit dieser Geilheit des Bischoffs nicht wol zu Frieden/ schickte einen vom Adel zu jhm/ vnnd ließ jhm sagen/ Er hette Pacifical oder Pacem für sich/ vnd für keinen andern/ wolt er aber einen Pacem haben zu küssen/ so solt er jhm ein eigenes schaffen/ vnnd dasselbige seines Gefallens küssen/ so lang er wolte/ vnnd jhm das seine zu frieden lassen. Auff dieses entbieten des Keysers/ ist der Pfaff verirret/ vnnd weil der Keyser allda gewesen/ nicht wieder zu Liechte kommen. Man sagt auch/ wenn man etwa in beysein der Keyserin des Bischoffs zu Speyer gedachte/ ist jhr eine Röthe vnter Augen geschossen/ aus welchem Zeichen man der Keyserin züchtiges Hertz/ vnnd jhr Mißfallen/ das sie vber den geilen Bischoff getragen/ augenscheinlich hat spüren vnd mercken können/ Cuspinianus & Hedio.

Constantinus/ Keyser zu Constantinopel/ als er mit tödtlicher Kranckheit beladen war/ vnnd merckte daß er nu sterben solte/ hat er einen aus den fürnemesten Geschlechtern zu Constantinopel für sich fordern lassen/ vnnd jhm die Wahl gegeben/ daß er jhm entweder solte lassen die Augen aussstechen/ oder sein Weib von sich stossen/ vnd seine Tochter ehelichen/ so wolt er jhn zum Keyser machen/ rc. Als nun Romanus sein Weib lieb hatte/ vnnd sie jhn wiederumb/ darmit er nicht nein sprechen/ vnnd also vmb sein Gesichte vnd Augen kommen möchte/ hat sie sich selbst willig lich auß von jhm geschieden/ vnd in ein Kloster begeben. Cedrenus.

Zu Padua regieret eine Zeitlang Accıolus, aber vmb seiner grossen Tyranney willen/ ward er des Regiments entsetzet/ vnd aus dem Lande verjaget. Die Festung aber des Orts/ ward in Verwarung eingethon/ einem weiblichen Kriegshelden/ vnd streitbaren Manne/ mit Namen Baptista à Porta. Als sich nun der Tyrann widerumb hatte gesterckt/ vnd mit Kriegsvolck gerüstet/ ist er stracks auff Padua gezogen/ vnd die Stadt sampt der Festung belagert/ vnnd als er dieselbige durch Verrhäterey einkommen/ hat er im Einfall den Baptistam à Porta, im Thor erstochen/ vnd den Kopff abgehawen.

In solcher Noth hat sich des Baptistæ Weib/ Blanea Rubea/ auch als eine Heldin beweiset/ denn sie zur Rettung der Festung/ vnd zur Rache jhres Ehemannes/ sich gerüstet vnd gewopnet/ vnd in die Feinde gesetzt/ vnnd vber die massen Männlich gewehret/ Als sie aber zu letzt/ von dem Kriegsvolck vmbringet vnnd vnbegehen/ gefangen ward/ ist sie für den Tyrannen gebracht worden/ vnnd dieweil sie von Angesicht vnnd Gliedern/ ein vber die Maß schön vnnd hübsch Weib war/ ist der Tyrann so bald mit Lieb gegen jhr entzündet worden/ also/ daß er in solcher Brunst jhr angemutet/ bey jhm zu schlaffen. Als sie jhm das bestendig abgeschlagen/ vnnd doch sahe/ daß er Gewalt an jhr vben wolte/ hat sie sich/ zu Errettung jhrer Ehr vnd Keuscheit/ zum Fenster hinaus gestürtzet auffs Pflaster/ davon man sie halb todt auffgehaben/ vnd in ein Gemach getragen/ vnd jhr mit Fleiß gewartet hat.

Vnd

heiligen Drey König Tage. 21

Vnnd als sie zu jhrer vorigen Gesundtheit wiederumb kommen / hat der Tyrann auffs newe an sie gesatzt/vnd nochmals gewolt/daß sie seines Willens pflegen/vnd seinem begeren gnug thun solte. Wie sie nu vermerckte/ daß sie dem Tyrannen nicht wol entwenden könte/hat sie nicht mehr gebeten/denn daß jr zuvor das Grab jhres Mannes geöffnet/ vnnd denselbigen noch einmal sehen möchte.

Wie jhr nu solches vergönnet vnd zugelassen/vnnd der Stein auffgehaben ward/ist sie/ehe mans gewahr worden/ins Grab gesprungen/vnd den Stein mit Gewalt nach sich gerissen/der ist auff sie gefallen/ vnd jhr das Haupt vnd Gnick zerknüscht vnd zerschmissen/ davon sie angesichts gestorben vnd todt blieben.

Also hat das redliche Weib mit jhrem Tode jhr Ehr vnd Keuscheit gerettet/vnd dazu so viel außgerichtet/daß sie ein gemein Grab mit jhrem allerliebsten Ehegemahl (jhrem beger nach) bekommen. Welches ein mercklich Exempel ist/ warhafftiger vnd beständiger Liebe vnd Trew / eines frommen ehrlichen Biderweibes gegen jhrem Gemahl vnd eheli-chem Manne. Bernhardus / Scardonius.

Ein mercklich vnd trefflich Exempel rechtschaffener vnd warhaffti-ger Ehlichen Liebe vnd Trew erzehlet Ludovicus Vives, de Foemina Christiana lib. 2. Von einem tugentsamen Weibe/ Clara Cernenta genandt, welche Bernhardi Valdau-ræ Ehegemahl gewesen. Als diese jhm verthrawet/ vnnd am Hochzeit tage jhm beygeleget war/sihet sie/ daß jhm seine Beine mit Pflastern bewunden waren/welche Zeichen waren eines vngesunden vnd gebrechlichen Bräutigams. Ob nu wol er vber die viertzig Jar alt/ sie aber ein sehr junges Megdlein war/darzu sehr schön vnd lieblich von Geberden vnd An-gesichte/ ist sie doch der Ehren vnd des Christlichen Gemüths vnd Hertzens gewesen/ daß sie ob dem allen keinen Eckel gehabt/noch einiges mißfallen getragen/ sondern hat jhn/ als jhren von Gott gegebenen vnnd bescherten Ehemann/ in allen Ehren/ lieb vnnd werth ge-halten.

Nicht lang nach gehaltener Hochzeit oder ehlichem Beylager /ist Valdaur in seine beschwerliche vnnd abschewliche Kranckheit gefallen/ also/ daß alle Ärtzte an seinem Leben vertzagt gewesen. Denn er an seinem gantzen Leibe dermassen außgeschlagen / daß das Ei-ter von jhm geflossen vnnd geronnen/ vnnd so vbel gestuncken/ daß niemand vmb jhn hat bleiben können. Allein die Clara in Betrachtung jhrer Ehlichen Pflicht/ ist bey jhm sampt seiner Mutter blieben/vnnd seiner mit höchstem Fleiß vnnd Sorge /Tag vnnd Nacht ge-wartet.

Vnd weil es sich befunden/ daß es die Frantzosen weren/haben die Ärtzte/ vnnd alle jhre Freunde jhr gerathen/ daß sie sich/Gefehrligkeit zu vermeiden/nicht zu nahe zu jr ma-chen solte/ darmit sie nicht etwa von jhm angesteckt/ in gleiche Noth vnnd Elend mit jhm kommen möchte. Solche der Ärtzte vnd jhrer Freunde Rede vnd Vermanung /hat sie mit grossem Verdrieß vnd Vnwillen gehöret/vnnd gesaget : Sie wüste durch Gottes Gnade, was jhr Ampt / vnd sie nach Gottes Befehl zu thun schüldig were / dem wolte sie als ein from Christlich Weib / nach jhrem Vermögen/ mit höchstem Fleiß nachkommen/ vnd jhren lieben Eheman in seiner Noth vnuersorget nicht lassen/ vnd das Creutz/ so jhr Gott sampt jhm auffferleget hette/ mit Christlicher Gedult tragen vnd leiden.

Darauff ist sie bey jhres siechen vnnd gebrechlichen Ehemans Bette Tag vnnd Nacht geblieben / seiner mit grossem Fleiß gewartet/ jhm seinen Leib vnd Bettgereth ohn Vnterlaß gesäubert vnd gereiniget /vnd nichts vnterlassen von allem/ was einem from-men / Christlichen /redlichen vnnd ehrlichen Eheweib/ gegen jhrem Ehemann/ in Nöthen zuthun eigendt vnd gebüret.

Als sie nun zehen gantzer Jahr seiner mit grossem Fleiß vnnd Trewen gepfleget vnnd gewartet / ist er endtlich gestorben /. vnnd von dieser Welt abgeschieden / Aber mit solchem jhrem Hertzenleidt / daß sie sich schwerlich hat vber seinen Todt trösten

Am andern Sontage nach der

ersten lassen. Ist auch/ob sie wol noch ein sehr junges Weib/von der Zeit an/eine frembde vnd heilige Wittwen blieben/vnnd hat sie niemand bereden können/daß sie widerumb gefreyet/oder anderweit sich verehlicht hette/ so gar hat sie jhres armen vnd siechen kranck Mannes/auch nach seinem Tode/in jhrem Hertzen nicht vergessen können. Ist also in jhrem einsamen Leben vnnd Wittwenstande biß an jhr Ende geblieben / Wol werth/ daß man jhr zu allen Zeiten in Ehren gedencke.

Bey den Türcken/ spricht Siebenbürger/ der lange Zeit in der Türckey gewesen/ ist eine solche Zucht durchauß in allem Lande/ daß bey jhnen eine schande wehre / so ein Weib inner vnnd auffer des Hauses/mit blossem Angesichte sich andere Menner sehen ließ/vnd diß ist so war/daß er sage/ er sey zwantzig Jahr an seinem letzten Dienst bey seinem Herren gewesen/lieb/schön vnd werth gehalten/vnnd derselb zu letzt an eines Kindes stadt mit Freyheit begabet/habe wollen annemen/vnd viel/ja alles im Hause vertrawet. Jedoch habe er diese zwantzig Jahr seines Herren Frawe mit blossem Angesichte nicht gesehen/daß er nicht wisse/wie sie von Angesichte gestalt geewesen war/ob er sie wol vielmals wenig reden gehöret/vnnd selbst mit geredt habe/daß es nimmermehr geglücket hette/wo er solches nicht selbst erfahren.

Böse Eheleute.

VOn den Weibern der alten Teutschen / schreiben die Historici also: Ihre Weiber waren keusch vnd schamhafftig/vnnd gafften nicht vmb sich nach andern Männern/Es ward auch selten in solchem grossen Volck Ehebruch gefunden/Wenn aber eine Fraw des Ehebruchs vberzeuget ward / so schnidt man jhr das Haar abe/vnnd entblössete sie von allen jhren Freunden / vnnd trieb sie jhr Mann mit rutten auß seinem Hause/vnd schlug sie/biß sie auß dem Dorffe kam/da war keine Gnade mehr/ war eins Ehebrüchig worden war/es halff weder Jung noch Schönheit weder Freundschaffte noch Reichthumb/ sie muste veracht vnd verstossen sein vnd bleiben jhr Lebenlang. Auch hielt man damals die nicht für ehrlich vnnd auffrichtige Leute/ die ein solch Ehbrecherisch Weib bey jhrem Manne wieder einbitten/oder gegen jhm versöhnen wolten/ so gar feind waren sie aller Hurerey vnd Vnzucht.

Keyser Otto der dritt/hatte ein Gemahl/die war aus Arragonia ein geil/vnzüchtig vnd vnkeusch Weib/die gantz vnd gar Mannsüchtig/vnd in dieser Vntugendt ersoffen war. Sie führet mit jhr heimlich in jhrem Frawenzimmer einen Jüngling/ mit Weibes kleidern geschmücket vnnd angethan/ den brauchet sie täglich zu jhrer Wollust vnd Vnzucht/vnd meinet jederman/es wehre jhre Kammerdienerin. Es kam aber zu letzt dem Keyser für/ der ließ den Jüngling für sich vnd seine Fürsten bringen/vnnd ließ jhm die Weiber Kleider außziehen/da sahe menniglich/daß es ein Jüngling/vnd nicht ein Weibs Person war/ward auch seiner Vbelthat halben verbrande.

Als nun die Keyserin vmb jhren Bulen kommen war / vnnd noch für vnnd für die Mannsucht in jhr stack/auch Gnade vnd Verzeihung bey dem Keyser erlanget hatte/ fieng sie ein ander spiel an: Es war in Italia bey der Stadt Mutina/ein Grafe/ der war hübsch von Leibe/vnnd darneben ein frommer Mann/ der gefiel der Keyserin gar wol/ daß sie jhn sehr lieb gewan/also/daß sie sich vnterstunde/mit guten Worten jhn zum Beyschlaff zu bereden. Aber da er jhren Willen nicht thun wolte/verklaget sie jhn dermassen so lesterlich bey dem Keyser/gleichsam als hette er jhr Vnehr vnd Vnkeuscheit angemutet. Da ließ jhn aber der Keyser in einem grimmigen zorn tödten. Aber der Graff klagte seiner Frawen alle seine Handelung/vnd ermahnet sie auffs aller höchste/ daß sie nach seinem Tode/mit glüenden Eisen seine Vnschuldt bezeugen vnd beweisen wolte.

Vnd

nach der heiligen Drey Königs Tage. 23

Vnnd als nachmals der Keyser zu Gerichte saß / kam des entheupteten Grafen Haußfrawe für jhn/vnd bracht mit jhr jhres Mannes Heupt/ ruffet an das Gerichte vnd Gerechtigkeit/vnd beweiset jhres Mannes Vnschuld. Da erschrack der Keyser/vnd war auch innen/daß sein Gemahl mit einem andern ehebrüchig worden war/darumb ließ er sie fahen/vnd in ein Fewr werffen/vnd verbrennen. Aber des Grafen verlassene Fraw begnadet er herrlich/vnd gab jhr viel Schlösser vnd Güter zum Eigenthumb.

Bey den Türcken / welcher im Ehebruch begriffen wird / den steiniget man mit der Ehebrecherin/ohn alle Gnad vnd Barmhertzigkeit. Einer aber der in Hurerey begriffen wird / der wird gestrafft/ mit achthundert Schlegen vund Streichen. Bey den Moren ist die Straff des Ehebruchs / der viertzigste Theil aller seiner Güter. Die Ehebrecherin hat eine Haußstraffe/ nach Erkendnis derer/ die darzu geordnet sind. Bey den Egyptiern/wenn der Ehbrecher im Ehebruch begriffen wird / muß er tausendt streiche zur Straff leiden/ Dem Weibe aber wird die Nasen abgeschnitten. Bey den alten Beyern war diese Ordnung / wenn jemand bey eines andern Weibe schlieff / der muste dem Manne zwey hundert vnd viertzig Schilling geben/würde er aber ergriffen/ vnd vom Manne entleibet/so were er gebüsset/vnd der Theter vnschüldig. Romulus hatte die Ordnung gemacht/ daß eine vberwiesene / oder in frischer That ergriffene Ehebrecherin/ die möchte der Mann vnd die Freundschaft tödten/ auff waserley Maß vnd Weise sie wolten/ denn hierinnen ward jhnen kein Ziel noch Maß gesetzt/ohn das sie sterben must/vnnd beim Leben nicht durffte gelassen werden.

Mahomet/ der den Alcoran gemacht/ vnd solche grewliche Verführung in die Welt gebracht hat/der hat funfftzehen Weiber gehabt/ alle vom Adel/vnnd der Concubinen ohne Zahl/welche er alle einschliessen ließ/ damit sie niemandt sehen/vnnd dieselbigen lieb gewinnen köndte. Allein Assam / aus sonderlichem wol vertrawen/die ließ er ledig/ aber sie hielt jhm Glauben/ gleich wie er jhr vnd den andern seinen Weibern auch hielt. Denn er hatte an allen seinen Weibern vnd Concubinen nicht gnug/ sondern befleckte auch andern Leuten jhr Weib vnd Kindt/ vnd war ein vnersettiger/ garstiger Ehebrecher vnd Hurenjeger/ vnd sprach: Diese Freyheit were jhm von Gott allein gegeben/ vnd sonsten niemandts/ wie solches klar in seinem Alcoran geschrieben stehet.

Heliogabalus/ von Geburt ein Hurenkindt/ denn er aus der Antonia Geschlecht vnehrlich geboren ist. Vnd wie gemeiniglich solche Kinder/ so ausser dem Ehebette/ in Hurerey vnd schanden gezeuget worden/ selten wol gerathen/ denn sie tragen Gottes Straff vnd Fluch auff dem Halse/ vnd erben die Missethat jhrer Väter/ wie sie in Vnzucht gezeuget sind / so henget jhnen auch die Vnzucht an/ weil sie leben. Also ward dieser Heliogabalus auch ein bübischer Mann / da er schon Keyser ward / war an seinen Ehweibern nicht begnüget / sondern versündiget sich durch seine vnmessige Fleisches Lust vnd Brunst/ an vieler Leute ehrlichen Weibern vnd Kindern. Letzlich brach er die Klöster auff/ vnnd zwang die Geistlichen Jungfrawen / die ewige Keuscheit Gott gelobet hatten/ daß sie musten sündigen/ vnd mit jhm schand vnd vnzucht treiben. Summa/ ein solcher Vnflat/ der Caligulam vnd Neronem weit vbertraff/ in allen vnreinen vnnd vppigen Lastern. Vnd als er seines schendlichen Lebens halben von jederman gehasset ward / ist er endlich auff einem heimlichen Gemach / dahin er sein Leben zu retten geflogen war/ schendlich erwürget worden.

Zu Nürnberg ist es geschehen/ daß ein böser Bube gewesen/ der sich von seinem Weibe begerte zu scheiden / vnnd derwegen in ein vnzüchtig Hauß gieng/ vnd allda die Ehe brach. Als er aber ergriffen/ vnd gefragt ward/ warumb er mit einem andern Weibe Vnzucht getrieben/ sintemal er selbst ein Eheweib hette/ Sprach er: Ich habe gehöret/ daß der Ehebruch die Ehe scheide/ Derwegen habe ich die Ehe gebrochen/ daß ich möchte von meinem Weibe geschieden werden. Als diß der Obrigkeit angezeiget ward/ ließ sie den Buben an Prenger führen/ vnnd jhn allda durch den Hencker mit Ruthen hawen/ daß er davon am dritten Tage starb. So

Am andern Sontage

So ward er von seinem Weibe geschieden/ vnnd so solte man noch alle Ehebrecher scheiden/ die jhren Ehweibern gram werden/ vnd andere lieber haben. Simon Paulus in seiner Postill.

Anno Christi, 43. Ward zum Keyser gemacht Claudius Tyberius/ ein erwegen toll vnd voll Bläulein/ der nichts thet/ denn daß er des Bauchs/ Weins vnd der Weiber wartet/ name welche er wolte/ vnnd behielt darnach dieselbe so lang er wolte/ vnd scheidet sich auch wiederumb von jhnen/ wenn er wolte/ Doch war die Messalina ein rechte Weib für jhn/ dignum patella operculum, zubrach er Töpffe/ so zerbrach sie Krüge/ kundte er Hurerey vnd Ehebruch treiben/ so kundte sie es auch/ keine redliche Fraw kundte er leiden/ diese aber war jhm so tieff in das Hertz gesessen/ daß sie es bey jhm nicht verderben kundte/ wie denn solche Huren bey solchen Männern mehr Glücks haben/ denn fromme ehrliche Weiber. Sie war nicht allein eine Hure/ vnd vnzüchtige Bestia für jhre Person/ sondern reitzte auch zu Vnzucht vnnd Hurerey jhr gantzes Frawenzimmer/ denen allen gab sie Freyheit/ daß sie leben möchten mit Mennern vnd Jungen Gesellen jhres gefallens/ ja nötiget sie/ vnd sonsten auch aus der Stadt viel Weiber vnd Jungfrawen/ daß sie Schande vnnd Vntugend treiben musten/ daß sie/ neben jhrem Manne/ nicht alleine den Hoff/ sondern auch die gantze Stadt mit jhrer Hurerey vnd Ehebruch erfülleten.

Wo nun ein ehrliches vnnd redliches Gemüth war/ das an solchen Schanden keinen Gefallen tragen kundte / noch sich zu solchen Lastern wolte bereden oder bewegen lassen/ die fielen in jhren Zorn vnnd Vngnade/ vnd wurden viel frommer züchtiger Leute/ von Manns vnnd Weibes Personen/ als hetten sie einen Morde gethan/ vnuerschuldet Sachen/ all so vmb Ehr vnnd Erbarkeit willen/ elendiglich ermordet vnnd vmbgebracht. Zu letzt vermehlet jhm Tyberius die Agrippinam/ des Cnei Domitii nachgelassene Witfraw/ die war auch ein geiles vnd vnkeusches Weib/ die brachte jhn zu letzt vmb das Leben/ denn zu Meintz hat sie jhn mit Gifft getödtet.

Andreas Hippenrod schreibt/ daß Anno Christi, 1562. habe sich zu Heckstade zugetragen/ daß er einer armen Dirnen/ auff jhr begeren/ das Sacrament gereichet / die also verderbet war durch die Frantzosen/ daß jhr der gantze Leib von vnten auffsäulete/ daß ein stück noch dem andern hinweg fiel/ vnnd muste also jemmerlich/ vnd mit grossen Schmertzen erbärmlich sterben. Die bekandte/ sie were durch gute Wort der Landsknechte auffgesprochen/ mit denen sie in Hurerey also weher im Lande herumb gezogen/ von denen were sie also verderbet worden / vnnd nun elendiglich von jhnen verlassen. Solchen Lohn gibt Huren Leben.

Anno 1134. Hat sichs zugetragen im Lande zu Sachsen / daß ein Grafe von Winsenburg/ einem edlen Ritter sein Weib in seinem abwesen geschendet/ vnnd wie nun solche That der Ritter erfahren/ ist er hefftig erzürnet/ vnnd gedacht/ wie er solche Schmach am Grafen rechen möchte/ Endlich ist er auff einen Tag in des Grafen Schlaffkammer gangen/ vnd jhn in seinem eignen Bette erstochen. Da das die Gräfin gesehen/ hat sie laut geschryen/ vnnd gesaget: Der mir vnter dem Gürtel ligt/ sol solches an dir rechen (denn sie gieng schweres Leibes) ist sie als bald auch erstochen worden. Vnd weil also kein Männlicher Erbe vorhanden / hat der Bischoff von Hildesheim/ die gantze Graffschafft mit Hülff Lothari des Keysers/ an sich bracht. Chronic. Saxon.

Apuleius, lib. 8. De Asino Aureo, schreibet von einem/ Leopolemus genandt/ dem bulete ein ander/ mit Namen Throsiluus/ vmb sein Weib / vnd damit er dieselbige bekommen möchte/ nam er jhm gentzlich für/ jhn mit sich auff die Jagt
zu nemen/

nach der heiligen drey König Tag. 24

zu nemen/vnd allda zu erwürgen/darnach für zu wenden/es hette ihn ein wildes Thier zu rissen. Leopolemus lest sich bereden/vnd folget ihnen in Waldt/so bald aber die Hunde eines Wildes gewar worden/vñ zu bellen angefangen/hat sich ein grosses wildes Schwein sehen lassen/das hat erstlich vnter den Hunden gewület/vnd die freuwdigsten vnd bösten/so sich am nechsten hinzu gemachet/mit den grossen Zeenen von einander gehawen/da hie einer/dort der ander/stückweiß gelegen/darnach die Netz vnd Garn zurissen/sich darauff gewendet/vnd den Leopolemum/welchen Thrasyllus mit dem Gaul/vnter dem Schein/als wolte er das Schwein fellen/nider gestossen hatte/angegriffen/vnd erstlich die Kleider von der Haut gerissen/darnach als er auffstehen wollen/vnd von Thrasyllo wider das schwein Hülffe begeret/hat ihn derselbige ins weiche gestochen/vnnd also mit ihm das gar aus gemacht/vnd jemmerlich erwürget.

  Hielffreich/oder Hilpericus/ein König in Franckreich/welcher stets ein schendtlich vnd Tyrannisch Leben geführet/vnd wenn ihm seines Gewissens halben/oder sonsten schwere Gedancken für gefallen/vnd zu Gemühte kommen/hat er solches mit Jagen vnd hetzen vertreiben vnd vergessen wollen/ist aber durch anstiftung seines ehebrecherischen Gemahls grewlich ermordet worden. Diß gieng also zu: Da der König deß Morgens auff die Jagt zu reiten fertig war/ginge er zuvor/ehe er auffs Roß saß/in der Königin Schlafftkammer/vnd fand sie an ihrem Bette liegen vnd ruhen/schleiche still hinderwertig hinzu/vnd schlug sie mit einem Steblin so er in der Handt truge/schimpfflich auff den Rücken/die Königin Fredegund lag stille/keret sich nicht vmb/wuste auch nicht/daß es der König selbst war/Sondern meinet es were Lendericus/der Königliche Burgvogt/welcher heimlich mit ihr bulet/darumb sprach sie: Ey Lenderich/was schleckstu mich? Als der König solche Wort höret/erschrack er/vnd schöpffete von Fredegunde seinem Gemahl/deß Ehebruchs halben einen Verdacht vnd Argwohn/ließ es aber auff diß mal also beruhen/vnd zoge seinem Fürnemen nach/auff die Jagt/mitler zeit sich zu bedencken/was ihm hierinnen weiter für zunemen sein wolte. Da nun die Königin vermerckete/daß es der König selbst gewesen/vnd solche Wort von ihr gehöret/vnd sich mit Lenderich nichts gewissers denn deß Todes zu befahren hette/beschickete sie ihn heimlich/vnnd traffen mit einander den obgedachten Mördtlichen Anschlag/vnd bestellet Lenderich viel Todischleger/die er heimlich auff die Wache verordnet/welche bald zu angehörder Nachte den König vnversehens zu Todt schlugen. Solches ist geschehen/ANNO CHRISTI, 387.

Am Dritten Sontag nach der
heiligen drey König Tag.

Nach dem im heutigen Euangelio/ ein Kriegs Heuptman sich deß Gehorsams seines Kriegsvolcks/ gegen dem HErrn Christo rühmet/ wil ich etlicher wenig Kriegshelden Historien gedencken.

VON Hertzog Albrecht zu Sachsen/ haben auch seine Feinde/ die Ungern/ Frantzosen/ Niderlender vnnd Friesen/ die sich für jhren Genesaget/ als bald sie jhn auch nennen hören/ oder ansichtig worden sind/ bekennen müssen/ daß er von Anschlegen fertig/ mit Manheit vnd Einß im Streit allen vberlegen/ nach erhaltenem Sieg aber gelinde vnd sanfftmütig gewesen sey. Denn mit gedachten Völckern allesampt/ hat er dem Keiser zu gut/ Kriege geführet/ damit die Hoheit vnd das Ansehen deß Reichs/ in seiner Würden erhalten würde.

Die Frantzosen hat er aus dem Niderlande verjaget/ vnnd innerhalb acht Jahren das Niderlandt nicht ohne grosse vnd schwere Arbeit zu frieden vnd Ruhe bracht. Mathias König in Ungern/ hat er in Osterreich gedrungen/ Friede zu machen/ vnd die Mittel vnnd Wege anzunemmen/ die er jhm hat für geschrieben. Vnd weil er seine Kriege fürnemlich dem Reich zur Besserung vnd Auffnemung geführet/ ist er dextra manus Imperii, die Rechte deß Reichs genennet/ vnnd zum Obersten deß Reichs bestettiget worden. Er ist gestorben im Jahr Christi/ 1 5 0 0. In welchem Jahr ein Comet im Monat Aprillen erschienen ist.

Marggraff Albrecht von Brandenburg/ ist vom Bapst Pio secundo, der Zunamen gegeben worden/ Achilles Germanicus, der Teutsche Achilles. Er ist in solchem Ansehen gewesen/ daß man in dem Reich berathschlaget/ jhme für andern/ den Krieg wider die Türcken zu befehlen.

Als wider jhn/ alle die Stedte in Ober Teutschlandt sich vereiniget hatten/ der Stadt Nürnberg Hülffe zu thun/ vnd man ein sehr grosses Kriegsvolck zusammen brachte/ fraget einer/ Warumb man wider einen Fürsten/ so ein groß Heer anneme/ der weder an Macht noch Reichthumb/ nicht der Fürnembste were? Darauff antwortet einer aus den Regenten in Stedten/ Laß dich deß nicht wundern/ In Alberti astutia & fortitudine, omnium Germaniæ principum vires opesq; continentur. Denn/ sagt er/ Marggraff Albrecht/ ob er gleich allein ist/ so ist doch wol so viel Lists vnd Muths bey jhm/ das aller Teutschen Fürsten Macht vnd Reichthumb an jhm hanget.

Diese Rede ist nicht eine vergebliche Weissagung gewesen/ Denn er mitten in der Schlachtordnung hinnein / da die Feinde am dickesten gewesen/ hindurch gedrungen/ vnnd mit seiner Handt/ was jhm vorkommen/ nider geschlagen/ Vnnd wenn man zum Sturm gelauffen/ ist er gemeiniglich einer von den ersten an der Mauren gewesen/ wie dessen etliche Exempel AEneas Sylvius erzehlet/ der jhn wol gekandt hat.

Von Pfaltzgraff Friderich dem Sieghafften/ wird billich der Ruhm nachgesaget/ daß er die Freyheit vnnd Hoheit deß Teutschen Reichs vnnd Keiserthumbs/ wider die fehrlichen vnnd heimlichen Practicken gerettet vnnd erhalten habe.

Königreich Portugal hat einen Anfang genommen vmb das Jahr Christi/ eilff hundert vnd zehen/ mit solcher Weiß: Es kam Graff Heinrich von Lothringen in Hispanien/ vnnd begieng grosse Thaten/ vnd führt grosse Kriege wider die Saracenen/

Am dritten Sontage nach der H. 3. Kön. tag.

Saracenern/ oder Vngleubigen/ Derhalben Alphonsus der sechste König zu Castel beweget ward/ vnd gab jhm seine Tochter/ mit Namen Tyresiam/ zu der Ehe/ gab jhm auch ein Theil deß Landes Gallicien/ so vnter das Königreich Lusitaniam gehörte/ die zwey gebaren einen Sohn/ den nenneten sie Alphonsum/ vnd der ward der erste König Lusitanie/ Er drang den Vngleubigen ab die Stadt Vlixbonam/ so man jetzt Lißbonam nennet/ vnd vberwand in einem Streit fünff Könige/ deßhalben auch er vnd alle seine Nachkommen/ führeten in jhrem Wapen fünff Schüldtlein. Solche Mannheit vnnd tapffer That/ hat jhm einen grossen namen/ vnd ewigen Ruhm gebracht.

Wenn die Teutschen wolten vor Zeiten einen Streit anheben/ sungen sie zuvor dem Hercul einen Lobgesang/ mit lauter vnd vnerschrockener Stimme/ vnd wenn sie in Krieg zogen/ so brauchten die Reuter einen Schildt vnd einen Spehr/ aber die zu Fuß stritten/ behalffen sich fast mit Bogen/ sie giengen bloß in Streit/ oder legeten kurtze Göpvichen an/ sie brauchten sich gar keines Geschmucks/ noch Gezierd/ denn daß sie jhre Schilde mit hubschen Farben vnterschieden/ wenig waren im gantzen Hauffen/ die sich mit Pantzer vnd Eisenhüten verwareten. Vnd so einer jhm den Schildt im Kriege nemen ließ/ ward es jhm zu einer grossen Schande zugemessen/ man ließ solchen nicht mehr in die Kirche/ oder sonsten dahin kommen/ da die Gemeine beysammen versamlet war/ wenn sie etwas Ehrliches oder Redtliches handeln oder berathschlagen wolten. Darumb wurden auch viel gefunden/ die sich selbst erhenckten/ damit sie dieser Schmach vberhaben weren. Sie setzten auff jhre nechsten Freunde alle Kriegshändel/ in welcher Angesicht sie jhnen fürnamen/ entweder ehrlich zu vberwinden/ oder mit Ehren vnd Lob zu sterben. Darumb kamen jhre Weiber vnd Eltern zum Streit/ daß sie Zeugen weren deß Streits/ vnnd jhrer Mannheit vnnd Standthafftigkeit. Sie brachten auch die empfangene Wunden zu jhren Müttern vnnd Haußfrawen/ als Ehrliche Zeichen jhrer Männlichen Thaten. Die Weiber giengen fein Mennern nach zum Streit/ vnd brachten jhnen Lieferung/ vnd vermaneten sie kecklich zu fechten.

Man findet auch/ daß auff eine Zeit ein gantzes Heer were flüchtig worden/ wo die Weiber mit jhrer Vermanung vnnd entblösseten Brüsten jhnen nicht entgegen kommen weren/ vnnd sie Mannhafftiger gemacht hetten. So einer im Kriege flüchtig/ oder ein Verrether ward ergriffen/ den henckten sie an einen Baum/ sie strebeten vngeursache nach Kriegen/ vnd was jhnen nicht wol/ wenn sie ruhig vnd ohne Krieg waren. Es ward schmehlich/ vnd gleich als für ein Laster geachtet/ wenn einer im Kriege bey dem Leben bliebe/ wenn sein Heuptman gefallen war/ es were denn Sach/ daß er das Felde vnnd den Platz behalten hette. Vnd weil vnsere alten Teutschen solche streitbare Menner vnnd Kriegsleute gewesen sein/ wenn sie Leute gehabt/ die jhre Kriege vnnd Thaten beschrieben hetten/ man würde wunder Ding von jhnen lesen.

Keiser Otto der Erste/ ist billich der grosse/ oder Otto Magnus genent worden/ deß er hatte Thaten gethan/ darmit er dem gantz Reich/ teutscher Nation mercklich sehr genutzet vnd gefrommet hat. Das Keiserthumb behielt er mit dem Schwert bey den Teutschen/ vnd brachte auch darzu viel Lender/ vber dem Rhein gelegen/ als Lothringen/ deß Heuptstadt Metz war/ Brabandt/ vnd Burgundt. Darzu dempffte er in Italia die Beringarios/ die sich mit Gewalt für Römische Könige wolten auffwerffen/ vnd eindringen/ vnd eröbert wider zum Römischen Reich/ Sicilien/ Calabrien/ Apulien/ vnd die Lombardey/ Er führete solche grosse vnd glückhafftige Kriege wider seine Feinde/ daß jhm zu der Zeit niemandt zu vergleichen war. Vnd sonderlich bey Augspurg hat er eine grosse Schlacht gewunnen/ wider die vngleubigen Vngern/ die dem Teuschen Lande viel zu leide theten.

Heinrich/ ein Fürst von Meckelburg/ deß Heinrichen Sohn/ der im gelobten Lande gewesen/ vnd Mannlich wider die Türcken gestritten hat/ ist ein streitbarer

Am dritten Sontag nach der

barer Kriegsfürst gewesen/hat die Herrschafft Stargardt mit seinem ersten Gemahl/eines Marggraffen von Brandenburg Tochter bekommen/hat den Hertzog in Osterreich/Albrecht/ vnd Graff Adolphen der Sachsen Feindt/ biß ins Landt zu Böhmen verfolget/ vnd als seine Bundes vnd Kriegs Mitgenossen/ für den Feinden die Flucht gaben/ ist er als ein Löwe bestehen blieben/ daher er bey menniglich grossen Preiß erlanget/ vnnd den Zunamen bekommen/ daß er der Löwe ist genennet worden.

Er hat auch nachmals Wißmar vnnd Rostock dem Könige zu Dennemarck vnterworffen/wider den König Erichen/ auch noch mehr darzu an sich bracht/vnnd glücklich wider die Fürsten aus Pommern/ den Fürsten zu Magdeburg/ Hertzog Otto zu Braunschweig/ vnnd den Vßilanum zu Rügen/ vnd Hauptman Cünnlein eingethan/ vnnd zur Graffschafft gemacht hatte/ kriegete/ etc. Daß er also durch seine Mannheit vnd glückliche Kriege/ an Landen vnnd Leuten ein Reicher vnnd Mechtiger Herr vnnd Fürst ist worden.

Hertzog von Meckelburg/ Hertzog Johansen Bruder/ ein kluger/ verstendiger vnd Tapfferer Herr/ ist in der Legation deß Königes zu Schweden vnd Norewegen/ seines Schwagers/ an Keiser Ludwigen/ im Landt zu Thüringen/ bey Erffordt/ von einem Graffen beraubet/ gefangen/ vnd in ein Schloß geführet worden/welches durch seinen Contzler dem Keiser geklaget/vnd aus Keiserlichem Beschl vnd Schatzung/ durch den Marggraffen von Brandenburg erlediget worden/ vnnd hat darnach nichts desto weniger seine Bottschaffe bey Keis. Majestat wol ausgerichtet/ vnnd in der Widerkunfft von den Schweden herrlich empfangen worden. Er hat darnach die Hertzogen von Pommern/ Bugelauff vnd Vratißlaff gefangen/ Er ne Christi/ 1371. vnd Hertzog Magnus zu Braunschweig geschlagen/ Ratzenburg gar zerstöret/ Wittenberg der Gotten/ geplündert/ vnd den Marggraffen von Brandenburg gestillet/ vnd den Hertzog zu Schwerin viel entzogen/ vnd sich nachmals derselbigen Graffschafft Tittels/ wie nach ihm alle Hertzogen zu Meckelburg/ zugeeignet vnd geführet.

Bey Zeiten deß Keisers Ottonis deß dritten/ regiert in Polen Volißlaus/ welcher von gemeltem Keiser zu Königlichen Ehren ist erhoben worden. Dieser Volißlaus ist ein streitbar Heldt gewesen/ hat grosse vnd sieghaffte Kriege geführet wider die Behmen/ Reussen/ Brandenburger/ Pommern/ vnd Cassuben/ oder Pomerellen. Er zwang auch Preussen/ daß sie ihm Tribut musten geben/ vnnd richtet auff Eiserne Seulen/ zu einem Zeichen deß Sieges/ in den vier Orten seines Reichs/ starb Anno Christi/ 1024.

Heinricus Auceps ist Keiser worden/ im Jahr 919. Vnd wenn man die gantze Historien dieses Keisers/ Heinrici Aucupis mit Fleiß lieset/ vnd betrachtet/ muß man befinden/daß fürtreffliche Mannheit/ Weißheit/ Moderation vnd Gelindigkeit/ sampt einem sonderlichen Glück/ in ihm gewesen sey/ Denn er nicht allein Teutschland/ so für ihm in Abfall kommen war/ widerumb zu einem feinen Stande gebracht/ Sondern auch das Reich an Landt vnnd Leuten vermehret vnnd gebessert/ in dem er die Schlauen oder Wenden bezwungen/ vnd dem Reich vnterthan gemacht hat.

So hat er auch die Christenheit weiter ausgebreitet/ sintemal er das Wendische Volck zum Erkentnis deß HERRN Christi gebracht hat. Beides aber/ Nemlich das Reich/ vnnd die Christliche Kirche/ hat er weißlich vnd fleissig bestellet/ vnd angerichtet. Denn wie er dem Keiserthumb Friede verschaffet/vnd dasselbe mit Besatzung allenthalben befestiget vnd verwahret/Also hat er auch die Kirchen/ so er erst angerichtet/ mit Bischoffen vnd Lehrern versehen. Welches darumb zu betrachten/ auff daß man sehe/daß dieser Keiser nit ohne sonderliche Schickung Gottes zum Regiment beruffen/ vnd nachmals in seiner Regierung von Gott gnediglich regirt vnd gesegnet worden sey.

Keiser

heiligen drey König Tag.

Keiser Heinrico Aucupi hat im Regiment nach gefolget sein Eltester Sohn Otto/ welchen man nennet Ottonem Magnum/ den grossen/ von wegen seiner grossen vnd löblichen Thaten/ so er zu Frieden vnd Kriegs Zeiten/ mit einem sonderlichen Glück hat ausgerichtet/ Denn er Teutschlandt vnd die Außländischen Königreiche zu Friede vnd Ruhe gebracht/ Italien wider mit Teutschlande vereiniget/ vnd das Reich wider gestercket vnd vermehret/ vnd viel Kirchen gestifftet vnd angerichtet hat. Zu Aquisgrano, oder Ach/ ist er zum Römischen Könige gekrönet/ im Jahr CHRISTI, 9 3 7.

Nach Carolo Magno hat Teutschlande keinen fürtrefflichen Keiser gehabt/ denn diesen Ottonem/ so viel die Gottseligkeit vnd ernsten Fleiß/ die Christliche Religion fortzusetzen/ darneben auch die grössen Thaten/ so er vollbracht/ auch was die Weißheit in der Regierung/ Geschickligkeit zum Kriege/ vnd andere löbliche Tugenden/ als Gerechtigkeit/ Gütigkeit/ Sanfftmut/ Messigkeit/ nach erhaltenem Sieg vnd Victorien wider die Feinde/ anlanget.

Das Reich/ welches Jemmerlich zurissen war/ hat er widerumb angerichtet/ In Germanien/ Gallien vnd Italien/ hat er Friede gemacht/ die Vngern hat er aus Italien vnd Germanien verjagt/ vnnd zu Boden geschlagen. Die Dennemärcker/ Soraben/ Heneter/ Behmen/ hat er zum Christlichen Glauben/ vnd zur Gemeinschafft der Christlichen Kirchen gebracht.

Anno Christi, 1106. Ist mit Tode abgangen Keiser Heinrich der Vierdte/ seiner Regierung im 49. Jahr/ ist ein streitbarer vnnd männlicher Fürst gewesen/ vnnd der das Vaterlandt lieb gehabt/ auch der letzte gewesen vnter denen/ die sich vmb die Hoheit deß Teutschen Keiserthumbs mit Ernst haben angenommen. Er hat 62. Schlachten gethan/ vnd sind ihm grosse Beschwerungen/ vnnd grawsame Widerwertigkeit zu handen gestossen/ gleichwol hat man ihn nie so kleinmütig oder verzagt machen können/ das er an sich selbst verzweiffelt/ oder des Reichs Hoheit zu retten vnd zu erhalten von Nöthen/ hette aus den henden/ vnd den Feinden vbergeben wollen.

Vnd ist lieblich vnd nützlich zu bedencken vnd zu betrachten die Teutschen Helden/ so wir vnter den Keisern gehabt haben/ von welcher Weißheit/ Gottseligkeit/ Mannheit vnd Glück/ die frembden Geschichtschreiber/ als die solches Lob Teutscher Nation nicht gegünnet/ wenig geschrieben/ So doch ihr viel von denselbigen von GOtt sonderlich erwecket vnnd also regieret worden sein/ daß sie grosse Ding/ der gantzen Christenheit zum besten/ beides in Teutschen vnnd Frembden Landen ausgerichtet/ in dem sie die frembden Völcker zu rück getrieben/ vnd die Christen in friede vnd ruhe erhalten haben.

Denn je vnleugbar/ das etliche vnter den Teutschen Keisern/ wie droben gemeldet/ als da sonderlich Carolus Magnus gewesen/ das Keiserthumb in Occidenti gleichsam auff das newe anrichten/ vnd zu recht bringen müssen. Etliche/ als Keiser Heinrich Auceps/ vnd Otto Magnus/ haben das von ihren Vorfahren empfangene Keiserthumb/ nachmals vermehret vnd erweitert. Etliche/ als Otto tertius, haben das Keiserthumb auff Teutsche Nation fortgebracht vnd geweitert/ vnd gute Gesetz vnd Ordnung bestettiget. Es haben auch etliche/ als Keiser Heinrich/ dieses Namens der Dritte/ vnd Vierde/ die Hoheit deß Keiserthumbs mit Ritterlichen Thaten/ vnd mit Brauch ihrer Keiserlichen Reputation vnd Autoritet/ wider das vbermütige Wüten vnd Tyranney der Römischen Bäpste/ die sich selbst auffgeworffen/ vnnd alle Gewalt gerne zu sich bracht hetten/ männlich beschützet. Vnd wiewol die Bäpste/ vnter dem Schein der Religion viel böse Practicken vnnd grewliche Zuffruhr wider den Keiser Heinrichen den Vierden erwecket/ vnd ihn vom Keiserthumb gebracht/ auch die nachfolgenden Keiser gleichsam vnter ihren Zwang vnd Dienstbarkeit gehalten haben. So sind Etliche/ als Ludovicus Pavius/

E iij   Henricus

Am dritten Sontag nach der

Heinricus septimus/ vnnd andere erwecket/ die da die Reputation Keiserlicher Hoheit/ so in grossen Vnfall kommen/ gerathen/ vnnd zum vorigen Stande etlicher massen widerumb gebracht haben.

Viel Teutsche Fürsten haben aus Europa sich in Asiam wider die Türcken vnnd Saracenen mit Kriegen eingelassen/ als Hertzog Gottfried von Bilien/ Fürst in Lothringen/ Keiser Conrad der Dritte/ Keiser Friderich der erste/ vnd Keiser Friderich der Ander/ vnter denen Keiser Friderich der Erste/ aller Ehren vnd Lobes werth/ der insonderheit gemeinem Friede vnd Ruhe in Teutschlandt sehr viel gedienet/ Keiser Friderich der ander aber/ desselbigen Sohns Sohn/ hette der angehenden Gewalt der Türcken/ damals leichtlich ein Ende machen können/ wo nicht die Vntrew der Bäpste jhn von seinem Glück vnd Sieg zu rück gezogen/ vnd mit Erweckung Newer Auffruhr wider heim zu ziehen gezwungen hette.

Zur Zeit Keisers Heinrici deß Vierden/ haben vnsere Teutsche Fürsten/ die je nicht weniger/ als vor Zeiten die Argonautæ bey den Griechen zu loben sind/ den herrlichen vnd weitberümpten Zug in Asiam fürgenommen. Dieser Zug ist viel werth/ daß man desselben rühmlich vnnd ehrlich gedencke/ Denn die Teutschen Fürsten sind nicht von wegen Geldes vnd Guts in Palæstinam gezogen/ wie vor Zeiten die Griechischen Fürsten (davon so viel Poeten rühmen vnd schreiben) vmb der Vrsach willen in Colchidem/ Nemlich das Aureum Vellus zu rauben/ oder gros Geldt vnd Gut zu vberkommen/ Sondern sie sind vmb viel höher vnnd rühmlicher Vrsachen willen zu diesem Zuge getrieben vnnd beweget worden. Denn damit haben sie die Erkentnis deß Sohnes Gottes/ vnsers lieben HErrn vnd Heilandes Jesu Christi/ ferner bringen/ die Kirchen GOttes erweitern/ vnd die Lender gegen Morgen von der Gotteslesterlichen Mahometischen Lehr/ vnd von dem grawsamen Joch der Dienstbarkeit/ vnter der Saracenen vnnd Türcken Tyranney entledigen/ vnd dem HErrn Christo zuführen vnd gewinnen/ vnd jhnen zur vorigen Freyheit widerumb helffen wollen.

Dieses jhr Fürnemen ist darumb viel desto höher zu rühmen/ weil dennoch in Orient die reine Lehr von dem Son Gottes/ erstlich von den Aposteln geprediget/ vnd durch viel herrliche Schrifften vnd Zeugnisse erkleret vnd erhalten/ vnd von dannen in andere Lande fortgepflantzet: Auch die ersten Kirchen nach der Apostel Zeit/ daselbst jhre Herberge gehabt/ Derwegen so viel desto mehr billich gewesen/ daß Christliche Fürsten/ vnd schüldiger Danckbarkeit willen/ sich derselbigen Lender/ Gott zu Ehren/ widerumb mit Ernst angenommen/ damit der geringe vbrige Hauffe der armen Christen (so durch gantz Asien zerstrewet/ vnd ohne gewisse Herberge/ vnd ohne offentlich Predigampt hin vnd wider in der Jrre gienge) etlicher massen zusammen gebracht/ die Predig deß Göttlichen Worts/ vnd Austheilung der Sacrament/ frey vnd offentlich in Schwang kommen/ die Kirchen auffs newe erbawet/ auch neben dem heiligen Predigampt gute Gesetz/ Gericht vnd Ordnung angerichtet werden möchten.

Diß ist ohne Zweiffel die rechte vnnd fürnembste Vrsach/ darumb die Christlichen Teutschen Helden/ so einen weiten/ schweren/ vnd gefehrlichen Zug fürgenommen haben. Darzu aber auch diese Vrsach jhnen gelegenheit mag geben haben/ daß sie vielleicht nicht lenger haben zusehen wollen/ daß jhr Vaterlandt durch die innerlichen Kriege/ die damals in Teutschlandt geführet wurden/ so jemmerlich zurissen/ vnd ins eussertse Verderben weiter solte gesetzt werden. Dargegen aber sie sich dessen versehen es solte desto ehr Teutschlandt wider zu ruhe kommen/ wenn sie ein stadtlich Kriegsvolck daraus/ wie sie denn gethan/ an frembde Ort führen würden.

Der erste Anfenger vnd das oberste Heupt/ so diesem löblichen Zug den Anfang gemacht/ ist gewesen Gottfried von Bilion/ Hertzog zu Lothringen/ welcher Keiser Heinrichen dem Vierden/ trewlich wider seine Feinde gedienet/ vnd sich dermassen erzeiget hatte/ daß er von jederman für einen streitbarn vnd anschlegigen/ großmütigen vnnd frewdigen Helden ist gehalten worden.

Heiligen drey König Tag.

Von diesem seinem Herren/ Keiser Heinrichen/ hat Hertzog Gottfriedt erlaubnis den Zug für zunemen/ verkauffte auch mit desselbigen Bewilligung sein angeerbtes Veterliches Hertzogthumb/ dem Bischoff zu Lüttich/ vnnd wandte nicht allein solch Geldt/ Sondern auch alle sein ander Vermögen/ auff die vorstehende Kriegsrüstung/ nam zu sich seine Brüder/ Baluinum/ vnd Eustachium. Es schlugen sich auch zu jhm etliche andere Treffliche Fürsten/ aus Teutschlandt/ Franckreich vnnd Italien/ vnter denen sonderlich gerühmet werden/ Robertus Graff zu Flandern/ Hugo/ Königs Philippi in Franckreich Bruder/ Robertus/ der Nortmanner Hertzog/ deß Königs in Engelland Sohn/ Boemundus/ Fürst zu Tarento/ Roberti Guiscardi von Normannien Sohn.

Diese vnd viel andere mehr/ folgeten Hertzog Gottfrieden/ als dem obersten Feldtheuptman/ eines Theils zu Lande/ eines Theils zu Wasser/ biß sie bey Constantinopel zusammen kamen/ vnd von dannen mit einander fort gezogen sind. Hertzog Gottfriedt/ als er sein Heer für sich zu Landt/ aus Lothringen/ Friesen/ Schwaben/ Sachsen/ Franckreich vnd Beyern/ zusammen gebracht/ sol den 15. Tag Augusti/ Im Jahr Christi/ 1096. von Hause aus/ auff die Reise angezogen sein.

E iiij Am

Am Vierden Sontage nach der
Am Vierden Sontage nach der
heiligen drey König Tag.

Ohannes Diaconus erzehlet *in vita Gregorii*, eine solche Historien / do der Syracusanische Bischoff Maximinianus von Rom wider hat wollen heim fahren / sey er mit allen seinen Geferten in eusserste Gefahr gerathen / weil die Wogen vnd Wellen allerseits vbern Schiffe zugeschlagen / do aber der Bischoff allen das Sacrament gereichet / vnd sie einhelliglich zu GOtt vmb Erhaltung gefleher / sind sie endtlich / dem nach sie acht Tage in solcher Noth vmbgetrieben / ohn einiges Menschen Verlust zu Lande kommen / Das Schiff aber / nach dem sie aus gestiegen / ist zu Stücken gangen.

Xerxes der gewaltige König / do er die Griechen mit grosser Macht zu Lande vnd Wasser bekriegte / vnnd ihm das Meer zu wider war / ließ ers peitschen vnd streupen / meinte es zu zwingen vnd zu stillen / aber sein närrischer Anschlag bekam jhm also / daß das Meer schier alle seine Schiffe vnd Kriegsvolck einschlug / vnd er jhm schwerlich mit einem kleinen Both oder Kan entkommen kondte. Christus aber kan mit einem Wort vnd Wincken / Winde vnd Meer engern / denn er im Meer vnd allen Lüften thun kan / was er will / blanndea. Erden vnd Meer müssen seinem Befehl außrichten. Die Wasserströme erheben jhr sausen vnd brausen wol / vnd die Wasserwogen im Meer sind groß / vnd brausen grewlich / Aber der HERR ist noch grösser in der Höhe / deß sollen wir vns trösten.

Die zween Fürsten von Sachsen / Fridericus Churfürst / vnnd Hertzog Johannes sein Bruder / diese zween fuhren von Torgaw auff der Elbe in einem Schifflein gegen Wittenberg / vnd das Eiß war newlich angebrochen / vnd fuhren auff der Elbe grosse Eißschlappen / welche auff beiden Seiten das Schiff hefftig stiessen. Do sie nun nahenot zu Wittenberg / an den Bach / welcher nahendt bey dem Schloß hergehet / kommen / vnd daselbst aus dem Schiff gestiegen waren / in dem zerhüllet sich das Schiff / vnd bricht. Die Fürsten sampt jhren Mitgeferten vnd Dienern / stunden vnd sahen dem mit grosser Verwunderung zu / vnd betrachteten das grosse Wunderwerck Gottes / Nemlich / daß er wunderbarlich / nach seinem gnedigen / Veterlichen Willen / das Schiff gantz behalten / biß sie an das Gestadt vnd sicher Ort gebracht vnd kommen waren.

Da sie sich nun alle das ob höchlich verwundert / vnd solcher wol betrachtet hatten / Da sprach Hertzog Friderich Churfürst zu seinem Bruder / Wir müssen hiemit Jo augenscheinlich sehen vnd erfahren / das vns Gott wunderbarlich in diesen vnnd andern Geschrligkeiten / durch seine liebe Engel / biß anher erhalten hat.

Da D. Luther seine letzte Reise von Wittenberg in sein Vaterlandt gen Eißleben gethan / da er auch sein Ende im HERRN seliglich beschlossen / hat er zu Hall drey Tage still gelegen / dieweil er durchs Wasser verhindert / nicht hat können fürder kommen. Den 28. Januarii / Donnerstags nach Conversionis Pauli / ist er von Halle aus vber das Wasser sampt seinen dreyen Söhnen / vnd D. Jonas dem Eltern / mit grosser Gefahr auffm Kahn gefahren / das er auch selbst zu D. Jonas damals gesprochen: Lieber D. Jonas / wer das dem Teuffel nicht eine feine Frewde vnd Wolgefallen / wenn Ich / D. Martinus mit dreyen Söhnen / vnd Euch in dem Wasser ersöffen / Aber GOTT hat jhn gnediglich in dieser Gefahr deß Wassers / durch seine lieben Engel behütet.

Etliche

Heiligen drey König Tag.

Etliche Historien von Keiser Maximiliano/ darauß man nicht alleine seine großmütigkeit vnd vnerschrockues Hertz/ Sondern auch Gottes wunderbarliche Hut vnd Wacht/ die er in so mancherley Gefahr sich tiglich erzeiget vnd beweiset hat/ gnugsam zu spüren vnd zu mercken.

IN seiner Jugendt/ wie das Buch Theurdanck bezeuget/ hat er aus Kühnheit vnd Fürwitz nichts vnversucht gelassen/ vnd alles dürffen wagen das zu gedencken/ oder ein Mensch in Ehren hat dürffen thun. In Brabandt begegnet jhm in einem gar holen wege ein gejagter Hirsch/ vnd als er nicht entweichen mocht/ hat er sich auffgethan/ vnd ein sprung gefaßt/ als wolt er vber den jungen Fürsten hinauß springen/ aber im sprung auff jhn/ stach jhn der thewre Heldt zu tode/ das er rücklich zur Erden fiel.

Die Andere Fehrligkeit hatte er in Schwaben/ mit einer Beermutter/ von wegen jhrer Jungen/zugestellet vnd allein gefellet/vnd alle jhre Jungen ertödt.

Zum Dritten/ begegnet jhm ein gar böser Zufall im Halberthal/ auff einem Gembsen jagt/ da er mit seinem Fußeisen bestecket/ vnd schier sich zerfallen hette/ vnd wo man jhm nicht zu Hülffe were kommen/ vnd außgelöset heite/ allda verderben müssen.

Zum Vierden/ Als er zu München in Beyern einen sechsjährigen Löwen sahe/ in seiner blühenden Jugendt/ kam jhm zu Gemüth deß Samsons Handelung/ trat darauff diß auch zu versuchen/ zum Löwen/ rieß jm das Maul auff/ vnd zog jhm die Zunge heraus/ er aber/ wie ein Lämblin/ reget sich nicht.

Zum Fünfften/ Stach er im Brüßler Lande gar ein wildes Schwein/ vor gar kleinen Hunden/mit seinem eigenen Schwerdt.

Zum Sechsten/ Stunde dieser junge Heldt/ gar auff einem schmalen Gefell/ in gar grosser Höhe/ im Jarhal in Gebirge/ einen Gembsen auff der Wandt gejagt/ aus zu werffen.

Zum Siebenden/ Kroch Maximilian in Osterreich/ aus frecker Jugendt/ einem grossen hawenden wilden Schwein/ allein mit seinem blossen Degen/ auff allen Vieren durch eine gar dicke Hecken/ in einen Busch/ darinnen es stunde/ noch/ vnnd erwürgete es mit einem kurtzen Degen.

Zum Achten/ Entgieng jhm zu Insbruck/ auff einer Gembsenjagt/ auff einer hohen Platten der Schafft/ vnd alle Zincken aus seinem Fußeisen/ das man sich sein erwegte/ vnd jhm das Sacrament zeigete/ noch halff jhm Gott durch seine Engel/ vnd durch sein freudig Gemüth vnd Geschicklichkeit/ widerumb herab.

Zum Neunden/ Hat Maxim. in seiner Jugent in Brißgaw geschnebelte spitzige schuh angehabt/ nach Lands gebrauch/vnd allda in ein Chalcidon oder Pallirmül gangt/ vnd aus fürwitz seine spitzige schuch in das radt zwischen den Pallierstein gesteckt/ das jn dz radt erwischet/ nahent hinunter gezuckt hette/ wo er nit so mechtig den Fuß zu rücke/ vnnd den spitz oder schnabel dahinden gelassen hette.

Zum Zehenden/ Begegnet Maximiliano in Osterreich bey der Ens/ aber in einem Gembsensteigen/ von wegen deß Schnees/ so sich zwischen den Fußeisen geballet hatte, eine gefahr/ das er gar nahe verdorben were/ aber Gott gab Glück/ das er davon kam.

Zum Eilfften/ Brach das Eiß zu Brück in Flandern mit jhm/ das er bloß/ ehe der Schemel mit jhm vnter gienge/ sich deß Falls erhelete/ vnd rückling wider heraus an das Gestadt vnd Vser einen weiten Sprung thet/ sein Knecht aber hinnein fiel/ vnd dem Maximilian heraus halff.

Diese Eilff Gefehrligkeiten/ hat der thewre Heldt in seiner vnbesunnenen Jugendt/ aus Fürwitz mehr denn aus Vernunfft vnd Bedacht/ gewaget vnd ausgestanden.

Nun

Am vierden Sontage nach der

Nun folgen etliche seine Thaten/ so er Mannbar / vnd mit wolbedachtem Gemüth angefangen hat/ vnd was Vnfalls ihm in seinem Fürnemen vnter handen gestossen/ vnd wie ihn Gott in dem allen / durch seine Engel/ wunderbarlich behütet vnd bewaret / vnd aus aller Gefahr vnd Noth errettet vnd erlöset hat.

Zum Ersten/ Ist Maximilian in Schwabenland auff einem hohen Thurn/ das Reich vnd gegent vmbher zu sehen/ gestiegen/ in dem die vbertzige erfaulet/ vnd zu oberst drey stuffen mit jm brachen/ das er nahent 30. Klafftern hinab were gefallen/ wo er nicht durch Gottes versehung wunderbarlich behangen/ vnd also erhalten worden were.

Zum Andern/ Hat er im Lande ob der Enß/ einen vnmenschlichen Behren allein bestanden/ vnd in freiem Hag erstochen.

Zum Dritten/ War Maximilian so ein küner Man/ daß er auff einem vmbgang oder laden eines hohen Thurns/ anderthalb schuch in tag heraus messen durffte/ den hindern h.alben fuß auff den vmbgang setzen/ den fördern halben fuß in tag hinaus/ vnd darnach den andern gantzen Fuß hinaus dasür schlagen/ vnd also nur mit halbem schuch auff dem thurn balcken oder mauren stehen/ wie jm im hohen Inthal/ aus einem hohen Schloß/ auff einem schmalen rüstbaw begegnet/ der erfaulet vnter jm brach/ vnd jhn mit mehr ward/ denn daß er im Fall hinder sich fiel/ vnd eine Seul erwischet/ das hat er auch sonst den Vmbgengen der hohen Thürne offt gethan.

Zum Vierden/ Fiel Maximilian mit seinem Pferde/ im vntern Inthal/ auff einem hangenden Eiß bey Nacht einen vbeln Fall (der jhm doch ohne Nachtheil war/) daß der Sattel vnter jhr zu stücken brach/ vnd das Pferd gar nahe die Lenden hette entzwey gefallen/ vnd den Helden weit dort hin warff.

Zum Fünfften/ Zog Maximilian mit einem Birscharmbrust einem Hirschen nach/ in einen Walde in Brabande. Als er nu den ersahe/ vnd vom Roß zum schuß abstieg/ behieng er mit einem Sporen in stauden vnd dorn/ das er mit gespannetem Armbrust vnd scharffem Pfeil/ auffe Angesicht fiel/ daß das Armbrust loß gieng/ vnd wo er im Fall sein Angesicht nit empor gehabt hette/ hette es jm das Angesicht zerschlagen.

Zum Sechsten/ Ist Maximilian in Holland in grosse Wassersnot auff dem Meer/ durch einen grossen vnerhörten sturmwindt kommen/ daß Maximilian den Schiffleuten zusprach/ sie solten die Segel abschneiden vnd niderlegen/ da fiel der Segel ins Meer/ das sie sich alle müssen ausziehen/ vnd mit Mühe den Segel gewinnen/ vnd also mit Gottes Hülffe bey einer schönen Stadt in Holland zu Land kommen.

Zum Siebenden/ Thet Maximilian in einem Brabändischen Walde einen vnnatürlichen Pferdtssprung/ in vollem Lauff/ vber einen vnversehenen Rein/ in einen verborgenen tieffen Graben/ auff dem Gejagt/ einem Hirschen nach.

Zum Achten/ Zog Maximil. mit einem stählern Bogen zu birschen in ein waldt/ der zersprang jm in einem schuß/ daß das stück jhm den Hut von dem Haupt schlug/ vnd seiner Diener einer hart verwundet ward.

Zum Neunden/ Begegnet Maximil. ein vnerhörter Vnfall im Brüssler Walde/ denn als er ein wildt schwein zu stechen/ vom Pferde stig/ vberfiel jn im absteigen das schwein vnd auff jn dar/ daß er muß stechen/ als er den einen Fuß noch nit aus dem steigreiff gewonnen hatte/ vnd nit der muß hatte abzusteigen/ viel weniger sich nach vortheil zu stellen/ das schwein schlug seinem Pferde ein Scherckel ab/ bald fellet der Heldt das schwein.

Zum Zehenden/ Im Steinacher thal/ gieng auff eine Gemsenjagt im so grosser stein das Gebirge herab auff Maximil. das jm derselbe den hut von dem Haupt schlug.

Zum Eilfften/ Wer Maximil. schier auff ein Mißrath im Brabander Walde / in einer Schweinjagt in sein eigen schwerdt gefallen/ vber ein Leyten ab / daß/ als er vom Roß abgestiegen/ vnd mit blossem schwerdt dem schwein nach/ den jähen Rein hinab lieffe/ fellet er/ daß die spitz seines Schwerdts biß an seinen Leib gieng/ bald erholet er sich des falls/ zuckt das Schwerdt/ vnd auff das Schwein dar/ das sich gegen jhm zur wehre gestelt/ vnd stach es auff dem Flecken zu tode.   Zum

Heiligen drey König Tag.   29.

Zum Zwölfften/ In Osterreich vnter der Enß/ wolte Maximilian eine Carthaune laden vnd besichtigen mit einem Liechte/ die gieng abe/ daß sie ihm das Liecht auß der hande schlug.

Zum Dreyzehenden/ Im Stiffte zu Utrecht lagen viel Jahr zween grosse Löwen/ von denen saget man/ wer ein Männlich Gemüth hette/ der gienge ohne Schaden zu ihnen ein vnd aus. Als man sie nun frey auff sein Begeren zu ihm herauß ließ/ vnd sie grimmiglich auff ihn darlieffen/ deß er sich nicht besorgete/ ergreiff er die Schauffel/ vnd schlug die Löwen beide in die Flucht/ wider in ihren Stall.

Zum Vierzehenden/ Ritte Maximilian in Brabander Walde hinauß/ einen Hirschen zu birschen/ vnnd als er seinen Stuhl gespannet/ nach Jegerischer Art/ vor ihm her führet/ darauff einen scharffen Strahl/ rante auff den Hirschen/ der für ihm flohe/ vber Stock vnd Stein/ da schlug eine Staude ihm auff den Schlüssel/ daß das Armbrust loß gieng/ vnd riche vmb zween zwerch Finger schlete/ er were aber tödlich beschediget worden/ aber mit einem Rückfall errettet er sein Leben/ etc.

Zum Funfftzehenden/ Stunde Maximilian zu Landtroß/ im Brüßler Walde/ zu Roß ein grosser Vnfall zu/ da er den Hals abgefallen vnd verdorben sein solte. Denn an allen Orten wolte er forne dran sein/ vnd wuste doch etwa die gelegenheit der Art nit. Im Wolde war eine verborgene jähe Wasserrunen viel Mann tieff/ so die wassergüsse hatten gerissen/ darneben ein hag vnd gesteude/ Maximilian rande einem Wildt nach/ darumb als das Roß gleich die fördern Füß hinab wolte springen/ warff Maximilian das Roß an Aiß/ das er vor diesem verderblichen Fall behütet ward.

Zum Sechzehenden/ Kam Maximilian in Hollandt zu Winters Zeiten/ auff ein gefroren Wasser/ darauff das Grundteiß gieng/ aber in Wassers noth/ das Eiß zerschneidet ihm sein Schiff/ in einem grossen Sturmwinde/ doch das Wasser drein lieff/ bald zerschnitten sie den Segel/ namen auch ihre Röcke vnd Guppen/ vnd verstopfften damit die Riß vnd Spalten deß Schiffs/ durch welche das Wasser hinnein lieff/ biß sie mit Gottes Hülffe zu dem Gestadt kamen/ mit dem zerbrochenen Schiffe. Als bald sie außstunden/ gieng das Schiff vnter/ vnd versanck für ihren Augen.

Zum Siebenzehenden/ Thet Maximilian einen sorglichen Fall/ auff der Platten im obern Leichthal/ da sein Pferdt vnter ihm fiel/ vnd gar einen schmalen/ engen Saumroß weg/ der an der Seiten gar abhengig/ jähe war/ reiten muste. Da schewet sein Pferdt/ daß er zu oberst auff einer Platten gar nahe vber abgestürtzt worden were/ vnd weder hinder sich/ noch vor sich mit dem entsetzten schewen Pferde mehr mocht/ vnd sich verritten/ vnd in grosser Gefahr stunde/ were er gefallen/ sein Leib were in hundert Stücken zerschmettert vnd zerstücket worden.

Zum Achtzehenden/ Ward Maximiliano ein Beer in einer Höle/ bey der Brück zu Tyrol verkündschafft/ doch mochte in Gebirge für seiner Hölen/ niemandt keinen festen Standt haben. Wie nun niemande thun wolt oder dorffte/ das wagett vnd thet dieser Heldt. Der Beer lieff auff ihn dar/ als wolt er ihn/ wie er zuvor etlichen gethan/ vber den Berg ins Thal hinab stürtzen. Die Bawren sprachen zu ihm/ Er solte sehen/ womit es vmbgienge/ das Thier were grawsam/ es hetten zuvor auch etliche an ihm zu Rittern werden wollen/ die sich zu tode gefallen/ vnnd erlegt worden weren. Maximilian kondte nicht wol stehen/ als der Beer zu ihm nahet/ warff er seinen Spiß in das wilde Thier/ das er vber die Wande in ein tieffes Thal fiel.

Zum Neunzehenden/ Traff Maximilian zu Helkopim Untern Inthal/ auff einer Gembs Jagt/ ein sonderer Vnfall/ daß in einem Regen ein lediger Stein ihm beide Spanadern verletzet/ vnd er sich deß Falls schwerlich erhielt/ vndwo sein Schoß im Vergericht so were gehofftet/ so hette er Gembsen vmb sein Leben gejagt/ vnd were vnmüglich gewesen/ das er sich nicht hette in stücken zerfallen sollen/ wenn ihn nicht ein sonderer/ von Gott zugeeigneter Engel geführet hette.

Zum

Am Vierden Sontage nach der

Zum Zwentzigsten/ für alle Gefehrligkeit/ so Maximilianus mit dem grossen Geschütz an vielen Orten erstanden hat/wird die in der Pickardey für die größte geachtet/ Da zündet Maximilian dreymal geladene Schlangen an/deren eine zu stücken sprange/ vnd die stücke also in die Lufft fahren/ das neben seinen Schinbeinen ein stück hinfuhr in die Erden/als hette mans hinnein geschossen.

Zum ein vnd zwantzigsten/ zwischen Tortnaw vnd Genua in Welschlandt/ thet Maximilian einen Roßfall von seinem Gaul/ in einem Weingarten/ da er niden zu auff einer Mauren/ einen engen Entweg/ den nechsten ein einem Schwein nach/ auff das Gejagt/ vor Tage reiten wolte/vnd auff einer auffgemachten Mauren/ wie man in Weingarten an den hohen Bergen zu machen pfleget/reit/schewit sein Pferdt/ das er eines hohen Gadens hoch mit dem Pferdt herab fiel/ doch blieb er besunnen auff dem Pferde/ das sprang so eilendt auff allen vieren herab/ daß bloß vnter ihm nider sanck/ vnd auff alle viere fiel/ vnd greetet/ doch vnuerletzt wider auffstunde. Hette sich Maximilian in dem Fall vom Pferde gelassen/were er zu todt gefallen.

Zum zwey vnd Zwantzigsten/ hat dreymal das Wetter Maximilian gar nahend er schlagen/doch vor allen der nechst vnd gefehrlichste Streich/ so bloß für jhm nider geschlagen/ ist jhm im Inthal zu Steyer widerfahren/ als er auff eine Heide von Kurtzweil wegen aus spacieren reit/ das Hasen geleuff zu sehen/ da vmbzoge die Heide eine schwartze Wolcke/vnd fieng an zu hagen/ als wolte Himmel vnd Erden vntergehen/ vnd jhet vor jhm einen Strich in die Erden/etliche Klafftern tieff/ das er beide hört/ sahe vnd empfande/ eilendes im Schrecken beseits aus dem Dampff/ Schwefel vnd Rauch reiten must/ damit er nicht erstickte.

Zum drey vnd Zwantzigsten/ Im vntern Inthal/ zog Maximilian/ der Edle Jeger vnd Weidman/ abermals auff eine Gemsen Jagt/ da führet jhn ein Jeger in das Gebirge hinein. Als nun der Heldt dem Gemsen aus zutreiben vnd zu jagen/ lauffen/ vnd bleib allein der Lande Jeger/ in diesem Lande bekandt/ bey Maximiliano. Die Hunde vber jhm machten durch jhr lauffen etliche Steine am jähen Gebirge regent/das sie zu Maximilians vnd dem Jeger hinab fielen/deren einer dem Jeger neben Maximilian auff das Heupt fiel/ das jhn anfieng zu schwindeln/ vnd vber die Wandt wolt hinaus fallen/ da erwischet jhn Maximilian/ vnd erhielt jhn bey seinem Leben. Ober das fieng Maximilian noch etliche Gemsen mit seinem Schafft/ vnd steig durch eine gar enge/ sehrliche Clausen/ biß wider in das Thal.

Zum vier vnd Zwantzigsten/ Stach Maximilian in einem Garten zu Brabande/ mit einem berühmpten Ritter/ mit dem er auffinam etliche Stangen zu zerbrechen/ vnd eins zwey zu rennen. Nu hatte der Keiser Maximilian am selbigen Ort ein Pferdt zu thurnieren/das war zum Ernst and Noth fest vnd gut/ doch hatte es die Art/ so bald man traff/ so entsetzet sich der Gaul/ vnd fieng an schew zu lauffen/ das jn niemandt erhalten mocht. Als sie nun zu erst eitstreuz Treffen vor einem Schloß in einem Garten theten/ fieng der Gaul an/nach seiner Art/ schellig zu werden/ vnd zu lauffen/ auff einen gar tieffen Graben zu/ vnd das Schloß/ den Maximilian in der Rüstung von weitem nicht mocke durch den Helm sehen/ biß es vngefehrlich auff fünff oder sechs Schritt davon kompt/ da fiel er also mechtig zu rücke/ das er vnd der Gaul auff den Ast fiel/ sonst were der Gaul noch im nechsten Sprung in Graben gesprenget/ denn er/ wie gewöhnlich/ geblendet war/ vnd hette Maximilian aller Menschen halben/ verderben müssen/ denn er eingemacht/ im Küris/ vnd Wasser/ gleich erstickt were worden. Die Zuscher schryen schon: Hilff Gott/ O Gott hilff.

Zum fünff vnd Zwantzigsten/ Im Steinacher Thal jagt Maximilian ob er Gemsen/als er nun durch die Wende gehet/ wird ein brasseln vber jhm/ fellet ein grosser Stein daher auff jhn dar/das er sich bloß bücket/vnd auff das Angesicht fellet/ da fiel der Stein vber jhm aus/vnd bloß vor jhm nider.

Zum

heiligen drey König Tage. 30

Zum sechs vnd zwantzigsten/ Im hohen Gebirge/ im vntern Innthal/ als Maximilianus aber Gembsen jaget/ als er nu durch die Wende gieng/ kompt in einem scharffen gefehrlichen Gange ein gleich scharffer gefehrlicher Wind/ Maximilian wil sich am Schaffte durch lassen/ da wehet der Wind so starck/ daß er Maximilian am Schafft frey empor hebet/ vnd ihee einen nothsprung in Tag/ daß die Wage vnd das Glück gewan/ daß er den Felsen ergreiff mit dem Eisen/ vnnd kam mit der Hülffe GOttes fürnemlich/ vnnd seines Schaffts/ aus dieser Noth.

Zum sieben vnd zwantzigsten/ Ist Maximilian mancherley Geschrligkeit mit kleinem vnd grossem Geschütze/ seine Tage zu gestanden/ vnter denen nicht eine geringe Gefahr ihm mit einer Hacken büchsen begegnet/ die wolte er in einem Schloß in Kernden vberladen/ abschiessen/ vnd als er die Büchse selber nach seinem Willen/ als zu einem Ziel zu schiessen gerichtet hatte/ nam er den Zündzeehen/ wil selbst anzünden/ das wil ihm Diener nicht geschehen lassen/ nimpt ihm den Zothen oder Zündstrick aus der Hand/ zündet an/ als bald er sprang die Büchse zu stücken/ daß die Trummer alle zu rück neben Maximilian vnd seinem Diener in die Wandt/ vnd vber sich durch die Dicken hinaus führen/ das den Anzünder durch ein Ermel schlug/ vnd die Hand verbrandt.

Zum acht vnd zwantzigsten/ Schiffet Maximilian in Geldern auff einem Kriegesschiffe/ mit Pulver vnd Proviant beladen. Als sie nun vngefehrlich eine Meile gefahren waren/ sihet Maximilian Wasser vnd Feld Gevögel/ thut darnach einen Bursch schoß/ der Krieche wirfft den Zündstrick oder Zothen von sich/ vnnd wie sie ihn vnterseheens auff einen Sack mit Pulver/ da fieng der eine Sack/ so auff dem rechten Pulver sack lag/ an zu brennen/ des ward man gewar/ vnnd rücket den obern Sack/ ehe das Pulver angieng/ eilends hinweg/ sonsten weren sie alle mit einander verdorben/ ehe denn man hette ein Pater noster sprechen mögen. Vnd errettet Gott hie den Keyser/ vnd sie alle für grossem vnfall/ dafür sie alle Gott lobeten. Dazumal waren die Fewerschloß noch nicht.

Zum neun vnd zwantzigsten/ In Lande ob der Enß/ heyet Maximilian im hohen Gebirge abermal den Gembsen/ vnnd sonderlich einem Steinbck in einem Leger nach. Als er nu in alle höhe kam/ dünket ihn die Wende vmbher mürbe vnd faul/ er kundt es kaum gedencken/ brach ein Stein vnter ihm/ daß er im niederfallen bloß eine Stauden ergrieffel/ daran er sich des Falles erholet.

Zum dreissigsten/ Als Maximilian in einem Schloß auff ober Tyrol etliche geschütze wolte abschiessen/ kömpt ein Narr mit einem Liechte/ weil nu Maximilian mit dem Geschütz vmbgieng/ daran zu zurichten/ vnnd des Narren kein acht hat/ gehet der Narr vber zwey Faß Pulver/ so im Thurm oder Gewelbe hinder dem Geschütze vnnd Maximilians stunden/ In dem sihet der Keyser ohn alle gefehr/ das viel mehr durch Gottes Schickung/ den Glantz/ sihet zu rücke/ da stehet der Narr mit dem Liecht ob dem Faß/ vnnd wil zum Pulver oben hinein zünden/ da erschrack Maximilian/ daß er schier erblindet/ nimpt den Narren beim Grinde/ vnd zucket ihn zurücke/ vnnd gibt ihm etliche Maulstreiche/ daß der Narr mit grossem Geschrey von ihm lieffe.

Zum ein vnd dreissigsten/ Riet Maximilian auff einem braunen Türcken in Brabond/ auff eine Schweinjaget. Diß/ wie er ihm fürnam/ richt zu Fuß/ sondern auff einem Pferde zu stechen. Als nun die Hunde da ankamen/ rennet er dem Geschrey vnd Gebelle nach/ vnd als das Schwein ihn ersahe/ verlich es die Hunde/ vnnd setzt Maximilians zu/ stieß sein Roß mit dem Rüssel mitten in den Bauch/ auch Maximilianum an einen Fuß/ daß er lenger denn acht Tage hincket. Jedoch wie das Pferdt vnter ihm nieder felt/ vnd stirbet/ sticht Maximilianus im Fall das Schwein/ vnnd kundte am Fuß/ vom Schweine verletze/ nicht auff die Beine kommen/ noch gehen/ biß man jhn fandt/ vnnd auff ein ander Pferdt hube.

Zum zwey vnd dreissigsten/ Als Maximilian im vntern Inthal im Guffel/ auff dem Gebirge aber nach Gembsen steigt/ kömpt er auff eine mosige Platten/ mit Moß oberwachsen/ darunter ein gelliger Stein. Als er nun zum Leger/ den Gembsen auffzuwerffen/

F kam

Am vierden Sontage nach der

kam/vnd meinet der Felh sey wasig/da welch das Gemes/daß nicht mehr denn ein Zincke vom Eisen hassite/wo jhn derselbige allein gelassen hette/ so hette er in die hundert Classter hoch hinab fallen mussen. Jedoch krummet er sich in dem so hart/daß man jhm aber/ Gott helffe dir/zuschrey/ vnd die Zuseher nahend für Leide erblindet weren.

Zum drey vnnd dreissigsten/ Als Maximilian im Lande Lützelburg bey Schelta/in Flandern/der schönen Stadt wolte zu lenden/ vnd auff der See allein/ mit gar wenigen auff einem kleinen Schifflein fuhre / schlugen die Wellen so ins Schifflein/ daß es nicht denn halb/ehe sie zu Lande kamen/vnd Grundt funden/voll Wassers war/ vnd gleich vnter gehen wolte.

Zum vier vnd dreissigsten/ Wolte Maximilian im Lande Lützelburg ein nothfest Schloß/ das newlich gewonnen worden war/zu besichtigen reiten/vnd als er das Schloß im Felde sihet/ vnd darob vergassset/ sihet neben der Strassen ein gar tieffer Brunnen im Felde/mit Graß vberwachssen/ darumb etwa eine Maure für Viehe vnd Leute war gewesen/aber aus alter verfallen. Als nu das Pferdt gleich den tritt darein nimpt/ sihet Maximilian den Brunnen vor jhm/ wirffte das Roß auffn Arß zu rücke/ vnnd kam so schwerlich aus dem Rachen des Todes/ von Gott vnd seinen Engeln gezückt/ Darvon ließ er darnach eine Mauren vmb den Brunnen machen.

Zum fünff vnd dreissigsten / Als Maximilian im Flammischen Kriege zu Antorff wolte zulenden/ stieß ein ander Schiff / vom Winde getrieben / so hart auff des Keysers Schiff/ daß es mitten entzwey klobe/ darein lieff das Wasser/ also / daß die am Lande das Schiff in dieser Wassersnoth sahen schweben / fielen auff die Knie/ vnd baten GOTT. Maximilian erwischet einen Strick ohn gefehr im andern Schiffe / daran er sich vnnd die andern hielten / biß man jhm von dem Lande mit einem kleinen Schifflein zu Hülffe kam/ vnd sie darinnen vollends aus zu Lande führten/ gleich darauff gieng jhr Schiff vnter.

Zum sechs vnd dreissigsten/Fiel Maximilian in nieder Schwaben mit seinem Pferde/auff einem Eiß/als er einem Schweine nacheilete/daß sein Schwerdt/ welches er zum Stiche ausgezogen hatte/ vnd bloß führete/ in drey stücken zersprang. Denn er lieff jhm das Schwein vnd Wild auffs Eiß/ ein tieff gefroren Wasser/ zur sondern Kurtzweile/ sagen/ aber das Eiß brach/ daß Maximilianus schwerlich auskam / jedoch noch also naß/ zu Winters Zeiten in diesem Ritt / henget er dem Schweine mit grimmen nach/ als er nun stechen wil/vnd meinet er habe seine Wehre an der Seiten/gedencket er erst/daß sie jhm in drey Stücke zubrochen war/vnd zog wieder anheim abe.

Zum sieben vnd dreissigsten/Burschet Maximilian im Steinacker thal ein Gembsen aus einer Wandt/daß es schaurschlecht auff jhn geschossen herab fiel/ob er wol von seinem Diener trewlich gewarnet war/schuß er/vnnd trafff/ so musten sie beide/an dem Ort/ da sie kein halt hatten/mit fallen. Als nun der Gembß auff sie gerade herab fellet/ trifft er einen Stein vnnd Spitz an dem Felsen/zu allem Gluck/der trug den Gembsen vber ab/ daß er ausfiel/vnd jhr beider fehlet/vmb eine Klaffter vngefehr. Hette er sie aber getroffen/ so hetten sie wol zehen Klaffter hinab ins Thal fallen mussen.

Zum acht vnnd dreissigsten/ Kam Maximilian abermal ins Wassers noth in Seeland / da ein Wetter vnd Sturmwindt an sie kam/daß das Wasser in das Schiff schlug/ vnd sie sich alle zu sterben erwogen hatten. Maximilian ruffet den Schiffleuten zu/ greiff selbst an die Ruder/daß sie schalteten vnd walleten/vnd in der Noth zu Lande kamen/Die Schiffleute waren voll/des Maximilian nicht wol zu frieden war/vnd Gott danckete/daß er jhm mit dieser vollen Rotte hette geholffen.

Zum newn vnnd dreissigsten / sind auff Maximilian ein Tag ob hundert allein aus dem grossen Geschütz/ohne die kleinen / gezehlet vnnd gemessen abgangen/ auff dem Lande vnd Wasser/viel hart an jhm hingangen/daß jhn der Wind von der Kugel geschlagen/deren kaner doch jhn sonderlich verletzt. Als er nun eins mals im Niederlande mit vielen schiffen in der Feinde Land schiffete/wolte er/ wie seine Gewonheit war / alle zeit forne daran sein/sein Schiff aber/darin er war/fuhr forne an. Als er nu nahend an das Gestade der

Feinde

heiligen drey König Tag.

Feinde nahet/hatten sie auff dem Lande vnnd Port viel grosser Stücke auff jhn gerichtet/ daß die Schiffleute gern zu rück wehren geflogen/aber sie musten zu Lande fort/Da stunde er mit den seinen aus / eilend in eine Ordnung / vnnd schlug die Feinde noch diesen Tag/ vnd stund selbst forne alleseit an der Spitzen/es wurde jm denn aus mercklichen Vrsachen etwa gewehret.

Zum viertzigsten / Hat Maximilian einen ehrwten Ritter an dem Reinstrom in einem besondern Kampff bestanden/ denn desselben Ritters Ehrenholdt ruffte aus seines Herren ritterliche vnd männliche thaten/ Wer nu mit seinem Herrn vmb Leib vnd Leben/ vmb ein Gefengnis /oder wie das wäre/kempffen vnd sechten wolte/den wolte er bestehn. Maximilianus hielt es dafür/es wehre seiner Ehren vnnd Reich zu nahe/ so man keinen auff diß außfordern solte finden/der mit jhm kempffete/fürnemlich weil der Ritter so trotzig war/dz er seinen Schilde vnd Helm in der Herberge zu dem Fenster hinaus ließ hencken. Machet sich derhalben auff/ließ den Ehrenholdt seinen Schildt neben des Ritters hencken/vnd ritt mit hinfür auff den Plan/ da ward der Kampff auff den neunden Tag bestimmet vnd angesagt/mitler Zeit solt ein jeder zurücken/was jm von nöthen were. Am neunden Tage ritten sie beide in die gemachte Schrancken/keiner redete darin ein Wort/da nun der Trommeter anfieng das drittemal zu blasen/da galt es/dz sie grimmig mit eingelegter Spyhr auff einander randten/daß gen Himmel die drummer flohen/darnach vom Leder auff einander gestochen/vnnd geschlagen/zu beiden seiten/eine lange zeit so durstiglich/daß man kein sieg oder niederlage mercken kundte/biß Maximilian den Ritter vnter der Achseln gewan/ vnd jm zum Hertzen ein wil stechen/ da ergab sich der trutzige Ritter gefangen/vnd erbot sich gefangen an seinen Hoff zu stellen

Zum ein vnd viertzigsten/gieng Maximilian aber in einem Schoß eines grossen stücks/ an einem Sturm in dem Stifft Vtricht/ der gieng so nahe an jhm hin / daß jhn der Lufft hart schluge/der Schoß war in der Stadt auff jhn abgesehen/ Als aber Maximilian den Knall höret/duckte er sich/da gieng der Schoß vber jhn hin/ doch schlugte jhn der Durst/ daß Maximilian mit naher noth kaum lebend darvon kam / litte vier vnd zwantzig stunden grossen Schmertzen/wann er vom Dunst/so jhm noch in seinen Naßlöchern steckte/ nieset oder niessen muste/so gieng alle wege Blut mit. Ein Banck Armbrost war aus dieser Stadt auff jhn gerichtet/aber es fehlet zu allem Glücke/ Doch seiner Gesellen einer / einen ehrwten Ritter /trafs eben in eine Seiten/daß er auff die Erden nieder fiel. Als nu die seinde in einem Scharmutzel aus der Stat mit viel Büchsschützen fiele/ da gieng Maximilian selbst mit einer Handbüchsen / mit auserlesenen Schützen / den Feinden im Schormutzel entgegen. Als nu die Feinde schryen/Herr/Herr/schuß Maximilian gewaltig auff sie/aber der Feinde waren so viel/ daß allwegen zehen Schuß auff sie / denn einer in die Feinde geschahe/doch kam der Held aber vnbeschediget wieder in das Läger/nach dem viel der seinen vor vnd nach jhm erschossen waren.

Zum zwey vnd viertzigsten / Auff ein ander mal ward Maximilian sein eigen Pferde vntter jhm durch den Hals geschossen/dz es starb/als er einen Berg hinauff zu einem Schloß wolt reiten/in Freundschafft aber durch verretherey vnd lügen wardt angerichtet / Er kam als ein Feind/vnnd so er zu jhn keme / wurde er etliche zum Schloß hinaus hencken lassen/ da schossen sie zu jm/vnd als er im Zorn nahe zum Schloß kam/liessen sie jhre Büchsen all zumahl geladen im Schloß auff jhn gehen/vnd erschossen jhm viel Knechte/ vnd sein eigen Pferde vnter jm/vnd ward todt gesagt/aber er saß auff ein ander Pferde/vnd kam darvon.

Zum drey vnd viertzigsten/ Vnterlaß ich hie alle sonderliche gefehrligkeiten / so Maximilian in Kriegen/Schlachten/Scharmutzeln/mit schiessen/ Verretherey/ durch allerley waffen hat bestanden/ dz eine für seinem Leben vnd History billich/so eres nur lieset/ wil geschwigen/so er es selbs ausstehen solte/ grauwen möchte/vnd lieber ein Sewhirt/dan Maximilian sein. Er hat gegen den Feinden alleseit forne dran im Nachdruck viel vnd grosse gefahr eritten/ dz niemand wundern solt/wie er zu solche alter kommen were/durch so viel strubel vnnd todes nöthe/ dz eine die hart gen berge steigen/so jemand seine History alle lieset/ vil

F ij freylich

Am vierden Sontage nach der

Freylich die stunde des Todes auffgesetzt sein muß/ da niemand fürkommen kan oder vnd gehen mag. Etwa haben sein nachdruck in seine Diener in nöthen verlassen/etwa die hinderhut gschlagen/die Stat vnd Wache durch verretherey falsch gewesen/ vnd weiß bey so viel erstandener Gefahr kaum ein grösser wunder/ denn dz Maximilian vnd sein oberster Heuptman/ Georg von Fronßberg/ der kühne Helde/ eines natürlichen todes auff dem Bette beide gestorben sind/aus so viel Gefehrligkeiten/ gleich wie ein Ohrleyplein aus des Löwen Rachen gezuckt vnd gerissen. Ließ daruon den Blancken König.

Zum vier vnd vierzigsten/Zeigt auch der Blancken König an/ wie Maximilian vnter andern seinen ritterlichen thaten/aus zween Küriffer (die in einer Schlacht in zu erwürgt/ oder zu fahen/darzu bestellet vnd abgerichtet waren) einen aus jnen fienge/ vnd in beide allein nicht durffsten angreiffen. Er rennet den einen im gantzen Küriß vom Pferde: Als er auff den andern randt gab die Flucht/vnd machet in aller Feinde Leger eine forcht/ wiewol altwege zween Mann an einen waren/da ließ er sich auch allein vom hauffen, der hoffnung/ der hauff sole im hernach drücken/das aber nit geschahe/dz Maximilian dem ogen in grosse gefahr vnd noth hette kosten sollen. Darnach wurden auff anzeigung des Blancken Königs/ aber etliche Küriser auff Maximilian geschicke/die in solten würgen in eine sitne/ er aber erwehret sich jrer aller/vnd verwundet etliche tödtlich/vnd stach einem Küriser zum visier hinein/ dz er todt vom Pferde fiel. Am morgen/als diesen zu rechen/ etliche ander Kurisser auff in bar renneten/ von denen schlug sich Maximilianus mit gewaltiger Faust/ deren etliche todt verwundet.

Zum fünff vnd vierzigsten/ Gieng aber ein gefehrlichen Schoß in Geldern auff Maximilian/aus einer Stat/die er berennen vnd beägern wolt/ da ritt er aus frewdiger Muth selbs biß für das thor/da ließ man das Geschütz/so auff vnnd vnter den Thoren/ Mauren/ Thürmen stunden/ zu mahl alles auff ihn abgehen/ dz sein Pferdt fornen ein Schoß an die Stirn bekam. Da fielen etliche frewdige Bürger herauß/ mit jn zu scharmutzeln/ den ein Schoß er durch den Fuß/ den andern in Bauch/dz er todt auff die Erden nieder sanck.

Zum sechs vnd vierzigsten/ Als Maximilian im Lande Vtrich vor einer Stat lag/vn zu der Stat schantzen wolt/ ward es durch verretherey aus Maximilian Läger in die Stade verkundschafft. Als nu Maximilian in der Nacht zur Maur nahet/vnd sehen wil/ wo vnd wie sie zu ersteigen/zu stürmen/ oder anzugreiffen/laureten die Bürger/ so dieser zukunfft zuvor durch verretherey berichtet waren/auff Maximilianum. Als sie nu meinten/ Maximilian were es gewiß/ ließ ein Bürger gezielt einen grossen stein auff jhn herab fallen/ aber es traff einen Kundtschafter/ einen Bawren neben jm mit solcher gewalt/daß er jm vmbfallen Maximilianum vmbschlug. Aber Maximilian ließ den todt liegen/ erholet sich des Falls/vnd macht sich aus dem Graben daruon.

Als Gregorius Nazianzenus dermal eins auff dem Meer fuhr/ willens gen Atpen zu reisen/ hat er eine grosse vnglückselige Schiffart gehabt/ wie er selbst weitleufftig erzehlet, in der Leichpredigt seines Voters. Dan da ist ein sehr grewlich Vngewitter entstanden/in welchem das Schiff in grosser gefahr vnd noth gewesen/also/dz alle so darin gefahren/nichts gewissers gemeinet/ dan dz sie den bittern Tode für jr augen hetten. Was thet da Gregorius? Er fehet an zu predigen/ mitten vnter den Wasserwog vnd wellen/vnd stercket seine Gesellen/mit Sprüchen vnd Exempeln aus der Schrifft/vn bittet darneben/dz Gott helffen/vnd sie aus solcher Todes noth erretten vnd erlösen wolle. Vnd hat auch Hülff bey Gott erlanget/denn das Vngewitter vnd vngestüm im Meer hat sich gelegt/vnd ist alles wiederumb sein hell vnd stillworden. Vnd alle die im Schiff vngleubig waren/als sie solche scheinbare Hülffe Gottes sahen/die Gregorius mit seinem gebet hatte erlanget vnd zu wegen gebracht/bekehrten sich/vnd wurden gleubig/vnn.d liebten GOTT.

Am Fünfften Sontage nach der heiligen drey König Tag.

Von Concilien / dardurch offtmals das Vnkraut falscher Lehre außgejettet/vnd guter Same des heiligen Euangelii fortgepflantzet worden/ etc.

IM Jahr Christi/ 319. Wird zu Alexandria Bischoff geordnet / ein gelehrter vnd frommer heiliger Mann/ mit Namen Alexander. Vmb dieser Wahl willen wird Arrius ein Priester daselbst/vnwillig/ denn er were lieber selbst Bischoff worden/ setzt sich derwegen wider den erwehlten Bischoff/mit spitzigen Fragen / von Christo vnnd seiner Gottheit/vnnd darzu vngewöhnlichen Reden / daraus darnach eine erschreckliche trennung der Kirchen entstanden ist.

Als nu Arrii Lesterung/wider den Sohn GOttes / jmmer je weiter außgebreitet ward/hat der Keyser Constantinus Magnus ein allgemein Concilium außgeschrieben/ vnnd die Christlichen Bischoff von allen orten zusammen gefordert/ in die Stadt Nicea in Bithinia/dahin auch zusammen kommen sein 318. Bischoffe/vnd ist der Keyser selber mit im Concilio gegenwertig gesessen. Man hat in dieser Versamlung / des Arrii Gottes Lesterung wider den Sohn Gottes/ verdampt/ vnnd darwider das Nicenische Symbolum gestellet: Credo in unum Deum, &c. Welches man in der Kirchen singet. Vnd ist also diese Lehre erkleret vnd bestetiget / daß vnser HERR Christus/ sey rechter/ warer/ wesentlicher / gleich ewiger Gott/mit dem ewigen Vater / von des Natur vnd wesen/ Er von ewigkeit geboren/ nicht aber geschaffen noch gemacht. Man hat auch den Streit vom Osterfest verglichen vnd verordnet/daß man Jehrlich dasselbige halten sol/den nechsten Sontag nach dem Vollmondt der Jüdischen Ostern. Auch hat Bekenner Paphnutius erhalten/daß man den Priestern die Ehe nicht verbotten/wie man willens war/ sondern frey gelassen. Vnd die gantze Historiam lese man im 10. Buch der Kirchen Historien Eusebii. Item/im Socrate, Sozomeno, Theodoreto, lib.1, Cap.7. Item/ im Nicephoro, Zonara vnd Cedreno.

Anno Christi, 334. Vmb diese Zeit flicket sich Arrius wider zu Hoff ein/vnd bringets dahin/daß ein newer Synodus zu Cesarea in Palestina bestimmet wird/dahin wird auch Athanasius citirt vnd erfordert/aber er kompt nicht/vnd machet biß in die 30. Monat auffschub/rc. Besihe Niceph.lib.8. Cap.49.vnd Theod.lib.1,c.28.

Dieweil nu Athanasius sich gen Tesarien in Palestina/auff den angestelleten tag nicht hatte wagen wollt/wird ein ander gen Tyrus verlegt/dahin muß er gestehen/wie eins schaff mitten vnter die Wolffe/ daselbst klagen seine Feinde hefftig vber jhn/ beschüldigen jhn mit Vnzucht /Zauberey/Mordt/rc. werden aber öffentlich zu schanden. Besihe Nicephorum, lib.1.8. Cap.40.Euseb. de vita Constantini, lib. 4. Theodoret. lib.1,cap. 28.

Anno Christi, 341. Im fünfften Jahr nach dem Tode des grossen Constantini/beruft Constantinus der Keyser ein Concilium zu Antiochia/ dahin komm̃ bey 90. Bischoffe/aber Maximus der Bischoff zu Jerusalem/ vnnd Julius der Bischoff zu Rom/kamen nicht dahin/ denn sie hielten mit Athanasio/rc. daselbst wird Athanasius abermals seines Ampts entsetzt/vnd wehlet gedachtes Concilium an seine stadt einen mit Namen Eusebium von Emesena/vnnd da derselbige das Bißthumb nicht annemen wolte/ ward ein ander /Gregorius mit Namen dahin gesetzt.

In diesem Concilio hat man zwar das Bekentnis von der Gottheit des Sohnes Gottes angenommen vnd bestetiget/ aber das Wörtlein Homousios als ein newes verworffen. Socrates lib. 2, Cap. 8.9.10, Sozomenus lib.3, Cap.5. Tripart. lib. 4. Cap. 9.

F iij

Am fünfften Sontage nach der

Anno Christi, 347. Jn angehenden eilfften Jahr/ nach dem Tode Constantini Magni/ ist ein allgemein Concilium versamlet worden / in der Stadt Sardica in Jllyrien/ davon mans Concilium Sardicense genennet hat. Dahin sind kommen 300. Bischoffe aus den Abendlendern / vom Orient oder Auffgang/ 76. haben sich allda bald getrennet/ Die Orientischen Bischoff sind gen Philippen in Thracia entwichen (dann sie wolten mit Athanasio vnd Paulo keine Gemeinschafft haben) vnd haben daselbst das Nicenische Bekentnis / von Christo/ daß er einerley Wesens oder Natur sey/ nach seiner Gottheit /mit dem Vater/ verworffen. Die vom Niedergang sind zu Sardica verblieben/ vnd haben des Nicenischen Concilii Bekendtnis bestetiget. Von dieser Zeit an/ haben sich die Kirchen gegen Auffgang vnd Niedergang getrennet/ ıc. Besihe Socratem, lib. 2. Cap. 20. Sozomen, lib. 3. cap. 11, Theodoret, lib. 2. &c. Niceph. li. 9. ca. 12.

Anno Christi, 351. Wird aus Befehl des Keysers Constantii, ein Concilium zu Sprmien gehalten / in welchem verdampt wird der Ketzer Photinus/ welcher mit Sabellio vnd Paulo Samosateno/ Christum für einen blossen Menschen hielt/ vnd des Bischofflichen ampts entsetzet. Auch wird dem Concilio Niceno widersprochen/ vnd wird das Wort Homousios (das ist/ eben desselbigen Göttlichen wesens ist der ewige Sohn mit dem Vater nach dem Wesen ehnlich) verworffen/ vnd wird Hosius / der Bischoff von Corduba in Hispanien/ ein frommer heiliger Mann / durch grewliche Marter gezwungen/ daß er dieser Meinung vnterschreiben muß. Besihe Socrat. lib. 2. Cap. 29. Sozom. lib. 4. Cap. 5.

Auch verlegte der Keyser Constantinus eine Versamlung der Bischoffe gen Meylande. Es kommen aber wenig dahin von Morgenlendern. Aus denen aber in den Lendern des Römischen Reichs gegen Abend/ kommen ihr vber drey hundert zusammen. Weil aber solches Concilium nur wider Athanasium/ vnd das Concilium Nicenum angestellet war/ widersprachen solcher Handlung/ etliche wenige vnd fromme Bischoffe/ vnter welchen auch Hilarius gewesen ist/ vnd werden darüber verweiset. Lise Socr. lib. 2. Cap. 36. Sozo, lib. 4. cap. 9. Theod. lib. 2. Cap, 15. Trip. lib. 5. cap. 15.

Anno Christi, 359. Versamlen sich/ aus Befehl des Keysers Constantini/ die Bischoffe/ welche zuvor zu Meylandt gewesen/ gen Ariminum/ dem 22. Tag des Meyens/ vnd sein daselbst zusammen kommen mehr denn 400. Bischoffe/ welche einhellig das Nicenische Concilium vnd Glaubens Bekentnis bestetiget / vnd die darwider eingeführte Newerung verworffen haben/ ıc. Wie Socrates schreibet/ lib. 2. Cap. 37. Sozomen, lib. 4. Cap. 17. Niceph. lib. 9. Cap. 39. Theodoret. lib. 2. Cap. 19.

Zu Seleucia aber in Jsauria / kommen aus den Morgenlendern zusammen/ eben dasselbige Jahr/ den 27. Septemb. bey 160. Bischoffe/ welche alltzumahl in Gegenwart des Constantii, verwerffen das Wörtlein Homousios (der Sohn ist einerley Wesens mit dem ewigen Vater) ob sie wol die Meinung / darumb es in das Nicenische Bekendtnis gesetzt war/ nicht verworffen / sondern bestetiget. Auch wird in diesem Concilio zugleich der Arrius verdampt/ welcher fürgabe/ vnser HERR Christus were nur ein blosser Mensch/ ıc. Besihe Socrat. lib. 2. Cap. 39. Theodoret. lib. 6. Cap. 26. &c.

Anno Christi, 361. Bringen die Arrianer/ Acacius vnd sein Anhang/ wieder ein Concilium zuwegen / zu Antiochia/ darinn sie jre vorige Meinung widerruffen/ vnd verwerffen nicht allein das Wörtlein Homousios/ sondern lehren auch/ daß der Sohn dem Vater durchaus vngleich sey. Solches ist geschehen/ da Euzogius zu Antiochia Bischoff gewesen/ wie Socrates schreibet/ lib. 2. Cap. 45. Theod. lib. 2. Cap. 31.

Anno Christi, 362. Nach dem Tode Constantii, kömpt Athanasius wieder in sein Bißthumb / nach dem er sieben Jahr lang hatte verborgen liegen müssen. Dergleichen ward allen andern Bischoffen erleubet/ wieder in die Bißthumb zukommen/ welche Constantinus vertrieben hatte. Chronol. Hieronymi. Besihe Socratem, lib. 3. Cap. 4.

Zu

heiligen drey König Tage.

Zur selbigen Zeit kommen auch wieder heim/Lucifer/Bischoff zu Caralleri/vnd Eusebius Bischoff zu Vercellen/vnd begibt sich Lucifer gen Antiochien/ Eusebius aber gen Alexandriam/in Egypten zum Athanasio/ vnnd versamlen daselbst ein Concilium etlicher frommer Bischoffe/ vnd bestetigen das Bekendtnis des Glaubens zu Nicea gestellet/ vnnd besteissigten sich / den verführten vnd zertrenten Kirchen wiederumb zuhelffen. Besihe Ruffinum, lib. 10. Cap. 27. &c. Socratem, lib. 3. Cap. 6.

Anno Christi, 381. Versamlete Theodosius das ander allgemeine Concilium gen Constantinopel/ vnd kamen Catholische Bischoffe zusammen daselbst/ im Monat Majo/bey 150. vnter welchen die fürnembsten waren/ Meletius der Bischoff zu Antiochia/ Cyrillus zu Jerusalem/ Timotheus zu Alexandria/ rc. Vnd hat dis Concilium das Nicenische bestetiget/ vnnd vber die vorigen Ketzer/ auch den Macedonianum verdampt. Auch sol dieses Concilium dem Römischen Bischoff die erste stell/ dem zu Constantinopel aber die ander vbergeben haben. Socrates lib. 5. Cap. 8. Sozomenus, lib. 7. cap. 8.

Anno Christi 418. Ist zu Carthago in Africa ein Concilium gehalten worden/ da bey einander versamlet gewesen sind 217. Bischoffe/ vnter welchen S. Augustinus nit der wenigste gewesen/ rc. In diesem Concilio ist Pelagius mit seiner Ketzerey widerlegt vnd verdampt worden/ welche Acta Zosinus der Bischoff zu Rom auch approbiert hat. Prosper vnd Sigebertus.

Anno Christi, 437. Im 50. Jahr nach dem andern allgemeinen Concilio, welches ist das 106. Jahr/nach dem Nicenischen/wie Cedrenus schreibet/ setzte der Keyser Theodosius das dritte allgemeine Concilium an / von wegen des Nestorij/ vnd verlegt es gen Ephesum / setzet auch zum Tage das Pfingstfest/wie Euagrius schreibet/ vnd Nicephorus / vnd kommen dahin zu hauffen/ 230. Bischoffe / die vornembsten stelle im Concilio/ haben Cyrillus zu Alexandria/vnd Juuenalis / zu Jerusalem/ Bischoffe.

Nestorius kömpt gen Ephesum/bald nach Ostern/ Cyrillus vmb Pfingst/ Juuenalis aber 5. tage hernach. Dieweil aber der Bischoff zu Antiochia/ Johannes verzog/fieng an Cyrillus/sampt den andern/die gegenwertig waren/die handlung des Conciliji zu zunemen/ funfftzehen tage nach bestimpter zeit der zusammenkunfft/ das ist/ am 20. tage des Junii/ wie Euagoras vnd Nicephorus schreiben/ citirn sie den Nestorium/ vnnd dieweil er nit erscheinet/verdammen sie jhn/ sampt seiner Ketzerey. entsetzen jn auch seines Ampts/vnd publicieren solch vrtheil am 28. Junii. Am 15. tage nach diesem/ kömpt auch der Bischoff von Antiochia/ mit etlichen andern/verwerffen die Acta Cyrilli/ vnd wird ein heffiger zanck vnd zwietracht vnter den Bischoffen/ aber Cyrillus bricht durch/ vnd wird Nestorius verweiset/vnd gen Oasiam weggefurt. Besihe auch Niceph. lib. 14. cap. 24. Tripart. lib. 12. cap. 5. Item Zonaram, Cedrenum, &c.

Anno Christi, 448. Versamlet zu Constantinopel Flauianus der Bischoff/ bey 40. Bischoffe/ erfordert den Ketzer Eutychen/ vnd nach dem derselbige seine Jrthumb heraus sagte vnd vertheidigte/ ist er der Priesterlichen Wirde entsetzet worden.

Dergleiche ist auch geschehen in einer andern Versamlung/ welcher Bischoffe vnd auch etlicher Rathherrn in der Vorstat zu Constantinopel. Besihe Eva. l. 1. c. 9. Nic. l. 14. c. 47.

Anno Christi 449. Wird zu Epheso/ durch anhalten Chrysapii/ des Königs Theodosii.Kemmerling/widerumb ein Concilium gehalten/ da Dioscorus/ der Bischoff zu Alexandria/ den vorgang gehabt/ welchem Chrysapius mit vielen gerüsten vnd gewapneten Männern/ vnd einer Keyserlichen Guardi/schutz helt. In diesem Concilio gehet gewalt für recht/ vnd ist Eutyches recht gesprochen/ vnd viel frommer Bischoff entsetzt/ vnter welchen auch Theodoretus vnd Flauianus / der Bischoff zu Constantinopel verdammet worden/ rc. Sonderlich aber ist jetzt gedachter Flauianus aus dem Concilio gestossen vnnd mit Füssen getreten/ vnnd dermassen gehandelt worden/ daß er am dritten Tage hernach gestorben. Von welchem Gewalt vnd Frevel/ dieses Concilium ist genennet

F iiij

Am fünfften Sontage nach der

nennet worden/ Synodus Ληςερκι, ein Mordt Concilium, &c. Besihe Nicephorum, lib. 4. Cap. 74. Item, Evagrium, lib. 1. Cap. 20. Chrysapius aber/ welcher im Concilio zu Epheso/ dem Eutychi vnnd Dioscoro vber geholffen hatte / wird im folgenden Jahr/ Anno Christi 450. aus beschl des Keysers Pulchre/ erwürget. Marcellinus.

Anno Christi, 451. Schreibet der Keyser Martianus/ ein allgemein Concilium aus/ auff anhalten des Römischen vnd Constantinopolischen Bischoffe/ vnd verlegt dasselbige gen Chalcedon in Bithynia/ dahin versamlen sich dieses Jahr 630. Väter. Es ist auch der Keyser selbst gegenwertig gewesen/ vnd Eutychis Lehr irrig vnnd ketzerisch befunden vnd erkleret/ des Mord Concilii Handlung verdampt vnd verworffen/ vnd Eutyches sampt seinem Patron Dioscoro den Bischoff zu Alexandria/ entsetzet vn verweiset. Es ist auch solches Vrtheil durch ein Wunderzeichen bey der heiligen Martyrin Euphemiæ Begrebnis bestetiget worden. Wie darvon schreibet Zonaras, Cedrenus, Nicephorus, lib. 15. Cap. 5. Vnd Evagrius, lib. 2, Cap. 3. 4.

Anno Christi, 550. Gehet an das fünffte allgemeine Concilium zu Constantinopel/ daher es auch genennet wird/ das ander Constantinopolische. Darnach im folgenden Jar 551. hat es seinen Fortgang gehabt / auff welchem zu Constantinopel sind versamlet gewesen/ 165. Patres oder Bischoffe/ vom Keyser Justiniano zusammen beruffen/ vnter welchen auch gewesen ist Virgilius / der Bischoff zu Rom.

Dieses Concilium hat bestetiget die andern folgende vier heupt Concilia / sampt jhren Decreten vnd Lehren/ vnnd dargegen verworffen des Theodori/ des Bischoffs zu Mopsvestia Lesterung/ welcher aus vnserm HErrn Christo einen blossen Menschen machete. Item/ des Origenis Allegorien vnd Irthumb/ des Theodorici Schreiben/ das er gethan hat wider die zwölff Artickel Cyrilli/ vnnd des Jbæ Brieffe/ an Marim geschrieben. Davon besihe Evagrium, lib. 4. Cap., S. Nicephorum, lib. 17. Cap. 27. 28.

Anno Christi, 680. Am 7. Tage Septemb. hat Theodorus/ der Ertzbischoff zu Dorwern/ ein Concilium gehalten in Engellandt/ aus Befehl des Bapsts Agathon/ vnd sind verdammet worden die Ketzereyen der Eutychianer/ vnnd Monotheliten/ vnnd approbirt worden für fünff allgemeinen Heuptconcilien/ sampt dem/ welches der Bapst Martinus zu Rom gehalten hat/ im 9. Jahr des Keysers Constantis. Beda in Histor. Eccles. Angl. lib. 4. Cap. 17.

Anno Christi, 681. In diesem Jahr versamlete der Keyser Constantinus Pogenatus das sechste allgemeine Concilium zu Constantinopel/ ist im Concilio selbst mit gewesen vnnd gesessen/ vnnd die Bischoffe vermanet/ daß sie ernstlich vnnd in Gottes Furcht die Warheit nachforschen/ vnnötige Spitzfindigkeit/ weitleufftigkeit vnd Gezenck hindan setzen/ vnd nach Fried vnd Einigkeit trachten wolten. Es ist aber solch Concilium angestellet worden/ von wegen der Monotheliten/ vnnd sind allda versamlet gewesen/ 289. Bischoffe/ Dem Concilio sind vorgestanden die Legaten des Römischen Bapsts/ neben den Patriarchen zu Constantinopel/ Georgio/ vnd Macario von Antiochia/ welche beyde Monotheliten waren. Vnd ist der Monotheliten Irthumb verdampt/ vnd die vorigen fünff Heuptconcilia/ sampt jhren Acten vnd Decreten/ auffs newe bestetiget worden. Der Patriarch zu Constantinopel/ hat seinen Irthumb widerruffen/ Aber der zu Antiochia ist halsstarrig blieben. Derwegen er seines Bisthumbs entsetzet/ vnd mit allen seinen Vorgehern vnd Anhang in Bann erkleret worden. Darvon ließ Cedrenum, Zonaram, Paulum Diaconum, lib. 10. Vnd andere/ ιε.

Anno Christi, 787. Im angehenden 8. Jahr des Reichs Irene/ vnd Constantini/ am 24. tage Septemb. gehet an das siebende Heupt Concilium/ auff welchem/ in beysein der Keyserlichen Personen/ der Christliche Glaube bestetiget / vnnd darnach auch erkandt worden / daß man gleuben sol/ wider die Pneumatomachos/ daß der heilige Geist ausgehe / beide vom Vater vnd Sohn. Man hat auch die Bildstürmer verdampt

heiligen drey König Tage.   34

haupt/ vnd dargegen gelehret/ daß man das heilige Creutz/ die Bilder Gottes/ vnd seiner Heiligen/ auch ihre Heiligthumb/ in der Kirchen behalten/ anbeten vnd verehren sol. Disconus lib. 7. Cedrenus.

Anno Christi, 1215. Im 18. Jahr des Bapsts Innocentii 3. im November/ hat gedachter Bapst ein Concilium zu Rom/ in der Lateraner Kirche/ Constantiniana genant/ gehalten/ da bey den gegenwertig gewesen sind/ sieben Ertzbischoffe/ vier hundert vnnd zwölff Bischoffe/ 1300. Prelaten/ vnnd ist allda gehandlt worden/ von dem Zuge ins Heilige Landt/ Jerusalem wieder zu gewinnen. Auch sind etliche Bücher des Abts Joachim verworffen worden. Vnd ist bestetigt worden die Transsubstantiation. Das ist/ die Meinung/ daß im heiligen Abendmal das Brodt vnd Wein/ in den Leib vnd Blut des HErrn/ wesentlich verwandelt werden/ also/ daß nur die eusserliche Gestalt der Element allda bleibe. Vrspergensis vnd Palmerius. Bey diesem Concilio sind gegenwertig gewesen Dominicus vnd Franciscus/ vnd haben ihres Ordens bestetigung begert. Antonius Titul. 24. Cap. 7. Auch ist der Creutzherrn Orden auff diesem Concilio wieder auffgerichtet vnd bestetiget worden.

Anno Christi, 1273. Hat der Bapst Gregorius/ der zehende/ ein Concilium gehalten zu Leon/ darbey des Keysers Michael Paleologi zu Constantinopel Legaten/ sampt dem Patriarchen auch sollen gewesen sein. In diesem Concilio hat man gerathschlaget/ wie die Stadt Jerusalem/ vnnd das heilige Landt wieder zu gewinnen. So sind auch die Griechen mit den Lateinern eins worden/ im Artickel vom Heiligen Geiste/ vnd daß derselbige/ beide vom Vater vnd Sohne außgehe/ *c*. Palmerius, Nauclerus, vnnd Aventinus.

Am

Septuagesima.
Am Sechsten Sontage nach der heiligen drey König Tag.

ANNO Christi, 1076. Am Sontage *Septuagesima*, helt der Keyser zu Wormbs einen Tag mit der Geistligkeit/ vnnd entsetzet den Bapst Gregorium 7. schicket auch/ solches ins Werck zu setzen/ Botschafft gen Rom.

D. Martinus Luther redete Anno 1541. Viel von der Majestet der Herrligkeit des Artickels / Von der Rechtfertigung/ so der Menschen Weißheit gar vnbekandt ist / dieweil wir von Natur alle gesinnet/ daß wir vns mehr befleisigen auff die Gerechtigkeit oder Wercke / denn auff die blosse Barmhertzigkeit Gottes/ die vns vn ̃ sonst aus Gnaden vmb Christus willen/ angeboten vnnd geschenckt wird. Darumb ist das Gleichnis Matth. 20. Von den Arbeitern/ die der Hauß vater in seinen Weinberg dingete/ ein gewaltiger Donnerschlag wider diesen Fleischlichen Wahn Menschlicher Vernunfft.

Vnnd sagte darauff eine *Historien ex vitis Patrum*, von einem Einsidler/ der ein sehr gestrenges Leben geführt hatte/ vnd für ein lebendigen Heiligen gehalten ward/ derselbige tag todt franck. Da aber ein Altvater zu jhm kam/ mit einem jungen Bruder/ jhn zu besehen in seiner Zelle/ da kam jhnen entgegen gelauffen ein Mörder/ der gieng mit jnen zum Krancken/ bleib aussen für der Thür stehen/ höret vnnd sahe des krancken alten Heiligkeit/ daß er so ein gestrenges Leben geführet hatte/ verwundert sich darüber/ seufftzte vnd sprach: Ach also solte ich auch gelebet haben. Der Krancke sprach: Ja billich soltestu es gethan haben/ wie ich/ wo du anders woltest selig werden/ vnnd da er das gesagt hatte/ verschied der Einsidler.

Der junge Bruder aber sahe/ daß seine Seele von dem Teuffel in den Lüfften hinweg geführet ward/ vnd weinete bitterlich/ der Mörder folget jhnen nach/ hatte Rew vnnd Leide/ wolte beichten/ vnd die Absolution vnd Vergebung der Sünden durch den Glauben an Christum empfahen/ eilete vnd lieff also sehr/ daß er den Halß stürtzte/ vnnd starb. Da namen die Engel seine Seele zu sich/ das sahe der junge Bruder/ vnd lachte/ vnd war frölich darüber.

Der alte Vater/ da er sahe/ daß sich der junge Bruder so seltsam stalte/ denn jetzt weinet er vber dem Tode des heiligen Mannes/ bald lachet er vber dem Vnfall des Mörders/ da fraget er jhn/ warumb er sich also stellete. Er aber sprach/ daß er hette recht vnnd Christlich daran gethan/ Denn da er gesehen hette/ daß der hoffertige Heilige verdammet were/ hett er geweinet/ da er aber gesehen hette/ daß dieser arme Sünder sich bekehret. vnnd selig were worden/ so hette er billich gelachet. Vnd sprach D. Luther darauff: Also gehets im Reich Christi zu/ Daß die letzten die ersten werden/ vnd die ersten die letzte/ Denn Gott kan keine Sünde weniger dulden/ denn die scheinende Hoffart vnd Vermessenheit eigener Gerechtigkeit. *Ex Colloquiis D. M. Lutheri.*

Kurtze

Septuagesima.

Kurtze Historien vnnd Verzeichnis / der Heiligen Propheten vnnd fürnemesten Lehrern des Alten Testaments / die zu jhrer Zeit im Weinberge des HERREN trewlich gearbeitet.

Esaias.

Esaias / der Sohn Amos / aus dem Königlichen Stam Juda / des Königs Usia Gefreundter / hat die vornembsten Verenderung der Königreichen / so bald hernach gefolget / zuvor verkündiget / als des Königreichs Israel zu Samarien / Egypten / Syrien / Babylonien / Assyrien / die Zerstörung der Stadt Tyrus durch Ochum. Vnd saget Esaias mit ausgedruckten Worten / daß die Macedonier / die er Cittim nennet / Tyrum vnd Babylon einnemen vnd erobern werden. Wie er denn auch mit hellen klaren Worten wider Babel die Namen der Könige setzet / welche Babel solten zerstören / nemlich / die Meder vnd Elamiter / oder Perser / sonderlich aber den König / der die Jüden solte loß machen / vnd gen Jerusalem wieder helffen / nemlich Cores / welcher ist Cyrus / ɔc.

In sonderheit ist in diesem Propheten wol zu mercken / daß er von Christo so klerlich vnnd manigfeltig weissaget / daß er auch die Mutter Jesu / die Jungfraw Maria / beschreibet / wie sie empfahen vnd geberen solte / mit vnuersehrter Jungfrawschafft / Cap. 7.

Item / sein Leiden / im 53. Capitel / sampt seiner folgenden Herrligkeit / nach der Aufferstehung der Todten / vnnd sein Reich so gewaltig vnnd helle heraus verkündiget / als were es dazumal schon alles leiblich geschehen / vnd ers nicht allein mit Geistlichen / sondern auch mit den Augen seines Fleisches gesehen hette. Darumb auch Hieronymus ad Paulinum von ihm schreibet / daß er mehr für einen Euangelisten / denn für einen Propheten zu achten sey.

Lyra schreibet vber das 27. Cap. des andern Buchs der Könige / daß der König Manasse / Esaie verwandter / jhn von wegen der hefftigen Predigt / wider die Abgötterey / vnd Manasse Gottloß wesen / als ein Auffrührer vnnd Ketzer / sol mit einer Segen haben von einander schneiden lassen / vnd Epiphanius zeuget / daß er für Jerusalem vnter einem Eichbaum / bey dem Brunnen Rogel / sey begraben worden. Aus welchem erscheinet / daß er geweissaget / vnd das Volck gelehret habe / gar nahe biß in die achtzig Jahre. Darvon liest auch Hieronymum / im 1. Cap. Esaix / Vnd Galatinum lib. 4. Cap. 13.

Epiphanius lib 1. Tom. 2. setzet die Prophecey Esaix Cap. 7. Sihe / eine Jungfraw ist schwanger / vnd wird einen Sohn geberen / ɔc. Ins Jahr vor Christi Geburt / 753. Aber es sol gezeiget werden in das Jahr vor Christi Geburt / 758. welches ist das ander Jahr des Königs Achabs / vnnd das Jahr von der Schöpffung der Welt / 3213. Vnnd Josephus / lib. Antiquit. n. Cap. 1. schreibet / daß Esaias von Cyro / vnnd wie er das Volck aus Babel erlösen solte / ɔc. geweissaget habe / vmb das Jahr vor Christi Geburt / 746. welches ist das 140. Jahr vor des Tempels Zerstörung / vnnd das 210. Jahr vor Cyri Monarchia / oder der Entledigung des Volcks Israel aus Babel

Jeremias.

Jeremias / der Prophet hat gelebet zu der Zeit des Königs Josia / Josakim vnd Zedekia / vom HERRN zu einem Propheten geheiliget in Mutter Leibe / hat geweissaget von Jugend auff / denn im 13. Jahr des Königs Josie hat er angefangen zu predigen / biß auff das 11. Jahr des Königs Zedekia / vnd auff die Babylonische Gefengnis 42. Jahr lang / Jeremix am 1. 25. 52. Cap.

Quasimodogeniti.

Der erste theil seiner Prophecey/ ist fast eitel Klag vnnd straff vber die Abgötterey/ vnd andere Laster des Volcks/biß in das 20. Capitel hinan. Darnach weissaget er auch die Straff/ so gemelter Sünden halben vorhanden war/ nemlich/ die Zerstörung Jerusalem/vnd des gantzen Jüdischen Landes/ vnd das Babylonischen Gefengnis/ ꝛc.

Er weissaget auch von Christi Menschwerdung/ Leiden/ Todt/ Aufferstehung/ Cap. 11. 23. 31. Dieses Propheten gedencket Philippus auch in seiner Chronica lib. 2. vnter dem König Josia/ da er spricht: Bey seiner Regierung/ nemlich/ im 13. Jahr/ hat der Prophet Jeremias angefangen zu lehren/ vnd ist in diesem Ampt gewesen/ 40. Jahr/ biß daß Jerusalem gantz zerstöret ist worden/ vnd eine Zeitlang hernach in Egypten/ da er von dem Könige Aprie sol ermordet sein worden.

Auch gedencket er sein in der Historia vom Könige Joachin/ mit diesen Worten: Joachin/ oder wie er sonst heist/ Jechonias/ hat in Judea drey Monat regieret/ Als nun der König Nebuchodonosor/ die Stadt Jerusalem belegert / hat der Prophet Jeremias trewlich gerathen/ man solte sich dem Könige ergeben / welches der vorigen Propheten keiner jemals gethan hatte. Denn er hatte beydes verkündiget/ daß die Stadt Jerusalem würde zerstöret werden/ vnd daß dennoch Gott des gefangenen Volcks sich in jhrem Elende annemen wolte/ vnd daß sie nach siebentzig Jahren wiederumb ins Land kommen würden/ vnd jhr Königreich vnd Priesterthumb wieder anrichten.

Dieser Weissagung gleubet Jechonias/ ergibt sich/ werden derhalben er vnnd viel ander/ so des Propheten Rath vnd Weissagung gefolget vnd gegleubet hatten/ in Chaldeam weggeführt/ vnd da von Gott gnediglich geschützt vnd erhalten.

Merck/ von Anfang der Predigt Jeremiae / biß auff die Tauff vnnd Predigt des HErren Christi/ sind 677. Jahr/ ꝛc. Gleich wie nach Jeremiae Buspredigt/ vber 41. Jahr/ Jerusalem vnd der Tempel/ durch Nebucadnezar/ oder Nebuchodonosor zerstöret ist worden/ Also ists auch geschehen vber 41. Jahr/ nach der Tauffe vnnd Predigt vnsers HErren Christi/ daß Jerusalem vnd der Tempel/ vnd die Jüdische Policey/ ist zerstöret durch den Römischen Keyser Titum Vespasianum/ ꝛc.

Ezechiel.

Ezechiel oder Hesekiel / ein Prophet Gottes / welcher mit dem Könige Jechonia/ Daniele/ vnnd andern willigklich ins Gefengnis gen Dobel kom/ nach dem Rath vnd Geheiß Jeremiae / tröstet daselbst alle mitgefangene/ vnnd weil die falschen Propheten Jeremiam lügen straffen/ vnd seiner Weissagung widersprachen/ so bestetigt Ezechiel Jeremiae Wort/ vnnd zeuget bestendiglich wider solche falsche Propheten/ Jerusalem sol ja zerstöret/ vnd das Volck mit Könige vnd Fürsten vmbkommen/ ꝛc. Aber doch tröstet er dabey/ wie Jeremias zuvor auch gethan hatte/ nemlich/ daß solcher jhr Jammer vnnd Gefengnis nicht ewig/ sondern nur siebentzig Jahr lang wehren solte/ als denn würd sich Gott vber sie erbarmen/ aus jrer Gefengnis erlösen/ vnd wiederumb in jhr Lande bringen.

Von Christo wird im Ezechiel im 7. Capitel eine schöne Vetheissung gethan / da der HERR also spricht: Ich wil einen Zweig von dem hohen Cedernbaum nemen/ vnd oben von seinem Zweig brechen/ vnnd wils auff einen hohen Berg pflantzen/ ꝛc. Vide locum.

S. Hieronymus vnnd andere mehr schreiben/ daß/ weil der Prophet Ezechiel der schwereste vnnd dunckelste Prophet/ fürnemlich/ in den ersten vnd letzten Capiteln/ so sey bey den Jüden verboten gewesen/ das förderste vnnd hinderste Theil in seiner Weissagung zu lesen/ ehe denn ein Mann dreissig Jahr alt geworden/ also auch das erste Capitel/ im ersten Buch Mose.

Nach der heiligen drey Königtage. 36

Im Jhar nach der Welt erschaffung/3359.vor Christi Geburt/612.im 30. Jar aus 5.tag/des 4. Monden/welches war eben im 5. Jhar/nach dem Ioachin, oder Iechonias,der König Juda/ war gefänglich weggefuhrt/sehet Ezechiel an aus Gottes befehl zu predigen/ vnter den Gefangenen zu Babel.   Wie man sehen kan in seiner Prophecey am 1.Capit.   Das 30. Jhar aber/davon Ezechiel am 1.Capit. meldet/sol man zehlen schlecht/vom grossen vnd herrlichen Osterfest des Königes Josiæ/ oder vom Alter des Propheten.

Im 10. Jahr/ nach der wegführung des Königes Joachin/ am 10. tage des 12. Monden/weissaget Ezechiel wider Egypten/etc.   Ezechiel am 29.Capit. Ist gewesen das Jhar nach erschaffung der Welt/3364.vnd das Jhar vor Christi Geburt 607.

Darnach im 11. Jhar/ am ersten tage des ersten Monden/ predigte Ezechiel aus Gottes befehl/ wider den König zu Tyro/ sein Land vnd Reich/ Cap. 26.27.28. etc.

Darnach im 25. Jahr/ von dem Gefengnis Joachin/des Königes Juda/ im anfang des Jhars/am 10. tage des Monden/das ist das 14. Jhar/nach dem die Stadt geschlagen war / eben am selbigen tage/wird dem Propheten Ezechiel das himlische Jerusalem/vnd der Geistliche Tempel gezeiget/Ezechiel am 40.Capit.

Daniel.

Daniel ein Prophet/vom Stamm des Königes Zedekia/aus Juda/ oder im dritten Jahr des Königes Josakim/ sampt vielen andern fürnemen/ herrlichen Leuten/von Jerusalem gen Babel gefänglich hingebracht/ vnd daselbst am Hoff des Königes Nebucadnezars erzogen ward.   Ist der hocherleuchten Propheten einer gewest/dem Gott grosse Geheimnis/vnd viel zukünfftiger ding offenbaret hat.   Das grösse aber vnd beste/das man in diesem Propheten mercken sol/ist/ das er so eigentlich von der Zukunfft des Messiæ/vnd vnsers HErrn Christi/ geweissaget hat / denn er klar sagt/ Das Christus kommen vnd erscheinen werde/ wenn die Jüdische Policey noch wird stehen/denn er nennet eine gewisse zahl der Jhar / Wenn Christus kommen/vnd wie lang die Jüdische Policey vnd Regiment stehen soll.

Er verkündiget darneben klar / mit ausgedruckten worten / das Messias sol leiden vnd getödtet werden/ vnd dennoch Sünd vnd Todt hinweg nemen/ Vnd wenn solches alles geschehen/ vnd vollendet / als denn sol die Jüdische Policey zerstöret werden/vnd Königreich vnd Priesterthumb auffhören/ vnd zu grund gehen/Vnd sol das Jüdische Volck nicht mehr Gottes Volck genennet werden/noch sein.

Im andern Jhar des Königreichs Nebucadnezars/nach dem er gantz Syrien vnd Judeam bezwungen hat/ vnd im vnterworffen hat/welches ist gewesen das Jahr von erschaffung der Welt/ 3355. Vnd das 616. Jhar/vor Christi Geburt/hat Nebucadnezar einen Traum/das er sihet ein grosses Bilde / etc.   Vnd können ihm seine Weisen vnd Gelehrten/ weder den Traum / noch die Auslegung sagen/ Allein Daniel/durch Gottes Geist/berichtet den König des gantzen Handels/ vnd wird derwegen trefflich erhöhet/sampt seinen Gesellen. Darvon lies das 2.Cap. Danielis.

Im ersten Jhar Belsazer/ oder Balthasar/ des Königes zu Babel/ welches ist das Jhar nach der Welt anfang / 3430. Vnd das Jahr vor Christi Geburt / 547. Hatte Daniel einen Traum vnd Gesichte/ auff seinem Bette/ von vier grossen vngehewren Thieren / die aus dem Meer heraus stiegen / je eines anders denn das ander/ durch welche die vier Monarchien vnd Heuptreich der Welt bedeutet wurden / das Assyrische vnd Persische/ Griechische vnd Römische Reich.   Darvon besihe Daniel am 7.Capit.

Darnach im dritten Jahr Belsazer/des Königes zu Babel/ hatte Daniel abermahl ein Gesichte/ von einem Wider vnd Ziegenbock/ durch welche der Persen vnd Griechen Reich bedeutet sind/etc.Daniel.Cap.8.

G   Hosea

Etliche Historien/am 6. Sontage/
Hosea.

Hosea der Prophet / hat gelebet zu den zeiten Usia/ Jothan/ Achas/ vnd Hiskia/ der Könige Juda. Zu welcher zeit Esaias in Juda/ auch Amos vnd Micha/ gelebt haben/ wie aus dem anfang vnd ersten Capitein jhrer Bücher offenbar ist. In seiner Weissagung treibet er fürnemlich zwey stück.

Erstlich / Das er wider die Geistliche Hurerey/ das ist/ wider die Abgötterey/ vnd abfall von dem HERRN/ zu den Heidnischen Götzen/ ernstlich prediget/ vnd das Volck sampt den Königen vnd Propheten derhalben rauch anfehret / vnd die straffen/ so darauff erfolgen werden/ dürr vnd vnuerholen verkündiget.

Zum andern/ thut er auch etliche tröstliche Weissagungen von Christo vnd seinem Reich/ Von vergebung der Sünde/ Aufferstehung der Todten/ vnd dem Glauben.

Joel.

Joel der Prophet/ zeiget nicht an/ zu welcher zeit er gelebet vnd gepredigt habe/ wie die andern thun. Es sagen aber die Alten/ Er sey gewesen zu der zeit/ da Hoseas vnd Amos gewesen sind/ nemlich/ zu der zeit der Könige/ Usia/ Jothan/ Achas/ Hiskia/ vnd Manasse/etc.

Er ist aber ein gütiger vnd sanfftmütiger Mann gewesen/ schilt vnd straffe nicht also/ wie die andern Propheten/ sondern flehet vnd klaget/ wolte gern die Leute fromb machen/ mit guten freundlichen worten/ vnd sie für Schaden vnd Vnglück bewaren.

Im ersten Capitel weissaget er die zukünfftige Straff vber das Volck Israel/ das sie solten von den Assyriern verderbet vnd weggeführet werden. Vnd nennet die Assyrier Raupen/Hewschrecken/Keffer/vnd Geschmeiß / Denn die Assyrier frassen das Königreich Israel/ ein stück nach dem andern/ bis sie es gar verderben.

Zum andern/ weissaget er am ende des andern Capitels/ vnd fort an hinaus/ vom Reich Christi/ vnd dem heiligen Geist / vnd saget von dem ewigen Jerusalem.

Er ist im Newen Testament hoch berhümpt / denn S. Petrus zeucht jhn herfür/ Actor. am 2. Capit. Vnd mus die Joel die erste Predigt geben/ so in der Christlichen Kirchen geschehen ist/ nemlich/ auff den Pfingstag zu Jerusalem / da der heilige Geist ist geraden war. So führet Sanct Paulus den Spruch auch gar herrlich. Wer den Namen des HERRN anrüffet/ der sol selig werden. Welches auch im Joel im 2. Capit. stehet.

Amos.

Amos/ einer vnter den zwölff kleinen Propheten / der zur zeit der Könige/ Usia vnd Jerobeam/ wider die Abgötterey vnd andere grewliche Laster der Kinder Israel hefftig geprediget hat/ vnd jhnen mit der Assyrischen Gefengnis gedrewet / Ist derhalben von dem Priester Amazia/ nicht allein vor dem Könige Jerobeam für ein Auffrührer angegeben/ dessen wort verdrieslich/ vnd nicht zu hören weren/ sondern auch vertrieben/ oder wie andere schreiben/ mit einer Stangen zu tode geschlagen.

Er wird zweymal im Newen Testament geführet. Erstmals in Geschichten der Aposteln am 7. Cap. Da S. Stephanus jhn anzeucht/ aus dem 5. Cap. wider die Jüden/

Nach der heiligen drey Königtage.   37

den/vnd damit beweiset/das sie Gottes Gesetz nie gehalten haben/von anfang her aus Egypten.

Zum andern mahl/da S. Jacob/Actor.am 15. Capit. im ersten Concilio, der Aposteln führet/aus dem letzten Capit. zubeweisen die Christliche Freiheit/ Das die Heiden im Newen Testament nicht schüldig sind Moses Gesetz zu halten/ so die Jüden selbst solches nie gehalten/auch nie halten kundten / Wie S. Petrus Actor.am 15. Cap.prediget. Vnd das sind/spricht Lutherus/die fürnembsten zwey Stück im Amos/ vnd zwey sehr gute Stück.

Obadia.

Obadia/ein Prophet/ Er zeiget aber in seiner Schrifft nicht an/ zu welcher zeit er gelebet habe/ Aber seine Weissagung gehet auff die zeit der Babylonischen Gefengnis / Denn er tröstet das Volck Juda/ Das sie sollen wider gen Zion kommen. Vnd fürnemlich gehen seine Rede wider Edom vnd Esau/welche einen sonderlichen ewigen Hass vnd Neidt trugen / wider das Volck Israel vnd Juda/hetten eine sondere frewde an ihrer Gefengnis/vnd spotteten ihr in ihrem Elend.

Am ende weissaget er von Christus Reich/das sol nicht allein zu Jerusalem/sondern allenthalben sein. Hæc Hieronymus & Lutherus.

Etliche schreiben/Obadia/der Prophet/habe gelebet zu den zeiten des Propheten Eliæ/ Zu welcher zeit auch andere mit vnd neben ihm gelebet vnd gelehret haben. Als Jehu/der Sohn Anani/2.Chronic.19. Micha/der Sohn Jemla/1.Reg.22. vnd 2.Chronic.18. Item/Jehasiel/der Sohn Zacharias/2.Chron. 20.

Jonas.

Jonas/der Prophet/ist gewesen zur zeit des Königes Jerobeam/welches Grosvater war der König Jehu/ zu welcher zeit der König Vsia in Juda regierete. Zu welcher zeit auch gewesen sind in demselbigen Königreich Israel/ die Propheten/Hosea/Amos/Joel/ an andern örtern vnd Stedten. Daraus man wol abnemen kan/ wie ein trefflicher thewrer Mann dieser Jona im Königreich Israel gewesen ist/vnd Gott grosse ding durch ihn gethan hat/ Nemlich/das durch seine Predigt der König Jerobeam so glückselig war/vnd gewan alles wider / was Hasael/ der König zu Syrien/hatte dem König Israel abgeschlagen.

Aber/spricht Lutherus/das ist vber alles(so er in seinem Volck gethan)das er ein so gros mechtig Königreich zu Assyrien angreiffen kan /vnd so fruchtbarlich prediget bey den Heiden/der bey den seinen nicht so viel hette mögen mit so viel Predigten ausrichten. Als wolt Gott damit anzeigen den Spruch Esai. Wers nicht gehöret hat/ der wirds hören. Zum Exempel/das alle/so das Wort reichlich haben/dasselbige weidlich verachten/vnd die es nicht haben können/gern annemen. Wie Christus Matth. am 23. Cap. selbst saget: Das Reich Gottis wird von euch genommen/vnd den Heiden gegeben/die seine Früchte bringen/etc.

Micha.

Micha/ein Prophet/ der zur zeit der Könige / Josaphat vnd Achab/ welchen Achab beschickte / Das er mit sampt dem Josaphat wider die Syrer ausziehen wolte/vnd lies ihn fragen/obs ihm gelingen/vnd er siegen solte/ wie ihn seine 400.Propheten vertröstet hatten. Da antwortet Micha/das es nicht wol zugehen würde/ vnd seine Propheten hetten aus falschem Geist geweissaget vnd ihn betrogen.

G ij   Auff

Etliche Historien/ am 6. Sontage/

Auff solches schlug jhn einer aus den falschen Propheten/ Zidekia mit Namen/ auff den Backen/ vnd Achab setzet jhn in einen Kercker/ das man jhn da mit Brodt vnd Wasser des Trübsals speisen solte/ bis er mit frieden wider keme. Aber wie Micha gesaget/ so gieng es/ Achab ward erschossen/ sein Volck erschlagen/ vnd der falsche Prophet Zedekia kam auff dem heimlichen Gemach vmb/ 1. Reg. 22, 2. Corinth 18.

Vnd weil er gewesen ist zu den zeiten des Propheten Esaie/ führet er auch desselbigen Propheten wort/ so im andern Capitel stehen. Das man wol spüret/ wie die Propheten/ so zu einer zeit gelebet/ von Christo schier einerley Wort geprediget haben/ als hetten sie sich miteinander dauon berathschlaget.

Es ist aber der seinen Propheten einer/ der das Volck vmb seiner Abgötterey willen hefftig straffet/vnd den künfftigen Christum vnd sein Reich jmmerdar anzeucht. Vnd ist für allen in dem Stück ein sonderlicher Prophet/ das er Bethlehem/ die Stadt/ so gewis deutet vnd nennet/da Christus geboren solt werden. Daher er auch im Newen Testament hoch gerhümbt gewesen ist/ wie das Mattheus am 2. Capit. wol ausweiset.

Summa/ Er schilt/ er weissaget/prediget/etc. Aber entlich ist das seine Meinung/ Wenn es gleich alles müste zu drummern gehen/ Israel vnd Juda/ so wird doch der CHRISTVS kommen/ders alles gut machen wird. Gleich wie wir jetzt müssen straffen/schelten/trösten/vnd predigen/etc. Vnd darauff sagen: Wenn es denn alles verloren ist/ so wird CHRISTVS am jüngsten tage kommen/ vnd vns von allem Vnglück helffen.

Nahum.

Nahum/ der Prophet weissaget von der zerstörung/ so die Assyrer wider das Volck Israel vnd Juda vben solten/ wie denn durch Salmanassar/ vnd Sanherib geschehen ist/ vmb jhrer grosser Sünde willen. Doch so fern/ das die vbrigen Frommen solten erhalten werden/ wie dem Ezechia vnd seines gleichen widerfaren ist. Darumb scheinet er/ als sey er vor Esaia gewest/ oder je vmb dieselbige zeit.

Darnach verkündiget er die Verstörung des Königreichs zu Assyrien/ sonderlich der Statt Niniue/ welche vorhin zur zeit Jona sehr fromm war/ Aber hernach wiederumb voller Bosheit ward/vnd die Gefangenen an Israel sehr plageten. Also tröstet er (nach seinem Namen/ Denn Nahum heist Consolator, ein Tröster) das Volck Gottes/ wie jhre Feinde/ die Assyrer/ sollen widerumb verstöret werden.

Habacuc.

Habacuc/ dieser Prophet hat gelebet vnd geweissaget zur zeit der Könige/ Joiakim vnd Zedekia/ vnd ist ein Trostprophet/ der das Volck hat sollen stercken vnd auffhalten/ das sie nicht verzweifflen an Christi Zukunfft/ es stelle sich wie seltsam es wolle. So weissaget er nun zwar von der Babylonischen Gefengnis/ Aber in des tröstet er auch sein Volck/ wie man ein arm weinend Kind oder Menschen hertzet/ das es schweigen/ vnd zu frieden sein solle/ weil es/ ob Gott wil/ besser/ vnd sie wider erlöset/ vnd von CHRISTO geseliget werden solten.

Vnd trifft also sein Ampt vnd Prophecey/ mit seinem Namen ein/ Denn Habacuc heisset auff Deutsch ein Hertzer/ oder sich mit einem andern hertzet/ vnd in die Arm nimpt/ Also thut er mit seiner Weissagung auch/ er hertzet sein Volck/ vnd nimmets in die Arm/ das ist/ Er tröstet sie/ vnd helt sie auff/ wie man ein arm weinend Kind oder Menschen hertzet/das es schweigen/vnd auffhören sol zu weinen/wie gesagt/ etc. Lutherus.

Zephania.

Nach der heiligen drey König tage.   38

Zephania.

ZEphania/ Dieser Prophet ist gewesen zur zeit Jeremia/ der vnter dem Könige Josia geweissaget hat. Darumb weissaget er auch eben dasselbige/ das Jeremias/ nemlich/ das Jerusalem vnd Juda sol zerstöret/ vnd das Volck weg geführet werden/ vmb jhres vnbußfertigen bösen Lebens willen.

Er weissaget aber nicht allein Juda solches Vnglück/ sondern auch allen vmbligenden Ländern/ vnd Nachebarn/ als den Philistern/ Moab/ ja auch den Moren vnd Assur/ Denn der König zu Babel solte eine Ruhte GOTTES sein vber alle Lande.

Jm 3. Capitel weissagt er aus der massen herrlich vnd klerlich/ von dem frölichen vnd seligen Reich CHRJSTJ/ das in aller Welt ausgebreitet solt werden. Vnd wiewol er ein kleiner Prophet ist/ so redet er doch mehr von CHRJSTO/ denn viel andere grosse Propheten/ auch schier vber Jeremiam. Damit er widerumb reichlich tröstet das Volck/ Auff das sie in der Babylonischen Gefengnis vnd Vnglück/ an Gott nicht verzweiffelten/ als hette er sie ewiglich verworffen/ sondern gewis weren/ Das sie nach solcher straff wider zu gnaden kommen/ vnd den verheissenen Heiland/ Christum/ mit seinem herrlichen Königreich kriegen solten.

Haggai.

HAggai/ ist der erste Prophet/ so nach dem Gefengnis Babel/ dem Volck gegeben ist/ durch welches Weissagung der Tempel vnd Gottesdienst wider angerichtet ward. Darzu jhm hernach vber zween Monden/ Sacharia zum Gesellen gegeben ward.

Er schilt aber das Volck/ das sie den Tempel vnd Gottesdienst anzurichten/ nichts geacht/ sondern allein auff jhre Güter vnd Heuser fleissig gedenckt hatten/ darumb sie auch geplaget wurden mit thewrer zeit/ vnd schaden am Geweche/ Weins/ Korns/ vnd allerley Getreides/ zum exempel allen Gottlosen/ die Gottes Wort vnd Dienst nicht achten/ vnd jmmer in jhren Sack geitzen/ Solchen allen gilt dieser Text/ da er saget: Jhr Sack sol löcherig sein.

Er weissaget auch von CHRJSTO im 2. Capit. Das er schier kommen solt/ ein Trost aller Heiden/ damit er heimlich anzeiget/ Das der Jüden Reich vnd Gesetz sol ein ende haben/ vnd aller Welt Königreich zerstöret/ vnd CHRJSTO vnterthan werden/ welches bisher geschehen ist/ vnd bis an den jüngsten tag nimmer geschicht/ da wirds denn alles erfüllet werden.

Sacharia.

SAcharia/ Dieser Prophet ist auch nach der Babylonischen Gefengnis gewest/ vnd hat sampt seinem Gesellen Haggai/ Jerusalem vnd den Tempel helffen wider auffbawen/ vnd das zerstrewete Volck helffen wider zusamen bringen/ auff das widerumb ein Regiment vnd Ordnung jm Lande angerichtet würde.

Er ist aller tröstlichen Propheten einer/ denn er viel lieblicher vnd tröstlicher Gesichte fürbringt/ vnd viel süsser vnd freundlicher wort gibt/ damit er das betrübte vnd zerstrewete Volck tröste/ vnd sterke/ etc. Solches thut er bis ins 5. Capitel.

Darnach weissaget er auch/ das Christus von den Jüden verkaufft solte werden/ vmb 30. Silberling/ darumb er sie auch verlassen würde/ das Jerusalem entlich zerstöret/ vnd die Jüden in Jrrthumb verstockt/ vnd zerstrewet solten werden/ vnd also das Euangelium vnd das Reich Christi vnter die Heiden kommen/ nach dem Leiden Christi/ damit er vorhin/ als der Hirte/ geschlagen/ vnd die Apostel/ als die Schaffe/ zerstrewet

Etliche Historien/am 6.Sontage/

zerstrewet solte werden/ Denn er muste vorhin leiden/ vnd also in seine Herrligkeit eingehen.

Es hat aber der Prophet Haggei zu predigen angefangen/im andern Jhar Darij am 1.tage des 6.Monden/wie zu sehen ist/Haggei am 1.Capit. Es ist aber dis Jhar/ das 3452. Jhar / von der erschaffung der Welt/ vnd das 519. Jhar vor der Geburt Christi.

Zacharias aber hat angefangen zu predigen vnd zu weissagen/ im andern Jhar Darij/im 8.Monden/Zachariæ Cap.1. Vnd haben also diese Propheten zugleich in einem Jhar/vnter einem König geprediget/wie im Buch Esræ Cap.5.zu sehen. Desgleichen im Iosepho, lib.11 Cap.3. Item, in Philone, Hieronymo vnd Eusebio.

Im Jhar/nach der Welt erschaffung/3486. vor Christi Geburt/ 485. starb der König Darius/als er 36. Jhar regieret hatte/ Herodotus lib.7. Darnach im folgenden Jhar sein die Propheten Haggei vnd Zacharia gestorben/ Desgleichen auch Maleachi/vnd ist darnach kein Prophet mehr gewesen in Israel.

Maleachi oder Malachias.

Maleachi/ Diesen halten die Ebreer/ er sey der Esra gewesen/ aus seiner Weissagung ist zu nemen/ das er nicht lang gewest ist vor Christi Geburt/ vnd der letzte Prophet/ Denn er selbst spricht im 2.Capit. Das Christus der HERR bald kommen solle.

Ist ein feiner Prophet/ der schöne Sprüche hat/ von Christo vnd dem Euangelio/ welches er nennet ein rein Opffer in aller Welt/ Denn durch das Euangelium wird Gottes gnade gepreiset/welches ist das rechte reine Danckopffer.

Item/ Er weissaget auch von der zukunfft Johannis des Teuffers/ wie er Christus selbst/ Matth. am 11. deutet/ vnd Johannem seinen Engel vnd Eliam nennet/ Dauon Maleachi schreibet/ etc.

Die fürnembsten Lehrer des Newen Testaments/ zun zeiten des HERRN CHRISTI, seind Johannes der Teuffer/ Johannes der Apostel/ Petrus Andreas/ Jacobus der grösser/ Jacobus der kleiner/ Philippus/ Bartholomeus/ Mattheus/ Judas Lebbeus vnd Thaddeus/ Simon vnd Simeon/ Matthias/ Paulus.

Von diesen/weil in Festen bey eines jeden tag/ so viel gedacht worden/ als notwendig/ vnterlassen wirs hie billich/ Wollen aber gleichwol/ der berühmbsten vnd fürnembsten/ so denen folgen/ vnd der aller Eltesten vnd besten gedencken. Folgt demnach in solcher ordnung.

Marcus der Euangelist.

Marcus der Euangelist/ ist auch ein Jüde gewesen/ seine Mutter ward genennet Maria/ welche zu Jerusalem gewohnet hat/ in einem Haus/ da die Christen pflegten zusammen zu kommen/ Denn Lucas Actor.12. saget: Das Petrus, als er in der Nacht durch den Engel aus dem Gefengnis geführet/ kommen sey für das Haus der Mariæ/ der Mutter Johannis/ mit dem Zunamen Marcus/ da ihr viel beysamen waren/ vnd beteten. Vnd aus Paulo/ zun Colossern am 4. Cap. sihet man/ das er des Barnabæ Neffe gewesen sey.

Er ist den Aposteln lieb gewesen/ darumb sie ihn auch zu einem Mitgehülffen im Wort haben angenommen/ mit welchen er manche ort durchwandert vnd durchreiset hat/ Vnd ob er wol in Pamphilia Paulum verlassen/ dennoch hat er nicht

auffge-

Nach der heiligen drey König tage. 39

auffzuhöret/ in der ausbreitung des Euangelij zu arbeiten / vnd da sie jhn nicht wolten mit zu einem Geferten haben / hat Barnabas jhn zu sich genommen / vnd ist mit jhm in Cyprern geschifft / wie dis in der Apostel Geschichten am 5. Capitel erzehlet wird.

Er ist mit auff dem Concilio zu Jerusalem gewesen / vnd hat persönlich gehört / der Apostel / vnd anderer Gottfürchtiger Männer vnterredung / von hochwirdigen Sachen / Paulus gedenckt sein / in der 2. an Timotheum am 4. Capit. Da er spricht: Nim Marcum zu dir / vnd bring in mit/ denn er ist mir nütze zum Dienst. Es bekennet auch Paulus in der Epistel an Philemon / das Marcus bey jhm zur zeit Neronis zu Rom gewesen sey/ vnd er grüsset den Philemon/ von seinet wegen. Vnd in der Epistel an die Colosser am 4. Capit. schreibet er also: Es grüsset euch Marcus / der Neffe Barnabe / von welchem jhr Befehl empfangen habt/ So er zu euch kommet/ nemet jn auff.

Er ist auch eine zeit lang Petri getrewer Hülff gewesen/ Denn in der 1. zun Corinthern am 5. Capit. spricht er: Es grüsset euch/ die sampt euch auserwehlet sind zu Babylonia / vnd mein Sohn Marcus. Dieses / vnd nicht mehr / findet man von Marco in der heiligen Schrifft.

Das Euangelium Buch/ welches er von Johannis Predigt vnd Tauffe / von des HERRN Christi Leben / Wercken / Lehr / Tod / Aufferstehung vnd Himmelfart / auffs kürtzest beschrieben/ sol er aus Petri vnd Pauli gehörten Predigten / auff der gleubigen Brüder fleissiges anhalten/ zusammen getragen / vnd es zu Alexandria in Egypten/ wie ers verzeichnet/ geprediget haben/ Auch daselbst folgendes im 8. Jhar des Keiserthumbs Neronis seinen Geist auffgegeben haben. Eusebius lib. 2. cap. 15. 16. lib. 3. cap. 4. 39. Ireneus lib. 3. cap. 1. Hieronymus de viris illustribus.

Lucas Euangelista.

LVcas ist aus der berhümbten Stadt Antiochia gewesen/ wie Eusebius schreibet / vnd ein berhümpter Artzt am selbigen ort / wie jhn denn Paulus auch selbst einen Artzt nennet/ zun Colossern am 4. Cap. Es grüsset euch/ spricht er/ Lucas der Artzt/ etc. Welcher hernach zum Christlichen Glauben bekeret/ vielleicht von Paulo selbst/ als er zu Antiochia das Euangelium predigte / im 38. Jhar Christi/ Wiewol auch für S. Paulo etliche Männer von Cypern vnd Barnabas zu Antiochia das Euangelium vom HERRN Jhesu Christo geprediget haben/ wie aus der Historia der Apostel Geschicht am 11. Capit. zu sehen/ durch welche er auch hat können bekehrt / vnd zum Glauben vnd erkentnis CHRISTI gebracht werden.

Epiphanius helts darfür/ das Lucas ist einer gewesen aus der zahl der siebentzig Jünger Christi/ welchen S. Paulus darnach als einen Mitgeferten / zu seiner Reise/ jhm sol auserlesen haben. Aber dieser Meinung ist zu wider/ das Lucas von sich selbst schreibet/ in seinem Euangelio/ am 1. capit. Theophilactus schreibet/ Das etliche warhafftig bezeugen/ das Lucas sey der gewesen/ welcher mit Cleopha am Ostertage in den Flecken Emahus gegangen / etc. welches auch keinen Grund hat. Aber das ist gewis/ das er S. Paulo ein trewer angenemer / vnd heilsamer Gehülffe / die Gemeine GOTTES zuerbawen/ gewesen ist/ Ja in der 2. Epistel an die Corinther am 8. capit. schreibet S. Paulus / Das Lucas sey verordenet von den gemeinen Geferten/ seiner Reise/ der neben vnd mit jhm viel Arbeit gethan/ vnd grosse vnd mannichfaltige Gefahr ausgestanden hat.

H iiij Die

Etliche Historien/ am 6. Sontage/

Die erste Reise/die Lucas mit S. Paulo gethan/ist geschehen/nach dem Synodo zu Jerusalem/im 5. Jahr des Keisers Claudii/Nach Christi Geburt im 48. Jahr. In welcher Reise er mit Paulo die Länder des kleinen Asien/durchgezogen hat/Denn das er in derselbigen Reise mit gewesen/kan man aus seinen eigenen worten sein spüren vnd abnemen.

In der Apostel Geschicht/ am 15. Capit. gedencket Lucas selber dieser Länder/ das sie in Syrien/welches an Antiochiam stösset/anfenglich haben das Euangelium ausgebreitet/Darnach/das sie gegen Mitternacht vnd gegen Abend gezogen sind/ vnd die Stedte in Cilicia besucht/Denn die Stadt Tharsen/in welcher Paulus erzogen vnd geboren/ist in dieser Gegend sehr berhümpt vnd namhafftig gewesen. Von bannen/wie er im 16. Capit. vermeldet/sind sie gen Derben vnd Lystram/in die Stedte Lycaoniæ gezogen/in welchen/da sie jhr Ampt ausgerichtet/sind in das Land Galatiam/vnd Phrygiam/vnd Misiam/ankommen/Letzlich kamen sie hinab gen Troada/Da Paulus vom Engel bey der Nacht eine newe Offenbarung bekam/das er sich in Europam begeben solte/vnd in Macedoniam die frölich stimme des Euangelii verkündigen.

Dieser allerherrlichsten Ausbreitung der Lehr Christi/hat Lucas mit angeschawet/vnd auch darzu geholffen/vnd ist zwar solches nicht one sonderliche grosse Frucht vnd Nutz abgangen/weil er der Griechischen Sprach erfaren gewesen. Hat derweg en sampt dem Paulo vnd Sila geprediget vnd gelehrt in Samotracia/in Neaplen/in Philippis/vnd wie er am 17. Capitel weiter schreibet/zu Thessalonichen/zu Berrhoen/vnd in der weit beruffenen Stadt Athen. Darnach wie er in den folgenden Capitteln anzeiget/hat er auch geprediget zu Corintho/welche Stadt in der enge des Erdreichs Peloponnesi gelegen.

Nach dem sie solche Reise vollbracht/schiffet Lucas widder mit Apollo in Asiam/ vnd verforget mit jhm zugleich das Predigampt in der Stadt Ephefo/ Wie solches in der Apostel Geschicht/am 19. Capit. zu finden ist.

Da nun Sanct Paulus von newen eine Reise in Macedoniam fürnam/wie man dauon nach der lenge im 20. Capit. lesen mag/machet er sich auff mit jhm auff denselbigen weg zum Geferten/Vnd nach dem sie viel Länder in Macedonien vnd Græcien durchzogen hatten/vnd daselbst GOTTES Wort verkündiget/kehret er sich widder mit Paulo/welchen er von Troada gen Jerusalem weisete/dahin sie das Gelt/so sie zur Stewer vnd vnterhaltung der Armen/hinvnd widder von vielen Kirchen gesamlet war(2. Corinth. 2.)gebracht/vnd beygelegt haben.

Wie nu zu Jerusalem Paulus gefangen/hat on allen zweiffel Lucas seine Bekentnis nicht vnter die Banck gesteckt/ja/er ist auch dem Paulo/wie er gefenglich vnd gebunden/bis gen Rom gefüret/nachgefolget/da er denn GOttes Wort zu lehren/ keine mühe vnd fleiß gesparet hat. Vnd das Lucas nicht ein vnberhümbter Doctor, oder Lehrer des Euangelij gewesen/das kan man aus der andern Epistel an die Corinther vrtheilen/da er spricht : Wir haben vnsern Bruder gesandt/der das lob hat am Euangelio/durch alle Gemeinen.

Es hat Lucas zwey Bücher geschrieben/welche noch vorhanden sein : Eins/ das man sein Euangelium nennet/darinnen die gantze Historia von CHRISTO vnserm HERRN/sein ordentlich verfasset ist.

Das ander/welches man die Geschichte der Apostel nennet.

Die Euangelische Historia aber von CHRISTO hat er beschrieben/Denn die andere von den Aposteln/vnd lest sich ansehen/als hette er der Apostel Geschicht zu Rom/nach dem Paulus zwey Jhar lang allda gefenglich gehalten ward/beschrieben/dieweil er auff diese zeit die Historien Pauli führet/vnd damit bald abbricht.

Das

Nach der heiligen drey König tage.

Das Euangelium aber hat er geschrieben/da Paulus noch frey war/vnd Macedoniam vnd Asiam durchreisete/ Denn in der andern an die Corinther/ gedencket der Apostel des Lucæ Euangelij/wie es die Gelehrten darfür halten. Hieronymus in der Vorrede vber den Mattheum/spricht: Das Lucas in Achaia vnd Bœtia sein Euangelium gemacht habe.

Er hat aber sein Euangelium vnd Historien von Christo/nicht von sich allein beschrieben/sondern aus vnterricht S. Pauli/vnd sonderlich der andern Aposteln aller/ Welche gute wissenschafft von den Geschichten gehabt haben/ die sich mit Christo begeben vnd zugetragen haben/wie er selbst in seiner Vorrede vber das Euangelium bezeuget/da er saget/Das er die Historien erfahren habe von denen/die im anfang bey Christo gewesen/seine Predigten gehöret/vnd seine Zeichen vnd Wunder gesehen haben/bis auff den tag/da er von jhnen ist gen Himmel genommen worden. Was er aber in den Geschichten der Apostel schreibet/das hat er des meisten theils selbst gesehen/weil er einer voll des Mitgehülffen gewesen.

Das Lucas in grossem Alter gewesen sey/ vnd das 84. Jhar erreichet habe/das schreibet Hieronymus in seinem Cathalogo. Vnd das er lang gnug im Ampt gewest/ ist aus der Histori Pauli klar/ Denn vmb das 48. Jhar des HErrn/ Nemlich/nach dem Concilio zu Jerusalem/ tritt er in das öffentliche Ampt zu lehren.

Im Jahr aber des HERRN 70. ist Paulus zu Rom vmbgebracht/ Zu welcher zeit Lucas bey Paulo gewesen ist. 2. Timoth. am 4. Capit. Derhalben 22. Jhar in hohen Beschwerungen vnd Fehrligkeiten/ das Euangelium Christi in mancherley örter vmbgetragen hat.

Philippus/ *Diacon vnd Euangelista.*

Dieser Philippus hat zu *Cæsarea* gewohnet/ vnd hat viel Töchter gehabt/ welche alle Prophetin gewesen sein/ vnd geweissaget haben/ Vnd was von Philippo in den Geschichten am 6. vnd 8. vnd 23. Capit. gesagt wird/ das ist alles zuverstehen/ nicht vom Apostel Philippo/ sondern von diesem Philippo/ dem Diacono, welchen Lucas auch einen Euangelisten nennet.

In den Geschichten der Apostel am 8. Capit. erzehlet Lucas/ wie dieser Philippus in der zerstörung der Jünger vnd Brüder zu Jerusalem/ durch die Verfolgung/ so entstanden war in der Stadt Samaria/ das Euangelium mit grossem Nutz vnd Frucht gepredigt habe. Er gedencket auch der Zeichen vnd Wunder/ die Philippus durch GOTTES krafft gethan hat/ als/ Das er die vnreinen Geister ausgetrieben/ Lahme vnd Gichtbrüchtige gesund gemacht habe/ vnd derwegen sehr beruffen gewesen sey. Vnd wie eine grosse mennige der Menschen er zu CHRISTO gebracht/ vnd geteuffet habe/ Vnter welchen auch gewesen ist Simon/ der Zauberer.

Darnach zoge Philippus mit Petro von Samaria gen Jerusalem/ vnd predigte das Euangelium in vielen Samarischen Flecken. Darnach zoge er durch eingebung eines Engels/ gen Gaza/ Da kömpt er vnter wegen an einen Moren/ der Königin Candaces oberster Cammerer/ welchen er durch sein Vnterricht vnd Predigt/ zum Glauben gebracht vnd geteuffet hat.

Hernach wird er gefunden zu Asdod/ im Jüdischen Lande/ von dannen er aus zeucht/ vnd prediget das Euangelium in allen Stedten/ so an derselben Grentze lagen/ vnd kömpt letzlich gen Cæsarea/ Da denn Paulus von Ptolomaide ausgezogen/ zu jm einkehret/ wie Lucas in den Geschichten am 23. Capit. erzehlet/ Daselbst sol er auch entlich eines stillen vnd geruhigen todes gestorben sein/ wie Vincentius im 7. Buch am 73. Cap. Vnd im 5. Buch/ Petrus de Natalibus, am 91. Cap. geschrieben haben.

Barnabas.

Etliche Historien/ am 6. Sontage/
Barnabas.

Jesen Namen gaben die Apostel dem Leuiten Joses/ auß Cypern/ einem frommen Mann/ voll heiliges Geistes vnd Glaubens/ Das bald nach seiner Bekehrung seinen Acker verkauffete/ vnd leget das Gelt zu der Apostel Füsse/ Actor. 4. 11.

Da Paulus hernach vnlangst gen Jerusalem zu den Gleubigen kam/ vnd sie jhm nicht wol vertrawen dorfften/ das er ein Jünger Christi were/ nam jn Barnabas zu sich/ führete jhn zu den Aposteln/ vnd erzehlet jhnen/ wie er auff der Strassen den HERRN gesehen/ vnd er mit jhm geredt/ vnd wie er zu Damasco den Namen Jhesu frey geprediget hatte/ Actor. 9.

Vmb dieselbige zeit/ da die Kirche Jhesu/ nach Stephani todt/ anfieng zu wachsen/ vnd die Heiligen zu Jerusalem höreten/ wie man das Euangelium auch zu Antiochia annemme/ sandten sie Barnabam dahin/ Welcher/ da er die gnade Gottes an den Jüngern zu Antiochia sahe/ ward er fro/ vnd ermahnet sie alle/ Das sie mit festen Hertzen vnd Glauben an dem HERRN bleiben vnd verharren wolten. Zoge folgends auch gen Tharsen/ Paulum wider zu suchen/ Vnd wie er jhn fand/ führete er jn gen Antiochia/ Vnd als sie daselbst bey der Gemeine ein gantz Jahr verharret/ vnd viel Volcks gelehret hatten/ schicket man sie mit einer gemeinen Handreichung für die armen Brüder in Judeam/ vnd Jerusalem zu den Eltesten/ Actorum am eilfften Capit.

Darnach kamen sie beide wider gen Antiochiam/ Wurden von dannen vom heiligen Geist ausgesendet gen Seleuciam/ vnd in Cypern/ bekehreten in der Stadt Paphos/ Sergima Paulum/ den Landvogt/ schiffeten folgends gen Bergen ins Land Pamphilia/ Vnd wie sie Antiochien im Lande Pisidia erreichet/ vnd daselbst von dem HERRN CHRISTO predigten/ widersprachen jhnen etliche Jüden/ vber dieselbigen schüttelten sie den Staub von jhren Füssen/ Actorum am dreyzehenden Capit.

Zogen darauff gen Iconien/ vnd lehreten daselbst auch eine gute zeit/ vnd sich die Einwohner vber jhrer Lehre trenneten/ vnd ein Aufflauff ward/ Da flogen sie in die Stedte des Landes Lycaonia/ gen Lystram/ vnd in die Gegent vmbher/ vnd predigten das.lbst.

Als Paulus zu Lystra einen gebornen Lahmen auffrichtet/ hielte das Volck jhn für Mercurium/ den Barnabam aber für den Jupiter/ vnd wolten jhnen beiden/ wie Göttern/ opffern/ Aber es ward dasselbige Volck gewendet/ das es Paulum steinigte/ vnd zur Stadt hinaus schleiffete.

Da gieng Paulus am andern tage/ mit Barnaba gen Derben/ vnd verkündigeten derselben Stadt das Wort GOTTES/ Zogen als denn wider gen Lystram/ Iconiam/ vnd Antiochiam/ ermahneten die Jünger/ Das sie im Glauben blieben/ Zeigeten darneben an/ das wir durch viel Trübsal in das Reich GOTTES gehen müsten/ vnd ordeneten hin vnd her Eltesten in den Gemeinen/ Actorum am funffzehenden Cap.

Darnach reiseten sie durch Pisidiam/ kamen in Pamphiliam/ vnd redeten das Wort des HERRN zu Bergen/ zogen weiter hinab gen Attalion/ schiffeten/ von dannen wider gen Antiochiam/ verkündigeten allda der Gemeine/ wie viel Gott mit jhnen gethan hette/ Actor. am 15. Capit. Bis entlich Jüden gen Antiochien kamen/ vnd die Brüder bereden wolten/ sie müsten sich beschneiden lassen/ denen widerstund Paulus vnd Barnabas hefftig/ Vnd da sie von der Gemeine gen Jerusalem/ zu den

Eltesten

Nach der heiligen drey König tage.

Eltesten Aposteln/vmb dieses Puncts willen/gesandt wurden/zogen sie durch Phenicien vnd Samarien/erzehleten da den Wandel der bekehrten Heiden für den Brüdern/kamen nachgehendes glückselig gen Jerusalem/vnd trugen da jhre Sache den Aposteln für/die fertigten sie bald wider ab/mit Brieffen/des Inhalts/Das man die gleubigen Heiden/mit den Mosaischen Ceremonien nicht beladen solte. Vnd da Barnabas vnd Paulus neben andern solchen Bericht der Gemeine zu Antiochia fürgehalten/lehreten sie allda noch etliche tage/darnach zog Paulus in Syriam/vnd Cilicien/Barnabas aber schiffte mit Marco in Cyprum/Actorum am 15. Capit.

Zun Galatern am 2. Capit. stehet geschrieben/Wie Petrus Barnabam zu Antiochia verführet habe/das er mit jhm heuchelte/vnd in der gleubigen Jüden gegenwart/nicht mit den bekehrten Jüden essen wolte/ Darumb sie denn beide von Paulo/das sie in dem fall nicht richtig nach dem Euangelio wandelten/gestrafft sein worden.

Eusebius zeiget im ersten Buch an/am 12. Capit. Barnabas sol einer vnter den 70. Jüngern gewesen sein. Vnd Author supplementi Chronicorum meldet/Er habe zu Salamia entlich gelitten. Etliche schreiben/das er vmb das siebende Jhar Neronis getödtet sey.

Timotheus.

EIn Gottfürchtiger Jünger zu Lystra/geboren von einem Griechischen Vater/aber einer gleubigen Mutter/Actor. 16. 2. Timoth. 1. Der von Kindheit auff die heilige Schrifft gelesen/vnd hatte ein gut Gerüchte/auch vor seinem Beruff/bey den Brüdern vnter den Lystranern vnd Iconien/Ward zu Lystris vom Paulo/vmb etlicher schwachen Jüden willen/so zu entgegen waren/beschnitten/empfiengen darauff die Gabe eines völligen Glaubens/vnter der auffiegung der Hende Pauli/vnd den andern Eltesten/vnd bekamen ein grosses Lob von Paulo/Das er jhn seinen Bruder/einen Diener GOTTES/jhm Gehülffen im Euangelio CHRISTI/vnd einen rechtschaffenen Sohn im Glauben nennet/welcher gar seines sinnes were/vnd jhm/als ein Kind dem Vater/hette gedienet am Euangelio.

Er zoge mit Paulo gen Lystram durch Phrygiam/Galatiam/Macedoniam/Amphypolim/vnd Apolloniam/bis gen Thessalonich. Zu Thessalonich bleib er eine weile mit Sila/auff Pauli verwilligung/kam hernach wider zu Paulo gen Athen/vnd Corinth/vnd dienete jhm mit seiner widerkehr durch Macedoniam/reisete auch mit jhm in Asiam/ward von jhm gebeten/folgends zu Ephesso in der Gemeine zu bleiben/vnd halff Paulo die andere Epistel an die Corinther/so wol als auch die an die Philipper/Colosser/Thessalonicher/vnd an Philemon/schreiben. Solches alles findet man fierlich geschrieben/in den Geschichten der Apostel/vnd in den Episteln des heiligen Pauli.

Er kam zu Paulo gen Rom in seiner Gefengnis/Phili. am 1. Capit. Vnd sol der erste Bischoff der Epheser gewesen/Auch entlich daselbst von den Heiden/mit Pfeilen vnd Steinen/zu tode geschossen vnd geworffen sein worden. Eusebius lib. 3. cap. 4. Vincentius lib. 38. cap. 10. aus dem Polyorate, Henricus de Erfordia setzt/Das Timotheus vnter dem Keiser Nerua sey getödtet worden. Nicephorus aber schreibe in 3. Buch/am 7. Cap. vnterm Domitiano.

Titus.

Etliche Historien / am 6. Sontage /
Titus.

EIn gleubiger Jünger aus Griechenland / von Heidnischen Eltern geboren / den Paulus nach der Bekehrung / seinen rechtschaffenen Sohn / nach dem Glauben nennet. Item / seinen Gesellen und Gehülffen / welcher mit jhm in einem Geist und einerley Fußtapffen gewandelt habe. Denn Paulus wolte jhn den falschen Brüdern zugefallen nicht beschneiden lassen / nam jhn mit sich aus Cilicia gen Jerusalem / darnach führet er jhn mit in Cretam / und ließ jhn daselbst / das er vollent solt anrichten / da ers gelassen hatte / und besetzet die Stedte hin und her / mit Eltesten. Aus Creta kam er folgendes gen Corinth / und von dannen in Macedoniam zu Paulo / erzehlete jhm da / mit was Gotseligkeit jhn die Corinther auffgenommen / und seiner Vermanung gefolget hetten.

Die ander Epistel Pauli an die Corinther / bracht er von Philippis gen Corinth. Besuchte Paulum zu Rom / in seiner Gefengnis / zoge von dannen in Dalmatiam / und sol aus Dalmatia wider in Cretam verruckt / und daselbst gestorben sein. Solches findet man beim Paulo in seinen Episteln / und beim Eusebio, lib. 3. Cap. 4. und Sophronio. Es schreibet auch Eusebius und Sophronius / das Titus der erste Bischoff deren zu Creta gewesen sey / und daselbst gestorben und begraben.

Silas.

SIlas ist des Pauli und Barnabe Geferte und Mitgehülffe gewesen / welchen Lucas in den Geschichten am 15. Capit. eben dasselbige zueignet / so er dem Jude zuleget / Als nemlich / die Gabe der Weissagung / und ein herrlich ansehen bey den Brüdern zu Jerusalem. Und als eine Zwispalt zwischen Paulo und Barnaba entstanden / ist er mit Paulo in Syrien und Cilicien gezogen / die Gemeine zu stercken. In derselbigen Reise hat er eben das / was Paulus erlitten / nemlich / das er zu Philippis ist verklagt / geschlagen / gefangen / Da Paulus den Warsager Geist von der Magd ausgetrieben hatte / wie in Geschichten zu lesen.

Von dannen ist er nach wunderbarlicher erlösung aus dem Gefengnis / und als er zuvor den Kerckermeister / und viel andere bekehret hette / mit Paulo ausgezogen / und gen Thessalonich kommen / und von dannen abermahl gen Borrhoen / und als daselbst ein Auffruhr und Lermen wider Paulum erreget ward / ist Paulus heimlich von den Brüdern bis ans Meer beleitet worden. Silas aber ist mit Timotheo / welchen Paulus kurtz zuvor zu einem Geferten angenommen hatte / daselbst geblieben. Hernach wie er durch Brieffe von Paulo gefordert ward / ist er sampt dem Timotheo wider gen Corinthum zu jhm kommen / Actor. 16. 17. 18.

Petrus de Natalibus schreibet / Das einer von den 70. Jüngern / und Bischoff zu Corinth gewesen / und entlich in Macedonia ein Märterer geworden sey.

Apollo.

DJeses Namens war ein Jude / der Geburt von Alexandria / ein beredter eifferiger Mann / wol erfahren in der Schrifft / und anfenglich ziemlich unterwiesen in dem Wege des HERRN. Da er aber gen Ephesum kam / zur zeit des Keisers Claudii / redet er daselbst in der Synagoga mit brünstigem Geist / und lehrete mit fleis unsern HERRN.

Darnach zog er mit den Brüdern von Epheso / verschifft in Achaiam / und halff daselbst denen / die gleubig worden / durch die verlihene Göttliche Gnade / denn er uberwandt die Jüden bestendiglich / und erweisete öffentlich / durch die Schrifft / Das Jhesus der Christ / und der verheissene Messias sey / Actor, am 18. Capit. Folgendes verruckt

Nach der heiligen drey König tage.   42

ruckt er gen Corinth/vnd predigte auch daselbst/Das Euangelium neben Paulo/Acto-
rum am 19. 1. Corinth.1. 3. 4. 16. Tit.3.

Theophilus.

DER fürtrefflichen Lehrer einer in der Kirchen zu Antiochia/ vnter
dem Keiser Aurelio Vero, dem die Religion ein ernst gewesen ist/ Denn er
hat einen sehr Christlichen Eiffer gehabt/ wie seine Schrifften vnd Bücher/
der eines theils noch vorhanden/ gnungsam bezeugen/ Insonderheit aber wird hoch
gelobet vnd gerhümbt das Buch/ das er wider Marcionem geschrieben hat. Vnd saget
Hieronymus/ das es noch zu seiner zeit vorhanden gewesen sey/ welches die Christen
fleissig gelesen/vnd in grossem werdt gehalten haben/etc.

In den Büchern an Antolicum lehret er / Das der Christen Schrifft/ die in
den Prophetischen vnd Apostolischen Büchern stehet/ elter sey/denn aller Heiden
Schrifften vnd Bücher/ vnd das man derhalben die Warheit hieraus allein / als aus
den eltesten Brunnen schöpffen vnd lernen sol.   Auff diesem Grund stehet er getrost/
vnd treibet die Lehr von dem rechten waren Gott / vnd bewehret gewaltiglich/ daß der
Heiden Götter/ertichte Götzen sein.

Aus der Göttlichen vnd wunderbarlichen erweckung des Weitzenkorns/ vnd
anderer Creaturen/ als nemlich/ Wenn der Samen in die Erden geworffen/ daselbst
stirbet vnd verfaulet/ Aber bald widerumb lebendig wird/ vnd lieblich anfehet zu grü-
nen/ vnd seine Frucht zu bringen/ oder/ Wenn ein todtes Blutstrōpfflein GOTT
im Menschen erwecket/ vnd dasselbige zu einem Menschen formieret/ vnd lebendig
macht/etc.   Daraus/sage ich/beweiset auch Sanct Paulus/dieser Theophilus nach
der lenge/ vnd mit vielen worten/ Das gewiß vnd warhafftig eine aufferstehung der
Todten sein werde/in welcher Gott vnsere nichtige/ vnd in der Erden verfaulten Lei-
be/ widerumb erwecken/lebendig vnd herrlich machen wird/etc.

Er lehret auch/ vnd beweiset in denselbigen Büchern/ den Artickel von der
Schöpffung/ vnd das die Welt nicht ewig gewesen sey/ wie die Philosophi ihnen haben treumen lassen/sondern sey von Gott aus nichts durch Allmechtigkeit geschaffen.
Der Mensch auch sey nicht von ihm selbst entstanden/ oder von sich selbst worden/
sondern sey von Gott gemacht vnd erschaffen/gerecht vnd heilig/vnd mit einem freyen
willen/ gutes vnd böses zu thun oder zu lassen/ aus seinen Natürlichen vnd eigenen
krefften vnd vermügen.

Er schreibet auch/das die vrsach des Todes/die Sünde sey/vnd das der Mensch
ewiglich gelebet / vnd nimmermehr gestorben were/ wenn er sich nicht durch vbertrettung an Gott hette versündiget/vnd seine Gebot mutwillig vbertretten. Vnd an diesem ort weiset er Antolycum zu den aller eltesten Zungen/ nemlich/ zu Mose / erkleret
vnd leget aus / Das erste/ ander/ vnd dritte Capitel / aus dem ersten Buch Mose / von
wort zu wort.

Vnd zu letzt vertritt vnd verthedigt er die Christen/ vnd entschüldiget sie wider
der Heiden Lügen / vnd Calumnien/ welche den Christen schuld gaben/ als weren sie
mit mancherley Lastern/ Sünden vnd Schanden/ besteckt vnd beschmitzet / vnd zeiget an/Das solches auff sie ertichtet were/denn ihre Lehre/ nach welcher sie das Leben
anstellen/ sey eine heilige vnd Christliche Lehre / die böses ergerliches Leben nicht heisse
noch erleube/ sondern viel mehr dasselbige verbiete/ vnd an den Vbertrettern ernstlich
straffe.

Er hat/ wie gesagt/ gelebet bey den zeiten des Keisers Aurelij Veri/ vnd im anfang des Keisers Commodi.   Denn im 3. Buch an Antolycum/ führet er die Rechnung der Jhar/von der Welt Schöpffung an/ bis auff seine zeit/ vnd fasset gleich damit

Etliche Historien/ am 6. Sontage/

mit ein den Todt des Keisers Veri. Eusebius sagt im Chronico/ Das er vber die Kirche zu Antiochia gesetzt sey/ im 8. Jhar des Keisers Veri/ Aber nach Christi Geburt/ Anno 171.

Serapio.

IST ein Bischoff gewesen zu Antiochia/ vnter dem Keiser Commodo/ wie Eusebius schreibt/ lib. 5. cap. 22. wird sehr gerhümpt/ das er ein trefflicher Mann gewesen sey/ wol beredt/ vnd in der Lehr mechtig/ vnd eines brünstigen Eiffers/ vnd bey allen rechten Christen vnd Gleubigen in einem grossen ansehen. Eusebius, lib. 5. cap. 19. vnd Nicephorus lib. 3. cap. 27. gedencket einer Epistel/ die er geschrieben hat/ darinnen er wider des Montani Ketzerey streitet/ vnd dieselbige mit grund aus der Schrifft verwirfft/ vnd verdampt/ Welcher Epistel sich viel Gottesfürchtiger vnd gelehrter Leute vnterschrieben haben/ Wie denn noch bey Eusebij zeiten diese Schrifft verhanden gewesen ist/ welche die Christen fleissig gelesen haben.

Es schreibet auch Eusebius in seinem Chronico/ Das Serapio das Kirchenampt zu Antiochia angenommen habe/ im 10. Jhar des Keisers Commodi/ im Jhar Christi aber/ 192. Vnd beim Nicephoro stehet/ das er der Kirchen eine ebene lange zeit mit grossem Lob vorgestanden sey/ vngefehrlich bey 22. Jharen: Denn Anno Domini, 214. ist Asclepiades an seine stadt verordenet.

Papias.

IST auch ein berhümpter Lehrer einer gewesen/ nemlich/ ein Bischoff zu Hierapolis/ welches eine Stadt ist gewesen in Asia/ an dem ort Phrygiæ gelegen/ Da es sich zu Lycaonia vnd Lycia nach Mittag werts streckt/ hat gelebet vnd gelehret vnter dem Keiser Traiano. Er sol Johannis des Apostels Jünger gewesen sein/ vnd Condiscipel oder Mitjünger des Polycarpi/ wie solches Eusebius/ vnd aus ihm Nicephorus/ aus dem zeugnis des Irenei anzeiget.

Seiner Gaben gedenckt Eusebius, lib. 3. cap. 35. vnd spricht: Das er durchaus ein sehr wol beredter Mann gewesen sey/ vnd in Gottes Wort/ vnd in der heiligen Schrifft wol erfahren. Doch wird ihm zugemessen der Irthumb der Chiliasten/ als der es mit ihnen gehalten/ das Christi Reich nach der Aufferstehung solte sein ein Weltlich vnd jerdisches Reich/ in welchem die Christen vnd Gleubigen in aller Wollust/ Maiestet/ Pracht vnd Herrligkeit/ mit ihm auff dieser Welt leben/ herschen vnd regieren würden/ tausent Jahr lang. Mehr findet man von diesem Papia nicht.

Polycarpus.

UNter den Apostolischen Mennern/ vnd die bald nach der Apostel Zeit gelebet haben/ ist dieser Polycarpus noch in grossem Beruff gewesen/ hat Johannem den Apostel vnd Evangelisten in eigener Person selbst gehöret/ vnd viel seiner Zeichen vnd Wunder gesehen/ wie Ireneus bezeugt/ im 3. Buch/ am 3. Cap. Er ist ein Bischoff oder Lehrer gewest der Kirchen Christi zu Schmyrnen/ Schmyrna aber ist eine Stadt in Jonia gewesen/ in klein Asia/ an einem lustigen Anfurt des Meers gelegen/ bey dem Meer Aegeo/ vber Epheso/ nach Mitternacht werts. Vnd Ireneus sagt/ das Polycarpus von den Aposteln/ nemlich/ wie Hieronymus schreibet im Cathalogo, eben vom Johanne/ an den ort sey gesetzt worden/ in dem andern oder dritten Jhar Traiani/ wie man meinet/ welches ist das hundert vnd ander Jahr nach Christi Geburt.

Er

Nach der heiligen drey König tage. 43

Er ist in grossem ansehen gewest/nicht allein bey den seinen/sondern auch bey den vmbligenden vnd auslendischen Kirchen. Hieronymus schreibet im Cathalogo, Das Polycarpus der fürnembste in gantz Asia gewesen sey/ darumb/ das er die Aposteln/vnd so Christum gesehen vnd gehöret hatten/zu Præceptoren vnd Lehrern gehabt hatte. Daraus leichtlich abzunemen/ das auch die Kirchen/ so etwa weit gelegen/in schweren vnd verwirrten Religions sachen/ seinen Rath vnd erkendtnis begeret/ vnd geholet haben.

In der Epistel Ignatii stehet/das Ignatius/als er zur marter zoge/habe er seine Kirche zu Antiochia/Polycarpo/als einem getrewen vnd bewehrten Lehrer/befohlen/ dieselbige auffs fleissigste zuuersorgen. Daher ist es auch offenbar/das er mit den hohen Männern/die zu der zeit von wegen der Gottseligkeit/ Glaubens/ Bestendigkeit/ vnd andere Tugenden des heiligen Geistes/ die berhümbtesten gewesen sind/ grosse freindschafft gehabt hat.

Da Ignatius an die zu Antiochia aus Philippen schreibet/grüsset er sie von Polycarpus wegen/ daraus man spüren kan/ das Polycarpus eins theils weges gezogen sey mit Ignatio/vnd ihn als zur guter letze/ geleitet/ als er zu der Marter gienge/ die er zu Rom leiden solte.

Ireneus gedenckt auch/ das Polycarpus gen Rom bey zeiten des Bapsts Aniceti kommen sey/ welches geschehen ist/vmb das Jhar Christi/1557. als Antonius Pius Keiser war. Es schreibet auch gemeldter Ireneus/ das Polycarpus zu Rom ihrer sehr viel/die mit Valentini vnd Marcionis Ketzerey vergifftet waren/zum rechten Glauben widerumb gebracht vnd bekeret habe.

Zwo Historien erzehlet auch Ireneus/ die wol zu mercken vnd zubehalten sein: Eine/das er saget/Wie das etwa damahl eins ihm der Ketzer Marcion gefraget/ Ob er ihn nicht kenne? Ja/hat Polycarpus geantwortet/ Ich kenne dich wol/ du erstgeborner des Teuffels.

Die andere Historia ist/das Polycarpus offt gesagt/ von der Historien/die sich mit Johanne vnd dem Ketzer Cerintho/ zu Epheso begeben vnd zugetragen/ welcher Historien wir anderswo gedacht haben.

Letzlich/ist er ein Märtyrer worden/ vmb des Namens Christi willen/ in der grewlichen Verfolgung/ die Marcus Antonius Verus/ wider die Christen erreget hatte/ Denn in seiner eigenen Kirchen zu Schmyrna/ist er mit Fewer verbrandt worden/ Zu welchem Brandt vnd Fewer etliche seiner eigenen Zuhörer vnd Pfarrkinder/ Holtz mit hauffen getragen haben. Den Lohn hat der fromme heilige Mann vnd thewre Lehrer von der Welt vnd seinen eigenen Zuhörern zu letzt bekommen müssen. Wie er sich aber in seiner Marter verhalten/ kan man aus seiner Epistel/ die er an die zu Schmyrnen geschrieben/ selbst lesen/ welcher Exempel vnd Copey man bey dem Eusebio findet.

Diese herrliche Kron der Märtyrer hat Polycarpus empfangen/vmb das Jhar Christi/170. Wie Eusebius im Chronico anzeiget. Des Keiserthumbs aber Antonii Veri im 7. Jhar/als er im Ampt des Euangelii gewesen war/ bey 70. Jharen/ oder lenger. Das aber Polycarpus in der Epistel an die Schmyrnen schreibet/das er 86. Jhar dem HErrn Christo diene/etc. Solche Jhar sollen von anfang seiner Bekehrung zu CHRISTO/zu zehlen angefangen werden. Darumb ists gewis/das er eben alt gewesen ist/ wie denn Ireneus auch saget/ das er lang bestendig geblieben sey.

H ij   Apollinaris.

Etliche Historien/ am 6. Sontage/
Apollinaris.

EUsebius lib.5.cap.9. schreibet/ Das dieser Apollinaris ein Bischoff gewesen sey zu Hierapolis in Asia/ fast beruffen/ zu Marci Antonij Veri zeiten. Er wird auch vom Eusebio, lib.4.cap.23. gezehlet vnter die Apostolischen Lehrer/ vnd gelobet/ das er vmb ausbreitung willen der Religion vnd Christlichen Lehr/ ein Apologiam oder Verantwortung/ von wegen des Christlichen Glaubens/ an den Keiser Antonium geschrieben habe. Er hat auch als ein grosser Gottseliger Mann wider die Ketzer für den rechten Glauben hefftig gestritten/ wie Eusebius aus seinen Büchern/ die er wider die Montanisten hat ausgehen lassen/ anzeuchet/ lib. 5. cap.15. Denn er zeiget an/ Das er in den Kirchen zu Ancyra/ Galacia vnd Ponto/ mit vielen worten von des Montani Irrthumb gehandelt vnd vnterricht gethan habe/ mit grosser frewde der Kirchen/ vnd mit schmach vnd ergernis der Widersacher. Einen mangel hat er gehabt/ das er der Chiliastarum Ketzerey anhengig gewesen sey/ wie auch andere grosse Leute mehr.

Melito Sardensis.

ZU Sarden/ welche weiland eine Heuptstadt ist gewesen in Lydia/ vnd eine grosse berhümbte Stadt/ daselbst ist etwa ein Bischoff gewest dieser Melito/ ein trefflicher Orator, vnd sehr beredter Mensch/ wie jhm das Lob Tertullianus gibt/ welches so viel desto weniger zuuerwundern/ weil er ein Jünger vnd Discipel gewesen ist des weitberuffenen Redners Frontonis, der auch ein Præceptor gewesen ist des Keisers Marci/ welchen er in Lateinischer Sprache vnterweiset hat.

Von diesem wird gerhümbt/ das er der Kirchen viel gutes erzeiget/ vnd sich wol vmb sie verdienet habe/ Denn er hat ein Buch/ von wegen des Christlichen Glaubens vnd Religion/ dem Keiser Marco Antonio vberantwortet/ wie Eusebius zeuget/ lib.4.cap. 13. Darinnen er auch gedenckt der Schrifft Justini an denselbigen Keiser/ Daher man vermercken kan/ zu welcher zeit er gewesen sey.

Phrysingensis sagt/ lib.3. cap.25. Das beide Apollinarius vnd Melito Apologias, oder Verantwortung an den Keiser geschrieben haben/ im 17. Jhar seines Keiserthumbs. Vnd zwar/ das Melito seine Apologiam mit grossem Ernst vnd dapfferem Muth geschrieben/ zeigen die ding an/ die im 4. Buch Eusebij, aus dem 26. Capit. zu erzehlet werden. Sol gestorben sein zu Sarden/ wie Eusebius meldet/ lib. 5. cap. 24.

Modestus.

EUsebius lib.4.cap.25. Da er zehlet die Scribenten/ die wider Marcionem geschrieben haben/ daselbst gedencket er auch des Modestini vnd Irenei/ vnd saget von allen beiden/ das sie den Irrthumb vnd Betrug Marcionis/ mehr denn andere/ für Augen gestellet/ vnd offenbar gemacht haben. Hieronymus bezeuget/ das er im Buch wider Marcionem habe geschrieben/ das noch zu seiner zeit verhanden gewesen ist. Hat gelebt vnd gelehret vnter dem Keiser Marco Antonio Vero.

Bardesanes.

EPiphanius nennet jhn Bardesanum/ ist in Mesopotamia gewesen/ zu seiner zeit eines grossen Namens/ vnd weit vnd breit berhümbt/ wie sein Eusebius gedenckt/ lib.4.cap.30. Ein gewaltiger Mann mit reden/ vnd geschwinde in der Dialectica, vnd im disputiren/ Auch sehr gelehrt in Syrischer Sprache/ darinnen er viel geschrieben hat/ welches hernach seine Jünger vnd Zuhörer in
Griechische

Nach der heiligen drey König tage.   44

Griechische Sprache verdolmetschet haben. Es werden auch vnter seinen Büchern gezehlet/ Dialogi oder Gespruch Bücher/ wider Marcionem/ vnd etliche andere Ketzer. Vnd bezeuget Hieronymus/ das er viel geschrieben habe/ fast wider alle Secten/ die zu seiner zeit herfür kommen sein. Er hat auch einen gewaltigen Dialogum geschrieben/ de Fato, an Keiser Marcum Antonium/ wie Volateranus sagt/ lib.4.

Aber letztlich hat dieser trefflicher Mann/ einen grewlichen vnd schrecklichen Fall gethan/ Denn er so lange zeit wider die Ketzer/ mit einem so grossen Ernst vnd Eiffer gekempffet vnd gestritten/ der ist selbst letzlich zum Ketzer worden/ in des Valentini Sect gerahten/ vnd ein Valentinianer worden. Solches schreibet von jhm Epiphanius/ im Buch wider die Secten/ Tomo 3. folio 224. Aber Eusebius spricht/ das er erstlich dem Valentino sey anhengig gewesen. Aber als er nachmals befunden vnd erkandt habe/ das die Secten mit eitel Lügen vnd Fabelwerck vmbgieng/ habe er sie fahren lassen/ vnd verdampt/ Er sey aber hernach in eine andere Ketzerey gerahten/ die ja so arg/ oder noch wol erger gewesen ist/ denn die erste/ vnd in derselbigen sey er also verborben. Qui stat, videat ne cadat. Wer da stehet/ spricht S. Paulus/ Der sehe wol zu/ das er nicht falle. Vnd wie Christus spricht: Wer da verharret bis ans Ende/ der sol selig werden.

Miltiades.

IST auch ein Lehrer vnd Kirchenscribent gewesen/ aus denen/ die wider Montani Ketzerey gestritten haben. Aus seinen Schrifften hat Eusebius etliche Argument erzehlet/ lib. 5. cap. 17. die Apollinarius in sein Buch wider Montanum sol gesetzt haben. Am selbigen ort gedencket er auch etlicher anderer Bücher/ die Miltiades geschrieben hat/ darinnen sein fleis an Gottes Wort gespüret wird/ beide in denen Büchern/ so er wider die Heiden/ vnd in denen/ so er wider die Jüden gemacht hat. Hat gelebet vnter dem Keiser Commodo/ an welchen er auch eine Apologiam geschrieben hat/ wie Volateranus meldet/ lib.17.

Pantenus.

IST ein Lehrer gewesen in der hohen Schul zu Alexandria/ in Egypten Land/ der mit seinen Lehren viel nutzes geschaffet/ vnd seine Leute gemacht hat/ als Clementem/ vnd andere/ welche hernachmahls der Kirchen Christi in vielen wegen sehr nützlich vnd dienstlich gewesen sein/ wie denn auch Clemens im Buch von Hypotiposibus dieses Panteni/ als seines Præceptors, in allen Ehren gedenckt. Er hat auff Bitt der Indianer/ das Euangelium bey jhnen geprediget/ vnd ist kommen bis an die Brachmenos/ welches Volck auch in India gelegen ist/ zwischen dem grossen Fluß Ganges/ vnter dem Berge Bittigo. In demselbigen Lande hat er gefunden das Euangelium Matthei/ welches der Apostel Bartholomeus/ der vormahls die Lehre Christi daselbst gepflantzet/ in Hebreischer Sprache geschrieben/ hinder sich gelassen hatte/ das hat er mit sich gen Alexandriam bracht/ daselbst ist es in die Bibliotect/ als ein köstlicher Schatz/ vnd edles Kleinot/ zur verwarung/ vnd ewiger gedechtnis/ beygelegt worden.

Er ist bey allen Gottsfürchtigen Leuten in grosser Authoritet vnd trefflichen Ansehen gewest/ vnd haben jhn viel hoher Leute geliebt/ vnd seine kundschafft vnd freundschafft begeret/ vnter welchen vom Nicephoro auch namhafftig gemacht werden/ Alexander der Bischoff zu Jerusalem. Origenes vnd Hieronymus haben so viel von jhm gehalten/ das sie für billich erachtet haben/ jhn vnter andern heiligen Männern zuzehlen/ die mit jhrer mühe vnd arbeit/ der Kirchen Christi mit nutz gedienet haben.

h iij   Es

Etliche Historien/am 6. Sontage/

Er hat geleret vnd gelebet vnter dem Commodo, Seuero, Caracalla, darauß abzunemen ist/das sein Lauff fast bey dreissig Jharen lang gewehret hat. Von diesem Panteno lese man Eusebium, lib. 5. cap. 9. 10. 11.

Clemens Alexandrinus.

Dieser Clemen hat zu Alexandria/ nach dem Panteno die heilige Schrifft in der hohen Schul daselbst profitirt vnd gelesen/ Darumb er auch den Namen hat/ das er Alexandrinus heist. Die Historien geben ihm zeugnis / das er ein gelehrter vnd scharffsinniger Mensch gewesen sey/ vnd der ein brünstigen Eiffer gehabt vmb Gottes Ehre/ vnd Christliche Religion/ wie man solches auch aus seinen Schrifften vnd Büchern sehen vnd mercken kan. Hat auch so wol/ als Pantenus/ gelehrte Schüler gemacht/ Vnd viel seiner Leute in Gottes Wort vnd heiliger Schrifft vnterricht vnd aufferzogen/ Vnd weil er fromb vnd Gottesfürchtig/ darzu grosser Kunst/ vnd wol beredt/ vnd dem alle Sachen ein ernst gewesen/ ist er derhalben bey menniglich in ein gros Ansehen kommen.

Er hat eine gute zeit gelehret zu Jerusalem/ mit grossem frommen/ vnd nutz der Kirchen / so doch die Stadt zu der zeit zween Bischoffe hatte/ Narcissum vnd Alexandrum. Desgleichen hat er auch gethan zu Antiochia. Es hat auch Clemens nicht allein mündlich seinen Zuhörern gedienet/ sondern auch mit Schrifften der gantzen Kirchen zu seiner zeit/ vnd allen Nachkommen ewigen Nutz geschaffet/ Denn er hat viel herrliches dinges geschrieben/ vnd viel guter nützlicher Bücher gemacht/ welche von Eusebio vnd Hieronymo erzehlet werden.

Er hat auch viel Kampffs gehabt mit den Ketzern/ vnd derselbigen Irrthumb vnd Schwermerey/ nicht allein mündlich/ sondern auch in seinen Büchern schrifftlich widerleget vnd verdampt/ sonderlich in seinen Stromatibus, als die Gnosticos im dritten Buch. Item / die Basiler/ die da fürgaben/ das viel Götter weren/ Vnd das der Glaub ein natürlich ding were/ der ein Werck Menschlicher Vernunfft/ vnd seines eigenen freyen Willens/ vnd dergleichen mehr vngereimptes dinges/ im andern vnd vierden Buch Stromatum. Item/ den Ketzer Tatianum im dritten Buch. Item/ die Marcioniter/ im andern/ dritten vnd vierden Buch Stromatum. Item/ die Carpocratianer/ die die Weiber gemein macheten / im andern vnd dritten Buch. Item/ die Dositer/ des Cassiani Discipel vnd Nachfolger/ welche leugneten / Das CHRISTVS einen Warhafftigen vnd Natürlichen Leib hette / sondern were nur in eines Leibes oder Menschens Gestalt erschienen/ im dritten Buch/ etc. Wider die Heiden handelt er viel in seinem Protreptico, fürnemlich im ersten Buch/ Da er aus der Rechnung der zeit beweiset/ das die Jüdische Lehr viel elter sey/ denn die Griechische/ vnd das die Griechischen Büchlein daher entsprungen/ vnd geflossen sein. Hat gelebet vnd gelehret vnter dem Keiser Seuero/ vnd Antonino Caracalla/ vnd ist zu Alexandria in CHRISTO eines natürlichen Todes seliglich gestorben.

Quadratus.

Vnter den herrlichen vnd weit fern berhümbten Mennern/ die von Lehre vnd Beständigkeit/ vnd andern Gaben des heiligen Geistes fürtrefflich gewesen sind/ wird dieser Quadratus auch gerhümet. Eusebius in Chronicis, Hieronymus, vnd andere die ihm gefolget / sagen sterlich/ das er sey ein Jünger der Apostel gewesen/ vnd habe gelebet vnter Hadriano/ vnd zum theil auch vnter Tralano. Er selbst bekendt in seiner Schrifft/ das er etliche gesehen habe/ die Christus selbst aufferwecket

Nach der heiligen drey Königtage.

aufferwecket hatte. Darumb hat er zur schönsten vnd herrlichsten zeit gelebet/ vnd hat ohne allen zweiffel/ von den aller getrewesten vnd berhümbtesten Zeugen/ die Lehre des Euangelij geschöpffet/ vnd ist wol zu gleuben/ das er nicht allein gleiches Alters gewesen sey/ mit Ignatio/ Papia/ Polycarpo/ vnd andern Lehrern der Kirchen Christi/ sondern auch innerliche Freundschafft vnd Gemeinschafft mit jhnen gehabt hat.

Ehe er zum Bischofflichen Ampt kommen ist/ hat er dem Keiser Hadriano/ den Christen zum besten/ ein Buch vberantwortet/ vnd daher ein grosses Lob erlanget. Eusebius spricht: Das Buch sey zu seiner zeit noch fürhanden gewest/ vnd von den Brüdern fleissig durchlesen worden. Er gedencket auch eines andern Buchs/ das Quadratus sol gemacht haben/ welches genennet ist Syngramma: Er lobet aber dasselbige vberaus hoch/ als/ das man daraus wol mercken könne/ mit was grossem Verstande er sey begabet gewesen/ vnd wie hart vnd feste er an der Apostolischen Lehre gehalten habe.

Nach dem Publius, der Bischoff zu Athen/ in der Verfolgung getödtet/ da ist er/ wie Eusebius schreibet/ an seine stadt kommen. Derwegen durch dieses sonderliche Geschicklichkeit vnd Fleiß/ haben die Christen wider angefangen/ Versamlungen vnd Gemeine zu halten/ (denn dieselbigen durch grewliche Tyranney bloßer zerstrewet vnd zerrissen gewesen waren) vnd ist vieler Glaub/ welcher fast verloschen/ vnd kaum ein glimmendes Fünklein noch fürhanden war/ wider angezündet vnd bekrefftiget worden/ Das also sein Dienst der Kirchen CHRISTI sehr nützlich gewesen ist.

Aristides.

ZV des *Quadrati* zeiten/ ist in der Christlichen Gemeine zu Athen/ auch Aristides namhafftig gewesen/ ein fürtrefflicher Mann/ an Kunst vnd Weisheit ein trefflicher Philosophus, Aber darneben auch in der heiligen Schrifft gegründet vnd wol erfaren/ vnd der einen grossen Glauben vnd Standhafftigkeit/ vnd ernsten Eiffer gehabt/ denn er grosse sorge für die Gemeine CHRISTI getragen/ vnd derhalben eine Verantwortung vnd Schutzrede des Christlichen Glaubens gemacht/ vnd dieselbige zu der zeit/ da Quadratus seine dem Keiser vberantwortet/ auch dem Hadriano vbergeben/ vnd darneben auch selbst mündlich für dem Keiser eine herrliche schöne Rede gethan.

Man schreibet/ das seine Apologia, die er für die Christen gethan/ mit wunderbarlicher Kunst vnd Geschicklichkeit/ sol gemacht sein gewesen/ mit der Rhetorica geschmuckt vnd außgeputzt/ das Hieronymus sagen darff/ sie sey noch bey seinen zeiten ein auserlesen Bild vnd Exempel gewesen/ darnach sich geriechet haben die/ so in der Rhetorica vnd Kunst der Beredsamkeit/ haben studiren wollen. Vnd Thritemius schreibet/ Es habe Aristides mit derselbigen Oration die Heiden beweget/ das sie sich seiner verwundert haben. Hat gelebet vmb das Jhar CHRISTI/ 128. Wie Eusebius in seinem Chronico meldet.

Dionysius Corinthius.

ES ist auch Dionysius der Gemeine zu Corintho Bischoff gewesen/ vnter dem Keiser Vero vnd Commodo/ das ist/ vmb das Jhar Christi/ 174. wie in dem Chronico Eusebij verzeichnet ist. Er ist mit allerley Gaben des heiligen Geistes von Gott begabet vnd begnadet gewest/ welche einem Gottseligen/ heilsamen vnd Christlichen Bischoff von nöten/ Denn er ist wol gelehrt gewesen/ vnd hat mit sonderlicher trew vnd geschicklichkeit/ die Gemeine/ von Gott jhm befohlen/ regieret. Darnach hat er mit seiner Arbeit auch andern gedienet/ vnd seine Brünnlein

H iiij vnd

Etliche Historien / am 6. Sontage /

vnd Bächlein hinnauß fliessen lassen / vnd die Kirchen hin vnd wider mit lehren vnd trösten / erbawet vnd gebessert / wie es die liebe des Nechsten / vnd der Kirchen notturfft erfordert hat. Aber von jhm vnd seinen Schrifften vnd Büchern / liese Eusebium.

Jreneus.

Dieser Jreneus ist ein Jünger vnd Zuhörer gewesen des Polycarpi / welcher gewest ist ein Jünger Johannis des Euangelisten. Ist ein Presbyter hernach worden / oder Eltester / vnd Prediger / in der Kirchen Christi zu Lugdun / welches in Franckreich eine herrliche vnd berhümbte Handel Stadt ist. Hat am selbigen ort vnd in seinem Ampt das Euangelium rein vnd lauter geprediget / vnd die Schrifft nach des Glaubens maß erkleret / vnd außgeleget / vnd was mehr sein Ampt erfordert vnd mit sich gebracht / mit höchstem fleiß / vnd trewen vollbracht vnd außgerichtet. Er ist aber eben zum Ampt kommen / da es in der Kirchen sehr wüste gestanden / denn es lieffen allenthalben herumb Ketzer vnd Schwermer / welche die reine Lehre verfelschten / vnd die Leute verwirreten / vnd vnter denselbigen insonderheit die Valentinianer / welchen Ketzern allen er Ritterlich widerstanden / jhre Irrthumb widerleget / vnd die Kirchen allenthalben wider zu recht gebracht / vnd in jhrem Glauben gestercket hat.

Wie er seinen Abschied vnd Ende genommen / solches ist von den alten Lehrern mit verzeichnet / Aber Henricus de Erfordia, Ado, vnd andere / so von den Martyrern geschrieben haben / sagen / das er zu letzt sey vnter dem Keiser Seuero / sampt einer grossen menge seiner Kirchen / von wegen des Christlichen Glaubens / erbermlich getödtet worden. Vnd hat dieser Lehrer eben lang seinen Lauff gehabt / vnter so gros sem Verfolgungen / Etliche sagen / er sey zum Bischoff Ampt kommen / im 13. Jhar des Keiserthumbs Marci Antonini / Anno domini, 176. Ab er vnter dem Commodo ist er am meisten berhümbt gewesen / Den Streit vom Osterfest / setzt Eusebius in Chronicis, ins 4. Jhar des Keisers Seueri / das ist das 199. Jhar Christi / Etliche setzen es in das 4. Jhar Seueri.

Derhalben were er gewesen im Ampt / sonderlich im Bischoff Ampt / bey 23. Jharen / vnd wenn man die ander Jhar seiner Priesterschafft auch wolte hinzu setzen / würde sichs befinden / das er Christo vnd seiner Kirchen am Euangelio gedienet hette / lenger denn 30. Jhar.

Origenes.

Origenes ist geboren im Jhar Christi / 189. im 7. Jhar des Keisers Commodi / wie man sihet auß dem 6. Buch Eusebij / cap. 3. vnd 36. Suidas bezeuget / Das er inwendig 18. Jharen / vber die gantze Bibel geschrieben habe. Pamphilius schreibet in seiner Apologia / darinnen er Origenem vertheydiget vnd entschüldiget / das er sich gegen alle Ketzer / welche zu seiner zeit die Kirchen angefochten / auffgelehnet / vnd mannlich wider sie gestritten hab. Wie denn auch Eusebius etliche viel Ketzer erzehlet / wider welche er nicht allein glücklich gekempffet / sondern sie auch gantz vnd gar außgerottet. So hat er auch hefftig gestritten / wider den Epicurum Celsum, der ein bitterer vnd gifftiger Lesterer gewesen ist der Christen / vnd jres Glaubens / wie solches seine 8. Bücher / so er wider jhn geschrieben / gnugsam bezeugen. Vnd hie auch im Kampff vnd Streit wider die Ketzer fleissig zu mercken / Das er für andern / auß sonderlichem Glauben / damit begnadet gewesen / bald jhr Gemüt vnd Meinung

Nach der heiligen drey König tage.

nung vrteilen/vnd mit grosser Geschicklichkeit jhren Irrthumb gründlich hat vmbflossen/ vnd widerlegen können/ also auch/ das der Gegenteil gemeiniglich nicht vngern/ sondern von sich selbst/ vnd freiwillig/ jhm gewichen/ vnd von jhrem Irrthumb abgestanden sein. Wie Eusebius schreibet/ lib. 6. cap. 33. vnd 37. Ist letzlich gestorben vnter dem Keiser Gallo/ im Jhar Christi/ 255. oder ja vmb dieselbige zeit/ da ist er ins 70. Jhar/ oder wie Nicephorus sagt/ ins 69. gegangen.

Tertullianus.

VOn Tertulliano schreibet Hieronymus/ das er zu Rom gewesen/ vnd daselbst ein Priester/ bis auff die helffte seines Lebens geblieben sey/ welches auch Nicephorus bezeuget/ lib. 4. cap. 34. Nach dem er zum Christlichen Glauben bekehret worden/ hat er sich gantz vnd gar auff die heilige Schrifft begeben/ vnd aller Theologen Schrifften vnd Bücher mit fleis gelesen. Er hat aus dem Grunde der heiligen Schrifft/ vnd andern erheblichen starcken vrsachen/ wider die Jüden hefftig gestritten/ wie solches aus dem Buch/ welches er in sonderheit wider sie geschrieben/ gnugsam zu sehen. Darnach hat er auch hefftig gekempffet vnd gestritten wider die Ketzer/ wie solches bezeugen die Bücher/ contra Marcionem, Valentinianos, Hermogenem, & Praxeam. Item/ Er hat sich auch hart gesetzt wider die Häupteleute/ vnd andere/ welche sich zu den Verfolgungen/ wider die Christen gebrauchen liessen/ wie solches beweiset das Buch contra Scrapulam. Item/ wider die Heiden/ vnd derselbigen Keiser/ wie zu sehen ist in seinem Apologetico, welches Buch auch allein gnugsam anzeiget/ wie mit grossem fleis vnd ernst er sich bemühet/ die Christliche Religion/ wider jhre Verleumbder vnd Lesterer/ zu erretten vnd zu vertheidigen.

Er hat auch gelebet/ wie Hieronymus anzeiget/ vnter L. Seuero, dem Vater/ vnd vnter M. Aurelio Antonino, des Caracalle Sohn. Er gedenckt auch selber des Keisers Seueri lib. 1. contra Marcionem. Vnd in seinem Apologetico nennet er jhn einen sehr bestendigen Fürsten. In libro ad Scrapulam, gedenckt er beides des Seueri vnd Antonini. Vnd im Buch de corona Militis, nennet er sie die aller fürtrefflichsten Keiser. Er gedenckt auch in libro de Pallio, der zweierley Gestalt vnd Form des Keiserthumbs/ das er ohne zweiffel verstehet den Seuerum, Pescennium Nigrum, vnd Clodium Albinum. Denn diese drey damahls zugleich gantz eintrechtiglichen regierten/ etc. Aus diesen Vmbsteuden kan man sehen/ zu welcher zeit Tertullianus gelebet habe.

Dionysius Alexandrinus.

DIonysius Alexandrinus/ ist Origenis Discipel vnd Jünger gewest/ vnd wird in Historien gerhümbt/ das er mit grossem fleis vnd sonderlicher Gnade zu lehren/ sein Ampt verwaltet hat/ denn/ wie Eusebius von jhm schreibet/ hat er verworffen vnd vnter gedruckt sehr viel Ketzereien. Hat bey menniglich ein gros Ansehen gehabt/ vnd hat nicht allein durch seinen grossen fleis vnd mühe seine Kirche wol regieret/ vnd derselbigen nützlich fürgestanden/ sondern auch andern benachbarten vnd vmbligenden Kirchen/ trewlich gedienet vnd geholffen/ vnd die nicht allein durch Brieffe/ sondern auch mit seiner selbst Gegenwertigkeit/ wie solches aus dem Eusebio, lib. 7. cap. 20. klerlich zu sehen ist.

Es rhümet auch Eusebius seine Bestendigkeit/ welche er gantz dapffer beweiset/ damit/ das er sich von der Gottseligkeit/ vnd von den Wercken seines Beruffs vnd Ampts/ durch keinerley Drewung/ auch durch keinerley Gefahr vnd Verfolgung abschrecken

schrecken lassen. Man mus auch dieses hie gedencken/ das er sich nicht geschewet/ sondern frey öffentlich hat dürffen rugen/ vnd reden/ vnd von Sünden vnd Lastern der Keiser. Wie Eusebius, lib. 7. cap. 23. bezeuget.

Er hat auch vnzehlich viel Episteln geschrieben/ an die Kirchen/ vnd sonsten an andere seine Mitbrüder/ von vielen vnd mancherley dingen/ welcher Register man besehen vnd lesen mag/ bey dem Eusebio, lib. 6. cap. 7.

Dionysius schreibet selber wider den Germanum/ welcher der Bischoffen einer gewesen ist/ so zu seiner zeit gelebet haben/ das er im Städtlin Lybie/Cephro genandt/ zur zeit des Keisers Valeriani/ ein grosse menge der Heiden bekehret habe/ darüber er grosse gefahr ausgestanden/etc. Im Eusebio findet man ein Exemplar solcher Schrifft/ wider den Germanum.

Darnach hat er auch hefftig gestritten wider die Ketzer/ sonderlich wider den Nouatum/ wider welchen er bestendiglich verthediget hat die Lehr/ Das man die gefallene Sünder keines weges verwerffen/ sondern viel mehr wider in die Gemeinschaffte auffnemen sol.

Welcher Streit jhn ohn allen zweiffel verursacht/ viel Bücher von der Buß zu schreiben/ die da gewißlich gantz nütz sein würden/ wenn man sie haben möchte. Ferner hat er auch etliche Disputationes lassen ausgehen/ darinnen er wider den Nepotem gestritten/ welcher in Egypto ist ein Bischoff gewesen/ vnd die Verheissung/ so hin vnd wider in der Schrifft gefunden werden/ allzu Jüdisch auslegte.

Auch hat er mit grosser Gefahr etliche Brieffe vnd Bücher wider die Ketzer Sabellij geschrieben.

Item/ Er hat sich auch wider den Cerinthum mit Schrifften gelegt/ wie solches Eusebius bezeuget/ lib. 3. cap. 24.

Es meldet auch Nicephorus, lib. 6 cap. 24. Das er durch Schrifften dem Maneti widerstanden habe/ wie auch solches Basilius anzeiget/ vnd Eusebius, lib. 7. cap. 26. Er hat auch eine Epistel gen Antiochiam auffs Concilium gesendet/ dieweil er Alters vnd Schwachheit halber/ dahin nicht hat reisen können/ darinnen er gestritten wider die Lehr Samosateni. Wie solches Eusebius anzeiget/ lib. 7. cap. 27.

Er hat auch mit bestendigem Gemüt/ seine vnd der anderer Christen Sache gehandelt bey dem Landpfleger vnd Tyrannen Empliano/ zu der zeit des Keisers Valeriani/ auch demselbigen/ das er im gebotte/ das er solte von dem Christenthumb abstehen/ ins Angesicht geantwortet: **Man mus Gott mehr gehorsam sein/ denn den Menschen.**

Eusebius erzehlet/ lib. 7. cap. 11. aus der Epistel Dionysij ein stück von solchem Streit/ vnd Handlung/ zwischen dem Empliano vnd Dionysio gewesen. Es scheinet auch weiter aus dieser Epistel Dionysij/ das er hefftiglichen gestritten habe wider den Landpfleger Sabenum/ in der Verfolgung/ so vnter dem Keiser Decio gewesen.

Cyprianus.

Cyprianus/ ist ein Bischoff zu Carthago gewesen/ der in diesen Bischofflichen Würden vnd Ampt/ mit vielen Tugenden vnd schönen Gaben von Gott begnadet gewesen/ dauon er ein grosses Ansehen hat bekommen/ also/ das Nazianzenus schreibet/ das er ein Præsident oder Superattendent/ vber die Kirchen in Morgenland/ vnd gantz Hispanien gewesen sey. Item/ ein sehr fleissiger vnd getrewer Wechter vnd Auffseher seiner Kirchen gewesen/ vnd für sie alletzeit/ wenn er einheimisch oder abwesend gewesen/ hertzliche Sorge getragen. Wie man solches aus vielen seinen Episteln augenscheintlich sehen vnd spüren kan.

Er

Nach der heiligen drey König tage.

Er hat viel Kampffs vnd Streits gehabt/ vnd mancherley Anfechtung erdulden vnd erleiden müssen. Erstlich/ hat er müssen fechten wider die Heiden/ welches denn bezeuget das Buch/ in welchem er widerleget die Lesterung Demetriani/ welcher fürgeben/ Das die Christen ein vrsach alles Vnglücks vnd Vnfals weren/ Darumb das sie die Götter der Heiden nicht ehren wolten.

Darnach hat er auch gefochten vnd gekempffet wider die Jüden/ wider welche er hat lassen außgehen zwey Bücher/ in welchen er mit gewaltigen vnd gnungsamen Argumenten/ vnd Vrsachen/ beweiset/ Das die Jüden auff sich geladen den zorn GOTTES/ daher/ das sie Christum haben verachtet/ vnd die Propheten getödtet: Vnd das jhnen vnmüglich sey/ die Schrifft zuuerstehen/ wenn sie nicht an Christum gleuben/ etc.

Also hat er mit grosser mühe vnd arbeit müssen kempffen vnd fechten wider die Ketzer/ als sonderlich wider den Nouatum/ welchen er denn vor zeiten in Affrica von der Kirchen abgesondert/ vnd in Bann gethan hatte. Darnach hat er einen Streit gehabt mit dem Nouatiano/ vnd Felicissimo/ vnd mit allen denen/ so diesem anhiengen/ Denn dieselbigen gar das Widerspiel hilten/ wider den Nouatum/ vnd von vorgehende Buß/ vnd eusserliche Disciplin der Kirchen/ nur zum verdrieß der Bischoffe/ jetzt den/ jetzt einen andern/ auffnamen/ vnd absoluierten. Er hat auch mit einer künstlichen vnd geschickten Schrifft gefochten/ vnd gestritten/ wider die Götzen vnd Abgötterey/ vnd sich fast darwider gelegt/ wie solches anzeiget Hieronymus in dem Tractat/ da er handelt von der Eitelkeit der Götzen. Er ist zu letzt geköpfft worden/ zur zeit/ da Sixtus zu Rom Bischoff war/ vnd wie Eusebius verzeichnet/ im Jhar Christi 259. Es hat auch Sabellicus geschrieben/ das er vnter dem Lucio/ einem Bischoff zu Rom/ vnd zu den zeiten der zweyen Keiser/ Galli vnd Volusiani/ gemartert sey worden.

Eusebius Cæsariensis.

Eusebius Cæsariensis/ von diesem Lehrer wird hin vnd wider bey den Scribenten/ fürnemlich aber bey dem Hieronymo/ viel gesagt. Es lobet jhn der fromme Keiser Constantinus Magnus sehr/ wie zu lesen/ lib. 3. de vita Constantini/ das er ein sehr gelehrter vnd sanfftmütiger Mann gewesen sey/ wie jhn denn auch von wegen seiner Geschickligkeit Basilius lobet/ im Buch de Spiritu sancto. Auch nennet jhn Hieronymus einen fleissigen Leser der heiligen Göttlichen Schrifft/ vnd einen Mann/ der beide in Göttlichen vnd Heidnischen Schrifften sehr erfahren gewesen ist/ welches denn auch seine eigene Schrifften bezeugen.

Hieronymus saget/ er habe vnzehlich viel Bücher geschrieben/ aber des meisten theil vmbkommen/ vnd wenig noch verhanden sein/ darinnen man doch schöne vnd feine Zeugnis findet/ von den fürnembsten Stücken vnd Articketn Christlicher Lehr. Er hat mit grossem Ernst vnd Eiffer die Christliche Religion vertheidiget/ vnd bekrefftiget/ wie solches fast alle seine Bücher bezeugen/ fürnemlich/ die instrukret sein/ de demonstratione Euangelica. In den Büchern/ de præparatione Euangelica, hat er mit mit grossem Grund widerleget den schendlichen Irrthumb aller Heiden/ von der vielheit der Götter/ auch von Fato, &c.

Er ist mit im Concilio Niceno gewesen/ Vnd Sozomenus setzt/ Er sey einer gewesen von den Fürnembsten vnd Præsidenten desselbigen Concilij, lib. 1. cap. 19. Die Formulam des Glaubens/ ohne welche/ nach dem Concilio, keine richtigere jemahls gestellet/ hat er mit seinem eignen Bekentnis selbst bekrefftiget. Letzlich ist Eusebius gestorben/ nicht lang darnach/ da Athanasius/ durch förderung Constantini/ des Jüngern/ aus dem Elend/ von Trier gen Alexandriam wider gekommen ist/ vmb das Jar Christi/ vngefehrlich 342. Sozomenus, lib. 3. cap. 2.

Gregorius

Etliche Historien / am 6. Sontage /
Gregorius Nazianzenus.

GRegorius Nazianzenus / ein fürtrefflicher Lehrer der Kirchen Christi / welcher es jhm in seinem Ampt / mit schreiben vnd predigen / hat lassen sawer werden. Es setzet Hieronymus ein Register aller seiner Bücher / aber es sind derselbigen noch viel mehr verhanden / welche vielleicht Hieronymus / weil jhr zu viel / nicht alle hat erzehlen wollen.

Er hat auch viel Streits gehabt an allen denen orten / da er gewesen / wider die Arrianer ausgestanden / sonderlich zu Constantinopel / wider Apolinarium vnd seine Brüder / von welchem er selbst schreibet / in einem Briefflein an Nectarium. Wie Sozomenus anzeiget / 6. 20.

Wider die Eunomianer schreibet er in einem sonderlichen Buch / vnd helt fest vnd trewlich vber die meinung vom heiligen Geist / nemlich / das er mit dem Vater vnd dem Sohne / gleiches Wesens sey.

Er hat auch vieler andern mancherley Ketzerey widerleget / die entweder wider die Göttliche / oder wider die Menschliche Natur Christi getobet haben. Wie zu seiten ist / in der ersten Epistel an Clydonium / da er der Manicheer loses vnd vnnützes Gewesch / vom Leib Christi in der Sonnen erzehlet. Er verdampt auch Valentinum / Montanum / welches Geist saget / böß / vnd dem heiligen Geist zu wider ist. Im Sermon vom Friede.

Item / Manetem / Photinum / welche er alle erzehlet in der Oration wider die Arrianer. Er gedencket auch des Simonis / Basilide / Cerdonis / Cerinthi / Carpocratis / Sabellii / etc. In der Oration an Hieronymum Sabellium / strafft er auch sonst offtmahls. Wider die Heiden ist er hefftig / in zweyen inuectiuis wider Julianum / der das Heidenthumb widerumb hat auffrichten wollen. Julianum selbst strafft er an vielen orten / vnd entdeckt jhn beide seine Natur vnd Sitten / vnd auch seine geschwinde Practicken / die er gebraucht / das Heidenthumb widerumb anzurichten.

Ist sehr alt worden / denn wie es scheinet / fast bey 90. Jharen / Ist gestorben im Jhar Christi / 384. wie Prosper schreibet / Das ander Jahr hernach nach Basilii tod / nach dem er viel Streitte / vnd harte schwere langwirige mühe vnd arbeit für den Kirchen ausgestanden / vnd sein Priesterlich Ampt rein vnd vnuerselscht / wie er in der Oration für 150. Bischoffen gethan / selbst bezeuget / erhalten halte.

Basilius Magnus.

BAsilius Magnus / Bischoff zu Cæsarea / nach dem Eusebio / als der Keiser Valens jetzt gestorben war / vnd das Jhar Christi / 380. Ist ein berhümeter Bischoff gewesen / spricht Hieronymus in seiner Chronica / eben zu der zeit / da der Standt der Kirchen zum höchsten betrübet / vnd jemmerlich ist gewesen / als die Ketzerey der Arrianer im gantzen Orient im schwang gegangen / das er allein kaum / gleich wie ein Fünklein / des schier erloschenen Glaubens / vbrig geblieben ist. Wie das zeuget Socrates lib. 4. cap. 26. Vnd Nazianzenus in einer Epistel an den Basilium 19.

Auch ist daraus des Basilii Gottseligkeit vnd Tugend zu spüren / das der gute alte Mann in einem solchen schweren Ampt / da er auch noch dazu franck vnd schwach war / als er denn gemeiniglich von seiner Jugend auff / bis an sein Ende gewesen / der Kirchen fleissig zu dienen / nicht abgelassen hat / wie er denn nach empfahung des Bischofflichen Ampts / auff diese Meinung von sich selbst schreibet: Ich habe / spricht er / Gestern eine art zu leben angefangen / welche meinen Leib verzehret / vnd zugleich die Seele betrübet vnd auffreibet / darumb / das wir an Tugend vnd Krefften dem Ampt zu schwach sein. Denn des Leibes halben ists aus mit mir / also schwach hat mich die Sorge gemacht / Aber doch / weil ich lebe / vnd mein Athem habe / wil ich Gott aushalten / vnd dem HErrn Christo meinen Dienst nicht entziehen. Es

Es lobet auch Nazianzenus am Basilio den Fleiß/ vnd ernstlich hefftiges Anhalten/ die Schrifft zu lernen vnd zu studieren/ darauß er sich gewehret/ vnnd seine Kriegsrüstung genommen hat/ so offt er hat sollen stehen/ vnd wider die Ketzer streiten. Denn das jhn hat er/ als zu einem starcken Ancker/ seine Zuflucht gehabt/ wie er selbst saget/ in der Epistel an Eustachium/ da er fein spricht: Wir schützen vns mit der heiligen Schrifft/ so von Gott eingegeben ist/ etc. Vnd von diesem seinem Ernstlichen studieren/ spricht Nazianzenus/ wenn er sich auffs aller beste vnd tapfferste wider die Ketzer geschickt hat/ so hat er sich mit nichts gefast gemacht/ denn mit der heiligen Schrifft/ damit er sich wehrete.

Er ist sanfft gestorben/ in den Worten aus den Propheten: In deine Hende befehle ich meinen Geist/ du hast mich erlöset/ HErr du trewer Gott/ etc. Im Anfang deß Keiserthumbs Theodosii/ wie sichs ansehen lesset/ oder wie Vincentius aus Amphilochio setzet/ im sechsten Jahr Valentiniani/ welches ist das Jahr nach Christi Geburt/ 387.

Wider welche Ketzer vnnd Verfelscher der Lehre er gestritten habe/ das zeigen die Tittel seiner Bücher an/ welche er öffentlich wider die Ketzereyen/ vnd jhre Anstiffter geschrieben hat. Mit was Glauben aber/ Auffrichtigkeit vnd Ernst er geschickt hat wider die Jrthumb/ das zeugen auch seine Schrifften. Den Streit mit Apollinario/ zeiget seine 59. Epistel an. Aber die nechstfolgende Epistel strafft die/ welche lehreten/ Christus habe das Fleisch mit sich vom Himmel gebracht/ vnnd nicht von Mariæ Fleisch an sich genommen.

Auch hat man seine Predigt/ die er gethan vnd geschrieben wider Arrium/ Sabellianos/ vnd Anomianos. Wie hefftig er aber sich hat bemühet wider die Eunomianer/ Pneumotomachos/ die Catholische Meinung zu erhalten/ daß der H. Geist gleiches Wesens sey/ mit Gott dem Vater/ vnd dem Sohn/ auch gleich in der Majestat vnnd Gottheit/ das bezeugen seine beide Bücher reichlich/ vom Heiligen Giust geschrieben. Er hat auch die Manicheer widerleget an etzlichen Orten im Hexametro/ als Hom. 8.

Darnach so sind diese Streite auch sehr hefftig/ vnd verhalten wel zu bedencken/ welche er wider den Keiser Valenerm gehabt/ die gar eigentlich/ auch jeher mit grossem Wunder anzeigen/ wie so gar mit beständigem vnd vnverzagtem Gemüth Basilius die reine Lehr bekant/ vnd vertheidiget hat/ davon man lesen mag in Nazianzeno/ vnd Sozomeno/ lib. 6. Cap. 16. Item, Theodoretum lib. 4. Cap. 19.

Alexander/ Alexandrinus.

Alexander/ Alexandrinus/ ist zu Alexandria Bischoff worden/ Anno Christi/ 323. Anno Constantini, 14. Wie das Chronicon Eusebii meldet/ Er ist im lehren fleissig vnd getrew gewesen/ vnd da er mercket die Ketzerey Arrii/ hat er einem Synodum zusammen gefodert/ vnd deß reinen Glaubens Sachen trewlich gehandelt. Epiphanius lib. 2. Tomo. 2. Hæres 69. saget: Er hat die Christlichen Sachen trewlich versorget. Was er von der Lehre gehalten habe/ zeiget seine Epistel gemugsam an/ an Alexandrum Constantinopolitanum/ bey dem Theodoreto lib. 1. Cap. 4. Er hat den Artickel von der H. Dreyfaltigkeit auffs aller hefftigste vertheidiget.

Von seinen Streiten ist das fürnemlich klar/ daß er alle Hinderlist vom Arrio vnd seinen Gesellen erlitten hat. Denn erstlich hat er Arrium mit seinen nachfolgern von dem Ampt entsetzt/ vnd nachmals allen derselbigen Anhang wider sich erreget/ wie Athanasius sagt/ Apologia 2. aus der Epistel deß Alexandrinischen Synodi. Sozomenus lib. 1 Cap. 15. Er hat auch den Gregorium/ seinen Presbyterum/ vmb seines Gottlosen vnd vergerlichen Lebens willen/ verstossen/ vnd von seinem Ampt abgesetzet/ dieweil er mercket/ daß ers mit Arrio hielte/ vnd sonsten anderer Laster halben/ Athanasius.

Am Sontag

Im Nicenischen Synodo hat er mit Athanasio wider die Arrianer mit Frewdigkeit gestritten/ welches von jhm zeuget die Epistel deß Nicenischen Synodi/ bey dem Theodoreto lib. 1. Cap. 9. Alexander hat allein zu der Zeit die Mühe auff sich genommen/ das hin zu arbeiten/ daß die rechte Lehr rein vnd vnuerfelscht möchte erhalten werden. Athanasius Oratione 1. wider die Arrianer/ sagt/ daß Alexander biß in den Todt wider die Arrianische Ketzerey gestritten habe/ vnd daß er viel Vnglücks vnnd Arbeit/ auch in seinem grossen Alter/ erlitten habe.

Athanasius.

Athanasius/ ein Bischoff zu Alexandria/ denn als Alexander mit Tode abgienge/ wie Hieronymus sagt/ Anno Christi/ 333. deß Reichs Constantini Magni/ 24. ist er an seine stadt kommen/ denn zwar Alexander selbst an seinem Todtbette/ zu solchem seinem Ampt erkohren/ vnd seine Stimme gegeben hatte/ wie Sozomenus anzeiget/ alle Apollinario/ lib. 7. Cap. 17. Es saget auch Sozomenus an dem selbigen Ort/ das Athanasius vngern vnd gezwungen solch Bischoffich Ampt angenommen habe/ aber nicht ohne sonderlichen Rath Gottes/ darumb/ daß es vrsendig. gelehrt/ beredt gewesen/ vnd zumal geschickt/ der Gottlosen Ketzer verführische Lehre zu entdecken/ vnd dieselbe gründlich zu widerlegen. Vnd in Summa/ gentzlich ein solcher Mann war/ wie jhn dieselbigen Betrübten/ vnd von den Arrianern zerrüttete Zeiten bedurfften.

Als er nun das Bischoffliche Ampt in solcher vnrühigen Zeit/ da alles vberall mit Arrianischer Gifft vnd Vnsinnigkeit verwirret vnd verderbet war/ bekommen vnd angenommen/ hat jhm bald solche Jemmerliche Zerspaltung vnd Zerrüttung/ vnd der Kirchen Zwitracht vnd Vneinigkeit/ grosse Bekümmernis in seinem Hertzen gebracht/ darumb er allen Fleiß vnd Sorge/ Tag vnd Nacht dahin gewendet/ daß der armen Kirchen möchte geholffen werden. Eines theils der Abtrünnigen vberredet er/ eines theils vermahnet er/ eines theils zwang er/ daß sie den Gottes lesterlichen Jrthumb ablegeten. Welchem fleiß er nicht allein an die Alexandrinischen/ Sondern auch an viel benachbarte Kirchen gewendet hat/ wie Epiphanius von jhm zeuget. Seiner herrlichen Tugenden ein lang Register erzehlet Nazianzenus/ in Oratione funebri in Athanasium.

Auff dem Concilio Niceno/ da er seines Bischoffs/ deß Alexandri Adjunct gewesen/ hat er sampt vnd mit jhm/ wider deß Arrii Gifft vnd Ketzerey/ mit grossem Fleiß vnd mit grosser Frewdigkeit gestritten. Vnd das hat er nicht allein gethan zur selbigen Zeit/ Sondern hat für die Lehr zu kempffen nicht auffgehöret/ biß in seine Grube vnd letzte stunde/ Also/ daß er auch den Widersachern nicht einen Buchstaben nachgegeben hat/ ob jhm gleich viel Ruhe/ Friede/ vnd Nutz daraus hette erfolgen vnd ersprießen können.

Er hat auch nicht allein seiner Zeit Ketzerey/ oder derer/ die newlich gewesen waren/ als deß Photini, Marcelli, Miluij, Pneumatomachorum, Eunomianorum, Eudoxianorum, &c. widerleget/ Sondern auch die gar alten Ketzereyen/ als deß Marcionis, wider welche er jmmerdar streitet/ in dem Buch von dem ewigen Wesen deß Sohnes vnd heiligen Geistes mit Gott/ vnd in der ersten vnd vierden Oration wider die Arrianer/ vnd von den Decreten deß Nicenischen Synodi/ vnd sonsten offt.

Deß Pauli Samosateni Schwermerey widerleget er an vielen Orten/ als in den orationibus wider die Arrianer. Item/ in der Oration, daß nur ein Christus sey. Item/ in der Oration wider die Gregales Sabellii/ von dem ewigen Wesen deß Sohns. Item/ in der Epistel von den Synodis Arimini vnd Seleuciæ. Item in dem Buch de incarnatione verbi, in der Oration contra omnes Hereses. In welcher er auch deß Novati Schwermerey widerleget. Deß Manetis vnd Manicheer Ketzerey widerleget er offt in der ersten/ andern/ dritten/ vierden Oration/ wider die Arrianer. Vnd in libro de Assumptione hominis, wider Marcellum/ deßgleichen auch in der Epistel ad solitariam

vitam

vitam agentes/ vnd an vielen andern Orten mehr. Wider Valentinum vnd Basilidem hat er hin vnnd wider disputieret/ in den Orationibus wider die Arrianer/ als in dritten/ vierden vnd fünfften/ vnd in der Epistel an die zu Antiochia. Wider Sabellium vnd Patripassianos, disputieret er offentlich in dem Buch/ De æterna substantia Filii & Spiritus sancti cum Deo, mit vielen Argumenten. Item/ in den Decretis deß Nicenischen Synodi. Item/ in der Episteln von den Synodis Arimini vnd Seleuciæ. Er vbergehet auch nicht deß Montani/ vnd der Cataphryger Ketzerey/ in den Orationibus wider die Arrianer/ der dritten vnd vierden/ Ja es bezeuget auch Epiphanius/ lib. 3. Tom. 2. Heræsi. 77. Daß Athanasius habe eine Epistel geschrieben/ an Epictetum Corinthium, von wegen der Dimeritaner Ketzerey/ welche die Menschheit Christi nicht vollkömlich bekandten. Dergleichen widerleget er auch der Juden Lügen vnd Lesterung/ wider Christum/ weitleufftig/ aus den Zeugnissen der Propheten/ in dem Buch/ De substantia Filii, &c. Vnd den Decretis deß Nicenischen Concilii/ in der vierden Oration wider die Arrianer. Wider die Heiden aber/ sagt Hieronymus/ sind seiner Bücher zwey gewesen. Wir haben noch eine lange Oration wider die Götzen/ daß er auch zu dem heidnischen Aberglauben vnd narrischen Peganismo nit still geschwiegen habe/ zeiget der Exilium vnd deß Keisers Drewung an.

Er hat auch die mechtigen Keiser nicht geschewet/ als Constantinum/ Valentem/ Sondern hat wider sie/ darumb/ daß sie Ketzerey vnd falsche Lehre vertheidigten/ mit vnüberwindlichem Eifer vnd Ernst gestritten/ vnd hat deß Antichrists Wüten/ das sich weit streckete/ zu rück gestossen/ vnd den selben gehindert, so viel er vermocht.

Endlich ist Athanasius/ nach dem viel vnnd manchfeltigen Streit vnnd Kampff/ vnd nach erlittenem Elende vnd Vnglück/ in welchem seines gleichen kein Bischoff gewesen/ mit Tode abgangen/ vnd in dem HERRN Christo seliglich vnd mit Frieden entschlaffen. Im Jahr nach Christi Geburt/ wie Hieronymus verzeichnet hat/ 377. in gutem Alter/ wie Nazianzenus spricht/ als er das Bischoffliche Ampt zu Alexandria in friede vnd vnfriede/ 46. Jahr verwaltet hatte, Socrates lib. 4. Cap. 20, Sozomen, lib. 6. Cap. 19.

Theophilus.

Theophilus Alexandrinus/ der dritte Bischoff zu Alexandria/ nach dem Alexandro/ deß wir droben gedacht haben/ zur Zeit Theodosii/ wie sichs ansehen lest. Davon ließ Ruffinum lib. 2. Cap. 21, Theodoretus lib. 5. Cap. 22. zeiget an/ daß er ein kluger vnd weiser Bischoff gewesen sey / sehr verstendig/ vnd darzu zu eines starcken vnd mütigen Geistes. Vnd es sind etliche stück in seiner Historien/ welche klerlich bezeugen/ daß er vberaus gottsfürchtig/ vnd eines grossen eiffers gewesen sey. Hieronymus eignet ihm in in der Apologia wider Ruffinum/ das er von Natur bemütig vnd züchtig gewesen/ daß er ihn auch einen Mann Gottes nennet/ vnd schreibet/ daß er von Jugendt auff in der heiligen Schrifft grübet sey. Ist gestorben im 9. Jahr deß Keisers Honorii/ am 15. Tage deß Weinmonats/ im Jahr nach Christi Geburt/ 414.

Optatus Milevitanus.

Optatus Milevitanus/ aus Africa bürtig/ ist auch ein nützlicher Lerer in der Kirchen Christi gewesen/ hat insonderheit wider die Donatisten gestritten/ hat gelebt vnter dem Keiser Valentiniano vnd Valente, wie Hieronymus anzeiget/ ist ein Mann gewesen/ mit mancherley Geschickligkeit/ standhafftiger Sanfftigkeit/ vnd mit reiner Lehr wol gerüstet/ welches ihm Zeugnis geben die Bücher/ so er wider Parmenionem den Donatisten geschrieben hat.

Am Sontag

Es sind auch der Bücher sechs/in welchen/ob er sich wol gantz vnd gar drauff gibt/ daß er der Donatisten falsche Meinung verlege/ vnnd jhre Schandthaten/ vnordentliche Gewalt/ Rotterey/ Betrug/ Kirchen rauben/ etc. groß vnnd offenbar mache/ dennoch so mischet er mit ein zu weilen/nach Erforderung vnd Gelegenheit/ etliche seine Stück vnd Puncten/ aus welchen man sein sehen kan/ was er auch von andern Artickeln Christlicher Lehre gehalten habe.

Hilarius.

Hilarius/ ein Gottseliger Lehrer vnd Bischoff in Franckreich/ zu seinen Zeiten fern vnd weit berümpt/ vmb seiner vielen vnd herrlichen Gaben willen/ im lehren war er rein/rechtschaffen vnd beständig/darumb durffte er sich auch kühnlich in dem Buch wider Constantinum/ selbst einen Catholischen vnd Christlichen Mann rühmen/ so war er auch sehr wol beredt/vnd sonderlich im Latein/ daß jhn Hieronymus/in der Apologia wider Ruffinum/ eine Posaun der Lateinischen Sprache das nennen/ vnd weiter von jhm sagt/in der Epistel an den Marcellum/ Er sey zu seiner Zeit der aller Beredtste/ vnd allenthalben/da der Römische Namen bekandt/ vnd solcher Geschicklligkeit willen gerühmet vnnd gepreiset worden. Solch Lob hat jhm auch der Socrates gegeben/ lib. 3. Cap. 10. Dergleichen auch Sozomenus/lib. 5. Cap. 4. Der jhn auch lib. 3. Cap. 4. nennet einen Mann/an Lehr vnd Leben gantz Göttlich. Ruffinus schreibet lib. 1. Cap. 31. von jhm/ daß er sey von Natur ein sanfftmütiger vnd holdseliger Mensch gewesen/ vnnd darzu gelehrt/ vnd gar scharffsinnig/vnd wol geübt/ der Keyser Betrug vnd schwinde List vnterscheiden/ vnd zu entdecken/der auch die Leute sehr wol hat können vberreden/ vnd auff seine Meinung bringen.

Wie beständig vnd standhafftig er gewesen ist/den Glauben zu bekennen/ das weiset gnugsam aus die Historia vnd Geschicht deß Synodi zu Seleucia/denn da er/vnd viel andere aus den Abendtlendern/auff demselbigen Synodo oder Concilio vmbringet/ vnnd sich der Arrianischen Ketzerey zu vnterschreiben/genötiget worden/hat er (ob sich gleich jhr viel mit Betrug darzu vberreden liessen) viel lieber wollen in ein ewig Elende ziehen/ denn in den geringsten Glaubens sachen weichen oder nachlassen/wie Sulpitius schreibet.

Er hat zwölff Bücher geschrieben von der H. Dreyfaltigkeit/ wider die Arrianer vnd andere Ketzer/ welche falsch vnd vbel lehreten vom Sohn Gottes/ eben zu der Zeit/als er von der Rotte vnnd Anhang Saturnini/ deß Bischoffs zu Arelat/ sampt andern/die es mit jhm hielten/ ins Elende verjaget vnd vertrieben ward/ wie solches Hieronymus in seine Cathalogo vnd Chronico beim 361. Jahr Christi anzeiget.

Er hat auch eine Apologiam oder Buch an den Constantium Augustum geschrieben/ darinnen er vber den Keiser Constantium klaget/ von wegen seiner vnbillichen Tyranney vnd Verfolgung/ die er vbete wider die Kirche Christi/ vnd derselbigen trewe Lehre vñ Bischoffe/ welches er auch selbst/nach Anzeigung Hieronymi/ zu Constantinopel dem Keiser vberantwortet hat. Er hat auch sonst noch ein ander Buch an den Constantium geschrieben/ vnnd das dritte wider den Constantium/ darinnen er jhn auffs hefftigst angreiffet/ daß er so viel Hülff vnd Gunst auff die Arrianische Ketzerey gelegt vnd gewandt hette. Sulptius gedenckt in seinem andern Buch/ dieser dreyer Bücher deß Hilarii auch/ die zu Constantinopel/da er die gröste Geschrligkeit deß Glaubens vermerckte/ offentlich vberantwortet/ vnnd gebeten hatte/ daß er der Keiser Constantius wolte zuhören/ Es wolte für jhm mit den Widersachern deß Glaubens/ in seiner Gegenwertigkeit/ vnnd für seinem Angesichte disputieren.

Es ist auch noch ein Buch verhanden/ welches Hilarius wider die Arrianer/ oder wider Auxentium/den Arrianischen Bischoff zu Meyland/geschrieben hat an die Bischoffe vnd an die Völcker/ welche die Arrianische Ketzerey für einen Grewel hielten. Hieronymus spricht: Es sey ein sehr herrliches Buch.

Mit

Septuagesima.

Mit waser grosser Mühe vnd Arbeit er gestritten hat / den Artickel von der heiligen Dreyfaltigkeit zu erhalten / vnnd die Dinge zu verlegen vnd vmb zu werffen / so wider die Gottheit Christi / von den rasenden Arrianern / die im gantzen Morgenlande zerstrewet waren / für gebracht worden / das zeugen seine Bücher selbst / welchen er den Tittel von der Heiligen Dreyfaltigkeit gegeben hat. Denn er selbst sich beklaget / in dem zehenden Buch / das zu seiner Zeit alles voll deß Tobens vnd Wütens der Arrianer gewesen / weil der Keiser Constantius derselben Ketzerey den Rücken gehalten / vnd schutz bewiesen habe.

Letzlich ist Hilarius / als er aus dem Elende wider gefordert / vnd in sein Bisthumb restituirt worden / in seinem Vaterlande in Gott verschieden / im Jahr nach Christi Geburt / 372. im fünfften Jahr der Regierung der Keiser Valentiniani vnd Valentis / wie Hieronymus anzeiget / vmb welche Zeit Damasius zu Rom Bischoff war.

Ambrosius.

Ambrosius / ein Bischoff zu Meilandt / vnd zu diesem Ampt wider seinen Danck vnnd Willen erwehlet / davon mag man lesen beim Socrate, lib. 4. Cap. 30. vnd Theodoreto lib. 4. Cap. 6. 7. vnd Sozomeno lib. 6. Cap. 24. Von welchen er selbst auch an etlichen Orten / insonderheit aber / lib. 10. Epist. 82: zeuget / da er spricht: O wie streubete ich mich / daß ich nicht möchte geordiniret werden / aber da halff nichts / das fürgewand möchte werden / etc. Hieronymus schreibet in seiner Chronicken / daß die Erwehlung Ambrosii zum Bischöfflichen Ampt / sey geschehen vmb das Jahr Christi / 378. als Damasius Bischoff zu Rom war.

Er ist eines grossen Ansehens in der Kirchen Christi gewesen / vnd vielen trefflichen Leuten in Morgenlande wol bekandt / als dem Eusebio Cæsariensi, welches Epistel an den Ambrosium / sehr ein freundtlicher Brieff ist / darinnen er jhn hoch rühmet / nennet jhn einen fürtrefflichen Mann / an Verstandt / Weißheit vnd aller Geschicklichkeit. Sozomenus schreibet lib. 5. Cap. 18. Daß der Keiser Theodosius von jhm habe pflegen zu sagen / Ambrosius sey allein werth eines Bischöfflichen Ampts vnd Namens. Augustinus nennet jhn seinen Doctor em vnd Lehrer / vnd einen Mann Gottes / lib. 2. contra Iulianum, Cap. 3. Wie er denn auch in denselbigen Büchern sehr deß Ambrosii Zeugnisse einführet. Vnd lib. 1. contra Iulianum, Cap. 2. sagt er mit Ehrerbietung / daß er vom Ambrosio getaufft sey worden. Höre / sagt er / einen andern fürtrefflichen Lehrer Gottes / welchen ich ehre als meinen Vater / er hat mich gezeuget in Christo Jesu / durchs Evangelium / vnd durch jhn habe ich die Tauffe empfangen / Ich meine / spricht er / den heiligen Ambrosium / welches Gnade / Beständigkeit / Arbeit / Gefahr / für den Christlichen Glauben / ohne seine Schrifften vnd Predigten / ich selbst erfahren habe / vnnd mit rühmet es das gantze Römische Reich. Vnd lib. 1 contra Pelagium & Cælestinum, nennet jhn Augustinus einen Christlichen Lehrer / welchen auch seine Feinde nicht haben dürffen straffen / etc. Ruffinus lib. 2. Cap. 15. spricht / Ambrosius sey eine Maure der Kirchen / vnd starcker Thurn gewesen / mit Eliæ Geist vnd Krafft erfüllet.

Wider welche Ketzerey er gestritten / bezeugen seine Bücher / im andern Theil / denn er dencket der alten Ketzer Jrthumen / vnd die kurtz für seiner Zeit gewesen sind / als deß Marcionis / daß er lieber einen bösen Gott wollen haben / denn einen guten.

Der Manicheer aber gedencket er sehr offt / wider welchen Jrthumb auch Augustinus aus Ambrosii Buche von Jsaac / etc. ein Zeugnis anzeucht. Das thut Ambrosius auch libro 3. Hexam, Cap. 7. An welchem Ort er auch streitet wider die Photinos vñ Eunomianos. Wie er auch solche Jrthumb widerleget / lib. 1. officiorum cap. 25. Vñ lib. 1. de Fide. cap. 1. Wider Sabellium streitet in Apologia David. Vñ wider die Novatianer disputieret er gewaltig / im gantzen Buch von der Busse / darumb auch Augustinus das Buch citirt / wider Julianum / Pelagianum / lib. 2. mit diesem Tittel / wider Novatianum / etc.

Letzlich

Am Sontage

Letzlich widerspricht er auch mit allem Ernst vnd Fleiß deß Arrii Ketzerey / in einem sonderlichen Buch / welches Titel ist / Vom Glauben wider die Arrianer. Wider dieselbigen redet er auch offt / lib. 2. de Fide ad Gratianum, Cap. 2. & 4. vnd in der Apologia David. Item / lib. 2. vom Salomon / cap. 4. vnnd lib. Hexam. 2. cap. 5. vnnd sonsten an andern Orten mehr. Welche Zeugnis der alten Kirchen noch viel nützlicher sein.

Letzlich / daß Ambrosius 22. Jahr Bischoff gewesen / sihet man auß der Rechnung Honorii / vnd Hermanni Contracti. Denn Hieronymus setzt den Anfang seines Bischofflichen Ampts in das Jahr Christi / 378. Seinen Todt aber setzt Contractus in das dritte Jahr deß Keiserthumbs Honorii vnd Arcadii / welches ist im Jahr Christi / 400. Er selber sage / daß er in seinem letzten Alter noch gelehret hab / lib. 7. Epist. 57. an Bischoff Severum geschrieben.

Hieronymus.

Hieronymus / ein fürtrefflicher Lehrer / vnd der viel Bücher gemacht hat / wie er denn in der Schrifft / wider die Pelagianer selbst bekandt / das er viel dinges geschrieben habe. Es sind / spricht er / viel Jahr / darinnen ich von meiner Jugendt an / biß auff das gegenwertige Alter / mancherley Bücher geschrieben habe. Das ist stets mein Brauch gewesen / daß ich mich befliessen habe / das den zuhörern auffzuzeichnen / was ich in der Kirchen öffentlich gelehret. Vnd erzehlet auch selbst viel Bücher in einem langen Register / die er biß ins vierzehende Jahr deß Keisers Theodosii / geschrieben hat / im Ende deß Cathalogi der Bücher / so er von Geistlichen vnd Kirchen Sachen geschrieben hat. Welchen Cathalogum oder Register er geschrieben hat an den Dextrum. In demselbigen hebt er von den Aposteln an / vnnd erzehlet nach sienen die Fürnemsten Scribenten noch einander / biß auff seine Zeit / darinnen er selbst geschrieben hat. Eben dasselbige Werck hat auch Sophronius Griechisch gemacht / wie es denn in der Griechischen Sprache noch Heutigs Tages verhanden ist. Er gedencket dieses Buchs / in der Epistel an Desiderium / etc.

Er hat das Newe Testament widerumb in rechte Griechische Art gebracht / daß es Augustinus hat selbst müssen loben / Es sey also auß den warhafftigen Gründen der Griechischen Sprachen also verdolmetschet / vnd wider rechtschaffen Griechisch gemacht / als er in einer Epistel an Hieronymum / von sich selbst bekennet. In seiner Apologia wider den Ruffinum / spricht Hieronymus / daß er denen / so da Lust vnd Liebe zu lesen haben / die Dolmetschung der Septuaginta, oder Siebenzig / nun vier Jahr nach einander auffs fleisigste geemendirt vnd gebessert / habe außgehen lassen.

Hieronymus hat hin vnnd wider in seinen Schrifften gestritten / wider die Juden vnd Haiden. Als wider Julianum vnd Porphyrium. Wider die Ketzer / als Arrium / vnd die Origenisten / Ruffinum / vnd Johannem Hierosolymitanum. Item / wider die Luciferaner / Pelagianer / etc. Vnd andere mehr / als do sind die Marcionisten / vnnd Sabellianer. Wider den Sabellium / in seinem Comment. vber das vierde Cap. der Epistel an die Epheser. Deß Montani Lehr / verwirfft er in einer Epistel an Marcellum. Deß Arrii Vnsinnigkeit hat er an vielen Orten auffs höchste verdampt / als im 9. Buch Commentari. vber das 28. Cap. Vnd im andern Buch seiner Commentarien / vber das vierde Capitel / der Epistel an die Epheser. Item / in den Commentariis / vber das vierde Capitel der Epistel an Titum.

Augustinus.

Augustinus

Septuagesima.

Auguſtinus iſt geſtorben/ſeines Alters im 76. Jahr/nach Chriſti Geburt/im 430. Jahr/bey Regierung deß Keiſers Theodoſii ſecundi, vnd Valentiniani tertii, Gleich als Genſerich die Stadt Hipponam belegert hatte/in welcher Auguſtinus vierzig Jahr lang Biſchoff geweſen war/Von Anfang der Regierung Arcadii/biß faſt zum Ende der Regierung ſeines Sohns Theodoſii 2. Die Zeit vber er denn viel groſſer Streit in der Lehre erfahren/vnd ſelbſt auszuſtehen müſſen. Denn er hat die Manicheer/Donatiſten/vnnd Pelaglaner widerleget/vnnd hat ſeine nütze Widerlegung in Schrifften verfaſſet/den Nachkommen hinder ſich verlaſſen.

Jm dritten Monat der Belegerung/iſt Auguſtinus geſtorben/vnnd hat die Zeit vber offtmals mit groſſen Seufftzen vnd Schmertzen beklagt/nicht allein deß Reichs jemmerlichen Fall vnd Vntergang/Sondern vielmehr die grewliche Trennung vnd Verwüſtung der Kirchen. Denn dieſer Wende Genſerich/war ein Irrlaner/vnnd haben ſeine Nachkommen groſſe Tyranney geübet/wider die Rechtgleubigen. Dieweil er denn groß Jammer vnd Elendt allbereit geſehen vnd erfahren hatte/vnd zuvor ſahe/daß noch viel gröſſer Vnglück vnd Vbel nachfolgen würde/wie denn bald nach der Wendiſchen Könige Gottloſem Weſen/die grewliche Mahometiſche Vnſinnigkeit vnnd Wüterey gantz Aphricam vnterdruckt hatte/befahl er Gott die Kirche/mit ſtetem vnnachtleßlichem Gebete/vnd hertzlichem Seufftzen.

Man muß aber deß Auguſtini Bücher ſonderlich wol vnterſcheiden/der Zeit nach/darnach ſie erſtlich oder hernacher von jhm geſchrieben ſind/denn es jhm in dieſer Sachen auch begegnet iſt/daß ſeine letzten Gedancken/weiſer vnd beſſer geweſen ſind/als die erſten. So ſagt er auch von ſich ſelbſt/daß er durch ſchreiben vnd Vbung von Tag zu Tage zu neme. Wiewol nun auch in ſeinen letzten Büchern hin vnd her etliche frembde vnd vngereimpte Reden bey derweilen mit vnterlauffen/ſo jhm vngeſchicklich entfallen ſind/ſo iſt doch diß gewiß vnnd klar/daß ſeine Lehre im Grunde mit vnſer Kirchen Lehre vbereinſtimme.

Chryſoſtomus.

Vr Zeit deß Keiſers Arcadii/iſt zu Conſtantinopel Biſchoff geweſen Johannes/den man Chryſoſtomum/mit dem Zunamen genande/vnd iſt zuvor wie ſie ſchreiben/ein Prieſter zu Antiochia geweſen. Dieſer hat durch ſeine groſſe Geſchicklikgeit in Reden/groß Anſehen vnd Macht vberkommen. Es ſind aber in Chryſoſtomo allerley Samen vnd Geſchmeiß etlicher Jrrthume/welche ein Gottfürchtiger Lehrer/vnnd der ſonſt recht vnterrichtet iſt/wol erkennen vnd vrtheilen kan. Doch ſagt er auch viel herrliches vnnd gutes Dinges/ſonderlich was euſſerliche Zucht/vnd einen Erbarn Chriſtlichen Wandel beerifft.

Als auff einem Synodo die andern Biſchoffe ſchlieſſen wolten/daß man die Jenigen/ſo nach der Tauffe gefallen weren/vnd wider Buſſe theten/nur einmal ſolte wider annemmen/vnd nachmals/da ſie wider fielen/nicht mehr: Hat er jhnen hart widerſprochen/vnd geſaget: Mit nichten/Sondern wenn du tauſent mal Buſſe theteſt/ſo magſtu in die Kirchen eingehen. Dieſe Meinung/ob ſie ſchon damals verworffen iſt/acht ich doch ſie ſey recht vnd warhafftig/ſo fern man ſie recht verſtehet/denn er hat damit der Novatianer Jrthumb widerſprechen wollen.

Eudoxia/deß Keiſers Arcadii Ehegemahl/iſt dieſem Chryſoſtomo feinde geweſen/darumb/daß er jhren groſſen Pracht vnnd Regierſucht/ſo den Weibern nicht befohlen/ſtraffete. Daruber ſie hart ertzürnet/vnnd durch Liſt vnnd falſche Practicken ſo viel zu wege bracht/daß Chryſoſtomus ſeines Biſchöfflichen Ampts vnnd Würden entſetzet/vnnd darzu deß Landes iſt verwieſen worden.

Jn welche elend er/als ein verjagter an der grentz deß landes Armenien geſtorben/ein Jahr

Am Sontag Septuage.

Jahr für deß Arcadii Tode/ welcher gestorben ist/ im 412. Jahr nach Christi Geburt/ wie die Historien bezeugen.

Es ist Chrysostomus ein wolberedter Mann gewesen/ aber seine Schrifften/ so noch zum Theil verhanden/sind nicht lehre Bücher/ Sondern sind mehr dahin gerichtet/ das jenige so er loben vnd straffen wil/herrlich mit allen Farben auszustreichen/ hoch anzuziehen/ vnd in Summa auffs Tapfferste vnd gewaltigste / noch allem Vortheil zu treiben. Darüber er auch bey derweilen sich etwas zu weit verleuffet/vnd den Sachen zu viel thut/wie denn zu sehen/ in dem vbermesigen vnnd vbermachtem Lobe deß einsamen vnnd Mönchischen Lebens.

Diß sind fast die vornembsten Lehrer der Kirchen gewesen/ so in die 400. Jahr nach Christi Geburt/ vnnd lenger/ mit Lehren/ Predigen/ Streiten/ etc. der Kirchen Christi erewlich gedienet haben/vnd den Zeiten der Apostel am nechsten gewesen/ darumb ihre Zeugnis offt angezogen werden.

Die Folgenden sind nicht so gar Rein/darumb Wir dieselbigen zu erzehlen vnterlassen.

Am

Am Sontage Sexagesima.
Ist der Siebende Sontag nach der
heiligen Drey Könige
Tag.

EIne erschreckliche Historien von einem Teuffels Beschwerer/oder Banner/wie er vmbkommen/zu Ochsenburg in Westphalen geschehen/Anno 1564.

Es war ein Blinder Ebentheurer/ mit Namen Simon Möller/ von Nürnberg (Denn so hat man seinen Namen für Gerichte abgelesen) aber aus dem Hessenlande bürtig/derselbige hat eine lange Zeit der Jahr her/ nicht allein in Westphalen/Sondern auch in Sachsen/ Frießlandt/ Hertzogthumb Cleve/ vnnd andern vmbligenden Ländern/ viel Affenspiel/Ja viel Gottloses Wesen getrieben/mit den Narren besessenen Menschen/ dem Teuffel durch sonderliche Exorcismos, aus ihnen zu verbannen/ vnd aus zutreiben/ biß er letzlich vnter die fromme Bürgerschafft/ der Ehrenreichen Stadt Ochsenburg in Westphalen/ vnterm Schaffbetze/ (Denn er seine Sache/ wie sein Vater der Teuffel / Meisterlich wissen zu schmücken) ist eingeschlichen.

Als er aber allda vngefehrlich ins dritte Jahr zu Hauß gesessen/ vnnd seines verfluchten Handtwercks weidlich daselbst/ vnnd in andern benachbarten Stedten vnnd Dörffern gepfleget/vnnd also viel arme vnd Einfältige Christen/ mit dem Schein Göttliches Worts/ deß Gebetts/ vnnd andern eusserlichen Ceremonien/ Jemmerlich verführet vnd betrogen/ vnnd aber Niemandt in allen Stenden (Auch/ vnter denen nicht/ die es billich hetten straffen sollen) befunden ward/ der ein Wörtlin darwider gemucket hette/ Bin ich für meine Person/ der ich mich doch gern für den Geringsten vnter allen bekenne/ aus Christlichem Eiffer/ bewogen worden/ eine gering schetzige Schrifft/ wider ihn vnd alle andere Teuffels Beschwerer zu stellen/ welches ihm auch (GOtt Lob) wie manchem frommen Christen bewust/ endtlich den Halß gebrochen/ welches Tittel ist/ **Der Bann Teuffel.**

Denn als ich damit/ Anno 64. am Montag Sexagesimae/ zu Ochsenburg bin angekommen/ daßselbige einem erbarn Rath daselbst (an welchem die Dedicatio stehet/ wie es auch mit allen Ehren/ Gott Lob/ von ihnen empfangen) zu offeriren/ Ist Dinstages hernach in Rath gestalt/ vnd folgends daraus entschlossen/ solchen Böhwichte nicht lenger daselbst zu leiden.

Nu merck aber du frommer Christ / was mitler weile mit ihm geschehen. Der Gerechte GOtt / welcher zwar allen Sünden/ aber fürnemlich vnd in sonderheit dem grewlichen Mißbrauch seines heiligen Namens/von Hertzen feindt ist/ vnd die letzlich auch nicht vngestrafft lest/ die seinen Namen Mißbrauchen/ nach der Drewung deß Andern Gebotts/ hat sich mit diesem mutwilligen vnd vnbußfertigen Buben/der zuvor alle Christliche Warnung in Windt geschlagen/ allgemeiner Straffe/ als Gefengnis/ Exilien/ oder dergleichen/ nicht wollen oder können genügen lassen/ Sondern einmal nach langer Geduls/Neu Garaus mit ihm gespielet/ also/ daß er letzt sein eigen Weib (wer sihet hie nicht GOTTES wunder Gerichte?) sein Hencker vnnd Scharffrichter hat werden müssen.

Denn als er mit derselbigen / etliches Geldes halben/ so sie ihm heimlich außgeführet/ vneinig / sie anklagen wolte/ hat sie sich (Freylich aus Eingeben deß Teuffels) Jemmerlich zu erwürgen/ vnd sich also an ihm zu rechen/ fürgenommen. Vberredet ihn darauff deß Abendts spat mit Worten / mit ihr auff den Boden zu steigen/ das verlohrne Gelde allda zu suchen. Aber als sie mit ihm hinauff gekommen/ stürtzt sie ihn zur stunde/ mit Hülff deß Teuffels/ der sich in schwartze Mönchs Gestalt herbey gefunden/ zur Lincken

Am Sontag Sexagesima.

den herunter / vnnd folgends flugs die Treppen oder Stiege herab / ergreiffet eine Art/ deß Fürhabens / daß sie jhn zu kleinen Stücken zerhawen / vnnd mit Fewr verbrennen wolte / wie sie jhm denn allbereit den Kopff / vnnd den lincken Arm schon abgehawen/ vnd ins Fewr geworffen hatte.

Weil aber die Nachbarn solch Getümmel vernommen / vnnd den vbelstinckenden Geruch deß Fewrs gespüret vnd gerochen / fallen sie / wie gewöhnlich / ins Hauß hinnein/ vnd ergreiffen das Weib auff frischer That. Darauff sie denn von der Obrigkeit daselbst ist eingezogen worden / vnnd wie sie die That mit allen Vmbstenden freywillig bekandt/ ist sie nechstfolgenden Sonnabendt / für Gericht gestellt / vnd zum Tode verurtheilet / endtlich / wie jhre That verdienet / mit glüenden Zangen zerissen / vnd mit dem Radt gestossen worden. Iodocus Hokerius.

Am

Am Sontage Quinquagesima.
Ist der achte nach der H. drey Könige Tag.

ANNO CHRISTI, 1380. Erwehlen die Polen zu jrem Könige/ vnd zum Gemahl der Königin Hedwigs/ den Großfürsten in Littaw/ Jagello mit Namen/ der noch ein Heide war. Dieser kompt diß Jahr gen Cracaw/ lest sich sampt seinen Brüdern teuffen/ vnd wird Vladislaus genennet. Eben denselbigen Tag/ wird jhm die Königin Hedwigis vermählet/ Am folgenden Sontag Quinquagesima, wird er gekrönet. Dieser König hat Littawen der Kron Polen incorporirt vnd einverleibet. Mesbouius lib. 4. Cap. 38. Iulstein lib. 12. Cap. 5.

Von Blinden.

Nicasius im Jahr 1481. Da am 26. Tage Novembris/ Galeacius der Keiser zu Meilandt/ weil er mit seinem vnordentlichen Leben/ vnd geiler Vnreinigkeit/ die Kirchen Christi offendiret/ vnd erget/ vnd einen Ritter oder Edelman/ deß Weib er zu seinem Willen vnd Vntugenden gewehnet/ in der Kirchen Stephani erstochen/ vnd wie er mit der Flucht/ nach gethanem Mordt/ aus der Kirchen eilet/ vnd der Aufflauff vnd das Gereusche in der Kirchen grawsam/ behieng oder bekleibet er mit seinem Sporn am Stieffel/ einer Frawen in jhrem langen Kleide/ ward gehalten/ vnd von deß Fürsten Dienern nider gesellet/ vnd ermordet.

In dieser Zeit höret vnd sahe man seltzame Ding vnd Wunder/ die Agelastern flohen vnter den Wolcken/ vnd in der Lufft/ als hetten zwey Heer wider einander der auffgebrochen/ vnd wider einander gestritten. Vnd sonderlich ist im 1489. im Bistumb Cöln ein Kindt geboren/ vnd im vierden Jahr nach seiner Geburt/ jhm sein Gesicht abgangen vnd erblindet. Dieses Kindlein wuchs auff/ studieret/ vnd kam mit Gottes Liecht vnd Geist/ weil jhm doch seines Lebens Leuchte verschwunden vnnd verloschen/ dahin/ ward ein gewaltiger Keiserlicher Doctor/ der Keiserlichen Rechten/ vnd ein Licentiat in H. Schrifft/ lase die Rechte/ vnd profitiret Iura, vnd samlet zu Cöln am Rhein eine herrliche Schule vnd Gemeine/ die er mit Gottes Wort auffzuge/ vnd vnterweisete. Vide Sebast. Fran. fol. 259. Also findet der HErr Leute/ die er zu seines Namens Ehre vnnd Verkündigung/ rüstet vnnd Geschickt machet/ welche sonst vor der Welt vngeacht/ vnd verworffene Leute sind.

Persevaldus/ ist ein Hochgelerter/ vnd doch blinder Mann/ Er hat zu Löven/ vnd zu Pariß 20. Jahr freye Sprache vnd gute Künste/ in welchen er denn hocherfahren/ vor sich selbst studieret/ vñ andere auch darinnen vnterrichtet. Er war from/ vnd jederman jhm wol geneigt vnd günstig/ (darzu beredt/ vnd kurtzweilig zu schimpffen/ gescheide vnd hurtig. Auff den Tag Corporis Christi, nennet er in einem lateinischen Versu, die Bäpstischen Monstrantz vnd Ostia darinnen/ ein abschewlich Anathema, Fluch oder lesterung deß H. Sacraments/ vnd wiewol er sich denn hernach für dem vngelehrten Decano, gnugsam declariret/ wie er mit diesem Wort nicht das Sacrament/ auch nicht seinen rechten vnd Christlichen Brauch/ sondern deß Bapsts Afferey vnd Narrenspiel verstanden vnd gemeinet/ solchen Namen vnd seine deutung/ aus der Grammatica, vnd aus den heidnischen Scribenten/ köndte verfechten vnd entschüldigen/ so hat jhn doch der Decanus gefehrlich angelassen/ vnd den Gelahrten verdacht/ vnd vnangenem worden/ doch hat er sie mit stachlichen Worten/ als Fantasten vnd vngeschickte Leute/ in seiner Profession auch angerühret/ vnd sie so ferne getrieben/ daß sie jhn mit Listen fahen/ vnd den Mönchen heimlich zu behalten/ in einem Kämmerlein vertrawet/ vnd befohlen.

Eilen

Am Sontage

Eilen darnach in sein Haus vnd Studierstuben / rauben vnnd plündern Bücher/ Gelde vnd Kleider/ vnd was sie antreffen/ wie die offentlichen Schelmen vnnd Strassenreuber/ davon/ weil sie es verkauffen/ vnd Gelde daraus lösen / haben sie den blinden / geletten vnd gefangenen Mann/ gespeiset vnd erhalten.

Nun können sie dem redlichen Mann nicht beykommen / noch jhm bey den Bürgern zu Löven / in Verkleinerung seiner Ehren / oder von wegen anderer böser Laster/ vnwerth machen / legen derhalben vnd liegen auff jhn / bald der etliche Knaben / ich mag nicht sagen worzu / soll gebraucht haben. Versewaldus ist zwar in der Stadt vnnd in der Vniversitet vermisset / aber wohin er verflossen / vnd an welchem Ort er gehalten / ist menniglich verborgen vnd heimlich blieben.

Zu letzt legen sie jhm zu / du bist ein Lutheraner / du sonderst dich vom Bapst (das ist / vom Teuffel vnd seiner Kirchen) vnd hast vnsere Vniversitet sampt allen Professoren geunehret vnd gelestert / vnd Lutherische Bücher bey dir gehalten / vnd die abzulesen dir gefallen lassen. Der Blinde sprach: Ich bekenne / das ich die Laster vnd Sünde der Vnheiligen / in meinem lesen angetastet vnd beredet / das ich aber die Gemeine Christliche Kirchen / die da ist das Reich Christi / gemeinet / vnd dieselbige mit Schmachworten beladen / solches bin ich nicht geständig. Aber sie verdampten vnnd verbanneten jhn zur ewigen Gefengnis / darinnen er bey Brodt vnd Wasser / sein Ende vnd sterben erwarten. Darzu sprach er: Gott sey Lob vnd Danck / daß vnsere M. Heute guten Wein trincken / Aber der arme vnd blinde Mann / muß allein kalt Wasser trincken. Sie halten jhn versperret / vnnd wolten jhn bey Wasser vnd trocken Brodt sein Leben enden vnd zubringen lassen / Aber jhm ward das Brodte entzogen vnd versagt. Auch die Bürger / die aus Christlichem Erbarmen vber einen solchen blinden / gelehrten / vnschüldigen Mann / jhn gerne besucht / vnd mit Speise vnd Tranck jhn wollen stercken vnd halten / werden abgesagt / vnnd seiner zu jhm gelassen.

Zu Königes Alphonsi Zeiten / war zu Agrigentum in Sicilien ein verschlagener Blinder / der viel Sehende betrog / vnd einsmals 500. Gülden in seinem Garten vergrube. Da aber ein ander / deß Blinden Nachbar vnd Gevatter darzu kom/ vnd zusahe / stal derselbige das Gelde. Wie nun der Blinde vber etliche Tage wider zum Gelde gehet / vnd dasselbige nicht findet / saste er alsbald auff seinen Gevatter einen Argwohn / dieweil er sein nechster Nachbar war / ließ sich aber nichts mercken / Sondern gieng zu jhme / vnd sprach / Wenn er jhm schweren wolte / eine geheime Sache in vertrawen bey sich zu behalten / so wolte ers jhme / als seinem geliebten Gevattern anzeigen / die Gevatter schwur. Darauff sprach der Blinde / Er hette einen Schatz in seinem Garten vergraben / vnd weil er noch mehr Gelde darzu zu legen willens / so bete er vmb einen trewen Rath / ob ers thun / oder diß Gelde besonder vergraben solte. Der Gevatter gedachte / das wird ein Handel für mich sein / vnd also will ich diß zu dem vorigen bekommen.

Derhalben rieth er / der Blinde solte alles zusammen legen / das were sicherer als an zweyen Ortern. Damit aber der Blinde seinem Rathe folgete / vnd wenn er das erste Geldt nicht fünde / nicht anders Sinnes würde / so gieng er bald hin / vnnd legte das erste gestolene Geldt wider hin. Da der Blinde dasselbige wider funden / vnnd wol gedachte / der Gevatter würde wie zuvor / nicht ferne stehen vnnd zusehen / schrye der Blinde laut: Höre Gesell / der Blinde hat besser zugesehen / als der Sehende / vnnd durch solche List bekam er sein Geldt.

Bettler.

Vnter dem Keiser Theodosio erzehlet Sozomenus lib. 7. Cap. 26. das sich diese Geschichte zugetragen habe. Es sind zween arme Menschen gewesen / als die

Quinquagesima. 54

als der heilige Priester Epiphanius solte für jhnen fürüber gehen/ hat sich der eine Bettler zur Erden gelegt/ als were er gestorben. Der ander aber stund bey jhm vnd beveint/vnd klaget jemmerlich seines Gesellens tödlichen Abgang/ vnd wie er nicht hette jhn zu der Erden zu bestetigen. Da wünschte Epiphanius dem todten den Friede/vnnd gab dem andern/ was jhm zum Begrebnis von nöthen sein möchte/vnnd sagt dem klagenden Bettler/weine nicht mein Sohn/sondern verschaffe/daß dieser begraben werde/denn er doch nun allhier nicht wird wieder aufferstehen/was sich mit jhn begeben/were jhr vnwiderbringlich/ Darumb solte er nur sein Hertz zu frieden geben/Als er solches gesagt/ist er von dannen fürbas gangen. Da nun der beystehende Bettler gesehen/daß niemand vorhanden/hat er den liegenden mit einem Fuß gestossen/vnd gesagt: Er solte nun auffstehen/ hat jhn auch gelobet/ daß er sich so fein tödtlich hette stellen können/sie wolten nun das erbettelte verzehren/vnd einen guten Muth haben. Als aber dieser zu solchem stossen noch ruffen gar nicht antwortē wollen/ist er sehr erschrocken/vnd ist also eilend zu dem Priester gelauffen/vnd jhm bekant/ daß sie eine solche betriegliche List gebraucht hetten/reuffet sein Heupt/vnd bat jhn mit hefftigem weinen/daß er jhm seinen Gesellen wieder auffwecken wolte. Epiphanius aber vermanete jhn/er solte das seinige/was sich zugetragen/ gedültig leiden/vnnd ließ jhn von sich. Darumb spricht Homerus:

> *Hic quoniam didicit, scelerate facta patrare,*
> *Non vult furtificis manibus perferre laborem,*
> *Ostia sed mavult per singula quærere victum,*
> *Pascere quò ventrem jejunus possit avarum.*
> *Propterea furtim secum rapit omnia: Quæq́;*
> *Sacra domus cernit, clavo suspensa lacertæ,*
> *Ista trahit: donec furcam sit tractus ad imam.*

Es sol einmal ein Bettler vmbher gezogen sein/ wie man denn jhr auff diese Stunde noch wol findet/der ein Gülden oder zwey hundert in seinem lumpichten zerrissenen vnd gefluckten Mantel vernehet/ vnnd doch nichts desto weniger auff Strassen/ Städten/vnd Dörffern das Almosen gebettelt. Diesen reichen Bettler spüret einmal ein jung Schufftigen vnd Bürlichen/ das einmal mit für Gotha oder Cöln gewesen/aus reitet des weges/da dieser vermeinte Bettler die Leute anschreyet. Wie er nu dem jungen Federhans mit seinem Bettelsack auch zuhalß leufft/mein lieber Mann spricht das schnaphenichē?/ ich wolte dir gern was geben/habe aber nichts bey mir/dan ich nur da bey den reisten Juncker gewesen. Oß du aber meinen geneigten willen sehest/wolan da nim hin meine gute gefütterte Pufsjacken/die kanstu vmb etliche Thaler verkeuffen/vnd dir drumb zeugen/was dir lieb vnd noht möcht sein/vnd gib mir deinen geflickten Mantel dafür/den wil ich meinem Taglöhner schencken/der kan sich auch noch ein weile damit behelffen/weil er mir sonst jmmer in Ohren ligt/ich sol jhm ein alt Kleidt zuwerffen. Dir Bettler bedencket sich des dauschens/wil nicht dran/ Lieber Juncker/spricht er/das schickt sich nicht/man möchte sonst dencken/ich hette ewer Kleider gestolen/dörfft wol zu schicken vnd zu schaffen bekommen/so ist mein Mantel voller Leuse vnd Flöhe/ vnd weil sich nicht gebüren/daß ihr euch damit traget/ihr würdet ausgelacht werden/vnd dafur geachtet werden/ als hettet jr einen Bettler erschlagen . Da bekümmer du dich nicht vmb/antwortet der Juncker/laß so geschehen. Da der Bettler nicht wil/steiget der Nobilist vom Pferde/vnd nimpt jhm den Mantel mit Gewalt/ x.

 Am

Invocavit.
Am Ersten Sontag
in der Fasten.

ANNO Christi, 805. Stirbet Tarasias der Patriarch zu Constantinopel/an seine Stadt wird geordnet Nicephorus/ ein fromer heiliger Mann/ oder noch ein Ley/vnnd wird geweihet/an der Mitwoch in der ersten Fastwochen/vnd sitzt im Ampt 9. Jahr. Cedrenus vnd Niceph. in Chronologia.

Anno Christi 1049. Kömpt zum Keyser zu Freysing der Römer Legation/vnd verkündigt ihm des Bapsts Damasi 2. tödlichen Abgang/vnd begert einen andern/der Keyser verordnet Bruno den Bischoff zu Tolossen/zum Bapst/ der zeucht gen Rom/vnd wird gekrönet am 15. tage Februarii/welcher war der erste Sontag in der Fasten/in der 2. Iuriediction/vnd wird genennet Leo 9. vnnd regieret 5. Jahr 2. Monat/8. Tage. Onophrius/Schaffnaburg.

Anno Christi, 1076. Citirt der Bapst den Keyser gen Rom/daselbst zu zeschen auff den Montag in der ersten Fastwochen/ Wo er nicht gestünde/drewet er jhm den Bann.

Anno Christi, 1321. Am Sonnabend der ersten Fastwochen/da man am folgenden Sontag/der Catholischen Patriarchen vnd Keyser Gedechtnis holten vnd abkündigen solte/wird dem Keyser Andronico dem eltern angesagt / wie das gemalte Pferdt/darauff der Ritter S. Georg saß (vnd vor der Capell der sieghafften Gottes Gebererin künstlich abgemalet war) zweymal helles schreyen sich hette hören lassen/nicht anders als lebte daselbe. Item/ die Seul vorm Schloß/darauff vor Zeiten des Keysers Constantini Magni Bildt gestanden war / hat sich auch etliche Tage von sich selbst hin vnd wieder geneiget vnd bewegt.

Mit dem gemelten Pferdt / sol sich dergleichen begeben haben/ kurtz zuvor/ ehe dan Michael Paleologus Constantinopel wieder erobert/ vnd die Flanderer oder Lotiner vertrieben hat.

Anno Christi, 1539. Ist am Sontag Inuocauit geboren Hertzog Heinrich/des Hertzog Friederich 3. zu Liegnitz Sohn/ein fromer vnd verstendiger Fürst.

Am Sontag Inuocauit / sol der Patriarch zu Constantinopel Jehrlich den Bapst zu Rom/mit vnd neben den andern Ketzern öffentlich excommuniciere vnd in Bann thun/ze.

Beneuolus/ des Keysers Valentiniani Cantzler/ wolt das Keyserliche Mandat wider die Christen/das die Mutter Valentiniani dem Beneuolo ernstlich befohle/aus Befehl des Keysers /mit nicht anstellen/saget Er köndte nit wider den Befehl seines lieben Gottes thun. vnd dajhm die Keyserin einen höhern Standt verhieß/antwortet er/Er wolte viel lieber dieses seines jetzigen Ampts beraubet sein / denn daß er solennitet sein Gewissen zur Abgötterey helffen / warff also den Gürtel / der ein Zeichen war seines Standes /vor die Füsse der Keyserin Justinæ. Ruffinus lib. 11. Cap. 17. Dieser hat dem Teuffel nicht anbeten wollen.

Der Mensch lebet nicht allein vom Brodt/etc.

Beim Dorff Commetla war eine Jungfraw zwölff, ctig /welche nach dem sie auff Ostern das Sacrament von des Priesters Hand empfangen / hat sie
dritthalb

Am Sontag Inuocauit.

in drithalb gantzer Jahr nicht gehungert/noch einige leibliche Speiſe geſſen/ vnnd hat alſo angefangen zu Faſten/im Jahr/ als man zehlt 1323. Von Oſtern/ biß daß man zehlet/ 1325. Im anfang Nouembris/ da hat ſie wiederumb angefangen/ wie andere Menſchen zueſſen. Hiſt. Eccleſ. D. Caſp. Hedion. lib. 7. Cap. 14.

Da man zehlt 1480. Erhielt ſich bey den Schweitzern nicht weit von Lucern/ in einer Wildnisſe/ ein alter Mann/ Bruder Nicolaus von Fieſſen/ der ſol in 22. Jahren ohne leibliche Speiſe gelebet haben. Iſt geweſen eines magern außgeſchöpffen Leibes/ den hat der Biſchoff von Coſtnitz offt beweret/ vnd alſo befunden ohne Betrug/ vnd das ein Gottſeliger Ernſt/ vnnd auffenthaltung bey ihm geweſt ſey (etliche wollen/ er habe Wurtzeln geſſen) Er iſt ſtets eines frölichen Gemüths geweſen / hat dem Volck daſelbſt ernſtlich die Buſſe geprediget. Carolus Bouillus ſchreibet / daß er ſeine Cellie in der Wüſten geſehen/ vnd ſaget/ daß die Schweitzer offt Wege vnd Stege verlegt/ zu erfahr/ ob ihm jemand Eſſen bringen möchte/ biß man nie anders erfahren/ denn daß dieſer Menſch eine Engeliſche Natur gehabt/ vnd Menſchliche Natur vbertroffen. Sein Gebet vnter andern war fürnemlich: O Gott/ nim mich mir/ vnd gib mich gantz zu eigen dir.

Anno Chriſti, 1541. Iſt ein Megdlein geweſen/ nicht weit von Speyer/ in einem Dorff Rod genandt/ welches ſich etliche Jahr leiblicher Speiſe enthalten/ vnd doch wol geſtalt vnd geferbet geweſen / Daſſelbige hat die Römiſche Königliche Majeſtet Ferdinandus zu Regenſpurg/ auff demſelben Reichstage/ durch ſeine Artzte laſſen bewahren/ vnd verwahren. Aber man hat da keinen Betrug gefunden noch geſpürt/ Iſt wunderlich von Gott geſpeiſet vñ erhalten wordē. Nach ſolcher Bewarung hat es der Röm. König ehrlich laſſen bekleiden/ vnd mit Geſchenck begnadet/ vnd wiederumb heim zu ſeinē Eltern geſchickt. Daſelbſt iſt es zuvor in ſeinem vorigen Weſen eine Zeit lang blieben/ hat aber hernach angefangen zu eſſen/ vnd nicht lang darnach gelebet. Caſparus Goldtwurm im Wunderbuch.

Plinius erzehlt/ daß ein Knabe hin vnd wieder gewandert/ von Hitze matt vnnd müde worden/ Da hat er ſich in einer Hölen ſchlaffen gelegt/ darinnen er ſo tieff entſchlaffen/ daß er etliche Jahre ohn alles auffwachen gelegen/ vnnd geſchlaffen habe.

Von den 7. Knaben/ ſo viel Jahr lang in einer Hölen geſchlaffen/ die vom Keyſer Decio darinnen vermacht worden. Ließ in Cent. 3. Cap. 12.

Im Niederlande ſol ein Weib geweſen ſein/ welche zu 30. Jar lang ohne alle leibliche Speiſe vnd Tranck ſich erhalten habe. Caſpar Goldtwurm im Wunderb.

M. Damaſcenus ſchreibet vor glaubwirdig/ daß zu ſeiner Zeit/ ein Bawersman geweſen/ der hat ſich zur ruhe vnter einen groſſen Hewſchober gelegt/ vñ darunder einen gantzen Herbſt vnnd Winter geſchlaffen/ den man gefunden/ da das Hew abgeert worden/ vnd da er iſt auffgewecket/ iſt er gantz Krafftloß/ als von ſinnen geſehen worden.

Im Jahr nach Chriſti Geburt 1376. Iſt zu Lübeck ein Schüler in einer Kirchen in einem Loche/ darinnen er ſich verkrochen vnd entſchlaffen/ gelegt/ ſiebē Jahr gelegen/ hat allda ohne Speiſe vnd Tranck geſchlaffen/ vnnd als er auffgewachet/ da iſt er von den Leuten noch erkandt worden/ davon ſchreibt Albertus Krantz/lib.8.cap.39. In ſua Vandalia.

Anno Chriſti, 1550. Hat ſichs zugetragen/ daß ein armer Mann geſtorben/ ſo ein armes Weib mit ſechs Kindern verlaſſen/ Als nun die Mutter groſſen Hunger gelitten/ vnd kein Brodt gehabt/ iſt ſie zu des Bruders Weib gegangen/ der im ſelbigen Dorff gewohnet/ vnd ſie vmb Brodt gebeten zu leihen/ das ihr verſaget worden/ vnangeſehen/ daß ſie vmb Gottes willen gebeten/ hat alſo müſſen mit trawrigkeit heim ge-

K ij

Am Sontag Invocavit.

hem/da sie heimkommen/ findet sie die Kinder alle schlaffend/ und entschlefft auch bald bey jhnen. Als jhr Bruder/der Schwegerin Mann heimkommen/und essen begeret/da er hat wollen ein Brodt auffschneiden/ ist Blut aus dem Brodt geflossen / da er jhm lest ein anders geben/geschicht es gleichsfalls. Als jhn aber sein Weib zuvor berichtet hatte/wie seine Schwester hat wollen Brodt holen/ das sie jhr versaget/ hat er bald erkendt/daß es eine Straffe Gottes were / nimpt also das Tischtuch mit dem Brodt / leufft zur Schwester Hause/findet sie alle schlaffendt/legt sich zu jhnen/unnd entschleffet auch/haben also vier Wochen mit natürlichem schnauben geschlossen/ sich mit keinē rütteln noch schütteln wollen lassen erwecken. Wie es aber ferner gangen/und wenn/ und wie sie erwachet/hat man bißher noch nicht erfahren. Iobus Fincelius, lib. 1.

    Anno Christi, 1552. Hat sichs zugetragen/daß eine Dienstmagd von 16. Jahren/auff einem Furwerge sich Anno 1552. am Tage S. Martini schlaffen gelegt / unnd ohn alle Menschliche Speise geschlaffen / biß in das 1557. Jahr/ mit schönem rothen Munde/und rechtem natürlichem Puls/ Auch offt mit den Augen geschwitzert/sich des Tages und Nachts einmal umbgewandt/doch mit nichten von jemand können erwecket werden. Ist also offt von Edlen und Unedlen besichtiget worden. Iobus Fincelius/ von Wunderzeichen.

Remini-

Reminiscere.

Am Andern Sontag in der Fasten.

DJe Völcker Jberi / welche vnter dem Appepontico gelegen sind / sind der Gestalt zum Christlichen Glauben kommen. Es war ein gefangenes Weib bey jhn / die Gleubig / Züchtig / vnnd fast schamhafftig im Leben ware / vnnd Tag vnnd Nacht im Gebet / GOTt den HERREN fleissig anruffete. Dieses jhres Christlichen Lebens / haben sich die Barbern oder Heiden verwundert / vnnd gefraget / was sie mit dieser Weise meine? Darauff sie geantwortet / daß sie jhrem Gott vnnd HERREN CHRJSTO auff diese Weise dienete. Solches newen Gottes Namen / haben sich die Barbern verwundert.

ES war aber an diesem Ort die Gewonheit / wenn ein Kindtlein kranck war / so trugen es die Mütter durch alle Heuser / ob jemand Rath wüste dem Kindlein zu helffen / ꝛc. Da nun ein Weib jhr kranckes Kindt durch alle Heuser getragen / vnnd doch keine Hülffe befunden / Ist sie auch zu dem gefangenen Weibe kommen / vnnd begeret / da sie einen guten Rath wüste / jhr den mitzutheilen. Hierauff antwortet das Weib sie wüste kein Menschlich Mittel / were aber des gewiß / daß jhr GOTT CHRJSTVS / dem sie dienete / den die Heiden nicht kendten / der möchte das Heil jhrem Kinde geben. Da legte die Mutter jhr Kinde dem Weibe auff jhr Hären Kleid / darüber sie zum HERren Christo gebeten / vnnd ist also das Kind als bald gesundt worden. Diß ist als bald allenthalben erschollen / daß es auch für die Königin des Landes kommen / die denn auch mit grosser Leibes Schmertzen beladen gewesen / darumb sie befohlen / das Weib vor sie zubringen / solches hat sie abgeschlagen / darumb daß man jhr nicht zu viel zumessen mochte / da hat die Königin befohlen / doch man sie zum Weibe tragen solle / vnnd hat sich als bald auff jhr Herin Kleid gelegt. Da hat sie aber ernstlich den HERren vber jhr angeruffen / vnnd durch jhr Gebet der Königin Gesundheit erlanget. Hat ferner die Königin vermahnet neben andern / daß sie den Gott ehren vnd anbeten sollen / der sie hette gesundt gemacht / vnnd bezeuget / daß dieser Christus were ein Sohn des Allerhöchsten Gottes. Die Königin ist also mit Frewden Gesundt zu jhrem Könige kommen / vnd jhn das alles berichtet. Da er nun befohlen / jhr groß Geschenck zu geben / Sagt die Königin: O Lieber Herr / diese achtet der leiblichen Geschencke gar nicht / wir mügen jhr allein diese Gaben geben / daß wir auch dem GOTT vnnd HERREN CHRJSTO dienen / den sie vber mich angeruffen / vnnd der mir geholffen.

Ju diesem ist der König etwas trege gewesen / doch da er auff einer Jagt gewesen / vnnd jhn ein Finsternis mit den seinen vmbgeben / daß er nicht gewust / wo er sey / auch gedacht / er müste verderben / hat er allda ernstlich den HERren CHRJstum / mit den seinen / der seinem krancken Weibe geholffen / angeruffen / Ist es also wieder Liecht worden / vnnd der König frisch anheim kommen. Leßt als bald das gefangene Weib vor sich bringen / vnd begert von jhr / daß sie jhm die Weise jhres Gottesdienste anzeigen wolte / vnnd bekandte / Er wolte forthin keinen andern GOTT / denn den HERREN CHRJstum ehren. Also hat jhn das Weib das Euangelium geprediget / vnnd hat also der König vor den Mannen / vnnd die Königin vor den Weibern solches ferner gelehret vnnd vnterwiesen.

K iij

Am Sontag Reminiscere.

So hat GOtt auch sonderliche Wunderzeichen am Gebew der newen Kirchen/ die der König bawen ließ/ erwiesen/ daß das jenige zu Nacht zu recht kommen/ was sie mit grosser Mühe vnnd Stercke nicht vermochten auffzurichten / welches das Christliche Weib mit jhrem gleubigen Gebet erlanget.

Vnnd da die Kirche verfertiget/ hat der König an den frommen Keyser Constantinum Botschafft geschickt/vnd von jhm begeret/ daß jhm Gottselige Priester vnnd Lehrer gesendet würden / die die angefangene Gaben GOTTES bey jhm erfülleten/ welches der Keyser mit grossen Frewden gethan/ 2c. (Das es also geschehen/zeiget selber an der König der Jbern/Baccerius genandt. Item/ein Burggraff vnd Landtvoigt des Palatinischen Circks/in Jerusalem wohnend.) Dieses alles nach der Lenge beschreibet Eusebius, lib.10, cap.10.

Oculi.

Oculi.
Am Dritten Sontage
in der Fasten.

ANNO CHRISTI 1457. Als König Ladißlaus wieder gen Ofen kömpt/ lest er des Johann Huniadis Söhne / Ladißlaum vnnd Matthiam gefencklich einziehen / am Montage nach Oculi/ Am dritte tag hernach wird Ladißlaus Huniades öffentlich mit dê schwert gerichtet/ zu Ofen/ im 24. Jahr seines Alters/ darumb daß er Graff Vlrichen von Cilien erschlagen hatte/ Aber Matthias sein Bruder wird in Böhmen geschickt/ vnd daselbst in Verwahrung gehalten. Nauclerus. Vngerische Chronica, Cap. 133. Vnd Mechouius lib. 4. Cap. 66.

 Einer vom Adel/ Meinerus Clatsius/ auff dem Schloß Brontenbreuch/ in dem Hertzogthumb Gluch gelegen / seßhafftig / der hatte einen Diener/ so Wilhelm genandt/ dieser als er vngefehrlich vor vierzehen Jaren/ von einem bösen Geist/ geplaget/ ward er erstlich für kranck geachtet/ derhalben er aus anstifftung des bösen Geists daß man jhm einen Beichtvater bestellen solte/ begeret hat/ nemlich Herr Bartholomeum Paneni/ welcher denn jeder Zeit die / so verunruewet vnnd bezaubert waren/ wiederumb zu recht zu bringen/ seinen müglichen Fleiß fürwendete. Dieweil er denn auch zu diesem Teufelsspiel beruffen/ hat er nicht wie eine stumme Person zu der Sachen etwas zu reden vnterlassen können.

 Als nu diesem besessenen anfieng der Halß zu schwellen/ dermassen/ daß ihm auch das Angesicht darvon Kolschwartz ward/ vnd man sich besorgen must/ er möchte in solcher Geschwulst ersticken/ hat Fraw Judith/ Junker Clatsen Weib / so gar eine Gottsfürchtige Matron/ das ernstliche Gebet/ sampt ihrem vbrigen Haußgesinde an die Hand genommen/ Darauff denn erfolget/ daß neben andern geschmütteln aus Wilhelms Mund:/ eines Schöpses Vorfell/ Kißlingstein/ vnd stücklein derselbigen/ Jungfrawen Haar / Faden oder Zwirnkleul/ Nadeln / ein Stück Futtertuch / aus eines Kindleins Röcklein gerissen. Item/eine Pfawenfeder/so er selbst vor acht tagen/ frisch vnd gesunde/ vnd wol bey jhm selbst/ einem Pfawen ausgerissen/ gezogen waren. Vnd da er gefraget / was er mit meinte/ das dieses seines Jammers Vrsach sein möchte? Hat er geantwortet: Jhm sey nicht weit von Camphausen / ein Weib/ ihm aber vnbekandt/ begegnet/ welche ihm vnter das Angesicht gehauchet habe/ daher ihm dieser Jammer alle/ wie sie gesehen / erwachsen sey/ ec.

 Darnach hat man ihm gesehen ein Meußlein aus dem Maul heraus lauffen/ darauff er den nechsten vnter das Bette geschloffen/ vnnd sich beklaget/ daß ihm sein Meußlein entfahren/ aber bald wieder nieder geleget/ vnnd gesaget/ Er hette sein Meußlein wieder gefangen. Auff dasselbige hat er sich offt gestellet/ als ob er Hande an sich legen/ vnnd die Flucht nemen wolte / vnnd als er dermal eins entkommen / hat man jhn hernach in dem Sew koth ligend gefunden/ vnnd wieder heraus gezogen / da wurden jhm seine Augen so hart vnd fest beschlossen/ daß sie mit keiner Gewalt mochten von einander gebracht werden.

 Als nun auff eine Zeit Junker Clatsii eleteste Tochter/ Gertraut /jhn besuchte/ vnd daß er Gott den HErrn vmb wiederbringung seines Gesichtes fleissig anruffen solte / vermanete/ sprach er: Sie solte selbst für jhn bitten/ welches sie auch thet/ vnd mit ihrem gleubigen vnd andechtigem Gebet so viel zu wegen bracht/ daß er wiederumb sehend ward.

K iiij   Wie

Am Sontage

Wie er aber auff eine Zeit eine Küchenmagd grob vnd vnuerschempt angreiff/ vnd man jhn derwegen schalt/ vnd mit seinem Namen nennet/ sprach er: Er heisse nit Wilhelm/ sondern Beelzebub. Da sprach die Fraw: Meinstu denn/ daß wir dich derhalben fürchten werden? Dieweil doch der/ auff welchen wir all vnser Vertrawen vnnd Zuuersicht setzen/ dich so weit vbertrifft. Derhalben auch Juncker Clausius selbst/ aus Eifer entzündet/ das eilffte Capitel Luce/ in welchem des Stummen Teuffels/ so durch des HERRN Christi Wort ausgetrieben/ Item/ Beelzebub/ des obersten der Teuffel/ Meldung geschicht/ in Gegenwertigkeit seines gantzen Hoffgesindes/ mit grossem Ernst gelesen/ vnd in dem Namen des HErren Christi/ den Sathan/ vnnd alle seine teuffelische/ zauberische Gespenste vnd Wesen/ heissen reumen vnd weichen.

Zu letzt ist der arbeitselige vnnd wolgepeinigte Mensch/ schier als in eine Ohnmacht gesuncken/ vnd also still/ biß des Morgens früe gelegen/ vnd wol geruhet. Als nu der Tag anbrach/ hat er ein Brülein zu sich genommen/ vnd sich damit wieder erquicket vnd gestercket/ vnd also wieder frisch vnd gesundt worden. Vnd nach dem er dem Junckern vnd der Frawen auff das aller höheste gedancket/ vnd jnen von wegen angewandtes Kostens/ auch für Mühe vnd Arbeit/ reiche wiedergeltung von Gott gewünschet hat/ ist er wieder zu seinen Eltern geführet worden. Vierus, lib. 3. Cap. 6.

Magister Sebastian Fröschel/ ein alter Diener der Kirchen Christi zu Wittenberg/ in einer Predigt vom Teuffel/ erzehlt von D. Martino Luthero/ vnd einem besessenen Megdlein eine solche Historien: Es kam/ spricht er/ bey Leben Doctoris Martini Lutheri ein Jungfrewlein gen Wittenberg / aus dem Lande zu Meissen bürtig/ welche vom Teuffel offt vnd vielmal geplaget vnd gequelet ward. Vnd ward an D. Martinum seligen/ geschrieben/ er wolte solch Jungfrewlein/ welches bey achtzehen Jaren war/ von dem bösen erretten vnd erlösen.

Als nu dieselbige Jungfraw zu D. Martino Luthero bracht ward/ fraget er sie zur stundt/ ob sie jhren Glauben köndte? Da antwortet sie/ Ja. Da befihlt er D. Luther seliger/ sie solt jhn herzsagen. Als sie nun anhebt/ vnd kömpt auff den Artickel/ vnd diese wort: Vnd ich gleube an Jesum Christum/ seinen eingebornen Sohn/ vnsern HErrn/ x. Da kan sie nicht mehr reden/ vnd der böse Geist hebt an sie zu reissen vnd zu quelen. Da sprach D. Luther: Ich kenne dich wol du Teuffel/ du wollest gern/ daß man ein groß Gepreng mit dir anrichtet/ vnd dich sehr fürchtet/ du wirst das bey mir nicht finden. Befahl darauff/ man solte sie jhm des nechsten Tages in die Kirchen / zu seiner Predigt/ vnd darnach in die Sacristen bringen/ vnd fordert die andern Kirchendiener zu Wittenberg auch darzu in die Sacristey hinein.

Die Jungfraw ist gehorsam/ vnd kömpt zur Predigt des Doctoris/ aber da man sie darnach in die Sacristey führen wolte/ da fellet sie nieder/ vnd schlecht vnd reisset vmb sich/ daß sie etliche Studenten in die Sacristey tragen musten/ vnd legten sie D. Martino selige für die Füsse/ vnd schlossen die Thür an der Sacristey zu/ vnnd alle Kirchendiener mit etlichen Studenten blieben darinnen. Da sehet D. Martinus an/ vnd thut die kurtze Vermanung zu den Kirchendienern/ die allen Predigern Göttliches Worts wol zu mercken ist.

Erstlich hebt er an/ vnd spricht: Man sol jetzund zu dieser Zeit die Teuffel nicht austreiben/ wie in Ecclesia primitiua, wie zur Apostel Zeit/ vnd kurtz hernach/ da von nöthen gewesen ist/ daß man Wunderwerck vnd Zeichen hat müssen thun/ vmb des Euangelii willen/ dasselbige als eine newe Lehre zu bestetigen vnd zu befestigen/ welches jetzund zu vnser Zeit nicht von nöthen ist/ weil das Euangelium keine newe Lehre ist/ sondern gnugsam confirmiert vnd bestetiget. Vnd so jemand dieselbigen wil austreiben/ wie zu jener Zeit/ derselbige der versuche Gott/ sprach D. Luth.

Zum

Oculi.

Zum andern sol man die Teuffel auch nicht austreiben / Conjurationibus / durch Beschweren / wie etliche im Bapsthumb / vnd auch etliche aus den vnsern thun / sondern mā sol sie austreiben Orationibus & contemptu, mit dem Gebet vnd Verachtung. Denn der Teuffel ist ein stoltzer Geist / kan das Gebet vnd Verachtung nicht leiden / sondern hat Lust ad pompam, zum Gepreng. Darumb sol man kein Gepreng mit jhm machen noch antichten / sondern auffs höchste verachten.

Zum dritten / sprach D. Martin Luther seliger / sol man den Teuffel mit vnd durch das Gebet also austreiben / daß man dem HErrn Christo keine Regel / sein Modum, keine Weise / Maß / Zeit oder Ziel fürschreibe / oder wie er den Teuffel austreiben sol. / den das heist Gott versuchen / sondern wir sollen so lange mit dem Gebet anhalten / so lang klopffen vnd pochen / biß daß Gott vnser Gebet erhöret / Wie er denn selber spricht / Matth. am 7. **Bittet / so werdet jhr nemen / suchet / so werdet jhr finden / klopffet an / so wird euch auffgethan.** Aber Osias versuchet Gott / da er jhm die Zeit bestimpt vnd fürschreibet / darinnen er jhm helffen sol / Judith 7. Darumb wird Osias billich von Judith gestraffe / Cap. 8.

Zum vierden / Leget D. Martinus seine rechte Hand auff der Jungfrawen Heupt / gleich wie mans leget auff die / so zum Predigampt ordiniere oder geweihet werden / vnd befahl den Dienern des Euangelii / daß sie dergleichen thun solten. Vnd befahl weiter / daß sie jhm solten nachsprechen / Erstlich / das Symbolum Apostolorum, vnnd darnach das Vater vnser. Zum dritten / sprach D. Luther diese Wort / Johan. am 16. Warlich / warlich / ich sage euch / so jr den Vater etwz bitten werdet in meine Namē / so wird ers euch gebē / Bißher habt jhr nichts gebeten in meinem Namen. Bittet / so werdet jhr nemen / daß ewer Frewde vollkommen sey. Vnd Johan. am 14. Cap. Warlich / warlich / sage ich euch / wer an mich glaubet / der wird die Werck auch thun / vnd wird grösser denn diese thun / denn ich gehe zum Vater / v̄d was jhr bitten werdet in meinem Namen / das wil ich thun / auff daß der Vater geehret werde in dem Sohn / was jhr bitten werdet in meinem Namen / das wil ich thun.

Nach diesen Worten hat der Doctor hefftig Gott angeruffen / vnnd gebetet / Er wolle das arme Jungfrewlein vom bösen Geist (so er in jhr were) erlösen vnd erretten / vmb Christi willen / vnd vmb seines heiligen Namens willen / daß derselbige dadurch gelobet / geehret vnd gepreiset werde.

Nach diesem Gebet vnd Vermahnung ist er vom Megdlein hinweg gangen / vnd hat dasselbige mit einem Fusse gestossen / vnd des Sathans gespottet / vnd gesaget: Du stoltzer Teuffel / du scheiß gerne / daß ich ein gepreng mit dir anrichtet / das solstu nicht erfahren / ich thue es nicht / du magst dich stellen wie du wilt / so geb ich nichts drauff / dir ist dennoch dein Kopff zertretten / vnnd liegst dennoch vnter den Füssen Christi / wenn du noch so zornig werest / vnnd derselbige HErr Jesus Christus hat dich auch getreten vnter vnsere Füsse / darnach magstu dich richten.

Nach diesem Proceß haben sie das Jungfrewlein den andern Tag wieder nach Meissen von Wittenberg geführt / vnd hernach etlich mal an D. Luthern / vnd andere geschrieben / vnd entboten / daß der böse Geist / von der Zeit an / nicht mehr das Megdlein gequelet vnd gerissen habe / wie zuvor.

Lætare

Lætare.
Am Vierden Sontag
in der Fasten.

ANNO Christi, 954. Führen Herold der Ertzbischoff zu Saltzburg/vnd Hertzog Conrad aus Lothringen/die Vngern in Beyerlande/Mitten in der Fasten/welche grossen schaden thun/vnd streissen hernach durch Franckreich vnd Welschlande.
Anno Christi, 1508. Stirbt Herr Jacob von Liebenstein/Ertzbischoff zu Meintz/im 4. Jahr seiner Regierung. An seine Stadt wird erwehlet Herr Vriel von Gemmingen/vñ gewehet auff den Sontag Lætare/des folgenden Jars.

Anno Christi, 965. Lest sich Mießlaus/der König in Polen teuffen/vnnd die Hochzeit mit Frewlein Dombrowka/Bolestai des Hertzogen in Böhmen Tochter/welche eine Christin war/vnd werden mit jhm getaufft zugleich auff einen Tag/viel grosser Herrn in Polen/gehet also der Christliche Glaube in diesem Reich auch mit gewalt an. Solches ist geschehen zu Gnisen auff den Sontag Lætare/vnd werden aus Befehl des Königs alle Götzen in Polen zerbrochen/vnd ins Wasser geworffen/vnd von Edlen vnd Vnedlen die heilige Tauffe empfangen. Von dannen ist der Brauch auffkommen/jehrlich auff den Sontag Lætare den Todt außzutreiben. Mechouius, lib. 2. c. 51.

Etliche Brüder/recitiert D. Major ex vita Patrum, solten mit einem Apt vber Tisch essen/vnd wie man anhebet/vnnd die Speise kostet/sihet der alte Abt etliche Honig/einem andern allein Brodt/vnd aber andern Koth vnd stinckenden Schlam zu Munde einschieben vnd verschlucken/nun war ja nicht mehr denn eine Spyise vorgetragen/vnd von dem heiligen Vater allerley Speise gesehen worden. Dieser Geschicht/wie jhn bedaucht/Deutung hat er durch sein Gebet erlanget vnd verstanden/vnnd sind mit dem Honig essen abgemahlet alle/welchen Gott ihre Narung vnd Speise segnet/vnd jnen ein Trunck Wasser zum lieben Brodt schmecke/vnd gedeyet bas/denn einem/der täglich Hasen vnd Fische ließ zurichten/vnd an die Spiesse stecken. Etliche fromme Christi leben beim lieben Saltz vnd Brodt/vnd haben keinen Mangel/ja es bekömpt denselbigen in Kappse Brodt baß/vnd kochet jhnen auch in jhrer Leber frischer Blut/denn mancher/der Kramervöglein/vnd Persen oder Porsen frisset vnd isset. Die dritten/leben den Koth vnnd Vnflat/das sind die Sewe vnd Zärtlinge/die für Wollust nicht wissen/wie das gehle oder der sawerschwartze Pfeffer schmecke/vnnd ob sie von senem/oder von einem andern beissen möchten. Diesen Zucker vnd Naschmeulern wird alle Speise/Kost vnd Narung zu Vnflat/vnd zum Hundsquater/das ist/es bekömpt jhnen keine Speise/vnd schmecket jhnen kein Tranck/gehen hin/vnd pfiren von Rotz vnd Geistern/wie die vnlüchtigen Hüner/haben keine Farbe/keinen Schlaff/schleppen sich mit dem Stein/vnd mit dem Zipperlein/vnnd sorgen für Furcht vnnd Schrecken in jhrem vnstetten Gewissen/wenn ein Leublein vom Baum abfellet/der Todt wische herfür/vnd es schnappe sie bey der Kelen/vñ führe sie/da lachen vnd Wollust seltzam vnd vngeacht ist.

Es recitiert Henricus Rod: in seiner explication des kleinen Catechismi Lutheri/wie es sich durch Göttliche Schickung/vnser vndanckbarkeit antzuzeigen vñ zu straffen/wol begeben vnd zutragen kan/dz eine speise beim Herde/beim fewr/im topff oder im tiegel/kan verderbet/vnd zu brauchen nit allein vngesundt/sondern tödtlich vnd vergifftet/welches etwa durch gifftige Heimen/Spinnen/Aseln/vnnd dergleichen/einhüpffen/

oder

Lætare. 59

oder einfallen/wird verunreiniget/vnnd dem der es genäßet/zum Tode gedeyet. Einem Teutschen Fürsten wird ein grünes Kreutzlein mit einem Stück von geräuchertem Lachs vorgesetzt/wie er aber jetzt die Kost mit Gottes Namen wollen angreiffen/fellet von oben herab eine scheußliche Spinne/in die Schüssel/da ward die Speise abgehaben/vnnd weil man sagt/der Cancker solle der Gifft zunahen/dafür gehalten/die Speise were nicht rechtschaffen noch gesundt. Es hatte auch kein Hund in der Küchen darvon fressen/noch sie beriechen können/Also schüttet mans auff die Gassen/vnd verschluckets ein Hund/vnd starb als bald. Darumb ist es ein vberaus Christlicher Gebrauch/vnd ein heiliger guter Sitte/die Speise mit dem heiligen Gebet Credentzen vnd segnen/vnnd dieselbige nicht vngebetet/wie eine Saw einschieben.

Doctor Major sagte zu Magdeburg/ich kandte einen/dem schmackte die Speise vngebetet/nicht böser noch besser/als dem/der da viel gebetet/vnd Pfafferey gemacht hatte/gieng in die Garküchen/vnd ließ jhm eine Suppen vber eine Semmel giessen/vnd erwürgte sich/da er den ersten Leffel voll einschluckte. M. Wolffgang Buthner.

Beyleufftig sind es diß 1590. zwölff Jahr/hat sich folgende Historia zu N. begeben vnd zugetragen. In der Hoffstuben singen die Jur.ckern noch Essens das Dancket dem HErrn/ Wie sie nun in dem Gesang auff den letzten Vers kommen/Wer das begert der spreche von Hertzen Amen Do hebt einer/der nicht viel vom Gebet mus gehalten haben/leichtfertiger weise an/Wer das nicht begert/den hole der Teuffel/wie denn diß leichtfertige Wort/sonderlich verwegenen Junckern gern auff der Zungen sitzet. Was geschicht? Der Fürst wil einen Trunck haben/man heisset es diesen/wie er auff die erste Stuffe an der Treppen tritt/sellt er die Stiegen hinein/stürtzet den Hals ab/vnd bleibet todt. Darumb sey niemand vermessen/oder treib das Gespött aus dem lieben heiligen Gebett/vor vnnd nach essens/wiltus nicht thun/läß dich bedüncken/es sey Pfafferey/so laß es andere thun/gehe lieber darvon/als daß du darbey seist/vnnd daß gtteusch daraus treibest. Nolite errare, DEVS non irridetur. Were wol gut/daß alle Leute wüsten/hertzlich gleubten/vnd darnach thäten/rc.

Der

Iudica.
Der Fünffte Sontag in der Fasten.

ANNO CHRISTI 1371. Am Sontage Iudica, schlecht der Donner in den Thurm vnd Kirchen zu Posen / vnnd zerschlecht die Bildtnis des Königs Przemislai / vnd der Königin Relcha / daselbst ausgehawen / ꝛc. Mechouius lib. 4. Cap. 33.

Im Jahr Christi / 1556. Ist folgende wunderbarliche Geschicht geschehen / die alle Schwilger vnnd Volseuffer zur Busse vnd Besserung ihres Lebens billich vermahnen solte. Es ist ein Dorff in der Lausnitz gelegen / welches ein gros Kirchspiel hat / das auch viel Dörffer hinein pfarren. Darinnen wohnen Edelleute / Junge Gesellen / die ich die Wirte nennen wil / von Vnterscheid wegen. Zu denselbigen sind Am Sontage Iudica, welchen man den Schwartzen Sontag nennet / frü Morgens etliche andere Junge Edelleute / neun oder zehen vngefehrlich kommen / welche ich Geste nennen wil / vnnd hat den Namen / das sie Predigt hören wollen / welches sie auch gethan. Aber nach gehaltener Predigt / haben obgenandte zween Edelleute / die sich Wirte geheissen / diese zehen Geste zu sich in jhre Behausung geladen / allda sie jnen / wie sie es dazumal vermocht / vnd die Zeit gegeben hat / mit Essen auffs gütlichste gethan / darneben gebeten / do am selben was mangelte / das sie sich am Truncke erholen wolten / ꝛc.

Damit sie aber jhres guten Willens gnugsame Anzeigung theten / vnnd die Geste frölich machten / haben sie als bald angefangen den Gesten zu halben zuzutrincken. Dasselbige hat den gantzen Tag vber / bis an den Abend gewehret / da sich denn endtlich vnuersehen / zwischen jhr zweyen Gesten / vmb ein Glas Bier / so einer dem andern nicht hat wollen bescheidt thun / ein Zanck erwachsen / dermassen / das sie einander nach den Köpffen geschmissen / das die rothe Würtze hernach gefolget. Ist aber durch die Wirte mit gutem Worten gestillet vnd beygeleget worden.

Als aber einer vnter den Gesten / ein Junger frommer Edelman / von 20. Jahren / wie man jhm denn seiner Frömmigkeit vnnd Einfalt halben gut Zeugnis gibt / vnter jhnen gewesen / vnnd gleich als vnter den Wolffen mit heulen müssen / aber nur der one ein Spottvogel gewesen / den sie jhres Gefallens verleret haben / hat er gedacht / ob sie sich gleich versöhnet hetten / gleichwol ferner auff einander gruntzen / mochte nichts guts darbey sein / sondern das letzte erger werden / denn das erste / machet er sich auff / vnd gehet an heim zu seinem Vater / vnd nimpt einen mit sich / vnter denen beiden / die sich gezweyet / hatten. Also heisset sie der Vater willkommen sein / vnd bittet seines Sohns Gast / er wolle sich nieder setzen / lest thun das beste Trincken auffftragen.

Als sie nu wol berauschet gewesen / gehet der Vater mit des Sohns Gast zu bette / sampt dem gantzen Hausgesinde. Der Sohn aber / dieweil er den gantzen Tag vber gezecht / bleib er allein auff den Armen auff dem Tische liegen / welches er zuvor mehr gepfleget hatte / darumb es der Vater nicht gros geachtet / sondern hat jhn liegen lassen / vnd gedacht / wenn er das Bier ausgeschlaffen hat / wird er sich wol wissen zu Bette zu finden.

In dem man aber im ersten vnnd hertesten Schlaff ist / kommen zum Stubenfenster hinein gekrochen etliche Gespenste / durch welcher Rauschen vnnd Rosseln er erwecket worden / sihet sie an / kan aber nicht sehen / wie viel / oder was es sey / ohne was er hernochmals er

Judica.

mals erfahren/daß er sich bedüncken lassen/sie haben kleine schwartze Mennlein/etwa einer spannen lang/oder etwz lenger/gleich den geschnitzten bildtlein in der Kirche ehnlich gesehe.

Wie nun dieses Geschwärm vmb jn her/vnterm/neben vnd auff dem Tisch vnd bencken krabelt vnd kreucht/vnd auch ein Liecht in die Stuben kömpt/kömpt jhn eine grosse Furcht vnd schrecken an/wil eilends zur thür hinnaus/kan aber nicht weiter/denn für den Tisch kommen/da wird er gewar bey der stubenthür/eines grossen schwartzen Mannes/mit einem schwartzen Bart/vnd neben jhm auff einem Leuchter ein groß Liecht stehen/weil er diesem zusihet/vnd kan weder aus noch ein/sehen sich in deß die kleinen schwartzen Menner/aus welchen grosse Menner wurden/alle vmb den tisch/rings vmbher/vnnd bringen behent vnter dem tisch herfür Liecht vnd leuchter. Da es nu hinder jhm auch liecht wird/vnd sich von dem Manne bey der thür zum tische kehret/sihet er darauff 4. leuchter/vnnd auff einem jeden leuchter ein liecht stehen. Item/kannen vnd gläser voll Bier/vnd den tisch mit grossen Mennern in langen schwartzen Bärten besetzt/haben schwartze Mentel angehabt/auch zerschnittene weisse Wammes/lange Braunschweigische schwartze Hüte auff/mit schwartzen vnd weissen langen hanen federn/güldenen vnd silberne schnüre/daran lange trodel gehangen. Vnd wie er bekant/hab jn gedaucht/daß etliche seinen Mitgesellen/mit welchen er den gantzen tag vber gezecht/ehnlich vnd gleich gesehen. Deren einer nach dem andern zu jhm gesaget: Hans es gilt dir/Hans da thu mir bescheid/Hans thu mir bescheide/Hans du must bescheide thun/hastu heut können sauffen/so mustu mit vns jetzt auch sauffen/oder wir wollen dir den Halß vmbdrehen.

In solchem grausamen Gesicht vnd Zuschreyen/wird er/wie er halb vertodtet/fellet vor den Tisch auff seine Knie nider/hebet seine Hende auff. Als bald findet sich zu jhm ein Mann in einem weissen Kittel/mit schönen lieblichen langen Haaren/vnd sehr lieblichem vnd freundtlichen Angesicht/als einer schönen Jungfrawen/hat aber nicht gesehen/wo derselbige hinein kommen. Dieser spricht: Hans trincke nicht mit jhnen/denn so bald du mit jhnen trincken wirst/werden sie dir den Halß brechen/Sondern bete vnnd ruffe zu Gott/in dem Namen Jesu Christi/der wird dich aus dieser gegenwertigen Noth erretten/vnd von dieser bösen Gesellschafft/daß sie dir nichts werden können anhaben/loß vnd ledig machen. Hat also angefangen zu beten/aber in solchem schrecken sich nit wol besinnen können. Do hat jhm der Mann im weissen Kittel helffen beten/vnd gesagt/wie daß er heute den Abend einen Todschlag gehindert/den er vorkommen vnd verhütet hette/in dem/daß er seinen Gast mit jhm anheim geführet hette/denn so er were bey den andern blieben/were noch den Abend ein Todschlag geschehen. Vnd das sey auch zum theil eine vrsach/darumb diese Gesellschafft jhn für andern anfechten/vnd so hart zusetzen.

Da er aber von jhm hat wollen scheiden/hat er jhm zuvor gesagt/wie sie vbel mit jhm vmbgehen/jhn plagen vnd martern würden/Er solte seines Gebets warten/mit demselbigen fleissig anhalten/mit jhnen nit trincken/sich auch nit vmbsehen/bey verlust seines Lebens/Gott der Allmechtige würde jhm beystehen vnd erretten/durch seinen lieben Sohn Jesum Christum. Solcher aber seiner Errettung solte jhm dieses ein Wartzeichen sein/als balde der Han zum ersten mal krehen würde/würden sie jhn verlassen/vnnd sich alle von jhm verlieren.

Weiter hat er jhn auch zur Busse vermanet/vnd besserung deß Lebens anzufahen/Insonderheit aber/daß er sich hinfürter für dem viehischen vnd vnmenschlichen Laster/deß fressens vnd sauffens/auch für fluchen vnd schweren bey Gottes Marter vnnd Wunden/hüten solte. Vnd letzlich/als zu einem Valete/ernstlich befohlen/auff den Morgenden tag/ohne einige Verhinderung zur Beicht vnd Gottes Tisch zu gehen/vnd solte dieses alles/wie es jhm ergangen/seinen Zechgesellen vermelden/vnd sagen/daß sie in Zeiten/ehe sie der gerechte vnd schreckliche Zorn Gottes vberfallen möchte/von jhrem rohen vnd gottlosen wesen abstehen/busse thun/vnd sich bekeren solten. Ist also sein gemehlich an seiner seiten hinderwerts/daß er nicht gewust/wohin/verschwunden. Bezeuget hoch vnd thewr/daß jhm nun sehr wol gewesen/habe sich auch nicht fast gefürchtet/so lange der Mann bey jhm gewesen.

Balde

Am Sontage Judica.

Bald aber da er hinweg kommen/tretten zween schwartze lange Menner zu jhm/ein jeder auff eine seite/sind gestalt gewesen wie die am Tische/ohn das sie weitte lange Pluderhosen/biß auff die Erde hangende/welche sie an den andern/da sie am Tisch gesessen/nicht hat gesehen/vnd sehr grosse Augen wie die Bisemknöpffe gehabt. Die saffen jhn erst recht an/denn da er denen vberm Tische/die jhm haben zugetruncken/nit wollten bescheidt thun/kneipen vnd zwacken sie jhn dermassen in die Ohren/daß man auch die Malzeichen lenger denn vierzehen tage lang hernach gesehen/ vnd er sichtbarlich zum Zeichen hat tragen müssen. Vnd lest sich bedüncken/wie er sehr vnd hefftig geschryen habe/ wundere sich auch/dz es niemand gehört/wiewol das Gesinde sagt/das sie das geschrey gehöret/aber gemeinet/der Vater schlage den Sohn/oder daß er noch mehr Geste bekommen/die sich vnter einander schlügen/darinn sie denn nichts zu reden/ viel weniger zu thun hetten/habens derhalben also hingehen lassen/sind daruber wider eingeschlaffen/vnd nit auffgestanden.

Etliche aber der schwartzen Menner/lagen jhm zun füssen/vnter dem Tisch/zuppeten vnd rupfften jhn/zanneten vnd pleckten jhn an. Solches alles hat so lang gewaret/biß daß der Hahn zum ersten mal gekrehet/ bald sind sie in einem Augenblick mit grosser Vngestümmigkeit/mit liechten vnd leuchtern/vnd allem daß sie mit gebracht/ vnd auff dem tisch geschen war/verschwunden/vnd haben jhn in der stuben allein gelossen.

Da er sich nun ein wenig besunnen/ vnd wider zu jhm selbst kommen/ kreucht er auff allen vieren/ vnd wie er auffs beste mag/zur stubenthür herfür/winselt vnd heulet/ biß daß es das Gesinde vnd Vater höret/Der lest jhm ein Licht auffschlagen/gehet hinzu/ sihet vnd findet seinen Sohn an der stubenthür ligen/ fraget was jhm sey/ wie er daher kommen/ wer bey jhm gewesen/oder wer jhm gethan habe? Der Sohn antwortet/der Vater wolte diß mal nicht so eigentlich vnd heisstig fragen/er wolte es jhm vber drey tage sagen.

Dieses aber kondte er jhm nicht verhalten/wie daß ein Mann in einem weissen Kittel bey jhm gewesen/der hette jhm befohlen / auff den morgen zur Beicht vnd hochwirdigen Sacrament zu gehen / welches er auch mit Hülff deß Allmechtigen / vnd so fern jhm Gott sein Leben fristen würde/thun wolte. Da vermercket der Vater/daß ein Gesichte bey jm gewesen were/heist er jhnen mit fragen/vnd nimpt jhn mit sich in seine Kammer zu bette.

Auff den Morgen gehet der Sohn zum Pfarherrn/beichtet/vnd erzehlt jhm/wie es jhm die Nacht vber gangen were/begeret daruber die Absolution vnd hochwirdige Sacrament. Der Pfarherr entsetzet vnd verwundert sich/als der den Tag vber/biß zum Haber bey jhn gewesen war/vnd ob es jhm wol bedencklich vnd bekümmert/ hat er doch auff erstem vnd bestendigem Bericht/jhm die Absolution vnd das hochwirdige Sacrament mitgetheilet. Vber den dritten Tag/ wie er zugesaget/ vermeldet ers nicht allein seinem Vater vnd Zechgesellen/ Sondern auch vielen andern. Insonderheit aber erzehlet ers seinen Zechgesellen/ diese kehren sich an solche Rede nicht/ja verachtens/ haltens für einen Possen vnnd schwanck/oder viel mehr für einen Traum/der jhm die Nacht vber/weil er voll gewesen/in seinem Schlaff fürkommen/ vnd getrewmet habe/ gehen jmmer hin attewege/ vnnd lassen sich nichts jrren/lassen sich solches auch gar nichts bewegen.

Diese Historiam vn Geschicht/hat der Pfarrherr desselben Orts/ auff bewilligung vnd geheiß deß Edelmans/dem es geschehen/offentlich von der Cantzel verkündigt/so sind mit Namen vnd Ort bewust. Fincelius von Wunderzeichen/ lib. 2.

Pal·

Palmarum.

Der sechste Sontag in der Fasten.

VON diesem Sontag such vnnd leß Historien im Ersten Theil/ dieser Festchronicken/auff den Palm Sontag/vñ behalt hier noch darzu folgende Historien.

Der Türck hat eine Legation in Polen gen Cracovia gesendet/die haben der Christen Gottesdienst beschawen wollen / auff den Palmen Sontag/ vnd da sie gesehen/ wie Pfaffen vor dem Palm Esel nider gefallen vnnd angebetet/ nach Papistischer Weise/ haben sie die Arme auffgehaben/ vnnd laut geschryen: O wie ein vngötlich Ding ist das / einen Esel / ein vnvernünfftig Thier anbeten. Das ist recht war/denn es ist Ja eine Schande / daß viel Esel einen Esel anbeten.

Auff eine Zeit hat ein Teutscher einem Römischen Pfaffen gebeichtet/ vnnd in solcher Beiche vmb ein Heiligthumb gebeten / darauff sagt der Pfaff/ er hette noch ein sonderliches / daß er den Teutschen nicht geben dürffte / so er aber schweigen könde/biß er aus Rom vnnd Welschlandt keme/ wolte er es ihm mit theilen / darauff sagte Albertus mit Handt vnnd Mundt/ vnd mit einem hohen ehewren Eide zu / er wolte Knebel inne halten.

Wie das geschehen / gibt ihm der Römische Affol er Pfaff/ ein Esels Fuß / in einem Seiden Tuch gewickelt/ vnd spricht/ dieser Fuß sey von dem Esel / darauff vnser lieber HERR vnd Heilande JEsus Christus zu Jerusalem / zu seinem heiligen Leiden vnd vnschuldigem Sterben eingeritten/ vnnd der hette solche grosse Krafft/ daß/ so er ihn in Germaniam bringen/ würde es dem gantzen Lande / nicht allein rühmlich/ Sondern auch nützlich vnd zureglich sein.

Der gute einfeltige Teutsche denckt / es habe ihn ein Hase geleckt/ lest sich mit demselbigen Heiligthumb nicht eine Saw düncken/ gehet vom Pfaffen frölich hinweg/ mache sich eilende auff die Reiß/darmit er das schöne Heiligthumb/ auffs erste in Teutschlande brechte. Auff dem Wege ist er lustig vnd guter Dinge / vnnd operirt das Heiligthumb so in ihm/daß er für Frewden kaum erwarten kan/ biß er zu Landesleuten kömpt/ denen er es anzeiget/darmit sie sich mit ihm freweten / den bonum / wie der Esels Fuß war/ est communicativum sui.

Wie er nun auff die Alpes / auff die Welschen Gebirge kömpt / die Italiam vnnd Germaniam scheiden / triffet er Teutschen an / tegen die rühmet er seinen Esels Fuß / ut nihil supra, helt den viel höher/als wenn er lauter Vngerisch Goldt/oder in eitel Carfunckel versetzt were. Mein Kerl/ hebt einer vnter den Geferten an/ du darffst so sehr nicht Jubiliren/ich bin auch da gewesen/vnd habe auch einen bekommen/ zeucht heraus / vnd weist ihm denselbigen. Baldt springt der dritte herfür / wie gefelt euch denn der? Solte ich so eine weit Reise ziehen/ vnd nicht was sonderliches mit bringen? Der vierde denckt / Ey so wil ich mit meinem auch nicht dahinden bleiben / so wird vns Jederman selig preisen/ daß wir viere / alle vier Füsse vom Esel / darauff der HERR Christus geritten/ aus Welschlandt in Teutschlande bringen/ wollen noch wol eine grosse Walfahrt damit anrichten/vnd eine feine Summa Gildes darmit zusammen schlahen.

Wie die vier Teutschen/ mit den vier Esels Füssen so viel zu thun haben/ vnd sich bedüncken lassen/daß ihnen niemandt gleich/ist noch einer vnter dem Hauffen/ der hat auch ein Fuß

Am Sontag Palmarum.

ein Fuß von diesem Esel / der merckt / daß sie alle schendtlich sind betrogen worden / wil derhalben nicht so trotzig damit herfür / doch daß die andern nicht hören / Je das GOTT walt / hat denn der Esel fünff Füsse gehabt? Darauß sehen sie daß sie betrogen / vnd für Esel vnd Narren / von den Römern gehalten worden sein.

Was sie aber für Gebett vber solch eröffnetes Heiligthumb werden gesprochen haben / ist wol zu erachten / vnd ich glaube / wenn der Pfaff den Segen an eim Bein gehabt / er würde nicht fern gangen sein.

Auff die Historiam hat der Herr Lutherus dem Churfürsten geantwortet: Hæc fuit gloriatio Italica, Germanicos, Barbaros, ita ludere. Freilich wird es hernach der Pfaff außbracht / vnd vnser Teutschen Simplicisten fein hönisch außgedacht haben.

Quasimo-

Quasimodogeniti. 62

Der Erste Sontag nach Ostern.

ANNO Christi, 1034. Am Sontag nach Ostern/ vmb 3. vhr in der Nacht/ gehet ein heller glentzender Stern auff am Himmel/ dafür die andern sternen alle verblichen/ also/ daß ihr viel meineten die Sonn gieng auff.

In der andern Wochen nach Ostern/ ist zu Mentz auch eine Reichs versamlung gehalten worden/ darzu viel Bischoffe aus Welschlandt/ Franckreich vnd Teutschlandt kommen sind/ neben deß Bapsts Clementis 3. Botschafften/ vnd dem Keiser selber/ vn sein deß Bapsts Hildebrands Handelung wider den Keiser verworffen/ vnd deß Keisers wider jhn/ gebilliget vnd bestetiget/ darzu alle Bischoffe/ die es wir it den Auffwieglern hielten/ jhrer Dignitäten entsetzet worden/ etc. Sigebert. Vsperg. & de unitate Ecclesiæ.

Anno Christi, 1417. Verkauffte Hertzog Friderich/ Burggraff zu Nürnberg/ die Burg zu Nürnberg/ sampt jhrem Recht/ gemeiner Stadt daselbst/ vnd kauffte vmb dieselbe Summa Geldes/ die Chur vnd Marck Brandenburg/ von K. Sigmunden/ von welchem jhm auch die Marck verliehen di:co Jahr/ am 8. Tage nach Ostern. Nauclerus. Vspergers Zusatz. Vnnd kompt also die Chur Brandenburg an die Burggraffen zu Nürnberg.

Ich muß hier auch der schrecklichen That/ die sich diß lauffende 1590. Jahr am Sontage Quasimodogeniti/ nachm Newen Calender/ welcher diß Jahr eben der Sontag in alten Ostern/ zu Sora begeben vnd zugetragen/ welchs mir der Ehrwirdige Herr M. Johannes Martini/ Pfarrherr zu Heyrrowerda/ wie er sie von dem Wolgebornen vnd Edlen Herren/ Herren Seyfrid von Promnis/ etc. Uff Sora/ etc. selber gehöret/ vnd mir recitiret/ vnd numehr landtkündig/ vn d jederman in Niderlaußnitz/ vnnd andern benachbarten Ortern wissentlich/ gedencken. Vnter der Predigt an gedachtem Sontag/ welches der erste ist nach Ostern/ hawet ein Mann 2. seinen leiblichen vnd natürlichen Kindern/ mit einem Beil oder Axt/ die Köpffe abe/ Nimmet das dritte/ springet mit jhm in Brunn/ der meinung/ sich vnd das Kinde zu ersäuffen/ weil es aber die Leute jnnen werden/ geben sie jhm so gute Wort/ daß er das Kindt jn den Wassereimer setzt/ vnd heraus ziehen lesset/ ferner bereden sie jhn auch/ vnnd bringen jn in gleicher gestalt heraus/ eilen aber mit jhm nach ein Gefengnis vnd verwarung/ da sie jhn dahin bringen/ spricht er/ Es ist vollbracht/ als er aber solches etlich mal repetirte/ fragen sie jhn/ was er meine? Gibt er zur Antwort/ er habe zweyen seinen Kindern die Köpffe abgehawen/ da erschrecken die Leute/ lauffen hin vnd findens also/ lesset sich im Gefengnis hören/ sie sind noch nicht alle/ jhr müssen mehr dran/ etc.

Diß ist ein horrendus vnd tragicus casus, dafür einem billich das Hertz im Leibe kalt werden solte: Ach lieber Gott/ was richtet doch der Teuffel an? Was kan er nicht/ wenn Gott die Handt abzeucht. Mögen derhalben in der Furcht Gottes leben/ vnd fleissig beten: Führ vns HErr in Versuchung nicht/ wenn vns der böse Geist anficht/ zur lincken vnd zur rechten Handt/ hilff vns thun starcken Widerstandt/ im Glauben fest vnd wol gerüst/ vnd durch deß heiligen Geistes Trost/ Amen.

L 3 Misericor-

Misericordias Domini.
Der Ander Sontag nach Ostern.

Uff den heutigen Sontag/ haben sich zwo Historien zu unterschiedtlichen malen begeben vnnd zugetragen/ welche/ weil sie sich denckwirdig/vnd auffwachsender vnberichter Jugendt/ viel nötiger Sachen berichtet/ wil ich sie zum Eingang/ vnd ehe ich zum heutigen Evangelio greiffe/ euch her sagen/ vnnd solches darumb desto lieber/ weil solche geschichte gleich wie feine Interpretationes vnd Außlegunge sein/ deß heutigen Evangelii/ von guten Hirten vnd Miedtlingen.

Beide Historien aber lieben Andechtige/ haben sich begeben an dem Churfürstlichen Hause von Sachsen/ die erste an dem Hochlöblichen Churfürsten/ Hertzog Johann Friderich/ Aber die ander/an seiner F. G. Herren Son/dem jtzund noch gefangnen Hertzog von Sachsen/ auch Johann Friderich genandt. Die mit dem Alten Churfürsten/ Hertzog Johann Friderich/ helt sich der gestalt: Nach dem seine Churf. G. aus sonderlicher Anstifftung Gottes/vnd seines H. Geistes/mit seinen Eidsverwandten beschlossen/ bey der erkandten vnd bekandten reinen Warheit/ der Augßpurgischen Confession/ begreifflichen zu beharren/ vnd aber Röm. Key. Maj. nach dem seligen Tode Herren Lutheri auffs Bapsts anhalten/ mit gantzer gewalt auff die Evangelischen drang/ vnd kein Mittel helffen wolte/ Sondern stracks darauff gieng/ denn sich die Protestirenden deß Schlüssels deß Concilii zu Trident hielten/ vnd aber solches gar wider Gottes Wort/ vnd der Augspurgischen Confession/der Keiser sich vnterstunde mit dem Schwerdt zu zwingen/ stelten sie sich zur Christlichen Gegenwehr/ denselbigen Krieg vnnd Streit/ heißt der gemeine Mann/ der Spannisch Zeit/ In solchem Krieg ist der alte Churfürst/ Hertzog Johann Friderich auff den heutigen Sontag Misericordias Domini, für Mülberg gefangen worden/ Anno Christi/ 1547. Sind jtzund diß 1590. 43. Jahr.

Die Ander/ mit seiner Churf. G. Herren Sohn/ den jetzt noch gefangenen Fürsten vnd Hertzogen von Weimar/der zu seinem Gefengnis kommen ist/ wegen der Echter. Ist gefangen worden/ Anno Christi/ 1567. sind diß Jahr 23. Jahr / im 21. nach dem sein Herr Vater gefangen. Gott verleihe ihm Gedult/ vnd helff ihm endtlich dermal eins auch/ vmb Jesu Christi willen.

Diese Historien behaltet darumb desto fleissiger/ denn weil ihr alten wisset/ wie eine s'ende Zeit es damals gewesen/ ihr Gott dancket/ der euch errettet/ vnd die Jugendt bittet/ daß er vns forthin gnediglich behüten wolle/ Amen. Item/ daß dieses löblichen Herren Jugendt vnd Christlicher Eiffer zur reinen Lehr/ gerühmet/ vnd andern Potentaten/ vnd zwar allen ein Calcar damit angegürtet werde/ gleichsfalls solches nach zu thun.

Iubilate.

Jubilate.

Der Dritte Sontag nach Ostern.

NNO Christi, 1155. Auff den Sontag Jubilate/wird Keiser Friderich zu Pavia erstlich gekrönet/von dannen zeucht er nach Rom mit Heeres Krafft/wird vom Bapst freundlich vnnd ehrlich empfangen/vnd in S. Peters Kirchen gekrönet/vnd Augustus genennet/im 7. Jahr seines Keiserthumbs. Otto Frising. lib. 2. Cap. 20. & 22.

Anno Christi, 1457. Am Freytag nach Jubilate/ haben die von Lignitz/Stadt vnd Lande/Ladißlao dem König in Behmen gehuldet.

Anno Christi, 1507. Sonnabendt vor Jubilate/erhebt sich Hertzog Friderich der 2. zur Lignitz/nach dem heiligen Grabe zu ziehen/welche Reise er auch glücklich verbracht hat/vnd ist deß folgenden Jahrs wider kommen.

Philip. Melanth. hat gesagt/daß er offt eindenck der Christliche Rede deß Fürsten von Wirtenberg/Fürst Eberhardi/der drey ganzer Tage gelegen/vnd als er jetzt sterben wolte/vnd ihm das heilige Sacrament gebracht ward/hat er sich so frölich auffgerichtet/als were er gesund worden/vnd Gott danck gesaget/daß er ihm den Trost deß Euangelij so gnediglich zeigete/vnd ihn zum bußfertigen Leben gebracht hette. Auch saget er/Ach HErr Gott wir sind schwache gebrechliche Menschen/vnd mit grossen Sünden beladen. Lieber Gott/habe ich vbel oder bößlich regirt/vnd den Leuten vberlestig gewest/so straffe HErr den Leib allhier/allein verschone der Seelen.

Also hat auch Gottseliglichen gethan/der Fürst Franciscus von Lüneburg/ein sehr frommer Fürst/als er grosse Wehtagen am Schenckel hatte/hat er kurtz für seinem Ende gesagt. Alle diese Schmertzen sind viel geringer/denn meine Sünde verdienet hetten. Aber ach barmhertziger/ewiger Gott/erbarm dich meiner/vnd verwirff mich nichte/vmb deines lieben Sohns JEsu Christi willen. Talia dicta sunt rarissima in Principibus. Denn es ist ein Wiltpret im Himmel. Ex Colloq. D. M. Lutheri.

Ein Gottfürchtiger *Senex* sagte zu einem krancken Jünger/lieber Sohn/bekümmer dich nicht vber deines Leibes Schwachheit/denn einem frommen Christen gebüret/daß er Gott hierüber dancksage/denn bistu ein Eisen/so wirstu durch ein solch Fewr den Rost verlieren. Bistu aber ein Golde/so wirstu durch solch Fewr probirt/zu höhern vnd grössern Herrligkeiten. So dich denn Gott nun also wil heimsuchen/soltu seinem Willen mit Vngedult nicht widersthen/sondern gedult haben/vnd Gott bitten/daß ers nach seinem Gefallen mit dir schaffe.

L iiij   Cantate.

Cantate.
Der Vierde Sontag nach Ostern.

ANNO Christi / 1428. Fallen die Hussiten in Schlesien / plündern vnd verheren dieselbige mit Fewer vnd Schwerdt / sonderlich aber verwüsten sie die Stedte vnd Flecken / Glogaw / Ziegenhals / Weydna / Falckenberg / Patschnaw / Camentz / Heinrichaw / Oppeln / Brieg / Franckenstein / Kanth / Newmarck / Hainaw / Lauben / Goldberg / vnd die Vorstadt zu Breslaw / sampt den Klöstern. Mechouius lib. 4. Cap. 52. Albertus Krantz in Vandal. lib. 11. Cap. 9.

Zum Lauben vnd Hainaw haben sie die Priester vnd Schüler alle in der Kirchen vor dem hohen Altar geköpfft / vnd sonst alles erstochen vnd vmbbracht / vnnd die Stedte ausgebrandt. Geschehen am Freytag vor Cantate. Schlesische Chronica. Item / Albertus Krantz, ut supra.

Anno Christi, 1525. Dieses Jahr hat D. Luther angefangen / nach Apostolischer Weise / die Ordination vnd Priester Weih zu holten / vnd ist M. Georg Rörer zum aller ersten ordinirt worden / am Sontag Cantate.

Vocem

Vocem Iucundi-
tatis.
Der Fünffte Sontag
nach Ostern.

ANNO Christi/ 1556. Am 10. Tage deß Meyen/ welchs war nach der Christen Calender der Bett Sontag/ Dominica Rogationum, entstehet zu Morgens 2. Stunden auff den Tag/ ein erschreckliches Erdbeben zu Constantinopel/ etc.

Anno Christi/ 1540. Hat ein Schelm/ Hans von Berstedt/ bey Echtzel/ in der Wedderaw gelegen/ diese grewliche vnmenschliche That gethan. Den Sontag Vocem Jucunditatis/ sind nach Mittage/ im Flecken Frawenstein/ im Mentzischen Bisthumb/ vmb drey Vhr/ viel Leut bey der Kirchen/ vnter der Linden zusammen kommen. In dem kömpt der Bösewicht zu einem kleinen Megdlein/ von fünffthalb Jahren/ vnnd sagte zu jhm/ es solte mit jhm in den Pfarhoff Stall gehen/ er wolte jhm einen Wecken geben.

Solches hat das Megdlein aus Einfalt gethan/ vnnd da es dahin kommen/ hat es jhn Lachendt angeret/ vnnd den Wecken gefordert. Sagt der Schelm/ Kom her/ setze dich zu mir nider/ Jch wil dir jhn geben/ welches das Megdlein auch gethan. Boldt bringt er das Kinde vnter sich/ vnnd wil es vnehren/ vnnd nothzüchtigen. Da er aber seinen Teuffelischen Willen mit dem Kinde nicht vermochte zu verbringen/ erschricke er/ vnd ergrimmet/ nimpt ein Brodtmesser von der Wehr/ vnd sticht dem Megdlein ligende vor jhm/ den Halß ab/ gibt jhm auch sonst fünff Tödtliche Stiche/ an dem Leibe/ wendet das Kindt auff den Bauch/ vnd lest es verbluten/ wendet es baldt wider auff den Rücken/ vnnd schneidet jhm mit dem Brodtmesser den vntern Theil seines Gemechts auff/ vnnd hat also seinen vnmenschlichen Willen mit dem tödten Cörper verbracht.

Letzlich zerhäwet er das Cörperlein in sunffzehen Stücke/ mit seiner Wehre/ erstlich das Heupt/ die Arme/ die Schencklein/ vnnd hat die Stücke zum Theil in seinen Ermel gefast/ hat den Cörper also zerstümmelt/ daß man es auch nirgendt hat erkennen können/ denn an einem Schüchlein/ am Lincken Füßlein.

Wie er nun am obern Theil deß Cörpers gehawen/ ist ein Einwohner desselbigen Fleckens zu maß kommen/ jhn geschlagen/ vnnd jhn gefangen genommen. Jst also gen Mentz geführet worden/ da ist er mit glüenden Zangen zurissen/ auch an seinem Gemecht/ vnd letzlich auff ein Radt gestossen. Iobus Fincelius, lib. 2.

Anno Christi/ 1562. Hat ein Weib zu Drössig/ eine halbe Meil von Zeitz/ deß Nachtes jhren Mann mit einem Holtzschlegel erschlagen/ vnd jhn nachmals zu Fleisch schröten gehawen/ Heupt/ Hende vnnd Füsse/ in einem Kessel gekocht/ das ander in die Fewermawr an Spiesse gesteckt/ das daran gereuchert/ mit Stroh vnnd Dampff also gesenget. Derwegen sie bey Nacht/ da man den Rauch vnnd Dampff vernommen/ gefangen/ am Sontag Vocem Jucunditatis. Darumb sie endtlich mit glüenden Zangen zurissen/ vnd auff ein Radt geleget worden. Man hat diß Weib für eine Zeuberin gehalten/ etc.

Diß

Am Sontag Vocem Jucund.

Diß 1590. Jahr / am Sontag Vocem Jucunditatis / hat sich auff einem Dorff / eine kleine halbe Meilweges von vns / ein Bawrs Kerl selber erhenckt / Darumb:

Es hat jhn einer zu Gevattern bitten wollen / das haben andere widerrathen / aus denen Vrsachen / dieweil er noch nicht zum Abendmal gangen wert / auch nit beten könne / ist also auch verblieben / etc. Die Pferde Jungen tribulieren jhn hernach / daß er nit beten könne / vnnd derhalben nicht zu Gevattern stehen müssen / das zeucht er jhme so zu Sinne / daß er gleich gar Wanwitzig wird / vnnd sich in wenig Tagen / wie gesaget / selber vmb bringet.

Darumb lerne man in der Jugendt beten / bete offt / vnnd im Geist vnd Warheit / denn vnser Widersacher der Teuffel gehet vmbher / vnd sihet / welchen er verschlinge / dem widerstehet im Glauben / etc.

Exaudi.

Exaudi.

Der Sechste Sontag nach Ostern.

Historien von etlichen Martyrern/ der Ersten vnd Alten Kirchen/ ausser denen/ welcher in der Schrifft gedacht wird/ insonderheit aber von denen/ so in den ersten vier hundert Jahren nach Christi Geburt/ jhr Blut vergossen haben/ vmb Christi willen.

PETRVS de Natalibus schreibet aus einem Martello/ daß Felicula die mit Petronella/ Petri Tochter aufferzogen/ als sie nit wolte den Götzen opffern/ vnnd jhren Christlichen Glauben verleugnen/ hat man sie mit Hunger gequelet vierzehen Tage/ Endtlich in einen Sack vernehet/ vnd in ein sonderlich heimlich Gemach geworffen/ allda sie gar erbermlich vmbkommen ist/ Eben dasselbige schreibet auch Vincentius lib.9. Cap. 38.

Es schreibet auch Vincentius in gemeltem Buch/ am 50. Cap. daß Vrticinus, ein Doctor der Artzney/ wonhafftig zu Ravenna/ der viel Pein vnd Marter erlitten hat/ letzlich ist in Todesfurcht gerathen/ daß er in die Gedancken kommen/ ehe denn er sterben wolte/ ehe wolte er Christum vnd sein Wort verleugnen/ Wie er in solchen Gedancken gewesen/ sey Vitalis ein Ritter/ sampt vnd mit Paulino in die Stadt kommen/ vnd jhn mit diesen Worten getröstet/ vnd angeredet/ Mein Bruder Vrticine, du Artzt/ der du andere hast gesundt gemacht/ sihe zu/ daß du dich nicht selber tödtest/ vnnd deß ewigen Lebens beraubest/ wenn du den/ der dich erlöset hat/ verleugnen würdest.

Durch diese Wort/ spricht der Historicus ferner/ ward Vrticinus in seinem Hertzen gesterckt/ vnnd getröstet/ das er seine vorige Bekentnis widerholet vnnd vernewert/ vnd als man jhn zum Tode geführet/ hat er seinen Kragen oder Hals freywillig/ vnnd mit frewdigem vnverzagtem hertzen/ dem Hencker dargeboten.

Vitalis aber ist von seinem Herren gezogen/ vnd ist kurtz hernach angeklaget worden/ daß er ein Christ were/ vnd derhalben lebendig begraben worden. Aber sein Eheliches Gemahl kam gen Meylandt/ vnnd als sie daselbst die Jenigen straffte/ die den Götzen opfferten/ vnd auch nicht daselbst vom den Götzen Opffer essen wolte/ hat man sie so lange gemartert/ biß sie ist gestorben. Ist geschehen vnter dem Tyrannen Nerone.

Da die zween Kriegsknechte/ Processus vnnd Martinianus/ Paulum vnnd Petrum in dem Kercker oder Gefengnis verwahreten/ sind sie durch jhre Wunderthaten zu dem Christlichen Glauben bekehret worden/ vnnd die heilige Schrifft angenommen vnd empfangen/ vnnd mit jhnen noch sieben vnd viertzig andere. Da nun solches der Hauptman Paulinus erfahren/ hat er sie jhren Glauben heissen widerruffen/ vnnd den Götzen widerumb opffern/ Als sie aber solches nicht thun wolten/ hat er derselben etliche steinigen/ etliche mit Knütteln zu tode schlagen/ etliche aber mit Fewr verbrennen lassen.

Aber Gottes Straffe die ist bald darauff gefolget/ denn er ist verblindet/ vnd seiner Augen beraubet worden/ vnd hat jhn der Teuffel leibhafftig besessen/ vnd jhn vbel gemartert vnnd geplaget/ biß er ist gestorben/ Nero aber ließ jhnen darnach die Köpffe abhawen. Solches schreibt Vincentius lib. 9. Cap. 54. vnd andere mehr.

Nereus

Am Sontag

Nereus vnd Achilleus/ da sie von dem Apostel Petro getaufft waren/vnd den Göten nicht opffern wolten/ sind jhnen die Köpffe abgeschlagen worden. Ist geschehen vnter dem Tyrannen Domitiano/ wie Vincentius schreibet im 10. Buch am 15. Capitel.

Es beschreibet auch Eusebius allhier nicht mehr Merterer/ vnter dem Trajano/ denn allein Simonem Cleopham/vnnd Ignatium/ welches derhalben geschehen/ wie es dann in dem vierden Buch / an dem 15. deßgleichen auch im 5. Buch/ am ersten Capitel bezeuget/ daß er ein sonderliches Buch von den alten Merterern gemacht hatte/ in welchem er auch nicht allein die Historien/ Sondern auch jhre Lehr vnd Bekentnis erzehlet hat. Wenn daßelbige Buch deß Eusebii noch möchte verhanden sein/ von den alten Merterern/ oder wenn dieselbigen/ die von den Martyrern geschrieben haben/ aus demselbigen Buch die Historien der alten Merterer auff guten Glauben/ vnnd aus rechtem Verstandt genommen/ vnd jhre Fabeln vnnd lügenhaffige Wunderwerck nicht mit eingemenget hetten/ so würden wir viel herrliche Bekentnis der Martyrer haben.

Domicilla/ deß Keisers Domitiani Schwester Tochter/ ist zum Christlichen Glauben bekehret worden/ von den Kemmerlingen vnd Thürhütern/ Nereo vnd Achilleo/ welche/ wie man schreibet / S. Petri Jünger gewesen ist/ vnnd ist von Clemente Preßbytero getaufft. Als dieselbige nicht wolte deß Flavii Clementi/ Domitiani Bruders Sohn/ Aurelianum/ zur Ehe nemen. Denn sie hielt es dafür / daß sie sich / als eine Christen/ mit einem Heidnischen Mann nit wol vertragen möchte/ ist sie in Pontiam Insulam, vnd der Bekentnis vnd deß Namens JESU Christi willen/ weg geführet/ an welchem Ort sie viel erlitten hat/ wie Hieronymus bezeuget/ vnnd ist zu letzt von deß Aureliani Brüdern/ Lyrurio/ vnter dem Keiser Trajano/ als sie den Abgöttern nicht opffern wolte/ in der stadt Tarracina in der schlaffkammer verbrand worden.

Der Keiser Trajanus hat zu Antiochia fünff Jungfrawen/ die jhren Christlichen Glauben bekandten/ lassen verbrennen/ vnd als jhre Gebeine zu Aschen verbrandt/ vnd mit Kupffer vermischet waren/ hat er etliche Kessel vnd andere Gefeß daraus machen lassen/ vnd dieselbigen in die Badtstuben setzen lassen/ die er newlich gebawet hatte/ zu einem ewigen Gedechtnis/ auff daß jederman dadurch erinnert vnd gewarnet/ sich für der Christlichen Religion lernete hüten. Aber alle die Jenigen/ so da hinnein giengen/ sich zu baden/ wurden im Kopff zerrüttet/ als ob sie wolten vnsinnig werden/ vnd fielen zur Erden/ vnd litten grosse Qual.

Als nun die Vrsach dieses Vnfalles kundt vnd offenbar wurde/ hat Trajanus befohlen/ andere Gefeß/ aus reinem vnd lautern Kupffer zu machen/ vnd die vorigen im Ofen zu schmeltzen/ vnnd fünff Bilder nach der verbrandten Jungfrawen Gestalt / zu zurichten/ vnd für das Badt zu setzen/ wie Nicephorus schreibet/ lib. 3. Cap. 23.

Die Historien schreiben von einem/ mit Namen Eustachio/ den der Keiser Trajanus mit einem Kriegsvolck wider die Barbaros zu streiten ausgeschickt/ vnd als er den Sieg erhalten/ ist der Keiser in den Tempel Apollinis gangen/ seinem Abgott für erlangten Sieg zu opffern vnd zu dancken. Aber Eustachius/ weil er ein Christ war/ wegerte sich mit dem Keiser ins Gotteshaus zu gehen/ weil es seinem Christlichen Glauben vnnd Bekentnis zuwiegegen/ vnnd zu wider war. Solches verdroß den Keiser vber die massen sehr/ vnd als er seinen Götzendienst vollendet hatte/ hat er Eustachium für sich fordern lassen/ vnnd jhn darumb/ daß er den Göttern zu dancken sich gewegert/ ernstlich gestrafft.

Er

Exaudi.

Er aber hat seinen Glauben vor dem Keyser vnuerholen vnnd ohne schew bekandt/ vnd gesaget: Ich bete mit aller Demut Christum meinen HErren an/vnd sage jm danck/ für alle seine Wolthaten/von Hertzen/sonst weiß ich von keinem andern Gott.

Als nun Adrianus vernam/daß er in seines Glaubens Bekendtnis bestendiglich verharret/hat er jhn sampt seinem Weibe vnd Kindern zum Tode verdampt/vnnd den grimmigen Löwen fürwerffen lassen. Als sie aber von jhnen vnuersehrt bliebe/sind sie in einen eisern Ochsen eingeschlossen/vnd in demselben mit Fewr verbrande worden. Nicephorus lib. 3. Cap. 29. Vincentius, vnnd andere schreiben / daß diß geschehen sey/ im fünfften Jahr des Keysers Adriani.

Die Jungfraw Sapphira von Antiochia/ist gen Rom kommen/ vnd hat Sabinam/des Valentiniani nachgelossene Witfraw/bey welcher sie dienete/ zum Christlichen Glauben bekehret. Als sie nun derhalben verklaget ward/ist sie vor Gericht gefordert worden/vnnd als man jhr daselbst gebot/daß sie den Abgöttern opffern solte/hat sie solches bestendiglich abgeschlagen/vnnd gesaget: Sie wehre eine Christin/vnnd wüste/ daß sie den einigen/vnd waren lebendigen Gott im Himmel dienen vnd anbeten/vnnd alle Abgötterey/vnd Götzendienst dargegen fliehen vnd meiden solte/Darumb sie den Götzen der Heiden/welche nicht Götter/sondern Teuffel weren/keine Ehre mit gutem Gewissen erzeigen köndte. Auff solch jhr Bekendtnis ist die Jungfraw/aus Befehl des Richters/ enthauptet worden/ im siebenden Jahr des Keysers Adriani.

Sabina/eine Ehefrawe Valentiniani/ eines Namhafftigen vom Adel zu Rom/ ist nach jhres Mannes Tode von der Sapphira zum Christlichen Glauben bekehret worden. Als sie aber beim Landpfleger ward angegeben/vnnd für Gericht gefordert/hat sie mit vnerschrockenem Hertzen jhren HErren Christum bekandt /ꝛc. Vnd als sie gefraget worden/ wie sie auff die Thorheit gerathen/ daß sie von jhrer Religion abgewichen/vnnd eine newe Religion angenommen hette. Hat sie öffentlich für jederman Gott gedancket/daß er sie bekehret/zu seinem vnd seines lieben Sohns Jesu Christi warhafftigem Erkentnis gebracht / vnd von der Teuffelischen Abgötterey der Heiden gnediglich erledigt/vnd erlöset hette/ denn das wüste sie nunmehr / durch Gottes Gnade vnnd für gewiß/ daß alle die den Götzen dieneten/vnd den rechten Gott verliessen/dieselbigen seiner könte selig werden. Nach dieser jhrer Bekendtnis ist sie zum Schwerdt verurtheilet worden/ welchen Todt sie mit frölichem Hertzen/vnd in warer Anruffung Gottes / vmb Christi seines Sohns willen/gedültiglich erlitten hat.

Getulius/ein Lehrer in der Stadt Tiburtina/als er viel Leute in der Christlichen Lehre vnterweiset hatte / ist er mit etlichen andern seines Glaubens aus befehl des Keysers Adriani/ mit Fewr verbrandt. Seine Frawe Simphorossa/hat jhres Mannes Bestendigkeit vnd Bekendtnis nachgefolget/ vnnd sampt jhren sieben Söhnen der Jahrs darnach/ auff eine andere weise getödtet worden/ Denn die Mutter ist im Wasser ersäufft/ die Söhne aber sind auff die Pfele gespisset/ꝛc. Im eilfften Jahr des Keysers Adriani/ꝛc.

Sophia/ eine Christliche vnnd fromme Matron / wonhafftig zu Rom/ hat drey Töchter gehabt/welche in den Historien genennet werden/ Fides, Spes & Charitas. Als nun dieselbige in Gottes Wort vnd heiliger Schrifft wol vnterrichtet/ den rechten Gott erkenneten/vnnd denselbigen im Namen seines Sohns Jesu Christi anruffeten/auch denselbigen an allen Orten durch jhr Bekendtnis öffentlich rühmeten vnnd ehreten/ ist solches für den Keyser Adrianum kommen/der hat sie allesampt vnnd sonderlich für sich lassen fordern/vnnd sie vmb jhres Glaubens willen hertiglich gestrafft/vnnd darneben Verheissung gethan wo sie Christum verlengnen/vnd der Göttin Diana opffern würde/ solten sie alle Gnade vnd Wolthaten von jhm gewertig sein.

M   Als

Am Sontage

Als sie aber in ihres Glaubens Bekendtnis beständig blieben/ vnd sich weder durch gute noch böse Wort darvon wolten lassen abwendig machen/ sondern vielmehr des Keysers Abgöttische Religion strafftz vnd verdampten/vnd gewaltiglich erweiseten/ dz die Diana seine Göttin/vnd derwegen nicht anzubeten were/ sind die Töchter nach viel erlittener Marter entheuptet worden / Aber die Mutter/von Bekümmernis vnnd Hertzenleidt/ ist bey der Töchter Grabe gestorben.

Concordius/ein eltester der Stadt Spoleto/ zur Zeit des Keysers Antonini Veri/ als er dem Abgott Jupiter nicht opffern wolte/ vnnd vber das dem Bilde ins Angesichte speyete / ist er nach viel vnd mancherley Marter mit dem Schwerdt gericht worden. Vincentius & Heinricus ex Isnardo.

Julius ein Rathsherr zu Rom/ ist durch etlicher Märtyrer Predigt bekehret /vnd zum Christlichen Glauben gebracht worden/vnd die heilige Tauffe empfangen /sampt seinem gantzen Haußgesinde. Er hielt aber seinen Glauben nicht verborgen oder heimlich/ sondern bekandte denselbigen öffentlich /mit einem grossen Eyver/ vnd begerte nichts liebers/ dann daß jm möchte von Gott verliehen werden/daß er nicht allein an Christum gleuben/sondern auch vmb Christi willen sterben möchte. Als der Keyser das erfuhr/ hat er jhn hefftig derhalben gestrafft/vnd einen vnsinnigen Menschen geheissen/daß er von der alten/vnnd seiner Voreltern Religion vnnd Gottesdienst abgefallen / vnnd einen newen angenommen/denn es were wissentlich vnd kundt jederman/ daß Jupiter vnd Hercules Götter weren/vnd daß sie nicht allein der Stadt Rom/sondern auch dem gantzen Römischen Reich grosse Wolthaten erzeiget hetten.

Julius /weil er bekommen hatte Zeit vnd Gelegenheit der Bekentnis/ zeiget er seines Glaubens Vrsach an/ vnd beweiset/ daß Hercules vnnd Jupiter keine ware Götter weren/mit errinnerung/ daß alle die/ so den Götzen dienen/nicht köndten selig werden. Als der Keyser höret/daß seine Götter verworffen vnd verachtet wurden/ ward er hefftig erzürnet/vnnd befahl dem Obersten vnter seinem Kriegesvolck / Vitellio/ einem frechen vnnd grawsamen Wütrich/ daß er den Julium darzu zwünge /daß er dem vnvberwindtlichen Herculi opfferte/oder so ers nicht thun wolte/solt er jhn vmbbringen.

Vitellius aber/wie jhm befohlen war/vermahnete Julium/ das er des Keysers Gebot gehorsam leisten/ vnnd seine Götter ehren vnd anbeten solte/ als des Römischen Reichs Nothelffer vnd Patronen. Aber Julius antwortet : Er wolte solches nicht thun/ vnd drewet auch mit dem Vitellio/ so er nicht würde den warhafftigen Gott erkennen/ vnnd seinen Geboten nachkommen/so würde er sampt seinen Fürsten vmbkommen. Durch diese wort ward Vitellius zu Zorn beweget/ vnnd verschaffete/ daß Julius mit Knütteln zu tode geschlagen ward.

Vnter dem Keyser Alexandro ist gewesen Agrippinus /ein Jüngling von funfftzehen Jahren/wie Bergomensis im 8. Buch meldung thut / welcher/als er den Götzen nicht hat wollen opffern / bey der Stadt Preneste/ ist er ergrifften/vnnd gegeisselt/ darnach mit den Beinen auffgehencket / vnnd mit siedendem heissen Wasser begossen worden/darnach hat man jhn den wilden Thieren fürgeworffen/ vnnd als er von jhnen vnverletzet bliebe/ ist jhm endlich der Kopff abgehawen worden. In dem er aber also gemartert wird/ist der Stadthalter plötzlich von dem Richterstul gefallen / vnd gestorben.

Den andern Märtyrer nach diesem/ setzt Bergomensis den Calepodium / einen Römischen Priester/ welches Leib erstlich durch die Stadt schmehlich geschleuffet/ darnach in die Tyber geworffen/vnd ersäuffet worden. Nach diesem folget Pammachius/ ein Bürgermeister zu Rom/mit Weib vnd Kindern/ sampt andern etlichen Männern vnnd Weibern/ bey zwey vnd viertzig / Deßgleichen Simplicius ein Römischer Rathsherr / welche alle auff einen Tag sind entheuptet worden / jhre Köpffe hat man an die Thor der Stadt hin vnnd her angenagelt/ zu einem abschew / daß sich keiner für einen Christen mehr solte ausgeben.

Sabellicus

Sabellicus gedenckt auch einer Jungfrawen / mit Namen Cecilia / welche / als vom Obersten zu Rom / den Götzen zu opffern geheissen ward / hat sie geantwortet: Solches wolte ihr als einer Christin mit nichten gebüren. Ist befohlen worden / daß man sie mit heissem Wasser begiessen / vnnd darnoch entheupten solte / welches also geschehen / Im 6. Jahr des Reichs Alexandri.

Es wird auch gerühmet Martina / eine Römische Jungfraw / in Heiligkeit vnd Christlichen Tugenden sehr fürtrefflich / die nach viel grewlichen Plagen / endlich mit dem Schwerdt ist gerichtet worden / vnd hat also in beständigem Glauben ihr Blut vergossen. Bergomensis & Vincentius.

Abdas vnd Sennas / diese zweene / als sie die Christen (welche der Tyrann Decius / da er Babyloniam einnam / vnnd drinnen befunden / mit sich gen Cordubam geführet / vnd daselbst martern vnd tödten lassen) begraben / vnnd ehrlichen zu der Erden hatten bestätigen lassen / sind sie beim Decio zu Rom verklaget vnd angegeben. Als sie aber gen Rom gebracht / vnd daselbst den Götzen auffs Keysers Befehl nicht opffern wolten / sondern dieselbigen anspeyeten / sind sie den Löwen vnnd Beeren fürgeworffen worden / vnd als sie vnuerletzt von denselbigen geblieben / sind sie hernach mit dem schwerdt vom Leben zum Tode gebracht worden. Bergomensis, lib. 8. Vnd Vincentius lib. 11. Cap. 4.

Secundianus / Verianus vnd Marcellianus / diese sind gleicher Gestalt vnter dem Keyser Decio gefangen / vnd in die Götzen Tempel / denselbigen zu opffern / gezogen worden. Als sie aber solches in keinem wege thun wolten / sondern aus rechtem Christlichem Eiver dem Götzenbilde ins Angesichte speyeten / vnnd als den höchsten Grewel für Gott verfluchten vnd verdampten / sind sie mit Knütteln geschlagen / vnd auff die Röslein gespannet / vnnd an den Seiten mit Fewr gebrennet worden. Zu letzt / als die Peiniger zu m theil des zehen Todes gestorben / zum theil von den Teuffeln hinweg geführet worden / sind sie mit dem Schwerdt getödtet. Vincentius lib. 11. Cap. 51.

Tryphon war aus der Stadt Sansaducome / da er von seiner Mutter von Kind auff in aller Zucht vnd Gottseligkeit vnterwiesen vnd aufferzogen ward / ist er zu einem fürtrefflichem Wunderman worden. Zu der Zeit aber / da Decius regieret vnd Keyser ward / ist er von den Kriegsknechten gefangen / vnd gen Niceam geführt / daselbst mit mancherley vnd grewlichen Martern / von seines Christlichen Glaubens vnd beständiger Bekendnis wegen / gepeiniget worden. Als er aber in aller seiner Marter vnnd Pein / beständig blieben / ist er letzlich mit dem Schwerdt gerichtet worden.

In Welschlandt in der Stadt Cymiela / an dem Gebirge gelegen / ist Pontius aus befehl Claudii / des Stadthalters / erstlich auff das Röslein gespannet / darnach zweyen Beeren fürgeworffen / welche ihn angerochen / aber ohne seines Leibes Beschedigung / wieder von ihm gegangen. Da hat man ihm Hende vnd Füsse auff den Rücken gebunden / vnd in ein groß Fewr geworffen. Als aber auch des Fewers Glut an ihm nichts schaffen noch außrichten kundte / ist er endlich auff einem Felsen geköpfft / vnnd sein Leib ins Wasser geworffen worden. Ist geschehen vnter dem Keyser Valeriano vnd Galieno, Bergomensis & Vincentius, lib. 11. Cap. 79.

Vnter Valeriano vnd Galieno haben auch zu Carthago 300. Martyrer zugleich gelitten / Denn als der Stadthalter ihnen Kolen vnnd Weyrauch hart bey einem glüenden Kalckofen fürgesetzt vnd fürgeschlagen / daß sie entweder den Weyrauch / dem Jupiter zu ehren / auff die Kolen legen solten / oder in den Fewrofen gehen. Da sind sie alle zu gleich mit einander mit frölichem Hertzen ins Fewr gesprungen / vnnd also darinnen jemmerlich verdorben / Vincentius.

M ij

Am Sontage

In Africa sind heilige Jungfrawen/Maxima/Donatilla vnd Secunda/in jhrer Verfolgung erstlich mit Eßig vnd Gallen getrencket / darnach hefftiglich gestrichen vnd geschlagen/ vnd zu letzt mit dem Schwerdt getödtet worden. Ist auch geschehen vnter Valeriano vnd Galieno.

Im ersten Jahr des Keysers Claudii/ lagen gefangen zwey hundert vnnd zwey vnnd siebentzig Christen/die hat man ausserhalb der Stadt zum Saltzthor hinaus geführt/ allda in einem verwarten Schawplatz versperret/vnd daselbst von Landsknechten grawsamlich erstechen vnd ermorden lassen, Idem. Item/im ersten Jar Claudii sind 46. Landsknechte vom Bapst Dionysio zu gleich getaufte / vnd bald aus Befehl des Claudii entheuptet /vnd auff der Saltzstrassen begraben worden. Dahin waren auch andere Märtyrer/nemlich/hundert vnd ein vnd zwantzig / gelegt / vnter welchen ihrer viere mit Namen genennet werden/ Theodosius, Lucius, Marcus vnd Petrus. Heinricus de Erphordia.

Quirinus/ dieser ist vnter dem Keyser Claudio seiner Güter beraubet worden/ vnd hat viel Streiche vmb Christi willen erlitten / ist endtlich bey Nacht im Gefengnis vmbgebracht/vnd man hat seinen Leib in die Tyber geworffen. Idem. Sabellicus aber saget/daß Claudius den Marn Quirinum/einen Römer / so vnter dem Kriegsvoelck in Obersten gewesen/darumb/ daß er Christum bekennet / in kleine Stücklein zu schneiden / befohlen habe.

Der erste Merthyrer vnter Diocletiano ist dieser gewesen/so bey Nicomedia aus grossem Eiuer des Keysers Diocletiani angeschlagen Mandat vnnd Befehl abnam/vnd in stücken zerreiß. Ob nu wol Sabellicus vnd Platina von diesem schreiben/ daß jhm die Hand abgezogen/darnach in die frischen Wunden/ vnd die entblösten Derme Eßig vnd Saltz ist gegossen worden/davon er so lang gemartere/biß er gestorben. Doch zeiget Eusebius an/ lib. 8. Cap. 6. daß Petrus der ander Merthyrer in dieser Verfolgung auff solche weise sey gemartere vnd vmbgebracht worden. Es ist aber kein Zweiffel, daß der jenige/so sich an solchem Gebot verbrochen/nicht geringe Straffe hat leiden müssen / weil es im ersten Grim vnd Zorn des Keysers wider die Christen / vnd bald im Anfang der verfolgung/geschehen/ rc.

Die nechste Verfolgung hernach/ist es gangen/ vber die zu Hoffe / vnnd vber die Haußgenossen des Keysers / vnter welchem Petrus/wie gemeldet/da er zu vpffern sich wegerte/ die Marter mit tapfferm Gemüth vnnd Beständigkeit/außgestanden/als vnzehliche Streiche vnd Schlege/ verwundung vnd entblössung der Beine / vnnd daß man jhn Saltz vnd Eßig vnter einander vermische/in die frische Wunden gegossen hat. Darnach hat man jhn auff einen Rost vber glüende Kohlen gelegt/welches er alles frölich durch den Glauben vberwunden/vnd endlich in Christo seliglich gestorben.

Als aber Dorotheus/des Keysers Kämmerer/ vnd Gorgonius solche Marter vnd seligen abschied dieses Petri sahen/haben sie dem Keyser bekandt/ daß sie eben desselbigen Glaubens weren/vnd beteten an den einigen Gott/in seines Sohns Jesu Christi Nam/ bey welchem Glauben sie auch gedächten zubleiben/vnd seine Götzen vnd Götter nimmermehr anzubeten. Darauff sind sie fast eben auff diese weise /wie Petrus/ gemartere/ vnd zu letzt mit einem Strick erhenckt/vn erwürget worden. Eusebius & Ruffin. lib. 8. cap. 6.

Adauctus war bey den Italis aus einem fürnemen Geschlecht geboren / welchem die Keyser viel grosse vnnd wichtige Reichssachen befehlen thaten/ denn er ein sehr kluger vnd weiser Mann war/ vnnd darumb auch bey den Keysern in grossem ansehen. Dieser ist von wegen seiner herrlichen Bekendtnis / vmb Christus willen getödtet worden, Eusebius , lib, eodem, cap. II.

Gregorius

Exaudi. 68

Gregorius/auß Cappadocia bürtig/ein berümpter Mertyrer vnter dem Diocletiano/ derselbige hat auff der Heiden Abgötterey sehr gescholten/ vnnd des Gottlosen Keyser Thorheit/ die sie mit jhrer Abgötterey trieben/ verachtet vnnd verlachet. Derwegen ward er gefangen/vnd in einen Kercker geworffen/hernachmals endtlich in stücke zerhawen worden/ Nicephorus lib. 7. Cap. 15.

Procopius ist von Cesarea auß Palestina gewesen/vnd war in Orient in Fürstlichen Wirden/dazu jn Diocletianus erhaben hatte/der hatte wider der Heiden Götzen vnd Götzendiener hefftig gestritten/ vnd allein Christi Allmechtigkeit mit höchstem Lobe gerühmet/darnach hat er die güldene vnd silberne Götzen/ die er jhm hat machen lassen zerschlagen/das Silber vnd Golt zu Gelde gemacht/ vnnd dasselbige vnter die Armen außgetheilet/ vmb solcher seiner Bekendtnis vnd Gottseligkeit willen/ ist er als ein Vbelthetter/durch allerley Marter gepeinigt/vnnd letzlich mit dem Schwerdt gerichtet worden/ Nicephorus ut supra.

Von der Julitta stehet in den Büchern Basilii eine Oration/darinnen angezeiget wird/wie sie zur Märtyrin worden ist. Es hatte jhr/spricht er/des Keysers Heuptman/darumb/daß sie eine Christin war/all jhr Haab vnd Gut mit Gewalt genommen/ vnd zu sich gezogen/ des hat sie sich für Gericht beschweret/ vnd vber solchen Freuel vnd Raub des Heuptmans geklaget. Als man aber vernommen/daß sie eine Christin were/ hat man jhr kein Gehör noch recht wollen mittheilen/noch wiederfahren lassen/es were dann daß sie Christum verleugnete/vnd wiederumb von jhrer Religion abfiel/ Darauff hat man Fewr vnnd Weyrauch bringen lassen/ vnnd jhr befohlen/ daß sie den Göttern der Heiden opffern solte.

So bald sie solches gesehen/ hat sie das Creutz vor sich geschlagen/vnd gesaget: Für dieser Thorheit vnnd Sünde wolle mich mein lieber Gott behüten/ vnnd nimmermehr geschehen lassen/ daß ich jhn verleugnen/oder von seinem heiligen Wort vnnd Euangelio abfalle/vnd wiederumb den Teuffel anbete/es fahr ehe hin Haab vnnd Gut/ja Leib vnnd Leben/ vnd was ich sonsten liebes haben möchte auff dieser Erden/ nur daß ich meinen HErren Christum behalte/ dann ich bin eine Christin/nach jhm genennet/vnd auff seinen Namen getauffet/ vnnd habe durch jhn gewisse Hoffnung des ewigen Lebens/ bey dem wil ich auch/ durch seine Gnade vnd Hülffe/beständig bleiben/biß an mein Ende. Als sie nu von jhres Glaubens Bekendtnis niemand kundte abwendig machen / ist sie zum Fewr verurtheilet vnnd verdampt worden/ welches sie mit frölichem Hertzen angenommen/vnnd als sie zum Fewr gebracht/ ist sie mit Frewden darein gesprungen.

Es schreibet auch Basilius in einer andern Oration von vierzig Mertyrern. Es ist / spricht Basilius / ein Heuptman an einen Ort kommen/ der er aber nicht nennet/ mit Keyserlichem Befehl/ daß wo er Christen fünde/ solte er dieselben gefencklich einziehen vnd tödten lassen. Als er nu an denselbigen Ort kam/ließ er empfangenen befehl öffentlich für allem Volck ausruffen/vnd wil/daß alle die/so sich bißher Christen habe genennet/forthin jhren Glauben vnd Religion verleugnen/ vnd die Götter der Heiden anbeten solten/wo sie aber solches nicht thun würden/solten sie auff das grewlichste gemartert vnd ohne Barmhertzigkeit erwürget vnd getödtet werden. Vnd zum Wartzeichen/hat er jhnen Schwerdter/Rad/Galgen/Wasser/Fewr/ ꝛc. lassen für die Augen mahlen. Als solches geschehen/ spricht Basilius/ hat sich in vieler Hertzen groß Schrecken/ Furcht/ vnnd Angst erhoben/ daß jhr viel / in solcher Furcht der zukünfftigen Marter vnnd Pein/ alles verlassen/vnnd heimlich darvon geflogen sein/ viel wurden in jhren Gedancken also verstürtzt/daß sie im Zweiffel stunden/ vnnd nicht wusten/ was sie thun oder lassen solten/ viel aus grosser Schwacheit des Fleisches/vnnd von dem Teuffel vbereilet/ fielen von jrem

M iij   Glauben

Am Sontage

Glauben abe/vñ verleugneten Christũ. Etliche begaben sich zwar zu der Marter/aber dieweil sie die grosse Pein nicht ertragen kondten/ fielen sie in der Marter wieder zu rücke/vnd litten Schiffbruch am Glauben.

Aber vierzig Junger Menner waren ihres Standes Kriegsleute / als dieselbigen Keyserlichen Befehl vom Heuptman angehöret hatten/seyn sie herfür getretten/vnd freywillig bekandt/daß sie Christen weren/vnd an Christum gleubten. Der Heuptmon vermahnet sie/ daß sie jhre Jugend bedencken/ vnnd jhr Leib vnnd Leben nicht so vorsetziglich vnd mutwillig in noth vnd Gefahr stecken wolten/ vnd verheisset jhnen darbey des Keysers Gnade vnnd alles Guts/wenn sie jhm folgen/vnnd zu jhrer alten Religion/ dem Keyser zu Ehren vnd zu gefallen wiederumb treten wirden. Aber sie verachteten dieses alles/vnd fingen an eine lange Rede/in welcher sie sich erkläreten/daß sie Christen weren/vnd derwegen in solchem fall/nach dem zeitlichen gar nichts fragten/sondern weren bereit vnd willig/vmb jhres HERRN vnd Heilandes Christi willen/auch jhr Leib vnd Leben auffzuopffern.

Da ran der Tyrann weder durch drewen/noch verheissen bey jhnen nichts erhalten kundte/ist er vber sie ergrimmet/vñ hat sie zu Winters zeit/in der allergeschwindesten Kelte nacket ausgezogen/vnnd gebunden/ biß an Halß in einem See vol Wassers legen lassen/ in welchem sie vnmenschliche Kelte vnd Frost erlitten/daß sie da erstarret lagen biß auff den Todt. O hat man sie heraus genommen/ vnd als sie noch ein wenig gereget/mit Fewr verbrennen lassen/die Asche aber hat man zusammen gekehret/ vnd ins Wasser geworffen. Ist geschehen vnter dem Tyrannen Dioletiano.

Es lobet Ambrosius in einer Oration die Märtyrer Agricolam vnd Vitalem / welche auch vnter Dioletiano,/vnnd Maximino zu Bononien gelitten haben. Vitalis ist des Agricolæ Knecht gewesen. Da sich aber Agricola mit jhm von der Marter vnterredet/hat er jhn vorhin gesandt/daß er sich zur Marter darböte. Da er nu vnter die Verfolger der Christen kam/vnterstunden sich dieselbigen jhn zu zwingen/daß er Christum solte verleugnen. Da ers aber nicht thun wolte/sondern Christum mit Besssendigkeit bekante/versuchten sie jhn mit allerley Pein/ also / daß sein gantzer Leib voller Wunden ward/ Da stirbet Vitalis mitten in in der Pein/als er sich Gott mit einem kurtzen Gebet befohlen hatte. Darnach griffen sie Agricolam an/vñ da die Feinde seiner Sitten vnd Tugenden sich verwunderten/ziehen sie jhm die Marter auff/ welcher Verzug/ als er dem Agricolæ/ der zur Marter Lust hatte/vbel gefiel/vnd bey den Peinigern anhielt/ daß sie fortführten/in dem/das jhnen befohlen were/ist er endlich gecreutziget worden.

Eulalia ist eine Emeritanische Jungfraw aus Hispanien gewesen/ wie Petrus de natalibus anzeiget/ breyzehen Jahr alt/ dieselbige schilt den Dacium/des Maximini Heuptman/vmb seiner Tyranney willen/ vnnd daß er wider der vnschüldigen Christen Blut/so vnmenschlich wütete vnd tobete. Da wurde sie gegeisselt/vnd zum Altar der Abgötter geführt/vnnd als sie nicht opffern wolte/ist sie getödtet/vnnd mit Fewr verbrandt worden.

Prudentius gedenckt auch sonst einer feinen Bekentnis/ die sie für öffentlichem Gericht in angehör aller Feinde Gottes gethan habe. Denn als sie für dem Richterstuel stundt/thet sie jhren Mund auff/vnd sprach zu jhnen: Wie seid jhr so toll vnnd thöricht/ die Menschen/ so lust zu sterben haben/vmb zubringen/vnd die jhr so gering achtet/ mit solcher Grawsamkeit zu ermorden/vnd verlachet darüber Gott im Himmel/ der vnser aller Vater ist. O jhr elenden Leute/ die jhr nach der Christen Blut trachtet/Sihe /hie stehe ich /ich bin auch eine Christin/vnd in Christi Namen getaufft/ en den gleube ich/vnd den liebe/lobe vnd ehre ich/vnd hasse von Hertzen ewre Götter vnd Gögen/ vnnd weiß daß es Teuffels werck ist/dadurch jhr/vnd alle die verdampt werden müssen/ so denselbigen Götzen dienen vnd anhangen. Christus aber erlöset vom Teuffel/ Sünden vnd Todt/vnd machet selig alle die/ so an seinen Namen gleuben.

Auff

Eraudi.

Auff solch ihr Christlich Bekendtnis ist der Richter toll vnd rasend worden/vnd hat Eulaliam den Diebhenckern zu peinigen vbergeben/die haben ihr viel Marter angelegt/sie ernstlich an ihrem Leibe mit glüenden Zangen gezwacket/vnnd als sie an allen ihren Gliedmassen auffs grewlichste zerrissen vnnd verwundet ward/ist sie letzlich mit Fewr zu Pulver vnd Aschen verbrandt worden.

Quirinus ist ein Bischoff gewesen in Siscia/in ober Pannonia/ Eusebius hat seine Marter beschrieben/die er vnter Maximino erlitten hat/Anno Domini, 314. Vnd Prudentius beschreibet sein Martyrium in hymnis, &c. Vnd von jhm schreibet man/daß er zur Zeit des Fürsten Galerii/welcher regieret in Illyria/den Christlichen Glauben geprediget habe/vnd hat jhm weder die scherffe des Schwerdtes/noch Fewr/ noch die wildten Thier schaden können/aber letzlich hat man jhm einen Stein an Hals gebunden/vnd im Wasser ersauffet.

Sebastianus ist ein Kriegsman gewesen aus Gallia Narbonensi bürtig/ ein Oberster aus dem Kriegsvolck des Keysers Diocletiani/ Aber dieweil er ein Christ war/vnd Christum bekandte/vnd doch sein Bekentnis vielen ein Vrsach war/dz sie vom Heidenthumb abstunden/vnd sich zu Christo bekehreten/ist derwegen beim Keyser angegeben worden/der hat befohlen/daß man Sebastianum seines Ampts vnnd Ehrenstandes entsetzen/auff einen offenen freyen Platz führen/vnnd allda mit Pfeilen zu todt schiessen sol/Solchs ist geschehen/vnd ist sein Leichnam darnach genossen/vn in ein heimlich gemach geworffen worde/wie Bergomensis schreibet lib. 8. vñ Pet. de Nat. Ambrosius gedenckt auch seiner in den Commentariis vber den 118. Psalm.

Katharina eine Jungfraw zu Alexandria/von dieser schreibt gemelter Bergom. als sie gesehen/wie viel Christen weinende/vnd wider jhren danck vnd willen/ durch tyranney vnd Gewalt zum Götzenopffer gezwungen wurden/sey sie aus Christlichem eiver beweget/in sich selbst ergrüllet/vnnd dem Keyser Maxentio öffentlich vnnd kühnlich in sein Angesicht widersprochen/vnd jn von seiner tyranney vnd grausamkeit wegen gescholten/darauff habe sie der Tyrann ergriffen/vnd ins gefengnis werffen lassen/vnnd als er ihr viel Marter angelegt/mit dem galgen/schwerdt vnd rade/hat sie endtlich mit der entheuptung ire Marter vollendet/im Jar Christi 310. Wie Antonius schreibet/Simon Metaphrastes hat ihre Marter weitleufftig beschrieben.

Panthaleon ist ein berümpter Artzt gewesen zu Nicomedia/vnd hat in derselbe Stat vnter Diocletiano bekant/dz er ein Christ sey/vñ nach dem er die Marter am galge vnd verbrüung mit Lampen erlitte hat/ist er endtlich entheuptet worden. Bergomensis in supplemento Chron. lib. 8.

Vincentius/ist ein Hispanier/vnd heiliger Leuit gewesen/ist zu dieser zeit zu Valerij gemartert/vnd vm Christi willen getödtet worde. Bergom. in supplem. schreibet von seiner Marter/vnd aus einer Sermon des heiligen Augustini. In Martyrologis stehet/dz Docianus diesen heiligen Man erstlich habe an einen galgen in die höhe ziehe/ vñ ausspannen/vnd an seine gantzen Leibe verwunden lassen/letzlich ist er auff ein rost gebraten/mit glüende zangen zerrissen/darnach mit den beinen auffgehencket/vnd also jemerlich getödtet worden.

Von Mauritio findet man eine solche Historiam. Als die Keyser/ Diocletianus/vñ Maximianus den Christen hefftig feind waren/vñ sie hefftig verfolgte/dz auch die Thebeer solten streiten/die mutwilligen des Römischen Reiche zu zehmen. Da aber die Thebeer vngewiß waren/welchen vngehorsamen es gelten solte/haben sie nach dem befehl Christi/Gebet dem Keyser wz des Keysers ist/vnd Gott/trz Gottes ist/ eine auserlesene Legion zum Keyser geschickt/mit dem beschl/dz sie in billichen sachen dem Keyser helffen/ aber wider die Christen nicht kriegen wolten / sondern sie vielmehr für vnbillicher Gewalt schützen. Dieser Legion Heuptman war Mauritius.

M iiij Da

Am Sontage Exaudi.

Da kam Mauritius mit seinem Heer/ zum Keyser Maximiano/ vnd als jetzt sein gantzes Heer bey Ottodoru versamlet war/ ward jhnen befohlen/ daß sie sich mit einander verbünden/ vnd schwüren wider die Vngehorsamen des Römischen Reichs/ fürnemlich aber wider die Christen/ die er allein darumb also nennete/ daß sie den Christlichen Glauben nicht verleugnen/ vnd den Abgöttern opffern wolten.

Da wichen Mauritius vnd alle Christliche Kriegesleute/ vnnd entboten dem Keyser daß sie in dieser Sachen nichts auffrührischer weise theten/ sie weren zwar des Keysers Kriegsvolck/ vnd bereit zum Kriege/ zu Erhaltung des Römischen Reichs/ vnnd gemeinen bestens/ Aber den Glauben Christi wolten sie mit nichten verlassen/ noch etwas darwider thun. Vnd in solchem jhrem Christlichen Vorhaben sein sie beständig blieben/ vnnd biß an jhr Ende verharret/ vnd haben sich darüber würgen vnd hinschlachten lassen. Denn als der Torann solche jhre Beständigkeit vernommen/ hat er sein gantzes Heer/ beyde zu Fuß vnnd Roß/ auff diese Gottselige Kriegsleute gelassen/ die haben sie allesampt vmbringet/ vnd Tyranniglich ermordet.

Artemius/ ist ein Heuptman gewesen vnter Juliano/ vber die Egyptischen Kriegsknechte/ Derselbige/ als er vnter Constantino im Regiment vnd Obrigkeit war/ hat er viel Abgötter zerstöret/ vnd jhre Tempel zubrochen/ darumb hat jn der Keyser nicht allein aller seiner Haab vnd güter beraubet/ sondern auch jhn/ nach vieler grawsamen Marter/ endtlich mit dem Schwerdte richten vnd entheupten lassen.

Am

Am Sontage Trinitatis.

ANNO DOMINI, 1558. Hat sich diß wunderbarliche vnd warhafftige Geschicht am Sontage Trinitatis zu Mecheln/ da zu getragen/wie folget: Am gemelten Tage zu abend vmb 9. Vhr/ ist ein weisser Man mit einem weissen Hunde/für einer Hanßgenossen Hauß kommen/vnd angeklopffet/vnd sie mit Namen geruffen/vnnd noch dem sie anders nicht gedaucht/denn daß ihr Ehemann were/der denn eine lange Zeit von jhr gewesen war/hat sie schnell auffgemacht/ vnd da sie zum Manne kommen/ hat er sie bey dem Arme genommen/vnd gefraget/an wen sie glewbe/darauff sie geantwortet/an Christum. Hat er weiter zu jhr gesagt/ sie solte mit jhm gehen/ da sie sich des geweigert/hat er ferner gesagt/sie solle sich nicht fürchten/sondern fleissig beten/jhr solle kein Leid wiederfahren/hat sie also mit sich die Nacht durchs Holtz geführet/ den folgenden Mittag aber hat er sie auff einem weiten Berg vmbgeführet/ vnnd jhr solch ding gewiesen/ welches sie nicht außreden/ noch einigem Menschen sagen kan/ vnnd da er jhr dieselbige Geschichte gezeiget/hat er sie heissen heimgehen/ vnd zu jederman sagen/ daß sie Busse thun/ vnd sich im Glauben zu Gott bekehren wollen/wo nicht/so wolle GOTT der gerechte Richter die Welt mit dem bösen Fewr straffen / sie solle auch acht tage drauff ruhen/ als dan wolte er sie wiederumb besuchen vnd trösten/vnd ist das Weib den folgenden Dienstag frue vor dem Dorffe wieder funden/vnd in jhr Hauß geführet worden / da hat sie in acht tagen keinen bissen gessen/vnd gar wenig nach art der Krancken getruncken/ vnd so man sie zu essen vermahnet, hat sie geantwortet / sie sey müde/ müsse erst acht tage ruhen/ als denn werde der Mann wieder zu jhr kommen/ so wolle sie als denn essen. Nach gemelten Tagen ist der Mann wieder zu jhr kommen/ da hat sie angefangen zu essen/ vnnd ist sehr trawrig / vnnd spricht mit seufftzen nochmal/ O welche grosse Frewde ist dort/ vnd wie grosser Jammer ist hie auff Erden. Als man sie nu gefraget/ob sie den weissen Mann für einen guten oder bösen Engel halte/denn der Teuffel könne sich auch in einen Engel des Liechts verkleiden/ Antwortet sie/ Ich halte jhn nicht für einen bösen/ sondern für einen guten Engel Gottes/ denn er mich ja heisset fleissig beten/vnd den Leuten Busse verkündigen. Als sie gefraget ward/was sie gleube saget sie/sie sey eine arme Sünderin/ sie gleube aber/daß jr Christus durch sein Leiden vnd Sterben/ Vergebung der Sünden/ vnd das ewige Leben erworben habe/ etc. Die fünff stück des Catechismi hat sie offt fein fertig vnnd verstendiglich können erzehlen/ Der Pfarher des Orts / Johan Schurlandt/ bericht/ daß sie eine fleissige Zuhörerin Göttlichs Worts /vnd Liebhaberin der hochwirdigen Sacrament/ alle wege gewesen sey/ auch eines Christlichen ehrlichen wandels/ Die Fraw ist lang hernach franck gelegen.Jobus Fincelius, lib. 3. Von Wunderzeichen. Dieses Geschicht mag ein Gottseliger verstandiger Christ selber zu vrtheilen wissen / ob diß möge ein guter oder böser Engel gewesen sein.

Anno Christi 1440. Am Abend der Heiligen Dreyfaltigkeit kömpt Bladißlaus der König aus Polen gen Ofen/vnd wird hernach an einem Sontage zu Stulweissenburg zum Vngerischen König gekrönet / mit S. Storhani des Königes Krone. von seinem Heupt genommen/etc. Mechouius Cap. 53. Fulstein. lib. 15. cap. 7.

Anno Christi. 1566. Nach dem Reichstage thut Keyser Maximilianus 2. einen mechtigen Zug in Vngern wider den Türcken/ der gehet an nach Trinitatis vnd ligt der gantz Hauffe bey Rabe, biß auff den Winter/richtet aber nichts namhafftiges aum. Der Türckische Keyser belagert Siget vnd Jula/vnnd erobert Siget mit Gewalt/ vnd kömpt Graff Nicolaus von Serin/ ein trefflicher Helde/ daselbst vmb/ sampt vielem Volck/ So wird auch Jula von dem Türcken erobert.

Am Ersten Sontage
nach Trinitatis.

ANNO CHRISTI 1559. Thut Hertzog Heinrich/ Hertzog Friedrich des dritten/ in Schlesien zur Lignitz vnd Brieg Sohn/ ein herrlich Bekendenis wegen des Euangelii/ zu Augspurg vor dem Keyser Ferdinando/ Am ersten Sontage nach Trinitatis. Als etwa Julia des Keysers Augusti Tochter/ sich gar schön vnd herrlich gekleidet hatte/ vn̄ sie vermerckte/ dz jr Vater der Keyser derhalben zornig auff sie were/ verendert sie des andern Tages jhre Kleider. Da sprach sie der Keyser von newen an/ vnnd sagte zu jhr/ nach dem er den gestrigen tag seinen Zorn verhalten/ Ey wie viel besser zieret diese Kleidung des Keysers Tochter. Die Julia aber begegnete jhm mit einer hofflichen vnd verschmitzten Antwort/ vnnd sprach: Gestern hab ich mich meinem Manne/ heute aber meinem Herrn Vater zu gefallen gekleidet.

Demonax/ als er einen/ der ein Scharlacken Rock anhatte/ vnd sich darinnen prechtig vnd stoltz erzeigte/ sahe/ sagte er jhm in ein Ohr: Heus tu, hoc ante te gestabat ovis, & ovis erat. Hört du/ vor dir hat das ein Schaff getragen/ vnnd war ein Schaff. Zeigte darmit an/ daß er nichts desto weniger ein grober hoffertiger tölpel were/ ob er gleich ein Scharlack trüge.

Dionysius der Tyrann von Sicilien/ schickte den Töchtern Archidami (etliche nennen jhn Lysandrum) zu einem Geschenck/ hübsche vnd köstliche Kleider vn̄ Geschmuck/ die wolt Archidanius nicht annemen/ vnd sagte: Die Kleider vnd Kleinoter zieren meine Töchter nicht/ sondern sie machen sie vngestalter/ vnd verunehren sie. Dieser weiser Vater verstund wol/ daß man die Jungfrawen mit keinen Kleidern besser zieren köndte/ denn mit schlechten einfeltigen/ vnd daß sie durch Seiden Gold vnnd Edelgesteine ehe vngestalter vnd hesslicher würden/ denn hübscher vnd gezieret. Der vberfluß vn̄ pracht der Kleider/ zeigt kein mesig Gemüth an/ vnnd verursachet die es sehen/ mehr zu vnterbarer Erförderung/ denn zu einem ehrlichem Gerüchte.

Aristoteles setzte seiner Obrigkeit Gynenocomon/ welcher ampt war achtung zu haben/ daß der Weibische Schmuck nicht vbermessig würde/ vnnd dem Alter oder Stande nicht gnugsam tüglich/ vnd ist solche Obrigkeit bey den Griechen blieben/ daß sie besondere Auffseher gehabt/ welche man Gynenecomos genandt/ dieselbigen haben also Macht vnd Beselh gehabt/ auff die Kleidung der Weiber achtung zugeben/ vnd da sie bey einer oder mehr vberfluß vermerckt/ haben sie derselbigen einhalt gethan/ vnnd Masse gegeben/ vnd in Summa das ernstliche einsehen vorgewandt/ daß sich kein Waib vber jr Vermögen kleiden dürffen/ sondern nach dem eine jegliche einzukommen gehabt/ vnd Vermögen gewesen. Welche aber solch Gebot vbertraten/ die haben sie in schwer Geltstrasse genommen/ Ja das noch mehr ist/ hat man zu Athen ein Gesetz gehabt / Welch Weib auff der Gassen vnzüchtig gangen/ die hat tausend Drachmas zur Straffe geben müssen/ vnd schreibet Pollux/ daß derselbigen Auffseher zwantzig gewest sind.

Es wolte einer den Teuffel scheuslich mahlen / vnnd an eine Wandt werffen lassen/ den mahlet der Mahler mit grossen vnnd scheuslichen Zottelen/ daß wer die gemahlete Figur ansahe/ darfür erschrecken/ vnd sich entsetzen muste. Also kom der Teuffel zu dem Maler auff das Gerüste/ schlug jhn mit seiner Faust auff den Backen

waiff

Am ersten Sontage nach Trinitatis. 71

warff die Werckstadt/ in ein hauffen/ vnd verschüttet die Malersfarbe/ vnd sprach: Du verlogener vnd vngeschickter Maler/ wo vnd von wem hastu gelernet/ einen armen Teuffel so schendtlich zu malen/ denn ein Abgrundt der Höllen pflegen ich/ noch meine Gesellen/ vns nicht so schendtlich vnd grewlich zustellen/ als vngeschickt du vns da an die Wandt geklestert vnd geschmieret hast.

Caius der Römische Keyser wuste nicht/ ob er wie die Götter oder wie die Teuffel/ oder wie vernünfftige Menschen sich stellen vnd kleiden wolte. Hercules trug eine Haud von einem Löwen oder von einem Beeren.

Epaminundas ein trefflicher weiser Fürst/ bekleidet sich wie heut vielleicht ein Taglöhner oder Holtzspelter möcht herein ziehen/ Ward sein Kleid mangelhafftig/ vnnd sendets zu bessern vnd zu flicken/ muste er denselbigen Tag in seinem Hause bleiben/ vnd durffte nicht vnter die Leute gehen.

Carolus ein Hertzog zu Burgundia/ hat ein fürstlich Kleid angetragen/ welches Materialia vnd macherlohn vber 200000. gülden ist angerechnet worde.

Es gedencket auch Marolus lib. 3. Cap. 8. eines gewaltigen Königs Parmoniæ Tochter Elizabeth/ die wolt nicht Königlich noch scheinbar gekleidet sein/ Sondern /in vnachtsamer vnnd vnwirdiger Kleidung leben/ Darumb begab sie sich in ein Spittal/ den armen Leuten zu dienen/ vnd die verfluchte Hoffart von ihr abzulegen.

Die schöne Megalon/ von der Spalatinus ein saubere vnd reine Historiam schreibet/ legte ab von ihrem Leibe ihren prechtigen Schmuck vnd Herrligkeit/ vnd wechselet denselbigen mit einer armen Frawen/ die man vor zeiten eine Bilgramin genennet/ daß sie nicht in schönen Kleidern angesprenget/ vnd zu vnehrn besucht würde.

Erasmus in seinen Apophtegmatis schreibet von Diogene/ der sahe einen stoltzen vnd ausgeputzten Knaben/ vnd sprach wie Plato: Dieser Knab ist ein schön Thier. Item/ ein ander wolt mit ihm reden/ zu demselbigen saget er: Ich weiß nit/ wer oder was du bist/ hebe auff deinen Rock/ vnnd laß mich/ ob du ein Weib oder Mann/ erst recht erkennen/ darnach wollen wir von deiner Frage disputieren. Dieser vernünfftige Heide lehret. / Ein Mann der sich rein vnd stadtlich putzet/ der thue vergebliche Arbeit/ vornemlich/ wenn er andern Bürgern zu gefallen sich heraus streichet vnd schmücket. Welcher aber sich mit prechtiger Kleidung/ den Frawen vnd Jungfrawen zu Liebe tummelt vnd hurtig machet/ der betreuget vnd blendet die Frawen. Denn sie gedencken/ in einem tapffern Kleide/ stecket ein weiser vnd tapffterer Kerrl / vnd sind betrogen.

Also freyet auff eine zeit eine stadtliche Jungfraw einen Hosethoren oder Hoffiuncker/ daß man ihn recht nenne/ seine Kleider waren bundt vnd mancksfärbig. Aber als sie etliche Monat vmb ihn gewohnet/ sprach sie: welcher Teuffel hat mich mit dem Narren behengete Sein Kleid hat mich betrogen/ vnd bin geblendet.

Laertius schreibt: Diogenes sahe einen stoltzen Knaben/ den straffete er/ vnd fragte ihn :. Weistu auch/ daß du ein Mann bist/ warumb thustu denn wie ein Weib? Einem Weibe/ dachte dieser Cynicus, schöne Kleider zu sein/ ziemet baß/ denn einem edlen Jungling.

Gallus Sulpitius/ der straffte sein Weib/ dan wenn sie aus dem Hause auff den Marckt vnter die Leute treten / schwertzte sie Schuch vnnd Pandtoffel/ wusch ihre Beine/ vnd ihr Angesicht/ vnd trat dahin in irem Fewrkleide. Niche also/ sprach Sulpitius/ Liebes Weiblein/ wenn du deinen Leib mit Kleiden vnd mit baden wilt sein vnd sauber anlegen/ so bleib in meim Hause/ dz ich dich allein/ vnd nit ander lieb habe.

Claus Narr hatte auch an einē Fenster ein Weib/ die sich seuberlich anlegte/ vnd herab auff den marckt vnter die jungen geselln schawte/ vermißen/ vnd sprach zu ir: Weiblein/ schmückstu dich deinē Manne also zu liebe vnd zu ehren/ so trit ab vorm fenster/ dan auff dem marckt sind auch Messer/ die lust haben zu jungen Frawen.

Augusti

Am ersten Sontage

Augusti Tochter Julia/ ist eine prechtige vnnd hochmütige Jungfraw/ vnd darumb von jhrem Vater/als dem/ der an Hoffart vnd leichtfertiger Kleidung keinen Gefallen getragen/ beredet vnd gestrafft/ Aber wie Macrobius bewehret/ antwortet sie jhm/wie die Teutschen Megdlein auch können vnd pflegen: O Lieber Vater/ was sagestu/ vnnd was klagestu vber meine Pracht vnnd Hochmütigkeit/ du weist nicht/daß du Römischer Keyser bist / Aber ich weiß wol/ daß ich eines Römischen Keysers vnnd deine Tochter bin/ Warumb solte ich denn nicht hoffertig sein/ vnd mich vber andere Römische Jungfrawen vberheben?

Dieser Julia schossen auff jhrem Heupt vor der Zeit grawe Härlein auff/ die muste man jhr ausrupffen vnd ausstrelen/ der Vater sprach: Dein Heupt wird gar graw werden. So du denn kein vergrawet Haar wilt tragen/ so mustu einen glatten Kopff behalten.

Alexander Seuerus/ achtet keinen Schmuck noch Kleider /vnnd ordnete/wie eine Königin vnd Fürstin im Tempel vor den Göttern zu erscheinen. Eliorus schreibet also darvon/ daß heut auff den Dörffern/ die stoltzen Bawersfrawen / verdrossen vnd vnlustig werde/ wan sie nit zierlicher vnd statlicher prangten/ dan zu derselbigen Zeit die reichste vnd mechtigste Römerin gepranget vnd stolziret hette.

Dieser Seuerus achtet keinen eusserlichen Pracht noch Herrligkeit/ kleidet sich etwa wie ein schlechter gemeiner Reuter/ vnnd wie man Teutsche Fürsten findet/ in ein vngestalt vnd vnachtsam Kleidt/ vnd erleubet dem Hoffgesinde/ Keihen vnd Ringe anzutrage/ vnd sein Weib muste auch nicht vber andere Bürgersfrawen herfahren/ vnd jhnen mit ansehenlichern Kleidungen vberlegen sein. Vide Fulgos. lib. 4. Cap. 1.

Ein oberaus reiche vnd gewaltige Römerin / hatte sich auff eine Tag herrlich vnd lustig angeleget/ darauff jhr Vater verdrüssig vnd eckel worden/ vnd saget vnd redet diesen Tag nichts darwider. Auff den Tag der da folgete/ trug sie ein schlim vnd alber Kleide/ vnd gieng darinnen zu jhrem Vater/ der sprach: Also gefellestu mir meine Tochter/ Denn ich sorge/ in reinen Kleidern stecken vnreine Gedancken. Die Tochter antwortet: Nein mein Vater/ du solt also nicht sorgen noch gedencken/ Denn an jenem Tage/ muste ich mich meinem Ehemanne also zu Liebe/ aber heute habe ich mich dir zu Gehorsam also angeleget.

Der König Artaxerxes (hat man in Apopht Eras. zu lesen) schenckete sein Königlich Kleid / einem Hasenlauscher oder Fuchsschinder/ vnnd sprach: Diesen Rock schenck ich dir/ hüte dich aber/ vnnd sihe dich wol für/ daß du jhn nicht antragest. Der Narr zog das Kleidt an/ vnd niachtet sich verwehret/ groß vnd gewaltig. Aber der König sprach: Also muß man erfahren/ welcher an vnserm Hofe ein Narr/ oder ein weiser Mann ist.

Agesilaus/ Socrates/ Phocion/ vnnd viel andere hochberümpte vnd löbliche Fürsten/ sind dem hoffertigen Wesen vnd Gepreng/ so fast vnd sehre zu wieder/ daß sie selbst herrliche Kleider anzutragen sich geschemet/ vnd dafür gewichen weren/ vnd solche Leute/ ist man/ sind offt ohne Schuhe parfuß gangen/ vnd mit jhrer Messigkeit vnd temuitet andere anreitzen/ vnd zur Frugalitet erheben wollen.

Anno 288. Ist Carus Römischer Keyser worden/ vnd führete wider seine Feinde mechtige Kriege/ welchen er allen mit Glück vnd Ehren obsiegete. So trug sich aber zu/ vnd nam jhm vor/ den stoltzen reichen Persen König/ Arsacida heimzusuchen/ vnd jhm seine Macht vnd prangerey zuvertraden. Solches vernam Arsacida/ vnd wolte sich gegen dem Keyser auch rüsten/ vnd in das Feldt begeben/ vnd doch zuvor mit Legaten vnd Botschafften Friede vnd Versöhnung suchen. Der Keyser hatte den Persiern nahe hinan geruckt/ zeigete mit seinem Finger / seinem Kriegsvolcke/ der Feinde Landt vnd vberflüssige Reichthumber/vnd nach dem er im willen/ die Schlachtordnung anzustellen/ vnnd die Feinde anzugreiffen/ musten Reuter vnnd Knechte/ einjeder/ was er zubereitet hatte/

Speise

nach Trinitatis. 72

Speise nemen/vnd lagerte sich der Keiser in einem schlechten/rothen vnnd geringen Kleide auff das Landt/in das grüne Graß/fassete ein Stücke Brodtes in seine Handt/mit der andern hielt er den Topff/daraus aß er einen gekochten Brey/von Erbissen vnd Bonen. Mit solcher höfflichen Tischzucht/der bey vns ein Bawr von 70. Sinnen vnd 14. Köpffen sich schemete/vnnd nicht vertrüge/wenn jhm solche Einfalt zu Speisen/nach geredet würde.

Eben dieweil der Keiser also prangete/kamen Arsacidæ Boten vnd Friedewerber/ vnd tratten für den Keiser/welchen/weil er nicht wie ein König/herrlich vnd mit köstlicher Pracht prangete/ward er von jhnen/als für einen gemeinen Knecht angesehen/vnd derhalben den Keiser in heiliger vnd herrlicher Majestet anzusprechen sich versahen/fieng er an/ vnd sprach: Wolt jhr mit mir essen/so thuts/besser noch herrlicher wird euch in vnserm Lager nicht angerichtet vnnd vorgetragen/vnd saget ewerm Könige/wird er nicht balde thun/was wir begeren/vnd sich in vnsere Gewalt ergeben/so wollen wir sein gantzes Königreich also angreiffen/vnd mit den vnsern also darinn haußhalten/daß es vnserm glatten Kopffe (Zog damit seinen Hut ab/vnd ließ die Friedewerber seinen glatten vnnd kahlen Kopff beschawen) sol gleich vnd ehnlich sein/vnd hiemit packet vnd trollet euch balde aus vnserm Lager/oder wir werden vngnedig mit euch handlen lassen. Als Arsacida solches verstanden/eilet er mit seinen Königlichen Kleidern/vnd mit seiner Krone/vnd mit seinem Scepter/für Carum/vnd ergab sich an seine Keiserliche Gnade vnd Mildigkeit/also blieb Persia vnverwüstet vnd vnverderbet. Philip. ex Senecio lib. 3.

Plato sahe einen Brodt essen/vnd Wasser trincken/vnd sprach: Wie nun Bruder? Wenn du vor sieben Jahren auch also gessen vnd getruncken hettest/ Ich meine du soltest jetzt ein reicher vnd wolhabhafftiger Bürger sein.

> Aber wir schlemmen weil wir han/
> Denn sprechen wir ein andern an/
> Vnd führen jhn mit vns in Dreck/
> Bhelt keiner nicht die Schwart vom Speck.

Albinus ein Römischer Keiser/fraß auff einmal 500. Feigen/100. grosse Pfirschken aus Campania/10. Melonen/vnd 40. Schnecken. Vide Chron. Plantinæ.

Von den Argentinern/sprach vnd redet Plato also: Die Leute bawen/als würden sie nimmermehr sterben/vnd fressen vnd sauffen/als solten sie nach 2. stunden am jehen Tode sterben. Mem. Elianus.

Also wird geredt vom Carolo V. der hat nicht endlich gezechet vn getruncken/Sondern von der Taffel abgegangen/vnd sich vber einen Ruhestab gelehnet/ vnd mit weisen Leuten gehandelt vnd gerathschlaget.

Alexander/nicht der König/Sondern Leonis deß Keisers Bruder/hielt solche Vnmasse mit fressen vnd sauffen/daß ihm seine Adern im Leibe müsten brechen vnd zuspringen/vnd wie im vierden Buch Chron. Philip. stehet/sich jemmerlich zu tode blutet/vnd mit grossen wehtagen abstarb.

Alexander Magnus/wie wir denn seiner gedacht/der zugefallen dem Scorto Thaide/die herrliche Burg ausbrandte/hat sich mit Medio/einem Thessalonicher/selbst mit sauffen schentlich vnd mit schmertzen vmbgebracht/vnd ist von etlichen weinsüffen/dieser Heldt/der die gantze Welt bezwungen/vberwunden vnd vmbkommen. Vide Chron. Philip. lib. 2.

N   Brutus

Am Ersten Sontag nach Trinitatis.

Brutus war ein reicher vnd starcker Weinkoster / schlemmete vnd praßte mit Frewden / vnd daß dem Schlemschnabel nirgendt abgienge / vnd zu schlemmen kein Mangel würde / verkauffte er seine herrliche Gebew / vnd die lustigen Badestube / vnd sprach an einem Ort in der Collation / zum Oratore Crasso: Ich weiß nicht Crasse, was mir gebricht / denn ich schwitze sehr vber meinen gantzen Leib / Crassus antwortet: Wie solt es kommen? Du bist newlich aus deiner Badstuben gegangen. Meine: Du hast vor diesen tagen ein herrlich Badehauß verkaufft / vnd dich desselben verzeihen müssen.

Caligula Römischer Keiser / wuste nicht vor Wollust / wie vnd was er essen solte oder wolte. Pontanus sagt: Er habe Goldt vnd Edelgestein lassen mit in das Brodt vermengen vnd kneten. Er hat gesoffen für Wollust zerflöste Perlen in Essig / vnd gewartet mit baden seinen geilen vnd vnzüchtigen Leib / deßgleichen von keinem Keiser geschrieben noch gesaget wird.

An einem Ort / den ich nicht nennen mag / haben drey Zecher vom Morgen an / biß wider auff den morgen / ein faß Naumburger Bier außgesoffen / die zween lebten nit lange / aber der dritte gehet noch / so lange als Gott wil / in der Irre vmbher / Er soffe auch noch teglich / wo es ihm würde / eine halbe Thonne Biers in seinen Leib vnd Bierfack / vnd liesse darzu zum Schlafftrunck noch 4. stübichen Bier auff das Kerbholtz schneiden. Alexander Mammea / fraß auff einen Tag 60. Pfundt Fleisch / darzu must er drincken 24. Maß Wein. Vide Sab. lib. 10. Cap. 10.

Am

Am Andern Sontag
nach Trinitatis.

Historien vnd Exempel von etlichen fürtrefflichen Lehrern vnd Predigern deß Götlichen Worts/ durch welcher Wort vnd Predigt Gott auff Erden eine Kirche gesamlet/ vnd zu seinem Abendtmal geruffen vnd gebracht hat.

HJe ist anfenglich zu wissen/ daß vnser HErr Gott allezeit/ sieder daß Menschen auff Erden gelebt/ vnd eine Kirche gewesen ist/ getrewe Lehrer vnnd Prediger erweckt/ gegeben/ vnd in die Welt gesandt habe/ vnd noch teglich erwecke/ gebe vnd aussende. Denn es gehet mit den Predigern/ wie mit den Kriegsleuten/ Es folgen die Kriegsleute einander ordentlich in der Schlachtordnung/ vnnd wenn einer geschlagen wird/ so tritt der ander in desselbigen stedte/ Also haben die trewe Lehrer von Anfang her/ ordentlich einander gefolget/ vn wenn einer gestorben/ so ist als bald ein ander an seine stadt auffgetretten.

Es ist aber der erste Lehrer der Kirchen/ oder erste Prediger/ der Sohn Gottes selbst/ vnser HErr vnd Heilandt Jesus Christus/ welcher/ da er herfür gehet/ aus dem Rath der heiligen Dreyfaltigkeit/ vnd aus Gottes deß ewigen Vaters schoß/ das H. Euangelium/ nach dem Fall vnserer ersten Eltern/ Adæ vnd Evæ/ im Paradiß geoffenbaret/ vnd geprediget hat. Joh. 1. Niemand hat jemals Gott gesehen/ der eingeborne Sohn/ der in deß Vaters schoß ist/ der hats vns offenbaret. Vnd ist diß eine Vrsach mit/ warumb der Sohn Gottes das Wort geheissen wird/ auff daß damit angezeiget werde/ daß er der erste Prediger sey/ der vns Gottes seines Vaters Willen geoffenbaret hat.

Der ander Prediger ist Adam/ welcher die Lehr/ so er im Paradiß vom Sohn Gottes gehöret/ studirt/ gelernet vnd empfangen/ vber 900. Jahr geprediget vnd getrieben hat/ bey seiner Even/ vnd bey seinen Kindern vnd Nachkommen/ denn er ist alt worden 900. vnd 30. Jahr.

Nach Adam folget Seth/ welcher auch in die 900. Jahr ein Prediger gewesen ist/ denn er hat gelebt 900. vnd 12. Jahr. Genes. 4. 5. Adam hat jhn gezeuget/ als er alt war 100. vnd 30. Jahr/ vnd starb im Jahr nach erschaffung der Welt/ 1042. oder im Jahr vor der Geburt Christi/ 2929. Nach Adam seines Vaters Tode 112. Jahr/ ehe denn Noah geboren ist/ 14. Jahr. Für der Sündflut/ 614. Jahr. Dieser hat gesehen alle väter/ so für der Sündflut gelebt haben/ Noah allein ausgenoffen.

Der vierde Prediger vnter den Fürnembsten ist gewesen Enos/ von welchem Genes. 4. geschrieben stehet/ daß man zu seiner Zeit hat angefangen zu predigen von deß HErrn Namen/ das ist/ daß man zu seiner zeit hat angefangen/ in einer offentlichen Gemein vnd Versamlung zu predigen. Denn als zu Enos Zeiten/ das Menschliche Geschlecht sich mehrete vnd heuffete/ vnd Eines Hauffe die Verheissung vom Messia/ neben der gantzen Göttlichen Lehr/ verfelschete/ bawete dieser Enos Gottesheuser (so wir Kirchen heissen) berieff vnd versamlete/ da die Leute hineyn zusammen/ tratt er für der gantzen Gemeine auff/ vnd predigte von dem Namen deß HErrn/ Denn ob wol zuuor auch von dem Namen deß HErrn geprediget worden/ so geschahe doch solches nur in den Heusern/ oder Hütten/ so ein jeder hatte. Dieser aber/ wie gesagt/ bawete offentliche Gottesheuser/ vnd tritt darinn für der Gemeine auff/ vnd predigte von deß HErrn Namen/ wie denn ohne zweiffel sein Vater Seth/ vnnd sein Großvater Adam/ auch gethan haben.

Es ist

Am andern Sontage

Es ist ober dieser Enos auch fast in die 900. Jahr ein Prediger gewesen/ denn er hat gelebt/ 905. Jahr/ vnd ist gestorben/ als Noah 84. Jahr alt gewesen/ Gen. 5.

Der fünffte Prediger dieser Ordnung ist Kenan/ welcher 910. Jar alt geworden/ vnd derwegen auch in die 900. Jahr geprediget hat. Denn Kenan ward geboren im Jahr nach der Welt Schöpffung/ 325. welches ist das Jahr vor Christi Geburt/ 3646. Vnd sein Vater Enos zeugete jhn/ als er 90. Jahr alt war/ Es starb aber Kenan im Jahr nach der Welt erschaffung/ 1235. Im Jahr vor Christi Geburt/ 2736. Vnd hat alle Patriarchen vnd Väter gesehen/ die vor der Sündflut gelebt haben. Denn mit Adam hat er gelebet 605. Jahr. Mit Seth 717. Jahr. Mit Enos 815. Jahr. Mit Mahalaleel 840. Jahr. Mit Jared 775. Jar. Mit Henoch 365. Mit Mathusalah/ 548. Jahr. Mit Lamech 301. Jahr. Mit Noah 179. Jahr.

Der sechste ist gewesen Mahalaleel/ welcher vber 800. Jar geprediget hat/ sintemal er 800. vnd 95. Jahr alt geworden ist.

Der siebende ist Jared/ so vber 900. Jahr ein Prediger gewesen/ denn sein gantzes Alter ist gewesen 962. Jahr.

Der achte in dieser Ordnung/ vom Sohn Gottes anzurechnen/ ist Enoch/ seines Alters ist gewesen/ 300. vnd 65. Jahr/ vnd weil er ein Göttlich Leben vñ Wandel führete/ gefiel er dem HErrn/ vnd ward lebendig hinweg genommen/ das man jhn nicht mehr auff Erden sahe. Diß Göttliche Leben/ so Henoch geführet hat/ ist eigentlich nichts anders/ denn sein Göttlicher heiliger standt/ den er geführet hat mit predigen vnd lehren/ vnd daß er mit Gottes Wort/ vnd Erklerung der verheissung vom Weibsamen für andern fleißig vmbgangen ist/ darzu ein Prophet gewesen/ der allenthalben Buß geprediget/ vnd die Leute zur Furcht Gottes vermanet hat/ vnnd ist die Predigt deß heiligen Enochs wol zu mercken/ vom Jüngsten Gericht/ welche im Newen Testament vom Apostel Juda in seiner Epistel erzehlet wird. Sihe/ spricht er/ der HErr kömpt mit viel tausent Heiligen/ Gericht zu halten vber alle/ vnd zu straffen alle jhre Gottlosen/ vnd alle jhre Werck jhres Gottlosen Wandels/ damit sie gottloß gewesen sind/ vnd alle das harte/ daß die Gottlosen Sünder wider jhn geredt haben.

Vnd daß Gott den Henoch lebendig gen Himmel genommen hat/ ist eine Historia/ welche/ wie Lutherus saget/ werth ist/ daß man sie wol mercke/ denn dadurch hat Gott der ersten Welt die Hoffnung eines bessern Lebens nach diesem wollen einbilden/ darumb Tertullianus im Buch wider die Juden/ den Enoch sein nennet/ æternitatis candidatum, &c.

Der neunde ist gewesen Mathusalem/ Noah Großvater/ dieser Mathusalem hat vber 900. Jahr geprediget/ denn sein gantzes Alter ist worden/ 969. Jahr/ vnd ist gestorben eben in dem Jahr/ da die Sündflut kommen ist.

Der zehende/ ist Lamech/ Noah Vater/ der hat geprediget vber 800. Jahr/ denn er ist alt worden 877. vnd ist gestorben 5. Jahr vor der Sündflut.

Der eilffte in dieser Ordnung/ ist der Prediger Noah/ welcher vber 950. Jahr alt geworden/ vnd das Jahr nach der Welt erschaffung/ 1563. Im Jar vor Christi Geburt/ 2435. hat Noah angefangen/ aus Göttlichem Beruff vnd Beschl/ Busse zu predigen/ vnd zum gewissen Zeichen vnd Zeugnis fürfftiger Straffen/ durchs Wasser den Kasten nach Gottes befehl zu bawen/ nemlich 120. Jahr vor der Sündflut/ Wie Gen. 6. geschrieben stehet. Die Menschen wollen sich meinen Geist nicht mehr straffen lassen/ denn sie sind Fleisch/ etc Merck/ Noah hat diese Veter aus dem ersten Millenario, die mit jhm leben vor der Sündflut/ Enos/ 84. Jahr/ Kenan/ 179. Jar. Mahalaleel/ 234. Jahr. Jared/ 366. Jar. Mathusalem/ 600. Jahr. Lamech/ 59. Jahr.

Diesen Vetern vor der Sündflut/ hat Gott der HErr das Leben so viel hundert Jahr gefristet/ auff daß die Göttliche Lehr bequemer rein erhalten/ auff die Nachkommen köndte gebracht vnd ausgebreitet werden. Denn die Einhelligkeit der Lehre ist dadurch erhalten worden/daß die Väter für der Sündflut alle/ ausgenommen Noah/ den ersten Menschen Adam gesehen/gekandt/vnd predigen gehört haben. Denn Adam ist erst gestorben/als Lamech/Noha Vater/ist sechs vnd funfftzig Jahr alt gewesen/

Seth ist nur viertzehen Jahr für seiner Geburt gestorben. Die vbrigen Väter/ als Adam vnd Seth/hat Noha alle gekandt/ vnnd haben dieselbigen Adam gekandt vnnd gehöret/ Derwegen hat Noha diese gekandt/ welche den Adam gekandt haben/ vnnd ist also die Göttliche Lehre gebracht aus dem Paradiß in die Archen/ darinnen Noha erhalten worden/in der Sündflut. Diese lange Zeit ist eine Lehre geblieben/ dieweil die Väter/so lange (als gesagt) gelebt/ vnd Adam den ersten Menschen gekandt haben.

Denn das ist gewiß/aus der Bibel vnd heiliger Schrifft/ daß Adam gelebet hat/mit vnd neben dem Seth/ acht hundert Jahr. Mit Enos/ 695. Jahr. Mit Kenan/ 605. Jahr. Mit Mahalaleel/ fünffhundert vnd fünff vnd dreissig Jahr. Mit Jared/ 470. Jahr. Mit Henoch/ 308. Jahr. Mit Mathusalem/ 243. Jahr. Mit Lamech/ 56. Jahr.

Nach der Sündflut prediget Sem/ ein Sohn Noha/ von welchem schreibet S. Hieronymus/ daß er der Melchisedech sey/ so Jerusalem sol gebawet haben. Denn aus dem ersten Buch Mose klerlich zu befinden/ hat Sem wol fünff vnnd dreissig Jahr nach Abrahams Tode noch gelebt/ Darumb leichtlich zu glauben/ daß Melchisedech sey der Sem/ der Sohn Nohe. Dieser Sem ist gestorben/ im Jahr nach der Welt erschaffung/ 2159. Vor Christi Geburt/ 1812. Als er gelebt hatte/ 600. Jahr. Genes. 11. Diß ist das Jahr nach dem Tode Abrahams/ 35. Nach dem Tode Noha/ 153. Nach dem Vntergang Sodoma vnd Gomorrha/ 111. Jahr.

Dieser Sem hat gelebt mit vnnd bey den heiligen Ertzvätern/ dem Mathusalem/ 97. Jahr. Mit Lamech/ 92. Mit Noha 447. Jahr. Mit Arphachsadt/ 438. Jar/ꝛc. Mit Abraham/ 175. Jahr. Mit Isaac/ 100. Jahr. Mit Jacob/ 50. Jahr.

Lieber Gott/ welch ein trefflicher Lehrer ist Sem gewesen/ welche treffliche Schüler vnd Zuhörer hat er gehabt? Vnd hie sihet man/ durch welche Zeugen die Lehr/ so Moses hernach vber zwey hundert vnd fünff vnnd neunzig Jahr/ in Schrifften verfasset hat/fürgetragen/ empfangen vnd fortgeprediget sey worden.

Adam/der erste Mensch hat sie von Gott empfangen/ von Adam hat sie Mathusalem/ neben vielen andern Vetern/gelernet. Von Mathusalem hat sie Sem/ von diesem Jacob/ neben seinem Großvater Abraham/vnd Vater Isaac/neben vielen andern H. Vätern.

Nach dem aber zu der Zeit Sem/ die meisten Leute vergessen hatten die Verheissung von Christo/ vnd die Göttliche Lehre/neben den Sacramenten verfelscheten/ also/ daß sie den Zeichen vnd den Wolthaten Gottes/ Göttliche Ehre antheten/ vnd derwegen die Chaldeer vnd Persen/ dieweil sie höreten/ daß Gott die Opffer durchs Fewr vom Himmel angezündet hatte/ das heilige Fewr/ so sie heissen/ Orimasda, für Gott ereten/ vnd die Könige ihnen solches liessen fürtragen: Als berieff vnd forderte vnser HErr GOtt/ aus sonderlicher Güte vnd Barmhertzigkeit/den Abraham von diesem Abgöttischen dienst/ aus dem Order Chaldeer/ vnd brachte aus Göttlichem hochweissem Rath zusammen/ diese beide herrliche Menner/ nemlich / den jetzt gedachten Melchisedech oder Sem/ vnnd auch den gemelten Abraham/ so andere an Weißheit/ Verstande/ Herrligkeit vnd Gottseligkeit/damals vbertraffen. Sie haben aber eine herrliche vnd wol bestelte Kirche vnnd Schulen gehabt/ vnd sind ohne zweiffel offt zusammen kommen/ das sie sich von dem Kirchen Regiement/ vnd von andern hochwichtigen Sachen vnnd Hendeln/ fürnemlich die Göttliche Lehr vnd Religion betreffent/ vnterredeten.

Vnd hie wollen/ spricht Philippus in seinem Chronico/ fromme Hertzen betrachten/ wie ein gar herrlicher vnd ehrlicher Hauffe heiliger Menner/ diese Kirche Gottes gewesen sey/ denn da im Lande Canaan diese Leute offtmals zusammen kommen sind/ Sem/ Nohe Sohn/ welcher beide Welt/ für vnd nach der Sündflut/ gesehen hatte/ vnd Melchisedech

Am andern Sontage

chiſedech genennet wird/vnd iſt König geweſen zu Salem/ſo hernach Jeruſalem iſt genennet worden. Vnd Abraham/ſo nahende bey dieſen alten vnd heiligen Vättern gewohnet/nemlich zu Hebron/welches etwa in die fünff teutſche Meilen von Jeruſalem gelegen. Item/Loth vnd Abimelech/König zu Gerar/welches ohne geſehr zwo teutſche Meilen võ Hebron gelegen. Vnd darbey viel andere H. Menner mehr.

Abraham iſt geſtorben im Jahr nach erſchaffung der Welt/2124. Vor Chriſti Geburt/1847. Als er gelebt hat/175. Jahr/welches iſt geweſen das 38. Jahr nach dem Tode Sem. Vnd hat Abraham gelebt mit Noah/58. Jahr. Mit Sem/175. Jahr. Mit Arphachſadt/148. Jahr. Mit Sala/175. Jahr. Mit Eber/175. Jar/ ec. Mit ſeinem Sohn Iſaac/75. Jahr. Mit Iſmael/89. Jahr. Mit ſeinem Neffen/ Eſau vnd Jacob/15. Jahr.

Nach Abraham folget in dieſer Zahl der Prediger/ſo ordentlich nacheinander gekommen/vnnd auffgetretten ſind/Iſaac/welcher mit Sem/dem Sohn Noahs/gelebt hat/ hundert vnd zehen Jar. Jacob/zu welches Zeiten Sem geſtorben iſt/da er alt geweſen iſt ſechs hundert Jahr. Jacob aber funffzig. Joſeph/von welchem Pſalm 105. geſchrieben ſtehet/daß er ſey zu einem Knecht in Egypten verkaufft/vnnd hernach zu einem Herren deſſelbigen Landes geſetzt vnd verordnet/auff das er die Fürſten deß Königs Pharaonis vnterweiſete/nach ſeiner Weiſe/das iſt/in ſeiner Religion/vnnd ſeine Elteſten Weißheit lehrete. Denn Joſeph iſt in Egypten nicht allein ein Weltlicher Regente/Sondern auch ein Geiſtlicher Biſchoff geweſen. Darnach hat Joſeph der heiligen Vetter Lehr/ von dem waren Gott/von dem damals zukünfftigen Meſſia/von den waren Gottesdienſten/vnd von der andern Artickeln/ſo die Kirche wiſſen muß/ ausgebreittet.

Nach dem Joſeph/welcher geſtorben/als die Welt nu geſtanden war/2309. Erweckt vnd beruffete Gott d HErr den Aaronem vnd Moſen. Es wird aber Aaron geboren im zwey vnd ſechzigſten/Moſes aber im fünff vnd ſechzigſten Jahr nach dem Tode Joſephs. Ehe aber dieſe beruffen worden/haben die Göttliche Lehr ausgebreittet/Aaronis vnd Moſes Vater/vnd Großvater/vnd andere/welche den Joſeph noch geſehen vnd gekandt haben. Die gedachten beide Brüder aber/Aaron vnd Moſes/führen nach vielen Wunderzeichen/die ſie auff Gottes Befehl/vnnd aus ſeiner Krafft theten/die Kinder Iſrael aus Egypten/im Jahr nach der Welt erſchaffung/2435.

Ehe Moſes ſtarbe/wiederholet er für allem Volck die verlauffene Hendel/vnd erzehlet ihn die Gebott deß HERRN mit ernſtlicher Ermanung/dieſelbigen zu halten/ vnd den Jungen Kindern mit Fleiß ein zu bilden/vermahnet ſie zur Danckbarkeit/vnnd warnet für Abgöttern/vnd ſtraffet ſie vmb ihres Vngehorſams/vnd Widerſpenſtigkeit wegen/vnd thut eine ſchöne herrliche Waſſagung von Chriſto/wie ſolches alles nach der Lenge zu ſehen vnd zu leſen iſt/im 5. Buch Moſe.

Vnd als Moſe hundert vnd zwentzig Jahr alt war/ſegnete er die zwölff Stemme/ vnd gieng von ihnen auff den Berg Nebo/vnd ſtarb im 40. Jahr/nach dem Zuge aus Egypten/als er gelebt hatte/120. Jahr. Deut. 34.

Auff dieſe folgen/Joſua/Athniel/vnd die Kinder Aaron/biß zu der Zeit/da die Richter/Gedeon/Samſon/vnnd andere/von welchen ſie nicht nach der Lenge kan geſagt werden/ankommen. Nach den Richtern/vnter welchen der letzte iſt Heli/ward erwecket Samuel/welchem folgen die andern Propheten/Nathan/David/ Salomon/ſo ſie Ecceleſiaſten/das iſt/einen Prediger heiſſen. Elias/Eliſeus/Micheas/Zacharias/Jojade Sohn/welcher im Tempel bey dem Altar getödtet wird/Eſaias/ Jonas/Amos/Oſeas/Jeremias/Daniel/Ezechiel/Haggeus/Zacharias/Malachias/ der letzte von den Propheten/von denen hernach.

Nach

nach Trinitatis. 75

Nach den Propheten folgen Jesus/ mit Zorobabel/ vnd Mardocheus/ Esdras/ Nehemias/ Simeon/ der Gerechte/ der Elter/ Elrazar/ die 70. Dolmetscher deß Alten Testaments. Simeon der Gerechte der Jünger/ Jesus Syrach vor Christi Geburt/ vmb das 160. Jahr. Judas Machabeus. Auff Judam Machabeum folgen seine Brüder/ vnd ihre Nachkommen/ biß auff Simeonem/ welcher Christum auff seine Arm empfangen/ vnd die jenigen gekant hatte/ welche Judam Machabeum gesehen. Hundert Jahr für Christi Geburt/ hat gelebet Mathan/ der Jungfrawen Marien Großvater/ vnd darnach Jojakim ihr Vater. Nach welchem der Teuffer selbst durch Gottes befehl in die Wüsten beruffen wird/ daß er allda anfahe das Euangelium in die gantze Welt auszubreiten vnd hinzu thue/ eine newe Ceremonien/ nemlich/ die Tauffe der Buß/ zur Vergebung der Sünden.

Darnach/ als Gott nachmals vnd durch mancherley Weise geredt hatte zu den Vätern/ durch die Propheten/ hat er abermals in den letzten tagen mit dem Menschlichen Geschlecht geredt durch den Sohn/ welcher Mensch/ vnnd ein Opffer für vnsere Sünde worden ist. Ebre. 1. Dieser Sohn Gottes/ vnser Heiland Jesus Christus/ lehret vnd prediget/ nicht allein für seine Person/ Sondern er berüffet auch zwölff Apostel/ daß sie seine Legaten sein solten/ welche die Lehre deß heiligen Euangelii in die gantze Welt ausbreiten/ vnd von seiner Lehr vnd Wunderzeichen zeugen/ Marci am 16. Er sprach zu ihnen: Gehet hin in alle Welt/ vnd prediget das Euangelium aller Creatur. Vnd Johannis am 15. Vnd ihr werdet auch zeugen/ denn ihr seid von Anfang bey mir gewesen.

Die zwölff Apostel erzehlet Mattheus am 10. Cap. Mit diesen Worten: Die Namen der zwölff Apostel/ spricht er/ sind diese. Der erste Simon/ genandt Petrus/ vñ Andreas sein Bruder. Jacobus/ Zebedei Son/ vnd Johannes sein Bruder/ Philippus vnd Bartholomeus/ Thomas vnd Mattheus der Zölner/ Jacobus/ Alphei Sohn/ Lebbeus/ oder Judas der fromme/ mit dem Zunamen Thaddeus. Simon von Cana/ vnnd Judas Jscharioth/ der ihn verrieth.

Die Jenigen/ so nach der Apostel Zeit zu dieser Malzeit geruffen/ sind Dominica Septuagesima verzeichnet/ do magstu sie suchen vnd lesen/ etc.

N iiij   Am

Am Dritten Sontage
nach Trinitatis.

MAn schreibet von S. Martino/ daß ihm der Satan für geworffen habe/ Er mache die Vergebung der Sünden allzu gemein/ vnd wolfeile. Da habe S. Martinus zu ihm geantwortet/ wenn du Busse thetest/ ich wolte dir deine Sünde auch vergeben.

Deßgleichen lesen wir auch in *Vita Basilii*, daß er den armen Sünder zu Gnaden angenommen/ vnnd ihm im Namen Christi Vergebung der Sünden verkündiget habe/ der sich doch mit dem Sathan verbunden/ sich gegen ihm mit seinem eignen Blute verschrieben/ daß er sein leibeigen sein wolte/ vnd in der Verschreibung sich Christi Gnade/ ob er ihn gleich zu Gnaden annemen wolte/ verziehen habe.

Dergleichen Historien köndte ich von Carpo einführen/ Item aus dem Ignatio/ daß der HErr Christus einem armen Sünder/ der mit der Verzweiffelung gerungen/ erschienen/ vnd ihme seine heilige fünff Wunden gezeiget/ vnd zu ihm gesprochen habe/ Sihe lieber Bruder/ diese Wunden habe ich deinet halben erlitten/ vnd ehe du verzweiffeln soltest/ wolte ich ehe noch einmal für dich leiden.

Am

Am Vierden Sontage
nach Trinitatis.

Es hat auff eine Zeit ein Jude einen Christen auff'm Wege angegriffen / vnd geplündert / vnd solchen seinen strassenraub nicht allein vertheidigen wollen / sondern auch den Christen in Zeen gespottet / mit diesen Worten: Der / an den jhr gleubet / sagt in ewerm Euangelio: Wer dir einer den Rock nimpt / so gib jhm den Mantel auch. Der Christ wegert sichs / wehret sich deß Juden / vnd bezalt jhn mit barer Müntz / vnnd spricht: Es stehet auch im Euangelio: Eben mit dem Maß da jhr mit messet / wird man euch wider messen. Also behelt der Christ sein Rock vnd Mantel / der Jude die schlege / vnd sind richtig vertragen. Daß aber was sey / daß ein jeden wie er aue / also jhm wider eingemessen werde / bezeugen vnzehlich viel Sprüche vnnd Historien / heilige vnd andere bewerte schrifften / aus welchen alten / man nachfolgende kürtzlich behalten sol.

Phocas bringet seinen Keiser Mauricium vmb / nit lang hernach lest jhn Phocas wider vmbbringen.

Brutus vnd Cassius erstechen sich selbst mit den Dölchen / damit sie den Julium erwürget hatten. Wie auch Calixtus sich mit dem Dolch erstochen / damit er seinen Herren / den König Dionem hatte vmbgebracht.

David beschlefft dem Uria sein Weib heimlich / sein Sohn Absolon schendet jhm seine Weiber widerumb offentlich.

Der Keiser Valentinianus III. beschlefft deß Maximi Gemahl / hernach bringt jhn Maximus vmb / vnd beschlefft die Keiserin Honoriam wider.

Fridericus der ander Röm. Keiser / lest seinen Son vmbbringen / wird von seinem Sohne einem wider vmbgebracht.

Ein Sohn schlegt vnd reufft seinen Vater / vnd schlept jhn biß an die Haußschwelle / der bekendt / daß er seinen Vater auch so weit bey den Haaren geschlept habe.

Rudolphus der Hertzog aus Schwaben / ist in der Schlacht im Lande zu Meissen an der Elster / in die Flucht geschlagen / vnd tödlich verwundet worden / denn er die rechte Handt verlohren / darüber er auch gestorben ist. Diß ist geschehen im Jahr Christi / 1080. Als man jhm / ehe er verschieden / seine rechte Handt / die er in der Schlacht verlohren / gebracht / hat er / wiewol allzu spat / der Bäpste Vntrew vnd vnbillich Fürnemen endtlich erkandt / vnd mit kleglicher stimme darüber geklagt / Denn da die Bischoffe vmbher stunden / sehet da lieben Herren / sprach er / das ist die rechte handt / damit ich dem Keiser Trew vnd Glauben habe zugesagt. Diese Hand vberzeuget vnnd vberweiset mich / das ich vnrecht gethan habe / da ich mich wider meine Obrigkeit von euch habe lassen auff bringen. Diese Handt lasset euch eine Erinnerung sein / von ewer schendtlichen vntrew vnnd verrätherey / vnd wisset / daß jhr einmal vnserm HErrn Gott schwere Rechenschafft werdet geben müssen.

Am

Am Fünfften Sontag
nach Trinitatis.

ANNO Christi, 1530. Den 18. 19. 20. Tag deß Hewmonts/ hat sich diß Gespenst zugetragen auff dem Rhein bey Speyr/ welches eigentlich erkundet/ vnd bey Eides pflichten erfahren. Auff Montag/ den 18. Julij/ sind drey Fischer gewesen/ welche in willens Salmen/ oder wie wirs nennen/ Lachß zu fahen/ da sie nichts gefangen/ die Garn gewaschen/ vnd endtlich sich schlaffen gelegt/ In dem ist der eine Fischer von einem Münche auffgeweckt/ daß er ihn vber den Rhein führen solt/ welchs er gethan/ vnd sind in die 6. Personen in Münchs gestalt kommen/ in das Schiff gangen/ vnd vber den Rhein gefahren. Da diese ausgangen/ ist das Schiff schnell vber den Rhein gangen/ da andere eingetretten/ vnd auch also vber gefahren/ der Fischer ist endtlich an sein Lager gangen/ aber bald sehr kranck worden.

Die andere Nacht/ wird der andere sein Gesell auch also auffgeweckt/ Münche zu führen/ welches er auch gethan/ aber da sie zum Schiff kommen/ hat der Münch gesagt/ das Schiff sey zu klein/ er müste ein anders holen/ als sie nun den Rhein hinab gangen/ sind als bald 12. Personen/ als Münche/ in weiß vnd schwartz/ mit krummen Nasen darein gangen/ sind vber gefühlet/ ausgangen/ da balde wider andere eingetretten/ vnd wider vber gefahren/ Wo aber die Münche hin kommen/ vnd das Schiff/ auch wie er wider an seinen ort der ruge kommen/ hat er nit gewußt/ ist auch kranck worden.

Die 3. Nacht ists dem dritten auch also ergangen/ deß wie er geweckt/ mit gangen/ ist jm befohlen/ eine newe Fehre zu holen/ da er nu nicht gewust diese zu bekommen/ hat jhn gedaucht/ wie er vber stock vnd stein gienge/ hat er eine newe bekommen/ vnd die gebracht/ da sind viel Münche/ klein vnd groß/ in schwartzen/ weissen/ grünen Koppen/ in das Schiff gangen/ nichts geredt/ vnd stracks vber den Rhein gefahren/ da er nu an einen höckerichten vnd beumichten Ort kam/ haben die Münche nicht wollen ausgehen/ gesagt/ er solte ferner fahren. Ist also das Schiff selber den Rhein hinauff gangen/ an die Klebach/ nahe bey der stadt Speyer/ ist also der Fischer wider in seine Hütten kommen/ daß er nicht gewußt wie/ vnd ist die Fehre auch wider an jren gebürlichen Ort kommen. Die Münche/ als sie zum ersten gefraget/ wo sie hin begerten/ haben sie gesagt/ auff den Reichstag nach Augspurg.

Es war ein See in der gegend Pontj/ voller Fische/ welcher dem Inhabern gros Reichthumb brachte/ Als nun solcher im Erbfall 2. Brüdern zukommen war/ hat die Begierligkeit deß Geldes die Brüderliche Liebe zertrennet/ daß sich vber dem fischfangen viel krieges vnd todschlages zugetragen/ Als nun der Bischoff Gregorius/ so in Ponto zu Neozesarea war/ den streit vnd Morde der Menschen gesehen/ auch die grimmigkeit der Brüder gegen einander/ hat er sie trewlich vermanet/ von solcher Vneinigkeit vnd Geldtgierigkeit abzustehen/ führete sie auch hiemit zu dem See/ in welchen er eine Rute so er in der Handt hatt/ stacket/ vnd fiel auff seine Knie/ hub die Hende auff gen Himmel/ vns betet hefftig zu Gott. In welchem Gebet er mit diesen worten beschloß: HERR erbarm dich dieser Jünglung/ die jr Brüderlich blut zu vergiessen sich vnterstanden/ verschaffe derhalben/ daß dieses Wasser forthin nicht mehr allhie bleibe/ auch kein Fisch an diesem Ort ferner erscheine/ vnd verleihe/ daß es ein Felde werde/ vnnd Pflug leiden möge/ auch Frucht bringe/ vnd lasse Brüderliche Liebe für vnd für bleiben. So bald er auffgehöret zu beten/ von stund an ist das Wasser hingewichen/ nicht anders/ als hette es Göttlichen Befehl gehabt zu weichen/ vnd ist ein Fruchtbar Feldt worden. Eusebius Histor. Ecclef. lib. 7. Cap. 25.

Am

Am Sechsten Sontage
nach Trinitatis.

Historien vnd Exempel vom Zorn/ Haß/ Neidt/ vnnd derselben Früchten/ Nemlich von der Rach/ vnnd Rachgirigen Thaten vnd Wercken.

ANNO Christi/ 1226. Kam der Graff von Gülich/ sampt andern Fürsten/ vnd mit einem grossen Zeuge/ grieff die Preussen an/ vnd erleget jhr bey drey tausendt. Bald rotteten sich die Preussen zusammen/ vnd vnterstunden sich zu vberfallen das Schloß Königsperg/ aber da man jhres Anschlages innen ward/ wurden sie hinder sich getrieben. Wenn es darzu kam/ das die Brüder wider sie gesiegeten/ gaben sie zu Geisel guter Leute Kinder/ vnd schempten sich doch nicht darneben Eidt vnd Gelübde zu brechen. Vnd sonderlich hat es sich auff eine Zeit begeben/ daß sie nach gegebenen Bürgen vnd Geisseln/ zween Edle Ritter Brüder erschlugen/ dadurch die Obersten deß Ordens so gar erzürnet worden/ daß sie vor jhrem Schloß auffrichteten zween Galgen/ vnnd dreissig Bürger dran henckten.

Da das die Preussen sahen/ wurden sie dermassen auch erzürnet/ daß sie einen grossen/ schweren Krieg anrichteten/ vnnd wolten die Schmach mit aller Gewalt rechnen/ sie erschlugen viel Christen/ vnd darzu viertzig Ritter vnd Brüder/ den Meister in Preussen vnd seinen Marschalck/ etc.

Anno Christi/ 1372. Entbrandten die Graffen von Wirtenberg/ (denn sie damals noch nicht Hertzogen waren) mit Zorn vnd Grim/ wider die Reichsstedte/ die in jhrem Lande liegen/ vnnd wurden auff beiden Seiten bey zwölff hundert Dörffer verbrennet/ die Reben vnd Brume abgehawen/ die Wiesen geackert/ die Ecker mit Senff vberseet/ vnd zu letzt/ da die von Reutlingen hatten den Wirtenbergern die Küh entführet/ eilet der Graffe mit den andern Herren hernach/ biß zu der stadt/ vnnd da kam die bürger aus d' stadt mit jren Söldnern/ durch eine vngewöhnliche pforten/ die sonsten allezeit beschlossen war/ vnd fielen zu rücke in jre feinde/ griessen den Graffen von seinen hauffen an/ vnd erhube sich da eine grosse Schlacht/ der Graff von Wirtenberg ward wundt/ vnd kam kaum dauon. Es wurden auch auff seiner Seiten erschlagen drey Graffen/ nemlich Graff Friderich von Zöllern/ Pfaltzgraff Vlrich von Thübingen/ vnd Graff Hans von Schwartzenburg/ vnd 72. Edlen vnd Knechte.

Darnach Anno Christi 1388. Ist eine Schlacht geschehen bey der stadt Wiel/ da denn die Herrschafften von Wirtenberg vnd Beyern/ auff einer seiten/ vnd die Schwebischen vnd Rheinischen stedte auff der andern seiten/ abermals wider einander zogen mit grossem Zorn vnd vngestüm/ Es ward im ersten antritt erschlagen der junge Graff von Wirtenberg/ ein Graff von Zöllern/ ein Graff von Lowenstein/ vnd einer von Werdenberg/ sampt 60. Rittern vnd Edeln. Aber da sich der alte Graff von Wirtenberg wider gesterckt hatte/ vnd die Stettischen noch einmal angriffen/ da sieget er wider sie/ vñ erschlugen von jnen bey 1000. man/ vñ fieng jr mehr deñ 600. die vbrigen entrunnt.

Zu der zeit/ da das Hertzogthumb von Limburg erblösset war/ da wolte es der Hertzog von Brabandt auff seiner seiten/ vnd der Graff von Geldern auff der andern seiten haben/ vnd hatten zu beiden seiten viel Herrschafften vnd Gewalt an sich gehenckt. Aber der Hertzog von Brabandt sieget wider den Graffen von Geldern/ vnd wurden viel erschlagen. Es ward auch der Bischoff von Cöln gefangen/ der dem Graffen von Geldern Hülff gethan hatte/ vnnd nam jhn der Graffe von Bergen in seine Gefengnis 7. Jahr lang/ biß er sein Liedlein sang/ vnd sich ledig machet.

Da

Am achten Sontage

Da nun der Bischoff aus kam/hat er den Graffen von Bergen/daß er jn geleiten wolte/biß gen Teutsch/daß gegen Cöln vber dem Rhein ligt/das thet der Graff gern. Da sie vber den Rhein kommen/da hatte der Bischoff vorhin einen reisigen Zeug dahin bestellet/der fieng den Graffen/vnd behielt der Bischoff den Graffen in der Gefengnis biß daß er starb. Er ließ auch machen einen Eisern Korb/vnd den schmieret er zu Sommers Zeiten mit Honig/vnd setzet den Graffen nackent darein/daß jhn die Fliegen bissen vnd peinigten/vnd also widergalt er jhm zweyfach/was er jhm zu leide gethan hatte.

Als der König Vladißlauß in Vngern/im Kriege wider den Türcken/bey der Stadt Varna erschlagen ward/da fiel das Landt einhelliglich auff den jungen König Ladißlaum/dieweil er aber erst fünffzehenjährig war/vnd zum Regiement noch zu jung/ward Johann Huniad/oder Corvin/Stadthalter in Vngern erwehlet/angesehen seine grosse vnd Mannliche Thaten/so er wider den Türcken teglich begieng/vnd vnter König Ladißlao begangen hatte.

Nach dem nun der König etwas erwachsen war/vnd sich deß Regiements vnterzoge/vnd Johannes Huniad seinen Gewalt vbergeben hatte/da wolten die Landtsherren darnach ein Jeder der nechste beim Könige sein/derhalben grossen Neidt vnd Haß vnter jhnen erwuchs/vnnd insonderheit wurden Graff Vlrich von Cilien/der den Könige der Mutter halben verwandt war/vnd Johannes Huniad zween Söhne/mit Namen/Ladißla vnd Matthias/einander so auffsetzig vnd zu entgegen/daß sie sich auch vnterstunden ein ander vmb zubringen/vnd mocht sie niemand mit einander versöhnen/oder einig machen. In Summa/es kam dahin/daß nach viel Schmach vnd Lesterworten/der Vnwill so groß gewaltsamlich vberhandt nam/daß Ladißla von Huniad mit seinen Anhengern/erschlug Graff Vlrichen von Cilien.

Als nun Graff Vlrichs Freunde nicht feyreten bey dem Könige/vnd jhn stets zur Rache hetzeten/vnd sprachen/daß seine Majestat mit dieser That versehet were/weil man seiner Vettern so frewentlich vnd ohne Schew hetten erschlagen dürffen. Da ward der König wider die zween Brüder bewegt/vnd ließ sie fahen mit jhren Anhengern/vnnd ins Gefenenis werffen/am dritten Tage ward Ladißla entheuptet/aber Matthias ward gen Wien geführet/vnd gefengklich gehalten/biß daß der König Ladißlaus starbe/da ward er darnach König an seine stadt.

Boleßlaus/König in Polen/Casimiri Sohn/ließ sich zum ersten in seinem Regiement wol an/daß man gute Hoffnung zu jhm hatte/er solte ein löblicher Herr werden/Aber seine Sitten vnd Mores verwandelten sich sehr bald/denn er wiche abe von aller Erbarkeit/vnnd hienge nach aller Büberey/vnnd insonderheit dem Ehebruch/darumb straffet jhn Stanißlaus/der Bischoff von Crackaw/vnd als er gar verstocket vnd verhertet war/vnd nichts drauff gabe/thet jhn der Bischoff in Bann/vnd schloß jhn aus der Kirchen. Da ward der König mit Zorn ergrimmet vber jhn/zucket das Schwerdt/vnd erwürget jhn.

Miltiades/ein fürtrefflicher Mann/der sich nicht allein vmb Athen/Sondern auch vmb gantz Griechenlandt sehr wol verdienet hatte/Denn durch seinen Rath vnd Thaat fürnemlich/ward das Persische Kriegsvolck erlegt vnd erschlagen. Die Insul Lemnum hat er der Stadt Athen zu gut gewonnen/vnd vnterthenig gemacht/Aber hernach zu seinem Vnglück/als er hat wollen zwischen der Stadt vnd andern zu frieden rathen/ist er durch etliche seine obgünstige vnd neider bey dem Pöfel angeklaget/vnd verdechtig gemacht worden/also/daß er offentlich verdampt/vnd in Kercker gefangen ist gelegt worden/so lange biß er der Stadt bezahlet funffzig Talenta/das ist so viel/als dreissig tausendt Kronen/daruber ist er im Gefengnis kranck worden/vnd gestorben.

Diß

nach Trinitatis. 73

Diß ist nicht allein ein Exempel einer grossen Vndanckbarkeit/in welchem man sihet/ wie der gemeine Pöfel wolverdienten Leuten pfleget zu lohnen/sondern auch des verfluchten Neides/vnd wie sehr offt derselbige frommen vnd redlichen Leuten geschadet hat.

Antonius Bassianus Caracalla/Keyser zu Rom/hat viel Rathsherrn vnnd andere fürneme Bürger vnnerschuler Sache gantz Mörderisch vmbbringen lassen/vnd vnter andern ließ er auch den berümpten Iurisconsultum Papinianum, welcher Stadthalter zu Rom/vnd ein Professor Iuris war/tödten/aus lauter Vngedult/vñ vnbillichem Zorn/nur allein darumb/daß er den Mordt/ so er an seinem Bruder Gheta begangen hatte/nicht wolte entschüldigen. Denn als ihm befohlen ward/ er solte den Mordt/als recht vertheidigen/schlug ers abe/vnd gab die Antwort: Es ist nicht so leicht ein Parricidium zu entschüldigen/als zu begehen. So bald kan man grosse Herrn erzürnen vnd in Harnisch bringen/sonderlich/wenn man ihnen die Warheit saget/ oder nicht allezeit hofieret/vnd redet vnd thut was sie gerne hören vnd haben.

Valentinianus, dieses Namens der erste/ als der mit den Alemanien vnnd Sachsen zu thun hat/vnnd die abtreibet/hat in des ein oberster Befehlshaber oder Rittmeister Theodosius/welcher nachmals Keyser worden/ Krieg in Rhetica/das ist/in Ober Teutschland bey Straßburg/geführet. Von dannen ist er von Gratiano wider den Firmum in Africam verschickt/daselbst Friede zu machen. Darnach hat Valentinianus Franckreich vnd die vmbliegende Lande/seinem Son Gratiano befohlen/ vnnd ist er wieder in Vngern gezogen. Denn die Quadi/welches die Schlesier sein/vnd das Volck hinder Breßlaw/biß an Crakaw hinan/hatten einen Krieg wider die Nachbarn/die Vngern fürgenommen. Wie aber Valentinianus ankommen/sind sie verzagt worden/vnd haben vmb Friede gebeten/vnd als sie sich damals entschüldigen wolten/vnd etliche ding mit Vnwarheit fürbrachten/ist der Keyser Valentinianus zornig worden/hat mit erhabener Stimme hefftig geredet/vnd sie gescholten/Auff denselbigen Zorn vnnd bewegung/ ist ihm ein jehling Fieber ankommen/daran er nach wenig Tagen gestorben.

Amalasuntha Athalarici der Gotthen Königs Mutter/die verwaltet nach ihres Herrn Tode/ dem Sohne zum besten/ das Königreich eine Zeitlang wol vnd glücklich/vnd damit sie sich desto besser verwarete/wider Gewalt/nam sie Theodatum einen Gotischen Fürsten zu sich in gleiche Regierung vnd Gewalt/ dieweil er ires Vatern Ditterichs von Bern Schwester Meß war/beschwere er sich Italiam mit newem Gethan zen/vnd erdachte falsche Anklag vnd beschedigung/wie er möchte/damit er einen schein hette/vielen fürnemen Leuten ihre Güter zunemen/vnd an sich zu bringen. Als nu die Königin Amalasuntha Theodatum von wegen solcher Vngerechtigkeit vnnd Vnbilligkeit straffete/erzürnet er sich/vnd warff sie ins Gefengnis/darinnen sie auch nicht lang hernach durch seine vntrewe anstifftung getödtet wurde. Summa/die eine Gewalt haben wollen/ daß man ihnen in allen sol das Placebo singen/Wo nicht/vnnd daß man ihnen ein wenig einredet/vnd sie straffet/werden sie grimmig vnd thöricht/ vnd mißbrauchen ihrer Gewalt zum verderben vnd Schaden.

Als Leo Armenicus/Keyser zu Constantinopel hinweg gereumet war/ist zu Constantinopel Keyser worden/Michael Balbus. Es hatte sich aber einer/mit Namen Thomas/auch zu einem Keyser auffgeworffen/ welcher sich Constantinum/ mit einem andern selbermehlten Namen nennete/mit dem hat Michael Balbus lange Zeit vil das Keyserthumb Krieg geführet / wiewel aber jetzt dieser / bald jenet / in solchem Kriege die Vberhand behielt/jedoch ist gedachter Thomas endtlich von Michaele Balbo vbermunden/vnd gefangen worden/ vber den hat er sich so ergrimmet/daß er ihm Arm vnnd Bein abgehawen/vnd jemmerlich hat vmbbringen lassen.

D   Constantinus

Am sechsten Sontage

Constantinus Monomachus/ Keyser zu Constantinopel/ hat beydes im Reich/vnd auch ausserhalb des Landes etliche Kriege geführet. Vnter andern hat er daheim gekrieget/ mit Tormilio Leone / bey Adrianopel. Vrsach dises Krieges war diese : Constantinus hatte erfahren/daß von Leone geweissaget sein solte/ daß er würde zu Constantinopel Keyser werden. Derwegen warff er auff jhn einen Argwohn/vnd verweiset jhn ins Elend. Leo wolte diese Schmach rechnen/brachte ein Heer oder Kriegsvolck an sich/so in Orient allenthalben in der Besatzung lage/ vnterstund sich damit die Stadt Constantinopel zu belegern / aber er ist mit etlichen Schlachten vberwunden/ vnnd lebendig den Feinden in die Hende kommen/ vnnd sind jhm endtlich die Augen ausgestochen worden.

Als der Keyser Philippus dermal eins/neinlich im letzten Jahr seiner Regierung/ zu Bambergk war/ seiner Gesundtheit halben daselbst zu pflegen/ weil er am Leibe etwas schwach war/ da tregt sichs zu / als man jhm eine Ader geschlagen hatte/ vnd der gute Fürst sich nichts arges versahe/vnnd allein in der Kammer mit Herr Heinrich Truchses von Walpurg ware/kömpt Otto von Wittelsbach/mit dem Zunamen der kleinere/ Ottonis des grossen (so von Keyser Friderico das Hertzogthumb Beyern erlanget hatte) Bruder/in die Kammer/vnnd als er sihet/ daß der Keyser allein ist/heuet er jhn vnuerwarnet/ vnd gibt jhm eine Wunde an Halß/davon der Keyser Philippus starb.

Diese Vrsach / darumb Otto von Wittelsbach Keyser Philippum ermordet/ sol diese gewesen sein: Es hatte der Keyser Ottoni zugesagt/ jhm seine Tochter Kunegundam zuuerheyrathen/in dessen begehet Otto einen Todschlag/ darüber kömpt er in einen bösen Namen/derwegen Keyser Philippus/ jhn als einen anrichtigen nicht gut achtet/daß er jhm seine Tochter zur Ehe geben solte/ als des sich mit vnschuldigem Blute beflecket/ vnd zu einem Todschleger worden war. Wird demnach anders Sinns/vnd verheyrathet Kunegundam seine Tochter Wenceslao/König Ottokars in Böhmen Sohne. Dieses verdroß Ottonem/vnd ob er sichs wol nicht öffentlich mercken ließ/ so hat er doch lang damit vmbgangen/ sichs zu rechen/ biß er diese Gelegenheit / durch Anleitung des Bischoffes zu Bamberg/ bekommen hat. Solches ist geschehen im Jahr Christi/ 1208.

Von Tertulliano schreibet Eusebius/daß er sey ein Mann gewesen/in der Römer Gesetz wol erfahren/vnd vnter die Fürnemesten zu Rom gerechnet. Aber doch zeiget Hieronymus klar an/ daß er aus Neidt vnd Schmehung der Geistlichen von Rom vertrieben sey worden. Aber er zeiget die Vrsach solches Hasses vnnd Schmehung nicht an/ es sey denn/ daß solches aus Neide / von wegen seines hohen Verstandes vnnd Tugend geschehen/welches beides in Tertulliano nichte geringe gewesen/ weil er Keuschheit auffs höchste sich beflissen / dafür iß angesehen worden / als habe ers mit dem Montano gehalten. Wie denn der Neid einem bald ein Vnglück zurichten kan/ ehe man sichs versihet.

Bey Zeiten Keyser Ludovici des vierden/ fielen die Vngern heraus in Teutschlandt/vnd theten grossen Schaden/sonderlich bey Augspurg/ vnnd mocht jhn der Keyser Ludwig nicht gnugsam Wiederstandt thun/ denn es war der Adelin Teutscher Nation gar vnrubig/vnd sonderlich Graff Conrad / des alten Grafen von Francken son/ der Herr in Hessen vnd in der Wetterau war/vnd Albertus/ des Hertzogen von Sachsen Schwester Sohn/die waren einander todt feind. Denn als Albertus hatte Conratum erwürget/ der seinen Bruder (der auch Conrad hieß) vorhin hatte zu tode geschlagen/ erstund zwischen diesen Parteyen eine solche Rachgierigkeit/ daß kein König sie möchte wiederumb stillen vnnd zu frieden bringen / biß endlich Graff Albrecht vom Keyser mit dem Schwerdt gerichtet worden.

nach Trinitatis. 79

Als Hertzog Heinrich der Löwe/ein Sohn Heinrich des Welphen/ von Herman Billings Geschlecht/Anno Christi 1182. in Keyser Friederichs Schwiher Vngnade war / vnnd aus dem Elend / in welchem er in Engelland drey Jahr lang gewesen war/wiederumb anheim kam / belegere er die gewaltige Kauffstadt Bardewick / darumb/daß sie jhn in seiner widerwertigkeit nicht hatten eingelassen/noch annemen wollen/vnd eröbert die Stadt/Anno Christi /1188. schleiffet vnnd zerstöret sie in seinem Grim vnd Zorn gantz vnd gar/vnnd von dem zerbrochenen Gebew / wurden die vmbliegende Stedte/sonderlich aber Lüneburg / mercklich gebessert vnd erbawet. Also bawet grosser Herren Gnade Stedte auff/ aber jhr Zorn reisset sie wieder ein.

Pribißlaus / ein König zu Mechelburg/ als der zu Lübeck gestorben / hat Nicolot sein Sohn/ grossen Mutwillen wider die Christen geübt / vnnd Hertzog Heinrich zu Sachsen/der Löwe/als er wieder aus Italia vom Keyser Friedrichen heimkam/hat er den Nicolot auffs hefftigste verfolget/vnd die vornemsten Stedte/von dem Nicolot anzezündet vnd verlassen/ eingenommen/ jhm sein Land abgewonnen/ vnd als er jhn in seine Gewak bekommen/grewlich erwürgen lassen. Pribißlaus/Nicolots Sohn/nach dem sich sein Bruder Vratißlaus / vor dem Hause Worlen hare verwundet / dem Heinrich Löwen ergeben/ hat er Meckelburg vberfallen/vnd gantz abgebrandt. Gleicher gestalt hat er mit etlichen andern Stedten auch gehandelt. Darumb Hertzog Heinrich mit Zorn ergrimmet/vnnd den gefangenen Vratißlaum/der sich nicht zum Christlichen Glauben wolte bekennen/ an einen Baum hencken lassen/ vnnd ist Pribißlaus in Pomern geflogen/ vnd entronnen/aber hernachmals im Frieden mit Hertzog Heinrichen vertragen/ vnd sind gute Freunde worden/die Christliche Religion angenommen / vnnd mit einander Anno Christi / 1171. zum heiligen Grabe gezogen / nach glücklicher Wiederkunfft/ ist er im Scharffrennen zu Lüneburg mit dem Gaul gestürtzt/ vnd darvon gestorben. Anno Christi 1179.

Exempel eines grossen Hasses vnd feindseligen Gemüths vnd Hertzens des Volcks gegen jhren Tyrannen / findet man in der Historia von Heliogabalo. Denn als der Tyrann Heliogabalus in einer Auffruhr seiner Ritterschafft zum Tode gesucht/ vnd auff den heimlichen Gemach /dahin er flohe/ erstochen ward/ da namen jhn die Kriegsknechte/ trugen vnnd schleifften jhn als ein Meerwunder/ vnnd wie einen wütenden vnnd erschlagenen Hund/ zum Frewdenspiel vnnd Triumph/ in der Stadt vmbher/ vnnd schryen vnd jauchtzeten für Frewden/ vnd hiessen jhn eine vnkeusche Petze oder Hündin. Zu letzt wolten sie jhn in ein Cloack oder Scheißhauß werffen / aber es war dem Schelmen zu enge/ da schleifften sie jhn zu der Tyber/ vnd henckten jhm ein groß Gewicht Stein an/ vnd versenckten jhn zu grunde/ damit er nimmermehr vber sich/ oder vnter eines Menschen Augen wieder kommen solte. Spartanus saget /sie haben jhn mit vnnd sampt seiner Mutter/ vber die Brücke Emilium gezogen/ vnd in die Tyber beyde geworffen/ Mit diesem ist der Name Antonini getilget/ vnd allenthalben im Reich/ wo man denselbigen geschrieben oder gegraben befunden/ außgelescht vnd abgekratzet worden. Denn die Römer wurden dem Namen so feind/daß sie denselbigen nicht mehr kundten nennen hören / so gar war jederman gegen diesen Tyrannen verbittert.

Also gieng es dem Maximino auch/ weil er grosse Tyranney triebe/ vnd viel Mörde begieng/ ward jhm jederman feind vnd gram/ auch seine eigne Kriegsleute erweckten einen Auffruhr wider jhn/ vnd erstachen jhn vnter dem Gezelt/ in seinem eigenen Leger/ sampt seinem Sohn/ denn es ward jhm angesagt/ wie daß alle Welt in den Tode Maximini geschworen hette. Der erwürgten Heupter steckten sie an die Spiesse/ vnd zeigetens den Bürgern zu Aquileia/die er belagert hatte. Darnach namen sie jhre Cörper vnnd wurffen sie in das Wasser/den Fischen zur Speise/ Jhre Heupter aber brachten sie gen Rom/vnd verbrenneten sie auff dem Compostor/ vor allem Volck/ mit grossem Frolocken der Römer/ wie Herodianus schreibt. Sextus Aurelius Victor spricht : Die

D ij   Bürger

Am sechsten Sontage

Bürger haben erstlich den Vater/hernachmals den Sohn erwürget/vnd geschryen: Von einer bösen Zucht/sol man nicht ein Hündlein lebendig lassen.

Als der Keyser Carus im andern Jahr seines Reichs/in Heerlager bey dem Fluß Tygris/vom Donner erschlagen ward/da ward zum Keyser erwehlet an seine Stadt Numerianus/dieser wolt zu Antiochia in den Tempel der Christen gehen/vnd jhre Sacra sehen. Es ward jhm aber von Cyrillo dem Bischoffe gewehret. Der sprach: Es gebüret einem Götzenknechte nicht/jhre Gottesdienst zusehen. Darüber erzürnet sich der Keyser so sehr/daß er jhn erstach.

Den Keyser Theodosium loben die Historien sehr/vnd ist auch ein Löblicher Keyser gewesen/doch ist er ein sehr zorniger Man gewesen/der seinem Zorn nicht wol hat stewren können. In der Stadt Thessalonica/als er da war/em stund ein Auffruhr also/daß die Bürger etliche Ritter vnd Rathsfreunde herfür gezogen/vnd steinigten/auch einen aus seinen Kriegesleuten/den Theodosius sonderlich lieb hatte/ward auch in derselbigen Auffruhr vmgebracht. Da erzürnete sich der Theodosius so sehr/daß er ließ die Bürger alle mit List zu einem Schawspielladen/vnd als sie/Kurtzweil zu sehen/kamen/fiel er in sie/vnd erwürget den vnschuldigen mit dem schuldigen/mehr denn sieben tausend Menschen.

Als das Ambrosius der Bischoff zu Meyland erfuhr/wolte er jhn nicht in die Kirchen lassen/vnd als er jhn letzlich absoluirte/erhielt er bey jhm/daß er ein Gesetz vnd Ordnung machte/vnd dieselbe im gantzen Reich publicieren ließ/nemlich/daß hinfurter der Furstenn Sententz vnd Vrtheil/vber die Todtschüldigen gefellet/nicht solten exequirt vnd volzogen werden/biß nach dreissig tagen/ob sich mitler weile etwas erfünde/daß dem Vrtheil zu kurtz geschehen sein möchte/daß man das gesprochene Vrtheil köndte hinderziehen vnnd casseiren/oder je auffs wenigste lindern vnd miltern. Es ward auch vom Ruffino gelehret/daß/wenn er etwan mit Zorn vbereilet oder bewegt were/nichts in solchem Zorn thun/oder ansahen solte/er hette denn zuvor das Griechische Alphabeth zweymal bey sich selbst erzehlet/vnd hergesagt/in des/vnd mitler weile/möchte jhn der jehe Zorn verlassen/vnnd durch solchen Verzug selbst verschwinden.

Anno Christi 987. Ward das Reich Gallie/oder Franckreich/als Blancha jhren Ehebrecherischen Mann/Ludouicum 6. den König/mit Gifft getödtet hatte/nam sie Hugonem Capet/Hugonis eines Abts Sohn (der das Closter in Galia verließ/vnd Kriegen nachzoge) der in Kriegen auffgezogen/mit dem Weibe auch das Reich Gallien zu haben/vnd den Erben aus der Faust zu zucken/sich vnterstunde. Nun trug es sich zu/Lotharius zoge mit versamletem Heer in vnglaublicher eile für Ach/als Otto 2. mit seinem Weibe aß. Der Keyser erschrack des jehen Vberfalls vberaus sehr/nam was er nemen kundte/vnnd entran kaum. Lotharius gewan die Stadt/vnd im Zorn fiel er in den Pallast/vnd plünderte die Stadt/vnnd zog reich vom Raube wieder zu rück in Galliam. Otto folgte bald hinach/belegert jhn zu Paris/die Bürger fielen herauß/erwürgeten Keyser Ottonis Ritter/viel Herren/Ritter vnd Knechte. Otto/als der nun auch ergrimmet war/verbrande die Vorstadt/vnd zog abe. Lotharius folgete biß an den Fluß Isaram/dem Keyser nach/schlug in so hart/daß das Wasser voller todter Cörper schwam. Letzlich vertrug sich der König mit dem Keyser.

Am

Am siebenden Sontage
nach Trinitatis.

ALS Keyser Friederich der dritte/einen Reichstag hielt zu Cöln am Rein/vnnd sehr viel frembd Volck ankommen war/ liesse auff einen Tag das Volck gar zehlen / hieß auch das Brodt in der Stadt zehlen/ damit das Volck gegen Abend solt gespeiset werden/vnd da mans vberschlug vnd rechnet/ traff ein Pfennig Brodt auff vier oder fünff Heupte. Des Morgens ließ der Keyser fragen/ob das Volck auch sey gespeiset vnd gesetiget worden? Darauff gaben seine Diener zur antwort / Ja gnedigster Herr Keyser/vnd ist noch Brode vberblieben.

Ein Weingartner hatte zwo Mannbare Töchter/ vnd nur einen einigen Weinberg/Als nu die elteste Tochter einen Freyer bekömpt/gibt jhr der Vater zur Morgengabe mit/ den dritten Theil des Weinberges/ vnnd arbeitet die ander zwey Theil so fleissig/daß sie gleich so viel Wein tragen vnd bringen/ als zuvor alle drey Theil. Was geschicht weiter? Die jüngste Tochter bekömpt auch einen Liebhaber / der Vater hilfft auch diesem Tochtermanne mit der Helffte seines Weinberges/ vnnd behelt nur das dritte Theil vom Weingarten/welches er dermassen wartet vnd durcharbeitet/dz er so viel Wein bekömpt als zuvor/da der Weingarte gar beysammen/vnd vnzertheilet war. Columel. lib. 4. Cap. 3.

Es sind zween Schuster gewesen / einer hat ein Weib vnnd viel Kinder gehabt/der ander ein Weib vnnd kein Kind/ der nun viel Kinder hatte/war fromb/vnd gieng gern zur Kirchen/hörete fleissig die Predigt/als dan arbeitet er sein Handwerck/ dem gieng es gar glücklich in seiner Narung/ daß er Reich war /. der ander aber/ so keine Kinder hatte/lag stets vber der Arbeit/daß er die Feyrtage vnnd heilige Abend vnnd Nechte/nicht feyrete/vnd kundt es doch nirgend hinbringen. Der fragt einmal den reichen Meister/woher jhm seine Narung keme/er hette viel Kinder/ er aber gar keine/vnnd wehre dennoch bey seiner stedten Arbeit arm darbey. Dem antwortet der Schuster/Morgen frue gehe mit mir/so wil ich dir weisen/wo man den Segen Gottes herhabe. Führet jhn also frue mit sich in die Kirche/solches thet er auch den andern Tag. Als er jhn am dritten tage aber mit sich nemen wolte/saget dieser/er wüste den weg selber wol zur Kirchen/er hett gehoffet/ er sole jn dabey weisen/dz man reich würde vn schetze bekeme/wie dan er were Reich worden. Antwortet der reiche Schuster/Ich weiß keinen andern Ort/da man den Schatz der Seelen vnd das ewige Leben erlange/denn in der Kirchen/ rc. Hastu nicht gehöret/daß der Herr Christus im Euangelio saget: Zum ersten suchet das Reich Gottes/ darnach wird euch das ander alles zufallen vnd gegeben werden. Der arme Schuster nams zu Hertzen/ gieng auch hernach gantz zur Kirchen/ höret Gottes Wort/ vnd erlanget hiermit auch glücklichen Fortgang in seiner Narung. Discipul. de temp. Sermo. 117.

Am Achten Sontage
nach Trinitatis.

Historien vnd Exempel/von etlichen abtrünnigen Mamelucken/ die von Gott vnd der waren Religion abgefallen / vnnd ihren Glauben verleugnet haben/ etc.

Doctor Luther gedencket etlich mal in seinen Tischreden/ vñ sonsten in seinen Büchern/ vnd sonderlich in der Außlegung vber die Epistel an die Galater/ des D. Krausen/ der ein Rath vnnd Diener des Bischoffs zu Halla/vnnd Cardinals zu Meintz/ vnnd erstlich ein Freund des Euangelii gewesen/also/daß er des Herren Abendmal in beyderley Gestalt/ nach des Herren Christi Einsetzung empfangen/ auch wider seines Herrn des Bischoffs Mandat vnd Gebot. Aber/da er darüber in seines Herren Vngnade fiel/vnd sahe/ daß andere Euangelische/des Orts vom Bischoffe versagt vnd verfolget wurden/vnnd der Mentzische Cardinal solches auch seinen Rethen nicht wolte für gut hinauß lassen gehen/da fiel er wieder abe/verleugnet das Euangelium/ nam das Sacrament/ dem Bischoff zu gefallen/ wieder in einerley Gestalt. Als er nun sahe/ daß andere Christen sich in das Elend verjagen liessen / vnnd mit grosser Freudigkeit des Bischoffs Tyranney verachteten/ da rühret jhn sein Gewissen/ daß er die Warheit verleugnet/ vnnd wiederruffen hatte/ vnnd sich nicht mit vmb der Warheit willen/ hette ins Elend vertreiben lassen/ Da wachete/ sag ich/ der Rewling auff/daß er für bösem Gewissen nicht wuste wo er bleiben solte/ verzagete an GOTTES Barmhertzigkeit/vnd starb grewlich in Verzweiffelung/ vnd in seinen eigenen Sünden/ ꝛc.

Der Mameluck Paceus/ ist auch erschrecklich durch Gottes wunderlich Gericht vnd Verhengnis vmbkommen/ da er von der Lehre des Euangelii abgefallen vnd sich zu den Papisten gentzlich geschlagen/ vnnd wider sein Gewissen/ vmb zeitlich Ehr vnd Genieß willen/ jhren Abgöttereyen vnd Gotteslesterung Beyfall gegeben/ vnnd vnsere Lehre dargegen verdampt vnd geschendet/ ist er von guten Freunden/ solches seines Abfalls halben/ errinnert worden/vnd zur Busse vermahnet/weil er aber solches alles verachtet/ hat jhn letzlich GOtt mit Kranckheit so angegriffen/ daß er so sehr gestuncken/ daß schier niemand vmb jhn sein oder bleiben können. Als er aber verstockt in seinem Vorhaben blieben/ hat jhn auff dem Wege/ wie er von Lauwingen nach Dillingen gereiset/ ein Landsknecht mit einem Spieß anroffen/ hat jhn einen Jüden gescholten / Gelt von jhm begeret/ vnnd mit dem Spieß endtlich nach dem Halse gegrafet/ welcher Stich ins Maul gerathen/ damit er die rechte Lehr verleugnet/ vnnd das Euangelium gelestert/ darvon er auch seinen Feyrabend bekommen/ vnnd schrecklich dahin gefahren.

Diese Historia ist von Finecklio/ im dritten Theil der Wunderzeichen/ Fol. M. 7. &c. nach Notturfft mit allen Vmbstenden beschrieben / die mag man daselbst suchen vnd lesen.

Staphilus hat mit vns das Euangelium geprediget / aber der Ehrgeitz verführete jhn/ daß er vom Euangelio abfiel/vnd ward ein grewlicher Lesterer desselbigen

nach Trinitatis.

selbigen / vnnd meinete er wolte damit an Luthern vnnd vnserer Lehr zum Ritter werden. Der hat sein Gericht auch bekommen / ist in Teuffelischer Schweerinuth gestorben / daß man jhm an seinem Siechbette schwerlich hat können ein Wort abbringen / denn er gesaget / als man mit jhm hat reden wollen / in seiner Kranckheit / Er wolte einem ieder einen Patzen geben / denn ein Wort mit jhm reden. Ja er hette noch wol sollen tausende Gülden darumb geben / daß er zu rechter Rew sein Peccaui / ich habe gesündiget. Gottes Wort vnd Warheit mutwillig / vnd wider mein Gewissen gelestert / vnd darnach in rechtem Glauben sagen / sein Miserere, vnd Propitius, GOTT sey mir gnedig / ꝛc. Nun / da ist jhm der Mund verschlossen gewesen / vnd hat aus Verstockung vnd Verzweiffelung oder sein Hertz das Peccaui vand Miserere nicht bringen können / vnnd ist dahin gefahren / da er mit Ach vnd Weh wird müssen drüber klagen / daß er die erkandte Warheit des Euangelii so teuffelisch gelestert vnnd geschendet hat. Christophorus Irenæus.

George Witzel war acht Jahr Euangelisch / vnd ein Ehemann / darnach fiel er von den Euangelischen / weil sie arm waren vnd veracht / vnd von iederman verfolget / hielt vnd gesellet sich zu den Reichen vnd prechtigen Papisten / vmb guter Tage willen / welchem er auch zu gefallen sein Eheweib für eine Hure / vnd seine Ehekinder für Hurenkinder hielte / nam vom Bapst / Bischoffen / Mönchen vnd Thumbherrn Judas Gelt / daß er wider Doctor Luthern schried / aber den Lohn / den er dafür zugewarten hat / neben andern Mamelucken / wird Hellisch Fewr sein. Idem.

Doctor Jacobus Schenck / weiland Hertzog Heinrichen Hoffprediger zu Meissen / wurde ein Antinomischer Mameluck vnd Schwermer / ist endlich in grosse Verachtung kommen / darüber er so zornig vnd grimmig in sich selbst worden / daß er sich hat hungers gestorbet.

Magister Johannes Agricola, weiland ein Glied der Kirchen vnd Schulen zu Wittenberg / den betrog die Hoffart / daß er von der reinen Lehr abfiel / vnnd erstlich den Antinomischen Schwarm auff die Bahn bracht / vnd ob er wol denselben Schwarm widerruffte / kundte er doch seine Meuse nicht lassen / ward zu letzt gar eine Epicurische Sew / Zechen vnnd Schlampampen war sein bestes Leben / vnnd mestet also dem Teuffel einen fetten braten in die Küchen.

Dieser ist auch der einer gewest / der das lobliche Interim zu Augspurg mit Julio pflügen / vnd Michaeln Sidonio schmieden halffe / hette gern gesehen / daß alle Christen zu Mamelucken geworden / vnd mit jhm von der reinen Lehre abgewichen wehren.

Stephanus Agricola weiland ein Pfarherr in der Graffschafft Manßfeldt. Dieser ist auch ein Mameluck worden / vnd von der reinen Lehr des Euangelii abgefallen / vnd offentliche Ketzerey vnnd falsche strige Lehre vertheidiget vnnd verfochten / Letzlich hat er sich gar zu den Papisten / Bischoffen / als zum Bischoff Pflug zur Naumburg / vnd zum Sydonio zu Merseburg gesellet / biß er sein Weib verlassen / gen Rom gezogen / da offentlich Busse gethan / vnd sich durch den Bapst vom Lutheranismo hat absoluieren lassen. Man sagt vor gewiß / daß er hernach in der Tyber ersoffen sey.

Theobaldus Thamerus, weiland Professor zu Marpurg / vnnd der das Euangelium doselbst geprediget hat / vnd hefftig wider den Bapst gewest / Ist aber hernach vom Euangelio zu den Papisten gefallen / auff Lutherum hefftig gescholten / vnd in den vnsinnigen schwarm gerahten / daß er fürgegeben / wan gleich keine Bibel were / so köndte man doch aus Aristotelis Büchern lernen / wie wir sollen selig selig werdt. Dieser Meyneyd hat seinen Lohn auch dahin. Sein Bruder ist in Verzweiffelung gefallen / vnd hat sich selbst / aus Gottes gerechtem Gericht vnd straff / erhenckt / darumb / daß er aus verleitung seines Bruders / von der Warheit vnd reinen Lehr des Euangelii abgefallen / ein Mameluck worden / vnd des Bapsts Grewel angenommen hatte.

D iiij

Doctor

Am Achten Sontag

Doctor Stössel/ der erstlich wider die Sacramentirer/ vnnd alle andere Verfelscher der reinen Lehre/ so nach Lutheri Todt vnd nach dem Interim auff die Ban kommen/ mit disputieren/ predigen vnd schreiben ernstlich eingelassen/ Hat sich hernachmals als ein Wetterhan/ oder wanckend Rohr so gewandt/ daß er die Corruptelen vnd Verfelschungen der Lehr/ die er zuvor öffentlich verdampt vnnd verworffen/ hernachmals gelobet/ angenommen/ gebillichet vnd vertheidiget hat. Hat auch letzlich mit den Sacramentirern oder Caluinisten/ wider sein Gewissen/ vnd wider seine vorige Lehre (wie er selbst bekandt) colludiert/) vnnd geheuchelt. Darumb er auch zum Gesengnus gezogen/ vnnd in ein besonder Ganach ist versperret worden/ darüber er letzlich in solche Angst seines Gewissens gerathen/ daß kein Trost bey jhm hat hafften noch helffen wollen. Vnnd sol/ wie ein Pastor/ so vmb jhn gewesen/ von jhm schreibet/ aus verzwiffeltem Gemüth gesagt haben: Ich bin des Sathans Leibeigner/ ein Gefeß des Zorns/ ein Kind des Hellischen Fewrs/ vnd verdampt/ denn ich habe wissentlich GOttes Wort verfelschet/ Gott gelestert/ wider mein Gewissen die H. Geheimnis Gottes geschendet/ ich habe mich durch böse Geselschafft lassen verführen/ es ist mir vnmüglich zu glauben/ daß mir GOtt in Ewigkeit solte oder wolte gnedig sein. Hæc Irenæus, im Buch von der Hellen/ fol. 146. 147. An solchen vnd dergleichen Exempeln/ solten sich billich ander Mamlucken spiegeln vnd stossen.

Doctor Isinderus/ hat zu Königsberg in Preussen erstlich neben andern/ des Osiandri Schwarm gestrafft/ verdampt vnd verworffen/ hernach wie er gesehen/ daß Osiander des Fürsten vieler Hoffrethe vnd Diener Gunst vnnd Gnade/ vnnd auch sonst grossen Anhang vñ Zufall in Preussen bekommen/ dargegen aber die/ so dem Osiandro widersprochen/ in grosse Vngnade vnnd Gefahr/ Dienst vnnd Besoldung/ Guts vnd Bluts/ Leibes vnd Lebens stunden/ hat er sich gewendet/ dem Fürsten vnd dem Osiandro einen Fußfall gethan/ seine vorige Lehr widerruffen/ vnd sich zu Osiandri Schwarm gewendet vnd bekandt. Er ist aber in kurtz hernacher aus grossem Bekümmernis/ Angst vnd Schrecken seines Gewissens/ darüber Sinloß/ vnnd so gar vngehalten worden/ auch so gar grewlich sich geberdet/ daß man jhn hat müssen in ein sonderlich gemachtes Heußlein in seiner Behausung einsperren/ darinnen er aus Angst vnd anklage seines Gewissens/ von wegen des geschehenen Abfalls/ mit erbermlichen schreyen/ Heulen vnd Weheklagen/ vber die zwentzig Jahr vielen ein erschrecklich Spectackel worden.

Man liesst von S. Murita/ daß er seines Paten Elpidophori Westerhembdlein fleissig auffgehaben/ da nu der Pate zum Mamluckt worden/ vñ die liebe Christenheit hat helffen verfolgen/ sol Murita seinen Paten ernstlich bedrewet haben/ jm daß Westerhembdlein gezeiget/ vnd gesagt: O Pate Elpidophore/ diß Kleidlein oder hembdlein wird/ dich am Jüngsten Tage vberzeugen/ wenn der HErr Christus nach deiner Tauffe vnd Hochzeit Kleide wird fragen/ welches er im Jungfrewlichen Leibe Mariæ gewircket vnd mit seinem Carmesinfarben Blute gefärbet/ am heiligen Creutze auffgespannet vnd getröcknet hat. Allda wirstu bloß vnd nacket stehen/ verstummen/ vnd in die eusserste Finsternis geworffen werden. Solches wird allen Mamlucken vnd verleugnern der Warheit/ zur Warnung vnd Bedrawung geschrieben/ ꝛc.

Im Jahr Christi/ 1548. Haben mit dieser erschrecklichen Schrifft etliche Pfarherrn/ an etlichen Orten/ da man die Papisterey wieder auffgerichtet/ die Euangelische Lehre/ welche sie Lutherisch nennen/ verschweren müssen/ also:

Ich N. N. Vnwirdiger Priester vnnd Pfarherr zu N. bekenne allhier öffentlich (Ihr geliebten in CHristo) daß ich aus Anreitzung des Sathans/ des
Feindes

nach Trinitatis. 82

Feindes vnd der Göttlichen Warheit/ auch aus Menschlicher Blödigkeit vnnd Schwachheit/ verschiener Zeit vor der heiligen Gemeine/ der Apostolischen/ Christlichen/ Catholischen/ Römischen Kirchen/ in allerley Irrthumb/ sonderlich jetzt schwebenden/ der Lutherischen newen Secten bin gefallen/ vnd anfänglich die Lehre der heiligen Vätter/ der Concilien/ derselben Traditionen nicht gehalten/ auch dem Christlichen Stadthalter vnd Vicarien/ dem allerheiligsten Bapst zu Rom/ gebührlichen Gehorsam/ nicht geleistet/ sondern denselben/ der newen Secten Art nach geschendet/ geschmehet vnd gelestert.

Darzu auch mich in meinem Priesterlichem Ampt vnd Stande/ mit einem falschen vermeinten Ehestande beflecket/ auch die heiligen Sacramenta/ der Tauffe/ der Firmung/ des Sacrament des Altars/ des Chrisems/ der Oelung vnd Weyhung/ auch die Ehe nicht/ (wie nach Ordnung der heiligen/ gemeinen/ Apostolischen/ Catholischen/ Christlichen/ Römischen Kirchen auffgesatzt) gebrauchet/ weiter auch wider das ampt der heiligen Messen/ vnnd Ehrerbietung der hochgelobten Jungfrawen Marien vnnd der lieben Heiligen/ auch wider das Fegfewr gelebt/ gelehrt vnd geprediget habe/ Darneben auch in viel mehr andere Irrthumb/ durch solche Lehr vnd vnchristliche Ketzerey bin eingefallen/ vnnd auch meinem Scheflein mit rechtem Ebenbilde des Lebens vnd der Lehre nicht vorgangen/ welche ich billich solte haben gebessert/ die habe ich geergert/ vnd sie in ihrem Heil verhindert.

Vnnd ich mich aber aus Eingebung vnd Gnade des heiligen Geistes/ der Warheit vnd Regierens der bemelten Heiligen/ Gemeinen/ Apostolischen/ Catholischen/ Römischen Kirchen/ jetzund zu derselbigen wiederkehret.

Damit nun menniglich abnemen möge/ daß solches nicht gedichter weise/ sondern von mir aus gantzem guten willen geschehen/ So bekenne ich alhie öffentlich mit Munde vnd gantzem Hertzen/ Willen vnd gantzem Gemüthe/ den rechten/ wahren/ Christlichen/ gemeinen/ Apostolischen/ Catholischen vnd Römischen Glauben/ vnd verfluche vnd verdamme/ alle vnnd jede Ketzerey/ falsche Lehre vnd Irrthumb/ sonderlich des Luthers/ vnnd aller deren/ welche jetzund bey vnsern Zeiten/ wider die Einigkeit der gantzen heiligen/ gemeinen/ Christlichen/ Catholischen/ Römischen Kirchen/ in Deutscher Nation sind vnd widerstreben/ darinnen ich auch keinen Gefallen habe/ vnd die ich auch vorhin gelobt/ gelehret vnd geprediget habe. Ich gelobe vnd verspreche bey verlierung meiner heiligen vnd ewigen Seligkeit/ solche Irrthumb nimmermehr zu glauben/ noch zu lehren/ noch zu predigen/ wie ich denn desselbigen einen leiblichen Eid/ auff das heilige Evangelion/ für meiner ordentlichen Obrigkeit geschworen habe/ vnnd wil auch/ hinfort von derselbigen Obrigkeit nimmermehr mich absondern/ oder abfallen/ sondern bey derselbigen Einigkeit allemahl auffrichtig vnd beständig bleiben vnd verharren.

Vnnd bitte vmb Gottes willen/ als diejenigen/ so also von meinem Leben/ sagen/ vnnd Predigen/ geergert sein worden/ die wollen mir verzeihen/ vnnd sich auch wiederumb in viel gemelter Einigkeit der heiligen/ gemeinen/ Christlichen/ Catholischen/ Römischen Kirchen/ sampt mir zu thun/ vnd williglich zu absoluiren/ so gelobe ich/ vnnd verspricht/ daß wo sich schwebende Ketzerey vnd Irrthumb würde begeben/ daß ich wider solche nichts würde handeln/ lehren vnnd predigen/ so solch als denn der Gestrengigkeit des Christlichen Rechtens vnterworffen sein. Deß zu Zeugnis/ habe ich diesen Zetel vnd Bekendtnis/ mit meiner eigenen Hand vnterschrieben. Fincelius.

Tongodor/ ein König der Tartern/ welcher in seiner Jugend getaufft ist worden/ vnd ward Nicolaus in der Tauff genandt. Als er aber hernachmals bey den Saraceren eine Zeit lang gewohnet hatte/ gefiel ihm ihre Sitten vnnd Gebreuche so wol/ daß er letzlich den Christlichen Glauben verwarff/ vnnd nam den Mahometischen Glauben an sich/ vnd ward von ihnen Mahomet genandt. Er zerbrach vnnd zerstöret kein vnnd wieder in seinem Königreich der Christen Kirchen/ vnnd schicket Bodtschafft zu dem Soldan/ in Egypten/ machet ein Bündnis vnd Freundschafft mit ihm/ wider die Christen.

Derhalben

Am Achten Sontag

Derhalben ward einer vnter seinen Brüdern/vnd Argonus seines Bruders Sohn/ diese zeigten solches dem Cobile Cham/dem obersten vber die gantze Tartarey an/welcher/ so bald ers erfuhr/schicket er zu ihm/vnd ließ ihm auffs ernstlichste gebieten/er solte von solcher Tyranney abstehen/oder er würde sonst vbel darumb gestrafft werden. Diß verdroß den Mahomet so vbel/daß er von stund an seinen Bruder erstach/vnnd wolt seines Bruders Sohn den Argon auch vmbbringen/aber er entran/vnd flohe durch das Gebirge da von/welcher ihn nachmals durch seiner Freunde Hülffe vnd Beystandt hat gefangen/vnd mitten lassen entzwey hawen/nach dem er kaum zwey Jahr lang tyrannisieret hatte. Diß ist geschehen im Jahr Christi/1283. Nicolaus Höniger in seiner Türckischen Chronica.

Carbaganda/auch ein König der Tartern/erwehlet nach Cassano/ der ward in der Tauffe Nicolaus genennet. Er blieb/so lange seine Mutter lebet/beständig in dem Christlichen Glauben/so bald sie aber starb/verleugnet er den Christlichen Glauben/ vnnd nam den Teuffelischen Mahometischen Glauben an/welchen alle seine Nachkommen/biß auff diesen Tag behalten haben. Idem.

Anno Christi, 633. Ward das Northumber Land zertheilet in zwey theil. Osrich/ein Sohn Ehrich/des Edwins Vatern Bruder/nimpt der Deirer Reich ein/Erdfried des Edelfrieds Sohn/der Bernicer Reich/vnnd verlassen beide den Christlichen Glauben/vnd fallen wieder zum Heidnischen Götzendienst. Werden auch nit vber lang hernach von Cedwalla/der Britannier König erschlagen Beda in Historia Anglica, lib. 3. cap. 1.

Anno Christi, 1064. Im achten Jar Keyser Heinrichen des vierden/fielen die Slauen oder Wenden ab vom Christlichen Glauben/vnd fliessen des Königs von Dennemarck Tochter/Hertzog Gottschalcks zu Mechelburg Gemahl/nacket aus dem Lande/vnnd stund also der Bischoffliche Stuel zu Aldenburg ledig/gantzer vier vnd achtzig Jahr. Helmoldus in der Slauen Chronica/Cap. 24.

Am

Am Neunden Sontag
nach Trinitatis.

IN fürnemer Potentat hat auff eine Zeit ein jungen Edelman außgeschickt/ daß ihm 30000. Thaler zu wegen bringen sol/ Als er sie bekömpt/ vberantwortet er seinem Herren nur 25000. Er wird aber verrathen/ vnd für seinen Herren gefordert/ der ihn hart zu rede stellet/ wie es komme/ daß er 30000. Thaler eingezogen/ vnnd ihm nicht mehr dann 25000. zugestellet habe. Da entschuldiget er sich mit des vngerechten Haußhalters Griff/ vnd spricht: Aller gnedigster Herr/ es ist war/ daß ich 3000. Thaler auff ewer M. Brieff vnnd Siegel eingenommen/ vnnd euch nur 25000. zugestalt, teß mirs aber in der Rechnung nicht zutreffen wil/ ist die Schuldt/ daß ich solche Regulam Falsi nie gelernet/ vnd bin ich zu Jung solche Rechnung zu stellen. E. Majestet frage die alten Gesellen (weisete also auff die alten Officierer) die werden E. M. die Rechnung wol machen/ sintemal sie der gewohnet/ vnd offt getrieben. Dieser Herr ließ ihm die höfliche Antwort des jungen Edelmans/ darmit er die alten Hoffdiebe höflich bezahlete/ wolgefallen/ ob er gleich den List vnd Betrug nicht approbieret.

Eben ein solcher Gesell war auch der/ welchem ein Potentat eine treffliche Summe Geldes zu einer Krieges Expedition zu zehlen ließ. Denn nach dem der Zug zu rück gieng/ behielt der Oberste das Gelt bey sich/ Auff eine gute Zeit hernach fordert ihn der Herr zur Rechnung/ er gestehet. Da der Herr einwendet/ weil aus dem Kriege nichts worden/ sol er das Gelt wieder in die Kammer liffern des beschwerets sich der Kriegesman/ wendet ein/ es sey alles auffgangen/ liquidirt auch/ spricht/ es sey an dem/ daß der Herr grossen Schaden neme/ dawieder er zwar für seine Person nichts könne/ jedoch wolle er von seinen Gütern halben Schaden tragen. Der Herr antwortet/ Er begert es von ihm nicht/ sintemal es sein/ seines Weibes vnd Kinder Verderb. Nein/ spricht der Kriegsman/ lieber Herr/ der Sorg bedürfft ihr nicht/ ich habe die Rechnung darnach gemacht. Das heisset im Euangelio: Der Herr lobet den vngerechten Haußhalter/ nicht daß er recht/ sondern daß er klüglich gethan hatte. Vnd die Kinder dieser Welt sind klüger/ denn die Kinder des Liechts/ in suo genere, in jhrem Geschlecht/ Iuxta illud: Surgunt denocte latrones.

Solche List vnnd Betrug ander Leute vmb das ihre zubringen/ doch also/ daß mans/ wie am vngerechten Haußhalter/ nicht merckt, vben auch die Landsfehrer mit den Alreunichen/ welches ich dem Christlichen Leser zur trewhertzigen Warnung hier erzehlen wil/ mit Teutschen Worten/ Wie darvon berichtet/ der weitberühmte vnnd hochgelehrte Römischer Keyserlicher weilande Leib Medicus, Petrus Andreas Matthiolus, welchem darumb desto sicherer zu gleuben/ weil ers aus eigener Erfahrung redet/ wie in seinen Worten folgen wird.

VON Alraunen/ welches die Mandragoræ vnnd die Dudaim sein sollen/ saget der gemeine Pöfel vnd die alten Weiber so viel: Es sey eine Wurtzel/ die habe alle Gliedmasse wie ein Mensch/ Augen/ Ohren/ Hend/ Bart/ vnd daß etliche Mennlein/ vnd etliche Frewlein/ 2c. Wie es denn auch die Landfehrer also wissen/ vnnd zeigen/ dieselbige Wurtzel wechst vnter dem Galgen/ auff die weise: Wenn man einen armen Sünder ebthut/ so entgehe ihm durch sein gebürtliches Gliedt sein Same/ daraus wechst denn darnach dasselbige Alraun/ ist es ein Mann gewesen/ so werde es ein Mann/ ist es eine Fraw gewesen/ so werde es eine Fraw.

E2

Am neunden Sontage

Es sey aber/sagen sie grosse Gefahr darbey/wenn man es ausgrabe/denn wenn man es höre schreyen/so muß der Mensch sterben/darumb müsse man es also machen : Sie umbgraben einen ziemlichen Plaß/hernach binden sie einen Hund dran/vnd lauffen/wan dan der Hund lauffen wil/so reist er es herauß/so schreyet das Alraun/als bald sterbe der Hund/denn gehen sie hinzu/vnd nemen das Alraun.

Daß diß lauter Gedicht vnd Narrenwerck/vnd wie sie darauff kommen/wie man solche Alraunen zurichte/höret nu/was obgemelter Keyserlicher Medicus hiervon schreibet/Seine Wort im Latein sind auff Teutsch diese : Das ist ein Gedicht vnd Fabel/daß man fürgibt/als solten das die Wurtzeln von Mandragora seyn/welche die Landsehrer herumb tragen/die sie Alraunen nennen/vnnd den Leuten verkeuffen / welche am zusehen sein wie Menschen/vnd geben für/daß dieselben Wurtzeln/mit grosser Leibes vnd Lebens Gefahr von jhnen zu wegen gebracht werden / denn sie sagen/ sie müssten einen Hundt mit einem Strick an die Wurtzel binden/der sie heraus reisse/vnd im ausreissen/thut das Alrauniche einen schrey/wer demselbigen schrey höre/der müsse des Todes sterben/vnd darumb müssen sie jhre Ohren mit Pech/oder wie sie können/auffs feste verstopffen vnd verkleiben/darmit solch Geschrey von jhnen nicht gehöret werde. Solches/sag ich/ist betrug vnd Buberey/denn dieselbigen Wurtzeln/die sie Alreunichen nennen/vnnd Menschen Gestalt haben/ist nicht ein Natürlich Gewechß / sondern wird von jhnen Gemacht der Gestalt vnnd also : Sie nemen die Wurtzeln von Rohr oder von Bryonia/oder dergleichen Kräutern / vnnd weil solche Wurtzeln grün sein/richten sie dieselbigen mit einem Messer also zu/dß sie Mannes vnd Weibes Bildern gleich vnd ehnlich sehen. An welchem Ort sie nu Haar haben wollen/daselbst stecken sie hinein Hirschen oder Gersten Körner / darnach machen sie eine Gruben/in einem lückern Erdtreich/vnd verscharrens darein/so lang biß dieselbige Körner in der Wurtzel sich befassen vnnd härichet werden / welches auffs lengst innerhalb zwentzig Tagen zu geschehen pfleget. Darnach graben sie es wieder aus/vnnd die Faseln/die also aus den Körnern in die Wurtzeln gewachsen sind/die bereiten sie mit einem scharffen Messer aller ding also zu/daß es einem Haar vnd Bart gantz gleich vnd ehnlich sihet. Solches schreibet Matthiolus hab er zu Rom von einem solchen Landtsehrer selbst gesehen/der jhm solcher Gestalt Alreunichen viel gezeiget/vnd wie er sie mache vnd zurichte/gewiesen habe/welcher Landtsehrer domals die Frantzosen gehabt/vnd vnter seiner Cur gelegen. Der hat jhn auch berichtet/daß er solche gemachten Alreunichen den Reichen viel verkaufft/vnd offt eines vmb 25. auch wol vmb 30. Gülden gegeben.

Die nu diesem Betrug beyfall geben/vnnd die gemachten Alreunichen für die rechte Mandragoram halten / beschönen sich mit Pythagora, der Mandragoram genennet hat Antropomorphon, welches ja nichtes anders heist / denn eine solche Wurtzel/die Menschen Figur vnd Gestalt hat. Aber Pythagoras hat mit diesem Zunamen nicht genennet die falsch gemachten Alraunen der Betrieger vnnd Landsehrer / sondern die rechte Mandragoram, oder die rechte Alraunen Wurtzel/die ein Gewechs der Erden ist/vnd hat sie darumb also genennet/weil es eine zwieschliche Wurtzel ist/ die von der Mitten an/zweene Zincken hat vnterwerts biß zum Ende/daß es zweyen Menschen Schenckeln nicht vngleich sihet. Wenn man nun dieselbige Wurtzel grebet/zu der Zeit/wenn sie reiff vnd zeitig ist/so hat die Wurtzel an Blettern hangend eine Frucht / rund wie ein Apffel/oben zu ruhe am Gipffel vnd obersten Theil der Wurtzel / da es also alles wenn es an einem der henget/gantz vnd gar eine Gestalt/ein ansehen hat wie ein Mensch der ohne Arme ist.

Die Fabel aber/da man fürgibt / wie daß diese Wurtzel ohne Lebens Gefahr nicht könne ausgegraben werden/von jrgend einem Menschen/vnd darumb müsse man es durch einen Hund thun/ıc. Wie droben gesagt/das haben die Betrieger aus dem Josepho genommen/vnd dergleichen von jhren gemachten Alraunen gedichtet.

Derselbige

nach Trinitatis. 84

Derselbige Josephus schreibet von einer andern Wurtzel solche Dinge/ vom Jüdischen Kriege/ im 7. Buch/ am 25. Cap. An der stadt/ spricht er/ gegen Mitternacht zu/ ligt ein Grundt/ heist Baaras/ do wechst eine Wurtzel/ die von dem Ort den Namen hat/ vnd auch Baaras genennet wird/ die ist an der Farbe Fewrrot/ vnd gegen Abendt leuchtet sie wie der Plitz/ Wenn jemand kömpt der sie ausgraben wil/ so fleucht sie/ vnnd man kan sie zur Stedte nicht bringen noch bekrefftigen/ es sey denn/ daß man sie mit Weiber haaren/ oder mit dem Blut ihrer Reinigung begiesse. Jedoch ist auch als denn noch Lebens gefahr darbey/ es sey denn/ daß man eine andere dergleichen Wurtzel an der hande gebunden habe.

Man bekömpt sie auch noch auff eine andere Weise/ ohne gefahr/ Nemlich auff diese: Sie vmbgraben die Wurtzel allenthalben vmb vnd vmb/ also/ daß sie noch ein wenig in der Erden stecke/ darnach binden sie an die Wurtzel einen Hund/ vnd gehen davon/ weil denn der Hund seinem Herren/ oder dem/ der jhn dran gebunden hat/ wil folgen/ so reisset er zugleich die Wurtzel mit aus/ aber der Hund muß deß Todes sein/ denn so bald die wurtzel von jhm ausgerissen ist/ stirbet er an stadt dessen/ der die Wurtzel sonsten hett ausreissen sollen/ Aber darnach wenn sie ausgerissen ist/ ist sie weiter vnschedlich/ vnnd kan ohne Furcht vnd Schew von jederman genommen vnnd gebraucht werden. Diese Wurtzel hilfft denen/ so mit dem Teuffel besessen sein/ vnnd treibet sie aus/ die sonsten deß Todes sein müsten.

So viel berichtet der Keiserliche Leibs Medicus aus eigner Erfahrung/ vnd also dē Josepho/ da jhr höret/ was die Mandragora vnd Alraun wurtzel sey/ vnd wie die Landtfahrer die Leute betriegen/ vnd solche Alräunichen zurichten/ etc.

Bey den Türcken ist dieser gebrauch/ wenn einer in Diebstal ergriffen/ oder desselbigen vberweiset wird/ der wird das erste vnd ander mal/ vmb solches begangenen Diebstals willen/ mit Ruthen gehawen/ kömpt das dritte mal wider/ so verleuret er seine Hande/ die jhm für allem Volck auff offentlichem Marckt wird abgehawen. Das vierde mal/ häwet man jhm ein Bein abe/ kömpt er aber zum fünfften mal wider/ so wird er an den liechten Galgen gehenckt.

Bey den Egyptern gehets noch gnediger zu/ da erlegen die Diebe wenn sie ergriffen werden/ nur drey theil deß Guts/ daß sie gestolen haben/ den vierden theil behalten sie/ aber jhrer Ehren werden sie entsetzet/ vnd für Ehrlose Leute gehalten jhr Lebenlang.

Etliche schreiben/ daß in Sardinia sey ein Brunn gewesen/ der habe die Diebe verrathen/ denn wenn die Diebe jhre Hende daraus gewaschen haben/ ob der die Augen damit genetzet/ ist an jhnen keine Schuldt gewesen/ so haben sie ein klar Gesicht davon bekommen/ sein sie aber schüldig gewesen/ so sind sie blindt worden.

In India hasset man die Diebe sehr/ vnd ist jhnen vber die massen feindt/ wer sich ein wenig vergreifft/ der muß den Diebstal mit seinem Leben büssen. Den brauch haben auch die Vaccei gehalten/ vnd den ergrifftnen Dieb ohn alle Gnade getödtet.

Bey den Lyciis helt mans also/ wer zum Diebe kan gemacht werden/ der hat seine Freiheit verlohren/ muß leibeigen sein/ vnnd wird mit Dienstbarkeit beleget sein Lebenlang. In Phrygia/ wenn einer einen Pflug auff dem Felde beraubet/ oder etwas davon stielt/ wie gering es möchte geachtet werden/ der wird ohn alle Barmhertzigkeit mit dem Tode gestrafft. Bey den Lotris/ wenn einer stielt/ dem sticht man die Augen aus.

Zeno Citticus hat einen Knecht/ der war diebisch/ vnd greiff gerne zu/ vnd als er jhn dermal eins vber dem Diebstal bekam/ hat er jhn heßlich derhalben abgeblewet/ vnd als der Knecht sagte: Es were also in Fatis gewesen/ daß er hette stelen müssen/ antworte Zeno/ vnd nu ist das auch in Fatis/ daß ich dich vmb solches Diebstals willen schmeissen muß. Laertius. Wenn

Am Neunden Sontag nach Trinitatis.

Wenn jemands bey den Römern bey Nacht einem andern sein Getreide auff dem Felde/ das er mit seinen Vnkosten/ vnd schwerer Mühe vnd Arbeit erbawet hatte/ abschnitte/ oder durch sein Viehe abweiden vnd abfressen liesse/ war er erwachsen vnd zu seinen Männlichen Jahren kommen/ wurde er am Leben gestraffet/ vnd herter denn kein Todschleger. War aber der Theter noch zu jung vnd vnmündig/ der wurde nach Erkentnis deß Richters mit Ruthen gestrichen/ vnd der geschehene Schade must geduppelt bezahlt werden. Plinius.

T. Manlii Sohn hatte in Macedonia etlich Geldt veruntrewet/ derhalben ward er bey seinem Vater verklaget/ vnd als der Vater die Thae vnd Vntrew seines Sohnes befunde/ hat er jhn enterbet/ vnd von seinen Augen verstossen/ vnd aus dem Lande gejagt.

M. Fabius Censor/ als sein Sohn Fabius Bruteo begangenes Diebstals vberweiset ward/ hat er jn zum Todeverurtheilet/ vnd sein recht thun lassen.

M. Cato schreibet/ wenn vnter den Kriegsleuten ein Dieb ergriffen ward/ der den andern seinen Mitgenossen etwas gestolen oder entfrembdet/ dem hat man die rechte Faust abgehawen. Front. lib. 4. Cap. 1.

Der Keiser Valentinianus der Erste/ der hatte einen Hauptman/ der war geitzig/ vnd hatte einer ehrlichen Frawen das jhre mit gewalt genommen/ weil jhm aber der Keiser hiebevor befohlen hatte/ daß er dem Weibe das jhre widerumb zustellen solte/ vnd ers doch nicht gethan/ hat er mitten im Kreiß ein Fewr anschürren/ vnd den Heuptman darinnen verbrennen lassen/ vnnd alle sein Haab vnd Gut dem Weibe zum Eigenthumb geschenckt vnd eingereumet. Zonaras & Cedrenus.

Am

Am Zehenden Sontage
nach Trinitatis.

ANNO Christi, 1556. Ist zu Aldenburg ein solch groß vnd grewlich Vngewitter gewesen/ daß Jederman der es gehöret vnnd gesehen/ bekandt hat/ daß es dergleichen zuvor nicht were erfahren worden/ vnd gesagt/ sie danckten GOtt/ daß sie in solchem Vngewitter nie veren vmbkommen. Auff denselbigen Sontag ist auch zu Aldenburg ein Kindt getauffe worden/ welches etliche Wochen zuvor/ in Mutter Leibe geweinet hat/ gleich wie sonsten ein Kindt pfleget zu weinen/ wenn es geboren wirdt.

Solch Vngewitter vnd Geschicht ist eben auff den Sontag geschehen/ da man nach gemeiner Kirchen Ordnung/ das Euangelium pfleget zu predigen/ von der Zerstörung der Stadt Jerusalem/ vber welche Christus lange Zeit geweinet/ vnd Vrsach ihrer Zerstörung angezeiget hat. Solches ist nicht ohne sonderliche Bedeutung geschehen/ Denn wie dazumal Christus die Juden gewarnet/ vnd vber sie geweinet hat/ Also weinet dieses Kindlein jetziger Zeit vber Teutschlandt/ welches nicht weniger vndanckbar ist für Gottes Gnade vnd Wolthat/ daß er vns sein liebes Wort gegeben/ denn vor Zeiten die Juden waren/ welche gestrafft sind/ vnd wir werden auch gestrafft werden/ so wir nicht Busse thun.

Wie die Stadt Jerusalem/ als sie Titus verstöret
hatte/ hernach vom Keiser Elio Adriano wider gebawet sey/ vnd was sie zu vnser Zeit für eine gestalt vnd gelegenheit habe/ aus dem Itinerario M. Heinrich Büntings.

DIe verstörete Stadt Jerusalem/ hat sechtzig Jahr gantz wüste gelegen/ vnd ist eine rechte Grube der Mörder vnd Reuber gebließen. So haben auch die Wolffe vnnd wilden Thiere in den zerstörten Stedten genistet/ biß sich ein Jude/ Bar Cochab genandt/ felschlich für Messiam ausgeben/ vnnd in der Stadt Bethoron/ nahe bey Emahus gelegen/ viel tausendt Juden an sich gehangen/ im Judischen Lande groß Tyranney gebübet/ vnd die Juden 18 Jahr lang betrogen/ denn sie haben den Spruch (Nume. 24. Es wird ein Stern aus Jacob auffgehen) auff ihn gedeutet/ dieweil er Bar Cochab/ das ist/ ein Sohn deß Sterns geheissen/ vnd haben ihn also für den rechten Messiam gehalten. Aber Keiser Elius Adrianus/ sandte seinen Feldobersten/ Julium Severum/ mit einem stadlichen Kriegsvolck in das Judische Landt/ der hat den falschen Messiam vnd Meutmacher/ Bar Cochab/ zu Bethoron nichtweit von Emahus/ mit funfftzig tausendt Juden erschlagen/ Vnd wie die Talmudisten schreiben/ als man den falschen Messiam/ Bar Cochab/ vnter den todten gesucht/ hat sich eine grosse Schlange vmb seinen Halß gewickelt gehabt.

Nach dieser Außtilgung der Juden/ hat Keiser Elius Adrianus die stein/ die an der zerstöreten Stadt Jerusalem vnnd am Tempel noch vbrig waren/ ouß dem Fundament ausgraben/ zerstücken/ zerscherben/ vnd zerschlagen lassen/ Denn es muste war werden was der Sohn Gottes vorhin geweissaget hatte/ Matth. 24.

Warlich Ich sage euch/ Es wird hie kein Stein auff dem andern bleiben/ der nicht zubrochen werde.

P ij   Also

Am Zehenden Sontage.

Also hat nun Keiser Elius Adrianus / alles was von der zerstörten Stadt Jerusalem noch vbrig gewesen / zu Staub vnd Aschen gemacht/ vnd den Namen Jerusalem gar ausgetilget / vnd hat nicht weit davon am Berge Gihon vnd Golgotha / da der HErr Christus war gecreutziget worden / ein ander Stedtlein gebawet / das er nach seinem Namen Elia genandt/ dorinn ließ er dem Abgott Jupiter / vnd der Abgöttin Venus Tempel bawen/ vnd da vorhin das aller heiligste gestanden / am selbigen Ort hat er Equestrem statuam, sein Bildtnis auff eine hohe Seulen gestellet / die zur Zeit Hieronymi noch gestanden / vnnd zu Bethlehem hat er dem Abgott Adonis ein Tempel gebawet. Er ließ auch Schweine in Marmorstein hawen/ vnnd den Juden zu Spott vber die Thor der Stadt Elia oder Jerusalem setzen/ vnd nennet die Stadt/ wie Dion schreibet/ nach seinem Namen/ Elia Capitolina, eine Stadt Iovis Capitolini, vnnd hat den Juden den Eingang in dieser Stadt / bey verlierung jhres Lebens verbotten. Den Heiden aber vnd Christen ward zugelassen daselbst zu wohnen.

Diese Stadt Elia stehet noch heutiges Tages/ vnd wird zu vnser Zeit gemeiniglich Jerusalem genandt/ aber nicht recht / denn sie ligt nicht auff der Hoffstadt/ da Jerusalem gestanden / Sondern es ist gar eine andere Stadt / an einem andern Ort gelegen / hat auch einen andern Namen / denn sie wird noch heutiges Tages von den Landsassen im H. Lande/ mit jhrem rechten Namen Elia genandt.

Zu deß Keisers Constantini Zeiten / haben sich die Juden vnterstanden/ die Stadt Jerusalem vnd den Tempel wider zu bawen / auff die rechte Hoffstadt/ da sie vorhin gestanden. Aber der Keiser Constantinus hat sie abgetrieben/ vnd allen Juden die Ohren abschneiden lassen/ Datumb daß sie Ohren gehabt/ vnd nit hetten hören wollen, vnd dem HErrn Christo nicht wollen gehorchen / Jerem. 6.

Helena/ Keisers Constantini Mutter/ hat zu Elia den Tempel Veneris zerstöret/ vnd am Berge Golgatha einen andern Tempel gebawet/ vnd Templum Golgathanum genennet. Sie haben auch auff dem Oelberge / an dem Ort/ da Christus gen Himmel gefahren war/ einen Tempel gebawet.

Keiser Constantinus hat einen herrlichen grossen Tempel auff das Grab Christi gebawet/ der von Silber/ Goldt/ vnd Marmorsteinen sehr zierlich geleuchtet / vnd einen schönen Glantz von sich gegeben hat.

Anno Christi, 366. Hat der abtrünnige Keiser Julianus Apostata den Juden erleubet / den Tempel Salomonis zu Jerusalem wider zu bawen / damit der HErr Christus der gesagt/ Der Juden Hauß sol wüste gelassen/ vnd die Stadt nicht wider gebawet werden/ Matth. 23. lügenhafftig würde. Also sind viel Juden gen Jerusalem kommen/ vnd haben an dem Ort / da die Stadt vorhin gestanden / angefangen zu bawen. Aber es geschach ein groß Erdebeben/ der warff die Steine aus dem Grunde heraus/ vnd machet Berg vnd Thal eben/ So schlug auch Fewr aus der Erden/ vnd fiel zugleich Fewr vom Himmel/ vnd verzehret das Gebew vnd die Juden/ die dran arbeiten. Vnd da die Juden meineten / es geschehe solche Straffe natürlicher Weise / oder aus anderer Vrsache/ ist ein groß Creutz am Himmel erschienen/ vnd sind deß Nachts kleine deutliche Creutzlein/ wie die Sternlein/ in aller Juden Kleider gefallen/ daß sie es am morgen nicht haben können abwaschen. Darauff folget wider ein Erdtbiben/ vnd vngestümmer Windt/ der alle jhren Kalck vnd Zeug in die Lufft zerstrewet. Vnd haben die vbrigbliebenen Juden also von jhrem Fürnemen abstehen müssen/ vnd aus Furcht vnd Schrecken bekandt/ daß JEsus / den jhre Voreltern an dem Ort gecreutziget haben / der wore Messias/ HErr vnd Gott sey.

Hieronymus vnd Nazianzenus schreiben/ daß die Juden Jährlich auff den Tag/ daran Jerusalem zerstöret worden, auff die zerstörete Hoffstadt kommen/ vnd die Verwüstung mit kleglicher Stimme beweinet haben / vnd mussten mit einem grossen Gelt Jährlich bezahlen/ daß jhnen gestattet wardt/ an diesen Ort zu kommen vnd zu klagen / Denn

sonst

sonst durffte kein Jude an den Ort nahen. Also haben die Juden/ die das vnschüldige Blut deß Sohnes GOttes vmb Geldt verkaufft/ jhre Zäher/ heulen vnd weinen/ vmb Geldt kauffen müssen.

Anno Christi, 615. Ist Cosroes der Perser König/ der so gottloß vnnd Abgöttisch war/ daß er sich für GOtt anbeten ließ/ in die Stadt Elia/ sonsten Jerusalem/ gefallen/ vnd hat neunzig tausendt Christen erschlagen/ vnd das heilige Creuz mit dem Patriarchen/ oder Obersten Bischoffe der Stadt Jerusalem/ auch viel andere Christen gefangen hinweg geführet.

Aber der Keiser Heraclius hat ihn widerumb vberzogen/ sein Landt vnd Leute mit Schwerdt vnd Fewr verderbet/ den Cosroen vnd sein Volck verjaget vnd vmbgebracht/ vnd Patriarchen Zacharia/ vnd das Creuz wider an seinen Ort gebracht/ vnnd selbst mit einem Triumph in den Tempel/ auff den Berg Calvaria getragen. Solches ist geschehen im Jahr nach Christi Geburt/ 62.

Aber nicht lange darnach/ sind die Saracenen mit ihrem Fürsten Homar/ welcher der dritte nach Mahomet gewesen/ sehr mechtig worden/ vnd haben gantz Syriam vnnd Judeam jhnen vnterthenig gemacht/ vnd die Stadt Elia/ sonsten Jerusalem genandt/ nach zwey Jähriger belegerung erobert/ vnd mit jhrem Mahometischen Grewel verunreiniget. Jm Jahr nach Christi Geburt/ 637. Vnd von der Zeit an/ ist die Stadt Jerusalem fünfftehalb hundert Jahr/ vnter der Saracenen Gewalt geblieben.

Als man zahlt tausendt vnd zwölffe/ hat Calipha der Egyptische Sultan/ die Stadt Elia oder Jerusalem eingenommen/ vnd den schönen herrlichen Tempel/ den vorhin Constantinus Magnus auff das Grab deß HERRN Christi gebawet/ zerstöret vnd abgebrochen.

Balde darnach/ haben auch die Türcken/ die aus Scythia/ vbers Gebirge Caspia, herfür kommen/ vnd Mahomets Religion angenommen/ die Stadt Jerusalem erobert/ vnd die Saracenen ausgetrieben. Hierauß sihet man nu/ daß sich die Saracenen selbst vnd das Judische Land gezogen/ vnd geschlagen/ vnd die Christen haben jhn Jährlich von dem vierden theil der Stadt/ darinn das H. Grab war/ ein Tribut geben müssen/ Haben auch mit Hülffe deß Constantinopolischen Keisers/ den Tempel deß heiligen Grabes/ den Calipha der Egyptische Sultan zubrochen/ wider gebawet.

Im Jahr nach Christi Geburt/ 1094. Hielt Bapst Urbanus/ deß Namens der ander/ ein Concilium zu Claremont in Franckreich/ da kam ein Münch/ mit Namen Petrus Heremita/ vom H. Grabe/ vnd klagt dem Bapst/ wie Simon der Patriarch zu Jerusalem/ von den Türcken/ Egyptern vnd Saracenen beschweret were/ dem solte man zu Hülffe kommen. Derwegen sind durch anreitzung deß Bapst viel Fürsten vnd Herrn/ so wol als der gemeine Mann/ etliche hundert tausendt/ wol gerüst ins H. Landt gezogen/ vnd haben zum Kennzeichen altzumal rote Creuz auff jhren Kleidern geführet.

Als dieser gewaltige Hauffe anzoge/ erschein ein erschrecklicher Comet in Occident/ vnd folget darauff grosse Pestilentz. Sie aber zogen jmmer fort/ vnd namen vnter wegen viel Stedte vnd Lender ein/ biß sie endtlich für die Stadt Jerusalem kamen/ die haben sie/ auch mit stürmender Hand gewonnen vnd erobert/ vnd Hertzog Gottfrieden von Lothringen/ Graffen zu Bolonia/ zum König erwehlet. Die Heuptleut haben jhn auff den Achseln zum H. Grabe getragen/ vnd König zu Jerusalem genandt. Ob er nun wol das Regiment angenommen/ so hat er doch gleichwol den Tittel vnd die Kron deß Reichs nicht tragen wollen/ Denn er sprach: Es were nicht zimlich/ daß ein ander König zu Jerusalem regieren solte/ denn der König der Juden/ Jesus Christus/ So were es auch vnbillich/ daß ein sündiger Mensch eine güldene Krone auff sein Heupt tragen solte/ an dem Ort/ da der Erßkönig JEsus Christus eine Dornen Kron getragen hett. Darnach haben die Christen auch ein Obersten Hohenpriester oder Patriarchen zu Jerusalem gemacht/ mit Namen Arnolphus.

P iij Es

Am zehenden Sontag

Es erschein im October ein groß Comet / gegen Mittag / wie ein Schwerdt / zur Warnung / daß die das Irrdisch Jerusalem vnterstunden auffzurichten / durchs Schwerdt würden vmbkommen.

Es lieffen gen Jerusalem alle Christen in Orient / aus Antiochia vnd Syria / am Weihnacht Tage weiheten sie Bischoff vnnd Chorherren im Tempel deß heiligen Grabes / vnd sungen Illuminare Jerusalem. Sie namen alle Flecken ein / vnd satzten vberall Bischoff / vnd machten vier Fürstenthumb / das erste war zu Jerusalem / das ander zu Antiochia / das dritte zu Edessa / vnd das Vierte zu Tripoli. Sie satzten auch Grossen vnd Herren zu Brito / Sidon / Cesarea / zu Gaßka zu Joppen / vnd Ascalon / die solten alle dem Könige zu Jerusalem Tribut geben. Dieses alles ist geschehen im Jahr nach Christi Geburt / 1099.

Da das Geschrey in die gantze Welt ausgieng / das heilige Grab were gewonnen / geschach erst ein grosser Zulauff aus aller Welt. Das gantz Europa war im Harnisch / Hispania / Franckreich / Engelandt / Teutschlandt / Italia / Sicilia / sind vber fast alle auff dem Wege / durch die Griechen vnd andere Völcker vmbkommen / viel auch für Hunger vnd Durst verschmachtet. Vnd also an ihnen erfüllet worden / die Weissagung deß Propheten Zacharia am 12. Cap. Es wird geschehen / Ich wil Jerusalem zu Steinhauffen machen vnd alle die es wollen auffrichten / die sollen vntergehen / vnd es werden sich wider sie versamlen alle Heiden der Erden.

Hertzog Gottfriedt aber / der erste König zu Jerusalem / ist gestorben am Rotenwehe oder Fieber / als er ein Jahr regieret hatte. Nach ihm ist sein Bruder Baldwin / deß Namens der erste / König zu Jerusalem worden / den hat Caliphas / der Egyptische Sultan im Streit vberwunden vnd ihm vber drey tausendt Mann erschlagen / vnd ist Baldwin kaum selb dritte davon kommen / vnd gen Jerusalem entronnen. Als er 18. Jahr regiret / ist er ohne Erben gestorben / vnd im Eingang deß Tempels zu Golgatha / bey seinen Bruder begraben. Er hatte vor seinem Tode zum Könige verordnet Baldwin seinen Vettern / der von Burgo aus Franckreich gebohren / vnnd zu derselbigen Zeit Fürst zu Edessa war / sie waren zweyer Brüder Kinder.

Baldwin von Burgo / deß namens der ander / König zu Jerusalem / hat den Türcken / vnd den König zu Damasco erschlagen. Darauff kam Baloch / König aus Parthia / vnd hat den König Baldwin vnd alle Edlen hinweg geführet / vnd ins Gefengnis gelegt. Mitler weil waren Herrscher in der Stadt Elia / sonsten Jerusalem genandt / Warmund der Patriarch. Vnd als der König durch Geldt wider aus dem Gefengnis erlediget / ist er wider in sein Reich kommen / hat wider die Ascaloniter gekrieget / vnd als er sechtzehn Jahr regieret / ist er lest auch ohn Manneserben gestorben / befahl das Reich seinem Tochtermann / mit Namen Fulco.

Dieser Fulco war ein Graff von Angiers / deß Königs von Engeland Bruder / er hat auch 8. Jar lang die Königliche würde zu Jerusalem getragen / vnd mit dem Türcken gar ritterlich gefochten / vnd eine grosse antzahl mit sich gefangen gen Es Ka oder Jerusalem geführet. Als dieser König Fulco bey Accon einem Hasen nachreitet / vnnd das Roß vber vnd vber gangen / ist er deß Falls gestorben / vnd zween Söhne hinder sich verlassen / mit Namen Baldwin / vnd Almerich.

Baldwin / deß Namens der dritte König zu Jerusalem regieret nach seinem Vater 20. Jahr. Er gewan die Stadt Ascalon / nach harter langer belagerung / vnd bawet die zerstörete Stadt Gaza / vnd besetzet sie mit Rittern vnd Brüdern / die man Tempelherren nennet. Er verlor die Stadt Edessa / darinn die Saracenen / als sie die Stadt am Weihnachten Tage eröberten / viel Christen erschlagen haben. König Baldwin starb zu letst am dreyssigsten Fieber vnd verließ kein Kindt.

Nach ihm ward König sein Bruder Almerich / der regieret auch 12. Jahr zu seiner Zeit zog herauff der Egyptische Sultan / vnd erschlug viel Tempelherren. Solches welt König Almerich rechnen / zog mit Heeres Krafft in Egypten / vnd belagerte die grosse reiche

nach Trinitatis.

tige Stadt Alkair/ kondte aber nichts ausrichten/ Sondern muste wider abziehen. Zu letzt ist er auch am Fieber gestorben/ vnnd hat 3. Kinder hinder sich gelassen/ einen Sohn Baldwin/ vnd zwo Töchter/ Sibylla/ vnd Isabela.

Baldwin/ des Namens der vierde König zu Jerusalem/ regieret nach seinem Vater 18 Jahr. Aber gleich wie Gott der HERR den König Usia mit Auſſatz schlug/ ols er wolt zu Jerusalem Hoherpriester werden/ vnnd im Tempel opffern/ also hat auch Gott diesen König Baldwin mit Auſſatz geschlagen/ zur Anzeigung/ daß er keinen Gefallen hette an dem Königreich zu Jerusalem. Also ist König Baldwin auch am Auſſatz gestorben/ vnd hat seiner Schwester Sibyllae Sohn/ der auch Baldwin hieß/ vnnd noch ein kleines Kinde war/ zum König geordnet. Denn dieselbe Sibylla/ König Almerichs Tochter/ war erstlich vermehlet/ Graff Wilhelmen von Montferrat/ dem hat sie bald im ersten Jar den gedachten jungen Sohn Baldwin geboren.

Vnd als gedachter Graff/ jhr erster Mann starb/ hat sie den Graffen zu Joppe/ mit namen Guido von Lusignon/ zur Ehe genommen/ den hat der Auſſetzige König verordnet/ daß er nach seinem Tode/ das Reich seinem jungen Stieffsohn Baldwin auffbehalten/ vnd mitler weile verwalten solte/ bis daß das Kindt mündig würde. Weil aber der Guido sehr stoltz war/ hat jhn der König abgesetzt/ vnd die Pfleg vnd Verwaltung Graffen Reymund zu Tripoli befohlen.

Als der auſſetzige König Baldwinus am Auſſatz gestorben/ vnd das junge Kindtlein/ so er zum König geordnet/ im 8. Monat darnach auch hinweg starb/ hat die Mutter Sibylla gewolt/ jhr Mann Graff Guido solt König sein/ solches wolt der Regent G. auff Reimund zu Tripoli nicht gestatten/ vnd durch solche Zwyspalt ist Saladin der Egyptische Sultan bewegt worden/ daß er mit Heeres Krafft in das Jüdische Landt gefallen/ vnd die Stadt Jerusalem/ vnd das gantze Landt eingenommen/ an die 30000. Christen sehr jemmerlich erschlagen/ die Glocken zu Jerusalem aus dem Thurn geworffen/ aus der Kirchen Roßstelle gemacht/ doch allein des Tempels zu Golgatha verschonet/ welchen die Türcken vnd Saracenen in Ehren halten/ weil sie meinen/ der HERR Christus sey ein grosser Prophet. Also hat nun das newe Königreich der Christen zu Jerusalem ein Ende genommen/ im Jahr nach Christi Geburt/ 1178. Als es 88. Jahr gestanden/ vnnd sind die Zeit vber/ weil das Königreich gewehret/ viel grosser schrecklicher zeichen am Himmel/ in der lufft/ vnd auff Erden geschehen/ zur anzeigung/ daß Gott an solchem Königreich keinen gefallen hette/ denn sein reich ist nit von dieser Welt/ spricht Christus der HErr/ Joh. 18.

Vnd ob wol die Christen sich etlich mal vnterstanden/ solch Königreich wider auffzurichten/ so hat es doch jhnen immer gefehlet/ Gott hat sie auch vnter weges so offt sie dahin gezogen/ mit pestilentz/ hunger vnd kummer angegriffen/ daß jrer etliche auch jhr eigen Roß haben fressen müssen. Keis. Friderich Barbarossa/ ist vnter wegen in einem wasser ertruncken/ so sind auch viel andere Herrn die dahin gezogen/ vnd das Jüdische Jerusalem wider auffrichten wolten/ vmbkommen/ oder sonsten in groß vnglück gerathen/ vnd jhres Volcks sind viel tausent vmbkommen vnd erschlagen.

Vnd als der Egyptische Sultan/ von Keis. Friderichen/ des namens dem andern/ mit krieg ward angefochten/ vnd die Tempelherren die stadt Damiata belagert/ hat Cortisius des Sultans Sohn/ die maur der stadt Jerusalem auff den boden abgerocket/ doch hat er des Tempels Salomonis/ vnd des Tempels der H. Graben/ auch des berges Zion verschonet/ durch vorbitte der Christen/ die daselbst wohneten/ gelindert.

Als man jetzund nach Christi Geburt/ 1228. Kam Keiser Friderich/ des Namens der ander/ in das Jüdische Landt gen Accon oder Ptolemais/ da lag er still/ vnd machet mit dem Egyptischen Sultan einen anstand vnd frieden/ jedoch darnach in die zerbrochene Stadt Elia/ sonsten Jerusalem genandt/ hielt daselbst ein Fest vnter der Kron/ hat das Gebew wider auffgericht/ vnd Christen eingesetzt.

Im Jahr nach CHRISTI Geburt/ 1246. Ist Casanus der Tartarn König auff des Sultans anschickung/ mit grossem Kriegsvolck in das Jüdische Land komen/
hat die

Am Zehenden Sontag nach Trinitatis.

hat die Stadt Jerusalem eingenommen/ die Christen sembtlich erschlagen/ vnd das H. Grab mit grossem Eiffer zerrüdnimert.

Vber das/ ist dieselbige Stadt Elia oder Jerusalem/ durch Tomerlanem/ Item/ durch den Türckischen Keiser Mahomet verwüstet worden/ vnd so gar verachtet/ daß sich niemandes mehr drumb angenommen. Doch haben die Münche das H. Grab wider auffgericht/ vand dem Egyptischen Sultan/ Herren dieses Landes/ Jährlich Tribut geben.

Zu letzt als man zehlet 1517. Jahr nach Christi Geburt/ hat Selimus der Türckische Keiser/ den Egyptischen Sultan mit einem grossen Hauffen Volcks erschlagen/ vnd sein gantzes Landt/ Syriam/ Damascum/ Judeam/ vnd Egypten eingenommen. Vnd als er durch Judeam in Egypten zoch/ dasselbige Landt zu erobern/ hat er sein Kriegsvolck auff Gaza geschickt/ vnd er selbst ist mit wenig Volcks gen Elia oder Jerusalem kommen/ daß er wolte den alten berümpten Ort der Stadt Jerusalem sehen/ da fandt er aber nichts/ denn einen Vnfruchtbarn/ armen/ zerstöreten Flecken/ da gar wenig Christen wohneten/ welche Christen mit grossem Spott/ wie Paulus Jovius schreibet/ für dem Besitz diß H. Grabes/ dem Egyptischen Sultan ein schweren Tribut bezahlen müssen. Selimus der Türckische Keiser/ hat seinem Mahomet da geopffet/ vnnd hat den Priestern Christliches Namens/ die diesen Flecken innen hatten/ vnd sehr arm waren/ Geldt zur vnterhaltung geben/ ist nur eine Nacht da blieben/ vnd wider zu seinem Heer auff Gaza gerucket/ vnd von dannen in Egypten gezogen/ die Stadt Alkair vnd das gantze Landt eingenommen/ deß Sultans Reich gantz ausgetilget/ vnd vnter seine Gewalt gebracht/ vand also bleibet das H. Grab vnd die Stadt Elia/ oder Jerusalem/ noch heutiges Tages in der Türcken Gewalt.

Am

Am Eilfften Sontage
nach Trinitatis.

EIN Exempel eines hoffertigen vnd solchen Gebets / wie es der Phariseer im heutigen Euangelio thut / stehet im Thucydide vom Nicia, welcher ein Erbar vnd weiser Mann gewesen / nach dem eusserlichen Leben. Derselbige / als er in Sicilia von seinen Feinden vmbringet / vnd sahe / daß er in der höchsten Gefahr war / darauß er kaum entrinnen möchte / hat er sich vnd sein Kriegsvolck / daß er bey sich gehabt / also getröstet / mit folgenden Worten: Ich hab allezeit Gottsfürchtig / vnnd gegen die Menschen Erbar vnd auffrichtig / mit Bescheidenheit / ohne Hoffart vnd Ehrgeiz gelebet. Derhalben seidt getrost / Gott wird gewißlich bey vns sein / vnd vns nicht verlassen / wo nicht anderer Vrsache halben / Tamen propter meam virtutem & pietatem, wegen meines Erbarn Lebens vnd Gotsfürchtigkeit / vnd so er das nicht thut / wird er fürwar seinen Titel / daß er gerecht sey / schwerlich defendiren vnd erhalten können / etc.

Am

Am Zwölfften Sontage nach Trinitatis.

AUS dem heutigen Euangelio/ darin der HERR Christus den stummen vnd tauben Menschen/ mit vielen vnd mancherley Ceremonien gesunde macht/ wollen die Papisten all das Gauckelwerck das sie treiben/ beschönen vnd vertheidigen/ aus welchem allen diß mal ich nur das einige gedencken wil.

Die Weise/ wie man Meßpfaffen zu weihen pfleget.

WEnn der Bapst oder Bischoff einen Meßpfaffen weihen wil/ so salbet er jhm beide Hende/ die er zusammen halten muß/ vnd führet der Bapst mit seinem Daumen/ den er ins Oel/ da man die Catechumenos mit zu salben pfleget/ geduncket/ zwo Linien Creutzweiß vber beide Hende deß Pfaffen herüber/ welche Linien er anfehet zu ziehen/ vom Daumen der rechten Handt an/ biß zum Zeiger der lincken Handt/ vnd nach vals/ vom Daumen an der lincken Handt/ biß zum Zeiger an der rechten Hand/ vnd salbet jm nachmals seine beide flache Hende/ gantz vnd gar, mit diesen worten: HErr Gott/ du wollest gnedig heiligen vnd weihen diese Hende / durch diese vnsere Salbung vnd Segen/ auff daß alle das Jenige/ was diese Hende segenen/ möge gesegnet sein/ vnd was sie consecriren vnd weihen/ daßselbige möge consecriret, geweihet/ vnd geheiliget sein/ im Namen vnsers HErrn Jesu Christi/ Amen.   ex Pontificali.

Am

Am Dreyzehenden Sontage
nach Trinitatis.

CROESVS, der Lydische/ so der aller reichste war/ der forderte zu jhm den weisen Mann Solon/ vnd fraget jhn/ Ob auch Jemandt glückseliger/ denn er/ were? Diesem antwortet er/ daß sein Bürger Tellus glückseliger/ denn er were/ denn er hette wolgerahtene vnnd fromme Kinder/ so hette er auch Ritterlich für das Vaterlandt gestritten/ vnd were darüber vmbkommen. Da fraget der König weiter/ ob er denn nach dem Telo nicht einen glückseligern wüste? Sagt er/ Er hielte den Cleoborem vnd Bitonem/ so Griechen gewesen/ die einander vber die massen hertzlich geliebet hetten/ auch jhre Mutter in aller höchster Liebe vnd Ehre gehalten/ darumb sie glückseliger. Als nun hierüber der König zornig war/ sprach er/ Ob er denn nicht auch billich in die Zahl der glückseligen gerechnet würde? Antwortet Solon/ Wir können dich König noch nicht für glückselig aussschreyen/weil du noch allhier in der Gewalt deß Glücks/ vnd deiner eignen begierden bist. Wenn du aber wirst gestorben sein/ als denn können wir erst sehen vnd erkennen/ wie glückselig du gewesen bist. Bruf. lib. 2. Cap. 30.

Socrates ward gefragt/ Was Glückseligkeit were? Antwortet er/ Voluptas quam pænitudo nulla sequitur, Meinet/ daß das eine Glückseligkeit heisse/ welchem kein Rewen folgete. Stob. Serm. 101.

Demecritus der sagte/ daß dieser glückselig were/ der bey kleinem Gut ein frölich Gemüth hette/ Der aber were vnglückselig/ der bey grossem Reichthumb betrübt vnd kleinmütig were. Stob. Serm. 101.

Diogenes hielte das allein für die höchste Glückseligkeit/ wenn einer solches Gemüths/ daß er sich köndte trösten vnd frewen/ vnd nicht trawrig sein/ es geschehe an welchem Ort oder zu waser Zeit es wolte. Ibidem. Er sagte auch/ daß das eine Glückseligkeit were/ der also lebte vnd thete/ der sein Gemüth/ Gewissen vnnd Seel zu frieden/ vnd stets rühig sein köndte. Ibidem.

Chilon der sagte/ man solte einen Vnglückseligen nicht verachte/ denn weil das Glück vnbestendig were/ so vergünnete oder verneidete es auch vnser Glückseligkeit. Stob. Serm. 109.

Bion Boristhenides/ als er gefragt ward/ wer am Leben am sorgfeltigsten vnd bekümmersten were? Antwortet er: Dieser/ der in aller wichtigsten vnd grossen dingen begert glückselig zu sein/denn dieser machte ihm viel tausende Sorgen/ dz er grosse dinge erlangete/ vnd wenn er sie bekommen hat/ bekümmert er sich/ daß er solche nicht wider verliere. Laert. lib. 4. Cap. 7. Item/ Er pflegte auch zu sagen/ Das Glück hat dem Reichen das Gelde nicht geschenckt/ Sondern geliehen/ Denn solches pfleget einen mit seinen Gütern/ ohn alle Hoffnung zu erhöhen/ Bald aber kan es einen vnversehens wider vnterdrücken. Item inquit, Idem esse in secunda fortuna altum sapere, & in lubrica via cursu certare. Stob. Serm. 103.

Am

Am Vierzehenden Sontage
Am Vierzehenden Sontage
nach Trinitatis.

NIhil citius senescit quam gratia. Darumb da Diogenes Cynicus gefragt war/was bey den Leuten am ersten alt würde? Resp. Beneficium. Denn man vergißt nichts so bald/ als die Wolthat. Stobæus.

Ein vndanckbarer Mensch wird einem löcherichten vnd zubrochenen Faß verglichen/ Denn gleich wie solches das eingefüllete nicht behalten kan/ Sondern fleust heraus/ Also auch vergehet vnd fleusset aus dem Menschen die Vndanckbarkeit.

Aristides/ den man mit dem Zunamen den Gerechten genennet hat/als dieser auffs aller heiligste vñ löblichste dem gemeinen Nutz fürgestanden/ hat er doch kein andern Dienst verdienet/denn daß er von den Vndanckbarn Bürgern ins Elendt getrieben/von dieses frommen Mannes Gerechtigkeit vnd Tode/lese man Plut. in Græcorum rerum & imperatorum Apoph.

Plato nandte einen vndanckbarn Menschen einen Maulesel/ denn deß Maulesels art ist/wenn er jung ist/vnd deß saugens satt vnd gnug hat/ schlecht er die Mutter mu den Füssen. AElianus lib. 4.

Demosthenes in seiner Flucht/ sagt man/ daß er offt hinder sich nach dem Tempel der Göttin Palladis gesehen/ vnd mit auffgehabenen Henden gesagt: O Pallas/ein Herrin der Stedte/ was hastu doch für Lust an den dreyen vnglückseligen Thieren/die dir geheiliget werden. Die Nachteul/ die doch vnter den Vogeln kein gut Auspitium gibt. Item/der Drache/der dein Ehrzeichen ist. Item/die Leute oder Menschen/die gleich sein einem wilden thier so viel Heupter hat/denn die Menschen pflegen gemeiniglich böse Vndanckbarkeit denen zu erzeigen/ die es doch auffs aller beste vmb sie verdienet haben/wie denn widerfahren dem Socrati, Photioni, Scipioni, vnd andern viel mehr. Plutarchus.

Der Fürstliche Gesetzgeber Lycurgus/ der der Lacedemonier Reglement auffs aller herrlichste angerichtet/vnd jhnen die aller schönsten Gesetz gegeben/ vñ alle böse Sitten abgeschafft hatte/ der hat doch bösen Lohn darvon gebracht/ denn die Bürger sind endlich vber jhn erzürnet/ daß sie mit Steinen zu jhm geworffen/ heiten jhn auch damit bedecket vnd ertödtet / wenn er nicht mit schneller Flucht jhn vber den Marckt entrunnen. Vide Plutar. In Laconicis Apoph.

Als der König Alphonsus einem Alvaro genandt/ viel gutthat vnd Wolthat erzeiget hatte / der es jhme doch wenig danck wuste / als solches dem Könige fürgeworffen wurde/daß er wenig Danck an solchem verdienet hette/ sagt er: Anignoratis ingenti beneficio, non nisi ingenti ingratitudine satis semper fieri? Wisset jhr nicht/daß man mit sonderlichen grossen Wolthaten/ die aller grösste Vndanckbarkeit verdienet? Panor. lib. 2, de rebus Alphon.

Alphonso/einem Fürsten oder König ward angezeiget/ wie einer dem er viel Wolthat erzeiget hette / im Kriege von jhm geflohen were/ vnnd vndanckbar worden/Als er solche Vndanckbarkeit bey jhm hin vnd her betrachte/ sagt er zu diesem/

Was

Was sol ich viel fragen von dieses Vndanckbarkeit (Ich bin viel mehr vndanckbar meinem lieben GOTTE/von dem ich alle Himmlische Gnade/vnd Väterliche Wolthat habe/etc. Manlius lib. 2.

Darumb müssen wir dasselbige also behertzigen/ wenn vns Vndanckbarkeit widerfehret.

Fridericus von Dön/ ein Ehrlicher alter Mann/vom Adel/ hat gesagt zum Cantzler/ D. Pontano/ als er gesehen / wie er so gar fleissig in seinem Ampt gewesen. Idem precium datur maculanti hypocaustum & purganti.

Man lasse die Stuben vngekehret/oder kehre sie fleissig/so verdienet man doch gleichen Lohn. Manlius lib. 2.

(Wenn man meinet/ man habe es am besten ausgerichtet/ vnd am fleissigsten gedienet/ zu letzt erlanget man der Herren Vngnade.)

H. Am

Am Funffzehenden Sontage
nach Trinitatis.

BApst Gregorius/ führet ein erschreckliches Exempel ein/ in einer Predigt/ von den zehen Jungfrawen/ der gestalt:
Es ist einer vom Adel/ mit Namen Chrysaurus/ in der Provintz Valeria gewesen/ welcher wol vor vnd nach der Welt ein geschickter Man aber voller Laster vnd Vntugendt/ hochmütig/ vnd wie seine Wort lauten/ *in acquirendis rebus avaritiæ facibus accensus,* das ist/ Er war ein vberaus geitziger Mensch/ also/ daß er auch für Geitz brandte/ wie ein Fewr. Da aber Gott der HErr solchen seinen Sünden stewren/ vnd ein Ende mit jhm machen wolte/ ist er plötzlich vnd schwerlich kranck worden.

Als er nun in den letzten Zügen gelegen/ vnd die Stunde verhanden/ daß seine Seel vom Leibe ausfahren solte/ hat er mit auffgehaneu Augen/ schwartze vnd heßliche Geister für jhm sehen stehen/ vnd zu jhm mit aller Gewalt eindringen/ daß sie jhn hinweg führeten. Daruber er hefftig erschrocken/ vnnd angefangen zu zittern vnnd zu zagen/ vnd mit grossem Geschrey vnd auffschub/ oder daß jhm eine kurtze Zeit frist möchte gegeben werden/ zu bitten/ hat auch seinen Sohn Maximum mit schrecklichem heulen vnd winseln embsig zu sich geruffen/ vnd begeret/ daß er jhme eilendts/ ohne Vertzug zu hülffe kommen wolte. Der Sohn erschrickt/ vnd entsetzet sich vber deß Vaters kleglichem heulen vnd schreyen/ vnnd findet sich bald zu jhm/ In solchem schrecken lauffet auch das gantze Hausgesinde zu/ sie sehen wol/ daß er in grossen Engsten ist/ aber die bösen Geister die jhm mit jhrem zusetzen zu solcher Anzst Vrsach gaben/ sahen sie nit/ spüren vnd mercken gleichwol/ *ex confusione, vultus* wie er spricht/ *pallore & tremore,* das ist/ daß er so geel wird/ vnnd so zittert vnnd bebet/ daß böse Geister müssen verhanden sein/ die jhn schrecken vnd engstigen/ etc.

Wie er nu/ so geengstiget/ vnd in seinem Gewissen bestürtzt allda ligt/ vnd siehet/ daß er den bösen Geist rn nicht erwehren kan/ hebt er mit hüller Stimme an erbärmlich zu schreyen/ *Inducias vel usq́ mane, Inducias vel usq́ mane.* Ach bitte allein vmb Frist biß auff den Morgen/ aber vergebens/ denn er ist bald darauff gestorben/ vnd mit solchem erbärmlichen Geschrey dahin gefahren/ da lachen thewr ist.

Diß Exempel/ spricht Gregorius/ sollen jhn alle Sünder/ vnd zumal die Geitzhelse lassen ein Exempel vnd Spiegel sein/ daß sie nicht also am zeitlichen vnd Leiblichen Gute kleben/ oder mit Schinderey vnd Wucher/ dasselbige zu gewinnen vnd zu vberkommen sich versündigen/ Sondern mit gutem Gewissen handeln/ vnd an dem/ was Gott bescheret/ wie wenig es auch sein möchte/ sich genügen lassen/ vnd gedencken/ wie Christus auch sagt/ was hülffe es denn einen/ wenn einer der gantzen Welt Güter hett gewonnen/ vnnd zu sich geschunden/ vnd müste doch zu letzt davon/ mit Ach vnd Wehe/ vnd seiner armen Seelen das zu verlüstig sein? Anfang bedenck das Endt/ wer das thut/ spricht Sprach/ der wird nit Vnrecht thun.

Cronerus erzehlet *lib. 9. de rebus & gestis Polonorum,* ein schrecklich Exempel/ von einem Reichen Ansehnlichen Junckern/ der bey seinem Leben/ als ein vnersettiger Geitzhals/ seinen Bawren vnd Vnterthanen vberaus beschwerlich gewesen/ dieselbigen geschunden/ vnd ausgesogen/ biß auff den Gradt

Derselbige Schinder vnd Geitzhals/ wie er Kranck ward/ vnd schwerlich vnd sicherlich darnider lage/ hab en jhn die Seelsorger offt vnd viel vermanet/ vnd ernstlich bey jhm angehalten/ daß er seiner Seelen Heil vnd Seligkeit war nemen solte/ Busse thun/ vnd sich zu Gott bekehren.

Darauff

nach Trinitatis.

Darauff er aus Zweiffelmuth geantwortet: Er sey mit Leib vnd Seel verdampt/ vnd habe sich keine Gnade zu Gott zu versehen/ denn er were schon aus Gottes Gericht/ den Teuffeln in jhre Gewalt vbergeben. Darauff auch die/ so vmb jhn gewesen/ vernier: etet vnnd gehöret/ gleich wie man einen mit Feusten grawsam schmisse vnnd schlüge/ wie denn auch balde an deß krancken Leibe blutrünstige striemen gespüret vnd gesehen worden/ daß Jederman dafür erschrocken/vnd sich entsetzet hat.

Nicht lange hernach/ ist deß vnseligen Menschen Seele/ mit Schrecken/ Zittern vnd zagen/ jemmerlich dahin gefahren. Vnd setzt Cromerus dabey diese Wort: Hic orsus supplicia, quæ deinde apud Inferos expenderet, ut eijcet exemplo ijs, qui aliorum incommodis student sua commoda parare. Das ist/ der elende Mensch/ hat auch noch in diesem Leben etwas müssen fühlen/ von der Straff/ die er hernach in der Hellen ewig leiden solte. Vnd ist also zum Exempel fügestellet worden/ allen Geitzhelsen/ Wucherern vnd Schindern/ die mit anderer Leute schaden sich befleissigen reich zu werden/ vnd groß Gut zusammen schlagen/ etc.

Dergleichen schreibet auch Cromerus von einem Fürsten der Mansuren/ welcher der armen Wittwen vnd Waisen Güter zu sich gerissen/ davon ein grosses Panckett angerichtet/ vnd viel stadtliche Herren zu sich geladen. Wie er aber am Tisch gesessen/ vnd grossen Pracht mit essen vnd trincken/ von der armen Leute schweiß gleidend/ ist er vnversehens aus Gottes Straffe/ von einer grossen Menge Meuse vberfallen worden. Vnd da er den Meusen auff dem Wasser in einem Schiff entfliehen wolte/ sind jhm die Ratten auff dem Wasser gefolget/ vnnd so hefftig vnd grimmig an jhn gesetzt/ biß sie jhn zu tode genaget/ vnd auffgefressen haben.

Bey vns allhie zu Rostock/ spricht D. Simon Pauli/ ist vor wenig Jahren gewesen ein Fleischer/ der auch mit ein Roßteuscher war/ welcher keinen fleiß vnd Mühe sparete/ in seinem reisen vnd im arbeiten/ damit er möchte reich werden/ vnnd groß Geldt zu wegen bringen. Wie er aber jetzt sterben solte/ sprach er zu den Jenigen/ welche vmb jhn waren in seiner Kranckheit/ kurtz vor seinem letzten Ende/ mit diesen Sächsischen Worten:

Ja Ja/ wol gerendt vnd gereden/
Na einem Lacken vnd vier Breden.

Was hilfft michs nun/ sprach er weiter/ daß ich so viel Mühe gehabt/ so viel Arbeit gethan/ so viel zu Fuß vnd Roß gereiset vnd gelauffen habe? Bekomme ich doch jetzt/ nun ich sterbe/ nicht mehr denn einen Sarck/ mit vier Brettern zusammen geschlagen/ vnd ein leinen Tuch/ darein mein todter Cörper verhüllet wird.

So werden auch die Geitzhelse letzlich/ wo nicht ehe/ doch in der letzten stunden die Augen auffgethan/daß sie sehen müssen/ daß gieben vnd geitzen vmbsonst vnd verloren/ vnnd weder Geldt noch Gut retten noch helffen kan/ wenn das letzte Stündlein kömpt/ vnd wir davon sollen/ so wird man vns auch das erschundene vnd erwucherte Gut vnd Gelde nicht mit geben/ noch viel weniger zun Heupten legen/ wer vns auch niches nütze/ Sondern wie wir nacket vnd bloß auff die Welt geboren worden/ so müssen wir auch nacket vnd bloß wieder davon/ wie auch S. Paulus saget: Gewiß ists/ daß wir nichts haben in diese Welt gebracht/ Gewiß ists auch widerumb/ daß wir nichts werden mit hinauß nemen. Was für Narren vnd Thoren sein wir denn/ daß wir deß Geitzens/ Krimmens/ schindens vnd scharrens kein Ende machen können/ daß vns doch nichts hilfft/ Sondern viel mehr schadet/ auch manchen dahin bringet/daß er als denn lieber wolt/ er were nie geboren gewesen.

Die Poeten haben eine Fabel gemacht vom Tantalo/ daß er sol in der Hellen im Wasser sitzen/ so tieff/ daß es jhm wil in den Mund lauffen/vnd sol dabey stehen

Am Funffzehenden Sontag nach Trinitatis.

stehen ein Baum / mit schönen Oepffeln / welche jhm für den Mund reichen / vnd gleichwol sol er mit ewigwerendem Durst vnd Hunger geplaget werden / Denn wenn er wil den Mund ins Wasser eintauchen / so sol es weg lauffen / vnd wenn er nach den Oepffeln wil greiffen / sollen sie von jhm hinweg weichen.

Diß ist ein Bilde der Geitzigen / welche dem Mammon dienen / vnd jhres Reichthums nit gebrauchen können / jhnen selbst etwas gutes damit zu thun.

Denn reiche Leute fressen bey grossem Gut die Backen fast durch / vnd sind so dürr vnd mager / daß die Glieder des Leibes kaum in der Haut an einander können bleiben. Also hat ein Reicher / der geitzig ist / zwar gros Gut / vnd hat doch dabey auch nichts / weil er desselbigen seines Gutes nicht gebrauchen kan / wie der alte Spruch auch saget: Avaro tam deest quod habet, quam quod non habet.

Am

Am sechzehenden Sontage
nach Trinitatis.

Er König Alexander Magnus ist auff eine Zeit gar höfflich deß zeitlichen Todes erinnert worden/ durch einen wunder künstlichen Stein/ der ihm zugeschickt worden / in solcher gestalt: Wenn man denselbigen auff eine Wage geleget / hat er alles auff der andern Schalen/ wie schwer es auch gewesen/ vberwogen / Aber so balde man ein wenig Erde auff den Stein gelegt hat / so ist er gantz leicht / vnnd von geringen Dingen vberwogen worden. Das hat ein weiser gelerter Mann dem Könige also gedeutet: Du König bist der schwere Stein/ daß dich der Erdboden kaum ertragen kan/ vñ vberwegest alle Potentaten in der Welt/ daß sie gantz geringe sind gegen dir gerechnet. Aber es ist vmb ein kleines zu thun / wenn man wird nur ein wenig Erden auff dich legen / so wirstu leichte gnug werden.

    Vom Saladino lieset man/ welcher in dreyen mechtigen Königreichen/ Asia/ Syria/ vnd Egypten ein Herr gewesen/ daß er/ wie es an dem gewest/ daß er hat sterben sollen/ einen weissen Sterbkittel an einer Stangen im Feldtleger vmbtragen vnd ausruffen lassen:

    Schawet/ der grosse Potentat Saladinus/ der gantz Asiam bezwungen/ vnd seiner Iurisdiction vnterworffen/ der bringet von allen seinen Gütern vnd Herrligkeiten/ so er in dieser Welt zusammen bracht hat/ nicht mehr von hinnen/ wenn er sterben wird / denn ein solch Kleide.

    Josaphat/ eines gewaltigen Königes Sohn in India / den hat sein Vater/ bald in der Kindtheit auff/ in einem Schlosse verworen/ vnd zeitlich in allen Wollüsten aufferziehen lassen/ mit grossem Auffschawen/ daß er Ja nicht ein Christ würde. Da aber der Jüngling erwuchs/ vnd nicht mehr wolte verschlossen sein/ ließ ihn der Vater spacieren führen/ allerley Weltliche Frewde vnd Kurtzweil zu hören / sehen vnd gebrauchen: In dem kömpt ihm ein sehr alter Mann für / der hatte eine runtzlichte Stirn/ bleiche Farbe/ keinen Zan im Maule/ gieng krumb vnd gebückt/ an einem Stäblein her schleichende/ Deß gleichen der Junge Herr sein Lebenlang nie gesehen / darumb er mit grosser Verwunderung fragte: Was das were? Vnd da er hörete / daß es ein Mensch were/ vnd daß der Mensch nach seinen jungen frölichen tagen/ endtlich im Alter so schwach vnd vngestalt würde/ vnd hie in dieser Welt keine bleibende stedte hette/ Sondern alle/ keiner ausgenommen/ mit dem Tode beschliessen müste. Da hat er sich von dem Weltlichen Wesen/ vnd aller fleischlichen Wollust gar abgewendet/ vnd dermassen angefangen zu trawren/ daß ihn niemandt hat zu frieden stellen können/ biß er zum Christlichen Glauben bekehret worden.

O. iij   Am

Am siebenzehenden Sontage
nach Trinitatis.

VNter Antiochio Epiphanie ists geschehen/ *Anno Mundi*, 3806. Vor Christi Geburt/ 164. Daß sich die Juden aus Furcht für dem Kriegsvolck/ in eine Höle verkrochen/ vnd als sie vom Feinde angegriffen wurden am Sabbath/ wolten sie sich nicht wehren/ Sondern liessen sich dahin/ wie das vnvernünfftige Viehe schlachten vnd nürgen/ Denn sie halten sorge/ wenn sie Handt anlegten wider die Feinde/ so entheiligten sie den Sabbath/ vnd sündigten wider das dritte Gebott/ welches den Feinden ein gewonnen Spiel gewesen were. Aber letzlich/ wolten sie nicht alle vmbkommen/ so musten sie beschliessen/ daß sie auch am Sabbath sich wider die Feinde wehren wolten. Diese Historiam besihe im ersten Buch der Maccabeer/ am andern Capitel. *Iosephus* Antiquit. lib.12. Cap.7.

So geschach es auch zu den Zeiten deß Pompejani Magni/ der ließ am Sabbath schantzen biß an die Mauren der Stadt Jerusalem/ vnnd bracht allen seinen Kriegszeug vnd Rüstung dafür/ schoß vnd schmeiß die Thore vnd Mauren entzwey/ brach also mit Gewalt in die Stadt/ vnnd eröbert sie. Da were nicht ein Mensch vnter den Juden gewesen/ der zu einer Wehre hette gegriffen/ oder sich vnd die Stadt schützen wollen/ meineten/ wenn sie Handt anlegten/ vnd sich wider die Feinde wehreten/ so begiengen sie eine Todtsünde/ wider das dritte Gebott/ vnd entheiligten den Sabbath/ wolten derwegen lieber die Stadt verlieren/ denn den Sabbath brechen.

Also theten auch die/ so da opfferten/ hetten nicht einen Fuß vom Opffer verwendet/ ob sie wol höreten vnd sahen/ daß die Stadt voller Feinde vnd Geste war/ Sondern fuhren in ihrem Opffern vnd Gottesdiensten fort/ wie zur Zeit deß Friedes. Solches beschreibet nach der Lenge Iosephus, libro Antiquit. 14. Cap. 8. Item, Dion Nicæus in Pompio.

Romanus Argyrus/ Keiser zu Constantinopel/ Nach dem er seitt voriges Weib von sich gelassen/ hat er Keisers Constantini Tochter zum Weibe angenommen. Er war albereit in die sechtzig Jahr alt/ in allerley Studien/ so bey den Griechen gebreuchlich waren/ in den Rechten/ in der Philosophia/ vnnd allen freyen Künsten fürtrefflich vnnd erfahren/ vnnd von Natur sitsam vnd eingezogen. Dargegen war sein Weib/ demnach sie nicht sonderlich zusammen in einen Ehestandt gehöretet. In dem wirffet diese vnkeusche Fraw jhre Liebe auff einen aus Paphlagonia/ Michael genandt/ vnd nach dem sie Romano jhrem Manne spinne feindt worden/ hat sie jhm ein Gifft zugerichtet/ darvon er an seinem gantzen Leibe geschwollen ist/ in solcher Kranckheit/ als er eins mals allein in dem Bade ist/ wird er mit Hinderlist/ von seinem Ehebrecherischen Weibe ihm bestellet/ mit dem Kopff in ein Faß voll Wassers gestossen/ vnd darunter so lang gehalten/ biß er angefangen zu ersticken/ allda zeucht man ihn halb todt wider heraus/ vnd lest jhn in ein Bethlein tragen/ daiß er bald darauff gestorben.

Michaelem Paphlagonium aber hat GOtt also gestrafft/ daß er eine sonderliche Kranckheit bekame/ also/ daß er offtmals darnider fiele/ vnnd das Angesicht sampt dem gantzen Leibe/ grewlich verstellet vnd verkehret. Diese Kranckheit hielte man dafür/ daß es sol eine Straffe gewesen sein/ seiner grossen Vnzucht/ die er mit eines andern Eheweibe getrieben habe. Item/ deß Meineydes/ damit er den Keiser Romanum Argyrum betrogen/ als derselbige jhn von wegen der Bulschaffl mit seinem Weibe zu rede gesetzt. Endtlich ist er Wassersüchtig worden/ vnd also endtlich gestorben.

Ben Jamin ist ein Mönch gewesen in Seethi/ biß gar auff sein Alter/ vnd ist berümpt gewesen/ von wegen der Gaben gesundt zu machen/ damit er ohne

Am siebenzehenden Sontag nach Trinitatis.

Artzney/ allein mit dem Gebet vnd Oele/ Jederman/ mit was Kranckheit er auch gleich behafftet war/ kundt gesunde machen. Er aber bekam eine Wassersucht/ vnd heilete die Krancken nichts desto weniger/ vnnd fragete in deß nach seiner Kranckheit nichts sonderlichs/ daß er die/ so jhn besuchten/ tröstete/ vnd bat von jhnen/ daß sie Gott für seine Seele bitten wolten/ vnd saget jmmerdar von seinem Leibe/ er were jhm kein nütze gewesen bey seiner Gesundtheit/ er were jm auch jetzt nicht schedlich in seiner Kranckheit. Ist letztlich an der Wassersucht gestorben. Sozomen. lib. 6. Cap. 29.

    Heraclitus war Wassersüchtig/ dafür brauchte er diese Artzney/ Daß er sich vber dem gantzen Leibe mit Ochsenmist bestrichen/ vnd denselben an der Sonnen trocknen ließ.
    Da jhn nu sein Gesindlein vber die rechte Zeit an der Sonnen allein sitzen liessen/ zurissen jhn die Hunde/ denn sie sahen jhn für ein wildt Thier an.

Am achtzehenden Sontage nach Trinitatis.

DEr Heuptpunct deß Heutigen Euangelij / ist von der Person Christi / daruber allezeit / wie auch noch gefehrliche vnnd ergerliche Streite erreget werden. Solten derentwegen die viel vnnd mancherley eingefallene Ketzereyen / hier nach der Lenge erzehlet werden:

Weil wirs aber in vnsern sechs Wehnacht Predigten / so lauffendes 1590. Jahr zu Eißleben in Quart. vnd verlegung Herrn Henning Grossen / Buchhendlers zu Leipzig / etk. gedruckt vnnd publicirt worden / auffs fleisseigste verricht / wollen wir den Christlichen Leser biß auff eine andere Gelegenheit dahin gewiesen haben / etk.

Am

Am Neunzehenden Sontage
nach Trinitatis.

DEr HErr Christus wird verursacht/wider in seine Stad Capernaum sich zu begeben/ weil jhn die Gergenenser/darumb/ daß er den Teuffeln/die etliche Menschen besessen hatten/vergundte in jre Säw zu fahren/ha ẽ/ daß er von jhnen weichen wolte. Welches nicht allein ein vnchristliches Ding/Sondern auch so viel desto schrecklicher vnd abschewlicher ist/ daß man dergleichen heilose Leute/ auch zu vnser Zeit/in tanta luce Euangelij, bey so hellem Liecht deß geprediġten Worts Gottes findet/wie aus nachfolgender warhafftiger Geschicht/leider Gott/mehr als zu viel klar vnd war.

Herr Philippus/ communis noster Præceptor, piæ memoriæ, kömpt auff eine Zeit in einer Visitation/ in ein Dorff / dorin die Bawren eine gute Zeit keinen Pfarherr gehabt/ Derhalben fragt sie wolgedachter Herr Philippus/ ob sie auch ein Hirten? Da sie Ja sprachen/ fragt er weiter/ warumb sie denn keinen Pfarherr hetten/ Antworten sie/ Deß Hirtens köndten sie wegen jhrer Nahrung vnd Viehes nicht entrathen/Mit der Pfarr bestellung heits noch wol Vertrag/ etc.

Diese Vnchristen/ sind sie nicht erger denn die Gergesener/ so sind sie jhnen doch gar gleich/ vnd gute Landsleute zusammen. O wie viel findt man noch solcher Gesellen allenthalben/ der liebe Gott laß es seine fromme Christen nicht entgelten/vnd verzeihe vnd vergebe es solchen Gottlosen Leuten/ wenns jhnen ein mal leid wird.

Am

Am 20. Sontage nach Trinitatis.

ALS ich zur Newstadt an der Orla Superintendens war/ ward ein frommer/ einfeltiger Pfarrherr von etlichen versoffenen Junckern/ die vmb jhrer Sünden willen vorhin in der Kirchen gestrafft/ vnuersehens auff der Strasse vberfallen/ vnd so vbel von jhnen geschlagen/ daß er fast todt blieben/ vnd das noch erger ist/ wie sie jhren Mutwillen mit schlahen/ spotten vnd lestern gnugsam an dem armen Pfarrherrn geübet/ vnd davon haben reiten wollen/ haben sie jhm jhre Büchsen auff die Brust gehalten/ vnnd einen Eidt abgedrungen/ daß er solches/ (wie sie nemlich mit jhm gehandelt, niemandts offenbaren wolte/ oder solte vnd müste für jhren Augen sterben. Der Pfarrherr/ daß er sein Leben erretten möchte/ hat mit auffgehabenen Fingern/ vnter dem freyen offentlichen Himmel vnd hellen Sonnen/ aus bedrengnis der Junckern/ einen Eidt mit zittern gethan. Wie er nun im Felde verwundet/ von einem angetroffen/ vnd zu Hause von seinem Nachbarn gebracht/ hat er kleglich gethan/ seine Hende gewunden/ aber gleichwol hat niemandt mit einem Wort können von jhm erfahren/ was jhm were vnd anlege/ oder wie er zu dem Schaden kommen. Deß andern Tages kömpt ein ander Pfarrherr/ vnd zeiget mir deß verwunten Pfarrherrs Elendt vnd Zustandt an/ vnd sagte/ man köndte nichts wissen noch von jhm erfahren/ wer jhn beschediget/ doch gebe er so viel zu verstehen/ daß er einen Eidt gethan hette. Da befahl ich dem Pfarrherrn/ weil er Raht bey mir/ als seinem Superintendenten suchte/ Er solte den verwundten Pfarrherrn von seinem gethanen Eidt/ so er aus Schwachheit gethan/ vnd jhm solches hertzlich leid were/ im Namen Gottes absoluiren/ vnd sein Gewissen frey machen/ auff daß er ohne alle Schew anzeigte/ vnd man dahin kommen möchte/ wer jhm Leid gethan/ oder wie er zu solchem Schaden keme/ welches also geschehen/ vnnd ward nach Offenbarung solches Frevels vnd Mutwillens der Junckern an Hoff gen Weimar bracht/ Aber solcher Frevel/ ward nicht mit solchem Ernst/ wie billich/ gestrafft.

Was thut jener Juncker vnnd Hoffmann/ da sein Pfarrherr seines Gottlosen Lebens halben jhn ernstlich gestrafft hatte/ vnd vnter andern gesagt/ Er müsse am jüngsten Gericht Gott dem HErrn davor Rechenschafft geben/ wenn er jetzt nach erforderung seines Ampts jhm seine Sünde/ die doch offentlich vnd gar arg weren/ nit anzeigte/ hieß jhn derhalben davon abstehen/ auff daß er bey Gott entschüldiget were. Baldt hat derselbige Juncker/ so der Pfarrherr gestrafft/ vnd von Sünden abzustehen/ vermanet/ ein brieflein geschrieben/ auff diese Weise: Ich bekenne mit dieser meiner eignen Handtschrifft/ vnd bezeuge es von grundt meines hertzen/ daß ich den Ehrwirdigen Herrn N. meinen Pfarrherrn absoluirt/ quit/ ledig vnd loß gezehlet habe/ vnd in Krafft dieses meines Brieffes mit meiner Handt geschrieben/ vnd mit meinem Insigel bezeichnet vnd bekrefftiget/ loß zehle/ vnd jhn hinfurt loß zehlen wil/ meines Wandels vnd Lebens halben/ sich nit bekümmern noch sorgfeltig sein/ vnnd meinet halben/ weder hie in diesem Leben/ noch am jüngsten Gericht Rechenschafft geben darff/ etc. M. Christophorus Irenœus, im Spiegel von der Hellen.

Am

Am 21. Sontage nach Trinitatis.

Historien vnd Exempel grosses Glaubens.

ALS Lutherus von Keiser Carolo dem Fünfften / nach Wormbs gefordert wird / vnd nun fast auff wenig Meilen an die Stadt kömpt / widerrathen jhm die meisten / die vmb jhn waren / vnd teglich zu jhm kamen / vnd sprachen: Er solt sich wol bedencken / vnnd in keinem wege hinein ziehen / sintemal seine Bücher kurtz zuvor verbrandt sindt / dadurch er bereit verdampt sey / vnnd sey bewußt / daß man das Geleidt / so man Johann Hussen zugesaget / vnd verschrieben war / nicht gehalten habe.

Da antwortet er mit vnerschrockenem Hertzen / Er verstehe / daß der Teuffel jhn schrecken wolle / weil er sehe / daß durch das Bekentnis der Warheit / an einem solchen herrlichen / scheinbaren Ort / für solchen hohen Potentaten / seinem Reich ein grosser Abbruch geschehen werde. Es sol aber dem Teuffel fehlen / das er seinet halben schweigen wolle. Ich wil / spricht er / hinein ziehen vnd die Warheit bekennen / wenn schon so viel teuffel in der Stadt weren / als Ziegelstein auff den Dechern sind.

Als er aber zu Wormbs einkömmet / zeiget er sein glaubiges Hertz / vnd vnerschrockenen Muth / nicht allein darmit an / daß kein Mensch (weß Wirden oder Standes er auch war) weder mit guten noch mit bösen Worten / weder mit grossen Verheissungen / noch mit schrecklichen Drawungen / jhren vberreden kondten / daß er die Warheit verleugnet hette / Sondern da stund er / wie eine Mawr / vnd ware bereit / auch mit seinem eigenen Blut der Warheit Zeugnis zu geben / vnd da alles wider jhn wütete vnd tobete / vnnd die Köpffe zusammen stiessen / vnd Rathschlagten / Jn deß betet er sein Vater vnser / vnd machet den vberaus herrlichen vnd schönen Gesang.

Ein feste Burg ist vnser GOtt / ein gute Wehr vnd Waffen / etc. Vnnd wenn die Welt vol Teuffel wer / vnd wolt vns gar verschlingen / so fürchten wir vns nicht so sehr / Es sol vns doch gelingen / Der Fürst dieser Welt / Wie sawr er sich stelt / Thue er vns doch nicht / Das macht er ist gericht / Ein Wörtlein kan jhn fellen.

Das Wort sie sollen lassen stahn / Vnd kein Danck darzu haben / Er ist bey vns wol auff dem Plan / Mit seinem Geist vnd Gaben / Nemen sie den Leib / Gut / Ehr / Kind vnd Weib / Las fahren dahin / Sie habens keinen Gewinn / Das Reich GOTTes muß vns bleiben.

Sleidanus gedencket dieses Psalms auch / in seinem sechzehenden Buch an dem Ende / vnd gibt darinnen zu verstehen / das ers damals auch gemacht / als der grosse vñ darzu gefehrliche Reichstag zu Augspurg gewesen ist / Anno 1530.

Auff demselbigen Reichstage stunde es sehr mißlich vnnd sorglich / Es drawete der Bapst / Es drawete der Keiser / Es drawete den Fürsten / vnnd liessen sich endlich vernehmen / daß sie Gut vnd Blut daran setzen wolten / vnd nicht ruhen noch feyren / biß der Luther hinunter were mit seiner Lehre.

Jn solchem / deß Keisers vnd deß Bäpstischen Trutz vnd Bedrawungen / wurde Philippus Melanthon sorgfeltig vnd angsthafftig / zwar nicht seiner Person halben / sondern daß er sich besorgte deß Außganges vnd der Nachkommenden halben hatte er sich also in Trawrigkeit / seufftzen vnd weinen gar ergeben.

Nach dem aber Doctor Luther solches vername / schriebe er jhm zu dem offternmal / richtet jhn wider auff / tröstet vnd vermanet jhn / weil solches mit der Menschen / sondern

deß

Am 21. Sontage

deß Allmechtigen Gottes Werck vnnd Sache were/ solte er alle Sorge vnd schwere Gedancken hinlegen/vnd den gantzen Handel lassen auff Gott beruhen. Schriebe auch an jhn also:

Warumb bekümmert vnnd peiniget jhr euch also selbst? So Gott seinen Sohn für vns gegeben hat/ was zittern wir? Was sind wir trawrig? Ist denn der leidige Teuffel gewaltiger vnd stercker denn Er? Warumb fürchten wir die Welt? Welche der HErr Christus vberwunden hat. So wir eine böse Sache vertheidigen/ warumb stehen wir nicht von vnserm Fürnemen abe? So wir aber eine Göttliche vnnd gerechte Sache haben/ Warumb vertrawen wir nicht den Verheissungen Gottes? Der leidige Teuffel der kan doch sonst nichts/ denn nur allein das zeitliche Leben nemen/ Christus aber der lebet vnd regieret ewiglich/ In welches Schutz auch die Warheit bestehen bleiben wird/ derselbige wird nicht auffhören bey vns zu sein / biß an der Welt Ende. Wenn er bey vns nicht ist/ Lieber wo sollen wir jhn sonst finden? Wir sind wol Sünder/ leider auff viel Wege/ Christus aber ist darumb kein Lügener/ welches Sache wir handeln/ Es mögen die Könige vnd Völcker toben/wie sie wollen/ so wird doch der Allmechtige/ der in dem Himmel wohnet/ jhrer spotten.

Diesen Handel hat GOTT ohne alle vnsern Rath/ biß auff diese Zeit / allewege noch geführet vnnd erhalten/ der wird jhn auch forthin zu einem glückseligen Ende bringen/ etc.

Wie nun dieser Mann im Glauben gelebet/ also ist er auch im Glauben seliglich gestorben/ Denn als er in seiner Leibes Schwachheit vnd Kranckheit vermerckete/ daß seines Lebens ein Ende verhanden were/ betet er zu Gott/ mit diesen Worten : GOTT mein Himlischer Vater / vnd ein Vater vnsers HERRN Jesu Christi/ ein GOTT alles Trostes/ Ich sage dir Lob vnd Danck/ daß du mir deinen Sohn Christum hast offenbaret / an welchem ich habe gegleubt/ welchen ich habe bekande/ welchem ich habe gelebet vnd gelobet/ welchen der Bapst zu Rom/ vnnd der ander Gottlose Hauffe/ verfolget vnd schmehet. Ich bitte dich mein HERR JESu Christe/ nim meine arme Seele zu dir. O mein Himlischer Vater / Ich weiß/ vnnd bins gewiß / ob ich schon aus dieser Welt abscheiden/ vnd diesen meinen Leib ablegen muß / daß ich doch in Ewigkeit bey dir bleiben werde/vnd wird mich aus deiner starcken Hand niemand reissen können.

Nicht lang nach diesem Gebett / als er seinen Geist ein mal oder zwey in die Hende Gottes befohlen/ verschiede er allgemach aus dieser Welt / als ob er schlaffen wolte/ gantz ohne allen Schmertzen deß Leibes / so viel man mochte vermercken. Starbe also in rechtem warem Glauben / vnd in rechter warer Anruffung zu Gott in Christo Jesu seliglich/ am achtzehenden Tage deß Hornungs/ Im Jahr nach Christi Gebürt/ 1546. Vide Sleidanum in lib. 16. circa finem.

Deß Churfürsten Johann Friderichs seliger Gedechtnis/ abschlegige Antwort auffs Interim/ Anno 1548.
den 5. Tag Julii/ daraus seiner Churfürstlicher Gnaden Glaub vnnd Bestendigkeit augenscheinlich zu sehen vnnd zu mercken ist.

ICH habe vnterthenniglich angehöret/ daß Römische Keiserliche/ auch Königliche Majest. Deßgleichen Chur-fürsten Fürsten/ vnnd Stende deß Reichs / sich entschlossen/ Wie es im heiligen Reich / Teutscher Nation/ in Sachen/ die Christliche Religion betreffende/ biß auffs Concilium gehalten werden sol/ vnd daß die Keiserliche Majestat erstlich an mich begeren/ in bemelten Beschluß auch zu willigen/

nach Trinitatis.   96

gen/vnd denselbigen zu vnterschreiben/etc. Nun weiß ich mich zu erinnern/daß hochgedachte Keiserliche Majestet/in auffrichtung der Capitulation/anfencklich auch ein Artickel hat setzen lassen/Ich solte mich verpflichten/was in einem Concilio erkandt/oder Keiserliche Majestet in Glaubens sachen verordnen würde/das wolt ich annemen/vnd demselbigen nicht entgegen sein. Als aber jhrer Majest. in Vnterthenigkeit vermeldet worden/daß ich aus vielen stadlichen Vrsachen/meines Gewissens halben/solche Bewilligung nicht thun köndte/vnd mich keine Gefahr meines Leibes vnd Lebens dahin bewegen lassen würde/Da haben jhre Majestet gedachten Artickel widerumb außzuleschen befohlen/vnd fortan von wegen der Religion weiter handlung mit mir nicht gepflogen/welches ich auch also mit vntertheniger Danckjagung angenommen/vnd nach dem ich dieser Beschwerung meines Gewissens entladen/das vbrige alles an Leib vnnd Gut Keis. Maj. aller gnedigsten Willen vnd Gefallen/desto leichter vntertheniglich ergeben/vnnd darauff die Capitulation vollnzogen/in gentzlichem Vertrawen/es solte hinfurt dergleichen an mich nicht gemuht/Sondern mehr frey gelassen werden/bey der angenommenen vnd bekandten Religion zu verharten.

Weil aber Römische Keiserliche Majestat jetzt abermal bey mir Christlich suchen lest/daß ich zu dem gestelten INTERIM, oder Rathschlage/meine Bewilligung geben solle/so kan Jhr Maj. Ich in vnterthenigster Demuht vnangezeigt nicht lassen/daß ich von den Dienern Göttliches Worts/von meiner Jugendt auff/dermassen vnterrichtet vnd vnterwiesen/auch durch fleissige Nachforschung der Propheten vnd Apostolischen Schrifften habe erkundet/vnnd es/wie ich mit Gott bezeuge/in meinem Gewissen ohn alles wancken/dafür halte/daß die Artickel/wie sie in der Augspurgischen Confession begriffen/vnd was denen anhenget/die rechte/ware/Christliche/reine Lehre/vnnd in den Schrifften der heiligen Propheten/Aposteln/vnnd Lehrern/welche deren Fußstapffen nachgefolget/dermassen bestettiget vnnd gegründet/daß darwider nichts schlisßliches kan auffgebracht noch fürgewandt werden.

Darumb sich auch weilandt/mein gnediger lieber Herr Vater/Gottseliger Gedechtnis/Ich mit andere/aus gutem festem Verstande vnnd Wissenschafft/derselbigen Confession/vor vielen Jahren/durch ordentliche Wege vnd Mittel/biß auff Erkentnis eines allgemeinen/freyen/Christlichen/vnnd vnpartheischen Concilij/vns anhengig gemacht/darbey denn mein Gottseliger Herr Vater/biß in seine Gruben/vnd ich biß auff den heutigen Tag/durch Gottes Gnade vnd Barmhertzigkeit bestanden/auch bey vnser Regierung/vor vnd nach der Confession/also haben lehren vnd predigen lassen/vnd anders nicht gewust/wie ich denn auch noch nicht anders weiß/denn das wir damit vnsern Vnterthanen/die ewige vnd vnzergengliche Warheit Gottes haben anzeigen vnnd fürtragen lassen.

Wenn ich denn nun dessen in meinem Gewissen bestendiglich vberzeuget/so bin ich Gott gegen dieser vnaussprechlichen Gnade/diese Danckbarkeit vnd Gehorsam schüldig/daß ich von der erkandten vnd bekandten Warheit seines Allmechtigen Willens/denn er durch sein Wort aller Welt offenbaret/nicht abfallen sol/so lieb mir ist/die ewige Seligkeit zu ererben/vnnd ewige Hellische Verdamnis zu vermeiden. Denn so lautet das tröstliche vnd erschreckliche Vrtheil Gottes: Wer mich bekennet für den Menschen/den wil ich bekennen für meinem Himmlischen Vater/Wer Mich aber verleugnet für den Menschen/den wil ich auch verleugnen für meinem Himlischen Vater.

Aber wenn ich das INTERIM für Christlich vnd Gottselig annemen solte/so müste ich die Augspurgische Confession/vnd was ich bißher vom Euangelio Jesu Christi gehalten vnd gegleubet/in vielen trefflichen Artickeln/daran die Seligkeit gelegen/wider mein eigen Gewissen/bedächtiglich vnd fürsetziglich verleugnen vnnd verdammen/vnd mit dem Munde das billichen/das Ich in meinem Hertzen vnd Gewissen dafür hielte/daß es der H. Göttlichen Schrifft gantz vnd gar zu wider were.

Am 21. Sontag nach Trinitatis.

Ey Gott im Himmel/ das wolte deinen Namen jemmerlich gemißbraucht/ vnnd grawsamlich gelestert heissen/ auch dafür zu achten sein/ daß ich dich droben in der hohen Majestet/ vnnd meine Weltliche Obrigkeit hie niden auff Erden/ mit gefärbten Worten betriegen/ vnnd vmbführen wolte/ welches ich doch mit meiner Seelen thewr/ vnnd alzu thewr würde bezahlen müssen. Denn das ist die rechte Sünde in den heiligen Geist/ das von Christus drawet/ daß sie werde in dieser noch in jener Welt/ das ist/ in Ewigkeit nimmermehr vergeben werden.

So ich denn in meinem Gewissen dermassen/ wie gehöret/ versichert vnd gefangen bin/ auch kein bessers mit bewertem Zeugnis der Göttlichen Schrifft/ berichtet werde/ als bitte ich in aller Vnterthenigkeit vnd Demuth/ durch die Barmhertzigkeit Gottes/ die er in der Menschwerdung vnd sterben seines einigen geliebten Sohns/ vnsers Heilandes vnd Seligmachers Jesu Christi/ dem gantzen Menschlichen Geschlecht beweiset hat/ daß die Keis. Maj. mit es zu Vngnaden nicht auffnemen wolte/ daß ich das *INTERIM* nicht bewillige/ Sondern bey der Augspurgischen Confession endtlich verharre/ vnd alles andere hindan gesetzt/ allein dahin sehe/ daß ich nach diesem elendt/ armseligen/ vnd betrübten Leben/ der ewigen Frewde theilhafftig werden möge.

Denn daß ich/ wie ich angelanget/ in die Keis. Maj. gebildet/ als solte es mir nit vmb die Religion oder Glauben/ Sondern vmb eine verhoffte Reputation/ vnd ander zeitlich ding zu erlangen/ zu thun sein/ Gleich als ob vnter allen zeitlichen Gütern/ mir etwas lieber sein köndte/ denn mein Erledigung/ vnd daß ich fürnemlich/ nach gelegenheit meines schweren vnvermügenen Leibes/ bey Weib vnd Kindt/ in Ruhe vnd Gemach sein möchte. Solches sind Gedancken deß Hertzen/ welche niemand erkennen kan/ denn GOtt selbst. Aber ich bezeuge für den Angesicht Gottes/ vnd wil es bezeugen am Jüngsten Gericht/ wenn Gott von mir vnd allen Menschen Rechenschafft fordern wird/ wie wir vnser Leben allhie auff Erden/ mit Gedancken/ Worten vnd Wercken haben zugebracht/ daß ich hier innen nichts anders suche/ denn die Ehre seiner Allmechtigkeit/ vnd wie ich möge auffgenommen werden/ zu einem Kindt vnnd Erben deß ewigen Lebens. Daran wolte Keis. Maj. nicht zweiffeln/ vnd mit meinem verstrickten vnd gefangenen Gewissen/ auch daß ich Gottes vntreglichen Zorn vnd Vngnad so hoch achte/ gnedig gedult tragen.

Was eusserliche Sachen anlangen/ bin ich allewege begierig gewesen/ Keis. Maj. vnterthenigsten Gehorsam mit allen trewen zu leisten/ Gnad erlangen/ das weiß GOtt/ das wil ich hinfurt auch thun/ vnd was ich Keis. Maj. zugesagt/ gelobt/ vnd geschworen/ Fürstlich/ auffrichtig/ vnd vnverbrüchlich halten.

Der barmhertzige Gott wolle jrer Maj. Hertz nur erwelchen/ daß ich doch dermal eins meiner langwirigen Gesengnis halber/ Gnad erlangen/ vnd derselbigen Väterlich erlediget werden möge/ Auff daß ich der erste Fürst vnd Blutsverwandter jhrer Maj. nit sein dürffte/ der sein Leben bey jhrer Maj. gefengklich zubringe/ Derer thue ich mich hiermit in aller Vnterthenigkeit vnd Demuth befehlen.

Johann Friderich der Elter/ etc.
manu propria subscripsit.

Am

Am 22. Sontage nach Trinitatis.

BEY dem Regierenden Keiser Carolo/ deß Namens der Fünffte/ hat sich begeben vnnd zugetragen/ Als König Franciscus in Franckreich/ für Pavy in Lombardy/ mit einem grossen Heer/ zu Roß vnd Fuß gelegen/ vnd durch deß Keisers Kriegsvolck/ sonderlich die Teutsche/ geschlagen vnd gefangen/ vnd in Hispaniam geführet ward/ hat jhn der Keiser nicht allein gnedighch deß Gefengnis entlediget/ Sondern auch seine Schwester Königin Leonoram zum ehelichen Gemahl verheirath. Vnnd hat also dieser Keiser/ durch solchen Handel/ ein gros Lob vnd Preiß in aller Welt seiner Gütigkeit erlanget/ vnd ist höher gelobet worden/ denn so er gantz Franckreich verbrand vn̄ v̈ñ gekehret hette. Dennoch wol ein Fürst sich gegen seinen Feinden ernstlich erzeigen vnd halten sol/ so stehet jhm doch wol an/ daß er sich gegen denen/ so sich an jhn ergeben/ oder mit Gewalt gezwungen vnd vberwunden sein/ gnediglich erzeige/ vnd die Victoriam messig gebrauche/ Davon auch der Poet gesaget.

Ein schön Exempel der Gütigkeit vnd Liebe gegen seinem grossen Feinde/ hat beweist der Lothringische Fürst Renatus/ denn als diesen der letzte Burgundische Hertzog Carolus/ aus seinem Fürstenthumb verjaget hatte/ hat Renatus Verbündtnis mit den Schweitzern gemacht/ durch welcher Hülff vnd Beystandt er endtlich seinen Feindt den Carolum/ der jhme durch Krieg viel Bedrengung gethan/ mit den seinen erleget vnd erschlagen.

Da man nun den Leib deß Hertzogen Caroli vnter den Erschlagenen gefunden/ da hat er sich nicht/ wie vielleicht ein ander würde gethan haben/ gegen seines Feindes Cörper mit einiger Rachgierigkeit mercken lassen/ daß er solchen hette zureissen oder verspotten sollen/ oder sonst vbel mit dem gebären lassen/ Sondern er hat/ als ein sehr weiser vnd frommer Fürst/ sich auffs Christlichste vnnd mitleidigste gegen solchem erzeiget/ denn er setz en Leib in die Stadt Nancejum in S. Georgen Kirchen/ mit herrlicher Pompa tragen lassen/ vnd haben alle Hoffdiener den Cörper mit schwartzen Trawrkleidern bekleiden müssen vnd sind dabey so viel Priester vnd Kertzen gewesen/ als viel man nur können bekommen/ vnd hat der Fürst/ der alle Trawrzeichen in solcher Bekleidung vnd hintragung der Leich/ die doch beim Leben sein grimmester Feindt gewesen/ sehen vnd spüren lassen/ vnd da alles vereassen/ ob wol solcher erschlagener Hertzog in jhn vnd gegen die seinen gantz hoffertig vnd Tyrannisch gewesen war/ daß er solchen Cörper also ehrlichen zur Erden bestettiget/ als wer es sein eigener lieber Vater. Fulgosus lib. 5. Cap. 1.

Als Themistocles der weise vnd streitbare Mann/ bey den Lacedemoniern in Vngnade kam/ daß sie jhn verjagten/ vnnd auch nachfolgeten jhn zu tödten/ vmb Errettung willen/ flohe er zum Admeto/ der Molosser Könige/ der doch deß Themistoclis hefftiger Feindt zuvor gewesen/ weil er aber nicht einheimisch/ hat jhn die Königin deß Admeti Weise gelehret/ wie er jhrem Herren ein Fußfall thun solte/ vnnd angezeiget/ daß er bey einem Altar im Vorhoffe deß Schlosses/ für sich in seinem Schoß deß Admeti jüngsten Sohn gehabt/ den hat er dem Vater in seiner Heimkunfft gezeiget/ vnd gebeten/ daß er jhme vmb seines Sohns willen verschonen solte/ vnnd jhnen den Feinden/ die jhm nachfolgeten/ nicht vbergeben. Weil denn die Weise durch deß Sohnes willen/ die aller heiligst Weise/ wie Thucydides saget/ damals gewesen/ hat jhn der König in seinen schutz vnd Gnade angenommen/ ein Zeit lang beherberget. Aber da die Griechen/ so stetig beim Könige anhielten/ daß er jhn den Themistoclem vbergebe/ hat er jhn in Asiam vberführen lassen/ daß er also errettet worden. Chron. Philip. Mel. lib. 2.

N ij   Agesilaus

Am 22. Sontag nach Trinitatis.

Agesilaus / der Spartanische Kriegsfürst/ hat auch seinen Feinden offt Gnade erzeiget / wie er denn auch gethan bey der Stadt Coronea / da er sich mit den Thebanern schlagen müssen / in welcher Schlacht er hart verwundet / denn Xenophon schreibet / daß es ein solch hart Treffen gewesen / deren gleichen bey seiner Zeit nicht geschehen. Als aber etliche Feinde aus der Schlacht in eine Kirche/nohend bey der Walstadt geflohen / da ließ er seinem Kriegsvolck gebieten / daß man derer / so dahin geflohen/ verschonen solte. Auch da die Thebaner umb jhre Todten baten/ die zu begraben/ gestattet er jhnen solches gerne. Also gar ließ sich dieser Herr den Zorn nicht einnemen / ob er auch wol das mal hart verwundet ware/ vnd wol Vrsach zu zürnen gehabt hette. Chron. D. Philip. Mel. lib. 2.

Am 23. Sontage nach
Trinitatis.
Historien vnnd Exempel von vntrewen Vnterthanen.

Alexander Janneus / der König / als er starbe / verließ er hinter jhm zween Söhne / der eine hieß Hircanus / der ander Aristobulus / wiewol nun Hircanus elter war / dennoch samlet Aristobulus ein Kriegsvolck / vnnd vnterstunde sich / noch bey der Mutter Leben / das Königreich einzunemen. Hircanum schützete Antipater Jdumeus / vnd Aretas / der Araber König / vnd zu letzt auch Pompeius / der die Stadt Jerusalem einnam / vnd machte Hircanum zum obersten Regenten / vnd nam Aristobulum mit seinen zweyen Söhnen / Alexandro vnd Antigono / mit sich gefenglich gen Rom.

Als nun Alexander mit dem Vater Aristobulo gefangen gen Rom geführet wurde / entkam er in Cilicia / vnd fand sich wider in Judeam / vnd richtet newe Tumult vnd Lermen an / da ward er endtlich vom Gabino gefangen. Hernach zur Zeit deß Kriegs / zwischen Pompeio vnd Julio / ist jn vom Scipione / Pompeii Schweher / weil er für vnd für Auffruhr anrichtet / nach Römischer Weise / der Kopff mit einem Beihel abgeschlagen.

Antiochus / dieses Alexandri Bruder / ist nach Ausgang deß Pompeianischen Kriegs vom Julio loß gegeben / hat aber auch nicht ruhen können / Denn er hieng sich an der Parther König / vnd vnterstunde sich Judeam wider vnter sich zu bringen / vnd ist der alte Herr Hircanus / seines Vatern Bruder / von jhm gefangen / vnd in Parthiam geführet worden / da er jhm die Ohren hat abschneiden lassen.

Diesen Antigonum hat hernach Antonius vmb das dritte Jahr / nach dem Herodes König war worden / auch richten lassen. Herodes hat Hircanum / Antigoni Vettern / nach dem er aus Parthia wider ins Land gefordert / auch vmbbringen lassen / seines Alters im achtzigsten Jahr.

Diß ist eine schedliche Auffruhr gewesen / darinnen man grawsamlich gewütet vnd gewürget / vnd erschreckliche Tyranney / Brüder vnd Vettern an einander geübt haben / darüber sie auch sein zu boden gangen. Denn in diesem elenden Wesen / hat das gantze Geschlecht der Machabeer / welches Gott sonderlich hoch geehret hatte / jemmerlich ein ende genommen. Denn jhre Nachkommen vnd Kinder haben sich Teuffelisch würgen vnter einander getrieben / frembde Völcker ins Landt nach sich gezogen / jhre von GOTT empfangene Lehre / Gesetz vnd Disciplin deß Landes / sehr geschwecht vnd verderbet / etc. Josephus.

Im Griechenlandt / zu Athen / sind zween sehr gelerte vnd beredte Menner gewesen / die das Volck / vnnd Jederman / in grossen Ehren vnd Wirden gehalten hat / vnd denselbigen in jhren Rathschlegen sehr gefolget / mit Namen Demosthines vnd Hyperides. Aber darneben sind sie auch vnruhige Leute gewesen / die viel Meuterey vnd Auffruhr angerichtet haben / vnd Griechenlandt ohne auffhören wider die Griechen / insonderheit aber wider den König Philippum / vnd wider seinen Sohn Alexandrum / erreget vnd auffgewiegelt / daß sie Glauben vnd Trew / die sie jhnen geschworen / in Vergessung gestellet / vnd sich wider sie auffgebeumet haben. Wie sie letzlich theten wider Antipatrum / widder welchen sie Athen vnd gantz Griechenlandt rege machten / denn sie in allen Stedten hin vnd her liessen / vnd vermahneten Jederman / daß sie denen von Athen hülffe thun solten / wider den Antipatrum.

Aus der Vrsachen ward Antipater bewogen / daß er mit seinem Kriegsvolck in Griechenlandt ziehen must / die Auffrührer zu straffen / vnnd schlug die von Athen in einer grossen Schlacht / bey Cranone / welches eine Stadt ist in Thessalia. Da begundte die

N iij Stadt

Am 23. Sontage

Stadt Athen/ vnd sonderlich der gemeine Hauff/ so zuvor Demosthenis/ vnd anderer vnruhiger vnd Kriegssüchtiger Leute Rath ihnen hatten gefallen lassen/ sich zu fürchten/ daß sie möchten belagert werden, trachteten derhalben widerumb nach Frieden/ vnnd schickten jhre Legaten zu jhm/ mit Befehl/ daß sie **Friede machen solten**/ wie sie köndten/ vnd stelleten dem Antipatro alles heim/ daß ers seines Gefallens mit jhnen halten vnnd machen solte.

Da hat Antipater vnter andern dieses in sonderheit begert/ daß man jhm beyde Oratores/ Demosthenem vnd Hyperidem/ vberantworten solte. Derselbigen einer/ Hiperides entflohe/ wurde aber hernach in der Flucht/ in der Insel Egina gefangen/ vnd zu Antipatre geschickt/ da ist jhm die Zunge erstlich aus dem Halse genissen/ vnnd hernachmals gedödtet worden. Demosthenes flohe auch/ vnd entweich in eine Kirche/ da vmb Gnade zu bitten/ Schicket derhalben Antipater seiner Diener einen/ vnd ließ jhm sagen/ er solte aus der Kirchen heraus gehen. Da bücket sich Demosthenes auffs Buch/ als wolt er etwas schreiben/ vnnd soge einen Gifft aus der Fedem/ so er hiebevor darzu bereitet hatte. Also ist Demosthenes gestorben/ das nechste Jar nach Alexandri Tode/ den die Schlacht vor Cramone ist in Julio geschehen/ Athen aber hat sich im Augusto ergeben/ Demosthenes aber ist gestorben/ den 16. Octobris. Plutarchus vnd Diodorus Siculus.

Bey den Zeiten deß Keisers Neronis/ war ein Landtpfleger im Judischen Lande/ der hieß Florus/ den Nero selbst hin geschickt vnd verordnet hatte. Aber er war eine geitzige vnsettige Bestia/ der das Volck mit vnmessigen Schatzungen vnnd Aufflagungen beschweret/ damit gab er Vrsach zu Empörnng vnd Auffruhr/ vnd dieweil Cestius der Landtpfleger in Syrien/ neben dem Floro/ wenig Glück/ vnd machete sich der Römer Haupleuten offentlich vnd mit Gewalt widerspenstig/ vnnd vberkamen gleich zu solchem jhrem Vorhaben einen Auffrührischen/ vnruhigen Hauptman/ Manaimus genandt/ derselbe/ wo er einen Römischen Kriegsknecht erwischete/ ließ er jhn tödten/ vnnd siehe/ man solte die alte Freyheit widerumb mit gewalt eröbern/ hatte auch in der erst gros Glück. Derhalben als die Gefahr jmmer grösser ward/ erfordert endlich die hohe noth/ daß die Römer einen tapffern vnd erfahrnen Hauptman in Syrien schicken müsten/ dieses Fewr zu leschen. Vnd ist Vespasianus dahin geschickt worden/ welcher bald anfenglich Galileam wider eröbert/ darnach befahl er seinem Sohn Tito/ Jerusalem zu belegern/ welche Belagerung ist angangen/ gleich auff das Osterfest/ nemlich den 14. Tag Aprilis im andern Jahr Vespasiani/ nach der Geburt Christi/ im 72. Jahr. Nach seiner Aufferstehung fast im 40. Jahr. Also ist der Anfang vnnd Vrsach der letzten Zerstörung Jerusalem/ vnd deß Vntergangs vnd Elendes deß Judischen Volcks/ in welchem sie noch stecken/ gewesen die Auffruhr. Darvon man weiter die Historiam lesen mag beim Josepho.

Vnter dem Keiser Trajano/ ist abermals vnter den Juden eine grawsame vnd erschreckliche Auffruhr entstanden/ welche in Egypten/ Cyrene/ vnd Cypern/ in die 40. tausendt Mann erschlagen/ vnd so vnmenschliche Grawsamkeit geübet hatten/ daß sie auch/ welches grewlicher zu hören/ der erschlagenen Cörper gefressen/ vnnd mit jhrem Blut jhr Angesicht geferbet hatten. Vber dieser Rasenden Verstockung vnd Vnsinnigkeit der Juden/ hat man sich billich desto mehr zu verwundern/ daß sie die jämmerliche Zerstörung Jerusalem noch in frischer Gedechtnis/ vnnd gleich als für dem Gesicht hatten/ Denn vom andern Jahr Titi/ biß auff das achtzehende Jahr Trajani/ das ist/ Von der Zerstörunge Jerusalem/ biß auff die Auffruhr/ sind nicht mehr denn vier vnnd dreissig Jahr.

Aber wenn Gott die Handt abzeucht/ vnd die Straffen wil ergehen lassen/ so müssen die Jenigen/ so von Gott verstossen sind/ jhnen selbst mit scheinbarlicher/ sonderlicher Vnsinnigkeit/ jhr eigen Vnglück/ vnd endliches Verderben mutwilliger Weise vber den

Hals

nach Trinitatis.

Haß ziehen/ wie denn solches nicht allein der Juden/ Sondern anderer Völcker mehr Historien bezeugen vnd ausweisen.

Item/ vnter dem Keiser Adriano haben sich widerumb die Juden empöret/ vnnd weil sie nicht abliessen zu toben vnnd zu wüten/ forderte der Keiser Julium Severum aus Britannien ab/ vnd schicket jhn in Syrien/ daß er die Juden zum Gehorsam bringen solte. Dieweil aber nichtes so bald ausgerichtet ward/ kam endtlich der Keiser Adrianus eigner Person in Syrien/ vnd belagerte die feste Stadt Beißoron/ drey Jahr vnd sechs Monat/ also/ daß nichts ein oder auskommen mochte. Als nun den Juden in Scharmützeln vnd Schlachten die Zeit vber/ viel Volcks abgeschlagen ward/ viel mehr aber in der Stadt durch Hunger vnd Pestilentz vmbkam/ dadurch sie sehr schwach vnd matt gemacht/ da ward endtlich die Stadt mit gewalt erobert/ vnd Bencoch ab/ der oberste Heuptman dieser Auffruhr/ ward mit erstochen.

Man schreibet/ daß in dieser Auffruhr durchs Schwerdt vber fünff mal hundert tausendt Juden sind vmbkommen/ die andern so hungers/ oder an der Pestilentz die Zeit gestorben sein/ hat man nicht zehlen können. Vnd ist in diesem Kriege oder Auffruhr der Juden Macht/ so viel noch vbrig blieben/ gantz vnd gar geschwecht worden. Die Juden selbst beschreiben diese Historiam auffs erschrecklichste/ vnd sagen/ der Krieg habe gantzer sechs Jahr an einander gewehret. So schreibet auch der Keiser Adrianus an den Rath zu Rom/ Sie solten nicht gedencken/ daß dieser Sieg vnd Victoria mit geringer Mühe vnd Gefahr erlanget sey worden/ sondern es dafür halten/ weil diese grawsame Auffruhr gentzlich einmal vnterdruckt vnnd gestillet were/ daß hernacher gantz Orient desto besser Ruhe vnd Friede haben würde.

Wider diesen Keiser Heinrichen den Vierdten/ haben die Bäpste viel Auffrührische Practicken gemacht vnd fürgenommen/ denn bald im Anfang/ leget sich wider jhn Bapst Hildebrandus/ welcher sich Gregorius/ dieses Namens den siebenden nennet/ der tobet wider die alten Gesetz vnd Ordnung/ so Keiser Heinricus der dritte/ nit lang zuvor widerumb erneweret hatte/ von der Wahl der Bäpste/ vnd von Verordenung vnd Bestettigung der Bischoffe/ Dieses wolte er allein vnter der Bäpste Gewalt bringt/ vnd ließ ein Verbot ausgehen/ daß die Bischoffe vnd Fürsten wider den Keiser/ der seiner Gerechtigkeit trauw sich nicht wolte verzeihen.

Hierüber ist Teutschlande mit Haß vnd Widerwillen allenthalben gegen einander entzündet/ vnd in sich selber gefallen/ vnd nicht allein von Teutschem Blut vberschwemmet worden/ Sondern hat jhre beste Mannschafft daruber verlohren/ vnd zum höchsten abgenommen/ an Macht vnd Ansehen/ also/ daß es nicht viel schlet/ daß es nicht gar zu grunde vnd boden gangen ist.

Item/ es berhümet sich der Bapst/ gantz Teutschlandt dem Keiser abwendig zu machen/ darumb ließ er ein Decret- oder Bäpstliche Bulla ausgehen/ darinnen er Keiser Heinrich den vierdten/ in Bann thet/ vnnd aus der Kirchen Gemeinschafft gentzlich ausschlosse. Vnd schickete noch daruber Hertzog Rudolpho in Schwaben/ dergleichen Exempel zuvor nie erhört war/ eine güldene Keiserl. Krone/ darauff diese Vberschrifft war.

Petra dedit Petro, Petrus diadema Rudolpho:

Das ist:

Der Felß Christus/ die Keisers Kron/
Dem Petro hat befohlen schon/
Petri Stul Erb/ der Bapst hiermit/
Hertzog Rudolph verehren thut.

Am 23. Sontage

Es schicket auch der Bapst an die fürnembsten Bischoffe/ Mentz vnd Cöln/ Befehl/ daß sie vom Keiser Heinrichen ablassen/ vnd diesem newen Keiser Rudolpho anhangen/vnd jhme/wo es von nöthen were/Rath geben solten.

Als aber Rudolphus erschlagen ward/ hetzte er die Sachsen an/ daß sie Hermannum am Hartz wehleten/ wider den Keiser/ wie droben gesagt. Vnnd als derselbige auch vmbkam/ vnd deß Bapsts Practicken nicht jhren gewünschten Fortgang haben wolten/ da fieng Bapst Vrbanus/ dieses Namens der ander an/ Keiser Heinrichen auff newe Wege vnd Mittel an zugreiffen/ hetzete wider jhn Conradum/ seinen eigenen Sohn/ den Keiser Heinrich mit dem ersten mahl gezeuget/ vnnd vber Italiam/ als ein Stadthalter gesetzt hatte. Aber es starb Conradus zu baldt. Da hetzet Bapst Paschalis der ander/ Heinricum/ deß Keisers andern Sohn/ wider den Vater. Dieser vntrewe Sohn Keiser Heinrichs/ dieses Namens der fünffte/ hat durch der Sachsen hülffe seinen Vater/ Keiser Heinrichen den vierden/ der ohne das mit so vielfeltigen Kriegen abgemartert/ vnd der auch von seinen Gehülffen vnd Bundgenossen auff die letzt verlassen war/ vom Keiserthumb endtlich gar abgedrungen/ Vnd hat der Bischoff von Mentz/ auff deß Bapsts Befehl/ mit grossem Vbermuth vnd eusserster Schmach/ Keiser Heinrichen den vierden/ alle Keiserliche Ornamenta vnd Zierde/ als Kron/ Scepter/ deß Reichs Apffel vnd Schwerdt/ genommen/ vnd vberzogen/ in beysein deß Sohns/ Keiser Heinrichen deß fünfften.

Vnd ist diese Historia/ von Keiser Heinrichen dem vierden/ wol zu mercken/ denn in derselbigen Historia hat Gott mit vielen Exempeln/ in schrecklichem Vntergang grosser Fürsten vnd Herren/ augenscheinlich bezeuget/ daß er vber Weltlichen Regimenten/ vnd ordentlicher Obrigkeit halte/ dieselbige beschütze vnd vertheidige. Dargegen aber vnbillich Fürhaben/ vnd auffrührische Empörung zu nichte mache vnd stürtze/ nach dem Spruch: Wer das Schwerdt nimpt/ sol durchs Schwerdt vmbkommen.

Denn briderseits/ vnter dem Geistlichen vnd Weltlichen Stande/ sind die Anfenger der Auffruhr vnd Empörung/ wider diesen Keiser/ zu boden gangen. Die Bäpste selber/ vnd etliche Bischoffe/ haben jhren Lohn empfangen. So sind die alten Geschlecht der Fürsten zu Sachsen/ auch mehrertheils darüber vntergangen vnd vertilget/ vnnd die Fürstenthumb vnter frembde Herrschafft kommen.

Denn in diesen Kriegen ist tretflich vmbkommen/ Hertzog Otto von Sachsen/ so das Landt an der Weser innen gehabt/ sampt zweyen Söhnen/ Conrado (von welchem der Stam der Graffen von Beichlingen her kömpt) vnd Heinrico dem dritten/ zu Northeim/ welcher von den Friesen durch Hinderlist ist erschlagen worden. Nachmals ist der gantze Stam/ der andern Hertzogen zu Sachsen/ auch vntergangen/ hat Albertus der Bär/ Graff zu Askanien/ die Marck Brandenburg eingekommen. Es ist auch dazumal Graff Gebhart/ Keisers Lotharii Vater/ mit erschlagen worden.

Vmb diese Zeit hat sich auch in der Marck zu Meissen Verenderung der Herrschafft zugetragen. (Denn als Dedo/ Marggraff zu Meissen (welcher einer von den fürnembsten gewesen/ die sich erstlich wider Keiser Heinrichen verbunden haben) mit Tode abgangen/ vnd sein Sohn/ der auch Dedo geheissen/ von seinem eigenen Diener erstocken worden/ hat Heinricus/ Dedonis Vetter/ das Marggraffthumb Meissen bekommen. Weil er sich aber den Sachsen/ wider den Keiser auch anhengig gemacht/ hat der Keiser Thynoni/ so deß ehegedachten Heinrici Vetter gewesen/ vnd dem Keiser trewe Dienst in Kriegen geleistet/ auch mit jhm von Jugendt auff erzogen/ die Marck Meissen verliehen vnd geschencket.

Hertzog Welphen/ so vom Keiser abgefallen/ vnnd zu Rudolpho aus Schwaben sich gewendet hatte/ hat Keiser Heinricus in der Schlacht gefangen genommen/ vnd eine Zeit lang gefenglich gehalten/ ist aber aus dem Gefengnis entkommen. Vnd nach dem er biß in die zwentzig Jahr im Elendt herumb gezogen/ ist er letzlich beim Keiser wider außgesöhnet worden.

Rudolphus der Hertzog aus Schwaben/ ist in der Schlacht im Landt zu Meissen an der Elster in die Flucht geschlagen/ vnd tödtlich verwundet worden/ denn er die rechte

Handt

Handt verlohren/daruber er auch gestorben ist. Diß ist geschehen im Jahr/1080. den 15. Tag Octobris. Als man jhm/ehe er verschieden/seine rechte hand/die er in der schlacht verlohren/gebracht/hat er/wiewol allzu spat/der Bäpste Untrew vnnd vnbillich Fürnemen endlich erkandt/vnd mit kleglicher Stimme daruber geklaget/Denn da die Bischoffe vmbher stunden/sehet da/lieben Herren/sprach er/das ist die rechte Hand/damit ich dem Keiser Trew vnd Glauben habe zugesaget. Diese Handt bezeuget vnd vberweiset mich/ daß ich vnrecht gethan habe/das ich mich wider meine Obrigkeit von euch hab lassen auffbringen. Diese Handt lasset euch eine Erinnerung sein/von ewerer schendlichen Untrew vnd Verretherey/vnd wisset/daß jhr einmal vnserm HErrn Gott schwere Rechenschafft werdet geben müssen.

Letzlich hat dieser Keiser Heinricus/dieses Namens der fünffte/deß alten Keisers Heinrici Sohn/auch seine Straffen empfangen/Denn er ist durch der Bäpste Hinderlist vnd Practicken/damit er sich wider seinen Vater hat verhetzen lassen/endtlich in Jammer vnd Noth kommen/vnd ist also auch an jhm der Spruch war worden.

Was du an andern brauchst für List/
Denck du auch also gfangen wirst.

N   Am

Am 24. Sontage nach Trinitatis.

Eusebius lib. 6. Cap. 18. Schreibet von dem Weibe / so den Blutgang gehabt hat / daß derselbigen gegossen Bildt / auch noch zu seiner Zeit an jhrem Hause zu Cesareæ Philippi / da sie weiland gewohnet / sey vor gestanden / der gestalt: Es waren zwey ehrene Bilder / deren eines einem Manne gleich / welcher wol bekleidet stunde / vnd reichete seine hand dem andern Bilde / das eines Weibes gestalt hatte / welches auff den Knien lage / vnd jhre Hende auffgehaben hatte / in Form derer / so da supplicieren vnnd bitten. Das Bildt des Manns sahe ehnlich dem Ebenbilde vnsers Seligmachers des HERRn Christi / bey dessen Bildes Füssen vnten / wuchs immerdar herfür ein Kraut / vnd sandter art / welches / wenn es in die höhe kam / vnd den Saum des Kleides / so an des Mannes bilde war / erreichete vnd berührete / vnd nachmals abgebrochen ward / halff es als eine gewisse vnd krefftige Artzney / für allerley Kranckheiten.

Als aber Julianus solch Bildt hinweg gethan / vnd sein eigen Bildt an die stadt gesetzet hatte / der meinung die Abergleubische Krafft desselbigen Krautes jhm zu zuschreiben / ist ein starck Fewr vom Himmel gefallen / vnd hat das Bildt Juliani vmb die Brust zerschlagen / vnd das Häupt mit dem Halse herab geworffen / vnd hat das Angesicht in die erde geschmissen / so weit es vmb die Brust zurissen gewesen.

Varro der alte Scribent meldet / daß einer bey seinen Zeiten sey begraben worden / vnd baldt wider zu Hofe kommen. Dergleichen auch zu Aquin geschehe. So meldet Heraclites / daß ein Weib 7. tage todt gelegen / vnd wider lebendig worden.

Corsidius ein Römer war gestorben / vnd als sein hinderlassenes Testament geöffnet vnd verlesen wurde / darinnen er seinen abwesenden Brudern zu einem Erben einsatzte / stunde er wider auff vnd sprach / Er were bey seinem Bruder gewesen / der hette jhme seine Tochter befohlen / vnd einen Ort gezeiget / daselbst er einen grossen Schatz vergraben hette / davon er zur Erden bestetigt werden solte. Bald hernach kam Zeitung / daß sein Bruder gestorben were / vnd wurde der Schatz an demselben Orte gefunden / wie Corsidius angezeiget hatte. Also stund Erus Armenius wider von den Todten auff / nach dem er in einer Schlacht vmbkommen / vnd zehen Tage todt gelegen war. Da er denn von wunderlichen dingen redete.

Enerhardo Ambola / lag in Teutschlandt kranck vnnd gar vor todt / da er nun wider zu sich selbst kam / sagte er / Er were von den Gaisten erstlich nach Jerusalem / darnach in Saladini Lager / der damals in Egypten regierte / endtlich in Lombardey in ein Walde geführet worden / daselbst er einen alten bekandten Freund funden / vnnd letzlich angeredet. Letzlich were er gen Rom kommen. Ob es nu wol alles lecherlich zu hören war / So berichtet er doch vorgenandter Orter gelegenheit so eigentlich / als wenn er beim Leben da gewesen were. So kame auch der aus Lombardey / mit welchem Ambola in dem Walde daselbst geredet / vnd bestetigte seine Rede / daß sie daselbst einander gesehen vnd besprochen.

Am

Am 25. Sontage nach Trinitatis.

ANNO CHRISTI, 129. Als Adrianus der Keiser nach Egypten verreiset/von wegen seines Leibes Kranckheit/rath daselbst zu suchen/nimpt er seinen Weg durch Syriam/Pheniciam vnd Polestinam/vnd kompt auch gen Jerusalem/welche vor 57. Jahren verstöret war worden/durch Titum/deß Keisers Vespasiani Sohn/im andern Jahr seines Keiserthumbs. Wird derwegen/als er die herrliche Stadt also verwüstet sihet/rath/dieselbige wider auffzubawen/vnnd setzet vber solch Werck den Aquilam (welcher hernach die Hebreische Bibel auch in Griechische Sprache verdolmetschet hat:) der dazumal noch ein Heide war. das er den Widerbaw der Stadt fördern solte/vnd nennete sie Heliam, nach seinem Namen. Epiphanius lib. de mensuris & ponderibus, fol. 378.

Es hat auch Adrianus der Keiser/Heiden gen Jerusalem gesetzt/vñ heidnische Götzenkirchen daselbst gebawet/vnd gegen dem Tempel vber/deß Juppiters Olympii Stifft auffgerichtet. In das allerheiligste hat er sein Bildt gesetzt/vnnd an den Ort/da das H. Grab ist/hat er der Buler Abgöttin/Veneri/einen Temp. geb..wet. Zu Bethlehem/da Christus vnser Heiland geboren ist/hat er an der st.ll der Veneri vnd jhrem Bulen Adonis ein Tempel gestifftet: Welche grewel an der Stelle verblieben sind/lenger denn 180. Jahr/biß auff die Zeit deß Constantini Magni. Durch diese entheiligung der Heiligen Stadt vnd Orter/sind die Juden dermassen erbittert worden/daß sie zum andern mal/nach der letzten Zerstörung/zum Schwerdt gegriffen/vnd einen schweren Krieg wider die Römer erreget haben/wie Dion schreibet/vnd Johannes Aventinus/im andern Buch seiner Chronica/etc.

Im Jahr nach Erschaffung der Welt/3804. Vor Christi Geburt/Als Antiochus mit dem Zunamen Epiphanes/in Egypten kriegete/kompt ein Geschrey aus/als were Antiochus gestorben/dadurch wird Jason bewogen/daß er sich vnterstehet/das Hohe Priesterthumb mit Gewalt wider zu sich zu bringen/vberfellt Jerusalem vnuersehens/mit Tausendt Mann/rumoret grawsam darinnen/etc.

Als solches Antiochus in fuhr/darbt er/gantz Judea würde von jhm abfallen/vnd zog in einem Grim aus Egypten/nam Jerusalem mit Gewolt ein/erwürget viel Volcks/führete auch eine grosse Anzahl derselbigen gefangen hinweg/etc. Besihe das erste Buch der Machabeer am 1. Cap.

Darnach vber zwey Jahr/nach der ersten Plünderung der Stadt/schicket Antiochus einen Heuptman in Judea/der kompt mit List vnnd süssen Worten in die Stadt/plündert dieselbe abermal/erwürget viel Volcks/verbrennet die Heuser/reisset die Mauren nider/führet viel Volcks weg/etc.

Dieser Heuptman nimpt die Burg Sion ein zu Jerusalem/befestiget vnnd besetzt dieselbige/Jerusalem vnd das Heiligthumb wird wüste/vnd gehet jemmerlich zu. Vnnd lest Antiochus ein Gebott ausgehen/durch sein gantzes Königreich/daß alle Völcker zugleich einerley Gottesdienst halten solten. Eben dasselbige besihle er auch zu Jerusalem. Darnach gehet an die grawsame vnd grewliche Verfolgung deß Volcks Gottes/welche beschrieben wird 1. Machab. 1. Vnd 2. Machab. 6. vnd 7. Vnd am 15. Tag deß Monden Casleu/ließ der König in allen Stedten Juda/Altar auffrichten/die Bücher deß Gesetzes verbrennen/etc. Am 25. Tag dieses Monats/opfferten sie auff dem Altar/den sie auffgerichtet hatten/gegen dem Altar deß HERRN/1. Machab. am 1. Josephus lib. 12 Cap. 6.

Ein solcher Grewel der Verwüstung war auch deß Keisers Tyberii Bilde/welches der Landpfleger Pilatus bedecket/vñ dey nacht in Jerusalem hat führen lassen/daraus noch

dryen

Am 25. Sontag nach Trinitatis.

dreyen Tagen eine grosse Empörung vnter den Juden entstanden ist. Denn nicht allein die Juden so zu Jerusalem sehßhafftig / sondern auch viel andere / die auff dem Lande waren / für welche das geschrey / derer die zu Jerusalem wohneten / kommen war / ließen zu ruhen / vnd machten sich gen Cesarien zu / zum Pilato / vnd baten jhn / er wolte doch das Bildtnis von Jerusalem hinweg nemen / vnd sie bey ihrem alten Väterlichen Gesetz bleiben lassen / Da aber Pilatus hierinnen nicht verwilligen wolte / fielen sie bey seinem Hause auff jr Angesicht / vnd blieben allda sechß Tag ligen.

Darnach satzte sich Pilatus auff den Richtstuel / vnd ließ die Juden mit sonderlichem Fleiß zusammen ruffen / als wolt er jhnen Antwort geben. Wie sie nun bey einander / vnd mit dem Kriegsvolck vmbgeben waren / drewet jhnen Pilatus / daß er sie alle würgen vnd tödten lassen wolte / wo sie deß Keisers Bildtnis nit würdin auffnemen / vnd winckete den Kriegsknechten / daß sie jhre Schwerdter entblössen solten / welches als bald geschach.

Da fielen die Juden / als hetten sie sich zuvor mit einander einer Meinung vnterredet / auff jhre Knie nider / entblösten Hals vnnd Gurgel / die ausgerichtet darstrecketen / vnd schryen vberlaut / daß sie bereit weren / jhnen alle die Köpffe hinweg schlagen zu lassen / ehe sie wolten nachgeben / daß mit jhrem Willen vnd Zulassung / etwas wider jr Väterlich Gesetz geschehen solte. Da Pilatus diese jhre Bestendigkeit / bey jhrem Väterlichen Gesetz zu bleiben sicht / befihlt er / daß das Bildtnis von Jerusalem sol hinweg genommen werden. Iosephus Antiq. lib. 18. Cap. 5. Et de bello Iudaico. lib. 2. Cap. 8.

Item Herodes ließ einen grossen vnnd köstlichen güldenen Adler in deß Tempels Eingang setzen / welchen aber Judas Arisey / vnd Matthias Cargalothi / vnnd die andern jungen Gesellen / so sie an sich gehenget hatten / hinweg gerissen vnd nider geworffen haben. Davon Josephus schreibet / lib. Anti. 17. Cap. 8.

Nebucadnezar der König zu Babel / ließ ein gülden bildt machen / dasselbe im Lande zu Babel auff einen schönen Anger setzen / vnd alle seine Obersten zusammen kommen / daß sie solch bildt verehreten vn einwenheten. Da rieff der Ehrnholde vberlaut vnd sprech: Das solten jhn alle Völcker lassen gesagt sein / wenn sie den Schall der Posaunen / vnnd allerley Seitenspiel hören würden / daß sie als denn niderfielen / vnd das Bildt anbeteten / das der König Nebucadnezar hatte setzen lassen.

Also fielen nider alle Leute / vnd beteten das Bildt an / ausgenommen drey Judische Menner / Sadrach / Mesach / vnd Abed Nego / die verachteten das Gebott deß Königes / vnd wurden deßhalben bey jhm von den Chaldeern angegeben / zu denen sprach er / Wo sie seinen Gott nit ehren würden / vnd sein Bildt anbeten / so wolt er sie in einen glüenden Ofen werffen lassen / da würde man sehen / wer der Gott were / der aus seiner Handt erretten köndte. Diese antworten dem Könige: Jhr Gott / den sie ehreten / köndte sie wol erretten aus dem glüenden Offen / dartzu auch von seiner Handt / vnd wo ers nicht thun wolte / solte er dennoch wissen / daß sie seine Götter nicht ehren / noch das güldene Bildt anbeten wolten / etc. Die gantze Historiam ließ Daniel. 3. Cap.

Am

Am 26. Sontage nach Trinitatis.

BApst Leo ließ zur Zeit ober seinem Tisch zween disputiren vom zukünfftigen Leben/ Einer vertheidiget die Vnsterbkakeit der Seelen/vnnd Aufferstehung der Todten/ Der ander hielt das Oppositum, oder Widerpart/ vnd wolte erhalten/ daß die Seele mit dem Leibe stürbe/ vnd keine Aufferstehung der Todten were. Wie nun der Hellische Vater/Bapst Leo/ (Argumenta pro & contra) beweise von beiden Theilen angehöret/ vnd nach seinem Ansehen die Disputation richten vnd schlichten solte/ welcher recht oder vnrecht/ die Warheit für oder wider sich hette/ Sprach er zu dem/ so der Seelen Vnsterbligkeit/ vnd der Todten Aufferstehung vertheidiget/ deine Meinung mag vielleicht nicht so vnrecht sein/ aber deines Widerparts Meinung macht frisch Geblüt/ vñ schmecket einem ein Trunck darauff. Ja freylich Hellisch Fewr wird solcher Epicurer bester Labetrunck sein.

Es sol auch Bapst Paulus Tertius zu seinen vmbstehenden Cardinälen auffen Todtbette/ wie er nun hat sollen dahin fahren/ gesagt haben. Nun wollen wir Zweyerley erfahren/ darüber wir vnser Lebenlang Zweiffel getragen/ Erstlich/ ob die Seele vnsterblich sey/darnach/ ob auch eine Helle sey.

Doctor Jacob Ratz gedenckt in seinem Buch von der Hellen eines Exempels/ damit er anzeigt/ was die Thumbpfaffen vom Himmel vnd Helle halten. Ein Pfaff zu Würtzburg/ da er zwo Schantz verspielet/ ward er vnwillig vnd sprach/ verliere ich die dritte auch/ so wil ich sagen/ was ich weiß. Er verlor sie/ da sagten seine Spielgesellen/ Nu sage was du weist. Er antwortet/ so sage ichs. Es ist kein Gott/ kein Himmel kein Teuffel/keine Helle/bude/wer bube kan/ etc. Also sind gesinnet deß Bapsts andechtige Plättlinge/ wie ihr Leben anweiset. Ob aber ein Teuffel oder Helle sey/ das werden sie eben/ wie der Reiche Schlemmer/ Luc. 16. zu seiner Zeit erfahren.

Wie denn auch D. Ratz in gemeltem Büchlein gnugsam darthut vnd erweiset/ dz eine Helle sey vnd vnder andern also schreibet/ vnd ein solch Exempel setzet: Wenns gelten soll spricht er/ so wolt ich gern hiezuthun/ die Zeugnis derer/ so im Griß entzückt werden/ vnd nichts daß dem Glauben zu wider ist/ reden/ wie sie es gesehen haben/ Ich laß ihr Zeugnis gelten/ so wiel es möge: Ich habe einen Mann gesehen zu Ingelsheim vor 30. Jahren/ der war drey Tage todt gewesen/ vnd wol man an dem lincken Puls eine kleine vnd langsame bewegung fandt/ vnd ob schon der gantze Leib kalt vnd todt war/ ließ man ihn auff der Todtenbar stehen vnbegraben.

Am dritten Tag kam er wider/ vnd hieß ihm ein Süpplein geben/vnd ersterckt sich von tag zu tage/ Da fieng er an/ vnnd sagte so schreckliche gesichte/ daß wunder war/ daß er sich selbst darob entsatze. Vnter andern sagte er/ wie er hette in der Hellen gesehen/ vnnd nennet etliche grosse Herren/ welche er in der Pein gesehen hette/ zu dem were die Helle mit eitel Mönich vnd Pfaffen Platten gepflastert/ also viel sessen jhr drinnen.

Da fragt jhn einer vom Adel/ den ich nicht nennen wil/ hastu keinen stuel darinnen gesehen/der mir bereitet ist. Antwort er/Mein Junck er/jhr habt keinen Stul in der Hellen/jhr müsset mit dem Rß in die Kolen sitzen/jhr besset euch denn. Da nu der gute Mann seine Gesichte sagte/beschickten jhn die Pfaffen zu Wiens/ vnd gebotten jhm er solte schweigen/ oder sie wolten jhm das Maul stopffen/ Aber keinen frölichen Tag wolt er mehr haten/ vnd lebet etliche Jahr hernach.

Diß vnd dergleichen Gesichte laß ich vor jr recht stehen/ vnd wo sie dem Glauben nit zu wider sind/laß ich sie vnveracht/ weil auch S. Paulus sagt : Er habe gesehen mehr denn er wolle. Hæc D. Ratz.

Am 26. Sontag nach Trinitatis.

Ein grosser Juncker vnnd Befehlhaber bey einem Bischoff in Westphalen/ wenn man jhm von der Seelen/ vnd derselben Vnsterbligkeit gesagt/ hat er spöttisch vnd Epicurisch geantwortet/ Ey was Seele/ die Seele ist nichts anders/ denn ein Handt voll Windes/ ein Pfuy/ wenn derselbige aus dem Leibe hinweg fehret/ so ists mit dem Menschen gethan/ vnd gar aus. Diesen Spötter vnd Epicurer hat Gott gestrafft/ daß er gehlings bey dem Tisch/ da er frölich vnd guter Ding mit seinem Herren gewesen/ vnd einen guten Epicurischen Trunck gethan/ dahin gefallen vnnd gefahren ist/ vnnd mit Schmertzen erfahren/ daß die Seele sich nicht also verzehre/ wie ein Rauch vnd Dampff in der Lufft/ als er im Leben hönisch vnd Epicurisch davon geplaudert hatte.

Man schreibt von einem Bawren/ welcher/ wie er seinen Pfarherr hat hören von der Helle vnd Hellischen Pein ernstlich predigen/ sol er den Pfarherrn nach der Predigt angesprochen/ vnd zu jhm gesagt haben/ Verflucht sey/ wer dir Pfaffgleubet/ Du predigest viel von der Helle/ vnd bist doch nie darinne gewesen/ vnnd ist auch sonst keiner aus der Helle wider kommen/ der da angezeiget/ wie es in der Helle zugehe. Der Pfarherr gab jhm zur Antwort/ Höre Geselle/ du bist ein so grober Epicurer/ daß/ wenn gleich Jemand aus der Hellen keme/ vnd sagt dir von der grawsamen Straffe/ Marter vnd Qual/ so die Verdampten in der Hellen leiden müssen/ so gleubestu es doch nicht/ wirst auch deß halben von Sünden nicht ablassen/ vnd dich bessern. Denn du würdest dir bald einen vergeblichen Trost machen/ vnd gedencken/ Ist dieser/ so mir sagt/ was es für ein Zustande/ in vnd mit der Hellen hat/ aus der Hellen kommen/ so werde ich/ ob ich gleich hinein komme/ auch wider können daraus kommen. Aber gleube nur/ die Helle ist so wol verwahret/ daß/ wer einmal hinein kömpt/ der kan nimmermehr wider heraus kommen.

M. Christophorus Irenæus, im Spiegel von der Hellen.

Am

Am 27. Sontage nach Trinitatis.

103

ALS man zahlte/ 940. Jahr/ war unter Keiser Otto/ ein Unkeuscher/ Gottloser Bischoff zu Magdeburg/ mit Namen Udo/ der wunderlich zu diesem hohen Ampt kommen/ vnnd ein solcher loser Mensch war/ daß er auch die Geistlichen Weibsbilder unzüchtigte/ von welchem Wesen er weder durch Göttliche Zeichen noch Vermahnungen kondte bracht werden. Derhalben baten alle fromme Christen ernstlich zu Gott/ daß er ihn bekehren/ oder wegnemen wolte. Da nun ein Thumbherr/ mit Namen Herr Friderich/ ein frommer Mann/ in einer Nacht/ in dem Thumb zu S. Moritz in Magdeburg war/ vnd dergleichen Gebet wider den Bischoff/ mit grossem eiffer vnd ernst zu Gott thete/ leschete ein grosser Windt alle Liechte im Thumb aus. Nach diesem kamen zweene Knaben/ die trugen zwey Wachsliechte/ demselben folget Gott der Vater/ sampt seinem Sohn dem HErrn Christo/ vnd allen Aposteln/ welche die verstorbene Heiligen/ so daselbst begraben lagen/ aus den Greben forderten/ vnter denen S. Mauritius einer war/ der den Bischoff Udo durch eine lange zierliche Rede anklagte.

Darauff hieß der HErr Christus Bischoff Udo nackende holen/ vnd verdampte ihn zum Hellischen Fewr. Nach diesem schlug ihn derselben einer/ die ihn auff deß HERRN Christi Befehl geholet hatten/ in die Seiten/ daraus fiel die Hosti/ so er vor dreyen Tagen genommen hatte/ in einem Kelch/ der auff dem Altar stunde/ vnnd als er mit einem Stihl gar erschlagen wurde/ verschwunde das Gesichte. Daruber entsatzte sich der Thumbherr/ vnd als er die Hosti im Kelche/ deßgleichen den Bischoff todt auff der Erden funde/ weckte er andere fromme vnd Geistliche Leute auff/ die den Bischoff heimlich begruben/ vnd dieweil die Kirche auff der Erden mit deß Bischoffs Blut beschmeisset war/ kratzten sie es mit einem Eisen ab/ vnd wurde dasselbig hernach eine lange Zeit/ den newen Bischoffen gezeigt/ sich vor dergleichen Gottlosem Leben zu hüten.

Ende.

Register.

Register vber das Ander Theil der Fest Chronicken.

Am Ersten Sontage deß Advents. Fol. 1.
Am Andern Sontage deß Advents. Fol. 2.
Am Dritten Sontage deß Advents. Fol. 7.
Am Vierden Sontage deß Advents. Fol. 12.
Sontag nach dem Christage. Fol. 15.
Sontag nach dem Newen Jahr. Fol. 16.
Am 1. Sontag nach der H. 3. König tag. Fol. 17.
Am andern Sontag nach der heiligen drey Königs Tag. Fol. 20.
Am Dritten Sontag nach der heiligen drey König Tag. Fol. 24.
Am Vierden Sontag nach der Heiligen drey König Tag. Fol. 27.
Am Fünfften Sontag nach der heiligen drey König Tag. Fol. 32.
Am Sechsten Sontag nach der heiligen drey König Tag. Fol. 34.
Am Sontag Sexagesima. Fol. 52.
Am Sontag Quinquagesima. Fol. 53.
Am Ersten Sontag in der Fasten. Fol. 54.
Am Andern Sontag in der Fasten. Fol. 56.
Am Dritten Sontag in der Fasten. Fol. 57.
Am Vierden Sontag in der Fasten. Fol. 58.
Am Fünfften Sontag in der Fasten. Fol. 59.
Am Sechsten Sontag in der Fasten. Fol. 61.
Am Ersten Sontag nach Ostern. Fol. 62.
Am Andern Sontag nach Ostern. Fol. 62.
Am Dritten Sontag nach Ostern. Fol. 63.
Am Vierden Sontag nach Ostern. Fol. 63.
Am Fünfften Sontag nach Ostern. Fol. 64.
Am Sechsten Sontag nach Ostern. Fol. 65.
Am Sontag Trinitatis. Fol. 70.
Am 1. Sontag nach Trinitatis. Fol. 70.
Am 2. Sontag nach Trinit. Fol. 73.

Am 3. Sontag nach Trinit. Fol. 75.
Am 4. Sontag nach Trin. Fol. 76.
Am 5. Sontag nach Trin. Fol. 76.
Am 6. Sontag nach Trin. Fol. 77.
Am 7. Sontag nach Trin. Fol. 80.
Am 8. Sontag nach Trin. Fol. 80.
Am 9. Sontag nach Trin. Fol. 81.
Am 10. Sontag nach Trin. Fol. 85.
Am 11. Sontag nach Trin. Fol. 88.
Am 12. Sontag nach Trin. Fol. 88.
Am 13. Sontag nach Trin. Fol. 89.
Am 14. Sontag nach Trin. Fol. 89.
Am 15. Sontag nach Trin. Fol. 90.
Am 16. Sontag nach Trin. Fol. 92.
Am 17. Sontag nach Trin. Fol. 52.
Am 18. Sontag nach Trin. Fol. 93.
Am 19. Sontag nach Trin. Fol. 94.
Am 20. Sontag nach Trin. Fol. 94.
Am 21. Sontag nach Trin. Fol. 95.
Am 22. Sontag nach Trin. Fol. 97.
Am 23. Sontag nach Trin. Fol. 98.
Am 24. Sontag nach Trin. Fol. 100.
Am 25. Sontag nach Trin. Fol. 101.
Am 26. Sontag nach Trin. Fol. 102.
Am 27. Sontag nach Trin. Fol. 103.

Gedruckt zu Erffordt / bey Johann Beck / In Verlegung Henning Grossen / Buchhendlers zu Leiptzig.

www.ingramcontent.com/pod-product-compliance
Lightning Source LLC
Chambersburg PA
CBHW021420300426
44114CB00010B/581